VICENTE DE BRITTO PEREIRA

A CONDIÇÃO HUMANA NA EXPERIÊNCIA GREGA

LETRAMENTO

Copyright © 2022 by Editora Letramento
Copyright © 2022 by Vicente de Britto Pereira

Diretor Editorial | Gustavo Abreu
Diretor Administrativo | Júnior Gaudereto
Diretor Financeiro | Cláudio Macedo
Logística | Vinícius Santiago
Comunicação e Marketing | Giulia Staar
Assistente de Marketing | Carol Pires
Assistente Editorial | Matteos Moreno e Sarah Júlia Guerra
Designer Editorial | Gustavo Zeferino e Luís Otávio Ferreira
Preparação e revisão | Lorena Camilo

Todos os direitos reservados. Não é permitida a reprodução desta obra sem aprovação do Grupo Editorial Letramento.

Dados Internacionais de Catalogação na Publicação (CIP) de acordo com ISBD

P436c	Pereira, Vicente de Britto
	A condição humana na experiência grega / Vicente de Britto Pereira. - Belo Horizonte, MG : Letramento, 2022. 940 p. ; 15,5cm x 22,5cm.
	Inclui bibliografia. ISBN: 978-65-5932-235-0
	1. Cultura. 2. Cultura grega. I. Título.
2022-2380	CDD 306 CDU 316.7(38)

Elaborado por Vagner Rodolfo da Silva - CRB-8/9410

Índice para catálogo sistemático:
1. Cultura 306
2. Cultura grega 316.7(38)

Rua Magnólia, 1086 | Bairro Caiçara
Belo Horizonte, Minas Gerais | CEP 30770-020
Telefone 31 3327-5771

editoraletramento.com.br ▲ contato@editoraletramento.com.br ▲ editoracasadodireito.com

À Lya (in memoriam) minha querida companheira que nos deixou ao final do ano passado, que me acompanhou ao longo dos últimos 19 anos, por seu incentivo, sensibilidade, e paciência, fundamentais para que eu pudesse me dedicar a escrever esse livro.

Aos meus filhos Rafael, Pedro e João, e aos meus netos Yasmin, Maria, Lucas e Francisco, como um legado de minha busca pela beleza helênica.

Aos amigos Paulo Knapp (in memoriam), Arthur Telló, Sergio França, que em muito me ajudaram, cada um a seu modo, a concretizar esse sonho de escrever sobre a tragédia grega, bem como a Laura Valladares de Oliveira Soares, por sua especial contribuição na montagem da bibliografia, e no atendimento à revisão do livro.

sumário

9 CAPÍTULO 1
UM NOVO OLHAR: A CONDIÇÃO HUMANA

27 CAPÍTULO 2
A PARTIR DA GRÉCIA ARCAICA

51 CAPÍTULO 3
DEUSES E HUMANOS EM HOMERO E HESÍODO

107 CAPÍTULO 4
DO COSMOS DIVINO AO COSMOS DOS HOMENS

197 CAPÍTULO 5
O RENASCIMENTO NA TRAGÉDIA

245 CAPÍTULO 6
O AFRESCO DA EXISTÊNCIA HUMANA NO PROMETEU

249 OS MITOS DE PROMETEU E PANDORA
265 O PROMETEU ACORRENTADO

295 CAPÍTULO 7
O CAMINHO SOLITÁRIO DO HOMEM EM SÓFOCLES

307 AS QUESTÕES FAMILIARES
328 OS PERSONAGENS DE ANTÍGONA: CARACTERIZAÇÃO INICIAL
355 A VISÃO DE HEGEL DA REPRESENTAÇÃO TRÁGICA
367 A TRAGÉDIA LABDÁCIDA
414 HOMEM, O SER MAIS ASSOMBROSO

451 CAPÍTULO 8
AS PAIXÕES HUMANAS NAS TRAGÉDIAS DE EURÍPIDES

454 A EMERGÊNCIA DA ATENAS ISONÔMICA

463 A GLÓRIA DE ATENAS: A PRIMEIRA GUERRA CONTRA OS MEDOS

470 TEMÍSTOCLES: VITÓRIA DEFINITIVA SOBRE O IMPÉRIO AQUEMÊNIDA

496 A CONSOLIDAÇÃO DO PODER ATENIENSE NA HÉLADE

502 A CRIAÇÃO DA LIGA DE DELOS: O IMPÉRIO ATENIENSE

509 VALORES DO HOMEM ATENIENSE

518 AS TRANSFORMAÇÕES POLÍTICAS, ECONÔMICAS E SOCIAIS NA ÁTICA

531 A REVOLUÇÃO NAS IDEIAS E PENSAMENTOS

575 A OBRA DE EURÍPIDES NESTE CONTEXTO

579 *ALCESTE*

590 *MEDEIA*

632 *HIPÓLITO*

671 *HÉCUBA*

700 *AS SUPLICANTES*

734 *ORESTES*

779 *AS BACANTES*

887 CAPÍTULO 9
EPÍLOGO

903 # REFERÊNCIAS

CAPÍTULO 1

UM NOVO OLHAR: A CONDIÇÃO HUMANA

No livro *Ensaios sobre a embriaguez*[1] procurei entender o discurso e a busca de um alcoolista através de uma série de análises sob óticas bem distintas: mitológicas, históricas, econômicas, comportamentais e psicanalíticas. Estes ensaios foram desenvolvidos a partir da premissa inicial de que as pessoas que buscam as drogas e o álcool em seus movimentos em direção a algo que não sabem bem o que é, sempre à procura de felicidade, ou mesmo atendendo a um chamado interior, não os diferenciavam significativamente das demais pessoas, caracterizando assim o homem como um ser naturalmente buscador, nos marcos da prática de ações virtuosas e de alcançar uma vida com sentido.[2] A abordagem utilizada no livro privilegiava a questão do alcoolismo devido a minha trajetória pessoal, porém dentro de um contexto geral de utilização de drogas, tendo sido pesquisadas em diversas fontes, principalmente em psicanalistas pós-freudianos, quais seriam as distinções nas buscas de um drogado e do próprio alcoolista.

Não tive pretensão de estabelecer qualquer caminho a ser seguido por pessoas dependentes em suas recuperações, como também não discuti políticas públicas especificas na prevenção e combate ao uso de drogas, porém chamei bastante atenção para o fato que se trata de um dos maiores problemas de saúde pública em grande parte das sociedades atuais, e em escala bem mais preocupante na sociedade brasileira. De outro lado, constata-se que a dimensão destes problemas continua crescendo de forma exponencial, particularmente em nosso país. Os

---

[1] PEREIRA, 2013.

[2] Ver *A busca: uma jornada pelo caminho interior*. Cf.: SULZBERGER, 1979.

investimentos e medidas adotadas de repressão às drogas não tem dado resultado, enormemente agravados com a utilização crescente das drogas sintéticas em quase todas as cidades brasileiras, conjuntamente com o descaso das políticas públicas com relação ao uso de bebidas alcoólicas, levando a comportamentos desastrosos, especialmente pela juventude, que começa a beber cada vez mais cedo, comprometendo seriamente seus organismos e sistemas cognitivos, a par de aumentar para mais de 50% suas possibilidades de se tornarem dependentes. O universo de pessoas impactadas por estes consumos deve atingir mais de 50 milhões de brasileiros. Porém, além de todas as consequências previsíveis na utilização de drogas, pessoais, familiares, nos empregos, e em uma série de outras implicações, fica evidente a perda de sentido da vida, da vida humana. Como diz Kristeva:

> Para o ser falante, a vida é uma vida que tem sentido: ela constitui mesmo o apogeu do sentido. Por isto, perdendo o sentido da vida, esta se perde sem dificuldade: sentido desfeito, vida em perigo.[3]

Por isto mesmo, o número de mortes devido ao consumo de drogas e álcool também não para de crescer, alcançando atualmente cerca de três milhões de pessoas em todo mundo, segundo o mais recente relatório da OMS, "Global Status Report on Alcohol and Health" de outubro de 2018.[4] Entretanto, o drogado, e de certa forma o alcoolista, comporta-se de forma visível para a sociedade através de seus comportamentos e atitudes. No caso do último, ele ainda tenta negar sua doença seja perante a em família ou no trabalho, mas acaba sempre por se revelar de uma forma que ignora por completo e que o surpreende. Porém, existe toda uma enorme legião de pessoas que igualmente perdem o sentido da vida, mas que não apresentam para a sociedade uma face tão visível: os atuais deprimidos – palavra que começa a substituir o termo melancólico a partir de meados do século XIX –, ou os antigos melancólicos. Trata-se da doença mais representativa do estágio atual de nossa sociedade como todos reconhecem entendida como uma doença mental, do sistema nervoso, orgânica e psíquica, cuidada com antidepressivos e terapias, alcançando hoje algo em torno de 300 milhões de pessoas no mundo todo.

---

3 KRISTEVA, 1989, p. 13.

4 WORLD HEALTH ORGANIZATION. Global Status Report on Alcohol and Health 2018. Disponível em: https://www.who.int/publications/i/item/9789241565639. Acesso em: 8 fev. 2022.

> A depressão se tornou um fenômeno tão frequente no mundo moderno a ponto de ser considerada por alguns autores como reação normal dos tempos atuais, desde que não interfira em nossas atividades cotidianas [...]. Alguns terapeutas já a identificaram como o mal do século, devido sua alta incidência no atendimento psiquiátrico.[5]

São conhecidas algumas características da extensão deste problema, de grande impacto na saúde pública, através de diversos estudos, sumarizando as desordens depressivas comuns, sendo que uma pessoa em cada seis é diagnosticada nesta condição pelo menos uma vez na vida. As mais conhecidas são:

- a depressão feminina é o dobro da masculina, as explicações para isso, indo desde aspectos hormonais até sócio-políticos, indica que as mulheres levam uma vida mais estressante e possuem menos recursos efetivos para lidar com a mesma;
- a depressão atinge cada vez mais adolescentes e jovens adultos, provavelmente pelas condições sociais;
- entre os idosos, a depressão leva a morte por mal estar e suicídio;
- a depressão cresce na proporção direta do agravamento das deficiências econômicas, sociais e políticas.

Apesar de se reconhecer que existem diferenças entre as várias manifestações do que se chama genericamente como "a dor de existir", como tristeza, depressão e melancolia, nosso olhar é preferencialmente para a questão da melancolia, devido principalmente às possíveis interações existentes com a questão da toxicomania, como veremos adiante, e também pelo acesso a uma extensa bibliografia que privilegia este assunto. Inclusive, os dois textos considerados fundadores e mais importantes no desenvolvimento das abordagens, quais sejam a *Experiência XXX, 1* atribuído a Aristóteles ou a seus discípulos, e *Luto e melancolia* de Freud, que usam o termo "melancolia" com abordagens naturalmente distintas, fundamentaram no que se denominou como sendo a certidão de nascimento da melancolia como doença, no Aforismo do Corpus Hippocraticus que estabeleceu que: "Quando tristeza e medo perduram por longo tempo, tal estado é melancólico."[6]

Não apresentarei de início uma conceituação mais precisa de melancolia, apenas, pontuar que o vocábulo "melancolia" advém da composição em grego de duas palavras "μελαινα" (*negra*) e "χολη" (*bílis*),

---

5 MAURO IVAN *apud* BERLINK, 2008, p. 141.

6 O 23, livro *Aforismos de Hipócrates,* volume VI.

donde literalmente, *bílis negra*. De outro lado, vale a pena ouvir um dos maiores especialistas em melancolia, o francês Jackie Pigeaud, citado por Berlinck, para termos uma ideia das dificuldades em sua conceituação:

> Melancolia. Lá vem ela, soberba com seu cortejo de infelicidade, desgosto e ódio. Ali está sedutora. Aquela cujo conceito não se consegue eliminar. Acreditava-se que estava banida dos tratados médicos [...]. Mas Freud a redescobre em "Luto e Melancolia"[...]. Nenhuma doença esteve tão presente na história da cultura como ela e poder-se-ia dizer que é o veículo e o refúgio das neuroses nas quais os médicos pensam reconhecer, sob um conceito muito fluido e de variada extensão, as doenças mais diversas e nos quais os grandes sonhadores vêm cuidar de sua própria angústia, buscando dar um nome a seu mal-estar [...]. De todas as doenças, é aquela cuja origem é a mais discutível e a definição, mais vaga. É a doença mais filosófica.[7]

Apresentada esta singela introdução, estou em condições de iniciar a explicitação do tema deste livro que era o de, inicialmente, desenvolver algumas reflexões adicionais a partir da questão do alcoolismo, abordada no livro já citado, dadas às limitações daqueles primeiros ensaios para tratar assunto de tamanha amplitude e complexidade em apenas um livro, que nos obrigou ao não desenvolvimento de alguns temas de relevância para o assunto. Apenas para pontuar, naqueles ensaios foram abertas várias vertentes de pesquisas, dado o caráter interdisciplinar que adotamos, especialmente os relacionados com as tentativas de superação de condições propriamente humanas tanto pelos alcoolistas como pelos drogados. Entretanto, ao iniciar minhas pesquisas para estes novos ensaios, nos deparamos com a questão da melancolia a partir da obra *Saturno y la melancolia*, de Panofsky, Klibansky e Saxl,[8] complementada pelos escritos de Pigeaud, especialmente seu *Maladie de L' Âme*,[9] e *O homem de gênio e a melancolia*,[10] e pelo instigante ensaio de Luciana Chauí Berlinck, *Melancolia: rastros de dor e de perda*,[11] nos quais, dentre várias outras questões relevantes, aparecem traduções e analises do texto aristotélico da *Experiência XXX, 1*. Este, de partida, coloca a seguinte pergunta, ou proposição: "Por que razão todos os que foram homens de exceção, no que concerne à filosofia, à ciência do Estado, à poesia ou, às

---

7 PIGEAUD *apud* BERLINK, 2008, p. 20.

8 PANOFSKY; KLIBANSKY; SAXL, 2012.

9 PIGEAUD, 1981.

10 PIGEAUD, 1998.

11 BERLINCK, 2008.

artes, são manifestadamente melancólicos [...]", em pleno século IV a.C, que de forma significativa para nossos propósitos,

> [...] consideravam a melancolia um tipo de temperamento, índole, ou, caráter natural dos indivíduos excepcionais (poetas, profetas, heróis, sábios), chegando a ser vista como a forma suprema de aproximação do divino por um ser humano, com o nome de *mania* divina.[12]

É importante ressaltar a palavra grega utilizada por Aristóteles para seu homem de exceção; "περιττος, περισσος", que pode ser traduzido de diversas formas, extraordinário, excepcional, magnífico, desmedido, excessivo, mas que sempre supera qualquer medida normal, que excede, que está bem além de nossa compreensão.

A esta proposição inicial que guarda grande aderência com nossos ensaios anteriores sobre a embriaguez, Aristóteles vai além, lançando importante analogia acerca dos efeitos temporários do vinho que são semelhantes aos da bile negra, característica básica das pessoas consideradas, à época, melancólicas. Os impactos destas leituras foram grandes, me levando a questionar sobre as possíveis interações entre as pessoas que buscam o consumo de drogas e de álcool com as pessoas melancólicas, sem estar aqui, me referindo especificamente ao fato de que uma das razões para uma maior utilização de drogas advém também de pessoas que sofrem de melancolia. Ao me aprofundar um pouco mais nesta questão, pude constatar que aquelas semelhanças eram ainda mais profundas, que iam muito além da analogia proposta por Aristóteles dos efeitos temporários do vinho sobre os caráteres das pessoas, acrescidas das considerações de Freud em sua já citada obra *Luto e melancolia*, que considera na melancolia questões ideais narcisistas que permeiam o comportamento da pessoa que sofre deste mal, da mesma forma que os drogados e alcoolistas.

Alguns autores classificam nossa sociedade atual de tóxica, como Alan Watts e Eduardo Kalina, devido ao caráter compulsivo das pessoas em suas atividades, outros classificam de narcisistas, como David Harvey e Christopher Lash. Por meio de uma leitura muito particular e simplificada dessas afecções, aqui quero considerar a hipótese de que, na realidade através de caminhos formalmente distintos, a busca e os discursos destas pessoas guardam semelhanças básicas, no sentido de tentarem superar suas condições humanas, mesmo que por breves momentos, levando-os igualmente a uma vida sub-humana, quando

---

12 BERLINK, 2008, p. 15.

não alcoolizados, nem drogados, e nas fases atímicas dos melancólicos. Porém, o mais relevante nesta afirmação de caráter genérico é que esta hipótese, acerca da condição humana, parece se confirmar pelas informações existentes, uma vez que a melancolia e os melancólicos em suas caracterizações de "homem de gênio", e em sua conhecida misantropia, de repúdio a humanidade, são um dos temas mais pesquisados e analisados por diversas áreas de interesse, a par de suas manifestações literárias e artísticas que constantemente são objeto de minuciosas interpretações. De outro lado o tema do "narcisismo", fundamental na análise de desvios dos comportamentos humanos, exaustivamente analisados em nosso livro no caso de alcoolistas e drogados, apesar de seu abandono precoce por Freud a partir da segunda tópica, tem sido objeto de estudos cada vez mais relevantes, especialmente dedicados a entender e clarificar as várias questões presentes em sua estrutura. Neste sentido, creio que tentar um conhecimento mais profundo da questão do significado atribuído a condição humana ao longo do tempo, das constantes tentativas de superá-la, ou mesmo de ignorá-las, podem nos ajudar a entender a problemática do consumo de drogas e bebidas alcoólicas, juntamente com as analogias com o tema da melancolia, enriquecendo em muito nossas analises.

Nos ensaios anteriores, uma das questões levantadas dizia respeito ao processo de crescente onipotência pessoal, tanto por parte do usuário de drogas pesadas quanto pelo de bebidas alcoólicas, que, paradoxalmente, em grande parte dos casos, significavam um pretenso controle da vida, de seus instintos e desejos, que acabavam representando ou sendo reconhecido como atitudes heroicas, e mesmo algo próximo de uma deificação. Neste sentido, me apoio deliberadamente na experiência de Baudelaire com o haxixe que aparece de forma explicita no capítulo "Homem-Deus" de seu livro relativo aos paraísos artificiais.[13] Chamou-se atenção naquela ocasião para dois aspectos fundamentais: as características específicas do homem. Um homem sensível, incompreendido e original, de acordo com diferentes pontos de vista, e a existência na realidade de um processo com duplo sentido. De um lado os efeitos iam levando o homem à queda, à perda do desejo, da vontade e da liberdade, ao mesmo tempo em que ele vai se admirando, se glorificando, se fascinando, até alcançar sua total deificação;

---

13 Ver *Os paraísos artificiais*. Cf.: BAUDELAIRE, 1971.

"Ninguém se surpreenderá que um pensamento final, supremo, jorre do cérebro do sonhador; 'Tornei-me Deus!'"[14]

De outro lado o acompanhamento das trajetórias de poetas como Baudelaire, Thomas de Quincey e Burroughs, na direção da drogadição, principalmente pela lucidez e sabedoria de suas permanentes análises dos processos em que estavam envolvidos, nos ajudou enormemente entender um pouco mais das orientações dos desejos, das dificuldades inerentes à obtenção de prazeres, que de alguma forma permeiam o discurso e a busca de pessoas pelo uso de drogas. Em todas estas experiências, e em muitas outras, a procura de uma imagem pessoal heroica, fascinante, virtuosa, perfeita, superior, e quem sabe imortal por parte dos usuários de drogas, paralelamente a perda de certas características fundamentalmente humanas – desejos, vontade, liberdade e vida –, é um dos mais provocativos e inquietantes do ponto de vista humano e intelectual.

Procurei estabelecer uma tipologia dos momentos principais de uma pessoa em seu longo e tumultuado trajeto rumo à adição alcóolica, com um enfoque distinto da tipologia utilizada por Aristóteles na *Experiência XXX,1*, que se fixou basicamente nas distintas reações das pessoas à ingestão alcóolica, tendo ficado bem claro a relevância da criação de uma fantasia onipotente envolvendo o sujeito e seu objeto de dedicação e amor, necessária para a superação de suas limitações reais, de sua vida ordinária não condizente com todo o seu potencial de viver uma "vida ideal". A necessidade desta fantasia para uma pessoa com as características já descritas pode ser evidenciada por seus eventuais bloqueios de buscar adequadamente suas realizações, porém, em muitos casos, trata-se de utilizar um atalho que lhe garanta certezas de no menor tempo possível alcançar o que busca, principalmente em termos de prazer. Esta fantasia vai lhe dar suporte para não somente superar as limitações normais de todo ser humano, mas, principalmente, para criar uma nova vida, uma nova história, em direção àquela superação de sua natureza humana mediante paradigmas heroicos e divinos inconscientes que de alguma forma foram estabelecidos em sua realidade psíquica.

Entretanto, esta questão da deificação é somente a parte mais visível e concreta da questão, pois associada com esta busca da onipotência, existem procedimentos especificamente humanos, porém em contextos místicos e em muitos casos religiosos, que são as tentativas cons-

---

14 BAUDELAIRE, 1971, p. 59.

tantes de mortes e renascimentos. Nas sociedades primitivas, especialmente relacionadas com o curso da natureza e com o cultivo da terra, um ano teria que morrer para o novo pudesse aparecer de forma resplandecente, ou mesmo que a noite significasse a morte e, o dia a vida. Todos os ritos de passagem, especialmente os de "iniciação", fossem dos jovens masculinos ou de virgens donzelas, exigiam previamente a morte de suas vidas anteriores, para que eles pudessem adquirir novas personalidades na direção de se tornarem adultos e com direitos de participação ativa nas comunidades.

A maioria destas manifestações, relacionadas com mitos de fertilidade e de iniciação, que faziam parte da organização social daquelas comunidades, foram obviamente abandonadas pelas sociedades modernas, apesar de suas permanências na essência de alguns dos rituais religiosos, como no caso das religiões cristãs. Porém, um sentimento ficou e acompanha os homens até os nossos dias: a crença nas imensas possibilidades de renascimentos individuais ou grupais, sejam através de esforços pessoais, seja através da utilização da base material enormemente desenvolvida e em desenvolvimento pelas sociedades atuais. Seria altamente exaustivo relacionar todas estas possibilidades, porém é inequívoco que dentre elas, a mais contundente e radical é da utilização das drogas e álcool, que permitem reconstituir o processo de morte e renascimento todas as vezes que recorrem àquelas substâncias, talvez com um sentido negativo, com efeitos limitados no tempo, porém com inegável facilidade e acesso rápido e imediato. De outro lado, como veremos mais adiante, ao examinarmos o caso da Grécia, aquela crença pode ser algo permanente e universal, com uma amplitude e profundidade que sequer desconfiamos.

De qualquer maneira, a questão geral da superação da condição humana não é obviamente privilegio da busca de pessoas dependentes de drogas, tampouco uma questão nova para a humanidade como um todo, especialmente centrada a partir da questão da finitude do homem, que sempre foi considerada como um verdadeiro absurdo e de difícil aceitação. Uma das vozes mais raivosas com relação à injustiça de nossa mortalidade foi Blaise Pascal no alvorecer da revolução científica através de alguns fragmentos famosos:

> O homem não é nada mais que um caniço, o mais fraco da natureza; mas é um caniço pensante. Não é preciso que o Universo inteiro prepare suas armas para esmagá-lo: um vapor, uma gota d'água é o bastante para matá-lo. Porém, mesmo que o Universo o esmagasse, o homem ainda seria

mais nobre que seu assassino, porque sabe que morre e sabe da vantagem que o Universo tem sobre ele: e o Universo nada sabe disso.[15]

Um pouco mais longe, assistindo aos estertores do grande império romano ocidental, Santo Agostinho de Hipona, do alto de sua reconhecida sabedoria, com o objetivo de estabelecer a eternidade cristã, falava a seus leitores:

> Sei que querem continuar vivendo, que não querem morrer. E querem passar desta vida para outra de modo que renasçam não como homens mortos, mas sim plenamente vivos e transformados. Isto é o que desejam. Este é o sentimento humano mais profundo; misteriosamente a própria alma o deseja e o quer, como por instinto.[16]

Porém, se naquela época existiam tais preocupações, elas cresceram de forma exponencial em nossos dias, dados os avanços tecnológicos em praticamente todas as áreas, que aumentaram em muito a oferta de produtos e serviços que visam de algum modo retardar ou mesmo *tromper*, "enganar", o problema, sem, entretanto, abalar a questão da finitude em seu caráter radical, de não conhecer nenhuma limitação, nenhuma exceção. "Hoje em dia esta questão é o nosso dever, o que obriga o pensamento a superar a perda, o inautêntico, o sem-fundo de sua existência, sendo a morte a verdade inapropriável da experiência humana [...]",[17] que levou aos mais conceituados filósofos a exercerem suas atividades como forma de aprender a morrer, culminando com a revelação do "ser-para-a-morte" de Heidegger.[18]

Entretanto, além do fato incontestе que são muitas as motivações que levam o homem a desejar superar sua condição humana, dentre as quais obviamente a finitude tem um lugar de destaque, no caso específico do uso das drogas em seus desejos onipotentes, coexistem, como dissemos, uma série de outros elementos que chamam atenção. A utilização destas substâncias tangencia as questões de vida e morte, em especial através de uma estreita intimidade com esta última: desejos constantes de renascimentos seguidos de novas mortes sejam psíquicas e mesmo físicas; a necessidade absoluta de se reconhecer como uma pessoa incomum e extraordinária que, por consequência,

---

15 EIRE, 2013, p. 229.

16 EIRE, 2013, p. 82.

17 BAAS, 2002, p. 1.

18 O "ser para a morte", foi estabelecido como categoria fundamental da fenomenologia de Heidegger em 1926, no livro *Ser e Tempo*.

merece uma vida rica e fantasticamente prazerosa, a par de uma explicitação estranha de espiritualidade e de divindades, de uma essência que vale a pena explorar, pois caracterizam questões relativas à ausência emocional e de suporte espiritual, que podem levar a se relacionar diretamente a heróis negativos, ou aos deuses mortíferos. O "Deus está morto" de Nietzsche não se aplica a essas divindades, como vemos com grande frequência nos dias atuais, que vai muito além do uso de drogas, na direção da banalidade do mal e da própria vida.

Jung em sua famosa carta endereçada a Bill Wilson sobre um paciente dependente de álcool refere-se que, ao tratá-lo compreendeu que o alcoolismo cria um vazio espiritual: "A sua fixação pelo álcool era o equivalente, em nível mais baixo, à sede espiritual do nosso ser pela totalidade, expressa em linguagem medieval pela união com Deus."[19] Assim, de acordo com Jung, a par de um processo de onipotência crescente, e claro da dependência total em relação a seu objeto de prazer, o alcoolista procura um significado espiritual no absurdo de sua vida, e em seu sofrimento que deixam sem respostas uma serie de indagações.

Avançando um pouco mais no estabelecimento do nosso caminho, a primeira impressão que advém dos relatos de pessoas que se drogam quanto a esta questão é de que o sentimento buscado está mais referenciado a uma onipotência olímpica, a uma autonomia e independência absoluta, acima do bem e do mal, sem vínculos concretos com pessoas e com os demais objetos, acima dos sofrimentos cotidianos e normais, buscando um estado de paz e tranquilidade, e, portanto sem tensões existenciais e emocionais, próximo a algo considerado como o absoluto imaginado por poetas e sonhadores, ou ao estado de nirvana próximo da morte. Tudo, mas tudo mesmo, se resume nele, no seu Eu em comunhão com sua droga, independente de tempo e espaço, cujas qualidades de consciência, lucidez, conhecimento e ações naqueles momentos de elevação não têm limites.

Entretanto, mesmo que esta primeira impressão se constitua em uma boa aproximação do problema, onde se fundem diversos elementos naturais e humanos, em que já se evidenciam de alguma forma poderes que transcendem em muito suas capacidades e limitações pessoais, por ser uma pessoa especial, por se considerar acima das demais pessoas,

---

19 Carta de resposta de Jung a Bill Wilson, um dos fundadores do AA, de 30 de janeiro de 1961, publicada no material do AA e no livro *Cartas de Jung*, pela Editora Vozes.

pelo controle absoluto de sua vida, pelo inconformismo com seus sofrimentos, pela não aceitação de limites em seus desejos, temos que acrescentar as motivações de caráter espiritual intrínsecas ao processo. Assim, em princípio, o que está em questão é analisar o quanto o processo de drogadição leva o homem a buscar e considerar haver superado restrições advindas de sua condição propriamente humana, e por que este fato, ou esta condição, é tão altamente desejável a ponto dele abandonar sem pestanejar atitudes e comportamentos humanos que estão na base de suas possibilidades de viver uma vida boa e com algum sentido.

Vou olhar o que ocorre com relação ao nosso outro lado, o dos melancólicos, procurando de início ressaltar alguns pontos que dizem respeito a nossa questão principal. Baseado na leitura e nos comentários de Pigeaud,[20] em sua apresentação sobre o "Problema XXX, 1" de Aristóteles é possível inferir algumas questões essenciais:

- o questionamento básico que orienta a reflexão de Aristóteles como vimos é: *Por que todo ser de exceção é melancólico?* O autor dará os exemplos e discutirá as causas desta sua evidencia;
- o autor introduz o tema através de uma *analogia*, com a experiência do vinho que, por tempo limitado, produz uma amostragem de caráteres que correspondem cada um ao caráter de um individuo determinado e singular;
- ele se serve das classificações hipocráticas dos quatro humores e dos quatro temperamentos para *identificar os melancólicos com as perturbações da "bile negra"*, situando-os claramente na natureza, decorrentes do calor como um princípio regulador do organismo e instáveis por essência devido a sua característica ventosa;
- *a bile negra e o vinho são "modeladores de caráter"* por identidade de natureza, sendo a grande diferença que a primeira oferece à natureza melancólica;
- *Todos os estados de embriaguez com todos os seus perigos por toda a vida, tornando-o um ser essencialmente polimorfo.* Esta afirmação implica em um ponto fundamental, pois significa que o *melancólico tem em si como possíveis todos os caráteres de todos os homens,* esclarecendo a ideia de sua criatividade, e da tese da excepcionalidade do homem melancólico;
- "[...] seja pelo efeito do vinho ou da bile negra, pouco importa aqui, as pessoas tornam-se coléricas, filantropas, apiedadas, au-

---

20 PIGEAUD, 2002, p. 7-68.

daciosas, loucas, violentas, ousadas a empreender, seguras delas mesmas, falantes, eloqüentes, silenciosas, taciturnas, idiotizadas, prontas ao impulso, aos desejos, às lagrimas, cheias de afeição por outrem, selvagens, covardes, obcecadas pelo sexo, bem-dotadas, eutímicas, atímicas, distímicas,[21] e o mais que eu talvez esqueça.";[22]

- o autor apresenta um paradigma do vinho e da embriaguez através de degraus e patamares da embriaguez mensurável pela quantidade de vinho: *do nível frio e silencioso para o mais falante, eloquente, seguro de si, ousado a empreender, violento, louco, depois o individuo se desfaz para soçobrar na idiotia;*

- no caso dos melancólicos o autor se interessa por seu aspecto proteiforme,[23] observando os comportamentos extrovertidos que impelem o indivíduo para fora de si próprio, e ao contrário daqueles que mantém o homem em sua solidão, porém ébrio ou melancólico, ele é projetado progressivamente fora de si mesmo em direção aos outros;

- entretanto, devido às características da própria mistura da bile negra pela inconstância devido ao resfriamento do quente ou o aquecimento do frio, pode-se esperar reações as mais diversas do melancólico, dependendo da circunstância, do instante, procurando o autor mostrar que existe uma constância na inconstância.

Todavia, ao abordar a questão crucial de que o melancólico, seja um doente, ou que tenha propensão às doenças provocadas pelo excesso da bile negra devido a sua natureza, o autor define a personalidade deste individuo com uma grande clareza e com significativas consequências para o nosso tema, que vale aqui reproduzir;

> Porque seu corpo está constantemente corroído por causa da mistura e se encontra sem cessar em estado de desejo violento. Mas o prazer afasta a pena, o prazer que é seu oposto como qualquer prazer, se é intenso e é por isso que os melancólicos são intemperantes e viciosos.[24]

---

21 De acordo com Marilena Chauí em seu artigo *Laços do desejo*, citada por Berlink, a *distimia* refere-se ao desânimo, diminuição da força do desejo, a *atimia* à perda do desejo de viver com o respectivo desejo de morrer e a *eutimia*, com sua saúde, a alegria que solta o coração no desejo de viver, aumentando a vida.

22 PIGEAUD, 2002, p. 24.

23 Que muda constantemente de forma, tornando-se efêmero, passageiro e polimorfo.

24 PIGEAUD, 2002, p. 41.

Pigeaud acrescenta:

> Dessa maneira, o melancólico é sempre empurrado para a busca do prazer, que não é mais que uma maneira de acalmar a sua dor, nascida da corrosão de bile negra. Ele é sem cessar impelido à distração, o que o conduz, na urgência de encontrar a paz do corpo, a não ser muito escrupuloso na escolha de seu prazer, e o incita ao vicio. Pelo efeito da bile que o corrói, o melancólico não tolera a sobriedade calma da vida. Ele é coagido ao divertimento.Ele é um homem do Divertimento.Pela mesma razão é um ser de violência e de contraste, vitima da mudança incessante, ele é incompreensível. O melancólico já chegou ao limite extremo, onde é esperado. Diz o Problema XXX,1 "Porque a bile negra é inconstante, inconstantes são os melancólicos".[25]

Resta enfrentar uma última questão que está no âmago do problema levantado pela reflexão de Aristóteles, que trata da criatividade do melancólico: qual a ligação entre todos os domínios da cultura, da arte, da atividade do cidadão, da poesia com o polimorfismo, a inconstância, a variabilidade e os avatares dos melancólicos? Neste sentido Pigeaud recorre aos antigos gregos com suas noções de "μιμησης", *mimésis*, imitação ou representação, para enfrentar a questão da criação, que levou Platão a condenar a própria atividade artística.

> O artista, o imitador, não fabrica na verdade mais do que ilusões sem realidade; ela não tem constância nem controle do que faz. Ele pretende *fazer* todos os seres móveis, todos os viventes e ele mesmo, a terra, o céu, os deuses e tudo que existe no céu e no Hades.[26]

Porém, Aristóteles em seu devaneio sobre a criatividade no "O Problema XXX, 1" nos afirma que esta é uma pulsão muito especial cuja essência é a de ser diferente, uma incitação irreprimível a se tornar outro, a se tornar todos os outros. Na *Poética*, Aristóteles pontua que "[…] a arte poética pertence ao ser bem-dotado pela natureza ευφυως, ou ao louco μανικου, porque os primeiros se modelam facilmente ευπλαστοι; os outros saem de si mesmos `εκστατικοι."[27] Pigeaud resume de forma ainda mais clara:

> […] trata-se de duas maneiras de tornar-se outro. Pode-se ser dotado pela natureza para se modelar a si mesmo e se *fazer* diferente: ou bem a lou-

---

25 PIGEAUD, 2002, p. 42.

26 PLATÃO, 2019.

27 PIGEAUD, 2002, p. 44.

cura, ou seja, a saída de si mesmo, torna-o apto àquilo que é justamente a alienação, o fato de tornar-se outro.[28]

Seguindo esta trilha um pouco mais adiante, o "O Problema XXX, 1" suprime as alternativas do bem dotado e do louco para colocá-los no mesmo plano ao dizer:

> [...] os que a têm -essa mistura da bile negra-muito abundante e quente são levados à loucura e dotados pela natureza, inclinados ao amor, facilmente levados aos impulsos e aos desejos.[29]

Assim o "O Problema XXX, 1" nos diz que o bem dotado e o louco derivam do de um mesmo dado natural, o melancólico. Entre eles não há mais alternativa, há apenas uma diferença de grau. A conclusão é inevitável: *não se é profundamente si mesmo* e criador *a não ser sendo outro*, deixando-se transformar-se em outro, imitando-se melhor todos os personagens e todos os seres.

Considero que para esta introdução a questão dos melancólicos por meio do "O Problema XXX, 1" era necessária para que pudéssemos avançar no sentido de esclarecer um pouco melhor nosso caminho. De imediato posso averiguar as enormes áreas de contato entre os toxicômanos e alcoolistas de um lado, e os melancólicos de outro, com várias aberturas de temas a serem exploradas como a idealização de si mesmo, o caráter vicioso de ambos, a constância na inconstância, os desejos de serem outros e o mesmo, a inclinação para as representações, a busca insaciável do prazer, e são claras as possibilidades artísticas e outras devido a uma elevada sensibilidade de "fazer" o outro. Mesmo sem admitir a genialidade ou a excepcionalidade destas pessoas, há que se aceitar que se trata de seres especiais, que buscam caminhos não convencionais para enfrentar a dor de viver de forma limitada suas existências, inclusive, assumindo riscos de se projetarem para fora de si mesmo de forma definitiva ou de caminhar para a perda do sentido da vida.

Sem querer neste momento apresentar e discutir o trabalho de Freud em *Luto e melancolia* com as implicações inevitáveis sobre o nosso tema, acho pertinente pelo menos colocar uma questão importante para clarificar nossos objetivos. O trabalho de Freud segue uma linha claramente exploratória a partir da analogia entre o luto e a melancolia, de suas diferenças fundamentais relativas à natureza das perdas

---

28 PIGEAUD, 2002, p. 45.

29 PIGEAUD, 2002, p. 45.

objetais, o desconhecimento do melancólico quanto a sua perda, as hipóteses de funcionamento das instâncias do ego diante da perda, a escolha narcisista implícita nesta perda, a questão da ambivalência e o desenvolvimento de nova analogia especialmente com a neurose obsessiva, até uma discussão final das participações dos aparelhos consciente e inconsciente no encaminhamento de alguma solução.

Neste caminho, especialmente na analogia da melancolia com o luto, Freud caracteriza a primeira melancolia através de alguns traços como desanimo profundo, penoso, cessação de interesse pelo mundo externo, perda da capacidade de amar, inibição de toda e qualquer atividade e a diminuição do sentimento de autoestima, por meio de autorrecriminação e auto aviltamento. Todavia, fica claro mais adiante, quando da consideração que o objeto perdido é de natureza narcisista, que consequentemente leva a supervalorização do sujeito em relação a si mesmo mediante suas fantasias ideais, que aqueles traços iniciais dos melancólicos precisam ser relativizados e vistos em um novo contexto. Abrahan sugere que o melancólico possui um sentimento de superioridade que lhe parece evidente, considerando um grave erro da psiquiatria quando caracterizam as ideias patológicas dos melancólicos como "delírios de inferioridade", quando na verdade há uma autoadmiração do paciente mesmo em suas representações de maldade, de grandes pecadores, de responsáveis por tragédias e outras.

Nos primeiros ensaios da análise da questão do narcisismo deixamos claro que os toxicômanos somente podem ser entendidos na medida em que se aprofundem as tendências regressivas e negativas para suas duas faces, a da dependência e da onipotência. No caso desses indivíduos existe claramente um objeto de referência que são as bebidas alcoólicas e as drogas, e no caso dos melancólicos um objeto perdido que se caracteriza entre outras coisas pelo seu desconhecimento. Porém, em termos de uma onipotência radical, da preservação do "ideal do Eu",[30] nossas duas categorias de pessoas, os toxicômanos e os melancólicos estão de mãos dadas e dispostos a tudo, sem nenhuma abertura em sua intransigência. Como diz Novey; "morre-se pelo

---

30 O ideal do ego, de difícil definição, é anterior ao superego e pertencente a uma teoria das pulsões distinta, atuando como um substituto da perfeição narcísica primária, com importante papel nas depressões neurótica e melancólica.

ideal do Eu, mas não se permite que ele morra. Ele constitui a mais intransigente influência sobre a conduta do indivíduo maduro."[31]

Assim, na definição do objetivo final deste novo trabalho, serei obrigado a considerar como uma premissa este entendimento acerca daquelas semelhanças nas buscas dos alcoolistas, toxicômanos e melancólicos, tendo como pano de fundo que existe uma raiz comum entre eles, que é das afecções narcisistas, que definem em grande medida as possibilidades do homem em superar ou não seus sofrimentos e suas vidas limitadas. Porém, no sentido de enfrentar estas questões, terei que percorrer um longo caminho relativo a encarar outras questões fundamentais: quais as razões concretas que o levam a se considerar um ente especial com possibilidades extraordinárias de poder viver uma vida tão especial; qual a natureza da condição humana implícita nessas atitudes e em que aspectos devem ela ser superada para que se sintam mais felizes e realizadas; que modelos de heróis e divindades transcendentais são seus paradigmas que o levam a abandonar tudo que é valorizado na experiência humana; e, finalmente, quais são as fantasias associativas em ambos os processos com as evidentes manifestações artísticas, e igualmente com a perda total do sentido da vida.

Porque apesar de todo este processo de glorificação e deificação, ele é acompanhado de perto pelo grande risco do sujeito caminhar a passos largos para a radicalização de seus comportamentos e atitudes, e, possivelmente, para a loucura ou a morte física. Sofrimentos de toda ordem e perdas significativas fazem parte deste enredo, e, no entanto na maioria dos casos para nada. Toda esta busca por transcendência e da criação de uma fantasia onipotente, que implicam em grandes investimentos emocionais, esbarra em aspectos relevantes. No caso do alcoolista, a questão do reconhecimento e de sua aceitação pelo Outro, que acaba nunca vindo e que o leva a manter seu vínculo indestrutível com o álcool. No caso do toxicômano a impossibilidade de manter o "gozo do Outro", de concepção lacaniana, tendo que enfrentar a álgebra da necessidade; e no caso dos melancólicos na esperança da desvalorização do objeto perdido através da luta da ambivalência. Obviamente estes aspectos encontram-se na raiz do problema desde seus primórdios relacionado com perdas, feridas, frustrações e desapontamentos com os primeiros objetos de desejo, ou com algo ainda

---

31 NOVEY *apud* LASCH, 1986, p. 165.

mais longínquo, que os obrigam a viver envolvidos no terreno do imaginário ou do alucinatório.

Tendo em vista tudo que até aqui foi colocado, irei examinar com prioridade e profundidade algo que está na raiz das saídas tóxicas e melancólicas, que é de alguma forma a não aceitação da condição humana, através de comportamentos que visem ultrapassá-la na direção de modelos e paradigmas ideais, associadas a uma postura essencialmente onipotente e narcisista. Entretanto, a superação da condição humana é antes de tudo uma questão cultural e histórica, sendo igualmente uma questão dependente das relações com o divino, com o eterno, já que nos parece evidente que este se manifestou de modos totalmente distintos para gregos, persas, hebreus e hindus. Neste sentido, de forma a encarar o desafio de aprofundarmos o exame desta questão, teremos que iniciar o livro com a necessária delimitação da pesquisa histórica e cultural da evolução da condição humana em seus principais contornos. Estes foram estabelecidas das mais variadas formas, dependendo do padrão de civilização e de cultura, bem como de suas crenças específicas, porém no caso de nossa civilização ocidental, podemos resumir, de forma totalmente arbitraria às respostas dadas a essas questões em alguns momentos históricos distintos, tentando explicitar os valores importantes da sociedade em suas vidas e em seus relacionamentos com o divino. Alguns destes períodos podem ser arbitrariamente considerados: o período da Grécia Arcaica e Clássica, por meio das visões épicas e líricas de um lado e de outro a emergência da *polis* e do homem trágico, o conturbado e complexo fenômeno do helenismo, a dissolução de valores no período revolucionário da republica romana e a reconstrução da Pax Romana a partir de Augusto, a emergência e o predomínio cristão até o final da Idade Média, o Renascimento e a Reforma e suas duas derivações, o Iluminismo e o Romantismo, e o período moderno a partir de Darwin, Freud e Nietzsche, com suas especificidades, e seus desafios à onipotência humana.

Assim, estou diante de uma questão que é a de encaminhar uma solução de abordagem deste tema que seja razoável, que seja factível em termos de esforço pessoal, que nos traga elementos importantes para nossa discussão, dependente, portanto, de informações, estudos, análises, e, claro, que tenha suficiente atração como assunto para esta pessoa curiosa e disposta a conseguir abrir novos caminhos de entendimento sobre as questões até aqui colocadas, levando-nos a concentrar nossos esforços em alguns períodos históricos essenciais, e em determinadas correntes de pensamento que possam dar suporte a este nosso entendimento. Desta forma, vamos restringir nossa análise a um período bem definido, capaz de nos ajudar a lançar novas luzes às questões por nós colocadas: o período histórico que se segue aos séculos obscuros dando início a era arcaica da Grécia Antiga, até o período clássico ateniense dos séculos V e IV, com todas as transformações econômicas, sociais e culturais ocorridas, em especial as relativas ao surgimento, desenvolvimento e apogeu do fenômeno da tragédia ática, no século V em Atenas. As razões para tal, juntamente com a abrangência que será dada ao tema, serão amplamente apresentadas em nosso próximo capítulo.

Algumas advertências nos parecem obrigatórias: pretendo desenvolver uma análise, que não é nem um estudo aprofundado do ponto de vista religioso, no caso da religião grega com todas as suas variantes, menos ainda um tratado filosófico, em seu estrito senso, buscando respostas a questionamentos metafísicos, tampouco discutir em detalhes as estruturas e processos psicológicos. Desenvolverei na realidade uma pesquisa, levando em conta evidentemente os aspectos mencionados, porém de forma parcial e ajustadas aos nossos objetivos, considerando no caso da Grécia, aspectos históricos relativos aos valores das sociedades no que se relacionam a vida humana, e aspectos simbólicos, culturais, rituais, relevantes em suas relações com os deuses, que no fundo são os elementos que podem de alguma forma, ainda hoje, terem significados em termos de representações, no inconsciente de pessoas que buscam aquelas saídas, atalhos ou desvios. Os valores humanos, os heróis e deuses serão vistos por meio deste prisma, com respeito total por suas histórias e referências, porém com total liberdade de minha parte, particularmente no que se relaciona com a análise da condição humana expressa de forma única, insuperável, de dimensão universal, mediante a cena ática, ocorrida em Atenas no século V.

CAPÍTULO 2

A PARTIR DA GRÉCIA ARCAICA

A decisão de concentrarmos nossa análise histórica, com respeito à condição humana na Grécia Antiga tem como fundamentos uma série de razões que serão apresentadas ao longo deste capítulo, e sustentadas em seus detalhes ao longo de todo o trabalho, porém, devemos início-las, mediante algumas premissas que a justificam. A conceituação de condição humana envolve naturalmente uma enorme dificuldade, sendo que esta tem sido objeto de especulações e reflexões dos mais conceituados filósofos, a partir de Aristóteles com seu conceito de *bios politikos*,[1] referido basicamente a experiencia objetiva da cidade-estado, da *polis* grega, e que seria superado quase simultaneamente por Platão na *República* com sua visão utópica da vida da *polis*, e de alguma forma, pelo próprio Aristóteles, quando enumera os "modos de vida" em seus tratados éticos, com seu enfoque na *mediania*.[2] Porém, nosso interesse, neste caso, não está dirigido para a evolução deste conceito da condição humana, mas sim o de explorar e conhecer melhor o padrão desta condição justamente no âmbito da maior invenção grega. A *polis*, com seu sistema político e social, que extrapolou em muito suas características institucionais, adquirindo o *status* de um cosmos humano, e com a atenção voltada para o palco de um de seus principais atributos, a tragédia ática, com sua visceral interação com a sua vida política, onde a condição humana foi exposta com total realismo. Sem querermos nos antecipar, vamos imaginar por instantes o tipo de experimento realizado na Grécia como um todo, mais especificamente na Ática, em Atenas, nos séculos VI e V, com a autocriação de seu sistema político democrático,

---

1 Ver Aristóteles, *Politica*, mostrando a diferença entre os homens, os deuses e os animais quanto a vida comum regida pela política.

2 O conceito de *mediania* é estabelecido na *Ética a Nicômaco*, pelo filosofo ao qualificar a ação virtuosa entre o excesso e a falta.

e nas escarpas da Acrópole, no teatro de Dioniso, com a discussão e representação do drama humano, com suas limitações de toda ordem, a partir de sua condição mortal, porém com toda liberdade diante da vida perpetua da natureza e das vidas imortais de seus deuses, praticando, justamente, a maior qualidade de sua condição humana, a ação.

Hannah Arendt em seu seminal livro sobre a condição humana, designa como ponto de partida de suas reflexões três atividades humanas fundamentais, como condições básicas mediante as quais a vida foi dada ao homem na Terra: o labor, o trabalho e a ação.

> O labor é a atividade que corresponde ao processo biológico do corpo humano [...] a condição humana do labor é a própria vida. O trabalho é a atividade correspondente ao artificialismo da existência humana [...] a condição humana do trabalho é a mundanidade. A ação, única atividade que se exerce diretamente entre os homens sem a mediação das coisas ou da matéria, corresponde à condição humana da pluralidade, ao fato de que homens, e não o Homem, vivem na Terra e habitam o mundo. Todos os aspectos da condição humana têm alguma relação com a política; mas esta pluralidade é especificamente *a condição* – não apenas a "conditio sine qua non", mas a "conditio per quam" – de toda vida política.[3]

Em seguida, Arendt pontua que aquelas atividades e suas respectivas condições têm relação com as condições gerais da existência humana: o nascimento e a morte a natalidade, e a mortalidade. E aqui ela comenta algo de muito importante para nosso trabalho quanto a relação da ação com o nascimento, com o novo, com a natalidade, uma condição genuinamente grega:

> Não obstante, das três atividades, a ação é a mais intimamente relacionada com a condição humana da natalidade; o novo começo inerente a cada nascimento pode fazer-se sentir no mundo somente porque o recém chegado possui a capacidade de iniciar algo novo, isto é de agir. Neste sentido de iniciativa, todas as atividades humanas possuem um elemento de ação e, portanto de natalidade.[4]

E mesmo aqui nestes simples comentários sobre a obra de Arendt, queremos chamar atenção para um ponto de suas colocações,"[...] condições básicas mediante as quais a vida foi dada ao homem na Terra."[5] É evidente a abrangência e a universalidade dada pela filosofa ao mundo que abriga os mortais, porém no caso grego, a partir

---

3 ARENDT, 1981, p. 15.

4 ARENDT, 1981, p. 17.

5 ARENDT, 1981, p. 15.

de Hesíodo com sua cosmogonia, estabelecida tendo como origem o "Caos",[6] passando pelos milésimos com suas especulações até chegarmos a *polis*, aquele universo, aquele "cosmos", não somente foi discutido, como entendido, mas igualmente trabalhado devido à ação dos homens, com consequências sobre as próprias condições humanas.

De outro lado, e ainda com precaução, devido ao desenvolvimento futuro de nosso trabalho, a ênfase se dará em termos de esforços, estará dirigida para a tragédia ática, e neste sentido temos que recorrer a Aristóteles em sua caracterização inicial da mesma em sua *Poética*, e que também significa um retorno do discurso poético do exilio, reintegrando a poesia à cidade:

> E como a tragédia é a imitação de uma ação e se executa mediante personagens que agem e que diversamente se apresentam conforme o próprio caráter e pensamento (porque é segundo estas diferenças de caráter e pensamento que nós qualificamos as ações), daí vem por consequência o serem duas as causas naturais que determinam as ações: pensamento e caráter; e nas ações (assim determinadas), têm origem a boa ou má fortuna dos homens.[7]

A afirmação de Aristóteles é suficientemente rica e complexa, inicialmente, em termos da recuperação do conceito de *mimésis*, de imitação, ou, representação – das ações –, diante dos ataques de Platão, que segundo ele, captava aquela condição humana de pluralidade, no sentido do homem conhecer melhor o mundo, a si mesmo e suas interrelações, de forma realista, expondo mediante suas ações, imperfeições, fragilidades, erros, daqueles seres finitos e mortais diante de um mundo vasto e complexo, para eles inconcebível e incompreensível. E mais, Aristóteles deixou claro que aquelas relações entre os homens, em boa medida, eram conflituosas, litigiosas, sujeitas a pensamentos e caráteres distintos, bem como devido a outros atributos, relativos à linguagem, fonte de constantes mal entendidos por ser ambivalente e ambígua, e igualmente devido as paixões humanas, não citadas, mas subtendidas. Estes conflitos levavam a dores e sofrimentos, mas que no entender do estagirita não eram motivos para abandonar as ações que visavam buscar as relações com os outros homens, correndo-se aqui o risco de escapar de sua condição humana.

---

6 No decorrer do livro serão utilizadas indistintamente as palavras *Kháos* e Caos, pois isto está relacionado com o autor utilizado.

7 ARISTÓTELES, 1966, p. 74.

Penso que com estas breves considerações sobre a questão da condição humana, e da forma que ela foi encarada na experiência grega, são suficientes para seguirmos adiante, sem antes chamar atenção para um último ponto, delicado e complexo ao mesmo tempo, que envolveria um significativo esforço para ser totalmente apreendido aqui, mas que vale a pena mencionarmos.

É importante notarmos a aproximação e distinção, que existe entre as especificidades daquelas pessoas, toxicômanas e melancólicas, objetos de nossas reflexões, diante de suas dificuldades, carências, e impossibilidades, particularmente nas relações com o Outro, que as levaram a assumir determinados atalhos, tentando superar, ou mesmo abandonar suas condições humanas, assumindo diversos outros papéis, mas correndo riscos consideráveis de sucumbirem, e as características dos personagens trágicos, com suas ambiguidades, contradições, conflitos, dores, sofrimentos, diante de impasses, em um universo com o qual interagiam, ainda povoado de deuses imortais, em um estágio preliminar de organização social e de justiça, nos quais eles sentiam a necessidade imperiosa de afirmar suas condições humanas que, apesar disto os levavam, da mesma forma às desgraças e a morte. É justamente esta a questão fundamental, relativa a condição humana, que abandonada e desvirtuada pelos primeiros, e que deveria ser resgatada, será objeto de nossa análise, mediante o paradigma daquela condição na experiência grega, desde os épicos até alcançarmos a tragédia ática, período este, em que foi crucial identificá-la, diante da afirmação humana naquele mundo.

O nosso percurso ficou algo mais claro, a partir destas considerações iniciais, pois desta forma, buscaremos entender a experiência grega, particularmente no que se relaciona com a criação do cosmos humano da *polis*, com seu sistema político auto criado pelos cidadãos e de suas manifestações políticas e religiosas ocorridas na cena ática. Entretanto, para lá chegarmos, seremos obrigados partir da Grécia Arcaica, às vezes retrocedendo aos séculos obscuros, às vezes ainda mais atrás, em determinados casos, devido, principalmente, a característica de continuidade da história grega, nos fixando inicialmente no século VIII, final do VII, origem dos grandes poemas épicos de Homero e Hesíodo,[8] onde se discute pela primeira vez na literatura ocidental a questão básica das dificul-

---

8 Apesar da intensa controvérsia, normalmente se situa entre os anos de 750 e 700 a data dos poemas homéricos, com alguma distância entre a *Ilíada* e a *Odisseia*, da mesma forma que deve ter sido pequena a distância de Homero para Hesíodo, existindo uma tradição antiga que menciona um concurso entre ambos.

dades, conflitos e tragédias da vida dos mortais, bem como a interação profunda entre deuses e homens, particularmente, entre os deuses olímpicos sob a égide de Zeus, e homens especiais, com sua "αρετη"(*Arete*) os heróis épicos, em uma fase precisa do desenvolvimento da cultura grega. A poesia épica mediante estes dois autores e uma série de outros, transmitida oralmente pelos "αοιδος" (*aedos*),[9] uma vez que ainda não existia o alfabeto, marcou de forma indelével nossa cultura até os nossos dias, dando origem a um processo interno contínuo de grandes transformações econômicas, sociais, políticas, culturais e religiosas, naquele mundo nos séculos que antecedem o período clássico, de consolidação da *polis*, da democracia e da emergência do homem responsável por seus atos. No último século, devido inicialmente a uma série de grandes descobertas arqueológicas sobre o período micênico, da análise detalhada deste material por brilhantes filólogos, e as consequentes interpretações históricas e sociais, ocorreram significativas reavaliações daquele período, mas que trouxe igualmente uma consequente nova visão dos considerados tempos obscuros, com a constatação de que a sociedade que se seguiu a civilização micênica, que a princípio parecia adormecida durante os séculos XII e IX, havia gerado transformações importantes a partir do século X, inclusive uma original cerâmica geométrica. Da mesma forma, estabeleceu-se o entendimento que o apogeu grego da época clássica, séculos VI e V, havia sido gerado pelas condições criadas anteriormente, durante o período arcaico entre os séculos VIII e VI, por meio de diversas transformações altamente significativas, levando a alguns filólogos importantes a compararem em importância o período arcaico com o clássico. Independente das controvérsias, o fato concreto é que devido a estas revisões, na realidade, foi identificada uma importante continuidade na evolução da cultura grega a partir da comprovação de que, já à época micênica, existia uma cultura grega, independente da cultura egeia e minoica, com um alfabeto próprio, que não se perde totalmente naqueles tempos obscuros com as imigrações dos povos do norte, gerando condições para as grandes transformações da era arcaica, na qual se situam os poemas homéricos, no século VIII, com a clara evidência de que o poeta épico buscou boa parte de seu material, ao longo de todo aquele período, não se restringindo apenas ao período micênico. Assim as bases de todo o esplendor e apogeu do período clássico, que de

---

9 Os *aedos* eram os cantores e recitadores da época arcaica, em geral, os próprios poetas com sua capacidade de criação e ou de improvisação. Homero era um *aedo*, que segundo a lenda era cego.

acordo com a maioria dos analistas inicia-se a partir das guerras médicas, ou, segundo outros, a partir da revolta da Jônia, podem ser identificadas naquele período de grandes transformações entre os séculos VIII e VI, e onde se destacam as obras de Homero e Hesíodo.

Desta forma, no nosso caso em específico, qual seja a de lançar alguma luz para a questão da condição humana, é imperiosa a concentração da análise entre o período que vai de Homero a Eurípides, tendo ainda como argumentação adicional o fato de que é neste intervalo onde, em certa medida, o homem avança muito, com suas criações poéticas, com o início da especulação filosófica, na passagem do mito para o logos, na consolidação da maior invenção grega, a *polis*, e em uma profunda reavaliação religiosa, que vai bastante mais além dos deuses olímpicos. E ainda, elaborando um pouco mais o tema, há que se reconhecer que, na Grécia tanto em seu período arcaico como no clássico, as questões dos deuses e dos homens predominam em todas as manifestações artísticas, seja na épica, na lírica, nos primórdios da filosofia jônica, nas tragédias e comédias, com reflexos diretos nas questões políticas e sociais. E é aqui que a experiência grega se consolida, pois, paradoxalmente, se torna na primeira, e quiçá na única sociedade antiga que se auto institui, que decide a forma como pretende viver do ponto de vista político e social, inventando neste sentido "a política", mediante a prática de valores predominantemente humanos, sem intervenções transcendentais quanto ao direito, a justiça, de uma forma absoluta, que se espraia nas mais diversas direções, especialmente nas de caráter cultural, mesmo em relação às especulações de caráter filosófico sobre o cosmos em que vivem, e o papel dos mortais. De outro lado, da perspectiva divina, quando se fala da Grécia, acaba existindo, e com toda razão, um fascínio muito grande por sua mitologia, por aquelas belas histórias que certamente qualquer um de nós já ouviu falar, enormemente consolidadas e expandidas por Homero e Hesíodo, que têm como consequência nos falar de valores básicos para aquela sociedade, porém gerando devido a sua linguagem e beleza, dificuldades de entendimento com relação às questões reais propriamente humanas, mesmo que, direcionadas a estabelecer novas formas de interação com o divino.

Em resumo, já que estamos simplesmente fazendo uma pequena introdução ao tema, é bom deixar registrado que a religião grega nada tem de simples, fácil e luminosa como em geral é apresentada, mas ao contrário, reflete bem a complexidade social do país, com a clareza convivendo com a escuridão, o positivo com o negativo, a beleza com a desgraça, e é bastante exigente em termos de pesquisa e conhecimento, capaz de encará-la de frente, e ao fazê-la, aí sim, irá permitir de forma significativa, contribuir para um melhor entendimento da condição humana. De outro lado, é importante assinalar, que no século V, se consolida em Atenas uma enorme discussão acerca dos deuses, de suas origens, de seus comportamentos, de suas moralidades, especialmente através dos sofistas, dos filósofos, mas também dos poetas, gerando posturas agnósticas e ateias, de afastamento da religião, sendo este um fato capital para nossas pesquisas, pois a par de suas consequências em termos da própria existência humana, rompem-se diversas interpretações de comportamentos humanos devido às intervenções divinas, ficando o homem sozinho e naturalmente responsável, diante de suas dificuldades e problemas.

Finalmente, devemos ainda agregar, que existiram na Grécia, outros deuses, ou, outras religiões não diretamente relacionados aos olímpicos, aos deuses antropomórficos, inicialmente mediante a deificação de heróis locais, também denominados políades, basicamente deuses protetores de determinadas comunidades, que proliferaram muito com o advento das *poleis*, e também deuses de mistério, por vezes derivados de importantes tradições místicas existentes na Grécia, de grande presença junto a seus seguidores, com ritos e cultos próprios, sendo o mais importante deles, o deus Dioniso, que, na versão mais adotada, chega à Grécia vindo do Norte, da Trácia, ou, da Lídia, e que torna-se no deus mais popular da Hélade a partir do século VI, do qual muito falaremos ao longo deste trabalho. De qualquer forma, vejamos alguns pontos que serão destacados em nossa análise.

O chamado modelo grego, apesar de nossas ressalvas, é normalmente caracterizado, de um lado pela fundamentação de uma mitologia da criação do universo, dos deuses, e dos humanos, através de histórias antigas narradas de forma figurada e imaginativa, os mitos,[10] que a partir da criação do mundo através de Deuses Primordiais, levou a uma diversidade divina, tanto na primeira geração dos deuses titânicos, criados e estabelecidos pela astúcia e esperteza de Cronos, quanto na geração olímpica após

---

10 O significado de mito é certamente de difícil explicitação dadas as diversas interpretações a ele atribuídas. As mais simples dizem que se trata de um conto, de uma lenda, de uma história, que trazem para os homens uma significação, um sentido humano para que possam entender o mundo exterior.

a vitória total de Zeus e a consolidação da ordem e da justiça no Cosmos[11] Divino, mas que por outro lado levou a uma depreciação da condição humana, com suas mazelas, deficiências e sofrimentos, apesar de uma mesma origem e de visíveis semelhanças físicas e corporais com os imortais. Píndaro, o grande poeta grego, assim cantou em sua Nemeia VI:

> Uma, uma só a raça dos homens e dos deuses. E respiramos, vindos de uma única mãe, ambos. Separa-nos, todavia, em tudo distinto, o poder, já que uma nada é, enquanto sede sempre segura, o brônzeo céu perdura.[12]

Os deuses gregos da geração olímpica, por meio de suas características essenciais e suas esferas de poder estavam presentes no dia a dia das vidas humanas, como eventuais apoiadores em suas ações, em sintonia com a natureza, porém, sempre mantendo um saudável distanciamento, sem colocar os homens em um lugar privilegiado, nem estavam interessados em sua salvação ou algo pelo gênero, inclusive por que não ditavam normas e procedimentos éticos, não tendo produzidos livros de guia com orientações morais, como viria a ocorrer nas religiões monoteístas. Por outro lado, é importante salientar, que do ponto de vista dos homens, estes, igualmente, pouco esperavam dos deuses relativamente as questões mais fundamentais em relação as suas vidas, tendo assim, por outro lado, a liberdade facilitada, no sentido de criação de suas próprias normas de justiça e direito.

Esses deuses foram levados às várias regiões do Ocidente a partir do período helenístico e, posteriormente, dos impérios romano e bizantino, e fazem parte até hoje do imaginário cultural ocidental, jamais tendo sido superados como atestam suas constantes presenças nos mais variados períodos históricos, como na Idade Média, no Renascimento, no movimento romântico europeu, particularmente na Alemanha, chegando a influenciar decisivamente através das tragédias e comédias do século V, no desenvolvimento da psicologia profunda a partir do século XIX com Freud, Jung e Lacan.

Nossa intenção é mostrar como foi se moldando a existência humana, a partir de uma determinada relação entre deuses e homens ocorrida na Grécia antiga, seguindo o roteiro tradicional de inicialmente encarar os poetas épicos, Homero e Hesíodo, em especial a partir dos textos da ira de Aquiles e da morte de Heitor – da *Ilíada* – e das experiências vividas

---

11 No decorrer do livro serão utilizadas indistintamente as palavras Kósmos e Cosmos, pois isto está relacionado com o autor utilizado.

12 LOURENÇO, 2006, p. 247

por Ulisses, o humano – da *Odisseia* –, em seu caminho para casa, de volta da guerra de Tróia, e quanto a Hesíodo através da "Teogonia", narração da criação do cosmos, do nascimento dos deuses, de suas genealogias, e da assunção de Zeus ao poder celeste, e nos "Os trabalhos e os dias" no que se relaciona com os valores humanos do trabalho, da justiça, "δικη"(*diké*), do excesso, da desmedida, da "υβρις"(*hybris*). Porém, como nosso foco principal no primeiro caso era de examinar na visão de Homero, como se davam as relações dos deuses com os homens, e, principalmente, entre certos deuses e determinados mortais considerados privilegiados como nos casos citados desses heróis emblemáticos, se afigurava muito importante um correto entendimento de que mundo estava se referindo Homero, tanto na *Ilíada* quanto na *Odisseia*. Esta questão foi discutida através dos mais importantes filólogos Snodgras, Finley, Cornford entre outros, o que levou a uma redução das influências micênicas, e a uma nova avaliação da importância que assumem os chamados tempos obscuros e suas projeções no mundo existente àquela época, para um entendimento melhor do universo homérico. De outro lado, buscou-se igualmente ressaltar alguns valores tipicamente humanos que respaldavam suas relações com os deuses e ajustavam seus lugares naquele cosmos ordenado e perfeito, que se mostraram bem distintos em cada uma das obras de Homero, com participações igualmente distintas dos deuses em suas intervenções junto aos heróis.

Serão mostradas incialmente as grandes diferenças entre a *Ilíada* e a *Odisseia*, particularmente quanto a essência das participações humanas e divinas, que nos levou a examinar com atenção, no caso do primeiro, um poema de guerra, de enredo trágico para os dois grandes heróis, Aquiles[13] pelos gregos e Heitor[14] pelos troianos, o fato de apesar, de uma participação maior dos imortais ao longo do mesmo, ele se desenvolve a partir de seu início, sobre questões, puramente humanas, e se encerra glorificando ao máximo as condições humanas do perdão, da solidariedade, do respeito, da dignidade. E mais, a história é deflagrada, por motivos que nada têm de heroico ou virtuoso, com a disputa entre Aquiles e o chefe dos aqueus, o rei de Argos, Agamenon, sobre os despojos femininos de pilhagens executadas por eles, em várias cidadelas antes da

---

13 Aquiles, o maior guerreiro grego, rei dos Mirmidões, filho do mortal Peleu, daí porque é chamado de Pelida por Homero, e da deusa Tétis, uma das Nereidas, de grande beleza e sabedoria, cujo amor foi disputado por Zeus e o irmão Poseidon.

14 Heitor, o grande herói troiano, um dos dezesseis filhos de Príamo, rei de Tróia e Hécuba.

guerra contra Ilión. É em cima deste conflito, gerador da ira de Aquiles, o qual se afasta do combate contra os troianos, que Homero vai contar a história da guerra de Tróia, já decorridos nove anos da mesma, como vemos em seus primeiros versos: "Canta, ó deusa, a cólera de Aquiles, ó Pelida (mortífera!, que tantas dores trouxe aos Aqueus...)."[15] De outro lado, Homero vai encerrar a *Ilíada*, antes do final da guerra mediante uma das cenas mais belas do ponto de vista humano, de todo imaginário grego: o encontro e resgate do corpo do filho Heitor por seu pai Príamo, rei de Tróia, junto a tenda de Aquiles que o havia matado em combate pessoal, com diálogos sublimes entre os dois inimigos, de virtudes incomparáveis, particularmente quanto à questão da filiação.

Relativamente a *Odisseia*, a situação é totalmente inversa com uma menor interferência dos deuses e de certa forma a glorificação do extraordinário caráter de um mortal, Ulisses, ao longo da história, porém com a participação decisiva dos deuses no início, com o Concílio dos Deuses, presidido por Zeus, para decidir sobre o retorno de Ulisses a sua amada Ítaca,[16] contra o desejo de Poseidon, e ao final, com a participação ativa de Atena para resolver o conflito sanguinário de Ulisses e os seus contras referente aos pretendentes à mão de Penélope. De qualquer forma, o que está em jogo, a partir da primeira palavra do poema, "homem", é a sabedoria, a astúcia, e a vocação do ser humano no enfrentamento das adversidades e dos sofrimentos, mas que o levam a querer permanecer como mortal, apesar das tentações e oferecimentos para se tornar um imortal. A Odisseia permite diversas leituras, porém daremos ênfase as leituras do filosofo francês Luc-Ferry[17] sobre a significação da "vida boa", que Ulisses persegue o tempo todo, e uma, nossa, de que além de grande herói, com sua *metis* desenvolvida, ele demonstra ser um fantástico *aedo*, na linha do que foi Homero, sendo esta, uma referência constante no poema.

Enfim, discutiremos algumas outras questões fundamentais em Homero com sua inevitáveis consequências: a primeira ressaltada por Arendt, relativo a universalidade e a imparcialidade do poeta em relação ao tratamento dos mortais, sem instituir nenhuma diferença entre os aqueus e os troianos; a segunda, a importante discussão sobre a res-

---

15 Canto I. Cf.: HOMERO, 2013, p. 109.

16 Ítaca, uma das ilhas jônicas, situada no mar Jônico, com cerca de 96 quilometros quadrados.

17 LUC-FERRY, 2008.

ponsabilidade dos mortais sobre suas decisões, na linha das reflexões colocadas por Snell e vários outros filólogos; e finalmente a humanização dos deuses, que segundo Finley é de uma espantosa ousadia.

Hesíodo é um caso à parte na história cultural grega, e neste sentido faremos todo o possível para entender suas obras, seus mitos, seu pensamento, principalmente porque ele estará sempre conosco ao longo de todo o trabalho, desde aqui até o final da análise das Bacantes de Eurípides, podendo-se afirmar com segurança que do ponto de vista do desenvolvimento das ideias e pensamentos, o poeta, Hesíodo de Ascra da Beócia, é bem mais importante que o próprio Homero. Para começar, não existem razões para duvidarmos, diante da extraordinária importância, qualidade e alcance de sua obra, a fins do século VIII, início do século VII, que aquele pastor e agricultor, trabalhando nos campos cerca do Monte Helicón, tenha sido diretamente inspirado pelos deuses, em especial pelas Musas, para como *aedo*, recitar, e cantar tantos mitos, lendas, histórias, todas fundamentais para a cultura grega, com tantas consequências futuras para aquele povo. Conhecemos suas duas obras principais, a "Teogonia", do nascimento dos deuses, e os "Os trabalhos e os dias", envolvendo diversas questões, mas centrado na importância do trabalho para a sobrevivência dos homens. Atribui-se ainda a Hesíodo, o poema "O escudo de Héracles", possivelmente posterior aos dois poemas, porém nada sabemos ele. Hesíodo mantém a tradição homérica em jônio, estando enquadrado entre os épicos, porém, em termos culturais significa um grande afastamento de Homero, e este é um ponto que será ressaltado. Este falava dos deuses antropomórficos e dos heróis aristocratas, e Hesíodo na "Teogonia" nos fala de todos os deuses, tantos os deuses brilhantes como aqueles da noite escura, tenebrosa e vingativa, e nos "Os trabalhos e os dias", nos fala dos agricultores, dos pastores, simples mortais, sua vida familiar e de trabalho, as técnicas agrícolas, o efeito do tempo, sujeitos a justiça humana dos reis. E ainda mais, na "Teogonia" ele canta inspirado pelas Musas, cantoras divinas, porém no caso dos "Os trabalhos e os dias" ela já fala na primeira pessoa, marcando uma nova era poética, valorizando ainda mais a palavra. E por fim, em seu passo mais audacioso, ele com a ajuda daquelas entidades de sabedoria, memória, beleza e poder, decide cantar o "verdadeiro", e não o "verossímil", o falso, com aparência de verdade, afastando-se ainda mais de Homero, e fundando as bases da filosofia.

A "Teogonia" de Hesíodo, apesar de em sua parte inicial tratar da criação do universo – cosmogonia –, e após da genealogia dos deuses, é na realidade, segundo muitos, um hino à soberania de Zeus, que ao fim estabelece uma nova ordem divina sob sua soberania. A partir do proêmio do poema onde ele começa hineando a Zeus e suas filhas Musas, bem como os deuses olímpicos, ele descreve a criação do cosmos mediante suas quatro entidades primordiais; primeiro nasceu o Caos, depois também Gaia, a Terra, sede de todos os imortais, o nevoento Tártaro no fundo do chão e Eros o mais belo imortal e em seguida ele detalha as três linhagens divinas: a descendência do Caos a do Mar e a do Céu. O entendimento desta cosmogonia será alcançado com a ajuda de Cornford, com seu último livro, *Principium Sapientiae: as origens do pensamento filosófico grego*, que ele deixou inacabado, que foi editado por Guthrie, onde aparece desenvolvida sua tese de que a "Teogonia" de Hesíodo teria sido baseada em mitos orientais, mais precisamente de mitos babilônicos. Procurou-se verificar em seguida a questão da soberania divina, juntamente com o nascimento e a genealogia criação dos deuses – teogonia –, em suas três fases, com as soberanias de Gaia e Urano, de Cronos e de Zeus, com todas suas consequências em termos dos embates e conflitos que levaram ao estabelecimento do cosmos divino sob a justiça de Zeus. Uma atenção especial será dada a momentos especiais, que marcam a evolução do cosmos, como a união de Gaia com Urano, gerando as primeiras entidades divinas, denominados titãs, a revolta e ascensão de Cronos, mediante um dos episódios mais emblemáticos com a castração de Urano por seu filho, além da constatação dos protagonismos de Gaia, que praticamente interfere em todos os episódios, bem como de Cronos, que apesar de derrotado e exilado no Tártaro por Zeus, manteve toda sua importância como senhor do Tempo, e seguiu sendo venerado por muitos, inclusive pelos melancólicos ao longo dos séculos.

Em "Os trabalhos e os dias", será inicialmente analisado o poema relativo às duas lutas *Érides*,[18] a boa e a má; a primeira como emulação ao trabalho, na direção da sobrevivência e da obtenção de uma vida justa, mesmo que concorrendo com outros, e a luta má aquela que não tem sentido, vazia de propósito, injusta, contra bens alheios, sem base real. E após, o mito das cinco raças, deixando de lado, os mitos de Prometeu e Pandora. As cinco raças, de ouro, de prata, de bronze,

---

18 A palavra "Ἔρις", significa, segundo A. Bailly, citado por Lafer, querela a mão armada, luta, combate, discórdia, contestação, que pertence ao mesmo espaço semântico de "ἀγων" palavra das mais importantes da cultura grega. Cf.: BAILLY *apud* LAFER, 2002.

dos heróis e de ferro, que levam o homem a um caminho inverso do esperado, passando de um estado paradisíaco para seu presente de miséria, dor e sofrimento será analisado com a ajuda de Vernant com sua brilhante interpretação de caráter estrutural, ressaltando as características relacionadas à justiça e a desmedida. Ambos os poemas têm uma especial significação para a devida análise das tragédias áticas, pois, do primeiro se origina toda a tradição agônica dos gregos, um dos temas praticamente indispensáveis nos enredos trágicos, devido aos conflitos ali representados, sem falarmos de suas inclinações para a guerra, "Πολεμος" (*pólemos*), glorificada por Heráclito que a vê como uma das qualidades essenciais da condição humana, e no caso do segundo, por sua influência direta em um sem número de obras, que justamente tratam de personagens, oriundos das diferentes raças, como no caso dos ciclos tebanos, tanto de Sófocles como de Eurípides.

Finalmente, como um fechamento desta análise dos dois poetas dedicou-se atenção especial para um melhor entendimento do destino, da sorte, da "Μοιρα" (*Moira*),[19] e igualmente da justiça, mediante a personificação da deusa Themis, tanto em Homero quanto em Hesíodo, pois ambos regem de alguma forma as vidas dos homens, mas igualmente as dos deuses, a quem eles devem obediência e respeito. Analisaremos algumas passagens de Homero consideradas emblemáticas em relação a Moira como, de sua tentativa de enquadrar Poseidon na guerra de Troia, já que de alguma forma, estavam eles em campos opostos, bem como da importância do conceito de Themis, pois envolve os campos da lei, do direito, inventora dos oráculos e dos ritos, além de intervir na organização social, e que apesar de ser uma titânide tinha grande ascendência sobre os olímpicos, particularmente Zeus. Os dois conceitos, têm, para nosso trabalho especial importância, inclusive como uma ponte necessária para o entendimento do capítulo seguinte, da criação do cosmos humano, pois ambos são fundamentais em sua criação, explicitado nas especulações dos milésimos, na passagem do mito para a especulação filosófica.

Todavia, nesta primeira aproximação à questão dos deuses e homens em Homero e Hesíodo deixamos propositadamente de fora dois deuses que fogem um pouco a este esquema, mas que têm profunda relação com os humanos: o titã Prometeu e o controvertido Dioniso. Os

---

19 O conceito de Moira é, para os gregos, além de fundamental, extenso, pois envolve de um lado, destino, sorte, lote, e morte, porém também significa, parte, região, província, parte de território, e o que convém a cada um.

mitos relacionados a Prometeu, seu embate com Zeus, sua tragédia e sofrimento pelas doações aos homens, especialmente a do fogo, o estabelecimento dos ritos sacrificiais, e seu conhecimento exclusivo nos permitem avaliar melhor a própria natureza humana. De outro lado, Dioniso é o deus grego mais emblemático e controvertido, filho de Zeus, que a par de suas qualidades de provedor de felicidade aos homens através do vinho, e de seu papel civilizador na Ática com as festas e o teatro, leva a eles uma enorme série de inquietações, transtornos e fascínios, com suas constantes e variadas presenças junto aos humanos, que provocavam reações desmesuradas e dificuldades de entendimento, mas que esclarecem em muito as possibilidades de vivencia dos homens. O dionisismo foi igualmente importante por ter sido levado a todas as colônias gregas durante o período helênico, incluída a própria Roma onde teve enorme importância.

Os mitos de Prometeu e de Pandora, apesar de suas explicitações por Hesíodo, na "Teogonia" e nos "Os trabalhos e os dias" foi deixado para ser examinado, quando da análise da tragédia, o "Prometeu Acorrentado" de Ésquilo pela força e amplitude do drama, e como forma de comparação entre a visão mítica e a trágica. O Deus Dioniso, e a deusa Deméter, são os deuses de mistérios mais importantes, que servem de contraponto aos deuses olímpicos, apesar de todas as tentativas de enquadrá-los como tal, particularmente sem sucesso no que respeita a Dioniso. Adorado e glorificado no interior da Grécia, Dioniso é introduzido na Ática, em Atenas, num momento político e social de transformações sociais, justamente na passagem de sistemas oligárquicos de poder para se tentar alcançar a democracia, e que acaba por se tornar em referência cultural e civilizatória da *polis* ateniense, em um dos momentos mais significativos e emblemáticos do pensamento ocidental, a partir do final do século VI quando da emergência da tragédia grega. Dioniso será visto por nós, tanto no capitulo relativo ao período entre os séculos VIII e VI, quando analisarmos a *polis*, como também no capitulo referente as origens da tragédia ática, pois de seus ritos e cultos religiosos é que aquelas representações nascem, além do fato de que os concursos trágicos eram realizados na principal festividade de Atenas, As Grandes Dionisíacas, em sua homenagem. Porém, o universo dionisíaco será enfrentado de forma exaustiva quando da análise da mais perfeita tragédia de Eurípides, "As Bacantes", a mais completa e abrangente fonte de informações sobre a religião dionisíaca.

As dificuldades de análise dos dois grandes poetas épicos foram fortemente ampliadas ao se examinar o período do século VIII ao VI, em virtude das transformações que ocorrem na Grécia, desde o grande surto da colonização grega envolvendo todo o Mediterrâneo, das alterações estruturais econômicas e sociais daí decorrentes, do surgimento de novas soberanias, da consolidação das *poleis*, das manifestações artísticas dos poetas líricos, do surgimento do pensamento filosófico, e das novas crenças religiosas, com efeitos e consequências significativas em nosso trabalho. Pensávamos inicialmente em avaliar o desenvolvimento destes temas a partir das indicações, sugestões e esboços sugeridos ou, intuídos pelos nossos dois poetas, porém ao examinarmos as origens do pensamento filosófico, tivemos que voltar bem mais atrás, seguindo de perto os passos de Cornford, em sua obra *From Religion to Philosophy*,[20] e assim constatarmos que o cosmo divino de Zeus e o mundo de Ulisses não continham toda a verdade, estando a meio caminho da evolução cultural grega. O percurso adotado por esse autor o levou a examinar de perto e em detalhes as raízes das religiões gregas, a partir dos conceitos de destino, justiça e lei, intimamente ligados, como também com a identificação de que nas sociedades primitivas predomina de forma visível o que é denominado de "representações coletivas", com o indivíduo submetido ao grupo, com plena consciência disto para o equilíbrio e manutenção da ordem social. Todos estes condicionantes tinham significativas implicações na emergência dos *daemons*,[21] e após dos deuses e da própria religião, que o levaram a uma revisão da própria religião olímpica, e a examinar com cuidado as religiões de deuses de mistério, e a forma que se deu a passagem da religião para o processo filosófico de entendimento do cosmos, com a tese de que as especulações e descobertas dos milésimos carregavam muito daquelas visões de caráter religioso.

Diante destas novas considerações, colocando em xeque a emergência do mundo ideal homérico com base nos deuses olímpicos, fomos obrigados a retornar à Homero, e reexaminarmos alguns pontos de sua visão, buscando detectar uma nova realidade, que se situava por detrás

---

20 CORNFORD, 1991.

21 "Δαιμων", transliteração, *daemon*, significa em princípio, deus, deusa, poder divino, mas comumente utilizado como espírito, gênio. Em geral é tratado como não tendo ainda o *status* de deus. Em Platão é ainda visto como um anjo da guarda, ou, como uma figura intermédia entre os Olímpicos e os mortais. Também visto como demônio, no caso de Sócrates.

das aparências, de crueldade, de violência, e do lado sombrio da vida, com a ajuda, neste caso de Nietzsche, identificando-se aí a origem do sentimento trágico predominante, ou, permanente no sentimento grego. Da mesma forma fomos obrigados a retornar a Hesíodo, com a ajuda, neste caso de Gigon[22] e de Castoriadis,[23] para recuperarmos alguns elementos básicos utilizados por ele em suas cosmogonia e teogonia, com o objetivo de acompanharmos mais de perto, e em melhores condições de entender como se deu a consolidação do cosmos humano, a *polis*.

As dificuldades continuaram, especialmente, quanto à necessidade que tínhamos de dar uma ideia, ainda que sumaria das condições reais das transformações econômicas da Grécia naquele período, a par da constatação do aparecimento na cena social e política de uma série de novos atores, a maioria deles relacionados com a *polis*, porém com caráteres distintos, a começar pelos sete sábios da Grécia, os magos, videntes e adivinhos, os filósofos, os poetas líricos, os purificadores, os legisladores, os artesãos, os "Οπλιτης" (*hoplitas*),[24] os comerciantes, e por que não os arcontes, oligarcas e tiranos, e por último, e mais importantes, os cidadãos da polis? Todos estes personagens brotam naqueles tempos de incerteza, de criação, de transformação, quase ao mesmo tempo com uma grande interpenetração entre eles, como se nota na relação dos sábios, com poetas elegíacos, filósofos, tiranos e legisladores. Desta forma, nos aproximamos com cautela em relação a este universo, devido às limitações de nosso trabalho, procurando nos concentrar em alguns destes personagens, porém sem perder o aspecto geral da *polis*, de tal forma a seguirmos na direção do entendimento de todo este processo.

Neste sentido, pensávamos inicialmente em conceder alguma atenção aos líricos gregos, aqui entendidos, os elegíacos e iâmbicos, juntamente com os líricos monódicos e corais, porém, tivemos que reconhecer a enorme importância da chamada "lírica", dedicando muito mais esforços na compreensão e entendimento de suas poesias, atitudes pessoais e coletivas no âmbito das *poleis*. Em princípio, fica claro que a poesia lírica não representa nenhuma continuidade da poesia épica, com valores bem

---

22 GIGON, 1985.

23 CASTORIADIS, 2006.

24 Cidadãos soldados da infantaria pesada, com grande escudo, que lutavam organizados em falanges e colunas. Tiveram papel fundamental na organização social da polis, pois vinham das classes mais baixas e eram reconhecidos como cidadãos livres.

distintos, relativos à emergência de valores singulares, que será por nós discutidos, e além disso, reconheço que fiquei deveras impressionado com o conjunto destes poetas, suas diversidades, suas genialidades, de significativas dimensões humanas, além de ter ficada clara a enorme importância deste tipo de manifestação artística, não somente para ampliar o entendimento sobre a relação dos deuses e homens, sobre a precariedade da vida humana, como também em muitos aspectos, como etapa crucial, de transição para a dramaturgia ateniense. As performances, a música, o canto, o coro, a dança, chegando a uma possível representação dos atores, em seus aspectos sociais, mas principalmente em suas afinidades com os ritos religiosos, estão sem dúvida nas origens do desenvolvimento das tragédias e comédias.

Entretanto, é bom que se diga que, ao contrário de uma ampla gama de filólogos importantes, a partir de Snell, não concedemos em nossa exposição, importância demasiada para suas teses relativas ao surgimento da personalidade humana, a partir dos principais poetas líricos, que falam de uma forma geral na primeira pessoa, e ao fato de que nos poemas épicos o homem ainda seria um ser primitivo, sem vontade e sem a mínima consciência de seus atos. De toda maneira, a questão é colocada e discutida no quarto capítulo, devido aos efeitos sobre o nosso tema. Aliás, o fechamento deste capítulo foi algo complexo devido ao acumulo de informações e análises realizadas, pois todas aquelas transformações, bem como os diversos atores envolvidos, convergem para o abrigo da *polis*, que como criação maior dos gregos, torna-se de difícil acesso a qualquer analista que se disponha a entendê-la, mesmo que de forma parcial.

De qualquer forma, examinamos as obras dos elegíacos Calino de Éfeso e Tirteu, considerado de Esparta, de tradição guerreira, como também Semonides de Amorgos e Mimntermo de Cólofon, respirando o ar liberado da Jônia. Demos especial atenção ao elegíaco voltado para as questões gnômicas e morais, o grande Sólon, que estabelece a primeira síntese do espírito ático, pois além de poeta, foi legislador, homem de Estado, arconte, e principalmente pacificador diante da *stasis*[25] ateniense. Em seguida, com cuidado analisamos o enorme legado de Teógnis de Megara, com suas elegias gnômicas, com seu forte acento aristocrata,

---

25 "Στασης," literalmente significa imobilidade, permanência, continuidade, porém foi utilizada no período clássico, como guerra civil, sublevação, partido político, conflito, com conotações de caráter interno, à família, ao Estado. Em Atenas adquiriu importância ainda maior do ponto de vista político. Ver *La ciudad dividida*. Cf.: LORAUX, 2008.

frente as mudanças sociais, e que ressalta a fragilidade humana em sua extensa obra. Chegamos ao mais importante poeta do século VII, o poeta iâmbico Arquíloco de Paros, com sua riqueza de conteúdos e distintas tonalidades e de grandes inovações formais em sua poesia. De múltiplos talentos, ligado as correntes místicas religiosas, especialmente Dioniso, seu patrono, de linguagem licenciosa, satírica e obscena, exaltando o amor e o prazer, mas propondo a modéstia, a aceitação da realidade, e a prática do "anti-heróismo", submetendo-se assim a Fortuna e ao Destino. Entrando no universo da poesia mélica, com sua altíssima produção de qualidade relativa a diversos poetas, fomos obrigados a selecionar alguns deles, e deixar de lado, com pesar, alguns dos maiores poetas gregos, utilizando como critério suas influências em nosso percurso. Assim examinamos os partênios de Alcmán, que fala do amor e da renovação da vida de jovens virgens; Estesícoro, que inventou a lírica coral que não tinha fronteiras, de importância para nós, pois que estabeleceu uma ponte sensível entre os mitos de Homero e Hesíodo com a tragédia ática, dando origem a diversos dos enredos teatrais, e Simonides de Ceos, o grande revolucionário da literatura grega, ao criar os cantos em honra dos homens, e de alterar profundamente a função da poesia e do poeta, revolucionando assim a palavra, em suas funções sociais.

No sentido de fecharmos este capitulo referente à *polis*, de molde a darmos a devida amplitude do que ela representava para os gregos, ficou faltando abordarmos a questão religiosa, especialmente devida a grande efervescência na época, sobre esta questão, além de que o espírito religioso se confundia inteiramente com as questões políticas e sociais da cidade. A relativa decadência dos deuses olímpicos, com base nas imagens humanas, basicamente devida a seus afastamentos em relação aos homens e a vida real dos cidadãos, que levou a uma participação bem maior dos deuses políades, originários de deuses e heróis protetores da cidade, bem como a afirmação de deuses de mistério, particularmente Dioniso, foi analisada com o auxílio de Burkert, com sua gigantesca obra sobre a religião grega.

A dramaturgia ática, com suas tragédias e após com suas comédias, derivadas diretamente do período lírico e em um contexto religioso evidente, em sua forma e conteúdo, foi sem dúvida uma das maiores criações humanas, situada entre dois mundos diversos: dos mitos heroicos provenientes da poesia épica, principalmente com Homero, pertencente à tradição de tempos já decorridos e dos novos valores da sociedade, especialmente jurídicos, políticos, e sociais da polis ateniense e de seus cidadãos, que foram moldados a partir da tirania de

Pisístrato e seus filhos, de sua queda, em busca da democracia, mediante a participação de Clístenes, e da consolidação do experimento democrático com Temístocles e Cimon, culminando com Péricles. A tragédia ática, como manifestação cultural que não alcança completar um século, está indissoluvelmente associada à polis de Atenas, e ainda mais ao sistema democrático, representando em termos políticos um papel de suma importância, que coloca e discute de forma intensa, valores para este novo homem, bem como desafios específicos da vida daquela época, que se tornarão objeto de uma abrangência universal. Algumas das tragédias desenvolvidas pelos poetas Esquilo, Sófocles e Eurípides são, até hoje, referências obrigatórias em quaisquer estudos sobre o comportamento humano ou sobre a condição humana em nossas sociedades atuais, com impactos importantes nos estudos políticos e sociais, na filosofia, e na psicanálise. Iniciaremos nossa abordagem da tragédia ática, explorando suas origens, matéria altamente controversa, com suas raízes religiosas, derivadas dos ritos e cultos ligados à fecundidade anual das colheitas, com a morte do deus velho e o surgimento do deus novo, com suas afinidades com a religião dionisíaca, com seus cantos em homenagem ao deus, denominados "ditirambos", transformados e adaptados para a linguagem teatral e finalmente, com o necessário recurso a Aristóteles, com sua *Poética*, obra máxima do estagirita sobre a criação poética, onde ele disseca minuciosamente todos os elementos da obra trágica, estabelecendo uma tipologia das fases do drama, que se transformou em uma bíblia para todos os críticos destas obras de arte, com seus objetivos, mitos, enredos, cenografia, personagens, coro, música, dança, e ainda tecendo críticas e comentários altamente pertinentes sobre várias das obras dos grandes poetas.

Desta forma, precisamos, inicialmente falar da natureza do desembarque do deus Dioniso na Ática, com seu aspecto civilizatório, diferentemente de sua chegada a diversas outras paragens da Grécia, onde aspectos de violência, conflitos, e rejeições ao deus imperaram. Neste sentido faremos uma primeira menção a sua chegada a Tebas, representada por Eurípides nas Bacantes, sua última tragédia, envolvendo igualmente grandes desgraças. As chegadas à Ática, inicialmente em Icarion e posteriormente em Eleuthera, o Deus, estará fortemente associado à introdução da videira, e da elaboração do vinho, trazendo felicidade para todos, pois chama atenção dos atenienses sua disposição de manter contatos, com mulheres, efebos, homens, de quaisquer posições sociais e sob quaisquer situações, além de logo, manifestar suas afinidades com

Apolo em Delfos e Demeter em Eleusis. Tudo isto é bom que se diga sem abandonar nenhuma de suas características marcantes de ambiguidades, de contradições, de incerteza, em suas diversas faces, que marcarão o caráter indelével das tragédias. Será examinada a possível evolução dos ritos dionisíacos, a partir dos cantos em sua homenagem, "os ditirambos", como também os ritos de iniciação, e ritos de primavera, denominados "δρωμενων" (*dromedon*), "fazer coisas", um ritual religioso antigo, analisado em detalhes por Jane Harrison[26] de representações de eventos extraordinários, como por exemplo, nascimento de um deus. Assim, por um lado, identificamos suas origens religiosas dionisíacas, que aconteceram não somente na Ática, mas por outro lado, tínhamos que falar de Atenas, onde os espetáculos ocorreram, especialmente do tirano Pisístrato, no século VI, que mesmo diante da existência de algumas festividades em honra do Deus, decidiu criar as Grandes Dionisíacas, com os concursos de "ditirambos" de tragédias e comédias, que se tornou no maior evento da Hélade, com significações políticas para seu governo, mas que extrapolaram tornando-se no elemento fundamental da polis, e do regime democrático futuro.

Em seguida, com o auxílio de Malhadas, *Tragédia grega: o mito em cena*,[27] dentre outros, seguiremos o percurso principal de Aristóteles na *Poética*, a partir de sua definição de tragédia, ressaltando seu caráter de representação, *mimésis* de uma "ação nobre e completa", "com certa extensão", "em linguagem poetizada", "com o concurso de atores e não por narrativa", "que pela piedade e pelo terror opera a catarse desse gênero de emoções", estabelecendo assim de forma genial e criativa a teoria delas, com todos os seus elementos principais. Finalmente, retornaremos as origens dionisíacas, de forma a concretizarmos uma visão própria da significação da tragédia, diante dos mitos heroicos, base dos enredos das peças, dos entes divinos, com suas participações variáveis dependendo de cada obra, diante da expressiva afirmação dos valores políades, e da presença maciça dos cidadãos da Ática, juntamente com as demais pessoas que acorriam ao teatro de Dioniso, nas encostas da Acrópole.

Dedicaremos especial atenção aos três poetas, porém de forma assimétrica, com ênfase nas obras de Eurípides, por sua universalidade e por seu conteúdo extremamente humano, mas, principalmente, porque, em suas obras, os temas da intoxicação, da perda de sanidade,

---

26 HARRISON, 2010.

27 MALHADAS, 2003.

da loucura, da obsessão são discutidas e representadas estabelecendo assim uma forte ligação com nossas questões da drogadição e da melancolia, especialmente no caso desta última, pois Aristóteles em seu ensaio cita justamente alguns dos personagens do poeta como sendo melancólicos, listagem esta, que como veremos pode ser facilmente ampliada. Na abordagem de cada um dos grandes poetas trágicos, destacamos alguns pontos prévios, no sentido de facilitar o entendimento de suas obras, para os quais dedicamos consideráveis esforços: no caso de Ésquilo, foram examinados em detalhes os mitos de Prometeu e Pandora diretamente em Hesíodo, em seus dois poemas básicos; em Sófocles, devido ao caráter arcaico de suas obras, examinamos retrospectivamente as questões familiares, núcleo social básico anterior ao homem e a própria *polis*, com ênfase na problemática da filiação, tema invariável de suas obras, e no caso de Eurípides, fizemos uma enorme pesquisa histórica, sobre a evolução política, social e cultural de Atenas, desde o século VI, iniciando com Clístenes, as guerras médicas, até chegarmos em 431 com o início da guerra do Peloponeso ainda sob o comando de Péricles, pois o poeta somente pode ser entendido, ainda que parcialmente, devido a seus valores atenienses, e em suas divergências e afinidades intelectuais. Uma de nossas mais completas digressões, foi, no caso deste poeta, a análise dos sofistas, com especial ênfase em Protágoras, com seu mito da virtude, apresentado por Platão no diálogo correspondente, como também em seus conceitos retóricos, particularmente o dos "dois logos"[28], apoiado por Kerferd[29] e por Untersteiner,[30] em seus brilhantes ensaios sobre este complexo e contraditório entendimento da mensagem do mestre sofista.

De Ésquilo, examinamos em detalhes, como vimos, o Prometeu Acorrentado com suas enormes implicações para a existência humana, no que denominamos de "afresco humano" diante de um cosmos divino autoritário e radical e sua evolução: de Sófocles, Antígona com seus desejos absolutos, disposta a enfrentar tudo, até a morte por eles, examinando neste caso detidamente a enorme contribuição de Hegel no entendimento não somente desta tragédia específica, mas como ponto de partida para o estabelecimento de seu sistema filosófico e, finalmente de Eurípides,

---

28 "Λογος", termo fundamental grego, significando palavra, narrativa, enredo, argumento, discurso, razão. Será melhor conceituado quando abordarmos o movimento sofista, no capítulo referente a Eurípides.

29 KERFERD, 2013.

30 UNTERSTEINER, 2012.

examinamos Alceste, Medeia, Hipólito, Hécuba, As Suplicantes, Orestes e finalmente, As Bacantes, representando o universo euripideano, sendo que em todas elas foi utilizada uma extensa bibliografia dos principais analistas que se dedicaram àquelas obras. Estas obras de Eurípides, com suas raízes particularmente atenienses, ambíguo, contraditório, parcial, sem unidade, palco da atuação do homem dominado por emoções, sentimentos e irracionalidade, acompanhado por deuses distantes, amorais, e insensatos, representam assim o legado extraordinário deste poeta, considerado por Aristóteles como o mais trágico de todos. A extensa análise que desenvolvemos a partir da Grécia Arcaica, até os dramas atenienses, tinha inicialmente um objetivo bem claro, referido explicitamente a entender melhor a questão básica por nós colocada da condição humana e do desejo sempre presente ao longo do tempo dos homens em querer superá-la, porém, ficou bem claro ao longo do trabalho, que a complexidade foi por nós subestimada, devido a imensa dificuldade em analisar a emergência das condições propriamente humanas em suas existências, devido à grande diversidade de abordagens significativas quanto as relações dos mortais com as divindades, seja em termos gerais, seja por poetas de diferentes escolas, como a épica , a lírica ou a dramática, ou por meio de um poeta em particular, ou por meio de uma peça especifica, nos obrigando a voltar bem mais atrás e compreender todo o imaginário grego anterior que deu origem àquelas manifestações artísticas de tal densidade, criatividade e complexidade, até hoje não bem entendida, como bem observou Ortega y Gasset,[31] no caso da tragédia ática.

Sem querer adotar nenhuma posição de idealização da experiência grega, parece bem evidente que em nenhum outro momento histórico, em nenhuma outra sociedade, houve tamanho predomínio da questão das relações dos deuses com os homens, em que prevaleceu durante algum tempo, uma antítese básica: os deuses são poderosos, imortais, potentes, dotados de força e clarividência, definidos por seus mitos e por suas esferas de poder, e os homens, mortais, frágeis, destinados ao sofrimento e as desgraças, sem aptidões e dependentes de ações dos próprios deuses, apesar de suas aparências comuns e de terem tido a mesma origem, como vimos em Píndaro. O panteão olímpico resolveu uma série de problemas dos gregos, especialmente no que tange ao estado de violência e crueldade da sociedade da época, de acordo com a visão de Nietzsche, porém dado seu caráter idealístico, dada sua perfeição formal, seu aspecto antropomórfico, ao lado de certa amora-

---

31 ORTEGA Y GASSET, 1957.

lidade e ausência de racionalidade, a superação dos conflitos foi tarefa hercúlea, que passou em seus primórdios por Homero, ganhou consistência com os milésios e seus seguidores, evoluiu com os poetas líricos até desaguar no drama, através da busca de um pacto, de convivência, ou mesmo de aceitação entre a ordem e a desordem, entre o caos e o cosmos, entre a beleza e a bestialidade, daí justamente a importância que tivemos que dar a Eurípides, nas peças por nós examinadas.

Entretanto, isto é parte da história, pois ao lado do panteão olímpico, com suas individualidades e suas províncias, existiu sempre o que poderíamos chamar de um espírito religioso mais profundo, mais misterioso, mais mágico, mais grupal, bem anterior à criação do Olimpo, que permaneceu ativo durante todo tempo, e que adquiriu relevância especial quando o homem avançou para enfrentar aquela antítese básica: não existe como separar estes dois processos, em todas aquelas fases anteriormente citadas. Todo o nosso esforço foi no sentido de explicar, como foi que se chegou a esta antítese, e como se deu a sua superação pelo espírito criativo e autônomo dos gregos, através de todas aquelas transformações políticas, sociais e culturais, que constituem a base da nossa cultura ocidental, e que sem dúvida se constitui em experiência única em termos históricos. Desta forma, ao abordarmos este período histórico da Grécia Arcaica até o final do brilhante e insano século V em Atenas, com a experiência trágica, baseada em seus três expoentes, estamos conscientes de que o que ocorreu não tem paralelos em termos de interação entre o cosmos divino e a experiência de uma vida humana que se auto criava, condicionando em grande medida, o que veio a ocorrer após, com seus retrocessos racionais a partir do século IV, e com os avanços das religiões monoteístas, que se valeram em muito da experiência grega.

Finalizando aqui, nossa argumentação sobre a escolha deste período para servir de paradigma com relação à condição humana, é importante deixarmos claro alguns relevantes pontos. Em resumo, o que vai se constatar ao longo destas nossas reflexões é de que a experiência grega desde Homero e Hesíodo, passando pelos milésimos, pelas manifestações líricas, até a *polis* e a tragédia ática, sempre esteve focada no homem, em sua existência, em sua vida compartilhada com os demais, enfim, em sua condição humana, diante de um mundo dominado pelos deuses imortais e pela natureza existente. O ajustamento destes homens àquele universo foi realizado com liberdade e criatividade, mantendo-se a uma razoável distância dos entes divinos, replicando-o, em termos humanos com a criação de um cosmos humano, a *polis*, que deu enorme sentido à vida deles, levando-os a superar sua finitude, encarando a morte com dignidade, levando-os a uma vida plena e criativa, objetivos de todos os mortais desde sempre. Assim, mesmo sabedores de que suas criações eram efêmeras, dado seu caráter mortal, eles mostraram que apenas com o exercício de suas condições humanas era possível criar aquele padrão de vida, sem apelar para soluções transcendentais, e idealizadas, como fez Platão, pela restrição da vida diante da promessa de uma vida futura sobrenatural, como fizeram os cristãos, sem apelar para o domínio da racionalidade pura destituída de sentimentos e paixões, tantas vezes tentada ao longo dos séculos, ou mesmo colocar o homem em uma posição central no mundo, de uma onipotência destruidora, reconhecendo ao contrário, suas limitações, imperfeições, ambiguidades, contradições, como ficará evidente em Dioniso e principalmente em Eurípides, na incerta busca de uma religião cósmica, onde todos deveríamos estar abrigados.

Assim, idealmente nosso objetivo seria de, a partir de toda esta extensa pesquisa sobre a condição humana naquele período histórico, retornarmos ao nosso foco principal na tentativa de um maior entendimento sobre os nossos desvios, porém com a atenção voltada para comparar de forma mais efetiva as idealizações intrínsecas naqueles dois processos com o percurso em direção a uma vida própria e singular, com sentido, ajustada ao mundo existente, baseada apenas em suas possibilidades humanas, sem querer apelar, sendo "outro", ou "outros", mesmo admitindo uma eventual dimensão trágica, em relação às possibilidades de se levar uma vida mais criativa, origem do devaneio de Aristóteles em seu *Problema XXX,1*. De qualquer forma, e independentemente dos resultados a que chegarmos nestas nossas pesquisas, os esforços que fizermos em aclarar melhor, a questão da superação da condição humana, que está no centro dos problemas daquelas pessoas, já terá sido compensador, abrindo caminhos para desenvolvimentos futuros sobre a toxicomania e a melancolia.

CAPÍTULO 3

DEUSES E HUMANOS EM HOMERO E HESÍODO

Iniciamos aqui nosso caminho na direção de um maior conhecimento sobre a condição humana, com a pretensão de trazer alguma contribuição original, além de apresentar uma análise o mais completa possível sobre esta questão, respeitando, entretanto, as limitações e dificuldades diante da complexidade do tema, objeto de análises filosóficas e históricas conhecidas e consagradas. Nosso interesse estará orientado desde o início em tentar identificar atitudes propriamente humanos e comportamentos que visem justamente superar, ou negar a própria condição humana, no que parece ter sido sempre uma manifestação implícita ou explícita, constante e permanente ao longo do tempo, independentemente se os homens estavam vivendo em sociedades nas quais os deuses estavam presentes de forma importante, ou em sociedades predominantemente laicas como as atuais.

Quando se fala de Grécia, não há como iniciar qualquer análise sem se referenciar aos dois grandes poetas da época arcaica, Homero e Hesíodo, por meio de suas grandes obras épicas e míticas: de um lado a *Ilíada* e *Odisseia* e, de outro a "Teogonia" e "O trabalho e os dias". As obras atribuídas a Homero, apesar das controvérsias, datam do final do século IX a início do século VIII, e as de Hesíodo do final do século VIII e início do século VII. Ambos eram *aedos*, que vem da palavra grega *aoidos*, como vimos, que significa cantores, caracterizando assim que os poemas eram compostos para serem cantados, com a grande diferença que eles cantavam suas próprias obras, ainda que compiladas ao longo do tempo e originadas de diversas tradições e de outras pessoas. Ainda não se tinha o alfabeto e o pensamento racional começava a surgir, e a importante mudança econômica, social e cultural da *polis* era ainda um esboço.

Entretanto, apesar de terem em comum a forma do verso épico com a sua necessária adaptação à tradição da literatura oral, existe um distanciamento grande entre eles, tanto no que se refere à função poética que cada um assume quanto ao próprio objeto de seus poemas, mas, principalmente, com relação as suas funções no âmbito de suas comunidades. Pode-se facilmente imaginar o poder real destes *aedos* ao transmitirem suas visões de suas próprias histórias e de romper, atravessar e transcender as limitações físicas, geográficas e temporais daquelas comunidades através de seus cantos, tornando visíveis, audíveis e presentes as possibilidades de um outro mundo.

Homero escreveu para uma elite com base em narrativas aristocráticas, mostrando a grande participação dos deuses, principalmente junto aos heróis humanos em suas aventuras épicas, e bem longe das fatalidades das necessidades de trabalho. A distância entre a *Ilíada* e a *Odisseia* em termos de cronologia parece ser de algumas dezenas de anos, além de diferenças marcantes em vários aspectos das narrativas, mas, principalmente, no que tange a uma maior condescendência dos deuses com os mortais, e também ao ressaltar aspectos puramente humanos, como da decisão de Odisseu em seguir sendo mortal, em seu retorno para Ítaca, para seu "ʾοικος", *oikos (original)*. Hesíodo, por outro lado, não esquece suas origens de agricultor e pastor, com seu respeito pela importância do trabalho, e da necessidade da justiça nos "Os trabalhos e os dias", mostrando a todos por meio de seu canto a verdade e a presença do Cosmos, dos seres, e dos Deuses.

Diante desses monumentos culturais, base da nossa civilização ocidental e com suas características de permanência e imortalidade, já que até hoje, independente de erudição acadêmica, ainda falam ao homem atual de forma marcante, plena de significado e sentido, fica difícil e complexo selecionar pontos, episódios, falas, descrições em que se apoiar para seguirmos adiante em nosso tema relativo à condição humana. Além disto, não existe praticamente nenhum aspecto referente à civilização grega, e os papeis de Homero e Hesíodo na mesma que não tenham sido analisados e discutidos pelos mais eminentes helenistas e filólogos ao longo do tempo, na maioria das vezes, com interpretações discordantes e controversas. Portanto, penso que o melhor caminho para nós seja o de nos aproximarmos com muita cautela e respeito por este material, evitando entrar em controvérsias desnecessárias e inúteis, para as quais pouco podemos acrescentar, porém com total liberdade para podermos nos situar da melhor forma possível.

Existe um consenso que Homero nos fala de um mundo, que não era exatamente o mundo em que vivia. Falava, de acordo com a maioria dos analistas, de um mundo antigo que havia desaparecido misteriosamente por volta de 1200 a.C., onde predominava a civilização micênica de Agamenon, rica em ouro e belos palácios e túmulos. Possivelmente, estaria ele separado por quatro a cinco séculos daqueles acontecimentos históricos, e pelo que se sabe habitava na parte asiática grega, na Ásia Menor, para onde se havia deslocado o eixo das melhores condições econômicas e sociais da Grécia. Seria, portanto totalmente impossível que ele pudesse, por meio de seus cantos, reproduzir fielmente as características completas da civilização micênica, como também não refletisse em suas descrições, alguns comportamentos e valores de sua própria sociedade. Isto significa que de algum modo, dada a cronologia, Homero refletia em ambos os poemas, especialmente na *Odisseia*, algumas características e condições derivadas dos "tempos obscuros" entre os séculos XI e IX a.C., do qual a sociedade grega começava a emergir que, como vimos no capítulo anterior, não foi tão obscuro.

Neste sentido, há que se ressaltar algo de muito simples: tanto a *Ilíada* quanto a *Odisseia* são obras de ficção que devem ter sido consolidadas ao longo de séculos com participações de um número expressivo de autores, independente do papel fundamental que se possa atribuir a Homero, não havendo, portanto, grande lógica em cobranças de rigorismos históricos de qualquer natureza. Queremos assinalar, entretanto as dificuldades próprias de descrever aquelas heroicas ações ocorridas há muito tempo atrás, compatibilizá-las e adaptá-las a um determinado momento presente, caracterizado por significativas transformações, mesmo que em seus períodos de gestação.

Pelo que se sabe, a civilização micênica já havia entrado em decadência devido à impossibilidade de manter seu predomínio comercial com o Oriente quando foi invadida pelos "homens do mar", que liquidaram o império hitita, e causaram igualmente grandes transtornos ao próprio Egito. Penetraram e ocuparam a Grécia continental e o Peloponeso, bem como as ilhas jônicas, causando uma nova onda de migrações dos ocupantes dessas regiões em direção a Ática, Eubeia, Ilhas Cíclades e, principalmente, ocuparam a franja ocidental da Ásia Menor, na Anatólia – migração jônica. A civilização grega, tal como a conhecemos, vai renascer a partir desta base por volta do século IX a.C., com seus dois poetas como porta vozes de um novo tempo, refletindo condições econômicas e sociais bem distintas entre os grandes proprietários da Anatólia, provavelmente saudosos do esplendor micênico – Homero –, e da vida rude e difícil do agricultor e pastor na Eubeia – Hesíodo.

A ideia corrente de que o período arcaico era um simples prelúdio para a gloriosa época clássica grega sofreu nos últimos tempos uma completa revisão, especialmente a partir das descobertas arqueológicas, das quais as mais importantes foram as "tábuas"[1] encontradas em Pilos, no Peloponeso, e em Knossos, em Creta, levando a muitos pesquisadores se debruçarem sobre o fato de a civilização grega, como nós a conhecemos, ter emergido em épocas anteriores, afastada da tradição minoica, e de ter existido a partir daí uma comprovada continuidade. Consolidou-se uma posição de que a Grécia a partir do século IX, portanto no início da época arcaica, passou pelo que Snodgrass,[2] denominou uma revolução estrutural, através de uma explosão em sua base humana com um acelerado crescimento populacional, mudanças drásticas na base material com a exploração de metais inclusive o ferro, com reflexos nas construções e na navegação, no desenvolvimento da cerâmica dos períodos protogeométrico e geométrico, na edificação de santuários de heróis e deuses de caráter local, e no desenvolvimento social e político com a criação das cidades-estados, para citar apenas alguns dos efeitos sentidos.

Algumas inferências e dúvidas decorrem desta revisão histórica. A primeira, de que o esplendor da época clássica a partir do final do século VI somente pode ser explicado a partir desta revolução ocorrida na época arcaica, não somente pelo aspecto de continuidades, mas, especialmente, que devido àquela revolução estrutural, e o incremento populacional, surgia o embrião da cidade-estado, mudando inteiramente a importância e o foco das análises sobre este período. Em segundo lugar, não há como não concluir que os até então "acidentes de percurso" de Homero e do próprio Hesíodo, estão de alguma forma

---

1 As tábuas de argila e vasos dos palácios encontradas em Pilos, Micenas, Tirinto e em Cnossos, a fins do século IX e início do século XX nos deram a conhecer a escrita perdida "Linear B" que descende da "Linear A" da civilização minóica. Elas somente foram decifradas por volta de 1950 por Michael Ventris e John Chadwick, trazendo informações sobre a organização e funcionamento dos palácios micênicos.

2 Ver *The Dark Age of Greece* e *The Age of Experiment* ambos de Anthony Snodgrass. Cf.: SNODGRASS, 2010; 1980.

inseridos neste contexto mais geral de uma revolução cultural, mesmo que suas narrativas se refiram a histórias passadas.

Heródoto, o grande historiador grego do século V, considerado o "Pai da História", também originário da Ásia Menor, de Halicarnaso, apesar de sua constante busca pela racionalidade, nos deu o primeiro dado histórico sobre o mundo grego dos deuses, quando afirmava que "Homero e Hesíodo deram aos helenos uma doutrina sobre a procedência dos deuses gregos, suas denominações, suas esferas de atuação e inclusive suas figuras."[3] A afirmação de Heródoto é indiscutível, porém, devemos ter a necessária cautela com ela devido, principalmente, a naturalidade e de certa forma a familiaridade com que os dois autores épicos se referem aos deuses,[4] que nos leva a considerar que talvez aquele legado religioso tenha ocorrido mesmo por força de criações coletivas e sociais do próprio povo, que os deuses foram sendo ajustados em suas essências ao longo dos séculos através de seus mitos e cultos, ou algo intempestivo ocorreu na visão particular de Finley,[5] em um tempo bem anterior aos dois. E de outro lado, as descobertas arqueológicas das tabuas referidas comprovaram de forma indiscutível o conhecimento destes deuses gregos já nas épocas minoica e micênica, portanto, bem anteriores aos poetas.

A relação deuses e humanos, um de nossos focos de interesse, depende evidentemente de uma série de fatores ao tentar analisar o que dizem Homero e Hesíodo a este respeito. Em Homero, o foco principal em termos dos humanos está dirigido aos poderosos reis, e mais especificamente aos heróis, com diferenças marcantes entre a *Ilíada* e a *Odisseia* devido às naturezas distintas das duas narrativas, como também pela diferença do número de reis e heróis nos dois poemas. No caso dos deuses, existem igualmente diferenças marcantes entre os dois poemas: na *Ilíada* devido à intensidade da própria guerra, da marcha dos acontecimentos, e das mudanças de direção inevitáveis, suas presenças são mais evidentes em vários momentos, porém, na *Odisseia*, suas presenças são mais significativas, particularmente da deusa Atena. Em Hesíodo a questão dos mortais no caso da "Teogonia", que descreve a origem dos deuses por meio de um hino a Zeus é praticamente inexistente, com reduzida importância quanto a sua criação, porém

---

3 HERODOTO *apud* KERÉNYI, 1972, p. 132.

4 OTTO *apud* KERENYI, 1972, p. 132.

5 FINLEY, 1972.

com referências importantes no proêmio das Musas, e evidentemente no mito de Prometeu. Entretanto, o contrário ocorre em "Os trabalhos e os dias", pois, além de retornar ao mito de Prometeu, com o acréscimo do mito de Pandora, aborda as lutas em que se envolve com o irmão, a evolução ao longo do tempo das raças humanas, e discute bastante a questão da justiça humana a partir de seu próprio exemplo enquanto pastor e agricultor, deixando uma obra marcante e fundadora do movimento filosófico grego que ocorrerá muito mais à frente.

A *Ilíada* é claramente um poema de guerra, porém com um enredo trágico de humanos muito especiais, os grandes heróis, dentre eles Aquiles e Heitor em seus distintos caminhos para a glória e para a morte, representantes de dois mundos distintos, dos aqueus, dânaos e argivos – nomes usados indistintamente por Homero para os gregos – de um lado e os troianos – dardânios – de outro lado. Estes povos, colocados em lados opostos na guerra, levam igualmente a uma divisão fundamental no apoio explícito de alguns dos deuses olímpicos. Apolo, Afrodite e Ares do lado troiano; e Hera, Atena, Hefesto e Hermes além de Poseidon do lado dos aqueus, com Zeus mostrando-se sempre simpático aos troianos, ou pelo menos na continuidade da guerra, e na preservação de Ilión.

Os deuses participam intensamente da história que nos é contada por Homero, seja na guerra, seja em seu acompanhamento no Olimpo, seja por meio de interferências diretas junto aos heróis de preferência, além de se mostrarem o tempo todo alertas para que a guerra não se interrompa antes de ser consumada a tragédia dos dois heróis principais, e que esteja encaminhado o destino da destruição de Tróia. Apesar do fascínio e da beleza natural, intrínseca e plástica da religião grega da geração dos deuses olímpicos sob a majestade de Zeus, vamos privilegiar na apresentação das narrativas o lado dos humanos, sem olvidar as relações entre deuses e mortais, já que este aspecto é chave para o desenvolvimento de nosso tema. A religião grega em si foi analisada e discutida em detalhes por celebres filólogos e helenistas como Gernet, Vernant, Kerenyi, Nilson, Burket, e por Otto, em seu poético *Deuses da Grécia: a imagem do divino na visão do espírito grego*,[6] estando, portanto, bem documentada e acessível aos leitores.

As razões para esta nossa abordagem advém igualmente do reconhecimento de dois fatos, que me parecem extremamente importantes: as

---

6 OTTO, 2005.

narrativas de Homero apesar da intensa participação dos deuses no enredo são de uma sensibilidade e humanidade que comove qualquer leitor, pois parece que ele está se referindo ao gênero humano de todos os tempos, inclusive nós do século XXI. De outro lado, nota-se com certa clareza que o próprio homem, seus valores e o seu ambiente econômico e social, variam em termos positivos, de forma crescentemente realista diante das circunstâncias, levando-nos pensar que Homero visava retratar estas condições ao longo das duas narrativas, considerando o início da *Ilíada* e o final da *Odisseia*, como se fosse um indicador do progresso da vida humana. De toda forma, com base nesta abordagem e, sabedores de que os dois momentos principais de qualquer obra de ficção, quais sejam seu início e fim, marcam profundamente o leitor, mais ainda no caso de poemas cantados, onde a atenção e a emoção do clima narrativo necessitam serem conquistados, vamos privilegiá-los, precisamente, no caso da saga épica da *Ilíada*.

O início do poema fala da ira – cólera – de Aquiles, o Pelida, com Agamenon, o Átrida,[7] pela divisão dos despojos de um saque realizado em uma das cidadelas perto de Tróia, anteriores a própria guerra como forma de conseguir mantimentos e escravos: nada sabemos com relação ao que aconteceu anteriormente, das motivações da guerra e de seus nove anos já decorridos.[8]

Homero inicia o canto com ajuda das Musas;

> Canta, ó deusa, a cólera de Aquiles, o Pelida
> (mortífera! que tantas dores trouxe aos Aqueus
> E tantas almas valentes de heróis lançou no Hades
> Ficando seus corpos como presa para cães e aves
> de rapina, enquanto se cumpria a vontade de Zeus).
> Desde o momento em que primeiro se desentenderam
> o Átrida, soberano dos homens, e o divino Aquiles.[9]

O conflito entre os dois heróis marca o início da narrativa do poeta, sobre aproximadamente os cinquenta dias que constituem o tempo de ação da *Ilíada*, devido à reação inicial do deus Apolo, filho de Zeus e de Leto, enfurecido contra Agamenon, que desconsiderara Crises,

---

7 Normalmente referido aos filhos de Atreu, Agamenon e Menelau, de uma antiga dinastia iniciada por Tântalo. Homero refere-se com este nome a Agamenon.

8 Vamos utilizar aqui a tradução portuguesa do poema, de Frederico Lourenço, publicada pela Penguim, em 2013.

9 Canto I, v. 1-7. Cf.: HOMERO, 2013, p. 109.

sacerdote do deus, e pai de Criseida, que coube ao rei como despojo de guerra, pois, esse ao pedir ao rei que a devolvesse, teve seu pedido negado, levando o deus a espalhar uma terrível doença aos exércitos aqueus. Esta situação gera uma disputa entre os dois heróis, que nada tem de heroica, e sem nada a acrescentar a glória de nenhum dos dois: os despojos de duas concubinas Criseida e Briseida atribuídas a eles pelos aqueus. Criseida reclamada por seu pai Crises, com a ajuda do deus, será devolvida ao pai, e Agamenon achando-se no direito de tomar de Aquiles, Briseida, apenas devido a sua condição de soberano, manda levá-la para sua tenda. Aquiles não mata Agamenon, unicamente pela ação indireta de Hera e direta de Palas Atena. Porém, verbalmente, exprime toda a sua cólera em assembleia por ele convocada:

> Pesado de vinho! Olhos de cão! Coração de gamo!
> Armares-te para a guerra juntamente com o povo
> Ou fazeres uma emboscada com os príncipes dos Aqueus
> Isso nunca tu ousaste no coração. Tal coisa para ti seria a morte
> Muito mais agradável é ires pelo vasto exército dos Aqueus
> Arrancando os prêmios a quem te levanta a voz.
> Rei voraz com o próprio povo é sobre nulidades que tu reinas:
> se assim não fosse, ó Átrida, esta agora seria a tua última insolência.[10]

A disputa em si para nós parece sem importância e um pouco desprezível, porém para os gregos tem uma relevância toda especial, e os efeitos se reproduzem em cascata. Existem por trás do episódio envolvendo dois dos mais eminentes heróis gregos, alguns agravantes derivados da cultura aristocrática, tipicamente heroica, que foram rompidos. Em primeiro lugar, a honra, a excelência humana usada em um sentido amplo, a "Arete" dos contendores foi atingida especialmente no caso de Aquiles, cujos superlativos não foram sequer respeitados. De outro lado, existe um conceito grego que define uma unidade social, política e econômica, da *oikos*, já aqui mencionada, de difícil conceituação, já que envolve uma ampla gama de ideias – familiar, territorial, arquitetônico, econômico, religioso –, mas que em princípio significa família, lugar, domínio que envolve pessoas como mulher, filhos legítimos, filhos bastardos, concubinas, escravos e bens materiais como casa, terrenos, áreas agrícolas, vinhas, animais, barcos, naus, tudo sob o comando de um "Κυριος" (*kyrios*), homem, senhor, dono, rei e eventualmente um deus. Nesta unidade social predominam as relações de hierarquia, de cooperação, de reciprocidade dentre ou-

---

10 Canto I, v. 225-232. Cf.: HOMERO, 2013, p. 117.

tras. Neste sentido, vemos que foram desrespeitados os domínios de Apolo e de Crises com a captura de uma jovem, filha de um sacerdote cultual daquele deus, de Agamenon com a devolução de Criseida, e mais ainda de Aquiles com a entrega de Briseida para o Átrida.

Porém, as repercussões seriam ainda maiores. Aquiles, além de não mais combater pelos gregos, recorre a sua mãe, a nereida Tétis, imortal, sábia, e de grande prestígio junto a Zeus, para que interceda junto ao pai dos divinos e dos homens no sentido de reparar a honra do filho:

> Concede a primazia aos Troianos, até que os Aqueus
> Honrem o meu filho e lhe paguem com honraria devida.[11]

A conversa de Tétis com Zeus leva finalmente ao conflito deste com sua esposa Hera, defensora dos aqueus, principalmente devido a sua interferência no próprio domínio de Zeus ao querer saber o que fará o esposo diante do pedido de Tétis. A cólera predomina neste Canto I: de Apolo, de Crises, de Agamenon, de Aquiles, de Tétis e finalmente de Zeus, porém, em termos da dinâmica do poema, sobressai a ira de Aquiles.

Por outro lado, o canto final da *Ilíada* é de uma beleza que surpreende. O combate esperado entre os grandes heróis Aquiles, do lado grego, e Heitor, do lado troiano, acaba ocorrendo após a morte do companheiro e amigo do primeiro, o valoroso Patróclo, morto por Heitor, que leva Aquiles a voltar para a guerra. Aquiles mata Heitor e prende seu corpo a uma carroça de molde a aviltá-lo, tentando destroçar seu corpo e ao final dar o cadáver para aos cães e abutres. Trata-se da maior injuria a um herói guerreiro ao não permitir uma "bela morte", ao qual ele deve sua "κλεος" (*kleos*), glória, fama, ainda na força da idade, sempre juvenil e belo na memória dos homens. Aquiles já ia para o décimo segundo dia de atrocidades com o cadáver de Heitor, que, entretanto, contava com a proteção de Apolo, que não permite a decrepitude de seu corpo restabelecendo sempre seu esplendor original. Príamo, seu pai, ancião, rei de Tróia, está justamente desesperado para poder recolher o cadáver e prestar-lhe as honras e glórias devidas em sua terra natal. Com a ajuda de Zeus, que convoca Tétis para amansar o coração de Aquiles e com a guarda de Hermes, Príamo vai procurar Aquiles, enfrentando toda sorte de perigos, com grandes oferendas para trazer de volta o cadáver de Heitor. A conversa entre os dois é emocionante e plena de significados sobre a condição humana: de magnanimidade,

---

11 Canto I, v. 509-10. Cf.: HOMERO, 2013, p. 127.

de compreensão do outro, de entendimento da vida, de uma evoluída moral heroica, de respeito entre filhos e pais, e de uma explicitação fundamental das relações entre Zeus e os homens.

Aquiles recebe Príamo condoído de ver a cabeça e a barba grisalhas:

Ah, infeliz, muitos males aguentaste no teu coração
Como ousaste vir sozinho até as naus dos Aqueus
Para te pores diante dos olhos do homem que tantos
E valorosos filhos te matou? O teu coração é de ferro.
Mas agora senta-te num trono; nossas tristezas deixaremos
Que jazam tranquilas no coração, por mais que soframos.
Pois não há proveito a tirar do frigido lamento.
Foi isto que fiaram os deuses para os pobres mortais
Que vivessem no sofrimento. Mas eles próprios vivem sem cuidados
Pois dois são os jarros que foram depostos no chão de Zeus
Jarros de dons: de um deles, ele dá os males; do outro, as bênçãos
Àquele a quem Zeus que com o trovão se deleita mistura a dádiva
esse homem encontra tanto o que é mau como o que é bom
Mas àquele a quem dá só males, fá-lo amaldiçoado
E a terrível demência o arrasta pela terra divina
e vagueia sem ser honrado quer por deuses, quer por mortais.
Assim, também a Peleu os deuses deram gloriosos dons
Desde o nascimento: a todos os homens sobrelevava
Em ventura e riqueza e era rei dos Mirmidões;
Sendo mortal, deram-lhe uma deusa como esposa.
Mas além disso lhe deram os deuses o mal, porque
Não foi gerada no palácio uma progênie de filhos vigorosos
Mas só teve um filho, fadado para uma vida breve. E eu
Nem o acompanho na sua velhice, visto que bem longe da pátria estou
aqui sentado em Tróia, atormentando-te a ti e aos teus filhos
Mas também de ti, ó ancião, ouvimos dizer que outrora foste feliz
Tudo o que até Lesbos, sede de Mácaro, está compreendido
e lá para cima, para a Frigia, assim como o amplo Helesponto
dizem que entre estes povos eras distinto pela riqueza e pelos filhos.
Mas desde que os celestiais Olímpios te trouxeram esta desgraça
Sempre em torno da tua cidade há combates e morticínios.
Mas aguenta: não chores continuamente no teu coração.
Pois de nada te aproveitará lamentares o teu filho,
Nem o trarás à vida, ante de teres já sofrido outro mal.[12]

Este belo discurso de Aquiles, ficou famoso tanto pela explicação do herói quanto ao inevitável sofrimento do homem, que os deuses fiam para a humanidade, mediante os dois jarros que Zeus, aleatoriamente,

---

12 Canto XXIV, v. 518-551. Cf.: HOMERO, 2013, p. 669-670.

ou, de acordo com alguma preferência sua, para cada indivíduo ele distribui os dons e os males. As duas hipóteses levantadas por Aquiles, a primeira, a mais importante, de uma mistura de dons e males, que é a que ele se atribui, além de atribuir a seu pai, Peleu, e com a qual ele consola o ancião, Priamo, pai do falecido Heitor, nos diz que essa vida terá sempre uma alternância entre momentos bons e ruins, na qual o homem não tem a menor escolha, pois este poder lhe escapava, significando ainda que, independentemente de suas ações, se para o bem, ou se para o mal as reações dos deuses seriam neutras, os males sendo apenas infelicidades normais. A segunda, somente teriam males, levando a pessoa a ser amaldiçoada para sempre, podendo chegar à loucura ou demência, definindo assim que o sofrimento é algo inerente a existência humana. E assim termina o poema, com as devidas homenagens em Troia ao divino Heitor pranteado por sua mulher Andrômaca, por sua mãe Hécuba e pela própria Helena, causadora daquela terrível guerra. Príamo profere as últimas homenagens com segurança, dada à palavra de Aquiles:

> Agora, ó Troianos, trazei lenha para a cidade; não receies
> No coração qualquer robusta cilada dos Argivos. Pois Aquiles
> Ao mandar-me embora das naus escuras me prometeu
> Que ninguém nos faria mal, até chegar a décima segunda aurora.[13]

Desta forma e contrariamente ao entendimento comum, a *Ilíada* começa e termina sem uma referência temporal, e muito menos de descrição do início e fim da famosa guerra de Tróia. Neste sentido, para sabermos como foi a história da guerra, temos que ler a *Odisseia*, o outro poema homérico. Assim, independente de quaisquer outras considerações, são questões puramente humanas que fazem girar a narrativa, a ira de Aquiles e a bela morte de Heitor. Claro que no caso são heróis, uma raça de homens bem especiais como veremos em Hesíodo, em que prevalece o sentido de honra, de admiração, da sensação de terem sido escolhidos, com profundos sentimentos de nobreza e de hereditariedade consciente, quando, por exemplo, Glauco enfrenta o temível Diomedes na guerra e se mostra a altura do herói, com um relato sincero:

> Quanto a Hipóloco, foi ele que me gerou. Afirmo ser seu filho. Quando
> me enviou a Tróia, advertiu-me insistentemente de que lutasse sem cessar

---

13 Canto XXIV, v. 778-781. Cf.: HOMERO, 2013, p. 679.

por alcançar o poder da mais alta virtude humana e fosse, entre todos, o primeiro.[14]

Assim, na *Ilíada* o roteiro geral dos 24 cantos é dado por questões humanas, apesar da intensa participação dos deuses, na maioria das vezes mediante seus interesses no conflito, diferentemente do que ocorre na *Odisseia*, como veremos mais adiante. Entretanto, esta participação dos deuses ocorre de forma natural em momentos especiais, dentro de um contexto que merece ser aclarado. A primeira característica destas relações é de semelhança entre o que acontece no Olimpo, com os deuses divididos entre os gregos e troianos, como vimos anteriormente, com o que ocorre no embate e na luta real entre os principais heróis gregos – Agamenon, Ulisses, Ajax, Diomedes, Aquiles, Patroclo, Menelau – e os heróis troianos – Heitor, Enéas, Paris. Além disso, os valores aristocráticos de nobreza, de cortesia, de respeito, de contenção são comuns a ambos os grupos, não somente nas relações intragrupos, mas também entre os imortais e mortais. Snell gosta de citar a intervenção de Atena junto a Aquiles no Canto I, tentando acalmar sua ira, ressaltando a elegância das breves palavras: "Eu venho do céu para aplacar teu desdém, se quiseres, segue-me."[15] E Aquiles responde confiante, "[…] mesmo quando estamos irados, convém seguir os deuses […]":[16] assim acata o conselho da deusa e coloca a espada na bainha, deixando de lado a Agamenon.

A diferença mais flagrante é evidentemente dada pela autoridade, justiça, e sabedoria de Zeus em suas intervenções, porém mesmo aqui nota-se que Homero alarga o conceito de "Arete" dos humanos no sentido de incluir outros valores além dos relacionados exclusivamente para as questões heroicas inerentes ao conflito, à guerra, por meio dos destaques dados, por exemplo: as palavras de Nestor o decano dos reis gregos em várias Assembleias; como igualmente no famoso Canto IX, da Embaixada a Aquiles com as palavras de seu mestre Fênix, acolhido por Peleu em Ftia, fugindo de sua casa, para não matar o pai, com a maldição de nunca ter filhos, que tudo ensinou a Aquiles como seu filho querido, em uma das mais emocionantes e perfeitas passagens da narrativa homérica que nos fala do perdão, da suplicação, da relação dos deuses com os homens, se antecipando a Prometeu em Hesíodo, e

---

14 Canto VI, v. 206-209. Cf.: HOMERO, 2013, p. 240.

15 Canto I, v. 207. Cf.: HOMERO, 2013, p. 116.

16 SNELL, 2009, p. 31.

personalizando deuses como aqui com as Preces e o Desvario, da qual selecionamos a última parte:

> Fiz de ti o meu filho, ó divino Aquiles para que um dia de mim afastasses o opróbrio da desgraça. Por isso, ó Aquiles, domina o teu espírito orgulhoso! Não te fica bem um coração insensível. Os próprios deuses cedem, eles que têm maior valor, honra e força. Com incensos, juramentos cheios de reverencia, libações e aroma do sacrifício os homens conseguem propiciá-los, quando alguém erra ou transgride. Pois as Preces são filhas do grande Zeus, coxas, engelhadas e vesgas dos dois olhos, elas que seguem sempre no encalço do Desvario. Mas o Desvario é forte e veloz, por isso as ultrapassa de longe; lança-se à frente delas por toda a terra para prejudicar os homens. Mas as Preces mitigam por trás. A quem venera as filhas de Zeus quando dele se aproximam, a esse dão elas muitas bênçãos e ouvem-no quando reza. Mas contra quem as contraria e obstinadamente se lhes opõe, põem-se a caminho e dirigem orações a Zeus Crônida (filho de Cronos): que atrás dele siga o Desvario; depois de apanhado, que expie. Assim, ó Aquiles, faz tu que a honra siga as filhas de Zeus, a honra que dobra o espírito dos homens de bem.[17]

Entretanto, o sentido das intervenções divinas na *Ilíada* pode ficar mais claro, apesar das controvérsias, com as colocações feitas por Snell, que vale aqui reproduzir, a partir do mesmo episódio entre Atena e Aquiles mencionado anteriormente.

> O poeta não necessitava aqui de nenhuma "máquina"; Aquiles simplesmente se domina e o fato de que não se atira contra Agamenon poderia encontrar justificativa num impulso interior. A intervenção de Atena é, para nós, um elemento que mais atrapalha a motivação do que a torna aceitável; mas para Homero, a divindade, aqui, é necessária. Nós esperaríamos por uma "decisão", isto é, uma reflexão e uma ação de Aquiles; em Homero, porém, *o homem ainda não se sente promotor da própria decisão:* isso só ocorrerá na tragédia. Em Homero, toda a vez que o homem, depois de haver refletido, toma uma decisão sente-se impelido a isso pelos deuses. Em Homero, não existe a consciência da espontaneidade do espírito humano, isto é, a consciência de que as determinações da vontade e, em geral, dos movimentos do ânimo e dos sentimentos tenham origem no próprio homem. O que vale para os acontecimentos da epopeia vale também para o sentimento, o pensamento e a vontade: cada um deles tem sua origem nos deuses. Muito acertadamente se pode aqui falar de uma fé nos deuses.[18]

---

17 Canto IX, v. 494-514. Cf.: HOMERO, 2013, p. 305.

18 SNELL, 2009, p. 30. (grifo meu)

Snell continua citando Goethe no colóquio com Riemer, que de forma concisa nos acrescenta: "O que o homem honra como Deus é a expressão de sua vida interior [...]",[19] que Snell rebate:

> [...] historicamente poder-se-ia afirmar o inverso: a vida interior do homem é o divino captado no próprio homem. De fato, o que mais tarde será entendido como "[...] vida interior apresentava-se na origem como intervenção da divindade."[20]

Penso que nestas breves palavras Snell resume bem a religião homérica deixando pistas importantes na evolução das relações entre humanos e imortais, não somente intuídas na *Ilíada*, mas aprofundadas na *Odisseia*, que passaremos a tratar mais para frente, não sem antes fazer dois comentários que se impõem. O primeiro refere-se a universalidade e a imparcialidade de Homero ao longo de todo o poema, característica esta ressaltada por Hannah Arendt[21] ao dizer que se trata de uma invenção homérica por excelência. Homero não faz distinções entre aqueus e dardânios, especialmente em termos de valor, reconhecendo suas diferenças, mas nada que leve a qualquer medida de hierarquia. Pode-se facilmente imaginar o impacto e a importância desta postura no desenvolvimento da história, da filosofia e da democracia grega, e com uma consequência fundamental quanto ao necessário interesse e conhecimento acerca dos "outros", de seus valores, de suas instituições, de seus deuses, ao compará-los com os nossos.[22]

A segunda questão é mais complexa, além de ser objeto de grandes discussões entre várias correntes de helenistas famosos. Diz respeito a questão da existência ou não no homem homérico da vontade enquanto uma faculdade pessoal. A afirmativa mais comum é de que esta noção ainda não havia sido desenvolvida pelos gregos, porém esta vem sendo muito criticada devido a argumentos bem simples, quais sejam, de que não havia nenhuma razão objetiva, nem a necessidade de que tal sentimento existisse, inclusive porque não era considerado ser um problema a ser enfrentado por eles, com sua organização social concentrada na família e depois no estado, e a outra de que não existia uma palavra em grego que correspondia a vontade, mas tudo isto não significava em absoluto a ausência da noção. Recentes desenvolvi-

---

19 GOETHE, 1889, p. 1601.

20 SNELL, 2009, p. 30.

21 ARENDT, 1987, p. 221-256.

22 CASTORIADIS, 2006.

mentos da psicologia e da psicanálise, especialmente no que tange as diferenças entre vontade e desejo, parecem justificar a ausência daquela noção pelos gregos, inclusive pelos seus efeitos deletérios, no que hoje é conhecido como a "síndrome da vontade", cujos efeitos todos nós conhecemos.

A primeira referência da *Odisseia* é a clara inversão de papeis entre os deuses e humanos relativamente à *Ilíada*: aqui o início e o fim da epopeia de Ulisses tem a participação direta dos deuses. A autorização e incentivo mediante um Concilio dos Deuses para o retorno do herói, que estava retido há vários anos, em Ogígia, a ilha da deusa Calipso, sem condições de prosseguir em seu retorno para sua terra natal, marca o início do poema, e o final, através da intervenção de Atena, para que o conflito de sangue entre Ulisses, o filho Telêmaco e o pai Laertes com os familiares dos "pretendentes" à mão de Penélope, mulher de Ulisses, tivesse um fim que trouxesse a esperada paz para Ítaca, mas especialmente para o grande herói. De outro lado, a narrativa da *Odisseia* ao contemplar e descrever em detalhes, o episódio integral das indescritíveis peripécias do retorno de Ulisses para sua terra, após o fim da guerra de Troia, o apresenta na forma sublime da realização de uma aventura profundamente humana intensa e desafiadora, de voltar as suas raízes, de predomínio da "$\phi\iota\lambda\iota\alpha$" (*philia*),[23] familiar, com a consequente retomada de seu poder como rei, e principalmente à condição de senhor de sua antiga *oikos*, que respondia ao que ele considerava como sendo seu maior desejo de levar uma vida harmônica e boa, sempre sonhada.

Uma segunda referência importante da *Odisseia* é obviamente o caráter humano do herói Ulisses, que nos faz sentir admiração e inveja, pois está próximo a todos nós, de ser distinto do mal intencionado Agamenon, do colérico e sanguinário Aquiles ou do piedoso Enéias, para citar alguns heróis gregos.

A primeira palavra do poema em grego é *"homem"*, que nos leva de imediato à admiração do "homem astuto que muito sofreu", do herói humano

---

23 *Philia* significa amizade, amor, afeto, um dos mais importantes sentimentos para os gregos, representada em suas diversas formas na tragédia ática. Aristóteles a estuda em profundidade na *Ética a Nicomaco*, como amizade, que para ser verdadeira, deve atender à benevolência mútua, desejo do bem e manifestação exterior dos sentimentos.

com sua indiscutível inteligência e astucia, "metis"[24] e com a vocação do ser humano para o infinito sofrimento [...]. Ulisses mente, mata, sobrevive; abraça as múltiplas experiências que vêm ao seu encontro; conhece o canto das sereias e o leito de Circe, desce ao mundo dos mortos e recebe a oferta de nunca morrer: mas essencialmente, é uma figura que as circunstancias, e não a sua própria natureza conferem uma dimensão heroica.[25]

No primeiro canto, a excelência de Ulisses é ressaltada pela admoestação de Atena à Zeus:

> Mas arde-me o espírito pelo fogoso Ulisses, esse desgraçado, que longe dos amigos se atormenta numa ilha rodeada de ondas no umbigo do mar [...] e o teu coração se não comove, Olimpio! Não foi Ulisses quem junto as naus dos Argivos na vasta Tróia sacrifícios te ofereceu? Contra ele te encolerizas, ó Zeus?[26]

Em resposta à filha, falou Zeus que comanda as nuvens:

> [...] que palavra passou além da barreira dos teus dentes? Como me esqueceria eu do divino Ulisses, cujo espírito sobreleva ao de qualquer outro homem e aos deuses imortais, que o vasto céu detêm, nunca faltou com sacrifícios? Mas Posídon, que cerca a terra, sem tréguas se lhe opõe, por causa do Ciclope a quem Ulisses cegou a vista - ao divino Polifermo, que mais força tem entre todos os Ciclopes.[27]

Entretanto, não há como não citar uma passagem anterior onde Zeus toma a palavra no início do Concilio dos deuses, recordando-se do esperto e adúltero Egisto, a quem Orestes assassinara em vingança pela morte de seu pai Agamenon. Trata-se de uma das falas mais emblemáticas e, plena de significados do poema, na qual aparece como contraponto a figura de Ulisses, justamente por ser distinto do exemplo de Zeus, e mais ainda, por Homero deixar claro logo de início um novo Zeus, bem distinto da *Ilíada*, preocupado com a opinião dos mortais,

---

24 "Μητις", transliteração *Métis*, além de ser uma deusa de primeira geração, filha de Oceano, significa igualmente uma qualidade, uma capacidade, uma característica pessoal da mais alta relevância tanto para os deuses como para os mortais. Os gregos a consideravam como uma inteligência especial, voltada para a astúcia, o engano, a premeditação, a surpresa, capacidade de ser outro, ou, outros, que prevê o futuro. Primeira mulher de Zeus, que com isto adquire todas estas qualidades, tornando-se um "métieta", qualidade que o ajudará a vencer os conflitos e se tornar o Senhor do Olimpo.

25 HOMERO, 2003, p. 13-14.

26 Canto I, v. 47-50, e 59-62. CF.: HOMERO, 2003, p. 26.

27 Canto I, v. 65-70. Cf.: HOMERO, 2003, p. 27.

sensível a crítica moral segundo Dodds,[28] voltado para a justiça entre os homens e justamente dando como exemplo – o de Orestes – um episódio marcante da implantação da justiça humana, particularmente em Ésquilo.

> Vede bem como os mortais acusam os deuses! De nós (dizem) provêm as desgraças, quando são eles pela sua loucura, que sofrem mais do que deviam! Como agora Egisto, além do que lhe era permitido do Atrida desposou a mulher, matando Agamenon à sua chegada, sabendo bem da íngreme desgraça – pois lhe tínhamos predito ao mandarmos Hermes, o vigilante Matador de Argos que não matasse Agamenon nem lhe tirasse a esposa pois pela mão de Orestes chegaria a vingança do Atrida, quando atingisse a idade adulta e saudades da terra sentisse. Assim lhe falou Hermes; mas seus bons conselhos o espírito de Egisto não convenceram. Agora pagou tudo de uma vez.[29]

E ainda seguindo Dodds, Ulisses atento às advertências divinas vai vingar todas as adversidades, destruições e atos vis impostos pelos pretendentes à sua família, especialmente a Penélope e Telêmaco, com consequências para todo o seu *oikos*, realizando e exercendo com a ajuda dos deuses a justiça divina, ao matá-los com violência e crueldade. Assim, na *Odisseia*, parece que existe uma margem de manobra maior para o ser humano com uma relação clara de causa e efeito no sofrimento relacionado diretamente à prática das injustiças, abrindo caminho para o desenvolvimento da tragédia ática no século V.

A *Odisseia* permite inúmeras leituras distintas, ou pelo menos com ênfases diferentes para os seus vários episódios. Uma dessas leituras, que me parece interessante pela projeção da questão para os nossos tempos é ligada a grande indagação dos filósofos quanto à obtenção da chamada vida "boa" alcançável pelos mortais, como bem coloca Luc-Ferry em seu livro sobre a sabedoria dos mitos gregos:

> O objetivo da existência humana não é, como em breve achariam os cristãos, ganhar por qualquer meio, inclusive os mais morais e mais tediosos, a salvação eterna, alcançando a imortalidade, pois uma vida bem sucedida de mortal é muito superior a uma vida fracassada de imortal![30]

Ulisses seria o primeiro representante na história do pensamento ocidental a buscar incessantemente esta vida boa, sem almejar ser mais

---

28 DODDS, 2002.

29 Canto I, v. 32-43. Cf.: HOMERO, 2003, p. 26.

30 LUC-FERRY, 2008, p. 16.

do que um mortal, ou, melhor, recusando-se a aceitar não somente o *status* de imortal, como da eterna juventude, ambos ofertados pela Deusa Calipso em troca de seu amor e de sua permanência junto a ela, preferindo pertencer ao seu mundo, da aventura, dos desafios, da curiosidade, das lutas e conflitos, do seu papel de senhor, esposo, pai, filho, sem se abater com os sofrimentos e dificuldades inerentes à vida humana, inclusive de sua morte.

E ainda nesta leitura, vamos continuar seguindo o filosofo Luc-Ferry, pois ele faz uma provocante comparação das viagens de Ulisses, com o mito cosmogônico da "Teogonia", que parte do caos e termina no cosmos. No caso do nosso herói, o "mito" inicia-se bem atrás, com o conflito entre as três deusas, Hera, Atena e Afrodite, sob a égide de Eris, a deusa da discórdia, no casamento de Peleu com Tétis, pais de Aquiles, na qual a vencedora Afrodite promete a Paris, filho de Príamo, Helena a mulher mais formosa de todos os tempos, à época casada com Menelau, rei de Micenas. Este fato, como se sabe, gerou a terrível guerra de Troia, depois, o saque desmedido dos gregos à cidade das muralhas de Ilión, de uma crueldade sem limites, a volta para a Grécia sob a tempestade dos deuses capitaneados por Zeus pelo que ocorrera no final da guerra. Ulisses participou de tudo isto desde seu início, e ainda mais, o feroz ódio de Posídon pela morte do filho Polifermo, as diversas tentações enfrentadas ao longo da viagem, inclusive da imortalidade, para concretizar ao final, seu sonho de uma vida boa, a volta para casa, ao cosmo ordenado e harmônico de sua Ítaca, junto a mulher, o filho, o pai, os amigos, sem antes ter que resolver o conflito com os pretendentes à mão de Penélope.[31] Esta comparação também pode ser estendida ao próprio mito de Zeus, em direção ao reinado divino, com todos os conflitos, guerras, monstros que teve que enfrentar, utilizando, de certa forma as mesmas armas que o valente Ulisses, a força, a astúcia, a justiça, a determinação em termos de seus objetivos, sendo ambos ajudados pelos deuses, porém, no caso deste último, na busca de uma vida simples, de um mortal como outro qualquer, junto à terra natal e a seus familiares e amigos, como se fosse a soberania divina.

Porém, apesar do fascínio desta interpretação cósmica prefiro enfatizar a própria definição de Ulisses quanto à vida que gostaria de ter expressa no início do Canto IX, pois dali se deriva outra leitura, ao mesmo tempo mais poética e mais realista, que particularmente mui-

---

31 LUC-FERRY, 2008, p. 140-143.

to me fascina. Vejamos aquela passagem: o *aedo* Demódoco, na terra dos Feaces, no reinado do rei Alcinoo, hospedeiro do ainda incógnito Ulisses havia acabado de cantar sobre o destino dos aqueus, muito reverenciado pelo próprio Ulisses:

> Demódoco, a ti louvo eu mais que a qualquer outro homem, quer tenha sido a Musa a ensinar-te, quer o próprio Apolo. É com grande propósito que cantas o destino dos Aqueus, tudo o que os Aqueus fizeram, sofreram e padeceram - como se lá estivesses estado ou o relato ouvido de outrem. Mas muda agora de tema e canta-nos a formosura do cavalo de madeira, que Epeu fabricou com a ajuda de Atena: o cavalo que o divino Ulisses levou para a acrópole pelo dolo depois de o ter enchido com os homens que saquearam Ilión.[32]

Durante o canto do *aedo*, Ulisses derretia-se de chorar, no que foi notado e inquirido por Alcinoo, da razão do choro, sem antes, dar em sua fala aos Feaces e ao próprio Ulisses, uma das maiores demonstrações de sabedoria e de humanidade, da qual tiramos alguns trechos:

> Desde que demos início ao banquete e o divino aedo começou a cantar, desde então não parou de chorar e de se lamentar o estrangeiro. A dor abateu-se sobre ele. Que o canto cesse, para que todos nos alegremos, anfitriões e hóspede, pois é muito melhor assim. Foi em honra do estrangeiro que preparamos tudo isto: o transporte e os presentes que lhe damos com amizade. Um estrangeiro e suplicante é como um irmão para o homem que atinja o mínimo de bom senso.[33]

Em seguida, Alcinoo pergunta o nome pelo qual tratam tua mãe e teu pai, e qual a tua terra, a tua cidade, para que até lá as naus dos Feaces o transportem, ressaltando que eles não tem timoneiros, nem lemes, uma vez que as próprias naus compreendem os pensamentos e espíritos dos homens, conhecendo os caminhos e os abismos do mar, nunca receando que algo de mal lhes aconteça, nem de se perderem, apesar da cólera de Poseidon porque eles davam transporte seguro. E finaliza perguntando:

> E diz-me por que choras e te lamentas no coração quando ouves falar da desgraça dos Danaos, Argivos e de Ilión. Foram os deuses os responsáveis: fiaram a destruição para os homens para que também os vindouros tivessem tema para seus cantos. Será que algum parente teu tombou em Ilión, um valente que era teu genro ou teu sogro? Ou então um camarada de

---

32 Canto VIII, v. 487-495. Cf.: HOMERO, 2003, p. 141.

33 Canto VIII, v. 539-547. Cf.: HOMERO, 2003, p. 143.

armas, que te encantava, nobre? Pois de modo algum é inferior a um irmão o camarada conhecedor da sensatez.[34]

Respondendo-lhe assim falou o astucioso Ulisses:

> Alcino o poderoso, excelente entre todos os povos, na verdade é coisa bela ouvirmos um aedo como este, cuja voz se assemelha à dos deuses. Pois afirmo que não há na vida finalidade mais bela do que quando a alegria domina todo o povo, e os convivas no palácio ouvem o aedo sentados em filas; junto deles estão mesas repletas de pão e de carnes; e o escanção tira vinho puro do vaso onde o misturou, e serve-o a todos em taças. É isto que me parece a melhor coisa de todas.[35]

Além de sua definição de vida boa, da suprema importância da hospitalidade grega, Ulisses/Homero ratificam a enorme importância social de uma pessoa enquanto *aedo*, como uma espécie de sacerdote das Musas, pois através da fala, agrega pessoas e valores em uma comunhão espiritual, sem necessidade de referenciar a questão heroica, muito pelo contrário, transformando a partir daí o herói Ulisses, ele próprio em, um notável *aedo*, ao se revelar como "Ulisses, filho de Laertes, conhecido de todos os homens pelos meus dolos. A minha fama já chegou ao céu. É na soalheira Ítaca que habito",[36] e de forma simples que nada tinha a ver com seu prestígio, contar todas as suas peripécias e aventuras até a chegada à terra dos Feaces, ao longo dos belíssimos cantos IX ao XII, episódio conhecido como das viagens de Ulisses. A admiração de Ulisses pelos *aedos* já tinha ficado patente ao saudar "Demódoco, a ti louvo eu mais que a qualquer outro homem",[37] porém, sua transformação e assunção deste papel é visível, até mesmo quando encontra seu velho porqueiro Eumeu no Canto XIV, ao inventar e descrever sua procedência de Creta até finalmente chegar a Ítaca. Existem versões que atribuem ao personagem do *aedo* cego Demódoco, o próprio Homero, que pelo que se sabe era igualmente cego, antecipando em alguns séculos ao grande diretor e cineasta Alfred Hitchcock, que gostava de fazer algumas pontas em seus próprios filmes.

Finalmente, Ulisses desperta após sua primeira noite em Ítaca, em uma praia onde lhe deixaram os Feaces, junto com o tesouro de dá-

---

34 Canto VIII, v. 577-586. Cf.: HOMERO, 2003, p. 144.

35 Canto IX, v. 1-11. Cf.: HOMERO, 2003, p. 145.

36 Canto IX, v. 19-21. Cf.: HOMERO, 2003, p. 145.

37 Canto VIII, v. 487. Cf.: HOMERO, 2003, p. 141.

divas de Antinoo, sem, entretanto, reconhecer de imediato sua terra, pois Palas Atena, filha querida de Zeus, derramara uma neblina para tornar Ulisses irreconhecível e para lhe explicar primeiro de seu plano para a merecida vingança aos pretendentes e a todos que o haviam traído ao longo de todo aquele tempo em que estivera fora. Nesta passagem em que Ulisses encontra Atena e juntos conversam, o poeta Homero se excede, se extrapola, se solta, e rompe toda a distância que sempre manteve com seus personagens, mesmo se considerarmos que neste encaminhamento para o final da narrativa, vários momentos marcantes e comoventes ocorrem como seu encontro com o fiel porqueiro Eumeu, Ulisses disfarçado de mendigo sendo reconhecido pelo seu velho cão, o espanto de sua ama Euricleia ao se deparar com sua cicatriz, e é claro seu reencontro com a esposa Penélope. Atena, inicialmente se disfarça de um jovem pastor de ovelhas, sem, contudo, enganar Ulisses que logo a reconhece, porém mantém a situação ao indagar sobre aquela terra. Logo conta uma história, como *aedo* que é, lhe explicando como havia chegado a uma praia cheio de tesouros:

> Assim falou; e sorriu Atena, a deusa de olhos garços. Acariciando-o com a mão; transformou-se numa mulher alta e bela, conhecedora dos mais gloriosos trabalhos. E falando dirigiu-lhe palavras apetrechadas de asas.[38]

Trata-se de um encontro de amizade profunda, de intensa *philia*, entre dois iguais, dois antigos companheiros, mesmo sendo uma imortal e um homem mortal, com seus cuidados um com o outro, com seu carinho evidente, com suas afinidades e semelhanças, com suas *metis* altamente desenvolvidas, com a sabedoria de seus defeitos, enfim, com uma entrega total de ambos, expresso na fala realista da deusa que o adverte de que ele ainda terá muito sofrimento, e que ela estará lhe ajudando:

> Interesseiro e ladrão seria aquele que te superasse em todos os dolos, mesmo que um deus viesse ao teu encontro! Homem teimoso, de variado pensamento, urdidor de enganos; nem na tua pátria estás disposto a abdicar dos dolos e dos discursos mentirosos, que no fundo te são queridos. Mas não falemos mais destas coisas, pois ambos somos versados em enganos: tu és de todos os mortais o melhor em conselho e em palavras; dos imortais sou eu a mais famosa em argúcia proveitosa. Mas tu não reconheceste Palas Atena, a filha de Zeus - eu que sempre em todos os trabalhos estou ao teu lado e por ti velo. Até por todos os Feaces te fiz bem-querido. Agora vim até aqui para contigo tecer um plano astucioso; para ocultar os tesouros,

---

38 Canto XIII, v. 287-290. Cf.: HOMERO, 2003, p. 221.

que te deram os excelentes Feaces por minha vontade e deliberação quando a casa regressaste; e para te falar dos males requeridos pelo destino que terás de sofrer no teu bem construído palácio; mas é forçoso que os sofra e nada digas a nenhum homem ou mulher; que tendo vagueado aqui voltaste; mas em silencio deverás sofrer muitas dores e submeter-te à violência dos homens.[39]

Homero é, portanto, tudo isto e muito mais, e apesar das dificuldades de localizar suas narrativas no tempo, e em determinado contexto histórico, econômico e social, por seu caráter instaurador deixou a ideia de um mundo ideal, onde os homens e deuses se assemelham, sem medo e receio de parte a parte. Deixou assim, plantadas as sementes que levaram os gregos, a manter sempre uma atitude de exaltação de sua condição humana atual, que ficará bastante explicita através dos líricos, dos filósofos jônios e dos poetas áticos da tragédia, porém, em nenhum momento querendo ou pretendendo de verdade se assemelhar aos deuses, graças a esta grande invenção dos deuses com caráter humano.

Vamos seguir a Finley em sua obra prima *O mundo de Ulisses*,[40] onde ele esclarece com grande propriedade aquele mundo homérico, através de seus principais valores, particularmente sobre esta questão, destes deuses tão especiais, que simplesmente eram mais que os homens, mas não muito diferentes dos homens:

A humanização dos deuses constituía um progresso de uma espantosa ousadia. Pintar seres sobrenaturais não como vagos espíritos, sem forma, ou como seres monstruosos, metade pássaro, metade animal, por exemplo, mas, como homens e mulheres, com órgãos humanos e com paixões humanas, exigia a maior audácia e o orgulho da sua própria humanidade. Tendo assim criado os seus deuses, o homem homérico chamou-se a si mesmo igual aos deuses". Entretanto, apesar de que a "divindade criada à imagem do homem, com um talento e um gênio que se contam entre as maiores realizações intelectuais da humanidade, onde o conjunto da sociedade heroica está reproduzido no Olimpo em toda sua complexidade e com todos seus matizes.[41]

Homero, manteve sempre as evidentes distinções entre eles;

É necessário apreciar rigorosamente os termos "homens" e "igual aos deuses". Por um lado, Homero não confunde nunca "igual aos deuses e "divi-

---

39 Canto XIII, v. 291-310. Cf.: HOMERO, 2003, p. 221-222.

40 FINLEY, 1972.

41 FINLEY, 1972, p. 203.

no": jamais suprime a fronteira entre mortal e imortal [...]. Honrava-se os reis do mesmo modo que os deuses, nunca, porém se lhes rendeu culto. Os heróis eram homens e não objetos de culto.[42]

Neste sentido, é bom recordar uma passagem emblemática da *Ilíada*, no Canto V, onde o bravo e impetuoso Diomedes filho de Tideu, investiu contra Enéas, o grande guerreiro troiano, salvo inicialmente por sua mãe Afrodite, que acabou sendo ferida, escapando da refrega graças a Ares, indo chorar as magoas com Zeus, que a aconselhou bondosamente cuidar dos amores e não da guerra, mas que levou Apolo a intervir, e pegar Enéas nos braços, e mesmo assim o Tidita Diomedes por quatro vezes tentou matar o troiano, salvo pelo deus, que assim lhe falou: "Pensa, ó Tidita, e cede! Não queiras pensar coisas iguais às que pensam os deuses, pois não é a mesma, a raça dos deuses imortais e a dos homens que caminham sobre a terra."[43]

Mais adiante, Finley ressalta uma vez mais esta criação genial, sem antes se referir a algo que já havíamos chamado atenção, como sendo uma criação não menos audaciosa e notável do que o caráter humano dos seus deuses, que pertence inteiramente a Homero, que é a universalidade do homem, cujos indivíduos e classes podiam se diferir em riqueza e valor, porém não os povos quer fossem aqueus, troianos, ou, mesmo entre eles. Diante de todas estas criações, de caráter religioso, Finley resume e dá sua versão de como elas devem ter ocorrido:

> Encontramo-nos aqui, o que é indubitável, na presença de uma criação nova, de uma revolução no domínio religioso. Ignoramos quem a realizou, podemos estar seguros de que isto foi uma transformação súbita e não muito simplesmente uma lenta e gradual evolução das crenças. Jamais na história das religiões que nós conhecemos, no Oriente como no Ocidente, surgiu uma nova religião de outra maneira que não fosse brusca. As ideias novas podem ter estado a germinar durante muito tempo, as ideias antigas podem ter sofrido uma mudança lenta e constante, outras noções podem ainda ter sido importadas do exterior. Porém a etapa decisiva de transformação, o abandono da velha crença e o advento da nova, foram sempre bruscos, rápidos, súbitos.[44]

Finalmente Finley apresenta uma das chaves mais importantes no entendimento dos homens e deuses do período épico, ao comentar a singularidade da religião homérica, frente a um comentário do pai

---

42 FINLEY, 1972, p. 208.

43 Canto V, v. 440-442. Cf.: HOMERO, 2013, p. 215.

44 FINLEY, 1972, p. 208.

de John Stuart Mill, citado por ele em sua autobiografia, de que existia sempre a referência crescente das maldades dos deuses de várias nações, como sendo a característica básica das divindades, que levavam os homens a dar-lhes o nome de deuses e de prostrarem-se diante deles:

> Pelo menos para a religião homérica, este juízo não é válido, não porque falte a maldade aos deuses de Homero, mas porque eles estão essencialmente isentos de qualquer qualidade moral. A ética do mundo de Ulisses era elaborada pelo homem e sancionada pelo homem. O homem pedia aos deuses que o ajudassem nas suas diversas atividades; virava-se para os deuses pela ajuda que estava no poder deles oferecer-lhe ou recusar-lhe. O homem, porém, nada tinha a esperar dos deuses como conselho para a sua conduta moral. Isso estava fora do poder deles.[45]

Desta forma, Homero, ao instaurar a universalidade e a imparcialidade no tratamento dos mortais e ao criar seus deuses com as mesmas características humanas definiu as possibilidades das relações dos mortais e imortais, como se fosse um universo aberto sem restrições derivadas do poder diferenciado de cada um, ou de restrições de caráter moral, ensejando possibilidades concretas de relações baseadas no respeito e admiração mútua entre eles, como na cena que vimos entre Ulisses e Atena, na qual ela reconhece, sorrindo que ele é um velhaco, um ladrão, um mentiroso, sem nenhuma conotação moral. Esta era basicamente a situação ao longo da *Ilíada* e de grande parte da *Odisseia*, porém uma revolução intelectual já começava a despontar, com o surgimento da questão moral, e da assunção por Zeus de um papel distinto relacionado à aplicação de uma justiça cósmica, absorvendo assim alguns dos valores heroicos, como bem demonstra o episódio da matança dos pretendentes, um tema de pecado e castigo, como pontua Finley.

> Ulisses diante do triunfo da morte de todos eles e da alegria de sua criada Euriclea, a detém e lhe fala; "Velha, alegra o seu coração! Mas refreia-te... nem um grito! Ufanar-se dos mortos é uma impiedade! É o destino dos deuses que o mata e os seus crimes."[46]

Este sentimento não somente é não-heroico, posto que os heróis não deixavam geralmente de exercer o seu direito de exaltar publicamente a sua vitória sobre as suas vítimas, mas num sentido ele é não-helê-

---

45 FINLEY, 1972, p. 211.

46 Canto XXII, v. 408-413. Cf.: HOMERO, 2003, p. 364.

nico, como a formula de Nietzsche o sugere.[47] Entretanto, ainda falta acrescentar uma última chave neste entendimento, que é a questão do destino, ao qual tantos os mortais como os imortais estão sujeitos. Mas esta questão, vamos deixar para mais adiante, pois estavam dadas as condições para o surgimento de Hesíodo, com sua revolução cosmogônica, com seus acentos na justiça divina e humana e com seus conceitos de *diké* e *hybris*.

A partir daqui vamos tentar entender como foi criado o Universo, os deuses e os homens, alguns daqueles que Homero coloca em suas narrativas, porém em um sentido bem mais amplo, envolvendo toda a genealogia dos deuses, tanto os deuses solares como os descendentes da noite escura, especificando o papel dos mortais e suas relações com esses deuses. Vamos entrar no mundo de Hesíodo por meio de suas duas grandes obras, a "Teogonia" e as "Erga", relatando inicialmente o nascimento do mundo, com suas entidades primordiais e após, o nascimento dos deuses, evoluindo com sua preocupação com as justiças divina e humana, com suas visões e abordagens distintas dos males, com a necessidade do trabalho, e com sua piedosa confiança na constante presença das divindades sob a liderança e o reinado de Zeus a quem ele atribui o valor máximo, capaz, portanto, de suprimir o mal e as injustiças. E isto apesar do seu pessimismo, e por que não dizer dos próprios deuses, com as deficiências e fraquezas da natureza humana. Os dois poemas relativos aos mitos de Prometeu que aparecem nas duas obras, serão analisados mais a frente, de forma a serem cotejados com a trilogia de Esquilo sobre o assunto, em particular com o *Prometeu acorrentado*.

Em Hesíodo ficam claras duas tendências totalmente diferenciadas: o universo e os deuses a partir de suas divindades originárias evoluem de forma positiva, a partir do Caos em um sentido totalizante e harmônico em direção ao cosmos, até alcançar a dinastia dos olímpicos sob a égide de Zeus, e mesmo este através de seus casamentos acrescenta importantes características divinas como, a *metis* (astúcia), a equidade, a justiça, a paz e o enlevo do canto e da dança. Entretanto, entre os humanos a tendência é sempre de uma piora constante, a não ser por um período onde pontificam os heróis, mas que acaba ao final na raça dos homens de ferro, onde a própria justiça é impossível. Vejamos um pouco destas magníficas obras, com a ajuda de Cornford,

---

47 FINLEY, 1972, p. 217.

em *Principium Sapientiae*,[48] e nas traduções e comentários de Torrano, no caso da "Teogonia"[49] e de Lafer, nos "Ergas",[50] sempre recorrendo a outros autores na medida da necessidade.

Na "Teogonia", Hesíodo apresenta a genealogia dos deuses e da criação do mundo, invocando logo de início as Musas[51] como princípio gerador e orientador, envolvendo em uma unidade, os atos de cantar e dançar, a voz e o gesto, emergindo da escuridão da noite para a vida: "Comecemos por cantar as Musas Helicônias, senhoras da grande e divina montanha do Hélicon."[52] Hesíodo neste prelúdio, primeiro fala do teor do hino que elas cantam, ou, que elas inspiram, em louvor de Zeus, detentor da égide, dos outros deuses olímpicos, dos deuses mais antigos, e da Aurora, do Sol, da Terra, do Oceano e da Noite, e de toda a raça sagrada dos imortais, para depois, atribuir ao pastor que guardava seus rebanhos no Hélicon,[53] o cetro do dom do canto, encarnando o poder sagrado da linguagem, da palavra cantada, que elas detêm. Entretanto, o alertam ser necessário abandonar sua condição de pastor, das infâmias e da sobrevivência material, inerentes à sua condição, de que, elas, mesmo sabendo dizer muitas mentiras, aqui, no caso, nada será ocultado, nada será esquecido, mas, ao contrário, tudo será revelado, e por último de que lhes cabe sempre o primeiro e o último cantar, como sendo elas as únicas responsáveis pelo canto.

Hesíodo parte louvando as Musas em seu hino, pois elas são as fontes do sagrado, filhas de Zeus com a Memória, exaltando uma ordem divina do mundo, que se complementa com a soberania de Zeus, que possui a força, a sabedoria, a justiça e o domínio, distribuindo as honras aos imortais, e é em nome dele que as musas cantam. Na realidade, a "Teogonia" de Hesíodo é para muitos filólogos, especialmente

---

48 CORNFORD, 1981.

49 HESÍODO, 2003.

50 HESÍODO, 2002.

51 Vejamos Torrano sobre as Musas: "Fecundada por Zeus Pai, que no panteão hesiódico encarna a Justiça e a Soberania supremas, a Memória gera e dá a luz as Palavras Cantadas, que na língua de Hesíodo se dizem Musas." Cf.: HESÍODO, 2003, p. 16.

52 HELADE, 2003, p. 107.

53 Monte Hélicon, na região de Téspias a Béocia próximo do Golfo de Corinto, onde Hesíodo trabalhava.

Cornford, um hino a Zeus, que aparece explicitamente no começo e ao fim da narrativa:

> A Teogonia pode assim ser considerada essencialmente um Hino a Zeus, precedido de uma pequena cosmogonia. As Musas na sua voz imortal celebram com seu canto, 1) primeiro a temível raça dos deuses desde o princípio, os filhos da Terra e do vasto Céu, e os deuses que deles nasceram, aqueles que distribuem as dádivas boas (cosmogonia). Em seguida, 2) tanto no princípio como no fim do seu canto, louvam Zeus, Pai dos deuses e dos homens, o mais excelente dos deuses e de todos o mais poderoso (v. 43 ss.). Contarão também como os deuses se apoderaram do Olimpo, sob o comando supremo de Zeus, que distribuiu por eles as suas várias províncias e honrarias (v. 111-113).[54]

Desta forma, já dá para sentir a enorme importância de Hesíodo para a cultura grega, não somente para entender o passado, com sua cosmogonia – nascimento do mundo – e após, correspondente teogonia – nascimento dos deuses –, aclarando e expandindo diversos pontos dos relatos homéricos, abrindo novos caminhos de reflexões sobre o cosmos, que servirão de base para a cosmogonia iônica, especialmente com Anaximandro, tudo isto feito e realizado em uma situação de total isolamento, inaugurando na Grécia um tipo de literatura sapiencial,[55] nas palavras de M. L. West, bem como se tornando o primeiro poeta a cantar na primeira pessoa, nos "Os trabalhos e os dias", antevendo o futuro de grandes transformações culturais.

Ainda no proêmio do hino as Musas, aparecem duas ideias que nos interessam particularmente, pois se referem ao papel dos mortais naquele mundo, para as quais Torrano chama atenção. A primeira, no verso 50, quando são colocados como opositores da ordem divina o ser dos homens e dos poderosos – ou cruéis – gigantes:

> Os homens se opõem ao jubiloso esplendor da vida divina enquanto eles têm por destino a miséria, a penúria, o sofrimento e a morte. E os poderosos gigantes se opõem à triunfal plenitude da vida olímpica enquanto são adversários derrotados e submetidos.[56]

---

54 CORNFORD, 1981, p. 314.

55 Literatura sapiencial, citado por Lafer, é "[...] integrada por algumas obras da literatura nativa de muitas nações que se caracterizam pela preocupação em reunir preceitos, conselhos, admoestações e instruções repertoriadas por um povo." Cf.: HESÍODO, 2002, p. 15.

56 HESÍODO, 2003, p. 28.

Segundo ele, este é o sentido da palavra "αυθις"(*aûtis*) – para trás, em sentido inverso – marca a oposição entre Deuses e homens. Mesmo considerando excessiva a interpretação do referido autor, exprime claramente não somente a irrelevância dos mortais, mas a noção de um destino inexorável e profundamente constrangedor e repulsivo diante da grandeza da ordem divina.

A segunda, entre os versos 80 e 103, onde aparece explicitamente à força e o poder das Musas, não somente no Olimpo junto aos imortais, e principalmente junto ao Pai Zeus, pois aliam o canto e a dança como contraponto a gritaria da terra negra – poderes ctônicos –, mas igualmente junto aos mortais, em especial junto aos reis venerandos sustentados por Zeus e junto aos cantores e citaristas por intermédio de Apolo. Hesíodo nesta passagem coloca em um mesmo plano os cantores e os reis por fazerem uso eficiente das palavras através de fórmulas justas, equilibradas, convincentes, assertivas e coerentes com a natureza e com a ordem cósmica sob o patrocínio da Memória e representativas do dom concedido pelas Musas.

O interessante aqui é o de constatar, mesmo que em termos sumários, o paralelismo, ou melhor, o rebatimento que Hesíodo promove entre a ordem divina com a ordem social, onde os reis como Senhores da Palavra são participantes, operadores, colaboradores e responsáveis de alguma forma pela harmonia e beleza do mundo. Porém, tanto os cantores quanto os reis são simples mortais, nestes casos, representantes de uma ordem cósmica em nome de Zeus e Apolo, ambos desempenhando funções primordiais do ponto de vista público e social, com objetivos de elevar, melhorar, dignificar a vida dos pobres mortais, tentando assegurar à suas comunidades justiça, equilíbrio, nobreza e um futuro mais digno. As duas colocações revelam de imediato a ambiguidade dada por Hesíodo a questão dos mortais indicando que, suas preocupações, como pastor e agricultor dependente da justiça humana dos reis é apesar de tudo fundamental não somente para si como para todos os homens.

Mas vamos retomar a questão da genealogia dos deuses, juntamente com a controversa e complexa questão cosmogônica, da criação do mundo, de acordo com Hesíodo. As divindades primordiais em geral, de acordo com a tradição e autoridade dos antigos, são identificadas como sendo quatro apesar da intensa discussão sobre o assunto: "Χαος" (*Kháos* ou Caos), Terra, Eros e Tártaro. Hesíodo confirma a origem quádrupla da totalidade quando nos fala destes deuses, conforme tradução de Torrano:

> Sim bem primeiro nasceu Caos, depois também
> Terra de amplo seio, de todos sede irresvalável sempre,
> Dos imortais que têm a cabeça do Olimpo nevado,
> E Tártaro nevoento no fundo do chão de amplas vias,
> e Eros: o mais belo entre deuses imortais
> solta-membros, dos Deuses todos e dos homens todos,
> ele doma no peito o espírito e a prudente vontade.[57]

O texto de Hesíodo deixa clara a proeminência de Caos no processo cosmogônico, anterior mesmo a Gaia explicito pelo advérbio "depois", "depois também Terra de amplo seio", sendo a força que preside à separação, ao fender-se, dividindo-se em dois. Ainda de acordo com Torrano, o nome grego "Χαος" (*Kháos*) está para o verbo "Χαινω" (*khaíno*) ou sua variante "Χασχω" (*khásko*), abrir-se, entreabrir-se e ainda "[...] abrir a boca, as fauces ou o bico."[58] Nada a ver com o entendimento moderno de desordem primitiva e com o entendimento de um espaço vazio rigorosamente infinito, algo semelhante à imensidão da terra e do mar, da mesma forma que a maioria das cosmogonias primitivas, retomada pelos filósofos iônicos de que "todas as coisas estavam juntas". Segundo Cornford, "[...] não é esse o sentido da palavra no grego dos séculos VI e V."[59] *Kháos* significava o "abismo hiante", da raiz grega "abertura", "separação", "cavidade", entre o Céu em fogo e a terra, abismo que podia ser descrito como "vazio, ou, como ocupado pelo ar", e assim, *Kháos* ao promover a separação e a divisão vai ajudar na criação de entidades separadas e identificáveis.

Terra, a Deusa-Mãe, "de todos sede irresvalável sempre"[60] é no caso a origem de tudo, o primeiro corpo a tornar-se distinto, sendo que Hesíodo logo deixa clara a ligação dela com os deuses doadores de bens, os atuais deuses do Olimpo nevado, seus mais perfeitos e belos descendentes. *Terra primeiro pariu igual a si mesma Céu constelado para cercá-la toda ao redor, depois as altas montanhas, as ninfas que moram nas montanhas e pariu a "[...] infecunda planície impetuosa de ondas,*

---

57 Canto "Os Deuses Primordiais", v. 116-122. Cf.: HESÍODO, 2003, p. 111.

58 HESÍODO, 2003, p. 43.

59 CORNFORD, 1981, p. 316-317.

60 Proêmio: hino às Musas, v. 111. Cf.: HESÍODO, 2003, p. 111.

o Mar."[61] Da mesma forma, através da cissiparidade, Érebos e a Noite nasceram do Caos, sendo que:

> Érebos é uma espécie de antecâmara do Tártaro e do reino do que é morto, e Noite, após parir Éter e o Dia, unida a Érebos por amor, as única entidades positivas e luminosas, procria por cissiparidade as forças da debilitação, da penúria, da dor, do esquecimento, do enfraquecimento, da aniquilação, da desordem, do engano, da desaparição e da morte, em suma, tudo que tem a marca do Não-Ser.[62]

Eros, ao contrário, é sempre o elemento de ligação como força de acasalamento e da multiplicação da vida, e de acordo com Hesíodo vai promover a união de todos os mortais e de todos os imortais através de uma expressão marcante, "solta-membros", já que ele como:

> [...] o mais belo entre os deuses imortais, que amolece os membros e, no peito de todos os homens e deuses, domina o espírito e a vontade esclarecida.[63]

Aristóteles identifica a necessidade de uma causa motora a partir do amor e do desejo como um princípio entre as coisas, ressaltando que Hesíodo foi o primeiro tê-la sentido, ao mesmo tempo, que relembra em sua discussão sobre a amizade, a declaração de Heráclito de que "[...] o contrário é convergente e dos divergentes a mais bela harmonia, e todas as coisas vêm a ser segundo a discórdia."[64] Eros também atua em conjunto com Gaia e Urano, sedes seguras dos Deuses e âmbitos da luz e da vida, na criação dos seres vivos com a fecundação da Terra pelos pingos de chuva ao cair de seu leito celeste, que permite as pastagens dos rebanhos e os viveres de Demeter para a vida do homem, segundo Esquilo nas Danaides:

> O Amor leva o puro Céu a desposar a Terra; e o Amor apodera-se da Terra para a unir no matrimonio. E a chuva que cai do marido Céu impregna a Terra e ela dá aos homens pastos para os seus rebanhos e trigo, a vida do homem.[65]

---

61 Canto "Os Deuses Primordiais", v. 126-132. Cf.: HESÍODO, 2003, p. 113. (grifo meu)

62 HESÍODO, 2003, p. 44.

63 Canto "Os Deuses Primordiais" v. 120-122. Cf.: HESÍODO, 2003, p. 111.

64 HERÁCLITO, 2012, p. 43-45.

65 CORNFORD, 1981, p. 320.

Finalmente, o Tártaro nevoento – invisível –, "[...] fica tão longe sob a Terra quanto é da Terra o Céu."[66] Vamos seguir Torrano: os versos 740-5 o descrevem como um "vasto abismo" onde se anula todo o sentido de direção e onde a única possibilidade que se dá é a queda cega, sem fim e sem rumo. O Tártaro "temível até para os Deuses imortais" é o lugar onde "se estabelece a casa temível da Noite trevosa, aí oculta por escuras nuvens.[67] Assim, o Tártaro no fundo da Terra é uma espécie de duplo especular e negativo da Terra e do Céu, tanto quanto é o Céu um duplo perfeito e positivo da Terra que o "[...] pariu igual a si mesma [...]",[68] ambos sede irresvalável sempre, lembrando que com sua localização, "no fundo da Terra" e sua natureza simétrica e negativa quanto à da Terra, aproximam-no em afinidades com *Kháos* e sua descendência tenebrosa e mortífera, através de Érebos e a Noite.[69] A impressão que fica desta totalidade do universo, imaginada em Hesíodo, é de um sistema complexo, envolvendo uma figuração física de continuidade vertical, mas também de conflito entre positivo e negativo do par Terra/Céu com o Tártaro, mas já composto com alguns elementos naturais, com deuses representando estas puras forças da natureza. Da parte de Gaia, o Céu constelado ,as altas montanhas abrigando as Deusas Ninfas, e o mar infinito; da parte do Caos, o brilhante éter, e o dia, em oposição ao escuro reinante no subsolo – Érebos – e a noite; com dois princípios fundamentais, ativos e energéticos, que envolvem a tudo; o altamente prolífico de divisão e separação, originário do Caos, e o estéril da união capaz de superar as diferenças, de Eros. Finalmente, tendo como matriz de criação dos futuros deuses culturais, Gaia, que somente poderá cumprir suas funções relacionadas com a vida, com a ajuda de Caos, para se separar do Céu, e de Eros para que possa desposar Céu, e gerar todas as coisas. Porém, este mundo imaginado por Hesíodo, ainda segue estático, e somente se desenvolverá com a ajuda dos deuses que vão nascer da união do Céu com a Terra, especialmente um deles cuja tarefa será fundamental para que o ciclo da vida, com sua luz eterna, seja iniciado.

Neste sentido, da evolução do mundo, é que se dá a criação dos deuses, normalmente apresentada em três fases distintas, particularizan-

---

66 Canto "A Titanomaquia", v. 720. Cf.: HESÍODO, 2003, p. 145.

67 Canto "Descrição do Tartaro", v. 744-5. Cf.: HESÍODO, 2003, p. 147.

68 Canto "Deuses Primordiais", v. 126. Cf.: HESÍODO, 2003, p. 111.

69 HESÍODO, 2003, p. 42.

do algumas linhagens importantes, porém é importante salientar que mesmo sendo a "Teogonia" um hino explícito a Zeus, fica subjacente, como vimos, a criação do mundo ordenado e harmônico, que sempre esteve presente no imaginário grego, especialmente relacionado com a beleza e a ordem da natureza, que fornece a base concreta e objetiva do mundo físico. Em outras palavras, é impossível separar inteiramente as questões da criação do mundo e da conquista do poder divino de Zeus, além de que Hesíodo, mesmo se apoiando ou bebendo em tradições orientais bastante evidentes, foi obrigado a levar em conta aspectos essencialmente gregos, cujos efeitos nas narrativas, nem sempre são muito claros e razoáveis.

Assim, o mito cosmogônico inicial começa a adquirir sentido e direção a partir deste universo ainda informe através do Céu com sua força fecundante, e de ser, conjuntamente, assento seguro dos deuses venturosos que vão ser gerados,[70] através do coito entre Gaia e Urano, que como vimos somente foi possível com a ajuda do Caos e de Eros:

> (Gaia) Depois pariu
> Do coito com Céu: Oceano de fundos redemoinhos
> E Coios e Crios e Hiperion e Jápeto
> E Teia e Réia e Têmis e Memoria
> E Febe de áurea coroa e Tétis amorosa
> E após com ótimas armas Cronos de curvo pensar.
> Filho, o mais terrível: detestou o florescente pai.[71]

Trata-se do início da determinação, do fim da indeterminação, da emergência dos primeiros deuses, que não são simplesmente entidades, mas que começam a ser definidos em suas essências, como *personalidades*. Seu próprio pai Urano os denomina "Titãs", seis meninos e seis meninas, também chamadas "Titanidas". São seres ao mesmo tempo imortais e fascinantes como deuses que são, porém nasceram das profundezas da terra e vieram dos confins do Tártaro, o que em alguns casos os torna violentos e assustadores. Desses doze filhos, vários terão papel fundamental na estruturação do universo, especialmente no lado das mulheres, revelando assim os antigos poderes do matriarcado.

Teia, a divina, deusa celestial, deusa da visão, que junto com o irmão Hipérion, Deus dos astros vai gerar Hélios o Sol, que tudo sabe, Selene a Lua e Eos a aurora rósea. *Febe a luminosa, Deusa da profecia,* pri-

---

70 Canto "Deuses Primordiais", v. 127-128. Cf.: HESÍODO, 2003, p. 113.

71 Canto "Deuses Primordiais", v. 133-138. Cf.: HESÍODO, 2003, p. 113.

meira a comandar o oráculo de Delfos, que junto com o irmão Coios, Deus da inteligência vai gerar Leto, que junto com Zeus geram Apolo e Ártemis em Delos, e Astéria que junto com Perses gera Hécate a quem mais honrou e concedeu esplendidos dons, o próprio Zeus. *Têmis, deusa da lei, da justiça, da ética, da ordem e do equilíbrio,* futura esposa de Zeus, gerando as horas Equidade, Justiça, Paz e as Moiras fiandeiras e responsáveis pelo bem e o mal dos mortais e imortais. *Mnemosine, a memória,* futura esposa de Zeus que juntos geram as nove Musas de tão grande poder junto ao Olimpo. *Tétis a amorosa,* junto com seu irmão Oceano, gera os rios, as nascentes e as três mil ninfas Oceanides, dentre as quais *Métis, deusa da astucia*, primeira mulher de Zeus, e que seria engolida por ele para não gerar um macho capaz de desbancá-lo do poder divino. *Reia, deusa da terra, da fertilidade, dos ciclos,* futura mulher de Cronos, que juntos vão gerar os Deuses Olímpicos, mas que acima de tudo vão dar sentido a existência através de seus dois importantes atributos, espaço e tempo.

Além deles, Gaia ainda engendrou, com Urano, seres monstruosos com poderes excepcionais relacionados com a natureza: os Ciclopes, semelhantes aos deuses com apenas um olho, Brontes, aquele que trovoa, Estéropes, o relâmpago, e Arges, o raio. Finalmente nasceram ainda seres aterrorizantes, com cinquenta cabeças, ombros monstruosos, denominados Hecantôquiros, que em grego significa "cem-braços". Todos eles com participação fundamental na luta de Zeus para se tornar o senhor do Olimpo.

Porém, o nascimento destes filhos de Gaia e Urano foi, traumático em todos os sentidos, especialmente para Gaia. A deusa-mãe frustrada pela não criação, pelo não desenvolvimento dos rebentos através da vida e da luz, pois Urano não conhece outra atividade que não a sexual, esparramando-se sobre ela à Noite e escondendo a todos os filhos no regaço da mãe, no lugar mesmo que os concebeu, que geme sufocando-se em suas profundezas.[72] Relegados à região caótica do Tártaro, sem o menor espaço, sem o menor interstício pelo qual poderiam sair do regaço materno, e impedidos de assumir seu lugar no universo, eles são exortados por Gaia a se revoltarem por "estas obras indignas."[73] Ousado, Cronos assume a função de colocar um termo final àquele bloqueio do fluir da vida a partir de plano engendrado por sua mãe "cuidadosa".

---

72 VERNANT, 2000.

73 Canto "História do Céu e de Crono", v. 166. Cf.: HESÍODO, 2003, p. 115.

Cronos, armado de uma foice criada por Gaia a partir de um diamante cinza decepa os órgãos sexuais de seu pai em mais uma noite em que Urano buscava fazer amor com Gaia. A melhor descrição do ocorrido é ainda de Hesíodo:

> Veio com a noite o grande Céu, ao redor da Terra desejando amor sobrepairou e estendeu-se a tudo. Da tocaia o filho alcançou com a mão esquerda, com a destra pegou a prodigiosa foice longa e dentada. E do pai o pênis ceifou com ímpeto e lançou-o a esmo para trás. Mas nada inerte escapou da mão; quantos salpicos respingaram sanguíneos a todos recebeu-os a Terra: com o girar do ano gerou as Erínias duras, os grandes Gigantes, rutilos nas armas, com longas lanças na mão, e Ninfas chamadas Freixos sobre a terra infinita.[74]

Assim, as três primeiras criaturas geradas pelo esperma de Urano são divindades do ódio, da vingança, da violência e da discórdia (*éris*), mas a última, em contrapartida pertence ao domínio de Eros, o amor, deusa da beleza, da paixão, mas, principalmente, no caso, como deusa do matrimônio e do nascimento, como a dizer, que tanto a violência quanto a beleza, a morte como a vida tem a mesma origem, e que ambas estão presentes, de formas não reconhecíveis naquelas criaturas.

Finalmente:

> [...] da branca espuma da imortal carne ejaculava-se, dela uma virgem criou-se. Primeiro Citera divina atingiu, depois foi à circunfluída Chipre e saiu veneranda bela Deusa, ao redor relva crescia sob esbeltos pés. A ela. Afrodite, Deusa nascida de espuma e bem coroada Citeréia apelidam homens e Deuses, porque da espuma criou-se e Citeréia porque tocou Citera, Cípria, porque nasceu na undosa Chipre, e Amor-do Pênis porque saiu do pênis à luz. Eros acompanhou-a, Desejo seguiu-a belo, tão logo nasceu e foi para a grei dos Deuses.[75]

Apesar de ocorrer por trás destas narrativas à sucessão divina, de Urano para seu filho caçula, Cronos, estamos envoltos no mito cosmogônico de criação do mundo e é onde se situa a enorme importância do episódio para a futura harmonia do universo. Vamos tentar apreender suas consequências mais importantes. Um primeiro ponto que impressiona é o protagonismo de Gaia em todo o episódio, podendo-se dizer que a inteligência maior, e o sentido das alterações ocorridas são de exclusiva responsabilidade dela. Também são em seu favor os efeitos e consequências principais: libera para a luz e para cumprir

---

74 Canto "Historia do Céu e de Crono", v. 176-187.Cf.: HESÍODO, 2003, p. 115.

75 Canto "História do Céu e de Crono", v. 191-203. Cf.: HESÍODO, 2003, p. 115-116.

seus destinos seus doze filhos e filhas, Titãs e Titânidas, bem como os Ciclopes e os Cem-braços, e com isto também se libera para uma vida ainda mais criativa; coloca em seu devido lugar a Urano, no alto do céu como um gigantesco teto para a criação futura e interrompe sua intensa e desmedida atividade sexual; com a castração de Urano e a consequente chuva de espermas criativos torna todos os seus domínios mais férteis, facilitando a vida de todos os seres vivos; por meio do sexo cortado de Urano nascem as Erínias justiceiras, suas representantes diretas com poderes ctônicos capazes de enquadrar os próprios deuses como mantenedoras do equilíbrio e reparadoras de infrações, além de terríveis vingadoras de crimes contra a família, a falta de hospitalidade e como cumpridoras da ordem cósmica; da mesma forma cria uma plêiade de ninfas chamadas Melianas ou Melíades, divindades guerreiras e temíveis que fabricam de freixos as armas e lanças usadas nas guerras; da mesma forma nascem também os Gigantes que já saem armados e encouraçados prontos para a violência, as guerras e os massacres, podendo enfrentar até os deuses, e, finalmente cria a *deusa Afrodite, deusa do amor* com toda a sedução e os perigos das relações amorosas entre homens e mulheres, onde vige o acasalamento e que inverte totalmente o sentido de atuação do Eros cosmogônico, abrindo caminho para a descendência, para a transcendental questão do Outro e, portanto, para o futuro da humanidade.

O segundo ponto importante a ser ressaltado, que merece uma atenção especial, é relativo à figura do controvertido, ambíguo e ambivalente Cronos, expressivamente marcados em vários momentos dos mitos a seu respeito. A natureza dual de Cronos é evidente, não somente em quanto a seus efeitos externos como em relação a seu destino próprio, podendo-se dizer que ele é o deus dos contrários, segundo Panofsky.[76] Porém, acabou se criando uma tendência entre vários helenistas e filólogos na depreciação do primeiro monarca divino, especialmente através de comparações de atitudes e comportamentos com Zeus, apresentando inclusive uma cisão inimaginável e impossível entre as gerações dos titãs e dos olímpicos, quando na verdade o período de reinado de Cronos foi de importância fundamental na criação e desenvolvimento do universo. No primeiro momento, quando Cronos aceita a incumbência de Gaia de castrar Urano, passa a ser o grande reformador e benfeitor do universo, introduzindo a supremacia divina e a hierarquia, instaurando definitivamente a diferenciação dos deuses,

---

76 PANOFSKY, 2012.

desbloqueando daí para frente as futuras gerações e, portanto, instaurando o tempo e o futuro, permitindo enfim a liberação do espaço físico com a retirada de Urano.

Libera seus irmãos e irmãs Titãs e Titânidas, mas mantém em cativeiro os Ciclopes e os Cem-braços, que haviam sido enviados para o Tártaro por Urano. Exerce de forma harmônica o universo, juntamente com sua esposa Reia, considerada a Deusa-Mãe e sendo identificado como o deus inventor da agricultura cujas festas celebravam juntos com os homens e escravos, como o deus da edificação das cidades, mas principalmente como o senhor das Ilhas dos Bem Aventurados e da idade de ouro que o poeta vai imortalizar nos "Os trabalhos e os dias", onde os mortais viviam em plena harmonia com os imortais:

> Como da mesma origem nasceram deuses e homens. Primeiro de ouro a raça dos homens mortais criaram os imortais, que mantêm olímpias moradas. Eram do tempo de Cronos, quando no céu este reinava; como deuses viviam, tendo despreocupado coração, apartados, longe de penas e misérias; nem temível velhice lhes pesava, sempre iguais nos pés e nas mãos, alegravam-se em festins, os males todos afastados, morriam como por sono tomados".[77]

Entretanto, Cronos ao instaurar um poder que o mundo antes ignorava, o fez através de um comportamento audacioso, que claramente evidenciava um "δολοω" (*dólos*),[78] introdutor de uma supremacia e revestido de um duplo aspecto, positivo e negativo. E Cronos vai pagar de uma forma inesperada, com o filho pagando na mesma moeda, porém com um acento trágico – que lembra muito o de Édipo-Rei –, pois será devido aos benefícios que acarretou para a organização do universo, principalmente no caso em que o sangue de Urano gerou as Erinias justiceiras, representantes de Gaia, no sentido de exercerem as reparações de crimes cometidos, como o de Cronos ao assumir uma supremacia sem luta através de um *dólos* exercido pela traição e violência.

Além disso, em um segundo momento, alertado por Gaia e Urano da possibilidade de gerar um filho que o desbancaria da supremacia do universo, Cronos engole todos os filhos gerados com Reia, tentando impedir o devir e imobilizar o tempo. Desta forma o reinado

---

77 Canto "As cinco raças", v. 108-116. Cf.: HESÍODO, 2002, p. 29.

78 *Dólos*, significa enganar, apoderar-se de alguma coisa com astúcia, falsificar, disfarçar.

de Cronos é considerado como sendo o exercício do poder vigilante, sempre de atalaia, sempre à espreita, e principalmente através de seu curvo pensar – a foice recurva, o ocultar-se e o engolir –, agindo obliquamente e sob ardil. Torrano pontua com acerto:

> O reinado de Cronos é uma soberania cuja circunscrição se delimita e se restringe pela própria natureza de seu poder, é uma soberania que não se expande, mas que por sua natureza permanece sempre paroquial. Os limites do reino de Cronos coincidem com os limites do modo e da forma de inteligência que ele representa.[79]

Desta forma, voltando um pouco atrás, com a união de Cronos e Réia nascem seus filhos, que se tornarão mais adiante os deuses olímpicos, Héstia, Deméter, Hera, Hades e Poseidon, que foram comidos por Cronos com receio de que um deles o pudesse destroná-lo, já que Urano e Gaia o haviam alertado de seu destino. Porém, o filho caçula Zeus escapa de ser engolido por seu pai graças a um plano engendrado pelos mesmos Gaia e Urano, e executado criteriosamente por Reia, contando além disso com auxílio da argúcia e esperteza de Metis, levando-a para ter a criança em Licto em Creta, para o criar em uma caverna no Monte Aigaion, na Montanha das Cabras. E deu a Cronos uma pedra enfaixada como se fosse uma criança, que ele imediatamente engoliu, pensando que fora seu filho, mas que o levou a vomitar a pedra, libertando assim todos seus demais filhos. Zeus rapidamente se fez homem, sob os cuidados da Deusa-Mãe e de todo um grupo de Curetes, protetores dos caçadores e pastores, seguindo Hesíodo bem de longe toda uma mitologia cretense e minoica, do nascimento de um deus com a função de promover a fertilidade, que na verdade nada tinha a ver com o seu papel olímpico.

Gaia mais uma vez mostra seus dons de profecia, e por que não de protagonismo, ao vaticinar que a luta que já durava dez anos, entre os Deuses Titãs e quantos nasceram de Cronos, no alto do Monte Ótris, contra os deuses doadores de bens nascidos de Reia, no Monte Olimpo, poderia ser ganha pelos últimos desde que Zeus e os deuses imortais libertassem do Tártaro, os Ciclopes e os gigantes de Cem Braços, e que os acolhessem com sustento de néctar e ambrosia, eles naturalmente lutariam contra Cronos e seus outros descendentes de Cronos. Zeus empreende então uma longa guerra contra Cronos e os Titãs pela supremacia divina e, com as valiosas contribuições dos

---

79 HESÍODO, 2003, p. 56.

Ciclopes e dos Cem Braços, acaba vencendo e desterrando Cronos e os titãs para os confins da terra, abaixo do Tártaro. Cornford com razão quando considera impossível identificar nos Titãs, que atacam o Olimpo, como sendo os filhos que Gaia teve com Urano: Oceano, Ceos, Crios, Hipéron, Jápeto, Teia, Reia, Témis, Mnemosine, Febe, Tétis e Cronos.[80] Possivelmente, Hesíodo não conseguiu harmonizar bem este episódio, já que o mais provável é de que os atacantes do Olimpo devem ter sido, demônios, forças do mal e da desordem.[81]

Finalmente, após a derrota dos Titãs e deles terem sido desterrados para o Tártaro, juntamente com Cronos, Hesíodo nos fala de um novo episódio, ocasionado por Terra que pariu Tifeu, um monstro indescritível de cem cabeças de serpentes e com ótimas armas, amada por Tártaro, graças a áurea Afrodite, que teria reinado sobre os mortais e imortais, caso não tivesse encontrado Zeus. Hesíodo parece ter se apoiado aqui, claramente em um mito oriental de origem babilônica, segundo demonstração do próprio Cornford, que estaria ligado igualmente a mitos de fertilidade e renascimento. Após uma luta terrível onde ferveu toda a terra, céu e mar, e tremeu o Hades e o Tártaro, Zeus acabou vencendo e o atirou no Tártaro. A partir daí inicia-se o reinado de Zeus e dos deuses olímpicos, o tempo da harmonia e do orgânico, que possibilita a execução da Grande Partilha na configuração definitiva do Cosmos, que é aliás o tema principal da "Teogonia" de Hesíodo:

> Quando os venturosos completaram a fadiga
> E decidiram pela força as honras dos Titãs
> Por conselhos da Terra e exortavam o Olímpio
> Longevidente Zeus a tomar o poder e ser rei
> Dos imortais. E bem dividiu entre eles as honras.[82]

Assim Cronos em seu terceiro momento – para nós, leitores – passa de senhor do céu, pai dos deuses e dos mortais para um deus destronado e solitário, que vive como prisioneiro e cativo no Tártaro, identificado como o deus da morte e dos mortos, e muitas vezes como devorador de crianças e comedor de carnes cruas. Como bem acentua Torrano, Cronos continua a exercer seus poderes restritos a esferas longínquas, remotas, excluído da atual fase do mundo sob a égide de

---

80 CORNFORD, 1981, p. 354.

81 CORNFORD, 1981, p. 355.

82 Canto "Os Deuses Olímpios, v. 881-885. Cf.: HESÍODO, 2003, p. 155.

Zeus.[83] Perdura para sempre com seu curvo pensar, com sua proximidade das forças primordiais, junto aos homens de raça de ouro, na Ilha dos Bem Aventurados, numa época imperecível, além do reino de Zeus.

Finalmente, é importante destacar ainda com Torrano:

> Com o reino de Zeus completo e firme, completa-se e firma-se a ordem da Totalidade Cósmica, que nele se centra. Ao instaurar-se e manter-se o reinado de Zeus não implica a destruição e aniquilação dos reinos de Cronos e de Urano, mas ao contrário, delimita-os, define lhes com maior precisão o âmbito e de certo modo e até certo ponto engloba-os em si.[84]

Aqui é interessante notar, como digressão, que Cronos e seu seguidor romano Saturno acabaram retornando do Tártaro e se transformando ao longo da Idade Média e do Renascimento em um deus dos mais emblemáticos, desbancando Zeus/Júpiter em importância, sendo considerado a nível zodiacal como o mais elevado dos planetas e na tradição platônica como o deus dos filósofos, além de ser o Senhor da melancolia com sua ação dual e ambígua, com influências positivas sobre a criatividade e genialidade das pessoas, como negativas em termos de loucura e outras manifestações.

Porém, voltemos a Hesíodo para vermos de que forma foram tratados os mortais em suas obras. Na "Teogonia", afora o mito de Prometeu, os mortais são relegados a um segundo plano, podendo-se dizer ignorados. Poderíamos argumentar que Hesíodo trata apenas da criação dos deuses, porém é muito estranho que sobre a criação do universo nenhuma palavra é dita acerca dos mortais, a não ser no proêmio às musas, como vimos anteriormente. E oportunidades não faltaram, pois nos dois episódios referentes a separação de Gaia e Urano através do Caos da castração de Urano por Cronos, a Terra se fez fértil com a criação de todos os seres vivos e portanto permitindo a criação dos próprios mortais. Mesmo no mito de Prometeu, em Mecona, os deuses e os mortais se "discerniam" segundo Hesíodo, o que pressupõe que os homens já haviam sido criados.

Nos "Os trabalhos e os dias", ao contrário, Hesíodo:

---

83 HESÍODO, 2003, p. 66.

84 HESÍODO, 2003, p. 66.

[...] nos mostra algo diferente: a organização do mundo dos mortais, apontando sua origem, suas limitações, seus deveres, revelando-nos assim, em que se fundamenta a própria condição humana.[85]

Neste sentido, Hesíodo está nos falando de um mundo real, dos pequenos agricultores da Beócia, muito provavelmente no início do século VII, por meio de um poema dedicado a seu irmão Perses, com quem estava envolvido em um conflito agrário de caráter familiar. Segundo Detienne, uma época de crise agrícola, social e religiosa, que deixou marcas indeléveis nas transformações econômicas e sociais em que passava a Grécia com a emergência da *polis* e do Estado de direito. Hesíodo invoca as Musas e, visivelmente, clama pela justiça de Zeus, inclusive pedindo alterações de sentenças, e com a introdução de uma grande novidade que vai se tornar uma tradição grega, já que o poema é cantado na primeira pessoa e endereçada ao irmão.

Hesíodo inicia as Erga pelo poema "As duas lutas" (Erides), que serve muito bem como se fosse uma introdução a tudo que vem depois, os mitos de Prometeu e Pandora, e das cinco raças humanas, porém como de costume, quando se fala deste autor, com importantes projeções futuras no desenvolvimento da cultura grega. A tese básica desta "introdução" é que existem dois tipos de lutas: *a má e a boa*. A primeira, relacionada com a deusa Éris, a Discórdia, filha da Noite caracterizada na "Teogonia" como terrível, hedionda, de animo cruel, que pariu como filhos, Fadiga, Olvido, Fome, Batalhas, Combates, Massacres, Homicídios, Litígios, Mentiras, Falas, Disputas, Desordem, Derrota e Juramento, que tantas desgraças e sofrimentos trazem aos mortais. A segunda, trata-se de uma luta boa para os homens, pois induz ao trabalho o indolente e preguiçoso, e a sadia competição e emulação.

Claro que Hesíodo coloca em jogo seu problema pessoal com o irmão, porém o faz de forma a inscrever as questões em disputa, em algo de caráter universal e que resumem valores essencialmente gregos. Suas palavras vão na direção de três sentidos distintos: a injustiça na partilha dos bens herdados, com a melhor parte ficando com Perses, "tu de muito mais te apoderando levaste roubando",[86] inclusive para possibilitar a clara opção dele pelo relacionamento com "os reis comedores-de-presentes"[87] como forma de obter as coisas, inclusive

---

85 HESÍODO, 2002, p. 13.

86 "As Duas Lutas", v. 37-38. Cf.: HESÍODO, 2002, p. 23.

87 "As Duas Lutas", v. 38-39. Cf.: HESÍODO, 2002, p. 23.

sentenças favoráveis ao invés do trabalho honesto e competitivo com os demais produtores, e, finalmente, levantando suspeitas e maledicências na Ágora, certamente contra o próprio irmão Hesíodo, novamente despendendo seu tempo em querelas e não no trabalho. Além disso, Hesíodo neste breve poema vai mais além da necessidade do trabalho, da justiça, dos procedimentos corretos nas disputas e contra as desonestidades de propósitos e de ações, pois encerra-o com uma imagem forte, de grande beleza poética: "Néscios, não sabem quanto a metade vale mais que o todo nem quanto proveito há na malva e no asfodelo."[88]

Pode-se perfeitamente estabelecer que Hesíodo ao falar da herança toca em um dos pilares da organização rural da Grécia Arcaica e da importância do núcleo familiar na descendência – ao clamar por uma justiça independente –, pela questão do direito ainda não estabelecido – ao elevar a necessidade de trabalho pela questão da sobrevivência –, ao falar da luta boa – associa de imediato ao espírito agônico dos gregos já existente mas que vai florescer mais adiante com a retórica e os jogos olímpicos. Finalmente, nos dois últimos versos, aproxima-se da máxima do Templo de Delfos contra a desmedida e o risco da *hybris*, que encerra um preceito moral do uso justo e honrado dos bens, de contenção aos excessos, mas com uma profundidade ainda maior, abrindo caminho para os líricos em suas manifestações de juízos pessoais de valor que nada têm de preceitos morais, mas de tentar captar o verdadeiro e o real ao invés da aparência.

Voltemos nossa atenção agora para o mito das cinco raças, mencionado em parte quando falamos de Cronos e os homens da raça de ouro. À esta época idílica seguem-se as raças de prata, de bronze, a raça dos heróis e, finalmente, a raça dos homens de ferro, identificada como a que estaria sendo vivida pelo poeta. Seguindo Lafer, vamos dar uma ideia sumária das quatros primeiras raças:

- *Raça de Ouro:* aparece no período de Cronos, têm alma despreocupada, desconhecendo penas, miséria, velhice e afastadas dos males; vivem em festins, alegres com terras abundantes; quando morrem tornam-se *daimones* bons, cuidando do bem estar dos homens, na justiça e na riqueza;
- *Raça de Prata:* inferiores aos primeiros no talhe e no espírito, vivem cem anos como crianças junto as suas mães, morrem quan-

---

88 "As Duas Lutas", v. 40-41. Cf.: HESÍODO, 2002, p. 23.

do atingem a adolescência, sofrem dores terríveis por inexperiências, não conseguem conter a *hybris*; são ímpios, não servem nem sacrificam aos deuses, Zeus sob a terra os oculta, mesmo assim quando morrem tornam-se *daimones* hipoctonicos;

- *Raça de Bronze:* ocupam-se de obras bélicas de Ares, funestas e violentas, não se alimentam de trigo, têm coração duro e firme; são fortes e invencíveis e aterradores, suas casa e armas são de bronze, sucumbem por seus próprios braços; anônimos e sem gloria vão para o Hades, a luz do sol os deixa e a negra morte os leva;

- *Raça dos Heróis:* Zeus a cria valente, justa e são chamados de semideuses, perecem como heróis como em Troia e Tebas, habitam com a alma tranquila com os Bem-Aventurados, afortunados com suas terras que lhes dão três colheitas por ano.

Lafer menciona nas notas de sua tradução do poema duas abordagens distintas, de West, de 1978, e de Vernant, de 1973, acerca deste mito, sendo hoje aceita por todos a origem oriental na Mesopotâmia e de lá espalhado entre os persas, os judeus, os hindus e os gregos e romanos através de Hesíodo. West aponta para três elementos esquemáticos que se fundem num sistema orgânico: a deterioração moral que avança mais a cada metal, com exceção da não metálica dos heróis que é melhor do que a antecessora; o envelhecimento que atinge fundamentalmente a raça atual, a de ferro, "[...] desaparecendo completamente a juventude e as marcas de uma idade avançada estão presentes desde o nascimento [...]"; e a "[...] diminuição progressiva das vidas gloriosas depois da morte com os heróis quebrando novamente a sequência devido aos seus méritos."[89]

Vernant, por outro lado, refuta de partida a tese de que a sucessão das raças, mesmo afora o caso dos heróis, não parece ser de modo algum uma ordem de decadência. Ele afirma ainda:

> A lógica que orienta a arquitetura deste mito, que articula os seus diversos planos, que regula o jogo de oposições e afinidades, é a tensão entre "Hýbris (Desmedida, Excesso) e "Diké"(Justiça).[90]

Além disso Vernant em sua análise segue de perto "O sistema de Tripartição Funcional" de Dumezil, que identificou no pensamento religioso dos povos indo-europeus três funções principais do homem:

---

89 HESÍODO, 2002, p. 76.

90 VERNANT, 1973, p. 34.

1. a do rei, ligada à função jurídico-religiosa;
2. a do guerreiro ligada à função militar;
3. a do agricultor, ligada à fecundidade e à alimentação necessária à vida.

Assim neste mito "[...] as raças de ouro e de prata se ligam à primeira função, enquanto a terceira e a quarta se vinculam `a função de guerreiro e a raça de ferro à função do agricultor."[91]

Entretanto, a análise de Vernant é bem mais audaciosa e complexa, apesar de manter a temporalidade das raças e da decadência das condições de vida dos homens, porém de uma forma estrutural, através de comparações distintas entre as raças de ouro e de prata por um lado, e da de bronze e dos heróis de outro, e distendendo a raça de ferro em dois tipos diferentes de existência humanas: a que está ocorrendo neste momento, conforme sua visão atual, e outra prevista para um futuro, caso as coisas continuem a ocorrer da forma que estão ocorrendo. Fica clara nesta sua análise, uma característica bem grega, que de certa forma permeia a obra de Hesíodo, mas que terá grande influência futura, até mesmo sobre os poetas trágicos, em particular Sófocles, que é a questão da dualidade. As duas "Érides", a boa e a má, raça de ouro contra a de prata, a de bronze contra a dos heróis, dos âmbitos extremos da *diké*, contra da *hybris*, dos *daemons*, *epictonicos*, superiores na curadoria dos mortais, na raça de ouro, e os *daemons* hipoctonicos, inferiores, deficientes, na raça de prata, sem falarmos em termos gerais das grandes dicotomias da "Teogonia", particularmente do *Kaos* para o *Kosmos*. Neste sentido, considero muito mais elucidativo iniciar estes sucintos comentários a partir da raça de ferro, onde vivem Hesíodo e seu irmão Perses, – não esqueçamos que o poema é apresentado na primeira pessoa e endereçado a Perses –, como agricultores na Beócia, sujeitos a justiça dos reis e magistrados, e à justiça de Zeus. As quatro primeiras raças pertencem ao passado, desapareceram, porém deixaram um enorme legado de experiências, sendo que retornaremos a elas em diversas partes de nosso trabalho, quando tratarmos do *Prometeu acorrentado* de Ésquilo, de *Antígona* de Sófocles e das diversas obras de Eurípides.

Hesíodo é bastante lacônico quando fala dos tempos atuais:

---

91 VERNANT, 1973, p. 33.

> Pois agora é a raça de ferro e nunca durante o dia cessarão de labutar e penar e nem à noite de se destruir; e árduas angustias os deuses lhe darão. Entretanto a esses males bens estarão misturados.[92]

Aparece aqui, novamente a imagem da mistura entre bens e males, no mesmo sentido de Homero, na fala de Aquiles com Príamo no Canto XXIV da *Ilíada* referente à distribuição dos jarros. No futuro, para Hesíodo, como vamos ver, somente restarão os males. Hesíodo é lacônico por que na realidade, nas duas lutas, no mito de Prometeu e Pandora, e após no poema dedicado a justiça, ele entra em bastantes detalhes sobre a vida atual. Porém, quero aqui reter algumas considerações, derivadas do próprio, para nossa análise.

Em primeiro lugar, independente das razões que levaram a isto, o fato é que a vida dos homens à época de Hesíodo era extremamente dura e complicada: com a necessidade do trabalho de campo para poder sobreviver, tendo como companheira uma mulher, devido à maldição de Pandora, sujeito a justiça humana, fosse ela atribuída a reis justos ou "comedores de presentes", as dificuldades de relacionamentos com outros humanos, possivelmente no âmbito de uma comunidade, e se defrontando com difíceis escolhas alternativas a seguir. Um homem como mencionado anteriormente, em sua vida cotidiana, poderia escolher entre a Éris boa ou má, ou entre, a *Diké* ou a *Hybris*, com todos os desdobramentos de ambas as situações, tudo de acordo com os ensinamentos de Hesíodo para seu irmão Perses, que neste caso em específico representa bem mais que uma relação de parentesco. Além disso, nestas próprias escolhas começa a surgir claramente uma dicotomia adicional, entre duas instâncias distintas, quais sejam a divina e a humana com valores igualmente distintos, que interferem diretamente na capacidade humana de discernimento e decisão. Neste sentido, qualquer comparação entre a raça de ferro e as anteriores fica necessariamente comprometida.

Porém, Hesíodo ao detalhar a raça de ferro, dedica-se mais intensamente em apresentar uma previsão extremamente pessimista da evolução desta raça no futuro. Vejamos um pouco isto:

> - Também esta raça de homens mortais Zeus destruirá, no momento em que nascerem com têmporas encanecidas,
> - Nem pai a filho se assemelhará, nem filhos a pai; nem hospedes a hospedeiro ou companheiro a companheiro e nem irmão a irmão caro será,

---

92 Canto "As Cinco Raças", v. 174-179. Cf.: HESÍODO, 2002, p. 33.

- Vão desonrar os pais tão logo estes envelheçam, e vão censurá-los, com duras palavras insultando-os, cruéis,
- Sem conhecer o olhar dos deuses e sem poder retribuir aos velhos pais os alimentos,
- Com a lei nas mãos, um do outro saqueará a cidade
- Graça alguma haverá a quem jura bem, nem ao justo nem ao bom,
- Honrar-se-á muito mais ao malfeitor e ao homem desmedido,
- Com justiça na mão, respeito não haverá,
- O covarde ao mais viril lesará com tortas palavras falando e sobre elas jurará,
- A todos os homens miseráveis a inveja acompanhará, ela malsonante, malevolente, maliciosa ao olhar.[93]

O final é ainda mais trágico no sentido de que os últimos deuses que estavam junto aos homens, *Aidós* (Respeito) e *Nêmesis* (Retribuição) mesmo que descendentes da noite tenebrosa os abandonam e ascendem ao Olimpo, levando-o a concluir que "[...] contra o mal força não haverá."[94] Em Hesíodo é um ciclo que se fecha: teve seu início com a raça de ouro, de total *Diké*, onde os homens viviam como deuses, na felicidade, na juventude, sem necessidades de qualquer ordem, na *philia*, para a raça futura de ferro em total *hybris*, na desgraça, na velhice prematura, na má *éris*, em um:

> [...] mundo humano, radicalmente separado do dos deuses: Aidós e Nêmesis que ainda inspiravam aos homens o cuidado do céu, que lhes davam a possibilidade de estabelecer com ela a comunicação, abandonam a partir de então a terra pelo Olimpo: deixam uma humanidade entregue ao Mal e à Noite a fim de se reunirem a raça luminosa dos Bem-Aventurados.[95]

A leitura mais trágica deste mito leva necessariamente a conclusão de que os homens desta raça de ferro adotarão o inexorável e inevitável caminho da *hybris* – a deusa Nêmesis é conhecida como a inevitável –, não somente por seus defeitos pessoais, por suas organizações, especialmente no caso do direito e da justiça, bem como pelo abandono dos deuses, significando o fim de um ciclo e o início de um novo ciclo. Não vejo muita abertura para pensar que suas admoestações pessoais a Perses e aos demais sejam suficientes como para alterações significativas de percurso, dando suporte inclusive para os versos iniciais da raça de ferro: "Antes não estivesse eu entre os homens da quinta raça, mais

---

93 Canto "As Cinco Raças", v. 180-196. Cf.: HESÍODO, 2002, p. 33.

94 Canto "As Cinco Raças", v. 201. Cf.: HESÍODO, 2002, p. 35.

95 VERNANT, 1973, p. 63.

cedo tivesse morrido ou nascido depois." [96] O tempo cíclico associado a volta periódica das estações, levado para as gerações humanas indica que Hesíodo possivelmente estaria falando já de um novo ciclo: "nascido depois." Este mesmo padrão de tempo cíclico aparece em Homero, na *Ilíada,* no Canto VI:

> Como nascem as folhas, assim são os homens. As folhas, vez por vez, é o vento que as faz nascerem, quando chega à primavera; assim, são os homens: uma geração nasce no mesmo instante em que outra desaparece. [97]

Finalmente resta encarar uma questão que propositadamente foi deixada para o final, pois tem a ver com Homero e também com Hesíodo: questão do destino, ao qual estão submetidos os mortais e, igualmente, os imortais. Esta questão é na verdade obrigatória em se tratando de uma análise sobre a Grécia Arcaica, com os épicos e os líricos, com suas conotações na formação cultural grega em seus primórdios, bem como em seu grande vínculo entre as concepções destes poetas arcaicos, principalmente com os milésios em suas tentativas de entender o mundo, e posteriormente com os poetas trágicos do século V. Na realidade, a questão a ser colocada vai muito além do conceito moderno de destino, que tentaremos captar mediante a palavra grega *moira* com seus diversos entendimentos, como vimos anteriormente, de caráter fundamental para o imaginário grego. Segundo Chantraine, a palavra *moira* provém do verbo "μειρομαι" (*meiromai*) que significa compartir, repartir, partilhar, dividir, podendo significar também "ter uma parte de" no sentido de legitimar. Moira é assim o reparto, a parte, o lote, a sorte, "aquilo que convém" e, portanto relacionado com o destino, à fatalidade e a morte. Convém deixar claro, desde o início, que estamos ainda no terreno arcaico, onde prevalece o pensamento concreto, o que significa dizer, de acordo com Torrano, que moira não tem um sentido transcendental, mas sim imanente, de "aparecer", "παρουσια" (*parousia*), constitutiva do próprio ser refletindo assim sua presença neste mundo.

A Moira homérica não é de modo algum:

> [...] uma divindade personificada e sim uma potência impessoal, uma sorte de legalidade suprema que se impõe tanto aos homens como aos deuses.

---

96 Canto "As Cinco Raças", v. 173-174. Cf.: HESÍODO, 2002, p. 33.

97 Canto VI, v. 146. Cf.: HOMERO, 2013, p. 238.

Aí onde a moira dita sua lei, não há discussão nem conciliação possíveis: a quem dirigir súplica ou sacrifício, se a moira não é ninguém?[98]

Estamos novamente diante do inevitável, restando somente como atitude possível a de tentar captar o que diz a moira, como, aliás, faz o próprio Zeus em passagens da *Ilíada*. No Canto VIII, após ameaçar seriamente os demais deuses, de inclusive lançá-los ao Tártaro em caso de intervenções explicitas no combate entre danaos e troianos, reafirmando de forma dura sua autoridade sobre os deuses e homens, Zeus ao amanhecer do novo dia se submete ao poder da Moira;

> Enquanto era de manhã e o dia sagrado aumentava, de ambos os lados acertavam as lanças e o povo morria. Mas quando o Sol chegou ao meio do firmamento, foi então que o Pai ergueu a balança de ouro e nela colocou os dois fados da morte irreversível para Troianos domadores de cavalos e Aqueus de brônzeas túnicas, segurando a balança pelo meio. Desceu o dia fatal dos Aqueus.[99]

Em outra passagem ainda mais emblemática, quando do enfrentamento entre Aquiles e Heitor, estando este fugindo do embate graças a ajuda do Febo Apolo, Zeus de novo se submete ao poder da Moira:

> Mas o divino Aquiles fazia sinal ao seu povo com a cabeça, e não autorizava que alvejassem Heitor com dardos amargos, não alcançasse outro a gloria, vindo ele como segundo. Mas quando pela quarta vez chegaram as nascentes foi então que o Pai levantou a balança de ouro e nela colocou os dois destinos da morte irreversível: o de Aquiles e o de Heitor domador de cavalos.Pegou na balança pelo meio:desceu o dia fadado de Heitor e partiu para o Hades. Febo Apolo abandonou-o.[100]

Assim, o Pai Zeus, neste caso, em conjunto com os olímpicos deuses, Apolo e Atena, através de uma estratégia deliberada, acabam obrigando Heitor a enfrentar Aquiles, e se submetem a esta lei do mundo, impessoal e onipotente: nada a fazer a não ser cumprir. Nestes casos fica bastante explícito que o poder da moira restringe inclusive a ação dos deuses em determinadas situações, mas é também evidente que por outro lado, o Cosmos ordenado a partir da ascensão de Zeus e da partilha das atribuições de cada deus são totalmente preservadas já que caso contrário estaria em risco sua própria ordenação. Assim é interessante ressaltar o duplo aspecto da Moira de afirmação do limite positi-

---

98 CASTORIADIS, 2006, p. 131.

99 Canto VIII, v. 66-72. Cf.: HOMERO, 2013, p. 271.

100 Canto XXII, v. 205-212. Cf.: HOMERO, 2013, p. 605.

vo na constituição e configuração de cada deus, ao mesmo tempo que estabelece seus limites negativos, em tudo aquilo que não pode ser.

Ainda em Homero, vale a pena apresentar uma passagem das mais emblemáticas, das mais conhecidas e citadas, que no caso se refere à questão da partilha entre os deuses, mas que vai muito além, com implicações sobre a participação dos deuses na batalha de modo a alterar o curso dos acontecimentos e, consequentemente, alterar o destino de vários de seus participantes em que o próprio poder de Zeus é questionado por um de seus irmãos, e onde se descortina com clareza, a força e o poder da Moira. Tudo ocorre no Canto XV da *Ilíada*, e com seus preliminares no Canto XIV: a meu juízo os episódios que passarei a contar resumem de forma magistral o núcleo central da epopeia. A batalha junto as naus dos aqueus continuava encarniçada, terrível e indefinida, com baixas de ambos os lados, e com os aqueus pressionados por Heitor e os demais troianos, ainda lamentando a ausência de seu grande guerreiro Aquiles. Porém, acontecimentos repentinos mudam o curso da batalha. Poseidon, o poderoso Sacudidor da Terra decide ele próprio incentivar e participar junto aos aqueus da batalha: Hera do trono dourado ao ver isto, elabora um plano para iludir a mente de Zeus, pelo menos por algum tempo, e Apolo por momentos deixa de proteger Heitor – ilação minha – ao ser atingido por uma pedra lançada por Ajax Telamônio, e ficar fora do combate.

Hera, interessada na vitória dos aqueus, age como uma típica representante do gênero feminino armando uma cilada para Zeus através de seu poderio e determinação em dois sentidos:

> E esta foi a deliberação que a seu espírito pareceu a melhor: ir até o Ida, depois de ter lindamente se embelezado a si própria, na esperança de que ele desejasse deitar-se em amor com o corpo dela, pelo que lhe derramaria sobre as pálpebras e sobre a mente manhosa um sono suave e sem perigo. [101]

Hera primeiro recorre a Deusa Afrodite – apesar desta apoiar os troianos – no sentido de se tornar irresistível, contando uma história sobre as divergências entre Oceano e a madre Tétis e da necessidade de sua intervenção permitindo a desejada reconciliação entre eles. Afrodite, não tem como recusar a ajuda, desata e coloca em Hera sua famosa cinta bordada e colorida, "[...] na qual estavam urdidos todos os encantamentos: nela está o amor, nela está o desejo, nela está o namoro e

---

101 Canto XIV, v. 161-165. Cf.: HOMERO, 2013, p. 417-418.

a sedução, que rouba o juízo aos mais ajuizados."[102] Após isto procura o Sono, irmão da Morte para fazer adormecer a Zeus, com a promessa de dar uma das Graças para ele desposar, Pasitea, desde sempre desejada por Sono. O plano todo de Hera funciona, mesmo por que Sono corre para avisar Poseidon do mesmo, liberando-o para a luta.

Finalmente Zeus desperta, nos píncaros do Ida junto a Hera, e o que vê? Os troianos em debandada, os danaos a perseguirem-nos; no meio deles o soberano Poseidon; Heitor jazente na planície, em estado desesperador vomitando sangue. Investe inicialmente contra Hera, que mais uma vez o engana jurando inocência, que é despachada para junto aos deuses convocando Iris e Apolo: a primeira para ameaçar Poseidon a se retirar da batalha e a Apolo para recuperar e levantar Heitor para o combate. Vamos reproduzir aqui a fala de Zeus para Hera, pois não somente fica claro o poder da Moira, do conhecimento de Zeus do que vai acontecer, de sua aceitação do destino de seu filho, da importância do conselho de Atena, de seu compromisso com a deusa Tétis, mãe de Aquiles, na recuperação de sua honra atingida por Agamenon, e no fundo, como Homero se aprofunda no sentido trágico de sua narrativa, e de seus heróis, deixando transparente a inevitabilidade dos acontecimentos futuros.

> Mas se de fato estás a falar com verdade e sem rodeios, volta agora para as raças dos deuses e ordena que até aqui venham Iris e Apolo, famigerado arqueiro, para que Iris à hoste dos Aqueus vestidos de bronze se dirija e diga ao soberano Poseidon que pare de combater e regressa ao seu palácio e que Febo Apolo incite ao combate Heitor, nele insuflando força, para que esqueça as dores que agora lhe atormentam o espírito, e desvie de novo os Aqueus, provocando neles o pânico abjeto: *na sua fuga tombarão junto das naus bem construídas do Pelida Aquiles, ele que enviará o seu companheiro Pátroclo, a quem matará depois com a lança o glorioso Heitor, à frente de Ilion, depois de ele ter chacinado muitos outros mancebos, entre eles meu filho, o divino Sarpédon. Enfurecido por causa dele, o divino Aquiles matará Heitor. A partir daí causarei a retirada dos Troianos de junto das naus de forma continuada, até que finalmente os Aqueus tomem a íngreme Ilion, por conselho de Atena.* Mas antes disso não pararei a minha cólera, nem permitirei que outro dos imortais preste auxílio aos Danaos, até que se cumpra a vontade do Pelida, tal como eu anui da primeira vez e inclinei a cabeça no dia em que a deusa Tetis me agarrou aos joelhos suplicando-me para que honrasse Aquiles, saqueador de cidades.[103]

---

102 Canto XIV, v. 215-217. Cf.: HOMERO, 2013, p. 419.

103 Canto XV, v. 53-77. Cf.: HOMERO, 2013, p. 432. (grifo meu)

Estamos assim, em outro registro, mas de captação com um aspecto trágico da existência, mas não somente circunscrito aos destinos trágicos dos heróis, Heitor e Aquiles, mas que envolve a própria Ilión e atingirá também aos vencedores da guerra. Zeus adianta tudo o que vai acontecer com Pátroclo, com Heitor e com Aquiles – a não ser sua morte, que entretanto aparece em várias outras passagens – e com Troia, evidenciando aqui que ele próprio é como se fosse um agente da Moira. A *Ilíada* é, como bem define Castoriadis, uma metatrágedia ou uma hipertragédia, por que aqui os próprios heróis já sabem que vão morrer, o que não impede que tomem decisões livres que nada mudam o inexorável, e igualmente por este caráter histórico que juntam acontecimentos passados e futuros em um intervalo delimitado, que nos remetem a uma catarse aristotélica impessoal que envolve a história dos homens e do mundo, envolvendo neste sentido a todos nós. Porém, vamos adiante em nosso episódio emblemático.

A deusa de alvos braços, Hera, vai em direção aos demais deuses para cumprir as determinações de Zeus, não sem antes seguir aprontando contra a arrogância e o poder de seu marido, de forma ainda mais realista que Prometeu, em Ésquilo, como veremos, falando a todos:

> Estultos, que na nossa insânia nos iramos contra Zeus! Na verdade queremos aproximar-nos dele para o restringirmos por palavra ou por ato! Mas ele senta-se à parte, sem ligar nem se importar. Pois ele declara que entre os deuses imortais pelo poder e pela força é abertamente o melhor de todos. Por isso contentai-vos com a desgraça que ele der a cada um. [104]

A seguir Hera incita Ares a participar do combate, devido a morte de seu filho Ascálafo, o qual acaba desistindo em função das sabias palavras de Atena, onde novamente o poder da Moira é ressaltada, agora em relação aos mortais:

> "Será que queres tu próprio encher-te de dores incontáveis, e à força regressares ao Olimpo ainda que acabrunhado, enquanto para todos os outros semeias enorme desgraça? Pois de imediato Zeus deixará altivos Troianos e Aqueus e virá para o Olimpo com o intuito de nos pôr em alvoroço, castigando tanto o que tem culpa como aquele que não tem. Por isso te digo que abandones a ira por causa de teu filho. *Já outro muito melhor que ele na força e nas mãos morreu ou morrerá ainda: pois é difícil preservar a linhagem e a geração de todos os homens.*[105]

---

104 Canto XV, v. 104-109. Cf.: HOMERO, 2013, p. 434.

105 Canto XV, v. 132-141.Cf.: HOMERO, 2013, p. 434-435. (grifo meu)

Todavia, o final do episódio é ainda mais esclarecedor acerca do poder da Moira, aqui, no que se relaciona com a partilha, com o quinhão, com a parte, envolvendo Zeus e seu irmão Poseidon. A versão homérica é distinta da de Hesíodo e de Esquilo, pois aqui Zeus é o primogênito dos filhos de Cronos, quando naquelas versões Zeus é o caçula, e isto faz toda a diferença, como veremos. Além disto, o episódio ainda acentua mais a proximidade dos deuses aos heróis mortais em vários aspectos – honra, compromissos e partes –, inclusive por que estamos todos submetidos a desempenhar determinados papeis, que de alguma forma fogem ao nosso controle. Zeus então despacha Iris, de forma sintomática, como se Poseidon houvesse cometido um erro, uma falha que precisasse ser reparada:

> Vais agora, ó célere Iris, ter com o soberano Poseidon e transmite-lhe estas coisas sem seres mentirosa mensageira: ordena-lhe que desista da batalha e da guerra e que vá para junto das raças dos deuses ou para o mar divino. Mas se ele não obedecer às minhas palavras, não lhes dando importância, que pense bem no espírito e no coração não vá acontecer que, forte embora seja, ele não aguente a minha arremetida, pois afirmo que pela força sou superior e sou primogênito.Contudo seu coração não se importa de declarar-se igual a mim, a quem temem os outros deuses.[106]

Iris transmite exatamente as palavras de Zeus, e escuta as palavras de um Poseidon tomado de fúria:

> Ah, por mais forte que seja, falou com presunção, se contra a minha vontade me impedir a mim, que tenho honra igual, pela força! *Pois somos três os irmãos, filhos de Cronos, que Reia deu a luz: Zeus e eu, sendo o terceiro Hades, rei dos mortos. De forma tripla estão todas as coisas divididas; cada um participa da honra que lhe coube. Coube-me habitar para sempre o mar cinzento, agitadas as sortes; a Hades, a escuridão nebulosa. E a Zeus coube o vasto céu, no meio do éter e das nuvens.Mas a terra ainda é comum aos três, assim como o alto Olimpo.Por isso não caminharei segundo as intenções de Zeus;que tranquilo fique ele na terceira porção, possante embora seja. E que ele não me amedronte com as mãos, como se eu fosse covarde.* Às filhas e aos filhos melhor seria que ele ameaçasse com palavras violentas, a esses que ele próprio gerou e que necessariamente obedecerão àquilo que ele ordenar.[107]

Vamos ver se conseguimos com calma analisar a visão de Homero com relação a esta passagem. "Agitadas as sortes" significa sorteio, portanto seguindo de perto Castoriadis, Poseidon é o deus do mar por

---

106 Canto XV, v. 158-167. Cf.: HOMERO, 2013, p. 435-436.

107 Canto XV, v. 185-199. Cf.: HOMERO, 2013, p. 436-437. (grifo meu)

acaso, Zeus é o deus do céu por acaso e Hades é o deus dos mortos e do mundo subterrâneo por acaso – preferi usar a expressão "por acaso" ao invés de "por azar" devido as conotações psicanalíticas futuras. Nenhuma relação concreta e objetiva existe entre estes deuses e seus domínios, rompendo Homero aqui com quaisquer vestígios de teorias de representações antropomórficas relativas a forças da natureza, e além disso orientando e permitindo o acesso dos mortais aos mesmos em uma forma menos transcendental, mais simples, mais direta, enfim, mais humana. Por que na verdade, os deuses podem muito, mas não podem tudo, como fica bem claro nesta passagem, onde o próprio Zeus tem limites, devido a ordenação do cosmos, além de ter que se submeter aos caprichos do acaso. Assim, de uma forma *ex-post*, este deuses adotaram símbolos de representação ligados a seus domínios como o tridente de Poseidon, a escuridão protegida de Hades e o raio e trovão de Zeus. Porém, nosso episódio ainda está em aberto. Continuemos.

Iris ouve a explosão verbal de Poseidon, e de forma ponderada coloca:

> [...] é, portanto, assim, ó Segurador da Terra de azuis cabelos que devo transmitir a Zeus esta mensagem áspera e forte, ou mudarás ainda de intenção? Adaptável é o espírito dos nobres. Sabes como as Erínias seguem sempre para favorecer os mais velhos.[108]

Nenhum argumento sobre o poder, a força de Zeus, mas sim sobre como se dá o julgamento das Erínias, que favorece aos mais velhos quando nas mesmas condições, submetendo implicitamente desta forma, igualmente os deuses. Poseidon pondera diante desta colocação: "Deusa Iris, falaste de fato na *medida certa*. Condição excelente se encontra criada, quando o mensageiro sabe bem o que é útil."[109] Poseidon finalmente se submete a uma das noções da Moira aqui magnificamente representada pela "medida certa", "χατα μοιραν" (*katà moîran*), uma condição excelente, que permite a ele recuar, mesmo amargando a dor da injustiça:

> Mas esta dor amarga se apoderou de meu coração, quando a outro, de igual honra fadada pelo destino, alguém intenta repreender com palavras encolerizadas. Por agora cederei, encolerizado embora esteja. Mas dir-te-ei outra coisa, farei esta ameaça na minha ira: se apesar de mim e de Atena

---

108 Canto XV, v. 201-204. Cf.: HOMERO, 2013, p. 437.

109 Canto XV, v. 106-107. Cf.: HOMERO, 2013, p. 437. (grifo meu)

arrebatadora de despojos, de Hera e de Hermes e do soberano Hefesto, ele poupar a íngreme Ilion e não quiser que seja saqueada, dando grande força aos Argivos, que fique a saber isto:entre nós implacável será a cólera.[110]

Finalizando, pudemos ver claramente expostas nestes episódios várias noções da Moira: como limite em várias passagens, como "fado", destino através de Zeus quanto ao que vai acontecer com os heróis e com Ilión, como partilha, sorte, quinhão na distribuição de funções entre os irmãos, e como fazer as coisas certas, na medida certa, respeitando assim a noção de necessidade, denotando aqui seu aspecto ético através de Iris. De outro lado, fica igualmente evidente que tanto para os mortais quanto para os imortais existem margens de manobras pessoais, inclusive através de reflexões e ponderações no sentido de aceitar ou não os ditames da Moira, levando na devida medida as consequências futuras, consequências estas bem distintas para cada uma das noções apresentadas. Esta extensa passagem também enseja importantes comentários sobre o poder dos deuses e dos mortais, ao se vislumbrar em Homero os germens da *polis*, porém os mesmos serão deixados para mais adiante.

A dualidade – novamente ela – intrínseca da Moira, além de seus desígnios multifacetados são apresentados por Hesíodo de forma clara em sua genealogia dos deuses ao situá-las em duas linhagens distintas com suas naturezas e modos de procriação distintas. A Noite pariu por cissiparidade diversos filhos;

> [...] e as Partes e as Sortes que punem sem dó: Fiandeira, Distributriz e Inflexível que aos mortais tão logo nascidos dão os haveres de bem e de mal, elas perseguem transgressões de homens e Deuses e jamais repousam as Deusas da terrível cólera até que dêm com o olho maligno naquele que erra.[111]

De outro lado, são filhas de Zeus e Themis:

> Após desposou Têmis luzente que gerou as Horas, Equidade, Justiça e a Paz viçosa, que cuidam dos campos dos perecíveis mortais, e as Partes a quem mais deu honra o sábio Zeus, Fiandeira, Distributriz e Inflexível que atribuem aos homens mortais os haveres de bem e de mal.[112]

Na primeira linhagem a ênfase se dá com relação à punição das transgressões de homens e deuses, e na segunda com relação à justiça

---

110 Canto XV, v. 212-217. Cf.: HOMERO, 2013, p. 437.

111 Canto "Os Filhos da Noite", v. 217-222. Cf.: HESÍODO, 2003, p. 117.

112 Canto "Os Deuses Olimpios", v. 901-906. Cf.: HESÍODO, 2003, p. 157.

com base na sabedoria de Zeus, uma vez que este já está investido da *métis* (sapiência, astucia) após ter engolido sua primeira esposa, a Oceanina Metis, "[...] a que mais sabe dentre Deuses e homens mortais."[113] A incorporação de Metis torna Zeus, o "Μητιετα" (*o Metíeta Zeus*), Zeus Sapiente, assegurando seus domínios sobre toda a Terra, cingindo-a com as faculdades do Oceano – linhagem do mar – com suas correntes circulares, e se garantindo contra o imprevisível, o instável e o cambiante, características daquela linhagem. E Zeus, com sua segunda esposa, Themis, ao contrário, sendo esta filha do Céu e da Terra, que abarca diversas funções importantes, nos dois extremos do universo, pois segundo Esquilo, no Prometeu, Themis[114] é outro nome da própria Terra, sucessora de Gaia em Delfos, e em Homero, é a deusa que convoca e dissolve a assembleia dos deuses, como preside os banquetes dos mesmos, assegurando a Zeus as características da estabilidade, do inconteste, do poder e da justiça.

A palavra "Θεμις" (*Thémis*), tem um significado importante para os gregos, a partir do seu núcleo familiar "γενος" (*génos*), passando pelo conceito de senhor de uma "*oikos*", e desembocando na instituição do direito na *polis*, ao fixar direitos, deveres, e normas de conduta de respeito, autoridade e justiça. Émile Benveniste em seu livro *Le vocabulaire des institutions indo-européenes*, assim a define na época da epopeia;

> Na epopeia, entende-se por "thémis" a prescrição que fixa os direitos e deveres de cada um sob a autoridade do chefe do "génos", quer na vida cotidiana no interior da casa, quer nas condições excepcionais: aliança, casamento, combate. A "thémis" é o apanágio de "βασιλευς" (basiléus), que é de origem celeste, e o plural "thémistes" indica o conjunto destas prescrições, código inspirado pelos Deuses, leis não escritas, coletânea de ditados, sentenças dadas pelos oráculos, que fixam na consciência do juiz (no caso, o chefe de família) a conduta a manter todas as vezes que a ordem do génos está em jogo.[115]

Os efeitos e consequências da união de Zeus e Themis, estão essencialmente dirigidos para os mortais: as *Hórais* (Estações), com nomes significativos de Equidade, Justiça e Paz, estão diretamente ligadas as atividades produtivas dos homens, no caso dos que trabalham a terra como o próprio Hesíodo, prescrevendo justiça social na distribuição de

---

113 Canto "Os Deuses Olimpios", v. 887. Cf.: HESÍODO, 2003, p. 155.

114 Ver capítulo XI do livro *Themis,* de Jane Harrison, sobre a importância política, social e religiosa da deusa, em suas diversas funções. Cf.: HARRISON, 2010.

115 BENVENISTE *apud* HESÍODO, 2003, p. 64.

bens, na harmonia entre os que dependem da terra, desqualificando a força e as injustiças humanas, ao mesmo tempo regulando a ordem da natureza. E nesta mesma genealogia coloca as *Moîrai* (Partes), "[...] a quem mais deu honra o sábio Zeus",[116] personificando a Moira homérica em três figuras femininas que distribuem e fixam aos homens seus lotes de bem e do mal: *Clótho*, a fiandeira do destino, *Láquesis*, que em sentido lato quer dizer sortear, e *Átropos*, a que não volta atrás, cuja função é cortar o fio da vida.

De outro lado, como vimos, Hesíodo coloca as *Moirai*, com os mesmos nomes e definições como filhas da Noite tenebrosa, envolvidas em punições aos erros cometidos, na manutenção da ordem cósmica, tanto em relação aos Deuses como aos mortais. O fato de Hesíodo ter colocado as *Moîrai* em duas linhagens distintas deu margem a várias especulações identificando-se a primeira, descendente da Terra com seu aspecto positivo, de afirmação do ser, e a segunda descendente do Cháos como sendo negativa e relativa à negação, ao não-ser. Prefiro pensar de outra forma com relação a esta duplicidade, onde nas duas linhagens, existem aspectos positivos e negativos, além de que estão ambas empenhadas na manutenção de uma ordem existente, principalmente no caso da linhagem derivada do Cháos, onde Hesíodo deixa claro a função de punição aos deuses e homens por erros cometidos.

Portanto, além dos sentidos de afirmação e negação, liberdade e necessidade, espontaneidade e coerção, ipseidade[117] e alteridade estarem juntos, coincidirem e "serem" ao mesmo tempo e no mesmo lugar como lote e horizonte individual, de acordo com Torrano, Hesíodo deixa claro um fundo ou um transfondo básico da ação da Moira. Inicialmente a dicotomia *"hybris e dikè"*, preocupação central do poeta, especialmente nos "Os trabalhos e os dias", mas que aparece bem visível nas funções das *Moîrai*, deixando clara a atenção das mesmas aos erros derivadas da *hybris*. E ainda como fundo de suas atuações a dicotomia "Cháos-Cosmos", já que independente dos lotes do bem e do mal, associados aos deuses e homens, esses não ficarão sem punição caso coloquem em risco a harmonia e a ordem cósmica, ordem esta assentada na extensa e fundamental participação do Kháos, e aqui está a principal razão das *Moîrai* estarem presentes e ativas desde os

---

116 HESÍODO, 2003, p. 65.

117 Aquilo que é determinante para diferenciar um ser do outro, como atributo próprio e único.

primórdios da cosmogonia, colocada por Hesíodo como anterior a "Teogonia". Vamos ainda retornar a esta questão, ao iniciarmos o próximo capítulo, com Cornford, ao examinarmos suas teorias quanto à emergência da filosofia jônica, mediante um enfoque bem mais abrangente, envolvendo aspectos morais e religiosos.

CAPÍTULO 4

DO COSMOS DIVINO AO COSMOS DOS HOMENS

As mesmas dificuldades iniciais que tivemos, para encarar os grandes poetas Homero e Hesíodo no capítulo anterior, teremos agora para irmos além, na direção dos vários desdobramentos e caminhos intuídos e abertos por eles, no surgimento de novas formas de expressão poética e artística, no despertar do pensamento filosófico, nas diversas manifestações religiosas do período, na profunda crise econômica e social da Grécia, no processo de efervescência política paralelamente à consolidação da *polis*, que vão ocorrer entre os séculos VII e V a.C. Este processo culmina no século V com a emergência do drama ático e de suas intensas discussões sobre as relações do homem da *polis*, em busca de sua afirmação e identidade, diante do protagonismo dos deuses nos mitos e lendas que sustentavam aquelas manifestações artísticas, de fundamental importância para os nossos propósitos. Entretanto, cabe duas perguntas: qual é, na verdade, a importância daquele homem, e por que ele é tão importante para nós? Pergunta naturalmente complexa, que exige reflexões e pensamentos detalhados que estão na própria raiz de nossos objetivos com este livro, que espero que tenham sido elucidadas nos capítulos anteriores. Porém, sem nos anteciparmos em relação ao que será posteriormente desenvolvido, podemos dizer algo de concreto com relação a esta questão afirmando, simplesmente, que jamais existiu, em todos os tempos, na história ocidental, um palco como o teatro de Dioniso em Atenas, onde a discussão sobre a condição humana tenha atingido tamanha relevância, significado e beleza em sua representação.

Identificamos no início das nossas reflexões alguns desvios de comportamentos em pessoas usuárias de drogas, bem como em pessoas melancólicas, que por um lado desconheciam, ignoravam, ou não aceitavam sua condição humana, seus limites e possibilidades reais, e por outro lado, privilegiavam a vontade e a necessidade de superarem esta mesma condição, seja através de uma deificação de suas pessoas, seja através de tentativas constantes de alternância de mortes seguidas de renascimentos, que os transformassem e os glorificassem. Propusemo-nos a pesquisar e entender tais fenômenos, a partir de uma premissa, ou melhor, de uma hipótese, de que por trás destas buscas existiria um transfondo de caráter religioso, não diretamente vinculado a cultos, ou a uma religião específica, mas relativo aos papéis idealizados do divino e dos humanos, bem como às relações entre homens e deuses, nas quais se evidenciavam determinadas concepções, tanto de seus atores como de suas relações propriamente ditas. Salientamos que estas concepções tinham um acento cultural indiscutível, que nos levou a priorizar a análise do caso grego, do período arcaico ao clássico, de Homero a Eurípides, quase como uma escolha natural, ao se partir do cosmos divino dos olímpicos, tão bem idealizado e melhor ainda apresentado nos poemas épicos, até alcançar o mais moderno dos poetas trágicos ao final do século V, que defrontou-nos com a complexidade e paixão dos sentimentos humanos, sem deixar de examinar os comportamentos dos deuses, principalmente os olímpicos, mas igualmente em sua última obra o deus Dioniso, o deus de mistério mais representativo da Grécia. Portanto, é nossa intenção neste capítulo examinar alguns daqueles desdobramentos citados, a partir do ponto a que chegamos com os poetas épicos, por meio de descrições e reflexões de outras contribuições ao processo que irá desaguar na tragédia onde nossas questões serão discutidas com a necessária intensidade e profundidade, explicitando o conflito, dos sentimentos humanos de liberdade e necessidade em que, segundo Schelling,[1] todos são vencedores, e todos são vencidos, que se encontram presentes na tragédia ática.

Usaremos aqui, a mesma cautela anterior, procurando salientar e ressaltar aspectos, que nos pareçam essenciais para seguirmos nosso caminho, tentando, evitar, sempre que possível, discussões e controvérsias acerca das várias abordagens existentes sobre os temas a serem

---

1 Ver *Ensaio sobre o trágico*, ensaio de Peter Szondi sobre a percepção do trágico em doze filósofos. Cf.: SZONDI, 2004.

apresentados. Nossa pretensão aqui é examinar e discutir aquelas questões objetivas que surgem e que adquirem força, que se consolidam ainda nesta época arcaica, centradas, principalmente, na emergência do questionamento filosófico, no que se considera a passagem do mito para o logos, no complexo papel que vai desempenhar a "lírica grega" na formação do cidadão, e finalmente no fenômeno ou na revolução política e social, que de certa forma engloba tudo e a todos, que é a implantação e desenvolvimento da *polis*, a maior das invenções gregas.

Obviamente foge aos nossos objetivos desenvolver uma análise extensiva, profunda e criteriosa sobre estes temas, que levaria à escrita de uns quantos livros, porém, creio que possamos ressaltar alguns pontos de caráter geral que possam nos orientar no percurso até alcançarmos o drama ático. Pensei, inicialmente, partir de nossos dois poetas épicos, de formas regressiva e progressiva em termos históricos selecionando, alguns valores e conceitos levantados por suas narrativas e mitos, que influenciaram no desenvolvimento daqueles temas, sem a preocupação de tratarmos com algum detalhe, em separado. Assim, nossa análise caminharia na tentativa de apreender o conjunto, o geral, o contexto, já que consideramos que entre aqueles temas, a questão do desenvolvimento da *polis* assume uma importância capital, por todos os seus efeitos na vida dos cidadãos, em suas produções artísticas e intelectuais, em sua estreita afinidade com a emergência do pensamento filosófico, e em sua união indestrutível com o fenômeno trágico em Atenas. Explico-me um pouco melhor quanto ao encaminhamento desses pensamentos: pretendíamos partir daquelas considerações específicas, selecionadas e encontradas em Homero e Hesíodo, desenvolver inicialmente a análise da lírica grega em sua contribuição da afirmação social e individual no âmbito da nascente efervescência política, encarando após o florescer do pensamento filosófico, deixando para o final a questão da *polis*. Objetivamente partiríamos do mundo de Ulisses homérico, em grande parte já vista no capítulo anterior, da importância da Moira nesse mundo, da cosmologia de Hesíodo, de seu cosmos ordenado dos deuses olímpicos sob a égide e a justiça de Zeus, da violência, desarranjos, injustiças e excessos (*hybris*) dos homens de ferro; já no caminho da *polis*, *apreender* a contribuição daqueles dois temas, do pensamento filosófico jônio e das performances líricas no próprio desenvolvimento daquela instituição.

Entretanto, ao entrarmos na questão concreta do surgimento do logos filosófico com os milesios, especialmente no que se relaciona com a revolução do pensamento positivo e abstrato dos gregos, da caracterização de um novo personagem, ao mesmo tempo real e mítico, do filosofo, da busca da origem do mundo, dos seres e da vida a partir do conceito de "φυσις"(*physis*),[2] e de uma extensa bibliografia sobre o assunto, fui obrigado a reformular meu caminho. A passagem do mito ao logos, como é conhecida a criação do pensamento filosófico a partir dos jônios em Mileto, com Tales, Anaximandro, Anaxímenes, bem como dos que se seguiram, Jenofanes, Pitágoras, Heráclito e Parmênides, é bastante complexa, com várias teorias de como se deu, mas sendo ao mesmo tempo rica e plena de significados no que se relaciona, por exemplo, com a consolidação da *polis*, proporcionando assim uma nova vertente de reflexões, que em certa medida, estão mais próximas de um passado ainda mais longínquo do que da poesia épica.

Tanto o mundo de Homero quanto as cosmogonia e teogonia de Hesíodo, apesar das anterioridades cronológicas e históricas dos dois poetas, no caso, em relação aos pensadores jônios, no século VI, estavam a meio caminho de uma evolução cultural, religiosa e cientifica que nos levaria aos novos tempos que estavam se concretizando a partir da Jônia, tendo existido muitas coisas anteriores àquelas visões do mundo na explicação daquela evolução. Apenas para exemplificar: os valores de ordenação do mundo, de justiça, de distribuição de partes ou províncias poderiam ser características do povo grego desde seus primórdios, possivelmente da cultura egeia, ou mesmo dos minoicos, anteriores, portanto a invasão dos povos do norte, mas que obviamente foram enriquecidas pelas influências culturais desses povos, e que derivavam de crenças primitivas acerca da natureza do mundo em que já prevaleciam valores relativos ao destino e a justiça por meio de costumes e tabus que levavam a criação de uma ordem social baseada na distribuição de funções por grupos, com fronteiras e limites bem estabelecidos entre eles, constituindo assim um tecido social e político que não poderia ser rompido sob pena de colocar em risco a todos.

Portanto, nossa abordagem levando em conta os aspectos de totalidade e de ordenação teria forçosamente que ser relativizada e iniciada, antes da organização olímpica presente de forma livre e poética em Homero, sem a pretensão de verossimilhança, com sua aparência de

---

2 O conceito de *physis*, substância, natureza, estrutura, essência das coisas de um ponto de vista estático, e força, atividade, energia do ponto de vista dinâmico, será considerada como a substancia primeira para os jônicos, dotada de aspectos naturais como também metafísicos, como veremos adiante.

verdade, e mesmo de Hesíodo, que recebe o encargo das Musas de falar a verdade em seu hino a Zeus, ambos falando de seus deuses antropomórficos. Neste caminho inicial vamos seguir dentre outros, os trabalhos de Conford, *From Religion to Philosophy*[3] e *Principium Sapientiae*,[4] publicado nove anos após sua morte por Guthrie, por considerar sua abordagem histórica mais lúcida, adequada e abrangente, mas também levaremos em conta o trabalho de Burnet *Early Greek Philosophy*,[5] apesar de suas polemicas opiniões sobre o "milagre grego", os trabalhos de Vernant, *Mito e pensamento entre os gregos*,[6] e *As origens do pensamento grego*,[7] que vão além dos trabalhos de Cornford, no sentido de esclarecer em detalhes a interação dos primórdios da questão filosófica e da própria *polis*.

Diante da dimensão e da complexidade do trabalho, a que nos propusemos, é fundamental que de início nos obriguemos em termos de abordagem e aproximação, delimitar bem as questões que iremos considerar, como se fossem contribuições específicas, sabedores das profundas interações e superposições entre os temas para um entendimento maior do processo integral que nos leva a *polis*, a democracia e a expressão poética máxima, da dramaturgia ateniense. Assim, pretendemos desenvolver os seguintes temas: as origens do pensamento filosófico, seguindo bem de perto as reflexões e teorias de Cornford; uma consolidação dos caminhos abertos por Homero, com a ajuda da visão de Nietzsche; a contribuição de Hesíodo nas questões filosóficas; as condições econômicas e sociais da Grécia a partir do processo de colonização; os aportes da lírica grega, por meio de poetas selecionados, nas questões propriamente humanas; e os complexos desenvolvimentos religiosos ocorridos. A ideia básica é de visualizar e entender a contribuição de cada um destes temas na compreensão de todo o processo, ao qual nos referimos, contudo, sem deixarmos de ressaltar que somente alcançaremos uma compreensão maior da questão da *polis* mediante a análise do contexto geral da tragédia ática, com suas origens, bem como das reflexões específicas sobre a criação das obras dos três grandes poetas, Ésquilo, Sófocles e Eurípides.

---

3 CORNFORD, 1991a.

4 CORNFORD, 1981.

5 BURNET, 2006.

6 VERNANT, 1973.

7 BURNET, 1977.

O despertar do chamado pensamento filosófico grego é normalmente localizado no século VI, na Jônia, mais precisamente na cidade de Mileto, sendo Tales o primeiro representante da "escola", que viria a ser conhecida como dos "milesios". Apesar de toda uma extensa e controversa discussão acerca das características do povo jônio – descendentes da antiga cultura egeia, com influências minoicas, observadores da natureza, de mentes abertas para outras culturas, audaciosos, com tempo livre para especulações, impressionados com a transitoriedade das coisas, pessimistas e trágicos, espiritualmente dedicados ao conhecimento e religiosamente desligados – e das particularidades da cidade de Mileto – centro comercial e exportador, responsável pelo estabelecimento de 45 colônias em todo o mundo, com relações intensas com o oriente, e com outras culturas com alto nível de vida, empreendedora, monetariamente avançada, politicamente realista diante das constantes ameaças dos lídios e dos persas – nos parece claro e evidente que nenhum desses fatores pode ser simplesmente ignorado, como fazem alguns, porém, igualmente, não se pode atribuir a eles um peso suficiente para explicar a emergência do logos, ou do pensamento especulativo, como fazem outros.

Ainda neste sentido da ponderação, cabe outra reflexão com referência a "passagem do mito ao logos" como é hoje universalmente conhecido o episódio do surgimento do pensamento filosófico. Em Homero, em suas descrições dos acontecimentos com sua forma livre de se expressar é praticamente impossível separar o pensamento racional do mítico tal a interpenetração entre eles. Porém, é possível se identificar com clareza alguns lampejos do primeiro, o que fica ainda mais evidente em Hesíodo com sua busca das origens, da verdade, em sua tentativa de entender o todo, além de um ponto extremamente importante utilizado por ambos, a dos deuses antropomórficos, que como veremos mais tarde guarda muitas relações com o advento filosófico. De qualquer forma, trata-se de algo bem complexo, o entendimento do que é exatamente "pensamento racional" e "pensamento mítico".

Alguns analistas chegaram perto como Cornford em *Principium Sapientae*,[8] e Detienne em *Mestres da verdade*,[9] porém uma coisa é certa: o nascimento da filosofia naturalista não coincide com o início do pensamento racional, nem com o fim do pensamento mítico, tendo

---

8 CORNFORD, 1981.

9 DETIENNE, 1988.

este existido e perdurado, pelo menos até Platão e Aristóteles com uma coexistência perfeita – declarada ou não –, variável, dependendo do filosofo, de suas tendências, de suas formas de expressão seja por meio da palavra falada, da poesia ou da prosa. Jaeger faz uma parodia de Kant, ao assinalar que "[…] a intuição mística, sem o elemento formador do Logos, ainda é 'cega' e que a conceituação lógica, sem o núcleo vivo da 'intuição mítica' originaria, permanece 'vazia'."[10]

Portanto, nos situamos claramente no sentido de que aquela emergência ocorreu devido a inúmeros fatores históricos e culturais, alguns já vistos por nós em Homero e Hesíodo, no capítulo anterior, outros ainda a serem vistos naqueles mesmos poetas, porém não se pode descartar uma série de outras contribuições. Por exemplo, questões práticas referentes a discussões sobre o Estado e seu arcabouço político, questões religiosas altamente mobilizadoras e influentes, com forte acento de transcendência, imortalidade e alternativas de vida, explicitadas tanto nos poetas jônicos nas questões humanas, quanto nos poetas de cunho religioso e ético-político, acrescidas de uma série de contribuições analíticas como as que foram exaustivamente colocadas por Cornford em seus trabalhos, nos levando a rejeitar assim as interpretações na linha preconizada por Burnet, dado seu caráter simplista, que acaba se tornando, paradoxalmente, como pontuam vários helenistas em uma questão de fé, de crença.

Entretanto, de outro lado, Cornford concentra excessivamente suas explicações nos conceitos religiosos e morais como originários do pensamento filosófico, porém abdicando de considerações mais realistas conectadas diretamente às transformações mentais que ocorreram naquela época e que tiveram influências fundamentais nos destinos político e institucional dos cidadãos gregos. Este fato provocou consequências importantes na avaliação de seus trabalhos: trouxe concretamente um sentimento de frustração com relação às conclusões finais que deveriam ter sido esboçadas, e não o foram, e isso, contribuiu para certo desprezo e desconhecimento, que se nota na maioria dos analistas em relação as suas grandes contribuições, que ficaram meio que esquecidas. Destaco aqui algumas das mais importantes: com relação às interações nas sociedades primitivas entre os arranjos sociais, aí incluídas a divisão de poderes e a justiça; à consciência de grupo como manifestação estruturante, a ausência de individualismos, um

---

10 JAEGER, 2010, p. 192.

continuum da sociedade com a natureza, evoluindo no sentido das práticas mágicas e religiosas, da separação da alma individual e da alma do grupo; das alternativas religiosas dos deuses dos mistérios e dos deuses olímpicos, facilitando posteriormente o pensamento objetivo.

De qualquer forma, não temos dúvidas de que as teses de Cornford sobre as raízes do pensamento filosófico são as mais coerentes e mais adequadas historicamente ao entendimento da questão, mas, principalmente, por levantar inúmeras questões de grande importância futura, quanto à organização política e social da *polis*, e quanto a importância dos aspectos religiosos na própria tragédia ática, nos levando a seguir de perto suas extensas reflexões, acrescidas com alguns outros aspectos, começando da mesma forma que ele o faz em seu livro mais emblemático, *From Religion to Philosophy*,[11] a partir do primeiro filosofo jônio, Tales de Mileto. Existem várias histórias interessantes sobre o pai da filosofia, algumas bem aproveitadas por Sócrates e Platão em seus diálogos, especialmente a referente ao sorriso da serva da Trácia ao ver Tales caindo em um buraco, enquanto perscrutava os corpos celestes,[12] mas que comprovam sua enorme capacidade de se interessar pelas mais variadas coisas. São atribuídas a ele as descobertas do curso do sol de solstício a solstício, a divisão do ano em 365 dias, de identificar as quatro estações, de tomar conhecimento do formato esférico da Terra, com a construção de um globo celestial sólido, de reconhecer a vantagem de se navegar pela constelação da Ursa Menor, facilitando enormemente o transporte marítimo, de fazer estimativas acertadas de safras olivais, e de prever com total exatidão o eclipse solar ocorrido no dia 28 de maio de 585, que contribuiu para o fim da guerra entre medos e lídios, que já ia para cinco anos, já que o eclipse foi entendido como um aviso divino – intermediado por Tales –, além de ter sido reconhecido como um dos sete sábios da Grécia.

Todas estas histórias acabaram ficando na tradição, pois de qualquer forma, trata-se de começo, e no caso em questão de um começo dos mais significativos e importantes para a cultura ocidental. Cornford chama atenção para as três declarações de Tales: *a natureza última de todas as coisas é a água; que o universo está vivo, tem alma nele; e está cheio de espíritos ou deuses*. A partir daí Cornford desenvolve seu trabalho de análise e aprofundamento das três entidades mencionadas, que

---

11 CORNFORD, 1991a.

12 BLUMENBERG, 1994.

segundo ele estão na base das especulações filosóficas: a natureza das coisas, a *physis*; os espíritos ou deuses; e a alma, as quais mostram de forma clara que apesar do impulso inicial ser de caráter físico ou científico, o mesmo estaria moldado por ideias religiosas que prevaleciam desde muito tempo na formação do povo helênico.

Entretanto, Cornford acrescenta a estas primeiras considerações outro elemento de análise, que a meu ver é certamente o mais importante e de mais impacto para o restante de seu trabalho. Ele considera que existe uma herança fundamental da religião cujo conceito governa a ordem da natureza, vista como sendo o domínio do Destino e da Justiça ou da Lei. A vida da natureza está confinada pelo caráter e origens desta ordem, e que, portanto, o reinado da Necessidade é igualmente baseado em regras morais, sob o reino da Justiça. Ao justificar esta assunção, Cornford se baseia inicialmente no famoso e enigmático fragmento de Anaximandro, que vale pena aqui transcrever, na tradução que se encontra no livro *Hélade: antologia da cultura grega* de Rocha Pereira,[13] apesar da existência de uma infinidade de traduções personalistas dele:

> [O ilimitado "απειρων" (*apeíron*) é a origem dos seres. E a fonte da geração das coisas existentes é aquela na qual a destruição, também, acontece,] segundo a necessidade; porquanto pagam castigo "δικη" (*diké*) e retribuição "τισις" (*tísis*) uns aos outros, pela sua injustiça "αδικια" (*àdikia*), de acordo com o decreto "τοαξης" (*tázis*) do tempo [como ele se exprime, nestes termos um tanto poéticos].[14]

Este famoso fragmento de Anaximandro é evidentemente um produto filosófico original do século VI, que valida integralmente sua tese, mediante três intuições básicas: a natureza das coisas, ou o estado inicial de todas as coisas era o que Anaximandro denominou de o "indeterminado", "*apeíron*", não sendo, portanto nenhum elemento conhecido e identificável; a partir desta unidade primitiva os elementos contrários se separaram – água, ar, fogo e terra –, e passaram a se hostilizar e se oporem, atacando-se uns aos outros e "[…] infligindo a penalidade de sua injustiça conforme a ordem do tempo […]",[15] caracterizando assim a necessidade de ser atendida uma ordem moral de respeito pelas províncias de cada um dos elementos. Cornford res-

---

13 ROCHA PEREIRA, 2005.

14 ROCHA PEREIRA, 2005, p. 142.

15 CORNFORD, 1991, p. 10.

salta com veemência a linguagem moral utilizada por Anaximandro para o processo secular de vida e morte: a passagem das coisas para os elementos básicos é denominada, "pagando reparações", pagando a penalidade da injustiça, implicando que ela foi cometida para que fosse possível o nascimento de uma existência separada. Anaximandro subverte a ideia de que a ordem vem após a desordem e o caos, pois para ele a ordem é anterior a tudo, estabelecida quando os quatro elementos básicos pelo eterno movimento são colocados nas suas distintas regiões. E as coisas somente conseguem existir mediante a quebra das fronteiras, com o avanço na direção da desordem, no declínio para a confusão da injustiça, da rapina e da guerra.[16] Mas Anaximandro acrescenta algo de suma importância ao processo que Cornford chama de "peregrinação do errado", que é "de acordo com o ordenado",[17] em sua tradução do fragmento "κατα το χρεων" (katà to xreón) na qual aparecem unidos os conceitos de Destino e do Certo, representando um poder que ordena o "que deve ser", e o "que é obrigado a ser". " Este princípio do Destino e da Justiça estabelece as fronteiras da ordem original dos elementos e espera executar a penalidade de qualquer transgressão. "O poder que preside a ordem física e moral."[18] Assim os elementos são ordenados e atribuídos as suas províncias, mediante uma concepção em que Necessidade e Justiça estão unidos, e como já vimos em Homero e Hesíodo este poder remoto, mais velho que os deuses, em seu duplo aspecto é denominada de Moira, o Destino.

Desta forma Cornford, a partir desta base inicial, procura inicialmente mostrar que a concepção de Anaximandro aproxima-se bastante dos conceitos de Homero e de Hesíodo sobre a Moira, especialmente quanto a seus aspectos de demarcação de províncias, quanto a estar acima dos deuses em sua estreita relação com a moralidade, com a única diferença de que em sua ordem primária ele inova com o efeito de uma causa mecânica, o "movimento eterno" na alocação dos elementos naturais, eliminando os deuses, cujo lugar é justamente ocupado por eles – os elementos –, se aproximando aqui de Hesíodo, pois é a partir dos elementos que os deuses são criados. Cornford ainda acrescenta dois pontos que me parecem fundamentais nesta primeira aproximação ao conceito de Moira. O primeiro, que ele chama aten-

---

16 CORNFORD, 1991, p. 11.

17 CORNFORD, 1991, p. 11.

18 CORNFORD, 1991, p. 11.

ção de que não se pode creditar a Moira nenhuma previsão, nenhum objetivo e projeto: isto pertence ao homem e aos deuses humanizados. Vamos segui-lo:

> Moira, então, apesar de falarmos dela como uma "personificação", não tem o principal atributo de uma personalidade - o propósito individual. Ela permanece como a ordenadora de províncias do mundo; mas ela não é uma deidade que por um ato de desejo seu planeja e cria uma determinada ordem. Ela é uma representação que estabelece a verdade sobre a disposição da Natureza, e que neste estabelecimento da verdade nada acrescenta exceto que o disposto é não só necessário como justo. Moira é uma representação da Necessidade e da Justiça do disposto nos elementos. Este é o conteúdo total da noção de Destino.[19]

O segundo ponto é que esta representação é o poder fundamental como concebido pelo politeísmo grego, com seu caráter moral e religioso e não científico, porém, pontuando que Anaximandro, no fragmento ao colocar novamente esta questão, restaura a fundamental posição da Moira, do contexto original religioso da antiga Grécia, que havia sido em parte afetado e derrubado pelo poder crescente dos deuses. Neste sentido ele desenvolve uma detalhada análise de como a distribuição das honras dos deuses em Hesíodo, o juramento deles perante a deusa Estige,[20] com seu papel junto a Zeus, e a própria supremacia do Deus-Pai surgiram e se consolidaram no desenvolvimento da religião olímpica e da religião de mistérios, anteriores portanto, aos "φυσικοι"(physykoi), filósofos naturalistas, como também eram denominados os milésimos relacionados ao estudo da natureza. Todavia, fica claro, que este episódio da criação dos deuses em Hesíodo é apenas algo passageiro diante da ancestralidade da base primária da qual se originam as ideias religiosas gregas, baseadas no Destino e na Justiça, ponto de saída também destas especulações filosóficas, origem esta que ele se propõe esclarecer antes da total dominação do antropomorfismo com todas suas distorções.

---

19 CORNFORD, 1991, p. 21.

20 A deusa Στυξ, Estige, uma oceanina, filha de Oceano e Tétis é também um rio infernal no Hades dedicado a ela por Zeus. Na batalha contra os Gigantes foi a primeira a se alinhar com Zeus, juntamente com seus filhos Zelo, Vitória, Poder e Violência, passando a estarem sempre junto a ele no Olimpo. Um juramento, ou, uma promessa feita a partir das águas de Estige é o voto mais sagrado dos gregos, que nem mesmo os deuses podem quebrar aí incluído o próprio Zeus.

Seguir o trabalho de Cornford em todas suas passagens seria algo impensável, tal como a riqueza, porém vamos nos deter no que é o mais relevante no momento, que é o relativo à "Moira", já visto por nós detalhadamente em Homero e Hesíodo, que será utilizado aqui no conceito "espacial", de demarcação de poderes, de atribuições, de funções específicas, de distribuição de sortes. Ao final do primeiro capítulo, Cornford chega às conclusões a que nos referimos:

> Tanto para a representação religiosa dos gregos, quanto para a nascente filosofia, a verdade mais significativa acerca do universo, é a de que ele é dividido em um esquema geral de alocação de províncias ou esferas de poder.[21]

Ele complementa esta ideia com precisão:

> O mundo, na realidade, desde os tempos mais remotos, é visto como o reino do Destino (moira) e da Lei (nomos). Necessidade e Justiça estão juntos nesta primitiva noção de ordem (devem e se obrigam), uma noção que na representação religiosa grega é definitiva e inexplicável.[22]

Desta forma, Cornford se propõe a demonstrar que por um lado a Moira está intimamente ligada à questão moral da justiça, e busca igualmente uma explicação para o fato das representações religiosas, desde sempre, terem sido estabelecidas obedecendo à primitiva noção de ordem através do binômio Moira/nomos. Ao fazê-lo, utilizando sólidos argumentos de análise comparativa, Cornford levanta duas hipóteses que nos interessam particularmente e que têm consequências por demais importantes para serem relegadas a um segundo plano. A primeira é de que nas sociedades primitivas predomina o que é conhecido como *representação coletiva*, que pode ser identificada pelas seguintes marcas: ela é comum a todos os membros de um dado grupo social, onde foi transmitida por gerações, imposta a todos os indivíduos, ao despertar sentimentos de respeito, de medo, de adoração, na direção de seus objetos. Esta representação não depende de sua existência aos indivíduos, como também não estabelece qualquer objeto coletivo distinto da composição dos indivíduos daquele grupo social.

Esta primazia do grupo sobre o indivíduo é algo que está por trás de qualquer ordem social, especialmente quanto mais se recua no tempo, e o que ocorre nesta ordem, é o predomínio da Moira e da justiça, não por conta de qualquer pensamento individual, mas devido a uma

---

21 CORNFORD, 1991, p. 40.

22 CORNFORD, 1991, p. 40.

mentalidade social generalizada da importância dela, do ponto de vista da vida prática, da existência, e do bem estar das pessoas em todos os tempos. Além disso, os valores, costumes, tabus e instituições adotadas pela representação coletiva, pelo grupo humano em questão, condicionam suas visões da natureza, e suas representações dos espíritos e de seus deuses, que segundo Cornford estão presentes também na emergência da filosofia.

Assim, a noção de ordem inicialmente aplicada ao agrupamento social passa a ser associada também ao domínio das coisas não humanas como a natureza, fechando o círculo da existência propriamente dita: destino, justiça e natureza. Cornford pontua:

> Moira vem a ser suprema na Natureza sobre todos os desejos subordinados dos homens e dos deuses, porque ela é primeiramente suprema na sociedade humana, a qual é contínua a Natureza. Aqui, também nós encontramos a razão definitiva de por que o Destino é moral: ela define os limites "dos sempre mais" dos costumes sociais.[23]

Esta forma de pensamento de continuidade entre a ordem da Natureza com um agrupamento social é abundantemente evidenciado em várias partes do mundo. Cornford, avança em seu trabalho desenvolvendo em detalhes as questões relativas à natureza, especialmente no que tange aos conceitos de *physis*, e as inter-relações com a "Moira" e "nomos" e como as representações mágicas e religiosas surgem a partir das emoções, dos desejos, dos sentimentos de simpatia e interações do grupo, do coletivo, que levam à criação de uma "alma coletiva", que sente e atua com força e entusiasmo, que nenhum individualmente é capaz de fazê-lo ou de imaginar que no grupo tenha sido levado a fazê-lo.

Infelizmente somos obrigados a atalhar o trabalho de Cornford, e acompanhar um dos seus sumários, no caso sobre a religião primitiva:

> Nós agora podemos definir o que chamamos o fato da religião primitiva, e ver em que sentido é também um fato social primitivo. Nós descobrimos que é um grupo social (moira), definido por suas funções coletivas (nomoi); estas funções constituem sua natureza (physis), considerada como a força vital própria deste grupo. A religião começa com a primeira representação deste fato. O resumo das características desta representação: (1) como coletiva, é supraindividual, ou, super-humana; (2) sendo imposta ao indivíduo pelo grupo, força a ser sentida como obrigatória e repressiva; (3) porém, por outro lado seu conteúdo é também e principalmente dinâmica

---

23 CORNFORD, 1991, p. 51.

- a energia do grupo expressa em emoções e atividades coletivas, sua "mana",[24] ela é concebida necessariamente em uma forma material, como um fluido carregado de vida, (5) e este fluido que assume as linhas do grupo social, cuja natureza é inevitavelmente identificada com o sangue, que é comum a família, (6) este sangue familiar é, entretanto uma entidade mítica, no sentido de que é concebido como unificando os membros de um grupo que não são em verdade parentes de sangue, que podem inclusive pertencerem a diferentes espécies naturais, como em grupos totêmicos.[25]

A partir desta concepção, Cornford examina a evolução das sociedades mágicas através das almas coletivas, denominadas de *daemons* das sociedades, sendo seus membros identificados como *daemones*, já que elas, as almas, residem em todos, e nas quais todos participam. Neste ponto Cornford vai desenvolver seu trabalho de forma mais concreta voltado para a teologia grega, distinguindo quatro tipos de *daemon* em sua teologia:

1. o daemon ou gênio de um "genos", ou grupo social unido pelo mesmo sangue;
2. o local Agathos Daimon, o espírito bom, ou gênio da fertilidade, tornando real os poderes da vida concedida a um grupo social;
3. o *daemon*, ou alma coletiva de uma fraternidade mágica, que consiste em seus poderes coletivos ou super-humana "mana", exercidos em um controle mágico da natureza;
4. o *daemon* de um elemento natural – a contraparte não humana de, a supernatural "mana" de um departamento natural.

Desses quatro tipos de *daemon*, Cornford vai mostrar os processos dos quais emergem os quatro tipos de seres divinos, que são individuais – o Rei, o Herói, o Deus do Mistério e o Deus Olímpico. Estes são os quatro principais fatores no politeísmo grego, conhecidos por nós em termos históricos.[26]

Cornford chama atenção que, quando se refere a estas entidades *daemons*, está implícito que eles são ainda impessoais e não individuais,

---

24 O conceito de "mana" é de uma força ou energia, acima do poder normal do homem, fora do processo comum da natureza, associado a pessoas ou a objetos inanimados, que é manifestado por resultados concretos. Trata-se de um poder espiritual que contribui para a união de um grupo social, segundo Mauss (1909, p. 116), criador do vínculo social.

25 CORNFORD, 1991, p. 88-89.

26 CORNFORD, 1991, p. 100-101.

existindo, portanto, a necessidade de uma passagem crucial que é o percurso onde a consciência do grupo, ou melhor, a alma do grupo é levada a ser colocada nas mãos de um indivíduo. A princípio, o indivíduo não tem uma alma de si mesmo, e na consciência coletiva ele reconhece uma força que ao mesmo tempo é e não é sua, sob a qual ele se submete, inclusive por que a força que está fora é significativamente maior que a sua. Seguindo Cornford:

> Na medida que esta proporção é sentida cada vez mais como sendo "fora de nós", ela se torna crescentemente super-humana e divina, e por outro lado a individualidade humana vem a ser definida, consolidada e reforçada com ela. O processo pode então ser concebido como uma externalização, ou projeção de um poder coletivo que era de todos, em um poder, inicialmente "daemonico", e depois pessoal que não é "nosso", que está fora de nós.[27]

De qualquer forma, é crucial o entendimento de que das quatro figuras individuais divinas acima mencionadas, tanto o Rei quanto o Herói são formas transitórias da passagem de um *daemon* de grupo para uma alma individual, já que podem ser entendidos como meros depositários da autoridade social, sendo os deuses do mistério e os olímpicos dotados de maior complexidade, e de maiores dificuldades de entendimento.

A emergência do Chefe, ou do Rei, é de certa forma natural, pois ele é apenas um representante da força da consciência coletiva, que em muitos casos vai exercer esta função de forma temporária. Existiam em muitas sociedades primitivas o hábito de a cada primavera substituir seus chefes ou reis de forma estabelecida, visando sempre atrair os melhores fluidos da natureza. É igualmente entendível, que de início, o mesmo concentre seus poderes na área política como agente repressivo e punitivo, mas que da mesma forma que no exemplo dado anteriormente, ele acumule as funções mágicas, de regular o tempo, de facilitar o crescimento das colheitas, de atuar para que o sol nasça e as chuvas ocorram na medida do necessário. A razão disto é de que nestas sociedades foi formado um sólido sistema envolvendo por um lado a sociedade dos homens e por outro a natureza, e neste sentido ele é de fato o "chefe" da natureza para sua comunidade, além de ser já previamente divino, sendo seus julgamentos e decisões, como diz Hesíodo, "inspirados". Passa a ser o representante de uma ordem do mundo, do destino e da justiça.

---

27 CORNFORD, 1991, p. 102.

Uma importante consideração advém do fato já mencionado de que em muitos casos o poder do Rei é temporário, isto por que este ainda não é um deus, mas, sim, um *daemon*, que expressa a alma do grupo social e que, além disso, conforme mostrado pela trabalho de Dr. Frazer,[28] a autoridade depositada em um Rei retém o caráter coletivo, porém separado ou distinguível de sua própria personalidade. Desta forma, pode ocorrer que em uma nova etapa, a autoridade coletiva ascenda a um nível acima da soberania dos homens, e se torne transcendental numa forma impessoal de Lei. Ascende direto do plano daemonico para o divino, o que leva o chefe ou o rei a ter, como representante desta consciência coletiva, um poder também divino. Cornford cita os exemplos da Lei na sociedade dos hebreus, da própria Grécia muito posteriormente, no caso da democracia com sua teoria constitucional, no qual a soberania é aquela impessoal e não apaixonada razão, chamada "Nomos". Porém, o caso mais importante para nós é o da posição da Moira, que detém um poder constitucional divino sobre o universo, e que posteriormente, como veremos, assegura as restrições ao egoísmo individual, por cima de todos os deuses, inclusive sobre os desejos do Pai-Zeus.[29]

O caso do "herói" tem evidentes semelhanças com o do "rei", porém poderíamos dizer com acentos mágicos e míticos mais exacerbados, pois denominado de "herói epônimo" ele representa uma determinada tribo, não sendo exatamente um indivíduo, mas uma "persona", uma máscara do gênio de um grupo social, e sua história é a história da vida da tribo. Desenvolvimentos ulteriores podem ocorrer como feitos extraordinários, não somente em tempos de guerra como de paz, que podem levar a certa identificação do herói, ou então a uma natural extensão de seus poderes para abarcar as funções do "Bom Espírito", relativos ao bem estar das comunidades com aqueles poderes mágicos, aos quais nos referimos no caso dos reis. Nestes casos, podem se consolidar os mais variados mitos relativos a este herói, levando a se estabelecerem ritos e cultos em homenagem a ele.

O mais típico e importante deus de Mistério da religião grega é sem dúvida, Dioniso, que além de todas suas características especificas,

---

28 Dr. J.G Frazer. citado por Cornford, por seu gigantesco trabalho *Totemism and Exogamy*, de 1910. Cf.: FRAZER *apud* CORNFORD, 1991a.

29 Dr. J.G Frazer. citado por Cornford, por seu gigantesco trabalho *Totemism and Exogamy*, de 1910. Cf.: FRAZER *apud* CORNFORD, 1991a.

reflete o fato essencial de que do início ao fim representa o *daemon* de um grupo social, bem distinto do que ocorre com os olímpicos. Seu grupo é bem conhecido, composto por suas diversas amas, as Ménades, os Sátiros e Cabiros e adoradores, principalmente as mulheres, que levaram a qualificá-lo como sendo o deus delas. Reunidos em caminhadas, especialmente nas montanhas, em seus *thiasos*, em atos puramente religiosos, ritualísticos e sacramentais, onde predomina a reunião e comunhão com seu *daemon*, possuídos de duas características adicionais, quais sejam o "entusiasmo e o êxtase", que o levam a se libertar de sua prisão individual, para pertencerem unicamente ao grupo, e finalmente saírem do plano humano e transcenderem como imortais ao divino. Cornford acentua com propriedade que estes rituais garantem essa passagem a qualquer hora, pois este caminho está sempre aberto: a possibilidade de o homem participar do divino e o divino de entrar no homem, da mesma forma que Dioniso tem a capacidade de se tornar humano e retornar à divindade.

Porém, Dioniso é ainda bem maior que o deus dos *thiasos*, e é claro, muito maior que o deus do vinho, como viria a ser para os romanos – Baco –, podendo ser caracterizado como deus da vida, abarcando os homens, os animais, as plantas, enfim, tudo aquilo que se renova e renasce, seguindo seu exemplo de ter nascido pelo menos três vezes. De outro lado, ele é reconhecido como sendo o deus do úmido, onde a vida teve seu início e em condições de se perpetuar, se aproximando assim, paradoxalmente, das teorias científicas dos milesios, especialmente de Anaximandro. Por estas razões, é quase uma aberração as tentativas de levá-lo para o Olimpo, de ascender aos céus, com sua ênfase na natureza divina e no afastamento e exclusão dos humanos, quando na realidade o lugar de Dioniso é aqui, onde existe a unidade da vida sob todos seus aspectos, e na qual ele quer reinar e ser louvado, de forma isolada, de forma monoteísta, perante seu grupo, ao qual está ligado de forma visceral em uma variante da "vida indestrutível" de Kereny, que abordaremos mais na frente. Portanto, não é por acaso que esta relação especial entre o deus e seus seguidores foi alcançada por estas figuras, meio humanas e meio divinas como Pitágoras, Buda e Jesus, que se tornaram *daemons* de sociedades religiosas.

A definição dos deuses olímpicos fica facilitada ao se comparar com o deus do mistério, Dioniso, a começar pela mais básica característica, que é da comunhão, congregação, relação mística e emocional que deve existir entre o deus e seus adoradores. No caso dos olímpicos nada disto existe, nem uma "igreja", no sentido figurado, nem uma sólida relação entre complementares, existindo, sim, um conflito, entre imortais e mortais, apesar de como diz Píndaro, a origem ser a mesma: é quase um conflito entre irmãos, onde a maior necessidade é da separação completa que possa permitir certo convívio, baseado em favores e trocas contratuais. De outro lado, existe um fato reconhecível, de que os deuses olímpicos, graças a extraordinária imaginação dos gregos, foram definidos e evoluíram em suas essências como se homens fossem, com distintas personalidades, porém com uma tarefa impossível, qual seja a de ser propriamente um homem. Impossível porque não vivenciaram interna e externamente a experiência única de ser um homem, como qualquer animal, em sua vida específica, tornando-se assim uma máscara vazia, sem alma e conteúdo.

Cornford não está aqui negando de forma alguma a extraordinária criação dos deuses olímpicos, com suas províncias bem definidas, nem a clareza de suas personalidades, mas chamando atenção de que ao ser criada uma religião pan-helênica, onde os deuses como que abandonam suas províncias e reinam absolutos no alto das montanhas, levou a uma natureza despovoada de deuses e, portanto, bem aberta para outras manifestações, inclusive a da emergência do pensamento científico. Assim estamos diante de duas tendências de origem religiosa, que serão fundamentais no encaminhamento e nas abordagens da questão filosófica por Cornford, as de tradição científica e as de tradição mística.

De um lado, os olímpicos que através de um processo de separação e abandono de suas próprias origens se descola tanto do homem quanto da natureza, criando em especial com os primeiros uma barreira física, de dois universos que não se tocam, sem mobilidade, principalmente emocional, com vidas totalmente a parte, sem possibilidades de aberturas de natureza intrinsecamente religiosas, de ligação. Campo fértil, sem dúvida, para o crescimento e desenvolvimento humano, que nada pode esperar de seus deuses, aberto, portanto, para uma série de outras atividades, como para criação e auto-gestão de suas organizações políticas e, naturalmente, para especulações filosóficas, cabendo mencionar discussões acerca da natureza das coisas com um retorno aos elementos básicos do universo, e a consequente tentativa de entendimento do cosmos sob uma ótica laica ou não religiosa.

De outro lado, os deuses do mistério, representados pela figura emblemática do deus Dioniso, em seus ciclos de nascimento e morte profundamente ancorados na natureza, sempre presente nas suas várias epifanias, com seu aspecto grupal pronunciado e carregando intensa carga emocional junto a seus seguidores. Ao contrário dos olímpicos, sem nenhuma barreira de comunicação com os mortais, e abrindo caminhos para a integração destes com o divino, com o transcendente e com as possibilidades de renascimento. Cornford não menciona, porém, como o caráter do dionisismo vai sofrer grandes alterações na passagem de ritos primitivos, campesinos e rurais de difícil aceitação e entendimento para sua face civilizada que vai emergir na *polis*, especialmente no caminho de sua entronização pelas classes dirigentes, e após, com sua influência na tragédia ática. De qualquer forma, na essência, pode-se adiantar que o tipo de filosofia que vai derivar dos olímpicos mantém os conceitos de espaços externalizados, como da Moira em relação aos deuses, tendendo a esquemas pluralísticos e descontínuos, com ênfase em termos materiais e em constantes movimentos. De outro lado, a filosofia de tradição mística vai privilegiar a questão da vida em seus vários aspectos, especialmente em suas relações com a natureza, nas relações e interações emocionais entre todos os homens e destes com o divino, com uma subordinação à questão do tempo, que vai permitir ciclos de morte e de renascimento, ou mesmo, de favorecer diversas vivências e experiências.

Resta-nos agora enfrentar, de forma mais direta, como Cornford a partir de um fato real da experiência humana, que a existência de uma consciência coletiva do grupo social cria uma sequência de representações, que estão, segundo o autor, na base da emergência do pensamento filosófico. Poderes crescentes "fora de nós" que nada mais são do que projeções da própria consciência coletiva, com seu aspecto negativo de um poder moral que impõe restrições e seu aspecto positivo de enlaçar a todos com poderes mágicos supernormais, que evoluem para representações da alma do grupo, de *daemones* impessoais e, finalmente, para almas individuais e deuses de tão variadas essências. Dificilmente poderemos reproduzir integralmente todas as reflexões de Cornford nesta passagem, sendo obrigados, aqui, a atalharmos o pensamento do autor, no sentido de indicar que o movimento iônico de reflexões filosóficas, apesar de uma base comum de representações religiosas antigas com o olimpianismo, seguiu basicamente em outra direção, devido as suas críticas, de seu esquema pluralístico na direção do materialismo, abandonando a noção de vida como um princípio interno e a redução da mesma como se fosse um movimento mecânico, retirando seu caráter supranatural. Na verdade, optou por desenvolver suas teorias a partir da natureza, com o amplo conceito de *physis*, como uma entidade, não um mero elemento natural e, principalmente, contendo igualmente elementos divinos. Desta forma, vamos nos limitar a tentar entender bem o conceito de *physis*, que veio a ser o ponto de partida das especulações filosóficas dos milesios e que foi estendida aos demais. E aqui, nada melhor que deixarmos falar o próprio Cornford, com ajuda de Gilbert, Otto, ao final do capítulo III, com suas conclusões:

> A Natureza da qual os primeiros filósofos nos falam com confidente dogmatismo, é desde o início uma entidade metafísica; não é meramente um elemento natural, mas um elemento dotado por uma vida e poderes supernaturais, uma "substância que é também Alma e Deus. É aquele estofo vívido que os daemons, Deuses e almas foram vagarosamente adquirindo formas. É a mesma homogênea e contínua matéria, carregada de força vital, que foi sendo veículo da simpatia mágica, que agora aparece explicitamente, com o tom confidente de uma óbvia afirmação, como o substrato de todas as coisas e a origem de seus crescimentos". Mais adiante, ele complementa: "Este estofo sutil e móvel, considerado ao mesmo tempo como natural e divino - dotado como sabemos com todas as propriedades consideradas pertencentes a Alma e Deus - é o que os milesios denominam "physis".[30]

Cornford, a partir destas afirmações, vai comprová-las mostrando inicialmente que as primeiras especulações filosóficas não introduzem nenhum novo conceito, trabalhando em cima dos dados já conhecidos, e que vão derivar sistemas divergentes de acordo com suas convicções próprias, que mais à frente Cornford irá classificá-los de acordo com uma tradição cientifica e uma tradição mística. Ancorado nas três proposições de Tales, apresentadas ao início deste capitulo, e com entendimentos aristotélicos expostos na Metafísica, demonstra que a *physis* não é somente corpórea, material, mas que contém propriedades que a identificam com a Alma e Deus, chegando em seguida a identificar a *physis* com a Alma, como se tivesse a mesma relação com o universo que a própria alma com o corpo. Finalmente, com base nas afirmações dos primeiros milesios: de Tales, "Água é dominada por um poder divino capaz de movimentá-la",[31] de Anaximandro sobre seu *apeiron*, "o

---

30 CORNFORD, 1991, p. 123.

31 CORNFORD, 1991, p. 135.

divino, imortal e imperecível",[32] e o ar de Anaxímenes, similarmente é dito como sendo Deus, bem como as reflexões de Aristóteles, Cornford chega à conclusão de que a *physis* é divina, e assim complementa:

> Filosofia é a imediata sucessora da teologia, e as concepções assumidas pelos filósofos da relação entre a realidade última e o sentimento do mundo é governado por antigas concepções religiosas entre Deus e grupos humanos ou Natureza.[33]

Antes de retomarmos nosso caminho, de pesquisar os diversos temas que julgamos contribuir para nosso entendimento sobre a condição humana na antiga Grécia, destacaremos alguns pontos que emergem das amplas reflexões de Cornford, iniciando pela intensa iluminação que as pesquisas do autor nos trazem acerca do caminho grego na direção de uma organização política e social de suas comunidades. Fica bastante clara a profunda interação entre o desenvolvimento das ideias religiosas com a realidade dos arranjos sociais dos grupos de pessoas, a partir da prevalência do binômio Destino e Justiça, a primazia do grupo sobre o indivíduo, a criação de uma identidade coletiva, a aproximação do grupo social com a ordem da natureza, e no passo decisivo das origens das representações religiosas, as mesmas estão moldadas pelas necessidades ditadas pela organização social e política, até mesmo quando se trata de soberania, como é o caso do *daemon* Rei. Estes princípios de organização social podem ser identificados, nas criações das Cidades-Estados, no estabelecimento das *poleis*, nos processos de evolução dos direitos dos cidadãos, na criação dos Conselhos e Assembleias, até chegarmos ao passo definitivo, ao final do século VI em Atenas, com Clístenes em sua revolução democrática, profundamente amparado no conceito da Moira espacial com a redefinição das tribos e das fratrias. Até mesmo, no caso da tragédia ática, as repercussões são altamente significativas, como inclusive já constatei, porém, aqui, quero chamar atenção para o fato de que a base da mesma tinha não somente um transfondo religioso, mas também um caráter ritual, derivado de práticas originárias do deus de Mistério Dioniso, ligados a fertilidade, e obviamente não relacionado aos deuses olímpicos em seu distanciamento dos humanos, pois acima de tudo os espetáculos teatrais, significavam um retorno evidente a uma comunhão comunitária perdida, gerando uma energia e uma criatividade, muito semelhante às encontradas nas comunidades antigas descritas por Cornford.

---

32 CORNFORD, 1991, p. 135.

33 CORNFORD, 1991, p. 135.

O segundo ponto, talvez ainda mais importante, que o autor chama muita atenção, extremamente delicado e complexo, que é o de colocar em questão a importância e sentido de toda a belíssima construção da religião grega em termos dos deuses olímpicos e de seu antropomorfismo. Vamos retornar um pouco em sua análise, quando ele compara os olímpicos com os deuses de mistério, pois algumas de suas colocações sobre aqueles deuses nos ajudarão em muito na análise da tragédia ática, particularmente no que tange as últimas obras de Eurípides, onde o poeta confronta de forma contundente as paixões humanas e as atitudes divinas. Cornford parte do pressuposto que aqueles deuses recuam dos homens e da natureza, pela ausência de uma relação mística de comunhão entre eles, mediante um princípio teológico, baseado na Moira, de estabelecimento de limites claros, que não devem, nem podem ser rompidos, de que o homem não pode ser um deus, como um deus não pode ser um homem. Cada um se encontra confinado em sua região, ficando os deuses não alimentados pelas emoções humanas e perdendo sua própria vida, condenados a perecer de inanição. Vamos segui-lo diretamente, dada a enorme importância desta passagem, inclusive com repercussões sobre o oficialismo de Delfos, com suas máximas:

> Esta psicologia como os deuses possuem, consiste basicamente na antiga doutrina da Moira reinterpretada em termos da paixão humana. O poder que permeia um departamento, antigamente usado, regularmente em obediência à lei para dispensar seus benefícios, é agora um desejo arbitrário e caprichoso, diferindo do desejo humano apenas na superioridade de sua força. O aspecto negativo que defende a fronteira contra agressões de fora, é a paixão humana, às vezes ainda chamada "Νεμεσις" (nêmesis),[34] mais familiarmente conhecida como "rancor invejoso", "φθονος" (phtónos).[35]

A proeminência desta paixão na psicologia do deus Olímpico, nada dignificante como sempre parece, se torna inteligível quando nos damos conta que ela cobre metade do campo da moralidade divina – na verdade bem mais que a metade, na medida em que como deus, ele é muito mais agudamente consciente do respeito devido a sua posição e privilégios que qualquer obrigação em relação aos seus pares ou inferiores. Isto é a necessária consequência do crescimento de sua personalidade humanizada.

---

34 "Nêmesis", indignação pela injustiça, inveja, castigo divino, vingança divina, sentimento de horror ao mal.

35 CORNFORD, 1991, p, 118.

O deus que desenvolve cada vez mais seu *self*, perde seu senso de dever. Ele não mais consiste somente em sua função, que era ao princípio sua *raison d'être*; ele esquece que sua utilidade era uma vez por tudo o que ele tinha. A história da palavra "τιμη" (*timé*)[36] ilustra esta transição. Em Hesíodo ela ainda retém seu senso original [...] Mas quando chega o olimpianismo, a obrigação da "timé" se transfere do Deus para seus seguidores; isto significa que a honra que é destinada para lhe prestar, não mais serve para ele nos prestar. Qualquer coisa que ele agora nos oferece para nos dar é como um "ato de graça", que nós devemos, ou não reparar mediante sacrifícios adequados. Sua *nêmesis* não é mais a dispensa de "boas coisas"; o que é passado, é todo seu senso de raiva contra nossa pretensão em muito esperar dele. Como qualquer funcionário ele tende a afastar, em uma atitude de indiferença e de majestosa condescendência, insistindo, de forma correspondente que a humanidade guarde distância. A mensagem de Apolo para seus seguidores era: "Te conheça e não vá muito longe". A moralidade grega do tipo dos olímpicos é governada por este preceito. Seja consciente de você, se realize, faça tudo que possas, até as fronteiras que limitam sua esfera; mas seja consciente também destes limites e guarde sua cabeça – seja "σω–φρων" (*só-fron*), sensato, prudente, comedido. Ir mais longe é "πλεονεξια" (*pleonezia*),[37] tendo mais que sua parte; isto é, *hybris*, "tendo mais que você pode"; ou é "υπερβασια" (*uperbasia*),[38] atravessando, invadindo a esfera que seu vizinho reivindica do centro para a circunferência. Com o uso de um choque elétrico, sua intrusão vai encontrar uma descarga de "*phtónos*".[39]

A penetrante reflexão de Cornford sobre a distorção ocasionada pelo antropomorfismo dos deuses olímpicos refletia em grande parte o sentimento e a efervescência religiosa do período dos séculos VII-V, que era sustentada, principalmente, por uma percepção generalizada que os deuses olímpicos já não atendiam, enquanto deuses, às demandas básicas da população. As controvérsias atingiam igualmente os pilares da Arete homérica, especialmente a essência individualista dos deuses olímpicos, que segundo a maioria estavam completamente desligados acerca dos problemas humanos a serem enfrentados aqui embaixo, do abismo, vácuo, ou mesmo ruptura que se abriram entre aqueles deuses e os humanos, que levaram aqueles deuses específicos a perderem as condições objetivas e subjetivas de orientar seus seguidores.

---

36 *Timé*, dignidade real, dignidade divina, meios de honrar uma divindade, posto honroso autoridade, estima, magistratura.

37 *Pleonezia*, ganância, vantagem, superioridade, avareza, ambição.

38 *Uperbasia*, sobrepujar, passar por cima, transgredir, violar, passar da medida.

39 CORNFORD, 1991, p. 118-119.

Abrem-se de imediato algumas reflexões sobre estas últimas considerações: primeiro, na linha do que coloca Cornford, de que a emergência dos deuses olímpicos antropomórficos teria sido um desvio das tradições religiosas antigas, conforme vínhamos vendo; a segunda, de que aquela construção atendeu a determinados objetivos concretos da própria sociedade na criação de um mundo ideal em contraposição à uma penosa realidade existente, ou mesmo como emulação dos mortais no sentido de superação dos venerados imortais por meio de atitudes e posturas humanas, como conhecimento e sabedoria; e finalmente, que tratava-se de uma criação poética de méritos incomparáveis, com pouca aderência às condições reais de cultos estabelecidos. De qualquer forma, vale a pena retornarmos ao mundo de Homero, no intuito de recuperarmos algumas das coisas boas dele, que podem contribuir positivamente para o entendimento do processo que estou investigando.

A principal característica daquele mundo idealizado por Homero é de clareza, de entendimento, de compreensão, especialmente quanto aos aspectos divinos representados por seus deuses. Estes são definidos como potências específicas e definidas, sem nenhum caráter monstruoso, misterioso, ameaçador, mágico, representantes de forças obscuras e ctonicas anteriores, e, principalmente, imaginados com uma humanidade física, moral e dotados para o bem ou para o mal das mesmas paixões humanas. As formas humanas dos deuses englobam até mesmo os que representam forças da natureza, trazendo assim familiaridade, entendimento e confiança aos simples mortais. Neste contexto vale repetirmos algo que disse anteriormente, agora já relativizado pelas considerações de Cornford. Como afirma Finley, "[...] a humanização dos deuses constituía um progresso de uma espantosa ousadia [...] "[40] e "[...] tendo assim criado seus deuses, o homem homérico chamou-se a si mesmo igual aos deuses."[41] Entretanto, Homero jamais confundiu os imortais, seres celestes e divinos que escapam à velhice e à morte com os mortais, e ao contrário, se manteve sempre o enorme abismo existente entre ambos, e assim não incentivando de nenhuma forma condutas transgressoras da parte dos imortais em buscarem uma imortalidade fantasiosa, nem mesmo com auxílio de qualquer substância ou de comportamentos intoxicantes.

---

40 FINLEY, 1972, p. 208.

41 FINLEY, 1972, p. 208.

Por outro lado, os mortais de vida efêmera e finita são apresentados por Homero como seres dotados de liberdade moral – pelo menos na *Ilíada* –, e que não se sentem ameaçados por seus deuses: Dodds tem uma frase bem significativa a este respeito: "Os príncipes de Homero percorrem orgulhosamente o mundo; se temem aos deuses, o fazem da mesma forma em que temem os soberanos humanos."[42] Esta atitude resume bem o sentimento de que o homem grego não se sente indigno perante os deuses; ele sabe perfeitamente que os deuses são mais fortes do que ele e que estão em outro nível de dignidade, o que acarreta um enorme efeito liberador para suas ações, para seus pensamentos e para sua consciência. Esta mesma atitude, de acordo com esses autores, se aplica as demais pessoas, que não são heróis e que não pertencem a classe dos nobres (*profanumvulgus*), por que as diferenças de classes, de poder, de superioridade de uns sobre outros não tinham uma sanção divina, dependia de convicção e de força pura naturalmente, significando ainda que neste mundo homérico deus não está lá para dizer a verdade, e que esta vai depender do esforço humano, colocando por consequência em risco a legitimidade do poder social, algo que já é visto tanto na *Ilíada* quanto na *Odisseia*. Como vamos ver bem mais adiante, este tipo de atitude vem necessariamente acompanhada de um sentimento forte de liberdade, facilitando a emergência do poder do *demos*, contribuindo assim para a implantação da democracia.

Além disso, o comportamento dos mortais não visa em nenhum momento atrair recompensas ou castigos por parte dos deuses, e que no fundo nada esperam deles, seja em termos de aspirações normais ao longo da vida, seja em termos de esperanças concretas, muito menos em termos de conselhos ou considerações morais, e de ações que digam respeito a inevitável morte. Como vimos anteriormente, tanto os homens como os próprios deuses estão igualmente submetidos a Moira, e no caso dos primeiros, sua parte, seu lote, é fundamentalmente "μορος" (*moros*), a morte, o limite de sua existência. Aqui, também se revela o caráter da religião olímpica, onde inexiste o temor da morte e dos mortos, uma atitude tipicamente grega. A morte representa um nada para os homens, em que a alma "ψυχη" (*psyché*) abandona o corpo quando de sua morte e passa a integrar o cortejo fúnebre de seres que povoam o Hades, como sombras vagantes, sem consciência e sem valores espirituais, que não interferem de modo algum na vida dos homens vivos.

---

42 DODDS *apud* CASTORIADIS, 2016, p. 166.

Esta visão da morte nos remete a uma das características mais notáveis de Homero, da qual nós já havíamos anteriormente comentado, mas que vale a pena retomarmos, qual seja de sua universalidade e imparcialidade no que se refere ao valor dos homens. Pois aqui, podemos facilmente identificar uma extensa área de contato entre as reflexões de Cornford sobre a evolução da organização social das comunidades primitivas, especialmente no que tange a supremacia do grupo sobre as individualidades pessoais, com a criação de uma personalidade coletiva, com esta postura homérica de imparcialidade no que se refere ao valor das pessoas. Do ponto de vista cultural ambas as abordagens podem ser consideradas "fundadoras", como nas reflexões de Cornford quanto a criação dos *daemons*, dos deuses e finalmente da filosofia, como também em Homero quanto a liberdade e ousadia nas cidades-estados da autocriação de suas organizações políticas, evoluindo para o extraordinário conceito de *polis*, com seus cidadãos livres (*homoi*), alcançando enfim a democracia.

Esta abordagem única de Homero, foi igualmente notada e enaltecida por Arendt e por Simone Weil, que a coloca muito bem:

> Na Ilíada, os homens não estão divididos em vencidos, em escravos, em suplicantes por um lado, e por outro em vencedores ou chefes : não existe nenhum homem que não está obrigado em algum momento a ceder ante a força [...]. Nada precioso – destinado ou não a morrer - se deprecia, a miséria de todos se expõe sem dissimulação nem desdém; nenhum homem está colocado por cima o por debaixo da condição comum a todos os homens, tudo o que se destrói é lamentado. Vencedores e vencidos estão igualmente próximos, e da mesma maneira são os semelhantes do poeta e do ouvinte.[43]

Finalmente, do ponto de vista da existência humana, estamos aqui diante de algo muito grande, de inúmeras consequências, pois se somos todos iguais, que todos vamos morrer, não existe nenhuma razão objetiva que nos separe, abrindo caminho para a identificação com os outros nos mais variados sentidos, despertando um real interesse por eles, como vivem, sob que condições e instituições políticas, econômicas, sociais, e, principalmente, permitindo profundas relações de amizade, simpatia, empatia, entendimento, dádiva, enfim, de confiança mutua capaz de estabelecer objetivos e metas comuns, por maiores que elas sejam. Neste sentido, a passagem mais emblemática de Homero, por nós citada anteriormente, com relação a esta abertura pessoal e

---

43 WEIL *apud* CASTORIADIS, 2006, p. 385.

emocional entre os homens, no caso, dois adversários, é sem dúvida a do último canto da *Ilíada*, quando do resgate do corpo de seu filho Heitor por parte de Príamo, junto a Aquiles, para que seja possível homenagear o grande herói troiano e lhe dar "uma bela morte".

Assim, todos estes conceitos que tentamos aqui resumir do que aparece em Homero leva naturalmente o homem grego, naquele período seguinte, a prosseguir em seu caminho de desafios e enfrentamentos relacionados à afirmação como protagonista de sua vida, no sentido de conhecer o mundo em que vive, na tarefa de estabelecer instituições, organizações e legislações adequadas para a vida em comunidades mais amplas do que seus círculos familiares, de seus *oikos*, de suas *fratias*, com base em valores que estavam sendo de alguma forma questionados, revistos, alterados, que serviriam de base para novos valores a serem criados. Porém, vamos iluminar um pouco melhor esta nossa visão de Homero e de seu tempo. Tanto na *Ilíada* quanto na *Odisseia*, apesar de sua ficção idealista de caráter heroico, surgem cenas ou passagens de pura carnificina, de intenso ódio, de muita crueldade, de matança de pessoas inocentes, saques bárbaros, puro terror, que ainda hoje nos assusta. Poderia se pensar que aquelas seriam como frestas, onde aparece a própria realidade, ou que representam um traço do próprio espírito grego.

Seguindo Nietzsche nesta questão, suas colocações evidenciam alguns aspectos que merecem atenção e reflexões, particularmente em seus livros, *Cinco prefácios para cinco livros não escritos*,[44] e a *Origem da tragédia: proveniente do espírito da música*,[45] ambos escritos em 1872, dedicados a Cosima Wagner e ao próprio compositor, sendo que o primeiro somente foi publicado anos mais tarde, após sua morte. No prefácio do primeiro livro, Sussekind resume bem a primeira colocação para a qual quero chamar atenção, objeto do quinto prefácio do livro, que diz respeito à passagem do mundo pré-homérico para o mundo homérico, onde Nietzsche apresenta uma interpretação da arte grega, aí incluídas as narrativas épicas de Homero, como a possibilidade encontrada de superação dos sofrimentos, da selvageria, da crueldade e dos horrores da existência dos helenos, que poderiam ter levado os mesmos a um forte sentimento de pessimismo com relação à vida, como no caso dos povos do Oriente. No caso, por meio das

---

44 NIETZSCHE, 2005c.

45 NIETZSCHE, 2005a.

poesias, com suas belas imagens apolíneas dos deuses e dos heróis, aquela vida de fadigas e esforços sem fim, pode ser transformada em sentimentos positivos, revelando assim uma consciência inigualável de sua própria condição, talvez passageira, e além disso confirmando uma enorme disposição e disponibilidade para construir uma vida melhor. Na Origem da Tragédia, Nietzsche ressalta este aspecto:

> A fim de poder viver foram os gregos obrigados a criar esses deuses da maior necessidade, acontecimento que nós devemos representar certamente de tal maneira, que a primitiva, titânica ordem divina do terror se transformasse por aquela ordem de beleza apolínia, com paulatinas modificações, na olímpica ordem divina da alegria; como rosas que brotam de espinhosa sebe.[46]

É claro que Nietzsche referia-se a toda uma série de exemplos da violência que desde sempre imperava na vida helênica, mas principalmente a violência refletida em Homero, que conhecedor da realidade em que vivia e de forma deliberada, nos mostra em suas narrativas, particularmente no caso dos mortais, ao lado dos aspectos gloriosos dos heróis, de suas honras, de sua *Arete*, o lado sombrio da vida, da violência e crueldade, bem como aspectos negativos da existência claramente colocados em várias passagens da *Ilíada*, e também da *Odisseia*, questionando a própria vida, tudo isto como forma de proteção ou antídoto, contra os sofrimentos que passavam em suas vidas reais. Neste sentido já comentamos anteriormente os aspectos trágicos das narrativas, que inclusive levaram a muitos helenistas conceituados a considerarem que a *Ilíada* é uma poesia épica sobre a morte, sobre a força no enfoque de Simone Weil, e não sobre a guerra, tamanho o impacto daquele tema na narrativa, principalmente sobre os seus personagens centrais. Este lado sombrio da vida, é claro, surge de forma bem mais explícita em Hesíodo, tanto na "Teogonia" quanto nos "Os trabalhos dos dias" como vimos anteriormente.

A segunda colocação, que tem grandes consequências no desenvolvimento futuro da sociedade grega, está intimamente relacionada com esta primeira, mas que tem um caráter mais geral e mais amplo, nos fala do espírito de disputa, do espírito agônico dos gregos. Neste ponto, como no anterior, Nietzsche ressalta o abismo pré-homérico da existência de um sentimento de cruel selvageria do ódio e do desejo de aniquilamento existente no espírito grego, e de como este sentimento foi canalizado inicialmente por Homero para as façanhas épicas, he-

---

46 NIETZSCHE, 2005, p. 35-36.

roicas, pelas lutas, pelo combate entre pares. Em seguida, não deixa de mencionar Hesíodo:

> Que existência terrestre refletem estes medonhos e perversos mitos teogônicos? — Uma vida dominada pelos *filhos da noite,* a guerra, a obsessão, o engano, a velhice e a morte [...] e como na verdade o conceito do direito grego desenvolveu-se tendo como ponto de partida o "homicídio" e a expiação pelo homicídio.[47]

Entretanto, ele vai mais além, em dois sentidos bem precisos, partindo de uma base comum, da resposta que o gênio helênico preparou para aquela existência de horror e crueldade como se fosse um castigo divino, "[...] uma vida de luta e vitória [...]";[48] no primeiro sentido ao reconhecer determinadas características do povo grego ligadas à ambição, ao rancor, à inveja, ao ciúme, expressa de forma magistral na Eris boa de Hesíodo:

> [...] que foi posta por Zeus, o regente altivo, nas raízes da terra e entre os homens como algo bem melhor (que a Eris má) [...]. Boa é essa Eris para os homens. Também o oleiro guarda rancor do oleiro, e o carpinteiro do carpinteiro, o mendigo inveja o mendigo e o cantor inveja o cantor."[49]

Estes últimos versos geraram muita controvérsia, na qual muitos analistas os consideraram inautênticos, pois como o rancor e a inveja poderiam estar associadas a Eris boa e não a má. Entretanto, Aristóteles não percebeu nenhuma incoerência e sua tese passou a vigorar em toda a antiguidade, apesar de nossa moderna dificuldade em entendê-la. O fato é que no conceito grego, a Eris boa, diferentemente da Eris má, que conduz os homens a se destruírem, se aniquilarem com hostilidade, levam os homens a praticarem ações, comandadas pelo rancor e pela inveja, porém ligadas a boa disputa, na direção do brilho, da felicidade, sem nenhuma conotação moral moderna de repudio ao egoísmo, e que paradoxalmente no caso da evolução da *polis* leva a uma maior aproximação entre os cidadãos e a uma estreita e profícua solidariedade entre eles ao dignificarem suas origens. E mais, Nietzsche relaciona esta educação agônica dos gregos a seus próprios processos de criação artística, de criação filosófica, de criação científica e de criação de suas instituições políticas e sociais, ao mesmo

---

47 NIETZSCHE, 2005, p. 67.

48 NIETZSCHE, 2005, p. 68.

49 Tradução do próprio Nietzsche do mito das duas Erides. Cf.: NIETZSCHE, 2005, p. 69.

tempo abertas e limitadas. Para Nietzsche o processo de criação não é em nenhuma hipótese uma atividade comum, trivial, corriqueira, de desfastio, porém uma atividade que deve ser feita com "sangue" como a guerra, a polêmica, a crítica. Neste sentido vale a pena recordar as palavras de Zaratustra:

> De tudo o que se escreve, aprecio somente o que alguém escreve com seu próprio sangue. Escreve com sangue e aprenderás que o sangue é espírito. Não é fácil compreender o sangue alheio; odeio todos aqueles que leem por desfastio. (Assim falou Zaratustra - Do ler e escrever).[50]

No caso grego abundam os exemplos de disputa, em praticamente todos os setores, sendo alguns dos mais acirrados, os referentes às disputas políticas que se deram em função do próprio processo democrático, mediante embates de oradores na ágora, na Boulé, e nas Assembleias, mas também os famosos *agons* da tragédia grega que se tornaram em grande medida a essência desta manifestação artística. Aristóteles mesmo preparou, à época, uma lista completa de disputas hostis, onde o caso mais emblemático se refere a Jenofonte de Colófon para com um morto, Homero. Platão em seus diálogos deixa claro que o que tem destacado sentido artístico é, na maior parte das vezes, o resultado de uma rivalidade com a arte dos oradores, dos sofistas, dos dramaturgos de seu tempo, podendo dizer ao final:

> Vejam, também posso fazer o que meus maiores adversários podem; sim, posso fazê-lo melhor do que eles. Nenhum Protágoras criou mitos tão belos quanto os meus, nenhum dramaturgo, um todo tão rico e cativante quanto o Banquete, nenhum orador compôs discursos como aqueles que eu apresento no Górgias- e agora rejeito tudo isso junto, e condeno toda a arte imitativa! Apenas a disputa fez de mim um poeta, um sofista, um orador![51]

Portanto, vimos até agora a partir de Homero e destas colocações de Nietzsche alguns valores e atributos do homem grego, voltados para algumas questões, dentre as quais, umas são, em alguma medida, antagônicas: a primeira diz respeito diretamente à questão da liberdade individual, que no caso das relações dos homens com o divino são amplas, mediante as margens de manobra colocadas à disposição dos humanos, com a única e grande ressalva de jamais querer ascender ao Olimpo, seja diretamente ou por intermédio de Eros, de acordo

---

50 NIETZSCHE, 2005, p. 16.

51 NIETZSCHE, 2005, p. 74.

com alguns mitos e tradições. Entretanto, nesta mesma herança homérica, apesar de seu caráter idealista de uma ordem do mundo, com uma série de valores a serem seguidos, capazes de enfrentar a criação e manutenção daquela ordem, começam a surgir fissuras que terão desdobramentos futuros significativos. Em contrapartida à liberdade individual dos mortais, as insinuações dos deuses, por um lado, sobre as consequências das *hybris* dos mortais, com necessidades de punições, e por outro o visível e explícito sentimento de hostilidade divina sentido pelos mortais, não por morbidade dos deuses, mas no sentido de ciúme e impeditivo do crescimento humano, algo bem visível já na *Ilíada* via Aquiles e outros, constituem um ponto de partida que só fará crescer ao longo dos tempos arcaicos, mas com sérias implicações à frente. Além disso, como a criação homérica, em suas linhas gerais, não tinha respaldo em uma realidade social e política que evoluía de forma acelerada, demandas sociais começaram a surgir, notadas inicialmente ainda na *Ilíada*, mas particularmente na *Odisseia*, como vimos no episódio da morte dos pretendentes, e que já se encontram presentes de forma escancarada em Hesíodo, davam conta da necessidade da intervenção divina, em termos de justiça, na solução dos conflitos humanos, uma vez que o horror, a insegurança, e o desamparo da vida para o qual a criação homérica foi um antídoto, não paravam de crescer em termos reais.

Finalmente, coloca ainda Homero, aqui com a ajuda de Nietzsche, as duas características marcantes do espírito grego, com sua aparente contradição, quais sejam a universalidade e igualdade entre os homens, e a questão da disputa, do espírito agônico, da ambição e do egoísmo pessoal na afirmação de cada um em particular. Sem pretender desenvolver este antagonismo, que é evidentemente de caráter estrutural na sociedade grega, que nos acompanhará em toda nossa trajetória, porém indo adiante no sentido de incorporá-lo, novas dimensões, esboçadas e claramente colocadas por Homero, quais sejam, a econômica e social, muito relacionada com os aspectos históricos que levaram os gregos a viverem de determinada forma, e uma segunda que tem a ver com a utilização do espaço econômico e social, tanto na Grécia como em suas colônias, que tem muita relação com a liberdade e autonomia de segmentos populacionais. Assim, estes processos podem auxiliar a entender o surgimento da *polis*, em seus direcionamentos políticos e sociais, em seus questionamentos culturais, manifestações artísticas e em suas convicções religiosas.

Entretanto, antes de verificarmos como se deram historicamente aqueles processos, vamos retornar uma vez mais a Hesíodo, através de algumas leituras mais audaciosas, que vão enriquecer nosso entendimento, indo um pouco mais além das reflexões de Cornford, no que respeita a conceituação do cosmos divino e da existência de um processo continuo neste sentido a partir do poeta beócio, que abrange o movimento dos pensadores considerados posteriormente como pré-socráticos, que emergiram ainda no período arcaico. Na "Teogonia", como vimos anteriormente, Hesíodo procura responder de uma forma concreta e objetiva a pelo menos duas de suas preocupações, que serão compartilhadas a partir de então com todos os filósofos posteriores, em especial os milesios. O princípio, de como foi criado ou de onde veio o universo e sua totalidade, com seus limites e o seu ordenamento entre as diversas partes, que no caso do poeta foi apresentado através do advento das potencias divinas iniciais na formação do universo e, posteriormente mediante a genealogia dos deuses, sendo que essa totalidade ficou conhecida pela palavra cosmos.

Mas por que retornar a Hesíodo para explicar estes processos históricos? As razões são muitas, algumas fáceis de explicar, outras nem tanto, mas o fato concreto é que, cada vez que deparamos com novas leituras do poeta, vemos quão longe ele atingiu em termos de influência sobre os movimentos culturais posteriores, levando a sentirmos sempre em dívida com a dimensão de seus textos, como se deixássemos escapar algo de fundamental. De qualquer forma, não há como evitar o paralelismo e o rebatimento existente entre a criação e a evolução do cosmos divino, expressos na "Teogonia", onde estão excluídos deliberadamente os homens e todas as suas realidades e objetos, como afirma Gigon, com a criação e desenvolvimento da *polis* pelos gregos, já que a entendemos como sendo, no caso grego, a criação e o desenvolvimento de um novo cosmos, com a diferença de ser uma autocriação humana. Vamos na medida do possível tentar identificar as aproximações e as diferenças entre os dois processos, mediante diversos aspectos, alguns já vistos e outros a serem considerados, como, a justiça de Zeus e dos reis, comentadas anteriormente no proêmio da "Teogonia", as disputas pela soberania divina em seus três momentos, os limites desta soberania e as divisões de poder entre os filhos de Cronos, a importância crucial da *diké*, "justiça", em ambos os processos, a definição de papéis específicos dos deuses, das classes sociais, tudo isto servindo de pano de fundo para nossas reflexões futuras.

No caso, vamos iniciar este retorno a Hesíodo, com vistas a aumentar nosso entendimento sobre esta genial criação cosmogônica do poeta, esclarecendo ainda mais, duas das questões básicas explicitas na "Teogonia", relativas ao "princípio", e a "totalidade" do cosmos divino, de grandes implicações para os filósofos posteriores, mas igualmente para nossos objetivos com as visões bem particulares de Castoriadis e Gigon no sentido de facilitar nossa análise. O espírito do poeta define o princípio como um "vazio", uma cavidade, representado por Kháos:

> [...] algo completamente informe, que está além do dia e da noite, do céu e da terra, mas a palavra supõe um teto e um solo, porque significa precisamente uma cavidade [...] a verdade é que esta palavra escolhida por Hesíodo está aderida a uma cavidade já formada.[52]

A partir do qual surgem os demais seres, em especial Gaia e Eros, com a advertência de que Gaia não nasce do Kháos, mas sim que ela apareceu depois, tornando-se no primeiro corpo distinto e desta forma igualmente originaria. Entretanto, mais adiante, Hesíodo nos conta das guerras entre os titãs e os olímpicos, com a vitória de Zeus, onde os filhos de Cronos foram desterrados para o Tártaro nevoento, se sentindo na necessidade de qualificar melhor este lugar/não lugar. E aqui, já seguindo a Castoriadis em suas reflexões, Hesíodo ao descrever o Tártaro esclarece a conformação, a profundidade, e o tamanho do universo:

> Nove noites e dias uma bigorna de bronze cai do céu e só no décimo atinge a terra e, caindo da terra, o Tártaro nevoento. E nove noites e dias uma bigorna de bronze cai da terra e só no décimo atinge o Tártaro. Cerca-o um muro de bronze. A noite em torno verte-se três vezes ao redor do gargalo. *Por cima as raízes da terra plantam-se e do mar infecundo.*[53]

Mais adiante, após mencionar que lá se encontram ocultos por desígnios de Zeus, os Deuses Titãs, guardados pelas portas de bronze e muralhas de Poseidon e por Giges, Cotos e Briareu (Os Cem-Braços), Hesíodo volta a esclarecer as origens de tudo:

> Aí, da terra trevosa e do Tártaro nevoento, e do mar infecundo e do Céu constelado, de todos, estão contíguos as fontes e confins torturantes e bolorentos, odeiam-nos os Deuses. Vasto abismo, nem ao termo de um ano atingiria o solo quem por suas portas entrasse mas de cá para lá o levaria

---

52 GIGON, 1985, p. 33.

53 Canto "Descrição do Tártaro", v. 722-729. Cf.: HESÍODO, 2003, p. 145-147.

tufão após tufão torturante, terrível até para os deuses imortais este prodígio. A casa terrível da Noite trevosa eleva-se aí oculta por escuras nuvens.[54]

Castoriadis analisa a passagem inicial do Kháos como origem e estas duas passagens referentes às fontes de "todos", da terra trevosa, do mar infecundo e do Céu constelado, do ponto de vista das ideias e de seu significado filosófico, que vale a pena transcrever:

> No fim das contas, no que se refere a esta matriz originária e este substrato, nos encontramos com duas ideias, com duas significações. A primeira é do verso 116: Caos como vazio, como Abismo. O mundo surge *"ex nihilo"*. O ser mesmo é primeiro um vazio. Se traduzo na minha terminologia, temos aqui a ideia de uma criação radical, de uma criação a partir de "nada", e de uma criação de "nada" mesmo a partir de um "hiper nada". Segunda significação, expressada por sua vez nos versos sobre o Tártaro que pertencem a Hesíodo (essencialmente, os versos 727 e 728, sobre as raízes e mais amplamente os versos 720 a 735) e ainda mais, na interpolação que acabo de resumir: é a ideia de um "κυκεων" (kykeón), uma mescla informe, aterradora que tudo contem e alimenta a tudo. Agora bem, esta segunda ideia é muito surpreendente, aqui não mais que postular esta tese – é a que está destinada a desempenhar o papel mais importante no desenvolvimento da filosofia grega.[55]

Hesíodo em ambas as significações, deixa claro que o "principio" de tudo tem que ser o mais desordenado, confuso, indeterminado e indefinido possível, por uma simples razão, de que o determinado e diferenciado tem que aparecer a partir dele, senão não seria o princípio. Portanto, ambas nos levam ao mesmo ponto: a primeira, ao estabelecer como princípio um "nada" qualitativo que contenha em si mesmo a possibilidade máxima de ser tudo, ou, a segunda, na qual o poeta nos diz claramente que nas profundezas do Tártaro estão contidas as raízes de tudo quanto existe, lugar que nutre todas estas existências e que é descrito como uma desordem total, de escuridão aterradora, associado por Castoriadis como uma mescla informe que tudo contém e alimenta a tudo, *kykeón*. Basicamente é em cima desta massa informe, onde as raízes de tudo estão confundidas que vão atuar o próprio Kháos, Gaia e Eros com seus sentidos de separação, de sede irresvalável de todos, e de união, engendrando assim o grande cosmos.

Em Hesíodo não existe uma clara definição de como se saiu desta massa informe para a vida, e mesmo como teriam sido gerados Gaia e

---

54 Canto "Descrição do Tártaro", v. 736-745. Cf.: HESÍODO, 2003, p. 147.

55 CASTORIADIS, 2016, p. 208-209.

Eros a partir de Khaós, o primeiro e antes de tudo. Assim, em princípio temos três entidades, sendo que Khaós, a última indeterminação e Gaia, a forma mais originaria, vão gerar suas linhagens e descendentes, enquanto Eros não terá descendência, porém, reinará como princípio genealógico e dinâmico de união para os deuses e humanos, participando necessariamente do desenvolvimento e do futuro do próprio cosmos, como uma causa motora nas palavras de Aristóteles. Poderíamos, a partir daqui, enveredar na discussão cosmogônica que os filósofos milesios desenvolveram utilizando a técnica de esclarecimento objetivo, em modelos complexos como de Anaximandro, ou mais simples como Anaxímenes, e ainda mais simples com Tales. Entretanto, algumas considerações se impõem, diante destas passagens, pois somente mediante elas, ficam claras duas coisas essenciais: primeiro, a dimensão do cosmos, imaginada por Hesíodo, com a definição da profundidade do Tártaro e de seu papel na origem de todas as coisas, como se fosse uma raiz eterna e a segunda de que o cosmos divino não somente nasce de massa informe; segundo se deduz, mas ele nasce de uma grande desordem, de uma escuridão total e aterradora, que terá que ser muito trabalhado para se tornar em um cosmos harmônico. Porém devemos agregar algo ainda mais importante, em relação a isto tudo, seguindo um pouco na pista de Gigon, é de que não somente em Hesíodo e nos milesios, mas parece ser algo da mentalidade grega, não se considera a ideia de um criador, principalmente por que todos admitem que o início não foi devido a algo pessoal mas sim derivado de alguma coisa objetiva, na linha da *physis* para os pensadores iônicos como vimos em Cornford, ou, mesmo em Hesíodo com seus elementos físicos, porém, e aqui o mais importante, a partir daí o aspecto mítico prevalece, tanto no que se refere as coisas da natureza, superior ao homem, como também nas forças que movem o interior do homem, como a dor, o ódio e a guerra.

Assim, vamos ainda persistir um pouco mais com Hesíodo, continuando com nossa tentativa de trazer mais luz, e mais entendimento ao processo de estabelecimento e consolidação do cosmos divino como paradigma do desenvolvimento do cosmos humano, a *polis*. No lado cosmogônico, vamos adotar como premissa que, de alguma forma, havia uma unidade original em estado indistinto e indeterminado que através de Gaia e Khaós geraram as linhagens dos deuses, em suas três fases cósmicas. Porém, como este cosmos se define, qual a concepção do "todo", implícito em Hesíodo, como ele se auto limita. Pode parecer de imediato, em uma visão superficial, que Hesíodo ao apresentar a extensa e enfadonha lista de deuses através de suas genealogias, estivesse preocupado unicamente em melhor caracterizá-los e conceituá-los, por uma questão de fé ou para facilitar seus cultos. Porém como diz com propriedade, Gigon:

> [...] as numerosas figuras nominadas na Teogonia, não são trazidas à consideração porque são deuses, mas por que são chamados deuses, porque não podem faltar as zonas que eles representam no quadro do conjunto do "Todo", que Hesíodo tem diante de sua vista, sem todavia poder chamá-lo por seu nome.[56]

E aí, vamos relembrar algo que foi dito linhas atrás, que faltam em Hesíodo algumas partes essenciais do cosmos, pois, segundo Gigon:

> [...] a possibilidade de aparecer como deus na Teogonia, o têm, unicamente os poderes que estão por cima dos homens, e compreendem em um sentido bem característico e preciso, o conjunto do objeto com um significado limitado, tudo que não está baixo o poder dos homens.[57]

Assim, por definição, estão excluídos o próprio homem e todas as realidades e objetos de seu entorno como animais, plantas e minerais.

De outro lado, na construção deste "todo", sem lacunas, sem brechas, foram estabelecidos dois princípios básicos que terão enorme consequências futuras em termos das organizações políticas e sociais na Grécia, mesmo antes da criação das cidades-estados, pensando no *genos*, no *oikos*, nas tribos, nas fratrias e posteriormente nos *demos*: os deuses são todos aparentados com todos e ninguém está à margem do princípio genealógico, da série de pais e filhos, e o segundo é que cada um tem sua categoria especial, uma tarefa e uma competência singular dentro deste "Todo". Ainda segundo Gigon, isto dá como resultado um quadro de uma ordem universal, em que todo está exatamente repartido e se limita e se contêm mutuamente, como expressão de uma ordem perfeita, sendo claro que Hesíodo está falando *a posteriori*, quando a soberania divina encontra-se já sob a égide de Zeus, após batalhas e conflitos de grande ferocidade, que permitiu a distribuição das partes: "[...] aos imortais distribuiu e indicou cada honra [...]",[58] e "[...] bem dividiu entre eles as honras."[59]

---

56 GIGON, 1985, p. 27.

57 GIGON, 1985, p. 27.

58 Canto "Proêmio: Hino às Musas", v. 73. Cf.: HESÍODO, 2003, p. 105.

59 Canto "Os Deuses Olímpios", v. 885. Cf.: HESÍODO, 2003, p. 155.

O caminho até chegar a hegemonia dos olímpicos foi, portanto, longo e tenebroso, dependente de um enorme número de fatores, de circunstâncias e acontecimentos, e, principalmente, de protagonismos específicos de várias entidades e deuses, de muita inteligência e astucia, de acordos entre deuses de distintas linhagens e gerações, enfim, de muita energia, ação e força de alguns deuses. Vimos anteriormente, neste sentido o protagonismo de Gaia ao participar intensamente das três fases cósmicas, das titanidas na consolidação dos poderes de Zeus, de Cronos em relação ao estabelecimento do tempo, apenas para citar alguns exemplos. O importante a salientar é que na cultura grega além de não existir a figura do criador, tanto no sentido do princípio das coisas, quanto na delimitação da totalidade, existia um espaço considerável para a atuação de entidades e deuses específicos, que no fundo colocavam em movimento o que estava dado e ali estava, com liberdade e autonomia. Apesar do desejo de se chegar a uma ordem, de um cosmos ordenado e harmônico, não existia um modelo final a ser alcançado: tudo dependia das circunstâncias, dos acontecimentos, mas, principalmente, das ações especificas daquelas entidades envolvidas no processo visando uma determinada criação, revelando, deixando claro, e este é o ponto fundamental, motivações e aspectos intrínsecos do imaginário grego, da própria cultura grega, desde sempre, mesmo em se tratando de uma genealogia de deuses.

Assim, o hino a Zeus de Hesíodo é neste sentido uma criação grega, por mais que tenha sofrido influências orientais: como também será a *polis*, uma criação tipicamente. Podemos ver um exemplo disto que estou pontuando, utilizando um comentário bastante pertinente de Gigon, quando coloca, de que nas três fases cósmicas um motivo é sempre repetido: do pai que atenta contra seus filhos, procurando interromper suas vidas, dos filhos que se afirmam e buscam suas existências, defendendo-se legitimamente, mas que carregam um fardo para o restante de suas vidas. Gigon fala em culpa: "[...] com culpa se ganha a vida e precisamente por esta mesma culpa se perde."[60] E acrescenta que esta é a estrutura dramática do poema, cujo caráter pessoal o eleva, sob este aspecto, à categoria do trágico. Hesíodo não chega a este ponto com Zeus, porém não esqueçamos que o próprio teve motivos para temer a seus filhos, e não por acaso acabou engolindo sua esposa Metis grávida de uma criança, que acabou sendo pressionado pelo conhecimento de Prometeu de que poderia gerar um filho que

---

60 GIGON, 1985, p. 26.

o superaria com outra de suas esposas. Esta maldição das gerações já apresenta claramente o aspecto trágico que envolve a cultura grega, manifesta nos poemas homéricos dos heróis trágicos, ressaltada por Nietzsche, diante da realidade da vida grega que precisava ser superada de alguma forma, nem que fosse pela via poética, que vai desembocar posteriormente nas representações sublimes na tragédia ática, na qual pontifica o drama de Édipo, "o que não sabia" sobre o mesmo tema.

Porém, ao chegarmos a este ponto, após termos ultrapassado alguns dos temas antes relacionados, as origens religiosas e morais do surgimento do pensamento filosófico, bem como as enormes contribuições de Homero e Hesíodo em termos de valoração de diversos aspectos do imaginário grego, podemos agora olhar para outro lado, ainda que de forma sumária: para a experiência histórica real da Grécia, pelas importantes interações que têm com outros aspectos de nossas reflexões. Vamos iniciar aqui a tentativa de situar da melhor forma possível o período após os poetas épicos, dos pontos de vista histórico, religioso e social, com a precaução de que sempre que necessário recorrermos a eles. A Jônia, e em especial Mileto, dos quais já falamos alguma coisa mesmo que de forma passageira, emerge neste período como sendo a região orientadora das transformações no cenário grego, seja pela proeminência econômica e social, seja por seu espírito inovador, seja pelos pensamentos e talentos artísticos de alguns de seus cidadãos. O período compreendido entre o final do século VII e ao longo do século VI, pode ser caracterizado de forma bem simples como sendo de "novos tempos", em que se assiste ao mesmo tempo crises profundas e verdadeiras revoluções: na área econômica, na área do direito da vida social, nos valores humanos da sabedoria, na religião, na organização militar com os "hoplitas", nas manifestações artísticas, na estrutura do pensamento e, é claro, na política em um estado permanente de crise da soberania, a ser enfrentada a nível da *polis*. Diante deste quadro de referência, seria complexo, e mesmo inócuo, apresentar qualquer julgamento das importâncias relativas de cada um destes aspectos, que de uma forma geral se alimentam, evoluem, se reelaboram, se sobrepõem, tal as suas interações. Vejamos brevemente alguns destes aspectos.

O contexto econômico, como vimos anteriormente com Snodgrass, era de uma transformação profunda com a reinserção da Grécia no comércio internacional, com incremento das relações econômicas com o Oriente, com a colonização acelerada em direção ao Ocidente, ao norte da África, e em todo o Mediterrâneo, que contribuiu em muito com o aumento de trocas entre distintas áreas através de um transporte marítimo eficiente, com a monetarização da economia, com a introdução de novas culturas agrícolas, com o aumento da produção de metais e o desenvolvimento econômico geral, com a sofisticação do consumo de novos produtos pelas classes mais ricas, com o crescente consumo popular de produtos básicos em seus mercados citadinos, fruto da divisão de trabalho, com o aumento exagerado de riqueza e poder nas mãos de novas classes e de novos atores, aumentando em muito os desequilíbrios econômicos e sociais nas cidades.

Todas estas coisas só foram possíveis devidos a comportamentos racionais de estimativas, previsões, cálculos, acordos comerciais escritos ou negociados com novas linguagens, escritos a partir de um alfabeto recentemente desenvolvido ou falado através de uma nova palavra, diálogo, para usar um termo empregado por Detienne,[61] e claro a monetarização, cujos efeitos sociais, psicológicos e morais extrapolam de muito as questões puramente econômicas e financeiras. Sem me estender demasiadamente, a moeda introduz e revoluciona o conceito de "valor", acaba com valores religiosos e sobrenaturais associados a determinados objetos, força a distinção de valor de uso entre as pessoas, cria um novo tipo de riqueza diferente de terras e gado, aprofunda conceitos de justiça nas trocas por meio de medidas previamente acertadas e coloca em questão ou abala o conceito de excelência humana, a própria *Arête* homérica.

É justamente sobre esta questão da *Arête* homérica, que estes novos tempos presenciarão algumas de suas mais importantes transformações, com consequências em várias outras áreas, devido à importância de Homero naqueles tempos. O mundo homérico, ou como Finley denomina o mundo de Ulisses é inicialmente uma maravilhosa ficção, recheada de aspectos realistas de um mundo antigo – micênico –, de um mundo ainda existente – tempos obscuros –, e elementos de um novo mundo em gestação – de meados para o final do arcaísmo –, que terá consequências significativas nos períodos posteriores – classicismo –, associados a valores e significações do povo helênico. Homero cria um mundo ideal com base em valores de uma nobreza valente, guerreira e heroica, onde os conceitos de excelência, superioridade, honra, beleza física, moral e comportamental adquirem o sentido último em uma vida que resplandece com toda sua natureza, com toda sua luz, com

---

61 DETIENNE, 1988a.

toda a força e energia. O conceito de *Arête*, de que estamos falando, em Homero, se aplica indistintamente aos homens, aos deuses e em alguns animais especiais. No caso dos homens aquelas noções representam atributos de uma classe especial, dos nobres, adquiridos desde sempre através de suas ascendências familiares. Os heróis homéricos fazem questão de revelar suas genealogias ilustres e em alguns casos divina, ao mesmo tempo que são obrigados a dar conta de suas excelências em suas disputas e lutas nos campos de batalha, bem como de reagirem a quaisquer insinuações e questionamentos sobre suas honras, que fazem parte de sua ética aristocrática. Homero descreve a existência e a evolução deste mundo, em que prevalece uma forte conjunção entre os deuses e os homens ao longo de duas narrativas, uma voltada para a guerra – *Ilíada* – e outra voltada para tempos de paz – *Odisseia*.

A concepção homérica de *Arête* está expressa em vários versos, em geral de pais para filhos no sentido de que eles sejam sempre o primeiro e o melhor, à frente de todo mundo. Esta recomendação despudorada de excelência individual era compatível com o *status* de herói nas guerras, nas competições atléticas, em qualquer competição que se referisse especificamente a dois campos de atividades, no dizer de Nestor para Aquiles: "[...] ser um falador de palavras e um fazedor de feitos."[62] Esta antiga dualidade, de habilidades militares, atlética, de conselho e planejamento sábios, como um paradigma permanente para classificar as realizações humanas, que ecoa ainda em Heráclito; "As palavras e obras que eu agora empreendo",[63] e nas antíteses sofistas – em palavras, *logos*, e em obras, *ergon* –, figuram simbolizados nas figuras de Aquiles por um lado e de Ulisses por outro como exemplos máximos de sucesso nesses dois campos.[64]

Não se pode caracterizar de imediato que, a partir da atitude de autoafirmação desinibida e individualista da *Arête* homérica, se tenha evoluído para uma atitude mais social, que aparece claramente a partir dos sete sábios da Grécia, como se representassem dois polos antagônicos, sem as devidas e necessárias nuances entre elas. Porém, não existem dúvidas da desconstrução daquelas excelências por parte dos mesmos, para um padrão de virtude de "controle e contenção" contra a antiga tradição pessoal de "realização". Este ideal moral, encontrado

---

62 Canto IX, v. 443. Cf.: HOMERO, 2013, p. 303.

63 KAHN, 2009, p. 36.

64 KAHN, 2009, p. 36.

nas sentenças dos sábios, vem sempre associada ao termo *sophrosyne* que significava originalmente "bom senso" ou "integridade mental" e que passou a ser entendida preferentemente como "temperança", mas que acabou por caracterizar a "sabedoria". O fato é que este termo passou a denotar uma nova excelência buscada em um certo modo contido de discurso e de ação socialmente valorizada de modéstia que tendia a ter uma aceitação geral da sociedade grega.

Esta busca de uma direção, de orientações tanto nos aspectos práticos da vida quanto no religioso, que caracterizam o prestigio dos sábios, por meio de um saber que possivelmente vinha do alto, de acordo com seus contemporâneos, denota algo, que podemos tranquilamente descrever como um período histórico, de confusão, de desordem generalizada, ou mesmo, como sendo de "caos", a começar pelo fato de que a sociedade não tem como se apoiar, nem aonde se apoiar. Suas duas figuras humanas que detinham um poder mágico, um poder religioso, associados ao poder humano, quais sejam, o Rei e o *aedo*, estão em franca decadência como tais, mediante um processo iniciado lá trás. O poder da figura mágica do "Αναξ" (*Anax*), já praticamente inexistia pelas perdas sucessivas de suas funções de chefe guerreiro transferidas para o "πολεμαρχος" (*polemarco*), de chefe político-administrativo para os "αρχων" (*arconte*), retendo em alguns casos os poderes religiosos, porém já em um contexto oligarca com sérios problemas de equilíbrio entre as várias classes. De outro lado, neste processo a palavra mítico-religiosa dos *aedos* também perde força, inicialmente por que, como colocamos, os valores da *Arête* nobre, de sua individualidade perdem força, colocando em xeque o próprio sentido da verdade inspirada dos feitos guerreiros, passando o poeta a exaltar os feitos da nova classe em aspectos secundários e desimportantes para a maioria da população. Além disso, a sociedade vai demandar um novo tipo de palavra, na esfera política das discussões e argumentações, na área econômica nos acordos comerciais e contratos, e na esfera do direito e da justiça nas demandas que terão que ser julgadas pelos magistrados e claro e principalmente com a edição das leis de cada *polis*.[65]

O que é de fato extraordinário em todo este período, e que torna nosso percurso difícil e crescentemente complexo é sem dúvida a multiplicidade de novos atores que emergem, sejam eles constituídos de novas classes sociais, como oligarcas, comerciantes, agricultores livres,

---

65 Ver Marcel Detienne, *Os mestres da verdade na Grécia antiga.* Cf.: DETIENNE, 1988b.

transportadores, artesãos, hoplitas, ao lado de diversas novas personagens individuais, como sábios, magos, filósofos, legisladores, tiranos, administradores: como Tales, do qual já falamos, como o elegíaco e homem de Estado e de leis Sólon, o mago Epimenides, o aisimneta Pitaco, o tirano Periandro, para citar alguns dos sábios. Porém, a listagem é bem mais significativa se agregamos os poetas elegíacos Tirteu, Calino, Mnitermo, e posteriormente o próprio Sólon e Teognis, os geniais poetas iâmbicos Arquíloco, Semonides, e os poetas mélicos Alcman, Alceu, Safo e Estesicoro, do século VII; e Anacreonte, Ibico, Simonides, Píndaro e Baquilides dos séculos VI e V. Sem falarmos dos legisladores, que apesar de estabelecerem normas adequadas a oligarquia, avançaram muito nas questões da justiça e de sua publicidade: em Atenas Carondas, Zaleuco e Dracon, e em Esparta, o famoso Licurgo, são os mais importantes e destacados.

E talvez ainda mais surpreendente seja que, no fundo, existia uma forte liga que envolvia todos, de formas distintas é claro, em suas atividades, em seus trabalhos, em seus pensamentos, em suas poesias, em seus conselhos, em seus exemplos de vida, em suas exortações, que eram por um lado a construção e a consolidação, e por outro, a participação, a convivência, o sentido de vida, o usufruto de um espaço cívico, de um espaço público que pertencia a todos, a *polis*. Todos iriam de alguma forma se encontrar aí, em um sentido metafórico. Diante de tudo que colocamos, optamos por captar este período, principalmente por sua aderência ao próprio processo de consolidação da *polis*, mediante a poesia grega pós épica, ou pós hexâmetro, profundamente ancorada nas mais antigas tradições gregas, associada à música, ao canto, à convivência, à dança e aos instrumentos musicais, com regras de composição e performance, que não pertenciam de modo exclusivo, nem ao indivíduo, nem ao *oikos*, nem a uma certa classe, nem ao Estado, e muito menos exclusiva de determinadas situações, nos funerais, nos simpósios fechados ou abertos, nos círculos de companheiros ou companheiras, nas comemorações cívicas ou nas reuniões de militares. Certamente, uma das mais belas expressões de vida dos gregos, que vai atingir a todos, de alguma forma, no grande palco da *polis*, inclusive como precursora da arte dramática.

Entretanto, ao entrarmos neste universo mágico da chamada "lírica grega", denominada erroneamente desta forma nos tempos atuais, mas que não correspondia a todas as manifestações existentes naquela época como, por exemplo, as elegias, os epigramas e os *yambos*, para a qual, segundo especialistas, a denominação "mélica" seria mais bem adaptada e correta, pois nos remete ao substantivo *mélos*, "canção", reconhecendo aí a palavra melodia, para nos referirmos especificamente às líricas monódicas e corais, devemos ter calma e tranquilidade, tentando no possível respeitar a realidade intrínseca a este vasto território cultural, representante de um mundo do qual podemos visualizar, apenas alguns traços e de forma limitada. De qualquer forma, antes, devemos encarar duas questões controversas, porém esclarecedoras. A primeira destas é a relação entre a épica de Homero, Hesíodo e alguns outros e a lírica de tantos outros, como mencionados anteriormente. A antiguidade de ambas é praticamente a mesma, com suas origens indo-europeias, onde o personagem *aedo* poderia se referir a qualquer delas, como pode ser visto por diversas vezes na *Ilíada* e na *Odisseia*, havendo naturalmente alguns poucos traços comuns, porém com objetivos totalmente distintos, e, utilizadas em circunstâncias muito diferentes.

Podemos ver claramente que além dos *aedos*, existiam alguns pontos comuns, como nas monodias, normalmente acompanhadas pela lira – na lírica igualmente com as flautas –, nas cerimônias religiosas, incluindo aí as cerimônias privadas das bodas, dos funerais e dos banquetes. Além disso, nos conhecidos Hinos Homéricos, que eram na realidade segundo Tucídides, proêmios, pode-se ver conexões com os proêmios líricos. Entretanto, as diferenças de funções eram grandes, bastando recordar que na épica, os antigos *aedos* cantavam basicamente para narrar acontecimentos que haviam ocorrido no passado, glorificando este ou aquele herói, porém estas narrações nada tinham de religiosas com um forte elemento de prazer. Na lírica, em compensação, se celebra, se aconselha, se exorta, se ridiculariza, se vitupera, e mesmo em cerimônias prazerosas, existe um contexto social, de participação em uma comunidade, relacionadas com a *polis*, e inserida dentro de uma visão global religiosa das forças divinas que atuam na propagação da vida.[66] Outra forma de apresentar esta questão, é mediante a famosa comparação de Hegel, entre o "objetivismo" épico e o "subjetivismo" lírico, onde esta última [...] tem por conteúdo o subjetivo, o mundo interior, o ânimo que reflete, que sente, que, em vez de agir, persiste na sua interioridade e só pode, ter por forma e pôr fim a expressão do sujeito.[67]

---

66 ADRADOS, 1981, p. 22-26.

67 HEGEL *apud* CORRÊA, 2009, p. 31-32.

Assim, em princípio, não se pode falar em continuidade ou mesmo em desenvolvimento, como se a lírica tivesse sido uma consequente sucessora da épica, como ao contrário, também não existem comprovações de que certos autores da lírica, no caso concreto de Arquíloco, tenha praticado uma poesia no sentido de se tornar uma antítese de Homero, representante máximo da épica: Arquíloco era declaradamente um anti-heroico, mas não um ante épico, ou anti-Homero.[68] Na realidade, a evolução dos dois gêneros levou a distintas consequências. O *aedo* na épica foi perdendo seu caráter mágico, como falamos anteriormente, inclusive com a emergência dos "rapsodos", simples recitadores profissionais denominados por Heródoto e Píndaro como "cantores de cantos cosidos", enquanto que na lírica a separação do fazedor do poema e do executante elevou enormemente o prestigio de um novo personagem, até então inédito na Grécia, do "ποιητης" (*poietés*), inicialmente referido a várias atividades relacionadas ao fazer, mas que se consolida como sendo o poeta. E é este poeta que vai se transformar no sábio, no chefe espiritual, no mago, no chefe moral, no chefe político, no ideal de homem completo, de homem integrado, na comunidade, na *polis*, que posteriormente vai também se confundir com os filósofos. Vários poetas praticavam a filosofia como guias das ações humanas em suas comunidades, como Calino em Éfeso, Tirteu em Esparta, Arquíloco em Paros, Sólon em Atenas, e Teognis em Megara e por outro lado vários filósofos eram igualmente poetas como Parmênides, Empédocles e Jenofanes.

A segunda questão é mais complexa e envolve uma enorme discussão, criada pela tese de importantes filólogos a partir de Snell, Frankel, Jaeger, Pfeiffer, Vernant entre outros, que pontuam que a lírica do período arcaico assinala o despertar de poetas que falam de si próprios, cientes de sua personalidade, expressando-se na primeira pessoa, marcando uma revolução em relação ao homem homérico, que na caracterização de Snell é definido como incapaz de abstração, sem consciência de sua unidade física e espiritual e que desconhecendo o que seja uma verdadeira decisão, revela-se um campo aberto para a ação dos deuses.[69] É evidente que não vamos enfrentar esta discussão, especialmente no que tange ao homem homérico, ao citar apenas um dos vários opositores desta tese, Latacz, que sugere que o homem moderno não aceitando a ética aristocrática de Homero, esforça-se para

---

68 CORREA, 2009, p. 62.

69 CORREA, 2009, p. 33.

afastar aquele homem de nós, fazendo dele um *fóssil exótico, primitivo, oriental ou criança.*[70]

De nosso ponto de vista, é mais importante assinalar, que nenhum argumento apresentado e discutido pelos vários filólogos quanto a considerar que na lírica ocorre algo parecido como a emergência da personalidade, em que se vislumbra a afirmação de um indivíduo específico, não se sustenta, e mais, parece ignorar várias coisas relacionadas tanto com a épica como, principalmente, com a lírica antiga. Estudos atuais têm comprovado que formalmente os poemas de Safo e Alceu são mais antigos que a épica homérica, portanto, como saber se os discursos em primeira pessoa já eram igualmente tradicionais. O fato de que estes discursos serem dirigidos para uma segunda pessoa ou para outras pessoas, e não discursos para si mesmo, evidenciam a importância de uma outra questão fundamental, qual seja, a do estabelecimento de relacionamentos com "os outros", que se devidamente analisado poderia nos levar para bem longe das especulações daqueles filólogos. Por outro lado, nem sempre tais discursos eram "pessoais", como muitas vezes entendido, mas sim, como representações religiosas e tradicionais, derivados de grupos sociais primitivos, para evidenciar "as dores do indivíduo". Finalmente, por ignorar os conteúdos sociais, comunitários e citadinos da maioria daquelas expressões artísticas, como também o fato de serem representações, de performances, em lugares especiais, como bem coloca Kurke:

> [...] o que sabemos das exigências da "performance" desafia radicalmente a leitura do "eu" lírico como a espontânea e não mediada expressão do indivíduo biográfico. A poesia e a canção grega arcaicas sempre foram compostas para uma performance publica, marcada e representada em um lugar especial. Isso significa que, mesmo antes do desenvolvimento completo do drama, em máscaras, o falante ou cantor estava sempre representando [...].[71]

Finalmente, para arrematar, me pergunto como foi possível, que tão conceituados helenistas tenham sustentado conclusões tão significativas e de tamanha importância, em cima de um universo tão amplo, tão diferenciado, com alternativas infinitas em termos de natureza, conteúdo, funções, que se abriram de formas cada vez mais crescentes para os poetas líricos gregos, particularmente a partir do século VII nas suas várias manifestações. De outro lado, ignorando claramente que

---

70 CORREA, 2009, p. 70.

71 KURKE *apud* RAGUSA, 2013, p. 143.

independente da natureza do canto ou do poema, e do sujeito perfor-mático, o que está em questão são as relações entre o divino e o huma-no, com base em dois grandes tipos de lírica: a que celebra os deuses, pedindo sua ajuda, a sua vinda e a que se dirige aos homens, exortan-do-os, elogiando-os, injuriando-os, ensinando-os. Porém na primeira, dirigida aos deuses, o tema do poder divino arrasta imediatamente o tema da fragilidade e da necessidade dos homens, e nas segundas ao lado das exortações humanas estão às normas divinas em um universo ainda dominado pelo poder dos deuses.[72]

Assim, voltemos ao nosso caminho de exploração da lírica grega, mesmo que de forma sumaria, começando pelas elegias, que come-çavam a quebrar a monotonia dos infindáveis hexâmetros através de pentametros: estes cantos eram inicialmente considerados como can-tos fúnebres, tristes e de lamento, que eram executados com acom-panhamento de flauta. Entretanto, dado seu caráter de exortação, logo passaram a contemplar outros domínios, podendo ser de caráter guerreiro, erótico, mitológico e gnômico ou moralista. De acordo com Jaeger, a elegia tinha um elemento constante: o fato de ser dirigida a alguém, indivíduo ou multidão, como expressão de uma íntima comu-nhão entre o que fala e aqueles a quem se dirige. São pontuais, falam de problemas reais do momento daquelas pessoas.

Apesar de suas origens, os primeiros elegíacos conhecido vêm da tradição guerreira, do século VII, destacando-se inicialmente Calino de Éfeso e Tirteu, considerado de Esparta. Perseguem e exaltam a co-ragem, a bravura de todos na defesa de sua cidade, numa linguagem homérica, nos mostrando de imediato a relação deste gênero literário com a cidade, com a *polis*, e principalmente a disputa e o conflito em relação às outras cidades. Calino na Ásia Menor, aparentemente em Magnésia, cidade não longe de Éfeso e Mileto, faz referência as graves ameaças aos gregos daquela região diante das incursões dos bárbaros cimérios, vindos da Crimeia e do sul da Rússia, ao redor de 675 a.C. De seus fragmentos conservados apenas um possui certa extensão, o 1 Diehl, em que ele exorta os jovens a lutarem, sem medo da morte, deixando-a aos cuidados da Moira:

> Até quando estareis inativos? Quando tereis, ó jovens, um ânimo valen-te? Não vos envergonheis dos vizinhos, por tão grande desleixo? Julgais permanecer em paz, quando a guerra avassala a terra toda [...]. Que cada

---

72 ADRADOS, 1981, p. 61.

um, ao morrer, lance ainda mais um dardo, pois é honra e glória par um homem combater pela pátria, pelos filhos e pela legitima esposa contra o inimigo. A morte chegará, quando a fiarem as Parcas [...]. Pois não é destino dos homens fugir a morte, ainda que sua linhagem descenda dos imortais.[73]

Tirteu, o segundo de nossos poetas, apesar de sua origem controversa, por sua obra, somente poderia ter sido espartano, tal sua identificação com a cidade de Esparta. Tirteu é uma espécie de marco cultural, não somente daquela Esparta antiga com seus valores discutíveis, mas de toda a Grécia, como ficou patente em Xenofonte, mas, principalmente, Platão por seu juízo sobre o poeta, de importância, segundo ele em sua formação. Tirteu, em pleno século VII, representa um significativo avanço na concepção da *"Arête homérica"* e isto fica bem evidente em seu famoso fragmento 12, que veremos adiante, pois, nas palavras de Jaeger:

> Em nenhum outro lugar a poesia grega revela tão claramente como a criação poética brota da vida da comunidade humana. Tirteu não é uma individualidade poética no sentido atual: é expressão do sentir geral. Revela a convicção certa de todo o cidadão consciente.[74]

É o início de uma história, que vai levar, pelo menos dois séculos para se consolidar, onde os valores de nobreza, de honra, de valor, vão passar da esfera do *génos*, da esfera familiar para a esfera social, para representar toda uma comunidade, todos irmanados no projeto da *polis*. É bem sintomático, no caso de Tirteu, que sua obra relaciona-se obviamente com um episódio de guerra, a retomada das guerras messiânicas, após um período de trégua, mas também com um acontecimento político e social, das reformas de Licurgo, as quais ele apoiou e justificou, podendo-se ainda dizer, que o poeta é na realidade uma das poucas referências históricas sobre a enigmática personagem de Licurgo, do qual, pouco sabemos, a não ser pela evidencia de uma nova distribuição dos cidadãos, mediante a *"ρητρα" (rhetra)*,[75] de acessos a terra pelos demos e hoplitas, dentre uma série de outras.

---

73 ROCHA PEREIRA, 2003, p. 119.

74 JAEGER, 2010, p. 118.

75 A Grande Rethra de Licurgo em Esparta, significando um acordo político e legislativo que de u tranquilidade à posse de terra pelas diversas classes sociais, de importância na estabilidade política da cidade.

Seu mais famoso poema conservado é o terceiro que trata justamente do novo conceito de *"Arête"*, do qual transcrevemos duas partes: a primeira que se refere à crítica da visão homérica e a segunda, do novo conceito baseado na *polis*, sempre na tradução de Rocha Pereira:

> Eu não lembraria nem celebraria um homem pela sua excelência (areté) na corrida ou na luta, nem que tivesse dos Ciclopes a estatura e a força, e vencesse na corrida o trácio Bóreas, nem que tivesse figura mais graciosa que Titono, ou, fosse mais rico do que Mídias e Ciníras, ou, mais poderoso que Pélops, filho de Tântalo, ou, tivesse a eloquência dulcíssima de Adrasto, ou, possuísse toda a glória - se lhe faltasse a coragem valorosa.
>
> Pois não há homem valente "αγαθος" (ágatos) no combate, se não suportar a vista da carnificina sangrenta e não atacar, colocando-se de perto. É esta a excelência (Arete), este é entre os homens o maior galardão e o mais belo que um jovem deve obter. É um bem comum para a cidade e todo o povo que um homem aguarde, de pés fincados, na primeira fila, encarniçado e de todo esquecido da fuga vergonhosa, expondo a sua vida (psiché) e animo sofredor (timós), e, aproximando-se, inspire confiança com suas palavras ao que lhe fica ao lado.[76]

De outro lado as poesias de Mimnermo de Colofon, nascido por volta de 630 a.C., respiram um outro ar, o ar liberado da Jônia em um difícil momento, quando da invasão dos Lídios, diretamente ligado aos sentidos, bons e ruins, cantando o prazer, o amor, a juventude, fazendo uso constante do mito, replicando neste caso a celebre passagem de Homero das folhas caídas, para acentuar de forma dramática a fragilidade da vida humana, sujeita às ações dos deuses, trazendo decepções, infortúnios e a inevitável morte. A influência de sua poesia essencialmente jônica se fará sentir até no ático Sólon, onde este rebate seu desejo de morrer aos 60 anos sem ter conhecido nem a enfermidade nem a dor. Vale a pena ver o lindo dizer de Mimnermo, replicando a *Ilíada*, estabelecendo algo de precioso, quanto à relatividade e intensidade de um tempo subjetivo, nas várias fases da vida, se aproximando bastante de seus conterrâneos milesios;

> Quais folhas criadas pela estação florida da primavera, quando de súbito crescem sob os raios do Sol, assim somos nós: por um tempo de nada, nos deleita a flor da juventude, sem conhecermos o mal ou o bem que vêm dos deuses. Ao lado, estão as Keres tenebrosas, uma, detentora da velhice medonha, a outra, da morte. Pouco dura o fruto da juventude – o tempo de o Sol derramar a luz sobre a terra. E depois, logo que chega o fim da estação, melhor é morrer logo do que viver, pois são muitos os males que surgem

---

[76] ROCHA PEREIRA, 2003, p. 121.

em nosso coração: ora é a casa que cai em ruína, e os efeitos dolorosos da pobreza; outro não tem filhos, e sentindo a sua falta desce ao Hades, debaixo da terra; outro tem doença que lhe destrói a vida. Não há homem a quem Zeus não dê muitos infortúnios.[77]

A tradição de uma poesia na direção do hedonismo somente poderia nascer na Jônia, onde pela primeira vez se proclamava em alto e bom som o direito à felicidade, ao prazer sensual, e principalmente à falta de valor de uma vida sem esses ingredientes: "O que é a vida? O que é o prazer, sem a dourada Afrodite? Que eu morra, quando estas coisas já não me interessarem."[78] No caso deste poeta, ao lado da valorização do prazer, do amor, dos tempos de juventude, surge uma enorme tristeza por tudo de ruim que está por vir na vida do homem, com um profundo pessimismo com a condição humana, inaugurando aqui, um sentimento de nostalgia e, principalmente, de melancolia, que o leva a não desfrutar inteiramente seus bons momentos. Os poetas apenas iniciam uma discussão sobre a brevidade da vida, do prazer, que vai levar alguns séculos até Platão contê-lo, mas com implicações até os nossos dias. Nada do homem heroico, aqui é o homem real, o homem humano, de vida efêmera que dura apenas um dia, do reconhecimento amargo do ritmo da vida, coisas boas, coisas ruins, alternando melancolias e sede de viver: faça o melhor que podes, parece ser uma das exortações dos poetas.

Mais uma guinada nas elegias, agora voltada para questões gnômicas e morais. O sábio, elegíaco, legislador, político, administrador e homem, Sólon marca efetivamente a primeira grande síntese do espírito ático, que viria a brilhar no firmamento grego na época clássica. "Pela correlação entre Estado e espírito, comunidade e indivíduo Sólon é verdadeiramente o primeiro Ático",[79] afirma Jaeger. A Ática até então esquecida, obscurecida pela Jônia e Eólia, pelas ilhas Cíclades, pelo Peloponeso, e pelas colônias ocidentais, começa a mover-se, a partir de Dracon, com suas primeiras leis, imediatamente seguida pelo arcontado de Sólon chamado para enfrentar e principalmente mediar, a difícil situação daquela região, de agudos e complexos conflitos sociais. Sólon, tanto em sua atuação como arconte ao patrocinar o entendimento entre os opositores que se colocavam de forma radical na

---

77 ROCHA PEREIRA, 2003, p. 129, frg. 2 West.

78 MIMNERMO, 2008.

79 JAEGER, 2010, p. 175.

defesa de seus interesses como igualmente em suas elegias dirigidas aos atenienses, deixava claro que o único suporte para enfrentar a situação de *stasis* era se apoiar na justiça, no direito, como força inquebrantável, que no longo prazo, é impossível passar por cima, já que ela iria sempre triunfar. Sua visão de mundo era profundamente jônica, particularmente, no que se referia as suas desenvolvidas *poleis* com a participação de tão diferentes atores, e ao acreditar em uma ordem divina regulada pela *Diké*, envolvendo os homens, suas comunidades e a própria natureza, se aproximando muito do grande Anaximandro. Entretanto, apesar de todas as influências jônicas, de usar seu dialeto, de se expressar através das elegias e iambos jônicos, iria deixar uma notável síntese onde se mesclavam o pensamento, a audácia e a reflexão, características daquela região com a necessidade e a responsabilidade pela ação consciente como uma marca do novo espírito ático.

A começar pelo seu cosmos baseado na *Eunomia* (A boa ordem), sua grande poesia, onde ele exorta a cidade a adotar os princípios básicos da moderação e da justiça. Vejamos alguns trechos:

> Mas querem destruir a grande urbe, com os seus desvarios, cedendo às riquezas, os próprios cidadãos, e dos chefes do povo o espírito injusto, a quem está destinado sofrer muitas dores pela sua grande insolência. Pois não sabem refrear os seus excessos, nem pôr ordem nos bens presentes na paz do banquete.
> Enriquecem arrastados por ações injustas [...]. É esta a ferida inevitável que já surge em toda a cidade, que se precipita veloz, na desgraça da escravatura, que desperta a revolta civil e a guerra adormecida, que perdeu a amável vida de tantos.
> Manda o meu coração que ensine aos Atenienses estas coisas: como a Desordem causa muitas desgraças ao Estado e a Boa Ordem apresenta tudo bem arranjado e disposto e, muitas vezes põe grilhetas aos injustos. Aplaca as asperezas, faz cessar a saciedade, enfraquece a insolência, faz murchar as flores nascidas das desgraças, endireita a justiça tortuosa e abranda os atos insolentes, termina com os dissídios, cessa a cólera da terrível discórdia, e sob o seu influxo, todos os atos humanos são sensatos e prudentes.[80]

Porém esta é apenas uma das facetas de suas elegias, a injustiça atribuível a determinados comportamentos inadequados, que ao contrário do homem homérico deixava aos deuses o arbítrio através de suas intervenções, remediar ou culpar. Neste sentido Sólon clama pela responsabilidade pessoal especialmente em termos de ações, por meio de uma conduta política e moral subordinada a ordem jurídica da *polis*:

---

80 ROCHA PEREIRA, 2003, p. 134-135.

"[...] oferecendo um modelo deste tipo de ação, vigoroso testemunho da inesgotável força vital e da seriedade ética do caráter ático."[81] Mas, por outro lado, estava ele consciente dos limites das ações humanas, longe, portanto, de quaisquer arroubos de onipotência, ao colocar e atribuir a Moira os resultados finais daquelas ações, que atinge os bons e maus, sem distinção.

> Nós, os mortais, bons e maus, julgamos alcançar o que esperamos, sobrevêm, no entanto, a infelicidade, e nos lamentamos. O enfermo espera obter saúde e o pobre a riqueza. Todos se empenham por alcançar dinheiro e bens, cada um a seu modo: o comerciante e o marinheiro, o camponês e o artífice, o cantor e o vidente. Mas ainda que a preveja, não consegue afastar a desventura quando ela vem.[82]

Esta aceitação da vida expressa de forma simples e natural, aliás, uma de suas características, de que no fundo a ação humana é um risco, de existirem limites e medidas em todas as coisas, é sem dúvida a maior expressão de sua sabedoria, que vai levá-lo a dignificar pela primeira vez a velhice, contrariamente aos jônicos Mimnermo e Semonides, e mesmo a lesbiana Safo, e a glorificar os dons da existência em alguns de seus fragmentos:[83] o desenvolvimento das crianças, as vigorosas práticas esportivas, a equitação e a caça, os prazeres do vinho, da música, do canto, a amizade dos homens e a felicidade do amor. *Sólon consegue assim, muito mais que a pura administração dos conflitos sociais, consegue a "mediação" da vida, com uma profunda aceitação espiritual da mesma, com ações eticamente responsáveis, colocando sua energia a favor da polis e do Estado, exortando o prazer individual, a sabedoria individual em uma vida humana total de rara perfeição e harmonia.*

Infelizmente, é impossível nestas poucas linhas dar a dimensão exata da dimensão da grande obra de Sólon, enquanto moderador de conflitos, ao mesmo tempo, reformador constitucional, que marcou profundamente o desenvolvimento futuro de Atenas, sem podermos esquecer sua contribuição no tratamento ético que deu mostras no trato das coisas públicas, inclusive declinando de se tornar um tirano. Neste sentido vamos reproduzir o belíssimo testemunho poético de suas ações

---

81 JAEGER, 2010, p. 182.

82 JAEGER, 2010, p. 183-184.

83 Referente aos fragmentos 12 e 14.

exposto no fragmento 36, na tradução portuguesa de Delfim Leão da *Constituição dos atenienses* de Aristóteles:

> Mas eu, dos objetivos com que reuni o povo, algum há que deixei por atingir? Pode testemunhá-lo na justiça do tempo a mãe suprema dos deuses olímpicos, a melhor, a Terra negra, de quem eu, outrora, os marcos arranquei, por todo o lado, enterrados: dantes era escrava, agora é livre. Muitos a Atenas, pátria fundada pelos deuses, reconduzi, vendidos ora injustamente, ora com justiça. Uns ao das dívidas fugiam – e já nem a língua ática falavam, por tanto andarem errantes; outros, na própria casa servidão vergonhosa sofriam, trêmulos aos caprichos dos senhores; eu os tornei livres. Isto atingi com o poder, a um tempo força e justiça harmonizando, e cumpri quanto havia prometido. Leis, tanto para o vilão como para o nobre, que para cada um, reta justiça ajustavam, escrevi. Mas se outro, que não eu, o aguilhão tomasse, alguém que fosse malvado e ambicioso, não haveria contido o povo; pois, se eu desejasse, o que aos meus opositores agradava, e ainda o que, contra eles, outros meditavam de muitos homens ficaria viúvo esta cidade. Por isso, ao acudir em socorro a todo o lado, qual lobo acossado pela matilha, me revirei.[84]

Teognis de Megara nascido no último quarto do século VI, foi outro poeta que se dedicou as elegias gnômicas, com atuação importante em termos da *polis*, bem distinta de Sólon, através de um forte acento na defesa de sua classe, a aristocracia, diante das mudanças sociais que ocorriam mais acentuadamente à época, particularmente com o avanço do poder político dos *demos*. Foi condenado por sua atuação política ao desterro por esta razão, tendo estado na Eubeia, Esparta e Sicília, e segundo consta passou boa parte de sua vida com graves problemas financeiros. A dificuldade dos analistas com relação aos livros encontrados e atribuídos a Teognis, contendo cerca de 1400 versos em metro elegíaco, foi de separar o que era claramente de sua autoria, apesar de toda sua preocupação com o assunto, com a criação de um selo de identificação de sua obra, expresso em versos mediante uma explosão de individualismo, nas palavras de Maria Helena:

> Cirno, ponhamos um selo sobre a minha arte, nestes carmes, pois o roubo não passará despercebido. Ninguém trocará por uma inferior a obra perfeita que aqui está. Assim, dirão todos; Estes são os poemas de Teógnis de Mégara, célebre em todo mundo.[85]

Claro que essa sua preocupação não resistiu ao fato de ter escapado apenas um exemplar, porém, pode-se dizer que ainda na antiguidade,

---

84 ARISTÓTELES, 2011, p. 37-38.

85 ROCHA PEREIRA, 2003, p. 167.

seus livros serviram de base para muitos banquetes e simpósios, além de ainda ser um precioso relato da vida daquela época. A poesia de Teógnis tem um cunho fortemente exortativo, indo não somente em direção de seu pupilo e amante Cirno, como para pessoas não nominadas, para grupos e partidos, com conteúdo educativo de grande generosidade e desprendimento, mas de gravidade moral e amargura, como ao final de seu livro:

> Dei-te asas com que possas voar sobre terras e mares. Em todas as festas e banquetes te verão na boca das pessoas. Jovens encantadores te cantarão o nome à música das flautas. E mesmo após a tua descida ao Hades continuarás a andar por Hélas e pelas ilhas e atravessarás o mar para seres cantado pelos homens futuros, enquanto durarem a Terra e o Sol. Então já nada serei para ti e, como a um garoto me iludirás com palavras.[86]

Outra faceta da poesia de Teógnis é seu extremo pessimismo em relação aos homens, com o que ocorria na *polis*, com a integração entre os nobres e aristocratas com o *demos*, que levavam à injustiça e corrompiam os homens. Para enfrentar a possível guerra civil em um estado de *stasis*, e mesmo a assunção de um tirano, Teognis propunha a volta da desigualdade em favor dos aristocratas com seu sentido de justiça e sabedoria, sem claro a menor possibilidade:

> De fato, é a mesma cidade, mas as pessoas tornaram-se outras. Homens sem a mínima ideia do que seja a lei e a justiça, que antes cobriam a sua nudez com grosseiras vestes de pele de cabra e viviam como selvagens fora da cidade, são agora, Cirno, as pessoas importantes; os que antes o eram não passam hoje de pobres diabos. Espetáculo insuportável! Troçam secretamente uns dos outros e enganam-se, ignorantes de qualquer norma tradicional. Cirno, por nenhum pretexto faças teus amigos um homem destes. Sê amável quando lhes falares, mas não se associes a eles para nenhum desígnio sério. Convém que conheças a mentalidade destes sujeitos miseráveis e saiba que não se pode confiar neles. Esta sociedade perdida só ama a fraude, a perfídia e a impostura.[87]

Esta indignação não era dirigida somente contra o demos, mas tinha uma amplitude muito maior, que envolvia as classes ascendentes com seus padrões de riqueza, sendo às vezes generalizada para toda a condição humana, e principalmente com relação aos deuses, pois atribuía a eles o infortúnio, a desesperança, e a injustiça da vida, nos moldes comentados por Dodds, quanto a seu aspecto inexorável, com

---

86 JAEGER, 2010, p. 241.

87 JAEGER, 2010, p. 242.

implicações futuras, relegando os objetivos humanos a futilidade. Diferentemente de Sólon que aceitava a vida integralmente, independentemente do mérito e das boas práticas, Teognis se revoltava contra a injustiça que recaia sobre aquelas pessoas que praticavam o respeito às leis e a justiça como ele próprio, e os que pertenciam a classe dos aristocratas. Vejamos algumas passagens pessimistas sobre a miserável condição humana e ações dos deuses:

> Nós, os homens imaginamos coisas vãs, inconscientes que somos. Os deuses, esses, tudo executam, segundo os seus desígnios. Jamais mortal algum, ó Polipaides, que iludisse o seu hospede ou o seu suplicante, escapou aos imortais.[88]
> Apesar de tudo, Teognis não propunha, não postulava o abandono da busca da excelência e de praticar a justiça:
> "Luta pelo mérito (arete) e ama a justiça. Não te domine a ganância, que é ignomínia"/"Nunca trai um companheiro amigo e fiel, nem há servilismo algum em minha alma (psiché)".[89]
> A única solução para os homens, segundo ele, se encontrava em algo aleatório, a sorte, o acaso, a "tyché": "Não te vanglories, Polipaides, por seres superior em mérito ou em riqueza. Para o homem, haverá uma só coisa: a sorte (tyché)."[90]
> Ninguém é feliz, pobre, mau, ou bom, sem a vontade do deus. Um mal responde a outro: feliz por completo nenhum dos mortais que o sol ilumina.[91]
> De tudo, o melhor para os homens é não ter nascido, nem ver o brilho do Sol ardente. Mas, se nasceu, transpor o mais cedo possível as portas do Hades e jazer sob um monte de terra.[92]
> Seja eu feliz e estimado, ó Cirno, pelos deuses imortais, e em nenhum outro mérito, eu me empenho.[93]

Neste ponto, vamos em parte saindo da elegia, com o mais importante poeta do século VII e o mais representativo poeta iâmbico, Arquíloco de Paros. O iambo era muito utilizado nos hinos aos deuses, desde épocas anteriores, como em Creta no período minoico, e mesmo antes, gravados em pedras, mas na época de Arquíloco sua língua era jônica pura com toda a tradição do que isto significava. Praticou ele igualmente a elegia e o epodo, porém a grande vantagem do metro que

---

88 ROCHA PEREIRA, 2003, p. 170.

89 ROCHA PEREIRA, 2003, p. 173.

90 ROCHA PEREIRA, 2003, p. 169.

91 ROCHA PEREIRA, 2003, p. 171.

92 ROCHA PEREIRA, 2003, p. 173.

93 ROCHA PEREIRA, 2003, p. 175.

dá origem ao iambo, é que este está muito próximo da linguagem falada, facilitando as mensagens de cunho populares e os ditos satíricos e obscenos por sua naturalidade, se situando nas origens das comedias do século V.

Entretanto, apesar da simplicidade da linguagem iâmbica, a poesia de Arquíloco, afora a grande riqueza de conteúdos de distintas tonalidades, era de grande inovação formal, com a utilização de tri metros iâmbicos e tetrâmetros trocaicos, unindo elementos de ritmos diversos, além de ter criado os epodos, ou seja uma composição em dísticos formados pela combinação de um verso mais longo com um mais curto, que teria enormes consequências na lírica latina. Finalmente há que se acrescentar ainda seu recurso de utilizar fabulas de animais para explicar comportamentos humanos guiados por interesses, instintos e de profunda irracionalidade, certamente já se situando na trilha dionisíaca, mediante uma visão mais abrangente da natureza.

Personalidade complexa de múltiplos talentos: "Eu sou o servidor do Senhor dos combates e conhecedor dos amáveis dons das Musas"[94] com origens religiosas tradicionais ligadas aos rituais e cultos dos deuses dos mistérios, Demeter e Dioniso, de linguagem licenciosa, satírica e obscena, utilizando-a para a desmoralização e a desonra publica de pessoas, ao mesmo tempo exaltando o amor e o prazer com belas imagens, e ainda aconselhando a modéstia, a aceitação da realidade, juntamente com a prática de um anti-heroismo por excelência, propondo a consolação como a grande sabedoria humana, e enfim se submetendo a Fortuna e ao Destino como premissas básicas para o homem. Neste ponto cabem as mesmas advertências com o homem e poeta Arquíloco, que se fazem à aproximação de seu patrono, o deus Dioniso, por suas distintas faces e máscaras, por seu caráter ambíguo, enfim por suas diversas vidas e mortes. Verifica-se pela bibliografia existente sobre o poeta, juízos e interpretações definitivas sobre alguns de seus comportamentos e mesmo em relação a suas obras, que no momento seguinte são implícita e parcialmente desmentidas, mesmo em alguns de seus detratores ilustres – Heráclito, Píndaro, e Crítias –, que ao fim e ao cabo tiveram que reconhecer o valor de sua poesia.

Diante deste vasto quadro, torna-se difícil decidir qual o caminho a seguir, quais características da obra deste poeta de Paros, dar ênfase. Uma vez que o poeta apresenta relações estreitas com os mistérios de

---

94 ROCHA PEREIRA, 2003, p. 123.

Eleusis e com tudo que diz respeito ao Deus Dioniso particularmente sua melodia, o "ditirambo". Vamos iniciar pela beleza e emoção, e neste sentido apreciar com deleite, a maravilhosa imagem do poder de Zeus, e o medo e a fragilidade dos homens e dos animais, questão essa seguidamente colocada por outros poetas, mas que não alcançam nem de longe a dimensão poética, a força, e igualmente a fina ironia, de Arquíloco em seu *Eclipse do Sol*:

> Não há coisa inesperada, nem que se jure não existir,
> Nem que seja de espantar, desde que Zeus, pai dos Olímpicos
> Do meio do dia fez noite, ocultando a luz
> Do sol que brilhava. Um medo lívido desceu sobre os homens.
> Desde então, pode acreditar-se e esperar-se que tudo
> Suceda aos humanos, e nenhum de nós se espante, nem que veja
> As feras trocarem pelas pastagens marinhas
> dos golfinhos as suas, e tornarem-se lhes mais gratas que terra firme
> as ondas sonoras, e àqueles ser doce a montanha.[95]

Diga-se de passagem que este eclipse realmente ocorreu referido segundo pesquisas ao dia 6 de abril de 648 a.C., tornando-se assim na primeira data precisa da literatura grega, e situando Arquíloco na época das grandes colonizações.

Prosseguindo, chama atenção sua corajosa e destemida humanidade, que abarca de forma completa toda sua intensa vida, especialmente em seu dia a dia, que reflete a condição instável do homem, e a diversidade natural deste diante das circunstâncias e dos acontecimentos, mas que paradoxalmente apresenta um alto valor normativo. Pronta para se emocionar, mas também para enfrentar os embates cotidianos da vida desde a participação nas guerras como combatente, como se colocando criticamente diante dos acontecimentos, como ridicularizando comportamentos anacrônicos, tradicionais e ultrapassados como os de caráter heroico, de forma direta, honesta e aberta. Vamos ver alguns fragmentos neste sentido; o primeiro refletindo os valores humanos vis a vis dos deuses:

> Não me importa o ouro de Giges, nem me domina a ambição, nem invejo as ações dos deuses. Não desejo a tirania poderosa. Longe dos meus olhos está tudo isso.[96]

---

95 ROCHA PEREIRA, 2003, p. 125, frg. 122 West.

96 ROCHA PEREIRA, 2003, p. 124, frg. 19 West.

Seguindo a Snell, podem-se verificar algumas das releituras de Arquíloco de passagens de Homero, no caso sobre a diversidade dos homens, sendo em Homero, na Odisseia: "Quem com um trabalho se alegra, quem com outro",[97] que Arquíloco transforma; "Cada um de diversa maneira o coração aquece."[98] Ainda na *Odisseia*, ele lê: "Diverso é o pensamento do homem que vive sobre a terra, conforme o dia que o pai dos Numes faz surgir [...]",[99] que o leva acentuando esta diversidade junto a seu aliado Glauco, porém colocando em questão a própria amizade de forma realista, especialmente em combate, como uma das limitações humanas; "Vário é o ânimo dos homens, ó Glauco, filho de Léptine: muda segundo o dia que Zeus lhes manda e só com o próprio interesse concorda o pensamento."[100]

Entretanto de todos seus poemas, os que mais causaram polêmicas, perplexidades, revolta e as mais diversas interpretações foram os relativos a um claro posicionamento anti-heroico, frutos de sua experiência como combatente. Muitos argumentam que na raiz destes fragmentos estaria o fato de ele ter sido um mercenário, de receber dinheiro para enfrentar os trácios. Pode até ter contribuído em alguma medida este fato, mas na realidade o posicionamento de Arquíloco vai muito além, através de uma aguda sensibilidade, intuição e realismo no sentido de abalar aqueles valores tradicionais. O primeiro fragmento citado anteriormente onde se jacta de ser ao mesmo tempo combatente e poeta, já estabelece uma carta de princípios; nem *aedo*, nem herói, nada de poderes mágicos, nada de glória e reconhecimento, e contrariando alguns filólogos muito longe da deusa Atena. Simples assim: combato e faço versos.

No combate, a coragem, o ânimo implacável contra os inimigos, mas preservando de qualquer forma a vida: ela é maior que qualquer ação heroica, maior que nossas vontades e desejos e muito maior que qualquer coisa material.

> Algum Saio se ufana agora com o meu escudo, arma excelente que deixei ficar, bem contra a vontade, num matagal. Mas salvei a vida. Que me importa aquele escudo? Deixá-lo! Hei de comprar outro que não seja pior.[101]

---

97 Canto XIV, v. 228. Cf.: HOMERO, 2009, p. 58.

98 HOMERO, 2009, p. 58.

99 Canto XVIII, v. 136. Cf.: HOMERO, 2009, p. 58.

100 SNELL, 2009, p. 58, frg. 68.

101 ROCHA PEREIRA, 2003, p. 123, frg. 5 West.

E segue ele, concedendo importância e relevância ao que é efetiva-mente mais importante como atitudes firmes e coragem, ao invés das aparências, da pose, do endeusamento pessoal, típico dos heróis:

> Não gosto de um general alto, nem de pernas bem abertas, nem orgulho-so com os anéis do seu cabelo, nem barbeado. Para mim, quero um que seja pequeno e de pernas tortas, que mexa os pés com firmeza e cheio de coragem.[102]

Sobre seus versos satíricos e obscenos com a utilização do iambo, a maioria dos analistas pontua que suas origens, parecem estar relacio-nadas paradoxalmente com o culto de Eleusis, na busca desesperada de Demeter por sua filha Perséfone. As associações são de duas naturezas; um antepassado de Arquíloco – bisavô, segundo Pausânias – Telesicles, levou uma colônia de Paros para Tasos, transmitindo igualmente os mistérios de Demeter por meio desses colonos, já que Paros, tempos atrás era denominado de Demetríade, onde se cumpriam os antigos mistérios da grande deusa, quem ao final do *Hino homérico à Demeter* é chamada a dona da ilha. Outro elemento, que despertou muito in-teresse neste aspecto, é de que nestes cultos de fertilidade se usavam palavras e imagens vergonhosas, obscenas e cruéis, em um sentido apotropaico – que busca afastar o mal, o nefasto, o prejudicial –, para se contrapor aos eventuais males que a natureza poderia trazer, e onde se utilizava o iambo para expressar e vituperar toda a inconformidade com aquela possibilidade.[103]

A outra referência aos mistérios encontra-se no fato de que ditos satíricos eram utilizados pelo personagem da criada Iambé, quando a deusa atravessava uma ponte perto de Eleusis, e era recepcionada pe-las filhas do rei, que tinha como objetivo fazer com que a deusa saísse de seu luto para dar risadas e se divertir com as troças e obscenidades ditas pela criada. Os risos, com seu caráter mágico e apotropaico, esta-vam associados tanto a poesia iâmbica, quanto aos próprios rituais dos mistérios, quando da procissão que se dirigia de Atenas para Eleusis, pois nesta ponte, junto aos ociosos, se parava para dizer ditos trocis-tas "γεφυριστης" (*gephyristés*). Arquíloco, sem dúvida, partiu destas tradições no sentido de desenvolver seus dotes poéticos na elaboração dos versos satíricos. Entretanto, a análise destas obras do poeta, não

---

102 ROCHA PEREIRA, 2003, p. 125, frg. 114 West.

103 LESKY, 1968.

é nada simples, ao contrário, é bastante complexa, pois neste caso alguns fatores pessoais e históricos jogam um papel nada desprezível.

De início, consegue-se identificar algo de dionisíaco em sua atitude perante qualquer ameaça que fazem contra ele, em especial no que tange ao seu reconhecimento: "Sei uma coisa muito importante, a quem me faz mal, respondo-lhe com terríveis ofensas."[104] Esta postura lembra muito as terríveis consequências de todos aqueles que não reconheciam Dioniso como um Deus, ou o tratavam como um deus estrangeiro, mostradas de forma magistral por Eurípides nas *Bacantes*. O poder do deus era muito maior, que permitia levar seus detratores a loucura, ao êxtase e a praticar atos violentos, sendo que no caso de Arquíloco as armas por ele utilizadas eram seus metros iâmbicos que levavam à desmoralização e construção da desonra pública. Tudo indica que estamos com Arquíloco nos primórdios de uma tradição poética que visa atacar figuras conhecidas, identificadas na invectiva, cujas origens podem ser reconhecidas, como o fez Aristóteles nos cantos fálicos dos cultos e ritos de fertilidade de Dioniso e Demeter, que posteriormente desemboca nas comedias do século V, particularmente com Aristófanes. Ritos de fertilidade significam de forma bem sumaria, trabalhar com os temas da vida, da morte e do renascimento, como bem atestam os mitos mencionados, e, portanto, ultrapassam de muito, os aspectos pessoais, como parecem significar os ataques aos vícios e deformações morais em um princípio de evolução de uma moral coletiva.

Diante destas considerações, conseguimos ultrapassar, em alguma medida as distintas interpretações relativas à realidade ou ficção das pessoas envolvidas nas invectivas de Arquíloco contra Licambas, o pai, que teria recusado a mão de sua filha Neobule, apesar das promessas feitas a seu genitor Teosicles e confirmadas perante o oráculo de Delfos. A recusa deu origem ao projeto poético de desonra de sua família por parte de Arquíloco, que teria se sentido traído. "Pai Licambas, que coisa é essa que disseste? Quem te tirou o siso? Dantes era equilibrado: agora, para muitos concidadãos és motivo de riso." Porém, as invectivas contra a filha foram muito mais escrológicas – discursos obscenos –, especialmente no caso dos papiros de Colonia, onde se procura denegrir o gênero feminino, o que levou a muitos analistas considerarem demonstrações de misoginia por parte do poeta. Este

---

104 ROCHA PEREIRA, 2003, p. 126, frg. 172 West.

extenso poema, descoberto na década de 1970, foi neste sentido, detidamente analisado por vários analistas, especialmente com relação aos ataques furiosos relacionados com a perda da virgindade, os desencantos da mulher madura, a lascívia publica, a violação, a equiparação com prostitutas e a infertilidade, restando-nos transcrever a bela imagem do final do poema:

> Tais foram as minhas palavras. Tomei então a donzela e num leito de flores a estendi. Com sedoso manto a cobri e o seu colo rodeei com meus braços acalmando o seu sobressalto, tal como uma cerva. Os seus seios gentis com as mãos acariciei, tenra brilhava a sua pele, feitiço da juventude. Todo o seu belo corpo percorri e então libertei o branco vigor ao toque dos seus louros cabelos.[105]

Finalmente, na tentativa de concluir este longo *intermezzo* sobre Arquíloco, devemos falar sobre alguns versos seus que demonstram toda a sua sabedoria de vida onde os valores humanos atingem uma forma de pacificação espiritual que além de uma forma poética extraordinária ensaiam uma vivência equilibrada, sem heroísmos, sem onipotências, independente de quaisquer fatores externos, especialmente dos deuses. O primeiro sobre o reconhecimento do ritmo da vida que nos é ofertada, que nos é dada:

> Coração, meu coração, que afligem penas sem remédio, eia! Afasta os inimigos, opondo-lhe um peito adverso. Mantém-te firme, ao pé das ciladas dos contrários. Se venceres, não exultes abertamente. Vencido, não te deites em casa a gemer. Mas, goza as alegrias, dói-te com as desgraças, sem exagero. Aprende a conhecer o ritmo que governa os homens.[106]

O segundo é a elegia a Péricles, seu amigo, que envolve vários fragmentos seus,[107] que foi objeto de muitas interpretações, tendo como ponto de partida o famoso fragmento 7, em que Arquíloco fala sobre comportamentos humanos pela perda de pessoas próximas e queridas – no caso, do irmão de Péricles e cunhado de Arquíloco –, e onde pela primeira vez alguém atribui aos deuses a colocação "[...] da esforçada resignação como medicina dos males sem remédio."[108] Vou me utilizar aqui da reconstrução da elegia efetuada por Rodriguez Adrados em seu *El mundo de la lírica griega antiga* por sua coerência e abran-

---

105 ARQUÍLOCO, 2008, p. 119.

106 ROCHA PEREIRA, 2003, p. 126, frg. 128 West.

107 Referente aos fragmentos 7, 8, 10, 11, 12.

108 ARQUÍLOCO, 1981, p. 180.

gência. Todavia vou apresentar simultaneamente uma tradução livre dessa reconstrução.

> Em tudo está o homem sujeito à Fortuna e ao Destino
> <e, agora, nosso parente e seus companheiros pereceram>
> Em vão invocaram Leucothea na tempestade
> <porque depois de uma luta cansativa o mar os devorou, retendo seus cadáveres>
> O que torna sua perda mais dolorosa
> Mas vamos nos resignar ao teste que Poseidon nos submete
> <e tenha coragem>
> É verdade que sofremos um grande infortúnio e toda a cidade entenderá isso: mas isso faz parte do destino humano. Dê-lhe o único remédio que ele tem: resignação.
> <Isso é o que vou fazer, tentando esquecer minha tristeza>
> Bem, nem meu choro resolverá nada nem minha alegria será causa de males maiores.[109]

A elegia reconstruída por Adrados enseja uma serie enorme de comentários e reflexões, alguns dos quais foram feitos pelo próprio, e aqui temos algumas divergências. O sentimento de resignação, conforme o fragmento 7, é dito por Arquíloco como colocado pelos deuses para os homens, porém trata-se evidentemente de uma grande concessão do poeta, pois este sentimento nada tem de divino, e muito menos vindo dos olímpicos dos quais os homens nada esperavam: trata-se de um sentimento por demais humano e de grande coragem e sabedoria, que igualmente coloca em dúvida o acento que Adrados coloca na fraqueza, na debilidade dos homens. Onde estaria esta fraqueza, que segundo Arquíloco, não necessita de nenhuma intervenção divina

---

109 No original: "En todo está el hombre sujeto a la Fortuna y El Destino
<y, asi ahora han perecido nuestro pariente y sus compañeros>
En vano invocaron a Leucotea em la tempestad
<pues trás uma lucha agotadora el mar les devoró, reteniendo sus cadáveres>
Lo que hace más dolorosa su perdida
Pero, resignemonos ante la prueba a que nos somete Poseidón
<y tengamos valor>
Es cierto que hemos sufrido uma grande desgracia y toda la ciudad así lo comprenderá: pero esto es próprio del destino humano. Ponedle el único remédio que tiene: la resignación.
<Así haré yo, tratando de olvidar mi pena>
Pues ni mi llanto arreglará nada ni mi alegria será causa de males mayores."
Cf.: ADRADOS, 1981, p. 180. (tradução minha)

direta, nem de conselhos ou ajuda, e mais importante que os levam a aceitar e minimizar a atuação da Moira e da Tyché que igualmente têm que ser aceitas pelos deuses. Nem Poseidon, nem Leucotea, a deusa do mar, que segundo a lenda é Ino, uma das amas de Dioniso, são capazes de se aproximar da realidade dos problemas humanos de perdas de seus entes queridos, que não retornam nem pelo choro, nem pela alegria, mas pela coragem da resignação humana, pelo renascimento individual, e esta é a mensagem de Arquíloco.

Finalmente, antes de entrarmos no universo da mélica, resta falar do poeta Semonides, dedicado a poesia iâmbica, contemporâneo de Arquíloco, naquele século VII, nascido em Samos, mas conhecido pela ilha Amorgos, onde ali criou uma colônia. Poeta de caráter didático, na linha de Mnetermo, louvando as coisas boas da vida, especialmente a juventude, mas igualmente pessimista em relação à condição humana, com seu caráter efêmero, e dependente diante dos deuses:

> Meu filho, Zeus, tem na mão o fim de todas as coisas e dispõe-na como entende. O homem não tem o mínimo conhecimento delas. Seres de um só dia, como os animais no prado, vivemos ignorantes do modo que a divindade usará para levar cada coisa a seu fim. Vivemos todos da esperança e da ilusão; os seus desígnios, porém, nos são inacessíveis. A velhice, a doença, a morte, no campo de batalha ou sobre as ondas do mar atingem os homens, antes de eles terem conseguido o que queriam. Outros ainda põem fim à vida pelo suicídio.[110]

Estamos novamente aqui, diante do homem comum, que nada tem de heroico, recusando assim a imagem homérica, aceitando em parte a herança de Hesíodo, com os sofrimentos sem fim da existência humana, porém deixando uma fresta aberta para algum prazer:

> Foi o homem de Quio quem disse a coisa mais bela; a geração dos homens é como a das folhas. Acolhem, todavia, nos ouvidos este conselho, mas não o aceitam no seu coração. Todos guardam as esperanças que nascem no coração dos jovens. Enquanto dura a flor dos anos, os mortais andam de coração leve e traçam mil planos irrealizáveis. Ninguém pensa na velhice ou na morte. E enquanto têm saúde, não curam da enfermidade. Insensatos os que assim pensam e não sabem que para os mortais é breve o tempo de juventude e da existência. Aprende tu isto e, meditando no fim da vida, deixa a tua alma gozar um pouco de prazer.[111]

---

110 JAEGER, 2010, p. 163, frag. 1.

111 JAEGER, 2010, p. 163, frag. 29.

Ainda, devemos mencionar seu famoso *yambo* das mulheres, na linha da misoginia de Hesíodo, onde o poeta as classifica, de acordo com algumas origens animais, como porcas, raposas, cadelas, entremeadas pelas mulheres com origem da terra, criadas pelos deuses, incapazes de conhecer o bem e o mal, depois as nascidas do mar sempre com dois pensamentos, retornando para as de origem animal, como burras, doninhas, éguas, macacas, até finalmente chegar a última, que não merece nenhuma censura, as da raça das abelhas. Semonides finaliza, após considerá-las responsáveis pela infelicidade do homem e pela fome da família, culpando a Zeus:

> Repito: foi Zeus o autor de tão grande mal. E desde que, um dia, morreram homens que uma mulher lançara em luta, rodeou esse mal de estorvos sem fim.[112]

Resta-nos agora adentrar no universo dos poetas mélicos, que são na realidade os autênticos poetas líricos, que se expressam através da canção solo ou dos corais. Segundo Ragusa, 2013, (p.17-18)

> [...] a mélica grega arcaica se destinava:
> *"desde o início, à execução pública ou privada; suas canções constituíam por definição uma poesia da voz para a voz"*[...].
> Assim sendo, não há que estranhar que essa poesia esteja marcada profundamente pela oralidade, pelo caráter circunstancial do discurso:
> "que reflete a relação direta do texto com um local e um momento precisos, um espaço e um tempo ritualizados [...] daí os índices textuais de um discurso situacional, que se expressam através do uso de certas figuras pronominais e de marcas do presente, signos que traduzem a interação geral entre o sujeito da enunciação e seus destinatários" [...].[113]

Infelizmente, foge aos nossos objetivos entrar em detalhes na análise dos nove poetas mais importantes, desta manifestação artística tão grega, e tão fincada neste período arcaico, apesar de alguns, especialmente os últimos já pertencerem ao período clássico; Simonides, Píndaro e Baquílides. Nossa pretensão aqui é certamente modesta, pois o assunto é vastíssimo, e é claro que muito já se escreveu sobre cada um dos grandes poetas. Vamos dar uma passada geral sobre alguns deles, tentando ressaltar um ou outro ponto, e ao final apresentar algumas conclusões gerais, especialmente quanto as relações entre deuses e homens, que no caso, são distintas das que vimos anteriormente. Uma

---

112 AMORGO, 1930, p. 46.

113 RAGUSA, 2013, p. 17-18.

ideia inicial das características de cada um dos poetas pode ser dada, por epigramas da *Antologia palatina*,[114] apresentados por Ragusa:

> Ó Píndaro, boca sacra das musas e loquaz Sirena – Baquilides! –, e graças eólias de Safo, e escrita de Anacreonte, e quem da fonte homérica extraiu sua própria obra – Estesícoro! –, e doce pagina de Simônides, e Íbico, que de Peitó e dos meninos colheu a doce flor, e espada de Alceu, que o sangue dos tiranos muitas vezes derramou, protegendo as leis da pátria, e suavi-cantantes rouxinóis de Álcman! Sede graciosos, vós que fincastes o início e o fim de toda a lírica.
>
> Gritou alto de Tebas Píndaro: soprou deleites com voz dulcissonante a musa de Simonides; brilha Estesícoro e também Íbico; era doce Álcman; deleitáveis sons dos lábios entoou Baquílides; e Peitó falou junto a Anacreonte; e coisas variegadas canta Alceu, cisne lésbio na Eólida; e den-tre os homens Safo não é a nona, mas, entre amáveis Musas, a décima Musa registrada.[115]

Encontramos Álcman em Esparta, meados do século VII, vindo de Sardes, capital do reino lídio, como corego e poeta – único que se expressa em dialeto lacônio – dos corais de donzelas virgens "παρθενειος" (*parthénoi*) que dançavam e cantavam em grandes fes-tividades daquela cidade, reverenciando heróis e deuses de caráter lo-cal, mas com uma profunda e significativa relação com a realidade. As canções entoadas pelas jovens são denominadas "partênios", para performances em festivais públicos cívico-religiosos, sempre com uma estrutura ternária, proêmio, centro e epílogo por meio de poesias mis-tas em que os proêmios e epílogos eram monódicos e o centro era coral, cantado pelo coro, segundo Adrados. Ragusa acentua que os partênios seguiam a estrutura tradicional da mélica coral, mito, refle-xão ético-moral (*gnóme*) e, atualidade, sendo esta desenvolvida como uma auto dramatização. A especificidade dos partênios, em especial em Álcman é a louvação às próprias coreutas, que se tornam objeto do canto, com seus nomes, sua feminilidade, sua atratividade, sua deseja-bilidade, em muitos casos com alta dose de erotismo, seja em relação ao público como nas relações entre elas.

Os partênios de Alcman permitem várias leituras com relação ao seu aspecto social, como pertencente a "um conjunto de práticas que bus-cam auxiliar a formação e transição da "virgem" (*parthénos*) ao estágio

---

114 *Antologia palatina* é uma coleção de poemas, em sua maior parte epigramas da Literatura Grega.

115 RAGUSA, 2013, p. 11.

subsequente de seu amadurecimento, o de "mulher" (*gyné*) casada, em que deixando a proteção da casa e o zelo materno se integra inteiramente à comunidade através do "casamento" (*gamos*). Ou ainda, seguindo mais uma vez Ragusa:

> Considerando que a canção de Álcman é por elas entoadas aos olhos da *polis*, pode-se imaginar que uma das funções do gênero e de sua performance seja a de viabilizar aos jovens aristocratas espartanos, seguramente presentes na plateia, a exibição de potenciais futuras esposas.[116]

Os mitos estão presentes na poesia de Álcman, porém a temática fundamental dela são as possibilidades e capacidades humanas de criar um mundo à parte, de beleza e de sentimentos profundos entre as pessoas, sem intervenções divinas relevantes. Entretanto, a beleza poética de Álcman reside em sua grande sensibilidade, de dizer, de visualizar, de apresentar, de imaginar a força do amor, do desejo amoroso, através dos sentimentos de doçura, de relaxamento, de domínio, de agressão, de sonho, de sono, de morte, em suas várias vertentes, através do olhar, do toque de mãos, do canto, da dança, das vestes, das guirlandas, e por que não das disputas amorosas entre as coreutas e no caso do fragmento 1 entre as próprias chefes de coro. E isto ele faz recorrendo preferencialmente às Musas do que explicitamente à deusa do amor, Afrodite, ou aos ataques de seu colaborador, Eros. De acordo com Calame:

> [...] deve-se sobretudo a Álcman, uma definição da arte da musa em suas três componentes. Cada uma delas é erotizada; Calíope, a Bela Voz, surge aí como a inspiradora de palavras desejáveis "ερaστη" (*erata*), da melodia portadora de "υμνος" (*himeros*) e da dança graciosa "χaριεις" (*kharieis*).[117]

Ficamos com algumas passagens de seu fragmento 3:

> Ó (Musas) olímpias, em torno de meus sensos.../... (de) canção/... ouvir/... voz/... cantando bela melodia/.../... doce sonho derramará dos olhos/... e me leva a ir à assembleia, onde mais que tudo a coma loira/. tenros pés.../... e com desejo quebra-membros, e mais derretidamente do que o sonho ou a morte me fita ;e não em vão doce...[118]

Estesícoro é o primeiro poeta mélico da Magna Grécia, conhecido como "de Himera", mas dado como nascido em Matauro, e com obvias

---

116 RAGUSA, 2013, p. 42.

117 CALAME, 2013, p. 31.

118 RAGUSA, 2013, p. 53.

raízes em Locris. Foi basicamente um poeta viajante, tendo participado de vários concursos na Grécia, especialmente em Esparta, com seus poemas corais, onde se misturam formas dóricas com outras jônicas e homerizantes, tendo sido, de acordo com Adrados, o verdadeiro fundador da lírica coral internacional que se difundiu por toda Grécia nos séculos VI e V. Pelos escassos relatos existentes sobre sua vida, Estesícoro, cujo nome significa simplesmente, aquele que põe em movimento –ou detêm – o coro, sofreu as mais variadas influências: os relatos épicos de Homero, as genealogias de Hesíodo, ciclos míticos da Tessália, de Tebas, as legendas dóricas de Héracles, Orestes e Helena, temas ocidentais do folclore siciliano, de poemas líricos de Jenocrito de Locros de caráter narrativo do tipo ditirambos, da lírica cultivada em Esparta, e de temas erótico-tréneticas de caráter popular.

Apesar de uma produção prolífica, os alexandrinos editaram 26 livros do poeta, frente a seis de Álcman e cinco de Ibico, e de que a criação artística de fins do século VII e início do século VI tenha sofrido sua influência de forma vigorosa através de seus mitos, como nas cerâmicas coríntia e calcídica, da arca de Cípselo, do altar de Amiclas e o famoso vaso François de Florença, foi ele muito pouco estudado em relação a outros poetas, existindo ainda outras questões em aberto com relação ao tipo de performance que eram executadas por ele, se como citaredo com acompanhamento de dança, ou como poeta mélico com acompanhamento de canto e dança.

Existem duas características no poeta, que devem ser ressaltadas por sua importância no desenvolvimento de nosso trabalho e que de certa forma estão relacionadas entre si. Estesícoro estabelece, como bem disse Adrados uma ponte entre os relatos épicos de Homero e de Hesíodo, e dos chamados poemas cíclicos, com a futura tragédia ática, que encontrou no poeta fonte de inspiração para seus enredos teatrais. São exemplos, os crimes e a maldição dos Atrídas, a casa de Agamenon – ou Plisténidas seguindo a tradição espartana –, a dor dos vencidos e a sorte das prisioneiras troianas, o perdão de Helena por Menelau, o enfrentamento dos irmãos Eteócles e Polinices, e por fim, a loucura de Héracles após a captura de Cérbero, todos temas aproveitados pelos poetas trágicos, especialmente Eurípides.

De outro lado é notável a liberdade criativa do poeta na leitura de mitos existentes, ou pelo menos referidos em Homero, que indicam sem dúvida um valor pessoal, porém que atende igualmente a uma característica bem marcante de adaptação, ajustamento dos mitos gregos para uma visão ocidental, aqui referida à Magna Grécia e a Sicília. Nossa tese, no caso, é de que naquelas colônias, os mitos são lidos com uma lente de aumento para as questões tenebrosas, assustadoras, monstruosas, porém sem sustos ou pânicos como se fossem coisas naturais, numa tentativa clara de humanização dos monstros, como por exemplo, as lendas em torno dos perigos que assolam os colonizadores de Pitecusa em Ischia e de Cumas ao redor da baía de Nápoles, de origem Eubeia, onde supostamente estaria enterrado Tifón, e de outro lado através de interpretações distintas das tradições épicas com relação aos aspectos heroicos dos mitos, e por que não dos próprios heróis.

Neste sentido é exemplar o belíssimo poema de Estesícoro, denominado Geroneida, que trata da morte de Gerião por Héracles. Como se sabe, a vingança de Hera contra o filho de Zeus e de Alcmena, o obriga a tarefas impossíveis pelo rei de Micenas, Euristeu, e uma destas tarefas é roubar o gado do gigante Gerião, monstro imaginado como três homens unidos pela cintura, com três cabeças e cujo corpo era triplo até as ancas.[119] Este tema está relacionado com os confins do mundo infernal localizado no Ocidente, na ilha de Eritia, onde pastam as vacas de Gerião, junto as do próprio Hades, o deus, junto ao Jardim das Hespérides e a ilha dos Afortunados. Héracles mata a Gerião depois de matar o feroz cão Ortro e ao pastor Euritón, usando de astucia com flechas envenenadas pelos humores da Hidra de Lerna, serpente terrível filha de Tifeu e Equidna, que Héracles havia anteriormente matado. Vejamos o fragmento S 15, versos 5-17;

> [...] com a dor da Hidra de rajado pescoço, homicida; e em silencio ele furtivamente cravou-a (a flecha) na fronte (de Gerião):fendeu-a através da carne e dos ossos, por desígnio de um nume; e a flecha se manteve firme no topo de sua cabeça. E maculava com sangue purpúreo a couraça e os membros ensanguentados [...]. Gerião pendeu o pescoço para o lado, como quando a papoula arruinando seu tenro corpo, de súbito perdendo suas folhas...[120]

Uma leitura atenta deste fragmento, mesmo sem levar em conta outros fragmentos do poema que consolidam esta interpretação, nos leva a pensar que os papéis do gigante e de Héracles estão totalmente invertidos. No caso o gigantesco estrangeiro Héracles é identificado como muito mais perigoso do que Gerião, que inclusive é aconselhado por sua mãe não o enfrentar, com similitude ao episódio de Tétis e Aquiles

---

119 GRIMAL, 1997.

120 RAGUSA, 2013, p. 137.

na *Ilíada*,[121] e cuja resposta de que prefere a morte à desonra é clássica da *Arête* homérica. De outro lado, o monstro está armado como se fosse um herói épico com elmo, couraça, escudo e lança e Héracles como um simples flecheiro que não tem coragem para o enfrentamento direto. Finalmente, a beleza poética da morte de Gerião, no fragmento acima, com base em Homero não deixam dúvidas de quem é o herói do poeta.

Vamos prosseguir neste longo desvio que tivemos que empreender acerca da lírica grega, ao analisarmos a extraordinária importância de Simonides de Ceos, nascido ao redor de 556 a.C., em meados do século VI, na consolidação do imaginário grego daquela época ao propor e largar de mão várias amarras ao desenvolvimento humano. Procuramos, no caso da poesia mélica, destacar apenas alguns dos poetas que falavam diretamente à discussão das questões humanas, em um ambiente dominado inteiramente pelos deuses, porém que tinham uma mensagem renovadora em relação ao que se passava naqueles séculos de transição. Álcman com seus partênios visando à renovação das vidas de jovens virgens, assemelhados aos ritos de iniciação, com mensagens eróticas de grande sensibilidade, voltadas para o amor entre homens e mulheres, algo que vimos em Homero, mas que somente voltaremos a ver com Eurípides; Estesícoro com sua liberdade de leitura de mitos derivados de Homero e de Hesíodo, em que buscava a humanização de heróis e de monstros, através de uma linguagem singular, e agora Simônides, por tudo o que representa de revolucionário para a literatura grega, ao criar os cantos em honra dos homens, os epinícios, os encômios e os trenos, e de alterar profundamente a função da poesia e do poeta.

Vamos começar analisando Simonides pelo que normalmente os analistas vêm a colocar ao final de suas considerações. Simonides foi um grande poeta, com algumas das mais belas passagens da lírica grega, quase ao final da era arcaica. Podemos ver este fato claramente com o *Fragmento de Danae*, cujo contexto geral se ignora, mas que se refere ao infortúnio de uma mãe encerrada junto a seu pequeno filho (Perseu) em uma arca de madeira, a deriva no mar agitado. Seu lamento e sua demanda à Zeus, o causador de seus tormentos, para que mude sua sorte, feito com tanta humildade e desculpas de seus excessos ao formular seus desejos, permite ao poeta atingir a alma humana

---

121 HOMERO, 2013.

com o amor maternal, a ternura e com uma sensibilidade dificilmente vistas em qualquer outra obra poética da época:

> [...] quando na dedálea arca, o vento ventando e o mar se encrespando abateram-na com o terror; com faces não enxutas, ela lançou os braços em volta do caro Perseu, e disse: "Ó filho, que dor tenho!"
>
> Mas tu dormes bem, e com lácteo coração repousas no lúgubre lenho de brônzeas cavilhas, e na noite brilha estendido na escuridão azul; a funda espuma, enquanto sobre seus cabelos a onda passa, não te preocupa, nem do vento o ressoar – tu jazendo em purpúrea manta de lã, belo rosto! Se para ti fosse temível o terror de fato, sob minhas palavras segurarias teu pequeno ouvido.
>
> Digo: dorme, infante, durma o mar, durma o imensurável mal! Que surja alguma mudança, Ó Zeus pai, de ti: e qualquer palavra insolente ou apartada da justiça, peço, perdoa-me...[122]

Porém, Simonides foi antes de tudo um excepcional criador de coisas novas, deixando para trás comportamentos e visões tradicionais e ultrapassadas. Comecemos pelos epinícios aos vencedores de festas esportivas, tema que será desenvolvido ao extremo por Píndaro. Antes de Simonides não existem notícias de um Coro entoando um canto em louvor a vencedores esportivos, composto expressamente para esta ocasião por um poeta destacado.[123] Abriu assim um enorme campo para a poesia lírica, e vinculou várias atividades artísticas de caráter elevado, a uma das mais tradicionais e emblemáticas atividades do povo grego. Porém como bem assinala Lesky, a motivação do poeta não é dirigida para os aspectos técnicos da luta nem de seus pormenores: em nenhum momento tais aspectos ocupam o primeiro plano do poema, mas ele se serve do episódio para lançar várias interrogações fundamentais da existência humana, especialmente em contraposição aos mitos e aos deuses. Em um fragmento mais antigo sobre o tema intitulado "Canto Triunfal a Glauco de Caristo", ele duvida que o próprio Héracles e o boxeador mítico Polideuces, poderiam resistir a este boxeador, que caso tivesse sido formulada com intenção séria, significaria um notável distanciamento da antiga religiosidade, passível à época de transtornos e admoestações devido a sua arrogância, frente a filhos dos deuses.[124]

---

122 RAGUSA, 2013, p. 209, frg. 543.

123 LESKY, 1968, p. 212.

124 LESKY, 1968, p. 213.

Simonides também estendeu o campo da poesia lírica aos cantos de lamento pela morte de entes queridos e de consolo pelas dores da vida, continuando de certa forma com uma tradição iniciada por Arquíloco em sua elegia ao amigo Péricles por nós vista anteriormente. Entretanto, o poeta expande estes cantos mediante trenos lírico-corais de uma forma igualmente inovadora, com grande e eficaz simplicidade, e em vários aspectos que precisam ser ressaltados. Inicialmente, por meio de uma visão trágica que atinge a todos os humanos em suas vidas efêmeras, onde nem o elevado valor humano, nem a riqueza são capazes de evitar seus desfechos, com um forte aceno para a transitoriedade, para a veloz mudança, comparável ao voo de uma mosca, mas que inclui igualmente os filhos dos deuses que não estão a salvo de uma vida cheia de penúrias e de obrigações, abrindo aqui um caminho que seria bem explorado por Eurípides com relação a figura trágica de Héracles.[125] Em outra oportunidade, nos mesmos trenos faz desaparecer a memória póstuma, e se questiona com grande dignidade do fato de ser mortal: afinal de contas o que existe que não é mortal?

Ainda no campo poético, Simonides transforma de modo indelével um canto de lamento em um canto de "elogio", passando do treno para o encômio com excepcional habilidade, gravando sua participação na luta pela liberdade claramente identificada pelo canto em memória aos mortos das Termópilas, considerado por sua "ternura na compaixão", superior a tudo que Ésquilo conseguiu colocar em relação aos heróis de Maratona:

> Dos mortos em Termópilas, bem gloriosa a fortuna, belo o destino, em altar o sepulcro, e em vez de lamento, memento; de pesar, louvor: tal mortalha nem o bolor nem o tempo que tudo doma dissiparão. Este santuário de nobres varões elegeu a boa reputação da Hélade como sua habitante; e Leônidas a testemunha, de Esparta o rei, ao ter legado grande adorno de excelência e perene gloria.[126]

Porém, se é que podemos afirmar nosso poeta, além de todas suas qualidades poéticas, marca uma posição pessoal revolucionária quanto ao próprio fazer poético, com significativas consequências futuras, abrindo caminhos que serão seguidos tanto pelos sofistas, quanto pelos retóricos. Vamos seguir de perto a Detienne nestas questões, em

---

125 LESKY, 1968, p. 214.

126 RAGUSA, 2013, p. 203-204, frg. 531.

seu livro *Mestres da verdade na Grécia arcaica*.[127] A ruptura com a aura e o poder mágico e sobrenatural dos poetas anteriores, especialmente Homero e Hesíodo, poder este advindo das Musas, é total, em que Simonides aprofunda e conclui processo iniciado, como vimos, por Arquíloco e Estesícoro. Ele transforma o fazer poético em um ofício, a começar pela introdução de um pagamento em dinheiro por suas obras, o que lhe valeu alguns abalos em sua credibilidade, algo bastante semelhante com o ensino dos sofistas no século V.

Porém, indo bem mais além e questionando diretamente a poesia, especialmente à época diz ele: "A pintura é uma poesia silenciosa e a poesia uma pintura que fala."[128] O que significa, sem entrar em grandes discussões e sofisticações, que Simonides atribui, através do entendimento de Michel Psellos que "a palavra é imagem da realidade",[129] da mesma forma que a representação figurada, pintada ou esculpida é a imagem criada pelo pintor, ou escultor. Simonides marcaria, segundo vários analistas, o momento em que o homem grego descobre a imagem, como, a primeira testemunha da doutrina da *mimésis*, amplamente explorada posteriormente por Aristóteles. De toda maneira é a descoberta da "imagem poética", fruto da criação humana, sem nenhum resquício religioso, ou sobrenatural, bem longe da necessidade da verdade (*Alétheia*) imposta pelos deuses e pelas musas.[130]

Entretanto, a ruptura secular proposta por Simonides vai muito além, pois, de acordo com a tradição, é dele a invenção da "mnemotécnica", ou seja, uma técnica de memorização como base para a ação poética. Vamos ver as consequências disto, nas palavras de Detienne:

> Até Simonides, a memória era um instrumento fundamental para o poeta: era uma função de caráter religioso que lhe permitia conhecer o passado, o presente, o futuro. De uma vez por todas, através de uma visão imediata, através da memória, o poeta entrava no além, atingia o invisível. Função religiosa, a memória era o fundamento da palavra poética e o estatuto privilegiado do poeta. Com Simonides, a memória torna-se uma técnica secularizada, uma faculdade psicológica que cada um exerce mais ou menos segundo regras definidas, regras postas ao alcance de todos. Não é mais uma forma de conhecimento privilegiada, também não é, como a memória

---

127 DETIENNE, 1988b.

128 DETIENNE, 1988b, p. 56.

129 PSELLOS *apud* DETIENNE, 1988b, p. 57.

130 DETIENNE, 1988, p. 57-58.

dos Pitagóricos, um exercício de salvação: é um instrumento que contribui para o aprendizado de um ofício.[131]

O projeto de Simonides, de transformar a atividade poética em um ofício, é ainda complementado através de outro aperfeiçoamento técnico, a invenção das letras do alfabeto, facilitando a notação escrita, e novamente aqui com amplas consequências, pois sepultava em definitivo a utilização da declinante recitação e consolidava a publicação escrita também pelos poetas. As repercussões destas inovações se sucediam, pois se por um lado se retirava o caráter mágico dos poetas, por outro, transformavam os mesmos poetas em cidadãos da *polis*, agentes públicos, ligados às questões políticas, com ampla publicidade de seus escritos, e com novos poderes ligados as suas funções. Finalmente, com vistas a completarmos o quadro desta revolução poética, não se pode deixar de considerar que ao tratar a memória como uma habilidade psicológica, passível de ser desenvolvida, Simonides coloca em ação um novo conceito de tempo, situando-se no polo oposto às seitas religiosas e aos meios filosóficos-religiosos, especialmente os pitagóricos. Para estes, o tempo era uma potência do esquecimento, Lethe, filha de Eris, a Discórdia, irmã da Morte e do Sono, e portanto algo a ser ultrapassado através de ascese e exercícios espirituais, enquanto para o poeta era algo precioso e prudente no sentido de manter a memória, no marco de uma atividade profana.[132]

Neste ponto, Detienne, resume o projeto de secularização da poesia de Simonides: "Praticar a poesia como um ofício, definir a arte poética como uma ilusão 'απατη' (*apate*), fazer da memória uma técnica secularizada, rejeitar a verdade, 'αληθεια' (*Alétheia*) como valor cardinal."[133] Indo além, Detienne abre seu campo de interesse em uma nova direção plena de significados:

> Neste plano, percebe-se também a ligação necessária entre a secularização da memória e o declínio de Alétheia. Privada de seu fundamento, esta é brutalmente desvalorizada; Simonides rechaça-a, considerando-a como símbolo da antiga poética. Em seu lugar, reivindica, "το δοκεω" (to dokein), "a doxa", a opinião, o juízo, a crença, a conjetura. Nasce aqui um

---

131 DETIENNE, 1988, p. 57.

132 DETIENNE, 1988.

133 DETIENNE, 1988, p. 58.

conflito decisivo que pesará sobre toda a história da filosofia grega: é preciso pois elucidar o sentido da "doxa".[134]

Infelizmente não temos condições de acompanhar o fascínio das reflexões posteriores de Detienne, sem antes, nos valermos de duas observações suas. O sentido que Simonides confere ao fazer poético, transborda evidentemente para o discurso político, pois *dokein* é de fato um termo técnico do vocabulário político, da decisão política, através de duas ideias solidárias: a de uma escolha, e a de uma escolha que varia em função de uma situação.

Para terminar, temos que encarar o poeta Simonides, sem deixar em nenhum momento de ser um fazedor competente de poemas, porém se situando muito próximo do sábio, ao refletir intensamente sobre a condição humana, antecipando-se em algum sentido às discussões filosóficas e sofisticas posteriores. Trata-se do fragmento conhecido como "Ode a Escopas", de difícil compreensão, cuja fonte principal é o diálogo "Protágoras" de Platão, onde o famoso sofista é desafiado por Sócrates sobre a virtude, ora citando, ora parafraseando. De acordo com Sócrates, a canção seria endereçada a Escopas, filho do aristocrata tessálio, Créon, da casa que patrocinou Anacreonte e o próprio Simonides.[135]

O fragmento que procede seguramente de um escólio, ou uma canção de mesa, tem seu início através de uma complexa reflexão: "[...] a um homem quadrado nas mãos, nos pés e na mente, feito sem pecha, é difícil ser verdadeiramente bom [...]."[136] Neste fragmento, de número 542, Simonides como que complementa uma séria reflexão expressa anteriormente em outro fragmento, de número 541, especialmente quanto as dificuldades de se cumprirem os "[...] valores heroicos absolutos da tradição aristocrática, e onde o poeta propõe um ética mais tolerante e flexível que considera mais a tensão entre a probidade interior e a incerteza da fortuna."[137]

> [...] mas a verdade é toda poderosa... para poucos excelência concederam... pois não é fácil ser nobre; o homem, contrariado, é coagido pela ganância inelutável, ou pelo moscardo da tecelã de ardis de grande força, Afrodite [...].

---

134 DETIENNE, 1988, p. 58.

135 RAGUSA, 2013, p. 205.

136 RAGUSA, 2013, p. 206.

137 SEGAL *apud* RAGUSA, 2013, p. 204.

Simonides descarta inteiramente qualquer vestígio de perfeição humana, premido que está o homem diante de suas necessidades e, principalmente, pelas circunstâncias da vida. Porém, voltemos a Escopas, onde ele amplia em muito os conceitos já esboçados:

> [...] nem decorosamente me ressoa de Pítaco o dito, embora por homem sábio proferido; ele dizia; difícil (é) ser bom. Só um deus teria esse prêmio, mas um homem não pode ser mal, quando o agarra a inelutável circunstancia, pois sendo bem sucedido, todo homem é bom, mas vil, se vilmente [...].[138]

O poeta, da mesma forma que descartou a ética heroica, também descarta a ética divina, e se propõe a discutir uma ética real, ou melhor, uma "ética do real", do homem que pode ser bom, ou vil, mesmo encarando as circunstâncias. Indo adiante:

> [...] e então jamais eu, procurando o que não pode ser, a uma vazia esperança vã lançarei um quinhão de minha existência - o ser humano todo irreprochável entre tantos de nós que colhemos o fruto da terra de vasto assento; dir-vos-ei, todavia, após o ter encontrado. Mas a todos louvo e amo, a quem voluntariamente nada faz de torpe; mas contra a necessidade nem os deuses lutam [...].[139]

Aqui é colocada com todas as letras, com uma surpreendente simplicidade e com uma fina ironia a impossibilidade de encontrar o "ser humano irreprochável", porque este inexiste, é apenas uma ilusão, é uma esperança vã. Estes conceitos, especialmente com relação às impossibilidades dos homens, colocados aqui como dissemos através de uma forma singela, serão objeto de grandes discussões e aprofundamentos, tanto pela tragédia grega, como pela moderna psicanálise, esta última, em suas tentativas de definir uma ética própria à sua atividade terapêutica.

E fechando a ode, Simonides cria uma ética ainda mais moderna, "um homem são", centrada em torno do belo, do honroso, do conhecedor, e dotada de uma transparência política e social, através de uma "justiça útil à cidade", que dificilmente será vista ao longo dos tempos:

> [...] nem em excesso inábil, conhecendo a justiça útil à cidade, um homem são, pois infinda é a estirpe dos estultos. Todas as coisas são belas, com as quais as torpes não estão imiscuídas.[140]

---

138 RAGUSA, 2013, p. 206.

139 RAGUSA, 2013, p. 207.

140 RAGUSA, 2013, p. 207.

Finalizamos aqui nossas extensas reflexões, a que nos levou a lírica grega, deixando de fora alguns dos poetas mais importantes e expressivos, como Safo de Lesbos e Píndaro, por razões já anteriormente apresentadas. Entretanto, considero ter sido indispensável nossa incursão por este caminho já que não existem dúvidas significativas de que a tragédia e comedia atenienses tiveram como base as diversas abordagens sobre deuses, heróis e homens, alguns excepcionais, outros comuns, esboçadas ali, de diversas formas é verdade, além, é claro da evolução e das possibilidades das performances de todos os envolvidos em certos eventos festivos, através da música, do canto, da dança, das narrações dos heróis, até chegar ao diálogo e ao conflito que será proposto pela tragédia. À guisa de um resumo, e do lançamento de uma ponte com nosso próximo assunto quanto à questão religiosa, poderíamos dizer que a lírica reflete de forma transparente, as grandes transformações do universo mental dos gregos, nas palavras de Adrados, refletindo uma idade ainda plenamente religiosa, carregada de tradições arcaicas, onde se parte do grande poder divino e da debilidade e fraqueza do homem, mas que evolui, gradativamente, para o reconhecimento, de que aquele poder divino deva ser manifestado de forma diversa, levando em conta um homem que pode alcançar níveis de excelência nunca imaginados fora do ambiente heroico, que necessita dos deuses ações pautadas por um maior moralismo e justiça, e que de certa forma estejam mais próximas das necessidades humanas, contribuindo assim para a emergência de sentimentos pessoais, sociais simples e aderentes à sua condição humana. Vejam bem, estou falando de representações festivas, sempre de caráter religioso, que tradicionalmente sempre existiram, mas que neste período adquirem uma importância ainda maior, pois são assumidas dentro do espaço da *polis*, com um caráter cívico e comunitário, mediante a presença de um maior número de pessoas nas diferentes ocasiões e propósitos, mas que evidentemente ao lado de seu conteúdo religioso têm significativas implicações políticas e sociais.

Naquele período dos séculos VI e VII de grandes transformações culturais, ocorreu uma verdadeira efervescência religiosa, refletindo igualmente sentimento de insegurança, de busca de novos rumos, de necessidades transcendentais por um lado, derivadas da nova conceituação de excelência, onde a vontade humana não seria capaz de sozinha promovê-la aqui na terra. Esta situação levou a criação de seitas, de grupos, de círculos, que detinham um conhecimento esotérico e misterioso; de novas e urgentes necessidades de atuações imanentes e práticas de purificações de pessoas, de *genos*, de *oikos*, da *polis* diante das difíceis condições de vida, em que a intervenção divina era requerida mesmo através de magos que atuavam como intermediários; da proliferação de deuses protetores derivados de deuses tradicionais ou através da deificação de heróis locais, e, finalmente, do ímpeto avassalador vindo do interior, do campo, surgido a partir do ctônico, ambíguo, complexo, multifacetado deus Dioniso, de grandes dificuldades de entendimento para as camadas da população mais civilizadas.

Conceituar corretamente a questão da religião grega é tarefa significativamente complexa, como inclusive já vinha colocando, a partir de Cornford, com sua classificação de deuses olímpicos e deuses do mistério, facilitadora do entendimento das duas correntes filosóficas baseadas em tradições cientifica e mística. Burkert[141] em sua extensa obra sobre religião nas épocas arcaica e clássica trabalha com parâmetros muito mais detalhados, devido ao alcance de suas pesquisas, porém utiliza um esquema com distintas nuances, onde ganham relevos algumas características muito especiais dos deuses antropomórficos ou olímpicos. Destas a mais significativa, e sem dúvida a mais radical, é de que esses deuses procuram se manter o mais longe possível de qualquer coisa que se refira a morte, odiando profundamente a casa de Hades, mantendo igualmente uma abissal distância dos pobres mortais, e abandonando sem nenhuma consideração aos grandes heróis homéricos, quando estes são obrigados a encarar a morte. Todavia, como bem salienta Burkert: "[...] estes deuses não podiam representar a rica plenitude da realidade; a religião não se limita ao culto dos deuses, mas também inclui relações com os mortos e os heróis."[142] A conclusão que chega Burkert é de que os mistérios, recorrendo a tradições soterradas ou não gregas começaram a alimentar as esperanças dos indivíduos com a especulação universal e trataram de superar a gélida solidão do homem diante da morte.[143]

Para entender um pouco melhor, de como se deu a evolução da religiosidade grega, já no âmbito da *polis*, temos que constatar alguns pontos básicos, e neste sentido vamos continuar seguindo a Burkert. Na mitologia grega se suprime quase totalmente um mito importan-

---

141 BURKERT, 2007.

142 BURKERT, 2007, p. 274.

143 BURKERT, 2007, p. 274.

te para outras religiões: a criação dos homens por obra dos deuses e, portanto, a ausência de responsabilidade dos deuses com relação aos destinos dos homens como vimos anteriormente na "Teogonia" de Hesíodo. Ainda segundo este pensador, deuses e homens estão uns ao lado dos outros, separados inclusive nos ritos sacrificiais como aparece claramente explicito no mito de Prometeu e, entretanto, relacionados entre si como imagem e seu reflexo. Entretanto, se os deuses não podem dar vida, podem aniquilar, como vimos seguidamente nos textos homéricos, seja devido a seus interesses, preferências, em seus embates com outros deuses, ou por outra razão qualquer: assim existe em todo deus um lado obscuro e perigoso.[144]

Desta forma, os homens em seus cultos aos deuses visam obter primordialmente favores recíprocos, *charis*, "graças", "dons": é justo dar aos deuses dons propícios, pois eles se mostrarão agradecidos, como diz Príamo quando fica sabendo que eles cuidam de manter o corpo de Heitor mesmo após sua morte. Entretanto, nesta relação nada é seguro: os deuses podem aceitar ou não os dons oferecidos, sem nenhuma explicação, como na *Ilíada*, quando os aqueus fazem sacrifícios expiatórios para se livrarem da peste enviada por Apolo, e este se emociona e se deleita com a oração do sacerdote no canto cultual e faz desaparecer a desgraça. O homem nunca pode estar seguro de seus deuses, correndo riscos consideráveis particularmente quando chegam a demasiado alto, devido as suas invejas, que os leva a ameaçá-los com a destruição. Em resumo, como diz Burkert:

> [...] o homem está diante de seus deuses como um indivíduo modelado, frio, como as estatuas de seus deuses. É um tipo de liberdade e espiritualidade, conseguido a custas de segurança e confiança. Mas a realidade impõe seus limites, inclusive ao homem liberado: os deuses são e continuam sendo os mais fortes.[145]

Entretanto, as coisas não são assim tão simples, pois do próprio lado dos deuses, existe uma diferença fundamental, entre os olímpicos, do âmbito do celeste, e os chamados deuses ctônicos, que pertencem à terra, que o próprio Burkert chama atenção. Assim, não somente os mortos pertencem à terra, mas também os deuses ctônicos, dos quais se fala de mal grado e normalmente fazendo apenas alusões vagas. Porém, não é possível levantar cortinas de fumaça e tentar encobri-los,

---

144 BURKERT, 2007, p. 254.

145 BURKERT, 2007, p. 255.

pois eles estão bem presentes, como nos casos de Hades e Perséfone, os titãs, as Erínias, Demeter, a Chthónia, Dioniso filho de Perséfone, mas, principalmente, o Zeus ctônico, o Zeus dos mortos, venerado e cultuado em várias regiões, até mesmo em Atenas em sua festa, as Diasias. O famoso "Zeus Meilichios", se representa como figura paterna que significa reconciliação com os defuntos da mesma forma que seu nome personifica o efeito "mitigador" das libações aos mortos.[146]

O culto dos deuses olímpicos e dos ctônicos – incluindo os mortos – atendiam aos mesmos esquemas rituais como as necessidades sociais e psicológicas da comunidade: em ambos havia lugares de culto estabelecidos e eram bem diferenciados dos sacrifícios profanos, com sacrifícios de animais, fogo, oferendas de alimentos, libações e orações. São comuns aos dois, o bem e o mal, a ira e a graça, a curação dos enfermos, a revelação mântica e a epifania, que eram dispensados aos participantes. Entretanto, tinham eles uma oposição fundamental, a partir de suas disposições, pura, festiva e exaltada, contra contaminadas, abatidas, chorosas e lamentosas de outro lado: no caso dos deuses nenhum lamento era aceitável, para não perturbar a "ευφημια" (*euphemia*), silencio religioso, louvor, aclamação. De acordo com Burket, sacrificar em honra dos deuses é consagrar, e perfumar, aromatizar, com o fumo indo para o alto, e celebrar um sacrifício fúnebre era "dedicar", "tabuizar", ou cortar dentro o fogo. O templo dos deuses era erguido sobre uma estrutura de três andares, enquanto os santuários familiares eram realizados em "casa sagrada", *oikos*, como também os mistérios utilizando uma fossa sacrificial coberta por uma construção circular (*thólos*). O altar para os deuses se levanta como uma construção de pedra e para os mortos existe um lugar ao nível do solo ou uma fossa que aponta para as profundidades, e finalmente o momento mais adequado para estes sacrifícios é a tarde ou na noite enquanto a festa dos deuses começa com a saída do sol.

Na verdade, os cultos e ritos funerários sempre pertenceram à tradição grega, em sua fundamentação e expressão da identidade da família, onde a vontade e necessidade da continuidade da estirpe era uma obrigação fundamental para os gregos, como veremos em detalhes ao analisarmos *Antígona* de Sófocles, com seu desejo absoluto de enterrar o irmão Polinices. As fases do rito funerário normal envolviam a exposição do cadáver, sua transferência para o exterior, em geral para

---

146 BURKERT, 2007, p. 271.

as vias de acesso à cidade, e os sacrifícios para o defunto seguido do banquete fúnebre, a que se associa um contínuo culto as tumbas. Este cenário vai se alterar com o desenvolvimento da *polis*, e com a posição dos legisladores, ao menos desde Sólon, na tentativa de reduzir os gastos destinados aos funerais, de dar certa racionalidade aos excessos emocionais envolvidos, mas, principalmente, se reafirma a posição política da isonomia da *polis* frente às ostentações das famílias poderosas. A decadência do culto normal dos mortos na evolução da *polis* grega vai ajudar a engendrar a importância a ser dada as tumbas individuais, as dos heróis (*herôon*).

A existência de uma classe de heróis ou semideuses, entre os deuses e os homens é uma característica da mitologia grega, como vimos anteriormente tanto em Homero com seus heróis aqueus, e Hesíodo com sua raça de heróis, particularmente os que combateram em Tebas e em Ilion. Porém, a partir do século VIII, o conceito de herói é mais utilizado por fazer referência a um defunto que desde sua tumba exerce um poder benéfico ou maligno que exige uma veneração apropriada, como pontua Burkert. Apesar de continuar a existir a separação básica dos deuses em relação aos humanos, e consequentemente também em relação aos heróis, estes passam a compartilhar com os deuses a esfera do sagrado, com respaldo inclusive das leis, como as de Dracon que ordenava expressamente que ambos fossem venerados. Cultos, juramentos, orações são a eles dedicados, e nos simpósios a primeira libação era para os deuses e a segunda para os heróis. Após a vitória em Salamina, os gregos de uma forma geral atribuíam a vitória não a eles, mas aos deuses e aos heróis.

A principal característica do culto dos heróis é de que além de sua função sagrada e espiritual, ele tem um alto componente social, de grupo, de comunidade, da *polis*: o herói está ali, junto a todos, para o bem ou para o mal, e mais fundamental ainda, passível de ser julgado pelos bens ou pelos males que traz à cidade. Portanto, o herói está sempre vinculado a um lugar: atua nas imediações de sua tumba, para sua família, seu *oikos*, para o grupo ou cidade. Desta forma, o culto dos heróis representa não somente para as pessoas, mas igualmente para as comunidades, possibilidades imensas de liberdade, de dinamismo social e principalmente "proximidade" aos seus protetores, aplicadas diretamente em seus costumes religiosos, pois não há necessidade de criação de novos deuses, nem refutar os já existentes, ou mesmo de criticar ou desejar que estes se modifiquem: podem surgir novos heróis, a qualquer momento, especialmente nas difíceis circunstâncias daqueles tempos, de conflitos, guerras e de transformações sociais, além, é claro, diante do exército de mortos, que em certos casos, podem vir a receber honras heroicas pelas mais variadas razões.[147]

Ao abordarmos estas questões dos cultos dos mortos, dos deuses, e particularmente do culto dos heróis, nos acercamos de forma definitiva da questão orientadora de nossas reflexões, a *polis*. Porém esta nossa aproximação tem como característica principal, diferentemente de vários filólogos e analistas, a constatação de que o verdadeiro suporte para as transformações sociais e políticas engendradas pela *polis* foi a criação de um vínculo quase indestrutível com a religião, sem nenhuma discriminação quanto aos cultos destes ou de quaisquer deuses e heróis, mediante o atendimento do único requisito básico, qual seja, o caráter social da manifestação, e à sujeição as normas e procedimentos estabelecidos pela inclusão da mesma na vida da *polis*. Esta postura flexível e de aceitação dos diferentes cultos e festas, fossem eles dirigidos aos deuses olímpicos, aos deuses ctônicos, aos mortos, aos heróis ou aos deuses de mistério, foi fundamental, mesmo admitindo os naturais propósitos políticos de controle, para que os cultos báquicos fossem incorporados à *polis*, especialmente na Ática, mediante um processo civilizatório, onde os excessos do menadismo, característico daqueles cultos, fossem contidos, cujas repercussões serão detalhadas no próximo capitulo.

O alcance e a profundidade deste vínculo pode ser bem avaliado a partir da constatação que as práticas ritualísticas de cunho religioso, mais que um encontro não vinculante, significava "participação" (*hierôn metéchein*), levando a um crescimento da participação ativa dos "iguais" naquelas festividades religiosas e a criação de uma base de entendimento, confiança e solidariedade entre os cidadãos da *polis*. Como consequência desta interação inicial ocorreu um incremento de uma participação mais qualificada das pessoas nos processos políticos da cidade, devido ao conhecimento que tinham adquirido com os demais, como bem salientou Platão em suas Leis (738d.), levando ainda a uma dominância daquelas efemérides religiosas na vida social e política da cidade. Porém ainda existe algo mais neste processo, que de certa maneira fugiu aos principais filólogos que se debruçaram sobre a questão da religião grega.

---

147 BURKERT, 2007, p. 278.

O primeiro ponto necessita de uma introdução, que foi bem desenvolvida e explorada por muitos analistas, que diz respeito à criação dos deuses por Homero e Hesíodo segundo o dizer de Heródoto. À parte de certo exagero nesta afirmação, já que aqueles deuses existiam bem antes dos dois poetas, pode-se dizer que através da arte e da poesia, eles foram incorporados as consciências dos gregos, com bastante liberdade e criatividade, como já vimos. Entretanto, como bem salienta Nilsson, recordando ainda o colocado por Cornford anteriormente, as crenças e a piedade do povo grego com seus mitos, cultos e ritos haviam sido estabelecidos e modelados de forma profunda e arraigada através de grupos sociais primitivos, da família, do clã, das tribos, que vai permitir e facilitar a emergência e consolidação das práticas religiosas na *polis*, com seus mortos, seus heróis e seus deuses. A força desta tradição, desta corrente de envolvimento social, e desta interação entre as pessoas era muito mais forte do que as belas imagens dos distantes deuses olímpicos, e é evidente que acabaram por prevalecer.

Entretanto, aqui é o ponto que queremos dar ênfase, por que este processo de expansão religiosa, desde seus primórdios até envolver inteiramente a *polis*, foi realizado da mesma forma que Homero, ao falar de seus deuses, com liberdade, e criatividade, neste caso, dignas de poetas e de grandes realizações artísticas, porém com algumas características distintas? A mais evidente é de que esta criação, além de seu caráter de práxis religiosa, era dirigida a um grupamento social composto por cidadãos de uma *polis*, onde seus aspectos individuais eram totalmente relegados a um segundo plano, e onde os deuses atuavam, ou eram solicitados a atuar levando em conta o tempo: dias, meses, estações, anos; presente, futuro; vida e morte, e até mesmo renascimento e reencarnação em algumas seitas. Estamos assim, bem longe da divisão, da sorte, das províncias espaciais, característica da atuação dos deuses olímpicos, com suas funções específicas, e neste sentido muito mais próximos dos deuses de tradição mística, de acordo com a classificação de Cornford.

De outro lado, por suas naturezas, os cultos aos mortos, os cultos aos heróis, aos deuses ctônicos e aos deuses de mistério, nada tinham de racional, baseados que eram em pura subjetividade, mesmo no caso dos heróis em suas relações com a *polis*. O exemplo clássico é o de Clístenes que em 510 aboliu através de medidas racionais e radicais as antigas aglomerações familiares e criou artificialmente dez tribos com nome de heróis que seriam venerados na praça do mercado em

Atenas. Isto só foi possível por meio do poder sancionador do oráculo de Delfos, perguntado se esta mudança era boa e proveitosa para a *polis*. Os heróis nem sempre tinham tido vidas santas, nem ascendência divina, nem terem executados feitos heroicos, porém tinham alguma qualidade extraordinária que era sentida: algo indecifrável, misterioso e inquietante, que obrigava a todos a passar diante de um *herôon* com respeito e em silêncio.

Dois comentários finais quanto a esta questão religiosa. Diante do quadro que traçamos com relação às práticas religiosas na *polis*, e da enorme diversidade de cultos e festividades, fica difícil e principalmente inócuo se falar de politeísmo dos deuses antropomórficos, a não ser por puro interesse cultural e artístico, devido, principalmente, as reais condições religiosas que prevaleceram na *polis*, onde inexistia quaisquer restrições de rituais aos mais diferentes entes espirituais, desde um politeísmo muito maior e mais abrangente do que o referido somente aos deuses olímpicos, como também a um monoteísmo consciente, caso as condições sociais assim determinassem. De outro lado, ao se acoplar os dois processos, o social-político e o religioso, fica mais claro ainda a vontade, disposição, e interesse dos gregos em suas autocriações para usar um termo tão caro a Castoriadis, que implica de imediato em renovação e recriação, cujo exemplo mais evidente foram as "criações" das colônias mundo afora de modelos autenticamente gregos, mas que tem um componente religioso da maior importância, que é ligado ao permanente renascimento, a partir do social, que atinge em cheio os indivíduos. Este tema será retomado quando falarmos da tragédia ática e das origens dionisíacas delas. Resta ainda falarmos algo sobre a *polis*, além de tudo que já foi dito, e certamente do que será visto em tintas bem mais fortes nas tragédias áticas.

A evolução do conceito de *polis* até seu ápice a partir das reformas democráticas de Clístenes em Atenas ocorreu devido a uma série de razões históricas, que procurarei aqui sintetizar, sem jamais esgotar tal assunto, devido às enormes contribuições, controvérsias e discussões existentes sobre o assunto. Entretanto vou estabelecer como premissas naquela evolução alguns aspectos que se complementam e que estão permanentemente presentes nos arranjos políticos e sociais das comunidades gregas, desde a queda da realeza palaciana do período micênico.

Conceituar *polis* é uma tarefa ingrata, pois dificilmente teria capacidade pessoal de dar a real dimensão que a mesma tinha para os gregos. Nesta busca de entendimento do conceito de *polis*, seguiremos a Castoriadis,[148] Glotz,[149] e Kitto.[150] A *polis* não é uma cidade como nós entendemos, era bem mais que isto, pois envolvia um centro urbano, a *asty*, e um território rural, com o objetivo claro de se tornar ou de buscar ser uma entidade autárquica, ou, em outras palavras, depender o mínimo possível de outras instancias: ela deve necessariamente bastar-se a si mesma, ser autônoma. Ela também não é um território, como veremos adiante, e, principalmente, ela não é um Estado, no sentido moderno do termo, e por esta razão sua tradução como Cidade-Estado é pouco convincente e nada diz. Não se encontra nela um aparato separado que concentre os poderes de decisões e execuções, sendo assim uma cidade independente, com as três características definidas por Tucídides: *autódikos* – que tem seu próprio poder judicial – e *autóteles* – que se governa. Desta forma a *polis* é uma comunidade de cidadãos livres, que ao menos nas cidades democráticas fazem suas leis, julgam e governam, que deve ser entendida como uma entidade viva e ativa na qual os homens gregos optaram por viver, onde pudessem concretizar suas capacidades morais, espirituais e intelectuais, em um ambiente de justiça e liberdade.

O primeiro ponto é que, devido às condições geográficas específicas, a partir de suas conformações familiares e tribais, as comunidades gregas, após os anos obscuros, optaram sempre por se manterem restritas, e nunca almejaram como bem mostra a história, a perseguição de vastos domínios, nem a formação de grandes Estados. Kitto cita em seu livro sobre os gregos que em Creta onde Idomeneu governara como único rei, vamos encontrar cerca de cinquenta *poleis* inteiramente independentes, mostrando que não somente os reis haviam desaparecido, mas também os reinos. Aristóteles descreveu a existência de 158 sociedades autônomas, porém existiam mais de dez vezes este número. Hipodamo de Mileto, famoso arquiteto-sociólogo julgava a cidade ideal com 10 mil cidadãos, e Platão fixava o número necessário e suficiente de pouco mais de 5.000 habitantes por meio de um cálculo pitagórico. Porém, na realidade, existiam apenas 20 *poleis* com mais habitantes que os preconizados por Hipodamo, e em toda a Grécia, incluindo suas colônias, somente três *poleis* tinham mais de 20.000

---

148 CASTORIADIS, 2012.

149 GLOTZ, 1980.

150 KITTO, 1980.

cidadãos, Siracusa, Agrigento e Atenas. Assim, do ponto de vista quantitativo a cidade grega era algo bem pequeno. Porém fica a pergunta: quando e como aparece a *polis*?

Relativamente a esta questão, surgiu uma enorme quantidade de teorias, a maioria delas atribuindo a fatores específicos as razões que levaram à *polis*, fossem elas de caráter econômico ou de caráter demográfico após os séculos obscuros, de caráter religioso pela implantação junto as acrópoles de templos dedicados aos deuses protetores, ou ainda outros fatores diversos. Poderíamos aqui desenvolver até novas teorias sobre o assunto, porém acho que o fundamental neste processo foi a busca de uma solução que privilegiasse a autonomia, a liberdade, a independência, a auto-gestão e a participação política dos cidadãos, valores que foram adquirindo importância crescente, e julgados a partir de certo estágio deste processo como sendo indispensáveis pelos próprios habitantes para uma vida em comunidade. Neste sentido foi definitivo o movimento dos gregos no desenvolvimento e implantação de suas colônias, tanto em seu primeiro momento quanto na chamada segunda colonização, onde o ideal de comunidade imaginada por eles teria menos resistências caso fosse feita na própria Grécia. As colônias de Naxos e Cumas na Itália antecederam em quase dois séculos os movimentos dos demos na Grécia propriamente dita.

Aliás, esta conformação foi de grande sabedoria, pois possibilitou o vasto e extensivo processo de colonização grega em praticamente todo o Mediterrâneo que ocorreu a partir do século VIII, onde eles puderam ensaiar novas organizações políticas em busca de suas autonomias, mantendo, entretanto, o vínculo com suas tradições familiares, religiosas e culturais, que de alguma forma influenciaram os modelos mais tarde implantados na própria Hélade. Ainda, relativamente a estes processos de colonização, é oportuno assinalar que as teses demográficas associadas às pobrezas das regiões cujos habitantes emigraram não tem sustentação, podendo-se mesmo dizer que a colonização ocorreu justamente naquelas áreas mais prosperas da metrópole, como Eubeia, Corinto e Megara. De qualquer forma, a característica de formação da *polis* com suas dimensões restritas sempre foi buscada, e neste sentido é esclarecedor, o fato de que no ocidente várias colônias foram criadas a partir dos colonos já anteriormente instalados em outros sítios, com a clara decisão de não aumentar a colônia inicial, como aconteceu no sul da Itália e na Sicília. Alguns analistas ponderam que neste quadro restrito:

> [...] o homem grego vive, trabalha, exerce seus direitos cívicos e presta um culto a seus deuses: esta entidade política de reduzidas dimensões, pela qual é chamado a combater e a morrer, adaptava-se perfeitamente às suas exigências e gostos.[151]

No mesmo sentido pode ser explicada uma certa repugnância grega com relação à união de *poleis* que ou duraram por pouco tempo ou se transformaram em grandes fracassos, como as ligas jônicas e de Delos.

Acrescenta-se ainda outro fator que contribuiu em muito para esta identidade social restrita: o fato de que grande parte das comunidades gregas foram fruto de movimentos migratórios realizados por tribos específicas ou por deslocamentos populacionais internos ao território grego. São exemplos, destes deslocamentos, as invasões dóricas e outras em direção à Grécia continental e ao Peloponeso que levaram a derrocada do período micênico, os movimentos dos gregos em direção as ilhas Cíclades, a Jônia e a Eólia na costa da Anatólia, em direção as ilhas orientais do Mar Egeu, a dos próprios dórios em direção as ilhas do sul, Creta e Rodes, para falar apenas de grandes movimentos populacionais. Estes movimentos ajudaram na constituição de estados restritos, onde a questão da segurança jogava um papel importante, com a natural seleção de locais protegidos e de dimensões reduzidas, além de reforçarem os vínculos pessoais, familiares e tribais daquelas mesmas comunidades.

Deve-se notar que estes movimentos levaram séculos para se concretizarem: existem indícios derivados das pesquisas arqueológicas que os gregos já estavam na Anatólia, em Mileto e Claro no século XIV, portanto, anteriores ao final da época micênica e posteriores possivelmente aos cretenses minoicos. Normalmente estas colonizações na Jônia são datadas entre os séculos XI e IX. Antes de prosseguirmos, é importante ressaltar que no caso da costa anatólica, os gregos até pudessem ter originariamente o desejo de tentar uma expansão para o interior, e terem se desenvolvido em áreas maiores, porém não tinham condições de enfrentar o império dos Lídios e, posteriormente, dos persas que acabaram controlando aquela região fronteiriça.

Todos esses fatos podem dar a impressão de que os gregos ao estabelecerem suas *poleis* privilegiavam um determinado e unificado território, em seus aspectos geográficos, como sua cidade natal, sua terra, expresso através de seus oradores, seus atletas e poetas de forma tão

---

151 CHAMOUX, 2003, p. 236.

magnífica. Porém, a principal essência daquelas cidades era, sem dúvida, a humana, o conjunto dos homens que as compunha, o nome do povo que lá habitava. Não é Atenas, mas os atenienses; não é Esparta, mas os Lacedemônios; não é Corinto, mas os Coríntios; não é Argos, mas os Argivos. Podia-se perder um sítio, uma terra, um território, como ocorreram em vários ocasiões, mas o que não podia ser perdido nem dissolvido era o corpo cívico da cidade, era sua organização, eram seus cultos e ritos, era sua identidade como cidade e como cidadãos, que no fundo se confundiam. Assim, sempre existiria a saída da emigração, da transferência daquele corpo cívico para uma outra localização, o que ocorreu em várias oportunidades.

E mais, tratava-se de uma forma de vida que atendia ao caráter social dos homens gregos em vários sentidos: a *polis* era capaz de preencher uma quantidade grande de atividades da vida, a religião, a arte, os jogos, as discussões que foram substancialmente incrementadas com a evolução política, administrativa e jurídica que levavam os cidadãos a desempenhar seu papel na gestão dos negócios de Estado juntamente com os demais membros da *polis*. E tudo isto bem as suas vistas, nos mesmos lugares, com o conhecimento de todas as pessoas, sabendo o que representavam, onde trabalhavam, se na agricultura, se no comércio, se no transporte marítimo com grande facilidade, sem tensões desnecessárias, devido a pequena escala em que as coisas ocorriam. E, finalmente, atendendo aos dois conceitos básicos dos gregos, com relação a busca da igualdade entre os próprios cidadãos, permitindo naquele âmbito atender seus espíritos agônicos nas performances poéticas, nas discussões, nos embates políticos, nos jogos, e se preparando para orgulhosamente bem representar aquele povo em todas essas áreas, e inclusive nas lutas e nos combates de qualquer natureza contra outras *poleis*.

E aqui nos acercamos da principal característica da *polis* para os gregos que levou Aristóteles a definir o homem como sendo um animal político, querendo na realidade dizer que "[...] o homem é um ser que vive numa *polis*",[152] tamanha a dimensão política atribuída à ela. Para os gregos a *polis* era entendida como uma entidade viva: a *polis* via, avaliava no sentido grego; falava por intermédio de seus conselhos, ou através de todos; escutava a cada um em particular e costumava gravar bem o que havia se falado; instruía a todos gregos e estrangeiros – com

---

152 KITTO, 1980.

exceção de Esparta, segundo Péricles –; proporcionava espetáculos culturais; promovia cultos a seus deuses heroicos ou mesmo a deuses pan-helênicos, mas, principalmente, a *polis* atendia os desejos de justiça para todos, reparando ofensas, injustiças, mesmo que familiares, por meio de suas leis particulares, escritas, gravadas ou consensuadas, dependendo do estágio em que elas se encontravam.

Estamos diante de um grande divisor de águas, da questão mais importante e mais delicada na evolução da *polis*: a justiça. Ela é sem nenhuma dúvida, junto com a religião, a maior responsável pela consolidação da *polis*, no sentido de permitir uma vida em conjunto, em comunidade, capaz de atender e acomodar os interesses dos diversos grupos sociais, e incentivar suas participações cívicas e políticas, na condução dos negócios da cidade, e mais importante, facilitando e permitindo uma vida digna, criativa, segura e em liberdade a todos os cidadãos. Neste sentido, da importância da justiça, podemos afirmar, que ela sempre esteve presente desde os tempos imemoriais, e que foi devidamente ressaltada pelos poetas épicos, como em Homero por meio de alguma passagens emblemáticas, envolvendo, como vimos, a figura da deusa Themis no cumprimento de suas duas funções divinas, quais sejam, convocar e dissolver a Assembleia dos Deuses, e presidir os banquetes divinos. Apenas para recordar Themis, na "Teogonia", é uma das titânicas, filha de Cronos, que gera a Paz, a Justiça, a Equidade, e se torna a deusa mais presente no Olimpo para todo o sempre; em Delfos, Themis vem logo depois de Gaia, e portanto, antes de Apolo; e como veremos mais adiante em Esquilo, no *Prometeu acorrentado*, Themis é considerada uma nova representação da deusa-Mãe.

Jane Harrison coloca bem que Themis começa na Terra e acaba no Céu. Em várias regiões da Grécia, Themis era reverenciada no plural como Themistes, apesar de que por trás das normas, das várias opiniões públicas, dos vários julgamentos, levanta-se a figura de uma única deusa. Mas estas *Themistes*, estas convenções fixas significavam para os gregos "ser civilizado": sempre foi a base de qualquer soberania, e como tal a base para a *polis* e para a futura democracia. E não apenas como regras que deveriam ser seguidas no presente, mas também como profecia de como deveria ser no futuro. A atitude grega com relação a Themis e as Themistes fica mais clara na passagem da *Odisseia* referente aos Ciclopes:

> Chegamos à terra dos Cíclopes arrogantes e sem lei
> Que, confiando nos deuses imortais, nada semeiam

Com as mãos nem aram a terra; mas tudo cresce
E dá frutos sem se arar ou plantar o solo:
Trigo, cevada e as vinhas que dão o vinho a partir
Dos grandes cachos que a chuva de Zeus faz crescer.
Para eles não há assembléias deliberativas nem leis;
Mas vivem nos píncaros das altas montanhas
Em grutas escavadas, e cada um dá as leis à mulher
E aos filhos. Ignoram-se uns aos outros.[153]

Para os gregos, apesar de reverenciarem os deuses, eles são bárbaros, pois são "*Athemistes*", não tem costumes, convenções e não tem "ágora".

Ao longo de nosso trabalho ela, a justiça, sempre foi mencionada, a partir de Cornford, desde os tempos primitivos com suas associações com a natureza, com a Moira e posteriormente com a religião, em Homero com Themis com suas funções divinas, convocando e dissolvendo a assembleia dos deuses, passando naturalmente por Hesíodo, em relação as suas preocupações com a *hybris* e a *diké*, em sua dicotomia de justiça divina e justiça dos reis, evoluindo no pensamento de Anaximandro na moralidade presente em sua ideia do *apeíron*, origem de todas as coisas, até chegar aos magistrados na elaboração e divulgação das leis, consolidadas através de constituições especificas a cada *polis*, submetendo a todos, um padrão de comportamento e atitude de forma a se obter um cosmo ordenado e justo. E finalmente tornando-se, no mais fundamental aspecto da *polis*, ao permitir e facilitar o objetivo de igualar a todos os cidadãos e de acomodar os poderes de conflito e de união (*Eris-Philia*), os dois polos da vida social dos gregos.[154]

Vimos anteriormente como a religião forneceu um suporte fundamental para a consolidação da *polis*, porém foi o direito e a justiça que conseguiram criar as condições objetivas para encarar as três condições necessárias e realistas para que o projeto da *polis* do ponto de vista político pudesse ser exitoso, como acabou ocorrendo. Primeira, a desconcentração do poder da soberania, que passou da realeza para os vários tipos de oligarquia, em alguns casos pela tirania, até eventualmente à democracia; a segunda através do relaxamento das rígidas relações familiares e das *oikos* no sentido de uma participação social e publica mais ampla, e a terceira da necessidade do alargamento da

---

153 CANTO IX, v. 106-115. Cf.: HOMERO, 2003, p. 148.

154 VERNANT, 1977, p. 31.

base dos cidadãos semelhantes (*homoios*) com a incorporação de novas classes sociais, agricultores, soldados (*hoplitas*), artesãos, pessoas que viviam nas montanhas, nos litorais, e estrangeiros de forma geral.

Estes processos ocorreram das mais variadas formas, em ordens e sequências distintas, com maior e menor intensidade, de formas violentas e nem tanto, em prazos maiores ou menores, enfim, dependendo de cada situação específica. Todavia, o importante a reter, é de que sempre predominaram ações políticas visando à consolidação da *polis* como entidade representativa de todo aquele povo, onde alguns perderam força e poder, a par de outros que se beneficiaram em determinado sentido. Lembremo-nos das sabias palavras de Tucídides: ανδρες γαρ πολις, "pois a *polis* são os homens". A descrição dos processos que levaram a sociedade da nobreza para a oligarquia, e desta para a democracia, e o afrouxamento das fechadas relações familiares, com todas suas implicações do ponto de vista do direito foram desenvolvidas por brilhantes analistas, e apesar de sua importância, por sua extensão e complexidade será deixada de lado neste momento, inclusive por que serão vistas, em profundidade, adiante quando tratarmos da tragédia.

O ponto que nos parece mais importante e pertinente em nossa abordagem é a emergência no âmbito da *polis* de um novo homem. De um homem que será buscado intensamente, cujos rasgos ou traços pude identificar claramente quando falei dos poetas elegíacos, iâmbicos e líricos, e que se tornou quase uma obsessão por parte de Platão e Aristóteles, qual seja o homem justo. Porém, o mais fantástico na busca deste novo homem, que simplesmente não poderia ser apenas o mais valente, mas que deveria reunir, por exemplo, as quatro virtudes platônicas da *força*, *piedade*, *justiça* e *prudência* é de que ao mesmo tempo se buscava igualmente e com toda a intensidade possível a criação da *polis virtuosa*, onde todos teriam direitos e deveres plenamente reconhecidos por meio das leis, e talvez o mais importante, em que todos seriam forjados através de uma educação que imprimisse no caso o espírito da *polis*.

As consequências no campo das ideias da aproximação dos homens com uma organização política e social que ocorreu no caso da *polis*, em que o valor e a conduta do homem eram julgados simplesmente pelo bem ou mal que poderia advir para o conjunto dos cidadãos não tem paralelo na história, tendo sido considerado como um grande paradoxo pelos teólogos cristãos posteriores. E este estágio de convivência superior somente foi conseguido por que a *polis* expressava-se concretamente na lei, que acaba se convertendo em rei como os gregos diziam:

> [...] e este senhor invisível não só subjuga os transgressores do direito e impede as usurpações dos mais fortes, como introduz suas normas em todos os capítulos da vida anteriormente reservados ao arbítrio de cada um.[155]

Finalmente, volto aqui a um tema esboçado anteriormente acerca da questão do renascimento, que considerei como tendo tido pouca atenção dos analistas e filólogos, mas cuja importância para os gregos parece ser indiscutível. Estamos diante neste caso da *polis*, não propriamente segundo alguns, da criação de uma segunda existência (*bios politicus*), porém de um processo completo de renascimento individual, já que um dos fundamentos da experiência da *polis* foi o de transformar o homem de forma integral em termos de valores, comportamentos, concedendo ainda um novo sentido para a vida, e não simplesmente agregando algumas novas características aos já existentes, e isto tudo dentro de um novo conceito cosmológico onde a religião, a lei e o direito estavam no centro da própria existência humana. Vamos ver a seguir se esta construção vai resistir aos embates, conflitos e divergências que serão colocados pelos poetas trágicos.

---

155 JAEGER, 2010, p. 142.

CAPÍTULO 5
O RENASCIMENTO NA TRAGÉDIA

E finalmente chegamos à tragédia grega, a tragédia ática, que ocorreu basicamente e da forma que conhecemos em somente uma *polis*, a ateniense. Como bem dizia Marie Delcourt,[1] em seu livro sobre o grande poeta Ésquilo, para se conhecer a Grécia, devemos inicialmente visitar metaforicamente Creta, depois a Jônia, especialmente Mileto e Lesbos, depois a Beócia e Tebas, em seguida Argos, Corinto e Micenas, alcançando Esparta e passando por Olímpia e Delfos antes de podermos nos aproximar da Ática, de Atenas. A ordem não era necessariamente esta, mas em todo caso, o que ela quis dizer é que do ponto de vista histórico, em termos da importância relativa das várias cidades gregas ao longo do tempo, Atenas somente aparece tardiamente, e que por outro lado ao se chegar a ela chega-se ao máximo esplendor da cultura grega, a seu ápice, onde se concentraram as marcas fundamentais que influenciaram sobremaneira a cultura ocidental. Um dos maiores elogios à Atenas é do sofista Hípias no Protágoras de Platão (337d), como sendo "na Hélade o próprio πρυτανειων' (*prytaneion*)[2], da sabedoria."[3] Este é um elogio feito por um retórico visitante aos seus anfitriões atenienses – e colocado em seus lábios por um mestre sutil da ironia –, todavia, não deixa de ser a verdade.[4] E talvez a maior de suas marcas, justamente durante o período da grande expansão política de Atenas, tenha sido a do teatro grego com suas comédias e tragédias, especialmente estas últimas, através de seus geniais poetas como Esquilo, Sófocles, Eurípides, que no espaço de menos de um século,

---

1 DELCOURT, 1934.

2 *Prytaneion* era a sede dos prítanes, membros do governo das cidades-estado na Grécia Antiga.

3 PLATÃO, 2017, p. 463.

4 KNOX, 2002, p. 93.

mais precisamente 80 anos, produziram tantas obras primas. A grande maioria se perdeu, somente 32 peças dos três poetas chegaram até nós, porém as que nos foram dadas conhecer, até hoje tentamos entender, e claro, sem jamais alcançar inteiramente o que eles pretendiam dizer, como bem acentua Ortega y Gasset, em *Meditaciones Del Quijote*, citado por Kerenyi, ressaltando seu caráter religioso:

> Para falar a verdade, devemos admitir que não a entendemos. A filologia não nos preparou suficientemente para assistir a uma tragédia grega. Talvez nenhum outro produto da criação artística seja tão permeado de motivos puramente históricos. Não se deve esquecer que em Atenas a tragédia era uma cerimônia religiosa encenada menos no tablado do que na alma dos espectadores. Palco e audiência eram envolvidos por uma atmosfera extrapoética: a religião. O que chegou até nós parece-se com um libreto de uma ópera de que nunca ouvimos a música – o avesso de uma tapeçaria, extremos de uma trama multicolorida a despontar de uma superfície tecida pela fé. A fé ateniense embaraça os helenistas: eles são incapazes de reconstruí-la. Até que o façam, a tragédia grega será uma pagina escrita numa língua de que não temos dicionário.[5]

No presente trabalho, adotarei a mesma humildade com relação ao tema, não tendo assim igualmente a pretensão de entendê-la, mas considerar fundamental me beneficiar desta experiência única, para seguir adiante em meus propósitos, partindo de um conceito bem simples: reconhecer nas manifestações artísticas daqueles poetas, obras de arte dramática, de caráter social e público, que estavam inseridas em festas e festivais ocorridas na polis de Atenas em honra ao deus Dioniso, para a quase totalidade de seus cidadãos, que atendiam a determinadas regras em suas performances, e que por outro lado sofreram significativa evolução ao longo do tempo, para a qual contribuíram em muito os três poetas mencionados. As temáticas e a própria estrutura da tragédia foram derivadas de várias fontes: dos mitos e narrativas épicos envolvendo os deuses olímpicos e os heróis, das performances dos cantos corais líricos com suas músicas e danças, da evolução da polis no sentido do estabelecimento do direito e da justiça humanas, do incremento da atividade cívica em um momento de busca da igualdade dos direitos de cada cidadão da *polis*, e em seu início de fatores religiosos relacionados a rituais de fertilidade e de renascimento, envolvendo o deus Dioniso, concedendo-o um papel destacado nas festividades associadas aos concursos dramáticos, o que me obriga a iniciar minhas reflexões por eles.

---

5 ORTEGA Y GASSET *apud* KERENYI, 2002, p. 271.

Neste sentido, ao encarar a controvertida questão das origens da tragédia, que gerou enormes discussões e controvérsias, até hoje não totalmente resolvida, especialmente devido ao sentido e importância das contribuições derivadas de ritos religiosos primitivos, como os do Sol, dos espíritos da vegetação, dos dramas sazonais de morte e renascimento das estações, das performances da lírica grega em geral, particularmente com os "ditirambos" em honra do deus epifânico Dioniso, das lamentações fúnebres, dos desejos de alcançar a imortalidade, dos mitos heroicos belamente estampados na épica homérica, ou ainda de suas fontes dóricas, preciso falar um pouco deste deus tão especial e controvertido, bem como, de seu importante desembarque na Ática. A chegada do deus, naquela região, vindo de outras paragens, ou da própria Grécia, como Creta, Naxos, e Icaria, é de fundamental importância para o tema, independente de qual seja a versão das origens da tragédia que viermos a adotar, pois não há quem duvide da estreita relação das festividades dionisíacas atenienses e dos concursos trágicos com o deus. Sua entrada na Ática e na *polis* de Atenas, que veremos em detalhes mais adiante, além de sua especificidade histórica, cultural e religiosa, com seu caráter civilizatório, tornou-se um contraponto de outras epifanias do deus em distintas partes da Grécia, violentas e surpreendentes, sem falar das repetidas versões acerca de suas origens estrangeiras, que tanto o marcaram, mencionado de forma indelével em sua chegada a Tebas, no prólogo das *As bacantes* de Eurípides, com toda sua estranheza, em que o próprio deus Dioniso assume a forma humana:

> Eu deixei a Lidia de campos fecundos em ouro, as planícies da Frigia, para os planaltos da Pérsia, queimados pelo sol, as cidades muradas de Bactriana, assim como o país dos Medos, gelado pelo inverno - e a Arábia feliz, toda a Ásia enfim "Ασιαν τε πασαν"(Asian te pasan), deitada à beira do mar salgado, e suas cidades de belas muralhas, cheias de gregos misturados às raças bárbaras.[6]

Entretanto, esta citação de Eurípides refere-se explicitamente ao mito da chegada do Deus a Tebas, a reação do rei Penteu àquele estrangeiro que ele não reconhecia nem como um deus, nem como filho de Zeus, com todas suas consequências posteriores, na que hoje é considerada a mais perfeita tragédia de Eurípides. Nesta peça é dado relevo a uma das versões do nascimento do deus, como filho de Sémele e Zeus, portanto, relacionado à família de Cadmo, pai de Sémele e

---

6 TRABULSI, 2004, p. 157 , v.13-20.

fundador da cidade mítica de Tebas. Esta versão de seu nascimento é considerada como sendo a do "segundo Dioniso", e de alguma forma bem mais aceitável que a do "primeiro Dioniso", uma lenda mais antiga, mas que demonstra claramente suas relações com a vida, a morte e o renascimento, em seu duplo nascimento, a partir do ventre de sua mãe Sémele, fruto de uma noite de amor com Zeus nas cavernas, que devido a um ardil engendrado pelo ciúme de Hera a faz presenciar indevidamente todo o poder olímpico de Zeus, levando-a a ser queimada pelos raios do deus e enviada para o Hades. A divina criança é salva, tem seu segundo nascimento e gestação final nas coxas do próprio Zeus, ficando aos cuidados de Hermes e de suas amas de leite nas planícies de Nisa. Não custa lembrar que, os dois deuses nascidos diretamente do corpo do próprio Pai dos olímpicos, Zeus, de fortes tradições aqueias, quais sejam Atena de sua cabeça e Dioniso de sua coxa, irão se encontrar em Atenas de forma decisiva para aquela *polis*: a primeira como a grande deusa protetora da cidade, a deusa políade por excelência, e o segundo por sua grande penetração religiosa em toda a Ática, e pelas maiores festividades da polis, que irão engendrar os famosos espetáculos teatrais daquela comunidade.

As teofanias do deus marcam a diferença de caráter e essência com relação a outros deuses, devido a sua intensidade, a sua frequência e por sua natureza, como uma "επιδημια" (*epidemia*), pois as suas características indicam um poder de contágio muito grande, como se fosse um surgimento de uma doença, em suas loucuras, mas também em seus benefícios. Detienne, a define com ajuda de Émile Littré como sendo:

> [...] um termo técnico usado quando se trata dos deuses; as "epidemias são sacrifícios oferecidos às potencias divinas: quando estas descem a terra, quando vão a um santuário, quando assistem a uma festa ou estão presentes em um sacrifício".[7]

Ele continua, citando alguns dos deuses migrantes que têm direito a "epidemia", como os Dióscuros, Ártemis e Apolo, para chegar à conclusão de que o deus mais epidêmico grego é Dioniso:

> [...] que tem na "παρουσια" (parusia) uma forma de ação privilegiada, sendo por excelência o deus que vem, que aparece, se manifesta, se faz reconhecer, encontrado por toda parte, e em nenhum lugar está em casa.[8]

---

7 DETIENNE, 1988a, p. 12.

8 DETIENNE, 1988a, p. 12-14.

Porém suas chegadas também são marcadas por outra característica importante e fundamental para seu entendimento, sua condição de estrangeiro "ξένος" (*ksénos*), em seu duplo aspecto no imaginário grego à época, como diferente, estranho, às vezes com mascaras, mas não como um bárbaro de fala ininteligível, e como um cidadão de uma comunidade outra, separado por uma distância, porém pertencente ao mundo helênico. *Ksénos* aparece como adjetivo em um relato de Pausânias,[9] cuja significação é dada pela paráfrase: "Que não é próprio de nenhum dos deuses gregos", e que ao sê-lo, Dioniso corria grandes riscos. Além do fato de ser eventualmente considerado um deus estrangeiro e estranho, dada suas origens controversas, se agregava o fato indiscutível dele ser considerado pelos gregos, como um deus "novo", com poucas referências sobre ele em Homero e Hesíodo, levando-os a não reconhecerem sua qualidade de potência divina, de estar no mesmo nível que os deuses olímpicos, de ser tratado apenas como um herói ou um simples mortal, obrigando-o em alguns casos a trazer milagres, loucuras, violências, infâmias a partir de suas exigências do reconhecimento devido. Isto ocorreu na Beócia, na Argólida, principalmente em Tebas, Argos e Orcômeno, com mortes, desvarios e demências sanguinárias.

Ainda sobre esta questão de Dioniso ser considerado um deus estrangeiro foram levantadas outras questões, como a discussão propriamente dita acerca de suas origens, com exércitos de importantes filólogos postados em algumas trincheiras, se de origem trácia e Lídia, do norte da Grécia, ou se de origem cretense, combate que não nos diz respeito. Porém, a condição de estrangeiro, em meados do século VI, tinha algumas consequências imediatas, pois àquela altura quase todas as *poleis* com suas leis e justiça, obrigavam a um tratamento diferenciado para aquelas pessoas que nasceram em outras cidades, requerendo de todos fossem camponeses e senhores de casas reais, à hospitalidade privada de seus anfitriões. E no caso de Dioniso, além de sua condição de estrangeiro, se acrescentavam outros problemas, como sua natureza epifânica, que não parava de oscilar entre presença e ausência, seu caráter "proteiforme", com suas formas distintas, divindade, homem, algumas vezes travestido em animais, e quando deus, com diferentes nomes, e dependendo da ocasião, com uma estranheza física, de olhar

---

9 Pausânias foi um geógrafo e viajante grego, autor, no século II, do primeiro livro de viagens denominado "Descrição da Grécia", revelando com suas fontes grande conhecimento da Grécia Antiga.

com grandes olhos abertos, partidário do uso de máscaras, tornando-o ainda mais enigmático, sem dar nenhuma pista de que se tratava de um mortal comum, de um herói ou mesmo de um deus.

Em contraposição às chegadas tumultuadas e violentas acima referidas, a entrada do deus na Ática se reveste de um caráter totalmente distinto, pois não está referida a um mito específico, com informações históricas mais abundantes e diversificadas, e aparentando, desde seu início, uma certa tranquilidade de atitudes, utilizando de mediações políticas e seguro de onde queria chegar: ao centro da *polis* ateniense, causando grande e significativo impacto na vida religiosa e política da mesma com a implantação de diversas festas em sua homenagem, na disseminação e expansão de sua religião. Neste caso, das chegadas à Ática, o deus estará fortemente associado, à introdução da videira, da vinha, e da elaboração do vinho na penetração e consolidação deste cultivo por estas regiões, porém igualmente carregado de intenso simbolismo em suas relações com a vida e a morte, com os ciclos anuais ou bianuais da vida, trazendo os símbolos da fertilidade, da alegria, do prazer e, principalmente, da renovação e do renascimento, e muito mais do que isso, uma face civilizatória que será representada para todos os cidadãos da *polis* ateniense.

Entretanto, não se pensa que o desembarque deste deus na Ática tenha sido tranquilo, pois além de estar trazendo "[...] a promessa de uma bebida fermentada com sua loucura ainda não dosada, com seu selvagem poder ainda não domesticado [...]",[10] o deus que chega precisa ser acolhido e aceito, apesar de seguir sendo estrangeiro e de sua evidente estranheza. Pois além de tudo, Dioniso vem trazendo várias outras novidades: a de estabelecer relações sociais individuais com os homens, particularmente com seus anfitriões, de aceitar a todos, independentemente de suas funções naquela sociedade, como ao estabelecer intensas relações com as mulheres e com os efebos, de criar a partir destes primeiros contatos pequenos grupos de *tiasos* de total independência em relação às normas sociais, que o levará, especialmente no caso da Ática, a se tornar um deus de eleição, de opção, das comunidades agrárias, dos pescadores e dos homens que viviam nas montanhas e, principalmente, das mulheres atenienses, altamente discriminadas e encaradas à época, como um dos males da sociedade.

---

10 DETIENNE, 1988a, p. 18.

Ao se examinar com alguma atenção os dados históricos de sua penetração na Ática, chama atenção uma questão principal que gostaríamos de antecipar, devido a sua importância para o desenvolvimento de nossas ideias. A de que mesmo em sua primeira chegada àquela região, ao *demo* de Icarion, a nordeste de Atenas, onde segundo a lenda teria levado um bacelo de videira que permitiria a Icário, agricultor de profissão, de acordo com seus conselhos, à preparação de uma bebida incomum, com consequências funestas, como veremos adiante, existiam já algumas associações com os deuses Apolo – estátuas em Icarion –, venerado no santuário de Delfos, ao lado do monte Citerion, na vizinha Beócia, e com Demeter com o estabelecimento de seu santuário em Eleusis, na própria Ática, bem próximo de Atenas. Existem evidências históricas e arqueológicas, bem como mitos e lendas, que Dioniso ao penetrar na Ática através de Icarion e posteriormente em Elêuteron a noroeste de Atenas, devido em parte aos caminhos utilizados para se chegar tanto a Delfos, quanto a Eleusis, já estaria associado e em parcerias com aqueles dois deuses, que resultaria em participações significativas do mesmo, nos Mistérios de Eleusis em suas procissões com uma estátua de Iaco-tocheiro – outro nome de Dioniso – e nas profecias, cultos e festividades do santuário de Delfos, onde dividia com Apolo a soberania do mesmo. Estes fatos, por si só já evidenciavam seu caráter controverso e contraditório, indicando de um lado sua presença e seu caráter ctônico, profundamente místico, renovador e transcendental, ligado aos mistérios, como no caso de Eleusis, e por outro lado associado à religião de Delfos, denominada de "legalista" por Nilson, que tinha transformado a tradição em instituição, ao estabelecer artificialmente o primado do "nada em excesso", ambos, bem anterior àquelas chegadas citadas, e que não poderia deixar de influenciar e condicionar sua atuação na polis ateniense.

Relativamente ao seu caráter místico, cumpre ressaltar que ele é ainda mais evidente, quando consideramos a existência de uma tradição acerca do denominado primeiro Dioniso, que nasce da relação de Zeus em forma de serpente com sua filha Perséfone, instigada pela mãe Demeter, gerando Zagreu – primeiro Dioniso –, que por força do ciúme de Hera é despedaçado pelos Titãs, para ser posteriormente renascido sob a guarda de Hermes e, principalmente, de Apolo e Atena, baseado inicialmente em um mito órfico, mas que terá seguimento posterior nos importantes movimentos esotéricos órficos e pitagóricos, a partir do século VII. A versão de Nono de Panópolis,[11] especialmente do Canto VI,[12] é sem dúvida a mais cruel e selvagem, pois ressalta inicialmente o fato da criança divina, Dioniso, ter sida degolada e esquartejada com uma faca sacrificial do Tártaro, enquanto estava absorvido em olhar em um pequeno espelho sua imagem distorcida, para após ser esquartejado, fervido e colocado em um espeto para ser comido. Ainda em Nono, Dioniso renasce seguidamente através de diversas metamorfoses: como um jovem enlouquecido, um velho produtor de chuvas, um leão encolerizado, um cavalo selvagem, uma serpente carnuda, um tigre de corpo ágil, e finalmente como um touro audaz, sempre defendendo sua vida, até que Hera interveio e os assassinos conseguiram esquartejar o Dioniso taurino. A reação de Zeus, além de lançar os Titãs de volta ao Tártaro, promove um tremendo incêndio na Terra, que culmina com o mito do grande dilúvio, prenuncio de uma nova era onde Dioniso será novamente gerado. Esta origem mítica de grande sofrimento e de violência sanguinária e sacrificial reforça ainda mais, a tendência esboçada anteriormente em ver Dioniso ligado em sua essencialidade como Deus, não aos olímpicos, apesar dos vários expedientes e tentativas feitas com este objetivo, mas ao contrário, às correntes místicas gregas, levando assim para a *polis* ateniense, que se encontrava no auge de sua glória política e cultural, aqueles elementos místicos, misteriosos, relacionados com as questões de vida, morte, renascimento, longe do racionalismo jônico e de um cosmos ordenado, introduzindo desta forma visões alternativas, relacionadas aos deuses, aos homens e aos animais.

Tendo presente estas colocações iniciais, voltemos às duas chegadas do deus na Ática, aos demos de Icarion e Eleutherion, chegadas pacíficas, trazendo símbolos de vida em ambos os casos, porém mostrando igualmente poderes destruidores. Em Icarion, hóspede por uma noite, Dioniso introduz Ícario na fabricação do vinho novo, e claro todos ficam maravilhados com aquele líquido rubro e perfumado. Porém os efeitos começam a serem sentidos: um cai, o outro desaba e a embriaguez domina até os mais robustos. E os que restam clamam por

---

11 Nono de Panópolis foi um poeta épico de descendência grega, nativo do Alto Egito, que provavelmente viveu entre o final do século IV e início do século V. Escreveu um poema épico sobre Dioniso, a *Dionisíaca*, apenas 7.000 linhas menor do que a *Ilíada* e a *Odisseia* combinados, revelando a enorme atração do Deus na época romana.

12 PANÓPOLIS, 2008a.

matança e envenenamento. Ícario é agredido brutalmente, seu corpo é mutilado e jogado em um poço: sua filha Erígone se enforca, a cadela Maira se suicida e a terra é atingida por terrível esterilidade. O oráculo intervém para acalmar os mortos, e Dioniso sai de cena, deixando aos homens o cuidado de descobrir o poder do vinho, mas especialmente do deus que o habita. Entretanto, aquela fugaz passagem deixa marcas indeléveis: desde então Dioniso reina naquele país, conservando seu nome, através de um santuário que abriga sua estátua de mármore de dois metros de altura, juntamente com Apolo Pítio:

> [...] e que pode ver Tespis, "δημοτης" (dêmótes), (membro do demo) de Icarion, ensaiar o coro, introduzir o ator e tirar a máscara antes de triunfar nas primeiras Grandes Dionisíacas um pouco mais longe, em Atenas. É por esse teatro que Dioniso passa de maneira tão furtiva.[13]

A passagem do deus pela pequena cidade de Eleuthera, chamada Liberdade, uma cidade de fronteira entre Tebas e a Ática, ao pé do Monte Citéron é bem mais complexa, pois ele se apresenta duplo, violento e extático no lado tebano e tranquilo e civilizado no templo ático como o "Dioniso Eleuthereus", aquele que vai tomar o caminho de Atenas. Todavia, a chegada a Atenas através de Eleuthera é carregada de simbolismos, pois Dioniso a partir dela virá a reinar na cidade. Neste sentido ocorre uma primeira tentativa realizada pelo jovem Pégaso, de levar aos atenienses a estátua, o "αγαλμα"(agalma) de Dioniso, porém com hesitação e repudio dos mesmos, que provoca a represália do deus, ao colocar toda a população masculina da cidade em estado de saturiasis, em estado de ereção dolorosa. Este primeiro movimento acaba por fixar na mente dos atenienses, apesar das reações iniciais, duas importantes consequências. Ambas derivadas da intervenção direta do oráculo de Delfos, que ao propor a solução para o mal do pênis de fabricar alguns falos de consideráveis dimensões e levá-los em procissão em honra do Deus, mostra claramente de um lado a associação do deus com o oráculo, com Apolo Pítio, e com as previsões futuras, da importância de Dioniso para a cidade, além disso, acentuando desta forma a relação do deus a um culto cujo instrumento e figura divina é um membro viril de bela e grande dimensão.[14]

A segunda tentativa é um grande triunfo, e novamente graças ao oráculo de Delfos ao relembrar aos atenienses a viagem feita pouco

---

13 DETIENNE, 1988a, p. 55.

14 DETIENNE, 1988a.

antes pelo deus do vinho ao país de Ícaro, e recomendando que não se esqueçam de Baco, o deus dos frutos maduros "ωραια" (*hôraia*), que o levará a ser recepcionado de forma oficial pelo próprio rei Anfitrião. A entrada de Dioniso em Atenas se dá segundo Pausânias pela porta de Dipilon, onde se abre o caminho das grandes procissões e das festividades da *polis*. Entretanto, a recepção de Anfitrião irá definir a face civilizatória do deus, pois Dioniso irá orientar em detalhes o rei de como se passa do vinho puro, sem mistura "ακρατως"(*akratos*) com seu poder delirante, seu poder ígneo, onde se corre o risco da morte para a perfeita utilização da bebida, que dispensa aos homens prazeres ligados a todos os sentidos e que os faz terem uma vida mais intensa e com mais fantasias. Seguindo ainda uma vez mais a Detienne:

> Eis o Dioniso como deus civilizador. Anfitrião lhe dedica um altar no santuário das Estações, das Horas, essas potências relacionadas com os frutos maduros e, tão atentas, à dosagem justa entre o seco e o úmido. Esse novo deus é aí venerado sob o nome de Reto, "ορθος" (*orthós*), um Dioniso vertical, mas também da correção, da retidão.[15]

A tradição da mistura, sabiamente cortado do vinho puro com água determina o ritual da festa das Antésterias, a mais antiga celebração de Dioniso, onde no começo da primavera as jarras são abertas, se prova o vinho novo, e se fazem libações ao deus para que este líquido se transforme em remédio para os males e não em fogo devorador. E aqui novamente se estreitam as relações de Dioniso com Demeter na tradição de Eleusis,[16] "[…] que também teria dado aos homens com a cevada e os cereais a força de ficar finalmente em pé, de fugir ao andar tetrapódico."[17]

Antes de entrar nas necessárias reflexões sobre as origens da tragédia, consideramos importante assinalar algumas questões preliminares a partir das chegadas de Dioniso na Ática, especialmente para caracterizar de uma forma mais concreta, a impossibilidade de reconhecer no deus apenas uma face, ou de reconhecer no deus uma face mais visível do que as outras. Melhor dizendo: onde encontrar o verdadeiro Dioniso. Nos palácios oficiais, nos banquetes e simpósios com sua

---

15 DETIENNE, 1988a, p. 67.

16 Existe uma lenda de que a humanidade se arrastava em quatro patas, e com o surgimento dos "grãos" devido a Deméter ela se levanta e começa a correr, por causa da posição vertical. Ver nota de rodapé número 133. Cf.: DETIENNE, 1988a. p. 67.

17 DETIENNE, 1988a, p. 67.

face civilizatória, por meio do uso da mistura do vinho novo, em suas associações agrárias vinculadas a Demeter, e aos ciclos de fertilidade e de pobreza, na associação expressa com um pênis divino e simbólico, no renascimento constante que ocorre após a violência dos contrários e perseguidores, em suas associações com os mistérios de Eleusis ou com a religião institucionalizada de Delfos, mais propriamente com o deus Apolo Pítio, ou ainda com o misticismo órfico, estabelecendo assim uma corrente esotérica e mística que vai se contrapor, inicialmente, aos deuses olímpicos e posteriormente à corrente científica do pensamento filosófico. É justamente dentro desta perspectiva, de controvérsias, contradições, de faces diversas e múltiplas, de incertezas, e evidentemente sem posições dogmáticas e pré-estabelecidas, atitude fundamental e cautelosa em qualquer aproximação a este deus, que igualmente devemos levar em conta ao nos acercarmos deste imenso universo relativo à tragédia grega, que especialmente em seus movimentos iniciais, e na ritualização das festividades atenienses nas quais ela está inserida, encontram-se ligados a figura do deus Dioniso, como bem coloca Aristóteles em sua *Poética*, em uma passagem, na qual ele assinala o nascimento das artes dramática e cômica, a partir de uma improvisação original:

> É de uma forma original de improvisação que saiu a tragédia tanto quanto a comédia, a primeira tirando sua origem dos que animavam o "ditirambo", a segunda dos que animavam os "cantos fálicos", em relação aos quais o costume se observa hoje em muitas cidades; ela se desenvolveu pouco a pouco, na medida em que se desenvolveu nela o que havia de notável; enfim depois de ter passado por muitas modificações, a tragédia se fixou quando ela realizou sua essência [...].
> Quanto ao que se refere à sua importância, foi partindo de pequenos temas e de um estilo brincalhão, já que a evolução se fez a partir do gênero satírico, que ela atingiu em seguida a gravidade.
> [...] ao contrário, a comédia, por não ter sido levada a sério no início, sua evolução não deixou traços. Assim, só tardiamente os coros dos comediantes foram regulados pelo arconte; antes só havia amadores, e foi só quando ela tomou forma que se proclamou o nome dos autores e que se conservou sua memória.[18]

Existe consenso que nem Aristóteles consegue definir com precisão as origens das manifestações artísticas do teatro grego, a não ser reconhecer a ligação do mesmo com as manifestações rurais e rituais, e ressaltar o importante papel do "διθυραμβος" (*ditirambo*), canto-dança

---

18 ARISTÓTELES *apud* TRABULSI, 2004, p. 141-142.

ritual de claro conteúdo dionisíaco como fonte primaria da tragédia, acrescentando-se ainda que *dithurambos* era um epíteto ou uma forma de chamar o deus.[19] Entretanto, a questão continua longe de ser esclarecida, por que sobre a história do próprio "ditirambo" existem muitas controvérsias e discussões. Vamos aqui reproduzir de forma seletiva, o verbete de Harvey em seu *Dicionário Oxford de Literatura Clássica*, sobre o ditirambo:

> [...] do grego "dithyrambos", poema coral lírico, associado originalmente ao culto de Diônisos, cantado por um coro circular "κυκλιος χορος" (kyklios khorós) composto provavelmente por cinquenta cantores.[20]
> Originariamente o ditirambo talvez tenha sido um canto de folia, conduzido pelo cabeça, "εξαρκος" (êxarkhos)[21] de um grupo de foliões, canto composto de palavras tradicionais ou improvisadas e respondido pelos outros membros do grupo com um refrão tradicional. De acordo com a opinião corrente o ditirambo originou-se na Frigia e veio para a Grécia com o culto de Diônisos, e parece ter-se convertido numa composição literária por obra de Arion em Corinto: esse poeta introduziu pela primeira vez o coro circular estacionário, talvez em volta de um altar; o coro cantava então um poema de forma regular, com um assunto definido acompanhado por flauta.
> O primeiro concurso ditirâmbico parece ter-se originado em Atenas por volta de 509 a.C. talvez promovido por Lasos de Hermione. O corego vencedor tinha o direito de erigir uma trípode comemorativa. À exceção de um poema de Baquílides, composto em forma dramática, o ditirambo adotou aparentemente a forma narrativa. Até esse estágio de seu desenvolvimento os nomes dos poetas ligados ao ditirambo, são Arion, Lasos, Simonides de Ceos, Baquilides e Píndaro. O ditirambo pindárico era uma composição antistrófica tratando de algum tema mitológico mas celebrando também Diônisos.[22]

Heródoto nos conta que foi Arion de Metimna, um habitante de Lesbos que pela primeira vez compôs "ditirambos", deu a eles um título e os fez executar em Corinto. A opinião de Jeanmaire é clara, sobre o sentido da inovação de Arion, apesar das controversas históricas sobre esse personagem:

> O texto não se presta a nenhum equívoco; ele não significa nem que Arion tenha inventado o "ditirambo" enquanto modelo coreográfico e musical,

---

19 TRABULSI, 2004, p. 142.

20 HARVEY, 1998, p. 174.

21 *Exarkos*, que está à frente, que dá o sinal, o que entoa o canto.

22 HARVEY, 1998, p. 174.

e ainda menos que ele tenha sido o primeiro a empregar a palavra "diti-rambo". Quer dizer que ele era considerado como tendo sido o primeiro a escrever um "ditirambo", ou seja, redigido com antecedência as partes cantadas pelo "exarchôn" e coristas, como o primeiro a ter dado um título a esta composição, o que implica que ele desenvolvia uma tradição lendá-ria específica, que não era então unicamente a lenda de Dioniso, ou um episódio desta lenda, e enfim que este texto era aprendido por coristas em vistas de uma representação.[23]

De toda maneira, uma coisa é indiscutível, a tragédia nasce do *ditirambo*, ou da imitação de seus procedimentos, especialmente com relação ao estabelecimento de um diálogo de um personagem com o coro, que é sem dúvida a estrutura essencial da mesma: na realidade esta dualidade é a responsável por todo o desenvolvimento literário desta manifestação artística, na métrica utilizada e na própria dispo-sição espacial do Coro e das personagens no teatro. Como bem diz Romilly, a tragédia grega era representada em duas cenas ao mesmo tempo; nas paredes ao fundo, algo parecido ao cenário dos nossos tea-tros, reservado aos personagens, com uma sacada reservada aos deuses enquanto participantes da trama, e na "ορχηστρα" (*orchestra*), palco, em uma vasta plataforma, de formato circular, em cujo centro possuía um altar redondo dedicado a Dioniso, que era inteiramente reservada às evoluções do coro. Fundamental aqui é ressaltar que o Coro atuava de forma independente da ação em curso: "[...] ele podia dialogar com os atores, encorajá-los, aconselhá-los, temê-los e mesmo ameaçá-los, mas ficava à parte."[24] O papel desempenhado pelo Coro era bem defi-nido, pois sua atuação era próxima a uma performance lírica, com evo-luções que iam de um gestual imóvel, a danças e cantos, se exprimindo sempre cantando e recitando na métrica lírica, enquanto os atores se expressavam em trí metros jâmbicos, adotando a forma lírica somente em momentos de grande emoção.

Por outro lado, cabe ainda acrescentar que o próprio *ditirambo* fazia parte de uma hipótese ainda mais completa, de caráter religioso, que tinha por base, de que o surgimento do drama, se deu através de uma evolução de um primitivo ritual, "δρωμενον" (*dromenon*), que signi-ficava "fazer coisas", cujo significado ficou bem estabelecido por Jane

---

23 JEANMARIE *apud* TRABULSI, 2004, p. 82.

24 ROMILLY, 1998, p. 24.

Harrison em seus livros *Themis*[25] e *Ancient Art and Ritual*,[26] que no caso se referia aos chamados ritos de fertilidade, ritos de primavera, que acompanhavam a chegada daquela estação de renascimento, com força e entusiasmo, em um ato coletivo de grande emoção, abrindo novos tempos de felicidade e alimentação abundante, que irão facilitar nosso entendimento sobre o nascimento da tragédia como manifestação artística. A *orchestra* onde o *ditirambo* era dançado era justamente um círculo plano para facilitar o desenvolvimento da dança e do canto capitaneado pelo coro, ao redor de alguma coisa sagrada, como o "mastro de maio", ou uma espiga de milho, que no caso evoluiu para o altar do deus Dioniso, onde, é bom que se diga todos dançavam, pois ainda não existia a distinção entre atores e espectadores e portanto, não havia necessidade de construir um teatro com seus assentos: eram todos adoradores do deus, participantes ativos do rito, estando ali para celebrar a morte do deus e de seu renascimento. Harrison desenvolve então em seu segundo livro uma brilhante analise da passagem do ritual para a arte, do *dromenon* para o drama, da simples *orchestra* para o teatro, com a transformação das pessoas de atuantes no rito para espectadores, os primeiros buscando resultados práticos e imediatos, e os segundos, como contempladores de um espetáculo, em suas divagações subjetivas, nada práticas.[27]

Portanto, já existiam neste rito primitivo alguns elementos que se tornaram fundamentais, como a proeminência do Coro e a participação de todos dançando, algum tipo de *agon*, disputa entre as estações, Primavera contra Inverno, ou vida contra morte, ou novo ano contra o velho, ou rei novo contra o velho rei, onde certamente os velhos elementos deveriam morrer, possivelmente através de um "παθος" (*pathos*)[28], em que ficaria patente que as coisas ruins que haviam sido previstas, caso nada acontecesse se transformavam em coisas boas, e isto sempre com a ajuda e o patrocínio de uma divindade poderosa, que estaria por detrás de toda aquela transformação mágica. Todavia, de uma forma geral estes ritos perderam força, sua eficácia começou a ser discutível, seus aspectos mágicos tenderam a desaparecer, e o

---

25 HARRISON, 2010a.

26 HARRISON, 2015.

27 HARRISON, 2015.

28 *Pathos*, pode significar experiência, acontecimento, paixão, patético, infortúnio, assunto emocionante.

próprio espírito do ritual morreu, levando, porém a um renascimento, não mais como um *dromenon* onde as coisa eram feitas, mas como um drama para ser visto e ouvido pelos seus espectadores. O surgimento de novos elementos, como o *exarchon* do coro, o diálogo deste com um personagem, o ator e protagonista, a montagem do "σκηνη" (*skené*), do palco da cena e, finalmente, com bem diz aquela autora com a chegada de Homero a Atenas, mediante a utilização dos temas heroicos por enredo, e com a construção do teatro com filas de assentos para os espectadores, definiram o caminho que se abriu para a tragédia se tornar uma manifestação artística sem paralelos na cultura ocidental.

Entretanto, neste caminho se consolidou ainda mais o indiscutível patrocínio de Dioniso do teatro grego, mesmo por que o *ditirambo* era reconhecido quase como unanimidade, como um canto em louvor do Deus, de seus nascimentos e renascimentos, e também por que as representações instituídas pela *polis* estavam não somente inseridas em suas festas, como por sua posição de destaque nas mesmas, levando-se a considerar Dioniso como o deus do teatro, de acordo com as justificativas de Lesky:[29]

- o lugar das representações; teatro de Dioniso;
- a ocasião; sempre nas grandes festas em honra do deus;
- o traje e o calçado dos atores trágicos; o mesmo dos sacerdotes do seu culto;
- a representação em vasos da tragédia personificada nos tíasos de Dioniso;
- o parentesco com os ditirambos e com os sátiros estabelecidos por Aristóteles;
- o êxtase dionisíaco, relacionado com o terror causado pelo drama.

E, principalmente, com seu altar de pedra localizado bem ao centro da *orchestra*, denominado "θυμελη" (*thumelé*), e nos degraus reservados ao público havia um lugar esculpido em pedra que era reservado ao sacerdote de Dioniso. É evidente que existe uma enorme discussão acerca das razões que levaram as autoridades da *polis* a escolher o deus do esquecimento, da embriaguez e da alienação para ser o patrono da manifestação artística mais importante da *polis*, estabelecendo uma relação visceral entre a tragédia e a cidade onde ocorrem as manifestações teatrais. Qualquer que seja a explicação plausível para esta ques-

---

29 LESKY, 2010.

tão, como a consciência da ficção, ou a mistura de ilusão e realidade, onde é claro Dioniso reina absoluto, não se pode deixar de levar em conta a questão política, na qual o deus parece desempenhar um papel dos mais significativos, naquele momento histórico e na instituição política da *polis*, especialmente em Atenas, mas com evidências em várias outras, com uma projeção que extrapolava em muito os aspectos puramente religiosos, com uma exposição política e social insuspeitada, naqueles tempos, envolvendo a enorme maioria dos cidadãos, como assinala Castoriadis:

> A tragédia ática foi concebida como uma festa popular, da qual todo o público ateniense poderia participar, e teve relações estreitas com a autocriação da democracia, facilitando em vários aspectos a emergência da consciência do homem ocidental com seu caráter de socialidade, suas ambiguidades e contradições, e conhecendo as limitações de suas ações.[30]

A constatação da importância política para a polis da emergência de um dionisismo, mais aceitável para a conjuntura políade, e destituído das práticas condenáveis do "διασπαραγμος" (*diasparagmos*)[31] e da "ωμοφαγια" (*omofagia*),[32] está claramente associado a tomada de poder pelos tiranos ao longo da Grécia, podendo ser vista claramente em Atenas, mas também em casos anteriores como os de Sícione e Corinto. Além disso, estes últimos episódios lançam luzes sobre as origens da tragédia, e, principalmente, sobre uma questão crucial para o entendimento das mesmas, qual seja, a dos temas épicos e a história dos heróis ali narradas e adotadas pelos poetas trágicos. A reforma religiosa e tribal operada por Clístenes de Sicione, avô do celebre ateniense Clístenes é um exemplo significativo da mistura que ocorria à época entre questões religiosas e políticas, e entre figuras expressivas de ambos os lados como heróis, tiranos, oráculos e deuses, no caso Dioniso, e como nesta própria mistura se incorporaram mitos heroicos, coros trágicos, bem como sacrifícios e festas religiosas que acabam prenunciando a própria tragédia. O relato de Heródoto sobre a reforma realizada por Clístenes em Sicione é bastante revelador em todos os sentidos, principalmente do lado político, ao mostrar a desenvoltura do tirano com relação a medidas que vão alimentar seu desejo de po-

---

30 CASTORIADIS, 2006, p. 45.

31 *Diasparagmos*, ato de cortar, despedaçar, animais pequenos ou grandes, bem como pessoas.

32 *Omofagia*, ato de comer carne crua, uma vez despedaçados os membros e partes de animais e homens.

der sobre todas as coisas, sejam elas de cunho tradicional, de caráter religioso, de dignificação de heróis, de organização de sacrifícios e festas políades, com as origens do teatro, mesmo sem entrar em detalhes e dúvidas sobre cronologias, intenções e resultados do ocorrido.

> Agindo assim, Clistenes, ao que me parece imitava seu avô materno, Clistenes de Sicione. Este último estando em guerra contra os argivos, tinha proibido *aos rapsodos tomar no futuro, como tema de concurso, em Sicione, os poemas homéricos, porque os argivos e Argos são quase constantemente neles celebrados.* Por outro lado, havia - e há ainda - na própria praça de Sicione uma capela "ηρωον"(heroion) de Adrastro, filho de Talaos: Clístenes concebeu o desejo de mandar embora do país este herói, pois se tratava de um argivo. Ele foi a Delfos e perguntou ao oráculo se devia mandar embora Adrastro; a Pítia respondeu que Adrastro era rei dos habitantes de Sicione e ele próprio o assassino de seus habitantes.O Deus não tendo autorizado o que ele tinha projetado, Clístenes, uma vez de retorno, buscou uma maneira de fazer partir Adrastro por sua própria vontade.Quando ele acreditou ter descoberto os meios, ele enviou a Tebas da Beócia, mandando dizer aos tebanos que ele desejava fazer vir a Sicione, Melanipo, filho de Ástacos; os tebanos concordaram. Clistenes fez então trazer os restos de Melanipo, deu a ele um "τεμενος" (téménos)[33] muito perto do pritaneu e o instalou assim no melhor lugar. Ele fez, desta forma vir Melanipo (pois a coisa tem de ser explicada), pois o tinha por pior inimigo de Adrastro, já que ele tinha matado seu irmão Mekisteus e o genro Tideu. Depois de lhe ter atribuído este "téménos", ele tirou de Adrastro os sacrifícios e as festas que se celebravam em seu nome, e os atribuiu a Melanipo. Os sicionios tinham costume de oferecer a Adrastro grandes honras; pois seu país tinha pertencido a Políbio, de quem Adrastro era neto por parte de mãe; e Políbio, tendo morrido sem filho homem, tinha-lhe deixado o poder.Entre outras honras que lhe rendiam em Sicione,*lá se celebravam suas desgraças em coros trágicos (kai de pros ta pathea autou tragikoisi choroisi egerairon). Dioniso não era honrado, a honra ia para Adrastro. Clístenes restituiu (apedoke) os coros a Dioniso e deu o resto da cerimônia a Melanipo. (tem de Allen thusien Melanipo).*[34]

O mais interessante nesta passagem de Heródoto, é sem dúvida que Clistenes ao adotar uma política pró *demos*, investe por um lado contra os heróis aristocratas proibindo inclusive temas homéricos em concursos públicos, levando igualmente a desprezar temas míticos como de Adrastro, ao mesmo tempo em que associa claramente os novos tempos da *polis* a deuses ctônicos relacionados a Dioniso, e a Poseidon via Melanipo, com evidente recusa dos deuses olímpicos. E ainda co-

---

33 *Témenos*, recinto sagrado, templo.

34 HERODÓTO *apud* TRABULSI, 2004, p. 63-64. (grifo meu)

locando de forma inequívoca como diz Jeanmaire a expressão "coros trágicos" em sintonia com as manifestações teatrais de seu tempo em Atenas, e com o culto de Dioniso, que àquela altura, já estaria sendo realizado, com cantos, dança e talvez diálogos, retirando, portanto daqueles coros trágicos o caráter essencialmente heroico.[35] O caso de Corinto, já foi por nós sucintamente tocado, devido à atribuição a Arion de Metinma da criação dos ditirambos dionisíacos em plena vigência dos regimes tirânicos de Cipselo e Periandro, com praticamente o mesmo sentido que verificamos em Sicione. Vejamos o que ocorreu em Atenas sob Pisístrato e seus filhos.

A questão em Atenas é bem mais complexa, apesar do imenso predomínio que virá a ter a adoção do deus Dioniso pelos atenienses em suas festas anuais e principalmente pelos concursos de ditirambos, comédias, tragédias e dramas satíricos. A complexidade vem de áreas distintas; das características e formas que o poder de uma tirania considerada tardia e moderada vai assumir, principalmente devido às legislações já existentes dos tempos de Dracon e especialmente do arcontado de Sólon com seus inegáveis avanços sociais, e também como vimos anteriormente das questões religiosas que aí foram colocadas de forma muito mais contundente entre as correntes tradicionais olímpicas, as correntes políades e as de caráter rural e campesina na qual se inseria o dionisismo. Sem pretender negar o favorecimento dispensado por Pisístrato ao culto de Dioniso por fatores políticos, especialmente voltados para os camponeses, o fato é que as condições de sua integração a *polis* de Atenas já haviam sido dadas pelo padrão das chegadas do deus a Ática, com sua civilidade e sua moderação estratégica, pelas características da introdução pelo deus do cultivo da vinha, que levou juntamente com os olivais a promoção de uma quase revolução agrária, e igualmente pela aceitação inconteste dos cultos ctônicos e místicos pelos áticos, alguns dos quais promovidos anteriormente, inclusive por Sólon, como dos mistérios de Eleusis, da grande deusa – mãe.

De qualquer forma fica evidente o favorecimento ao dionisismo ao longo do século VI em Atenas, particularmente mediante o tirano Pisístrato, que agiu com grande cautela e com significativa sabedoria, pois ao invés de investir contra as festividades mais antigas do deus, de caráter rural, as Antestérias e as Dionisíacas Rurais, optou por mantê-las, inclusive por sua origem campesina da região de Brauron, acres-

---

35 TRABULSI, 2004, p. 72.

centando uma nova festividade, de dimensão mais nitidamente urbana e pan-helênica, porém mantendo e reforçando os vínculos da *polis* com uma divindade ctônica, de grande prestigio entre as diversas classes sociais, mirando sem dúvida os dividendos políticos que lhe trariam diante dos aristocratas. Podemos ver a seguir, algumas de suas iniciativas, que demonstram aquele favorecimento, de acordo com Trabulsi:[36]

- criação das Grandes Dionisíacas;
- inseridos nas novas festas os concursos trágicos, a partir de 534, em honra do deus;
- a tradição revela neste sentido que o drama inicial de Téspis, vindo de Icaria foi admitido por Pisístrato, apesar das resistências de Sólon, mostrando bem a distância entre o legislador e o tirano;
- Pisístrato faz vir uma velha estátua de madeira de Dioniso de Eleutera, o libertador;
- a representação de Dioniso na cerâmica se intensifica, em muitos casos associada à Hefesto, aproximando a imagem da união entre duas camadas sociais não privilegiadas, dos camponeses e artesãos;
- a associação entre a difusão do dionisismo e a política do tirano vai ao ponto de numa estátua do deus reconhecia-se os próprios traços de Pisístrato.

Seguindo em nossa cautelosa aproximação da tragédia grega, vimos até agora com bastante clareza, que em suas origens, os aspectos religiosos e políticos foram fundamentais em sua criação, apesar de não havermos dedicado a atenção devida a apresentar toda a extensão daqueles aspectos, tanto nas três festividades que já existiam em honra do Deus, no curto período que ia de dezembro a março, entre o inverno e o início da primavera, quanto na criação das Grandes Dionisíacas por Pisístrato, na qual se inseriram os concursos dos *ditirambos*, das tragédias, com as apresentações dos dramas para a *polis* e para o *demos*. Tucídides relata que no décimo segundo dia do mês Anthesterion, na virada de fins de fevereiro para março, se realizava o mais antigo festival ateniense em homenagem a Dioniso, *Antestérias*, com duração de três dias, associando o Deus à primavera e a abertura dos botões das flores "ανθος" (*anthos*). No primeiro dia, chamado de *Pithoigia*, junto ao santuário de Dionísio bebia-se o vinho da colheita anterior conservado em tonéis "πιθος" (*pithos*), com libações ao Deus. O segundo chamado de Coés (*vasos, jar-*

---

36 TRABULSI, 2004.

ras) se festejava o final da fabricação do vinho, com libações de forma competitiva, e com a prova do vinho novo, pedindo ao Deus que "[...] o uso do 'φαρμακον' (*phármakon),* medicamento, não tenha perigo e seja salutar."[37] Em seguida vinha a procissão até o Lenaion – templo de Baco – onde se realizavam cerimônias secretas, com a participação das quatorze mulheres, e se festejavam as bodas simbólicas do Deus com a esposa do arconte, que significava a rendição e a união de toda a comunidade com o Deus. O terceiro dia chamado "χυτροι" (*Khýtroi),* quer dizer "das marmitas", se cultuavam os mortos, porém de uma forma bem simbólica, onde se pensava que os espíritos escapavam de suas estreitas moradas com as primeiras flores da primavera.

Os atenienses acreditavam que neste dia os fantasmas da morte se levantavam, e eles se protegiam colocando piche nas portas de suas casas, para prendê-los caso eles aparecessem, e preparavam purgativos de plantas de espinheiro para expeli-los na hipótese de eles entrarem em suas gargantas. O que fica evidente é que ao lado das celebrações da vida através do vinho, existia uma grande preocupação com a morte e com os mortos, tudo relacionado com Dioniso, inclusive porque estes ritos tinham igualmente um sentido ligado à fertilidade das sementes, como bem coloca Harrison.[38] Segundo esta autora, antes deles espantarem os fantasmas da morte, os atenienses preparavam uma ceia com um pote de sementes as mais variadas, que nem um cidadão testava, pois eram dedicadas as divindades ligadas a terra, como Hermes, o líder da morte. O objetivo claro daquele rito era de que os fantasmas levassem para as profundezas da terra as sementes e que as trouxessem renovadas e com maior potência de volta no outono, relacionando assim a morte com a vida, sendo que este *dromenon* era celebrado, fora da antiga cidade na ágora ou, na assembleia, em um lugar circular de danças, próximo ao primitivo santuário do deus que era aberto somente uma vez por ano.

As *Leneas* eram celebradas em janeiro, com um grande cortejo capitaneado pelo próprio arconte, onde se brindava ao Dioniso Leneu, nome de um filho de Sileno – um dos seguidores de Dioniso, seu professor e companheiro fiel. Desde 442 eram realizados concursos de tragédia e a partir de 432 também de comédias. Aí Aristófanes – o maior dramaturgo da Comédia Antiga – estreou algumas de suas obras mais famosas. O festival era restrito aos atenienses. Em dezembro, eram ce-

---

37 DETIENNE, 1988a, p. 21.

38 HARRISON, 2015.

lebradas as Dionísias Rurais, que constava basicamente de um cortejo onde se carregava vinhos, gigantescos *Phallos*, juntamente com galhos e travessas de figos e ainda arrastando cabras com o objetivo de se conseguir a fertilidade em todos os estratos, fossem eles humanos (*falos*), animais e vegetativos. Sabe-se que este festival também abrigava manifestações dramáticas, porém não se sabe quando, nem sua extensão

As Grandes Dionisíacas, também denominadas Dionisíacas Urbanas, foram instituídas no início do regime tirânico de Pisístrato, entre 561 e 533, quando se integraram nestas festas as representações das tragédias. É indiscutível como vimos, o sentido político desta criação, pois assim Pisistrato acrescentava uma nova celebração, mediante uma grande e importante festividade dedicada ao Deus com um pronunciado acento urbano e políade, porém diferentemente de Clistenes de Sicione, ele manteve intactas as festividades antigas. Além de ser uma festa cívica, onde a participação de todos era facilitada, mediante a decretação de feriados naqueles dias, da libertação de prisioneiros sob fiança e dos subsídios fornecidos a qualquer cidadão para entrar no teatro – instituída mais tarde por Péricles –, se considerava a participação dos mesmos como um compromisso ideológico da mesma natureza que ocorria quando de pagamentos pela cidade aos mesmos cidadãos para comparecer a banca de jurados e para remar na Marinha, ambas, funções importantes para a democracia ateniense da época.[39]

Os principais atos desta festa que eram assistidas pela maioria dos atenienses, mas igualmente pelos estrangeiros que nesta época podiam facilmente acessar Atenas, pois a navegação já estava liberada – fim de março –, eram o "προ-αγων" (*proagón*), ensaio, a procissão, os concursos ditirâmbicos, o "κομμος" (*kómos*), lamentação, choro, gemido, e as representações teatrais.[40] O início das festividades era marcadamente tradicional e agrário, com sacrifícios em honra do deus da saúde Asclépio, para que toda a polis estivesse protegida, como também pedir abundância e riqueza para o novo ano. No *proagón* se anunciavam os títulos das peças escolhidas e o assunto de cada uma, que haviam sido previamente selecionadas pelo arconte-epônimo com antecedência, como também o resultado dos sorteios do conjunto corego, poeta e protagonista. A procissão, "πομπη" (*pompé*) era realizada para trazer a estátua de Dioniso Eleuterus, o libertador, de seu templo

---

39 GOLDHILL, 2007, p. 202.

40 MALHADAS, 2003, p. 84.

para o teatro, porém se dirigia inicialmente para um modesto santuário do deus na Academia, repetindo assim o episódio de Pégaso quando da chegada de Dioniso em Atenas, relatado anteriormente. O clima da procissão era bastante festivo com participação intensa de todos, incluindo o arconte, magistrados, sacerdotes, virgens e efebos atenienses, coros e coregos, cidadãos, metecos e estrangeiros, com sacrifícios e banquetes, muita música, dança, e levando os gigantes falos para acalmar o deus. Ao anoitecer a estátua de Dioniso era colocada no teatro, na *orchestra*, em seu altar de pedra, tornando aquele espaço sagrado.

Os concursos ditirâmbicos eram realizados em seguida, um dia antes das apresentações teatrais, com a participação de coros de homens e de meninos, representantes das dez tribos de Atenas, com acompanhamento de flautas e danças ao redor do altar do deus, os chamados coros cíclicos. Após o concurso, todos iam para as ruas de Atenas, em clima de comunhão e solidariedade representadas pelo "Cosmos". Nos três últimos dias eram apresentadas as peças teatrais, as tragédias, os dramas satíricos e as comédias do nascer do sol até à tarde, com os coros e o protagonista usando máscaras e vestimentas apropriadas, com diálogos e cantos compondo assim um espetáculo visual de rara beleza e transcendental importância para todos os presentes.[41]

Entretanto, o mais importante era que aquelas pessoas iriam assistir de acordo com Aristóteles em sua *Poética,* na sua célebre, linda e naturalmente polêmica definição da tragédia a

> [...] representação de uma ação nobre e completa, com certa extensão, em linguagem poetizada, cujos componentes poéticos se alternam nas partes da peça, com o concurso de atores e não por narrativa, que pela piedade e pelo terror opera a catarse desse gênero de emoções.[42].

Assim, o espetáculo que iriam assistir e participar tinha muito a ver com suas vidas contemporâneas, em que se sentiam seguramente representadas pelo coro, especialmente nas primeiras tragédias, em que aquele superava em importância ao(s) personagem(ns), que provocariam em cada um dos presentes sentimentos fortes de piedade e terror, e o fariam pertencer ainda mais àquela *polis* tendo acrescentado algo novo em suas vidas, seja do ponto de vista político, seja do ponto de vista religioso, ou mesmo em termos pessoais.

---

41 MALHADAS, 2003.

42 MALHADAS, 2003, p. 17.

Pierre Lévê que resume bem o que estava em jogo do lado político para aquelas pessoas e como estavam representadas, apesar de sua restrita conclusão quanto aos próprios objetivos das encenações:

> O fermento inovador da tragédia consiste no fato de que ela refrate os velhos mitos no prisma do contemporâneo. Ela é assim um meio incomparável de cultura popular, pelo discurso antiético que ela instaura entre as personagens (que são os nobres de outrora) e o coro (que representa o povo). Ela se evidencia em um dos lugares privilegiados do debate político, onde se afirma o espaço conquistado pelo "demos" na cidade, ao mesmo tempo em que, através de um jogo sutil de recuperação, ela contribui para organizar o consentimento e a alienação das massas em proveito dos aristocratas.[43]

As duas citações acima apresentadas, propositalmente, nos levam a prosseguir com nossas reflexões, especialmente quanto ao papel que na tragédia grega se atribui ao enredo, e é claro que aqui existem enormes controvérsias. É basicamente em cima do enredo que se levantam as grandes discussões, especialmente no que se relaciona com a utilização por parte dos poetas dos mitos dos heróis das epopeias de Homero, e que nada tem a ver com Dioniso, como expresso em um conhecido provérbio popular de espanto e crítica que tem que ser respondido e qualificado, pois em princípio é complexa a relação da tragédia com Dioniso. Entretanto, para enfrentar esta questão, que é sem dúvida básica, precisamos fazer alguns volteios: por um lado, discutir e detalhar melhor a gênese do drama e de outro, retornarmos a *Poética* de Aristóteles, para examinarmos com cuidado o que tem a dizer da estrutura da tragédia e da importância do "μυθος" (*mythos*), lembrando ao leitor, que diante da complexidade visual e literária da tragédia grega, é sempre melhor se valer de alguém que esteve próximo daquele espetáculo, como igualmente pela sabedoria indiscutível do estagirita em matéria poética.

Relativamente à gênese da tragédia, a partir do canto lírico, e em especial do *ditirambo*, que reflete uma ação mimética relativa ao duplo nascimento de Dioniso, de suas epifanias e graças, por parte de seus adoradores, vou me valer de algo bem simples, colocado por Delcourt,[44] que assinala de início existir uma total homogeneidade naquele canto uníssono entre todos os participantes. Porém surge um imprevisto, um personagem que não pensa exatamente como os outros, que procura dialogar com pessoas de fora do grupo com objetivos poéticos de arrebatá-los, de aprisioná-los, independente deles, instaurando assim o

---

43 LÉVÊQUE *apud* TRABULSI, 2004, p. 144.

44 DELCOURT, 1934.

conflito na poesia lírica: a tragédia está prestes a nascer. Como bem diz Aristóteles, a tragédia provém de um "improviso dos solistas do ditirambo", que em sua condição de solista inicia sua metamorfose para exercer o papel de protagonista da tragédia implantando assim o diálogo, "o discurso", inicialmente com o coro, mas que terá desdobramentos futuros a partir de Ésquilo, com a óbvia consequência do segundo ator.

Neste sentido, vale a pena nos dedicarmos um pouco mais neste tema, a origem oculta da tragédia, mediante uma tentativa de identificar seus passos, coisa que faremos a partir daqui, levantando e enfrentando várias camadas de entendimento, nem sempre coerentes e racionais, com algumas idas e vindas, tendo por objetivo final alcançar um entendimento próprio, que nos ajudará a encarar os três grandes poetas com suas obras. No início foi o *ditirambo*, canto em louvor a Dioniso, do qual deriva seu nome, como explicitado por Eurípides nas *As bacantes*,[45] e por outros testemunhos:

> [...] tumultuoso e, acompanhado de dança, exterioriza em alto grau o entusiasmo; composto que é, para [expressar] as paixões mais próprias ao deus [Dioniso].[46]

Nesta gênese do ditirambo encontramos Arion de Metinma, que como vimos:

> [...] foi o inventor do 'modo trágico', o primeiro que instituiu um côro, cantou o ditirambo... e introduziu sátiros que recitavam em verso".[47]

Desta forma, fica claro a passagem do canto lírico tradicional aplicado ao ditirambo para uma fase de "entoar o ditirambo", atitude já não puramente lírica, nem ainda perfeitamente dramática, onde aparece a figura do solista, do *exárchon*, que entoa uma frase e é respondido pelo coro, podendo vir a ser um personagem. E assim significando nas palavras de Aristóteles na *Poética*,[48] o nascimento do protagonista dialogante. Entretanto esta atividade do *exarchon* de comandar o Coro e entoar o canto, vista já em Homero, especialmente nos funerais de Heitor teria que dar um passo a mais e se transformar no "υποκριτης" (*hypokrités*), o protagonista, o ator. Entretanto, a análise desta palavra grega, que pode significar "responder" ou "interpretar", elaborada por

---

45 EURÍPIDES, 2010, p. 74, v. 518.

46 ARISTÓTELES, 1966, p. 152.

47 ARISTÓTELES, 1966, p. 34.

48 ARISTÓTELES, 1966.

Thomson,[49] demonstra que o sentido utilizado na representação teatral antiga está mais de acordo com a atividade de interpretação, o que concede conotações mas expressivas da atuação do "ator", e que em alguma forma era representante do deus-sacerdote do *tiasos* dionisíaco.

Exatamente neste ponto surge o nome de Téspis, ignorado por Aristóteles, porém fundamental para a história da tragédia ática. Originário de Ícario, o país de Dioniso, a ele cabe a honra de ter inventado o protagonista, o ator, e comprovadamente foi o vencedor da primeira competição dramática sob os auspícios de Pisístrato, em Atenas por ocasião das Grandes Dionisias de 534. Portanto, como afirma Romilly, nenhum gênero literário possui um registro civil tão preciso, graças à política de expansão popular do tirano, porém graças a inventiva de Téspis, que é claro teve que enfrentar sérios embates, chamado que foi de "hipócrita" pelo velho arconte Sólon. Poeta, intérprete de suas obras, protagonista, ator, diretor de cena, figurinista, e segundo informações de diversificadas fontes históricas, engajado no espírito dionisíaco, tanto que montou uma forma de *tiasos*, envolvendo os atores, o coro, com suas carroças, em um sentido mais amplo que somente relacionado com os aspectos religiosos, levando para os camponeses das diversas regiões da Ática, os novos prazeres relacionados com a representação dramática. Parece que assim chegou a Atenas, como da mesma forma a abandonou para seguir percorrendo o interior.

O espírito dionisíaco de Tespis tem sua maior comprovação segundo a Suda ao afirmar:

> [...] que foi o primeiro trágico, e também que foi o primeiro que representou tragédias com o rosto pintado de alvaiade de chumbo; que depois cobriu a face com plantas silvestres ao representar os dramas e depois disso, também introduziu o uso de máscaras feitas só de fios (tecidas).[50]

A genial invenção de Téspis do uso da máscara naquelas representações, a par de questões técnicas relacionadas com a melhoria do áudio dos espetáculos tinha enormes consequências do ponto de vista religioso, pois, estabelecia automaticamente uma relação direta entre o protagonista e os espectadores, numa relação dualizada, frente a frente, na qual o ator mascarado se tornava reconhecível pelo que era através de uma revelação autêntica, mas que captava aquele homem "outro" que assistia, fascinando-o e possuindo-o. Da mesma forma que fazia

---

49 THOMSON, 1982.

50 ARISTÓTELES, 1966, p. 164.

o deus Dioniso com seus seguidores, magnificamente retratados em várias pinturas de vasos da época com a profundidade de seu olhar.

Téspis, além disso, acrescentou várias outras inovações ao andamento da representação teatral como o recitativo coral, a "ρησις" (rhésis), e o prólogo, porém para nós, sua mais importante contribuição, que nos remete novamente a Dioniso foi, de acordo com informações antigas de Evanthius, de Isidoro, de Pollux e do próprio Platão, no altar dedicado a Dioniso bem ao centro da *orchestra*. Téspis coloca aí uma mesa antiga onde no passado eram repartidas as vítimas sacrificadas, em cima da qual em pé se cantavam nos campos, e que podia ser utilizada por qualquer um e de lá respondia aos coros, e que seria agora utilizada pelo protagonista com sua máscara, evidenciando uma vez mais o caráter ritual dionisíaco, no sentido de que o próprio deus estaria ali se apresentando em uma de suas versões, ou faces, ou em uma de suas metamorfoses, mesmo em se tratando de temas heroicos, que aparentemente nada tinham a ver com Dioniso, mas que faziam parte do rito, sem serem à época parte essencial do mesmo.

Assim, é importante agora que voltemos a Aristóteles para abordar a questão fundamental da tragédia, da qual ele afirmava com convicção, "o mito é o princípio e como que a alma da tragédia; só depois vêm caracteres",[51] [52]e neste sentido, vamos nos valer da importante contribuição ao tema a partir da própria definição aristoteliana da tragédia, de Daisi Malhadas, apoiada em estudos sobre a *Poética*. O primeiro ponto é relativo à tradução do termo grego "mimesis", que a autora opta por utilizar a palavra "representação", e não por imitação, citando um belo texto de Roselyne Dupont-Roc e Jean Lallot:

> [...] a "mimesis" é poética, isto é, *criadora*. Não é ex-nihilo: há uma matéria prima que é o homem dotado de caráter, capaz de ação e de paixão, preso numa rede de acontecimentos. Estes dados, o poeta não imita como se fizesse um decalque [...], o poeta, enquanto *"mimetés"* constrói [...] uma "história", *(mythos)*, com seus actantes funcionais. Ele só imita para representar: os objetos que lhe servem de modelos [...] apagam-se por trás do objeto; história representada [...]. "Mimesis" designa este movimento

---

51 ARISTÓTELES, 1966, p. 75.

52 Eudoro de Souza utilizou a palavra mito, porém existem outros autores que preferem as palavras "enredo", "história" ou "fábula", mas todas representam um sistema de atos.

que parte de objetos preexistentes e chega a um artefato poético, e a arte poética é, segundo Aristóteles, a arte dessa passagem.[53]

Esta breve introdução ao tema nos permite constatar de imediato a enorme importância que Aristóteles concede de um lado a tendência inata ao homem poético de *representar* alguma coisa, e em suas palavras, "[...] por meios diferentes, de objetos diferentes e de modos diferentes."[54] E por outro lado, a importância do "objeto", que no caso da tragédia é a "ação", ação esta que vai ser buscada em objetos-modelos para se chegar a um *objeto-produto*, com total preeminência da história, do *mythos*, do enredo, sobre os caracteres "ηθη" (*éthe*) dos personagens, que virão a ser definidos objetivamente por suas ações. Aristóteles chama de enredo, *mythos*, o sistema de atos, "συνθεσιν των πραγματων"(*synthesin ton pragmáton*), inclusive para diferenciá-lo dos mitos transmitidos tradicionalmente como as lendas e histórias que ele chama de "παραδεδομενων μυθων"(*mythos paradedoménos*), sendo estes, portanto os objetos-modelo e o primeiro, o objeto-produto.[55]

Continuando na definição, a tragédia é, portanto, a representação de uma ação nobre, porque tantos os coreutas como os personagens representam pessoas sérias, de caráter elevado e nobre; uma ação completa, que necessariamente tem começo, meio e fim e de certa extensão, que permita que se processe a passagem da infelicidade à felicidade, ou da felicidade à infelicidade, por meio de acontecimentos concatenados de acordo com a verossimilhança e a necessidade. Expressa em palavra e linguagem, "λογος" (*logos*), qualificada de "ηδυμενως" (*hedysménos*), temperar, tornar agradável, como poesia e assim distinta da música instrumental e também da prosa, portanto em linguagem poetizada, que tem ritmo, "ρυθμος" (*rhythmón*), melodia, "αρμονια" (*harmonían*) e canto, "μελος" (*mélos*); cujos componentes poéticos se alternam, como no prólogo e nos episódios em metro, sem harmonia, e no párodo, na entrada do Coro e nos estásimos, em cantos monódicos ou corais; e com um modo de representação "de pessoas agindo (*drōntōn*) e não por narrativa, característico do modo teatral onde os personagens agem diretamente e por isso se denomina "δραμα", drama, ação; e finalmente que

---

53 DUPONT-ROC; LALLOT *apud* MALHADAS, 2003, p. 18.

54 MALHADAS, 2003, p. 19.

55 MALHADAS, 2003, p. 19-20.

pela piedade, "ελεος" (*éleos*) e pelo terror, "φοβος" (*phóbos*), provém o prazer, "ηδονη" (*hedóne*), e opera a catarse desse gênero de emoções.[56]

Após esta maior clareza da conceituação implícita na tragédia, volto a minha questão principal, a do enredo, com relação ao qual seguiremos Malhadas e Dupont-Roc e Lallot. Neste sentido, Aristóteles coloca nos capítulos 10 e 11; "Então, duas partes do enredo são estas, a περιπετεια (*peripécia*) e o αναγνωρισις (*reconhecimento*); uma terceira é o patético."[57] Prosseguindo, Aristóteles vincula claramente peripécia e reconhecimento ao enredo complexo, dizendo "Dos enredos, uns são simples, outros complexos", e explica; "Chamo simples uma ação una e contínua../em que, sem reconhecimento ou peripécia, a *mudança* se faz/ e complexa, aquela em que, com reconhecimento ou com peripécia ou com ambos a *mudança* acontece".[58] O fundamental nesta colocação de Aristóteles é que nos dois tipos de enredo, tanto nos simples como nos complexos ocorre necessariamente a mudança, "μεταβασις" (*metábasis*), transformação esta que é entendida como uma mudança de fortuna, mesmo em casos em que não aconteça a peripécia.

Os casos mais clássicos de mudança são aquelas que ocorrem passo a passo – Agamenon entrando em casa em sua volta triunfal de Ilión, que o levará a morte –, e em momentos em que a ação inverte sua direção, caso típico de peripécia, como em Édipo-Rei: "[...] tendo alguém vindo para alegrar Édipo e livrá-lo do temor em relação à mãe, revelando quem ele era, fez o contrário [...]",[59] momentos em que apesar das expectativas e das previsões os fatos vão na direção contraria, e é claro nos imprevistos, e nas surpresas que atingem diretamente ao herói, porém o fazem com mais intensidade com relação aos espectadores. O imprevisto está no cerne da peripécia, definida por Aristóteles como a "[...] conversão, 'μεταβολη' (*metábolé*) das ações no contrário",[60] como bem dizem Dupont-Roc e Lallot:

> [...] se a peripécia, enquanto caracteriza a tragédia complexa, é especialmente apropriada para suscitar terror e piedade (52b1 e 52b32), é porque

---

56 MALHADAS, 2003, p. 18-27.

57 MALHADAS, 2003, p. 29.

58 MALHADAS, 2003, p. 30.

59 MALHADAS, 2003, p. 30.

60 MALHADAS, 2003, p. 30.

acrescenta o "efeito surpresa" ao encadeamento necessário ou verossimilhante das ações.[61]

A questão do *reconhecimento* é ainda mais delicada e sutil. Aristóteles emprega igualmente a palavra *metabolé* e a define como sendo "[...] a conversão da ignorância em conhecimento de uma relação de aliança ou de hostilidade *entre as personagens*, delineadas para a felicidade ou para a infelicidade."[62] Seguindo Malhadas, vejamos as advertências de Dupont-Roc e Lallot quanto a entender o reconhecimento em termos dos efeitos subjetivos e das eventuais modificações psicológicas das personagens:

> Menos do que a percepção subjetiva que o herói pode ter de sua ação ou de suas relações com o outro, o reconhecimento *é a descoberta do fato, por ele antes ignorado,* de que está ligado a uma outra personagem por uma relação objetiva, socialmente definida como positiva, "philía" ou negativa, "ékhthra": como Édipo que reconhece a "philia" que o une ao pai.[63]

Aristóteles caracteriza assim, bem claramente que a mudança da fortuna do herói se deve basicamente a acontecimentos imprevistos e surpreendentes que alteram, e que invertem o curso esperado e previsível dos fatos, acoplados no caso de enredos complexos, à descoberta de fatos ignorados em suas relações com outros personagens, que levam a criar nos espectadores sentimentos de piedade e terror. Aristóteles ainda acrescenta, em sua análise do enredo, um elemento a mais que contribui para que aqueles sentimentos de piedade e terror sejam ainda mais fortes, que é o patético, o *pathos*, definido como "$\pi\rho\alpha\xi\iota\varsigma$" (*práxis*): "[...] uma ação que causa dano ou sofrimento, como as mortes em cena, as dores intensas, os ferimentos e tudo quanto a isso se assemelhe",[64] que arrebatam e aprisionam os espectadores de uma forma ainda mais intensa. O patético, o *pathos* atua aqui não pela visão em cena, mas pelo envolvimento dos personagens em suas motivações e nas consequências de seus atos, provocando um forte impacto emocional e imaginativo nos espectadores.

Em resumo, o que Aristóteles nos diz é que no âmago do enredo da tragédia ocorre uma *mudança*, que segundo ele, a mais conveniente e apropriada deva ser da felicidade ao infortúnio, devido a uma grande

---

61 MALHADAS, 2003, p. 31.

62 MALAHADAS, 2003, p. 32.

63 DUPONT-ROC; LALLOT *apud* MALHADAS, 2003, p. 32. (grifo meu)

64 MALHADAS, 2003, p. 34.

falta por ele cometida, envolvendo atos terríveis que levam aos espectadores fortes emoções de piedade e terror, sendo assim as mais belas tragédias aquelas em que os heróis tiveram de suportar ou serem responsáveis por tais atos. Neste sentido Aristóteles lembra os nomes de Alcmeon, Édipo, Orestes, Meleagro e Tieste.[65] De tudo o que foi dito até o momento, em especial através de Aristóteles com sua detalhada análise do processo natural e profundamente humano de "mimetização", como forma de conhecimento e aprendizagem, que se distingue de outras criaturas, onde se destaca, por sua importância e genialidade a tragédia ática, em sua arte poético-mimética falta caminhar no sentido de penetrar mais a fundo na essência da mesma, em particular quanto às questões dos temas abordados pelos poetas, e de seus impactos nos espectadores.

Desta forma, seguindo nosso caminho em busca da essência da tragédia, vamos retornar um pouco atrás, e retomar a questão das origens dionisíacas da tragédia, através de um novo olhar, na tentativa de captar de forma mais visceral a essência do deus, com a firme convicção que este movimento nos trará a necessária ajuda para irmos adiante, em nosso pretendido entendimento, pela interação de dois pontos fundamentais, quais sejam: do fechamento da visão aristotélica com o discutido mistério e enigma dos efeitos da purificação dos sentimentos de terror e piedade mediante o que o filosofo denominou de catarse, e por outro lado, identificar e clarear o problema da colocação em primeiro plano das vicissitudes do herói trágico, como forma de não somente caracterizar o que se entende pelo componente "trágico" da vida humana, mas também como proposta de mensagem, seja religiosa, política, emocional, objetiva, cívica, àqueles cidadãos da *polis* ateniense.

Penso que deixei claro anteriormente a importância da essência dionisíaca nas apresentações teatrais a partir de Tespis com suas inovações, no estabelecimento do diálogo Coro e personagem, que posteriormente seriam ampliados por outros poetas, mas aqui quero ressaltar enfaticamente algo de profundamente dionisíaco, de Tépis haver assumido várias *personas*: a de poeta trágico, ao escrever, encenar e dirigir um drama; a de *exarchon* do coro, a de protagonista; a do ator *hypokrités* e em alguma forma a do próprio deus na utilização das máscaras, fortemente associadas ao mesmo. Além disso, pelas parcas informações sobre sua vida, intuímos o fato de que Tespis devia ser um

---

65 MALHADAS, 2003, p. 35.

adepto da religião dionisíaca, reforçado ainda pelo fato de haver escrito e encenado, segundo informações antigas, paradoxalmente, uma peça denominada Penteu, retratando o infausto rei de Tebas, que vai ser o mesmo tema da última tragédia de Eurípides, *As bacantes*, que não somente fechará o ciclo deste poeta, porém encerrará o ciclo de representação da tragédia grega como até hoje a entendemos.

Seguindo na trilha dionisíaca, Eudoro de Souza em sua minuciosa obra sobre a *Poética* de Aristóteles, chama atenção para várias questões relativas ao deus Dioniso, dentre as quais o encontro, e diria afinidade, da religião dionisíaca com a lenda heroica, que virá a ser o tema por excelência da grande maioria dos enredos das tragédias, desde seus primórdios, no primeiro ditirambo conhecido do "Canto das mulheres de Élida"; "Vem, Dioniso herói, ao sagrado templo", até o final do ciclo trágico, em *As bacantes*. Neste epílogo poético genial, Eurípides, em seus últimos dois anos de vida, vivendo na época de sua elaboração fora de Atenas, na Macedônia, em contacto com comunidades dionisíacas, coloca o deus Dioniso desempenhando vários papéis alternativos dependendo das cenas, ao mesmo tempo animal, humano e divino, dentre os quais sem dúvida alguma sobressai o do próprio herói da tragédia, inversamente ao que seria legítimo pensar de que o herói da mesma seria Penteu, o chefe de estado inflexível, tirano, que se nega a ver a realidade do deus Dioniso, como filho de Zeus, algo que Eurípides fundamenta logo na entrada do prólogo, conforme assinala Dodds em *Eurípides*,[66] que considera provável a relação etimológica entre *dios* – de Zeus – e *Dio-nisos* – filho de Zeus –, que Trajano verteu no verso 1, como: "Deus, filho de Zeus, chego a Tebas ctônia, Dioniso."[67]

Outro ponto colocado por Eudoro é sobre a essência final do deus, que no caso é considerado por ele como sendo a da contradição, na linha do que foi colocado por Otto em seu famoso livro sobre Dioniso, que vale aqui reproduzir;

> [...] o que fascina e alimenta, ele, o dispensador do vinho, eternamente incensado, liberador de toda pena e toda desventura, ele, o que cura e relaxa, "graça dos mortais", "cheio de graças", o bailarino, o amante extático, o dispensador de bens, o benfeitor, o que mais prazer procura, é ao mesmo tempo o mais temível de todos. Nenhuma divindade grega possui tantos apelidos tão terríveis, capazes de expressar uma ferocidade tão inexorável

---

66 EURÍPIDES, 1986.

67 EURÍPIDES, 2010, p. 22-23.

como os seus, e é preciso recordar os monstros das trevas eternas para encontrar algo remotamente parecido. Ele é chamado o esquartejador de homens, o que come carne crua, o que encontra prazer no ferro e no sangue vertido. E em justa correspondência, sabemos que se produziam sacrifícios humanos em seus cultos, alem de que estes incluíam um rito monstruoso que consistia no esquartejamento de um ser humano.[68]

Eudoro caracteriza "Dioniso como uma 'διακοσμησις' (*diascomese*), o ordenador de certo *Kósmos*, cuja natureza intima se revela como contradição",[69] na definição precisa daquela essência, não somente classicamente referida a seus dois aspectos, como benfeitor da humanidade ao trazer a alegria, o prazer, e a redução das penas cotidianas, e de sua violência, ira, e revolta em seus *tiasos*, como igualmente pelo povo de Atenas, com a execução de *ditirambos* e a representação da tragédia. As mesmas contradições implícitas nos mitos e lendas heroicas, onde o herói se comporta de forma semelhante ao deus, com contradições e ambiguidades, podendo-se citar Medéia, Orestes e Teseu em Eurípides como exemplos clássicos, bem como no caso de Alcmeon, que proporciona uma vegetação deslumbrante com seus ciprestes, mas que assassina friamente sua mãe, vingando seu pai obrigado, que ao entrar na guerra encontraria fatalmente sua morte. Esta contradição se reflete, e de alguma forma permeia, de forma direta as tragédias áticas, especialmente no que se refere aos conflitos entre o Coro e o personagem, nas questões de justiça humana e divina, nas tensas relações entre os *oikos* e a *polis*, bem como nas mudanças de fortuna com suas peripécias e reconhecimentos tão bem analisados por Aristóteles.

Entretanto, nos parece que ainda assim, mesmo levando em conta a afinidade de Dioniso com os temas heroicos, estaremos ainda longe de entender claramente o transfondo dionisíaco da tragédia, intuída que foi por Aristóteles, sem retornarmos, nos aproximando mais das questões ritualísticas em suas essências, que deixam transparecer à execução dos *ditirambos* e da própria tragédia enquanto representações de cunho religioso, porém de uma religião misteriosa e de certa forma primitiva e antiga, que tem a ver com uma época muito distinta da Atenas daqueles séculos VI e V. Desenvolveremos tal aproximação através de Jane Harrison, Gilbert Murray, Thomson, e Cornford, em parcial desacordo com a tese da imortalidade de Ridgeway, especialmente no que se refere à estreita relação que se es-

---

68 OTTO, 1997, p. 85.

69 ARISTÓTELES, 1966, p. 56.

tabelece, consciente ou inconscientemente, pelos dramaturgos, entre a forma poética e as práticas ritualísticas tradicionalmente ligadas a Dioniso, e de forma particular, entrando mais a fundo em *As bacantes* de Eurípides, apesar de se tratar de uma clara inversão histórica, relativamente a análise das obras dos dois poetas que o antecederam, Ésquilo e Sófocles. De outro lado, esclarecemos que a peça *As bacantes*, será exaustivamente examinada e analisada dentro de um contexto maior, e aqui, nos referiremos somente a uma questão específica, relacionada com a origem da tragédia ática.

Relativamente a estas questões religiosas com seus ritos e cultos neste caminho de reaproximação com o deus Dioniso, devemos abordar necessariamente pela estranheza e dificuldades de entendimento o mito que envolve seu nascimento, apesar de já havermos apresentado as duas versões mais importantes. Porém, da leitura de Harrison em *As bacantes* surgem alguns pontos novos. A concordância é como vimos geral de que Aristóteles tinha razão ao afirmar, que a tragédia teve sua origem em um ritual antigo e baseado na emoção do canto ditirâmbico, portanto do canto em louvor a Dioniso. Entretanto, tal relação fica ainda mais estreita e com uma significação ainda maior se agregarmos duas novas considerações. A primeira derivada de nada menos que Platão, ao comentar os diversos tipos de odes poéticas, como os hinos e os *peans*, classifica o *ditirambo*, como sendo relativo ao nascimento de Dioniso, na mesma linha dos belíssimos *ditirambos* de Timoteos e de Píndaro referentes aos nascimentos de Dioniso e Brômio – outro nome de Dioniso – na primavera por Sémele. A segunda derivada da própria *As bacantes* de Eurípides, de acordo com a leitura de Harrison, em sua obra *Themis* onde o Coro canta e exalta o miraculoso nascimento duplo do deus, intitulado diretamente como sendo "o deus ditirambo", derivado de sua alcunha, "[...] ele o da porta dupla, ou da dupla entrada."[70] Vejamos esta passagem, inicialmente na tradução de Trajano de Oliveira, versos 518 e seguintes:

> Ó filha do Aquelôo, ninfeia bela,
> Dirke divina!
> Em tuas fontes acolheste o infante,
> Quando Zeus,
> Seu genitor,
> Do fogo imorredouro,
> O transladou. À coxa, sobreclamando.

---

70 HARRISON, 2010, p. 33.

"Vem, Ditirambo,
Adentra o ventre masculino;
Sobreanuncio teu nome a Tebas-
Baco-que assim devem chamar-te".[71]
Harrison utiliza nesta mesma passagem a tradução livre e poética do Professor Murray, que acrescenta ainda mais expressividade a Eurípides, e ao nascimento do deus, especialmente nos últimos versos, que assim traduziríamos:
"Entre agora no segundo portal da vida,
Mistério sem Mãe; Eu quebro,
Meu próprio corpo por teu bem
Tu da Porta Dupla te marco, como
meu ó Bromios - assim falou ele -
"E para essa tua terra te revelo".[72]

Parece não existir dúvida que o canto do Coro reflete um rito de iniciação com que Eurípides teve contato, onde ficam claras as intenções de purificação e, principalmente, de regeneração por meio da água, mas, principalmente, por meio do fogo, e, no caso, do fogo dos raios de Zeus, para que a criança ou o adolescente crescesse forte e ágil, mas, além disso, o mais interessante é que, no caso, o deus e o canto nesta epifania em Tebas são evocados em alto som, de forma coincidente através de um mesmo nome: "Ditirambo", que evidentemente trazem novos questionamentos para nossa análise da tragédia. Porém, ainda seguindo Harrison, estamos diante de um verdadeiro *nonsense*, pois o deus Ditirambo nasceu de sua mãe bem e saudável e, portanto, não poderia nascer de novo por meio de seu pai, pois um nascimento é um fato que não se repete. Entretanto, trata-se de um *nonsense* poético e, ademais, um mistério, e segundo Harrison, um mistério é um rito, *droménon*, associado a uma intenção mágica, sendo secreto não porque é indecente, mas porque é intensamente social, decente e inteiramente sagrado. Da leitura de Murray fica bem mais claro que se trata de um *dromenon*, um rito mimético, e neste caso estamos diante do rito por excelência; o rito do novo nascimento, do renascimento, onde a necessidade da "morte" é crucial, descrita na maioria dos ritos desta natureza, com requintes de crueldade para que possa existir a nova vida, sem a qual não se completa a iniciação.

A partir daí Harrison desenvolve o tema, claramente exposto em seu livro, de que as condições sociais implícitas no rito de iniciação, do

---

71 EURÍPIDES, 2010, p. 74-75.

72 HARRISON, 2010, p. 33.

duplo nascimento de Ditirambo refletem a existência de um grupo matriarcal, onde os fatores que importam são a mãe, a criança e a tribo, sendo no caso um rito de adolescente, em que o mesmo passa de uma "coisa da mulher", de Semele, para uma "coisa do homem", de Zeus. Este mesmo espírito, Harrison encontrou no nascimento de Zeus em Creta, na famosa gruta do Monte Ida, em que Réia esconde-se de Cronos, e na qual os *Kouretes* (Curetes), tiram a criança de sua mãe, o levam e o fortalecem por meio de danças, cantos e experiências, dando-lhe uma nova alma, sendo esta a alma da tribo, do grupo, capaz de enfrentar os naturais desafios da vida. O mesmo rito encontra-se presente no nascimento de Zagreu, o primeiro Dioniso, como vimos anteriormente, em que este renasce seguidamente após seu esquartejamento pelos Titãs. Eurípides estava bem cônscio destas tradições, refletindo-os nos versos 119 e seguintes de *As bacantes*, na tradução de Trajano

> Ó tálamo-caverna dos Curetes,
> Sagrada Creta,
> Gruta natural de Zeus, onde
> Os Coribantes, elmos de três cristas,
> inventaram-me o círculo
> tenso-couráceo,
> do tambor.
> No tenso bacanal,
> sintonizam-o
> Ao suave sopro de flautas frigias
> E o põem nas mãos de Réia-Mãe
> Entre evoés a Baco.[73]

Para todos os efeitos, mas, principalmente, com relação a nossa questão primordial das origens da tragédia, é de suma importância, entendermos adequadamente o significado de *dromenon* nos ritos religiosos, no caso um rito de iniciação, ou de um "novo nascimento", mas também associado aos ritos de fertilidade, da morte do ano velho, do nascimento do ano novo. Neste último caso, a necessidade e a oportunidade do rito, leva o grupo social a realizá-lo anualmente, nos moldes do que Thomson chama "levando a morte" e "trazendo o verão", que se realiza na primavera, ao qual, podemos livremente associá-lo aos ritos de iniciação, como, "levando os meninos", e "tra-

---

73 EURÍPIDES, 2010, p. 54.

zendo os homens", praticamente nos mesmos moldes.[74] Em nosso caso, a ênfase é dada a um rito de extrema importância para todos nós, sobre um evento único em nossas vidas, que é o nascimento, que nos traz enorme emoção, e que é muitas vezes agravado, pois se trata de rememorar o nascimento de um deus. A palavra *dromenon* etimologicamente significa "fazendo coisas", porém, como assinala Harrison,[75] aqui ela tem um sentido religioso, sagrado, não se aplicando a qualquer coisa que façamos, mas sim referida a eventos de grande emoção, de contentamento, de pesar, de terror ou de piedade, normalmente realizadas mediante um grupo social, tornando-as mais excitantes e entusiastas. Porém o mais importante é que estas coisas feitas são representações de coisas já ocorridas, "refeitas", ou de coisas que irão ocorrer, "pré-feitas", com um sentido claramente comemorativo, mágico, nas quais a comunhão entre os presentes chega a máxima intensidade. Desta forma, o *dromenon*, é um motor de ritos, como do *ditirambo* original realizado em torno do altar de Dioniso, do canto trágico e finalmente da própria tragédia, comemorativa, com cantos e danças, da morte e do novo nascimento do deus Dioniso, e isto tem importantes consequências em minha análise.

Posso, assim, começar a entender com mais clareza as dimensões social e religiosa da arrogância e da intolerável blasfêmia de Penteu, bem como das negações do ocorrido entre Zeus e Sémele por parte de suas tias, ao refletir sobre a importância do rito de iniciação que está por detrás do duplo nascimento de Ditirambo. Porque no fundo, ao renegar de forma tão explicita aquele nascimento de Dioniso, estariam eles investindo não somente contra o Deus, mas contra o mito, contra a tradição e a um rito sagrado, e se colocando em um pedestal de completa *hybris*, de total insolência, perante a ordem divina, porém igualmente contra a *diké* humana, preocupação maior de Eurípides, como veremos, quando da análise de sua obra. Contribui para esta última afirmação à insistência com que Dioniso – ou, melhor Eurípides – decide se apresentar aos tebanos na forma humana: "Deus em mortal transfigurado;[76] "Por isso, num mortal me transfiguro" e "a forma antiga em natureza humana".[77]

---

[74] THOMSON, 1982.

[75] HARRISON, 2015, p. 170.

[76] EURÍPIDES, 2010, p. 49.

[77] EURÍPIDES, 2010, p. 51, v. 53-54.

Entretanto, Eurípides vai mais além, em meu entendimento, acerca da importância do que está expresso no rito do duplo-portal e do nascimento, enfim do rito de morte e renascimento embutido em um rito de iniciação. Volto a Harrison para entendermos melhor o que pretendo colocar. Harrison nos chama atenção para um aspecto crucial do estudo da religião grega, que é a clara distinção entre o permanente elemento do ritual e o mutável caráter manifesto do mito. No caso de que estamos tratando os elementos permanentes do rito são a dança armada em torno da criança, sua morte mimética e seu renascimento, porém o mito varia em cada caso, seja de Zeus, de Zagreu, de Ditirambo, por meio de detalhes da morte mimética, quem os pratica e como é efetivada sua ressurreição. Para entender a intenção religiosa de todo o complexo, é importante se fixar nos fatores ritualísticos permanentes. Não se quer com isto afirmar taxativamente que o rito é anterior ao mito, pois é muito provável que os dois surjam ao mesmo tempo. O rito é a manifestação de uma emoção, de uma coisa feita, de uma ação, e o mito se manifesta em palavras ou pensamentos e, portanto, neste sentido ele não é a princípio etiológico,[78] ele não surge para dar alguma explicação, ele é representativo, é a mesma manifestação mediante uma outra forma de expressão. Entretanto, quando a emoção que deu origem ao rito acaba morrendo, e o rito já não faz mais sentido, a explicação do ocorrido é vista por meio do mito que é considerado como etiológico. Harrison utiliza esta argumentação no sentido de chegar à conclusão de que o rito e o mito de Zagreu podem ser explicados por analogia a um rito tribal primitivo de iniciação, posição esta que confirma o que vimos até aqui, e assim se entende a ênfase de Eurípides no mito do duplo nascimento.

Porém, quero seguir meu raciocínio de que o poeta trágico foi ainda mais fundo no próprio mito que, como sabemos, desde que mantidos certos princípios pode ser visto de outra forma, no caso, de uma forma poética por excelência, mas que nos traz uma nova contribuição para o entendimento da tragédia enquanto representação. Tanto no rito como no mito em questão fica evidenciada a preocupação real de que aquela criança seja preparada para a guerra, para o conflito, como um homem adulto, reconhecidamente um dos pilares da cultura grega, como um membro ativo daquela tribo, coisa esta que se confirma no caso do nascimento de Zeus, por sua guarda pelos Curetes, permanentemente

---

78 *Etiológico*, explicador das causas de um fenômeno, das origens das coisas, das responsabilidades, das culpas.

armados em suas danças. Entretanto, deve-se considerar a ameaça latente àquela criança, qual seja a ameaça derivada dos poderes divinos, que no caso de Zeus advém de seu pai Cronos, mas que no caso de Zagreu e de Ditirambo provém da ciumenta Hera, nada contente com as atitudes do pai Zeus, e que no fundo expressa igualmente uma questão de poder, na lógica da divisão de partes pelos deuses olímpicos.

Em sua fala o sábio Tirésias, utilizando a retórica oficial de Delfos, tenta convencer, sem sucesso, Penteu a aceitar o deus, iniciando por deixar claro sua universalidade, no sentido que a humanidade se apoia em duplo pilar, replicando de certa forma o sofista Pródico, que Eurípides bem conhecia: "Terra ou Demeter da qual provem o nutriente seco e o filho de Semele que trouxe ao mundo o sumo da vinha."[79] Mas o importante é que logo após ele volta ao mito do nascimento de Ditirambo, porém agora com a visão do patriarcado:

> No próprio fêmur Zeus o costurou
> E disso ris? Comigo aprende o belo: quando arrancou da chama do corisco
> o deus infante, Zeus o pôs no Olimpo
> Hera do urânio-céu queria arrojá-lo.[80]

E aqui surge o problema, como salvar a Dioniso, como acalmar Hera, como livrá-lo da perseguição dela, consequência da relação extra conjugal do marido, e mais, como não frustrar todos os benefícios decorrentes das aguardadas funções que o deus desempenhará junto a humanidade? Seguindo Trajano, nesta enigmática e controvertida passagem Eurípides se revela ao assumir a essência do deus, misturando poeticamente as evidências, deslocando o foco da atenção, duplicando o idêntico, neste caso o próprio Dioniso, como fará mais tarde Dioniso com Penteu, estabelecendo um pacto divino com Hera. Continuemos com a tradução de Trajano: "Zeus contramaquinou qual faz um deus: um setor do céu seccionando, circumtérreo, fez e deu a Hera, qual penhor da querela, uma cópia de Dioniso."[81] E Tirésias termina com uma quase justificativa para o mito que alguns consideram uma "sátira aguda do poeta à sofística" ou "[...] que tipo de especulação séria pode alguém querer encontrar numa tal história", citado por Trajano Vieira em seus comentários sobre a peça *As Bacantes de Eurípides*.[82]

---

79 EURÍPIDES, 2010, p. 61.

80 EURÍPIDES, 2010, p. 61.

81 EURÍPIDES, 2010, p. 61-62.

82 ORANGE *apud* VIEIRA, 2010, p. 31.

São muitas as interpretações deste mito, e Trajano apresenta os dois principais, começando pelos significados linguísticos: Zeus corta uma "parte", "μερος" (*meros*) do céu, faz dela um Dioniso e o dá a Hera como "penhor", "ομηρον" (*hómeros*), em lugar de outro Dioniso, que dirão os homens fora costurado à sua "coxa", *meros*. A outra interpretação é de que o segundo Dioniso é um símile do primeiro e mantém, com ele, um elemento constitutivo: a luminosidade, já que esta está presente no raio de Zeus que provoca o parto prematuro bem como na camada superior do céu, o Éter, matéria de que o segundo Dioniso é constituído.[83]

Fiz todo este necessário caminho pela complexidade do tema, mas também com a intenção de retomarmos a colocação inovadora de Eudoro de Souza, acerca de certo *Kósmos* de Dioniso, que ele denomina, como vimos, de *diascomese*, considerando como essencial, sua característica relativa à "contradição", abarcando a Natureza, o Homem e a Divindade. Aproveitando este gancho, e sem descartar sua posição já que este aspecto do deus é de fato existente e concreto, porém, acho que ela, antes de ser dionisíaca, é essencialmente grega, me levando a propor e contextualizar outra posição, que vai um pouco mais além, a qual me parece mais condizente com tudo que vimos até agora. Em primeiro lugar, é sempre algo temerário querer reduzir Dioniso à apenas um aspecto específico, por mais que ele seja importante, dada a controvertida e complexa essência do deus e de seus ritos e cultos, cabendo recordar aqui, o genial comentário de Dodds, quando nos aproximamos do dionisíaco em sua introdução *As bacantes* de Eurípides:

> [...] o nosso primeiro passo deve ser "desaprender tudo aquilo que já pensamos sobre estas coisas, esquecer os quadros de Ticiano e os de Rubens, esquecer Keats]...[recordar que "orgia" não são orgias mas atos de devoção e, que "bacheuein" não quer dizer "bacanal" mas um tipo de particular de experiência religiosa.[84]

Assim aqui, trata-se, de uma evolução clara de aspectos religiosos e principalmente ritualísticos antigos para novos ritos, adaptados para tempos históricos atuais, da *polis*, voltados para um grupo bem maior de pessoas, bem além dos participantes em seus *thíasos*, que vão interagir através deles mediante linguagens e essências distintas. Neste sentido, vou adotar uma premissa básica: da mesma forma que a chegada do deus Dioniso a Ática, difere das chegadas do mesmo nas outras cidades,

---

83 EURÍPIDES, 2010, p. 28-29.

84 EURÍPIDES, 1986, p. xii.

por seu caráter pacifico, e civilizador, baseada na introdução da vinha, ocorre aqui a tentativa de uma transformação dos ritos bárbaros e cruéis associados aos seguidores do deus, com os aspectos de dilaceração de animais, especialmente os bois e touros, seguido de festins de carne crua, no qual aquelas pessoas encontravam-se fora de si, dominados pelo êxtase, e entusiasmo maníaco e louco, provocados pelo deus, suas músicas e suas danças. A principal característica destes ritos antigos, do ponto de vista de seus seguidores, é que cada um perde sua identidade pessoal, sua personalidade, "sai fora de si", em estado de delírio, abandonando sua vida anterior, seus valores, como se estivesse saindo de uma prisão, na direção de uma vida mais intensa junto aos demais seguidores do deus. Este ponto constitui o cerne da questão, pois aqui, mesmo sem entrarmos em detalhes, fica clara a existência de um rito de morte e vida, onde a personalidade pessoal e individual das pessoas é atacada e subjugada, como uma morte para poder renascer de outra forma, com princípios e valores, associados ao culto do deus.

Desta forma, a meu ver, para alcançar-se um entendimento, ainda que parcial, das origens da tragédia, que como vimos de forma exaustiva, se originou de alguma forma dos ritos dionisíacos, com o abandono de certas práticas consideradas indesejáveis, porém mantendo sua essência estão claramente explícitos em Eurípides, que reconhecidamente se tornou na maior referência no conhecimento do deus, de seus mitos e ritos. Ele em *As bacantes* nos diz de forma clara que os aspectos essenciais do deus e de seus ritos são o de promover a derrocada de uma personalidade pessoal fixa e rígida, abrindo caminho para a multiplicidade e a imprevisibilidade das mesmas e dos seus caráteres, que ao contrário do que imaginamos quanto a sua constância, permanência, e "prisão", são objetos de mudanças, alterações, de se perderem emocionalmente, e assim constantemente aniquilados e novamente gerados, ou "nascidos". Assim, considero que independente de outras características do deus, sua essência, expressa em seus ritos primitivos, levando seus seguidores a loucura, a "mania", ou então, alternativamente, ao prover aos homens uma bebida com sua violência natural que precisa ser domesticada, como a melhor entrada para um adequado entendimento do *mythos* da tragédia, que vai levar igualmente aos participantes a sentir as mesmas sensações que a "mania" e o vinho produzem, mediante fortes emoções, de uma gravidade única, mediante representações indiretas sobre suas vidas, recolocando de volta na discussão, que os temas da tragédia tem tudo a ver com Dioniso.

Esta afirmação é de todo evidente em *As bacantes*, onde a personalidade única, ou mesmo um caráter único é impossível de se ver, e bem sintomático seja por parte do Deus, que de certa forma era esperado, mas também por parte do infausto rei Penteu, a personagem mais aferrada a sua personalidade monolítica, que fica à mercê do deus, tornando-se um duplo do deus para alguns, e se transformando em uma mulher bacante para melhor ver *As bacantes* reais, mas também ocorrendo alterações com as demais personagens mortais, como Tirésias, Cadmo, e Agave. Esta última, que desde o início da peça encontra-se possuída pelo deus, se transformando em bacante nas montanhas, acaba matando seu filho Penteu, levando sua cabeça para a cidade, somente voltando a si, largando a "mania", com grande sensibilidade e humanidade de Cadmo, seu pai. Dioniso é simultaneamente Deus, herói, homem, mulher, sacerdote, touro, fumaça; Dioniso, Baco, Bromio, Rumor, Evoé; estrangeiro, tebano; preso, liberto; superior, zombeteiro, cruel, punitivo, sugestivo, condescendente; dentro de casa, no pátio, nas montanhas, numa surpreendente, misteriosa e simbólica sucessão de metamorfoses.

Porém se olharmos com atenção, vamos constatar que a colocação desta questão parece estar presente, desde seu início, no que se considerou como a grande revolução do drama com relação ao ritual, do qual ele tem sua origem: as transformações ocorridas podem ser sintetizadas mediante a morte do ritual e o nascimento de uma manifestação artística, o drama, mas que em sua essência teria que ser distinta da repetição anual do conflito entre o ano velho e o novo, que se sabia, já não empolgava nem os adoradores do deus, nem os transformados em espectadores dos ritos, levando os poetas, com toda sua bagagem cultural a buscar nos mitos heroicos o *mythos* da tragédia e assim, trazendo e renovando o interesse público por aquelas representações através de histórias famosas e conhecidas por todos. E aqui, reside alguns dos pontos mais interessantes deste processo, salientados igualmente por Harrison:[85] tanto em relação as narrativas homéricas quanto em relação a grande maioria das histórias dos famosos heróis, existia por parte dos atenienses o "necessário distanciamento" emocional, capaz de olharem para experiências ocorridas mediante visões novas e modernas, adaptadas aos novos tempos, pois nada tinham a ver com eles. A Ática como península isolada se manteve em certo sentido conservadora, não participara de invasões de pilhagem fora de seu território, e principalmente evoluiu sem o princípio básico heroico do

---

85 HARRISON, 2015.

individualismo, sobrepujando o social, daí sua liberdade de utilizar um velho ritual religioso e grupal para uma manifestação artística.

Ao colocarem como temas de seus dramas, aqueles heróis de antanho, os poetas evidentemente não quiseram colocar em evidência os feitos heroicos narrados de forma imorredoura por Homero, mesmo porque para o próprio, aqueles feitos eram apenas um detalhe no desenrolar dos acontecimentos, razão da própria estrutura dos poemas épicos. Os poetas trágicos certamente os colocaram de volta, para discutir outras facetas por meio de distintos ângulos de análise, nos quais se evidenciassem novos caráteres daqueles heróis, agora transformados em personagens trágicos, não exatamente por fatalidade ou destino, mas porque todos os mortais, independente de terem praticados atos considerados heroicos em determinadas condições, possivelmente longe de suas casas, são obrigados a enfrentar vicissitudes e conflitos em suas vidas cotidianas e familiares, tendo que enfrentá-los em sua condição humana de seres imperfeitos, tanto em relação a falhas e defeitos, como de conhecimento, e a partir de um fato radical, de que como mortais não tinham o mínimo controle sobre o desenrolar de suas vidas e principalmente de suas inevitáveis mortes. Várias questões emergem destas considerações, que de alguma forma cumpre esclarecer.

Duas coisas já estavam claramente expostas em Homero: o sentido trágico da vida dos heróis, especialmente na *Ilíada*, que pode ser considerada como sendo a narrativa da tragédia de seus dois grandes heróis, Aquiles e Heitor, e de que a "Moira" dos mortais é evidentemente a morte, por mais que se queira fantasiar e dourar esta fatalidade com um sem número de ponderações, com relação aos feitos e obras realizadas por cada um de nós em nossas vidas. Entretanto, esta moldura que não era propriamente homérica, mas sim profundamente grega, estando referida a narrativas sobre uma determinada classe de pessoas, com base em valores de alta relevância humanitária, de forma a diferenciá-los das demais pessoas, em um dado momento histórico, de difícil precisão graças ao seu talento narrativo e criativo, e é claro a um lugar específico derivado da evolução histórica do povo grego, a partir de suas tradições egeias e das características específicas das migrações e invasões dos povos do Norte. Esta moldura seria bem outra no caso dos poetas trágicos, em especial pela emergência de uma quantidade enorme de novos fatores, que ocorrem entre os séculos VIII e V, dentre as quais se agiganta a consolidação da *polis*, mas também pelo "reconhecimento", nos moldes aristotelianos de um novo homem, gerado no movimento lírico, capaz de grandes feitos e conquistas, capaz de se colocar de outra forma diante do divino, capaz de se responsabilizar pelos seus atos, capaz de usufruir do prazer em determinadas ocasiões, capaz de demonstrar seus amores, enfim capaz de revelar seus sentimentos e paixões, algo que a tragédia vai incessantemente buscar, e que foi perfeitamente identificado por Aristóteles.

Estes novos fatores foram por mim colocados no capítulo anterior envolvendo além do predomínio da *polis* sobre outros arranjos sociais como os do antigo *genos* ou da *oikos*, que serão igualmente objeto de dramas específicos, por parte de Esquilo, Sófocles e, principalmente, Eurípides, posso citar alguns outros especialmente relevantes. A utilização semelhante que muitos poetas elegíacos, iâmbicos e mélicos fizeram do material dos heróis homéricos com propósitos distintos dos de Homero e também dos poetas trágicos, porém já colocando de forma inequívoca a não aceitação e rejeição daqueles valores heroicos, e colocando em seu lugar valores distintos, como vimos. Sem dúvida, a emergência da escola milesia e de seus desdobramentos que colocavam em questão a contrapartida divina da moldura homérica, com seus deuses antropomórficos, que descrevemos anteriormente, bem como à Hesíodo com seu *kosmos* dos deuses do Olimpo, sob a égide da justiça de Zeus, reconhecendo a existência de um novo *kosmos*, fundamentado nos elementos primordiais da natureza, e na *physis* de todas as coisas criadas, abrindo novas possibilidades com as capacidades humanas de reflexão e pensamento, capazes de gerar um cosmos humano.

Seguindo ainda mais adiante em nossas reflexões, dada a origem reconhecida por parte de todos das origens dionisíacas da tragédia, vale a pena ressaltar uma vez mais o caráter ritual desta manifestação artística, que a meu ver não tem que ser buscada na etimologia da palavra "tragédia", com seus confusos e contraditórios argumentos, mas sim na palavra "drama", "ação", "dever", "obrigação", com seu antecedente ritualístico, *dromenon*, fazer coisas, com um claro sentido de fazer junto, ligado a ritos de iniciação, que nada mais são do que ritos de morte e renascimento. Partindo deste princípio relativo à iniciação, com todas suas importantes implicações, intimamente associada aos nascimentos e mortes do deus, à sua infância, assistida por mulheres que se transformaram em "nutrizes", pode-se reconhecer em boa parte das tragédias, que chegaram até nós, algo que passou desapercebido a muitos analistas, que é a juventude de nossos heróis trágicos, começando pelo mais visado pelos poetas, Orestes, que executa a vingança do pai, matando a mãe e seu amante, recém saído da adolescência. O "matricida" Orestes é seguido por Antígona, Hipólito, o Teseu cretense, Édipo matando Laio, seus filhos Eteocles e Polinices, Medeia em Cólquida, a Helena lacedemônia, para ficar em alguns. Todos eles são representados com a mesma juventude, indicando a proximidade dos enredos trágicos com a questão daqueles ritos. Se aceitarmos esta interpretação, a partir da evolução dos cantos líricos e dos *ditirambos*, com as demais fases de introdução do protagonista junto ao coro, mas que se destaca, rompendo a indiferenciação dos cantores, mediante sua ação própria, de caráter particular e individual, inicialmente com uma máscara em sua face, mas que aos poucos vai se revelando, estaremos diante, como bem identificou Cornford e outros conceituados filólogos, de uma representação bipartida, por um lado o coro, com suas questões universais, representando igualmente os valores acima dos mortais, e de outro, a representação humana de uma realidade atual ou passada, ou, de ambas. Assim, em princípio, o drama que se coloca, com suas origens rituais, mediante as ações que irão se desenvolver, dizem respeito a "mudanças", de maiores ou menores intensidades, trágicas e patéticas, de ambas as representações, indicando uma vez mais a aproximação com os ritos dionisíacos, onde a passagem do mortal para o divino e vice-versa, era uma de suas características.

Neste sentido, os poetas foram buscar nas histórias conhecidas por todos, em Homero, as narrativas necessárias para o desenvolvimento das ações, com seus deuses e heróis, devendo-se ainda ressaltar que sob a administração de Pisístrato ocorreram as primeiras edições da *Ilíada* e da *Odisseia*, tornando-se prática oficial da *polis*, os recitais daquelas histórias na formação educacional dos atenienses. Porém, não necessariamente com os mesmos caracteres por ele atribuídos aos seus personagens, divinos e mortais, refletindo assim, o ambiente mais conturbado e confuso do período arcaico que se seguiu a Homero, com seus deuses justiceiros e ciumentos da condição humana, apoiados por entidades ctônicas, de vingança, ódio e maldições, voltadas para punir as ações pessoais e familiares dos mortais, e estes evoluindo para novos arranjos institucionais políticos e sociais, ainda muito arraigados as suas entidades familiares, e respeitando, com alta dose de desconfiança os deuses olímpicos, demonstrando em verdade suas insatisfações relativamente a seus distanciamentos e da arrogância e desprezo com que eram tratados.

Assim, o primeiro, grande e importante acerto de contas que se encontra por detrás dos enredos trágicos, e que diria com alguma audácia, não dada a devida atenção por parte tanto dos filólogos quanto dos literatos, foi à profunda revisão dos mitos dos heróis, e mais do que isso dos papéis históricos que foram atribuídos a estes heróis, porém agora, diante de situações imaginadas em outro contexto histórico, na vida real e objetiva da *polis*, eventualmente como reis e mandatários políticos, mas certamente como chefes de *genos* ou de *oikos*, com suas atuações pautadas por deveres cívicos, seguindo uma ideologia de exclusão de mulheres e de "outros", sem, no entanto, esquecer, em alguns casos, suas funções na religiosidade das comunidades ao integrarem o panteão dos entes divinos, em especial em suas funções de protetores daquela *polis* específica. Colocá-los sobre uma mirada específica, em um contexto limitado de certas ações, e apresentar e discutir suas atitudes, comportamentos e sentimentos, significava, em última análise, discutir de forma radical toda e qualquer fantasia sobre aqueles valores indestrutíveis que a eles eram atribuídos, e afinal tentar discernir com clareza para que lado se inclinavam, para o lado humano ou o divino, e quais as formas e essências destas participações. E nesta análise existiam somente duas hipóteses possíveis, nas quais nosso herói teria que enfrentar situações trágicas: ou eles caiam na realidade da espécie humana, com seus erros e acertos eventuais e não programados, de conhecimento e desconhecimento de suas situações, de reconhecimento de seus sentimentos e paixões, de reações adequadas ou inadequadas e a mais contundente, da falta de significação por seus atos, pois nada que fizessem de bom e justo os livrariam de situações trágicas como as desgraças e a morte prematura, ou então, alternativamente, dependendo da evolução dos acontecimentos, marcariam de forma indelével suas presenças nas comunidades, ao adotarem comportamentos pretensiosos, insolentes, *hybristicos*, na tentativa inútil, desesperada e sem chance de sucesso, de serem alçados e equiparados a entes divinos, capazes de se rivalizarem com os *daemons* e os deuses tradicionais.

Entretanto, se fosse somente isto, nosso entendimento sobre as tragédias ficaria simplificado, pois o foco central dos poetas foi o de ensaiar as reações humanas envolvidas nestas hipóteses. Mas eles foram ainda mais longe, pois também promoveram outro acerto de contas, e desta vez com os próprios entes divinos, particularmente quanto a seus procedimentos exclusivos, amorais, materialistas e mecânicos em suas essências, e de olímpico distanciamento dos mortais, apesar de que, no passado homérico, acompanharam de perto alguns homens excepcionais. Entretanto, ainda ressoavam aquelas atitudes divinas de desprezo e desapreço generalizado pelos humanos, tão bem caracterizados pela fala de Apolo na *Ilíada*, apesar de todo o avanço das coisas humanas, especialmente com relação à organização política e social de suas instituições, e do desenvolvimento crescente de suas leis na busca de uma justiça humana que se colocava como uma alternativa concreta e válida à necessidade de intervenções divinas nestas questões, particularmente colocadas pelos poetas épicos, sobretudo por Hesíodo. Assim, independentemente de posições distintas nestes assuntos religiosos dos três grandes poetas, houve uma generalizada colocação de que os mortais tinham qualidades insuspeitadas de pensamentos, emoções, raciocínios técnicos e práticos capazes de revolucionar suas atividades, de evoluir em suas vidas longe das vistas dos divinos e, portanto, aptos a se relacionar com os mesmos em outras bases, os obrigando inclusive a aceitarem de forma explicita em seus dramas estas questões.

Mas ainda assim, não chegamos a compreender integralmente o que queriam dizer aqueles poetas com seus enredos, pois aqueles homens – no sentido grego –, nossos heróis trágicos em suas ações enfrentavam situações que tinham em certo sentido alguma origem divina. Fossem elas maldições oraculares, de caráter familiar devido à *hybris* de gerações anteriores, fossem elas de cumprimento ou descumprimento de regras e comportamentos derivados da justiça divina, em detrimento da justiça humana e políade, ou fossem elas simplesmente originarias da "Moira", ou da *tyche* daquelas personagens, ou ainda, como popularmente se diz, puras fatalidades, que levavam ao estabelecimento de situações trágicas como vimos anteriormente em Aristóteles com sua *Poética*. E aqui reside à questão mais delicada, que é de entender o caráter e o sentido destas mensagens divinas, diferentemente de suas intervenções que ocorrem em Homero, que ainda afetavam a vida dos mortais, que como vimos, foram igualmente visualizadas pelos poetas, como passíveis de "mudanças", mas que somente poderiam ocorrer a partir dos próprios humanos. Cada um dos três poetas entendeu e apresentou sua visão pessoal sobre esta questão, com diferenças substanciais entre elas, podendo-se afirmar, mesmo com cautela, que um enorme fosso separa o *kosmos* divino de Ésquilo, para o de Sófocles, e principalmente deste para Eurípides, e objetivamente, teremos que buscar tais visões, em suas obras especificas.

Todas as considerações até aqui apresentadas relativas aos *mythos* trágicos foram no sentido de que aqueles poetas ao buscarem na tradição épica seus argumentos, o fizeram no sentido de desfazer aquela imagem monolítica e intensamente pessoal e individualista dos heróis homéricos, bem como da unicidade da essência divina mediante a distribuição hesiódica das partilhas do cosmos, não com o propósito deliberado de apresentar suas eventuais contradições, que se tornaria algo pobre e convencional, mas sim, de especular de que ao fim o que prevalecia na vida daqueles heróis era seu caráter multiforme, na qual conviviam distintos caráteres, dependendo de situações específicas, e onde coexistiam aspectos propriamente humanos juntamente com aspectos divinos, ou segundo alguns, transcendentais. O que me parece certo é de que estas novas visões, tantos dos heróis quanto dos deuses, guardam uma grande coerência com as origens do drama, advindos de ritos e cantos dionisíacos, pois os efeitos especialmente perante os espectadores são de que estão presenciando a morte do herói monolítico, fechado em si, com seus feitos, suas façanhas e suas tradições, e de um renascimento como um cidadão da *polis*, que pode e deverá daí para frente exercer sua influência, mediante uma história específica, no conjunto dos cidadãos iguais (*homois*). Assim, estarão todos os envolvidos no espetáculo teatral, em uma forma de comunhão religiosa e cívica, cumprindo, e aqui falo realmente de todos, sejam os fazedores, sejam os espectadores, importantes papéis participativos em uma festividade comunitária, de promoção da catarse aristotélica, mas com um acento político e social crucial, deixando claro que, afinal de contas, não era tão grande a distância entre aquelas pessoas tidas como extraordinárias para os distintos cidadãos atenienses, já que ali estavam em jogo outros valores e situações.

Antes de encerrar estas reflexões sobre a tragédia ática, é importante levantar uma questão histórica, no sentido de complementarmos nossa tentativa de transmitir, na medida do possível, a importância que esta manifestação artística teve na *polis* de Atenas. Os mais diversos autores já o fizeram, não cabendo aqui repetir seus argumentos, porém, em nenhum deles, que se saiba, levantaram a questão que estou propondo. Os dois acontecimentos históricos mais importantes e fundamentais para Atenas na virada do século VI para o V, foram reconhecidamente, as reformas de Clístenes em 508, com a reconfiguração dos *demos*, das fratrias e das tribos, e com a criação do conceito de "isonomia" entre os cidadãos, afora uma série de outras medidas constitucionais, e a mais emblemática, a vitória devido aos atenienses sobre as forças dos medos de Xerxes em Salamina, com a destruição de sua gigantesca força naval, graças ao enorme sacrifício da população ática. E aqui, me pergunto; teriam sido possíveis os dois eventos, nos quais ficam sobejamente demonstradas a unidade e a coerência das respostas dadas pela integralidade do povo ateniense, caso tais atributos não estivessem sendo estimulados, praticados, aperfeiçoados, e vivencia-dos há mais de meio século no âmbito das Grandes Dionisíacas, que envolviam igualmente a integralidade da comunidade, com propósitos políticos, sociais e religiosos. A resposta é obviamente que não, apesar de ser algo de difícil constatação devido aos aspectos subjetivos da questão, porém não existem dúvidas de que aquelas festividades aju-daram em muito neste sentido, particularmente com relação à criação de uma "unidade políade", e apenas para exemplificar com um caso concreto, e isto é verificável, o mesmo arranjo institucional utilizado por Pisístrato, de participações do Estado e de forças privadas no fi-nanciamento e convocação da melhor competência profissional para a montagem das festividades, que eram desenvolvidas ao longo de um ano de preparação, foi igualmente adotado por Temístocles, na mon-tagem de seu plano naval de construção de 200 trirremes, mediante um esquema semelhante a partir dos recursos públicos das minas de prata no financiamento privado da construção daquelas embarcações, fundamentais para o enfrentamento aos persas.

Finalizando, desenvolvi anteriormente a tese de que os aspectos re-ligiosos e políticos relacionados a *polis* estavam claramente explícitos na origem das tragédias, esclarecendo ainda que existiram significati-vas evoluções no tratamento dado pelos três grandes poetas tanto nos aspectos cênicos e teatrais, como igualmente com relação à utilização do material propriamente poético de suas criações. Além disso, eles di-vergiram e muito quanto àqueles aspectos religiosos e políticos, como por exemplo, com suas visões distintas da justiça divina, a partir de Zeus e da justiça humana, a partir dos reis e heróis, e principalmente na natureza e no sentido das relações entre os deuses e os homens. Portanto, é importante acrescentar que aquelas considerações signi-ficam apenas um ponto de partida para a leitura das obras específicas dos poetas, que estou tratando com três personalidades bem distintas, com uma importante diferenciação de visões, e sem entrar em maio-res detalhes que podem ser explicados por diversos fatores pessoais, intelectuais, de criações artísticas, e, igualmente, por distintos papéis políticos desempenhados na vida real de suas comunidades, aos quais dedicavam esforço e importância, que certamente estão representados em suas abordagens do material heroico derivado das epopeias homé-ricas, inclusive mediante a elaboração de dramas com acentos e ênfa-ses distintos sobre as mesmas famílias e sobre os mesmos personagens.

CAPÍTULO 6
O AFRESCO DA EXISTÊNCIA HUMANA NO PROMETEU

Analisar as obras que chegaram ao meu conhecimento destes geniais poetas trágicos é sem dúvida uma tarefa desafiadora, não somente devido à complexidade de suas criações e a riqueza criativa dos espetáculos teatrais nas quais suas tragédias foram encenadas, mas também pela infinidade bibliográfica que foi gerada ao longo do tempo em tentativas de análises e críticas de toda ordem. De outro lado, repassar, ainda que superficialmente, todas as obras é uma tarefa ainda mais árdua, que demandaria muito tempo e esforço, e que de alguma forma já foi intentada com maior ou menor acerto por parte de importantes helenistas. Portanto, não me resta nenhuma outra alternativa que a de ser seletivo com relação a todo este material disponível, direcionados no que diz respeito ao meu objetivo inicial, que é de pesquisar as relações atuais em determinados comportamentos adictos e melancólicos entre instâncias divinas ou transcendentais e humanas, utilizando como paradigma a experiência grega em um sentido lato. E mais, neste sentido, afirmo reiteradamente que na dita experiência era meu objetivo alcançar a tragédia ática como sendo a manifestação mais evidente, a mais eloquente, e por esta razão a mais complexa da presença daquelas relações a serem pesquisadas, que somente poderiam ser entendidas mediante toda uma análise prévia desde os épicos no século VIII até as festividades atenienses de caráter dionisíaco, e que como já foi apresentado me levou ainda mais atrás em busca das raízes da religião grega.

Assim, meu primeiro desafio foi o de encaminhar adequadamente a escolha de um mínimo uma peça, de cada autor, que considero como um limite no âmbito deste livro, que fosse capaz de representar dignamente a mensagem daquele autor específico, e que atendesse aos meu objetivos próprios neste trabalho. Neste sentido, com o intuito de orientação, decidi buscar aquelas obras voltados para a condição da existência humana representada naqueles *mythoi*, como fator primordial para a seleção, independente de fatores históricos, cronológicos, familiares, ou mesmo de mérito e perfeições estilísticas, ou de quaisquer outros fatores. A ideia básica por trás deste caminho, que será exaustivamente detalhado neste capítulo e nos seguintes, é de colocar *o homem*, nosso objeto focal, perante um *Outro*, que lhe dá sustentação e coerência e em cuja relação surge a experiência trágica. Porém, que fique claro neste enfoque, que meu objetivo é tentar ver algo além da própria tragédia, que possa caracterizar melhor o que é ser humano, e quais os caminhos que se abrem para seu desenvolvimento a partir da situação trágica, de limites, conflitos, polarizações, ambiguidades e contradições.

Desafio ainda maior é a obrigação de iniciar essa análise, dos oitenta anos de gloria da tragédia grega, por um poeta e dramaturgo da dimensão de Ésquilo, por tudo que se conhece, mas, especialmente, por tudo que se desconhece dele, apesar de todo o esforço realizado por milhares de pessoas que se debruçaram sobre o pouco conhecimento de sua vida, e de suas sete obras que chegaram até nós. Nascido por volta de 525 a.C., de família nobre, na cidade sagrada de Eleusis, a 20km de Atenas, palco dos mistérios de suas deusas Demeter e Perséfone, iniciou sua carreira nos primeiros anos do século V, produzindo algo em torno de seis dezenas de tragédias e para mais de vinte dramas satíricos, sendo que a primeira peça trágica conservada da antiguidade, após muitas controvérsias em relação a este fato, foram os Persas, por ele apresentada em 472 a.C. Dois ou três comentários iniciais sobre a grandeza de Ésquilo se impõem: o primeiro, como cidadão ateniense, e como todos seus demais conterrâneos, responsável pela defesa de sua *polis* contra os invasores bárbaros, particularmente os medos, tendo lutado por duas vezes no espaço de dez anos em Maratona (490 a.C.) e em Salamina (480 a.C.), principal mérito reivindicado por ele e gravado por todo o sempre em seu epitáfio: "Pelo seu valor, pode-se acreditar no famoso cerco de Maratona: ele o conhece bem." Sua condição de ateniense era superior ao de poeta, apesar de sempre ter trabalhado em suas peças, mesmo no intervalo entre as duas guerras – ganhou seu primeiro concurso em 484 a.C. –, e ter apresentado os Persas, oito anos após a grande vitória dos atenienses.

Mesmo nos antecipando, é importante assinalar que ao analisarmos a tragédia ática estamos diante de um fato inexorável, que é, em primeiro lugar, o fato de nos atermos aos três grandes poetas Ésquilo, Sófocles e Eurípides, olvidando os demais trágicos que evidentemente existiram, mas, também, de sempre nos encaminharmos para alguns tipos de comparações, na linha do magistral Aristófanes nas Rãs, inclusive porque suas vidas também se cruzaram. Por ocasião de Salamina, em 480 a.C., Ésquilo lutava, Sófocles, um adolescente cantava o *péan* em louvor à Apolo, e Eurípides estava nascendo. De outro lado, e aqui esta questão é importante, tiveram eles distintas relações com os momentos históricos de Atenas, e de participações na vida política e cultural da *polis*. Ésquilo, como menino e adolescente, vindo da família dos eupátridas, acompanhou, sem dúvida, o desmonte dos governos tirânicos dos pisístratos, e as reformas de Clístenes, e, principalmente, já adulto participou dos dois eventos mais importantes em termos da afirmação da personalidade ateniense, que foram Maratona e Salamina, especialmente esta última, que levou em seus desdobramentos à democracia, com a sua consolidação realizada por Efialtes, e ao estabelecimento do império ateniense com a Liga de Delos. Assim, em princípio, tendo em vista esta "fortuna" que a vida lhe concedeu, de ter nascido em Eleusis, onde floresciam os rituais de mistério, de estar presente em um momento histórico único na evolução da humanidade, de ter lutado em combates até hoje intensamente recordados, de ter tido como patrocinador de sua primeira obra o jovem Péricles, com vinte anos à época, que viria a ser o mais importante dirigente democrático de todos os tempos, se esperaria que o conjunto de sua obra e sua vida espelhassem de alguma forma tal riqueza. Porém, fora a peça *Os persas*, sobre a derrocada de Xerxes, o grande rei persa, em Salamina, na qual ele se coloca na posição dos adversários, mas cuja temática é claramente um tratado sobre a *hybris* dos homens, e algumas influências dos ritos eleusianos nas maravilhosas cenografias e vestimentas dos atores e do Coro, pouco se sabe de outras atividades do poeta diretamente na *polis* de Atenas. Contrariamente às suas conhecidas e intensas relações com a Sicilia, com o tirano de Siracusa Hierôn, onde viria a falecer em Gela, de forma aparentemente inusitada. Coisas bem maiores o motivavam em suas obras, devemos admitir, respeito aos Cosmos divino e humano, a justiça, e em nosso entendimento na busca de uma beleza intrínseca da existência humana, a que poucos tiveram acesso até hoje.

Entretanto, muito além de seu valor como cidadão, que tinha para ele uma importância capital, seu nome está eternamente gravado na cultura ocidental, devido à dimensão de sua criação artística e de sua criatividade como autor teatral, não limitada a ser autor de textos, pois, envolvia, produzir e ensaiar, supervisionar todas as tarefas, do movimento de cena à dicção, gestos, cenários, adereços, música, coreografia, ou mesmo participar na representação na qualidade de ator. Considerado por muitos como o criador do que se chama normalmente de tragédia grega,[1] apesar de ter recebido de seus antecessores um rico material, sua importância como autor teatral foi reconhecida ainda em sua época, pelo enorme impacto e surpresa com que os atenienses reagiam as suas representações, bem longe da simplicidade dos antigos poetas, mas particularmente ressaltada no famoso *agon* de Aristófanes nas *As rãs*, onde é confrontado com Eurípides, e sua obra é até hoje considerada inexplicável e insuperável na história do teatro.[2]

Seguindo de perto Maria de Fátima Souza e Silva, a conjunção e a coerência interna dos dramas esquilianos, em seus mínimos detalhes é algo que surpreende e assusta, onde convivem harmoniosamente a expressão do peso, do ruído, do brilho ofuscante, de uma agressividade primitiva e visceral, da preferência pelos ambientes ruidosos e violentos do combate, com o papel amplo do Coro em contraste com a interferência reduzida dos atores, às vezes submetidos a longos silêncios e imobilidade, onde o temor e a angústia se expressavam por rostos, mãos, gestos, posturas devido a incapacidade de comunicar aquele potencial emotivo, aquele sofrimento desmedido. Tudo isto levou a Dioniso, árbitro do *agon*, em pleno Hades, a considerar o teatro de Ésquilo como que possuído de uma majestade inigualável, e ao final da contenda dar a vitória a ele apesar dos reclamos de Eurípides, com uma frase tirada do próprio Dioniso: "Que há de vergonhoso, se não parece tal aos espectadores."[3]

Porém, tudo isto, combinado com uma visão particular de um mundo sem fronteiras, de um mundo em desordem, onde reina a violência, com o reconhecimento da necessidade constante da justiça divina na vida dos homens, e com uma fé inabalável na vontade e na força humana, vindas de seu interior, de superar quaisquer obstáculos, tornam

---

1 Ver *Aeschylus: the Creator of Tragedy*. Cf.: MURRAY, 1940.

2 SOUZA E SILVA, 2005.

3 ARISTÓFANES, 2008, p. 138, v. 1475.

suas mensagens duradouras, universais, por vezes enigmáticas, longe de serem apreendidas com facilidade, porém de elevado conteúdo ético no que se refere aos comportamentos, tanto dos mortais como dos imortais, como se pode ver em seu *Prometeu acorrentado*. De outro lado, Ésquilo, ao ressuscitar lendas históricas e trazê-las para a realidade de seu tempo, do tempo da *polis*, o fez com tal sensibilidade e, principalmente, com uma profundidade que aquelas representações atingiam diretamente o espiritual dos espectadores, deixando nos mesmos uma marca indelével.

Pelasgo, o rei de Argos, que acolhe as filhas de Danao nas *As suplicantes,* é um chefe de governo moderno, essencialmente democrático, submetido à aprovação de seus projetos pela Assembleia; Eteócles, o rei tebano dos *Sete contra Tebas* que foi obrigado a enfrentar uma guerra de invasão a sua terra sagrada, semelhante em termos militares a invasão de Ilión pelos aqueus que se portavam com dignidade e totalmente voltados para o bem daquele povo, mesmo carregando a maldição dos Labdácidas; seu Agamenon se comporta de modo bem diverso do Agamenon de Homero, com íntima conexão com a religião, a ética de Delfos, imbuído da crença de Sólon dos perigos da abundância que trazem a *hybris*, a consequente ruína, e, finalmente, mesmo acreditando na necessidade da justiça divina imagina Zeus em seu Prometeu como a figura de um tirano, capaz de exercer seu poder e sua força sem qualquer constrangimento, afetando mesmo aqueles que batalharam ao seu lado. Os reis e chefes em Ésquilo são homens como qualquer um, portanto responsáveis por suas vidas, sendo igualmente agentes em relação aos deuses, mas, principalmente, responsáveis por seus grupos, pelos cidadãos da *polis*, pela ordem cívica e política que lhes dão uma autenticidade e uma dimensão política inquestionável.

OS MITOS DE PROMETEU E PANDORA

Parece claro, pelo pouco que dissemos do teatro de Ésquilo, que dada a riqueza de suas obras, em todos os sentidos, pode-se selecionar e seguir caminhos alternativos com distintas abordagens na análise de suas obras, sejam elas históricas a começar pelos Persas, das maldições familiares pelos *Sete contra Tebas*, pela atuação dos Coros como em *As suplicantes,* ou diretamente à grande polifonia da Orestéia. Porém, em nosso caso, vou optar por percorrer nossa jornada esquiliana por meio do *Prometeu acorrentado* devido a algumas razões. Primeiramente, para suprir uma lacuna que deixamos para trás referente a Hesíodo, pois, propositadamente, não analisamos os mitos de Prometeu e Pandora que aparecem tanto na "Teogonia" como em "Os trabalhos e os dias", por julgar que eles poderiam ser colocados de forma mais apropriada em conjunção com a peça trágica de Ésquilo, pois se trata de três leituras distintas sobre a emblemática figura mítica daquele titã. Mesmo em Hesíodo, a história de Prometeu é contada a partir de duas perspectivas diferentes: na "Teogonia" ela é vista a partir da vitória definitiva de Zeus sobre deuses e homens, onde o titã, apesar de sábio, e possuindo o que Hesíodo pejorativamente qualifica de "astucia retorcida", com o objetivo de favorecer os humanos, ousa enfrentar e enganar o filho de Cronos, monarca definitivo do Olimpo, e em "Os trabalhos e os dias", a ênfase da narração é de explicar as causas das penalidades que são levadas aos humanos, principalmente em seus sustentos, devido as consequências do enfrentamento de Prometeu à Zeus.

Entretanto, complementando esta primeira consideração, me parece evidente que se trata de uma tragédia única, completamente distinta dos padrões das demais, já que se trata de um drama cosmogônico no sentido grego, como algo relativo a fundação do mundo, do estabelecimento do "Cosmos", na qual Ésquilo utiliza uma poética surpreendente e inusitada. Não se trata de uma poética heroica, nem da mitologia de heróis gregos advindos das narrativas homéricas, como bem coloca Kerényi,[4] em seu fundamental livro sobre a figura de Prometeu, porém de uma poética centrada nos deuses, em suas relações, com suas distintas visões de justiça, através de uma técnica teatral concisa, e de certa forma contida, mas de uma beleza indescritível. Na realidade Ésquilo cria um novo mitologema[5] não somente sobre aquela figura, mas sobre as condições em que vão se dar a permanência e a justiça do reinado divino de Zeus, cujo desfecho, infelizmente, não conhecemos, já que não temos pleno conhecimento de seus desdobramentos nas tragédias subsequentes do "Προμηθευς Δεσμωτης" (*Prometheus Desmótes*), *Prometeu acorrentado*, desenvolvidas por Esquilo em sua trilogia: em grego, "Προμηθευς Λυωμενος" (*Prometheús Lyómenos*), o *Prometeu liberado*, ou *Prometeu que se libera*, ou a *Liberação de*

---

4 KERÉNYI, 2011.

5 *Mitologema* do grego "Μυθολογημα", de acordo com Kerényi significa o elemento mínimo reconhecível de um complexo de material mítico que é continuamente revisto, reformulado e reorganizado, mas que na essência permanece de fato, a mesma história primordial. Cf.: KERÉNYI, 2011.

Prometeu, e "Προμηθευς Πυρφορος" (*Prometheus Pyorphorós*), o *Prometeu portador de fogo.*

A segunda razão é em termos absolutos pela importância do mito de Prometeu para o entendimento das relações entre deuses e humanos, inicialmente no âmbito da cosmogonia hesíodica, em seguida nas versões de Ésquilo e de Platão – Protágoras –, porém com desdobramentos futuros inquestionáveis, especialmente no que tange a própria existência humana, que foram evidenciados de formas variadas por poetas, filósofos e pelos mais diversos analistas ao longo dos tempos. A separação entre os deuses e os mortais que até então viviam unidos, filhos que eram da mãe Gaia, o estabelecimento de padrões para os ritos sacrificiais, principal via de acesso dos homens ao divino, a importância do elemento fogo na vida e no progresso material da raça humana, a fixação de uma dieta alimentar para o metabolismo dos humanos projetada *ad-infinitum*, as virtudes e mazelas introduzidas na vida dos homens pela criação das companheiras femininas com repercussões no crescimento dos contingentes humanos sobre a Terra, a realidade da dura e difícil vida dos homens não somente quanto a sua sobrevivência física, porém com a ocorrência de permanentes ocorrências de sofrimentos, independente de caráteres pessoais ou familiares, são apenas alguns dos temas que derivam da riqueza do mito de Prometeu. Em meu caso especificamente, é quase ocioso falar da importância deste mito para minhas análises, porém antes de tudo é importante resumirmos algo dos 110 versos da "Teogonia" e dos 63 versos de "Os trabalhos e os dias" que Hesíodo dedicou ao mito. Neste sentido vamos seguir Carlos Garcia Gual, em seu livro *Prometeo, mito y literatura*.[6]

Na "Teogonia", a história de Prometeu vem logo depois do nascimento de Zeus, podendo ser dividida em algumas partes para melhor entendimento. A primeira que trata da genealogia de Jápeto, um dos titãs, filho de Urano (o Céu) com Gaia (a Terra), um dos irmãos mais velhos de Cronos, que desposa Climene, uma das Oceanidas, filha de Oceano e de Tétis, gerando quatro filhos aqui apresentados com os epítetos do poeta; Atlas, "de violento animo"; Menecio, "o sobreglorioso"; Prometeu, "astuto de irado pensar"; Epimeteu, "o sem-acerto". Ainda nesta primeira parte, Hesíodo fala do destino dos três principais irmãos, Atlas, Menecio e Prometeu, definidos e fixados pelo "sábio e longividente Zeus", portanto já em plena soberania do Olimpo divino, sem pretensão

---

6 GUAL, 2009.

com este comentário de alcançar nenhuma lógica temporal. Do destino de Prometeu, logo em seguida Hesíodo define, na tradução de Torrano:

> E prendeu com infrágeis peias Prometeu astuciador, cadeias dolorosas passadas ao meio duma coluna, e sobre ele incitou uma águia de longas asas, ela comia o fígado imortal, ele crescia à noite todo igual o comera de dia a ave de longas asas.[7]

No final desta primeira parte é feita uma homenagem a Héracles que salva a Prometeu e o liberta de seus sofrimentos, "[...] não discordando Zeus Olímpio o sublime soberano para que de Heracles Tebano fosse a glória."[8] O final desta primeira parte é importante para o poeta: "Reverente (Zeus) ele honrou ao insigne filho (Héracles), apesar da cólera pôs fim ao ranço que retinha *de quem desafiou os desígnios do pujante Cronida.*"[9]

A segunda parte da história de Prometeu na "Teogonia" é dentre todas, a mais fundamental, pois aqui Hesíodo coloca Zeus de um lado como representante dos deuses e de outro Prometeu representante dos homens, apesar de suas origens titânicas e divinas, em Mekona, lugar mítico, se julgando, se avaliando, se comparando, certamente em um sentido de estavam se separando, ou estavam se diferenciando. Mekona, para alguns, seria o lugar onde teria havido a partilha das honras e dos lotes de cada um dos deuses na instituição do "Cosmos", da mesma forma que a separação proposta entre deuses e homens do mito prometeico. Kerényi[10] salienta a partir do nome, como sendo o lugar de amapolas, situado na região de Sicion no Peloponeso, lugar de culto de Demeter e Perséfone. E aí se dá o enfrentamento de Prometeu e Zeus, entendido aqui como um grande pacto de separação, que se inicia justamente mediante atitude do primeiro no oferecimento do reparto do sacrifício de um grande boi.

Neste primeiro movimento Prometeu engana Zeus, que segundo Hesíodo se deixa conscientemente enganar pensando na vingança futura, ao oferecer um presente fraudulento, ossos cobertos com gordura, reservando as melhores partes para os mortais. Porém Prometeu, de acordo com relato de Hesíodo, concretiza a trapaça com grande arte, pois coloca duas alternativas para que Zeus escolha: de um lado carnes e gordas vísce-

---

7 HESÍODO, 2003, p. 135.

8 HESÍODO, 2003, p. 135.

9 HESÍODO, 2003, p. 135.

10 KERÉNYI, 2011.

ras com a banha sobre a pele cobrindo-as com o ventre do boi; e de outro, os alvos ossos do boi cobrindo-os com a brilhante banha. Zeus, então:

> Com as duas mãos ergueu a alva gordura, raivou nas entranhas, o rancor veio ao seu ânimo, quando viu alvos ossos do boi sob dolosa arte. Por isso aos imortais sobre a terra a grei humana queima os alvos ossos em altares turiais. E colérico disse-lhe Zeus agrega-nuvens; "Filho de Jápeto, o mais hábil em seus desígnios, ò doce, ainda não esqueceste a dolosa arte.[11]

Em seguida se dá a primeira resposta de Zeus: ele "nega" o fogo aos humanos: da mesma forma que Prometeu ocultou as melhores carnes, e desta forma o sustento fácil, como veremos em "Os trabalhos e os dias". Porém Prometeu rouba o fogo e o disponibiliza para os mortais:

> Porém o enganou o bravo filho de Jápeto: furtou o brilho longevisível do infatigável fogo em oca férula; mordeu fundo o ânimo a Zeus tonítruo e enraivou seu coração ver entre os homens o brilho longevisível do fogo.[12]

E Zeus dá a segunda resposta: ordena a criação da primeira mulher pelos deuses e dá como "presente " para os homens, como se fosse um contrapeso dos possíveis benefícios do fogo e de suas técnicas. A parte final da "Teogonia" descreve a criação da mulher, e relata os males que estes seres vão trazer aos homens, devendo-se aqui notar a notória divergência com o relato em "Os trabalhos e os dias", já que aqui, na "Teogonia", o gênero feminino é o mal personificado, sendo a mulher a causadora das infelicidades e desgraças sem conta na vida dos homens, enquanto em "Os trabalhos e os dias", Pandora causa a difusão dos males ao abrir a tampa de uma "caixa", que leva consigo. Os versos finais da "Teogonia", à guisa de conclusão, voltam a falar do inevitável destino de Prometeu:

> Não se pode furtar nem superar o espírito de Zeus pois nem o filho de Jápeto, o benéfico Prometeu escapou-lhe à pesada cólera, mas sob coerção apesar de multissábio a grande cadeia o retém.[13]

O mito de Prometeu e Pandora em "Os trabalhos e os dias" se inicia tratando do ocultamento do fogo por Zeus, não fazendo, portanto, menções aos primeiros movimentos de Prometeu e Zeus no pacto de separação entre os imortais e mortais, cuja parte principal foi sem dúvida o reparto sacrificial. Porém, logo no início, em termos de continuidade ao poema das "Duas lutas" estabelece premissas sobre a necessidade do tra-

---

11 HESÍODO, 2003, p. 137, v. 548-560.

12 HESÍODO, 2003, p. 137, v. 565-569.

13 HESÍODO, 2003, p. 139, v. 613-616.

balho pelos humanos, e após relacionar tais necessidades com o ocultamento do fogo, e, posteriormente, com a criação da mulher. Entretanto estas relações não ficam evidentes, dando margem à algumas considerações. Os primeiros versos parecem indicar algo como uma premissa geral relativa a necessidade do trabalho anual, principalmente porque no poema anterior o trabalho é relacionado com que a terra traz, qual seja o trigo de Demeter, no verso 32. Os versos 42-45 do início do mito podem ser lidos, na tradução de Neves Lafer ("Os trabalhos e os dias"); "Oculto retêm os deuses o vital para os homens; senão comodamente em um só dia trabalharias para teres por um ano, podendo em ócio ficar."[14] Porém, pode-se arriscar diferentes interpretações que sejam coerentes com o texto de Hesíodo, como por exemplo no caso do verso 42: Os deuses ocultam a vida aos homens, ou Pois os deuses mantêm escondidos dos homens os meios de vida".

Fica bem evidente que esta premissa geral não faz parte do pacto e da disputa entre Zeus e Prometeu, pois não está relacionada a Zeus, mas aos deuses, e bem ao contrário parece estar aí a própria razão da futura disputa, já que estabelece que para os deuses a vida dos homens não pode ser fácil, nem que seja às custas de ocultamento dos meios de vida, e é claro que este fato não poderia passar despercebido por aquele que medita antes, o previsor Prometeu, alcunha que deriva de seu nome. Em seguida Zeus adota como arma o mesmo procedimento dos deuses mas já aqui com um propósito bem estabelecido: "[...] encolerizado em suas entranhas ocultou (o verbo pede um objeto direto mas este não aparece), pois foi logrado por Prometeu de curvo tramar; por isso para os homens tramou tristes pesares; ocultou o fogo."[15] Mas Prometeu rouba o fogo do "tramante Zeus para os homens mortais":[16] novamente encolerizado Zeus diz:

> Filho de Jápeto, sobre todos hábil em tuas tramas, apraz-te furtar o fogo fraudando-me as entranhas; grande praga para ti e para os homens vindouros! Para esses em lugar do fogo eu darei um mal e todos se alegrarão no ânimo, mimando muito este mal.[17]

"Disse assim e gargalhou o pai dos homens e dos deuses."[18] Uma, tradução alternativa desta praga, pode ser lida na edição de H. G.

---

14 HESÍODO, 2002, p. 23.

15 HESÍODO, 2002, p. 23, v. 47-50.

16 HESÍODO, 2002, p. 25.

17 HESÍODO, 2002, p. 25, v. 54-59.

18 HESÍODO, 2002, p. 25.

Evelyn-White na Loeb Classical Library Cambridge, em 1950, citada no famoso livro de Dora e Erwin Panofsky, *A caixa de Pandora*, que nos parece mais adequada: "E eu darei aos homens, em troca do fogo roubado, um mal que os alegrará enquanto abraçam sua própria destruição."[19]

Na realidade, para analisarmos a versão trágica de Ésquilo sobre o mito de Prometeu, eu poderia, de alguma forma, me restringir ao material já apresentado da "Teogonia" e em "Os trabalhos e os dias", já que a *fabricação* da mulher, que no primeiro aparece de forma sumaria, e bem mais detalhado no segundo, inclusive com a participação adicional de uma plêiade de deuses e deusas, não acrescentaria grande coisa em meu entendimento acerca daquela versão. Entretanto, as consequências da criação da mulher passam a ser fundamentais, pois se, por um lado, em Meconda, fruto do embate entre Zeus e Prometeu as questões principais são a questão da diferenciação, da separação entre deuses e homens, e do abandono da miragem do paraíso perdido sob o reinado de Cronos, onde eles viviam juntos e felizes; por outro lado são as próprias condições de vida dos homens que aquele "presente" adicional dos deuses alteram, de forma profunda e radical, independente das perversidades à elas, às mulheres, atribuídas por Hesíodo. Voltando ao início de meu comentário sobre "Os trabalhos e os dias", vimos que Zeus em um primeiro momento adota o mesmo procedimento dos deuses ao esconder meios de vida aos homens, no caso, o ocultamento do fogo, porém uma vez ele roubado por Prometeu e disponibilizado aos mortais, Zeus, adiciona, agrega, um enorme problema para os homens tornando suas vidas bem mais complexas, por meio daquele presente ambíguo e mais do que isto, trazendo males sem fim para eles. Neste sentido, existem razões significativas para examinarmos previamente esta questão, que de certa forma tangenciam a questão do sofrimento humano, certamente uma das principais preocupações em Ésquilo.

A questão da criação da mulher em Hesíodo é bastante controversa e ambígua, além de divergências significativas entre os dois relatos, como vimos acerca da origem dos males, se devidos a própria mulher como gênero na "Teogonia" ou derivadas da famosa caixa, ou do vaso (*phytos*) em "Os trabalhos e os dias". Várias coisas chamam atenção, como na "Teogonia", sua *fabricação*, a partir da terra, como uma virgem pudente com alvas vestes, um véu laborioso, coroa de flores ao longo do corpo e na cabeça uma coroa de ouro fabricada pelo ínclito Pés-tortos, é algo

---

19 PANOFSKY; PANOFSKY, 2009, p. 162.

relativamente simples com as únicas participações de Hefesto e Palas Atena. Porém, a essência dada pelo poeta às femininas mulheres é de assustar. Segundo Hesíodo, a grei das mulheres constitui uma funesta geração, parceiras não dão uma penúria cruel, porém acostumadas ao luxo descabido, a dependerem inteiramente do trabalho diuturno dos homens, ao não produzirem nada, além de agregarem parentes para serem igualmente mantidos e dividirem as posses. Ao bem reagem com maldades incuráveis, podendo ainda serem especialmente perversas, vivendo e trazendo aflições sem fim, nas entranhas, no ânimo, e no coração.

No caso em "Os trabalhos e os dias" a *fabricação* da mulher é algo bem mais sofisticado, a começar por Hefesto que mistura terra, água, adicionando explicitamente a voz e a força humanas, e usando em seu rosto os modelos de deusas imortais na bela e deleitável forma de virgem. Atena lhe ensina os complexos, intricados e complicados trabalhos de tecer as mais variadas tramas; Afrodite lhe dá as graças para terríveis desejos e as ansiedades amorosas que fatigam os membros e Hermes, mensageiro argifonte, lhe coloca um espírito de cão e dissimulada conduta. E mais, Atena cingiu e adornou, e a deusa Graça e a soberana Persuasão puseram colares de ouro e cobriram sua cabeça com flores vernais, sendo coroada pelas Horas; e para arrematar, Hermes coloca em seu peito mentiras e sedutoras palavras. Zeus chamou esta mulher de Pandora,

> [...] porque todos os que tem Olímpia morada deram-lhe um dom, um mal aos homens que comem pão. Etimologicamente, *"Pan", todo, "doron", presente,* pode ser interpretado como "o presente de todos os deuses", ou, "a que deram seu presente todos os deuses", ou, "a que é toda um presente", porém mais do que nunca um presente muito ambíguo, elaborado com todo o cuidado, com todas as artes divinas, um belo e extraordinário mal para um mundo de homens solitários, que com ele podem se deliciar ou se desgraçarem.[20]

Zeus não ordena a criação de uma mulher qualquer, mas sim de uma deusa da terra, que vai então desempenhar de alguma forma as funções de Gaia para os homens, pois, mesmo admitindo todos os males – na "Teogonia" – derivados de sua convivência, será melhor e menos triste compartilhar uma vida comum com ela, evitando a solidão e a morte sem descendência, talvez uma das poucas possibilidades do homem se tornar imortal. Os dois relatos hesiódicos sobre as mulheres, inclusive parecem estar com sinais trocados, pois todos os males atribuídos à elas na "Teogonia" dizem respeito às consequências econômicas de sua criação, nas necessidades de maiores esforços dos homens na alimen-

---

20 GUAL, 2009, p. 43.

tação de todos, que logicamente deveriam aparecer em "Os trabalhos e os dias", enquanto que o mito de Prometeu e Pandora, e seus desdobramentos tem muito mais a ver com a criação do Cosmos dos deuses e dos homens, que supera em muito a questão da alimentação, e define um encaminhamento para a questão da procriação.

Mas voltemos ao relato, pois Zeus manda Hermes trazer o dom para a terra, onde Epimeteu, o que pensa depois, mesmo advertido por Prometeu para nada aceitar do Cronida, a recebe e assim acolhe o ambíguo presente: somente mais tarde compreende o mal que havia feito.

Antes da chegada de Pandora, ainda de acordo com Hesíodo:

> [...] vivia sobre a terra a grei dos humanos a recato dos males, dos difíceis trabalhos, das terríveis doenças que ao homem põem fim; mas a mulher, a grande tampa do jarro alçando dispersou-os e para os homens tramou tristes pesares. Sozinha, ali a Expectação em indestrutível morada abaixo das bordas restou e para fora não voou, pois antes repôs ela a tampa no jarro por desígnios de Zeus porta-égide, o agrega-nuvens. *Mas outros mil pesares erram entre os homens; plena de males, a terra, pleno, o mar; doenças aos homens, de dia e de noite, vão e vêm, espontâneas, levando males aos mortais, em silencio, pois o tramante Zeus a voz lhes tirou. Da inteligência de Zeus, não há como escapar!*[21]

De tudo isto, sem entrar em grandes especulações desnecessárias, fica evidente que Hesíodo em sua cosmogonia sob a égide de Zeus, de uma forma ou outra, seja através do ocultamento pelos deuses dos meios de vida aos humanos,[22] seja pela reação de Zeus ao roubo do fogo por Prometeu de solicitar aos deuses a criação de um ente caracterizado como de "*kalón kakón*",[23] *um belo mal*, com poderes de destruição da vida, seja pela disseminação dos males operada por Pandora ao tirar com as próprias mãos a tampa do jarro (*píthos*), causando infortúnios e danos aos homens,[24] deixa claro que as condições de vida para os mortais serão sempre ambíguas, difíceis e sofridas, sem nenhuma possibilidade nem garantia de que possam evitar, mesmo que parcialmente, aquela infinidade de males que sempre os acompanharão em sua efêmera existência. O pessimismo de Hesíodo com relação as condições de vida dos homens, especialmente quanto as ambiguidades das mulheres como sendo um mal belo e bom, trazendo problemas relacionados a alimentação, porém

---

21 HESÍODO, 2002, p. 27. (grifo meu)

22 Referente aos versos 42-44 de "Os trabalhos e os dias".

23 Referente ao verso 585 de "Teogonia".

24 Referente aos versos 94 e 95 de "Os trabalhos e os dias".

permitindo a procriação, e finalmente concedendo ao mesmo tempo desesperanças e esperanças, estabelecendo uma estrutura dramática que eleva seus poemas a categoria de trágico.

Esta afirmação é ainda mais verdadeira quando Hesíodo abandona o Cosmos divino e cai na sua realidade, enquanto agricultor, tendo que enfrentar a injustiças dos reis comedores de alimentos e, principalmente, as de seu irmão, clamando pela justiça divina diante desta situação que lhe traz grande desconforto e sofrimento. Entretanto em suas narrativas sobre Prometeu, Hesíodo mantém uma distância olímpica com relação as demandas humanas, e, principalmente, no caso com relação aos sofrimentos provocados por Zeus a seu ex-companheiro de lutas. Ao contrário, se posiciona abertamente contra o titã, que em seu desejo de favorecer aos mortais, acaba colocando em risco o plano e a ordem cósmica de Zeus, por meio de um comportamento astucioso, fraudulento e deplorável. Além disso, Hesíodo assinala que mediante a assunção do risco Prometeu nada consegue, tornando a vida dos homens ainda mais difícil e problemática, especialmente com a criação das mulheres, que a esperteza e a inteligência de Zeus não podem ser enfrentadas, nem pelo astuto filho de Jápeto, e que portanto os castigos de Zeus a ele são mais do que justos, diante de sua insolência e ousadia.

Assim, antes de sairmos do Prometeu de Hesíodo para o Prometeu de Esquilo, com o objetivo de facilitar ao leitor a transição do mítico para o trágico tenho ainda que percorrer um caminho a partir de reflexões sobre alguns pontos, alguns já mencionados e outros que podem ser intuídos da leitura dos dois poemas épicos do beócio Hesíodo. Bem lá trás, quando examinei a cosmogonia do poeta, afirmei com outras palavras que no fundo a criação dos humanos não havia sido contemplada, apesar das várias oportunidades neste sentido, seja por meio de Gaia ou da castração de Cronos, apesar do reconhecimento mitológico, especialmente por parte dos poetas de que ambos tiveram a mesma origem, mas que segundo eles e o próprio imaginário grego, não existia um ser mais pobre, mais insignificante, mais envolvido em angústias do que o ser humano, como bem coloca Píndaro no sexto Canto a Nemea, que vale a pena repetirmos aqui:

> Um é o gênero dos homens e dos deuses. Os dois obtiveram o alento da mesma mãe. Mas, nos separa toda uma força, que aqui nada é, mas ali é de bronze, um lugar seguro que eternamente perdura no céu.[25]

---

25 PÍNDARO, 2006, p. 247.

Esta mesma origem é reconhecida por Hesíodo em "Os trabalhos e os dias": "Da mesma origem são os deuses e os homens mortais [...]",[26] porém a questão da criação dos homens sempre deu lugar a grandes especulações e neste sentido muitos mitologemas surgiram envolvendo particularmente a figura de Prometeu, e/ou de desdobramentos de seu mito, seja por meio de Epimeteu, seja de suas descendências com Deucalião e Pirra. Entretanto, tal discussão, apesar de sua validade mitológica coloca mais problemas do que explicar o entendimento da existência humana do ponto de vista grego, além de tornar ainda mais complexo interpretar o embate entre Zeus e o próprio Prometeu, podendo-se dizer que independente das reações do Cronida e às astucias de Prometeu, as condições de vida para os humanos no âmbito da cosmogonia imaginada por Hesíodo, com seu caráter de totalidade, onde os deuses cobriam todos os espaços, deveriam ser aquelas que ao final foram estabelecidas, quais sejam de grande penúria, sofrimentos e injustiças, porém amenizadas e submetidas à justiça do grande pai Zeus, que ao longo de todo um processo sucessório de soberanias havia assumido o poder divino.

No entanto, no âmbito deste enfoque de descartar qualquer intenção nos textos hesíodicos sobre o filho de Jápeto que digam respeito à criação dos homens, tenho que retornar no sentido de entender mais profundamente suas narrativas acerca dos mitos de Prometeu e Pandora, especialmente devido ao seu caráter de estranheza, que se reflete em vários aspectos: na necessidade de se estabelecer termos para separação entre deuses e homens, quando na realidade eles já constituíam polos opostos em tudo, ou, quando Prometeu enfrenta Zeus, e as consequências de sua forma de agir recaem sobre os mortais, ou, mesmo quando Pandora abre a tampa do vaso que contém alimentos e saem somente coisas ruins para a humanidade, restando a esperança com seu caráter ambíguo e controvertido.

Neste sentido, vamos acompanhar de perto a Kerényi em sua obra já citada, e em *Religião antiga*[27] para podermos seguir adiante, mediante a introdução na análise de alguns importantes condicionantes que facilitem o entendimento das narrativas de Hesíodo, e que em consequência permitam nosso acesso a tragédia cosmogônica de Ésquilo. Primeiramente, com relação à necessidade de separação, de diferenciação entre deuses e homens que ocorre em Mecona, que não tem

---

26 HESÍODO, 2002, p. 29, v. 108.

27 KERÉNYI, 1972.

apenas um significado de se separarem mutuamente, mas também de um *agon*, de uma competição e de uma luta espiritual em torno ao poder, significando em outros termos o começo da história da humanidade,[28] que vai ser levada às últimas consequências por Ésquilo. De outro lado, ao existir aquela necessidade de separação, Hesíodo nada mais faz do que ressaltar o fato concreto, e diríamos a natural primogênita indivisão, da ausência de uma absoluta diferenciação entre deuses e homens, com sua origem única, proveniente ambos do alento de mãe Gaia. Estou aqui diante de uma ideia fundacional do sentimento cultural grego, certamente uma das ideias mais evidentes para o povo grego e que está na raiz fundamental da própria religião grega. Em nenhum momento, e em nenhuma parte Hesíodo fala de um primeiro homem, apesar de descrever em duas ocasiões a criação da mulher original.[29]

A segunda questão envolve alguns aspectos distintos que se encontram misturados e imbrincados, que exigem desenvolvimentos detalhados, mas que tentarei aqui resumir, ou de captar suas essências principais. Apesar de sua origem comum, deuses e homens se encontram em polos totalmente opostos: os deuses em sua eternidade, a salvo de qualquer perigo, em sua sagrada sede, o Céu, que de alguma forma circunda e delimita o gênero humano, formando algo que Kerényi descreve como sendo de caráter paradoxal, pois se trata de um elemento circundante intangível, porém de uma inconcebível dureza, uma dureza metalífera. No lado oposto, os homens, também provenientes do Céu e da Terra, porém obrigados a viver na Terra por tempo delimitado, sem a claridade e perfeição dos deuses, porém eternos como espécie humana, como dito com firmeza pelos pitagóricos, sem possibilidades de ser extinta, como tentado, sem sucesso pelo próprio Zeus, tal como este o fez com os gigantes. Mas Hesíodo em suas poesias vai além e vai deixar ainda mais clara a situação dos humanos, ao estabelecer em seu mito das cinco raças, que após aquela convivência eterna e idílica da raça de ouro com os deuses, na época de Cronos, eles iriam ter uma vida difícil, complexa e ambígua, com sofrimentos sem fim, devido a predominância da *hybris* sobre a *diké*, e que não teriam a menor chance de se contraporem aos deuses, como ocorre no mito de Prometeu.

Entretanto, neste caso, Hesíodo, vai se utilizar de um mito ancestral onde certamente os deuses ainda não estavam desagregados em suas di-

---

28 KERÉNYI,1972, p. 145.

29 KERÉNYI, 1972.

vindades, ou que não estavam atentos as suas diferenças para colocar em lados opostos duas divindades, originárias de duas soberanias distintas, porém com a clara intenção de associar a uma delas, além de seu espírito essencial, também o espírito dos humanos. Na "Teogonia", Hesíodo diz: "[...] quando se discerniam Deuses e homens mortais em Mecona",[30] e a partir daqui somente fala de Prometeu, porém também continua falando da humanidade, que obviamente indica que o titã é representante ao mesmo tempo do espírito titânico e do espírito humano, ou no limite de que ambos os espíritos são iguais. O aprofundamento do tema do que significa realmente o epíteto "titânico", sobre o qual reinam grandes controvérsias e confusões não será por nós encarado devido a necessidade de um significativo desvio de nossas já ambiciosas intenções. Assim, Hesíodo coloca neste mito lados opostos, e contrapõem os deuses e os homens, representados pelo espírito transparente, denso, que abarca tudo, de perfeito reflexo, o "voûs" (noûs) divino de Zeus, ao "espírito" imperfeito dos mortais, a seu espírito "titânico", característico de seu modo de agir tortuoso e esperto, como demonstra Prometeu. Como bem assinala Kerényi:

> A simplicidade e imediatez desta equiparação, a ausência de qualquer esforço de explicação e justificação, mostram que aqui se encontra no fundo uma ideia que para Hesíodo é absolutamente natural. É a ideia da condição titânica da humanidade e do espírito humano. A consciência deste fato segue seu curso e mostra formas mitológicas novas nos posteriores escritos órficos.[31]

Aprofundando ainda mais o confronto que emerge dos textos hesíodicos, seguimos com Kerényi:

> [...] o "noûs" está quieto e tranquilo, como um espelho, "descobre" tudo, sem buscar, tudo se lhe descobre: o espírito titânico é inquieto, engenhoso, e busca sem cessar, deliberada e sagazmente. O objeto do "noûs" é o existente tal e como é na realidade; o objeto do espírito titânico é a "invenção", ainda que seja apenas uma mentira cheia de arte, um engano que admiram os próprios deuses e na qual se recreiam como sucede com o sacrifício [...]. O ser é o complemento necessário do "noûs"; quando o "noûs" se apaga resta o ser em sua cega realidade. O complemento necessário do espírito titânico é a miséria espiritual e geral; confusão, imprudência, torpeza.[32]

Assim, Kerényi chega ao último e decisivo ato do embate, no qual Hesíodo relata o sorriso, ou melhor, a gargalhada de Zeus, expressando de forma clara sua postura hostil frente à humanidade, sabendo que

---

30 HESÍODO, 2003, p. 135.

31 KERÉNYI, 1972, p. 147.

32 KERÉNYI, 1972, p. 147-148.

os homens se regozijariam com aquele presente ambíguo e que iriam amar sua própria desgraça. A partir daí ele desenvolve toda uma teoria sobre o aspecto religioso existente por detrás dos sorrisos dos deuses tanto em Homero como neste caso de Hesíodo, acrescentando uma coisa importante para nós, de que no fundo, a condição humana é não somente dolorosa, mas trágica, não devida a sua condição "titânica", mas sim devida a primitiva excisão e separação daqueles seres que vieram da mesma origem, daquela união fraternal entre homens e deuses, mediante uma tal diferenciação de poderes e de espíritos. E finalmente, que esta condição trágica é ainda maior na união mais pura existente entre eles, que é entre os deuses e os humanos "heróis", pois ali existe uma proximidade de valores e de espíritos, que não permite sorrisos nem gargalhadas com suas desgraças.

Fechando este nosso introito de aproximação ao Prometeu trágico de Ésquilo, ao mesmo tempo preenchendo a lacuna que havíamos deixado em nossa análise anterior de Hesíodo, vou além do que expus com Kerényi, complementando o contexto trágico no qual está inserido aquele mito mediante a visão da intensa dramaticidade na qual está inserida a genealogia dos deuses desenvolvida por Hesíodo em sua "Teogonia". Pois, além das condições trágicas inerentes à própria existência humana que até aqui discutimos, por seus sofrimentos inevitáveis e por suas condições "titânicas", é importante olharmos para o outro polo, o dos deuses, porque também é para lá que Ésquilo me fará olhar, ao desenvolver o trágico embate entre duas divindades. As soberanias celestes se sucederam de Urano para Cronos, e de Cronos para Zeus, sempre de forma traumática e trágica, através de relações intempestivas entre os pais e os filhos, com medos e receios dos pais serem sobrepujados por um determinado filho, com atitudes agressivas e cruentas de ambas as partes, com castigos e culpas que se sucedem de pai para filhos, trazendo um caráter de ameaças permanentes acerca da própria condição da soberania divina.

Desse modo, apesar de todo o esforço de Hesíodo de demonstrar por meio de sua religiosidade que o reinado de Zeus havia atingido a harmonia e a pretendida ordem no universo, com um forte componente monoteísta segundo alguns analistas, dada a proeminência de Zeus sobre os demais deuses, continuavam existindo sérias dúvidas acerca da permanência daquele reinado, agravadas pelo sentimento de culpabilidade do próprio Zeus. Estas condições, geraram de sua parte a adoção de medidas de segurança, como por exemplo, ao engolir sua esposa Métis, plena de sabedoria, astucia e força espiritual oracular, para evitar o nascimento de um filho indesejado, bem como no episódio de evitar pelas mesmas razões, seguindo conselhos de um oráculo de Themis, qualquer aproximação maior com Tetis, divindade marítima e eterna, a mais célebre de todas as Nereidas, filhas do sábio Nereu, desejada por ele e por seu irmão Poseidon, que os levaram a promover o casamento da deusa com um humano, Peleu, dando origem ao maior herói grego, Aquiles. Resumindo, e repetindo algo que falamos lá trás, mas da mesma forma que Gigon, evitando os detalhes da ferocidade dos episódios, constata-se que "[…] este motivo, repetido por Hesíodo três vezes, do pai que peca contra os filhos, e do filho que afirma sua existência, defendendo-se legitimamente , mas que se sente culpado […]",[33] e portanto sujeito a ser castigado, constitui sem dúvida a estrutura dramática da "Teogonia", "[…] cujo caráter pessoal o eleva sob este aspecto na categoria de 'trágico'."[34]

Estamos assim, ao ressaltarmos a profunda carga dramática envolvida no mito de Prometeu de Hesíodo, tanto no lado dos humanos quanto dos deuses, e das dúvidas e questionamentos sobre a estabilidade final do reinado divino de Zeus, que tem como consequência colocar em xeque a harmonia, a ordem e, principalmente, a justiça daquela soberania, quase prontos para concretizarmos a passagem de bastão de Hesíodo para Ésquilo. Esta passagem é particularmente significativa, no que tange as relações entre deuses e homens, mediante as narrativas sobre o emblemático Prometeu, nas quais posso começar a desvendar a forma que se deu a leitura original e criativa do poeta trágico, que vai se concentrar justamente sobre a natureza daquelas relações, e em uma avaliação dura e crítica da justiça de Zeus, diante dos sofrimentos de Prometeu e de Io, a jovem de Argos, sacerdotisa de Hera, que Zeus amou, conforme abordarei mais adiante. Entretanto, falta acrescentar algo que vale a pena ser de início considerado, que marca indelevelmente as duas leituras, que são as limitações e restrições por parte de Hesíodo, e a liberdade e criatividade por parte de Ésquilo, no que se refere às considerações de tempo, espaço, e mesmo de genealogia.

A poesia de Hesíodo é arcaica e neste sentido representa um pensamento pré-racional, envolvendo a ideia de princípios inaugurais, relacionadas diretamente a etimologia de *arkhé*, princípio, primórdio,

---

33 GIGON, 1985, p. 26.

34 GIGON, 1985.

origem, não havendo nenhuma palavra substantiva que designe o tempo, nem tão pouco uma que designe espaço, de uma forma abstrata. Portanto, apesar de em seu proêmio da "Teogonia" ao receber das Musas olimpíades como cetro um ramo de um loureiro viçoso, e a inspiração de um canto divino para hinear o presente, o passado e o futuro de Zeus pai, devemos entender que o tempo e a temporalidade estão subordinadas ao exercício dos poderes divinos não havendo anterioridade e posteridade, no sentido que entendemos. De outro lado Ésquilo, apesar de colocar em cena os próprios deuses, utiliza uma poética totalmente humana, com acentos indiscutíveis de temporalidade, de imediatez, de concretude, de crescimento, de consequências das ações envolvidas, que no fundo buscam um entendimento radical do que vem a ser a vida humana mesmo diante de um contexto divino, onde os deuses estão em toda parte, e no caso exercendo por meio de Zeus uma justiça divina, para o bem ou para o mal dos humanos.

Ésquilo vai mais além ao estabelecer em suas tragédias a amplitude de suas ações, mediante uma unidade orgânica e a acumulação de sua intensidade mediante o uso da trilogia, complementando-as com o drama satírico, formando a conhecida tetralogia estabelecida pelas Dionisíacas, sendo que neste sentido ele foi sem dúvida muito superior a seus companheiros Sófocles e Eurípides. A trilogia parece ter uma remota origem em rituais que representavam o nascimento, a morte e a ressurreição de um Deus, segundo os estudos de Jane Harrison sobre aquelas práticas ritualísticas. Entretanto, quer nos parecer que Ésquilo tinha um conceito de que a tragédia deveria ser tratada como um processo que se desenvolve em sequências, e que poderia levar a uma solução do conflito trágico e da superação da dor e do sofrimento, segundo sua perspectiva. De outro lado, dada a importância para ele da questão das gerações familiares e mesmo divinas, a trilogia seria um instrumento fundamental para, ao aumentar o número de obras, permitir a apresentação de distintos atos daquelas tragédias familiares, como aliás ele o fez com o mito de Édipo, ao representar na primeira peça o pai, na segunda o filho e na terceira os filhos do filho, cobrindo, portanto, três gerações. Sófocles cobriu duas gerações em uma única peça, *Édipo-Rei*, possivelmente graças a seu antecessor.[35]

---

35 THOMSON, 1985.

O PROMETEU ACORRENTADO

Porém, voltando ao nosso tema, Ésquilo inicia *Prometeu acorrentado*, como grande dramaturgo trágico que era, sem se sentir amarrado pelo mito ou pela história, alterando de imediato a genealogia de Prometeu, que aparece na "Teogonia", ao fazê-lo filho de Themis, a deusa da justiça, associando-a à Gaia, a deusa-mãe, sem nenhuma menção ao lado paterno, elevando portanto o *status* de seu personagem principal. O amplo material herdado de Hesíodo foi aproveitado por Ésquilo, na medida de suas necessidades como poeta e dramaturgo: utilizou o que lhe servia e alterou sem nenhum problema aquilo que não lhe interessava, de forma a ser coerente e consistente em sua criação artística. O Prometeu que Hesíodo lhe ofereceu era segundo Kitto, "[...] um deus menor de pouca importância que roubou o fogo ardilosamente e o deu aos mortais."[36] "Ésquilo transformou-o num deus que tinha dado ao homem, digamos, tudo o que o distinguia da criação bruta e lhe dava possibilidades de se medir mesmo com Zeus".[37] Temos, portanto, de início, uma radical inversão de valores com relação a Hesíodo, pois neste Prometeu com seu espírito "titânico" estava associado à própria imperfeição da humanidade, e em Esquilo, Prometeu não somente é caracterizado como um dos imortais, mas além disso, como um deus de grande sabedoria e inteligência refinada, filho de Themis, a segunda profetiza que tomou assento no templo de Apolo em Delfos, seguidamente confundida com a deusa-mãe, Gaia, com qualidades e poderes proféticos acima dos de Zeus, e ainda com clara afinidade com a Moira, com o destino dos homens e dos deuses.

Assim, em *Prometeu acorrentado*, Ésquilo apresenta Zeus como um deus jovem, tirânico e perseguidor, inclusive de pessoas totalmente inocentes como Io, em uma leitura inicial, mas muito mais do que isto, em uma visão mais profunda como um soberano divino perdido em sua soberba, sem nem ao menos ter consciência de como avançar na criação de um Cosmos ordenado com participação de deuses e humanos, coisa que no fundo somente poderá ser alcançado com a ajuda da sabedoria e do conhecimento profético de Prometeu, e mais tarde com a ajuda de seus filhos, Heracles e Atena. Aqui, me antecipando bastante, reside o sentido último de Ésquilo, com sua Prometeida, que infelizmente não conseguimos captar inteiramente devido ao não conhecimento integral das duas

---

36 KITTO, 1972, p. 195.

37 KITTO, 1972, p. 195.

tragédias que se seguem ao acorrentado, qual seja, de que a existência, o destino, a criatividade, a inteligência e o progresso humano estão intimamente relacionados com os princípios e valores divinos de ordem, justiça e poder, porém vistos sob uma ótica dinâmica, e submetidos a uma temporalidade, que se manifesta mediante experiências vivenciadas nas relações de humanos e divinos, permitindo alcançar aquele conhecimento radical da vida humana, com suas dificuldades e sofrimentos, objetivo constante e permanente no grande dramaturgo.

E Ésquilo inicia a tragédia de Prometeu, em seu prólogo, de uma forma assombrosa quanto a beleza e ao profundo simbolismo da cena, que nos coloca de imediato frente a frente com a grandeza e a dignidade daquele Deus que será crucificado. A começar evidentemente pela caracterização do local onde Prometeu será acorrentado; longínquo, inóspito, limítrofe, solitário, pétreo, em um precipício tempestuoso, longe dos homens, em uma vastidão desértica, nos confins do desolado mundo cita, símbolo da solidão que se avizinha. Neste cenário, três personagens conduzem Prometeu para acorrentá-lo as escarpas do Monte Cáucaso, pelo crime de ter disponibilizado o fogo aos mortais: são eles Kratos, o Poder; Bia, a Violência; como personificações de conceitos, de ideias, e Hefesto, o deus do fogo, filho de Zeus e de Hera, envolvido diretamente pelo roubo de seu privilegio, "το γερας" (*tó geras*). Esquilo, logo de partida, começa a explicitar seu comprometimento com os aspectos religiosos da Grécia antiga, pois não há como se deixar de comparar o local a que é levado Prometeu para ser sacrificado, com a descrição em Hesíodo, na "Teogonia", com a morada de Estige, em seu palácio coberto de altas pedras e igualmente em um precipício, vertendo suas águas infernais e também mágicas, além de que naquele poema Kratos e Bia são filhos de Estige, e esta é filha de Oceano e irmã das Oceânidas que terão papel de destaque na trama de Prometeu.

Ainda sem entrar em maiores detalhes sobre o significado desta localização física e geográfica do sofrimento de Prometeu, associada à figura de Estige, porém de forma a situar mais precisamente esta moldura de caráter religioso, cabe lembrar, voltando a Hesíodo, que Estige junto com seus filhos, especialmente seus insignes filhos Poder e Violência são os primeiros, por desígnios de Oceano, a se colocarem ao lado de Zeus no combate aos Titãs, e em contrapartida, "[...] honrou-a Zeus e supremos dons lhe deu; fez dela própria o grande juramento dos Deuses e seus filhos para sempre residirem com ele."[38] Assim, por um lado, Prometeu, estaria submetido ao Grande Juramento dos deuses, e neste sentido em sua primeira fala Poder clama aos deuses por seu castigo. Porém, por outro lado, ele, igualmente se colocou ao lado de Zeus contra a violência dos Titãs, particularmente por meio de conselhos oraculares, lembrando que ao convocar os imortais ao Olimpo para o combate Zeus:

> [...] disse quem dos Deuses combatesse com ele os Titãs, não o privaria dos prêmios e cada honra manteria como antes entre os Deuses imortais, e que o não-honrado sob Cronos e sem-prêmios, honra e prêmio alcançaria, como é justiça.[39]

Assim, desde seu início, ao estabelecer as bases do conflito entre Zeus e Prometeu, Esquilo chama atenção e coloca em discussão se a ordem gerada pelo poder de Zeus após a titanomaquia seria algo de caráter absoluto, ou que ele estaria submetido a restrições, seja aos deuses e deusas do destino ou a acordos realizados durante o combate, e, principalmente, com suas dívidas às entidades primordiais existentes que o ajudaram a vencer aquele desafio. Esta questão vai, de certa forma, nos acompanhar até o final.

Portanto, Kratos e Bia são apresentados como representantes e intermediários do poderoso Zeus, que aparecem na peça somente neste prólogo para dar uma primeira impressão sobre a essência do poder de Zeus, mas cujos espectros ficam sutilmente vagando ao longo de toda a representação. Kratos, ao término de sua primeira fala, deixa claro que Prometeu deve ser castigado pelo roubo do fogo e por não se submeter ao poder de Zeus: "Por um erro tal, ele deve pagar aos Deuses, para aprender a anuir à tirania de Zeus, e a abster-se de ser amigo de humanos."[40] Entretanto, o ódio manifesto a Prometeu por palavras do Kratos, bem como na figura muda da Bia vai muito além de uma indignação justa contra um malfeitor, mas significam o rancor dos autômatos, dos subalternos na direção daquele, que em sua liberdade, ousou desafiar as ordens do grande chefe Zeus. Hefesto, apesar de seus sentimentos pessoais de humanidade, de constrangimento por estar torturando um parente, e de se comover com aquela situação acaba por se tornar um personagem meio patético, com medo de enfrentar o

---

38 HESÍODO, 2003, p. 127.

39 HESÍODO, 2003, p. 127, v. 392-396.

40 ÉSQUILO, 2009, p. 361.

Kratos, e consequentemente seu pai. Prometeu responde a tudo isto, com um silêncio de uma força absurda, marcado pela dignidade, pelo sofrimento, pela ingratidão daqueles imortais de geração recente, devedores de seu talento, que o leva a uma introspecção no sentido de avaliar mais precisamente a injustiça daquele castigo, ou mais ainda de avaliar de uma forma integral sua situação presente, que será colocada de forma magistral por Ésquilo, na primeira fala do personagem, dizendo tudo que havia ficado em silêncio.

Esta fala se inicia mediante um chamamento divino de testemunhos oculares de seu martírio em termos de uma religiosidade grega autêntica e primitiva, na qual Prometeu, em sua condição de Deus, quer ser contemplado pelos elementos da natureza de forma a constituir, segundo Kerényi,[41] um espírito solidário, uma relação amistosa, um parentesco entre eles, invocando como participantes de seu sofrimento aqueles elementos sagrados, principalmente o Sol, o testemunho mais significativo entre os deuses:

> Ó éter divino! Ó ventos de asas rápidas! Ó águas correntes dos rios! Ó sorrisos sem número das vagas marinhas! Ó terra, mãe de todas as coisas! Invoco também o disco do sol que tudo vê! Contemplai o que eu, um deus, sofro da parte dos deuses.[42]

E Prometeu completa aquela comunhão com os deuses da natureza, introduzindo as características de seu sofrimento, que vão permear, de algum modo toda a trama: profundamente injusto, de proporções exageradas e acoplado e associado a uma soberania jovem que levará um enorme tempo para evoluir:

> Vede com que tratamento injurioso, dilacerado, suportarei a grande idade do tempo. Foi esta a prisão que inventou o novo chefe dos Bem-Aventurados. Ai! Ai! Como deploro o sofrimento presente e que há de vir!Para quando, enfim, está decretado pelo destino o termo destas minhas penas?[43]

Por um momento, Prometeu se esquece de suas qualidades premonitórias e oraculares, derivados de sua genealogia esquileana, e de seu conhecimento sobre o destino, seguindo em sua fala, porém com um sentido bem específico; mostrar a todos, que a infâmia e sofrimentos que padece, não estão relacionados com suas faltas – bem ao contrário

---

41 KERÉNYI, 2011.

42 ÉSQUILO, 1992, p. 38, v. 89-92.

43 ÉSQUILO, 1992, p. 38-39, v. 95-100.

do que apresenta Hesíodo –, *como a transmissão do fogo em uma cana, mas com algo maior, com a incompatibilidade de sua tomada de posição com relação aos mortais, e o mundo de Zeus, com sua ordem, que impõe uma realidade na qual, o mínimo que se pode dizer é de que o homem tem que viver obrigado a aceitar sofrimentos e padecimentos, sejam eles justos ou injustos.*

> Mas que digo eu? Já sei antecipadamente e com exatidão tudo o que vai acontecer. Nem virá sobre mim nenhum sofrimento imprevisto. Preciso é suportar o mais facilmente possível o que foi marcado pelo destino, pois bem sei que a força da Necessidade é inexpugnável. *Mas nem é possível calar as minhas desgraças, nem não as calar. Por ter dado um privilégio aos mortais- infeliz – foi-me posto este jugo de dores. Apoderei-me da nascente do fogo que enchia um caule de canafrecha e que se revelou mestra de todas as artes e grande recurso para os mortais. Sofro os castigos destes meus erros, agrilhoado, ao ar livre.*[44]

No sentido de uma maior compreensão do drama de Prometeu, sob a ótica de Ésquilo, algumas coisas chamam atenção. A primeira e mais fundamental é a qualificação com que as personagens se referem à soberania de Zeus como sendo algo novo e obra de um deus jovem, sem experiência: "novo chefe dos Bem-Aventurados", "novos senhores governam o Olimpo", e com "leis novas." Isto me remete a um comentário que fiz no capítulo anterior acerca da juventude dos heróis trágicos, relacionando-os a processos ou ritos de iniciação, como sendo uma característica dionisíaca básica da cena ática, que no caso me leva a pensar que Ésquilo, ao utilizar a moldura da trilogia, estaria pensando com maior ênfase na evolução daquela soberania, a partir do incidente ocorrido com Prometeu, que no fundo, não cometeu um pecado tão fundamental contra os deuses. Mesmo associando seu modo de agir com os dos humanos em sua imperfeição, Prometeu se utilizou de um conhecimento técnico dos benefícios da natureza para transmitir o fogo aos mortais, com evidentes conexões dionisíacas, mais uma vez, pois o caule de canafrecha é utilizado como tirso sagrado, concedendo assim novas condições de vida aos mortais, negadas por Zeus, o deus jovem.

A última fala de Prometeu, em sua terrível solidão naquele lugar remoto dá lugar a apoteótica chegada do Coro das Oceânides, um Coro de divindades, deusas etéreas, filhas do mais velho dos Titãs, o deus Oceano, que representa um rio que circunda toda a Terra, com

---

44 ÉSQUILO, 1992, p. 39, v. 101-112. (grifo meu)

sua irmã a Titanida Tetis, uma das divindades primordiais das teogonias helênicas, que representa o poder fecundo – feminino – do mar. Ésquilo adiou ao máximo a entrada do coro, através de uma preparação cuidadosa, na qual vemos Prometeu, agrilhoado aos rochedos, travado pela resistência das grilhetas, condenado a uma imobilidade longa e dolorosa, imagem de uma solidão de um sofrimento inerte, tendo como única testemunha a natureza que o cerca. O primeiro sinal do Coro é basicamente sensorial, mediante o som e o cheiro, trazendo a Prometeu todo o temor e o medo daquela aproximação.

> Ah! Oh! Oh! Que som, que odor imperceptível voou até mim? Enviado pelos deuses, ou mortal, ou de deuses e de homens misturado? Chega a este rochedo do fim do mundo para contemplar os meus sofrimentos, ou o que é que ele quer? Vede como eu estou agrilhoado, eu, o deus infeliz, eu, o inimigo de Zeus, eu, o que incorreu no ódio de todos aqueles deuses que frequentam o palácio de Zeus, por ter amado em demasia os homens. Ai! Ai! Que barulho de aves ouço, de novo, aqui perto? Zumbe o éter com um leve bater de asas. Receio tudo o que de mim se aproxima.[45]

Estamos claramente metidos em uma grande dificuldade, engendrada direta e pessoalmente por Ésquilo: como conseguir transmitir toda a beleza, o deslumbramento, o fantástico, o maravilhoso da chegada daquele Coro de donzelas dentro de um carro alado, trazido pelos ares, onde vibram asas leves e claras, com pés ágeis na sua nudez para pousar nas alturas do supliciado, imóvel e preso naquele penhasco, na beira de um precipício, de uma forma cruel, com mãos e pés atados, sem poder dobrar as pernas, como um gigante crucificado e à mercê de qualquer coisa, principalmente do tempo imemorial. Pode-se imaginar o impacto no auditório do teatro de Dioniso ao se defrontar com tal espetáculo, de carros voadores transportando todos os elementos do Coro e sua aterrisagem em um local específico, envolvendo evidentemente a própria imaginação dos espectadores. Não há como não apoiar Murray, quando considera a tragédia de Esquilo como sendo "σεμνων" (semnón), que em grego significa venerável, majestoso, imponente, magnífico, esplendido, e de caracterizar suas ideias como tendo sido as mais ousadas na história da tragédia grega, não aceitando assim as insinuações de Aristófanes em As rãs, comentada anteriormente no conhecido embate de Esquilo com Eurípides, quando deixa a entender que Esquilo seria um poeta puro, tradicional e sem interesse pelas novas ideias.

---

45 ÉSQUILO, 1992, p. 39, v. 115-128.

Entretanto, muito mais relevante que a própria técnica teatral e cênica da chegada do coro, é acompanhar a delicada relação que vai se estabelecer entre Prometeu e as Oceânides, que se inicia aqui e cujo desfecho final é o lançamento de todos ao Tártaro, particularmente pela importância da natureza desta relação para o entendimento do universo esquileano. As Oceânides chegam com um barulho ensurdecedor devido a sua velocidade como amigas, deixando tudo para trás dada a urgência de responderem com solidariedade e simpatia àqueles ecos de sons de violência de metais, trazendo sua natureza feminina como símbolo de uma *philia* delicada, emotiva e capaz de partilhar a experiência de uma enorme dor.[46] Esquilo as coloca como contraponto ao prisioneiro, por sua liberdade de movimentos, mas principalmente como resposta e antídoto dos deuses primordiais da natureza contra os deuses da violência e da punição, a Bia e o Kratos que corporizam a ira dos deuses olímpicos. Neste sentido Esquilo reafirma novamente sua religiosidade grega primitiva, em comunhão com a natureza, em claro posicionamento de enfrentamento aos deuses olímpicos. Porém vejamos os belos versos de cuidadosa atenção e respeito entre o Coro e Prometeu:

> Nada temas
> Pois amigo é o bando
> Que com rápido esforço de asas
> Chega a este rochedo
> Depois de vergar, a custo
> A vontade paterna
> Trouxeram-me os ventos velozes
> Pois do aço
> O eco estrepitoso
> Ressoou até o fundo das cavernas
> E expulsou de mim
> A tímida vergonha
> E descalça
> Neste carro alado
> Me precipitei[47]

E Prometeu as reverencia e novamente clama por compaixão por sua situação:

> Ai! Ai! Descendência da prolífica Tétis e do Pai Oceano, que rodeia toda a terra do seu fluxo que nunca tem repouso, vede, considerai com que

---

46 SOUZA E SILVA, 2005, p. 41.

47 ÉSQUILO, 1992, p. 39-40, v. 128-137.

grilhões, preso a esta escarpa, eu passarei meus tristes dias de sentinela, sobre rochosos píncaros.[48]

E as Oceânides respondem com forte calor emocional e em um primeiro momento se solidarizam a Prometeu na oposição ao tirano jovem, Zeus:

Vejo, Prometeu; E terrível, de lágrimas carregada, uma bruma cobre estes meus olhos, ao contemplar teu corpo, a secar sobre a rocha, maltratado por esses grilhões de aço. Novos senhores governam o Olimpo, e com leis novas, Zeus rege, sem regra, e destrói, agora, os fortes de antanho.[49]

E complementam, com detalhes, como Zeus se comporta no uso de seu poder, que atinge não somente a Prometeu, mas a toda família celeste, da qual elas inclusive fazem parte:

Qual dos deuses, teria tão duro coração, que se alegrasse com isto? Quem, a não ser Zeus, não se indignará com os teus males? Ele, sempre rancoroso, de coração inflexível, domina a família celeste, e não cessará, antes de fartar o coração.[50]

E aqui, de forma magistral, Esquilo coloca nas palavras das próprias Oceânides uma grande inflexão na trama, pois abandona de repente a situação presente e coloca em cena o futuro, o incerto futuro de Zeus, com o mesmo fatalismo que destronou Cronos e Urano, seus pai e avô: "Ou antes que alguém, com arte, lhe tome o poder. Difícil conquista."[51]

A inflexão da trama se consolida: Prometeu se fortalece com a solidariedade e com o sentimento de parceria de suas amigas, expressos em temores conjuntos e acolhimento de suas confidencias, e se coloca como um agente de transformação, o único capaz de salvar o destino inexorável da queda de Zeus, ao qual ele jamais se submeterá, seja por persuasivas palavras, seja por ameaças eternas, a não ser que Zeus o liberte de seus grilhões e seja castigado pelo tratamento injurioso que lhe concedeu. Mas Prometeu vai mais além, refletindo uma vez mais a religiosidade primitiva grega de Ésquilo, estendendo aos deuses, em especial a Zeus, o preceito utilizado inclusive pelo mesmo Zeus no Agamenon,[52] de que os mortais somente aprendem pelo sofrimento:

---

48 ÉSQUILO, 1992, p. 40, v. 138-142.

49 ÉSQUILO, 1992, p. 40-41, v. 143-152.

50 ÉSQUILO, 1992, p. 41-42, v. 159-165.

51 ÉSQUILO, 1992, p. 42, v. 166-168.

52 Referente aos versos 177-178.

Eu sei que Zeus é duro, e que tem consigo o direito.Contudo, penso que, um dia ainda, a sua alma se adoçará, quando for despedaçado pelos sofrimentos, e quando, apaziguada a cólera implacável, inquieto vier então ter comigo, também inquieto por meu lado, para ser meu aliado e meu amigo.[53]

O primeiro episódio se inicia pela insistência do Coro das Oceânides em entender agora no papel de confidentes, o que de fato aconteceu, que levou Zeus a promover aquele suplicio infamante e cruel a Prometeu. Esta passagem, normalmente relegada a um segundo plano pelos analistas, coloca, todavia, elementos de realidade que devemos ressaltar. Mesmo com resistências, Prometeu decide falar: "É-me doloroso contá-lo, mas também me dói calá-lo; de qualquer maneira, sofro."[54] A interpretação de Prometeu, que se segue, sobre a contenda dos deuses, numa alusão a Titanomaquia e sobre a ordem instalada por Zeus é claramente de origem política, portanto, digna de um ateniense, ancorado nos ensinamentos anteriores de Sólon, e vivendo como Ésquilo a nova realidade da *polis*. O rebatimento de situações é inevitável: na guerra entre Zeus e os Titãs pela soberania celeste, Prometeu se posiciona ao lado de Zeus, "dando ouvidos a sua mãe", Themis ou Gaia, portanto do lado da astúcia, da inteligência, e principalmente da possibilidade de se exercer a justiça, exatamente na linha de Dracon, Sólon e Clístenes, contra a força e a violência, trazendo novamente a cena os representantes do atual tirano Zeus, exatamente na linha dos diversos tiranos gregos. Uma vez no poder, Zeus, segundo Prometeu, atende a todos os privilégios dos deuses, e faz algo que todo político faz quando assume um poder, visando sua estabilidade e permanência no mesmo: divide, partilha este poder de forma arbitrária como se fossem feudos de atuação, pouco ligando para o restante da população.

E ainda mais interessante no texto de Esquilo: "[...] mas não fez nenhum caso dos mortais. Pelo contrário, pretendia, pela destruição de toda a raça, gerar uma nova [...]",[55] exatamente o que faz qualquer oligarca ou tirano, que pensa poder transformar o povo em algo distinto do que hoje ele na verdade é, porque somente ele sabe o que é importante para eles. Seguindo na fala de Prometeu, fica absolutamente clara a tomada de posição dele, na solidariedade, ligação, e associação com os mortais, e sua completa inconformidade com a ordem de

---

53 ÉSQUILO, 1992, p. 43, v. 188-192.

54 ÉSQUILO, 1992, p. 43.

55 ÉSQUILO, 1992, p. 44.

Zeus, baseada na exclusão e no injusto sofrimento dos mesmos, que vai igualmente atingi-lo em cheio com aquele castigo desproporcional:

> E ninguém se lhe opunha, a não ser eu.Eu, eu é que tive esta ousadia.Livrei os mortais de irem para o Hades, despedaçados. É por isso, com toda certeza, que vergo ao peso destas dores cruéis de suportar e lastimosas de ver. Por me ter apiedado dos mortais, a mim próprio me foi recusada piedade, mas, pelo contrario, sou assim cruelmente maltratado, espetáculo que não dá gloria a Zeus.[56]

Em resumo, a mensagem política de Esquilo através de Prometeu é suficientemente clara: a injustiça social e de costumes pode não ser um dado inexorável, necessita ser combatida e transformada especialmente através da inclusão das classes menos privilegiadas como atores políticos, com os mesmos direitos que os demais, independente das contendas e disputas entre os oligarcas.

Entretanto, esta leitura política em Ésquilo vem associada de forma profunda a uma leitura religiosa, e em alguns casos a extrapola em um sentido profundamente filosófico, neste caso, na linha da escola milésia ao discutir abertamente as origens do Cosmos e suas possibilidades de crescimento. Vimos anteriormente, em pelo menos dois episódios, sua visão religiosa autenticamente grega, na comunhão com os elementos da natureza, e quando coloca em um sentido próximo de Anaximandro, o quanto esta mesma natureza carrega um sentido relativo à moralidade e a justiça, no chamamento dos deuses primordiais no combate ao poder e a força. Assim, Prometeu ao investir contra a ordem de Zeus, vai mais além, e traduz sua não concordância com aquele Cosmos idealizado pelo jovem deus-pai, envolvendo os aspectos divinos e humanos, demonstrando, entretanto, uma certeza de que o tempo e as experiências vividas por ambos, pelos deuses e pelos homens, venham a transformá-lo em um mundo melhor.

Nesta primeira fala de Prometeu, identifica-se um sentido religioso em termos de futuro da ordem cósmica, ao afirmar sua descendência da deusa Themis-Gaia, uma única essência em vários nomes, que não era "tortuosa", nem equivocada, mas sim uma prudente conselheira, a partir da confrontação dos Titãs, filhos do Céu e da Terra com Zeus:

> Desprezando as artimanhas, pensavam com a presunção de fortes, que, sem custo, venceriam pela violência. Mas, mais de uma vez, a minha mãe, Themis ou Gaia- uma só forma com muitos nomes- me anunciara o futuro,

---

56 ÉSQUILO, 1992, p. 44, v. 231-242.

tal como havia de acontecer: que venceriam os que fossem superiores em astucia e não em força e violência.[57]

O nome "Themis", como bem lembra Kerényi, expressa as regras da natureza e as de qualquer periodicidade pacífica assim como as dos sistemas de leis comunitárias, onde reina o consenso, mas mais do que nunca a "simpatia" dentro do grupo, isto sem falar de sua sabedoria oracular, já que foi antes de Apolo, "o Loxias, o oblíquo", a grande deusa do oráculo de Delfos, da mesma forma que antes dela fora a Mãe Gaia.

A essência de Themis é iluminada por suas filhas, as Horas, em Atenas, com seus nomes Thallo, Auxo e Karpo que significam brotar, crescer, madurar, respectivamente; e em Hesíodo, na "Teogonia", levam os nomes, "ευνομια", "δικη" e "ειρηνη" (*eunomia, diké, eirene,* que em português é lei, justiça, paz), que se converteram em figuras simbólicas de uma ordem ideal do mundo, legitima, justa e pacífica, demonstrando que tem seus fundamentos em uma Themis terrenal e materna, protetora e que dá origem ao crescimento, portadora do fruto.[58] Assim, a deusa que Ésquilo nomeia como mãe de Prometeu, possui o conhecimento da temporalidade e do crescimento, e este conhecimento vem associado ao desejo de consolidação e maturação, que o próprio Zeus deve se submeter, dando força assim à luta primordial de Prometeu que é contra a ordem do mundo que o jovem soberano deseja implantar.

Além disso, a crítica de Prometeu a este Cosmos está especialmente orientada, no que tange aos mortais, a dois aspectos fundamentais: ao não disponibilizar os conhecimentos necessários para que eles possam progredir e terem condições de desenvolver uma vida digna, simbolizado pelo fogo, e de outro lado, ao não dar condições a eles de enfrentar duas restrições inevitáveis em suas vidas, a morte inexorável e os sofrimentos de uma existência dura, difícil, e muitas vezes injustos, para os quais eles não estão preparados como os animais, e contra as quais eles não se submetem e se revoltam.

Os primeiros pontos de sua inconformidade relativos à penúria dos mortais ficam claros no belo e significativo diálogo que se segue com o coro, no qual, este, ainda não está totalmente convencido de que Prometeu não cometeu algum delito grave. Neste diálogo, Prometeu

---

57 ÉSQUILO, 1992, p. 43-44, v. 207-215.

58 KERÉNYI, 2011, p. 106, v. 248-258.

e as Oceânides iniciam sua caminhada comum na direção inexorável da aceitação e reconhecimento no sentido aristotélico do que significa humanidade, que vai levar Prometeu a se tornar ele próprio um mortal, com seus erros e acertos, e as Oceânides a se solidarizar de forma definitiva, para o que der e vier com Prometeu por reconhecerem o quanto ele foi justo em seus atos. Vejamos;

> Corifeu: Acaso não foste ainda mais além do que contaste?
> Prometeu: Sim, fiz que os homens deixassem de se preocupar com a morte.
> Corifeu: Que remédio inventaste para essa doença?
> Prometeu: Insuflei-lhes cegas esperanças.
> Corifeu: Grande bem deste aos mortais
> Prometeu: E além disso – atentai bem – dei-lhes o fogo.
> Corifeu: E agora os efêmeros possuem o fogo ardente?!
> Prometeu: Do qual aprenderão muitas artes.
> Corifeu: Então é por esses agravos que Zeus te...
> Prometeu: Maltrata e de maneira nenhuma me liberta dos meus males
> Corifeu: E não há termo proposto para o teu sofrimento?
> Prometeu: Nenhum, senão quando lhe parecer conveniente.[59]

Antes de prosseguirmos nesta caminhada humana, notem a diferença de tratamento entre Hesíodo e Ésquilo quanto à questão da esperança. No primeiro, a esperança é o único dos males que fica no vaso de Pandora, sem qualificação objetiva de que se trata de um bem, colocada como uma armadilha para os humanos, com a adoção clara do ponto de vista de Zeus de trazer o máximo de dificuldades para eles. Enquanto em Ésquilo a dação de Prometeu é colocada no sentido positivo de permitir aos humanos enfrentar dignamente a inevitabilidade da morte, além de ser uma inovação e um acréscimo significativo à própria dação do fogo, com o objetivo de permitir uma existência humana que tenha sentido em termos filosóficos. Mas sigamos, retomando aquele diálogo, pois agora são as próprias Oceânides que se humanizam, com esta linda fala plena de uma compreensão sincera, aberta e emocional, focando em seus sofrimentos:

> Mas como? Que esperança há? Não vês que cometeste um erro? Dizer que cometeste um erro não me dá prazer e para ti é dor. Mas não falemos nisto; e procura libertar-te dos teus sofrimentos.[60]

E finalmente, o diálogo termina com o estabelecimento de um pacto indestrutível entre Prometeu e as Oceânides, mediante a aceitação de vá-

---

59 ÉSQUILO, 1992, p. 44-46.

60 ÉSQUILO, 1992, p. 46, v. 259-262.

rios signos expressivos: o reconhecimento do humano erro de Prometeu, da inevitabilidade do sofrimento, da injustiça da ordem cósmica de Zeus, da infelicidade pairando sobre todos, embora divinos em suas essências, e tudo isto sendo realizado naquelas escarpas, com as Oceânides pousando naquela terra áspera e deixando o éter sagrado, a convite de Prometeu, para enfrentarem juntos aquela realidade. Vejamos:

> Prometeu: É fácil para quem tenha os pés fora do sofrimento aconselhar e repreender o infeliz. Mas eu já sabia tudo isto. Cometi este erro por querer, por querer- não o negarei. Por valer aos mortais, eu próprio vim cair na desgraça. É certo que eu não pensava que, consumido por tais sofrimentos e agrilhoado a estes altos rochedos, me caberia em sorte este pico ermo e solitário. Não lamenteis as minhas dores presentes e, pondo os pés no chão, ouvi os infortúnios que aos poucos se aproximam, e ficareis a saber tudo até o fim. Obedecei-me, obedecei, associai-vos às penas de quem agora sofre, pois a infelicidade pairando sobre todos, ora pousa num, ora noutro.
> Corifeu: Seguíamos já os teus conselhos, sem que tu nos incitasses Prometeu. E agora, com pé ligeiro, deixando o carro veloz e o éter sagrado, caminho das aves, pouso sobre esta terra áspera. Quero ouvir até ao fim as tuas penas.[61]

A beleza e importância que Ésquilo concede a esta passagem, não somente em termos cênicos como em termos do encaminhamento do destino trágico de Prometeu, agora compartilhado pelo coro, é de certa forma interrompida e cortada pela chegada de Oceano, marcando o fim deste primeiro episódio, funcionando como se fosse um anticlímax. O Deus Oceano com a sua indiferenciação clássica e sua permanente fuga de assumir qualquer posição ou atitude, desde a revolta de Cronos contra seu pai Urano, ou mesmo se posicionando de forma passiva contra seus irmãos titãs e se colocando ao lado de Zeus aparece aqui caracterizado pelo poeta mediante uma visita formal, acomodatícia e hipócrita, que nada acrescenta a situação vivida por Prometeu. Ésquilo deixa no ar, mediante uma fala ridícula do mais velho dos Titãs, uma crítica àquela religião oficial do templo de Apolo em Delfos, especialmente quanto à possibilidade dela provocar qualquer alteração de rumos da ordem de Zeus, a não ser através da ousadia e dignidade de um Prometeu. Esta dignidade aparece aqui ainda mais ressaltada como contraponto a fraqueza de Oceano, e com a qual suas filhas vão louvar e se associar de forma integral.

---

61 ÉSQUILO, 1992, p. 46-47, v. 264-282.

Antes de prosseguir em minha análise, vou fazer uma importante digressão sobre o padrão adotado por Ésquilo ao apresentar a figura de Prometeu, como se fosse um "eventual criminoso", submetido a um processo "pré-jurídico", com o objetivo de comprovar ou não suas faltas. Inicialmente castigado arbitrariamente por um tirano violento e cruel, Zeus, executado por seus intermediários, Kratos, Bia e Hefesto, onde Prometeu é visto pelos filhos de Estige como culpado e merecedor do mesmo, e com alguma dúvida por parte de Hefesto. Para se defender do que ele considera uma enorme injustiça dos deuses do Olimpo, ele atribui inicialmente sua atitude, com relação aos mortais, como estando calcada nos preceitos da moralidade e da justiça graças a sua genealogia como filho de Themis, convocando em primeiro lugar as forças da natureza e os deuses primordiais, que lhes envia um puro contingente de deusas, as Oceânides, para eventualmente lhe ajudar. A segunda tarefa de Prometeu é devido à insistência delas em conhecer tudo o que ocorreu, de modo a se posicionar, como se fossem testemunhas de defesa, convencê-las de que nada fez de errado ao ir contra a ordem de Zeus e defender os mortais, obtendo assim, solidariedade. E assim, Ésquilo vai definindo de forma humana o caráter de Prometeu, mas também a ordem divina de Zeus, em seu olímpico distanciamento, estabelecendo sucessivos embates do titã com Oceano, Io e Hermes, todos apresentados com características iminentemente humanas, de acomodação e ausência de realidade do primeiro, de graves e iníquas injustiças e enormes sofrimentos por parte da ordem de Zeus contra a segunda, e de aberta e inescrupulosa chantagem do terceiro. Portanto, além das evidentes conotações religiosas e políticas, Ésquilo acrescenta conotações claramente jurídicas de acusações e defesas, e o mais interessante é que nelas ele transforma os entes divinos em meros participantes de uma questão puramente humana, com todas suas características principais, não restringindo ao titã Prometeu os acentos de humanidade.

Em seguida, no primeiro estásimo, a ode cantada pelo Coro como intervalo entre o primeiro e segundo episódio. Não existem palavras adequadas a serem usadas, no sentido de qualificarmos a beleza poética de Esquilo nesta parada da tragédia, especialmente pelos profundos sentimentos de solidariedade, respeito e dor das Oceânides com o sofrimento de Prometeu, convocando neste sentido todos os elementos do universo, o Cosmos inteiro, e todas as pessoas das mais longínquas regiões, mesmo aquelas mais guerreiras, como as virgens de Cólquida, numa referência explícita às famosas "Amazonas", mas também relembrando de certo modo a famigerada Medéia, originária desta região situada a leste do Mar Negro:

> Lamento-te, Prometeu, pela tua sorte maldita. E dos meus olhos ternos deixo correr torrentes de pranto. E molho o meu rosto, com úmidas lágrimas, pois Zeus governando, com leis que são suas, aos deuses de outrora o cetro orgulhoso faz reconhecer por atos deploráveis.
> E já todo inteiro, este país solta gritos, que fazem chorar. Sobre a tua honra magnífica, venerável, antiga. Estes gemem, e sobre a dos teus irmãos. E também te lamentam, todos os que habitam a terra vizinha da Ásia sagrada. E, sendo mortais, de te têm dó, pelos teus sofrimentos, que fazem soltar grandes gemidos, e as virgens da Cólquida, intrépidas guerreiras, e a multidão Cita dos confins da terra, em volta do Meótide.
> Soltam gemidos surdos as vagas marinhas, umas sobre outras caindo. Geme o fundo do mar. Sob a terra, o Hades sombrio, surdamente murmura, e as ondas dos rios, de límpida corrente, gemem tua dor lamentável.[62]

A retomada por Ésquilo neste estásimo da conjunção que se estabeleceu entre o Coro das Oceânides e Prometeu, especialmente após a descida delas na áspera terra pode ser imaginada e sentida em Maria de Fátima Souza e Silva, ao falar do Coro das Oceânides por suas exatas e belas palavras sobre o sofrimento, e principalmente sobre a compaixão humana, e por traduzir o sentimento de algo ainda mais poderoso que a própria religião que é de dar vida àquela natureza inóspita através da procuração da dor e do sofrimento de Prometeu:

> Ao descer das alturas do firmamento sobre a terra, elas de certa forma põem para trás a sua natureza de deusas para se aproximarem e partilharem o sofrimento dos mortais. A partir deste momento, o coro está pronto para uma solidariedade permanente, que se traduz em gemidos e lágrimas de amizade para o prisioneiro, e em palavras de censura para com a arrogância de Zeus. São também procuradoras da dor de Prometeu, que proclamam nos seus cantos e para a qual mobilizam a solidão e a natureza envolventes; por sua intervenção, o mundo dos confins citas ganha vida, como se todo esse imenso espaço, pela sua voz, se erguesse em ondas de compaixão. É o mundo dos humanos que se abre, desta paisagem vazia de criaturas sobre a Ásia inteira, mobilizada em volta do seu protetor, Prometeu.[63]

O magnífico afresco que Ésquilo imagina para a existência humana com suas características de sofrimento e de solidariedade, ao qual voltarei mais adiante, será concluído através da fala de Prometeu que abre o segundo episódio, sobre o conhecimento, sobre a possibilidade

---

62 ÉSQUILO, 1992, p. 53, v. 397-435.

63 SOUZA E SILVA, 2005, p. 43.

humana de ter um progresso intelectual mediante sua capacidade de refletir, e em sua condição de assumir uma vida de responsabilidades, por meio de seus talentos, enfim, de deixar para trás suas vidas infantis e pueris. No enredo trágico imaginado por Ésquilo é Prometeu que concede tais capacidades aos mortais, mas não esqueçamos que Prometeu assumiu a condição humana, e muitas de suas doações a eles advém de suas experiências concretas, de suas invenções práticas e de sua sabedoria de viver como um mortal. De qualquer forma, o homem que existia deixou de existir, e se transformou no sentido de abandonar a regressão hesiódica e se libertou do exílio do paraíso perdido, para enfrentar os desafios de uma vida de progressão. Prometeu inicia sua fala de forma cautelosa, evitando falar dos deuses e do grande segredo que possui sobre o destino de Zeus.

> Não penseis que me calo de orgulho ou de arrogância. Mas um cuidado me devora o coração, ao ver-me assim insultado. E, no entanto, quem, senão eu, deu a estes deuses novos, sem reservas, privilégios honoríficos? Mas, sobre isto me calo, pois vos diria o que já sabeis.[64]

Prometeu quer falar da desgraça humana e de sua benevolência e arte na ajuda que concedeu aos mortais para que estes saíssem da vida vegetativa das cavernas para uma vida racional e inteligente no campo e no mar, mas sem por isto conseguir se libertar do sofrimento presente;

> Ouvi, porém, as desgraças dos mortais e como eles eram pueris antes de eu os tornar inteligentes e senhores da razão. Quero falar, mas não para censurar os homens, antes para expor em pormenor a benevolência do que lhes dei.[65]

A listagem das doações de Prometeu é extensa e envolve diversos aspectos, não se limitando, segundo alguns analistas a questões técnicas e tecnológicas, envolvendo tudo que poderia facilitar a vida dos mortais, como entendimento dos sentidos, da natureza, dos sonhos, da adivinhação, dos cuidados com o corpo e a mente, dentre outros. Vamos ver estas novas capacidades humanas através de suas duas falas. Na primeira Ésquilo coloca em cena coisas evidentes e algumas criadas diretamente por Prometeu:

> A princípio, quando viam, viam falsidades.
> Quando ouviam, não entendiam.
> E como as formas dos sonhos, misturavam tudo ao acaso, durante a longa existência.

---

64 ÉSQUILO, 1992, p. 54, v. 438-442.

65 ÉSQUILO, 1992, p. 54, v. 442-446.

E não sabiam construir casas soalheiras de tijolo, nem sabiam trabalhar a madeira.

Viviam em antros subterrâneos, como as formigas ligeiras, nas profundidades sem sol das cavernas.

E não tinham indício seguro do Inverno, nem da florida Primavera, nem do fecundo Verão.

Mas faziam tudo sem discernimento, até eu lhes ensinar o enigmático nascer e ocaso dos astros.

Também descobri para eles os números, a principal das invenções engenhosas. E a combinação das letras, memória de tudo quanto existe, obreira mãe das musas.

E fui o primeiro a por sob jugo os animais, submetendo-os ao cabresto ou aos corpos dos homens, para que sucedessem aos mortais nos trabalhos mais pesados.

E atrelei aos carros cavalos dóceis, ornamento do luxo excessivo.

E nenhum outro senão eu, inventou para os marinheiros os navios de asas de linho, que vogam sobre o mar.[66]

Prometeu encerra esta primeira fala com um lamento sofrido: "E eu, que descobri tudo isto para os mortais – infeliz – não tenho maneira de me libertar do sofrimento presente."[67] A segunda fala de Prometeu tem um caráter totalmente distinto, de transmissão de sua sabedoria para tratar de doenças e, principalmente, para ensinar aos mortais as muitas espécies de adivinhação, que diga-se de passagem era um dos maiores interesses de Ésquilo, e que aparece de forma explicita em todas suas tragédias. Comecemos pelo alivio das doenças:

Mais te admirarás, quando me ouvires contar o resto: as artes e recursos que inventei. Sobretudo isto: – se alguém caísse doente, não havia mezinha que tomasse ou com que se ungisse ou que bebesse; pelo contrario definhavam, à míngua de drogas, antes de eu lhes revelar as misturas dos remédios calmantes com que afastassem para longe de si todas as doenças.[68]

Em seguida, em sua mais longa e penetrante transmissão de conhecimento e de sabedoria, as artes da adivinhação, que como vimos joga um papel fundamental na trama da peça, pois é justamente sobre este poder que reside toda a força de Prometeu, detentor por parte materna do segredo capaz de derrubar a Zeus, e que até este momento da tragédia não foi ainda por ele revelado. Entretanto, é importante aqui pontuar os dois aspectos distintos com que Ésquilo trata o tema da

---

66 ÉSQUILO, 1992, p. 54, v. 446-470.

67 ÉSQUILO, 1992, p. 54, v. 470-472.

68 ÉSQUILO, 1992, p. 54-55, v. 479-483.

adivinhação no âmbito do processo de doação de Prometeu para os mortais. Em primeiro lugar, como destaque evidente de que o domínio das artes divinatórias representa um significativo avanço do próprio processo civilizatório da humanidade, com o qual Prometeu está particularmente comprometido, mas igualmente significa, que apesar de sua natural complexidade, o conhecimento daquelas artes pode em muito representar para os homens possibilidades crescentes de alento e alivio se tomarmos em conta suas sofridas e difíceis condições de vida impostas por aquela ordem cósmica capitaneada por Zeus. Vejamos esta passagem, identificando os diversos tipos de adivinhação, de acordo com a tese de doutorado de Beatriz Cristina de Paoli Correia, *A Adivinhação na tragédia de Ésquilo*, da Universidade de São Paulo (USP), Faculdade de Filosofia, Letras e Ciências Humanas:

> E pus por ordem as muitas espécies de adivinhação, e fui o primeiro a distinguir o que de simples sonhos se deve tornar realidade (interpretação dos sonhos), e dei-lhes a conhecer os obscuros presságios dos ruídos (chamada cledonomancia), e os que se encontram pelo caminho, e discerni exatamente o voo das aves (referente a ornitomancia) de garras curvas, quais as favoráveis e as que por sua natureza são desfavoráveis, os hábitos de cada uma e o ódio que sentem umas palas outras, seus amores e ajuntamentos, e a lisura das suas entranhas e que cor deveriam ter para agradarem aos deuses, e os múltiplos aspectos favoráveis da vesícula biliar e do lóbulo do fígado (referência à hieromancia ou hieroscopia), e queimando os membros cobertos de gordura e o extenso lombo das vítimas, guiei os mortais na difícil arte da adivinhação e fiz-lhes ver claramente os sinais do fogo (referência à piroscopia) que antes eram obscuros.Foi isto o que eu fiz.[69]

E Prometeu encerra esta fala, referindo-se a bens ocultos e jactando-se por tudo que deu aos mortais:

> Quem, antes de mim, ensinaria a descobrir os bens ocultos debaixo da terra: o bronze, o ferro, a prata e o ouro? Ninguém – bem o sei – se não quiser jactar-se sem fundamento. Numa só frase, aprende tudo, em suma: todas as artes para os mortais vêm de Prometeu.[70]

Ésquilo encerra este episódio de forma um tanto abrupta, com questões importantes e controversas, colocadas anteriormente, porém agora com total clareza: todos, mesmo os mais engenhosos, como Prometeu, estão submetidos ao poder do destino, da Necessidade, das três Moiras, das Erínias, e esta regra também prevalece em relação a Zeus, deixando

---

69 ÉSQUILO, 1992, p. 55, v. 483-501.

70 ÉSQUILO, 1992, p. 55, v. 501-507.

evidente que seu poder não está associado ao poder do destino. Por outro lado, fica igualmente claro que o único poder real de Prometeu, que pode alterar sua dramática situação, é seu conhecimento secreto, sua clarividência materna, acerca de como pode surgir um novo Cosmos. A antiga concepção grega prevalece neste *Prometeu acorrentado*, independente do que venha a ocorrer no restante da trilogia, ou da duologia, como supõem alguns. Vejamos este diálogo entre o Coro e Prometeu:

> Corifeu: Mas então não ajudes os mortais mais do que é conveniente e não deixes de pensar na tua própria desdita. Pois eu tenho a esperança de que tu, uma vez liberto destas cadeias, venhas a ser não menos forte que Zeus.
> Prometeu: O destino, que tudo acaba, ainda não determinou por termo a isto, mas, depois de vergar ao peso de mil sofrimentos e calamidades, eu fugirei a estas cadeias. O engenho é, de longe, mais fraco do que a Necessidade.
> Corifeu: Quem governa a Necessidade?
> Prometeu: As três Moiras e as Erínias de fiel memória.
> Corifeu: Então Zeus é menos poderoso do que elas?
> Prometeu: Sem dúvida que ele não poderá fugir ao que está marcado pelo destino.
> Corifeu: O que pode estar fixado pelo destino para Zeus, senão governar sempre?
> Prometeu: Isso já tu não podes saber. Não insistas.
> Corifeu: Acaso é sagrado o que me escondes?
> Prometeu: Falai de outra coisa. Esta, de modo nenhum, é tempo de a anunciar. Pelo contrário, deve ficar oculta o mais possível. Pois, se comigo a conservar, libertar-me-ei destes grilhões indignos e destas desgraças.[71]

O Coro em seguida canta o segundo estásimo, como sempre de grande beleza, ressaltando para Prometeu as alegrias de uma vida de conjunção com os deuses: "Agradável é passar longa existência, de coração confiante, alimentando a alma de alegrias radiosas [...]",[72] e da inutilidade de sua atitude em ajudar os mortais, já que devido a sua fraqueza nada podem fazer para minorar seus sofrimentos: "Que ajuda, que socorro te vem dos efêmeros? Não vês a frágil fraqueza, semelhante a um sonho, que à cega espécie humana põe entraves?"[73] Desta forma, Prometeu, encontra-se numa situação dolorosa, por ele considerada única e exclusiva, pois sofre com a ingratidão dos deuses, com as violências do novo soberano, que sabe que este pode colocar em risco sua ordem cósmica, e que devido a fragilidade humana pouco pode esperar de ajuda, apesar de tê-los instituído uma vida mais digna e de lhes ter dado o conceito de morte. Porém, Ésquilo vai

---

71 ÉSQUILO, 1992, p. 56-58, v. 509-525.

72 ÉSQUILO, 1992, p. 58, v. 536-539.

73 ÉSQUILO, 1992, p. 59, v. 548-553.

ainda mais fundo na condição humana, no terceiro episódio, que começa com a entrada em cena da ex-sacerdotisa de Hera, a virgem-novilha Io, a única personagem mortal de toda a trama, que vai trazer novos elementos de entendimento para Prometeu, e que vai levá-lo a abrir e escancarar todas suas qualidades premonitórias, com relação ao destino de ambos, e mais particularmente com relação a Zeus.

Em um longo episódio, a partir de uma inesperada chegada, perdida e perseguida, sem nada entender acerca da expiação de Prometeu, Io vai trazer ao enredo cores dramáticas, não somente ligadas a injustiça de Zeus, neste caso, dirigida a uma mortal, sem nenhuma culpa por qualquer ato realizado, acentuando por outro lado a capacidade oracular de Prometeu, de conhecimento do passado e do futuro, porém adicionando dimensões inusitadas relacionadas com a questão dos sofrimentos humanos, das maldições pessoais e familiares, em um mundo que vivemos por obrigação. Neste episódio Ésquilo, além de chamar atenção para a injustiça de Zeus, investe e carrega nas tintas escuras de sofrimentos, de desgraças, de terror, de crimes que choca a qualquer homem civilizado, em qualquer estágio de desenvolvimento pelo comportamento daquele mundo exterior, atribuindo claramente ao próprio Zeus responsabilidades por aquele estado de coisas, contra o qual se bate Prometeu e seu conhecimento oracular.

Entretanto, o caráter de todos estes elementos presentes no episódio de Io, necessariamente nos obrigaria a discuti-los no âmbito de outras tragédias do mesmo autor, já que essas questões se encontram presentes em Esquilo em praticamente todas suas obras, além de estarem igualmente em várias das obras de Sófocles e Eurípides, nos levando a abandonar nosso caminho, anteriormente traçado. De outro lado acompanhamos detalhadamente o desenvolvimento da peça até este ponto por considerar que as grandes questões relativas à existência humana, que nos interessava em particular, foram quase todas claramente explicitadas. Neste sentido, cremos ser mais adequado darmos um tratamento um pouco mais superficial do que vínhamos dando, focando nas duas questões mais importantes deste episódio, os sofrimentos e o segredo de Prometeu com sua capacidade oracular, para em seguida apresentar algumas importantes considerações finais, de forma resumida, do afresco da existência humana apresentado por Esquilo neste seu Prometeu, relativo ao sofrimento humano isento de culpa, a solidariedade, e o conhecimento humano.

O episódio se inicia, mostrando o total desespero de Io, metamorfoseada em vaca, em sua vida errante, tentando fugir da maldição de Hera, com a lembrança de Argos, o boieiro de inúmeros olhos, que apesar de morto por Hermes segue perseguindo-a como um fantasma, com suas picadas de tavão, causando-lhe dolorosos sofrimentos. Surpresa, ao chegar aquele fim de mundo, e se deparar com um "outro", igualmente em agonia:

> Que terra é esta? Que raça? Quem é que vejo atormentado por grilhões rochosos? De que crimes sofres a expiação, pela morte? Diz-me a que lugar da terra eu, desgraçada, cheguei vagueando. Ai! Ai de mim! infeliz, me aferroa um tavão, sombra de Argo, filho da Terra. Ai! Terra enxota-o![74]

Prometeu a reconhece como a filha de Ínaco, que inflamou de amor o coração de Zeus e que sofre com o ódio de Hera. E logo, mesmo em sua desesperada situação, possivelmente após ter passado por tantos lugares e infortúnios, ela se mantém viva, interessada no sofrimento de outra pessoa, e quem sabe por meio daquela pessoa que conhece sua história, possa ele lhe dizer alguma coisa sobre seu destino:

> Desenfreadamente aqui chego, com um tratamento injurioso que excita a fome dos saltos, dominada pelos rancorosos desígnios de Hera. Quais são os infelizes que como eu – ai! – como eu, sofrem? Indica-me, pois, claramente o que me resta sofrer. Que expediente ou que remédio há para minha doença? Diz-mo, se o sabes. Fala, explica a esta mísera virgem vagabunda.[75]

Esquilo, a partir deste ponto nos mostra claramente que se forma um vínculo emocional e de *philia* entre os personagens, entre Io e Prometeu, ligados ao sofrimento, e junto a eles as Oceânides, pois Ínaco o pai de Io, era irmão delas, gerando assim um enorme interesse por parte delas na história de Io. Os sofrimentos que Io suporta são radicalmente distintos dos de Prometeu, devido a sua inocência, tendo sido causados pelos deuses, Zeus e Hera, o casal divino, devidos ao desejo do primeiro e o ódio e ciúme da segunda. Sofrimentos físicos e emocionais constantes ao longo do tempo, em que ela perde sua condição humana se transformando em vaca, expulsa da casa do pai e da pátria, sem paradeiro e errante por territórios hostis e bárbaros, e igualmente sem nenhuma perspectiva de solução. Prometeu, após Io contar seus sofrimentos, decide falar sobre seu futuro, utilizando para tal sua capacidade de adivinhação, de ver o destino, com base na capa-

---

74 ÉSQUILO, 1992, p. 60, v. 563-570.

75 ÉSQUILO, 1992, p. 61, v. 600-607.

cidade oracular que sua mãe Themis lhe outorgou. Na primeira parte ele descreve qual deve ser seu roteiro até cruzar o Bósforo, "a passagem da vaca", saindo da Europa em direção a Ásia. Porém, ao fazer uma pausa com um comentário sobre a violência de seu "pretendente", que a obriga a suportar todos estes males, que segundo ele está apenas iniciando, Prometeu sente que é chegada a hora, o momento e o interlocutor adequado para revelar seu grande segredo a respeito do futuro de Zeus que atinge diretamente aos dois em seus sofrimentos, e que na realidade coloca em risco a ordem do Cosmos sob a égide do Cronida.

O diálogo que se estabelece entre os dois, se inicia com o desespero total de Io, diante do que Prometeu já lhe falara, mas principalmente do que ainda virá; "Um mar assustador de funesta calamidade."[76] Io se pergunta:

> De que me serve então viver? Porque não me precipito já deste áspero rochedo e, caindo no chão, me liberto dos meus males? Mais vale morrer duma só vez do que ser infeliz todos os dias.[77]

Prometeu ainda mais humano, mas com total conhecimento do que irá acontecer, considera crucial dar alguma esperança e alento para Io, pois ele detinha conhecimento de duas informações que ela gostaria de ouvir: a possibilidade de Zeus ser derrubado de seu poder e que um de seus descendentes será o libertador de suas penas, uma vez que elas não estavam previstas para acabar, inclusive por sua condição de imortal. Vejamos este diálogo:

> Prometeu. Dificilmente suportaria, sem dúvida, os meus sofrimentos pois não está fixado pelo destino que eu morra. Isso seria a libertação das minhas dores. Mas não há um fim proposto para as minhas penas, antes de Zeus ser derrubado do seu poder.
> Io. É possível, então que algum dia Zeus seja derrubado do seu poder?
> Prometeu. Creio que te alegrarias, ao ver essa desgraça.
> Io. Como não, se é por vontade de Zeus que sou infeliz?
> Prometeu. Pois bem, fica sabendo que assim será.
> Io. E por quem será ele privado do cetro real?
> Prometeu. Por si próprio, com suas ocas decisões.
> Io. Como? Diz-mo, se não há mal nisso.
> Prometeu. Fará um casamento tal que, um dia, o há de angustiar.
> Io. Com uma deusa ou com uma mortal? Se for lícito, di-lo.
> Prometeu. Que importa quem seja? Não se pode divulgar.
> Io. Então será a esposa quem o derrubará do trono?
> Prometeu. Ela dará à luz um filho mais forte do que o pai.

76 ÉSQUILO, 1992, p. 67, v. 746.

77 ÉSQUILO, 1992, p. 67, v. 747-751.

Io. Não é possível afastar dele essa desgraça?

Prometeu. Não, de maneira nenhuma: só quando eu próprio estiver livre destes grilhões.

Io. E quem pode libertar-te contra a vontade de Zeus?

Prometeu. Será um dos teus descendentes.

Io. Que disseste? Um filho meu te libertará dos teus males?

Prometeu. Na terceira geração depois de outras dez.[78]

Prometeu após este diálogo revelador, que Kerényi considera como sendo a profecia mais surpreendente da literatura grega, conclui o relato do futuro de Io, até que esta, as margens do sagrado rio Nilo, funda uma nova dinastia, após Zeus, finalmente fazê-la recuperar a razão, pousando sobre ela uma mão pacífica, que vai levá-la a gerar o negro Épafo, que significa "tocar", estabelecendo uma colônia de origem grega naqueles confins. Desta dinastia nascerá Héracles que vai finalmente libertar Prometeu. Do ponto de vista cosmogônico, o episódio de Io é fundamental, pois vai inicialmente reforçar a posição radical de Prometeu, diante de seus terríveis sofrimentos a nada revelar ao enviado de Zeus, Hermes de sua profecia do casamento, obrigando assim, este enviá-lo junto com as Oceânides para o Tártaro, final desta primeira tragédia, porém abrindo possibilidades de que o Cronida possa evoluir e madurar, começando por estender a mão para ela, e da mesma forma proporcionando a salvação futura de Prometeu, que no fundo conseguiu seu intento de salvar a existência humana para todo o sempre.

Estamos desta forma, em condições de iniciar nossas considerações finais acerca do Prometeu Acorrentado de Ésquilo, que além de obrigatoriamente cautelosas, dada a complexidade desta tragédia, refletem de forma acentuada entendimentos pessoais sobre o que vimos até aqui, que na verdade foi sendo instituído ao longo da peça, com respeito a uma interpretação do que Esquilo quis nos dizer com esta obra específica. Inicialmente, consideramos evidente, da mesma forma que a maioria dos analistas, que o Prometeu Acorrentado é a primeira peça dé uma trilogia sobre o personagem, seguida do Prometeu Liberado, e possivelmente de uma terceira onde a paz com Zeus é solenizada através de um importante ritual, possivelmente da instalação de um grande festival, como ocorre nas Eumenides. Acreditando neste desfecho, podemos imaginar que, afinal, aquele mundo sob a ordem de Zeus não somente consegue alcançar a estabilidade, graças novamente à ação de Prometeu ao evitar a união matrimonial que o colocaria em risco, mas que ao mes-

---

78 ÉSQUILO, 1992, p. 67-70, v. 754-774.

mo tempo a existência humana estaria consolidada, sem riscos de uma precoce extinção, capacitada a levar uma vida digna, apesar de sua enorme limitação temporal. E quem sabe, com reconhecimento de ambas as partes de suas diferenças e limitações, do respeito e autonomia que merecem as ações humanas e da impossibilidade por parte dos mortais em qualquer julgamento e alcance dos desígnios divinos.

Porém, fica claro no próprio pensamento esquilineano que para isto viesse a ocorrer existiram condições bem objetivas, especialmente em termos de crescimento e de desenvolvimento do próprio Zeus, e da mesma forma abrindo caminhos para os humanos. Parece evidente que este Zeus do final da trilogia não é em absoluto aquele Zeus que dispensou a Io um tratamento infame de um tirano para lá de licencioso, que levou ao Coro se expressar de forma tão contundente diante daquele horror de sofrimentos, crimes e terror:

> Ai! Ai! Ai de mim! Basta! Nunca, nunca eu pensara que palavras estranhas me chegassem aos ouvidos,nem que minha alma fosse torturada por um aguilhão de duas pontas como este: Sofrimentos, males, medos, que é penoso ver e suportar. Ai destino, destino!. Estremeço, ao ver a sorte de Io.[79]

Vou aprofundar neste caminho de entendimento, seguindo a Gilbert Murray em seu livro sobre Esquilo, no qual ele o considera o criador da tragédia grega, que igualmente imagina a partir essencialmente do Prometeu, de qual seria exatamente a mensagem de Ésquilo. Sem entrar em maiores detalhes relativos a outras experiências literárias sobre a ausência de moralidade do mundo externo ao homem, especialmente quanto a resposta implícita no livro de Job, Murray aponta para duas direções distintas que estão nas raízes do pensamento de Ésquilo. A primeira da possibilidade de evolução daquele mundo brutal não-moral para algo mais espiritual e concordante com ideais mais nobres, no caso, mediante uma constatação de que Zeus tem uma nova e extraordinária faculdade, que é o poder de pensar e aprender com o sofrimento, algo que faltou aos deuses que governaram o universo que agiam como forças cegas da natureza. Ainda, segundo Murray com Zeus veio algo novo, que os gregos chamam de "σuνεσις" (*Synesis*), que pode ser traduzido por compreensão, entendimento, reconhecido por Ésquilo em seu Agamenon, e fartamente reconhecido por Eurípides no Hipólito, e em Héracles. Mais adiante Murray resume esta nova atitude de Zeus:

---

79 ÉSQUILO, 1992, p. 65, v. 687-695.

Primeiro, Zeus tem o poder do Pensamento, o poder de Aprender pela experiência, que diferencia a ele e sua ordem de tudo que aconteceu anteriormente. Ele também encaminha o homem neste caminho do Pensamento. Ele aprende e faz melhor. Isto nos dá uma teoria interessante, que não é como Shelley da perfectibilidade do Homem, mas da perfectibilidade do Deus.[80]

Mas existe um segundo elemento nesta história, que devemos questionar como parece ter feito Ésquilo, que independe do fato de que Zeus é ainda um Deus jovem no trono, e que para lá chegar teve que enfrentar muitas lutas e guerras que deixou sequelas como o de resolver suas pendências através do poder e da violência, coisa que certamente deverá ser abrandada com o reconhecimento de sua nova capacidade de compreensão. Será possível, mesmo que para Prometeu, com todo seu conhecimento, e mesmo para Io, fazer um julgamento das ações de Zeus, considerar suas ações atuais como as piores possíveis sem um conhecimento de seus futuros planos, que fogem completamente à capacidade de entendimento da mortal mente humana, e que portanto, se tornam impossíveis de julgamento. Recorrendo à *As suplicantes* em seus anapestos, quarta estrofe, em um rasgo de esperança nos desígnios de Zeus:

> Por Zeus, bem seja, deveras! O desejo de Zeus não se pode caçar: as densas e sombrias sendas do seu pensar se prolongam imperscrutáveis. Cai firme, não de costas, com o nuto de Zeus se o ato perfeito se cumpre; por toda parte fulgura, até nas trevas com negra sorte a homens mortais.[81]

Diante de tudo que vimos até aqui, posso finalmente me encaminhar para alcançar um fechamento em nossa análise do divino e do humano presente nesta emblemática obra de Ésquilo. No lado divino, devemos relembrar nossas considerações quando fizemos a ponte entre Hesíodo e Ésquilo, ao colocar os enormes desafios de Zeus no estabelecimento de uma nova ordem sob sua égide, diante do que havia ocorrido com Urano e Cronos, e da necessidade de uma pacificação e atribuições específicas entre os deuses do Olimpo e dos deuses primordiais que o ajudaram nas lutas contra os titãs. O comportamento de Zeus naquele princípio pode ser classificado como puramente olímpico, se aproximando bastante de uma atitude titânica, especialmente no que se relaciona com os humanos. Individualista, contido dentro de um esquema politeísta, essencialmente materialista, passando ao largo das necessi-

---

80 MURRAY, 1940, p. 101.

81 ÉSQUILO, 2009, p. 261, v. 86-95.

dades humanas e do toque da emoção humana, considerando aquelas personagens como totalmente descartáveis, e colocando claramente entre eles um enorme fosso, uma enorme ruptura, nos moldes que havíamos visto nas análises de Cornford.[82] E ainda mais grave, ignorando por completo as antigas concepções religiosas gregas, como Ésquilo chama reiteradamente para entrar em cena, como na convocação dos elementos e deuses ligados a natureza para presenciar o sofrimento de Prometeu, e no caso emblemático de Estige, que é entendida como decorrente da quebra de juramento por parte do titã, mas que na realidade aquela se aplicava ao próprio Zeus.

Ao final da trilogia, por conta da própria trama, e das concepções evolutivas de Ésquilo, tanto dos homens mortais como de Zeus, estamos longe daquele modelo simplista relacionado com os deuses olímpicos, apesar de não termos clareza total do desenlace da trilogia. De qualquer forma, a partir do evento inicial em Mecona, da separação entre deuses e homens, realizada sob a égide da Titanomaquia e da vitória dos deuses olímpicos, na qual se estabelece uma enorme fissura naquelas relações, Ésquilo por meio de seu Prometeu imagina um processo de crescimento de ambas as partes capaz de reduzi-la a determinados termos no sentido do estabelecimento de um mundo com uma certa ordem e harmonia. E como este resultado é obtido? Experiências, limitações e desenvolvimento de qualidades próprias. Do lado humano e paradoxalmente igualmente do lado divino, como vimos, o sofrimento é considerado um grande guia: por meio dele os mortais e imortais aprendem muito. Ésquilo trilhando um caminho aberto por Semonides de Amorgos, e, posteriormente, por Sólon, que conhecia muito bem os efeitos do sofrimento, como potência para o pensamento, para as ações e para o entendimento, como no hino a Zeus em seu Agamenon, que cabe aqui citar uma vez mais:

> Zeus, quem seja enfim, se lhe é caro este nome com ele o interpelo. Não posso imaginar com toda ponderação senão Zeus, se deveras devo banir do pensamento a fútil aflição. Aquele que antes foi grande, pleno de belicosa audácia, nem se dirá por ser antigo. Aquele que surgiu depois teve seu trivencedor e foi. Quem propenso celebra a vitória de Zeus há de lograr prudência em tudo: ele encaminhou mortais à prudência, ele que pôs em vigor "saber por sofrer". A dor que se lembra da chaga sangra insone ante o coração e a contragosto vem a prudência. Violenta é a graça dos Numes, sentados no venerável trono.[83]

---

82 CORNFORD, 1991a.

83 ÉSQUILO, 2004a, p. 115, v.160 *et seq.*

Entretanto, a questão do sofrimento é extremamente complexa especialmente no caso dos humanos, apesar de estar claramente evidenciado nos relatos de Homero, que afeta profundamente aos deuses, como ocorre com Hera, Hefesto, e nos relatos de Hesíodo com o próprio Prometeu. De qualquer forma, trata-se de uma evidência que o sofrimento faz parte da existência humana, especialmente na cultura grega, em qualquer direção que se olhe. Porém, da mesma forma e com a mesma intensidade, desde os primórdios de sua civilização, com quaisquer entendimentos, sejam eles pessoais, familiares, grupais, citadinos, os gregos acreditavam ou buscavam criar um Cosmos onde prevalecesse a justiça, a partir de um Cosmos divino igualmente justo. Entretanto, eles foram ainda mais longe em seu entendimento da justiça, pois creiam que a natureza se manifestava em tudo também de forma justa.

Desta forma, aquele sentimento profundo de sofrimento associado a existência humana tinha que passar por um sério escrutínio, qual seja, ele era fruto de alguma ação, de algum pensamento, justo ou injusto, de algum erro cometido premeditadamente ou mesmo casual, ou derivado de alguma outra coisa, como de uma ordem, de um universo em si injusto no qual o homem era obrigado a viver, de desígnios imperscrutáveis do divino, do destino, da sorte, da Moira, de uma ordem jurídica e legal existente na comunidade, de maldições familiares derivadas de erros dos ancestrais, de comportamentos emotivos fora de controle, de doenças, ou simplesmente não tinha qualquer explicação. Estamos aqui, imersos no universo trágico, de como o homem, sendo ele ou não um herói, vai reagir a estas situações, a maioria das quais ele não tem nenhum controle, mas que mesmo assim terá que agir, que decidir, que caminho tomar, aceitando ou se revoltando, enfim se posicionando e exercendo seus limitados poderes, tudo de acordo com suas possibilidades reais. Este é o tema de todas as tragédias de Esquilo, Sófocles, Eurípides, e, é claro, do Prometeu, sejam as situações criadas por qualquer uma das razões evocadas.

Estamos assim diante da beleza do afresco da existência humana que Ésquilo cria a partir do sofrimento de Prometeu, que é exponencialmente aumentado com Io. Em primeiro lugar fica evidente o comportamento humano da insubmissão, demonstrado em várias passagens do Prometeu, frente ao que ele considera um sofrimento injusto, um sofrimento que no fundo é incompreensível para ele, principalmente depois de tudo que ele ajudou Zeus a se consolidar, se postando junto com sua mãe ao seu lado contra os próprios parentes próximos, os titãs. Apesar de sua fraqueza, de sua vulnerabilidade, de sua condição de mortal sofredor, de sua distância para os imortais, Ésquilo parece dizer, como ressaltado por Kerényi,[84] que o homem tem um poder de não se submeter a qualquer coisa, especialmente com algo que ele não considera adequado, correto e justo. Na sua visão existe uma coisa que o homem não aceita em nenhuma hipótese, sempre investindo contra, que é o fato de que a existência humana seja a origem de seu próprio sofrimento, já que esta admissão o levaria obrigatoriamente a uma vida injusta e sem esperanças. Aceitar uma situação injusta somente poderia ser admissível caso ele tivesse se comprometido de alguma forma com ela, e este não é bem o caso de Prometeu que investe contra a ordem, o Cosmos criado por Zeus, pois não foi partícipe desta criação violenta que alijava aos mortais, sem dar condições mínimas de sobrevivência para os mesmos.

Complementando ainda mais a bela criação do universo humano de Ésquilo, retorno a Kerényi em seu Prometeu ao analisar o mundo de Zeus e a existência humana, onde ele chama atenção de um ponto que considero fundamental para esclarecer a questão do sofrimento, que sem dúvidas tem projeção até os nossos dias. Diz ele:

> Através de sua forma particular de existir, em que assim mesmo suporta padecimentos animalescos, o homem se vê privado de uma faculdade: *a de ser capaz de sofrer, sem que o sofrimento tenha uma sensação de injustiça.* Uma faculdade que, a diferença dos homens, conservam os animais, cujo ser, tanto na alegria como no tormento, se integra na ordem de Zeus".[85]
> Seguindo ainda Kerényi pode-se postular que a atuação de Prometeu ao aportar o fogo aos mortais, e lhes transmitir todos os seus conhecimentos, já que ele não somente os amava, mas fazia parte deles, *elevou o existir humano a existência humana*, a uma existência humana vulnerável e mortal, como dos animais, porém sem padecer do submetimento, com condições de não fazê-lo, mesmo que isto represente a morte iminente.
> Mas estes sofrimentos que são consequência de sua insubmissão superam aqueles que os animais sofrem, pois são sofrimentos especiais e de algum modo um castigo.[86]

Entretanto, existem ainda coisas a serem ditas acerca da existência humana no *Prometeu acorrentado* de Ésquilo. Os homens em seu caminho do reconhecimento de suas próprias limitações, a partir do sofrimento

---

84 KERÉNYI, 2011.

85 KERÉNYI, 2011, p. 95. (grifo meu)

86 KERÉNYI, 2011, p. 95.

inevitável de suas vidas, que se passa, como foi exposto, pela incapacidade humana de se submeter e de suas dificuldades em aceitar sofrimentos desvinculados de uma sensação de injustiça, atinge ainda níveis mais elevados, que aparecem explicitamente no drama. Prometeu, apesar de todo seu conhecimento, que posso classificar como secreto, devido as suas origens, e como possuidor do conhecimento do destino, devido a sua mãe Themis, excede em muito o próprio conhecimento de Zeus. Porém, isto não lhe serve de ajuda no momento atual, no momento do sofrimento, diante do poder de Zeus, diante de seus desígnios que ele não consegue captar, diante do *nous* de Zeus que é de longe muito superior ao dele em sua postura de mortal, e, por fim, por ser incapaz de se desligar das ataduras do mundo por ele criado. Neste sentido Ésquilo aproxima-se de Hesíodo, reconhecendo que os mortais gostariam muito de serem distintos do que realmente são, de que não suportam inteiramente sua existência imperfeita, de serem limitados, sofridos e além disso efêmeros. Neste sentido, ao longo dos tempos e, principalmente, nos dias atuais o maior desejo dos homens é de ser tornarem transcendentes, dominar a natureza, alcançar a deidade, serem senhores do tempo e do espaço, criadores da vida e controladores da morte mesmo que seja por minutos, segundos, ou muito menos. Mas este é um tema a ser explorado mais à frente.

Vou fechar minha análise do Prometeu aproximando de uma das importantes capacidades dos homens, que é uma grande mitigadora dos sofrimentos humanos e que é belamente apresentada por Ésquilo no Prometeu. Trata-se do sentimento de solidariedade, da simpatia, do grego "συμπαθεια" (*simpatia*), que significa "estar juntos", que nos traz a concepção que qualquer alegria ou dor sentido por uma alma individual ecoa por meio do universo, especialmente nos casos dos grandes mártires ou dos chamados salvadores do universo, aqui representado por Prometeu. Ésquilo, profundamente ancorado nas mais antigas tradições religiosas gregas, convoca logo de início todos os elementos da natureza no sentido de se postarem juntos a Prometeu em seus sofrimentos de expiação, e vai bem mais além no estabelecimento de uma unidade emocional bela e indestrutível entre Prometeu e o Coro das Oceânides, onde sobressaem o amor, o cuidado, a atenção com aquela relação. E ainda neste ponto Ésquilo deixa claro que se forma uma corrente de intensas relações de uma simpatia contínua devido ao eco dos sofrimentos de Prometeu, no célebre canto das Oceânides, entre Prometeu, elas, as pessoas dos mais variados lugares e o universo, envolvendo este último de um lado ao outro, em seus confins, em uma comunhão perfeita, segura, e certamente transformadora no sentido de que nada, nenhum elemento da natureza, nenhuma pessoa, e eles mesmos não serão os mesmos após viverem tão intensamente aquele sentimento de solidariedade e união.

Penso que é exatamente nesta passagem onde melhor se expressa o delicado e profundo sentimento de religiosidade do grande poeta e dramaturgo, e não como muitos julgam em suas reverencias a justa ordem de Zeus que aparecem principalmente em suas demais obras. Pois, parece indiscutível que este seu senso de comunhão entre os deuses, os homens, a natureza, e o universo, encontra-se muito mais próximo das raízes religiosas das sociedades primitivas gregas, e consequentemente das tradições místicas, ao contrário do mundo criado pelos Olímpicos, nas quais existiam espaços para o divino e para os mortais, e cuja vitalidade era dada pelo constante movimento de renovação dos sentimentos de união, interação, congregação, simpatia entre seus membros e elementos. A força destes sentimentos é que permitiria ao longo do tempo uma ordem divina mais justa, com a plena incorporação de uma existência humana digna e produtiva, e que estaria na base, em termos políticos do que ele sempre considerou o mais importante: o desenvolvimento da *polis* ateniense, as vitórias em Maratona e Salamina que contaram com sua participação, seu ordenamento jurídico, e a implantação de uma sociedade solidária e democrática.

CAPÍTULO 7

O CAMINHO SOLITÁRIO DO HOMEM EM SÓFOCLES

Entramos em um novo universo bem distinto do de Ésquilo, que será igualmente diferente do de Eurípides, mas de certa forma, das três abordagens dramáticas que clarearam o solo ático, o de Sófocles é o mais complexo, no sentido que apresenta maiores dificuldades para ser apreendido. Estas dificuldades não se encontram em razão direta dos enredos de suas obras, que em sua maioria seguem algum padrão definido em termos éticos como coloca Romilly, ou como pontua Reinhardt ao dividi-las em dois grupos, segundo a linguagem e a forma cênica, voltadas para um "eu" dramático, ou para um "tu" ou "vós" dramático, com algumas exceções, consideradas como peças de transição. Pode-se ainda considerar que a ação dramática se desenvolve em torno de um conflito principal entre duas personagens, que geram conflitos secundários com outros personagens relativos a contrastes de deveres e obrigações, que levam a uma solidão crescente do herói, no sentido de enfrentar seu destino sem nenhum consolo por parte dos deuses, o levando a se apreender como homem. As dificuldades em Sófocles, me parecem que se encontram de um lado, na perfeição da construção dos caracteres de suas figuras humanas, elaboradas cuidadosamente ao longo da peça, com suas nuances, motivações e seus impulsos, próximas de um ideal humano, tanto que ele mesmo afirmou que seus personagens não eram homens da realidade cotidiana como os de Eurípides, mas sim figuras ideais. De outro lado, paradoxalmente acontece que, ainda hoje, estas figuras encontram-se "perigosamente" próximas de nós, mediante uma autentica humanidade, de uma simplicidade e acidentalidade como indivíduos isolados, arrancados de suas raízes, expulsos de suas referências, que enfrentam dores e sofrimentos, e em certo sentido abandonados pelo divino, dificultando enormemente nossas visões e análises. Não é de se espantar que Sófocles é o dramaturgo grego que ainda permanece, com tranquilidade, nos repertórios de nossos teatros, não somente superando seus rivais helênicos, mas também desbancando uma série de autores modernos mais próximos em termos de temporalidade.

Acrescenta-se a isto o fato de que Sófocles encontra-se tradicionalmente entre dois monumentos poéticos e literários, que levou a uma parte considerável da crítica em tentar estabelecer parâmetros comuns como questões de forma e técnica teatral, questões religiosas, de inovações dramáticas, que ficaram muito longe de explicar qualquer coisa, principalmente a de captar a essência do que o autor pretendia apresentar e discutir. Reinhardt,[1] logo na introdução de seu livro sobre Sófocles, referindo-se ao interesse do helenismo na formação do império alemão pontua:

> Sófocles permaneceu ainda sendo o grande nome, mas ficou entre esses dois como uma lacuna, e seja com que formulas se tenha procurado interpretá-lo, como o clássico, o harmônico, o "eukolos",[2] como o virtuoso arquiteto das cenas ou, ainda, como o portador sacerdotal das crenças antigas, o arauto oracular da onipotência divina e da nulidade humana: em todos os esforços, mal se tentou explicar os textos disponíveis, prevaleceu o aspecto negativo.[3]

Outra dificuldade que intriga a todos que se detém sobre a vida deste dramaturgo é como foi possível para ele imaginar o mundo trágico por excelência, sendo uma pessoa feliz, amável, sociável, que viveu uma era de ouro de sua querida Atenas após a batalha de Salamina. Nascido em Colono, nos arredores de Atenas em 497, ou 496 a.C., contemporâneo de Péricles, viveu o apogeu da cultura ática, tendo sido um vencedor em sua vida privada, com vitórias em competições esportivas, com sucesso na vida política, tendo sido por duas vezes estratego junto a Péricles, na guerra de Atenas contra Samos, e na comissão de finanças do Estado, participante de conselhos especiais após o debacle siciliano. Cumpriu ainda funções religiosas como sacerdote de Asclépio, e de um herói da saúde denominado Halón. Músico, ator e com uma carreira literária premiada a partir de 468 com vitória so-

---

1 REINHARDT, 2007.

2 Do grego "ευκολος" que significa fácil, amável, complacente.

3 REINHARDT, 2007, p. 9.

bre Ésquilo por meio de uma tetralogia que continha supostamente o "Triptólemo", com 28 anos de idade, tendo sido premiado outras 24 vezes, mais que todos os outros, até alcançar 87 anos quando venceu o concurso trágico por seu Filoctetes. Parece que Sófocles compôs cerca de 123 dramas, dos quais conservamos apenas sete, e apenas dois possuem data certa, Filoctetes em 409 e Édipo em Colono, representada postumamente em 401.

Finalmente, antes de seguirmos adiante, devemos ainda incluir como uma das dificuldades a serem enfrentadas, quando se trata de Sófocles, é o fato de que, por meio de suas peças e de seus personagens, ele busca, segundo Rheinhardt, entender o enigma da fronteira entre o homem e Deus, levando-nos a admirar profundamente os homens e a vida, e por outro lado, apresentando um intenso contraste entre o excelso mundo dos deuses e o precário mundo dos homens, que se transforma, independente da vontade dos humanos em um fosso e uma separação que chamou atenção de inúmeros helenistas e, principalmente, do grande poeta Holderlin. De qualquer forma, aquele contraste entre os dois mundos é digno de Píndaro, como assinala Romilly. Os deuses, segundo ele: "Estão ao abrigo das doenças e da velhice; não conhecem esforço, escapam a travessia do Aqueronte, à travessia dos gemidos surdos."[4] E na terceira Ístmica relativas ao homem: "Mas enquanto os dias correm, o tempo traz muitas vicissitudes. Somente os filhos dos deuses são invulneráveis."[5] Romilly acrescenta que:

> [...] os deuses representam a luz, a perenidade, a serenidade, e o homem, ao contrário, é dado a instabilidade, vive sem pensar no amanhã, ele é "efêmero", palavra muito usada por ele para designar os homens. Entre eles tudo é incerto e frágil. Sua vida é feita de alternâncias. Tudo muda, tudo passa. E Sófocles evoca essa ideia com imagens eloquentes, que traem seu sentimento pessoal.[6]

Sófocles, sem dúvida, representa em certa medida a continuação de seu mestre Ésquilo, porém, ao final, representa uma ruptura nada desprezível, em diversos terrenos. A começar pelas palavras do próprio Sófocles, que resume em uma única frase seu julgamento: "Ésquilo faz o melhor, sem o saber."[7] Nietzsche examina com bastante acuidade este princípio:

---

4 ROMILLY, 1998, p. 86.

5 ROMILLY, 1998, p. 86.

6 ROMILLY, 1998, p. 87.

7 NIETZSCHE, 2006, p. 83.

> Sófocles caminha para além da trilha de Ésquilo; até então era o instinto artístico da tragédia que a impulsionava; agora é o pensamento. Mas em Sófocles o pensamento no seu todo ainda está em concordância com o instinto; já em Eurípides ele torna-se destrutivo em relação ao instinto.[8]

Segundo este princípio, o avanço da consciência na tragédia grega se dá em pelo menos três pontos, a partir da tetralogia ditirâmbica para o drama único, a evolução do significado do Coro, principalmente em sua relação ao número de atores e o mundo dos deuses e dos homens.

Grande parte desses avanços foram realizados por Ésquilo, porém não se pode deixar de creditar a Sófocles uma boa parte dos avanços, especialmente em sua busca pela unidade de pensamento dos acontecimentos trágicos que, por exemplo, tinha efeitos diretos na caracterização de seus personagens por meio da exposição de pontos de vista distintos dos outros personagens, na medida que eles não eram personagens simples de espírito, mas ao contrário, complexos, e de difícil apreensão. Adiciona-se a isto, no sentido de tornar o drama ainda mais complexo, que Sófocles foi dando maior preponderância à interação trágica das circunstâncias com o caráter das personagens, levando inevitavelmente as transformações de suas representações, com o abandono das trilogias esquileanas, com a introdução de terceiro ator, da reformulação do número dos coreutas, bem como de seus papéis no Coro.[9]

Ésquilo inventou a grandiosa forma estrutural da trilogia, como um movimento linear para dar conta de alguns aspectos: de um lado, quanto às consequências de caráteres herdados que levavam a catástrofes temporais envolvendo gerações, e por outro, como vimos no *Prometeu acorrentado* devido à crença de Ésquilo de que o tempo era uma variável importante não somente para a implantação de uma justiça, fosse ela divina ou humana, como também para um melhor ajustamento e interação entre aqueles dois universos. Sófocles, sem abandonar totalmente a trilogia, comprovados por alguns de seus fragmentos, decide dar maior destaque para personagens isolados, vistos em momentos de crise, que se convertem em tema central de suas tragédias. Entretanto, da mesma forma que Ésquilo, Sófocles em momento algum nega que as condições trágicas ou mesmo as catástrofes não tenham um caráter autônomo, e por isto mesmo envolvem várias

---

8 NIETZSCHE, 2006, p. 83

9 KITTO, 1972a.

pessoas, além do herói ou do pecador. E aqui nasce a grande necessidade da inclusão do terceiro ator que Sófocles vai consolidar, apesar do experimento de Ésquilo em seu Agamenon, muito comentado e julgado como um ato de inveja com relação ao seu criativo discípulo. Na realidade, no caso de Sófocles, apesar de uma reserva tímida na utilização do terceiro ator, em algumas de suas peças, em outras, em compensação, aquela utilização se mostra admirável em termos de seus efeitos dramáticos.

Neste sentido, vale a pena darmos destaque para uma cena em *Antígona*, para a qual Kitto em seu livro já havia chamado atenção, que é particularmente dramática e que segundo ele pressagia as famosas cenas triangulares do Édipo-Rei. Trata-se da cena entre Creonte, o Vigia e Antígona, em que o rei "[...] é posto perante a notícia incrível de que a rebelde não é um agente político mas sua própria sobrinha."[10] A donzela Antígona foi flagrada pelo Vigia – guarda – no local onde havia enterrado seu irmão Polinices, apesar da proibição do rei Creonte. Entretanto, para perfeito entendimento da citada passagem, precisamos fazer um volteio e falar da questão tebana, de Édipo, dos dois irmãos Eteócles e Polinices, que fundamentam o enredo de *Antígona*, e que vão nos ajudar quando começarmos a falar das tragédias da família dos Labdácidas. Vamos seguir inicialmente a Maria Helena da Rocha Pereira, em sua introdução a tradução portuguesa de Antígona.

> A história da casa real de Tebas, da família dos Labdácidas, é uma das mais conhecidas de toda a mitologia grega. Esboçada nos poemas homéricos (a expedição de Polinices e os jogos fúnebres em honra de Édipo, na *Ilíada*; o parricídio e incesto do herói na *Odisseia*), teria a sua expressão mais completa em três dos poemas do Ciclo Épico, a Edipodia, a Tebaida e os Epígonos de que só possuímos resumos e curtos fragmentos. Já aí figuravam os dados essenciais do mito: proibição divina de descendência a Laio; nascimento e exposição do filho deste, Édipo; entrega da criança por um pastor, ao rei de Corinto; viagem de Édipo, já adulto, a Delfos; encontro com um desconhecido, a quem mata; decifração do enigma da esfinge e consequente subida, por casamento com Jocasta, ao trono de Tebas; nascimento de quatro filhos (Eteócles, Polinices, Antígona e Ismena); descoberta do parricídio e incesto involuntários; suicídio de Jocasta e cegueira de Édipo; maldição deste sobre os filhos varões, que perecerão às mãos um do outro, no cerco de Tebas, levado a efeito por Polinices com mais seis aliados; vingança posterior, ganha pelos filhos destes.[11]

---

10 KITTO, 1972a, p. 281.

11 ROCHA PEREIRA, 1987, p. 10-11.

Vamos acrescentar algumas importantes complementações na descrição do mito, de forma a termos uma melhor visão das maldições dos Labdácidas – fontes clássicas. A proibição divina de descendência a Laio decorreu da maldição de Pelops, rei da Frigia, onde esteve exilado, quando da tomada de poder em Tebas pelos tiranos Anfião e Zeto ao matarem o regente Lico, que havia sucedido Lábdacos, pai de Laio, morto por bacantes vingativas pela repressão ao culto de Dioniso. Laio foi educado e cresceu naquele reino, onde mais tarde Pelops teve um filho Crisipo, príncipe herdeiro do trono frígio. Laio ficou encarregado da educação do menino e se apaixona por ele, mesmo quando este havia atingido a idade adulta, contrariando os costumes gregos. Laio rapta Crisipo após os jogos de Nemeia, e foge para Tebas onde pretende recuperar o trono de seu pai Lábdacos. Furioso, Pelops o persegue, e lança sobre Laio uma maldição: *se tiveres um filho, ele te matará e toda tua desgraçada será*. Em Tebas, Laio casa-se com Jocasta e após a morte dos tiranos assume o trono. A maldição de Pelops foi ratificada pelos deuses do Olimpo, já que Laio transgrediu as leis da hospitalidade, e quando este torna-se rei de Tebas, Hera envia a Esfinge, com seu enigma das três gerações e seu poder devastador para punir Laio por seu crime de sequestro.

Outra complementação do mito diz respeito diretamente ao tema de Antígona, onde certamente Sófocles foi buscar. Após seus dois crimes, Édipo é perseguido e expulso de Tebas por seus dois filhos. Furioso com eles pelo destino que lhe reservaram, Édipo lança uma maldição predizendo que eles se dividiriam e morreriam um pela mão do outro. Para evitar tal previsão, os dois irmãos decidiram governar alternadamente, cada um durante um ano. Etéocles toma o poder no primeiro ano, mas quando Polinices o reivindica ao final daquele ano, seu irmão nega-lhe. Em reação à negação obstinada de Etéocles, Polinices convoca o exército de Argos com seus seis chefes e organiza a tomada da própria cidade – tema da tragédia *Os sete contra Tebas,* de Ésquilo. Quando da batalha, os dois irmãos se enfrentam e morrem. Após a vitória do exército tebano, Creonte, seu tio, que havia retomado o governo da cidade, decidiu que Etéocles deveria receber uma honrável sepultura por haver defendido a cidade, enquanto Polinices, que a havia atacado deveria ser privado dos ritos fúnebres. É seguramente contra esta sanção que se insurge *Antígona*.

A referida cena, que conta com os três atores, está, além disso, no cerne da tragédia, no segundo episódio, logo após ao famoso primeiro estásimo, denominado "Ode ao Homem", ou como alternativamente Burton[12] se refere "Hino à Grandeza do Homem", "Canto de Triunfo da Cultura" ou "Especulação sobre a Essência Trágica do Homem". E ainda, em consequência desta própria cena ocorre a grande confrontação de princípios entre Antígona e Creonte, objeto de admiração e análise de Hegel, que viu no drama o conflito entre o ideal, no caso, o amor da família defendida por Antígona e a lei positiva, da *polis*, encarnada por Creonte. Retornarei necessariamente à estas duas passagens.

Iniciamos a cena com as interessantes visões do guarda, que se encontra orgulhoso e aliviado por de certa forma escapar da tragédia, ou, como diz Kitto: "[...] está completamente à vontade, instalado na ideia maravilhosamente irrelevante de que um homem não deve negar nada – é esta a moral que ele tira."[13]

> Senhor, aos mortais não é lícito garantir que seja impossível coisa alguma. É que a reflexão torna falso o próprio julgamento. Aqui, já não houve baralhar de sortes, porque esta foi uma descoberta minha e de mais ninguém.[14]

O guarda coloquialmente se refere ao ocorrido, descrevendo em detalhes como se deu a descoberta da sepultura do cadáver de Polinice: "O caso foi assim."[15]

Em seguida ele descreve a agonia de Antígona diante do cadáver desnudado, após a tempestade de poeira:

> Vê-se a donzela que solta um gemido amargurado, um som agudo de ave que olhasse para o ninho vazio, órfão dos seus filhos. Assim ela ao avistar o cadáver desnudado, rompeu em gemidos, lançando imprecações terríveis sobre quem executara aquele feito.[16]

Ao ter alguma compaixão por Antígona, logo superada pelo realismo de sua salvação:

> Acusámo-la das ações passadas e presentes; não negou coisa alguma, com prazer e pena minha, ao mesmo tempo. Porque isto de uma pessoa escapar de uma calamidade é o melhor que há; mas é penoso levar à ruína aqueles

---

12 BURTON *apud* ROCHA PEREIRA, 1987, p. 24.

13 KITTO, 1972, p. 281.

14 SÓFOCLES, 1987, p. 54, v. 396-397.

15 SÓFOCLES, 1987, p. 409.

16 SÓFOCLES, 1987, p. 55.

que se estimam. Porém, tudo isto vale menos para mim do que a minha própria salvação.[17]

Creonte, voltando-separa a cabisbaixa Antígona, diz: "E tu, tu que voltas o rosto para o chão, afirmas ou negas o teu ato?"[18] Antígona com sua confiança quase mística diz para Kitto: "Afirmo que o pratiquei, e não nego que o fizesse."[19] Creonte, voltando-se para Antígona: "E agora tu diz-me, sem demora, em poucas palavras, sabias que fora proclamado um édito que proibia tal ação."[20] Antígona: "Sabia. Como não havia de sabê-lo? Era público."[21] E Creonte vai para a confrontação: "E ousaste, então, tripudiar sobre estas leis?"[22]

Apesar da tentação de seguir adiante, analisando os fundamentos da confrontação, vou voltar uns passos atrás e ver como em Sófocles se deu o papel do Coro, aumentado que foi de doze para quinze coreutas, uma vez que já falei da introdução do terceiro ator. Aristóteles chama atenção na *Poética*, que o Coro deve ser considerado como um dos atores, fazer parte do todo e da ação, à maneira de Sófocles, e não à de Eurípides, sem, entretanto, dar nenhuma pista sobre o que significava esta preferência por Sófocles. Parece evidente que ao aumentar o número de atores, o Coro perdeu em importância relativa dentro da tragédia, e este fato já podia ser notado desde as Euménides de Ésquilo. De outro lado, neste autor o Coro era utilizado muito intensamente, no sentido de aflorar e conduzir as emoções, tanto dos personagens como da plateia, não somente como transfondo, ou pano de fundo dos rumos que a tragédia ia tomando, como no Agamenon com sua atmosfera de vingança e retaliação, ou na solidão de Etéocles nos *Os sete contra Tebas*, representando o medo e a angustia que Ésquilo queria sempre ressaltar, ou então como no *Prometeu acorrentado*, por meio do permanente diálogo entre este e as Oceanides, com objetivos de tentar esclarecer os mistérios e os segredos de Prometeu, e que leva ao estabelecimento de uma indestrutível conjunção entre eles.

---

17 SÓFOCLES, 1987, p. 56, v. 434-441.

18 SÓFOCLES, 1987, p. 56, v.442-443.

19 SÓFOCLES, 1987, p. 56.

20 SÓFOCLES, 1987, p. 56.

21 SÓFOCLES, 1987, p. 56.

22 SÓFOCLES, 1987, p. 56.

Vamos, mais uma vez seguir de longe a Kitto para caracterizar as linhas gerais de atuação do Coro em Sófocles. Antes disso, não custa repetir que não estamos diante de temas comunitários, coletivos da família ou do Estado, ou mesmo de discussões filosóficas sobre justiça divina e humana, que tinham uma profunda aderência com uma representação trilógica, mas ao contrário, estamos em frente a relações humanas, centradas em dois a três personagens em seus caminhos trágicos, vivendo um determinado presente que os levam a assumir certas decisões e consequências, e mais do que isso, a agirem quase sempre em total solidão. Neste sentido, me parece óbvio que as funções do Coro devam ser significativamente distintos, que levou Sófocles a dar muito mais ênfase àquelas relações humanas, tornando o Coro mais participante do drama trágico, com uma postura voltada para os acontecimentos imediatos e de certa forma mais reais, sem restringir a sua liberdade em adotar opiniões e simpatias por este ou aquele personagem ao longo do desenrolar da tragédia.

Portanto, as dificuldades de Sófocles no encaminhamento da atuação dos Coros em suas peças foram maiores do que no caso de Ésquilo, pois de alguma forma existiam mais limitações no uso, levando-os a se tornarem essencialmente dramáticos, sem controle das ações, mas sempre presente a elas. Outras consequências da evidente complexidade na atuação do Coro foram de que Sófocles precisou dar uma resposta específica para a atuação para cada uma das peças, sem possibilidades de estabelecer formulas ou padrões definidos, mas, claro, levando em conta igualmente a natureza dos Coros, privados como em Ajax, Electra e Filoctetes, ou públicos, como em *Antígona* e *Édipo-Rei*.

Neste sentido, Kitto chama atenção de como Sófocles foi capaz de insuflar aos seus Coros alguma personalidade individual. Em *Ajax* "[...] seus seguidores tomam vida perante nós, na sua repugnância pela guerra e nas suas saudades da Grécia e no medo por si mesmos."[23] Em *Antígona*, Sófocles cria um personagem complexo para o Coro dos quinze anciãos de Tebas, que evolui junto com o drama, de simpatia no início com Creonte para apoiar ao final Antígona, porém essencialmente compreensivo e piedoso com os personagens e com o sofrimento dos homens. Em *Édipo-Rei*, seu caráter contribui para a elaboração dos ritmos cruzados da peça, e sua lealdade ao personagem é comovente e corajosa, especialmente quando diz: "Deus está certo, mas que

---

23 KITTO, 1972a, p. 290.

seus profetas saibam mais do que outro homem, isso é que não está provado."[24] Em *Electra*, "[...] a sua personalidade é cuidadosamente assimilada à de Electra, como a sua parte será completamente dominada por ela, para vir a ser-depois da ligeira reserva que mostram ao princípio-praticamente uma extensão da personalidade da heroína"[25]. Em suas funções como Ator, os Coros de Sófocles foram ainda utilizados em diálogos, como amortecedores entre duas falas mais importantes, ou em tiradas irônicas típicas dele, porém sua característica mais importante ainda segundo Kitto é de que "[...] seu Coro toma parte nos acontecimentos normalmente antes de as personagens dramáticas se terem lançado à ação, preparando o caminho, mas seguindo com dificuldade o agir mais incisivo da pessoa isolada."[26] Finalmente, com relação a sua mais nobre função, qual seja a lírica, vou deixá-la para uma análise mais particular, um pouco mais adiante, no caso específico de *Antígona*.

As razões que nos levaram a selecionar o *Prometeu acorrentado* como a peça de Ésquilo a ser analisada em detalhes, foram apresentadas no capítulo anterior, envolvendo de um lado a lacuna deixada com os dois poemas de Hesíodo que se referiam àquele mito, e igualmente por que se pretendeu discutir e apresentar o *Cosmos* divino e o *Cosmos* humano tratados por Ésquilo naquela peça, para finalmente construir um grande afresco da existência humana, que aquela leitura minuciosa nos permitiu. Claro que com isto, considerei estar mais em linha com os objetivos que me propus desde o início de minhas reflexões, porém com grande angústia de haver abandonado várias obras primas daquele autor, como as *Suplicantes*, *Os sete contra Tebas*, e *Orestéia*, que certamente me dariam significativos aportes no trabalho.

Agora, em minha leitura de Sófocles, buscando mais uma vez tentar um acordo entre as necessidades de meus objetivos e as possibilidades reais de que disponho, decidi optar por examinar isoladamente uma obra específica, da mesma forma como fiz com Ésquilo, mas apresentar o encaminhamento dessa pesquisa aproveitando passagens específicas de algumas outras obras, de outros autores, que tratam do mesmo tema, me concentrando no caso de Sófocles à complexa, famosa e plena de significados, *Antígona*, considerada sob distintos prismas

---

24 KITTO, 1972a, p. 291.

25 KITTO, 1972a, p. 292.

26 KITTO, 1972a, p. 293.

como uma obra dita de transição, juntamente com *Édipo-Rei* e *Édipo em Colono*. Entretanto, a seleção dessas peças recai principalmente no fato de que ao analisá-las, obrigatoriamente terei que atravessar a questão da filiação e dos laços familiares de uma linhagem maldita muito particular no universo grego, que permeia não somente algumas das peças de Sófocles, mas que inclui igualmente *Os sete contra Tebas* de Ésquilo e as *Fenícias* de Eurípides, que evidentemente fazem parte deste mesmo universo. Antes de seguir adiante, é importante esclarecer que minha situação é agora um pouco mais confortável, em termos de análise do que quando encarei Ésquilo, porque contei com a experiência de todo um caminho já percorrido, e, principalmente, porque consegui alcançar no capítulo anterior um painel da existência humana que poderá me servir de paradigma, de referência, para poder entender adequadamente a complexa visão de Sófocles com relação aos deuses e humanos.

Antígona é uma obra aparentemente simples, pois se trata de um conflito entre um homem e uma mulher com visões de mundo totalmente distintas, porém apresenta dificuldades insuspeitadas, porque Sófocles, com grande maestria, leva este conflito para temas universais como conflitos entre família e Estado, indivíduo e governo, leis divinas e humanas, e entre o homem e Deus.[27] De outro lado, pode-se afirmar que apesar de toda uma enorme bibliografia a respeito, não existe consenso entre os mais brilhantes helenistas sobre o tema da tragédia, e sequer sobre quem seria o principal protagonista, se Antígona ou Creonte. Debruçaram-se sobre o significado desta peça, helenistas da estirpe de Rheinhardt, Lesky, Jebb, Muller, Knox, Segal, Rohdich, Kitto, Bultmann, Burton, Pohlenz, Kirkwood, além de pensadores como Hegel, Goethe, Nietzsche, Schlegel, Holderlin, e o próprio Heidegger em sua *Introdução a metafisica*. Mais recentemente Lacan desenvolveu todo um conceito de ética da psicanálise em cima do comportamento de Antígona, e Derrida desenvolveu importantes reflexões sobre a orfandade de Antígona, porém até o presente não é possível afirmar a superioridade de qualquer uma das diversas interpretações dadas ao tema em relação às outras. Tendo em vista a grandeza deste material, e a consequente diversidade de pontos de vista, parece claro que não tenho possibilidades práticas de discuti-las em sua totalidade, e tentar formular, ainda que modestamente algo que possa se agregar como mais uma interpretação formulada. Aqui,

---

27 BOWRA, 1944.

no máximo, almejamos trazer alguma contribuição ao tema, especialmente orientada para nossos propósitos de alcançar um entendimento das relações entre deuses e humanos, que neste caso de *Antígona*, tem uma riqueza nada desprezível, tendo sido objeto de analises de muitos daqueles pensadores e filólogos.

Vou iniciar minha abordagem sobre *Antígona* de uma forma não usual, já que uma grande parte dos analistas começa por discutir o grande tema da peça, que é o enfrentamento de princípios entre Creonte e Antígona, utilizando a mais conhecida e reconhecida interpretação do mesmo, a de Hegel. Vou por ora deixar de lado o conflito Antígona, Creonte, e olharei para outro lado, iniciando a análise da peça pelo seu começo, pelo prólogo e pelo hino de entrada – párodo – e seu contexto mítico, tentando ver do que se trata, quais os temas que ali são abordados. E aqui não tenho nenhuma dúvida: mesmo que parcialmente na contramão de gente como Rheinhardt,[28] que afirma de partida que os personagens de Sófocles são sempre solitários, isolados, desenraizados, e não como os de Ésquilo, que; "[...] nunca está sozinho, mas sempre inserido nas relações divinas e humanas."[29] Ou como Said afirma: "[...] o destino dos heróis de Sófocles não é mais selado por seu pertencimento a uma raça maldita [...] Antígona não paga pelas faltas de seus antepassados [...]",[30] que o objeto por excelência destas primeiras partes da peça é a *polis* de Tebas, que foi criada e protegida por Cadmo, com a ajuda dos combatentes gerados pelos dentes do dragão (*spartoi*), que escaparam da morte, origem da maldição da família dos Labdácidas que permeia a todos os personagens. É bom lembrar que além disso, a cidade de Tebas tem como patrono Dioniso, não o civilizado da Ática, nem o ajudante de Demeter em Eleusis, mas, sim, o multifacetado Brômio tremente e suas ménades da Boecia, que de uma forma ou outra igualmente influencia as personagens da trama. E quem escreve o drama? Novamente, na contramão de outros analistas, da independência de Sófocles com relação ao contexto político, econômico e social em que vive, fica bem claro que se trata de um destacado cidadão da democrática *polis* ateniense, forjado nas leis de Sólon e de Clístenes, com cargos políticos importantes, extremamente piedoso e religioso, dedicado à medicina, vivendo à época

---

28 RHEINHARDT, 2007.

29 RHEINHARDT, 2007, p. 11.

30 SAID *apud* VORSATZ, 2013, p. 25.

de ouro de Péricles. E por que digo isto? Por que no desenrolar do drama vivenciamos as dificuldades de se alcançar, no caso de Tebas, não somente mediante seus dois personagens principais, mas em todo um contexto geral, à uma consolidação do conceito de *polis*, por questões de ambições pessoais e principalmente por questões familiares, do *genos*, que trazem à tona questões muito anteriores à própria criação institucional da *polis*. E tudo isto diante de um contexto religioso, no mínimo complexo, com Antígona ligada aos deuses "de baixo", com Creonte oscilando entre os deuses olímpicos e políades, e estando por detrás de tudo o protetor de Tebas, Dioniso, em suas características tebanas de expansão dos conceitos de vida, morte e renascimento.

AS QUESTÕES FAMILIARES

Por meio destas primeiras e sumárias observações sobre *Antígona*, pode-se reafirmar as significativas dificuldades de entendimento do universo sofocliano propriamente dito, e ainda mais de suas peças e de seus personagens, nos quais convivem elementos tão dispares, com múltiplas perspectivas e distintas visões que preenchem um espectro que vai da irracionalidade e da selvageria que estão na origem da família real de Tebas, passando pela realidade intrínseca existente no modelo familiar grego com seus *genos* e *oikos*, suas necessidades de conservação, solidariedade e estabilidade ao longo do tempo, que estão na própria raiz do desenvolvimento da *polis*, chegando a figuras ideais de heróis e heroínas de comportamentos altivos e morais irrepreensíveis, ligados a tradições e sentimentos religiosos de permanência natural. De qualquer forma, necessito situar um pouco melhor o próprio Sófocles, em seu mundo de transição sobre o qual ele iria vivenciar suas criações, e os sentimentos humanos à época, já que neste caso, aquele cidadão ateniense do clássico século V escreveu um sem número de obras, a maioria referida a um período histórico muito anterior, e este também é o caso de *Antígona*. Nesta peça em especial, existem diversas particularidades, características daqueles tempos passados no qual emergiram comportamentos e crenças específicas para lidar com as questões de horror com a situação vigente, as crescentes injustiças, e a aparente apatia dos deuses diante destas situações, denunciadas constantemente por vários escritores e poetas como Hesíodo, Sólon, Píndaro e Téognis, que levaram a emergência de sentimento de culpa bem longe dos ideais homéricos de honra e excelência.

No sentido de entender este contexto específico, de molde a facilitar minha leitura de Sófocles, me apoiarei inicialmente em Dodds, em seu celebre artigo sobre as culturas da vergonha e da culpa, no livro *Os gregos e o irracional*,[31] porém não poderei deixar de enfrentar os desafios colocados pelo grande poeta alemão Holderlin, em suas observações de *Édipo-Rei* e de *Antígona*[32] e sua tradução desta peça, onde ficaram patenteadas sua sensibilidade e profundidade para entender a problemática humana dos personagens de Sófocles. Naquele artigo, Dodds procura mostrar como se desenvolveram, no período arcaico, novas formas de atitudes religiosas mescladas com atitudes morais, de busca da justiça divina, de aprofundamento de sentimentos familiares, de estabelecimento de culpas hereditárias, tudo isto a partir de Homero, onde

> [...] elementos irracionais presentes no comportamento humano eram entendidos como "intervenção psíquica" – uma interferência na vida humana através de agentes não humanos que introduzem algo no homem, e deste modo influenciam seu pensamento e conduta.[33]

Algumas destas novas atitudes morais e religiosas do período arcaico são particularmente importantes para minha análise de Sófocles, já que ele é, em geral, caracterizado como sendo um dos escritores do período clássico que ainda preservavam uma perspectiva arcaica, na companhia iminente de Píndaro e Heródoto.

O texto de Dodds não é de fácil entendimento, dada à riqueza da análise e da evolução de seu pensamento, mas tentarei ressaltar alguns pontos de interesse. A primeira questão levantada por Dodds é de que vários autores daquele período chamavam atenção para a percepção aguda de insegurança, impotência e desamparo humanos "αμηκανια" (*amecania*), que encontrava seu correlato religioso no sentimento de uma hostilidade divina, não como algo malévolo, mas que através de seu poder e sabedoria impediam o homem de se superar e de se elevar acima de sua esfera própria. Heródoto expressava este sentimento ao dizer que a divindade está sempre: "[...] ciumenta e pronta a intervir."[34] Vejamos o que diz o poeta Semonides de Amorgos traduzindo o sentimento daquela época:

---

31 DODDS, 2002.

32 HOLDERLIN, 2008.

33 DODDS, 2002, p. 35.

34 DODDS, 2002, P. 36.

Zeus controla a realização de tudo que é e dispõe disso conforme a sua vontade. Mas a capacidade de intuir não pertence aos homens – vivemos como bestas, sempre à mercê daquilo que o dia pode nos trazer, nada sabendo do resultado daquilo que os deuses impuseram sobre os nossos atos.[35]

Da mesma forma Teognis se manifesta para seu pupilo:

Nenhum homem Cirno é responsável por sua própria ruína ou sucesso – as duas coisas são concedidas pelos deuses. Nenhum homem pode realizar uma ação e saber se seu resultado será bom ou ruim... A humanidade segue seus hábitos fúteis em completa cegueira; mas os deuses encaminham tudo para o fim planejado.[36]

Apesar de Dodds não chamar atenção para este ponto, me parece que esta atitude, de reconhecer a ciumeira divina, ainda pertence, em termos gerais, a atitude de interferência dos deuses em Homero, só que com um sinal evidentemente negativo, ao contrário do que ocorria na *Ilíada* e na *Odisseia*, onde aquelas interferências eram às vezes positiva e negativa, dependendo em especial do caráter dos personagens. A meu ver, duas consequências ocorreram possivelmente em paralelo: primeiramente aquele sentimento de perseguição se agudiza, surgindo com força a ideia de *phthonos*, inveja, ciúme, ou de ciúme divino, a qual Ésquilo se referia como "[...] a venerável doutrina proferida há muito tempo atrás [...]",[37] com a noção de que um excessivo sucesso traz consigo um perigo sobrenatural, sobretudo se fazemos alarde sobre tal êxito. A segunda, que me parece óbvia, é de que já que os deuses são tão poderosos, e vigiam os homens em sua busca de sucesso, por que não trazem um pouco da justiça cósmica para este mundo de sofrimentos, com violência, injustiças de toda ordem, onde os culpados não são punidos, onde os homens de bem se encontram à mercê das circunstâncias. Como bem diz Dodds:

A moralização do "phthonos" nos conduz a um segundo traço característico do pensamento religioso arcaico – a tendência a transformar o sobrenatural em geral, e Zeus, em particular, em algo como um agente de justiça.[38]

A senda neste caminho foi percorrida naturalmente na qual o homem "[...] passa a projetar no cosmos sua própria e nascente demanda

---

35 DODDS, 2002, p. 37.

36 DODDS, 2002, p. 37.

37 DODDS, 2002, p. 37.

38 DODDS, 2002, p. 38.

por justiça social, e quando de universos distantes retorna o magnífico eco de sua voz, com a punição prometida dos culpados, nesse momento ele se enche de coragem e segurança."[39] O Zeus da *Odisseia* começa a proteger os que lhe pedem ajuda, como também os estrangeiros e mendigos, e acaba em Hesíodo se tornando o vingador dos pobres e oprimidos, além de que naquele poema o Deus-Pai, se mostra sensível a crítica moral dos homens. Logo no início do poema, Zeus reclama que os mortais estão sempre censurando os deuses: "[...] afirmam que seus problemas vêm de nós, ao passo que, na verdade, são eles que por seus atos vis atraem para si próprios mais problemas do que o necessário."[40] Porém, os homens que reclamavam justiça, logo, se dão conta que a justiça divina é tardia, que não atendia às questões práticas, o que levou, inclusive, os membros da *polis* a ratificar a necessidade da justiça humana. Neste ponto Dodds levanta uma tese, no mínimo polêmica, de que para manter a crença de que os deuses realmente se moviam para conceder a justiça cósmica, foi necessário se libertar dos limites temporais fixados pela morte, mediante duas alternativas: "[...] ou o bem sucedido pecador seria punido na figura de seus descendentes, ou pagaria sua dívida pessoalmente em outra vida."[41] A segunda teve uma aplicação restrita, mas a primeira tornou-se a própria doutrina arcaica com os ensinamentos de Hesíodo, Sólon, Teógnis, Ésquilo e Heródoto, mesmo reconhecendo o sofrimento de pessoas moralmente inocentes. Impressiona a qualquer um, neste caso, como homens deste calibre, puderam aceitar a ideia de uma culpa herdada e de uma punição adiada, mas certa, que deveria vir, sabe-se lá quando. Dodds atenua esta estranheza:

> Tudo isso pode parecer injusto, mas estas eram leis da natureza que deveriam ser aceitas. Afinal, a família era uma unidade moral: a vida do filho era um prolongamento da vida do pai, e ele herdava a dívida moral dos pais exatamente como herdava suas dívidas comerciais. Cedo ou, tarde a dívida vinha cobrar seu pagamento.[42]

Entretanto, ao examinar com cautela o ambiente arcaico, me dou conta de que a libertação dos limites temporais jogou algum papel neste processo, porém o fundamental a ser assinalado era de que à

---

39 DODDS, 2002, p. 39.

40 DODDS, 2002, p. 39-40.

41 DODDS, 2002, p. 40.

42 DODDS, 2002, p. 41.

época não existia o indivíduo, não existia "o pecador", existia o *genos*, a família de sangue, que havia evoluído para o complexo conceito de *oikos*, no qual a solidariedade entre seus membros era total e absoluta. E com uma grande vantagem em termos de justificativas temporais, pois o indivíduo ou o pecador morria, porém a família não, pois ela era a instituição social mais sólida em toda a Grécia, somente superada posteriormente pelo Estado, através da lei secular ática. Em suma, por um lado, diante do caos, da violência, da insegurança, do horror diário, e por outro, da não resposta adequada dos deuses, a família se tornava a única alternativa possível para conter aquela situação, e de certa forma foi o que acabou acontecendo com a punição recaindo sempre em cima dela, envolvendo pecadores e não pecadores em um mesmo balaio ao longo das gerações.

Porém, internamente ao conceito de *genos*, em seus primórdios já existiam preceitos rígidos, que deveriam ser obedecidos. Qualquer crime cometido por um *genos* contra qualquer outro tinha que ser obrigatoriamente vingado: caso não fosse, se transformava em atentado contra os deuses. No caso do crime praticado por um dos membros do *genos* contra outro membro, o parente mais próximo está igualmente obrigado a vingá-lo, de forma a não conspurcar o sangue e a alma de todo o *genos*. Junito Brandão distingue em seu livro sobre o teatro grego,

> [...] dois tipos de vingança por falta cometida dentro do mesmo *genos*: a ordinária, que se efetua entre os membros, cujo parentesco é apenas em *profano (esposos, cunhados, sobrinhos, tios)*, e a extraordinária quando a falta cometida implica em *parentesco sagrado, erínico, de fé, entre pais, filhos, netos por linha troncal e entre irmãos por linha colateral*. No primeiro caso a vingança é executada pelo parente mais próximo da vítima, e no segundo pelas Erínias.[43]

Dodds, diante desta questão familiar, chega a uma conclusão extremamente importante na qual vale a pena me deter, apesar de não concordar inteiramente com ela, mas que ensejará me aproximar adequadamente ao conceito de família em minha análise do contexto sofocliano. Afirma ele:

> Foi uma infelicidade para os gregos que a ideia da justiça cósmica – que representava um avanço com relação à noção anterior de poderes divinos puramente arbitrários, e que conferiu uma sanção para a nova moralidade cívica – acabasse sendo associada à concepção primitiva da família, pois

---

43 BRANDÃO, 1985, p. 37. (grifo meu)

isso implicou que o peso do sentimento religioso e da lei decorrente bloqueasse a emergência de uma verdadeira visão do indivíduo, concebido como uma pessoa com direitos e responsabilidades próprias.[44]

Minha discordância com Dodds fica clara, quando afirmei anteriormente que na realidade a família era a única alternativa possível, já que à época não existia o indivíduo. Porém, dois outros fatores devem ter atuado neste sentido: a similitude da família divina dos olímpicos sob a égide de Zeus, com a família humana organizada em *genos* e *oikos* com seu "κυριος" (*kyrios*), o varão adulto que exerce sua autoridade sobre todos os membros, levou naturalmente a adoção da família como ente repressivo em nome da justiça cósmica, e, além disso, do ponto de vista político da implantação da organização políade, era preferível que tal encargo, devido a sua natureza, recaísse na família, já que a consolidação da *polis* e dos direitos individuais passavam necessariamente pelo enfraquecimento das estruturas familiares, o grande obstáculo naqueles objetivos.

Entretanto, acrescento dois outros pontos importantes que configuram ainda mais a complexa responsabilidade da família naquele ambiente arcaico. A primeira, da qual Dodds também chama atenção, é o

[...] medo universal da "conspurcação", "μιασμα" (*miasma*), mancha, mácula, nódoa, e seu correlato, a ânsia também universal por purificação através de rituais, a *catarse*, "καθαρσις" (*catharsis*).[45]

Esta última, como se sabe, foi utilizada por Aristóteles em sua *Poética*, como a própria razão das tragédias, contudo o interesse no momento é pela "conspurcação", que acaba caindo no colo da família grega, com um duplo aspecto, ambos terríveis, como algo infeccioso e hereditário. Entro aqui no terreno do aleatório, do vago, do impreciso, que não se limita a um fato concreto de se pagar por um erro evidente e comprovado, mas da incerteza, da ansiedade, do pânico das pessoas por não terem certeza de haverem sido contaminadas por um crime esquecido por um ancestral remoto, por terem contraído a doença por um contato acidental, ou por uma serie enorme de outras circunstâncias. Dodds acrescenta afirmando que a conspurcação é a consequência automática de uma ação: ela pertence ao mundo exterior dos eventos e opera com a mesma crua indiferença aos motivos de um germe tifoide. Porém, a cadeia causal na qual se enredam as famílias devido à

---

44 BRANDÃO, 1985, p. 41.

45 DODDS, 2002, p. 42-43.

questão hereditária, vai mais além da associação entre conspurcação e pecado, para incluir o sentimento religioso da maldição, como entende, por exemplo, Pfister, citado por Dodds, "[...] ao observar, que as ideias de conspurcação, maldição e pecado já se encontram fundidos desde o início na antiga palavra grega "αγος" (*agos*), crime, sacrilégio, expiação, termo que descreve o pior dos *miasmas*.[46] Segundo Burkert, *ágos* é o tabu negativo, algo perigoso e terrível que um homem atrai sobre si por meio da ruptura de um tabu, especialmente por meio de perjúrio, assassinato, ou violação de asilo: ele está então afetado, está "εναγης"(*enagés*)[47] junto a todos aqueles que tem contato com ele; não resta outro remédio que expulsar tanto ao *ágos*, como a seu portador.[48] E no caso da maldição adiciona-se ao problema um componente divino, já que na maioria das vezes ela, para ter eficácia, deveria ter o aval de alguma instituição religiosa da época, de preferência pelo mais importante, o Oráculo de Delfos com seu patrono Apolo, e com sua antítese Dioniso. De qualquer forma, fosse devido a um delito grave, fosse devido a uma maldição, a conspurcação funcionava como uma marca indelével de um *oikos*, contaminando a todos seus membros e todas suas ações, podendo se espalhar para a *polis*, ou mesmo para toda uma região.

Outro ponto que merece considerações é relativo à própria família em si, especialmente no que tange a importante questão da filiação, ambos de alguma forma sujeitos a linhagem e o renome, "κλεος" (*kleos*), do *oikos*. Jean Alaux em sua pesquisa sobre o assunto, bem coloca a importância destas relações na consolidação da *polis*, do Estado:

> A harmonia dessas relações é progressivamente supervisionada e controlada pela própria polis. Filhos e pais são assim os principais elementos de um equilíbrio, onde o objetivo principal é, em última instancia a boa reprodução do modelo cívico, significando ainda, dentro do universo trágico, que a boa filiação supõe uma substituição harmoniosa dos pais pelos filhos.[49]

Assim, acrescenta Alaux, nestas condições:

---

46 DODDS, 2002, p. 44.

47 *Enagés* significa maldito, assassino, consagrado com voto, com juramento.

48 BURKERT, 2007.

49 ALOUX, 1995, p. 54.

[...] a concorrência de interesses particulares favoreceu, ao longo da história da polis ateniense uma tensão entre jovens e velhos, que, latente ou, exacerbada, surgiu também na tragédia e na história.[50]

Entretanto, esta tensão entre pais e filhos sempre existiu na Grécia desde os primórdios, pois como explicar as sucessões da soberania divina em Hesíodo, tanto de Urano para Cronos, como deste para Zeus, como se fossem relatos de terror, cometidas por pais e filhos, onde aparecem claramente os desejos inconscientes de forma bastante explicita, e que segundo Platão deveriam ser mantidas longe do alcance dos jovens, a qualquer preço. A posição do pai, como chefe de família era associada a dos reis, segundo Aristóteles na *Política*, e em Platão em *As leis*, é ainda mais radical, sugerindo que o *status* apropriado para os jovens deveria ser de inferior.

Alaux em sua pesquisa cita uma tipologia de jovens efebos colocados em cena na apresentação das diversas tragédias, proposta por John Winkler, que de alguma forma podem nos orientar. O grupo mais importante, aí incluído Orestes, será dos filhos que ao atingir a idade adulta, vêm o preço de diversos desafios para suceder a seu pai; o segundo compreende diversas figuras de jovens chefes desastrados e preparados para usarem um completo catálogo de erros que convém evitar, como Eteócles, o Zeus do Prometeu Acorrentado, Xerxes dos Persas e Penteu das *Bacantes*, e finalmente o último grupo que possuem o valor de guerreiros e que certamente serão afrontados em combates levando-os em alguns casos a morte heroica. De toda maneira, mesmo sem concordar inteiramente com esta tipologia Alaux destaca que o tema de experiências penosas e desviadas constituem o grande denominador comum das figuras dos efebos na tragédia, tentados por façanhas anormais derivadas de seu fechamento psicológico, natural da idade.

Entretanto, tanto Alaux como Dodds reconhecem que quem colocou de forma mais direta e crua a agressividade dos filhos contra os pais, decorrentes do que eles normalmente faziam contra os filhos, foi o grande poeta cômico da época clássica, Aristófanes, tanto em *As nuvens* quanto em *As aves*. No primeiro, o empenho do pai, Estrepsíades em resolver seus problemas de dividas ao colocar seu filho, Fidipides, no Liceu para aprender a argumentar como os sofistas, que acaba gerando ideias novas e engenhosas:

---

50 ALAUX, 1995, p. 54.

Como é doce conviver com ideias novas e engenhosas e poder desprezar as leis estabelecidas. Quando eu preocupava meu espírito só com a equitação, não era capaz de dizer nem três palavras sem errar. Mas agora depois "que ele em pessoa (Sócrates)" acabou com isso, eu convivo com hábeis sentenças, palavras e pensamentos, e creio que posso provar que é justo castigar o pai.[51]

Na "terra dos pássaros das nuvens", um verdadeiro país dos sonhos no que concerne à realização de nossos desejos, como se fosse um espelho invertido de Atenas, é dito que se alguém for capaz de sobrepujar o próprio pai, o povo irá admirá-lo. Dodds chama atenção para a figura de "πατραλοιας" (*patraloias*), o parricida, que parece ter fascinado a Idade Clássica, e que Aristófanes coloca no palco, que segundo ele extrapola as controvérsias sofísticas ou mesmo um conflito de gerações. Por outro lado Alaux pondera com base no diálogo de *As aves* entre o "Bom de Lábia" e o "Parricida":

[...] que as relações entre pai e filhos oscila entre uma tentação, uma necessidade e uma forma de se livrar de um mal, de uma ferida: a tentação é de "bater" o pai, forma expedita do jovem homem de ter acesso a idade adulta e a herança; a necessidade, vital, é de nutrir o pai enfraquecido; e a de se livrar da ferida é simplesmente partir para a guerra, conforme conselho do "Bom de Lábia" nas Aves".[52]

Particularmente quanto à última alternativa é interessante ressaltar o ponderado conselho do "Bom de Lábia" para o "Parricida" em *As aves*:

A você, meu filho, não darei um mau conselho, mas conselhos como os que ouvi quando era menino. Não bata no seu pai! Pegue aqui esta asa e este esporão (uma couraça e uma lança), e imagine que isto aqui é uma crista de galo (um elmo), monte guarda, entre para o exército, se sustente com seu soldo e deixe seu pai viver. E já que você é belicoso voe para Trácia e lute por lá.[53]

A partir desta questão da guerra, Alaux ressalta que para o entendimento das especificidades das relações gregas entre pai e filhos, há que se levar em consideração ainda o contexto histórico preciso do mundo grego, quando o conflito entre as classes sociais se fez presente e surge o espectro da guerra civil (*stasis*), além da própria Guerra do Peloponeso, onde, em ambos os casos surge o enfrentamento entre jovens e velhos, que a tragédia levará em conta por meio das mortes

---

51 ARISTÓFANES, 1967, p. 225.

52 ALAUX, 1995, p. 54.

53 ARISTÓFANES, 2000, p. 195.

cometidas no seio da família. Pode-se afirmar que no contexto grego o parricídio é uma falta tão grave que se sugere, para quem a menciona o uso de eufemismos, enquanto a morte de irmãos parece ser a versão mais facilmente aceitável de um crime interfamiliar, porém, em virtude da lei da reprodução cívica, a morte de um filho por seu pai é certamente o crime mais nefasto para a sociedade e para a *polis* como algo impensável e insustentável, e sobre o qual nem Aristóteles cita como possível em sua lista de mortes cometidas por parentes próximos nas representações trágicas que levariam aos sentimentos de temor e piedade.[54]

Nestas questões, de relações entre pais e filhos, é ainda interessante verificarmos o que disse Platão nas *Leis* , que representa e conserva valores tradicionais da culpa, da responsabilidade e das punições adotadas pelos legisladores gregos. No caso de crime contra um dos pais, no qual ele não seja absolvido voluntariamente antes de morrer pelo pai ou mãe, o assassino estará sujeito à força de muitas leis:

> [...] incorrerá, com efeito, no crime de "ultraje" que significará para ele pesadíssimas penas, no crime de "impiedade" e também no de "sacrilégio", pois privou um pai da vida; de sorte que se fosse possível para um mesmo homem sofrer cem mortes, o parricida, ou o matricida, assassino movido pela cólera, o mereceria com toda a justiça.[55]

Mais adiante, Platão retoma o tema, porém referindo-se a justiça vingadora divina, com suas maldições, como um meio eficaz de prevenção de assassinatos ímpios:

> Esse mito, ou história, nos é contado claramente pelos sacerdotes, e diz que a Justiça vingadora do sangue dos familiares, atuando como supervisora, emprega a lei que ordena que o executante de um tal ato terá que necessariamente sofrer o mesmo ato que produziu; se um homem matar seu pai, terá que ser vítima desse mesmo destino violento pelas mãos de seus próprios filhos nos dias vindouros, ou, se tiver matado sua mãe, terá que renascer com o sexo feminino (Platão infere a doutrina da reencarnação e a lei do carma) e depois de tornar-se mulher adulta será morta pelas mãos de seus próprios filhos no devido tempo, pois para a mácula dos consanguíneos não há outra purificação, nem tampouco se admite que a mancha de um tal crime possa ser lavada antes da alma que cometeu o crime parar

---

54 ALAUX, 1995, p. 56.

55 PLATÃO, 2010, p. 378.

olho por olho, dente por dente e com isso abrandar pela propiciação a ira de todos os parentes.[56]

A aproximação do parricídio com o suicídio é inevitável, tendo Platão, na ausência de uma palavra específica para este ato, dito:

> [...] quanto àquele que matar a pessoa que é, como se costuma dizer, a mais íntima e cara de todas, que pena lhe caberá? Refiro-me ao ser humano que mata a si mesmo, privando a si próprio da porção da vida que lhe conferiu o destino.[57]

Neste caso, o risco de uma conspurcação é grande, podendo atingir a família e a *polis* como um todo, exigindo grandes cuidados com o tumulo desta pessoa. Platão indica que esta deva ser enterrada em uma posição isolada, sem nenhum túmulo adjacente, nos limites dos doze distritos que são desérticos e inominados, sem qualquer menção, sem lápide, e nem nome que indique seu túmulo.

Mas vamos mais adiante, porque em termos das relações entre pais e filhos, em determinadas condições, Platão faz uma colocação ainda mais significativa, pois equipara tais relações do ponto de vista do respeito, do cuidado, das honrarias, às relações dos homens com o divino, com o sagrado, e como humanos vivos representam em grande medida os deuses que veneramos:

> A negligência com os pais é algo que nenhum deus e nenhum ser humano sensato jamais recomendariam a alguém, devendo-se entender que o prelúdio que se segue sobre o culto aos deuses tem uma conexão direta com o cuidado ou o esquecimento das honras devidas aos pais. As antigas leis, de caráter universal, relativas aos deuses são de dois tipos; alguns dos deuses que nos honramos nós os vemos claramente, mas quanto a outros nós erigimos para eles estátuas e acreditamos que quando as veneramos, mesmo sabendo que não tem vida, os deuses vivos além (por elas representados) experimentarão grande boa vontade e gratidão em relação a nós. Assim, se qualquer indivíduo tem um pai ou uma mãe, ou um avô ou uma avó em sua casa reduzidos à incapacidade num leito em função da velhice, que nunca suponha que enquanto tiver uma tal figura junto ao seu fogo doméstico terá qualquer estátua de maior poder(algum deus), desde que dela cuide e lhe renda verdadeiramente o devido culto.[58]

E Platão prossegue no intuito de responder a Clinias sobre o qual seria o devido culto, com uma introdução que particularmente nos

---

56 PLATÃO, 2010, p. 383.

57 PLATÃO, 2010, p. 383.

58 PLATÃO, 2010, p. 460-461.

interessa, pois deixa claro a força e o poder das maldições dos pais contra os filhos junto aos deuses:

> Segundo a narrativa, quando Édipo foi desonrado, invocou maldições sobre seus filhos que conforme atestam todos os homens foram concedidas pelos deuses e cumpridas; e se conta como Amintor em sua ira amaldiçoou seu filho Fênix e Teseu amaldiçoou Hipólito, e inúmeros outros pais amaldiçoaram inúmeros outros filhos, maldições concedidas pelos deuses que provaram claramente como estes atendem os pedidos dos pais contra seus filhos, pois a maldição de um pai enunciada contra seus filhos e filhas é mais poderosa do que qualquer maldição de uma pessoa contra qualquer outra, e com muito maior justiça.[59]

Resta-me abordar um último tema, que tem uma enorme importância no caso específico de *Antígona*, mas que para ser adequadamente colocado preciso fazer um volteio para fazer entender ainda que,, sumariamente o papel do feminino na organização familiar grega, seja por meio da esposa e mãe, ou da filha de linhagem paterna. Vou seguir este caminho na ilustre companhia de Vernant, em seu belo texto sobre a organização do espaço doméstico grego, no livro *Mito e pensamento entre os gregos*.[60] Afirma ele de partida, que "[...] o espaço doméstico, espaço fechado, com um teto (protegido) tem, para os gregos, uma conotação feminina, e o espaço de fora, do exterior, tem uma conotação masculina."[61] Em termos bem simples: a mulher está em casa, em seu domínio, e o homem com seu elemento centrifugo está voltado para fora, quer se trate de trabalho, da guerra, dos negócios, da amizade, da vida pública, no comércio, na ágora, no mar, na estrada. Xenofonte acrescenta que a divindade dotou o homem e a mulher de naturezas contrárias; cabe ao homem ocupar-se dos campos, da ágora, das compras na cidade e cabe à mulher o trabalho com a lã, o pão, os trabalhos da casa.[62]

Entretanto, logo em seguida, Vernant chama atenção para um ponto de suma importância, que tem a ver de um lado com a estabilidade de um espaço doméstico consolidado, e de outro com o movimento que existe por detrás de um casamento no qual, "a filha" de linhagem paterna sai pra outro espaço doméstico:

---

59 PLATÃO, 2010, p. 461.

60 VERNANT, 1973.

61 VERNANT, 1973, p. 120.

62 XENOFONTE-ECONOMICO, VII, 30.

Existe, entretanto, um caso em que esta orientação do homem para o exterior, da mulher para o interior, encontra-se invertida. No casamento, ao contrário de todas as outras atividades sociais, a mulher constitui o elemento móvel cuja circulação estabelece o elo entre grupos familiares diferentes, enquanto o homem permanece, pelo contrário, fixado em sua lareira doméstica.[63]

Vernant a partir daí tira uma conclusão plausível sobre a essência feminina, dizendo que:

> [...] a ambiguidade do estado feminino consiste pois no fato de que a filha da casa – mais ligada que o filho, pela sua natureza feminina, ao espaço doméstico – não pode, entretanto, completar-se em mulher pelo casamento sem renunciar a esta lareira da qual se encarrega.[64]

Seguindo adiante em suas colocações, Vernant pondera que esta contradição se resolve no plano da representação religiosa, pela imagem de Héstia,[65] uma divindade que na natureza feminina encarna os aspectos de "permanência" estranha, portanto ao aspecto de mobilidade por seu estado de virgem.

As justificativas que Vernant apresenta em seguida para a solução daquela contradição básica são discutíveis e de certa forma antecipam nossa discussão futura, porém, vale a pena transcrever:

> Esta permanência de Hestia, não é de natureza apenas espacial. Como ela confere à casa o centro que a fixa no espaço, Hestia assegura ao grupo doméstico a sua perenidade no tempo; é pela Hestia que a linhagem familiar se perpetua e se mantém semelhante a si mesma, como se em cada geração nova, nascessem diretamente "da lareira" os filhos legítimos da casa.[66]

A esta indiscutível afirmação, Vernant acrescenta outra, que se refere a um desejo de uma hereditariedade puramente paterna, junto a uma eventual possibilidade. Vejamos:

> Na deusa da lareira, a função de fecundidade, dissociada das relações sexuais – que pressupõem no sistema exogamico, relações entre famílias

---

63 VERNANT, 1973, p. 121.

64 VERNANT, 1973, p. 121.

65 Hestia, a deusa do lar, é a primeira filha de Cronos e Reia, portanto irmã de Zeus e Hera. Zeus lhe concedeu a virgindade e honras excepcionais pois ela é venerada em todos os lares dos mortais e em todos os templos dos deuses. Hestia permanece imóvel no Olimpo, permanecendo mais como um principio abstrato do que como uma divindade pessoal. Cf.: GRIMAL, 1997, p. 227.

66 VERNANT, 1973, p. 121.

diferentes – pode apresentar-se como a prolongação indefinida, através da filha, da linhagem paterna, sem que haja necessidade de uma mulher "estrangeira" para a procriação.[67]

De qualquer forma, para podermos encaminhar a discussão, no que ela tem de relevante para nós, não existem dúvidas da importância do caráter de permanência de Hestia, com seu simbolismo de centro da casa e ligada a lareira, justamente onde, segundo a tradição, o filho do rei nasce de um tição ou de uma faísca que salta no regaço da jovem virgem que cuida da lareira. A denominação ritual de "Filho da Lareira" – que em época histórica designa o representante da cidade junto às divindades de Eleusis – tem o significado e o alcance que Louis Gernet reconheceu-lhe quando ressaltava a estreita relação que une na Grécia a imagem da lareira e a do Filho.

Todavia, nem a teoria de médicos e filósofos, aí incluído Aristóteles, nem o desejo expresso nas tragédias *Eumenides* de Ésquilo e *Orestes* de Eurípides da tese da hereditariedade puramente paterna, classificada por Marie Delcourt como um "mito puro", bem como a tendência de, no limite, Hestia traduzir um isolamento, um fechamento do *oikos* como algo ideal para a família, de uma autossuficiência total em si-mesma, de uma autarquia no plano econômico e a endogamia no plano do casamento, não estão de acordo com a realidade grega e devem ser colocadas de lado. Entretanto, e aqui não vou colocar nenhuma novidade, é na família, no *genos*, no *oikos*, onde apesar de todas as normas e regras tradicionais de caráter religioso, teológico ou moral, ocorrem as maiores fantasias individuais, atingindo todos seus componentes, para os quais os papéis fixos, rígidos e definidos inexistem, com desdobramentos de figuras sem nenhum controle, e com um agravante particularmente danoso, pois estes ocorrem ao longo do tempo, por meio de experiências ocorridas em outras gerações, com mudanças inesperadas e sem qualquer racionalidade, por mais que se queira dizer o contrário. Estou, evidentemente me referindo a ambientes domésticos com alguma proximidade do que se pode considerar de situações normais, e, portanto não me referindo aqui a situações de anormalidade, como de famílias capitaneadas por grandes reis ou heróis, e mesmo as famílias malditas e conspurcadas como os Átridas ou os Labdácidas, onde claramente aqueles desdobramentos são particularmente agudos, intempestivos e perigosos, que fazem parte do material trágico que abastece a maioria das grandes tragédias áticas.

---

67 VERNANT, 1973, p. 121.

Vejamos alguns casos concretos, sem entrar nos detalhes de inúmeros mitos trágicos que abordam a questão, a partir de algo colocado mais atrás por Vernant, referente a atitude da filha do *kleros*, que por meio do casamento teve que renunciar a "lareira paterna" que ela aprendeu a respeitar, cuidar e louvar. Duas alternativas básicas se colocam: ela renuncia ao espaço paterno e sai para casar, ou, então, ela não renuncia e permanece em seu ambiente familiar. Esta renúncia era particularmente dramática pois na realidade significava renunciar a vários papéis; a de "alternativa" à mãe no sentido de cuidar da pessoa que ela mais amava, seu pai; a de companheira da mãe que certamente a colocava como sua principal confidente, tanto para o bem quanto para o mal, no sentido que ambas, em princípio tinham o mesmo objeto de amor; aos diversos papéis possíveis em relação ao irmão que vai perpetuar a linhagem paterna, de filho, de esposo, e eventualmente de pai. Porém, a renúncia não para por aí, já que ao assumir suas novas funções de amante, esposa e mãe, ela deve renunciar ao seu status de filha do *kleros* com seu poder natural e tornar-se uma "estrangeira" em seu novo lar, e além disso tornar-se inteiramente submissa a um outro homem, certamente inferior a seu pai, e em alguns casos inferior a ela mesma.

Neste ponto, somos obrigados a entrar em alguns detalhes da perversa dimensão desta última renúncia, tendo em vista a jurisdição familiar grega. Seguindo Glotz, em sua monumental obra *La solidarité de la famille dans Le Droit Criminel em Grèce*.[68] No estreito contexto familiar, seu chefe é armado de poderes temíveis; ele é o "rei da casa". Ele trata todos os seus de forma soberana, como mestre e juiz. Como um Ciclope isolado, selvagem e todo-poderoso. Sua mulher é uma propriedade que ele pagou, uma escrava um pouco mais considerada que suas concubinas, sobre as quais tem todos os direitos. Se ela lhe desobedecer, ele pode amarrá-la a um poste e lhe infligir um castigo com chicote. Se ela comprometer os interesses da casa, ele pode repudiá-la. Se ela é culpada de adultério, ele pode matá-la imediatamente, como qualquer de seus servos, ou devolvê-la, submetendo-a a "atimia" – perda da honra e dos direitos cívicos – e exigindo a restituição do pagamento. Seu poder sobre os filhos é também total:

> As crianças, fruto desta propriedade viva pertencem ao dono, como os frutos de um campo. Ele pode, no momento de seu nascimento, os expor, ou os destruir sem esperar. Ele dispõe de suas liberdades, e de suas vidas,

---

68 GLOTZ, 1920.

já que eles são dele; nada pode impedi-lo de os vender ou de os imolar devido a um interesse superior.[69]

Em um contexto desta natureza, somente resta à filha do *kleros* assumir funções altamente espirituais como da maternidade, proporcionando ao marido filhos legítimos e cuidar da lareira doméstica, no sentido da divindade Hestia. Entretanto, a realidade se impõe, podendo-se inferir da situação uma série de consequências em termos sociais e psicológicos desta condição feminina de uma criatura mortal que precisa ser assumida em sua totalidade com suas tensões, ambiguidades e conflitos, como bem coloca Vernant, em contraponto às possibilidades das divindades femininas como Hestia, Afrodite e Hera em encarnar uma determinada face da realidade feminina à exclusão das outras, por meio de uma "pureza" completamente estranha ao ser humano. Em princípio, não há como não reconhecer em todo este contexto um corte profundo entre masculino e feminino, com uma desvalorização do parentesco feminino, que reage pelo menos através de duas posturas básicas; a extrema dependência da esposa a leva em seu papel de mãe a praticar um superinvestimento afetivo que faz dos filhos sua única saída possível, bem como uma extensão de seus desejos femininos, inclusive como substitutos ideais do pai, ajudando a gerar uma ambivalência dos jovens homens em relação ao feminino. Philip Slater

> chama isto de "narcisismo agonístico grego", que junto com a aceitação da prática de pederastia, se traduz na postura de muitos heróis míticos ao se defenderem contra a ameaça e o medo que a mãe provoca, procurando substitutos afetivos àquela figura adorada e odiada.[70]

Uma outra possibilidade que se abre para aquela mulher, diante de tantas adversidades, é a de se tornar viril, e passar a disputar um espaço nitidamente masculino, não para fora ou para o exterior, mas para dentro da lareira doméstica, e este fato tem maiores probabilidades de ocorrer, na medida que o chefe da casa é mais demandado por ações externas, especialmente nos casos de guerras e de guerras prolongadas, como no caso de Ilión. Evidentemente, o caso mais clássico desta atitude é a de Clitemnestra, dos três trágicos, Ésquilo, Sófocles e Eurípides, em suas peças acerca da maldição dos Átridas, particularmente, quando do retorno de Agamenon da guerra de Troia, assassinado justamente por sua esposa, com a ajuda de seu amante Egisto,

---

69 GLOTZ, 1920, p. 31-32.

70 ALAUX, 1995, p. 62.

que mais tarde é morta por seu próprio filho Orestes. Sem entrar na questão mais delicada do episódio, que é o matricídio executado por Orestes, analisado de forma brilhante por Marie Delcourt,[71] e nos concentrando na atitude de Clitemnestra, pode-se afirmar que existe consenso entre os vários analistas que se debruçaram sobre a questão, de que sua decisão de matar Agamenon, seu esposo, teve muito mais a ver com a sua vontade de tomar o lugar do homem na casa, especialmente revoltada contra a dominação masculina, do que as ofensas cometidas por Agamenon, legitimamente invocadas por ela.

As atitudes de Clitemnestra neste sentido de ocupar o lugar de Agamenon ficam bem claras, ao seguirmos mais uma vez a Vernant:

> Clitemnestra instalou-se no trono em lugar de Agamenon; apoderou-se do cetro e da autoridade; chamou para o lar dos Átridas, que desde então ela proclama como sendo seu, o companheiro de cama que ela decidiu tornar seu esposo; afirma que na procriação a parte da mulher é mais importante que a do homem e renega os filhos que teve de Agamenon, que se ligam à linhagem paterna.[72]

E como descrever sua relação com o amante:

> Egisto encontra-se, pois, com relação a lareira real de Micenas, na situação que é normalmente a da mulher no *oikos* de seu marido. A esta inversão do status social dos esposos, corresponde na tragédia, a uma inversão paralela das suas relações e da sua natureza psicológica. No casal Egisto-Clitemnestra, Clitemnestra é o homem, Egisto, a mulher. Todos os poetas trágicos estão de acordo ao pintar Egisto como um efeminado, um covarde [...]. Pelo contrário, Clitemnestra pretende assumir as virtudes e os riscos de uma natureza plenamente viril. Prudente, autoritária, audaciosa, feita para comandar, ela rejeita com altivez todas as fraquezas do seu sexo; ela não se julga mulher a não ser na cama.[73]

Estou, agora, em condições de retornar a segunda alternativa que se abre para a filha do *kleros*, que é de permanecer no ambiente doméstico e de fidelizar a linhagem paterna. Neste caso, não há que se falar de todas aquelas renuncias sobre as quais discorri anteriormente, já que a filha permanecendo naquele ambiente, certamente vai aprofundar seus papéis alternativos, de "substituta" da mãe como esposa e senhora do lar, de cuidadora e protetora do "pai", de mãe, filha e amante idealizada de seus irmãos, com a possível ênfase em algum desses papéis.

---

71 DELCOURT, 1959.

72 VERNANT, 1973, p. 125.

73 VERNANT, 1973, p. 125.

As renúncias aqui, são outras, igualmente importantes, particularmente associadas a não assunção da função de genitora e procriadora de uma prole pertencente a uma outra linhagem paterna e clara do papel de responsável pela nova lareira, mas também pelo não exercício da função sexual como mulher em sua relação com o homem, se limitando nesta área a desempenhar o papel de virgem. Aqui, da mesma forma que na primeira alternativa, existe a possibilidade da filha do *kleros* caminhar no sentido de adotar uma postura viril, de preservação da linhagem paterna, seja devido a comportamentos inadequados de sua mãe, seja por ausência de irmãos, impossibilitados de adotar tal comportamento.

O exemplo clássico deste tipo de postura viril se encontra nos Átridas: é a de Electra, da mesma forma que sua mãe Clitemnestra, como vimos anteriormente, porém com motivações bastante distintas. Quando do assassinato de seu pai Agamenon, por sua mãe e Egisto, Electra salva pela primeira vez a linhagem paterna, ao conseguir esconder Orestes, que foge das garras do casal, e depois, rivalizando em ódio com sua mãe de quem herdou a natureza viril e dominadora, só pensa na vingança a ser perpetrada aos usurpadores do cetro de Micenas, sempre na esperança da volta de seu irmão querido, para juntos executarem a justiça, ou na pior das hipóteses, caso Orestes não retorne, por meio de suas próprias forças.[74] "É Hestia que se exprime pela boca de Electra. A filha de Agamenon encarna o lar paterno do qual foi afastada, como o seu irmão e que ela quer com ele restaurar expulsando o intruso que aí se estabeleceu."[75] Nas Coéforas, segunda tragédia da trilogia de Ésquilo, pode-se ter uma dimensão real em termos de destino, dos sentimentos de Electra ao encontrar seu irmão Orestes:

> Ó querido cuidado do palácio paterno, pranteada esperança de semente salvadora, com fé na força recobrarás o lar paterno. Ó prazerosa visão de quatro destinos; para mim é necessário que te saúde qual a um pai, e pende para ti o meu amor pela mãe, que com toda justiça odeio, e o amor pela irmã sacrificada sem dó, fiel irmão eras meu, a impor reverencia. Só Poder e Justiça junto com o terceiro, o maior de todos, Zeus, estejam comigo.[76]

Voltando a Vernant, conseguimos com clareza distinguir as posições das duas mulheres, mãe e filha, ambas fortes e viris:

---

74 Eurípides, 2015a.

75 VERNANT, 1973, p. 126.

76 ÉSQUILO, 2004b, p. 89.

Electra, "duplo" de Clitemnestra, é ao mesmo tempo seu oposto. Virgem (A Electra de Eurípides permanece virgem e pura até no casamento arranjado por Egisto) – ela quer ser tanto mais casta quanto mais sensual e desavergonhada lhe aparece sua mãe. Ama seu pai de modo tão apaixonado quanto Clitemnestra odeia o seu esposo. Destas duas mulheres igualmente masculinas, uma tomou para si a formula de Atena, deusa votada, como Hestia, à virgindade; De todo o seu coração e sempre ela se dedica ao homem em tudo – menos na cama.[77]

A outra, pelo contrário; "a mulher poliandra", a "fêmea assassina de machos" é contra o homem em todos os seus domínios; ela só o quer na cama. "Ambas, por razões diversas, são exteriores ao domínio do casamento, uma fica aquém, outra vai além."[78] Electra ao se identificar com os homens de sua linhagem paterna e recusando a união sexual, e Clitemnestra se fazendo homem para fundar sua linhagem materna, ambas realizam um corte profundo em termos religiosos e políticos da comunhão, que significa o casamento em termos gregos do homem com a terra a ser lavrada em termos iniciais, com o lugar geográfico como origem, expresso sistematicamente nos mitos de autoctonia – os homens dizendo-se "nascidos da terra" –, como posteriormente na instituição políade da *oikos* com seu caráter familiar e territorial, impedindo assim a sagrada lavragem conjugal, no qual a mulher é o sulco "αρουρα" (*aroura*), o homem o lavrador "αροτης" (*arotér*), considerada por Plutarco como a lavragem mais sagrada, já que tem como objetivo a procriação dos filhos.

Entretanto, Electra, ao permanecer no ambiente doméstico ainda tem uma chance de perpetuar a linhagem paterna, especialmente no caso de que Orestes não venha a reaparecer, ou na hipótese de que estivesse morto, como julgado por muitos. Parece interessante examinar esta hipótese, para poder posteriormente examinar o caso específico de Antígona. Das três peças escritas sobre os Átridas, a mais pertinente para examinarmos esta questão é a *Electra* de Eurípides, pois nela, Egisto como medida cautelar, em relação a hipótese de Electra vir a se casar com um nobre e gerar um filho homem, o qual será considerado como responsável pela perpetuação da linhagem paterna, obriga Electra a se casar com um colono qualquer, sem qualquer chance de satisfazê-la sexualmente e a viver desterrada em um lugar isolado, palco ideal para que ela, a herdeira da casa dos Atridas desenvolva um

---

77 VERNANT, 1973, p. 126.

78 VERNANT, 1973, p. 126.

ódio sem limites contra sua mãe, e de repúdio a toda aquela situação. O colono, sábio de nascença, como o qualifica Electra, tinha perfeita consciência da situação criada para si por Egisto, expresso nesta bela fala inicial:

> E a que no casarão do pai ficava, esta, a Electra, porque viçosa – tinha pujança – os pretendentes, nata da Grécia queriam! Mas medroso-não parisse dalgum dos nobres um menino, um vingador de Agamenon! – na casa Egisto prendia ela, e nem combinava com noivo algum. E como inda estava cheio de muito medo – parisse ela frutos com qualquer nobre em segredo! – sua mãe, mesmo que mui cruel, de pronto a livrou de Egisto – mão decidida a matar. Desculpa tinha para o marido finado – não fosse vindicado! temia o crime dos meninos. Donde acertou Egisto de assim ordenar umas coisas – o que o menino em fuga, o da terra banido, o de Agamenon, matasse, ouro ele prometeu dar! E a nós nos deu Electra pra ter como esposa […]. E quem com o fraco semear, fraco medo colherá. Tivesse para ela um homem de reputação, aí quiçá o dormido crime contra Agamenon despertasse e a justiça então chegasse… pro Egisto. A ela, jamais, este homem aqui (Cípria me confirme!) na cama vexou –pelo que inda virgem é. É que me avexo de o fruto de opulentos homens machucar! Sem valor sou nascido! […] E quem quer que me chame de tolo por receber em casa moça inda virgem sem nela bulir, do dito, com peçonhentas regras, comedido seja e por si mesmo, de revés tal temperança aprenda.[79]

Egisto tinha, portanto razão em se preocupar, pois caso Orestes estivesse morto, Electra iria se transformar em uma "επικληρος" (*epikleros*), por que segue o *kleros* de seu pai, a qual está ligada, e quando esta filha de um homem privado de descendência masculina, casar e gerar um filho varão, este filho é o único a ter qualidade para herdar o *kleros* de seu pai, como se ela, a filha, estivesse dando para seu pai o filho que lhe fez falta, sendo que o avô se tornará o seu pai legítimo, assegurando a transmissão do avô para o neto. Como Vernant coloca, assim se acham reconciliados na pessoa da *epikleros* os dois aspectos da divina Hestia, habitualmente dissociados entre as criaturas mortais: a filha virgem do pai e a mulher reservatório de vida de uma linhagem. O epiclerado traz enormes consequências, afetando diretamente todo o sistema de relações matrimoniais, já que a filha da casa se torna esposa e na realidade é o lar paterno, cabendo ao marido integrar-se ao *oikos* de sua mulher, tentando se eclipsar por completo, ou mesmo se neutralizando, para que sua mulher possa gerar um rebento semelhante ao seu verdadeiro pai, que é seu avô materno. Do ponto de vista simbóli-

---

79 EURÍPIDES, 2015, p. 53-54.

co, a filha consegue realizar e concretizar o forte desejo de união com seu pai, união essa completamente proibida entre pai e filha, e que no caso ocorre para salvaguardar a pureza do lar doméstico.

Porém as consequências em termos políticos são ainda mais relevantes, quando aquela família é a responsável pelos destinos de uma cidade, como ocorre no caso dos Átridas, baseada em uma hipótese, mas que ocorre de forma concreta no caso da família dos Labdácidas, com a morte/suicídio dos irmãos Eteocles e Polinices. Nestas circunstancias de "ausência de machos", onde o pai e o filho que representam a continuidade não somente da linhagem familiar mas igualmente da condução da polis, leva que a filha *epikleros* seja desposada, de acordo com uma ordem de casamento preferencial, relativo ao grau de parentesco com o falecido pai: os próprios irmãos do pai (tios paternos), os irmãos do avô paterno (tios-avôs paternos), ou um dos seus filhos (primos de segundo grau), e como último recurso os filhos das irmãs do pai e /ou do avô paterno. Vernant ao examinar o duplo papel do epiclerado (familiar e sucessório) coloca ênfase na questão familiar:

> O aspecto sucessório da instituição fortemente marcado na época clássica não nos deve iludir. O epiclerado determina claramente qual é, na ausência de herdeiro macho direto, o parente que deve receber com a filha a perenidade de um "lar". Deste ponto de vista, o casamento do parente com a "epikleros" apresenta-se, não como um direito prioritário a uma sucessão, mas como uma obrigação familiar impondo ao interessado uma verdadeira renúncia: o filho nascido deste casamento continuará, não seu pai, mas o seu avô materno.[80]

Porém, a nosso ver, não existe possibilidade de se dissociar os dois aspectos da questão, implicando, em alguns casos, uma renúncia ainda maior, devido à impossibilidade de outra família, normalmente pelo lado materno, em assumir o poder daquela comunidade. Esta afirmação ficará mais clara, quando eu examinar a posição de Creonte em *Antígona*.

Entretanto, está mais do que na hora deu retornar para o próprio Sófocles, e para sua Antígona, me desculpando com os leitores pela enorme digressão que me obriguei a fazer, levando-me a refletir sobre um sem número de temas, desde a irracionalidade dos tempos arcaicos com Dodds, passando pelas instituições dos *genos* e dos *oikos*, da agressividade entre pais e filhos, das leis familiares de Platão, e finalmente com Vernant da posição feminina nas famílias, em especial

---

80 VERNANT, 1973, p. 133.

da filha *epikleros*. Esta digressão, me pareceu necessária, com a ideia inicial de facilitar a leitura desta obra-prima de Sófocles, pelas suas dificuldades, com o evidente propósito de fugir da "camisa de força" imposta pelo conflito Antígona/Creonte, mas também com o intuito quase que inconsciente de se preparar para também abordar a *Antígona* com os olhos, ouvidos e demais sentidos alertas para a interpretação que fez Holderlin desta peça de Sófocles. De outro lado gostaria de pontuar que os temas que abordarei nesta digressão são fundamentais para a pretensão de entender algo do universo trágico dos gregos, com suas famílias normais, malditas e demais questões, aí incluídos os três dramaturgos: Ésquilo, Sófocles e Eurípides. O primeiro, já analisado, porém de um ponto de vista cosmogônico, e da delimitação da existência e vivência humanas, mas que eu sabia que deveria ser ampliado e aprofundado mediante temas colocadas em cena pelos dois outros trágicos, com suas particularidades e visões específicas, e sempre que possível com referências a algumas das obras de Esquilo, que não tivemos oportunidade de analisar.

OS PERSONAGENS DE ANTÍGONA: CARACTERIZAÇÃO INICIAL

A peça se inicia por meio do prólogo, com um diálogo entre as duas irmãs Labdácidas, que sobreviveram as catástrofes de seus pai, Édipo, e da morte conjunta de seus irmãos, Etéocles e Polinices, Antígona e Ismena, do lado de fora do "palácio" da família. Antígona como "princesa", a última raiz da linhagem da família, se sentindo responsável pelo que sobrou, altiva, demonstrando sua superioridade moral, dinástica e pessoal sobre sua jovem irmã, sempre caracterizada como dependente, insegura, longe da dimensão da irmã. Desta forma, Antígona em sua fala como responsável pela maldita linhagem, assume esta posição em um crescendo em termos de altivez, reforçando sempre seu papel no direito sucessório de seu pai Édipo, pela ausência, naquele momento de descendentes homens na família, e pronta a enfrentar os desígnios de Zeus, a maldição de sua família e a rivalidade dos inimigos. Ao mesmo tempo, e isto é importante ressaltar, ambas expressando, Antígona ao início e Ismena ao final do diálogo, uma grande *philia* familiar e fraternal. Antígona, ao se dirigir a irmã, em uma tradução clássica: "Ismena, minha irmã, minha querida irmã",[81] ou como Holderlin caracterizando de saída uma relação insólita e nada

---

81 SÓFOCLES, 1987, p. 39.

convencional, em uma tradução literal: "Coisa comum-e-fraterna!, Oh, cabeça de Ismena",[82] ou mesmo na tradução de Guilherme de Almeida: "Ó meu próprio sangue, Ismene irmã querida",[83] mas que atinge o máximo de significantes na tradução de Wolfgang Schadewald: "(Cabeça) comum, da própria irmã, oh cabeça de Ismena!"[84] E Ismena ao final do diálogo, após o conflito de posições entre as duas irmãs: "Mas fica sabendo que, embora sejas uma insensata em ir, com razão serás amada pelos que te são caros."[85]

Vejamos com algum detalhe este prólogo, pois nele parece que Sófocles estabelece boa parte do encadeamento da tragédia, em seus aspectos políticos e religiosos, e particularmente na caracterização de sua personagem principal, Antígona, levantando diversas questões, que foram esmiuçadas e detalhadas por diversos analistas, que conduzem a uma diferenciação de posições entre as duas irmãs, revelador de um fato geralmente ignorado, o da densidade e complexidade das duas personagens, aí incluída a de Ismena, normalmente tratada como chorosa e desorientada, assumindo o papel de uma mulher clássica grega com sua feminilidade convencional. Todavia, elas, com a grandeza, o vigor, a revolta e o amor de irmã de Antígona, e com o bom senso, o respeito à lei e a apreensão de Ismena, conhecem a fundo, em um sentido propriamente grego, com sensibilidade extrema o drama de seus pais, de seus irmãos e delas próprias, e isto tudo virá à tona, como escreverei mais adiante. Porém, não há como deixar de se ressaltar o clima reinante em todo o diálogo das duas irmãs, colocado de forma magistral por Sófocles que reflete a dualidade intrínseca dos Labdácidas, não somente pela "sombra" de Édipo, seu pai, e seus irmãos, marcados indelevelmente pelo incesto, como também pela dualidade da "terra" tebana que oscila entre o sagrado e a violência extrema, com seu legado dos antepassados nascidos da terra, os *spartoi*, e finalmente porque Sófocles inicia esta peça horas depois do combate mortal entre os irmãos, Eteócles e Polinices, onde estava em jogo a libertação de Tebas, mas que foi buscado intensamente pelos dois como uma forma de purgação suicida, cada um matando o outro e a si mesmo. Selecionei algumas das falas mais importantes deste diálogo, na

---

82 HOLDERLIN *apud* ROSENFIELD, 2006, p. 1.

83 ALMEIDA VIEIRA, 2007, p. 49.

84 SCHADEWALD *apud* ROSENFIELD, 2006, p. 5.

85 SÓFOCLES, 1987, p. 43.

tradução de Maria Helena Rocha Pereira, porém com a clara intenção de ressaltar alguns pontos importantes, fruto das diversas leituras realizadas, especialmente de Knox, Kitto, Rheinhardt, Eudoro, da própria Maria Helena, e de Rosenfield, refletindo a visão de Holderlin.

O primeiro grupo de falas, que vai até o verso 67, onde Ismena termina de colocar sua posição, é de fundamental importância, pois deixa bem explicita na maior parte do diálogo, a ênfase da dualidade em seus discursos devido as suas intensas relações de sangue; elas falam de si na forma dual como se elas fossem uma unidade. Da mesma forma elas se referem a seus irmãos como se fossem uma outra unidade, e no caso, Antígona, parece entender ter o mesmo sentimento em relação a Polinices. Entretanto, de imediato, Antígona procura se diferenciar da irmã, como se esta fosse inferior a ela, como também expressa seu orgulho de pertencer a uma família real, apesar de tudo, em relação a Creonte, de uma família inferior socialmente, que a leva a tratá-lo com indulgencia e desprezo. Igualmente muito importante como pondera Knox, é de que Antígona praticamente ignora a *polis*, e quando a esta se refere é como se fosse uma inimiga, como nos versos a seguir – todas estas questões estão marcadas no texto:

Antígona: Ismena, minha irmã, minha querida irmã, porventura conheces na linhagem de Édipo *algum mal que Zeus ainda não fizesse cair sobre nós duas, sobre as nossas vidas?* Não há dor, não há desgraça, não há vergonha, não há desonra que eu não tenha *visto no número das minhas e tuas penas.* E agora, que nova é essa que toda a cidade afirma, desse édito que o general acaba de promulgar? Tu sabes? Tu já ouviste? Ou acaso ignoras que a maldade dos nossos inimigos *avança sobre aqueles que nos são caros?*
Ismena: Sobre os que nos são caros, Antígona, nem uma palavra me chegou, nem doce nem dolorosa, *desde que fomos privadas dos nossos dois irmãos, que, num só dia, pereceram às mãos um do outro.*
Antígona: Pois não distinguiu Creonte, na sepultura, um dos nossos irmãos, e desonrou o outro? A Etéocles, *segundo se diz, tratando-o de acordo com a justiça e a lei,* ocultou-o sob a terra de uma maneira honrosa aos olhos dos mortos do além. Quanto ao cadáver de Polinices, perecido miseravelmente, *diz-se que foi proclamado aos cidadãos que ninguém o recolhesse num sepulcro, nem o lamentasse,* mas sim que o deixasse sem gemidos, por enterrar, tesouro bem vindo para as aves de rapina.
Assim, *se conta que o bom de Creonte* mandou anunciar *a ti e a mim – sim, a mim, digo eu* – e que há de vir aqui proclamar estas decisões claramente aos que as não conhecerem, e a pratica deste ato não a terá por coisa de pouca monta, mas quem quer que o cometa incorre em crime de lapidação

publica nesta cidade. *Tais são os fatos, e em breve mostrarás se tens caráter ou, se da tua nobreza fizeste vileza.*[86]

Ismena, ao contrário de sua fala, reconhecendo sua posição inferior em relação à irmã no âmbito da família, não tendo a responsabilidade daquela, desfila a sucessão de calamidades dos Labdácidas, adotando uma posição cautelosa, muito mais realista diante das circunstâncias, inclusive como meio para evitar novas catástrofes que se abateriam sobre as duas descendentes, demonstrando, além de uma *philia* familiar, uma *philia* cívica com relação a *polis*. Assume, além disso, o papel clássico feminino grego da época, sem invadir o espaço masculino, diferentemente de sua irmã, assunto que mencionei anteriormente. De qualquer forma, fica bem claro que ela não compartilha com os planos de Antígona de enterrar com as devidas honras a Polinices, levando-a trilhar um caminho alternativo, de um enterro simbólico.

> Ismena: Ai de mim! *Pensa, ó minha irmã, no nosso pai,* como ele pareceu odioso e sem glória, ferindo os olhos por suas próprias mãos, assim que descobriu seus crimes. Depois, a mãe e esposa dele – que de ambas tinha o nome – destrói a sua vida no laço de uma corda. Em terceiro lugar, os nossos dois irmãos, num só dia, morreram às mãos um do outro, cumprindo, desgraçados um destino fatal. *E agora, que só restamos nós as duas,* vê lá de que maneira ainda pior acabaremos, se, contra a lei, vamos transgredir o édito dos soberanos ou o seu poder. Pelo contrário, é preciso *lembrarmo-nos de que nascemos para ser mulheres,* e não para combater com os homens; e, em seguida, *que somos governadas pelos mais poderosos,* de modo que nos submetemos a isso, e a coisas em seguida ainda mais dolorosas.[87]

Antígona responde a esta fala de Ismena de forma inusitada e autorreferente, dispensando qualquer ajuda de Ismena, abandonando a dualidade delas – a partir daqui o dual não será mais usado –, enveredando por um caminho solitário, trazendo para a discussão compromissos com os deuses de baixo, e optando claramente pela morte gloriosa, segundo ela, revelando ainda, uma paixão quase necrófila e incestuosa pelo irmão morto, jogando por terra qualquer possibilidade de alterar o destino de sua figura, como também de sua família. Nesta altura do diálogo pode-se inferir quais são os sentimentos religiosos de Antígona, que segundo Knox:

---

86 SÓFOCLES, 1987, p. 39-40.

87 SÓFOCLES, 1987, p. 41.

[...] no prologo aparecem com toda clareza, com respeito e quase veneração pela morte de sua família e uma pia devoção aos deuses de baixo, estes deuses cuja maior ira está reservada para ausência ou recusa de enterrar os mortos. O primeiro vislumbre que nós damos para seus motivos religiosos revela uma obsessiva consideração pela morte, sua existência no mundo abaixo e seu direito ao enterro como requisito para ser respeitado neste mundo.[88]

Nestes termos, Knox acentua as motivações de Antígona no sentido de enterrar Polinices, muito além do conceito homérico, de que ao fazê-lo estaria abrindo os portões do Hades para uma morte feliz, mas que com este ato ela estaria restaurando a *timé*, a honra de Polinices perante seus companheiros do Hades, e é claro restaurando a honra de um Labdácida aqui de cima.[89]

> Antígona: Não serei eu quem ti ordene, nem, ainda que o quisesses fazer, colaborarias comigo de bom grado meu. Procede como entenderes. A ele, eu lhe darei sepultura. Para mim é belo morrer por executar esse ato. Jazerei ao pé dele, sendo-lhe cara, como ele a mim, *depois de prevaricar, cumprindo um dever sagrado-já que é mais longo o tempo em que devo agradar aos que estão no além do que aos que estão aqui. É lá que ficarei para sempre; e tu, se assim te parece, desonra aquilo que para os deuses é honroso.*[90]

O diálogo ganha intensidade, com Antígona oscilando entre posições contraditórias entre o normal e o louvável, mas deixando entrever seu lado Labdácida incestuoso e reprovável, que assusta Ismena. Porém segue com total determinação de erguer um túmulo "ao irmão tão querido", sem se importar com as consequências, sem a participação de sua irmã, e de forma ainda mais radical, sem esconder seu ato de ninguém. Nesta fala, Antígona se refere pela primeira vez a "Deus" ou "divino", porém de forma bastante ambígua, que gerou uma torrente de controvérsias e discussões, pois associa fazer, executar, coisas sagradas "οσιος" (*hósios*), com fazer qualquer coisa "πανουργος" (*panoûrgos*) que tem uma forte conotação de desprezo, aviltamento, implicando em trapaças, ardis de baixo calão e falta de escrúpulos.[91] Evitando as inevitáveis discussões e interpretações, diríamos que Antígona em sua determinação de levar seu plano adiante faria qualquer coisa, não se

---

88 KNOX, 1964, p. 91.

89 KNOX, 1964, p. 92.

90 SÓFOCLES, 1973, p. 41-42.

91 KNOX, 1992, p. 93.

restringindo por questões morais, religiosas e de justiça, demonstrando ainda total indiferença pelas leis humanas. Ao final da fala Antígona expande ainda mais suas motivações, ao repreender Ismena de que ela, ao não participar do enterro, não estaria fazendo algo honroso do ponto de vista dos deuses, revelando assim, que suas intenções iam muito além de somente restaurar a honra de Polinices:

> Ismena: Ai! desgraçada, como eu receio por ti!
> Antígona: Não temas por mim. Assegura a tua vida.
> Ismena: Mas ao menos não reveles a ninguém esta ação; guarda-a em segredo, que outro tanto farei eu.
> Antígona: Ai!Denuncia-a! Ser-me-ás muito mais odiosa, se te calares, do que se a proclamares diante de todos.[92]

Ismena, conhecedora do espírito labdácida, rebate com uma frase ambígua e ferina, denunciando o amor necrófito da irmã: "Conservas um animo esquentado perante a fria realidade [...]",[93] mas que Antígona ainda aprofunda: "Mas sei que agrado àqueles a quem mais devo prazer."[94] Ismena volta a atacar o lado labdácida: "Se ao menos tiveres esse poder; mas desejas o impossível"[95] e acrescenta após Antígona afirmar que irá até o limite de suas forças: "Convém principiar por não andar atrás do impossível."[96]

E Antígona reage de forma emocionalmente violenta, devido à insinuação de sua irmã por seu desejo necrófilo e incestuoso pelo irmão, que a leva a se colocar de forma definitiva ao lado dos mortos, e sabendo bem o que a espera. Holderlin em sua tradução, em vez de utilizar a fórmula mais neutra do texto grego – tu procuras o impossível[97] –, traduz a objeção de Ismena no registro moral: "tu tentas coisas inconvenientes"[98] e "não se deve perseguir coisas inconvenientes",[99] recuperando a conotação moral do verso anterior que falava da ação

---

92 SÓFOCLES, 1973, p. 42.

93 SÓFOCLES, 1973, p. 42.

94 SÓFOCLES, 1973, p. 42.

95 SÓFOCLES, 1973, p. 43.

96 SÓFOCLES, 1973, p. 43.

97 ROSENFIELD, 2016, p. 9

98 ROSENFIELD, 2016, p. 9

99 ROSENFIELD, 2016, p. 9

"santamente criminosa" ou "piedosamente vil".[100] A fala reativa de Antígona tem uma importância capital no desenvolvimento da peça e no entendimento de sua ambígua personalidade:

> Se assim falares, serás odiada por mim, e com razão serás acusada de odiares o que morreu. Mas deixa-me, a mim e à minha loucura, a sofrer este mal terrível. Eu, por mim não creio que haja outro tão grande como morrer sem honra.[101]

Entretanto, vejamos por um momento como Holderlin traduziu o final deste belo diálogo:

> Antigone: Continua a falar, e terás meu ódio
> E o justo ódio de um morto
> Deixa a mim e ao meu louco projeto
> Desafiando a força. Afinal não me arrisco
> A morrer de morte sem beleza.
> Ismênia: Se te parece parte. Ainda que insensata
> Me é caro o caro timbre de tua fala.[102]

Ódio, morte, culpa, julgamento, insensatez, moral, sentimento, projeto, beleza, destino, discurso, timbre, ritmo e *philia*, tudo junto, mesclado, superposto, ambíguo, reativo, profundamente humano, mas de uma humanidade desesperada, em busca de um caminho seguro, onde se apoiar. Este é o retrato do impacto dessas poucas linhas do diálogo das duas irmãs Labdácidas, certamente diante de algo que nem elas entendem muito bem, que colocam enormes desafios de compreender ambas.

Neste sentido, dadas às dificuldades, optamos por seguir com a sensibilidade e criatividade de Holderlin, e o faremos através de Rosenfield em seu *Antígona, intriga e enigma: Sófocles lido por Holderlin*.[103] Em seus brilhantes *insights*, Rosenfield chama atenção para uma grande diversidade de temas relacionados diretamente a Sófocles, e em particular com a visão, sensibilidade e grande conhecimento dos mitos gregos do grande poeta alemão. Duas ou três coisas me marcaram profundamente em sua introdução, denominada "Ler um clássico com novos olhos", e sobre elas gostaria de dedicar atenção especial, não porque são aparentemente inusitadas, mas porque me colocam meio

100 ROSENFIELD, 2016, p. 9.

101 SÓFOCLES, 1973, p. 43.

102 ALMEIDA; VIEIRA, 1997, p. 303.

103 ROSENFIELD, 2016.

que a força na senda de identificar o que é verdadeiramente humano no âmbito de uma situação extremamente complexa e movediça como a apresentada por Sófocles neste início da peça. Como vimos, dediquei esforços significativos no sentido de posicionar as relações familiares dentro do contexto grego, de seus costumes, hábitos e leis, porém aqui vamos expandir aqueles conceitos por meio destas pertinentes considerações apresentadas por aquela autora.

Porém antes, vejamos com clareza a situação: Tebas, a cidade, está diante de uma situação inesperada. Foi salva da ameaça argiva, às custas da morte dos dois irmãos, o rei Eteocles e o agressor Polinices. O reino se encontra nas mãos de Creonte, tio por parte de mãe dos dois e a família Labdácida se resume a Antígona, com seu *status* de *epikleros,* e sua irmã mais nova, Ismena. Sófocles apresenta o posicionamento dos diversos personagens diante dos fatos: no prólogo o diálogo das duas irmãs, no hino ao Sol o Coro dos cidadãos, a proclamação do decreto por Creonte e o primeiro diálogo com o Guarda, que juntos representam para Holderlin, o primeiro ato da tragédia, inserido em um rearranjo e recorte dos episódios e hinos em cinco atos, subdivididos em cenas. Porém, todos os personagens, inclusive o Coro, submetidos a condições muito especiais, de significativas ameaças que os envolvem e envolve a *polis* como um todo, naturalmente imaginadas pelo poeta ateniense, pois como tebanos, nos diz Rosenfield, eles descendem de monstros, de selvagens extremados, dos *spartoi* semeados, sempre ameaçados de regredir, de involuir, de voltar para a selvageria, em suas tentativas de alcançar certo nível civilizatório, inclusive com atitudes e gestos heroicos, utilizando sua audácia desmedida, de desprendimento e sacrifícios extremados em favor da cidade.[104]

A primeira colocação de Rosenfield que me chamou atenção conclui pelas deficiências da condição humana herdadas por eles, os tebanos:

> Na verdade, no ciclo dos mitos tebanos, Tebas oscila entre conquistas gloriosas e desastres, a desordem está sempre prestes a irromper. É a tara que as famílias nobres dessa cidade – tanto a de Creonte quanto a de Édipo – herdaram de seus ascendentes; um pendor de involuir, em vez de evoluir Os casamentos humanos asseguram a ordem do tempo e do espaço (gerações, graus de parentesco e distinções sociais). Mas os "semeados" desconhecem a união ritual humana entre pai e mãe, eles foram plantados na mãe-terra e nasceram sem pai, como híbridos monstruosos. A consagração ritual não pode faltar na vida humana – é ela que assegura a ordem

---

104 Ver a introdução de *Ler um clássico com novos olhos.* Cf.: ROSENFIELD,2016 p. XXX.

dentro da família, depois, entre amigos e, finalmente, entre concidadãos. Essa humanidade falta aos "*spartoi*"; eles contradizem a ordem humana com sua orgia de extermínio coletivo.[105]

Em termos gerais, como eu disse anteriormente quando examinamos Dodds e Vernant, que à época não existiam indivíduos, mas sim a família, o *genos*, porém aqui nem isto existia, com a ausência de elementos básicos para esta caracterização específica, com clara indefinição de papéis de seus elementos, representando em termos morais, éticos, e de solidariedade, uma terra de ninguém, um vazio, quase um abismo.

Apesar da extensão da citação, vamos seguir um pouco mais com Rosenfield:

> Nos mitos tebanos, a fraqueza básica desses monstros sem família irrompe, de tempos em tempos, fazendo "involuir" as gerações e a transmissão regrada do poder de uma geração de governantes para a próxima. Édipo não reconheceu seu pai, o matou e tomou seu lugar – ponto a partir do qual a ordem temporal das gerações começa a progredir e regredir ao mesmo tempo. Édipo é filho e marido de Jocasta, Antígona é filha e neta de Jocasta além de ser irmã de seu próprio pai. As identidades de Etéocles e Polinices são igualmente confusas; de acordo com Sófocles cada um, mata o outro e a si mesmo. Onde não há uma linha clara entre o "eu" e o "outro", entre fratricídio e suicídio, todas as palavras – amor, amizade e alianças políticas – perdem o sentido e sentimentos amorosos invertem-se em rivalidade, ódio e matança com preocupante rapidez.[106]

No quadro caótico tebano ainda ficou algo a ser complementado:

> "Como se essas confusões não bastassem, o mito fez de Tirésias o emblema dos curtos-circuitos tebanos. Tirésias tem o dom de aparecer a cada momento crucial do ciclo tebano – de Cadmo e da fundação até a destruição da cidade. Sua vida estranha, fora dos limites de tempo, espaço e gênero (no mito o vate muda também de sexo), ele é o emblema da anormalidade – maravilhosa e terrível – de Tebas. Todos os tebanos fazem jus a uma palavra que Sófocles atribui a Polinices: eles são "amphilogos",[107] ambíguos ou duplos, todos eles são algo mais e algo menos do que eles próprios.

---

105 ROSENFIELD, 2016, p. XXXIV.

106 ROSENFIELD, 2016, p. XXXV.

107 *Amphilogos* do grego "αμφιλογος" ou "αμφιλογως", tem um significado complexo, pois é uma palavra composta da preposição "αμφι", que no caso de acusativo significa ao redor de, ou por causa de, com o verbo "λεγω" de diversas interpretações, que pode ser designar, anunciar, querer dizer. Entretanto, o sentido é de transmitir, dizer, algo de si, de uma forma duvidosa, equivocada, em conflito, em disputa interna, em suma, de grande ambiguidade.

Todas as categorias se expandem e se contraem incontrolavelmente. Mães são esposas, filhas, irmãs."[108]

A segunda consideração de Rosenfield, que igualmente me chamou atenção, tem muito a ver com a questão da representação poética, apesar de seu contexto claramente mítico. Ela parte da observação de Holderlin, ao começo do diálogo entre as duas irmãs: "Coisa comum-e-fraternal", onde ele

"[...] realça a estranheza ainda não definida, suspensa como uma nebulosa, pairando entre o sentimento lícito e são e uma comunidade mais íntima – um Eros que põe em perigo o "κοινον" (*koinón*, coisa comum). A formulação alude ao elo excessivo dos parentes unidos pelo incesto – tara que remonta ao legado dos antepassados nascidos da terra, dos *spartoi*.[109]

E aqui ela se refere a uma determinada condição da sintaxe grega utilizada por Sófocles, a qual, nós já nos referimos anteriormente quando examinamos o prólogo:

A língua grega tem formas de dizer modos de pertencimento que não existem nas línguas modernas: um plural-dual que aqui assinala um modo mais intenso e inexorável de unidade que o plural normal. No uso que Sófocles faz do dual nesta tragédia, essa intensidade está perigosamente próxima do excesso, da "hybris". Em grego, o dual expressa a associação e a afinidade íntimas entre dois seres que se confundem devido a uma função, uma origem ou outra circunstância que torna o vínculo indissolúvel (por exemplo, um par de mãos ou de pés, unidade situada além dos opostos). Sófocles o usa estrategicamente. Em alguns momentos, ele faz sentir o afã herdado do pai, com as conotações do pendor incestuoso. Antígona dirige-se à irmã como se ambas fossem a mesma coisa ou um mesmo princípio. Mas há também outros momentos, nos quais ela se singulariza, como se respondesse por outras formas de alianças e pactos.[110]

Voltando nosso olhar novamente ao diálogo inicial entre as duas irmãs, com estas considerações em mente, em especial, voltado para a personagem principal, Antígona, podemos constatar a justeza dessas afirmações , e mais, a rapidez e a velocidade com que a personagem passa de uma posição para outra, assumindo papéis distintos. Deixando de lado as questões políticas vemos o seguinte: inicia como protetora da família, prevendo novas agressões, em conjunção dual com Ismena com conotações licitas e ilícitas; reparadora da honra

---

108 ROSENFIELD, 2016, p. XXXV.

109 ROSENFIELD, 2016, p. 3.

110 ROSENFIELD, 2016, p. 3.

da família mediante a reparação da honra de Polinices aos olhos dos mortos; singularidade ao anuncio de Creonte – a mim, digo eu –; cobrança da nobreza de Ismena e de ação conjunta; resolução decidida, necrófita e incestuosa, até a morte considerada bela; assume papel de irmã, de amante, de companheira de Polinices no além, sem restrições morais, religiosas e conveniências, além de impossíveis, muito próximas da *hybris* tebana e Labdácida; adiciona motivações religiosas a sua demanda; opta por caminho independente por necessidade e prazer, descartando totalmente a irmã com sentimentos de ruptura e ódio; se caracteriza como louca e sofredora diante do mal terrível; deseja morrer com honra. Devemos ressaltar que aqui estamos imersos no universo dionisíaco, com todos seus questionamentos sobre a pretensa imobilidade da personalidade humana, em que Sófocles magistralmente não utiliza nenhum artifício externo, como música, danças, vinho, ou mesmo "mania", para representar as alterações psicológicas, quase que de forma natural, unicamente pela caracterização da personagem.

Penso, que através destas considerações apresentadas, em especial, as derivadas de Rosenfield em sua leitura de Holderlin, ficam claras as enormes dificuldades e complexidades do texto de Sófocles, em sua ambientação em Tebas, com seu histórico tenebroso, no qual claramente predomina a *hybris*, que atinge diretamente a todos os tebanos na caracterização de seus personagens Labdácidas, onde ficam explicitas suas ambiguidades de personalidades difusas e instáveis, e isto tudo diante de necessidades prementes do ponto de vista político de encaminhar um caminho seguro e estável para tirar a *polis* da ruína e da destruição. E aqui, mais uma vez, antes de prosseguir, vamos nos utilizar da sabedoria de Hesíodo, da mesma forma como fizemos com Ésquilo, no capítulo anterior, com a diferença de que neste caso nossa referência não estará voltada para o mito de Prometeu, mas para os poemas das "Duas lutas" e das "Cinco raças", em especial quanto aos homens da raça de bronze e da raça de heróis, o segundo andar da construção mítica do poeta, em seu jogo de afinidades e de oposição entre Dike e Hybris, tão bem analisado por Vernant do ponto de vista estrutural.

Evitando naturalmente qualquer dogmatismo temporal, nossa análise de Ésquilo, a partir do Prometeu, referia-se explicitamente as condições da existência humana, com suas enormes dificuldades e males, porém onde os bens igualmente aparecem, e onde foram ressaltados os potenciais humanos para caminhar no sentido da *dike*, claramente associados em termos hesiódicos aos homens da raça de ferro, mas claro contra a visão pessimista do poeta beócio. Neste caso dos tebanos e por consequência, dos Labdácidas, com sua origem mítica dos semeados, dos *spartoi*, onde Cadmo semeia na planície os dentes do dragão a conselho de Atena, em que imediatamente surgem homens adultos completamente armados, que estabelecem entre si combates mortais, no qual, segundo o mito, apenas sobrevivem cinco homens, antepassados da aristocracia tebana, estamos claramente diante dos homens da raça de bronze referidos por Hesíodo em seu poema, que claramente se encontram em um estágio anterior, cuja única saída para sobreviverem é de evoluírem para a raça dos heróis, e este é um ponto extremamente importante em nosso entendimento do denominado "herói trágico". Sófocles considera nas Traquínias, como sendo o "[...] grupo armado nascido da terra, os "γηγενης" (*gêgeneis*)."[111] Nascida dos freixos, terrível e vigorosa, esta raça não se assemelha em nada à raça de prata; ela só pensa nos trabalhos de Ares e na Hybris.

Esta referência ao mito das cinco raças de Hesíodo facilitará a continuidade da leitura da *Antígona*, nos permitindo prosseguir em nossa análise, mediante a primeira ode, o hino de entrada, o hino ao Sol, considerado por muitos como um hino a vitória de Tebas sobre os argivos, mas que no fundo deixa transparecer o enorme abismo a ser enfrentado pelos tebanos, com seus condicionantes políticos e principalmente religiosos, que virão a ser devidamente explorados por Holderlin.

Vou, neste caso, arriscar um encaminhamento da análise do hino, ressaltando dentre outros, os aspectos religiosos embutidos no mesmo. Seguindo o caminho proposto por Holderlin, no hino aparece o entendimento do Coro, formado por velhos anciãos de Tebas, profundos conhecedores da história da cidade, com relação ao que havia acontecido com ela a partir da agressão dos argivos, como esta havia se salvo da esperada catástrofe e de sua destruição, deixando claro, que apesar de tudo Tebas foi salva graças à ação dos deuses, e que de outro lado suas esperanças futuras seguem em suas mãos, especialmente em seu deus protetor Dioniso, em sua condição de cuidar indiscriminadamente de todos. De início, na primeira estrofe, o Coro saúda o Deus Sol e lhe atribui em grande parte a vitória mediante sua força divina em reter o "guerreiro" e dominar a violência desmedida que ameaçava a cidade,

---

111 VERNANT, 1973, p. 24.

complementando com todo o aparato de guerra adotado pelos invasores, e os associando a uma grande águia guinchando e disposta a tudo para destruir a terra tebana. As traduções clássica e de Holderlin são coincidentes, e aqui usaremos a de Maria Helena Rocha Pereira:

> Ó raios do Sol, ó luz mais bela, em Tebas das sete portas a resplandecer, brilhaste enfim, ó farol dourado do dia, avançando pela corrente dirceia, sobre o Argivo, de escudo branco, com o freio mordente precipitando-se para a fuga em carreira veloz. Ele, a quem Polinices, por amargas questões, sobre a nossa terra fez cair, soltando um grito estridente-tal que se abate no solo coberta com as asas brancas de neve – carregado de armas e de elmos que crina de cavalos enfeitaram.[112]

Na interpretação de Rosenfield, baseada em Holderlin, um importante ponto diz respeito ao que passa pela mente do Coro quando este se identifica com o olhar do Sol, que tudo vê de um lugar privilegiado e isento, reconhecendo que o perigo para Tebas era exterior a cidade, mas igualmente brotava de seu interior, da discórdia entre os irmãos Labdácidas. A partir daí, desenvolve todo um argumento no sentido de desfazer uma visão polarizada entre os agressores e os defensores de Tebas, ou entre a águia argiva e o dragão tebano, pois existia em concreto uma sorte de indiscriminação entre eles. Penso, entretanto, que, de um lado a primeira questão já estava suficientemente clara para o público ateniense, devido ao conhecimento que tinham da peça de Ésquilo, *Os sete contra Tebas*, onde este ponto havia sido colocado de forma direta, não sendo necessário que Sófocles o fizesse aqui, e de outro considero que a discussão proposta da indiscriminação se ajusta melhor a partir da antístrofe 1ª. Parece-me que na primeira estrofe o importante a reter é o fato de que pela primeira vez os elementos sagrados, os deuses primordiais, representados pelo seu mais significativo Deus, o Sol, e pela corrente do rio Dirce olharam para a Tebas de Sete Portas, algo tão esperado e "enfim acontecido". Não se pode desprezar a religiosidade – no sentido de ligação espiritual – dos tebanos por sua terra, por todo o histórico de suas relações, lindamente colocado por Ésquilo em *Os sete contra Tebas* , na antístrofe 1ª do primeiro estásimo;

> Que terra, deuses meus, achareis melhor que esta, se entregardes aos inimigos este solo de humo profundo, a corrente de Dirce, a mais deliciosa das águas, gerada por Posidon ao abraçar a Terra e pelas filhas de Téthys? Numes tutelares, insuflai, pois, nos agressores, lá fora covardia debilitante,

---

[112] SÓFOCLES, 1987, p. 43-44

languidez em mãos que se desarmam. Concedei glória a nossos combatentes, salvai esta cidade, permanecei em vossos tronos, acolhei nossas pias preces.[113]

E aqui Sófocles coloca através do Coro o quanto foram importantes aqueles elementos na salvação da cidade, ao indicar para os próprios argivos em que sentido os deuses iriam atuar, na proteção da cidade maldita, coisa que certamente os invasores não contavam. Da mesma forma que em Ésquilo no *Prometeu acorrentado*, no qual este convoca os elementos sagrados a tomarem conhecimento de seus sofrimentos, Sófocles inicia a posição do Coro sobre os eventos ocorridos, recorrendo à tradição religiosa grega, algo que, diga-se de passagem, era também extremamente caro a Holderlin devido a sua relação com aqueles elementos.

As sensíveis diferenças de tradução e de interpretação do hino estão claramente colocadas na antístrofe 1ª, e aqui, as traduções clássicas e holderlianas diferem significativamente, levando consequentemente a análises bastante distintas, evidenciando-se a riqueza mítica do tratamento dado pelo poeta alemão ao embate da águia com o dragão. Vamos seguir a versão de Rosenfield para a tradução de Holderlin, ressaltando as suas inovações:

> E ao *pairar* sobre os tetos, com lanças sanguinárias, *a goela em volta se abrindo* das Sete Portas, partiu antes que as mandíbulas com nosso sangue se encharcassem, e com as tochas de Hefesto, a Coroa das torres se tomasse, e em torno ao dorso propagou-se *o estrondo de Ares ao inimigo, uma barreira erguendo ao dragão.*
>
> Mas cambaleia e cai no solo – *embriagado de amor*, aquele que, com hostes enfurecidas, vinha *báquico bufando*, no verter dos ventos nefastos. Mas sua cota foi outra, e aos outros, outra cota concede *o espírito da batalha*, pois Zeus detesta as pompas da língua grandíloqua, e quando os vê, chegando no vagalhão sublime, soberbos retinindo de ouro, com raio os precipita, já no topo das torres, prontos a gritar vitória.[114]

A interpretação de Rosenfield em cima da tradução de Holderlin traz ao episódio da luta fraternal de Eteocles e Polinices, aspectos míticos, religiosos e profundos, não se restringindo a uma simples oposição entre a águia e o dragão, ou do bem e do mal, ou mesmo entre os irmãos, por conta de alguma conta pendente de qualquer natureza. Diante desta complexidade interpretativa vou tentar seguir alguns

---

113 ÉSQUILO, 2003, p. 52-53.

114 ROSENFIELD, 2016, p. 16-17.

fios, que me lembram, ainda que remotamente, o mistério cretense de Minos. Neste sentido cabe retornar o fio principal, que de quando em quando necessita ser relembrado, qual seja, da busca da humanidade e de sua relação com o divino que tanto marcou nossa origem ocidental. Nos comentários sobre o acontecimento fica claro, e o Coro ratifica esta distinção categórica, mencionando as cotas de uns e de outros, no fato de que na realidade existem dois enfrentamentos bem diferentes em tudo: o dos sete combatentes argivos, contra os sete príncipes de Tebas, localizados nas Sete Portas, sendo que a seleção dos segundos, em Ésquilo em sua peça, havia sido feito de forma ponderada, inteligente e arguta por Eteocles, e um segundo enfrentamento, a margem da própria guerra, que é levado a cabo pelos dois irmãos Labdácidas. A primeira realizada de forma tradicional, entre homens ancorados em suas respectivas *polis*, dentro dos conceitos agonísticos gregos em que prevalece a *dike*, com suporte divino de Zeus, e o segundo realizado por homens, não totalmente humanos, descendentes dos homens de bronze, imersos em um universo não patriarcal, com força guerreira destruidora, sem limites, tomados pela *hybris* sanguinária e incestuosa, que precisam ser envolvidos pelas entidades divinas de Ares, Hefesto e Dioniso de alguma forma, sem falar no fogo de Eros. No primeiro conflito fica clara a participação de Zeus, contra a arrogância e a insolência dos argivos, senhores de si, e prontos a comemorar a vitória já desde o início, sem esquecermos de que esta *hybris* estava mais do que presente nos escudos de seus príncipes, inclusive com profundo desdém em relação ao próprio Zeus, conforme Ésquilo em *Os sete contra Tebas*. Desta forma Tebas se salvava, porém a *hybris* do dragão dos *spartoi* necessitava ser contida, ou necessitava ser purificada por meio de um sacrifício humano dos dois irmãos, e neste sentido eles caminharam de forma trágica para um enfrentamento mortal, encharcando de sangue a terra donde vieram. E neste sentido, as forças divinas convocadas por Zeus os envolveram em um clima guerreiro fratricida, embriagados de amor e ódio, em um contexto hibrido erótico-báquico, segundo Holderlin, capazes de concretizar o rito da morte daquele ser ambíguo e duplo que havia escapado até então da maldição de seu pai Édipo, e da maldição funesta da paternidade labdácida do Efebo Apolo na época de Laio.

Diante deste segundo enfrentamento, onde prevaleceram forças divinas – a interpretação de Holderlin reforça bastante este fato –, tanto em termos de passado com suas maldições, quanto por suas intervenções diretamente no conflito por nós anteriormente descrito, fica problemático identificar qual foi o papel do elemento propriamente humano no mesmo, e o que se pode esperar, a partir daí, dos principais dirigentes tebanos, ainda que descendentes dos *spartoi*. Do ponto de vista da *polis* e, coerentemente, com a avaliação dos membros do Coro, houve um grande alivio pelo resultado do conflito, já que significou sua salvação, abrindo ainda a possibilidade, mediante uma visão otimista de que a cidade estivesse finalmente livre do *miasma* da família Labdácida. Em termos do desenvolvimento da tragédia, Sófocles além de colocar em cena questões religiosas, sociais e mesmo políticas com seu hino ao Sol, parece abrir caminho para se dedicar a apresentar novos conflitos, de natureza totalmente diversa, no ambiente tebano imediatamente após a guerra das Sete Portas. Buscando encontrar elementos humanos no episódio, mesmo que signifique apenas alguma mudança de patamar, ou mesmo de sentido em relação ao embate autofágico e suicida dos irmãos, vou levantar alguns pontos com o objetivo de explicar da melhor forma possível as consequências daqueles embates para o futuro da *polis*, como também no entendimento do que nos espera, a partir daí, no desenvolvimento da própria tragédia, em um ambiente de paz, porém de intensos conflitos humanos decorrentes da forma de soberania em Tebas.

Iniciando com um retorno a Hesíodo no mito das raças e a consequente interpretação de Vernant, constata-se que o primeiro citou explicitamente o conflito ocorrido em Tebas com a participação dos dois irmãos quando falou da raça dos heróis, após a raça dos homens de bronze:

> Mas depois também a esta raça a terra cobriu, de novo ainda, outra, quarta, sobre fecunda terra Zeus Cronida fez mais justa e mais corajosa, raça divina de homens heróis e são chamados semideuses, geração anterior à nossa na terra sem fim. A estes a guerra má e o grito temível da tribo a uns, na terra Cadméia sob Tebas de Sete Portas, fizeram perecer pelos rebanhos de Édipo combatendo, e a outros, embarcados para além do grande mar abissal a Troia, levaram por causa de Helena de belos cabelos, ali certamente remate de morte os envolveu todos.[115]

Portanto, tanto Hesíodo quanto Vernant em sua interpretação da arquitetura mítica decorrente do poema sobre as cinco raças, colocam lado a lado os homens de bronze e os heróis, com as devidas gradações entre a *hybris* e a *dike*, dando a entender que internamente a este gru-

---

115 HESÍODO, 2002, p. 31-33

po existiria a possibilidade de se evoluir de um estágio para outro em determinadas circunstâncias. Vernant diz:

> Inversamente (aos homens da raça de prata), a Dike dos heróis, em lugar de separá-los dos homens de bronze, *une-os contrapondo-os*. Com efeito, a raça dos heróis é denominada mais justa e mais valorosa militarmente. A sua Dike se situa no mesmo plano militar que a Hybris dos homens de bronze. *Ao guerreiro votado por sua própria natureza a Hybris, opõe-se o guerreiro justo, que reconhecendo seus limites, aceita submeter-se à ordem superior da Dike.* Estas duas figuras antitéticas do combatente são aquelas que Ésquilo acampa dramaticamente uma em face da outra nos Sete contra Tebas: em cada porta ergue-se um guerreiro de Hybris, selvagem e frenético; semelhante a um Gigante, profere sarcasmos ímpios contra os deuses soberanos e contra Zeus; em cada vez, lhe é oposto um guerreiro "mais justo e mais corajoso", cujo ardor no combate, temperado pela "sophrosyne", sabe respeitar tudo o que tem valor sagrado.[116]

Assim, voltemos ao ponto: sob quais circunstâncias são possíveis a passagem dos homens de bronze para heróis, ou mesmo aceitando a ideia de Vernant de que no mito das raças os homens de bronze e os heróis estão de alguma forma unidos e contrapostos, e que igualmente tem muito a ver com uma tradição histórica grega, de Homero a Heráclito de considerar a *polemos* algo bastante especial do ponto de vista da Dike. De início, a distância entre eles chama atenção, pois os primeiros dissipam-se como uma fumaça no anonimato da morte no Hades, e os segundos, pelo favor de Zeus são transportados para a ilha dos Bem-Aventurados, onde levam por toda a eternidade uma vida semelhante à dos deuses. De outro lado, chama também atenção o valor e a importância da função guerreira de uma forma geral. Penso que não existem dúvidas da relação estreita entre a lança, atributo militar e o cetro, símbolo real, apesar da diferença de valor e de plano entre os dois. Vernant diz acertadamente: "A lança é normalmente submissa ao cetro, e quando esta hierarquia não é mais respeitada, a lança exprime a Hybris como o cetro exprime a Dike."[117] Os exemplos mais clássicos da utilização da lança para objetivos do cetro podem ser vistos nos mitos de soberania, quando o reinado dos Olímpicos sob a égide de Zeus precisava se afirmar em sua luta contra os Titãs e contra os Gigantes. Em sua conclamação dos deuses do Olimpo para o combate contra os Titãs, a primeira deusa a colocar seus filhos a disposição foi, como já vimos, a terrível Estige, filha de Oceano, especialmente através de

---

116 VERNANT, 1973, p. 27. (grifo meu)

117 VERNANT, 1973, p. 26.

Kratos (*poder*) e de Bia (*violência*), que a partir de então jamais se afastaram de Zeus, pois este reconheceu que a soberania necessitava se apoiar na força, na violência e no poder. Mas na luta propriamente dita, Zeus, por recomendação de Gaia teve que recorrer aos Cem Braços, guerreiros semelhantes em todos os aspectos aos homens de bronze e aos Gigantes que precisavam ser aniquilados.

Considerações devem ser mencionadas para podermos entender melhor este episódio e aonde quero chegar: primeiro, a inexorabilidade do conflito que havia sido instalado em termos de uma disputa de soberania cuja única solução era a guerra (*polemos*), com todas suas conotações míticas e religiosas autenticamente gregas; e a segunda, de que sairia vencedor do conflito aquele que tivesse mais força e poder, ou melhor, aquele que utilizasse da melhor forma possível, nesse sentido, os recursos de que viesse a conseguir naquele universo divino conflagrado. Zeus vai para a luta armado da cabeça aos pés, como se diz popularmente. Tendo incorporado a astucia e inteligência de Metis, com auxílio de Kratos e Bia, filhos de Estige, com as armas dos Ciclopes, Raio, Trovão e Relâmpago, libertados de prisões subterrâneas, e sendo assessorado pelo ardiloso titã Prometeu que se coloca a seu lado, ainda assim Zeus foi obrigado a recorrer à força dos Centímanos, Cotos, Briareu e Giges. Antes mesmo do início da luta, Zeus confere a eles o *status* de heróis, com valores guerreiros bem distantes da *hybris* de pura arrogância, mas ao contrário dotados de *dike* e *sophrosyne*, como seus guardiões fiéis, sendo alimentados como os deuses com néctar e ambrosia, e com a imortalidade garantida na ilha dos Bem-Aventurados.

Na guerra das Sete Portas, o conflito inicial pode ser caracterizado também como uma disputa de soberania da *polis* de Tebas pelos dois irmãos, se mantivermos em uma devida distância as questões das maldições dos Labdácidas, particularmente a derivada da própria filiação de Édipo. Éteocles quer manter seu poder, independente do compromisso assumido de que decorrido um ano aquele poder passaria a ser assumido por Polinices, e este vem para reclamar seus direitos de forma guerreira, acompanhado de combatentes argivos e *danaos*, em um número bem maior do que os defensores de Tebas, com o suporte do rei de Argos, Adrasto seu sogro. Até aqui nada demais, independente das visões de caráter moral e de julgamentos igualmente moralistas, que nada dizem à Grécia da época quanto a aspectos relacionados com as tendências tirânicas de Eteocles, e o amor de Polinices pelas riquezas, deixadas claro por Ésquilo, mas, principalmente, por Eurípides na tragédia *As fénicias*, que serve de contraponto aos *Os sete contra Tebas* do primeiro. É claro que as visões de Ésquilo e Eurípides quanto a Éteocles são fundamentalmente distintas em especial quanto a sua capacidade de comando, já que no primeiro a seleção dos combatentes da cada porta são feitas diretamente por ele, com enorme sabedoria, enquanto no segundo ele é caracterizado no início da peça como uma pessoa sem experiência de comando e dependente em tudo de Creonte, apesar de que no combate propriamente dito, Eurípides credita a ele grande parte da integridade defensiva da maioria das portas.

Porém, o que quero ressaltar aqui é exatamente o outro lado da moeda guerreira, como também, o outro lado do estigma dos dentes ávidos de sangue de suas descendências, em pelo menos dois aspectos que acompanham a história dos tebanos desde os tempos de Cadmo. Em primeiro lugar, uma relação quase indestrutível com a terra, uma relação misteriosa e profundamente religiosa que se coloca como se fosse um anel que liga todos que nasceram naquela terra sagrada e que no caso dos Labdácidas os obriga a sempre permanecerem fieis a ela, mesmo quando eventualmente longe dela. Esta terra maravilhosa para a qual Cadmo, de origem egípcia e fenícia, foi levado pelos deuses, que ao contrário de continuar procurando o touro que havia raptado sua irmã Europa, mandaram-no seguir uma novilha até o lugar em que estivesse extenuada e caísse por terra, para aí fundar uma cidade grega que levaria o nome de uma cidade de seus ancestrais, Tebas do Egito, que devia se modelar pela geometria dos céus com suas sete faixas, dando origem a Sete Portas cada uma delas dedicada a um Deus. Nesta mesma cidade ocorreu a grande festa nupcial de Cadmo com Harmonia, filha de Afrodite com Ares, que proporcionou o maior evento divino do universo, com a presença de todos os deuses, inclusive Zeus, mas que marcaria do ponto vista mitológico o momento de maior aproximação dos humanos com eles. Esta cidade haveria de ter igualmente seus problemas, com a maldição do dragão de Ares, porém deixando como legado um gigantesco sentimento de pertencimento a algo cuja descrição será sempre impossível e inatingível. Nas palavras de Fialho em *A nau da maldição*, em sua análise sobre *Os sete contra Tebas* de Ésquilo:

> Tebas é afinal de contas, mais do que qualquer outra polis a quem a terra alimenta com os seus frutos e serve com as suas riquezas, a cidade nascida do solo, dos dentes do dragão semeados na terra. Quando Éteocles

invoca a Terra-mãe, na prece do prólogo, essa invocação tem um sentido bem mais profundo que o de uma similar, no contexto de qualquer outra cidade.[118]

Em segundo lugar, em razão deste mesmo fato, a história dos tebanos é Coroada de atitudes heroicas, desde o próprio Cadmo, ao matar o dragão de Ares, seguindo orientação de Palas, passando por Édipo em seu enfrentamento a Esfinge e claramente alcançando os irmãos Éteocles e Polinices, sem falarmos das próprias atitudes dos irmãos Jocasta e Creonte, principalmente este cujo filho, Meneceu, acabou sendo sacrificado na guerra das Sete Portas, finalizando com Antígona, nossa mais próxima heroína. Mas nestes pontos nos interessa examiná-los relativamente aos dois irmãos Labdácidas, pois aqui estamos na terceira onda de males, decorrentes de agressões anteriores à Terra-Mãe, executadas por Laio quando optou por seu efêmero prazer em detrimento de suas raízes, e por Édipo ao semear o proibido ventre materno, cabendo aos dois irmãos resgatar, de forma heroica, a comunhão com a terra tebana, apesar da ausência total de responsabilidades pelas atitudes de seus ascendentes. Porém, para executar tal tarefa contaram com aquela relação especial com sua terra, ressaltada no caso de Ésquilo nos *Os sete contra Tebas* e também, com sua mãe Jocasta, no caso de Eurípides nas Fenícias. O primeiro, logo no prólogo, mostra Éteocles com sua invocação aos deuses, de rara beleza, e de compromissos com a Dykè:

> Invoquem os deuses pátrios, jamais esmoreça o fervor que lhes é devido para o bem de seus filhos e de sua Terra, mãe dadivosa, nutriz de todos os que gatinharam neste solo acolhedor, maternal nos cuidados de vossa educação a fim de que vos tornásseis guerreiros leais, de escudos prontos para protegê-la nas presentes aflições.[119]

Eurípides coloca Polinices diante de sua cidade para a tentativa de conciliação patrocinada por sua mãe Jocasta:

> Atravessei a cidade de espada na mão. Minha cabeça girava em círculo. Uma coisa me animava: a trégua aliada a confiança que deposito em ti, isto me introduziu nas muralhas de meus ancestrais. Em pranto, eu vim para rever enfim meu palácio, os altares dos meus deuses, a escola em que fui educado e as águas do Dirce. Violentamente arrancado daqui, vivo em terra estranha. Rios de lágrimas vertem meus olhos.[120]

---

118 FIALHO, 1996, p. 100.

119 ÉSQUILO, 2003, p. 35-36.

120 EURÍPIDES, 2005, p. 40.

A ascendência dos *spartoi*, as marcas da mandíbula do dragão sedentas de sangue, meio monstros e meio humanos, a tendência a destruição e por consequência ao infanticídio, ao fratricídio, ao suicídio, enfim, as enormes dificuldades da filiação paterna, Coroadas com a maldição de Édipo são todas verdadeiras, porém aquela relação com a Terra, com a natureza, que além de tudo que já colocamos, também trazia elementos de muito longe, da antiga Fenícia, onde os deuses venerados eram todos relacionados com os elementos primordiais, concediam uma nova dimensão àqueles descendentes de Cadmo, onde o cuidado e o amor por aquela terra representava um intenso sentimento de Dyké, capaz de contrabalançar a natural Hybris, especialmente quando estava em jogo a salvação de sua *polis*. Ao analisarmos as atitudes dos dois irmãos suicidas e destruidores, não podemos relevar esta dimensão, que no fundo os levou a se matarem, pois esta significava a possibilidade da salvação da Tebas querida. Os dois dramaturgos, Ésquilo e Eurípides viram com grande clareza e profundidade a dimensão do significado intrínseco daquela terra, da *polis* de Tebas, porém de distintas formas.

O primeiro seguindo de perto sua "filosofia" de convivência natural e de crescimento conjunto do divino e do humano, representa Tebas, como bem coloca Fialho, simultaneamente como uma nau acometida pela tormenta e a montanha contra a qual bate a tormenta, porém bem consciente de sua origem comum, aquela cidade nascida da terra. A nau dos Labdácidas, como aquele navio que o Coro alude[121] como tendo tomado o rumo do Aqueronte, em direção ao espaço dos mortos é o das gerações anteriores aos dois irmãos, e estes por meio de suas mortes, possibilitam levar aquela nau para render as devidas homenagens a Apolo, origem da advertência inicial feita a Laio. Não é por acaso que Ésquilo chama esta embarcação de "θεωρις" (*tewris*),[122] termo que os atenienses conheciam bem, pois designa a nau sagrada festiva que todos os anos leva os representantes de Atenas para o santuário de Delos, para prestar homenagens ao Deus pela libertação de Atenas por Teseu, concedendo portanto a esta nau a dimensão de "navio votivo da libertação".

Eurípides inicia sua peça por onde Ésquilo termina: rendendo homenagens a Apolo e valorizando a origem de Cadmo, pois coloca no

---

121 ÉSQUILO, 2003, p. 84-85.

122 ÉSQUILO, 2003, p. 84-85.

párodo um Coro formado por jovens fenícias originadas dos mares de Tiro com preciosas oferendas ao Efebo em seu templo nas nevadas alturas do Parnaso, que são surpreendidas pela guerra, que se constituem em apoio a terra das sete torres, por sua ascendência fenícia comum. Recupera Jocasta de seu destino na lenda do *Édipo-Rei*, fazendo-a sobreviver, trazendo mais um elemento feminino e maternal, não somente ao conflito dos dois irmãos Labdácidas, mas na interpretação de todo o estigma dos descendentes de Cadmo. Sem refutar em nenhum momento a maldita história dos Labdácidas a partir de Laio, e tendo reconstituído a mesma sob a visão feminina de Jocasta, Eurípides coloca sua ênfase na reparação devida pelos descendentes de Cadmo à morte do dragão de Ares, e não nas maldições de Pelops contra Laio, e do próprio Édipo contra seus filhos, porque seu foco é justamente a grandeza e a salvação da *polis* de Tebas. Relativamente ao conflito dos dois irmãos, Eurípides também toma uma direção contrária a de Ésquilo, no que respeita ao embate propriamente dito, pois coloca em ambos os lados combatentes de mesmo nível de Dykè, extensivo, inclusive, aos dois irmãos, que lá pelas tantas do combate, a partir de declaração de Eteocles, partem para o confronto direto entre eles, no sentido de salvar vidas, dos dois lados envolvidos na disputa, revelando assim um claro conceito de justiça humana.

Mas Eurípides vai muito adiante, de forma bastante realista e trata de separar de forma trágica o destino dos Labdácidas, do destino de Tebas, elevando e tornando esta, ainda mais fundamental e divina. Os irmãos se matam, matando-se em seguida Jocasta, Édipo e sua filha Antígona são expulsos de Tebas. A cidade é salva da maldição de Ares e de sua alada companheira sacrificando Meneceu, filho de Creonte. No dizer de Tirésias para ele:

> Da raça que procede dos dentes do dragão um filho deve morrer. Aqui, tu nos restas como único descendente puro dos espartos, por linhagem materna e paterna, puros são também teus filhos.[123]

A pátria divina será salva às custas da morte de um jovem, ainda com bastante vida para ser vivida, tema muito caro a Eurípides, que sempre possível revela seu fascínio e sua perplexidade perante a vida e a morte, e que está, como vimos nas origens da tragédia ática.

Entretanto, é chegada a hora de voltarmos para Sófocles e sua *Antígona*, deixando para trás as questões míticas, e em alguma me-

---

123 EURÍPIDES, 2005, p. 47.

dida as questões religiosas, que nos permitem aterrissar em um solo mais propriamente humano, com suas lutas de poder político, com relações humanas delicadas ou não, diante de uma nova estrutura político-social que busca se afirmar ainda que em detrimento de uma forte tradição religiosa e de princípios bastante rígidos. Alguns analistas continuam a enxergar a presença divina ou, mesmo, relações demoníacas – no caso de Reinhardt –, que no fundo é o mesmo, no desenvolvimento da Antígona de Sófocles, através de um novo estilo cênico, que "[...] tem origem no fato de que a relação demoníaca começa a ironizar a capacidade do ser humano de cair em suas próprias armadilhas, como se fosse um jogo; [...] mediante o qual o divino se apraz em revelar o que é humano como humano e, de converter a intenção, a finalidade, em destino e fatalidade."[124] Porém, a meu ver, sem descartar a hipótese intencional divina, típica do ambiente arcaico a qual se referiu Dodds em seus comentários sobre Sófocles, o fato concreto é que o dramaturgo explora até seu âmago, as dificuldades propriamente humanas, de suas existências e de suas relações, explicitadas em diálogos, que refletem posições de irredutível antagonismo. Os mais relevantes são, como vimos no prólogo, entre as duas irmãs, no segundo episódio, entre Creonte e Antígona, no terceiro episódio entre Creonte e seu filho Hemon, finalizando com o crucial dialogo de Creonte com Tirésias no quinto episódio, acrescidos e contextualizados com os dois primeiros estásimos sobre as capacidades humanas e suas enormes limitações. De qualquer forma, a intervenção divina, presente de forma explicita no conflito, e ainda objeto de desejo dos velhos anciãos de Tebas é página virada: daqui para frente há que se enfrentar e discutir a crua realidade política da cidade e nestes termos a figura principal é Creonte, como dirigente da *polis*, especialmente a partir de sua declaração de princípios, que nada apresenta de grandes novidades para um dirigente político que foi colocado naquela situação de "pós-terremoto", e na qual ele é obrigado a assumir posições políticas claras com relação ao destino da *polis*, e ao mesmo tempo atender seus interesses privados de implantação de uma nova ordem, sob o comando de uma nova linhagem, a sua.

O esquema de sua proclamação é bastante lógico: convoca os anciãos da cidade para uma audiência privada, enaltece o apoio que sempre deram aos seus dirigentes, especialmente aos Labdácidas, Laio e Édipo, permanecendo fiéis inclusive a seus filhos. Entretanto estes, se-

---

124 RHEINHARDT, 2007, p. 84.

gundo Creonte se "entre suicidaram" abatidos na poluição vergonhosa (*miasma*) das próprias mãos, onde Holderlin em sua tradução acentua, talvez em demasia, um caráter de uma poluição religiosa, como um novo *miasma* a ser acrescentado à família Labdácida. Creonte faz aqui um contraponto sutil e implícito ao se colocar como o inverso daquela vergonha, recordando Tirésias nas Fenícias sobre o sacrifício de Meneceu, e se apresenta como o detentor dos poderes do trono, claro, esperando o mesmo apoio anteriormente concedido. Mas o que esperar dele? Tomar decisões de acordo com as leis, seguir firme em suas consequências, amar a pátria acima de tudo, ser o mais realista possível, desconsiderar aqueles que querem o mal de sua terra, e com esta união em torno dela, estabelecer o princípio da amizade entre todos (*philia*), levando a prosperidade do Estado? Neste ponto Creonte faz uma inversão de assuntos, ao se referir à proclamação do édito que diz respeito aos filhos de Édipo, centrado na diferenciação de atitudes dos dois irmãos relativamente a *polis* de Tebas, que o leva a prestar as devidas homenagens e executar todos os ritos sagrados no sepultamento de Éteocles, ao mesmo tempo que proibindo qualquer ação para sepultar Polinices, e as naturais lamentações por sua morte, destinando seu corpo para dar de comer aos cães e aves de rapina, sem deixar, porém, de reafirmar mais uma vez, sutilmente, que apesar daquela diferenciação, a origem e o sangue dos dois era comum, o que por si só constituía para Tebas um grande risco, seguir sob o comando da família que havia gerado os dois fratricidas.

A proclamação de Creonte, e aqui eu concordo inteiramente com Rosenfield, não revela um déspota que para satisfazer sua sede de poder, coloca em risco a vida de seu filho e de sua sobrinha, como também não pode ser comparado a um tirano caricato no sentido moderno da palavra, revelando ao contrário, um postulante ao poder, coerente com suas ideias, mesmo que limitadas, dotado de cautela e cálculo político, expressando os riscos ainda existentes contra a *polis* e com honestidade de propósito, reconhecido neste último aspecto pelo próprio Hegel.

Mostrarei um pouco melhor essa situação. No caso especifico, imediatamente após a morte dos dois irmãos, que seriam naturalmente alternativas para comandarem Tebas, mas que ao morrerem ensejam a possibilidade de que Creonte, de uma família socialmente inferior a deles, assuma a realeza da cidade, não de forma interina, como quando da morte de Laio, antes do aparecimento de Édipo, mas de forma definitiva, e ainda mais importante e fundamental, que ele possa promover a substituição da linhagem dos Labdácidas pela sua linhagem, sendo que razões para tal ele tinha de sobra. Entretanto, existiam as duas filhas de Édipo, Antígona e Ismena, especialmente a primeira, por sua condição de *epikleros*, como obstáculos a serem vencidos, e desta forma ele precisava, de um lado agir com rapidez, aproveitando o momento de comoção provocado pela vergonhosa morte dos irmãos, e por outro, com sabedoria e valentia em suas ações, sabendo, de antemão, os riscos que iria enfrentar, e cujo sucesso em suas pretensões não era garantido. A má vontade de muitos analistas, já de saída com Creonte, levaram a criticar seu discurso com relação a alguns pontos como a referência à ganância, a eventuais ganhos na desobediência de seus atos, ou mesmo em associações com adversários internos, que não me parecem ter grande significado, a não ser o de aproveitar o momento político.

Neste contexto, a ideia do édito, parecia à primeira vista se ajustar, se moldar a todos os objetivos que Creonte tinha em mente. Primeiramente, porque estava em consonância com a nova ética que ele pretendia seguir, que inclusive ele menciona em sua proclamação inicial, ao sair da indistinção que caracterizava a veneração dos tebanos pelos Labdácidas, propondo a diferenciação entre os irmãos, entre aqueles que defendiam a cidade e aqueles que a queriam destruir, propondo uma clivagem entre bons e maus, que o levaria a distinguir entre amigos e inimigos, no âmbito de um conceito de *philia* extremamente caro aos gregos, e tudo isto em cima de um fato real acontecido quase naquele momento, onde o povo de Tebas, especialmente os mais desprotegidos, como velhos, crianças e mulheres, correram um sério risco, explicitados de forma dramática pelo Coro das mulheres de Ésquilo em *Os sete contra Tebas*. Em segundo lugar, porque mantinha vivo por algum tempo o próprio conflito entre os irmãos, não o deixando morrer, como se fosse um carimbo, um estigma, um sinal, daquela poluição, daquele *miasma* dos Labdácidas a pairar, não sobre os tetos da cidade como colocado por Holderlin, mas sobre as cabeças dos tebanos, como forma principal de desconstruir em definitivo qualquer possibilidade de se manter o comando da cidade naquelas mãos impuras e cheias de sangue comum.

Entretanto, é na terceira questão onde aparecem as maiores especulações acerca dos objetivos de Creonte, podendo se constituir em uma vantagem inestimável para o novo governante, como pondera Rosenfield. Ela coloca esta questão relativa ao decreto, da seguinte forma:

> Embora obrigue todos os tebanos a obedecer, atinge de modo particular dois membros da cidade: para as irmãs, o decreto é um golpe fatal, pois é inaceitável – uma falta gravíssima – deixar um parente insepulto. É bastante obvio que a orgulhosa Antígona se sentiria na obrigação de desobedecer a fim de cumprir seu sagrado dever ritual. Esse ardil transforma a trama em um "thriller" de suspense hitchcockiano. Seria o pacato Creonte diabólico o suficiente para arquitetar de propósito esta armadilha?[125]

Coloco essa questão de forma alternativa. Não existe nenhuma dúvida de qual seria a posição de Antígona, levando-a a cumprir a tarefa sagrada de sepultar Polinices, inclusive, naquele momento, em sua condição de *epikleros*, além de todas as considerações religiosas, ela era responsável pelos destinos da família Labdácida, e como tal, impossibilitada de agir de outra forma. Creonte sabia, certamente melhor do que nós, o que aquilo representava em termos da Grécia daquela época, e igualmente não tinha dúvidas da reação de Antígona, e apenas como lembrete, nenhum dos espectadores da peça, presentes no teatro de Dioniso, tinha qualquer sentimento diferente. Como também, ninguém desconhecia o tamanho do problema de Creonte diante de seus objetivos, pois o fato era que, além de Antígona estar na condição de *epikleros*, ela estaria prometida a Hemon, seu filho, significando a total impossibilidade de sua linhagem prevalecer, sendo o cenário mais provável a manutenção do poder da linhagem paterna de Édipo. E novamente aqui surge o problema da filiação, tema que analisei de forma exaustiva anteriormente, que deixava Creonte em uma situação particularmente frágil, caso a relação entre seu filho e Antígona prosperasse.

De qualquer forma, os principais personagens do drama foram apresentados, assim como o Coro no hino ao Sol, se posicionando com relação ao ocorrido no conflito, na qual Tebas havia sido salva, no qual os dois irmãos perderam a vida: novas questões surgiram, sendo a principal em decorrência da própria guerra, com as mortes de Eteocles e Polinices, que colocavam nas mãos de Creonte o reinado de Tebas. Este, a partir de declaração dirigida particularmente ao Coro dos anciãos da cidade, se posiciona politicamente em relação a condução da *polis*, e menciona com vigorosa ênfase seu edital de proibição do enterro de Polinices, dando a entender que tal interdito era relativo à área

---

125 ROSENFIELD, 2016, p. 32-33.

da própria cidade, que correspondia as tradições religiosas de não permitir o enterro de traidores da pátria, mas indo além disso, e proibindo a retirada do corpo dos limites da cidade para que a família pudesse cumprir com suas obrigações familiares e religiosas. Diante do edital, a posição de Antígona não poderia ser outra, a não ser a de enfrentar aquela decisão de Creonte, colocando sua irmã Ismena em situação delicada de se obrigar a estar junto com a irmã por *philia* familiar e ao mesmo tempo sem a mesma estrutura pessoal e responsabilidades para enfrentar a determinação de Creonte.

Importante salientar aqui um aspecto que mostrei anteriormente com Kitto, acerca do protagonismo dos Coros em Sófocles. O Coro aqui joga um papel fundamental, tornando-se igualmente em um dos personagens "individuais" do drama, pois grande parte das falas dos demais personagens principais é dirigida para eles, como tentando atrair a simpatia do mesmo para suas divergentes posições, ou mesmo esperando algum tipo de orientação e sabedoria, coisa que seria mais esperável dos Coros de Ésquilo que de Sófocles. Apesar de toda a cautela e desconfiança do Coro em relação às posições que irão assumir, tanto Creonte quanto Antígona ao longo do drama, não existem dúvidas que ele ou apoia, ou pelo menos não enfrenta as "razões de estado" colocadas pelo primeiro, o que levou a muitos analistas considerarem que o Coro, de forma ilusória, encarnou até próximo do final da peça uma cegueira da verdadeira realidade do que se passava, especialmente quanto a inocência de Antígona.[126] Porém, mesmo por detrás do protagonismo do Coro, Sófocles sabia perfeitamente que os atos individuais não podem ser mais marcantes do que os de um grupo e no caso, o Coro composto pelos representantes da *polis*, preocupados com o destino de sua cidade especialmente após a guerra, teriam todo o necessário cuidado para não apoiar de imediato, pretensões pessoais ou mesmo familiares. De outro lado, não esqueçamos que o conceito de *polis* para os gregos não era restrito somente a esfera política, mas era igualmente profundamente religioso, e neste sentido, a menos de uma clara intenção divina, qualquer mudança de rumo poderia se transformar em falta de respeito com os desígnios divinos. Não esqueçamos ainda que, em seu párodo, o Coro reconhece a origem divina da realeza de Creonte: "Mas aí vem o rei desta terra Creonte, filho de Meneceu, dos deuses, por nova decisão, o soberano de agora."[127]

---

126 SOUZA, 1978, p. 7.

127 SÓFOCLES, 1987, p. 45.

A partir daqui Sófocles, com grande maestria, deixa os acontecimentos fluírem, basicamente em cima dos três personagens principais, Creonte, Antígona e o Coro, com apoio de seus personagens secundários: o guarda, Ismena, Hemon e ao final Tirésias. Não vejo com clareza comentários de alguns analistas, que colocam ênfase excessiva nos destinos solidários de Creonte e Antígona, ou que discutem como no caso de Kitto, que o verdadeiro herói do drama é Creonte e não Antígona, como se estas colocações ajudassem no entendimento do drama. Acho, inclusive para simplificar a análise, que, o que realmente está em jogo é constatar, diante dos acontecimentos e circunstâncias que são imaginadas pelo poeta, como aquelas personagens humanas reagem, se apresentando realmente, com suas eventuais qualidades e defeitos, que os leva a um destino trágico, tendo como transfondo real, social e político, a *polis* de Tebas, bem como um transfondo divino de deuses da natureza, de deuses olímpicos e deuses políades. São exatamente nesses transfondos que o Coro dos anciãos trafega, adverte e canta, sendo realista, em termos humanos, familiares e sociais com tudo que diz respeito à *polis*, e extremamente sensíveis ao divino, seus signos, sinais, interferências, e aos deuses, especialmente os protetores da *polis* de Tebas.

A VISÃO DE HEGEL DA REPRESENTAÇÃO TRÁGICA

Neste sentido, Sófocles começa a construir/desconstruir a imagem e impressão dos personagens apresentados até aqui, ao mesmo tempo em que passa a apresentá-los destituídos de qualquer fantasia, que se manifesta objetivamente, como eu disse anteriormente, por meio da força dos diálogos entre eles. Em outras palavras, Sófocles coloca os personagens "em movimento", como personagens finitos e mortais, vivendo e agindo e se interagindo com os demais. Neste ponto, coloca-se igualmente um enorme desafio para o encaminhamento de nossas reflexões, pois viemos até aqui, expandindo e apresentando uma série de temas correlatos ao nosso tema principal, visando facilitar um melhor entendimento, em primeiro lugar da tragédia sofocliana, e mais especificamente da peça *Antígona*, porém é bem evidente que não temos condições práticas, nem é meu propósito, examinar integralmente a peça em todos seus atos, episódios e odes. Infelizmente, a partir daqui terei que adotar uma nova postura, seletiva e convergente, em relação à riqueza do material imaginado pelo poeta, como em relação aos materiais dos diversos analistas que se debruçaram sobre esta tragédia, no intuito de novamente me redirecionar para meu objetivo. Caso analise em detalhes todas as passagens de *Antígona*, estaria sem dúvida, em melhor posição para entender o contexto ético e político da mensagem de Sófocles, como para ter uma visão mais concreta do homem trágico desse autor, e poderia ei assim entender melhor os elementos universais deste homem, para seguir adiante. Entretanto, como tenho, em termos práticos, esta impossibilidade, e ao mesmo tempo necessito alcançar aqueles entendimentos, seguirei nessa pesquisa abordando alguns temas que facilitará entender o contexto geral da tragédia, bem como dos homens cujas vidas são retratadas, mediante suas ações e interações com seus semelhantes, sabedores que essa também não é uma tarefa simples.

Assim, iniciarei este caminho pela leitura e consolidação de algumas questões básicas que possam me orientar, a partir de Aristóteles, mas principalmente, recorrendo a Hegel em suas várias analises da tragédia grega, por meio de Thibodeau,[128] em seu livro sobre Hegel e a tragédia grega, e ao mesmo tempo, construindo uma ponte com o que discuti e conclui no capítulo anterior, dedicado a Ésquilo, sobre a existência humana, para compreender, em sua essência, o encaminhamento que Sófocles deu à sua concepção do homem, de sua humanidade, através de seus personagens.

Aristóteles em sua *Poética*, ao rebater seu mentor Platão, e exaltar as virtudes da *mimesis* dos artistas e poetas, na qual estes procuravam dizer aos homens coisas sobre o mundo em que viviam, e a forma como eles se relacionavam entre si, sempre chamava atenção que as tragédias expunham suas vidas, enquanto seres efêmeros, e ao fazê-lo, mostram-lhes que:

> [...] o erro, a falha, e o engano estão necessariamente no horizonte de todos os seus juízos e de todas as suas decisões, pois eles vivem em um mundo que é por demais vasto e mais complexo que aquilo que podem conceber e compreender.[129]

Além disto, que suas relações são geralmente conflituosas e litigiosas podendo causar conflitos e paixões, e a linguagem utilizada entre eles era ambígua, ambivalente, fonte de mal entendidos e descontentamentos. Seguindo ainda com Thibodeau:

---

128 THIBODEAU, 2015.

129 THIBODEAU, 2015, p. 27.

Para Aristóteles, os poetas trágicos lembram aos seus semelhantes que o desejo de uma vida sem sofrimento e dor era, de fato, o desejo de se subtrair à condição humana. Era, em realidade, esse desejo que conduzia necessária e inevitavelmente a querer se abstrair da comunidade e da cidade dos homens. Tal era, segundo ele, a lição que era pródiga nas peças trágicas aos espectadores atenienses e que ele tentava fazer valer contra a crítica platônica da "mimesis". Esta lição era de natureza essencialmente ética e política e era a elucidação desse conteúdo que ele dedicara boa parte de sua Poética.[130]

A partir do caminho aberto por Aristóteles, de que a vida ética e política, *bios politikos*, era uma possibilidade real, algo que era prometido pelo desenvolvimento da filosofia, vários filósofos se voltaram para a experiência grega da *polis*, e mais precisamente pela análise detalhada do conteúdo das tragédias gregas, começando por Schelling, em seguida Holderlin, com já mostrei, e principalmente Hegel ao longo de vários momentos de sua vida intelectual. Thibodeau na introdução ao seu estudo acrescenta algumas importantes questões:

Mais precisamente, cada um desses autores verá nas tragédias uma concepção de agir e de interagir humano que parece escapar às insuficiências e dificuldades da concepção moderna fundada sobre a moralidade e o direito, sobre as oposições que passarão a determinar a compreensão moderna do agir moral e legal. Ademais eles avaliaram que as obras dos poetas trágicos apresentam outra concepção de liberdade, uma liberdade que não é do *livre-arbítrio, da liberdade de escolha*, ou ainda, da liberdade transcendental contra a necessidade empírica. Na tragédia, a liberdade do herói é a de um combate, de uma luta ou conflito entre forças antagônicas que são, certamente, reais e concretas, que se desenrola na imanência do mundo efetivo e atual. De outra parte, todos esses autores verão igualmente nas tragédias a representação de outra concepção de homem, de uma concepção de vida e de existência humana que não é a mesma de um pecador dilacerado entre o bem e o mal, veiculada pela religião cristã.[131]

Entretanto, ainda vou aprofundar um pouco mais esta concepção da humanidade do homem trágico, seguindo Thibodeau, mas agora, recorrendo ao próprio Hegel, em sua obra maior *A fenomenologia do espírito*, quando fala da religião da arte (*die kunstreligion*), em particular da poesia trágica, como uma forma de introdução ao tema, que será desenvolvido após, facilitando o entendimento dessa questão:

---

130 THIBODEAU, 2015, p. 28.

131 THIBODEAU, 2015, p. 29-30.

A linguagem da tragédia é a linguagem da própria ação, a linguagem performativa daquele que age e interage. É a "linguagem superior", que penetra no conteúdo da vida, da ação e da interação humana. É o próprio herói quem fala, e o espetáculo representado mostra ao ouvinte e espectador homens conscientes de si que sabem dizer seu direito, seu fim; a força e a vontade de sua determinidade. Todavia, os heróis trágicos não são os heróis épicos. Eles não são mais figuras meio humanas, meio divinas, cujo destino é executar e realizar heroicamente uma ordem ou plano divino que, porque ele é dito necessário e inelutável, deve ser considerado como a realização da justiça. Os heróis trágicos, em contrapartida, são homens em sentido pleno. Certamente, eles não são homens comuns, e as situações que enfrentam não são os da vida cotidiana; não são homens que, na vida diária, acreditam saber o que devem fazer e como fazer. Diante das circunstancias particulares e extraordinárias em quais se encontra, os heróis trágicos interrogam-se sobre o que devem fazer; eles refletem sobre os motivos de suas ações, eles tentam dar conta dos princípios e das normas que segundo eles determinam suas decisões e o seu agir; esses heróis "demonstram o direto de sua ação"; afirmam com reflexão e exprimem de modo preciso o "pathos" a que pertencem, liberando-se das circunstancias contingentes e das particularidades da personalidade para expô-lo em sua individualidade universal. Enfim, esses heróis são, certamente, homens que possuem todas as características dos que vivem e agem no mundo real e atual.[132]

Analisei a existência humana no capítulo anterior, a partir de uma leitura e análise do Prometeu de Ésquilo, que caracterizava o homem como sendo inevitavelmente um ser vulnerável, mortal e sofredor, devido à existência de um *Cosmos* divino ordenado por Zeus, no qual ele era obrigado a atuar, e ao qual ele tinha a incapacidade de se submeter, uma faculdade que tinham os animais, sempre procurando reagir contra qualquer de seus sofrimentos que considerava não adequados, não justos, em sua total incapacidade de aceitar sofrimentos sem ter uma sensação de injustiça, e não aceitando de nenhuma forma que a causa de seu padecer fosse o fato de existir. Este homem evoluiu, agora, no contexto trágico por excelência de Sófocles, demonstrando e evidenciando através de sua linguagem superior, suas ações, sua determinação, sua liberdade e sua individualidade, afirmando assim sua condição humana plena. Neste sentido, vou retornar uma vez mais a Hegel, ainda não em sua análise do conflito de Creonte e Antígona, mas em suas análises da tragédia grega que fundamentam sua filosofia do espírito, centrada na organização social e na vida de um povo espe-

---

132 THIBODEAU, 2015, p. 145.

cifico, no *Espírito do cristianismo e seu destino* no início de sua carreira entre 1798 e 1799, e nos *Cursos de estética* desde 1818 até sua morte em 1831, para complementarmos a visão do herói trágico em sua individualidade vivente atuando em seu mundo específico, que o levará a interagir e estabelecer relações, bem como se confrontar mediante lutas e conflitos com seus semelhantes.

O jovem Hegel no primeiro ensaio analisa a concepção de justiça, a partir do modelo propriamente jurídico do Antigo Testamento, que é replicado na filosofia pratica de Kant, bem como a alternativa cristã da teologia do amor, chegando à conclusão que ambas apresentam uma série de contradições e insuficiências, nas quais se ressalta, no primeiro caso, a inexistência de uma justiça verdadeira ao se aplicar a lei do talião (*lex talionis*), sem alcançar qualquer reconciliação possível, e no segundo caso, por seu caráter individual e particular que impede sua extensão à totalidade de uma comunidade ética e política. Porém, ao contrário, a *diké* da justiça trágica, compreendida como destino, permite alcançar uma justiça verdadeira em termos de vida do transgressor, como facilita o alcance de uma plena reconciliação. Inicialmente, é importante entender claramente a concepção de destino de Hegel, utilizando de novo de Thibodeau. Para Hegel, o destino, a punição do destino é antes uma potência, e mesmo uma potência hostil. Mas essa potência, precisa Hegel, é uma na qual "o universal e o particular estão unificados", e ela constitui o que ele nomeia um "individual" (*ein individuelles*). Em outras palavras, o destino não é uma "entidade abstrata", superior ou transcendente, mas é, antes, uma potência, de qualquer modo, imanente, que se situa na mesma altura que o homem ou que o herói que o afronta, mesmo se este último deva perecer. O que significa que, na experiência do destino, o homem não luta contra uma lei estranha que o domina, mas ele bate-se, antes, contra uma potência igual a si, contra uma força que Hegel chama de um inimigo (*ein Feind*): "O destino somente é um inimigo, e o homem faz-lhe do mesmo modo como uma potência combatente."[133]

O que isto significa? Mesmo considerando a punição que atinge aquele pelo destino como algo negativo, sendo assim uma experiência de sofrimento, ela difere da transgressão a uma lei, pois não se trata da aplicação de uma regra por um juiz, como uma sanção "de uma lei

---

133 HEGEL *apud* THIBODEAU,2015, p. 63.

universal que domina o particular",[134] precedendo deste modo o crime que foi cometido.

> Segundo tal esquema, decorre, pois, que o crime, que o agir criminal do homem não é a sublevação ou a revolta de um particular contra um universal que se assujeita. Ele não é concebido como um ato pelo qual o homem tenta alforriar-se e libertar-se de uma autoridade da qual ele é escravo.[135]

Indo adiante, no sentido de compreender esta punição pelo destino, tenho que explicar a relação do homem com a vida, de acordo com Hegel, e o que significa o agir humano neste contexto. Thibodeau coloca:

> Antes, que agisse "o homem é" – ele é unido à vida-, e não há nenhuma separação, nenhuma oposição entre o universal e o particular, entre o homem e as suas tendências e inclinações. Antes que ele cometesse o seu ato, o homem, o herói trágico é, por assim dizer, mergulhado ou imerso na totalidade de seu mundo, em sua comunidade, no que Hegel chama de a "divindade unida", ou ainda, mais simplesmente, a vida. De fato, é a ação criminosa que faz surgir a oposição; é unicamente no momento em que o homem age que ele produz a separação e aniquila ou, rompe a unidade da vida.[136]

Entretanto, como para Hegel a vida é um bem indivisível, universal e imortal, este rompimento não significa uma destruição pura e simples da vida, mas uma separação, a ruptura da totalidade ou da unidade da vida, que uma vez rompida se volta contra o homem e transforma-se em inimigo. Para Hegel, é essa vida ferida que, agora, vai mostrar-se agressiva e hostil; é essa vida – essa mesma vida, da qual o criminoso era parte integrante – que vai puni-lo, aniquilá-lo ou, em outras palavras, que vai realizar o destino que ele provocou a si mesmo e que, fazendo-o, vai tentar restabelecer e satisfazer a justiça. No dizer de Thibodeau:

> Na punição como destino, a lei que pune o ato criminoso é secundária em relação à vida. Ela não é esta potência transcendente, estrangeira e objetiva, essa ideia suprema que, por sua incondicionalidade e eternidade, vem fixar o não valor e a imoralidade definitiva do criminoso. Bem, ao contrário, na experiência do destino *a lei* aparece como uma falta ou uma perda. Ela surge de qualquer sorte como a expressão da unidade que foi rompida e perdida. Punindo o criminoso – aquele que lesou a vida – ela exprime ou

---

134 THIBODEAU, 2015, p. 63.

135 THIBODEAU, 2015, p. 63.

136 THIBODEAU, 2015, p. 63.

ela afirma, por assim dizer, negativamente a necessidade da unidade da vida. Na *lei* do destino, essa necessidade é afirmada como igualdade do mal que o criminoso causou e do qual ele mesmo sofre.[137]

Porém, se aceito esta tese respeito às características especiais deste tipo de infração, várias e importantes consequências daí decorrem, que obviamente foram objeto de reflexões por parte de Hegel. A primeira e mais significativa é que a punição do destino não atinge unicamente aquele que cometeu um ato criminoso, mas também aquele que agiu com intenções e motivações inocentes, sob razões moralmente irrepreensíveis, levando a ser punido por uma culpabilidade sem crime, chamado por Hegel de "infração inocente" (*die Schuld der Unschuld*). A primeira vista tal sanção parece ser totalmente injusta, e na perspectiva da lei e da moral quando um homem violou intencionalmente uma lei universal, tal punição é evidentemente um escândalo. Entretanto, a concepção que Hegel adota para a vida, "da divindade unida", como estamos evidenciando, em sua totalidade, na qual o homem está inserido, o universal e o particular estão indissoluvelmente unidos, e portanto *a lei* é segunda em relação a vida; "ela é mais tardia que a vida e está mais na profundeza que esta, [...] e no destino trágico, ela surge como um golpe no momento em que a ação foi cometida, o que significa que a lei universal faz sua aparição no contexto sempre particular da ação, e é com respeito a esse contexto que ela adquire o seu sentido."[138]

Porém, as consequências da ação, do agir, neste contexto maior, são ainda mais profundas, me obrigando ir um pouco mais além. Vejamos com clareza: estou trabalhando com duas concepções ilimitadas, para dizer o mínimo, que são, de um lado a vida, apresentando possibilidades infinitas e de outro, o destino, para o qual não existe nenhum controle, nem temporal, nem espacial, e que se mostra totalmente inapreensível. É por esta razão que uma lei específica, unitária, pensada, conceitualizada, sobre determinadas oposições não tem como dar conta das infinitas possibilidades existentes, levando a uma concepção de punição fundamentada na estreiteza e na insuficiência em julgar o agir humano. Também é a razão, de acordo com a concepção de Hegel, que toda ação é de imediato "culpável"(*schuldig*), uma vez que o homem sabe que agindo, ele rompe e viola a unidade, e só depois ele desco-

---

137 THIBODEAU, 2015, p. 63.

138 THIBODEAU, 2015, p. 67.

brirá e saberá se sua ação é "culpável" em sentido moral e jurídico do termo. Hegel acrescenta: "[…] tal saber não é teórico, mas preferencialmente prático; ele não pode ser o conhecimento de uma regra universal, abstraída de todo o contexto, mas é vivida e experimentada no contexto de uma situação particular."[139]

Entretanto, mais uma vez, há que romper com as limitações dos conceitos envolvidos na análise, pois os termos, "culpa", "culpabilidade", "culpável", precisam ser reinterpretados neste novo modelo, e é isto que faz Hegel, a partir do conceito aristotélico de "αμαρτια" (*hamartia*) aplicado na *Poética*, que tinha uma conotação de erro, falta ou falha cometida pelo herói trágico, e não por vício ou maldade. O termo *schuld* na língua alemã não é reservada à culpabilidade no sentido legal ou moral, possuindo um campo semântico bem mais vasto que envolve outros empregos, como de "responsabilidade", ou o fato de ser "imputável", ou de ser garantia de uma ação e de seus efeitos. Portanto, diferentemente do agir criminoso, onde o homem intencionalmente transgride uma lei universal, o agir, na experiência trágica do destino, o homem exerce sua liberdade, com responsabilidade por suas ações, sejam elas quais forem, pois não existem distinções entre intenções e consequências, que somente existem no caso do ato premeditado. E esta disposição de correr riscos ao agir, e portanto de assumir suas responsabilidades é uma das coisas mais lindas da tragédia grega, que está igualmente por detrás da afirmação de Hegel que "todo sofrimento é uma infração",[140] pois é pelo sofrimento do sofrimento que o herói trágico vem a "conhecer", "saber", que cometeu uma infração, que transgrediu o que não deveria ser. Antígona com grande sabedoria, expressa este fato, em sua fala final: "Mas, se esta pena é bela aos olhos dos deuses, só depois de a termos sofrido, poderemos reconhecer que erramos."[141]

Porém, são nos *Cursos de estética* que Hegel deixará mais claro esta questão das consequências do agir e de suas responsabilidades, pois ao falar da poesia dramática, ele teve necessariamente que abordar a poesia épica e lírica e mostrar suas diferenças com relação ao drama. Os *Cursos de estética* estão associados a sua Enciclopédia das Ciências Filosóficas, onde o filósofo finalmente apresenta por completo seu sis-

---

139 HEGEL *apud* THIBODEAU, 2015, p. 68.

140 THIBODEAU, 2015, p. 68.

141 THIBODEAU, 2015, p. 68.

tema de filosofia especulativa, onde a arte pertence ao terceiro e último círculo das ciências filosóficas, que é o da filosofia do espírito, que sucede à filosofia da natureza e a ciência da lógica. A arte é junto com a religião e a filosofia, o que Hegel nomeia o espírito absoluto, e que ele distingue, agora, do espírito que ele qualifica de subjetivo e daquele que ele chama de objetivo. Este espírito absoluto é o saber pelo qual o espírito toma consciência de si próprio, exprime e explicita o conhecimento que ele tem de si mesmo. É o saber que ele designa como a Ideia, o universal, o absoluto, o infinito, a verdade ou Deus. Em seu sistema, a filosofia vem justamente suceder à arte e a religião, no sentido de superar as insuficiências e limites das duas primeiras, e no caso da arte, Hegel vai desenvolver a polêmica concepção de sua morte, ou de sua inadequação aos tempos modernos. Suas análises da poesia dramática e da tragédia aparecem ao término de seus *Cursos de estética*.[142]

Um primeiro ponto que quero explorar é da intima conexão que Hegel estabelece entre as manifestações de expressão poética, épica, lírica e dramática com o que ele denomina de terreno da objetividade, em uma época que ele caracteriza como sendo heroica, de um povo específico, o grego; portanto, de indivíduos unidos no seio de um mundo humano de múltiplos aspectos, que habitam um território geográfico especifico, com uma história que lhe pertence e dotado de um conjunto de instituições que determinam a vida deste povo. A primeira vista parece evidente tal conexão, porém existe algo mais por detrás dela. Assim, principalmente as expressões poéticas, épica e dramática, almejam apresentar a vida dos homens em suas ações e interações com seus semelhantes, em diferentes situações, destacando suas razões e motivos de seu agir, colocando seu foco nas oposições, conflitos, lutas, guerras, que inevitavelmente venham a ocorrer, e claro, suas reações a estes desafios. Em suma, tanto a poesia épica quanto a dramática representam os homens, em contextos distintos, no momento mesmo do agir e do interagir. Entretanto, na representação dramática da ação e da interação humana, existe um diferencial importante com relação à poesia épica, que o drama foi buscar em suas origens, na poesia lírica: a da subjetividade e da interioridade, com ênfase em suas intenções, reflexões e motivações para agir de uma forma ou de outra. Para Hegel, portanto, são os elementos relativos à subjetividade, a sua vida interior e a sua autonomia que a poesia dramática foi buscar na poesia lírica,

---

142 THIBODEAU, 2015, p. 158.

como, aliás, tivemos oportunidade de ver anteriormente, quando abordamos os principais representantes daquela expressão poética.[143]

Mas é fundamental entendermos a qualificação de Hegel do mundo ou da época do espírito grego como "heroica", nas palavras de Thibodeau, pois apesar do destino, e apesar da multiplicidade das potências divinas da época, ficam claras as responsabilidades humanas relativamente ao seu agir:

> Este estado caracteriza-se essencialmente pelo fato de que ele é um mundo que não é ainda marcado pela separação, pela cisão do universal e do singular, da objetividade e da subjetividade. Nesse mundo, salienta Hegel: "as potências éticas universais não são fixadas para si nem como leis políticas nem como comandos e deveres morais": las são a base viva, a substância efetiva e concreta que molda ou modela os diversos aspectos da vida dos homens; essas potências "[...] entram em cena com o frescor das origens sob os traços dos deuses, quer opondo-se em sua própria atividade, quer aparecendo como o conteúdo vivo da individualidade livre em si mesma.[144]

Isso, portanto, quer dizer que, em tal mundo:

> Os indivíduos não são subjetividades morais que agem no seio de um quadro jurídico e estático pré-existente, de uma ordem formal que se impõe a eles do exterior. Ao contrário, no mundo que Hegel qualifica de heroico, os indivíduos são, por assim dizer, portadores do universal e do substancial; são o que ele chama de personagens éticos, e suas ações não são aplicações de regras, de leis exteriores e já dadas, mas sua própria obra, sua própria realização ética.[145]

Hegel, de forma brilhante, consegue ser ainda mais explícito na sua caracterização do herói grego, concedendo-lhe a capacidade de sua auto criação:

"Os heróis gregos entram em cena numa época pré-legal, ou tornam-se eles próprios os fundadores do Estado, de modo que o direito e a ordem, a lei e os bons costumes provêm deles e efetivam-se como sua obra individual."[146]

Thibodeau resume essa questão:

---

143 THIBODEAU,2015, p. 176-177.

144 THIBODEAU, 2015, p. 180.

145 THIBODEAU, 2015, p. 180.

146 HEGEL *apud* THIBODEAU, 2015, p. 180.

"Isso significa que, nesse mundo, os indivíduos assumem inteira responsabilidade por seus atos e respectivas consequências, sejam elas quais forem. Na medida em que os personagens heroicos fazem de suas ações suas próprias obras, suas próprias realizações éticas, decorre necessariamente que não pode haver distinção entre as intenções subjetivas que determinam uma ação e suas consequências objetivas".[147]

Levando a uma caracterização precisa do personagem heroico por Hegel: o personagem heroico não faz esta distinção, mas responde, com toda a sua individualidade, por toda ação sua."[148] Portanto, nesse mundo "[...] o sujeito permanece em conexão imediata com o conjunto de sua vontade e de seus fatos e gestos [...] e responde indistintamente por todas as consequências de seus atos, sejam quais forem."[149] Para Hegel, é esse mundo que "emerge sobre a cena e que é o objeto da representação trágica."[150]

Antes de encerrarmos esta fundamental digressão, na qual, fizemos questão de explicitar o conteúdo humano no agir e interagir dos heróis dramáticos, de forma a podermos visualizar com mais clareza, os comportamentos das personagens principais de *Antígona*, sem vários preconceitos adotados por um grande número de analistas da peça, que em geral, os colocam em um contexto onde prevalecem conceitos de lei, de moral e mesmo éticos, que nada tem a ver com a época heroica dos gregos, vamos sumariamente ver como Hegel considera o elemento divino da tragédia. Esta questão foi abordada por ele, em detalhes na fenomenologia, mas aparece igualmente em *Cursos de Estética*. Diz ele:

Podemos dizer de modo geral que o tema verdadeiro da tragédia original é o divino: todavia, não o divino tal qual constitui o conteúdo da consciência religiosa enquanto tal, mas tal como ele intervém no mundo, no agir individual, sem, entretanto, perder, nesta sua efetividade, seu caráter substancial, nem reverter-se em seu contrário. Sob esta forma, a substancia espiritual do querer e do realizar é o elemento ético (das Sittliche).O elemento ético, com efeito, se nós o apreendermos em sua pura densidade e em sua pureza imediata, e não na perspectiva da reflexão subjetiva como moralidade formal, é o divino em sua realidade profana, o substancial, cujos lados ao mesmo tempo particulares e essenciais fornecem o conteú-

---

147 THIBODEAU, 2015, p. 180.

148 THIBODEAU, 2015, p. 180.

149 THIBODEAU, 2015, p. 180.

150 THIBODEAU, 2015, p. 180.

do motor da ação verdadeiramente humana e explicitam e tornam efetiva na própria ação esta essência que é a sua.[151]

De acordo com esta visão, que se transforma na pedra angular de sua análise do conflito entre Antígona e Creonte, mas que também terá grande impacto em seu sistema filosófico como um todo, Hegel, considera que as obras trágicas gregas vão desenvolver-se em torno de dois aspectos: de um lado a base substancial e divina, o elemento ético universal enquanto tal e de outro lado, o agir dos indivíduos, dos personagens trágicos. O elemento ético é formado pelas potencias constitutivas do mundo grego: *"o amor familiar dos esposos, dos pais, dos filhos, dos irmãos e irmãs"*[152] e *"a vida política, o patriotismo dos cidadãos, a vontade das instancias dominantes"*.[153] Enfim, também faz parte do elemento ético o que advém da *"[...] existência religiosa, não como piedade resignando-se às ações, nem como sentença divina presente no coração do homem sobre o bem e sobre o mal na ação, mas como intervenção e defesa ativa dos interesses e das relações reais."*[154] E para Hegel, é o Coro quem representa e exprime a unidade das diversas potencias éticas, que diante dos personagens em ação, aparece como a consciência superior, como a consciência da sabedoria popular, e sua função consiste essencialmente em refletir sobre as circunstâncias, elucidar os diferentes aspectos da situação conflitual e lembrar a todos que o agir dos protagonistas têm sentido apenas na totalidade ética e popular à qual pertencem. Por isso ele não intervém na ação e Hegel conclui: *"[...] o Coro* não exerce direito algum sobre os heróis em luta: mas se contenta em anunciar seu juízo de maneira teórica, advertir, compadecer-se ou invocar o direito divino e as *potências interiores que a imaginação representa como o círculo dos deuses."*[155]

Além disto, existe, por coerência com o que foi por Hegel afirmado anteriormente, mais uma razão para a atuação do Coro em sua não ação e em sua não intervenção, que é o fato de ser ele o representante de um povo heroico, de uma totalidade popular que vive numa época pré-legal, e que não dispõe de nenhuma base jurídica sólida, nem de dogmas religiosos, onde se apoiar para resolver o conflito entre as

---

151 THIBODEAU, 2015, p.180-181.

152 HEGEL *apud* THIBODEAU, 2015, p. 181.

153 HEGEL *apud* THIBODEAU, 2015, p. 181.

154 HEGEL *apud* THIBODEAU, 2015, p. 181.

155 THIBODEAU, 2015, p. 181.

personagens, em apoiando este ou aquele, tentando lembrar sempre a harmonia tranquila e estável das diversas potências substanciais e divinas constitutivas da cidade helênica. Relativamente ao segundo polo da tragédia, do agir dos indivíduos, estes, são sujeitos que encarnam o que Hegel designa como seu *pathos*, a potência substancial e divina que os define e a qual eles pertencem. Assim, os heróis trágicos entram em cena como representações individuais de potências substanciais, e é este acordo indissociável que, segundo Hegel, inspira admiração e veneração: "Os heróis trágicos da arte dramática são indivíduos grandes e fortes [...] e que são de toda sorte elevados ao estado de obras esculturais."[156] Eles são colocados em situações que não querem, não podem, nem devem realizar nada além de seu próprio *pathos*, de sua própria potência ética.[157]

A TRAGÉDIA LABDÁCIDA

Estou agora em melhores condições de seguir no entendimento e análise dos principais personagens de *Antígona*, bem como da atuação do Coro dos anciãos de Tebas, após ter me aproximado dos pensamentos e reflexões de Aristóteles e, principalmente, de Hegel sobre a tragédia ática em si como representação, onde agem e interagem personagens trágicos, e muito mais do que isto, identificando no que foi visto as principais características acerca daquele "homem", de seus atributos essenciais, de sua existência humana, que é retratado nas tragédias, em especial por Sófocles, diante de situações específicas próprias da época, e no lugar histórico em que viviam no século V em Atenas. Diante do peso destas reflexões, seria natural fazer uma espécie de resumo, porém, julgo melhor partir de alguns pontos que considero de maior relevância para o trabalho. Para Aristóteles, a tragédia representava e encenava homens que viviam, agiam e interagiam enquanto seres finitos, mortais e principalmente imperfeitos, mostrando que os erros, as falhas e os enganos eram inerentes aos seus juízos e decisões, pois eles eram obrigados a viver em um mundo demasiado vasto e complexo para ser perfeitamente entendido e concebido. De outro lado estes homens finitos e imperfeitos ao se relacionarem geravam inevitavelmente conflitos, litígios, lutas, que poderiam causar excessos e paixões fora de controle e destrutivas, devido a visões, conceitos e atitudes distin-

---

156 HEGEL *apud* THIBODEAU, 2015, p. 182.

157 THIBODEAU, 2015, p. 184.

tas, agravados pela utilização comum de uma linguagem polissêmica, ambivalente e ambígua, que promoviam o surgimento de sentimentos profundos de decepção, raiva, temor, dor e sofrimento, tendo ainda como transfondo o sentimento último da morte. Mas estas condições faziam parte da existência humana, junto com outros sentimentos de empatia, solidariedade, piedade, e qualquer coisa fora disto era se subtrair a dádiva da vida e se abstrair da comunidade humana.

De Hegel ficou suficientemente claro que os personagens trágicos representam homens reais em um sentido pleno, que agem com liberdade, com determinação, com suas motivações e intenções objetivas e subjetivas, com reflexões prévias nas consequências em seu direito de agir desta ou de outra forma, sendo assim totalmente responsáveis pelas elas. Independentemente do risco que estejam porventura correndo, são capazes de se posicionar perante as circunstâncias, baseando sempre suas ações em uma honestidade de princípios, significando que ao agirem de uma determinada forma, acreditam sinceramente que é a melhor que poderiam adotar diante das situações por eles vividas. Portanto, ao assim agirem, não o fazem por má vontade, crime, ignomínia, alguma infelicidade ou cegueira, mas por uma ação eticamente legítima, que evidentemente nada tem a ver com inocência e culpabilidade, e ainda, sem pretender alcançar, em nenhuma hipótese qualquer rasgo de compensação, ou de compaixão, em relação as suas eventuais consequências. E apesar de tudo, com honestidade de princípios, sem nenhum vestígio de intenções maldosas ou, criminosas, os indivíduos podem ser cobrados por suas ações, uma vez realizadas, as quais podem ser "culpáveis" no sentido ampliado que vimos, levando ao sofrimento do sofrimento, ou levá-los para consequências trágicas, significando que diante da multiplicidade da vida, não existe nenhuma segurança para o homem ao realizar aquela ação. Fundamental ainda é incorporar o conceito hegeliano de época heroica, na qual os indivíduos se encontram em uma época pré-legal, bem distinto de um ambiente com um contexto jurídico, estático e permanente pré-existente, com uma ordem legal e formal bem constituída. Ao contrário, eles são o que Hegel chama de personagens éticos, os próprios fundadores do Estado, onde o direito, a ordem, a lei e os bons costumes provem deles, enquanto viventes naquele contexto e efetivando tudo isto como obras individuais. Acerca deste ponto, que considero da mais alta importância, que terei a oportunidade de a ele retornar para caracterizá-lo como um período de transição, pleno de significados outros, além dos já considerados por Hegel.

Porém, mesmo considerando que meu objetivo não é de apresentar uma nova interpretação de *Antígona*, nem fazer uma análise literária e estética da peça, ao acreditarmos nestes pontos que foram privilegiados com relação às reflexões anteriormente discutidas, posso descartar com segurança, todas as análises e versões sobre *Antígona* que se baseiam em dicotomias julgadoras, morais, de comportamentos, de atitudes, ou até mesmo as de conteúdo ético, como forma de explicar, de dar conta do conflito entre os dois personagens centrais. Estes julgamentos incluem, por exemplo, lei dos homens contra leis divinas, inocência de Antígona contra o tirano Creonte, de destino contra destino, de vontade firme contra ausência de vontade, de força contra o seu oposto, de atitude trágica e heroica contra estreiteza não-trágica e sem um caráter heroico, da vida particular e da vida pública, ou, finalmente, entre família e a *polis*. Serei o mais claro possível, pois não quero dizer que elas estejam em princípio erradas: podem até estarem corretas, como é o caso de muitas delas. Porém, não dão conta da questão colocada pelo poeta, pois Sófocles não coloca nenhuma caixa fechada para nenhum dos dois; eles transitam por todos os domínios em maior ou menor grau, com mais ou menos ênfase: religião, destino, ética, política, família, *polis*, poder, e individualidade objetiva e subjetiva. E Sófocles torna ainda mais complicada a apreensão dos personagens, adicionando outros elementos em cada uma das passagens, que concedem incertezas, incoerências e instabilidades em seus posicionamentos, gerando impossibilidades de um entendimento racional de cada um deles, especialmente nos casos específicos daqueles domínios. No caso das dicotomias hegelianas, que variaram bastante ao longo do tempo, e ainda por cima tiveram uma divulgação por parte de alguns analistas de forma simplificada ou mesmo deformada, farei um destaque mais adiante já que é necessária alguma cautela, pois na realidade as análises por ele empreendidas acerca da tragédia grega quanto aos conflitos entre Orestes e as Erínias, no caso de Ésquilo, quanto entre Antígona e Creonte em Sófocles, tinham como objetivo principal o desenvolvimento de seu sistema filosófico, que ele acaba concluindo em sua *Enciclopédia*. Por outro lado, como veremos um pouco mais adiante, aquela questão, a qual dei especial ênfase, a da época heroica, traz uma certa ambiguidade e alguma incoerência acerca das próprias caracterizações dos conflitos apresentadas por Hegel. De qualquer modo, vou me concentrar em cada um dos personagens principais por si só abandonando aquelas dicotomias, para em seguida examinar em detalhes as inquietações do Coro, de molde a alcançarmos a visão do homem que emerge desta peça de Sófocles.

Neste sentido, selecionei alguns diálogos reveladores dos personagens envolvidos a partir de suas apresentações, como analisei anteriormente, seguindo de alguma forma as intenções do enredo de Sófocles, de forma a revelar a sua essência e contribuições no desenvolvimento da tragédia. Irei iniciar este processo pela personagem de Creonte, no qual o poeta, como que o testando em suas intenções reais, derivados da publicação do édito, mas mais do que isto, a partir de sua proclamação de princípios, o coloca em xeque como pessoa, dirigente atual de Tebas, político e integrante da *polis*, assim como homem de família, da sua própria e dos Labdácidas, e finalmente em suas relações com o divino. De seus diálogos, com o guarda, encarregado de zelar pelo não enterro de Polinices, com suas sobrinhas Antígona e Ismênia, com Hemon, seu filho querido, e com o velho Tirésias, constantemente acompanhado pelo Coro dos anciãos de Tebas, teremos uma ideia melhor de quem é realmente Creonte, pois é muito fácil se autoproclamar dirigente da *polis* e apresentar alguns princípios gerais para sua atuação, mas ao ir um pouco além ao proclamar seu édito, por razões políticas de defesa da *polis*, terá que enfrentar e sustentar sua posição perante esses interlocutores mencionados.

Iniciarei mediante o diálogo carregado de insinuações golpistas e de baixo nível, que revela um dirigente fraco e condescendente, ao permitir uma intimidade sem propósito, e sobretudo extenso em demasia, com o guarda encarregado de cumprir com seu edital de proibição do enterro de Polinices. Desde este início, começa a se esboçar, talvez não para Creonte, mas certamente para o Coro, as dificuldades que ele terá que enfrentar para levar seu projeto de poder adiante. O diálogo em tom de farsa começa com a constatação do guarda que alguém havia dado sepultura, ainda que simbólica, ao cadáver de Polinices, espalhando pó seco e fazendo as oferendas devidas, com clara intenção de afrontar seu edital de proibição.

O guarda mediante um longo relato, em que se evidencia "que não foram efetuadas todas as cerimônias fúnebres para que o morto pudesse transpor as portas do Hades, mas que os Gregos entendiam ser suficiente cobrir o cadáver com uma camada de pó",[158] revela de um lado a fragilidade do esquema de segurança do cadáver montado por Creonte, como se estivesse esperando que tal situação não poderia ocorrer, como também a intenção dos guardas de levar adiante um desafio, ou um teste para o novo dirigente, em termos de poder, desejo, firmeza, em função do recebimento de más notícias, com suas inevitáveis consequências públicas e políticas, da ausência de respeito por suas decisões. Creonte segue com a farsa, mostrando "alguma indignação", dando a entender, com certa cumplicidade, que o guarda estaria tentando tirar ganho de qualquer espécie como lucros escusos com o episódio, porém sem o acusá-lo de cometer crime algum, com condescendência e vagas ameaças, e o liberando para atuar em seu interesse. Porém, esperando ou não que tal fato viesse a ocorrer, suas consequências certamente não faziam parte de seus planos.

O Coro se assusta e levanta a hipótese de que, por acaso, o enterro de Polinices não terá sido obra dos deuses com palavras fortes, indicando "causas divinas" e "orientado por um Deus" que o leva a responder de forma heroica, como pontua Knox,[159] com intolerância e fúria, mas que o leva próximo da *hybris* ao julgar que ele tem o poder de saber, sem engano, os desígnios dos deuses. Astutamente, pois a esta altura ele já desconfia de onde vem à rebeldia a seu édito, ele prefere colocar a culpa em oponentes políticos, rebeldes e criminosos dando a entender que, apesar da vitória na guerra, sua situação política interna à Tebas ainda sofre ameaças. Por outro lado, no diálogo com o guarda, este rapidamente entende a situação, que algo bem maior que ele está por trás do ocorrido, e mais grave, insinua de forma explícita, como representante das classes mais populares da *polis*, que muitos poderiam aprovar o comportamento de quem eventualmente estivesse por trás do enterro, ainda que simbólico, mas pleno de consequências para os gregos, como vimos com Rocha Pereira.[160] Todas estas constatações indicam um caminho árduo pela frente, que inevitavelmente vão colocar em xeque sua determinação de levar adiante seu propósito de discriminar Polinices, o agressor e o traidor da pátria, ao não permitir seu enterro.

---

158 ROCHA PEREIRA, 1987, p. 102, nota 29.

159 KNOX, 1992.

160 ROCHA PEREIRA, 1987.

O diálogo com o guarda já havia colocado Creonte diante de uma realidade adversa, e isto mais se agravou, quando se viu diante da autora do enterro, uma jovem, sua própria sobrinha, a princesa da casa real dos Labdácidas, a jovem *epikleros* da linhagem de Édipo. Antígona entra em cena, que se passa em frente ao palácio, com as mãos atadas e de cabeça baixa, porém, com tranquilidade, segura de si, não nega sua autoria nem o desconhecimento do édito, ao contrário, admite tudo com orgulho e total responsabilidade, causando grande espanto em seu tio-regente. Em seguida, reage com indignação a afirmação de Creonte, de tripudiar sobre sua lei. Mas na realidade é isto que ela faz, se colocando muito acima dos mortais, e acima dos cidadãos da *polis*, não reconhecendo a legitimidade de "tuas leis", e "da decisão de um homem", convoca os deuses dos mortos a fazer justiça "em sua casa", afirmando que o "meu Zeus não me proclamou" tal lei, na tradução de Holderlin,[161] e que os preceitos imutáveis dos deuses, apesar de não escritos, havia, há muito tempo estabelecido, sobre a necessidade do enterro de familiares. No restante de sua fala, coloca ainda mais desafios para Creonte, já que implicitamente não abre nenhuma chance de negociação ou, de recuo de sua posição, pois admite com serenidade as consequências de seu ato, que poderia inclusive levá-la prematuramente à morte, mas que ela considera, diante das calamidades de sua vida um mal menor, que nem lhe causaria dor, como no caso em que um filho de sua mãe ficasse insepulto.

A réplica de Creonte tem como argumentação central a desqualificação da família Labdácida, suas origens, o ato traidor de Polinices, investindo ainda contra suas únicas representantes vivas, as sobrinhas Antígona e Ismena. Quem esperava ver em sua fala a defesa da lei dos homens, a lei da comunidade e da *polis*, com referência aos atos transgressores de um traidor da pátria, se frustra, pois ele coloca ênfase nas questões familiares, de respeito ao lar, se posicionando como patriarca e dono do "lar", o palácio de Tebas e portanto com direito de governar e oferecer sacrifícios a "Zeus Herkeios". Em um lance arriscado, que deixa clara sua intenção maior de liquidar as duas irmãs, Creonte envolve ainda a inocente Ismena na mesma retórica do "lar", sem lhe dar chance de defesa, com palavras extremamente agressivas: "Tu que me espreitas, aqui em casa, como uma víbora, abusando de minha proteção para me sugar o sangue."[162] Não há como não dar razão a

---

161 HOLDERLIN *apud* ROSENFIELD, 2016.

162 SÓFOCLES, 1987, p. 60.

Holderlin quando acentua que neste diálogo de Creonte com as irmãs Labdácidas, a questão básica é saber quem reina no palácio de Tebas, que nos leva ainda mais longe daquelas dicotomias anteriores, pois estamos diante de uma disputa de poder real, entre duas linhagens distintas, a Labdácida que domina Tebas desde sempre, e a possibilidade daquele "temporário" regente impor finalmente sua linhagem a partir daqui. Um detalhe a mais neste diálogo, é que ele se passa em frente ao palácio, e assim, na cena em frente aos espectadores, como se eles, os personagens, não somente colocassem seus pontos de vista para convencer primeiramente o Coro dos anciãos sobre seu direito de reinar em Tebas, mas, o faziam, em frente ao público, deixando clara a importância da posição da comunidade sobre a questão que estava em discussão, o que em certa medida explica as intensas conotações de lar, de família, de respeito ao chefe do lar, o *kleros*, já que no fundo, tratava-se de uma discussão pública e honesta para saber qual das duas teria melhores condições de dar tranquilidade a *polis* de Tebas.

Assim, passamos da discussão inicial, de uma lei oficial de Creonte, o regente em exercício, de proibição do enterro de um traidor da pátria, mas que passa por cima de uma tradição familiar de origem divina, do direito e obrigação de dar enterro a um dos seus, à outra discussão, com os papéis invertidos, da obrigação de que a lei seja cumprida, já que o lar de Édipo pertence à Antígona, sua filha natural, sua filha *epikleros*, dona, portanto, do palácio, contra a posse por um regente temporário, que argumenta que aquela jovem ao ir contra um édito legítimo demonstra uma rebeldia à tutela e as leis de sua casa, ainda que transitória, transgredindo as ações de seu benfeitor, e associando tais atitudes a uma maldita tradição familiar, que quase levou Tebas a destruição, colocando em risco todos os avanços possíveis para a cidade, após a vitória na guerra. Adicionalmente pode se acrescentar que para Creonte existem outras motivações importantes e talvez mais fundamentais, pois parece agir principalmente na figura de um pai altamente devotado ao filho que lhe resta, Hemon, único capaz de manter sua linhagem, na esperança de vê-lo escapar da maldição de casar com uma Labdácida, com seus *miasmas*, e suas conotações incestuosas e poluidoras e, claro de seu horror grego de vê-lo submetido a uma mulher, lembrando ainda que ele havia perdido seu filho Meneceu na guerra fratricida dos irmãos Labdácidas, por desígnios divinos.

Assim, apesar de se colocarem em polos opostos, Antígona e Creonte, se utilizam basicamente dos mesmos padrões de comportamentos, especialmente no que tange a radicalização de posições pessoais, e por mais paradoxal que pareça as mesmas motivações: disputa de poder entre duas linhagens distintas na condução de Tebas, associada a questões familiares: de partida, no caso de Antígona, ao desejar enterrar de acordo com a tradição divina seu irmão Polinices, e de uma desejável chegada, no caso de Creonte, ao aproveitar as condições para que seu filho Hemon escape dos miasmas da família Labdácida. Portanto nada de antagonismos de leis, de princípios, e longe de se caracterizar um conflito entre Estado e família, já que se pode dizer com segurança, que até aqui, pelo menos, a *polis* e a futura democracia não estão no painel do visor, a não ser de modo tênue. Não foi por outra razão que dediquei tantas linhas anteriormente para entender adequadamente a questão da família, tanto no que respeita a filiação e seus questionamentos, como ao papel da mulher, especialmente a questão do lar e dos problemas da filha ligada a linhagem do pai.

Entretanto, a partir deste diálogo, mudam as perspectivas de ambos. Creonte segue em sua determinação de liquidar com as duas irmãs, sem prestar muita atenção para as crescentes dificuldades neste caminho, em particular, confiando em suas habilidades políticas junto ao Coro e junto à comunidade, para levar adiante um objetivo privado relativo a sua linhagem, e não atentando convenientemente para o fato concreto de que a *polis* de Tebas era algo especial, onde a maldição não estava restrita a uma família somente, mas atingia a todos. Porém, sua maior dificuldade não se encontrava na arena política, mas em casa, pelas enormes dificuldades derivadas da filiação paterna, em sua capacidade de influenciar, orientar e obrigar seu filho Hemon a seguir o caminho por ele pretendido, sem levar em conta suas ideias, seus desejos e seus amores. Antígona, por outro lado, não dependia de ninguém, e como afirma mais adiante, sem família, sem amigos, solitária em seu caminho, adota já no diálogo com Creonte uma postura muito mais realista, ao entender claramente que o objetivo de Creonte nada tinha de público, que era sim de caráter privado com seus projetos para Hemon, que neste sentido não existia nenhuma chance dele voltar atrás, e que o projeto de seu tio ia além de sua morte, como ela coloca: "Comigo presa, queres mais que me matar?"[163] Mas Antígona, apesar de jovem, tem pleno conhecimento de suas limitações, ao saber que ela é fruto de um incesto e que suas chances de casamento são muito limitadas, e neste caso ela entende perfeitamente a atitude de Creonte,

---

163 SÓFOCLES, 1987, p. 58.

revelando assim um olhar bem mais amplo que seu tio, reconhecendo igualmente que o projeto de Creonte também tinha muito pouca chance de sucesso. Diga-se de passagem que em *Édipo-Rei*,[164] Édipo implora a Creonte para que acolha as filhas, pois sabe que ninguém mais na cidade as acolheria. De qualquer forma, Rosenfield, apoiada em Holderlin, resume bem sua postura:

> Ela tem a serena consciência de que sua história e seu destino – assim como os de Creonte – estão inexoravelmente entrelaçadas com os destinos de suas famílias. Ela percebe também, que seu casamento com Hemon está longe de ser uma solução para os problemas da cidade. É por isso que deve se concentrar nos gestos simples de honrar os Labdácidas mortos. Sem aprofundar reflexões sobre Hemon e o que poderia ser, ela considera somente a Necessidade, e procura ver a morte como um fim reconfortante para os males que herdou de seus antecessores.[165]

O diálogo de Creonte com as irmãs termina com o regente determinando a prisão das duas no palácio, levadas por dois escravos, e com sua esperança de quebrar, principalmente, o ânimo de Antígona: "Até os valentes procuram fugir, quando avistam o Hades a rondar a sua vida."[166] Intercalado entre este diálogo, e o com Hemon, seu filho, que lhe trará novos embates e desafios, encontra-se o segundo estásimo, normalmente denominado "Felizes os que não provam o Mal", de caráter essencialmente sombrio, mesmo em tempos felizes, que remetem a uma situação antiga e arcaica. A questão referida pelo Coro foi colocada anteriormente quando da análise de Dodds, de que os homens estariam totalmente à mercê da justiça divina, devido a situações caóticas e de injustiças humanas por que passavam aqui no mundo real, ou, quando a própria justiça divina fraquejava, sendo necessário gerar um *miasma*, uma maldição que viesse a atingir a família ao longo dos tempos. É este justamente, o caso da família Labdácida, na qual seus vários membros estariam pagando pelos erros de Laio, inclusive as duas jovens irmãs.

Devido à importância desta passagem, vou identificar as preocupações do Coro. Indiscutivelmente, o Coro se mostra penalizado pelo destino que se acerca das duas irmãs: "Agora, uma luz que brilhava nas raízes extremas do palácio de Édipo, dos deuses infernais o cutelo

---

164 SÓFOCLES, 1998, p. 100.

165 ROSENFIELD, 2016, p. 62.

166 SÓFOCLES, 1987, p. 64.

sangrento, a demência do verbo, a loucura da Erinia, de novo a extingue."[167] Mas o Coro expressa outra preocupação, e esta, está diretamente relacionada com o desejo de Creonte de acabar com os últimos vestígios da família Labdácida, como única forma de implantar sua linhagem na condução dos negócios de Tebas. A pergunta do Coro é bem simples: como pode um pobre mortal, onde não entra a grandeza, ter condições de enfrentar o poder de Zeus, sem trazer a desgraça, atendendo a esperança errante ou a loucos desejos, mesmo parecendo fazer o bem, mas que aos olhos de deus é um mal? A desgraça e a ruína já estão presentes na atitude de Creonte de querer "apagar" uma maldição lançada por um deus, sem a ajuda dos próprios deuses, baseado em raciocínios, intenções e projetos pessoais, parece ser a mensagem indiscutível do Coro. Esta questão será retomada adiante mediante o diálogo de Creonte com o velho Tirésias.

Mas certamente o diálogo de maiores dificuldades de interpretação e entendimento é sem dúvida o de Creonte com seu filho Hemon, além do fato de ser o que trará as piores consequências para o próprio regente. Além disso, é certamente neste diálogo que mais do que em outras passagens, se faz necessária uma compreensão humana suficientemente extensa e profunda, que abarque o que está em jogo entre um pai e um filho submetidos a uma situação complexa, com tantas variáveis pessoais, familiares e políticas, no ambiente conturbado de Tebas, onde está latente a diferença de visões, a desarmonia e o conflito, afora a natural tensão entre pais e filhos, característica fundamental da cultura grega, desde tempos imemoriais e exacerbada naquela época. De outro lado, fica evidente que é neste diálogo que o poeta Sófocles, membro atuante da *polis* ateniense e contemporâneo de Péricles mais se mostra abertamente, colocando nas palavras de ambos os personagens, discussões e afirmações relativos aos momentos porque passa a sociedade ateniense, e aqui não me refiro somente às questões políticas, mas também a questão crucial da filiação para o futuro da reprodução cívica necessária a *polis*. Por tudo isto, não faz nenhum sentido reduzir este diálogo em análises morais sobre poder, riqueza, tirania, ou em reduzir por reduzir a figura de Creonte e enaltecer a de Hemon, como, aliás, fizeram vários analistas, na contramão do próprio Aristóteles que qualifica a ação do filho como repugnante.

---

167 SÓFOCLES, 1987, p. 65.

Do ponto de vista da filiação propriamente dita, repito algo que disse lá atrás na análise desta questão. Alaux[168] com sabedoria e síntese definiu com precisão que as relações entre pai e filhos na Grécia da época oscilava entre uma tentação, uma necessidade e uma forma de se livrar de um mal, de uma ferida: a tentação é de "bater" o pai, forma expedita do jovem homem de ter acesso a idade adulta e a herança; a necessidade vital é de nutrir o pai enfraquecido; e a de se livrar da ferida é simplesmente partir para a guerra. É surpreendente como Hemon praticamente cumpre totalmente este roteiro, apenas, em uma sequência distinta, como mostrarei a seguir. Antes, porém, explicitarei a fala de Creonte, o pai, um dedicado homem de Estado há muitos anos, que certamente como era costume na Grécia havia delegado a educação do jovem aos cuidados de sua mãe, inclusive como forma desta ter algum poder frente ao poder absoluto do homem, e que assim nada sabia de concreto acerca de seu filho. Assim Creonte, como um pai bom e sensato, faz um discurso convencional, ressaltando a obediência dos filhos com o pai, afirmando que aquela noiva não servia para ele, que existem outras mulheres, e principalmente, em uma espécie de delírio, dando conselhos práticos, de como ser um bom dirigente da *polis* postulando a ordem contra a anarquia. Ignora completamente a realidade: Tebas, os Labdácidas, a pretensa noiva nascida de incesto dos pais, o sentimento de Hemon por Antígona, a admiração e inveja de Hemon pelos Labdácidas como família real, e finalmente, achando que seu projeto tinha alguma chance de sucesso, sem desconfiar que Hemon como quase todo jovem, era arrogante, pretencioso e dono de verdades absolutas.

Hemon segue o roteiro de Alaux, iniciando por nutrir o pai que ele considera enfraquecido, com elogios sobre seu pensamento, afirmando que sua felicidade se encontra acima de qualquer coisa, porém pontuando de que existe outra forma de ver as coisas, distintas de seu pai. Assim, de um lado ele se coloca como um filho dedicado, jurando obediência, ao mesmo tempo, passa a exigir que o pai o obedeça, para satisfazer seu desejo de liberação de Antígona, revelando sua devoção e admiração exagerada por sua noiva e pela família Labdácida, e usando de forma leviana, em contraposição ao Coro, como argumento de pressão, as repercussões negativas perante o homem do povo tanto pelo édito em si, como pelo fato de Antígona: "[...] depois de ter praticado ações tão gloriosas vai perecer de tal maneira, ela, que, de

---

168 ALOUX, 1995.

todas as mulheres era quem menos o merecia."[169] A partir daí, Hemon, seguindo ainda o roteiro previsto vai tentar "bater" o pai, não fisicamente, mas em termos de sabedoria, com conselhos "sensatos" sobre os mais variados assuntos, com total empáfia e arrogância, invertendo completamente a situação, e se colocando em um papel de homem de grande experiência ao falar para alguém, recém saído da puberdade.

O roteiro continua o mesmo, após a fala de cada um, na troca de acusações mútuas, porém há algo a destacar, que esclarece ainda mais a posição de Creonte, perante os destinos de Tebas, diante daquela terra arrasada pelos Labdácidas. Hemon coloca em dúvida o poder de seu pai de governar a cidade, com base em um argumento fantasioso e pretensamente democrático, em uma significativa abstração das condições reais existentes em Tebas, distintas, é claro, do exemplo ateniense a que recorre, ao se referir a algumas falas de Péricles, fora do contexto dos famosos discursos do grande político, prontamente rebatidas por Creonte, conhecedor da matéria. Porém, da discussão, pode-se inferir, com mais propriedade que o honesto propósito de Creonte é o de impedir por qualquer forma o casamento de Hemon e Antígona, como sendo uma coisa básica para a salvação da *polis* de Tebas. Entretanto, aqui, diante das posições assumidas por Hemon, de paixão por Antígona e pela família Labdácida, ele abandona imediatamente seu outro objetivo inicial de estabelecer sua própria linhagem em substituição aos Labdácidas, já que para ele isto se torna impossível, sem o desejo e participação do filho. Não há como entender o restante da peça, e principalmente as atitudes de Creonte, sem que fique claro este ponto e suas enormes consequências.

Neste sentido, com a desistência de parte de seu projeto, é que se pode compreender Rosenfield, quando coloca que Creonte é obrigado a cometer o "sacrilégio tirânico", ao agir como os tiranos atenienses na tentativa de refundar a cidade, tirando-a do caos. Diríamos que o impedimento do casamento dos dois primos era uma condição absolutamente necessária, para que ele enveredasse por este caminho, porém a decisão de segui-lo só foi possível após o fracassado diálogo com seu filho, quando fica patente a ligação "especial" de Hemon com Antígona e, portanto, na impossibilidade de estabelecer em terras tebanas a linhagem de Creonte, pois para isto Hemon teria que procurar se casar com outra mulher. Aí sim, fica clara esta sua posição ao res-

---

169 SÓFOCLES, 1987, p. 68.

ponder à altura a admoestação cega do filho; "[...] serias um soberano para o mundo selvagem",[170] de acordo com a tradução de Holderlin, como se a *polis* em questão não fosse Tebas, a cidade dos *miasmas*, das maldições e dos incestos e fratricídios, mediante duas perguntas fundamentais: "[...] seria afronta ser fiel ao principio (*arkhé*) que funda o reino?",[171] e "[...] seria grandioso honrar o caos que contraria o cosmos?"[172] Fiel, portanto ao sacrilégio tirânico (*tyrannis*), como entendiam os contemporâneos de Sófocles, na ousadia de acabar com a situação de caos da cidade dando um novo "princípio", com o estabelecimento de nova ordem, procurando corrigir as diferenças sociais, e abrindo caminho para uma evolução posterior a partir dos princípios mínimos de um Estado, coisa que não existia em Tebas.[173]

Creonte é assim levado, de uma posição, que já era longe de ser confortável e tranquila, e para a qual ele não estava aparentemente preparado, mas que tinha um objetivo muito significativo para si e para sua família, como se fosse uma redenção de seu passado de "substituto", "provisório", "interino", para exercer finalmente o protagonismo de implantar uma nova linhagem dirigente em Tebas, para uma nova posição caracterizada pela impossibilidade de implantar esta sua linhagem, por conta de Hemon, mas que colocava para ele um desafio ainda mais árduo e de enormes dificuldades, qual seja de implantar um novo princípio, uma nova ordem, de praticar o "sacrilégio tirânico" em Tebas com todas suas consequências. Porém, em desacordo com a maioria dos analistas, e de certa forma igualmente em desacordo com o próprio Hegel, que sempre o caracterizaram como um tirano, de um lado, Creonte não tinha a mínima capacidade para tal, e basicamente nenhuma das condições necessárias para exercer este papel naquela Tebas conflitada por questões naturais, e por outro lado, apesar da reduzida informação disponível, Tebas do ponto de vista social estaria longe dos conflitos de classe existentes em outras regiões, nas quais o fenômeno da tirania viria a ocorrer. De qualquer forma, nada estaria tão longe de uma atitude tirânica, como a mudança de planos de Creonte, imediatamente após o diálogo com Hemon. Atendendo ao Coro, revoga de imediato a decisão de incluir Ismena no castigo

---

170 ROSENFIELD, 2016, p. 96.

171 ROSENFIELD, 2016, p. 96.

172 ROSENFIELD, 2016, p. 97.

173 ROSENFIELD, 2016, p. 96.

da morte, e em seguida, prolonga a vida de Antígona, mudando sua condenação, que seria de apedrejamento, onde o ressentimento da comunidade tinha que ser violento para deixá-la nas mãos dos deuses, prendendo-a viva numa caverna escavada na rocha, dando-lhe alimento necessário para fugir ao sacrilégio a fim de que a cidade evitasse qualquer contaminação. Possivelmente, tal mudança relativamente a Antígona tenha sido ocasionada pela repercussão de sua morte na comunidade tebana, conforme admoestação de Hemon, para a qual Knox chama atenção, considerando que, afinal de contas, Creonte não preenchia o molde heroico, como Antígona, que por detrás daquela máscara heroica havia uma pessoa calculadora e medrosa. Isso se pode afirmar relativamente ao pretenso caráter de tirano de Creonte, que é particularmente inverossímil, e que será ainda mais debilitado após o diálogo com o mago Tirésias.

Neste ponto, venho novamente solicitar a devida compreensão do leitor, já que sou obrigado, pelo trabalho de pesquisa que venho realizando, a partir das brilhantes reflexões da filóloga francesa Nicole Loraux sobre Sófocles e diversos outros temas, prolongar mais uma vez a análise de *Antígona*. Considerava eu, há algumas linhas atrás, ser possível caminhar para uma reflexão final, que atendesse aos objetivos, mediante o argumento de que havia já visto o suficiente em *Antígona*, em termos de sua essência para podermos agregar considerações finais que nos levassem ao entendimento da existência humana que está delineada nesta tragédia. Entretanto, confesso estar cada dia mais enredado a esta obra-prima de Sófocles, neste caso, por sua infinita capacidade de dramaturgo, que se renova sobre si mesmo ao longo da peça, trazendo sempre novos ângulos de seu pensamento poético, levando conscientemente a reexaminá-los com novas perspectivas. Assim, objetivamente é o caso do diálogo de Creonte com Hemon, do pai com seu único filho vivo, que leva Creonte a abandonar totalmente seu projeto de impor a Tebas sua própria linhagem, colocando para si um novo desafio, para o qual ele não estava minimamente preparado.

A partir do final daquele diálogo, no qual Creonte define o programa que vai adotar com relação à Antígona, de ocultá-la viva numa caverna escavada na rocha, o qual será cumprido à risca, deixando de fora Ismena, estou diante de uma mudança radical, de uma "metábolé" aristotélica, no desenvolvimento da tragédia. Sófocles decide escancarar de vez, sem subterfúgios, sem ironias trágicas, as impossibilidades de afirmação de identidades específicas, de existências normais e orgânicas de seus personagens diante do miasma tebano, mas principalmente da maldição do *genos* Labdácida, que vai levar a destruição de todos por eles mesmos, sem nenhuma referência maior a quaisquer dos conflitos administrativos, políticos e de disputa de poder, discutidos intensamente na primeira parte da peça. Entretanto, o mais surpreendente é que de alguma forma todos se enganaram, ou se deram conta tardiamente da gravidade da situação, como grande parte dos analistas e filólogos que se debruçaram sobre a peça. Mas me fica a impressão que os próprios personagens não conseguiram, por razões que revelarei adiante, prever a iminente tragédia, inclusive o mago Tirésias, que aparece tardiamente e desprevenido quanto ao desfecho da tragédia, apenas para ratificar o que já era esperado.

Antígona, como disse, já tinha visto com clareza e tranquilidade que os destinos dela e de seu tio estavam enredados e que o projeto inicial de Creonte não tinha chance de sucesso, porém também foi pega de surpresa com o programa de Creonte para si, e foi obrigada a abandonar sua olímpica atitude de distanciamento. A única exceção foi a do Coro dos anciãos de Tebas, que em certos momentos de lucidez profetizou o que estava por vir, mantendo de certa forma um comportamento de cautela com o que estava acontecendo. O clima de esperança que a comunidade tebana viveu, com o resultado da guerra fratricida, na qual a *polis* foi salva da destruição, foi curto e passageiro, e estava calcado e sedimentado em falsas premissas que afinal, jamais se concretizaram, significando, em princípio, que o clima de guerra civil, de *stasis*, de conflito da mesma raça, da mesma família, "στασις εμφυλιους" (*stasis emphylios*) de mortes sangrentas, pois era disto que se tratava, apesar da presença das tropas argivas, continuava a existir em Tebas, sob outras formas, envolvendo diretamente Creonte, Antígona e Hemon. E os resultados destes conflito seriam muito mais graves, mais terríveis, do ponto de vista da moral cívica e da lógica da guerra civil, do que o fratricídio, do que o suicídio conjunto dos dois irmãos, tão bem caracterizado por Ismena como sendo um combate contra eles mesmos, como se cada um houvesse combatido contra si.

Antes de prosseguirmos, e com base em Loraux, particularmente em seu brilhante ensaio *La main d'Antígone*, Sófocles havia insinuado esta questão desde o início da peça, especialmente com o padrão de classificação da humanidade utilizado tanto por Antígona quanto por Creonte, que sempre procuraram divisar ou separar entre aqueles que eles amavam e odiavam, daí a utilização frequente pelos dois das palavras *ekththroi* e *philoi*, significando em linhas gerais, ódio e amor. Fazendo uma analogia com a gramática grega, o "radical" deste tipo de atitude era uma modalidade essencial de relação familiar, no *genos*, conforme aparece claramente em Antígona, e Creonte apenas introduz uma "dissidência" relativamente a sua adaptação ao espaço da *polis*, com as classificações, amigos/inimigos, bons/maus, honram a *polis*/desonram a *polis*, inclusive para dar conta da diferenciação que faz entre Eteocles e Polinices. Mas sem dúvida estamos diante da raiz da *stasis emphylos* da poesia arcaica, onde a família era invocada por participar de ambos os lados em conflito, e para ressaltar que aquela guerra intestina afrontava os parentes e familiares.[174]

Loraux[175] em seu trabalho deixa apenas subtendido, algo que considero importante que fique claro, para que possamos apreender a importância da revisão dos personagens em relação ao *genos* labdácida, e de suas consequências no desenrolar do drama. Na realidade estou utilizando um conceito expandido em relação a esta família, pois toda esta análise parte do pressuposto de que a linhagem de Creonte, envolvendo seu filho Meneceu, sacrificado na guerra fratricida, Hemon, seu filho ainda vivo, e sua mulher Eurídice, ou fazem parte da mesma família (*Labdácida*) por suas relações consanguíneas através de Jocasta, ou, em outras palavras, orbitam em torno a ela, enfrentando a mesma problemática em relação as suas dificuldades de identidade, que levam igualmente a uma intensificação de relações reflexivas entre si, com as possíveis consequências do incesto, do fratricídio, do suicídio e da destruição de si. Na tentativa de uma melhor explicação para este fato, posso pensar em termos de *oikos*, como uma unidade social, política e econômica básica da época especialmente em seus relacionamentos com a *polis* ao contrário da utilização de *genos*, que remarca o laço sanguíneo familiar, com base nas relações pregressas entre as duas linhagens, especialmente a partir de Jocasta e do próprio Édipo que colocam Creonte como integrante de seu círculo familiar, preocupado com o futuro de suas filhas, em *Édipo-Rei*.

De qualquer forma, contrariamente a clara posição de Ismena, a qual, repetidas vezes, demonstra pertencer por inteira com total honestidade, sem esconder os horrores e maldições àquela família, ambos, Antígona e Creonte, demonstram, como se fosse possível, uma

---

174 LORAUX, 1986, p. 179-180.

175 LORAUX, 1986.

fuga de algo tão visceral, com estratégias de "esquecimento" deliberado do fato de serem membros da família, e portadores de todas as dificuldades reais para uma existência normal, com total insucesso, diga-se de passagem, levando todos a seu terrível destino. Desde o início da peça, o caráter de Antígona vai sendo representado mediante diversas falas, especialmente do Coro, como autônomo, singular, isolada dos demais, se bastando a si mesma, voluntariosa, independente, seguindo suas próprias leis, repudiando qualquer alteridade, que a leva a não reconhecer os outros, e deixando claro sua determinação de não-pertencimento a *polis* (*apolis*). E no bojo destas atitudes sobressai o silêncio em relação à paternidade de Édipo, do fratricídio e *stasis* deliberado de seus irmãos, a agonia de Édipo ao reconhecer seu crime, apenas lembrado por Ismena, e somente fará menção ao incesto de Jocasta e Édipo quando tarde demais, evitando assim, durante parte da peça as ameaças vinculadas ao fato de ser Labdácida. E ainda, para caracterizar este seu isolamento voluntário, ela se recusa sistematicamente a assumir os papeis que lhe são atribuídos de caráter relacional, como bem coloca Loraux:

> Ela é criança (παις) e uma jovem (νεανιας); criança aprisionada em sua adolescência e que jamais terá a independência de um adulto; ela é a filha (κορη) ... a filha de Édipo, a mesma que o Coro chamará também de rebento (γεννημα), descendente; e mesmo se ela esqueceu ela é a noiva de Hemon (νυμφη). Criança, filha, jovem, noiva, nomes que dizem pouco na realidade. Antígona depende de si mesma... Sem dúvida este é o paradoxo de Antígona que rígida nesta autonomia que culmina com a sua recusa da geração, ela está totalmente presa em seus laços da consanguinidade.[176]

De Creonte, já falamos bastante quando de seus diálogos com o guarda, com Antígona e com Hemon, porém devo ainda agregar alguns pontos. Mesmo levando em conta seu objetivo principal de estabelecer uma nova linhagem dirigente em Tebas, tendo para isto que adotar perante a comunidade e perante o Coro, o figurino de "homem de Estado", ou um *homem da polis*, postura esta que o obrigava ainda a ir contra a família Labdácida e de certa forma contra a *stasis* dos dois irmãos, consegue-se divisar em seu comportamento, o quanto ele já estava corrompido pelo jeito de ser Labdácida e como ele se perde no caminho tentando se distanciar o máximo possível de qualquer associação dele com a "própria família", mas paradoxalmente o levando a

---

176 LORAUX, 1986, p. 172.

retomar e aprofundar o conflito dos irmãos com consequências trágicas para sua própria linhagem.

A confusão típica dos Labdácidas começa logo de início para Creonte, por que ao adotar corretamente a postura de *homem da polis*, ao negar os direitos sagrados do enterro em Tebas a um agressor da cidade, esqueceu por completo todos os antecedentes familiares da linhagem de Édipo que ele conhecia muito bem, que estavam presentes no conflito entre os dois irmãos. Ao investir contra o morto Polinices, ao mesmo tempo em que exalta a morte de Éteocles, tentando assim separar o que se mostrava inseparável, Creonte ignorou propositadamente vários fatos que querendo ou não, traziam sombras no entendimento do que havia acontecido. Na realidade Éteocles foi o grande protagonista do conflito, bem mais do que o próprio Polinices: é ele que de início rompe o acordo familiar com o irmão, evitando que este assumisse o poder, conforme o rodízio acertado entre eles; foi o próprio Éteocles que decidiu defender a famosa sétima porta da cidade de Tebas, sabendo e tendo sido alertado que estaria frente a frente com seu irmão, levando-os ao fratricídio e ao suicídio. Estou aqui, com Ésquilo e Sófocles, mas se levarmos em conta Eurípides, a responsabilidade de Éteocles aumenta ainda mais, pois segundo este último, Éteocles paralisa a batalha e propõe uma luta direta com o irmão para evitar maior derramamento de sangue outro que não o dos próprios Labdácidas, com a clara intenção de fazer cumprir a maldição do pai Édipo. Porém, o grande esquecimento de Creonte foi sem dúvida das palavras de Tirésias nos *Os sete contra Tebas* de Ésquilo, que leva ao sacrifício de Meneceu, seu querido filho, diversas vezes lembrado em *Antígona*. Por que o sacrifício de Meneceu? Por que os deuses exigiram o sacrifício de um jovem puro, que não estava poluído nem por um lado, nem por outro do conflito, e que não era um Labdácida, pois acertadamente era impossível adotar qualquer partido de um dos lados envolvidos, e estava em jogo a salvação da cidade de Tebas. Porém, ao fazê-lo, se submetendo à Tirésias e sacrificando o filho, ele acentuou ainda mais suas relações com a família maldita, ou, mesmo fazendo parte dela.

Acerca do projeto irrealista de Creonte de implantar sua própria linhagem, o qual era visto de forma complacente pela própria Antígona, já falei bastante, porém cabe aqui chamar atenção para um ponto que terá imensa importância mais adiante. Creonte sempre soube que a única reação concreta às suas pretensões viria das duas irmãs, principalmente de Antígona, a princesa *epikleros* da linhagem de Édipo, ainda por cima prometida a Hemon. Para afastá-la, tanto de sua condição de "dona do palácio", quanto de "noiva de Hemon", sua estratégia foi a de denegrir o legado Labdácida, via Polinices, o traidor da pátria, e do comportamento familiar e políade das irmãs, decorrentes de suas atitudes perante seu édito. Para tal, somente existiam duas hipóteses plausíveis: Antígona reconhecê-lo como o novo *kleros* da família Labdácida, tendo, portanto, o direito de ser o novo dirigente de Tebas, ou eliminá-la, fosse através de seu assassinato, ou de levá-la ao suicídio, ambas, formas de se tornar um assassino perante as leis gregas. A primeira hipótese acabou não existindo, logo nas primeiras horas daquela madrugada que se seguiu a salvação de Tebas, restando para Creonte a segunda, e é evidente que a mesma sempre fez parte de seus planos a partir daí. Este fato ficou claramente reconhecido em seu diálogo com Antígona. Retenho esta ideia de Creonte assassino.

Creonte, além de seu comportamento pessoal, que se assemelha bastante ao comportamento dos Labdácidas ao longo do tempo, e que nada tem a ver com o de um cidadão da *polis*, que procura o pensamento comum (*ison phronein*), que respeita os deuses, e que mantém a arrogância e a insolência (*hybris*) controladas, comete um terrível erro de julgamento, na linha que vimos privilegiando, de tentar, sem conseguir, se afastar conscientemente de suas relações com a família Labdácida. Creonte julgou que com a morte de Polinices o conflito familiar, que havia sido estendido às dimensões da cidade, tornando-se uma guerra civil, de acordo com o conceito de Aristóteles na *Política,* que é a guerra fratricida, a metáfora da *stasis*, seria o fim dos conflitos e da guerra, e que para isto bastava seu pulso forte no comando da cidade. A esta tese de Loraux que faz todo o sentido, ela acrescenta algo bastante importante para complementá-la, citando que o Coro no párodo da tragédia ao empregar a palavra *vuv*, que significa o presente, "agora", assim se referiu aos conflitos, como se os combates não houvessem terminados, mas ao contrário seguiam existindo, de outra forma, porém com o mesmo sentido, renovando mais uma vez a situação de conflito dos irmãos inimigos e fratricidas.[177]

Diante de tudo isto, não resta outra opção do que seguir em frente e acompanhar o desfecho que Sófocles imaginou para o drama, a partir deste ponto, onde as paixões, sentimentos, adquirem alta voltagem,

---

177 LORAUX, 1986, p. 180

o tema da morte reaparece com tintas dramáticas, e são visíveis os sinais da ruína e da destruição, que caracterizei de forma simplificada como derivados do "viver labdácida". O hino do Coro a Eros serve, no entender de Holderlin, como abertura do belo e profundo lamento de Antígona, em sua nova existência, nem com os vivos, nem com os mortos, encerrada numa caverna de rocha. Composto na forma de um *kommós*, conforme a definição de Aristóteles na *Poética* (1452b) de "uma lamentação em comum do Coro e da cena",[178] no caso, uma lamentação fúnebre, entoada pala própria Antígona. O Coro com seu sombrio canto a Eros, reflete com bastante precisão e acerto este momento da tragédia, sobre as desgraças que atingem os homens e liquidam com as linhagens e famílias mais ilustres, trazendo para o centro do universo uma cosmologia arcaica e pré-olímpica, como bem observa Steiner, substituindo Zeus do canto anterior, como todo-poderoso na sua soberania inteligível e moral, pela ambivalência de Eros com todo seu poder, e ainda, associando-o com a força caótica, voluntariosa e invencível de Afrodite.

Tenho dificuldades para ver nesta ode quaisquer direcionamentos específicos, seja para Hemon, seja para Antígona e muito menos para Creonte, como se esforçam para vê-los a maioria dos analistas, inclusive adotando posições bastante contraditórias. Penso de outro lado que o grande eco deste canto, e que aparece explicitamente, é de que Eros, como potência é capaz de nivelar a todos, homens, deuses, animais, e que neste momento é lembrado pelo Coro como uma forma de passar tudo a limpo, como se fosse uma terra arrasada, já que esta força cósmica está bem acima das leis de antigamente, da família, da *polis*, nada tendo também com uma pretensa moralidade e justiça, atingindo diretamente a todos, inclusive aos personagens em seus conflitos e embates, contribuindo bastante no sentido de suas transformações pessoais para o bem ou para o mal. Entender sua mensagem, em sua complexidade é uma enorme dificuldade para todos, e no caso Antígona diante de sua nova situação promovida por Creonte, e provocada pela potência criadora de Eros e Afrodite, se abre para a comunidade, para os cidadãos de Tebas através de sua lamentação, e por mais paradoxal que seja se torna mais humana, mais aberta à vida, querendo vivê-la, justamente quando está em vias de perdê-la. Analisar este *kommos* poderia ser objeto de um livro completo, dada sua beleza sombria, sua tragicidade implícita, mas igualmente de apreensão e entendimento

---

178 ARISTÓTELES, 1966, p. 81.

complexos, especialmente para o Coro dos anciãos que reage das mais variadas formas, consolando, reprimindo, apoiando, sem entender, na verdade quem era aquela Antígona.

Antígona assume um papel totalmente novo, se afastando radicalmente dos papéis de criança, adolescente, ninfa, nos quais muitos gostariam de enquadrá-la, mas igualmente distinta da Antígona, a qual nos referimos há algumas páginas atrás, baseada em seu distanciamento olímpico, no esquecimento de sua estória privada, e algo novo, em sua abstinência em matéria de transcendente, como bem coloca Steiner.[179] Ela muda totalmente de postura ao se defrontar com a natureza de sua morte: se assume tebana, se assume labdácida, se assume como mulher, como filha de Édipo, reclama de sua situação, de seus direitos, das injustiças contra ela, de seu abandono por todos, inclusive dos deuses e, seguidamente, se refere a sua morte quando ainda vive seu registro a partir daqui é de uma "viva-morta", ou de uma "morta-viva", seguindo em linhas gerais o roteiro previsto para ela por Creonte. Sófocles ao desenvolver o *kommós* de Antígona refaz o caminho do gênero dramático mediante a troca de réplicas entre a comunidade e a solidão do indivíduo, na medida em que este se destacou da própria coletividade, e no caso, a personagem Antígona se abre totalmente ao Coro, nos parece com dois objetivos claros: de emocionar e trazer o Coro para o seu lado, não contra Creonte, ou contra a *polis*, mas contra a injustiça que está sendo praticada contra ela, e mais importante, talvez, em um sentido de regressar à verdade última do seu ser, diante do inusitado, do estranhamento, do sobressalto a que está submetida, sabendo perfeitamente que caso não tenha sucesso, lhe restará a mais completa solidão. Acompanhemos a beleza do lamento de Antígona.

Ela se dirige aos cidadãos de Tebas, lamentando que ainda viva, está destinada a ser esposa da Morte:

> Vêde vós, cidadãos do meu país, como eu percorro o último caminho, como do Sol contemplo a luz derradeira, para nunca mais. O Hades que todos recebe, às margens do Aqueronte me leva com vida sem que do himeneu ouvisse os cânticos, nem me entoassem o hino nupcial. Só de Aqueronte serei esposa.[180]

---

179 STEINER, 2008.

180 SÓFOCLES, 1987, p. 74.

O Coro a consola, mas atribui a ela a responsabilidade por sua morte: "Somente tu dentre os mortais, vais descer ao Hades ainda viva",[181] continuando a vê-la como "αυτονομος" (*autônomos*), que Loraux traduz como "de ti mesma, de sua própria vontade",[182] ou, como entendem vários outros como "tendo de si-mesma a lei",[183] ou como o Coro falará mais adiante como, "a que segue somente suas próprias decisões".[184] Todavia, acho que aqui o contexto é outro, ficando claro que essa autorreferência absoluta não mais se aplica, coisa que, entretanto, o Coro desconfia e não entende.

Antígona começa a rever os amores trágicos de seus antepassados, comparando seu destino com o da grande mãe Níobe, filha de Tântalo e mulher de Anfion, rei de Tebas, que orgulhosa por sua procriação, de sete filhos e sete filhas, de acordo com a tradição mitológica, declarou um dia que era superior a Leto que, ofendida, pediu aos filhos que a vingassem, tendo sido punida pelos deuses Apolo e Ártemis, com a morte de seus filhos. Níobe, desconsolada, fugiu para junto de seu pai na Ásia, onde os deuses a transformaram em rocha, porém os seus olhos continuaram a chorar, brotando uma nascente d'agua. Esta importante passagem merece alguns comentários adicionais, seguindo em parte o que coloca Holderlin, argumentando, que Sófocles estabelece, de forma adequada, ao contrário de muitos críticos, um paralelismo entre a morte de Antígona, encerrada em uma caverna rochosa e a metamorfose que transformou Níobe em rocha, como uma antinomia entre a "riqueza da vida", ou, simplesmente a vida, e o "crescimento rochoso", ou a morte por paralisação mineral. Neste ponto, ela está sendo profundamente tebana e labdácida, neste movimento de expansão e regressão, no caso o movimento paradoxal que leva da fertilidade extrema à extenuação desértica, que Holderlin associa a serpente tebana, cujos dentes fornecem uma ampla progenitura, mas que se destrói ela mesma. Porém, existem mais coisas nesta passagem: Antígona ao se comparar a Níobe, se associa a ela em alguns aspectos. Com a maternidade, que foi arrancada de Níobe, e por que não a sua, desejo impossível, que ela mesma deixará claro mais adiante; com o medo e o receio

---

181 No original: "Seule d'entre les mortes, c'est sûr, tu vas descendre vers Hadès vivante...". Cf.: LORAUX, 1986, p. 170. (tradução minha)

182 LORAUX, 1986, p. 170.

183 LORAUX, 1986, p. 170.

184 LORAUX, 1986, p. 170-171.

que esteja ela Antígona incorrendo na *hybris*, por razões distintas de Níobe cuja insolência e orgulho da maternidade a levaram a perder os filhos, e finalmente na esperança de que sua provável morte, tão pouco heroica, encerrada numa caverna possa vir a ter a "a fama entre os homens" e se perpetuar da mesma forma que Níobe, que continuou chorando ao longo do tempo: "[...] consome-se; e os olhos, sem cessar, o peito lhe umedecem. Em sorte igual me envolve o destino"[185]

O Coro recrimina fortemente Antígona em sua presunção de se comparar com uma deusa, nascida de um Deus, enquanto mortal e nascida para morrer, mas simpaticamente, como diz Knox, alivia a reprimenda, dando-lhe uma esperança: "E belo será que, depois de morta, tu sejas famosa, porque igualaste dos deuses a sorte na vida e na morte."[186] A resposta de Antígona é de revolta: "Ai de mim, como me escarnecem! Pelos deuses de nossa terra, porque não me insultas depois de eu partir, mas na minha presença?"[187] É importante entender que Antígona busca uma consolação por ter enfrentado a *polis*, os homens, algo em termos de imortalidade, qualidade dos deuses, pondera Knox, mas devido à atitude do Coro, ela se coloca na defensiva, pois em grego, os insultos a que ela se refere são de *hybris*, que é ainda mais ressaltado pelo Coro nas duas falas seguintes. Mas nesta mesma resposta Antígona apela para as suas origens tebanas, para a *polis* de Tebas, clamando por justiça e por *philia*, diante do paradoxo desta "morte viva", deste terrível "entre dois da vida subterrânea":

> O vosso testemunho (Tebas) invoco ainda assim, como sem lagrimas amigas e sob que leis vou para prisão tumular de estranho sepulcro. Ai de mim, desgraçada, que nem com os homens, nem com os cadáveres eu vou habitar![188]

A penúria emocional de sua situação, de ser morta ainda viva, foi magnificamente registrada por Steiner, na *Antígona:*[189]

> Apesar de todas as dificuldades do texto, o sentido subjacente dos versos 850-852 é insofismável: Antígona não tem a sua casa nem no lar, nem no mundo subterrâneo, não encontra morada nem na cidade dos vivos nem na dos que partiram. A celebre palavra-chave aqui é *métoikos*, "a mestiça",

---

185 SÓFOCLES, 1987, p. 75.

186 SÓFOCLES, 1987, p. 75.

187 SÓFOCLES, 1987, p. 75.

188 SÓFOCLES, 1987, p. 76.

189 STEINER, 2008.

a "estrangeira híbrida". E, no entanto, a alienação e o exílio da normalidade social que a condição de mestiça inclui nada são quando comparados com a expulsão da vida-e-morte, das fronteiras primordiais da humanidade, que acarreta o enterro em vida de Antígona.[190]

Em seguida, em uma passagem para lá de controvertida, o Coro volta a censurá-la, de ter investido contra o trono excelso da Justiça, não se sabendo ao certo se de forma figurada, ou, na realidade diante do altar da deusa "diké": de qualquer forma a acusação é grave: "Do arrojo avançando até o extremo limite contra o trono excelso da Justiça, embateram, ó filha, teus passos. Dos antepassados alguma falta expias [...]",[191] que claramente se contrapõe a todo seu discurso referente às tradições, as leis não escritas, lá do início do embate com Creonte, colocando Antígona mais uma vez na defensiva. Porém, para aliviá-la da pressão, o Coro faz menção às faltas de seus antepassados que ela tem que expiar, em uma postura bem característica da época arcaica, como escrevi anteriormente, mas que é aproveitada por ela, para pela primeira vez falar mais abertamente sobre suas origens, e encaminhar seu destino.

> Tocaste no mais doloroso de meu desgosto: pelo meu pai, por todo o destino dos ilustres Labdácidas o tríplice lamento. Ai das maldições do leito materno e união de meu pai de infeliz mãe com quem a si mesmo gerara! De que pais nasci eu, desgraçada! *Para junto deles eu vou, inupta, amaldiçoada, eu que aqui estou ser a sua companheira.* Ai! Ó meu irmão umas núpcias fatais foste celebrar! *E depois de morto a mim me mataste quando ainda vivia!*[192]

O Coro enaltece sua piedade (*eusebeiá*), mas que o poder, não deve jamais ser transgredido. E fecha sua participação neste *kommós* utilizando uma expressão em grego para lá de sintomática para caracterizar o comportamento de Antígona: "αυτογνωτος οργα" (*autognotos orgá*). A primeira palavra significa aquele que julga, que se decide por si mesma, ou mesmo que aprende por si-mesma. A segunda tem vários significados como cólera, sentimento, disposição, arrogância, ardor, ou mesmo paixão, utilizada por Knox. *Portanto algo como: sentimento auto concebido por si mesma, ou arrogância autogerada por si mesma.* Expressões fortes que indicam claramente que ela chegou a esta situação por si só, investindo contra o poder, mas principalmente contra a

---

190 STEINER, 2008, p.304.

191 SÓFOCLES, 1987, p. 76.

192 SÓFOCLES, 1987, p. 76-77.

justiça, em uma forma de auto destino, no qual não cabia mais ninguém a não ser ela própria, como ela confirma ao final de seu lamento. Steiner chama atenção deste exílio tão radical, deste isolamento que acabam por afetar todas as demais presenças humanas, e principalmente a si mesma, citando em seguida a assombrosa paráfrase que Jebb cita, do adeus de Antígona ao sol, a que Swinburne procede no seu Erechteus:

> Povo, anciãos da minha cidade, soberanos sábios encanecidos. Eis que me afasto, noiva sem varão nem Coroa, mas com as grinaldas dos mortos, em silencio, da luz fecunda, a caminho do meu leito, sem filhos.[193]

O *kommós* de Antígona, chega a seu previsível final, onde o Coro ao não manifestar sua solidariedade, leva-a a solidão e ao isolamento de si, abrindo passagem para seu derradeiro e mais que famoso discurso, sem antes ser bruscamente interrompido por Creonte, que exige dos guardas o cumprimento rápido de suas ordens de aprisionamento de Antígona: "Encerrem-na num tumulo abobadado, com eu disse, e depois deixem-na só e isolada, quer ela deseje morrer ou viva emparedada em tal reduto [...]",[194] e sarcasticamente faz referência aos que habitam embaixo, para onde ela se encaminha: "Nós estamos puros, pelo que toca a esta donzela, pois não ficará privada da habitação dos de cá de cima."[195] À beleza do lamento de Antígona, segue-se o estranhamento de seu discurso, já que seu tempo parece ter terminado, a realidade de sua morte está bem a frente, e ela decide dirigir este discurso final, novamente, não para se justificar perante Creonte ou o Coro, mas, neste caso, direto de seu tumulo para o pai, para mãe e para seus irmãos, todos mortos. Parece um caminho final para o Hades, com preocupações de ser bem recebida pelos seus, lamentando mais uma vez sua condição de morta-viva, sem cumprir seu autônomo destino de vida:

> Ó meu tumulo e meu tálamo nupcial, ó lar cavado na rocha que me guardarás prisioneira para sempre! Para aí avanço ao encontro dos meus, de que Perséfone recebeu já o maior número entre os mortos: dentre eles, restava eu, em muito a mais perversa; a caminho já vou, antes que se tivesse cumprido o destino de minha vida.[196]

---

193 STEINER, 2008, p. 304.

194 SÓFOCLES, 1987, p. 77.

195 SÓFOCLES, 1987, p. 77.

196 SÓFOCLES, 1987, p. 77-78.

Entretanto, falar deste discurso nos obriga a todos encarar, talvez, a passagem mais controvertida e discutida de todas as existentes no drama ático, a qual o próprio Goethe esperava ver considerada como espúria pelos helenistas mais proeminentes, pois para ele era simplesmente inaceitável que Sófocles tivesse colocado nas bocas de sua heroína tais palavras. Dirigindo-se ao seu irmão morto Polinices:

> Pois nem que eu fosse uma mãe com filhos, nem que tivesse um marido que apodrecesse morto, eu teria empreendido estes trabalhos contra o poder da cidade. Mas, em atenção a este princípio é que eu digo isto? Se me morresse o esposo, outro haveria, e teria um filho de outro homem, se houvesse perdido um. Mas estando pai e mãe ocultos no Hades, não poderão germinar outro irmão. Por eu ter preferido honrar-te, devido a este princípio, é que eu apareci aos olhos de Creonte como culpada e ousada, ó meu caro irmão![197]

Não nos cabe aqui entrar na polêmica se tal trecho foi interpolado, ou foi propositadamente corrompido, mesmo porque a grande autoridade na tragédia ática, Aristóteles, apesar de suas restrições ao texto, jamais colocou em dúvida sua autenticidade. Porém, mesmo enfrentando o discurso como autêntico, surgiram uma enorme quantidade de interpretações, dada a estranheza daqueles princípios estabelecidos por Antígona, ao estabelecer uma importância inédita à relação entre irmãos em detrimento das relações entre cônjuges, e mesmo nas entre pais e filhos. A interpretação mais famosa pertence a Hegel, que inclusive se utiliza desta passagem de Sófocles em sua *Fenomenologia do espírito* para consolidar seu sistema ético das relações familiares. Vamos novamente recorrer a Thibodeau para vermos o que Hegel pensa sobre a especificidade das relações entre irmãos:

> A relação entre irmão e irmã é uma verdadeira relação de reconhecimento espiritual no interior da imediatidade e da singularidade familiar. Diferentemente das relações entre marido e mulher e entre pais e filhos, essa relação não é misturada à naturalidade e à sensibilidade. Certamente o irmão e a irmã têm o mesmo sangue, mas a *naturalidade sanguínea* é "alcançada pelo seu repouso e pelo seu equilíbrio", pois sua relação não é como de seus pais determinada pelo desejo. Ademais, o irmão e a irmã não dependem de modo algum um do outro. Um e outro sustenta Hegel, são "um a respeito do outro livres individualidades". A seus olhos, é a razão pela qual a mulher, a feminilidade – *das Weibliche* – afeta, enquanto irmã, "o mais profundo pressentimento da essência ética.[198]

---

197 SÓFOCLES, 1987, p. 78.

198 THIBODEAU, 2015, p. 124.

A grande vantagem de levarmos em conta as colocações de Hegel, apesar das críticas modernas surgidas após a psicanálise, de questionar a não existência de sentimentos de desejo entre irmão e irmã, algo que aliás não é colocado por Hegel, é de que não precisamos, como a maioria dos analistas, considerar como "cruéis", "maldosas", 'incompreensíveis", ou mesmo "escandalosas" as palavras de Antígona, nos permitindo assim, como faz Sófocles com grande sensibilidade, preencher a última lacuna na análise das relações familiares da época, que afetavam profundamente o estabelecimento da *polis*. Porém, seguirei com Hegel, pois ele dá ênfase a um importante ponto:

> Do ponto de vista estritamente ético, as relações que a mulher estabelece – que aqui não é mais a filha, mas a esposa – com seu marido e seus filhos não emergem da singularidade, mas somente da sua universalidade: Molar do reino ético, não se trata deste marido, deste filho, mas de um marido em geral e dos filhos em geral.[199]

O que significa que, nestas relações, a singularidade da mulher enquanto tal, seu Si singular e individual, não é verdadeiramente reconhecido; ele permanece ligado à contingência e ao desejo e não tem propriamente nenhuma significação ética. Em outras palavras, em suas relações de mãe e de esposa a mulher se vê "privada do reconhecimento de si, como (tendo) esse Si num outro".[200] Ora, é precisamente esse reconhecimento especificamente ético de sua singularidade que a irmã encontra na relação que estabelece com seu irmão. Isso quer dizer que, na relação entre a irmã e o irmão, "o momento do Si singular que reconhece e é reconhecido pode afirmar o seu direito, porque ele é articulado ao equilíbrio do sangue e as relações sem desejo."[201] E porque, "[...] o irmão perdido é para a irmã insubstituível, seu dever perante ele é seu dever supremo."[202] As palavras de Hegel são suficientemente elucidativas acerca da singularidade envolvida nas relações entre irmã e irmão, ao contrário, da universalidade nas relações entre marido e mulher, e entre mãe e filho.

Já Holderlin procura situar estas palavras de Antígona em um contexto bem mais amplo, ao questionar o que nos fascina no "enigma", na "beleza" da heroína de Sófocles, buscando, a partir deste questio-

---

199 THIBODEAU, 2015, p. 125.

200 THIBODEAU, 2015, p. 125.

201 THIBODEAU, 2015, p. 125.

202 THIBODEAU, 2015, p. 125.

namento, refletir, sobre uma série de temas, dentre os quais desponta o famoso trecho de seu discurso. Seguindo mais uma vez Rosenfield, quando se trata de Holderlin, a pergunta inicial do poeta-filósofo tenta entender o amor da jovem pelo irmão morto; "Antígona é crua e desumana e, no entanto, nós a admiramos como o ápice da humanidade. Ela mesma reivindica o enterro de seu irmão como um dever sagrado e como uma baixeza das mais duvidosas (*hósia panoûrgesasa*)", termo grego que segundo Knox conota a duplicidade de um gesto "sagrado" que é ao mesmo tempo um "escândalo e uma vilania criminosa". Vários dos temas teóricos abordados por Holderlin como a ética na arte, a busca da simplicidade e da "naturalidade" como sendo a essência do teatro, as brincadeiras sofoclianas com as coisas mais sérias, levando a proeminência das questões puramente pessoais, a relação da arte com o pensamento discursivo, e por que não com a "lógica", o "jogo dialético", e o "cálculo" como exigência moderna de coesão racional, levaram-no a encarar, de frente, o perfil da personagem imaginado por Sófocles, no qual

> [...] a beleza dessa heroína desenha-se entre a ira e a ternura, entre o desafio e o recuo, entre momentos de ausência, nos quais ela parece mergulhar na contemplação de uma imagem, ou de um detalhe, e a acuidade mordaz de uma ironia cuja presença de espírito pode superar a compreensão imediata do leitor.[203]

Porém, Holderlin vai além, na tentativa de entender o enigma de Antígona, esboçando-a com adjetivos substantivados: "o amável, o onírico-ingênuo",[204] especialmente a partir de seu último discurso, acentuando o fato de a personagem condensar as virtudes e beleza, bem como as maldades e vícios da cidade de Tebas, representadas por Sófocles através da ironia trágica:

> Não captou Holderlin a ironia do próprio Sófocles quando ele faz dela – a "crua", a rebelde, a bárbara, que somente se preocupa com os parentes mortos – a Rainha supremamente compreensiva, bela e irônica, que deixa os anciãos de Tebas sem imprecações e sem uma palavra odiosa contra Creonte? No lugar de uma violenta maldição que poderíamos esperar, essa condenada à morte contempla com serenidade a morte injusta que lhe foi imposta, e ela exorta os anciãos – que ela trata, tal verdadeira Rainha-mãe, como filhos – a interrogarem a lei paradoxal que condena à morte aquela que observou a piedade do enterro, sem a qual não haveria mais nem

---

203 ROSENFIELD, 2016, p. 66-67.

204 ROSENFIELD, 2016, p. 75.

cidade, nem civilização, nem "homem", nem "mulher", nem "filho" no sentido humano do termo. Não seria esse efetivamente o segredo e o enigma de Antígona?[205]

E a meu ver Holderlin fecha suas reflexões, de uma forma belíssima, sobre o enigma de Antígona, comparando-o com o enigma da Esfinge, que seu pai teve que enfrentar, mas o mais importante, estabelecendo o questionamento final da jovem, não contra a cidade, nem contra Creonte, mas contra o poder do destino:

> Esse enigma a torna semelhante à esfinge do pai (Édipo). Quando ela encerra seu último discurso (no qual diz coisas horríveis, sobre filhos e marido que ela não enterraria), ela faz surgir diante dos anciãos um enigma como da esfinge: o que é o homem entre a crueza de uma virgem livre de recusar um enterro ao marido e aos filhos hipotéticos e a clemência celestial de uma criança-rainha, que poupa seus carrascos – os anciãos notáveis da cidade, e o rei – de toda e qualquer imprecação? As últimas palavras desta heroína, das mais irônicas e paradoxais, não questionam mais o decreto ou a legitimidade de Creonte, porém a lei no sentido amplo do termo: o *verdadeiro poder* que vale e que move o mundo – *o poder do destino*. É esse poder que a empurra agora à morte, e ela morre, então como homem – e – mulher, Rainha-e-mãe, terna-e-cruel, crua-e-civilizada. Ela deixa a cena colocando a questão do destino, de um destino que lhe traz a morte.[206]

Apesar das brilhantes interpretações de Hegel e Holderlin sobre o episódio de Antígona, afastando interpretações éticas equivocadas no primeiro caso, e interpretações estéticas baseadas em argumentos ideais, longe da própria criação e desenvolvimento da personagem imaginada pelo poeta Sófocles, e colocados à luz do entendimento, da percepção e da sensibilidade de Holderlin no segundo caso, nos parece que, do ponto de vista da dinâmica da peça, ainda não concluída, faltam elementos adicionais, que serão colocados pelo próprio Sófocles nesta parte final do drama, que nos darão um melhor entendimento desta passagem no contexto da tragédia. Neste sentido, a interpretação de Knox sobre o episódio é esclarecedora para nós, pois abre caminho para o que vem pela frente. Como vimos anteriormente, a partir do encerramento de Antígona, por ordem de Creonte, em uma caverna tumular, essa metaforicamente caminhou para o Hades, sendo este discurso, e esta parte do discurso especificamente como se fosse o fim do caminho por ela encetado: ela se encontrava então, de fato, no mundo

---

205 ROSENFIELD, 2016, p. 76.

206 ROSENFIELD, 2016, p. 76-77.

dos mortos, apesar de estar viva. Sua afirmação de que seu amor por Polinices, caso tivesse ela podido se casar com um marido e ter filhos, era superior ao do marido e filhos, somente tem lógica, como ela declara, que seus pais estivessem mortos, e, portanto, incapazes de gerar outro irmão, mas existia a necessidade de outra condição, que ambos estivessem vivos, o que não ocorria. Daí decorre a hipótese de Knox, para tentar superar a ilogicidade da afirmação de Antígona, de que para ela a distinção entre vivos e mortos havia deixado de existir:

> Ela estava se vendo como morta já há algum tempo, e ela fala para Polinices como se ele estivesse vivo: ela está morta e sepultada na terra dos vivos, e ele está vivo no mundo dos mortos.[207]

Mas a interpretação de Knox traz como consequências o declínio total da personagem, muito longe da visão otimista do enigma e beleza de Antígona aos olhos de Holderlin, como se toda sua luta e sua determinação, ao cabo não deu em nada. Ela abandona completamente sua pretensão, de ser a campeã dos deuses de baixo, inclusive devido à falta de apoio deles, revelados em seus questionamentos ao final do discurso: "Qual foi a lei divina que eu transgredi? Porque hei-de eu, ai de mim, olhar ainda para os deuses? Quem invocarei para me valer, já que por usar de piedade fiquei possuída de impiedade?"[208] De outro lado, ela não consegue ao longo de seu *kommós* e de seu discurso final convencer ou mesmo emocionar o Coro dos anciãos, que repetidas vezes lhe chamava atenção por suas falhas, erros, e até por sua *hybris*, e mesmo após o discurso, ainda a comparava a seu pai: "Dos ventos as mesmas rajadas lhe dominam 'inda a alma."[209] Finalmente, diante de seu discurso, ela também perde sua condição de campeã dos relacionamentos familiares. Knox enfatiza:

> Em seu momento de verdade, ela não se movimenta por nada, a não ser por seu amor por sua família morta, mas não pela família como instituição, como princípio, mas por seus seres individuais, pai, mãe, irmãos, aos quais ela irá se juntar para sempre. A fonte de seu espírito heroico é revelada em última análise como puramente pessoal.[210]

Assim, a personagem Antígona encerra sua participação na peça, ainda tentando chamar a atenção do Coro para seu injusto destino,

---

207 KNOX, 1983, p. 107.

208 SÓFOCLES, 1987, p. 78.

209 SÓFOCLES, 1987, p. 78-79.

210 KNOX, 1983, p. 107.

porque "à piedade prestara culto", sem antes, ainda que tardiamente, reconhecer seus erros com humildade e muita verdade: "Mas se esta pena é bela aos olhos dos deuses, só depois de a termos sofrido poderemos reconhecer que erramos."[211]

Antes de prosseguir examinando de perto os dois últimos estásios e o diálogo de Creonte com o mago Tirésias, com suas acentuadas características inquietantes e atrozes das intimidades catastróficas entre os deuses e os humanos, é importante examinar um pouco melhor as últimas palavras de Antígona, em um sentido muito particular, para o qual chamei atenção anteriormente. Mesmo diante de total isolamento e solidão, à beira da morte, e tendo abandonado suas posições como acentuado por Knox, ela se mantém mais do que nunca labdácida e filha de Édipo, especialmente no campo do conhecimento, com a mesma honestidade dilacerante consigo mesma.

"Condenada pelo destino" (*dystenos*) e, portanto predestinada à desgraça, "abandonada por Deus" em termos da justiça sempiterna, derrotada em sua piedade, geradora de impiedade e injustiça, ela se mostra aberta a discutir se tudo não foi consequência de uma falta involuntária e desculpável, ou a execução de um ato culpável, admitindo assim sua punição e autopunição, expressando ainda sua piedade caso a culpa fosse "deles"; "possa a sua punição não exceder a minha".

Seu último olhar é em direção a Tebas, para a casa real de Laio, com toda sua grandeza, e da qual ela se nomeia a última representante: "Vêde, ó príncipes de Tebas, eu, que da casa real sozinha restava, o que sofro da parte de tais homens porque à piedade prestara culto."[212] Apesar de sua têmpera heroica, Sófocles lhe negará uma morte condizente com este atributo, que nós examinaremos mais adiante, seguindo de perto as reflexões de Nicole Loraux.

Entretanto, ainda falta caminhar para entendermos a ideia de Sófocles para a sua *Antígona*. Segundo Steiner, o quarto estásimo da peça é talvez o mais evasivo de toda a tragédia grega. De acordo com ele:

> Através do turbilhão evasivo da ode – tendo a pertinência dos seus três motivos mitológicos tutelares em relação ao destino de Antígona sido ob-

---

211 SÓFOCLES, 1987, p. 78.

212 SÓFOCLES, 1987, p. 79.

jeto de discussões intermináveis e indecidíveis – transparece o tema da intimidade catastrófica entre os deuses e os homens.[213]

Porém, ainda no mesmo pensamento, na mesma reflexão, ele chama ele atenção para algo ainda maior que os humanos e os próprios deuses:

> O atroz, o inquietante e estranho poder do destino – "μοιριδια τις δυνασις δεινα" – são, ao que me parece, as quatro palavras – chave onde se condensam os fins últimos da visão e da arte de Sófocles. Não poupa nem os humanos de alta condição por nascimento, nem sequer os que contam com deuses entre os seus antepassados. Pelo contrário é sobre eles que o terror se precipita.[214]

Segundo Rosenfield, a visão de Holderlin, para o estásimo privilegia as perturbações de tempo e espaço de Tebas, como estando por detrás da rivalidade entre Creonte e Antígona, que o Coro relembra miticamente:

> O poeta alemão viu com clareza a lógica dos três mitos: eles tratam da disputa pelo poder e pelos espaços simbólicos (trono, palácio, cidade) e das perturbações que tais rivalidades infligem à progressão do tempo e à sucessão das gerações. Por isso o poeta acrescenta, como chave de ouro, para a leitura dessa peça, os versos nos quais Danae, mãe de um filho de Zeus, *"teve de zelar pelo fruto de Zeus, nascido da chuva de ouro" (Paul Mazon)*. Não é fortuito que Holderlin, realce a questão da ordem do tempo que é central nesta passagem; "Ela contava ao pai do tempo, as loiras pancadas das horas".[215]

Porém, a despeito destas reflexões, que não deixam de revelar importantes questões, vou optar, no caso, por considerações mais simples. Neste sentido, vou me abster de descrever em detalhes os três mitos, não somente por estarem bem claros no texto de Sófocles, como me parece um esforço inútil, fazer leituras mais inteligentes e mais sofisticadas deles. De imediato, podemos descartar qualquer intenção do Coro no sentido de prever ou moldar o destino de Antígona através dos mitos relacionados, por falta de aderência dos casos relacionados com a experiência única que vivia nossa jovem tebana. Ainda neste mesmo sentido, não vejo como enquadrar, de nenhuma forma, os três mitos em uma espécie de "mensagem única", de um mesmo objeto, o que obrigou a muitos analistas que seguiram esta senda a verdadei-

---

213 STEINER, 2008, p. 297.

214 STEINER, 2008, p. 297.

215 ROSENFIELD, 2016, p. 114.

ros malabarismos intelectuais, de forçação de situações, unicamente para comprovar suas teses e hipóteses. Acho, em resumo, que, mais uma vez aqui, o Coro cujo conhecimento da vida – grega – é insofismável, aliado à sua poderosa intuição, reflete neste estásimo sua enorme preocupação com os destinos da cidade, de crescente pessimismo, diante do débâcle das duas opções em questão, trazidas por Creonte e Antígona.

Nesta altura do desenvolvimento da peça, o conflito inicial entre os dois personagens principais, caracterizado de diversas formas, mas que pode ser resumido como entre família e *polis*, com ênfase na igualdade na morte e da indistinção entre o bem e o mal anteriormente praticados, foi totalmente ultrapassado, estando confinado a posições pessoais e familiares, no âmbito da mesma família "expandida", sem nenhuma perspectiva de solução para encaminhar uma saída para Tebas. De outro lado, nem Creonte, nem Antígona, em nenhum momento, apelaram aos deuses, buscando alguma intervenção divina na solução dos conflitos, caracterizando assim, posições alternativas humanas, de caráter imanentes, refletindo desta forma, as exaltações feitas no primeiro estásimo sobre a capacidade humana. O Coro desde o início se colocou preocupado com este fato, muito mais agora, diante da morte em vida de Antígona, e da desorientação de Creonte, que nos leva a esta enigmática ode que segue com o mesmo clima sombrio do canto anterior, direcionado a Eros, no sentido que colocamos anteriormente, de que o Coro em sua intuição prevê claramente a tragédia que se avizinha.

Antígona é levada para sua prisão tumular, reclamando muito do poder do destino, que comete contra ela, uma mortal "especial", uma injustiça sem precedentes, e o Coro vai lembrar a todos que a "força do destino é terrível", e que atinge a qualquer um, deuses, homens, em qualquer de suas atividades, sejam elas religiosas, guerreiras, comerciais ou políticas, como deixa bem claro o final da primeira estrofe da ode: "A ela não podem fugir nem a riqueza, nem Ares, nem torres ou os negros navios batidos pelo mar."[216] E o Coro ao citar os três mitos deixa claro que esta força pode atuar para o bem, como no caso de Danae que acaba sobrevivendo com Perseu, seu filho gerado por Zeus, e para o mal no caso de Licurgo que duvida das origens divinas de Dioniso, e pior ainda para a filha dos deuses Cleópatra que se criara

---

216 SÓFOCLES, 1987, p. 80.

na beleza, mas que tem seus filhos destituídos de suas visões por um erro de Fineu, seu marido, que leva o Coro a fechar seu canto: "Mas as velhas Parcas venceram-na, ó filha."[217]

Bem, e finalmente chega Tirésias, o grande vate, guiado por um rapaz devido à cegueira, para intervir no processo com a sua sábia mensagem, certamente, atendendo os deuses, e numa tentativa de solucionar o impasse na cidade de Tebas, e assim, quem sabe, trazer alguma solução favorável. Até então, e até onde vai a nossa humana compreensão, não existiram razões anteriores para os deuses solicitarem a presença do mago, nem como aconselhamento, nem como previsão do que viria acontecer, mantendo-se assim os deuses a uma sábia distância dos acontecimentos, e claramente sem identificar até aqui motivos para uma maior aproximação. Logo ao início do amistoso diálogo, Tirésias adverte Creonte que ele está "novamente" sobre um fio da navalha, lembrando-o de situações anteriores ocorridas com eles, entre a sorte ou infortúnioe que as razões de sua intervenção – inicialmente – estão restritas, à existência de um novo *miasma* na cidade, na qual os altares cívicos e os dos lares de cada um dos tebanos foram poluídos pelo estado de putrefação do cadáver insepulto de Polinices, que serve de repasto para as aves e cães da cidade. Seu diagnóstico da situação, a esta altura, já é bem penoso para Creonte:

> É esta a enfermidade que o teu conselho causa ao Estado: é que os nossos altares e braseiros todos estão poluídos pelas aves e cães que comeram do infeliz filho de Édipo que jaz no sítio onde caiu. E depois os deuses não aceitam da nossa parte as súplicas que acompanham os sacrifícios, nem a chama das oferendas, pois devoraram a gordura do sangue de um homem morto.[218]

Vou seguir de perto a Rosenfield nesta passagem envolvendo Tirésias, que em sua aproximação não faz nenhuma menção a Antígona ou a Ismena, e assim, não tece nenhum comentário sobre os conflitos e razões de cada um, deixando claro que não veio para fazer um julgamento sobre a situação entre eles. Aparentemente, Tirésias estaria unicamente interessado em reabrir a principal via de comunicação entre deuses e homens, que passa pelos altares cívicos e dos lares mediante sacrifícios e ritos religiosos, com todo o simbolismo do fogo, negado por Hefestos, o deus do fogo. Neste sentido, Creonte é claramente

---

217 SÓFOCLES, 1987, p. 81.

218 SÓFOCLES, 1987, p. 82.

o responsável por esta séria interrupção nas relações entre deuses e humanos, e também por conta disto sofrerá a repulsa dos deuses, que certamente não deixarão impune a impiedade arrogante do dirigente de Tebas. Por isto soam estranho as convencionais advertências de Tirésias ao final desta fala, em questão de tamanha importância sobre a possibilidade do erro humano e de sua correção, demonstrando que o pior é permanecer obstinado e teimoso, qualificando esta atitude como uma estupidez.

Ainda neste final de sua primeira fala, Tirésias toca num ponto fundamental no encaminhamento da tragédia, que é a relação entre vivos e mortos, e as dificuldades de saber quem são os vivos e quem são os mortos: "Anda, cede diante do morto e não batas num cadáver. Qual é a valentia de matar de novo quem já morreu?"[219] Ele vai mais adiante aprofundar esta questão, relacionando-a com Antígona, porém a situação é toda meio ambígua, pois Tirésias inicia sua aproximação, com muita diplomacia e apelando bastante para o bom senso de Creonte, e aparentemente com uma proposta bem simples: enterrar convenientemente a Polinices, por razões eminentemente práticas relacionadas aos cultos realizados na *polis*, e por consequência dirigidas aos deuses políades, tão caros a Creonte. Portanto, em princípio o mago não traz nenhum vaticínio sobre algo grave, como um miasma familiar anterior, nenhuma falta de respeito de Creonte perante os deuses, além disso, este estava certo de que suas medidas haviam sido aprovadas pelo Coro, pelos deuses e implicitamente pelo próprio Tirésias. Daí a reação de raiva e furor deste, diante da imputação de sua responsabilidade na situação, que, aliás não poderia ter sido outra, especialmente se levarmos em conta de um lado, o fato de que estava falando para a plateia ateniense que em sua maioria, tinha sérias restrições aos aspectos sombrios das profecias que levavam ao descrédito, a desconfiança e mesmo a hostilidade dos cidadãos. Por outro lado, como nota Rosenfield, apesar de estarmos nos encaminhando para o final da peça, em termos temporais, estamos a menos de 24 horas do sacrifício de Meneceu, filho de Creonte que evidentemente causou muita revolta a este, que não conseguiu impedir o sacrifício do filho que se jogou à morte pelo dragão, sem esquecer que Creonte durante a guerra fratricida honrou os deuses e defendeu violenta e vitoriosamente seus templos contra os argivos incendiários, que blasfemavam ininterruptamente contra aqueles mesmos deuses, até em seus escudos.

---

219 SÓFOCLES, 1987, p. 82.

Assim Creonte estava plenamente consciente do perigo que representava Tirésias tanto para a *polis*, mas principalmente para sua família, e aqui reproduzo Rosenfield sobre isto: "Tanto Ésquilo como Sófocles mostram Tirésias como a figura que restabelece o frágil elo entre este mundo e o além mas em todos os casos esse restabelecimento requer um sacrifício sangrento."[220] E é justamente nesta resposta que Creonte surpreende pela coragem, por sua racionalidade citadina, por sua sinceridade e legitimidade de seus propósitos de purificar a cidade, pois longe de se submeter ao vate, e por que não aos deuses, ele se volta para o ataque com grande convicção, inicialmente contra o vate, com o intuito de desqualificar suas profecias, mas em seguida também contra Zeus, o único Deus que ele havia invocado ao longo da peça, não medindo palavras e atitudes, objetivando ainda desqualificar o antropomorfismo dos deuses olímpicos, ao afirmar que não era neles e nem em seu representante que os mortais poderiam encontrar o divino.

Estou consciente de estarmos totalmente na contramão da maioria dos analistas, particularmente de Knox, que afirma que "Creonte neste final é um homem destruído, gemendo de sofrimento, e destituído de dignidade."[221] Mas, felizmente temos em quem nos apoiarmos, ainda que parcialmente, no sentido de examinarmos esta resposta de Creonte. Steiner concede a esta passagem[222] uma enorme importância, começando por apresentar três versões distintas de sua tradução de Jebb, de Fagles e de Mazon, das quais optei pela primeira, por sua simplicidade:

> [...] mas proíbo-vos de esconder este homem no tumulo, ainda que as águias de Zeus levassem pedaços de sua carcaça até ao trono do seu senhor, nem mesmo por receio desta contaminação eu suportaria que o enterrassem, *pois sei bem que não há mortal que possa manchar os deuses.*[223]

Diante desta afirmação, somente existem dois caminhos: ou se desqualifica o texto bem como o personagem em um momento de juízo alterado, ou se analisa e pondera adequadamente as enormes consequências. A maioria dos analistas optaram pela primeira alternativa, em especial, por desqualificar o momento de Creonte, sem se da-

---

220 ROSENFIELD, 2016, p. 124.

221 KNOX, 1983, p. 113.

222 SÓFOCLES, 1987, p. 83.

223 STEINER, 2008, p. 299. (grifo meu)

rem conta de que ao fazê-lo, estavam desqualificando igualmente a Sófocles: de qualquer forma, não nos cabe aqui examiná-las em destaque, mas vejamos o que diz Steiner quanto ao conteúdo da declaração.

> Terá Creonte descoberto, na clarividência lívida da sua raiva, o abismo da "não-relação" existente entre os mortais e o divino? Terá compreendido, ainda que apenas numa breve e sumária intuição, que a sua dessacralização do cadáver de Polinices fora um gesto sem sentido, uma vez que o destino do homem em relação à transcendência não pode ser determinado através dos ritos ou, da ausência de ritos de enterro? Se não há poluição humana capaz de contaminar os deuses, então o não-enterro de Polinices é um ato banalmente imanente. E a reação agonística de Antígona, volve-se ao mesmo tempo excessiva e redutível ao impulso de ordem inteiramente privada e sentimental. A tragédia foi desnecessária.[224]

A afirmação de Steiner de que a tragédia foi desnecessária, baseada na colocação de Creonte, nos parece forte demais e fora do contexto geral, mas é indiscutível que Creonte levanta uma questão fundamental, especialmente para o desenvolvimento da *polis*, pois relativiza, do ponto de vista religioso, determinados ritos e tradições, que bem ou mal têm impacto na adoção de uma maior racionalidade na gestão pública das cidades. Porém, voltando para o nosso caminho em *Antígona*, interessa identificar o efeito daquela colocação de Creonte, no desenvolvimento da trama. E aqui me parece evidente que os efeitos nos comportamentos, atitudes e ações de Tirésias e do próprio Creonte são mais do que visíveis, demandando de nossa parte um extremo cuidado na análise do que se segue.

A primeira reação de Tirésias após a fala de Creonte é de desqualificar os mortais, insinuando a dificuldade de encontrar um homem que pensa, mas após uma troca de farpas com o rei, ele, finalmente diz a que veio, alertando-o de que teria que revelar um segredo, e após prevendo para Creonte a dação

> [...] de alguém, saído de tuas próprias entranhas – um cadáver em troca de outros –, como pagamento de teres arremessado lá para baixo, alguém que era ainda cá de cima, e de com desprezo teres encerrado num tumulo, uma vida, e de conservares aqui um cadáver que é pertença dos deuses infernais, sem a sua parte de oferendas, sem rituais, sem purificações.[225]

Antes de examinarmos este profecia, na qual Tirésias deixa claro, que se trata "de um cadáver em troca de outros", é fundamental para

---

224 STEINER, 2008, p. 301.

225 SÓFOCLES, 1987, p. 85.

nosso entendimento, examinar como ele no diálogo anterior à profecia, alertou Creonte para o que viria acontecer com os seus: na versão de Rocha Pereira: "Vais incitar-me a revelar um segredo que devia deixar intacto na minha alma",[226] e na versão de Trajano Vieira: "Direi o que guardava no meu íntimo."[227]

De qualquer forma, é grande a perplexidade, pois certamente estamos diante de uma declaração enigmática, de dificuldades e mesmo impossibilidade de ser entendida. Várias questões emergem aqui: Tirésias já sabia antes do início do diálogo o teor da profecia, ou ela foi montada ao longo do diálogo, tendo em vista a reação de Creonte. Se já sabia, por que todo aquele teatro com Creonte, no sentido de apenas resolver os impasses que advieram do não enterro de Polinices. Se não sabia, que poder estava a ele investido pelos deuses em interpretar a situação e criar um novo destino para Creonte, mesmo considerando a reação dele. Vejamos o primeiro ponto, o qual, independentemente da versão da tradução que se adote, e voltando-se para o original grego, constata-se que Sófocles utilizou o termo grego "φρενων" (frenon), que pode ser entendido como coração, ou alma, mas que se refere à algo que é visceralmente interno e pessoal, levando-nos a induzir que as desgraças que Tirésias vai anunciar para Creonte já estavam aí, já faziam parte dele, e que, portanto, as reações não o levaram a criá-las, mas, sim, a revelá-las. Assim, acho que ao contrário de vários analistas, que sempre interpretaram que Tirésias ignorava estas profecias no início do diálogo, e que somente depois começou a ver e se dar conta das mortes anunciadas para a casa de Creonte, Tirésias já tinha plena consciência da onde queria ele chegar, que tinha a ver explicitamente com o aumento da confusão nas relações entre os vivos e os mortos, que já era uma das características da família expandida dos Labdácidas.

Bem, mas se minha hipótese está correta, surge a necessidade de saber porque Tirésias decidiu, após o diálogo com Creonte, revelá-la, bem como a razão dele estar guardando este trunfo na manga. E aqui estamos diante da impossibilidade, pois, por mais originais que sejamos dificilmente encontraremos uma sólida motivação para a atitude do vate. Opto, aqui, em prosseguir sem antes olhar com algum cuidado para as ameaças de Tirésias e das razões que obrigavam Creonte a dar em troca de seus comportamentos – "um cadáver em troca de

---

226 SÓFOCLES, 1987, p. 84.

227 SÓFOCLES, 2016, p. 83.

outros"[228] – alguém saído das tuas próprias entranhas. A passagem, apesar de sua estranheza, é fundamental, pois joga Creonte também na esfera do "próprio", do "auto" como bem assinala Loraux, e igualmente o joga em uma relação de troca, na qual ele está em falta, tanto com os deuses infernais – Polinices –, como com os deuses "de cima"– Antígona. Vou utilizar nesta fala de Tirésias a tradução de Fagles citada por Steiner:

> Precipitaste no mundo inferior um filho do mundo superior, implacável, alojaste uma alma viva tumulo dentro – e roubaste depois os deuses subterrâneos, mantendo o corpo morto ao ar livre e luminoso, sem sepultura, sem cânticos e sem a saudação dos ritos.[229]

A violenta ameaça de Tirésias contra Creonte impressiona, pois, ao propor a troca de cadáveres, o coloca em um *pathos* de sofrimento de si por ele mesmo, como único culpado, matando alguém originário de suas entranhas. Por maiores questionamentos que se façam, Creonte tinha argumentos concretos do ponto de vista da cidade para ter agido daquela forma, e desta forma ele estaria sendo violentamente ameaçado, tendo que trocar o cadáver de um traidor da pátria e de uma jovem ainda viva, e não morta, como deixa entender Tirésias, sabidamente *apolis*, que por motivos familiares, como vimos, se insurgiu contra um édito do governo pelo cadáver de seu filho Hemon, seu único filho ainda vivo. Ainda mais, porque o vate diz com todas as letras a realidade, que Creonte é inocente, mas que agiu com violência, despertando a ira das Erínias e de Hades. De outro lado, como entender o vate sabendo-se que, tanto o ato de não enterrar Polinices, como de manter Antígona em seu tumulo, poderiam ser reversíveis, e que Tirésias, mesmo sabendo que seria tarde demais, alimenta falsas esperanças de Creonte de remendar e desfazer o mal que estava sendo feito, sem precisar sacrificar seu filho e principalmente salvar a *polis* de Tebas. E complementa sua fala de forma ainda incompreensível, pois reagindo contra Creonte por achar que ele, Tirésias, falava aquelas coisas por suborno, que gemidos "por homens e por mulheres"[230] (genitivo objetivo) iriam surgir no palácio, indicando que também, outra inocente, certamente, Eurídice, esposa de Creonte seria morta, e fazendo referência a todos os cadáveres insepultos da guerra, a maioria de argivos

---

228 SÓFOCLES, 1987, p. 85.

229 STEINER, 2008, p. 312.

230 SÓFOCLES, 1987, p. 85.

que estavam poluindo diversas cidades, como se a existência daqueles cadáveres fossem de responsabilidade única de Creonte, dando a eles o mesmo tratamento que o pretendido com Polinices. De qualquer forma, a referência do vate sobre a quantidade de cadáveres insepultos nos remete para o futuro, pois esta veio a ser a razão da guerra dos Epígonos, descendentes dos mortos, assunto este de conhecimento dos atenienses, devido ao papel de Teseu no resgate daqueles corpos, que Eurípides iria representar em *Suplicantes*. Fechando a fala, Tirésias ainda reconhece que como arqueiro atirou com ira contra Creonte, setas firmes da alma, dando a entender que teria ido além do razoável em sua colocação contra Creonte.

Diante de todas destas considerações, sobre este episódio relativo a Tirésias, fica para nós uma dúvida fundamental que possivelmente também não terá solução mesmo até o fim da análise integral da peça, pois a nosso juízo, Sófocles faz questão de insinuar isto por meio dos tempos dos verbos utilizados, parecem existir dois Tirésias: o primeiro, ponderado e propondo coisas aceitáveis e sensatas, e o segundo profético e confuso. Terá querido Sófocles com este segundo Tirésias, com as confusões, incongruências, situações mal armadas, propostas de troca de cadáveres, falas e castigos arcaicos, dizer-nos alguma coisa a mais sobre as intervenções divinas, nas quais Tirésias servia de intermediário, aproximando-se assim de Jenofonte, e mesmo de Eurípides, em suas críticas e debochas dos deuses, especialmente dos deuses olímpicos, dando a entender finalmente que a intervenção divina foi uma tentativa frustrada, solicitada pelo Coro, que vai apelar em seguida, para o patrono da cidade, Dioniso, para resolver ou encaminhar uma solução para Tebas.

A reação de Creonte, junto com o Coro, é bem conhecida, de finalmente ceder e tomar providências para libertar Antígona e de dar um enterro condizente para Polinices. Para começar, novamente aqui, as divergências são grandes, pois a atitude de Creonte é vista por muitos como uma fraqueza, de que no fundo ele nada tinha de atitude heroica, e que acaba cedendo diante das ameaças do vate. Entretanto, esta é uma leitura leviana e superficial, não somente pelos aspectos políticos e administrativos da *polis*, mas principalmente pelos aspectos religiosos, em termos dos cultos políades, mas é aqui que mais pesa a colocação de Creonte, relativa a uma nova relação com os deuses, a partir de considerar o enterro, ou não do cadáver de Polinices, algo totalmente imanente, sem conotações religiosas, que ele poderia perfeitamente seguir as leis estabelecidas sem grandes problemas, e que em seu entendimento a relação com o divino deveria se pautar por questões mais transcendentais. E ainda, no diálogo com o Coro, ele em nenhuma hora se refere às mortes anunciadas por Tirésias, havendo apenas uma referência genérica a *ate*,[231] e a necessidade de não combater o destino, como motivações para abrandar suas posições. Por outro lado, o Coro incentiva fortemente Creonte a rever sua posição, porém não acredita mais em qualquer solução para a cidade, e neste sentido vai apelar diretamente para uma "chegada", uma "epifania" do deus Dioniso.

O Coro no hino de "chamamento" de Dioniso revela o desespero em que entraram os anciãos de Tebas, especialmente após as profecias de Tirésias, mas é fundamental caracterizar adequadamente. A esta altura dos acontecimentos, o Coro, como dissemos, não alimenta mais nenhuma esperança com a solução "Creonte", e claramente nunca chegou sequer a considerar a continuidade dos Labdácidas como uma alternativa, para a salvação da cidade. Não custa recordar a visão premonitória do Coro, que em suas primeiras intervenções deixou evidente que, para eles a situação de *stasis* na cidade perdurava, o que foi comentada anteriormente. Portanto, aqui novamente, o Coro está primordialmente preocupado com o miasma da cidade e de seus arredores, devido ao abandono dos cadáveres oriundos da guerra, que estavam poluindo o ar e os templos, e assim se volta em desespero na direção de Dioniso, enquanto purificador e libertador dos espaços urbanos. Na realidade, o Coro, não está mais interessado sobre o que está ocorrendo com Creonte e Antígona, a não ser pelo fato de que o cadáver de Polinices é mais um que está poluindo a cidade. Significa dizer que o Coro está voltado para o futuro da cidade, em uma situação típica de emergência, e esperando o pior conforme as profecias de Tirésias, para o desenlace do problema que está sendo vivenciado pelos personagens principais.

Qualquer aproximação ao deus Dioniso exige cuidado e cautela, e neste sentido o Coro procura ressaltar os lados positivos e civilizatórios das intervenções daquele Deus em suas várias chegadas, de acordo com seus vários nomes: referindo-se basicamente à Baco, o deus de Tebas, onde ele foi gerado, a Evoé, o deus da vinha, mas também ao deus das montanhas de Delfos e a Iaco, o deus companheiro de

---

231 *Ate* significa em grego ruína, insensatez, engano, ou mesmo uma situação de insanidade parcial e temporária. Mas é tratada em Homero como um desastre objetivo, como é comum nas tragédias, atribuída a uma intervenção externa e demoníaca.

Demeter, do santuário de Eleusis, onde ocorreram suas diversas "parusias", sendo ele objeto de culto e veneração. Na ode propriamente dita, não vejo nenhum aspecto sombrio, como identificaram vários analistas, pois as referências ao "lume das tochas" e das "vozes da noite" fazem parte de suas pacíficas chegadas a Ática e a Delfos, nem tão pouco de alegria incontida, ou, êxtase, como se os anciãos de Tebas estivessem narcotizados, como das danças e da alegria, intrínsecas a sua essência. Não identifico igualmente nenhum absurdo e nenhuma incongruência na solicitação do Coro, em relação às características do próprio Deus, podendo-se afirmar com convicção que a ode está perfeitamente adequada à situação existente na *polis*, de uma poluição generalizada, tendo alguns analistas esquecido de que Dioniso, além de todas as suas características relacionadas com a vida, morte e renascimento, é também um Deus purificador.

Sempre é bom lembrar que Sófocles está apresentando sua peça em pleno teatro de Dioniso em Atenas, e que todos na plateia conhecem e sabem da importância civilizadora do Deus para a consolidação da *polis* ateniense, através de seus festivais, com assento simbólico em todas as apresentações teatrais, que reforça ainda mais os cuidados que devem ter os dramaturgos em qualquer referência ao Deus.

Trata-se de um canto, invocando o Deus, respeitando suas características como purificador e salvador, como nos ensina Detienne, o grande especialista no Deus: "é o Dioniso 'Kathársios', também chamado em Tebas como "Lúsios",[232] venerado junto a mãe Semele em um lugar na cidade conhecido como as "portas das Prétidas, no limite do espaço urbano que ele domina em sua posição de Kadmeios, potência das cerimônias que libertam e purificam"[233] para corrigir uma anomalia decorrente de uma doença que ataca todo o povo. Seguindo ainda com Detienne, a invocação é realizada conforme a tradição grega e báquica, pois ele é chamado através do pé purificador:

> Dioniso é o Deus que salta, que pula "πηδαν" (*pêdan*) por entre as tochas sobre os rochedos de Delfos. O Deus cabrito, o filhote de cabra em meio as bacantes da noite. Por meio de Dioniso saltitante, o pé "πους" (*poûs*), encontra o verbo pular (*pêdan*) e sua forma *saltar longe de* "εκπηδαν"

---

232 DETIENNE, 1986, p. 46.

233 DETIENNE, 1986, p. 46.

(*ekpêdan*), que é o termo técnico do transe dionisíaco, quando a pulsão de pular invade todo o corpo, arranca-o de si e arrasta-o irresistivelmente.[234]

Desta forma, na estrofe segunda, o Coro deixa bem clara a solicitação de purificar a cidade: "E agora, que uma afecção violenta lhe ataca todo o povo, vem com o passo que nos cure pela encosta do Parnaso."[235]

E chego finalmente ao desenlace da trama, de pura tragédia, com as mortes de todos os personagens – inclusive de Creonte –, o que significa dizer com a destruição completa da família dos Labdácidas, aí incluída a linhagem de Creonte, apesar da sobrevivência de Ismena como única exceção, porém incapaz de reverter o destino da família. Todos se destroem, de uma forma autônoma, se matando e sendo mortos uns pelos outros, tanto os vivos matando os mortos quanto estes matando os vivos, como se estivessem em plena guerra, em pleno *stasis* familiar, conforme assinalei lá atrás, quando Creonte define a prisão de Antígona tornando-a uma morta-viva. Veja algumas destas passagens, reveladoras que são do destino final dos personagens.

O mensageiro vem anunciar para o Coro as mortes de Antígona e de Hemon, porém dando ênfase a morte do filho de Creonte. Após uma introdução em que discute o poder da "fortuna" e de uma existência com prazer, de molde a se contrapor as inevitáveis desgraças da vida, o mensageiro dialoga com o Coro, em uma passagem emblemática sobre os vivos e os mortos:

> Coro: E que pesado fardo para os reis é esse, que tu vens anunciar?
> Mensageiro: Morreram – *e os vivos são dessa morte culpados.*
> Coro: *E quem é o assassino? Quem é a vítima?* Diz.
> Mensageiro: Hemon pereceu. *Sangra por uma mão que não é estranha.*
> Coro: Do pai ou da sua família?
> Mensageiro: *Ele a si mesmo,* irado com o crime do pai.[236]

A tradução de Rocha Pereira para a primeira fala do corifeu omite a palavra "αυ" (*au*) que em grego é "novamente" ou "de novo", significando que o Coro já estaria esperando por uma nova desgraça, não somente para os reis, mas para toda a linhagem real. De outro lado entenda-se na resposta do mensageiro que o plural "vivos" se refere unicamente a Creonte, causa da morte de Hemon, mas ao mesmo tempo causa de sua própria morte, como ele sempre proclama, e que pode ser

---

234 DETIENNE, 1986, p. 83

235 SÓFOCLES, 1986, p. 88.

236 SÓFOCLES, 1987, p. 89.

inferido na frase em grego.[237] Nem o mensageiro e nem o Coro, apesar da pergunta sobre o autor físico da morte, tem dúvida de que Hemon se suicidou, e neste é claro toda a família está envolvida, chamando assim a atenção da própria Eurídice, mulher de Creonte, que passando por perto diz ter ouvido vozes de desgraça familiar (*oikeion kakon*). Veja o que diz Loraux do reconhecimento do suicídio:

> Entretanto, é justamente no suicídio, que a lei que rege o universo trágico solicita que o grupo familiar esteja envolvido, se afetando ela-mesma através de um dos seus que se mata, no instante mesmo em que ele se aniquila. A família assassino final: é o que sugere a sinistra onisciência de Eurídice, vindo inquirir de um "oikeion kakon" que é a morte de Hemon: uma desgraça familiar, uma desgraça que se refere aos "seus" e que retornará contra ela-mesma.[238]

Seguindo ainda com Loraux, antes de adentrarmos mais a fundo na tragédia final, são intensas as consequências da desgraça na família, uma vez que sua tese é de que a situação de *stasis* está nela presente, levando-a à "autodestruição". Ela inicialmente pondera que os traços da guerra civil intestina somente são vistas pelo Coro, pelo fato mesmo de que este não pertence ao *genos*, tendo portanto liberdade e condições de entender melhor o que se passa, complementando que seus componentes não são filósofos, mas podem ser gramáticos. E de fato,

> [...] ao substituírem a palavra, "αυτοιν" (*autoin*, si mesmo, reflexivo), pela palavra "αλληλοιν" (*alléloin*, um ao outro reciprocamente), eles estão seguros de entrar no jogo dando conta da indivisível e rígida identidade do *genos*, jamais tão visível quando a família se aflige.[239]

Assim, entende ela:

> É colocado em marcha um processo de reversibilidade ao infinito, ou de uma outra forma, justamente até a extinção da família, que coincidirá com o término da tragédia. Não é somente que o morto mata o vivo, como Hemon Antígona e Creonte, formularam sucessivamente esta terrível constatação, mas chegando ao extremo desta reversibilidade é o assassinado que assassina o assassino.[240]

---

237 LORAUX, 1986, p. 181.

238 LORAUX, 1986, p. 181-182.

239 LORAUX, 1986, p. 182-183.

240 LORAUX, 1986, p.183

Desta forma não se trata apenas de um destino pessoal e mesmo familiar no sentido restrito, colocando em risco todos os membros daquele *genos*, como se uma nuvem de desgraças envolvesse a todos.

Porém, voltemos à peça. Diante da solicitação de Eurídice, o mensageiro conta o que se passou, já que tinha guiado Creonte até o corpo de Polinices, onde finalmente o rei e seus servos providenciam um tumulo elevado e condigno para o filho de Édipo. A discussão de vários analistas sobre a alteração da ordem das coisas que o Coro sugeriu serem feitas por Creonte, me parece fora de propósito, a partir da própria decisão dele de ir pessoalmente libertar Antígona, além do fato de que o mais urgente do ponto de vista da *polis*, era de libertá-la da poluição dos lares e cultos. No caminho para o aposento nupcial da jovem, em uma caverna infernal, ouvem-se gemidos e sinais indistintos de gritos de desgraça, que colocam Creonte de sobreaviso: "Ó desgraçado de mim, estarei eu a adivinhar? Acaso avanço pelo mais malfadado caminho de quantos tenho percorrido? A voz do meu filho acaricia-me."[241] Os servos alertados por Creonte de se acercarem e examinarem com cuidado as pedras removidas do sepulcro, penetram e o mensageiro descreve a cena:

> [...] no interior do tumulo avistamo-la, suspensa pelo pescoço, presa pelo laço de um tecido fino, e ele, agarrado a ela com os braços apertados em volta, lamentava a destruição da sua noiva do além, a ação de seu pai e a desgraça das suas núpcias.[242]

O rei entra e dirige a Hemon algumas palavras de reflexão, porém ele cospe-lhe no rosto e se lança com a espada contra o pai que escapa.

> Em seguida, o desventurado, furioso consigo mesmo, tal como estava, coloca-se sobre o montante, apoia-o contra o seu flanco até metade e ainda lúcido, atrai a donzela aos seus braços a desfalecer. Arquejante lança uma torrente veloz de sangue gotejante nas brancas faces.[243]

Finalizando esta passagem, Eurídice entra no palácio sem nada falar e o Coro e o mensageiro trocam impressões sobre aquele estranho comportamento dela, já prenunciando o restante da desgraça de Creonte, que neste momento entra com o cadáver de Hemon nos braços:

> Coro: Mas eis que avança o próprio rei

---

241 SÓFOCLES, 1987, p. 90.

242 SÓFOCLES, 1987, p. 90-91.

243 SÓFOCLES, 1987, p. 91.

Trazendo nas mãos a prova evidente
— se é lícito dizê-lo —
De que o erro foi seu, de mais ninguém.[244]

Deste ponto até praticamente o final da peça se desenvolve um novo *kommós*, só que agora de Creonte, após saber da morte de Eurídice, junto com o Coro e os dois mensageiros, diante das mortes do filho e da esposa, mas principalmente de sua própria morte, não em termos físicos, mas nem por isto menos real, já que "partes" suas foram mortas, causadas por ele mesmo, porém ainda em dúvida de quem mata e quem morre, como aparece ao início da lamentação: "Ai! Pecados de uma mente dementada, fatais, obstinados! Ó vós que vedes ser da mesma raça quem mata e quem morre!"[245] Assim Creonte ao chegar a este ponto retorna ao início do drama, onde ele se recusava a ver o que acontecia realmente com os dois irmãos, em suas relações reflexivas de "auto", e que tentava por todos os modos de não tratar os filhos de Édipo como um "par", separando o "agressor" Polinices do "defensor" Éteocles, se vê agora diante da mesma questão em relação ao filho Hemon, como bem diz Loraux: "Eis que Creonte é pego sem ser avisado na esfera do 'próprio' com todas suas figuras, repetindo metaforicamente o que acontecera com os dois irmãos."[246] E, complementando o que disse Loraux, Creonte se vê, com a maior honestidade possível, coisa que não dá para colocar em questão diante dos impasses, alguns, já anteriormente referidos, de vivos matando mortos e de mortos matando vivos, como também de assassinos matando assassinados e assassinados matando os assassinos, e ainda mais real, de pais matando filhos e de filhos matando pais, e de suicidas sendo mortos por outros, ao mesmo tempo que eles suicidas, matam outros. Sobre esta questão voltaremos mais adiante.

Porém, vejamos com atenção e em detalhes as desgraças de Creonte ao entrar carregando o corpo de Hemon, inteiramente abatido por sua responsabilidade na morte do filho, sem saber ainda que as mesmas não estavam completas. Atribuindo ao Deus – Hades, possivelmente – o pesado golpe contra sua cabeça, que lhe incitou caminhos cruéis, Creonte é interrompido pelo segundo mensageiro: "Meu amo, dir-se-ia que vieste aqui como quem já tem e ainda possui mais, pois

---

244 SÓFOCLES, 1987, p. 92.

245 SÓFOCLES, 1987, p. 92.

246 LORAUX, 1986, p. 183.

trazes uma desgraça nas mãos, e em casa, irás ver outra brevemente."[247] As portas do palácio abrem-se para deixar passar o cadáver de Eurídice, e o mensageiro descreve a cena final de sua esposa:

> A senhora, junto do altar, com a espada afiada, deixa que suas pálpebras façam trevas; geme sobre o destino glorioso de Megareu, morto outrora, e depois novamente pelo deste que aqui está; depois invoca as mais terríveis desgraças *sobre ti, assassino de teus filhos.*[248]

Como disse anteriormente, a última palavra de *Antígona* é "Creonte assassino", pelas mortes de Antígona, Hemon e Eurídice. Entretanto, o assassinato desta última, não é apenas mais uma morte, já que Eurídice o acusa de modo violento para os padrões gregos: ela o denomina de ser um "παιδοκτόνος" (*paidoktónos*), que em grego significa aquele que mata crianças e que mata seus filhos. Desta forma, segundo Loraux, Creonte foi muito mais além dos filhos de Édipo na lógica da guerra civil, já que a guerra de irmãos é uma metáfora admissível, porém este é um crime absoluto, como se fosse o auge do horror, da forma que Tucídides se refere ao *stasis* de Corcira, onde ele evoca a morte dos filhos pelo pai.

As últimas palavras de Creonte são a de um homem morto, sem futuro e principalmente sem vida:

> Levai, sim, levai para longe este homem tresloucado, que sem querer te matou, filho e a ti também! (Eurídice). Ai de mim, desgraçado, não sei para qual hei-de-olhar, a quem apoiar-me, pois tudo que tenho nas mãos está abalado; sobre mim impende um futuro que não se suporta.[249]

Finalmente foi alcançado o final da peça, da qual realizei, apesar de todas as referências feitas a brilhantes e ajuizados analistas, uma leitura de caráter pessoal, sem a intenção explícita de confrontá-la com as alternativas anteriormente realizadas, e muito menos de imaginar ter se aproximado das intenções com as quais o poeta Sófocles foi ao longo de sua gestação moldando o encaminhamento desta tragédia. Tentamos ao longo do trabalho, até aqui realizado, evitar entrar em polêmicas desnecessárias ao entendimento da mesma, como também evitamos propositadamente, apresentar e discutir abertamente, alternativas clássicas de análise do conflito dos dois personagens principais, não somente pelo trabalho que teria que ser empreendido, como também por considerá-las parciais, e isoladas de forma arbitrária do

---

247 SÓFOCLES, 1987, p. 93.

248 SÓFOCLES, 1987, p. 94. (grifo meu)

249 SÓFOCLES, 1987, p. 96.

contexto completo do drama, que em geral, evolui em alguns outros sentidos, que tornam aquele debate secundário. No caso mais emblemático, referente a análise hegeliana, foi realizada uma leitura minuciosa dos momentos em que o filósofo se dedicou a analisar a tragédia grega, e foram aproveitados diversos *insights* feitos por ele, especialmente quanto aos aspectos históricos das relações familiares na Grécia. Entretanto, não vou me furtar a apresentar conclusões sobre a leitura realizada, que intencionalmente foram sendo apresentadas e discutidas ao longo deste exaustivo trabalho, e que agora, neste final serão parcialmente contextualizadas em conjunto. Parcialmente, por que seria impossível aproveitá-las integralmente , dadas suas complexidades, sendo que nestas conclusões finais, aproveitarei ao máximo a liberdade de que disponho de encarar algumas questões de forma inovadora, já que não tenho compromissos anteriores sobre escritos apresentados sobre a matéria, e também pelo fato de ser um *outsider* na análise de uma tragédia grega.

HOMEM, O SER MAIS ASSOMBROSO

A primeira questão a ser levantada para me encaminhar para as conclusões, é que diferentemente do que esperava ao início desta análise, a participação do divino e de suas relações com os mortais é muito aquém do que jamais imagina, mesmo em se tratando de Sófocles e não de Ésquilo, e mesmo levando em conta as análises de Aristóteles e de Hegel sobre a liberdade consequente do herói trágico. Na verdade, este fato traz algum embaraço, pois, justamente um dos focos deste extenso estudo era o de examinar aquelas relações a partir da Grécia Arcaica, não como paradigma destas relações nos dias de hoje para determinadas classes de indivíduos, mas pelo menos conceder alguns caminhos e sentidos de exploração para aprofundar nosso conhecimento acerca de determinados comportamentos onde ficam evidentes, chamamentos e apelações para aquelas instâncias, que haviam me chamado à atenção. Não estou com isto, querendo dizer que na peça *Antígona* o divino não está presente, o que seria leviano e incorreto de minha parte, além de uma questão de interpretação, já que diversos analistas importantes consideram exatamente o contrário, identificando a ação do divino ao longo de toda a peça com consequências significativas sobre o comportamento das personagens.

Porém, fica mais ou menos evidente que aquela instância, apesar de sua presença, que diríamos quase constante como substância ética, nos moldes hegelianos, em poucos e raros momentos se torna fundamental no desenrolar dos acontecimentos, que passam a depender basicamente dos homens e mulheres envolvidos na trama, suas origens e tradições, suas famílias e agregados, e da emergência de uma nova organização social e política que é a *polis*. Os dois personagens principais não são propriamente "não-religiosos", podendo-se identificar claramente ao início da peça que Antígona é ligada aos deuses de baixo e que Creonte de alguma forma é ligado aos deuses políades, porém no desenrolar da trama estes deuses são modestamente invocados, e além disto são abandonados inteiramente por ambos, quando as questões pessoais e familiares adquirem importância extrema aos seus olhos. No caso do Coro, a situação é distinta, como já colocamos reiteradamente, pois estão sempre com os olhos e o coração ligados aos deuses, porém em um sentido bem restrito, de agradecimento, preocupação e tentativas de salvação dos destinos da cidade de Tebas, diante de todos os acontecimentos. Finalmente, no caso do vate Tirésias, que já comentamos o suficiente, porém ademais de chegar atrasado, ele contribui com suas profecias para agravar ainda mais o processo de autodestruição da família Labdácida, e especificamente com relação a Creonte sua previsão das desgraças que o rei teria que enfrentar ficaram bastante aquém da verdadeira desgraça daquele personagem, já que questões familiares a levaram muito além.

Podemos dizer, além disto, que o meu *feeling* com relação a problemática fundamental da peça funcionou de forma igualmente surpreendente. Desde o início desta análise, procurei buscar um melhor entendimento acerca das questões arcaicas que envolviam o *genos* e o *oikos* gregos, com seus *miasmas* temporais, e também com as questões de paternidade e filiação no âmbito destas instâncias. Iniciei buscando apoio em Dodds, Vernant e Alaux, discutindo com detalhes os diversos papéis familiares dos homens e mulheres, bem como as consequências dos mesmos do ponto de vista cívico, da *polis*. Passei igualmente por Aristóteles e Hegel, no sentido de consolidar uma visão do homem independente e consequente de seus atos, mas também o examinando, enquanto membro da família e da *polis*. Porém, entrei ainda mais a fundo sobre os comportamentos pessoais através das leituras de Steiner e principalmente de Loraux, ao tratar das situações de *stasis amphilion*, e das referências do "próprio" e do "recíproco" nos comportamentos dos personagens, abrindo assim enormes possibilidades de análise, sobre o próprio processo de destruição familiar.

Desta forma, a alternativa mais indicada é de encaminhar minhas conclusões a partir da montagem do contexto sócio-político da Grécia que é referido por Sófocles na peça, e que é complementado pelo fato de que ela foi apresentada ao público ateniense do século V, nos famosos festivais em homenagem a Dioniso. A data de sua apresentação é uma grande incógnita, porém a hipótese mais aceita é de que teria sido em 441 a.C, durante o período em que Atenas foi governada por Péricles, com a ajuda do próprio Sófocles, sendo a história da casa real de Tebas conhecida desde os tempos homéricos. Tendo em vista este contexto histórico vamos olhar diretamente e sem muitos rodeios para as três entidades envolvidas na trama – o homem, a família e a *polis* –, e inicialmente afirmar o seguinte: "o homem" estava justamente sendo criado naquela época do século V, e sem dúvida dentre seus criadores encontrava-se a própria tragédia ática, preocupação fundamental de Sófocles, como vimos bem ao longo de toda a peça, mas principalmente através do Coro dos anciãos nos primeiro e segundo estásimos. Na época em que se passam os acontecimentos relatados no drama, esta entidade ainda não existia. Naquela época o que existia e reinava de forma absoluta era o *genos*, como sabemos todos. Mas já se consolidava como criação daquele povo, uma nova entidade política e social, a *polis*, por todas as razões que discutimos lá trás, que iria se estabelecer e se sobrepor as famílias, e que iria facilitar a criação daquele "homem", permitindo um maior desenvolvimento da condição humana, deste "homem" que junto com seus pares iria assumir este *lócus* como sendo, onde a vida humana iria se qualificar e crescer em todos os sentidos.

Por enquanto falamos das entidades de *per si*, porém em termos dinâmicos e igualmente históricos estaremos falando de processos extremamente complexos, paralelos, sobrepostos e misturados: da autocriação do homem, da criação inédita de uma nova organização política e social para aquele homem viver, e do declínio da entidade familiar que desde tempos imemoriais deu suporte para a sobrevivência humana diante dos desafios colocados pela natureza. Mas para enfrentar esta difícil e ameaçadora realidade, que além disso não era apreensível para aquele grupamento humano, aquela entidade recorreu a potências superiores, os *daimones* e os deuses para lhe dar ajuda e participar intensamente dos conflitos que obrigatoriamente teriam que ser enfrentados, além de uma série de demais atributos para dirimir as disputas internas à própria entidade, como substâncias éticas e morais, além de políticas e administrativas no caso grego. As relações entre família e religião dificilmente podem ser descritas em sua totalidade, existindo de antemão uma total interpenetração entre elas, que se torna impossível dizer onde uma começa e a outra acaba, tornando assim aquele processo de ajustamento familiar, diante de novas condições sociais e políticas particularmente complexas, pois envolve igualmente aspectos de caráter religioso.

Na tragédia *Antígona*, Sófocles colocou em discussão, de forma brilhante e genial, todos estes processos mencionados anteriormente em uma única peça, privilegiando uma ou outra questão de acordo com desenrolar da trama e de acordo com a natureza das personagens. Neste sentido, portanto, é perfeitamente explicável, o fato de que vários analistas deram ênfase a um ou outro destes processos, identificando conflitos específicos dentre todos que estavam sendo abordados por Sófocles, sempre acompanhados de análises nem sempre muito claras e coerentes, apresentadas sobre aquele "homem" que aparece com tamanho impacto e presença, no segundo estásimo, que tanto podia ser enquadrado como uma das muitas maravilhas do mundo, ou ao mesmo tempo, inquietante, fascinante, terrível e formidável, como visto pelos olhos do poeta Holderlin. Neste ponto terei que retornar a Hegel, não em relação ao conflito família e *polis*, ou entre o particular e o universal, mas em relação a sua caracterização da "época heroica", que vai facilitar a nossa abordagem daqueles processos, pois, no fundo, o que estava em jogo e que é claramente colocado por Sófocles, é de que se encontrava em construção, em elaboração, como criação autóctone daquele povo, naquele espaço de tempo, naquele lugar específico, de um "homem", de uma organização política e social denominada *polis*, e da recriação de uma antiga entidade denominada *genos*. E como estas criações estavam em pleno andamento, nenhum humano, e igual e principalmente nenhum deus tinha pleno conhecimento aonde iria se chegar. Mas a fantasia dos poetas podia perfeitamente saber a direção que estavam tomando todos aqueles processos. Mas isto é uma outra estória.

Vou replicar aqui uma passagem de Thibodeau, referente aos *Cursos de estética* de Hegel, que coloquei anteriormente para facilitar o entendimento do leitor, e, principalmente, deixar um pouco mais claro que em todos aqueles processos mencionados, os sujeitos se encontravam em pleno processo de criação, com determinação, porém enfrentando enormes riscos:

> Em tal mundo, os indivíduos não são subjetividades morais que agem no seio de um quadro jurídico e estático pré-existente, de uma ordem legal formal que se impõe a eles do exterior. Ao contrário, no mundo que Hegel qualifica de heroico, os indivíduos são, por assim dizer, portadores do universal e do substancial, são o que ele chama de personagens éticos, e suas ações não são aplicações de regras, de leis exteriores e já dadas, mas sua própria obra, sua própria realização ética". Hegel ainda afirma; "Os heróis gregos entram em cena numa época pré-legal, ou tornam-se eles próprios os fundadores do Estado, de modo que o direito e a ordem, a lei e os bons costumes provem deles e efetivam-se como sua obra individual.[250]

E para finalizar Hegel pondera que nesse mundo:

> [...] o sujeito permanece em conexão imediata com o conjunto de sua vontade e de seus fatos e gestos [...] e responde indistintamente por todas as consequências de seus atos, sejam quais forem.[251]

Assim, através da identificação dos processos em andamento referentes as três instanciais principais, objetos da tragédia e da caracterização do mundo em que viviam os chamados "heróis trágicos" pelas lentes de Hegel fica bem estabelecido o contexto em que se move a peça, e no qual o poeta Sófocles desenvolveu o enredo da trama. Resta uma questão a ser adicionada a este contexto, que são as especificidades do local selecionado para ambientar a narrativa, a cidade de Tebas com sua tradição mítica, bem como a utilização da história de uma família maldita, a dos Labdácidas, que evidentemente acrescentam uma série de outras questões adicionais, particularmente quanto às dificuldades de identidade e de limites claros de ações individuais, mas que foram devidamente especificadas e atentadas ao longo de toda a análise. Parece evidente que uma das muitas razões para o fascínio que sempre exerceu a peça *Antígona* desde o século V, nos palcos atenienses até os nossos dias foi o fato de Sófocles ter ambientada a tragédia na cidade de Tebas e na família Labdácida, porém, a meu ver e, particularmente, após ter percorrido toda a peça, percebo que o poeta foi muito mais além na discussão de temas antropológicos, sociólogos e históricos de muito maior expressão que os derivados daquelas escolhas. Tanto isto é verdade que os principais analistas e filósofos que dedicaram seus tempo em suas análises da peça, levantaram, em sua grande maioria,

---

250 THIBODEAU, 2015, p. 180.

251 HEGEL *apud* THIBODEAU, 2015, p. 180.

temas não relacionados com Tebas e os labdácidos. Entretanto, existe um aspecto relacionado a esta questão sobre a qual fiz diversas referências, que se constitui em um outro eixo do contexto em que se move a peça, que é o fato negligenciado por Creonte de que a situação de *stasis amphilon* não foi superada pela morte dos dois irmãos fratricidas, que tal situação perdurava no âmbito familiar, de uma outra forma é claro, e que ela iria se colocar como devedora para o destino das personagens, como de fato ocorreu. Utilizando como gancho esta questão do *lócus* citadino e familiar, como fazendo parte de uma revisão de conceitos e importâncias relativas dos diversos temas desenvolvidos na tragédia, acrescentaremos uma questão que merece nossa atenção, antes de prosseguirmos.

Trata-se da expressão "herói trágico" que se transformou em um dogma oficial de expressão quase universal, adotado que eu saiba, por todos os filólogos da cena dramática grega, mas que a meu ver, justamente diante desta *Antígona* de Sófocles, traz muitas dúvidas em sua utilização. Páginas e páginas foram escritas sobre o caráter, o temperamento, a força de vontade inflexível, a ética do desejo e demais características deste personagem formidável em que se transformou o "herói sofocliano", tendo se discutido intensamente quem seria, no caso de *Antígona*, o herói verdadeiro, se a própria Antígona ou Creonte, e muitos acabaram por lhes conceder um estatuto especial de semideuses, com importantes missões a serem desempenhadas conjuntamente com os deuses e os humanos. Da existência dos heróis gregos, na realidade dos primórdios de sua civilização e bem como na literatura épica, e mesmo os heróis defensores das *polis*, nada tenho a discutir, porém a partir dos líricos e, principalmente, das poesias dramáticas, tal denominação me parece fora de propósito. O fato da dramaturgia trágica ter ido buscar antigas histórias daqueles "heróis" na épica não justificam de *per si* aquela denominação, exatamente por que nas tragédias se evidencia, de forma abundante e precisa, a busca da humanidade daquelas figuras, com seus erros e acertos, e suas responsabilidades pelas decisões tomadas, que evidentemente não diferem em muito de decisões a serem tomadas pelos cidadãos comuns, e além disso, por este fato fundamental que mencionei agora tendo em vista aqueles processos de autocriação, de si mesmo, da vida, da nova família e da *polis*, que têm uma conotação que a meu ver nada tem de heroico, mas que são respostas claras a situações concretas a nível daquelas entidades. Claro que falo isto me baseando primordialmente na *Antígona* e em algumas outras peças, desconhecendo parte considerável do restante da produção trágica, mas igualmente me parece que estou diante de uma questão conceitual, já que estaria concedendo a determinados homens características imutáveis previamente as suas vivências, contrariando totalmente sua natureza volúvel e versátil, como se de antemão os prendêssemos em uma camisa de força. Nesse caso, considerar qualquer um dos dois, Antígona e Creonte como heróis trágicos é quase uma aberração, tendo em vista suas posturas perante uma série de acontecimentos ocorridos ao longo de seus trajetos, como também pelos destinos de suas vidas, imaginados por Sófocles, como tive a oportunidade de examinar com maiores detalhes.

Começo pela instância "homem", e claro, o ponto de partida, deveria ser o primeiro estásimo da peça, que como vimos tem várias denominações, mas que é normalmente chamada de *Ode ao homem*, onde seus atributos básicos são celebrados, ao mesmo tempo em que são colocados seus limites e principalmente uma divisão insuperável em sua natureza. Porém Sófocles antes da *Ode ao homem*, ao apresentar suas duas personagens, já começa a nos dizer muito acerca desse *anthropos*, já que aquelas, de certa forma, emergem do processo de *stasis* familiar, levado ao extremo na guerra fratricida, na qual os dois irmãos se matam, com novas atribuições e responsabilidades, relativamente as suas famílias e a *polis* de Tebas. Os dois reagem de forma instantânea, emocional e aparentemente sem qualquer reflexão, em cima do terrível fato daquelas mortes, com uma forte necessidade de partir para ações específicas, como se o fato de terem que desempenhar novas funções trouxessem ameaças embutidas as suas condições de mortais, pretensamente racionais, tanto da bestialidade quanto do divino. E curiosamente, ambos, em suas ações mediatas, decidem operar em dois sentidos claros: trazer os mortos para cada vez mais perto dos vivos, e os vivos para mais perto dos mortos. Estes dois movimentos estarão presentes até o final da peça. Posso ainda dizer, de forma alternativa, que estes dois sentidos significam, de um lado o aumento de poder dos vivos sobre os mortos e, consequentemente, dos mortos sobre os vivos, levando a pensar que a mensagem explícita do *Prometeu acorrentado* de Ésquilo, da aceitação da finitude do homem, ainda não era algo tão natural assim, pelo menos não para o homem de Sófocles, tendo em vista as "extensões" pretendidas, de poderes sobre a vida e sobre a morte.

Assim, desde seu início, Sófocles coloca rapidamente em ações dois personagens, que, longe, bem longe de serem heróis, se sentem altamente ameaçados e dispostos a realizarem "coisas" como forma de sobrevivência pessoal, familiar e citadina. Antígona é imediatamente colocada em xeque, em sua relação dual com sua irmã Ismena (o κοινον αυταδελφον, *ó koinòn aútadelphos*),[252] abandona-a, para estabelecer uma relação ao mesmo tempo sacrílega e sagrada (οσια πανουργησαν, *hósia panoûrgesasa*), disposta a fazer toda e qualquer coisa com seu irmão morto Polinices, da mesma forma que adotará uma postura ambígua, autônoma e independente (αυτονομος, αυτογνωτος, *autonomous, autognotos*) em relação aos vivos, a família e a *polis*, e aos deuses de cima, olímpicos e políades, apesar de deixar claro que espera ver reconhecido seu ato de rebeldia como algo glorioso. Ela busca seu poder junto às tradições familiares e religiosas, mas principalmente junto aos mortos e aos deuses de baixo, e desde já sendo atravessada pela morte, desejando a morte, e aqui é o grande paradoxo, desejando uma morte gloriosa, que lhe é negada por Creonte, ou melhor, por Sófocles. Creonte, por seu lado, assume integralmente o papel de dirigente da *polis*, que lhe caiu em seus braços por conta do duplo suicídio dos irmãos, com atitudes igualmente contraditórias. De um lado, a realidade não é por ele vista, esquecendo completamente sua história pregressa com a família Labdácida, tentando separar o que não é possível ser separado – os dois irmãos –, esquecendo a origem de Tebas, tradicional e arcaica, e levando-a a correr um risco de poluição ao impedir o enterro adequado de Polinices e dos demais argivos mortos na batalha, adotando uma postura legalista impossível de ser aceita e praticada naquele ambiente, levando para a administração valores pessoais e familiares excludentes, entre nós e eles, e ademais perseguindo um objetivo familiar de implantação de sua linhagem, com escassas possibilidades de êxito, algo que a própria Antígona logo se dá conta. Assim, sua postura em favor das leis da *polis*, na realidade, não era minimamente coerente com as atitudes da participação conjunta dos "ισον φρονη" (*íson phroneîn*) pensamentos em favor da comunidade, e de "θεον ενορκον δικαν" (*theôn énorkon díkan*) comprometimento a justiça dos deuses. Portanto, a nosso juízo, nem Antígona poderia ser entendida como uma representante de leis divinas, ou da família, como Creonte não poderia representar os valores da *polis*, e Sófocles deixa isto claro, mesmo antes do primeiro estásimo. E aqui estamos longe de qualquer juízo de valor moral, pois ambos têm ho-

---

252 Verso que abre a peça na tradução de Holderlin: "Coisa comum-e-fraterna! Oh, cabeça de Ismênia".

nestidade de objetivos e de princípios no que pretendem fazer, como bem pontuou anteriormente Hegel.

Os dois estásimos evocados pelo Coro dos anciãos, a seguir esclarecem ainda mais a visão de Sófocles daquele "homem". Começa o Coro glorificando e exaltando o "homem", "πολλα τα δεινα" (Polà tà deinà), com suas alternativas de tradução que cobrem um espectro completo das coisas existentes no mundo: das muitas maravilhas existentes, dos muitos prodígios existentes, das muitas coisas inquietantes e fascinantes, terríveis e formidáveis existentes, das coisas assombrosas existentes e muitas outras, compõem este quadro no qual o homem a seguir será enquadrado. O poeta afirma com toda a segurança repetindo a palavra, na continuação da frase em um "quase" superlativo feito de negação do comparativo: "ουδεν ανθρωπου δεινοτερον πελει"(koùden anthrópou deinóteron pelei), e nós confiando no poeta entendemos; "nada ou ninguém alcança o homem", em qualquer dos adjetivos escolhidos anteriormente: maravilhoso, prodigioso, inquietante, fascinante, terrível, formidável, assombroso, e finalmente capaz de tudo, todos eles relacionados com a polissêmica palavra grega "δεινος" (deinós). Seguindo Castoriadis: "[...] esta palavra define ao homem e é definida pelo mesmo homem, uma característica que nenhum ser apresenta no mesmo grau que o homem."[253] O mesmo Castoriadis, ao analisar esta passagem, coloca de forma correta, a meu ver, que se levamos em conta o que Sófocles diz, não existe nada ou nenhum animal na natureza que seja mais deinós que o homem, e mais ainda, de forma clara nem os próprios deuses alcançam o homem neste sentido. Portanto, o homem é único, é o mais deiná de tudo que existe, ninguém ou nada o supera em sua natureza, nem os deuses, esta é a óbvia conclusão de Sófocles.

Tendo por objetivo unicamente fazer um contraponto histórico, pode-se imaginar o impacto dessas palavras de Sófocles na plateia ateniense do século V, pois não sejamos tolos ou presunçosos, ao não imaginar que todos aqueles que assistiam a encenação da peça entenderam perfeitamente que, eles, homens, nada tinham a ver nem com os animais e nem com os deuses, e que em muitos aspectos eram superiores a todos, alterando completamente seus entendimentos pessoais e familiares derivados da visão arcaica, épica, e mesmo da visão lírica de um passado mais recente. Acho que posso concordar, ao prosseguir

---

253 CASTORIADIS, 2001, p. 29.

nesta senda através do canto dos anciãos, que assim como para aqueles atenienses, não necessito escolher nenhum daqueles qualificativos como sendo o mais correto, ou o mais adequado às circunstâncias. O homem é tudo aquilo, pode ser tudo aquilo ou não, podendo ter alguns daqueles qualificativos, e não outros, não importa. Do ponto de vista gramatical e de tradução da palavra *deinós*, como sabemos, tudo vai depender do contexto, mas do ponto de vista da existência humana, assim como de uma série de situações que a vida em sua incomensurabilidade traz, porém, vai depender essencialmente de suas opções e ações, e aqui reside a grande novidade da poesia trágica, principalmente neste caso da *Antígona* de Sófocles, onde o poeta acompanha o "homem" se criando, se construindo, em uma época de autocriação de si mesmo, como vimos antes com Hegel, e para o qual Castoriadis dispensa uma atenção especial.

Neste sentido, vou acompanhar a Castoriadis, porque talvez seja ele um dos poucos analistas que procura dar uma interpretação mais global da *deinotés* do homem. Holderlin, por exemplo, além de não buscar uma explicação possível para sua *deiná*, associa este "homem" aos trabalhos civilizatórios e aos riscos envolvidos, chamando atenção, que ele, ao fazer todas aquelas maravilhas descritas no estásimo,[254] o faz através de ardis e insolências contra a Ordem das Potências Divinas da Natureza, ressaltando ainda em tintas carregadas, a monstruosidade e a ameaçadora atmosfera demoníaca que ronda essas realizações humanas. A explicação de Castoriadis sobre o fato do homem ser o ser mais terrível que existe e capaz de realizar tudo aquilo que está descrito forçosamente de maneira indicadora e parcial naqueles versos, é de que nenhum deles pode ser atribuído a um "dom natural". A tese de Castoriadis chega a ser simplória, pois argumenta ele em comparação com os animais e os deuses:

> [...] os seres citados são seguramente mais fortes que o homem, porém estes seres são, e são o que são, em virtude de sua natureza. Em qualquer época que fosse considerada, terão feito, fazem e farão as mesmas coisas. E as faculdades que eles têm, foram outorgadas de uma vez para sempre, sem que possam mudá-las. Seu "τι εστιν" (*ti estin*), "o que são", como diria Aristóteles, o que os define e se desenvolve através de seus atributos, não provêm deles mesmos.
>
> A mesma coisa vale exatamente para os deuses. Possuindo uma força esmagadora em relação com o homem, dotados de possibilidades e de capacidades inumeráveis – porém, recordamos não todo poderosos -, imor-

---

254 SÓFOCLES, 1987, p. 52-53.

tais – mas não eternos e fora do tempo -, os deuses são o que são por sua natureza, sem nada haverem feito para conseguirem. A arte de Hefesto é seguramente incomparavelmente superior a arte dos homens, porém esta arte não foi inventada por Hefesto, é inata.[255]

A conclusão de Castoriadis é de que o *ti estin* do homem, que se expressa e se desenvolve através de seus diferentes atributos, *é obra do mesmo homem.*

> Em termos filosóficos, o homem se formula a si mesmo, a essência do homem é a autocriação, e esta frase pode ser entendida de duas formas; o homem é o criador de sua essência e esta essência é criação e autocriação. O homem se cria a si mesmo como criador, em um círculo na qual a lógica aparentemente viciada revela a superioridade ontológica.[256]

Neste ponto de minhas reflexões seria natural discutir, se esta interpretação de Castoriadis é de fato a concepção de Sófocles acerca do homem, coisa que este autor não tem dúvidas. Porém, aqui, vou evoluir com cautela, retornando a ode em suas fundamentais estrofe e antístrofe segunda, que juntas, representam, talvez, a maior expressão do espírito grego de todos os tempos – juntamente com o discurso fúnebre de Péricles em Tucídides – condensando em poucos versos uma quantidade impressionante de temas relacionados à existência humana, que evidente, até hoje não foi plenamente entendida. Na primeira estrofe, a ênfase é dada em sua capacidade de trabalho, em sua utilização dos recursos da natureza em seu favor, especialmente em relação aos animais, e em sua coragem para enfrentar desafios, enfim, tudo que se relaciona com sua "sobrevivência". Aqui cabe um comentário, pois não somente Holderlin, como foi visto, mas também Heidegger acentuam a utilização pelo homem de procedimentos violentos e terríveis em suas relações com a natureza, de uma forma geral, que em princípio são muito difíceis de serem julgadas por seu conteúdo específico, independente do contexto geral dos desafios colocados aos homens. Me parece tratar-se de atitudes muito circunstanciais, que não podem servir de base para uma generalização com relação a algo natural e intrínseco ao homem, mas que de todo modo levou a uma evolução humana, no sentido de sua autolimitação, seja mediante a criação de *daimones* e deuses, seja mediante a criação de estruturas sociais. Neste sentido o poeta Sófocles é muito melhor filósofo, como demonstrarei a seguir.

---

255 CASTORIADIS, 2001, p. 29.

256 CASTORIADIS, 2001, p. 30.

Os dois primeiros versos da estrofe segunda são como falei, fundamentais, e é aqui que Castoriadis sustenta que sua concepção do *deinós* do homem é exatamente a mesma de Sófocles. Eles nos dizem: "και φθεγμα και ανεμοεν φρονημα και αστυνομους οργας εδιδαξατο" (*Kai ftégmá kai anemóen frónema kai àstinomous òrgás èdidáxato*). Apresento três traduções distintas desta frase: de Rocha Pereira, de Holderlin e de Castoriadis, respectivamente:

> A fala e o alado pensamento, as normas que regulam a cidade, sozinho aprendeu.[257]
> E a palavra e o pensamento alados, e o elã que governa a cidade aprendeu.[258]
> Ensinou a si mesmo a palavra e o pensamento que é como o vento, e as paixões instituentes.[259]

Analisando as três traduções, praticamente não existem divergências significativas, porém, na minha opinião, elas ainda são restritivas e não alcançam a enorme abrangência e expansão que possivelmente o poeta quis dar a estas criações humanas, pois é disto que se trata: Aprendeu, sozinho, por si mesmo, entende-se o homem criador, criou. Criou o que? Neste sentido, proponho algo distinto, em cima das palavras gregas, mas que possa dar conta do que o poeta pretende: *Na direção da expansão: não a "fala", mas "a linguagem"; não o "pensamento alado", mas o "pensamento livre e aberto"; e não "normas, ou, instituições", mas o "governar a cidade com paixão, e fecundo para todos.*

Nesta última criação, entenda-se que *òrgás*, inclui naturalmente além da cidade propriamente dita, a fertilidade do campo em seu entorno. Aqui, apenas para enfatizar, não se pode minimizar o que o poeta quis dizer, e neste sentido acho, inclusive, que o próprio Castoriadis não alcançou a dimensão da concepção de homem de Sófocles, porque na realidade o homem é *deinós*, não somente porque ele aprende sozinho, se é que posso falar algo deste tipo, já que a época era absolutamente crucial esta possibilidade, mas porque para ele conseguir alcançar este intento era necessário ter duas qualidades que conjuntamente são insuperáveis: de um lado, a liberdade para enfrentar qualquer desafio, e de outro, um poder de criação incomensurável, levando-o, basicamen-

---

257 SÓFOCLES, 1987, p. 53.

258 HOLDERLIN *apud* ROSENFIELD, 2016, p. 43.

259 CASTORIADIS, 2001, p. 30.

te a ser um criador com todos os riscos, responsabilidades e consequências deste poder único, como mostrarei mais adiante.

Seguindo a ode, o homem também aprendeu: "[...] da geada do céu, da chuva inclemente, e sem refúgio, os dardos evita [...]",[260] segundo Rocha Pereira, e novamente nos vemos diante de uma frase emblemática e plena de sentidos para termos uma clara percepção do poeta sobre o "homem"; "παντοπορος;εποροϛ επ'ουδεν ερχεται το μελλον" (*pantopóros: áporos èp'oúdev érxetai tò méllon*"). Aqui as controvérsias sobre o sentido da frase e sua respectiva tradução são gigantescas. Rocha Pereira passa por cima da frase, não lhe dando a mínima atenção: "de tudo capaz". Holderlin segue pensando nos ardis e insolências do homem perante a natureza, e da necessidade deste ser punido por isto, distorcendo inteiramente o sentido da frase, apesar da elegância poética: "Pleno de tramas, preso nas tramas. Nada está por vir."[261] No mesmo sentido da "nadificação" humana, a tradução mais inverossímil é a de Heidegger: "Pondo-se a caminho em toda parte, desprovido de experiência, e em aporia, chega ele ao Nada."[262] A tradução de Castoriadis apesar de longa, concede o verdadeiro sentido que o poeta quis dar: "[...] capaz de caminhar por qualquer lugar, de atravessar tudo, de encontrar respostas a tudo; não avança na direção do que está por vir sem dispor de algum recurso."[263] Vamos para algo mais simples, mas que também mantêm o sentido proposto pelo poeta: *Pleno em recursos: sem recursos, nada que está por vir o detêm*. Novamente, aqui, o poeta, chama atenção para o poder criador do homem, que mesmo diante de dificuldades, e sem dispor de recursos, de uma forma geral, ele não deixa de realizar coisas, e portanto, agindo sem esperar as condições ideais. E aqui tem início o contraponto do Coro, sobre a limitação humana;

"Αιδα μονον φευξιν ουκ επαξεται" (*Háida mónon pheûzin oúk èpaxetai*), com as traduções possíveis de Rocha Pereira, Holderlin e Castoriadis respectivamente:

Ao Hades somente fugir não implora.[264]

---

260 SÓFOCLES, 1987, p. 53.

261 HOLDERLIN *apud* ROSENFIELD, 2016, p. 43.

262 HEIDEGGER *apud* CASTORIADIS, 2001, p. 16.

263 CASTORIADIS, 2001, p. 15.

264 SÓFOCLES, 1987, p. 53.

> Só não sabe fugir ao sitio dos mortos.[265]
> A única coisa que não encontrará é a forma de fugir de Hades.[266]

Aqui, somos obrigados a ver esta frase como o primeiro limite do *homem deinotés*, que mesmo conhecendo sua mortalidade, ainda assim segue em frente criando sua vida. Na realidade Hades é o deus do mundo subterrâneo, dos infernos, do Tártaro, cujo nome significa "O invisível", impiedoso, que não aceita ilusões sobre imortalidade, nada sobre vida depois da morte, bem como nenhum retorno ao mundo dos vivos, mas que no contexto da peça será profundamente reverenciado por Antígona, tendo em vista a retenção do cadáver de Polinices no reino dos vivos. Normalmente jamais é invocado, pelo risco envolvido de que se provoque sua cólera. A segunda estrofe se encerra com o Coro saudando a capacidade do homem em escapar das pragas e doenças que volta e meia assolavam o mundo antigo.

Na antístrofe segunda aparecem de forma clara e transparente os grandes desafios deste homem, dentre os quais o primeiro citado pelo Coro, que diz respeito a uma cisão estrutural desta instância, com qualidades acima do esperado e com seu defeito de natureza, com o qual todos – os homens – terão que conviver ao longo de sua existência, que exigem esforços e cuidados especiais e permanentes para conviver com ele, e que colocam em risco todas suas criações, que simplesmente podem não valer nada. "Σοφον τι το μηχανοεν τεχνας υπερ. ελπιδ'εχων τοτε μεν κακον, αλλοτ' επ'εσθλον ερπει" (*sophón ti to mexanoen téchnas hupèr elpíd' échon, tóte mèn kakón, állot'ep' esthlón hérpei*). Seguindo na mesma linha de apresentação, vejamos algumas das traduções possíveis para a frase. De Rocha Pereira; Holderlin e Castoriadis respectivamente:

> Da sua arte o engenho subtil, p'ra além do que se espera, ora o leva para o bem, ora ao mal.[267]
> Tendo algo do sábio e dos ardis, da arte bem mais que o esperado. Um dia alcança o mal, no outro, o bem.[268]
> Sua sabedoria e sua arte sobrepassam qualquer expectativa, mas sua realidade é dupla, os dirige as vezes para o bem, outras vezes para o mal.[269]

---

265 HOLDERLIN *apud* ROSENFIELD, 2016, p. 43.

266 CASTORIADIS, 2001, p. 31.

267 SÓFOCLES, 1987, p. 53.

268 HOLDERLIN *apud* ROSENFIELD, 2016, p. 44.

269 CASTORIADIS, 2001, p. 31.

Vamos acrescentar aqui mais uma tradução para o português, a de Guilherme de Almeida:

> Senhor de arte e de engenho que ultrapassam qualquer sonho, pode preferir tanto mal como o bem.[270]

Não restam dúvidas de que se trata de uma frase complexa e de difícil entendimento em grego, porém por estranho que pareça, existe uma grande convergência em seu entendimento por parte de nossos tradutores. A meu juízo, existem diversas incógnitas relativas a esta frase, que os tradutores passaram por cima, mas que deveríamos tentar entender melhor, já que não aparecem claramente em nenhuma das traduções. A primeira questão é relativa às artes e habilidades do homem, que, segundo todos, *ultrapassa tudo o que se espera dele*. O que significa isto? Foram apresentadas anteriormente suas habilidades em controlar e usar a natureza para sua sobrevivência, suas autocriações, da linguagem, do pensamento e da *polis*. Evidente que se trata de algo ainda mais surpreendente, e como o sujeito da oração é ele mesmo, ele está superando as suas próprias expectativas: ele não esperava por isto, e está indo muito além do que ele imaginava, ou do que ele mesmo sonhava. As três palavras utilizadas para caracterizar estas habilidades com as quais ele não contava são: *sophón*, *mexanoen* e *téchnás*, que foram traduzidas, em linhas gerais, como "sabedoria", "arte" e "engenho", mas que na realidade significam bem mais do que isto, envolvendo habilidades manuais, técnicas, artísticas, pensamentos de coisas jamais pensadas, julgamentos e muito mais, sendo aqui fundamental o entendimento do que o poeta disse com todas as letras, *que as habilidades do homem, não somente eram muito além do que ele próprio sonhava, mas que eram ilimitadas, que não podiam e não tinham nenhum limite, ou, em outras palavras, que seu poder de criação era inesgotável e ilimitado sob quaisquer condições relativas à sua natureza.* Com estas reflexões estou em condições de entender a segunda parte da frase, sem dúvida, de fundamental importância nesta visão do homem de Sófocles.

Todo este poder de criação, simplificando, de acordo com nossos tradutores, *ora o leva ao mal, ora o leva ao bem*. Novamente aqui, as palavras utilizadas dão uma conotação restritiva, do que me parece o poeta quis dar a entender sobra à cisão estrutural do homem. Ele apresenta esta cisão após falar sobre o poder ilimitado de criação do homem, e é claro, nem "o mal" nem "o bem" podem dar conta da dimensão de

---

270 ALMEIDA; VIEIRA, 1997, p. 59.

um limite possível para aquele homem tão bem dotado, inclusive pela associação normal destes termos com um ponto de vista moral, que obviamente não era intenção do poeta. Castoriadis chama atenção de que devem ser entendidas as duas opções – mal ou bem – do ponto de vista político, como sugere o restante da ode:

> O homem caminha em direção ao bem quando chega a tecer conjuntamente (*pareíron*) as leis de sua cidade (*nómous chtonós*), – sendo aqui "*chtonós*" a Terra em um sentido cósmico, já que se trata da terra dos pais, da polis, da comunidade política, – com o juízo/justiça dos deuses garantido pelos juramentos "*theôn énorkon dikan*.[271]

Ainda assim, talvez continue a ser restritiva estando, a solução na frase introdutória, e no entendimento de que se trata de uma advertência clara em relação à justiça, tanto a justiça humana quanto a justiça dos deuses, que podemos resumir em grego com a palavra *dikè*. Realizar com arte e engenho coisas acima do esperado pode levar o homem, do lado do "mal", a dois tipos de atitudes: inicialmente, de achar que a nível pessoal ele é melhor do que os demais homens, podendo chegar posteriormente a se comparar com os deuses. A segunda é obviamente achar que pode tudo, que ele somente depende dele mesmo para realizar todas as coisas que deseja principalmente, que não depende de ninguém, e neste caso estamos no terreno das palavras "auto" e "autos", tão utilizada por Sófocles em sua *Antígona* – 16 citações – e que foi analisada com tanta competência por Loraux. De qualquer forma, em ambas, estamos diante do grande risco que os homens enfrentam, no terreno da arrogância, da insolência, da audácia desmedida, em grego, da *hybris*, nossa velha conhecida, que certamente os levará à desgraça e a destruição da vida. Do lado do bem, a palavra utilizada pelo poeta, praticamente dá conta da expansão que estamos visualizando. Em grego, o advérbio *esthlòn* tem diversos significados, dentre os quais destaco: bondade, honrado, nobre, viril, generoso, sensato, prudente, útil, favorável, de grande valor, exatamente o contrário de um homem *hybriste*.

A ode segue adiante, após apresentar a cisão básica do homem, ao colocar este mesmo homem nas duas estruturas sociais mais importantes: a *polis* e o lar das famílias. No primeiro caso: "νομους παρειρων χθονος θεων τ'ενορκον δικαν υψιπολις; απολις οτω το μη καλον ξυνεστι τολμας χαριν" (*nómous pareíron chtonós, theôn énorkon*

---

271 CASTORIADIS, 2001, p. 33.

dikan, hupsípolis: ápolis otoi to me kalón, zinesti tólmas chárin). Apesar da facilidade da linguagem adotada pelo poeta para esta frase, seu conteúdo tem sido amplamente discutido. A tradução de Rocha Pereira ficou confusa pela troca de sujeitos: "[...] se da terra preza as leis e dos deuses na justiça faz fé, grande é a cidade; mas logo a perde quem por audácia incorre no erro."[272] A tradução de Holderlin é bastante incongruente, e segue de alguma forma colocando o homem carregado de ardis e más intenções, sem a nada chegar, porém sua interpretação poética de *hupsípolis e ápolis* como "grande na pátria, pária na pátria" é algo especial: "Ferindo as leis da terra e torcendo a justiça jurada dos deuses, é um Grande na pátria, pária na pátria. Ele esbarra em nada, se na audácia lhe escapa o bem."[273] A tradução de Castoriadis, que destaquei em suas linhas gerais algumas páginas atrás, me parece a que melhor traduz as colocações do poeta. Entretanto, ainda faltam algumas lacunas importantes e dada a importância de toda a sentença, vou me deter e examiná-la com maior atenção.

Penso, que neste primeiro ponto, relativo à *polis*, ficam claras as condições para que o homem possa conviver com seus semelhantes naquele espaço cívico, naquele espaço humano, relativas à elaboração e aceitação das leis da terra e pelo respeito a justiça dos deuses. Estas condições reforçam nosso entendimento sobre a frase examinada anteriormente sobre o bem e o mal, já que sem dúvida o poeta refere-se explicitamente em seguida a possibilidade do homem ser desterrado da *polis* por arrogância, insolência e audácia, características da *hybris* humana. Assim, de um lado a sabedoria, a prudência, o valor, a sensatez e a honra e de outro lado arrogância, insolência, e audácia. Os comentários de Castoriadis sobre o entendimento da "terra" não como elemento cósmico, mas como a terra ancestral que foi trabalhada e semeada, e que agora se constitui na *polis* nos parece correta, e basicamente a minha divergência em sua tradução é de caráter sutil, quanto ao "tecer", por considerar este termo um pouco forte para o homem da época do poeta Sófocles, e assim considerar que como um todo o elemento fundamental a ser acatado é a justiça, como já vimos, e que o homem deve adotar um comportamento discreto e prudente diante das leis. Desta forma chego a seguinte tradução do original grego de Sófocles que viemos discutindo até aqui: *ele se aproxima suavemente*

---

272 SÓFOCLES, 1987, p. 53.

273 HOLDERLIN *apud* ROSENFIELD, 2016, p. 44.

das leis da terra, comprometido com a justiça dos deuses, grande na pátria: desterrado da pátria, quando ao mal acrescenta a audácia gratuita.[274]

A continuação da ode mediante uma frase enxuta e sábia, coloca este homem em relação ao lar da família em um sentido comunitário, e acrescenta uma condição fundamental para a convivência pessoal, familiar e cívica: "μητ'εμοι παρεστιος γενοιτο μητ'ισον φρονων ος ταδ'ερδει" (*mét'émoi paréstios, génoito mét'isov phronôn ós tád'érdei*). A tradução de Rocha Pereira é de interpretação duvidosa: "Longe do meu lar, o que assim for. E longe esteja dos meus pensamentos, o homem que tal crime perpetrar."[275] As demais traduções estão em consonância com a intenção do poeta, segue a tradução de Holderlin e Guilherme de Almeida respectivamente:

> Jamais partilhe meu Fogo, nem meus pensares quem assim age[276].
> Esse não entre em minha casa nem comigo tenha pensamento igual[277].

De Castoriadis, reproduzo sua colocação:

> Este "apolis" não o quero como "parestios"(junto ao lar, junto ao fogo, junto a lareira), no interior ou ao lado do meu lar, nem como "íson phronounta", dotado da mesma sabedoria – de uma sabedoria equiparável, comum a todos os cidadãos – e que o leve a se considerar como igual aos outros.[278]

Na realidade, quem está falando é o Coro dos anciãos de Tebas e nesta frase deixam claro de que pelo menos duas coisas são impossíveis de serem compartilhadas com uma pessoa declaradamente *apolis*, como qualificado anteriormente. A primeira de que não compartilhará do fogo familiar, em torno da lareira, onde além de Hestia, que ali reina como a deusa da casa, é venerado Zeus Herkeios, o que significa não ser digno de manter relações com nenhum integrante do *oikos*. A segunda, ainda mais restritiva, é de que com esta pessoa, jamais ocorrerá a *ison phronein*, o pensamento conjunto, o pensamento compartilhado, base de toda a estrutura política e social da *polis*, que é condição básica para se tornar um *homoi*, um cidadão da *polis*, e foi por esta razão que traduzimos *apolis*, como um desterrado da pátria. Sófocles, portanto, coloca em primeiro lugar a questão da *diké* como condição fundamen-

---

274 SÓFOCLES, 2009,p.151.

275 SÓFOCLES, 1987, p. 53.

276 HOLDERLIN *apud* ROSENFIELD, 2016, p. 44.

277 ALMEIDA; VIEIRA, 1997, p. 59.

278 CASTORIADIS, 2001, p. 26.

tal para o indivíduo ser aceito pela comunidade, que por sua vez, leva aquele homem também a não ser bem recebido na família, junto ao fogo familiar, como torna impossível a possibilidade de que este participe dos pensamentos conjuntos com os demais cidadãos, visando, por exemplo, a criação das estruturas políticas e sociais da comunidade. Uma possível tradução alternativa às demais poderia ser: *Nem junto no meu lar aconteceria de estar, nem pensamentos compartilhados, quem assim age.*

Antes de dar início ao exame do segundo estásimo, buscando com lupa este homem que emerge de Sófocles, podemos afirmar com segurança, complementando o que dissemos atrás sobre Antígona e Creonte, de que ambos os personagens podem ser tranquilamente caracterizados como *apolis*, e assim incorrem no erro da *hybris*. De acordo com Castoriadis, ambos não respeitam as leis da terra, Creonte ao não assegurar o enterro de Polinices, e Antígona por ignorar completamente a própria *polis*, recusando a necessidade desta de leis próprias, tornando-se ela uma *polis* autônoma; ambos reagem ao longo do drama contra as leis divinas, seja se posicionando claramente contra a *diké*, seja se colocando em níveis de competição com os deuses, às vezes invertendo o sentido da justiça, como se esta fosse iniciada por eles mesmos; ambos ferem o preceito derivado de *ison phronein*, Creonte de forma totalmente explícita em suas decisões, usando um modelo familiar de poder concentrado no *kleros*, anacrônico e ultrapassado, que ficou evidente no diálogo com Hemon, e Antígona recusando qualquer contato com outros cidadãos em prol da *polis*, ao ignorar, inclusive a existência da própria irmã Ismena em diversas situações. Assim, a desgraça de ambos tem que ser vista a partir desta primeira perspectiva, de que investiram fortemente neste sentido a partir de ações de sua própria responsabilidade, levando a que seus destinos fossem igualmente trágicos.

Entretanto, vejam bem, estes comentários sobre os personagens decorrem de reflexões teóricas, pois o primeiro estásimo coloca as questões do "homem" de forma geral, aqui entendido como referidas a determinado contexto social e político, que de alguma forma se encontrava em gestação no século V, em Atenas, não fazendo colocações específicas sobre os personagens envolvidos, e por isto, não referidas ao desenrolar do drama. O Coro diz explicitamente naquela ode; nós conhecemos perfeitamente quem é este tal de "homem", e temos todas as condições de acompanhá-lo, aconselhá-lo, eventualmente ajudá-lo, e principalmente de alertá-lo em suas atitudes perante a *diké* (justiça) divina e as *nómous chtonós* (as leis da terra) da *polis* de Tebas.

O segundo estásimo, denominado "Felizes os que não provam o Mal", tem um caráter essencialmente sombrio, carregado de realidade, de uma tragicidade divina, e de uma impotência humana poucas vezes colocada de forma tão cruenta. Inicialmente referida, basicamente às desgraças da família Labdácida, aos *miasmas* da família a partir de Laio, nos moldes examinados por Dodds, que mostrei anteriormente, e principalmente como tais maldições afetaram diretamente a todas as gerações da família, até alcançar a última das luzes da família, Antígona. Porém, como veremos, foi atingindo em seguida todos os homens através da *ate*, em suas realizações humanas, mesmo naquelas em que o homem busca sua felicidade e a beleza da vida, com um alcance, profundidade, e terror religioso, que somente Sófocles poderia conceder em um estásimo, colocando desafios quase insuperáveis em termos da existência humana, para o surgimento desta instância "homem", ainda dominado pelo divino e ancorado na realidade das relações familiares, mesmo aquelas, ou, principalmente, aquelas que tiveram a infelicidade de ser tornarem malditas.

O Coro faz questão de deixar claro para a personagem principal que ela está diante de uma difícil realidade, decorrente daquelas maldições que afetam diretamente seus comportamentos, relativamente a seus familiares, a seus desejos e esperanças pessoais, e a sua própria humanidade, já que estão em jogo suas chances de felicidade ou de miséria. O segundo estásimo vem de alguma forma complementar as ideias colocadas pelo Coro no primeiro estásimo, mesmo porque àquela altura dos acontecimentos, após o *agon* entre Antígona e Creonte, o Coro desconfia que nenhum dos dois se enquadra no figurino dos *hupsípolis*, ao contrário do que eles mesmos se julgam. Desta forma, eles os alertam, de não enveredarem por caminhos ainda mais *hybristes*, como passíveis de solução apenas com ações, pensamentos e desejos humanos, por melhores que eles sejam sem levar em conta, as maldições arcaicas, e sem transgredir o poder divino de Zeus. A ode enfatiza o que foi dito no primeiro estásimo, quanto às consequências da arrogância, da insolência, da audácia desmedida e amplia o cuidado e a atenção que os homens devem ter com a justiça divina, porque poderão através de atitudes isoladas, levá-los ainda mais rapidamente para suas ruínas (*ate*).

Porém, a meu ver, é indiscutível a dificuldade de entendimento deste segundo estásimo, pois estamos diante daqueles momentos, nos quais o poeta dramático Sófocles se supera, atravessando limites, abrindo territórios ainda não explorados, nos quais sua alma poética atinge cumes dificilmente compreensíveis apenas com a razão e a lógica. Foram poucos os analistas e filólogos que se dispuseram a enfrentar as complexidades deste estásimo, sendo que a maioria passou batido por cima dele, aí incluídos Hegel e Holderlin. Vou, assim me basear sem dúvida em Dodds, em alguns comentários gerais, como os de Steiner, seguindo mais de perto a Seth Benardete em seu *Sacred Transgressions, a Reading of Sophocles' Antigone*,[279] e estabelecendo algumas pontes com Nicole Loraux, como veremos adiante. A ode claramente pode ser lida como constituída de dois pares de estrofes distintas, inclusive em termos temporais. No primeiro o termo temporal empregado é *àrcaia*, o tempo passado, onde, como vimos, não existia o homem, mas sim o *genos*, e é disto que trata este par de estrofes. Família, geração, raízes, casa (*jénea, jénos, ríza, dómos, oikoi*), são basicamente as questões levantadas a partir dos Labdácidas, que encontramos neste primeiro par, chamo novamente a atenção, que se está em um momento de transição para o indivíduo, neste caso específico, relacionado à pessoa de Antígona, que reage de diversas formas, negando a geração, criando elos familiares próprios, aproximando-se dos deuses inferiores e neste sentido tentando resgatar e superar a marca familiar. O segundo par estrófico, segundo Steiner, "[...] invoca o tempo presente e o tempo por vir e no meio da resignada profecia aparece a palavra *élpis*, 'esperança'."[280] De outro lado, Benardete, afirma que realmente "[...] o segundo par trata do futuro do homem (*élpis, éros*) e sua existência (*bíotos*)"[281] porém em uma perspectiva de sua humanidade. Este autor amplia ainda mais as diferenças entre os pares de estrofes com profundidade:

> [...] o primeiro parece uma interpretação poética, e o segundo uma sábia interpretação da vida humana; o primeiro é relativo a continuidade do desastre em uma família mas não da subversão inicial pelos Deuses, mas o segundo explica por que um Deus leva o homem para o desvio, para a transgressão (*hiperbasia*); os deuses do primeiro são ctônicos, e os deuses do segundo são olímpicos, sendo que os deuses do primeiro tem a ver com

---

279 BENARDETE, 1999.

280 STEINER, 2008, p. 281.

281 BENARDETE, 1999, p. 77.

o irracional, e os do segundo com a moral cuja ilusão eles trazem, e finalmente o primeiro par perdoa Antígona e o segundo a condena.[282]

Vejamos algumas das passagens mais emblemáticas deste estásimo.
A ode se inicia com uma frase simples estabelecendo uma condição
de felicidade; "ευδαιμονες οισι κακων αγευστος αιων" (*eudaimones
oisi kakon águstos aión*). Na tradução de Rocha Pereira; Guilherme
de Almeida e na versão de Dodds em seu livro *Os gregos e o irracional*:

> Feliz quem passa a vida sem provar a desgraça.[283]
> Felizes os que na vida não provaram a desgraça.[284]
> Felizes são aqueles cuja vida transcorre isenta de todos os males.[285]

Mas não há como examinar esta passagem sem o complemento
que Sófocles agrega: "οις γαρ αν σεισθη θεοθεν δομος, ατας ουδεν
ελλειπει, γενεας επι πληθος ερπον", (*oís gar an seisté theothen dómos atas oudèn elleipei, jeneás épi plétos érpon*). Na tradução de Rocha
Pereira; Guilherme de Almeida e de Dodds respectivamente:

> Aqueles a quem os deuses as casas abalaram não há mal que lhes falte;
> desliza sobre a raça.[286]
> Aquele cujo lar abalaram os deuses não há miséria que não corra em toda
> a extensão do seu sangue.[287]
> [...] pois os mortais que um dia tem os lares desarvorados pelas divinda-
> des jamais se livrarão do infortúnios por seguidas gerações.[288]

Se no primeiro estásimo a preocupação do Coro era em relação à
entidade "homem", com a força misteriosa do seu *deinós*, com sua excisão insuperável que o leva ao bem ou ao mal, com seus qualificativos
intrínsecos, *pantopóros*, *apóros*, e com seus qualificativos referidos a
polis, *húpsipolis*, *apolis*, aqui, no segundo estásimo a preocupação é
com o *genos*, no caso, um *genos* maldito, que dirige a *polis* de Tebas,
desde os tempos de Cadmo, que arrasta a todos os descendentes para
a desgraça, restringindo qualquer solução normal para a cidade. Neste
sentido, há que se tomar muito cuidado com as preocupações do Coro,

---

282 BENARDETE, 1999, p. 77.

283 SÓFOCLES, 1987, p. 64.

284 ALMEIDA; VIEIRA, 1997, p. 66.

285 DODDS, 2002, p. 56.

286 SÓFOCLES, 1987, p. 64-65.

287 ALMEIDA; VIEIRA, 1997, p. 66.

288 DODDS, 2002, p. 56.

pois ele está referido aos problemas trazidos pelo *genos*, não somente para seus membros mas igualmente para a *polis*, para o desenvolvimento do conceito de *polis*, e ainda mais, para o desenvolvimento de uma *polis* efetiva, a de Tebas. Apesar da *polis* estar praticamente ausente neste estásimo, bem ao contrário do primeiro, podemos inferir como sendo uma ausência que prima pela presença, bem na linha do espírito grego, que aqui no fundo, chama atenção através da derrocada da família, para a enorme importância da família em termos da *polis*, particularmente aqui para a questão da reprodução cívica, baseada no *genos* ou no *oikos*. Nesta linha de reflexões, vamos recorrer novamente à Nicole Loraux, só que agora a seu artigo *Los beneficios de la autoctonia*,[289] cujo objetivo é entender no caso da *polis* ateniense o fator agregativo da autoctonia, porém, se mostra bem elucidativo em vários pontos sobre o desenvolvimento de qualquer *polis*, sem falarmos de que nosso poeta Sófocles era um dirigente ativo daquela *polis* ateniense, em seu período glorioso, coisa que dificilmente não estaria presente de alguma forma, ao escrever suas passagens sobre o assunto *polis*. Loraux faz uma colocação geral, que não é difícil de entender: a perenidade e a vitalidade sempre renovada de uma *polis* depende basicamente de um constante renascimento, que leve em conta uma recriação incessante de sua origem – mais importante para Atenas, mas igualmente significativa para Tebas de Cadmo –, que se concretiza mediante o fio da cadeia de gerações daquele povo, ou, daquela raça específica.

Ela acrescenta:

> Para dar nome a este princípio que renasce integralmente em cada geração, os oradores recorrem a palavra "aiôn" nome da "força da vida"... que se mantém sem fim no frescor do sempre novo".[290]

E justamente Sófocles que utiliza esta palavra no início da ode, quem sabe dando a entender que a grande desgraça daquelas "casas" ou daquelas famílias, seria a impossibilidade de renovação da vida através da cadeia de gerações da raça, perpetuando as maldições e levando a todos os membros das gerações a serem arrastados para a desgraça. Não se trata, portanto, como os vários analistas e tradutores deixam a entender, das desgraças pessoais de determinadas pessoas, mas, na verdade da ruína, *"ate"*, daquele *genos*, pela perda da *aion*, "força da

---

289 LORAUX, 2007.

290 BENVENISTE *apud* LORAUX, 2007, p. 31.

vida" renovadora, da vitalidade, da perenidade que somente pode advir da recriação das gerações sucessivas daquela família específica. Neste sentido, e confirmando esta nossa suspeita, vamos olhar para uma passagem decisiva sobre a questão que aparece na antístrofe primeira, de um pessimismo atroz sobre o destino dos Labdácidas, do qual as luzes que ainda brilham, numa referência a Antígona e Ismena serão mais uma vez extintas.

A antístrofe se inicia com referência as velhas e arcaicas maldições que pesam sobre a casa dos Labdácidas, como se as mesmas fossem se acumulando ao longo do tempo, e das quais; "ουδ'απαλλασσει γενεαν γενος, αλλ'ερειπει θεων τις, ουδ'εχει λισιν", (oùd'ápallassei jeneàn jénos, áll'éreitei theon tis, oùd'èxei lúsin). Nas traduções desta passagem sobressaem a ausência de qualquer esperança na salvação, referidas a continuidade dos *miasmas* familiares e da atitude dos deuses. Na tradução de Rocha Pereira; Guilherme de Almeida; e a apresentada por Dodds respectivamente:

> Nem uma geração a outra livra, antes algum deus a derruba sem remissão.[291]
> Sem que uma geração redima a outra, eis que a abate um deus irado e implacável.[292]
> Vejo às antigas infelicidades da casa do Labdácidas juntarem-se a novas desventuras dos defuntos e as gerações mais novas não resgatam as gerações passadas. Um dos deuses agarra-se insaciável a elas todas e as aniquila: não há salvação.[293]

Fica evidente que existem dois tipos de dificuldades para que a *genos* volte à normalidade: a primeira decorrente da própria família, que acaba adotando certos comportamentos que perpetuam as maldições, e a segunda derivada da atitude dos deuses, que nada ajudam no sentido de levar à absolvição das novas gerações. Apesar de um entendimento de minha parte distinto da violência atribuída aos deuses em todas as traduções mencionadas, no sentido de que o texto grego parece indicar que os deuses nada fazem para modificar a situação, ainda assim, seus comportamentos se constituem em uma clara injustiça e imoralidade às continuas gerações familiares. De outro lado o Coro, em seguida, levanta de forma explícita, o caso das irmãs Labdácidas, no que atinge direta-

---

291 SÓFOCLES, 1987, p. 65.

292 ALMEIDA; VIEIRA, 1997, p. 66.

293 DODDS, 2002, p. 56.

mente à Antígona, aqui vista, em duplo registro, como a última luz da família Labdácida, mas também como uma pessoa individual. O conceito fundamental para se entender o complexo final deste primeiro par de estrofes é de que o Coro se dá conta de que apesar de Antígona ser a esperança da casa dos Labdácidas, será impossível através de uma ação sua a redenção dos estigmas familiares. Inicialmente ela deixa entender esta possibilidade a partir do conflito gerado com Creonte quanto à necessidade do enterro do irmão Polinices, mas na verdade ela jamais teve muita esperança neste sentido, se declarando antigeração e evitando falar ou discutir suas origens, porém, encaminhando uma terrível e obscura reunificação da família no Hades – ver seu *kómmos* –, na qual ela deveria contar com ajuda dos deuses de baixo, e para os quais, ela, segundo a ode dedica um punhado de terra vermelha de sangue para seu enterro. A tradução do final da antístrofe de Guilherme de Almeida é bastante fiel ao espírito do Coro; "Agora, aquele clarão único da última nascida, que alumiava o lar de Édipo, extingue-se a um punhado de terra cruenta dado aos deuses inferiores, e de palavras loucas e furioso delírio."[294]

O segundo par de estrofes é ainda mais complexo, já que de início estamos em outro registro, já sob a égide de Zeus no panteão olímpico, porém com o foco orientado para o estabelecimento de princípios, ou de leis para a convivência entre deuses e humanos, onde no qual, segundo Bernadete, ressoam as palavras *dinastás*, o poder moral do Deus e "hiperbasia", a transgressão humana que nada consegue. Vamos seguir inicialmente a Steiner que coloca de forma simples a questão principal da culpa inocente que recai sobre aqueles membros, pois o novo soberano divino, um pouco na linha do *Prometeu acorrentado* de Ésquilo, reforça seu poder moral e trata todas as legítimas aspirações humanas como transgressões:

> O Zeus do segundo conjunto estrófico não é menos dominador na sua justiça retaliadora, mas "permanece na luz esplendorosa do Olimpo", e aí pesa a conduta e os sofrimentos dos homens, avaliando as diferenças, os graus de culpa, as "transgressões". Segundo a lógica arcaica da Necessidade, da maldição herdada, tal como pesa sobre o clã de Édipo e o aniquila, o crime involuntário acarreta as consequências do fato consumado. Não há fuga possível no paradoxo da culpa inocente. Também não há indubitavelmente fuga possível da omnipotência judicial do Zeus Olímpico ou, das ilusões auto devastadoras da ambição, esforço e esperança humanos.[295]

---

294 ALMEIDA; VIEIRA, 1997, p. 66.

295 STEINER, 2008, p. 281.

Este comentário de Steiner marca um primeiro nível de dificuldades para os homens, porém Benardete vai em direção a um segundo nível de dificuldades e de proibições para os homens de forma geral, mas claramente dirigido para a pessoa de Antígona. O texto do estásimo nos versos 612-614 estabelece uma lei geral, válida desde sempre, no passado, no futuro e agora no presente; "ουδεν ερπει θνατων βιοτω παμπολυ γ'εκτος ατας" (*oúdev érpei tratōv biotoi panpoli j'èktós atas*"). Em português seria algo como; de acordo com Rocha Pereira; Guilherme de Almeida e na versão de Dodds respectivamente:

[...] na vida dos homens não entra grandeza sem trazer a desgraça.[296]
[...] nada entra de grande na vida mortal sem sofrimento.[297]
[...] nada haverá de realmente grande em suas vidas (dos mortais) sem desgraças juntas.[298]

Os termos utilizados, como "grandeza", "de grande", "realmente grande", pouco dizem, ou ao contrário, dizem demais, o que nos leva a, justamente neste sentido, recorrer a Benardete. Em sua colocação inicial da questão ele vai ao encontro do que o Coro afirmou:

Tudo de belo e brilhante pertence ao Olímpico Zeus. A desilusão humana consiste na esperança de que ele, o homem, possa adquirir para si estas prerrogativas de Zeus: mas ele está sempre colocado em xeque. *Esta checagem é formulada como uma lei, na qual, infelizmente o termo fundamental está corrupto: mas o senso parece indicar que tudo que é amado e desejado se torna desastroso para o homem.*[299]

Em continuação a seu argumento, Benardete estranha à condenação de Antígona pelo Coro por sua falta de moderação, mas acrescenta algo sutil que pode representar outra face da condenação.

Os deuses olímpicos poderiam representar uma dupla proibição, impedindo igualmente o amor de si mesmo, que se tornasse em algo maior que isto e o exclusivo amor da beleza, que colocaria em risco sua supremacia.[300]

E ainda avançando sobre a questão da pessoa humana Antígona:

Se, entretanto, um reconhece o caráter de Antígona como de uma pessoa individual, junto com seu caráter como expressão de suas origens e do

---

296 SÓFOCLES, 1987, p. 66.

297 ALMEIDA; VIEIRA, 1997, p. 67.

298 DODDS, 2002, p. 57.

299 BENARDETE, 1999, p. 79. (grifo meu)

300 BENARDETE, 1999, p. 80.

sagrado, ela parece ser uma resolução perfeita entre o amor por si-mesma e o amor pela beleza. Mas Antígona é um monstro aos olhos do Coro. De qualquer forma, parece ser um conselho de desespero, se a necessária perfeita resolução, implica no amor da morte.[301]

Aqui, fica patente a ausência de saídas para Antígona, e como afinal ela se encaminha para radicalizar ainda mais sua posição de ir em direção a morte, naquele sentido já devidamente explorado anteriormente. Aqui, é importante ressaltar que Antígona, neste aspecto, não abandona seu projeto de *philia* com seu irmão, porém o amplia ainda mais em direção ao restante de seus familiares, sabedora de que ele somente poderá ser realizado no Hades. Todavia, voltando ao estásimo, vemos que o Coro ainda ingressa em um terceiro nível de dificuldades trazidas pelos deuses para os homens, através de célebres palavras, referidas a um provérbio ao qual somente se chega com alta dose de sabedoria segundo os anciãos; de acordo com Rocha Pereira, esta passagem, nada controversa, seria em português: "Era sábio quem descobriu o famoso provérbio: parecer bem o que é mal, é só a quem o deus leva à ruína. Pouco será o tempo que ele passará isento de desgraça."[302] A versão de Dodds é a seguinte: "Pois com sabedoria alguém falou as célebres palavras; Cedo, ou tarde o mal parecerá um bem àquele que os deuses resolveram desgraçar. E são momentos poucos e fugazes os que ele vive livre de desdita."[303]

Seguindo este autor, voltamos ainda mais para trás, de volta à tradição homérica:

> [...] na qual a "ate" continua servindo para demonstrar a irracionalidade de comportamentos cujos fins poderiam ser racionais; ela ocorre da mesma forma que em Homero, localizada no "thumos" ou, no "phrenes", (alma ou razão), sendo os agentes causadores, um daemon não identificado, um deus ou deuses, muito raramente um deus olímpico específico, ocasionalmente uma Erinia, ou "moira", e uma única vez na Odisseia o vinho.[304]

Neste caso, o ataque contra os mortais, mais especificamente aqui, tanto contra Antígona, como também contra Creonte, parece ser originário, ou pelo menos, é dado a entender que vem justamente do mais poderoso dos deuses, Zeus, diretamente, ou através de outra entidade

---

301 BENARDETE, 1999, p. 80.

302 SÓFOCLES, 1987, p. 66.

303 DODDS, 2002, p. 57.

304 DODDS, 2002, p. 13.

subordinada a ele, o que evidentemente causa estranheza a qualquer leitor ou a qualquer analista. Ainda mais pelo agravante de que esta ameaça de "ruína" (*ate*), não advém de maldições familiares, como no primeiro nível, nem de sentimentos de amor por si mesmo ou pela beleza, como no segundo nível, mas sim, em função, de ações cometidas por eles, com a melhor das intenções, e que o castigo para ser efetivado exige uma participação ativa de entidades que se encontram acima do próprio homem.

Caminhando, finalmente, para o final destas reflexões sobre a emergência do homem em Sófocles, utilizando como paradigma sua peça mais emblemática, vimos no primeiro estásimo as potencialidades do homem, no sentido de sua autocriação, com sua excisão estrutural entre o bem e o mal, e sua dificuldade de adaptação a um novo modelo de vida estruturada a partir da criação da *polis*, na qual sua instituição milenar de uma família sadia tinha papel fundamental, tendo por oposição declarada no segundo estásimo a todas as dificuldades de afirmação de sua identidade, de seus desejos e de suas ações, conforme colocado pelo Coro dos anciãos. Diante destes dois monumentos poéticos de Sófocles, nos quais fica claro que, no primeiro estásimo, ele estava voltado totalmente para o futuro, e que no segundo estásimo voltado primordialmente para o passado, na mesma linha de Ésquilo em sua Oresteia, porém, aqui, com uma diferença substancial, já que o Coro, ao colocar todas aquelas dificuldades, não estava esperando nada do ponto de vista institucional, ou do ponto de vista do Estado, e mesmo de uma nova relação entre o divino e os homens como naquele autor, mas, sim, uma nova atitude intrínseca ao homem, mediante uma consciência mais desenvolvida em termos de obrigações e direitos, nos quais prevalecesse a justiça, fosse ela divina ou humana, mesmo que para tal, ele tivesse que agir, contra alguns preceitos familiares e religiosos.

Seguindo uma vez mais os ensinamentos de Dodds, porém com conclusões pessoais, não tenho como não identificar que as dificuldades colocadas no caminho do homem vieram de uma associação perversa entre família e religião, impedindo claramente uma verdadeira visão do indivíduo, concebido, como uma pessoa com direitos e responsabilidades próprios. Parece evidente que a criação da *polis* atendeu a diversos objetivos, e que a sua evolução até atingir a democracia ateniense foi acompanhada por diversos conflitos, porém, não há como negar que a maior de suas realizações racionais foi a liberação do indivíduo dos grilhões do clã e da família. Entretanto, isto somente foi possível devido a uma radical mudança de mentalidade e de atitude do homem perante as forças que se encontravam acima dele, que representaram, por necessidade, a partir da época arcaica, um contexto de moralidade excessiva, familiar e pessoal, opressivo, assombrado e desvinculado dos novos tempos que estavam sendo vividos pelos homens. A passagem de poderes totalmente arbitrários por parte do divino que prevalecia anteriormente, agravado pelo fato de que os deuses podiam estar abaixo, ligados a terra ou acima no éter celeste, representados por potências diversas e múltiplas, gerando evidentes conflitos, no sentido de justiça cósmica, carregada de moralidade, acabou se apoiando numa visão primitiva da família, perpetuando as maldições e culpas das gerações familiares, e impedindo a ascensão do indivíduo.

De outro lado, aquela passagem para a justiça cósmica, do "Olimpianismo moralizado", liquidou de certa forma toda a beleza e harmonia do panteão grego que havia sido montado por Homero, que passou a responder, através de Zeus, por todas as mazelas e dificuldades da vida prática e cotidiana, aí incluídas evidentemente as questões de crime e castigo de forma geral, mas com o acento exclusivo na questão penal, que na Grécia precedeu a lei civil, e onde o Estado já dispunha de uma força coercitiva como função básica, que logicamente atuou de forma impessoal sobre as estruturas familiares. Assim, tanto em relação ao divino como em relação ao Estado, não existiam atenuantes na condenação das pessoas e das famílias: fraquezas, motivações, piedade, indulgencia, filantropia, eram ignoradas, não existindo perante as leis divina e humana.

Dodds como vimos chama ainda atenção para várias outras assombrações que perseguiam os homens na virada da época arcaica e no abandono do ideal homérico, como se os deuses houvessem perdido o interesse nos humanos e se colocaram no papel de acusadores e perseguidores dos homens. O amor a Deus somente aparece com Aristóteles, mas o medo dos deuses já aparece na *Odisseia*. O conceito de *ate* é expandido, incluindo os conceitos de crime e castigo, se alargando, incluindo o estado mental do pecador em direção aos desastres objetivos da vida do mesmo, adquirindo como observa Dodds o sentido geral de "ruína", mas acrescento também o de doença, *nosos*. Porém, nesta direção, nada se compara ao reconhecimento de que os deuses, agindo ainda com base no conceito de *ate*, não ficavam restritos as punições decorrentes de desvios e pecados, mas que geravam truques deliberados para "[...] induzir a vítima ao erro mais crasso, moral ou intelectual, através do qual ele acaba por precipitar a própria ruína."[305] Estes comportamentos divinos foram diversas vezes explicitado pelos poetas gnômicos e jâmbicos, bem como por Ésquilo em suas peças *Os persas* e em *Agamenon*. Da mesma forma assombrações demoníacas chegavam aos homens através dos mais variados *daemons*, chegando em alguns casos por selecionar determinadas pessoas particulares desde seu nascimento e se incorporando aos mesmos de forma definitiva ao longo de sua vida. Entenda-se, portanto, que o Coro no segundo estásimo coloque todas aquelas dificuldades derivadas de um ambiente religioso assombrado, de um passado que ainda resistia, e que por outro lado, a contrapartida humana, no caso, Antígona e Creonte, em termos de suas determinações e ações pessoais deveriam ser firmes, corajosas, e sábias, dadas aquelas dificuldades apresentadas pelos anciãos em seus três níveis, conforme apresentamos anteriormente. Todavia, o mais importante é que o Coro insiste, já desde o primeiro estásimo, com a mensagem ou a recomendação de que diante deste ambiente de restrições, de punições e de injustiças, o homem não poderia, em hipótese alguma, facilitar estes processos, não dando chance de que suas ações sejam confundidas ou interpretadas de formas equivocadas, como se estivessem cometendo os pecados da *hybris*, ultrapassando seus limites humanos e tentando uma aproximação com o divino totalmente indevida.

Entretanto, o que é importante reter é que o homem real, o homem das cidades, seguia um processo de autocriação na qual sua sociedade trilhava o caminho de criar facilidades para desenvolver a identidade das pessoas, ao mesmo tempo que suas instituições civis, em sua evolução, deixavam cada vez mais claro seus direitos e obrigações, no marco de uma justiça humana e secular. Nesta realidade surgiu o teatro grego e seus dramaturgos, que ao evocar o passado com todas suas assombrações e dificuldades, não pretendiam, como bem disse Dodds a respeito de Ésquilo, conduzir seus companheiros e conterrâneos de volta a tal mundo, mas bem ao contrário, guiá-los através e para fora dele, iluminando o futuro dos cidadãos atenienses para vivenciarem este novo mundo. Glotz em sua célebre obra, coloca adequadamente que "[...] depois dos exegetas e antes dos filósofos, os poetas dramáti-

---

305 DODDS, 2002, p. 45.

cos foram os jurisprudentes de Atenas."[306] Vale a pena reproduzir aqui um parágrafo deste autor, que se refere a Ésquilo, mas que se aplica a todos os poetas dramáticos:

> A grandeza de Ésquilo, sua originalidade abrupta e sua força, vem de estar cumprindo este ministério da tragédia e de exercê-lo com toda sua santidade. Certo, devemos nos guardar de considerá-lo um mestre da metafísica expondo um sistema ou, um jurisconsulto que demanda uma reforma de uma lei. Trata-se de um homem do teatro, acima de tudo. Mas é um espírito profundo que não se detém em misturar as peripécias, as mais comoventes, às meditações, as mais austeras, emprestadas dos sublimes efeitos do terror e da piedade, para suas concepções sobre o governo do mundo e os destinos humanos, sob a herança do castigo e da justiça.[307]

Neste sentido, e especialmente para os meus propósitos, Sófocles é imbatível, pois coloca o homem só e solitário para seguir procurando seu caminho, independente das instituições sociais e políticas, e de qualquer tipo de conciliação com o divino. Estou afirmando, para deixar mais claro, que, para este homem, os comportamentos, as atitudes, os pensamentos, e os sentimentos humanos precedem e determinam o encaminhamento das questões políticas e sociais, e que, o divino, conforme imaginado até então não dá mais conta da realidade da vida daquele indivíduo. Ele tem plena consciência de que agindo desta ou daquela forma, assumindo, portanto, suas responsabilidades, ele poderá sofrer consequências sérias, apesar de considerar que suas ações são perfeitamente legítimas, que são justificadas pelo direito vigente, que cumprem com a *diké*, com a justiça. Este homem que, como vimos, em Hegel, encontra-se em uma era na qual ainda não existem dogmas ou leis plenamente estabelecidas, e que ele próprio é de certa forma um autocriador delas, vivendo um período de transição de afirmação do indivíduo, e da consolidação da *polis*, a partir do *genos* ou do *oikos*, suas ações possuem uma força que não pode ser menosprezada, que não podem ser vistas unicamente pelo prisma moral de estar cometendo uma transgressão. Este fato, amplamente comentado por Hegel, nos leva em admitir a possibilidade de que aquela ação possa ser considerada uma transgressão positiva, criando uma nova norma, ou mesmo uma nova lei, principalmente se aquela ação foi em contra a alguma norma derivada do ambiente moralizado da religião baseada na culpa, que foi herdada do período arcaico, com suas evidentes injustiças de

---

306 GLOTZ, 2017, p. 408.

307 GLOTZ, 2017, p. 408.

julgamento e punição, e que não mais atendem os anseios das pessoas vivenciando novos tempos.

Na realidade, Sófocles, ao longo da peça, caracteriza de diversas formas, utilizando sua enorme potência criativa, o caminho autônomo deste homem, com relação à questão das transgressões, especialmente em suas relações com o divino nas quais vai transparecer um sentimento de liberdade pessoal, que independente das consequências coloca em xeque aquelas relações. Vou aqui examinar algumas passagens, ainda que sumariamente, de molde a fechar as reflexões sobre este autor e sua *Antígona*, utilizando nesta apresentação um critério distinto da sequência que as coisas acontecem ao longo da peça, de forma a realçar determinados aspectos por nós considerados relevantes. A primeira passagem que vou focar ocorre no diálogo de Antígona com Creonte, na qual, ela responde ao questionamento de Creonte de que ela havia transgredido suas leis, ou seu édito. Esta passagem foi motivo de importantes especulações por parte de Holderlin, e neste sentido vou utilizar os comentários de Jean Beaufret sobre *"As Observações sobre Édipo e as Observações sobre Antígona"*,[308] do poeta alemão. A tradução normal da resposta de Antígona mostra esta recorrendo a Zeus e a Diké contra a injustiça do decreto, sendo a versão de Reinhardt a mais correta dentre as tradicionais: "Certamente não foi Zeus que me conclamou a fazer o que fiz. Tampouco a Diké, que habita com os deuses de baixo."[309] Mas, com grande sensibilidade Holderlin acrescenta um pronome possessivo na sua tradução: "Meu Zeus não me a proclamou, nem aqui em casa a Justiça dos deuses dos mortos..."[310] Rosenfield, a quem sigo em relação a Holderlin, dá destaque nesta passagem à questão do domínio de Tebas, e neste sentido ao conflito Antígona, Creonte pelo controle de Tebas. Beaufret, a meu ver, corretamente ressalta uma questão ainda mais importante, que é a relação de Antígona com o divino, colocando uma questão que antecede inclusive a própria visão de Holderlin:

> Pois se não foi nem do alto, Zeus, nem de baixo, Diké, que inspiraram a Antígona, sua conduta, de quem, então recebeu o sinal? De quem, senão dela mesma e da audácia com a qual ela pretende, transgredindo as leis somente estatutárias de Zeus e Diké, adentrar um conhecimento mais ime-

---

308 BEAUFRET, 2008.

309 BEAUFRET, 2008, p. 41.

310 ROSENFIELD, 2016, p. 55.

diato das leis em si mesmas mais divinas e mais santas, aquelas que sempre vigoraram sem que ninguém soubesse de onde irradia sua luz?[311]

Este mesmo autor complementa:

> Antígona arroga-se a partilha dos deuses. *Ela age, desde então, no mesmo sentido que Deus, mas de algum modo contra Deus, realizando nela mesma, tanto quanto é possível ao homem a figura do "Antithéos", que lhe será fatal. Pois o "Pai do Tempo" repele mais decisivamente para a terra a audácia do usurpador que ele deixa "sem aliado" em razão de sua desmesura.*[312]

"Meu Zeus" de Antígona caracteriza de imediato, que este a quem ela se dirige não é nem o Zeus de Creonte, como também não é o Zeus do Coro, e assim, ressaltando a importância das relações dos mortais com o divino, que claramente Holderlin situa o conflito trágico muito além do que pensava Hegel, ao situá-lo entre a família e o Estado, ou entre o feminino e o viril, o "feminino sendo a eterna ironia da comunidade". Holderlin vai situar o conflito trágico entre o divino e o humano, como aliás já era uma tradição grega, particularmente em Píndaro e Heráclito mediante suas visões da origem comum de ambos, deuses e mortais. Não vou aqui me estender sobre a visão do poeta alemão sobre esta questão, já que teríamos que ir bem além do que imaginei, porém, é indiscutível que ao buscar o seu Zeus, Antígona deixa claro que o Zeus, qualificado como *estatutário,* não a atende, buscando ela o Zeus *mais propriamente ele mesmo,* de acordo com a nomenclatura de Holderlin. E por que esta busca que claramente nada de insolente tem em si mesma, a não ser a de buscar ser entendida, uma vez que seu posicionamento não foi em função de se alinhar à qualquer coisa fora dela, mas, sim, a de responder a sua natureza, colocando e exigindo que Zeus se coloque também em sua natureza, ainda de acordo com Holderlin, como filho do Deus da idade de ouro, Cronos.[313]

Porém, esta passagem ainda enseja outras reflexões, que considero importantes, que evidenciam de forma ainda mais clara os componentes humanos e mortais do episódio, não abordados de forma extensiva por nenhum dos filólogos que se debruçaram sobre o assunto. Não me parece existirem dúvidas que Antígona se posiciona em razão de suas origens, e mais, em função de sua

---

311 BEAUFRET, 2008, p. 42.

312 BEAUFRET, 2008, p. 42-43. (grifo meu)

313 BEAUFRET, 2008, p. 44.

natureza, e sabemos claramente que na sociedade grega, em sua estrutura familiar, a mulher desempenha por excelência o papel do "outro", de alteridade naquela estrutura da *genos* ou do *oikos*, constituída como se sabe em torno do "mesmo", do homem, do *kleros*. Esta forma de pensar é profundamente grega, sendo ressaltado por todos os analistas, pois se trata de um fato concreto o reconhecimento de que a alteridade constitui uma forma de pensar-se a si mesmo. Antígona como última raiz dos Labdácidas, e em sua condição de *epikleros*, diante de seu histórico familiar, filha e irmã de seu pai, Édipo, do qual herda toda sua grandeza e altivez, tendo como modelo sua mãe Jocasta, irmã de dois irmãos suicidas e fratricidas, ao adentrar em sua natureza mesma, não vai se limitar do ponto de vista da moral, nem do comportamento cívico, nem do comportamento familiar em seus vários papéis, e tão pouco em relação ao divino com suas categorias "estatutárias" que fazem sentido para a maioria, mas não para ela, especialmente naquele momento. Nada de concessões, nada de mistura, e de corrupção com o divino, assumindo de forma categórica sua condição de mortal, *sem se importar com o fato criticado por sua irmã de estar andando atrás do impossível, como se buscasse um "outro Zeus", ou, um Zeus outro", muito mais do que o "Seu Zeus" de Holderlin,* por muito mais adaptado a sua condição real de irmã de seus irmãos e também de seu pai, todos, frutos do incesto de Édipo e Jocasta, e evidente sem se importar com as consequências perante a cidade e o divino, com sua precipitação mais rápida para a morte.

A situação é de toda maneira ambígua e complexa, porque Creonte ao exercer seu poder e editar seu édito, diferencia os dois irmãos, porém propicia a Antígona exercer seu papel de cumprir com uma obrigação sagrada ao insistir no enterro do irmão, não por orientação divina, nem propriamente devido a uma lei natural antiga, na qual ela, como mortal, como profundamente mortal, avalia ser muito menos doloroso para ela, ser punida pelo não cumprimento de obedecer ao édito, como ser punida pela morte, seja em termos daqueles homens ou do divino, do que não enterrar seu irmão, coisa que ela não suportaria. E afinal de contas a morte lhe ensejaria a possibilidade de encontrar toda a família no Hades, livre da poluição do parricídio e do incesto e de todo o resto, atendendo a sua devoção àquela família, coisa impossível de ocorrer na vida. Antígona oscila assim entre uma total autonomia (*autonomous*), que recusa inclusive sua geração, como se possuísse dentro de si, todas as leis de uma cidade pessoal, que ao final em seus últimos momentos de vida, esquece a própria existência de sua irmã Ismena, mas que por outro lado se encontra solidamente amarrada em sua consanguinidade, e ligada por liames indestrutíveis com sua família.

Mas tudo isto é profundamente humano, e independente das circunstâncias abre um espaço de liberdade para o ser humano, utilizável para o bem ou para o mal, como afirma o primeiro estásimo, mas que tem como consequências minimizar questões morais e religiosas, bem como leituras jurídicas de Direito. Esta liberdade lhe permite colocar lado a lado a transgressão, a prevaricação com a coisa sagrada como no verso 74, com a inusitada expressão *ósia panourgésan*, "dever sagrado", "crime santo", apagando totalmente as diferenças existentes, entre o sagrado e algo como pontuou Knox[314] muito além de um crime, que fala da ausência de qualquer escrúpulo e de que tudo é possível e justificável, no caso para ela se juntar a Polinices no Hades. Parece evidente que seu comportamento de apagamento das diferenças é uma necessidade em vista de sua rebeldia contra a atitude de Creonte de diferenciar os irmãos, e também como uma forma de encarar o incesto de seus pais ao apagar as diferenças entre o puro e o impuro, mas que a leva, por outro lado, a um radicalismo de separar sua família de sangue dos demais, sem esquecermos de que Ismena, apesar de ser consanguínea, se encontra no grupo dos "outros", devido às razões que já conhecemos.

E Antígona em seu *kommós* final, naquela passagem emblemática leva a uma diferenciação ainda mais radical e emblemática, se colocando ela própria no Hades, junto a seus pais e seus irmãos, e expressando de forma clara que somente eles que estão no Hades são importantes, honrados e queridos (*philia*) em um sentido grego. Eventuais maridos e filhos destes maridos são para ela "os outros", que podem facilmente serem trocados, levando desta forma a indiferenciação entre os "outros" a uma ausência total de limites. Porém esta passagem vai mais além, pois esta "indiferenciação" alcança em suas palavras aos amigos e parentes vivos, mas chega igualmente aos deuses, mesmo os deuses de baixo, que a abandonaram, colocando Sófocles aqui uma questão ainda mais séria, que é a busca humana pela indiferenciação entre os deuses e os homens, tema bastante discutido e explorado por

---

314 KNOX, 1992, p. 93.

Holderlin, que evidentemente tem enormes consequências e riscos para a própria existência humana.

Porém, se olharmos para o outro lado do conflito, na direção de Creonte, envolvendo ainda a comunidade tebana, identificamos de imediato, algo que ficou escamoteado e escondido, não somente ao longo da peça, como igualmente nas análises e interpretações do drama, com a ênfase exagerada na personagem principal, Antígona, como também nas tentativas de caracterização do conflito entre as personagens. Refiro-me explicitamente à questão da violência generalizada no seio da comunidade, levando a reciprocidade violenta, gerada ao longo do tempo, na qual todos os personagens estavam envolvidos e mergulhados, com profundas repercussões em seus comportamentos como tebanos, especialmente os pertencentes à família Labdácida. Sem necessidade de retornarmos ao mito de Cadmo e dos *spartoi*, como também deixando de lado os crimes de Laio, vou situar aquele processo de violência a partir de Édipo, do parricídio e do incesto, passando pelas maldições do pai – Édipo – contra os filhos – Eteocles e Polinices –, e dos suicídios fratricidas dos dois irmãos, que simplesmente nivelaram todos contra todos, sem nenhuma diferenciação entre as pessoas, e principalmente entre os membros de qualquer família, envolvendo pais, filhos, irmãos e os demais. Como escrevi anteriormente, tanto Antígona quanto Creonte identificavam a humanidade como dividida entre aqueles que eles odeiam e amam, estabelecendo uma querela infinita, sem solução, mas que caracteriza uma situação de guerra civil, *stasis*, muito bem analisada por Loraux, que a comparou com uma modalidade de relação familiar derivada da poesia arcaica, *stasis emphylos*. Entretanto, a herança daqueles acontecimentos não somente contagiou de impurezas as relações familiares, como invadiu, igualmente a vida de todos os cidadãos da *polis* tebana, deixando a cidade doente, impura e violenta.

Creonte, ao assumir, iludiu-se e iludiu a todos de que a *stasis* havia sido encerrada com a morte dos dois irmãos, o que evidentemente não ocorreu, muito pelo contrário, só a fez aumentar, e além disso, ainda trouxe mais impurezas e contágios para a comunidade, ao não dar enterro a todos os argivos que lutaram contra Tebas, aí incluído Polinices, deixando o sangue impuro ser alimento de animais, e poluindo a todos os tebanos, uma vez mais. Creonte, no fundo, alimentou de forma definitiva a violência da cidade, que acabou revertendo de forma trágica contra si, liquidando com sua vida, ao ser responsável direto pelas mortes de seu filho Hemon e de sua esposa Eurídice, executando assim o sacrifício familiar, onde ficaram misturados o sangue puro e impuro de seus familiares, que afinal ocorreram independente da vontade sobrenatural dos deuses.

CAPÍTULO 8

AS PAIXÕES HUMANAS NAS TRAGÉDIAS DE EURÍPIDES

Finalmente chegamos a Eurípides, a consumação do período clássico de criação do que é entendido como *tragédia grega*, que se desenvolveu na Ática, mais propriamente em Atenas ao longo de apenas oitenta anos, durante o século V, que se imortalizou, em qualquer sentido que se queira dar, como uma das maiores criações literárias e humanas de todos os tempos do mundo ocidental. Eurípides como poeta e dramaturgo é, sem dúvida, um dos grandes responsáveis, ou talvez o maior responsável por este prestígio e renome, apesar das dimensões de seus antecessores Ésquilo e Sófocles, sendo o primeiro seu mestre e modelo, segundo ele próprio. Qualquer abordagem sobre o grande poeta enfrenta desafios nada desprezíveis, que acabam levando os analistas a privilegiarem um ou outro aspecto de sua vida, de suas relações com o que ocorria em Atenas em sua época, de sua extensa obra, e nesta algum dos aspectos salientes em uma obra determinada. Estou querendo dizer, de início, que o que podemos chamar de universo euripideano é algo de uma dimensão considerável, que percorrê-lo, possivelmente seria tarefa para uma vida inteiramente dedicada a tal empreitada. Além disto, ao lermos qualquer das introduções escritas por brilhantes filólogos à vida de Eurípides e de suas obras, sempre fica uma sensação de lacuna, de falta, de dificuldades de um enquadramento correto ou mesmo razoável, e muitas das vezes desbancando para posições claramente antagônicas, dando a entender a extrema dificuldade de caracterizar ou rotular as coisas daquele poeta. Várias razões concorrem para estes fatos, as quais irão naturalmente surgir, na medida em que eu avance na análise, que terá como preocupação primacial e abertura suficiente para apreendermos os fatos de sua vida, e, principalmente, acreditando em tudo que ele escreveu como forma de buscar sempre a essência de sua arte dramática.

Porém, mesmo que eu não tenha a intenção de me precipitar em apreender a importância da vida de Eurípides no desenvolvimento de sua obra trágica, existe neste autor um traço de personalidade que se manifesta desde seus primeiros anos, que condiciona fortemente qualquer análise sobre ele. Eurípides, ainda mais que Ésquilo e bem mais que Sófocles, parece estar sempre decidido a não deixar de lado ou a abandonar nenhuma das coisas que ele considera se encontrar vivo em si, o que o leva a absorver, de modo amoroso e passional, pensamentos, ideias, experiências, visões pictóricas, fatos, dentre outras emoções, vindos de onde vierem independente de suas origens, que serão tratados por ele com a máxima liberdade e interesse, sempre com o objetivo de entender os homens, a si mesmo, e a ter contato direto com a experiência humana, porém sendo antes de tudo um ateniense daquela época. Desta forma, Eurípides é ao mesmo tempo poeta, dramaturgo, pensador e filósofo, que decide retribuir tudo que absorveu mediante sua extensa obra poética, sob o céu, ao povo reunido para festejar Dioniso no teatro dedicado ao Deus, situado nas escarpas da Acrópole. E é justamente este traço da personalidade de Eurípides que torna problemática a aproximação à sua vida e a sua obra, porém, consciente destas dificuldades, selecionarei alguns temas que procuram nos introduzir no universo euripideano.

Neste sentido, não é possível dar um primeiro passo na direção daquele universo sem de alguma forma fazer reviver a Atenas do final do século VI e do século V, especialmente por meio dos homens que lá viviam, os atenienses após o fim das guerras médicas, o fortalecimento de sua democracia, a instituição do império ateniense baseado na sua superioridade marítima, até o tempo da guerra do Peloponeso, onde praticamente ocorreu a vida de Eurípides. Não pretendo aqui desenvolver uma análise histórica de Atenas a "Hélade da Hélade", como a caracterizou Heródoto, muito longe disto, mas sim ressaltar alguns pontos de sua história, com a maior liberdade possível que me parecem de suma importância no desenvolvimento daquela pequena região, a Ática, situada no extremo sudeste da Grécia, que se estende por uma área de 2.500 quilômetros quadrados, que sediou em sua capital Atenas, o chamado império ateniense, que não somente influenciou a todos que vivenciaram aquela época, ou que tiveram algum contacto com ele, mas que projetou esta influência de forma indelével a toda civilização ocidental através dos tempos. Em termos culturais, Atenas chega tarde à cena grega, muito após todo o desenvolvimento das poesias épica e lírica, com a única participação de Sólon, e igualmente após todo o movimento dos filósofos pré-socráticos, centrados na Jônia, que tentaram estabelecer o caminho do mito para o logos. Do ponto de vista político, apesar de aparentemente seguir um caminho comum a uma série de outras cidades e suas especificidades geográficas, por sua excepcional localização em termos marítimos, aliada as características de uma colonização jônica de muita antiguidade, que levaram a ocupação daquele acidentado território, com seus vales e colinas, áreas montanhosas e planícies, banhado pelo mar em seus dois lados, e por fim a riqueza mítica que desde sempre envolveu Atenas com sua "autoctonia". Os únicos gregos sem sangue misturado, nem sangue estrangeiro, como eles se consideravam, com as lendas e histórias dos comportamentos e atitudes de seus deuses e heróis em vários episódios que marcaram toda a Grécia, mas que também evidenciavam estreitos e intensos relacionamentos deles com variadas regiões do país, especialmente aquelas de civilizações mais antigas, como as que ocorreram entre Atenas com as ilhas Cicládicas, com Creta em sua civilização minoica e com a Jônia da Ásia Menor, trouxeram alguns dos elementos valorativos que iriam diferenciá-la e muito do restante da Grécia. De outro lado, não se pode desprezar, que do ponto de vista religioso, a Ática sempre foi a região mais destacada da Grécia, devido a sua protetora Atena, junto com seu admirador Hefesto, a forte presença de Poseidon, concorrendo com Atena, as duas deusas dos mistérios de Eleusis, Demeter e Perséfone, sem falar na Ártemis Braurona – de Brauron na Ática –, além de sua proximidade geográfica e espiritual com Apolo tanto em Delos, como no santuário de Delfos, e que ainda acolheu da forma mais civilizada o fenômeno do "dionisismo", que passou a ter um papel fundamental, não somente religioso, mas particularmente em termos políticos e sociais a partir do século VI, com a ascensão dos "tiranos", que teve como resultado uma sólida ligação entre o Estado e os cidadãos.

Entretanto, existem alguns episódios históricos anteriores, a partir do final do século VI, que são fundamentais para o entendimento da persona do ateniense, e que tiveram grande influência sobre a Atenas do século V, o século clássico de Atenas, considerado por muitos como o século de Péricles, que podem me ajudar nesta pequena introdução à Eurípides, deixando claro que este poeta, em suas obras, refletiu de forma muito mais intensa do que os outros dois dramaturgos esta

Atenas da época. A grande dificuldade na análise destes episódios é o de avaliar corretamente a extensão e a profundidade de suas consequências, que sugerem irem muito além de qualquer classificação arbitrária, como políticos, sociais, religiosos, econômicos, financeiros, alcançando diretamente os cidadãos em seus valores pessoais e familiares, levando-os a assumirem uma vida de significações crescentes na *polis* ateniense, distintas de todas as demais *poleis* da Grécia. E é claro, as dificuldades são ainda maiores ao tentarmos captar de que forma tais acontecimentos influenciaram, ou foram considerados pelo grande poeta em suas obras, respeitando ao extremo estas reflexões, sua personalidade e seu espírito até onde formos capazes de apreender.

A EMERGÊNCIA DA ATENAS ISONÔMICA

O primeiro é, sem dúvida, a ascensão do alcmeónida[1] Clístenes ao poder da cidade, vindo de seu exílio, quer se adote a versão de Aristóteles ou de Heródoto quanto a participação do *demos*, por volta de 509, a fins do século VI, não exatamente como o criador da democracia ateniense, mas, sim, aquele que recuperando os ideais e a constituição de Sólon promoveu reformas que levaram ao estabelecimento de uma "unidade cívica" na Ática sob a égide da cidade de Atenas, mediante um processo político que concedia a todos os cidadãos uma "isonomia" de tratamento, algo que nenhuma outra cidade-estado jamais logrou, capaz de enfrentar os maiores desafios, como se veria um pouco mais tarde. Como é de conhecimento geral, as informações relativas a aquele período são escassas, a não ser pelas referências daqueles dois autores, Heródoto e Aristóteles, porém estas foram complementadas de forma particularmente consistente pelo livro de Levêque e Vidal-Naquet, *Clisthène L'Athénien*,[2] o qual seguirei em linhas gerais. A primeira referência às reformas de Clistenes é sua extensão e profundidade, apesar de ser uma das onze mutações, *metábolé, metástasis*, ocorridas na história da Ática, depois da imigração de Íon, até a restauração da democracia depois da tirania dos trinta, de acordo com Aristóteles.

---

1 Os Alcmeónidas eram uma família poderosa, que se estabeleceu em Atenas, tendo sua origem normalmente localizada em Pilos, segundo alguns, ou mesmo associada a um outro Alcméon, contemporâneo de Teseu. Clístenes, Péricles e Alcibíades foram alguns de seus membros. Tiveram participação especial na reconstrução do Templo de Apolo em Delfos.

2 LÉVÊQUE; VIDAL-NAQUET, 1973.

Do ponto de vista histórico, apesar da aparente incongruência do que irei colocar, o episódio da assunção de Clistenes, do chefe do *genos* dos alcmeónidas ao poder, teve, a meu ver, tanta ou mais repercussão sobre os acontecimentos futuros, e por que não, sobre os atenienses no primeiro quartel do século V, do que a transformação cívico-institucional da Ática, promovida pelas profundas reformas do mesmo Clístenes. Alguns fatos básicos me levam a afirmar isto. Apesar da evolução econômica e social da Ática, e mesmo de suas repercussões religiosas e culturais, ocorridas naquele período, estava se encerrando um ciclo de quase cinquenta anos de controle do Estado pelos "tiranos", Pisístrato e seus filhos Hiparco e Hípias. É evidente que não cabe aqui examinar de perto a significação distinta da figura do "tirano" daquela época para os dias atuais, nem entrar em detalhes sobre este período, além do que já comentei quanto a criação das festividades dionisíacas, porém, ainda assim, o objetivo maior da tirania era a manutenção do poder do tirano, de seus familiares e de seus amigos de qualquer forma, ao longo do tempo, mesmo que através da cooptação e de benefícios a segmentos da oligarquia e do povo, especialmente através dos *demos* rurais. Consideravam que eles tinham melhores condições para governar a cidade do que quaisquer outros grupos, praticando um regime de desencorajar ao máximo as pessoas a participarem dos negócios do Estado, portanto, ao não atuarem politicamente na cidade, perpetuavam assim uma enorme diferenciação de poderes entre eles e os outros.

A superação deste enorme período de tirania já seria por si só uma enorme transformação das condições políticas da cidade, porém os acontecimentos, mesmo confusos e de escassa documentação, que ocorreram entre o início da derrocada dos filhos Hiparco e Hipias de Pisístrato, com o assassinato do primeiro em 514, a intervenção de Cleómenes rei de Esparta, a expulsão de Hípias em 510, a assunção do poder por Iságoras apoiado pelos lacedemônios, e as reformas de Clístenes, possivelmente em 508, acrescentaram muitas outras importantes questões políticas, que marcou Atenas daí em diante. Estou aqui trabalhando em um terreno especulativo, como, de resto todos os analistas que trabalharam sobre estes episódios, porém, uma coisa fica patente, a de que a queda da tirania ateniense criava um enorme vazio de poder, e de que esta já estava no horizonte desde a morte de Pisístrato, e mais do que isto, interessava a muitos atores: as famílias oligarcas, não somente em termos de poder, mas também em relação ao controle do significativo espólio econômico e financeiro criado pela tirania; aos lacedemônios, que desde sempre se posicionaram em termos ideológicos contra a tirania, mas que com a consolidação recém ocorrida da Liga do Peloponeso criada em 550, tinham particular interesse em estreitar relações com uma Ática liberada nas mãos dos oligarcas; a família dos alcmeónidas, sempre oscilando em tentativas de assumir o poder, ou participando, sendo várias vezes exilada pela tirania, mas que tinham características distintas das demais famílias, no percurso para atingir aquele primeiro objetivo, como por exemplo, ao se candidatar e conseguir ficar responsável da reconstrução do templo de Delfos, criando um vínculo muito estreito com uma das mais fortes organizações religiosas e políticas da Grécia, e como tratarei mais adiante, ao estabelecer pontes de interesse comum com os novos atores urbanos; e finalmente estes últimos com sua pretensão de uma reorganização política da Ática sob uma orientação isonômica para todos os atenienses, que não poderia, naquela situação, encontrar-se fora das cogitações por variadas razões.

Querer atribuir maiores responsabilidades pela queda da tirania, a qualquer destes atores é um trabalho inútil, mesmo por que ainda teríamos que agregar a participação dos "tiranicidas" Harmódio e Aristogiton, que mataram Hiparco, considerados heróis por muitos dos atenienses, e atribuir uma maior participação aos alcmeónidas por meio da "corrupção" da influência da pítia de Delfos, que sempre consultada pelos lacedemônios demandava, "Libertai Atenas primeiro", e finalmente a Hípias, que após aquele assassinato, endureceu o regime, aumentou os impostos, perseguindo e exilando várias famílias e fomentando ainda mais o ódio do povo contra a tirania, sem falar dos acasos do conflito de Cleomenes contra Hipias, onde aquele encontra e prende a família do tirano, levando-o à rendição. Uma vez resolvida a questão da tirania dos pisistratos, e parece claro, arrastando consigo o modelo tirânico, tendo em vista que ele não teria qualquer viabilidade a partir daquele momento, aqueles atores que participaram da derrocada dos tiranos entram em conflito entre si pelo poder.

De um lado Iságoras, filho de Teisandro, amigo pessoal de Cleomenes, e segundo Aristóteles, amigo dos tiranos e de outro, Clistenes, chefe do *genos* dos alcmeónidas, opostos a tirania, que parece ter se dado conta da existência de um novo ator político: a nova classe política dos *demos* urbanos, criado na esteira do grande desenvolvimento ateniense do período da tirania, e que certamente a esta altura já teria construído pontes de relacionamento com alguma das famílias oligarcas, e mais do que certo com os próprios alcmeónidas. Este é o principal ponto nesta narrativa, pois, muitos analistas, baseados na versão de Heródoto, chegam a comparar a atitude de Clístenes em se apoiar no povo, como se fosse a mesma adotada no passado por Pisístrato, de cooptação dos membros dos genes rurais. Aqui, independente das versões de Heródoto e de Aristóteles, estes novos atores são de fato organizações políticas urbanas, e como tais vão agir, no sentido de apoiar Clístenes, visando a tomada de poder. Porém, voltando a narrativa, em um primeiro momento, Iságoras vai prevalecer com a ajuda de um pequeno exército dos lacedemônios comandados por Cleomenes, exilando novamente a Clístenes, e adotando um programa de governo, de restauração da oligarquia com base em dois pontos principais: depurando a listagem dos cidadãos atenienses mediante restrições ainda mais restritivas às existentes, e expulsando como ímpias, mais de setecentas famílias. Daqui em diante vou seguir Aristóteles:

> Depois de assim proceder, (Cleómenes) tentou dissolver o conselho e instalar Iságoras e trezentos dos seus amigos como senhores da cidade. Mas perante a resistência do conselho e o ajuntamento da multidão, os apoiantes de Cleómenes e de Iságoras refugiaram-se na Acrópole. O povo tomou assento e montou o sítio durante dois dias; ao terceiro deixaram sair, sob capitulação, Cleómenes e todos os que o acompanhavam, ao mesmo tempo que mandaram chamar Clistenes e os outros exilados. Assim que o povo assumiu o controle da situação, Clistenes tornou-se seu guia e chefe [....]. Ora, ele tornou-se chefe da multidão no quarto ano a seguir à queda dos tiranos, durante o arcontado de Iságoras.[3]

A ascensão de Clístenes da forma que se deu, significou, portanto, uma total ruptura com o sistema político ateniense até então existente, com a derrocada da tirania, com a rejeição de qualquer interferência dos lacedemônios nas questões internas da *polis*, com a impossibilidade de uma "restauração oligárquica" nos moldes antigos, e com a emergência de novos atores na cena política. Porém, a ação de Clístenes deve ter ido um pouco mais além, pois ao ser exilado por Iságoras, Clístenes teve tempo de planejar suas reformas, o que parece bastante óbvio devido à extensão e profundidade das mesmas. Deve tê-las discutido com vários grupos e finalmente deve tê-las divulgado oralmente, segundo a tradição grega para uma grande parcela dos *demos* urbanos de Atenas, que certamente os levaram a assumir aquela atitude de resistência perante Cleomenes e Iságoras, pois seria impossível pensar que as coisas pudessem ter ocorrido de alguma

---

3 ARISTÓTELES, 2011, p. 51-52.

outra forma, dada a determinação política daqueles atores diante dos acontecimentos e a confiança que Clístenes detinha perante a multidão para assumir o poder e colocar em prática as necessárias reformas.

Três fatos marcam as reformas das instituições políticas que Atenas deve a Clístenes, de acordo com Levéque e Vidal-Naquet:[4] o território da Ática é dividido em dez tribos, e em cem *demos*, a *Boulé*, entendida como Conselho ou Senado, passa a ter quinhentos membros, cinquenta por cada tribo, e as *tritias*, como o nome evoca são trinta, três em cada tribo. Os *demos* são as unidades de base e se referem, diferentemente que no passado, não somente as comunidades rurais como aos bairros de Atenas. Eles são grupados em trinta *tritias*, dez da cidade "αστυ" (*asty*), dez das encostas "παραλια" (*paralia*) e dez do interior "μεσογαιος" (*mésogeios*), e assim cada uma das dez tribos é formada por três *tritias* daqueles mesmos setores. Vou seguir a Aristóteles no detalhamento das reformas:

> Tornou demotas os que habitavam no mesmo demo, para evitar que se designassem pelo nome do pai, denunciando assim, os que eram cidadãos de fresca data; preferia, pelo contrário que se identificassem a partir do demo e é por isto que ainda agora os Atenienses se nomeiam pelo demo. Instituiu ainda os demarcos, atribuindo-lhes a mesma função que antes possuíam os naucraros; de fato ele criou os demos em substituição das naucrarias. Designou os demos a partir do nome dos lugares ou, dos seus fundadores, pois nem todos se encontravam ainda na localidade de origem. Relativamente às estirpes, às fratrias e aos sacerdócios, deixou que se mantivessem as tradições ancestrais. Quanto às tribos deu-lhes o nome de dez heróis fundadores, que a Pítia escolheu de entre cem candidatos previamente selecionados.[5]

As consequências diretas e indiretas das reformas de Clístenes, entendida pela maioria dos analistas como sendo a organização de um espaço cívico, e também, como demonstrarei adiante, era um tempo cívico, profundo, representando uma ponte entre os atenienses da época e o seu passado, de consolidação da *polis*, decretando o declínio e a extinção do princípio gentílico da origem familiar e pessoal como decisivo, promovendo assim uma união e coesão sociais, independente de regiões, de partidos políticos regionais e da cidade, alcançando ainda

---

4 LÉVÊQUE; VIDAL-NAQUET, 1973.

5 ARISTÓTELES, 2011, p. 53.

o termino do processo de "sinecismo"[6] de Atenas, ao mesmo tempo determinante para consolidar o papel político da cidade como centro das decisões e comando das instituições políticas e sociais da *polis* ateniense. Ainda neste mesmo sentido, Clistenes é o organizador de um novo calendário denominado pritanico, estabelecendo um ano político que vai se contrapor ao calendário religioso ou, lunar, já que devido ao acordo por ele promovido em termos políticos, cada tribo sucede a uma outra tribo na administração da cidade, alojando seus cinquenta representantes na casa comum, no "θολος" (*tholos*),[7] no centro da *polis*, durante 36 ou 37 dias, desempenhando as funções administrativas e religiosas dos pritanes, assessorando e preparando as pautas das reuniões da Boulé e da Ecclesia, presidindo as sessões da Ecclesia, além de manter o fogo sagrado em honra a Hestia a deusa do lar. Clístenes foi mais além, ao mudar as sessões da *Boulé* que até então eram realizadas ao tempo em um auditório cravado na rocha, para uma edificação sobre a *àgora* com uma sala de reunião protegida, onde se podia ver o primeiro Bouleterion propriamente dito. A edificação é contemporânea de um templo vizinho, dedicado a Demeter, em relação direta com o culto da Deusa-Mãe, onde segundo os autores de Clístenes, se constata o caráter laico das reformas, que integra os cultos à deusa, às sessões profanas do Conselho.

Entretanto, é de suma importância entender corretamente o regime político que decorre das amplas reformas de Clístenes, apressadamente considerada como de democracia explicitamente por Heródoto quando afirma que do casamento de Mégacles e de Agaristé, filha de Clistenes de Sicion, nasce; "Clístene, aquele que estabelece entre os Atenienses as tribos e o regime democrático",[8] e de forma mais cautelosa, porém incisiva de Aristóteles, considerando que, após as mudanças "A constituição se tornou bem mais democrática que aquela de Sólon."[9] Léveque e Vidal-Naquet desenvolvem toda uma argumentação mostrando, em primeiro lugar, que na realidade no fim do século VI e início do século V, a distinção entre a oligarquia e democracia não havia ainda sido realizada, e é nesta época que surge a palavra *isonomia*, que

---

6 Sinecismo é processo de agrupamento de pequenas cidades, significando em grego "habitar juntos". No caso de Atenas na Ática, processo iniciado por Teseu.

7 *Tholos* significa cúpula, rotunda, lugar onde comiam os magistrados da cidade.

8 HERÓDOTO *apud* LÉVEQUE; VIDAL-NAQUET, 1973, p. 25.

9 ARISTÓTELES, 2011, p. 54.

literalmente significa igualdade de direitos a todos perante a lei, e que politicamente, à época, recobre a ideia de oposição à tirania. Citam neste sentido diversos episódios ocorridos em Samos, em Corinto e na própria Jônia, nos quais aparecem explicitamente diversos conceitos relacionados com *isonomia*, realçando as qualidades de regimes igualitários, as conveniências de todas as regiões serem ouvidas, e a excelência de um governo cujo poder está no centro da *polis* (*méson*), organizado e voltado para a isonomia entre seus cidadãos.

No caso específico de Atenas, quando da queda da tirania, a música cantada para os eupátridas tiranicidas falava abertamente que Atenas desembaraçada dos tiranos faria dos atenienses cidadãos *isonomous*, abrindo assim a possibilidade de uma Atenas isonômica. Porém, apesar desta colocação, com relação ao alcance das reformas de Clístenes, aqueles autores, apoiados ainda por Vernant em seu clássico *Origens do pensamento grego*,[10] fazem duas ponderações da mais alta relevância. Aquelas reformas de Clístenes, concedendo a todos os cidadãos acesso ao poder e a magistratura, de forma igualitária, estavam justamente na origem da criação da *polis*, e que se quisermos recordar já estava presente desde tempos imemoriais, como valores comunitários na Grécia Antiga, que foram realçadas nos regimes oligárquicos contra o poder absoluto do monarca ou do tirano. Porém, independente desta questão do poder absoluto, as reformas do ateniense trazem algo de revolucionário, algo de extremamente novo, e justamente na contramão dos regimes tirânicos que desencorajavam a participação política dos cidadãos, buscando, ao contrário, que todos eles se tornassem "políticos", que participassem ativamente dos negócios do Estado, onde segundo Vernant; "A soberania passa de um grupo a outro, de um indivíduo a outro, de tal maneira que comandar e obedecer, em vez de se oporem como dois absolutos, tornam-se dois termos inseparáveis de uma mesma relação reversível",[11] sem necessitar como aqueles autores reforçam recorrer a um arbitro, a um legislador estrangeiro, ou a um tirano para resolverem seus problemas, e sim mediante o funcionamento normal de suas instituições e de suas leis.[12]

---

10 VERNANT, 1977.

11 VERNANT, 1977, p. 72.

12 LÉVEQUE; VIDAL-NAQUET, 1973, p. 32.

Assim, as reformas de Clístenes, sem significar um rompimento total com a antiga Atenas, já que conserva, o poder do Aerópago,[13] conserva as classes censitárias de Sólon, e absorve de alguma forma a aristocracia existente dos eupátridas, localizados preferencialmente na cidade, conforme pontuam nossos dois autores, concede, como vimos, a igualdade de direitos de todos os cidadãos perante a lei, significando, o direito de eleger administradores, de participar nas decisões de todos os assuntos políticos, e o direito de julgar todos os casos importantes civis, criminais, públicos e privados. Além disso, pelas novas leis de governança assegura a todos o direito de acesso ao poder – isocracia –, levando a todos a responsabilidade pela administração da cidade, desconcentrando o poder de decisão da Assembleia promovendo o rodízio dos cargos administrativos, as escolhas por sorteio, impedindo a existência de uma burocracia remunerada e de uma elite política personalizada que poderia se perpetuar no poder, sempre submetida ao escrutínio público em termos de seus desempenhos.[14] Finalmente, resta-me mencionar um outro fundamento decorrente das reformas, qual seja o da igualdade de acesso a palavra "ισηγορια" (*isegoria*), que permitia que todos se manifestassem, fosse na Assembleia, nos conselhos e principalmente nos debates públicos na *ágora*, o que hoje é entendido como liberdade de expressão, exigindo para tal novas aptidões para o desempenho deste direito, que teve enormes consequências na história de Atenas, particularmente por meio dos sofistas, no sentido de prover uma educação não formal para que pudessem, alguns atenienses, cumprir suas novas funções políticas e administrativas.

Desta forma, do ponto de vista institucional e político interno à cidade, haviam sido criadas as condições necessárias às participações de todos os cidadãos nas questões da *polis* ateniense, respeitando-se, entretanto as diferenças pessoais e sociais existentes, longe, portanto, dos riscos potenciais inerentes à indiferenciação entre eles, mas exigindo de cada um a responsabilidade de conhecer, julgar e eleger os melhores encaminhamentos a serem dadas as matérias em discussão, que eram decididas nos seus vários fóruns mediante uma maioria simples dos presentes. Este arranjo político-institucional, baseado nos três fundamentos citados, tinha algumas salvaguardas extremamente

---

13 *Areópago*, do grego "Αρειος Παγος", colina de Ares, a noroeste da Acrópole era também o nome do Conselho que aí se reunia, como se fosse o Supremo Tribunal, que cuidava de assuntos legais e jurídicos como também educação e ciência.

14 FINLEY, 1988.

originais e criativas: a primeira, a do estratagema do chamado "ostracismo", que visava manter a isonomia entre os cidadãos, por meio do qual um homem cuja influência fosse julgada perigosamente excessiva, poderia ser exilado por um período de até dez anos e a segunda do "γραφη παρανομον" (*graphé paranomon*), significando lei ilícita, pelo qual um homem poderia ser denunciado e julgado por fazer uma proposta ilegal na Assembleia, dando assim a oportunidade do *demos* reconsiderar uma decisão já tomada e de regular e equilibrar a *isegoria* com disciplina, mediante a intervenção de um grande júri popular escolhido por sorteio.[15] Uma outra salvaguarda do sistema político, para a qual Castoriadis chamou muita atenção foi a da própria tragédia ática, mas disso, tratarei um pouco mais adiante, quando falar da obra de Eurípides.

A partir das reformas de Clístenes, as informações e comentários sobre a vida política ateniense desaparecem, somente voltando a emergirem quando dos conflitos com os medos, que se iniciam com a questão da Jônia. Porém, cabe aqui um simples comentário ao interpretarmos este silêncio, que apesar da extensão e profundidade das reformas de Clístenes, que bem ou mal atingiram a quase todos os atenienses, parece de um lado não haver tido nenhuma resistência, o que configuraria sua enorme aceitação, como também, por outro lado, não se conhece nenhuma iniciativa política que fosse contrária aos princípios que haviam sido estabelecidos, existindo, sim, complementações àquelas, porém nas mesmas direções. A constituição decorrente das reformas criadas por Clístenes se manterá praticamente por mais de trezentos anos, o que é algo notável, bem como as inovações que as seguiram, como o próprio ostracismo, aplicado a partir de 488/487, e o declínio dos poderes políticos dos arcontes, principalmente do arconte-polemarco, em favor dos estrategos, marcando profundamente a vida política dos cidadãos da *polis* a partir de então, com reflexos imediatos na condução da guerra contra a ameaça dos persas. Assim, independente de quaisquer considerações mais detalhadas sobre a questão, pode-se afirmar que havia sido conquistada do ponto de vista político uma unidade de pensamento e ação, envolvendo os mais variados atores e as diversas regiões da Ática, algo, nada trivial, para uma sociedade como a ateniense com seu passado marcado pelo *stasis*, com profundas diferenças regionais e políticas entre os povos da cidade (*asty*), das regiões costeiras (*paralia*) e do interior (*mésogeios*), com todas as limitações daí decorrentes.

---

15 FINLEY, 1988, p. 39.

Porém, além de tudo, as reformas de Clístenes disparam um processo moral, de proporções significativas envolvendo a todos os atenienses, de cumprimento de um destino único em toda a Grécia, da realização de uma incomensurável grandeza prevista desde tempos imemoriais, sempre com a proteção dos deuses, e confirmando tudo isto, eles se vêm, bem como grande parcela dos demais gregos os vêm, como sendo os mais piedosos, os mais justos na aplicação das leis, generosos acima de tudo, sempre prontos a ajudar os necessitados, ao mesmo tempo que audazes "τολμηται" (*tolmetai*), temerários; "κινδυνευται" (*kindineutai*), resolutos; "αοκνοι" (*aoknoi*) e otimistas "ενευπιδες" (*enélpides*), segundo Tucídides (I.70 1-4).[16] E claro, que todas estas qualidades pessoais, segundo eles, tinham origem em seu modo de vida, na querida Atenas, em uma integração ímpar com o clima de liberdade, de isonomia, vividos politicamente pela maioria dos cidadãos em seu dia a dia, motivos de inveja dos demais gregos. Estes sentimentos só aumentariam entre os anos anteriores à primeira investida dos medos, quando das provocações lacedemônias envolvendo Corinto, a Beócia e Cálcis, alcançaria cumes jamais previstos após Maratona onde os atenienses lutaram sozinhos contra os persas de Dario, e simplesmente se transformaram em certeza absoluta, sem nenhuma dúvida, a partir de Salamina, onde o esplendoroso gênio ateniense brilhou com total intensidade em seu *habitat* de coração, o mar, como queria Temístocles, humilhando de forma decisiva os persas na frente de seu chefe supremo Xerxes.

A GLÓRIA DE ATENAS: A PRIMEIRA GUERRA CONTRA OS MEDOS

O segundo acontecimento histórico, fundamental na história de Atenas e de todos os atenienses, são exatamente as guerras médicas, que ocorrem ao longo do primeiro quartel do século V, que terminam com a vitória da Grécia sobre o vasto império persa de Dario, quando da primeira guerra e de seu filho Xerxes na segunda. Os dois grandes intérpretes destes episódios são de um lado o historiador Heródoto e o dramaturgo Ésquilo, que lutou durante a primeira guerra em Maratona junto com seu irmão, e que imortaliza a segunda tentativa dos medos com sua peça *Os persas*, de 472 a.C, fugindo completamente da tradição mítica das tragédias áticas. Os episódios relativos a primeira guerra terminada em 490 a.C. em Maratona, e a segunda terminada por volta

---

16 TUCÍDIDES, 2001.

de 480/479 a.C. em Salamina, Plateia e Micale são por si só extremamente importantes, complexos e emblemáticos, porém, além disso, entre elas, ao longo de quase dez anos, ocorre uma grande transformação de Atenas, abrindo caminho em termos reais para a implantação de um regime democrático logo após o término das hostilidades, iniciando-se o período da grande hegemonia de Atenas, com Efialtes, Cimon e particularmente com Péricles, a partir de 451 a.C., e que vai até a guerra do Peloponeso com Esparta iniciada em 431 a.C.

Porém, meu foco neste caso não é o de descrever exatamente os fascinantes episódios das guerras médicas, mas sim o de tentar captar algumas características principais de como os atenienses entraram naquelas guerras, como se comportaram ao longo delas, e especialmente como saíram. Não existe, em termos históricos, nenhum acontecimento mais emblemático ou mais transformador para um povo diante de uma guerra extremamente assimétrica, em termos de recursos humanos, econômicos e financeiros, de defesa de seu país, de seus valores, de seus cultos, de seus deuses, como o ocorrido com a Grécia diante da agressão do gigantesco império persa, com tão profundas consequências para os principais atores do lado grego, os atenienses. A primeira coisa que chama atenção, no caso ateniense, relativo à primeira guerra, é constatar o reduzido tempo decorrido entre a queda da tirania dos pisístratidas, em 510 a.C., as reformas de Clistenes a partir de 508, os acontecimentos que iriam gerar o conflito com os medos, que podemos situá-los inicialmente na eclosão da revolta jônica, que ocorre entre 499 e 493 a.C., e as necessidades de preparação, de organização e de ações coletivas consensuais, em função de uma guerra eminente contra um agressor com tamanho poderio, bastante acima de sua capacidade em termos de recursos, que vem a se concretizar em 490 a.C.

Assim, de um lado Atenas, profundamente envolvida em seus assuntos domésticos, e ao falar isto, significa dizer da mobilização de todos os cidadãos de Atenas nestas questões, tentando estabelecer as bases de um novo regime, aproximando-se de uma democracia, conforme tudo que já dissemos sobre as reformas de Clistenes, além disso, em um novo contexto econômico e social decorrente de toda a expansão econômica calcada no comercio exterior, ocorrida ao longo do século VI com o tirano Pisistrato: de outro lado uma potência estrangeira, com imensos recursos humanos, econômicos e financeiros, grandes extensões de terra, e que havia identificado na bacia do mar Egeu uma unidade geopolítica que deveria ser anexada em bloco ao império aquemenida; ao norte, Trácia, Macedônia, Tessália e a rica ilha de Tasos: ao sul as ilhas de Naxos, Lesbos, Lemnos e Chipre; em seu entorno, de um lado Eubeia, Eretria e a própria Ática, e de outro a Jônia com a grande cidade de Mileto, que juntas formavam um grande canal de riquezas, de grande potencial para o comercio marítimo, e que controlava a expressiva movimentação de mercadorias naquele mundo antigo. E ainda, que quando da revolta da Jônia, chegara à conclusão de que seu controle daquele mar Egeu, passava inicialmente por uma alteração da política de convivência e magnanimidade adotada desde os tempos dos lídios (antes de 546 a.C.), com aquelas regiões, mas principalmente pela submissão da Grécia continental, especialmente de Atenas, por seus interesses já consolidados naquela região, que tinha potencial de atrapalhar os planos dos medos, e que juntamente com a Eretria haviam desafiado os persas na revolta da Jônia. Dario, o rei persa, logo após ao termino daquela revolta, com o controle de toda aquela área da Ásia Menor e de suas ilhas, incumbiu Mardonio, seu genro, em 492 a.C., de marchar contra a Grécia por terra e mar com o objetivo de conquistar Atenas e Eretria, tendo este se apoderado inicialmente da Trácia, da Macedônia e da ilha de Tasos, mas que em seguida acabou fracassando pela perda de 300 navios e de 20.000 homens – cifras exageradas de acordo com Heródoto –, nas proximidades do Monte Atos, e pela encarniçada luta contra os Trácios-Briges, que causaram pesadas perdas as suas forças de terra, obrigando-o a retornar a Ásia, com suas forças em condições precárias. Dario não desanimou de seu intento e logo preparava nova expedição a Grécia, sem antes enviar embaixadores a todas as comunidades gregas para pedir-lhes, "a terra e a água", um sinal de submissão, com acolhida positiva em vários estados como Tessália, Beócia, Egina e Argos, mas com repúdio de Esparta e Atenas.

O fato é que no verão de 490 a.C., a expedição persa que zarpou da costa da Cilicia, sob o comando de Dátis e Artafernes, tendo como participante e conselheiro o antigo tirano de Atenas, Hípias, filho de Pisístrato, com um contingente de 25.000 homens – estimativa mais verossímil –, invadiu as ilhas ciclades, incendiou Naxos, devastou o território de Caristo na Eubeia, e depois saqueou e queimou Eretria após um cerco de sete dias, escravizando a todos, mas que foi derrotada pelos atenienses e pelos platenses na planície de Maratona, sob o comando do corajoso Milcíades – que passara grande parte de sua vida como governante de Quersoneso na Trácia –, de forma inesperada e contundente, trazendo enorme prestígio para Atenas, inclusive, porque não contou com a ajuda dos lacedemônios no conflito, devido ao calendário religioso de Esparta. E aqui, há que se chamar atenção para dois fatos importantes e notáveis, pois, de um lado, Milcíades, de família rica e abastada, era apenas um dos dez estrategos presentes, entre os quais se encontrava o grande Temístocles, sob o comando do arconte-polemarco Calímaco, e que, por outro lado, não existia nem o consenso entre eles de um enfrentamento das forças persas pelos atenienses, com uma clara divisão sobre o assunto, sem falar do comando da tática a ser utilizada e do momento mais apropriado para o combate. Apesar destas condições, Milcíades consegue convencer Calímaco do enfrentamento imediato, e os estrategos delegam a ele a tática a ser usada e o comando a que todos teriam direito, porém ele somente inicia o ataque quando dá a sua vez. E a vitória foi retumbante com os gregos utilizando uma tática que favorecia sua mobilidade e velocidade com escudos e lanças atacando frontal e lateralmente ao pesado exército persa com seus arcos e flechas.

Vou me deter um pouco mais neste emblemático episódio, porque certamente este mesmo resultado não teria sido alcançado anteriormente, antes das reformas de Clístenes por diversas razões: pela nova forma de indicação dos estrategos, agora representantes das dez tribos, pelas suas novas atribuições e poderes em relação ao polemarco, pelo respeito às leis estabelecidas com a participação dos *demos*, mas, principalmente, pela unidade e coesão cívica que as reformas propiciaram à Atenas. No caso específico de Maratona a unidade no enfrentamento aos medos foi alcançada após uma tomada de decisão difícil, debatida e discutida entre os responsáveis pela condução da guerra, com um comprometimento total, a partir daí, de todos, na defesa de tudo que julgavam importante, particularmente sua liberdade, sua isonomia e seu modo de vida na *polis* de Atenas, seriamente ameaçadas por um agressor muito mais forte do que eles. Não existia maior distinção e maior heroísmo na Grécia do que ter participado e lutado na planície de Maratona, como é testemunho o grande poeta trágico Ésquilo, que perdera um irmão em combate, e que mandou colocar em seu epitáfio, o de ter sido um dos Combatentes de Maratona (*Marathōnomakhai*). Os persas ainda tentaram ao retornar a seus barcos um desembarque em Falero, mas foram repelidos pelo próprio exército de Milcíades, que rapidamente retornou a Atenas.

O valor simbólico da batalha de Maratona é bem difícil de ser avaliado corretamente, porém para a jovem democracia ateniense, que se encontrava em pleno processo de transição política, apresenta alguns contornos bem firmes e claros. Estavam em jogo várias questões, e aqui vou seguir de perto a Jacqueline de Romilly, em seu pequeno e brilhante livro, *La Grèce antique a la découverte de la liberté*,[17] primeiro, uma tentativa de impor a Grécia um domínio estrangeiro, porém com duas características marcantes, ao colocar em risco a concepção de vida dos gregos calcada na liberdade de suas *poleis*, e atingindo diretamente o conceito de liberdade de seus membros, já que certamente, da mesma forma que o ocorrido na Eretria, todos passariam a ser escravos, especialmente as mulheres. E em segundo lugar, o conflito colocava frente a frente duas concepções políticas e religiosas antagônicas, representadas de um lado por um grande Estado Oriental, sob a autoridade de um soberano todo poderoso, reconhecido como portador de um direito divino, com seus súditos constituindo uma massa anônima, servil e submissa aos caprichos daquele monarca, e de outro homens livres que lutavam por sua cidade, por seu modo de vida políade, por seus valores, por sua liberdade, e principalmente por uma filosofia política de participação de todos na condução dos negócios de suas cidades, tanto na paz quanto principalmente na guerra, mas igualmente submetidos a um "senhor", a um "rei", a um "mestre", que no caso grego diferia em muito do restante dos povos que era a "lei", *nomous*, que colocava claramente um limite às ações dos homens, por seu caráter social e coletivo, mas que estava na base de suas responsabilidades e consequentemente de suas liberdades.[18] Certamente o repúdio total dos gregos, em particular dos atenienses a tudo aquilo, jogou um importante papel nos momentos do combate propriamente dito, acrescidos do fato de que os persas ainda vieram associados a um tirano ateniense (Hípias), dando a entender que em caso de vitória, os destinos políticos das cidades conquistadas estaria de antemão decididos, bem em contra o sentimento do povo que recém havia se livrado daquela forma de governo.

Os dez anos que se seguiram a Maratona, até a segunda tentativa dos persas foi de intensa agitação política em Atenas devido naturalmente as consequências da guerra, que a colocaram em um novo patamar dentro do território grego, como sendo uma nova potência capaz de ri-

---

17 ROMILLY, 1989.

18 ROMILLY, 1989, p. 40-41.

valizar inclusive com a grande Esparta, com a sua Liga do Peloponeso, mediante um processo intenso e profundo de acirramento da busca do poder na *polis* vitoriosa, especialmente por meio das grandes famílias, porém em um novo contexto herdado das reformas de Clístenes. Porém tal processo, no qual o instrumento do "ostracismo" foi utilizado pela primeira vez após sua criação por Clístenes, foi acompanhado por mudanças constitucionais de grande significado, consolidando ainda mais aquele processo iniciado pelo alcmeónida. De início, ocorreu um verdadeiro acerto de contas, especialmente com aquelas figuras políticas, ligadas ou associadas à tirania e com as que não tiveram atitudes firmes contra os persas, sendo que o próprio Milcíades, por sua inesperada projeção após Maratona, e sua desastrada aventura contra a ilha de Paros, foi acusado de traição por ter enganado o povo por Xantipo, pai de Péricles, tendo sido condenado a pagar uma pesadíssima multa de 50 talentos – pagos posteriormente por seu filho Címon –, vindo a falecer em seguida, por ferimentos na malograda expedição.

Os processos de ostracismo iniciam-se em 488/487, e vão até 482 a.C., condenando vários políticos eminentes ao exílio por dez anos: Hiparco da família dos pisístratidas em 488/487, Megácles da família dos alcmeonidas em 487/486, Xantipo da mesma família em 485/484 e Aristides, filho de Lisímaco e apelidado "o justo" em 482 a.C. Em alguns casos as motivações são claras, como as que já mencionei, porém, em outros, como no caso de Aristides, parece ter sido usado para beneficiar determinadas facções. A explicação teórica de Aristóteles de que o ostracismo havia sido criado com o objetivo último de alcançar a igualdade democrática, levando a que "[...] fossem ostracizados e banidos da cidade por um período de tempo aqueles que por razões de sua riqueza, número de amigos ou, qualquer outro tipo de influência política prevalecessem demasiado [...]",[19] nem sempre foi seguida, gerando algumas distorções por ser usada para afastar do caminho do poder determinados adversários indesejáveis, e mesmo aqueles que por acaso haviam sido derrotados em alguma matéria de votação. Entretanto, apesar das eventuais distorções, é necessário admitir que estes processos excepcionais, pelos quais o *demos* era reunido na Ágora, que exigiam a participação direta de no mínimo seis mil votos, inscritos num *ostrakon*, após ampla discussão na Assembleia para a proposta de ostracismo ser levada a votação, tiveram consequências benéficas em termos de conhecimento e julgamento daqueles cidadãos

---

19 ARISTÓTELES, 2006, p. 170.

pelo povo, como também no comportamento dos atores públicos, por não desconhecerem das possibilidades de que seus atos poderiam ser julgados. Neste sentido, é importante salientar que, durante aquele período, a batalha democrática continuava em Atenas mais acirrada do que nunca. A vitória em Maratona teve todas as consequências por nós examinadas, porém os méritos recaíram em Milciades, que, era de uma das famílias aristocratas mais poderosas e influentes de Atenas dando, portanto, força para os nobres que desejavam um governo com base nesta classe, opondo-se assim a causa democrática. Entretanto, ao mesmo tempo, ficou evidente a perda de poder dos arcontes, especialmente do arconte-polemarco em favor dos estrategos, que poderiam ser eleitos indefinidamente com muito maior mobilidade social, como viria a ser o caso de Temístocles e mesmo de Péricles. De outro lado, os processos de ostracismo faria o pêndulo político retornar para o lado dos *demos*, mediante sua participação no processo, com a consequente perda de poder de componentes de várias famílias importantes, especialmente dos alcmeónidas, que sofreram grande desgaste por suas eventuais relações com a Pérsia.

E ainda neste mesmo sentido, de acordo com Aristóteles, se retornou a uma prática instituída na época de Sólon, logo após o ostracismo do amigo e companheiro dos tiranos, Hiparco, que não havia sido utilizado no período da tirania pelos pisístratidas, reduzindo mais uma vez o poder das famílias, sempre com o objetivo de igualmente evitar aqueles sonhos tirânicos:

> No ano imediatamente a seguir, durante o arcontado de Telesino, procedeu-se a tiragem a sorte dos nove arcontes segundo as tribos, a partir de uma lista de cem demotas previamente escolhidos; foi a primeira vez que se usou este processo depois da tirania; na verdade os arcontes anteriores foram todos eleitos.[20]

Desta forma, o instrumento do sorteio, que desde Sólon era restrito as duas classes censitárias mais elevadas (*pentakosiomedimnoi* e *hippeis*) mediante indicações diversas, era agora, no novo cenário pós Clistenes, indicados pelas tribos em uma primeira instância em número de dez e sorteados na fase final um para cada tribo, retirando assim qualquer possibilidade de controle na escolha dos arcontes, tanto a nível pessoal como familiar, levando a um descrédito ainda maior desta função em termos políticos, um cargo honorífico, porém sem poder,

---

20 ARISTÓTELES, 1986, p. 55.

além da concorrência nestes termos da função de estrategos, que controlavam o exército e a armada, que eram eleitos pelos *demos* anualmente, e que podiam ser eleitos quantas vezes fossem escolhidos pela Assembleia, como foi o caso de Péricles, estratego por quinze vezes entre 443 e 429 a.C. Outra consequência destes fatos é que a composição do Aeropago iria se modificar a longo prazo, já que anualmente os nove arcontes iriam se tornar membros do Conselho, e cada vez mais teríamos cidadãos das altas classes, porém sem poder político ou ambições políticas.

TEMÍSTOCLES: VITÓRIA DEFINITIVA SOBRE O IMPÉRIO AQUEMÊNIDA

Porém naquela hora surge um homem ateniense, que vai se tornar o elemento decisivo ao longo deste tumultuado período das guerras médicas e logo após seus encerramentos, nas relações com os lacedemônios, que além de uma série de feitos e realizações nas guerras e na paz, aumentou progressivamente o poder político dos *demos*, e que através de sua capacidade de visão, de antecipação, de previsão, está na raiz do poderio da Atenas que vai se transformar adiante no chamado império ateniense, Temístocles. Proveniente de uma família aristocrática, a dos Licomidas, era, entretanto, filho de uma mulher "bárbara", oriunda da Cária ou da Trácia. Com invulgares dotes de oratória, coragem e destemor inusitados, entrou naturalmente para a política, se tornando em pouco tempo, em um dos maiores defensores da democracia, mas que segundo seus contemporâneos utilizava de todos os meios para tal, mesmo aqueles pouco ortodoxos. A dimensão deste homem para a Atenas daquela época, até os dias de hoje, não foi devidamente avaliada pelos historiadores, talvez em função da desconfiança ou incerteza do seu caráter pessoal, que acabou levando-o a ser também ostracizado, facilitando a ascensão de Címon, filho de Milciades ou talvez por uma natural deformação dos analistas que se debruçam sobre aquela Atenas e se deparam com a utilização da salvaguarda do ostracismo. Na lógica grega e ateniense, se existiu uma pessoa que tinha todos os atributos para ser ostracizado, esta pessoa era Temístocles, simplesmente por que fugia totalmente a regra dos cidadãos que perseguiam antes de tudo a isonomia e a igualdade entre todos, podendo através de sua ambição, de seu desejo de glória, de sua extraordinária capacidade e inteligência, se constituir em uma séria ameaça àquela sociedade específica. Entretanto, esta não pode ser a lógica de quem se detém a examinar do ponto de vista histórico o papel desempenhado por uma determinada pessoa, que através de suas ações transformou inteiramente a *polis* ateniense.

A primeira notícia de Temístocles, com um pouco mais de trinta anos é do historiador Dioniso de Halicarno, afirmando que teria sido ele arconte epônimo no período 483/482 a.C., isto é, antes da primeira guerra médica. E já desde aquela época se manifesta sua evidente obsessão, por algo que a maioria dos estados gregos haviam de certa forma desprezado ao longo dos dois últimos séculos, que simplesmente não era cogitado pelos atenienses, no qual Temístocles iria colocar toda sua energia mediante um enfoque novo e abrangente, destinado a revolucionar a *polis* de Atenas: retornar a considerar o mar como prioritário para o povo grego, como sendo seu *habitat* natural, e no caso específico, obrigar a Ática a considerar sua invejável disposição geográfica natural virada para o mar e transformar Atenas em uma potência naval em todos os aspectos, preparada para as guerras, mas igualmente na paz, tornando-a hegemônica na defesa de seus interesses mediante o controle do Mar Egeu por uma poderosa armada. Veja em detalhes esta transformação.

De um lado, a vocação dos gregos em relação ao mar, sempre foi conhecida, dadas suas condições naturais, o que em épocas anteriores os havia levado a praticar a pilhagem e o assédio às cidades litorâneas, e que depois evoluiu para se constituir no forte movimento econômico e social da colonização das cidades gregas em direção ao oriente e em especial ao ocidente, processo este do qual Atenas não participou, que levava naturalmente a um maior intercâmbio comercial entre as matrizes e suas colônias, através do transporte marítimo. De outro lado, naquele momento histórico, segundo ele, novos desafios colocavam-se para Atenas, devido ao desenvolvimento das várias cidades-estados da própria Grécia, com evidentes vantagens comparativas com sua cidade, em termos de recursos naturais, e em alguns casos de recursos navais como nos casos de Corinto e Egina, além do aumento acelerado que se dava em termos de trocas comerciais entre o oriente e o ocidente, realizados preferencialmente pelo transporte marítimo, da emergência de novos impérios orientais da Ásia que já não tinham com relação à Jônia, as ilhas Ciclades e a Grécia Continental a mesma política anterior dos lídios, considerando-os eventuais competidores no mercado marítimo e obstáculos ao seu desenvolvimento. Neste sentido era sintomático, o que ocorrera com a revolta da Jônia entre 499/493 a.C., que estava viva na lembrança de todos os atenienses, dada a estreita relação cultural de Atenas com aquela região, tendo Temístocles, segundo algumas fontes, ter sido responsável, em seu arcontado pela encomenda a Frínico, um dramaturgo ateniense, que escrevesse e apresentasse a peça *A tragédia de Mileto*, para lembrar o que ocorrera com aquela *polis* nas mãos dos persas, mas também recordar a débil ajuda de Atenas, que ao cabo, entregou de bandeja aos persas o controle do Mar Egeu. Assim, Temístocles, à época (493/492 a.C.) obrigou Atenas a olhar para a situação em que se encontrava perante os desafios que se impunham a partir de sua porta principal, o Mar Egeu, constatando a visível fragilidade da mesma, não somente devido a reduzida frota naval com que contava, sua omissão permanente em relação ao que acontecia naquele mar, com a proliferação da pirataria colocando em risco as trocas comerciais, com suas eternas querelas com Salamina e principalmente com Egina, na qual Atenas não conseguia e não tinha meios para resolver a situação, e com sua enorme vulnerabilidade a partir da localização de seu principal porto, Falero, em uma praia totalmente exposta, em frente à cidade. De imediato, Temístocles propõe a mudança do porto para a encosta do Pireu, com a consequente fortificação do mesmo, promovendo a construção de embarcações e facilitando em muito o transporte marítimo com suas três angras, Cãntaro, Zea e Muníquia. Mais acima de tudo, Temístocles consegue promover uma total integração da cidade de Atenas ao porto do Pireu, da terra ao mar, bem ao contrário do que pensava Aristófanes, como se o processo fosse natural fosse no outro sentido, algo que ficou indestrutível ao longo tempo, e que continua visível ainda hoje para todos que visitam Atenas.

Participa de Maratona, como vimos anteriormente, como um dos estrategos presentes, apesar de todas as glórias terem ido para Milcíades, porém domina a política ateniense no período entre as duas guerras, a partir de uma constatação de Plutarco, de que Temístocles não encarava Maratona como o fim da guerra com os medos, mas sim o seu início, já que certamente o império persa iria partir para uma vingança futura, tornando-se necessária a preparação de Atenas para enfrentar tal desafio, que segundo ele se encontrava precisamente na construção de uma armada poderosa. Vimos anteriormente que neste período, após a primeira guerra médica, as disputas pelo poder foram bem acirradas com o recurso ao instrumento do ostracismo, além da reforma constitucional que avançava ainda mais na direção da democracia, complementando as reformas de Clistenes. Tudo indica, apesar das fontes históricas não serem conclusivas a este respeito, que por detrás destes movimentos encontrava-se Temístocles, não somente por seu total interesse de incrementar a posição democrática, ao reforçar a soberania dos *demos*, mas também pela constatação de que naqueles processos seu nome sempre aparecia, com elevado número de votos dos oligarcas. Impressiona aqui, o destemor e o risco que corria Temístocles, se submetendo ao escrutínio dos *demos*, deixando a responsabilidade aos mesmos com relação ao seu eventual ostracismo, porém, certamente os ganhos políticos eram consideráveis, especialmente pela união que resultava entre os *demos* e seu projeto político maior.

A situação política em Atenas muda radicalmente a partir de 483/482 a.C., durante o arcontado de Nicodemo, de acordo com Aristóteles, com a descoberta de uma nova jazida de chumbo argentífera no maciço de Laurion, na localidade de Maroneia, rendendo a Atenas um encaixe de cem talentos ao ano. Surge assim, a grande oportunidade para Temístocles levar avante seu plano básico de dotar Atenas de uma grande armada. O plano de Temístocles era de uma lógica transparente, porém as informações de que dispomos deixam várias perguntas sem respostas. Ao contrário de dividir os rendimentos das minas pela população, o que segundo Heródoto daria dez dracmas por cabeça, Temístocles propõe que se emprestasse um talento a cada um dos cem atenienses mais ricos, na condição de que cada um construísse e equipasse um *trirreme*, que seria entregue ao Estado para compor sua frota naval. Estes trirremes eram navios longos e delgados medindo 35 a 37 metros por 3,5 metros, com um calado baixo, como se fosse um superbarco de corrida, com uma tripulação de 300 homens, a grande maioria de remadores em três bancos superpostos. Estes marinheiros passavam a ser assalariados da *polis* e não possuíam outro meio de subsistência que não fosse seu soldo, de acordo com sua categoria. As informações existentes deixam dúvidas se inicialmente foram construídos 100 *trirremes* e em uma segunda etapa mais 100, ou o total foi de 200, como afirma Heródoto, ou foram apenas 100, que seriam acrescidas as já existentes, algo em torno de 50. De qualquer forma, imaginemos de início o impacto destas contratações; de 30.000 a 60.000 homens, servidores da *polis*, contratados entre os cidadãos mais pobres de Atenas. Uma total revolução para os padrões da época, lembrando que Atenas possuía no máximo 45.000 cidadãos de acordo com Ehrenberg, e no máximo 40.000 metecos, ainda de acordo com este, classe esta que forneceria a maioria dos marinheiros a serem contratados.

Mas deixemos, por enquanto, este aspecto político fundamental para o futuro desenvolvimento da *polis* de Atenas, e vou seguir a brilhante e exitosa estratégia adotada por Temístocles para impor sua solução política para Atenas, através da análise de alguns pontos. O primeiro, vimos anteriormente que este, dez anos antes tinha sido arconte, e que naquela época tinha ele dado um passo significativo em estruturar Atenas no sentido de se tornar uma potência naval com a mudança do porto principal de Atenas de Falero para o Pireu. Aparentemente, e de acordo com todos os analistas, o objetivo era resguardar Atenas, trazer a cidade para o porto. Porém, os objetivos de Temístocles para o Pireu eram muito maiores, sendo que estes acabaram se concretizando e se tornando uma marca registrada até os nossos dias. O porto do Pireu acabou se transformando em um grande entreposto comercial, facilitando as exportações e importações em geral, mas em particular para fornecer e vender todos os materiais, principalmente madeira e equipamentos para a construção e/ou reparo dos navios, bem como aproveitar os braços das angras e instalar uma verdadeira indústria naval, capaz de rivalizar com os tradicionais estaleiros fenícios. Caso esta visão estratégica de Temístocles não se realizasse, seria impossível dez anos depois realizar a construção dos 100 ou 200 trirremes, conforme proposto por ele em seu plano de dotar Atenas de uma poderosa armada, mesmo porque a descoberta das novas jazidas foi entre 483/482 a.C., os recursos seriam disponibilizados ao longo de 482/481 a.C., e a batalha de Salamina no qual atuaram as embarcações se deu em 480 a.C., um resultado fantástico para qualquer indústria naval.

O segundo ponto, a ser colocado é mais complexo, porém mais significativo em termos da estratégia política de Temístocles. O controle dos acontecimentos externos não está dentro das possibilidades de uma pessoa, mas se por acaso venha a ocorrer uma situação favorável, este homem tem que estar bem preparado. No caso específico de Temístocles, é impressionante sua capacidade de previsão e especialmente de estar sempre preparado para agir no momento decisivo como vamos ver. Além das descobertas de Maroneia, dois outros fatos lhe ajudaram, em muito: de um lado a histórica divergência entre Atenas e Egina, que havia levado esta a apoiar os tebanos no final do século VI, e a guerra declarada a partir de 488 a.C., que se arrastava ainda em 483 a.C., sem solução possível para Atenas, e de outro lado, os perceptíveis movimentos de Xerxes, filho de Dario, confirmando o que ele já esperava, no sentido de se vingar dos gregos, na preparação de um grande exército com a convocação de homens ao longo de todo o império Aquemênida, na construção de um canal através do istmo de Acte, na península do Monte Atos, na Calcidica, que tinha custado aos persas a perda de uma frota completa após a revolta jônica, e igualmente na implementação de uma ponte de barcos na travessia do Helesponto próximo a cidade de Abidos, permitindo a ligação ao continente. Temístocles utilizou como argumento principal para convencer os atenienses a abrir mão dos rendimentos das minas, no sentido de construir a armada, a guerra de Atenas com Egina, algo bem concreto, a vista e próximo de todos que certamente lembravam-se dos saques realizados pelos eginetas na costa ocidental da Ática a partir de Falero, que naquele momento significava uma afronta e humilhação aos vencedores de Maratona. Entretanto, trabalhou todo o tempo de olhos voltados para o oriente de onde sabia vir a real ameaça aos atenienses, algo que de acordo com as informações existentes estaria próximo de ocorrer, que segundo ele somente poderia ser enfrentado nos mares, sendo esta a razão de seus esforços para estar devidamente preparado para enfrentá-los.

Porém o êxito no convencimento dos atenienses, qualquer que tenha sido o discurso, também impressiona muito, evidenciando uma preparação cuidadosa, a nível interno da conturbada e conflituosa política ateniense, na qual Temístocles trabalhou arduamente ao longo daqueles anos, que a nosso ver esteve calcado em basicamente três planos; o primeiro como vimos, ao promover os ostracismos de pessoas ligadas a tirania e a eventuais traições relacionadas com a primeira guerra médica, se colocando a si mesmo à decisão dos *demos* como um possível ostracizado; o segundo de evidente posição política de reforço e poder aos *demos*, atuando contrariamente aos interesses das famílias oligarcas, o que já era bem claro no primeiro plano, mas que o levou ainda a enfrentar e tentar ostracizar Aristides, num esforço de afastar do caminho seu constante oponente e rival pertencente àquela classe, com o qual travou diversos conflitos durante a segunda metade da década de 480 a.C., a ponto de Aristides propor suas medidas através de outros atenienses para evitar a oposição automática de Temístocles, afirmando ainda que "Atenas não será segura enquanto Temístocles e ele próprio não fossem empurrados para um confronto."[21] Temístocles consegue o ostracismo de Aristides em 493/492 a.C., logo após a aprovação de seu programa naval, onde ao que parece Aristides se colocou contra.

---

21 PLUTARCO, 1964.

O terceiro plano refere-se às consequências políticas de seu programa naval, que vai de qualquer forma desembocar na política de Atenas de enfrentamento das forças persas na segunda guerra médica. Internamente Temístocles consegue uma coesão interna ainda maior do que daquela alcançada por Clístenes após a derrocada dos tiranos. Ao seu prestígio junto aos *demos*, que só fez crescer naqueles anos com seu programa, ele consegue o apoio dos 100 atenienses mais ricos, certamente pertencentes às famílias mais aristocráticas da Ática, financiados que foram pelos recursos das minas, além disto, consegue incorporar em termos de emprego e renda, parte dos *thetes*, membros da mais baixa das classes criada por Sólon que serão contratados para as funções de comando da tripulação dos trirremes, e como remadores, os *metekoi*, metecos – os que moram juntos –, que podiam ser gregos de outras *poleis*, gregos sem *polis*, e estrangeiros residentes na *polis* de Atenas, que não tinham direitos políticos, não podiam se casar com cidadãos atenienses, mas que eram obrigados a cumprir serviço militar. E mais, altera significativamente a estrutura do Estado ateniense, pois este com a dimensão destas contratações passa a ter um poder completamente inesperado, reforçando ainda mais a soberania popular em relação as diversas classes sociais, sem contar com os reflexos nas atividades administrativas e de operação, compondo um quadro, no qual, a partir daí, toda a economia ateniense terá que se ajustar, e nos quais os interesses relacionados com o controle deste poder e o financiamento daquele poderoso Estado passam a ser questões fundamentais, que irão condicionar a política ateniense após a segunda guerra médica.

Desta forma, esta guerra vai encontrar Atenas alerta e razoavelmente preparada, com o poder político e militar totalmente concentrado em Temístocles, sem nenhuma contestação mais séria, levando-o a tomar ainda algumas decisões cruciais para finalizar aquela preparação. Diante das informações conseguidas por espiões, as dimensões do exército e da frota naval montada por Xerxes, leva os estados gregos a tentarem se unir para enfrentar os medos, capitaneados por Esparta e Atenas. No istmo de Corinto, se reúnem os aliados gregos pela primeira vez no verão de 481 a.C., com a intenção de dirimir suas divergências, enviar emissários a Argos, Corcira, Creta e Siracusa, para convencê-los a participar do embate, como também discutir as estratégias de combate, que envolviam o norte da Grécia, especialmente a Tessália, que de início se colocava junto aos aliados desde que estes garantissem proteção na passagem do Olimpo, já que a Macedônia se alinhava com a Pérsia, como estado vassalo. O resultado foi pífio, a não ser pelo fato desprezado pala maioria dos historiadores do acerto entre Atenas e Egina ao finalizar a guerra iniciada em 488 a.C., que imagino que tenha sido decorrente do programa naval de Temístocles e da pressão dos lacedemônios devido a acontecimentos anteriores ocorridos entre Atenas, Egina e a Lacedemônia, mas de qualquer forma o acordo entre os dois primeiros se mostraria fundamental para a vitória em Salamina. Ao final Argos, Acaia, Eólia e Creta se mantiveram neutros; Siracusa com Gelon recusou participar, inclusive devido a Cartago; os tessálios e os beócios, excetuando os de Plateia e Tespis uniram-se aos medos; Esparta, Atenas, Corinto, Mégara, Egina, Platea, Tespis, Cálcis, Eretria Melos e outro pequenos estados, se uniram, deixando suas diferenças de lado para enfrentar os persas de Xerxes. Após uma frustrada tentativa de garantia para os tessálios, reuniram-se uma segunda vez na primavera de 480 a.C., e decidiram a estratégia de combate no passo das Termópilas e no tocante a força naval no cabo Artemísio na Eubeia, sendo que as forças terrestres seriam comandados pelo rei espartano Leônidas e a armada pelo general igualmente espartano Eurípides, em mais uma brilhante jogada de Temístocles, totalmente seguro de seu poder, já que ao cabo controlava a maior parte da esquadra aliada, particularmente em Artemísio, mas também em Salamina e Micale.

Porém, Temístocles foi ainda mais longe em sua política de preparação da *polis* de Atenas para enfrentar a iminente guerra, além do fato de que ao insistir em seu programa naval como algo essencial para sua *polis*, salvou igualmente toda a Grécia em seu embate contra os persas, como bem colocado por Heródoto. Os lacedemônios ao longo de toda a preparação para a guerra insistiam na construção de muralhas fechando o istmo de Corinto, dando-lhes condições, segundo eles de isolar o Peloponeso, e assim salvá-los, porém, na realidade, quem os salvou foi a frota ateniense e no caso Temístocles. Vejamos a opinião de Heródoto sobre esta questão:

> Se o receio do perigo que ameaçava os atenienses lhes tivesse feito abandonar a pátria, ou se, permanecendo na cidade, eles se submetessem a Xerxes, ninguém teria tentado opor-se ao soberano no mar. Se ninguém lhe tivesse resistido no mar, eis o que teria, sem dúvida, acontecido no continente. Ainda que os Peloponésios fechassem o istmo com muitas muralhas, os Lacedemônios não ficariam menos abandonados pelos seus aliados, que vendo a força naval dos bárbaros apossar-se de suas cidades uma após outra, sentir-se-iam obrigados a trai-los. Sozinhos e desprovidos de todo e qualquer auxílio, morreriam como heróis, depois de terem realiza-

do gloriosas façanhas, ou experimentariam a mesma sorte que o resto dos aliados, ou mesmo, antes de experimentar esta sorte, entrariam em entendimento com Xerxes, quando vissem o resto dos gregos bandear-se para os medos. Assim, num ou outro caso a Grécia cairia sob o domínio dos bárbaros, pois, obtendo o soberano o domínio do mar, tornar-se-iam inúteis as muralhas erguidas em torno do istmo. Não exageramos se dissermos que os atenienses foram os verdadeiros salvadores da Grécia. Realmente, qualquer partido que eles tomassem, este deveria prevalecer. Preferindo a liberdade da Grécia, insuflaram coragem em todos os gregos que ainda não se haviam manifestado favoráveis aos Persas, e foram eles que depois dos deuses, repeliram o rei.[22]

Mas voltemos à Ática e à Atenas, porque Temístocles, dada a desproporção das forças terrestres dos persas e dos gregos, e certo de que o objetivo prioritário de Xerxes era submeter a *polis* de Atenas, foi obrigado a elaborar um plano detalhado para enfrentá-los ou não. Ainda hoje, nos choca o realismo, o desprendimento, a coragem, o destemor da amarga proposta de Temístocles que acabou sendo aprovada pelos atenienses, de abandonar a cidade, a Acrópole, seus templos, suas casas aos bárbaros, indo a população que não poderia participar do combate – mulheres, crianças, jovens e velhos – a se refugiar em Trezena, enquanto outros escolheram Egina e Salamina, com seus pertences pessoais. Para tal feito Temístocles publicou uma autorização especial, já que em Atenas constituía crime abandonar a cidade em ocasião de perigo, ou mesmo retirar esposa e filhos. Além disso, Temístocles convocou a todos em condições de lutar, inclusive aqueles personagens políticos que haviam sido ostracizados e estavam exilados, especialmente Xantipo e Aristides, sendo que este teve participação importante em Salamina.

Temístocles utilizou todo o seu arsenal estratégico de convencimento para aprovar tal sacrifício dos atenienses, contando inicialmente com a ajuda do oráculo de Delfos, assim relatado por Heródoto. Os atenienses preocupados, enviaram emissários (*teoros*) ao santuário, tendo sido atendidos pela pitonisa Aristonice, que em uma primeira resposta pintou um quadro desolador, sem nenhuma esperança. Instados por Timon, filho de Androbules, um dos mais eminentes cidadãos de Delfos, retornaram os *teoros*, com ramos de oliveira, em uma condição de suplicantes, exprimindo-se assim ante o Deus:

---

22 HERODOTO, 2001, p. 825.

Oh! Rei, dai-nos uma resposta mais favorável sobre a sorte de nossa pátria, em consideração a estes ramos de oliveira que temos na mão; do contrário, não sairemos de vosso santuário e aqui ficaremos até a morte.[23]

A pitonisa assim lhes respondeu pela segunda vez:

Em vão Palas emprega suas súplicas e suas razões junto a Zeus Olímpico; não consegue convencê-lo. Não obstante dar-vos-ei esta resposta inflexível como um diamante: Quando o inimigo se apoderar de tudo quanto o país de Cecrops encerra, e os antros do sagrado Cíteron, Zeus que tudo vê, concederá uma muralha de madeira, a única que não poderá ser destruída; ela vos será útil, a vós e a vossos filhos, Não esperai, pois, a cavalaria e a infantaria do poderoso exército que virá atacar-vos por terra; fugi antes e voltai-lhe as costas. Dia virá em que havereis de encará-las de frente. Quanto a ti, oh divina Salamina! Perderás os filhos das tuas mulheres, que Ceres seja separada ou reunida.[24]

A discussão em Atenas foi grande quando os teoros regressaram e relataram ao povo o teor da mensagem oracular. Relativamente a muralha de madeira havia um certo consenso, porém ficava a dúvida com relação a Salamina, nos dois últimos versos da pitonisa. Temístocles entra então em cena para afirmar o verdadeiro sentido do oráculo:

Se a desgraça anunciada se referia aos Atenienses, a resposta da pitonisa não encerraria, na sua opinião, tanta doçura. "Infortunada Salamina" teria ela dito, em lugar de "Oh! Divina Salamina", se os habitantes devessem morrer nas cercanias dessa ilha. Mas para quem tomasse o oráculo no seu verdadeiro sentido, o deus, referia-se antes aos inimigos do que aos Atenienses, e portanto, ele os aconselhava a se prepararem para um combate naval, porque os navios eram as muralhas de madeira. Os atenienses consideraram a opinião de Temístocles mais acertada que dos demais intérpretes, optando pelo abandono da Ática.[25]

Heródoto ainda conta uma história sobre um dos três símbolos de Atenas, a serpente de Erecteion, que teve muita repercussão e ajudado Temístocles a convencer os atenienses a abandonar a cidade:

Há no templo da cidadela, segundo afirmam os Atenienses uma grande serpente, guardiã e protetora da fortaleza, e como se ela existisse realmente, atiram-lhes, todos os meses, bolos de mel. Até aquela época, os bolos sempre desapareciam, mas, eis que, começaram a aparecer intactos. Tendo a sacerdotisa, anunciado o fato aos atenienses, na ocasião em que a ameaça

---

23 HERÓDOTO, 2001, p. 826.

24 HERÓDOTO, 2001, p. 826-827.

25 HERÓDOTO, 2001, p. 827-828.

da invasão dos bárbaros pairava sobre a cidade, os habitantes ao terem permissão para retirar-se dali com suas famílias, apressaram-se a fazê-lo, tanto mais que a própria deusa também abandonara a cidadela. Grande parte deles, depois de pôr em segurança a família, embarcaram para reunir-se à frota.[26]

Xerxes partiu de Sardes em direção à conquista da Grécia após ter consolidado o império do lado oriental, mediante uma intensa preparação ao longo de quatro anos, onde despendeu grande soma de recursos, disposto a tudo, com vistas ao sucesso da expedição. Mobilizou de acordo com Ehrenberg,[27] cerca de 200.000 homens e 75.000 cavalos, com não menos de 150.000 combatentes, além de 600 a 700 trirremes, cifras estas bem mais realistas que as de Heródoto, de 1,7 milhões de homens na infantaria, 80.000 na cavalaria e uma frota de 1,2 milhões de trirremes. De qualquer forma, ainda de acordo com analistas os gregos podiam contrapor uma força de 40.000 hoplitas e 300 trirremes, concentrados entre os membros da Liga do Peloponeso no primeiro número e cerca de dois terços da frota sendo ateniense.[28] Nota-se de imediato que a situação grega era delicada, devido à assimetria das forças, e que ela era mais dramática em relação às forças terrestres do que em relação às forças navais, como de alguma forma já antecipara Temístocles. Olhando detidamente a situação dos gregos, esta era ainda bem mais complexa, pois, de um lado eram poucos os estados dispostos a enfrentar os persas, neste caso, principalmente os lacedemônios e os atenienses, porém com objetivos totalmente distintos: os primeiros dispostos a sacrificar tudo para salvar o Peloponeso a partir do istmo de Corinto, evitando assim que a guerra chegasse a seus grotões, e os segundos, sabendo que o caminho dos persas até a Ática e Atenas estava praticamente desobstruído, inclusive porque sabiam que os lacedemônios não iriam barrar os persas naquela rota, contando assim, única e exclusivamente com suas forças navais para sobreviver, e principalmente com a sabedoria e genialidade de Temístocles.

E é exatamente este que vai fazer a diferença ao longo de praticamente todo o período da guerra, além do tudo que já havia realizado em termos de preparação, para a Grécia, para a Ática, para Atenas e para os atenienses. Xerxes ao partir de Sardes teve seu caminho livre até chegar a Eubeia, cruzando o Helesponto com controle da Trácia e da Macedônia,

---

26 HERÓDOTO, 2001, p. 913.

27 EHRENBERG, 2011.

28 LEFÈVRE, 2013.

com a adesão dos tessálios, e de grande parte da Eubeia, com os tebanos tendentes a apoiá-lo, porém obrigados a lutar junto aos lacedemônios. A estratégia dos aliados na área terrestre, já que não foi possível estabelecer uma linha de defesa no vale do Tempe entre a Tessália e a Macedônia, foi de privilegiar o estreito desfiladeiro das Termópilas (Portas Quentes), na Grécia central entre o mar e as montanhas do Calidromo, na tentativa de barrar o caminho dos persas para o sul. As forças gregas eram compostas de 7.000 homens, comandadas pelo rei espartano Leônidas, com seus 300 espartanos de elite, peloponesios na grande maioria, alguns beocios e tebanos e os convidados lócrios e focídios em número de 1000, claramente insuficientes para barrar o exército de Xerxes, mesmo considerando as dificuldades do desfiladeiro. Tendo em vista o gigantesco contingente persa, até a última hora, houve discussões acirradas quanto ao abandono da posição, rejeitado principalmente pelos focídios e lócrios, e finalmente decidido por Leônidas pelo enfrentamento. As verdadeiras razões para tão reduzida mobilização não são muito claras, sendo a principal alegada, a realização das festividades da Carnia em Esparta em honra ao deus Apolo, que duravam nove dias, e a realização dos jogos olímpicos na Grécia envolvendo os demais gregos. Deve ter pesado nesta decisão pelos lacedemônios, o não abandono das posições no istmo de Corinto, já que existia alguma incerteza quanto ao caminho que os persas iriam tomar após esta pequena resistência, se iriam em direção da Ática ou do Peloponeso.

O olhar da maioria dos analistas e historiadores é em sua grande maioria dirigida para a batalha das Termópilas, onde a coragem, a bravura, a consciência daqueles poucos gregos marcou de forma indelével o imaginário ocidental, até hoje digno de respeito e admiração, levando a poderosa indústria de entretenimento, ao utilizar o episódio, representar os trezentos espartanos de Leônidas como super-heróis comparáveis aos de mesmo impacto dos atuais heróis das ficções cientificas e espaciais. Entretanto, nas Termópilas os heróis foram em número bem maior que os 300 de Esparta, mesmo considerando que antes da batalha final, Leônidas tivesse dispensado os aliados para irem embora, não somente para poupá-los, mas também pela glória de Esparta e dos espartanos, já que a derrota era inevitável e certa a morte dos combatentes gregos. Neste sentido deve-se citar, particularmente, os téspios que decidiram lutar até o final com os lacedemônios, os fócios que defenderam as montanhas por onde os persas investiram de acordo com a indicação do traidor Efialtes, e os próprios tebanos que não aderiram aos persas. De qualquer modo, Xerxes comprovou tudo aquilo que Demarato havia lhe dito sobre a coragem e as motivações dos gregos na batalha, que ia muito além de um comportamento pessoal, envolvendo a defesa da liberdade, de seus valores sociais e religiosos, de seu modo de vida, e de seu sistema político. De outro lado do ponto de vista militar, a batalha das Termópilas foi importante pois o exército de Xerxes ficou retido por alguns dias, dando mais tempo para a preparação de Atenas, e porque não conseguiu encurralar a frota grega em frente a Cálcis, no estreito de Euripo.

Entretanto, do ponto de vista histórico e militar, a batalha naval de Artemísio, realizada praticamente simultânea a das Termópilas, foi muito mais fundamental para o destino da Grécia, diante do agressor bárbaro do que aquela. E nela, pontificou a genialidade de Temístocles, que teve a chance de testar suas hipóteses de enfrentamento da frota dos persas. Podemos inclusive afirmar com toda tranquilidade de que não teria existido a retumbante vitória da armada grega em Salamina, caso não tivesse existido a batalha de Artemísio. A enorme frota de Xerxes sofreu diversos contratempos devido às condições naturais, já que veio costeando as costas da Tessália e de Magnésia até chegar à cidade de Afetos na entrada do estreito de Artemísio, onde se concentraram suas forças. Devido às dificuldades de ancoragem de uma frota tão grande, obrigando-os a deixá-los ao mar alto, os persas perderam segundo Heródoto cerca de 400 embarcações devido aos temporais e ventos ocorridos nas costas de Magnésia perto do Monte Pélion, e posteriormente cerca de 200 embarcações pela arriscada empreitada de contornar a Eubeia para cortar a retirada das forças gregas por detrás por meio do estreito de Euripo, mas que foram destruídos pelos ventos, esmigalhados de encontro aos rochedos existentes ao longo dos cabos Cafareu e de Ceresta. Os gregos comandados pelo espartano Eurípides, porém, sob a orientação estratégica de Temístocles conduziram a frota grega justamente através do estreito da Eubeia, passaram pelo importante estreito de Euripo, e se postaram em frente a Ártemis, do outro lado de Afetos.

A atuação de Temístocles na batalha foi decisiva e por várias razões: inicialmente no convencimento dos aliados em manter a frota estacionada em Artemísio, já que os lacedemônios e os coríntios ao se depararem com a gigantesca frota persa, acharam por bem abandonar a posição e retornar ao istmo. Procurado pelos eubeus, lhe oferecendo uma quantia em talentos, para permanecer em Artemísio, dando-lhes tempo para evacuar suas mulheres e filhos, Temístocles repassa parte do dinheiro tanto para Euribiades como para o general dos coríntios Adimanto, no sentido de ali permanecerem. Tendo ficado em Artemísio, Temístocles consegue proteger os gregos que lutavam nas Termópilas, evitando que a frota persa entrasse no estreito, e por outro lado pratica uma batalha diversionista em relação a frota persa, mantendo-os ocupados por meio de escaramuças diárias contra esta, com navios mais rápidos, voltando sempre a proa de seus navios na direção dos navios persas, atacando-os diretamente de frente em espaços estreitos. Temístocles controla totalmente as ações, atacando quando não esperado, se mantendo inativo quando se esperaria atacar, sempre assumindo suas inevitáveis perdas, porém, causando enormes baixas na frota dos inimigos, além de desmoralizá-los, pois um pequeno contingente de embarcações gregas enfrenta e derrota um número de navios quatro, cinco vezes maior. Porém, o mais importante e fundamental para Temístocles foi o de testar sua estratégia de combate, para o combate real entre as duas frotas, que é claro não seria ali em Ártemis, mas sim em Salamina levando posteriormente; entretanto, a partir deste ensaio a uma situação de maior equilíbrio entre as duas frotas para aquele embate final. Da mesma forma que chega, parte de retorno a Ática, quando fica sabendo do desfecho da batalha das Termópilas, a tempo de passar sem problemas pelo estreito de Euripo na Calcida. Na realidade em Ártemis a frota grega conseguiu uma grande vitória, causando baixas significativas na esquadra inimiga, e, com ajuda das condições naturais praticamente igualou-se em termos de número de embarcações com a frota persa, além de ter demonstrado uma evidente superioridade tática em termos do combate direto. Daqui em diante Temístocles terá que atrair Xerxes e sua frota para a armadilha que lhes vai preparar em Salamina.

O caminho de Xerxes para a Ática através da Eubeia estava desimpedida, e nele os persas se mobilizaram, destruindo o que podiam no trajeto, chegando na Panapoieia, dividiram-se em dois contingentes, o maior sob o comando do próprio Xerxes se dirigiram para Atenas, e um outro se dirigiu contornando o Parnaso para destruir, saquear e levar os tesouros do santuário de Apolo em Delfos. Os delfios se refugiaram, de acordo com as orientações do oráculo, abandonando suas casas, porém os persas acabaram nem alcançando o caminho sagrado, porque fenômenos extranaturais ocorreram perto do templo de Ártemis Pronéia, como raios, blocos de rocha caindo sobre eles, guerreiros descomunais perseguindo e matando os invasores, e as armas sagradas como num milagre estando disponíveis para a defesa do santuário. Certamente um dos episódios mais deprimentes da história grega, a destruição e o saque da Acrópole de Atenas pelos persas comandados por Xerxes, apoiados e orientados pelos pisístratidas, que julgavam poder voltar a dominá-la, foi realizado, de acordo com Heródoto três meses depois que saíram do Helesponto. A resistência daqueles poucos homens que lá estavam, que haviam se refugiados nos templos, junto com alguns pobres-diabos, foi heroica e destemida, sendo afinal derrotados pela surpresa da subida dos combatentes persas pela encosta oriental da Acrópole. Antes disso, repeliram com energia as flechas incendiárias que colocaram fogo nas paliçadas, segurando a infantaria persa diante dos portões da cidadela, lançando penhascos como se fossem rodas de moinhos através das rampas de acesso, e finalmente repelindo com firmeza a mão traidora dos pisístratidas. A ação dos persas na Acrópole foi de uma barbárie inusitada, degolando a todos os atenienses que lá estavam, já que muitos haviam pulado dos penhascos para a morte, violaram o templo sagrado de Atenea Polias, a protetora da cidade, destruíram em apenas duas horas o grande conjunto de obras de artistas atenienses acumulados durante séculos, destruindo o passado da *polis*, queimando objetos, corpos e outros, provocando grandes incêndios vistos a distância pelos atenienses e seus aliados estacionados em Salamina, a apenas quinze quilômetros de lá, totalmente horrorizados pelo que estavam presenciando e principalmente imaginando.

Talvez a mais decisiva e mais árdua tarefa que Temístocles teve que abraçar sozinho para defender Atenas e os atenienses, durante todo o período da guerra, foi a de, por um lado, acalmar os comandantes atenienses e os próprios marinheiros a não desfraldarem as velas e se afastarem de Salamina na realidade diante daquele espetáculo dantesco da Acrópole ardendo em fogo, e, por outro, convencer os aliados lacedemônios e coríntios a permanecerem em suas posições e enfrentar a frota persa em Salamina, ao contrário do que desejavam, de tomarem posições no istmo de Corinto. Quanto à primeira questão, segundo o testemunho de Aristóteles, o senado do Aerópago autoriza a doação de oito dracmas a todos os marinheiros e hoplitas com o objetivo de completar a tripulação dos navios, e assim incentivá-los ao combate, mas para Plutarco, Temístocles estaria por trás deste artifício, ao dar ao fato uma aparência oficial utilizando o poder do Aerópago nesta matéria. Quanto à segunda, em uma primeira reunião do Conselho, da qual

Temístocles não estava presente, a decisão de levar o combate naval para o istmo havia sido aprovada. Heródoto nos conta em detalhes todas as fases desta negociação de Temístocles, porém com um acento moralista e claramente irracional com relação a este, na suposição de que as razões de permanecerem em Salamina fossem única e exclusivamente de autoria de seu assistente Mnesifilo de Atenas, presente àquela reunião do Conselho, a qual Temístocles teria assumido como sendo sua, perante os demais aliados. A total falta de consistência e ilogicidade desta afirmação de Heródoto fica clara, pois Mnesifilio levanta unicamente como razão para ficarem em Salamina, o fato de que ninguém, nem muito menos Euribiades conseguiria reter os aliados, que voltariam a seus países e a frota seria dispersada, argumento este que Temístocles simplesmente não poderia utilizar em nenhum momento nas discussões entre eles, pois levaria a um conflito imediato com os aliados, como aliás fica claro na própria narrativa de Heródoto. Temístocles utiliza em seus embates verbais com eles, mais especificamente com Euribiades, o general espartano, comandante da esquadra grega e Adimanto, general dos coríntios, algumas argumentações fortes.

Em primeiro lugar, compara as duas opções de embates navais do ponto de vista militar e de suas consequências, no istmo e em Salamina, de acordo com Heródoto:

> Oferecendo batalha no istmo, terás de combater em mar aberto, onde é perigoso fazê-lo, já que os nossos navios são mais pesados e em menor número do que os dos inimigos, e mesmo, que obtenhamos êxito, não deixaremos por isso de perder Salamina, Mégara e Egina, pois as forças terrestres seguirão a sua força naval, resultando daí que tu próprio as conduzirás ao Peloponeso, expondo toda a Grécia a um maior risco.[29]

Em relação ao combate em Salamina:

> Seguindo os meus conselhos, eis as vantagens que nos advirão: em primeiro lugar, combatendo em lugar estreito, com um pequeno número de navios contra um número maior de navios inimigos [...] pois um braço de mar nos é tão vantajoso quanto o será o mar largo para o inimigo; em segundo lugar conservaremos Salamina, onde deixamos nossas esposas e filhos.[30]

---

29 HERÓDOTO, 2001, p. 922.

30 HERÓDOTO, 2001, p. 922-923.

Temístocles ainda lança mais um argumento importante, que é o fato de ao se combater em Salamina, não se estaria combatendo menos pelo Peloponeso. Veja:

> Permanecendo aqui, não combaterás menos pelo Peloponeso do que se estivesses perto do istmo [...]. Se como espero, batermos no mar o inimigo, eles retornarão em desordem, sem alcançar o istmo e sem poder avançar para diante da Ática. Salvaremos Mégara, Egina e Salamina, onde aliás, um oráculo nos vaticinou completa vitória.[31]

Entretanto, o argumento mais poderoso utilizado por Temístocles, que levou Euribiades a rever sua posição, foi a ameaça feita por ele, de que caso eles insistissem em levar para o istmo a batalha, abandonando no fundo a Ática e Atenas, os atenienses com sua frota se afastariam do combate naval, deixando totalmente expostos o istmo e consequentemente o Peloponeso, pois a frota restante seria incapaz de fazer frente aos persas. Temístocles ameaça, inclusive com a possibilidade deles, atenienses, emigrarem para o ocidente:

> De outro modo, iremos com as nossas esposas, filhos e escravos para Síris, na Itália, que nos pertence de longa data e da qual, segundo os oráculos, devíamos ter sido os fundadores. Espero que, quando te vires abandonado por aliados como nós, te lembres, então, de minhas palavras.[32]

Desta forma, em princípio estava tomada a decisão de enfrentar a frota naval persa em Salamina, conforme preconizava Temístocles desde o início, porém ele lutava contra o tempo, pois a concordância de Euribiades sofria ainda grandes restrições por parte dos peloponesios, agravadas pelas movimentações da forças terrestres persas na direção do istmo, onde iriam se defrontar com as forças aliadas do Peloponeso, sob o comando de Cleômbroto, irmão de Leônidas, que diante da ameaça, decidiram acelerar as obras das muralhas de ponta a ponta, e interceptar o caminho que conduzia a Círon, porém o sentimento de pânico dos combatentes gregos que lá estavam era evidente, como igualmente dos hoplitas que se encontravam em Salamina com o temor de ver sua pátria invadida. Além disso, porque ao tomar posição em Salamina, do lado do golfo de Eleusis, justamente para atrair os persas para o lugar mais estreito, de cerca de um quilometro entre a costa ática e a ilha, Temístocles necessitava de que eles tomassem a iniciativa do combate, e penetrassem no estreito, de forma a surpreendê-los. Nesta altura dos acontecimentos duas questões funda-

---

31 HERÓDOTO, 2001, p. 923.

32 HERÓDOTO, 2001, p. 924.

mentais vão contribuir para que Temístocles consiga atrair os persas para o estreito. A primeira, de uma relevância toda especial para os gregos, e que foi captada magistralmente por Ésquilo em sua peça *Os persas*, qual seja a arrogância, a insolência, a *hybris* do soberano Xerxes, desde o início ao decidir submeter a Grécia, após, em todos os preparativos e, no desenrolar das batalhas iniciais, mas, principalmente, agora diante da iminência da batalha naval de Salamina. Jamais passou por sua cabeça, em seus pensamentos, mesmo que fugazes a hipótese da vitória dos gregos, bastando para isso citar o fato de que havia ordenado a montagem de seu trono ao pé do Monte Egaleu, em frente a Salamina, de onde poderia acompanhar todo o desenrolar da batalha, evidentemente com a vitória de seus comandados, e a humilhação dos atenienses.

Neste sentido, como reforço desta nossa argumentação, vale a pena recorrermos novamente a Heródoto, que relata reunião promovida por Xerxes em uma das embarcações, com a presença de todos os reis, tiranos e comandantes de esquadras para avaliar a estratégia de travar a batalha no mar. Todos se manifestaram favoráveis, porém Artemisa, rainha de Halicarnasso, na Cária, que apesar de suas origens gregas, filha de Ligdamis, rei de Halicarnasso e de uma aristocrata ateniense, lutava pelos persas. Halicarnasso era uma das "sátrapas" do império persa, foi a única a discordar daquela decisão, de uma forma clara, ponderada e plena de razões. Sua opinião era importante, pois, além de tudo, era muito apreciada pelo soberano, inclusive por sua atuação destemida na batalha em Artemísio, como também iria ter um papel de destaque em Salamina:

> Sou do parecer que deveis poupar os nossos navios e que eviteis oferecer esta batalha naval, porque os gregos são tão superiores no mar às tuas tropas quanto os homens o são com relação às mulheres. Haverá necessidade de arriscar as vossas forças num combate naval? Não sois senhor de Atenas, o objetivo principal desta expedição? O resto da Grécia já não está ao vosso alcance? Ninguém pode resistir-vos e os que tentam fazê-lo têm o fim que merecem [...]. Se em lugar de apressardes a batalha naval, mantiverdes vossos navios na enseada, ou se avançardes até o Peloponeso, tereis atingido o vosso objetivo final, pois as forças gregas não podem manter uma resistência prolongada, desde que não possuem víveres suficientes nesta ilha; dispersar-se-ão, refugiando-se nas respectivas cidades. Não acredito que, se enviardes vossas tropas para o Peloponeso, os Peloponésios que se encontram em Salamina ali permaneçam tranquilos e ofereçam ajuda aos

atenienses; mas, se precipitardes a batalha, receio muito que a derrota de vossa força naval acarrete também a das forças de terra.[33]

O soberano aprecia de modo especial a manifestação de Artemisa, mas prefere manter a estratégia de lutar em Salamina, proposta apoiada por todos os demais presentes. Desta forma, Xerxes encaminha-se para cair diante da audácia e da esperteza de Temístocles, para quem era fundamental que a batalha se desse no estreito de Salamina. Além disso, este, segundo a lenda e o próprio Heródoto, apesar de existirem dúvidas e ceticismo sobre o fato, empurra ainda mais os persas para sua armadilha, enviando um mensageiro de total confiança, Sicínio, parente seu e preceptor de seus filhos a uma das embarcações persas com uma mensagem importante para a oficialidade persa. Vejamos como Heródoto a descreve:

> O comandante dos atenienses, estando bem intencionado com relação ao vosso soberano, preferindo o êxito das vossas armas ao dos gregos, enviou-me secretamente aqui para vos comunicar que estes últimos, atemorizados ante a aproximação da vossa frota, estão decidindo se devem ou não empreender a fuga. Não vos resta senão praticar a mais bela de todas as vossas ações, não permitindo que eles escapem. Não existe acordo perfeito entre eles, levantando discussões estéreis entre si, em lugar de concertar planos para resistir às vossas forças.[34]

Este episódio revela por um lado de forma insofismável o grau e sofisticação da incrível astúcia de Temístocles e, por outro lado, a não menos incrível *hybris* do soberano que nada vê, totalmente alienado da realidade. A narrativa de Sicínio para os comandantes persas é de uma esperteza que surpreende: mistura coisas reais, como o temor dos gregos, e a falta de acordo entre os aliados com o que realmente fazer, fatos estes que o soberano não desconhecia, com algumas possibilidades, mas não certezas, como a eventual tentativa de fuga, que frustraria a agonia em que Xerxes se encontrava de resolver de uma vez por todas esta questão naval, para a qual estava bem menos preparado, e na qual já havia sido derrotado em Artemísio. Se os fatos se deram desta forma ou não, as consequências foram bem reais e comprovadas; a esquadra persa que se encontrava em Falero se movimenta em direção a Salamina, em dois braços envolvendo a ilha de Psitália, ao mesmo tempo que os navios que se achavam em torno de Ceos e Cinosura cobrem o restante do estreito até Muniquia no Pireu, como também

---

33 HERÓDOTO, 2001, p. 928-929.

34 HERÓDOTO, 2001, p. 932-933.

contornam Salamina e barram a passagem ocidental da baía de Eleusis, cortando a ligação com o istmo, numa eventual fuga dos gregos. Além disso, certo de sua vitória, envia tropas de elite para a ilha de Psitália, para matar os guerreiros gregos que procurarem refúgio ali, salvando os eventuais guerreiros persas. Temístocles consegue assim uma dupla vitória em termos estratégicos, consolidando sua armadilha preparada especialmente para atrair os persas a lutarem exatamente no lugar mais favorável aos gregos, mas com um resultado ainda mais significativo, do ponto de vista interno aos aliados, já que até o último momento, mesmo após a movimentação das frotas persas perdurava entre eles a incerteza sobre a conveniência da batalha em Salamina, e aqui, vai ter papel importante, Aristides que havia sido banido por Temístocles, e que estava voltando para se aliar aos gregos, vindo de Egina. Aristides procura imediatamente Temístocles, e os dois estadistas atenienses superando antigas divergências, dialogam sobre a situação, e Aristides traz seu testemunho da movimentação dos persas, apresentando uma argumentação final para o desejo dos Peloponésios de abandonarem Salamina e lutarem no istmo:

> Não importa que os Peloponésios estejam ou deixem de estar interessados na partida da frota. O que interessa é que o inimigo investe decididamente contra nós, pois sou testemunha ocular das suas manobras. Os coríntios e o próprio Euribiades não poderiam retirar-se agora, mesmo que quisessem. Volta a reunião (do Conselho) e transmite a eles o que acabo de dizer.[35]

Temístocles concorda totalmente com a opinião de Aristides e recomenda que ele, Aristides, apresente a mesma diretamente ao Conselho. Após isto, segundo Heródoto, ainda desconfiados, os dirigentes peloponésios e coríntios acabam se rendendo as evidências quando chega uma trirreme com fugitivos tenios, abandonando os persas para se aliarem aos gregos, trazendo as mesmas notícias da situação.[36] Finalmente os gregos estavam prontos para o combate que se daria logo ao raiar da aurora. Temístocles exorta a seus comandados agirem com a bravura das grandes ações.

Entretanto, antes de falar da batalha de Salamina propriamente dita, gostaria de retornar à *hybris* de Xerxes, já que esta apresenta algumas nuances que gostaria de explorar mais adequadamente. A certeza que tinha da vitória estava calcada naturalmente na desproporção de nú-

---

35 HERÓDOTO, 2001, p. 935.

36 HERÓDOTO, 2001, p. 936.

meros entre sua esquadra e dos gregos, mas também, e isto explica a colocação do trono no Monte Egaleu, no fato de que em Artemísio, segundo o próprio Xerxes, suas forças não tinham cumprido bem com os seus deveres, levando a derrota da frota persa, mas que esta somente ocorreu porque ele próprio não estivera presente, diferentemente do que planejara para Salamina. Porém, aqui me permito algumas especulações, pois além de tudo o comportamento de Xerxes em Salamina é no mínimo estranho, que em princípio, parece demonstrar um profundo desequilíbrio pessoal, junto a uma total ausência de ponderação e estratégia, apesar dos argumentos de Artemisa, e no qual possivelmente acabou prevalecendo o desejo de vingança contra os atenienses, engasgados que estavam desde a revolta da Jônia, exasperados após Maratona, mas que tinha igualmente algo relacionado com o domínio dos mares, desejando ele provar que a partir daí as forças navais persas estariam absolutas no controle de todo o Mar Egeu, já que os únicos a poderem lhe fazer frente seriam os próprios atenienses. Porém, indo um pouco mais adiante, é interessante verificar que no caso da importância do domínio dos mares, Temístocles e Xerxes pareciam ter a mesma opinião, certamente por distintas razões objetivas, e não é por acaso que o primeiro desde seu arcontado em 492/493 a.C. se preocupa verdadeiramente com o tema, levando Atenas a uma posição irreversível nos mares, que posteriormente vai se concretizar ainda mais com a criação e consolidação do império ateniense, e o segundo coloca grande parte de sua energia e de seus recursos, ao trazer de seu império uma frota gigantesca acompanhando pari-passu as forças terrestres, que conquistam todos os países que se encontram no caminho até alcançarem a própria Atenas, porém jogando e arriscando tudo, na certeza de que sua vitória somente estaria completa, caso vencesse a batalha naval, particularmente contra os atenienses. Salamina, além de tudo que possamos imaginar do que representa, ou que venha a representar para os gregos e para os atenienses, vai de um lado gerar as condições para a emergência de um novo império, o ateniense, baseado no controle dos mares e de outro lado na limitação objetiva para a expansão do grande império dos aquemenidas.

A descrição mais real da batalha de Salamina, especialmente do ataque da esquadra grega, é de um poeta poetando, é de Ésquilo, na tragédia *Os persas*, representada do ponto de vista dos persas, no diálogo entre o mensageiro que a tudo assistiu, recém chegado a Susa, com a Rainha, mãe de Xerxes e esposa do falecido Dario e o Coro dos Anciãos do império. É importante ressaltar que neste diálogo, anteriormente à descrição da batalha, Ésquilo através das palavras do mensageiro, coloca na origem das desgraças dos persas – "[...] um gênio vingador, ou, um deus mau, não se sabe donde [...]"[37] –, a estratégia de Temístocles de enviar Sicínio dizendo a Xerxes que:

> [...] uma vez chegadas as trevas da escura noite, os gregos não esperariam mais, mas que, lançando-se sobre os bancos das naus, tentariam salvar-se, cada um por seu lado, numa fuga furtiva.[38]

Diante disso, Xerxes monta seu esquema de combate: "[...] ao dispor em três linhas o grosso de suas naus para guardar as saídas e os estreitos do rumoroso mar, enquanto outras farão o cerco a ilha de Ajax."[39]

> Entretanto, a noite passa sem que o exército grego tente qualquer fuga por mar. Mas quando o dia de brancos corcéis banhou a terra dos seus raios resplandecentes, eis que, do lado dos Gregos, irrompe um grande clamor, semelhante a um canto, cujo eco é devolvido pelos rochedos da ilha. O terror invade então todos os bárbaros, iludidos na sua expectativa, porque não era para fugir que os gregos entoavam o "péan" (hino em honra de Apolo) sagrado, mas para marchar para o combate, cheios de determinação e coragem. E o grito da trombeta incendiava os guerreiros. Logo os remos ressoantes, movidos ritmicamente à voz do chefe, feriram as águas profundas e, de repente, todos aparecem aos nossos olhos. A ala direita é a primeira a avançar, organizada, em boa ordem, e logo a seguir veio toda a armada, enquanto se elevava um grande grito: "Avante, filhos dos gregos, libertai a vossa pátria, libertai os vossos filhos e as vossas mulheres, os santuários dos deuses dos vossos pais e os túmulos de vossos antepassados; a luta, hoje, é por tudo isto". Da nossa parte, um rumor indistinto em língua persa lhes respondeu e já não havia tempo a perder. Já as naus arremetiam contra as naus com seus esporões de bronze. É um barco grego o primeiro ao lançar-se ao ataque, esmagando os ornamentos da proa de uma nau fenícia. E logo cada nau elege seu adversário. Primeiro, a torrente do exército persa resistiu. Mas, como em multidão, as nossas naus se comprimissem numa passagem estreita, sem se poderem prestar mútuo auxilio, e se ferissem umas às outras com os esporões das suas bocas de bronze, quebravam-se as ordens dos remos e os barcos gregos logo aproveitaram para nos envolver e massacrar. Viram-se as quilhas e o mar desaparecer sob pilhas de destroços e corpos ensanguentados. As costas rochosas enchem-se de cadáveres e a fuga desordenada apodera-se do que resta da armada dos bárbaros, que põem nos remos a sua salvação. Entretanto, os gregos,

---

37 ÉSQUILO, 1998, p. 35.

38 ÉSQUILO, 1998, p. 35.

39 ÉSQUILO, 1998, p. 35.

como se de atuns ou outros peixes soltos da rede se tratasse, ferem-nos, arrasam-nos com pedaços de remos, fragmentos de destroços! E gemidos, entrecortados de soluços, cobriram o mar até que o olhar sombrio da noite nos envolveu e nos salvou. Quanto ao montante das nossas perdas, nem dez dias inteiros de cálculos, chegariam para o fixar. Dir-te-ei apenas que jamais, num só dia pereceu tão elevado número de homens.[40]

Para completar este relato de Salamina, resta falar de que nem o grupo de elite persa, colocado por Xerxes em seu delírio de onipotência, na ilha de Psistratida, escapou do desastre. Heródoto deu pouca importância ao episódio, apenas afirmando que Aristides, tomou consigo soldados atenienses que encontrou a beira mar em Salamina, levando-os para a ilha, matando todos os persas que aí se encontravam. Ésquilo, ao contrário dá bastante importância para o fato, através das palavras do mensageiro, que assim relata a desgraça para a Rainha:

Há, em frente de Salamina, uma ilha pequena, desprovida de ancoradouros, onde Pã gosta de conduzir seus coros sobre as margens do mar. É para aqui, que Xerxes envia estes homens, para que, quando os náufragos inimigos tentassem salvar-se, acolhendo-se à ilha, os massacrassem facilmente, prestando, pelo contrário, assistência aos seus compatriotas, salvos das correntes do mar. Era ler mal o futuro, porque, assim que os deuses concederam à vitória à armada dos gregos, logo estes naquele mesmo dia, revestindo seus corpos de bronze, saltaram para fora das naus, cercando a ilha toda de modo que os persas não tivessem para onde se voltar. Para além da chuva de pedras que, partindo das mãos dos gregos os atingiam, também os dardos, desferidos pela corda do arco, os dizimavam. Por fim, lançando-se num só ímpeto, os invasores ferem, fazem em bocados os corpos daqueles desgraçados até os exterminar completamente. Xerxes rompeu em gemidos, ao contemplar este abismo de dores. Do seu lugar no alto de uma colina, ele avistava todo o exército. Então ele rasga as suas vestes e solta agudos lamentos. De repente, envia as suas ordens ao exército de terra e precipita-se numa fuga desordenada. Este o desastre que, somado aos anteriores tu tens de deplorar.[41]

A batalha de Salamina representou para os persas a maior de suas derrotas, humilhados que foram pelos gregos, trazendo perdas irreparáveis em termos de recursos humanos, pois aí foram mortos toda uma elite de dirigentes e generais persas, agravada ainda por ter sido uma batalha naval, dada a importância atribuída a esta questão, como escrevi anteriormente, pelo próprio Xerxes em sua pretensão de dominar e

---

40 ÉSQUILO, 1998, p. 36-37.

41 ÉSQUILO, 1998, p. 38.

controlar o mar Egeu. Atenas que em pouco mais de dez anos se tornou uma potência marítima, bem como Egina foram os grandes vencedores da batalha, porém o verdadeiro artífice da vitória foi Temístocles, responsável por aquela transformação de Atenas, como também por toda a estratégia utilizada no embate contra os persas, desde as batalhas de provocação e contenção em Artemísio, até a armadilha fatal montada em Salamina, como ainda pela salvação dos atenienses e de Atenas, ao promover o abandono da cidade, levando-os a guerrear em Salamina, e finalmente como o responsável pela manutenção ainda que precária da aliança com os peloponésios, levando-os a permanecerem junto aos atenienses e eginetas na batalha em frente à ilha de Ajax.

Salamina não significou o fim das guerras médicas, porém criou as condições para tal, já que a partir daí o império Aquemênida iria enfrentar sucessivas derrotas para os gregos, começando com as batalhas terrestre e naval de Plateias e Micale, no final do verão de 479, até o ano de 449 a.C. com a controvertida paz de Cálias, na qual os persas estavam definitivamente banidos do mar Egeu. Xerxes retorna a Pérsia, pelo mesmo caminho terrestre, com o apoio do que restara da frota naval após Salamina e o assédio das naves eginetas em frente a Falero, seguindo os conselhos de Artemisa, deixando Mardonio com seu poderoso exército na Tessália, para tentar ainda uma vez conquistar a Grécia Continental, aproveitando-se da fragilidade de Atenas nesta área, e do recolhimento consciente dos lacedemônios na proteção do Peloponeso. A partir daí, as divergências de interesses e objetivos distintos entre Esparta e Atenas, que estiveram presentes todo tempo, mas que foram em parte escamoteadas, por valores maiores comuns a ambos os povos, muito bem retratados por Heródoto no episódio da tentativa persa de aliciar os atenienses, mediante razões apresentadas por eles, dentre as quais: "sendo os Helenos do mesmo sangue, falando a mesma língua, tendo os mesmos deuses, os mesmos templos, oferecendo os mesmos sacrifícios, seguindo os mesmos usos e costumes não seria vergonhoso para os atenienses traí-los."[42] A partir desse episódio, começa a se cristalizar de uma tal forma, com grande intensidade, desembocando bem mais adiante na emblemática guerra do Peloponeso. Do ponto de vista de Atenas, objeto principal de nossa análise, alguns fatos merecem destaque, pois são eles que vão dar suporte não somente à hegemonia de Atenas durante pelo menos cinquenta anos, à instituição do império ateniense mediante sua supre-

---

42 HERÓDOTO, 2001, p. 981.

macia marítima, criando as condições para o exercício do imperialismo ateniense, que afinal teve como consequência inevitável a guerra com Esparta, de acordo com Tucídides.

Embora se reconheça que tanto Atenas quanto Esparta agiram primordialmente voltados para seus interesses imediatos, os lacedemônios preocupados com o istmo e o Peloponeso, e os atenienses em levar o combate para Salamina, é indiscutível que o grande ônus da guerra recaiu sobre a Ática e principalmente sobre Atenas. A cidade foi incendiada e destruída com requintes bárbaros por Xerxes, e foi novamente destruída e saqueada por Mardonio em 479 a.C., antes da batalha de Plateias, após tentativa de aliciamento dos atenienses pelos bárbaros através de Alexandre da Macedônia, tentativa esta que foi repelida de forma exemplar, como igualmente foi repelida com energia a preocupação dos lacedemônios com uma possível defecção dos mesmos, diante dos persas. A altivez, coragem e desprendimento dos atenienses novamente colocadas em prova, neste emblemático episódio, no qual a maioria dos moradores da cidade teve que abandonar tudo que possuíam por duas vezes, em menos de dois anos, atacados que foram por tropas persas com ajuda de diversos contingentes da própria Grécia, "os medistas"– os gregos que aderiram aos medos – e sem que os detentores das forças terrestres mais poderosas da Grécia, os hoplitas peloponésios, lhes colocassem nenhuma resistência, preocupados que estavam na construção das muralhas do istmo, ou em festividades religiosas, marcaram indelevelmente para a posteridade o caráter e os valores daqueles habitantes da pequena Ática, levando a uma plêiade de analistas e historiadores a se debruçar sobre estes fatos para tentar entender aquele povo, que apaixonadamente defendeu sua pátria, sua liberdade, seus valores isonômicos, sua forma de viver respeitando suas leis e seus deuses. Portanto, não causa nenhum espanto o fato de que é Atenas que sai engrandecida e fortalecida da guerra, diante das atitudes dúbias, protelatórias e hesitantes dos lacedemônios, apesar de sua condição de liderança na aliança dos gregos – Liga Helênica – formada em 481 a.C. para enfrentar os medos. Até este ponto vimos utilizando primordialmente as Histórias de Heródoto, porém vamos seguir com a ajuda básica de Tucídides, com sua *História da guerra do Peloponeso*,[43] de Donald Kagan com seu livro *The Outbreak of The*

---

43 TUCÍDIDES, 2001.

Peloponnesian War[44] e de Victor Ehrenberg com *From Sólon to Socrates: Greek History and Civilization During the Sixth and Fifth Centuries B.C.*[45]

Na realidade a partir da batalha de Plateias, onde finalmente os peloponésios se mobilizaram para enfrentar e derrotar de forma categórica e competente os persas de Mardonio, levando-o a morte naquela ocasião, todos os acontecimentos derivados da guerra vão se encaminhar para um enorme reforço da posição de Atenas no cenário grego e internacional. Este sentimento se concretiza a partir da constatação de que esta não somente dispunha da mais bem equipada frota naval, com sua inerente mobilidade, como também pela ousadia e sagacidade demonstradas pelos atenienses em Artemísio e principalmente em Salamina, que causavam preocupações generalizadas a seus tradicionais adversários – Egina, Megara e Corinto –, mas particularmente aos lacedemônios. O primeiro episódio no qual se evidencia aquele sentimento de crescimento da importância política de Atenas se dá logo após a batalha naval do cabo Micale, na Jônia, ocorrida nos mesmos dias que a de Plateia, na qual os aliados tiveram grande vitória, e onde o comando ainda estava com os espartanos, na pessoa do rei Leotiquides. Os fatos ocorridos marcam de forma bem clara, o início das divergências entre Esparta e Atenas, com relação aos países daquela região, com consequências políticas fundamentais para entendermos o conflito entre as duas cidades. Os jônios, considerados revoltosos em relação aos persas, devido a própria vitória em Micale, na qual eles tiveram participações importantes ao lado dos aliados, especialmente os povos insulares de Samos, de Quios e de Lesbos, ficaram preocupados com a possível vingança dos persas, que, devido à proximidade, certamente iria ocorrer em cima deles. Os lacedemônios não estavam dispostos a dar nenhuma garantia de segurança a eles, porém Atenas interveio e forçou a entrada daqueles países na Liga dos aliados. Partiram todos em direção ao Helesponto no intuito de destruir as pontes de Xerxes, porém os persas já as haviam destruído, o que levou Leotiquides a retornar imediatamente para sua pátria, contudo os atenienses sob o comando de Xantipo resolveram permanecer para libertar o Quersoneso, principalmente Sestos que estava nas mãos dos persas. Após um cerco demorado, os gregos saíram vencedores e Xantipo pode trazer para Atenas despojos importantes, inclusive partes da ponte de Xerxes. Neste episódio, Atenas além de liberar do jugo

---

44 KAGAN, 2013.

45 EHRENBERG, 2016.

persa várias colônias gregas, de grande interesse para seu comercio com o oriente, prova sua capacidade de liderança e de enfrentamento dos problemas, ao passo que Esparta foge de suas responsabilidades no comando da Liga Helênica, com um comportamento conservador e débil diante das circunstâncias. Tucídides vê no episódio o início do poderio ateniense que tanto assustou os lacedemônios.

A CONSOLIDAÇÃO DO PODER ATENIENSE NA HÉLADE

Estando a Ática livre dos opressores bárbaros e após esta demonstração de força pacificando parte da Jônia e as ilhas oceânicas de Rodes, Lesbos, Quios e Samos; Atenas finalmente tenta voltar à vida normal trazendo de volta para a cidade suas mulheres e crianças, reconstruindo suas casas que estavam em ruínas, bem como a própria cidade e suas muralhas, que em grande parte haviam sido destruídas. E aqui entra de novo em cena Temístocles, o grande estrategista ateniense, que será o principal responsável pelo mais emblemático episódio na explicitação das novas relações entre os atenienses e lacedemônios, que vai vigorar a partir daqui. Desde os tempos de seu arcontado em 493/492 a.C., este pensava na segurança de Atenas através do porto do Pireu, e da construção de muralhas em torno da Acrópole, bem como de grandes muralhas ligando a cidade ao porto, e além disso, em seu íntimo, Temístocles sempre acreditou que quando Atenas se transformasse em uma potência naval, os caminhos para sua hegemonia na Grécia estariam abertos em detrimento do poder de Esparta, seus verdadeiros inimigos internos. Ele jamais deixou de pensar nisso apesar de todo o seu envolvimento nas lutas e batalhas contra os medos, que levaram Atenas a se aliar aos lacedemônios para enfrentar as ameaças externas. Após Salamina, Temístocles foi muito reverenciado em toda a Grécia, como o mais notável dos gregos, mas foi na Lacedemônia, onde ele recebeu as mais significativas homenagens, com prêmios por sua habilidade, prudência, e mais relevante, caso único na história, foi ele acompanhado por 300 espartanos de elite, denominados cavalheiros, até a fronteira com a Tegea, em seu regresso a Atenas.

Os lacedemônios e seus aliados, que viam com grandes preocupações o fato dos atenienses comandados por Temístocles e Aristides estavam reconstruindo as muralhas de Atenas, mandaram uma delegação para convencê-los a mudar de ideia, solicitando ainda que os atenienses se juntassem a eles para destruir todas as muralhas fora do Peloponeso com frágeis argumentos quanto a utilização das mesmas pelos persas em uma eventual invasão da Grécia. Temístocles assume as negociações e responde que enviariam emissários à Esparta para discutir o assunto. Esta resposta já fazia parte dos planos de Temístocles, de por um lado convocar toda a população de Atenas – homens, mulheres e crianças – a participar na reconstrução imediata das muralhas, sem poupar nenhum edifício público ou privado que estivesse no caminho, de forma a terminá-las no mais breve espaço de tempo, e de outro lado, postergar qualquer acerto com os lacedemônios até o ponto que as muralhas estivessem em um estágio irreversível. Assim foi feito, tendo Temístocles ido pessoalmente a Esparta para discussões, onde sabia que seria bem recebido, com a intenção explicita de adiar ao máximo as mesmas, ou de torná-las estéreis com ofertas irrealizáveis, sempre desmentindo as verdadeiras intenções dos atenienses, chegando ao ponto de sugerir que emissários espartanos fossem até a Ática para comprovarem a verdadeira situação, porém com recomendações secretas aos seus pares para os deterem tão discretamente quanto possível. Estando seguro por meio de informações recebidas por seus colegas Habronicos e Aristides de que a muralha já estava bastante alta, e certo do retorno dos mesmos em segurança, ele se dirige aos lacedemônios e explicita claramente como serão daqui para frente as relações políticas entre os dois povos, momento fundamental para o crescimento de Atenas no cenário grego e internacional.

Vamos seguir literalmente a Tucídides neste discurso de Temístocles, dada a importância dele para o futuro de Atenas:

> E Temístocles aparecendo diante dos lacedemônios, finalmente lhes disse com franqueza que a cidade já estava amuralhada e, portanto, em condições de proteger seus habitantes; *se os lacedemônios ou seus aliados quisessem negociar com eles, deveriam ir vê-los cientes de estarem tratando com homens plenamente conhecedores de seus próprios interesses e dos interesses gerais.* Deveriam lembrar-se de que, quando julgaram mais acertado abandonar sua cidade e embarcaram em suas naus, os atenienses haviam sido capazes de tomar aquela audaciosa decisão e correr os riscos sem ajuda de Esparta; além disto, acrescentaram, em todos os assuntos sobre os quais os atenienses se aconselharam com os lacedemônios, estes se haviam mostrado inferiores a quaisquer outros em suas ponderações. Da mesma forma, na situação presente lhes pareceu melhor que sua cidade tivesse uma muralha, e esta circunstância seria grandemente vantajosa para os habitantes de Atenas em particular, e para os seus aliados em geral; *acrescentaram que seria impossível, sem meios de combate equivalentes, participar de deliberações conjuntas em condições comparáveis e justas;* portanto, concluíram, os

membros da aliança deveriam todos dispensar as muralhas, ou, considerar justificado o procedimento dos atenienses.[46]

Ainda, de acordo com Tucídides,

> [...] os lacedemônios, ouvindo estas palavras, não mostraram abertamente qualquer ressentimento contra os atenienses, pois eles tinham enviado sua embaixada a Atenas não para dar ordens, mas para oferecer uma sugestão de interesse geral.[47]

Claro, que esta interpretação de Tucídides é uma meia verdade, dado que seu interesse maior era com a descrição da guerra entre as duas cidades, porém, a meu ver, os ressentimentos de Esparta com Atenas e especialmente com Temístocles foram profundos, levando-os, inclusive a tentar reassumir seu papel de liderança contra os persas. Porém, antes de enfrentar esta última questão, vamos nos deter um pouco mais neste episódio e avaliar as imensas consequências para Atenas, e claro nas relações entre as duas cidades. Afora o fato de que ao se expressar sobre as muralhas, Temístocles deixou claro para os lacedemônios que Atenas não era mais aquela antiga, pequena, frágil e inexpressiva cidade, mas, que agora, pleiteava igualdade de condições com Esparta no âmbito da Liga Helênica, que daqui para frente se orientaria por seus interesses e pelos interesses gerais, a construção objetiva teve enorme consequências políticas, sociais e religiosas para a cidade, da forma como ela foi construída, se constituindo ainda de um valor simbólico calcado na realidade, de caráter inatingível para a maioria da população de Atenas, prolongando e expandindo a catarse e a emulação das vitórias nas guerras médicas para o cotidiano da cidade. E aqui está a chave mestra para entendermos aquela Atenas que emerge naquele fantástico século V, que consideramos fundamental para o entendimento de seu principal tragediógrafo.

O que ocorre em Atenas naqueles dias deve ser bem caracterizado, em todos os sentidos como uma revolução, na qual, por seu estilo de vida isonômico implantado após as reformas de Clístenes, todos os atenienses participam com um ardor patriótico e único, como se estivessem enfrentando um inimigo. Quero aqui chamar atenção para aquele excepcional momento vivido por aqueles atenienses, que tiveram, por duas vezes, que deixar para trás tudo que haviam construído para si-mesmos, que presenciaram todas as suas coisas mais caras,

---

46 TUCÍDIDES, 2001, p. 53-54. (grifo meu)

47 TUCÍDIDES, 2001, p. 54.

especialmente suas casas e seus templos serem destruídos e que, ao finalmente retornarem em relativa segurança, tiveram que se dedicar a trabalhar em um empreendimento comum, um trabalho social, em construir um bem público, uma muralha, fundamental para a segurança de sua cidade, que iria se contrapor à verdadeira intenção de seus inimigos, que era tratar sua cidade como se fosse um quintal, onde eles poderiam entrar sempre que quisessem. O trabalho é iniciado pela muralha Norte em direção ao Pireu, partindo do lugar mais emblemático, pleno de significado, no centro da vida espiritual e religiosa de Atenas, o *Kerameikós*, o antigo cemitério da cidade, situado na área onde se localizavam as oficinas de produção da cerâmica ateniense, lugar de passagem para as pessoas que entravam e saíam da cidade, que tinha fontes de água abundante para que eles se lavassem, além de ser uma área de entretenimento, de cerimônias religiosas e de enterro e sepultamento. Diga-se de passagem, que este é certamente o sítio arqueológico mais importante de Atenas tendo sido descoberto somente em 1870, sendo que a partir de 1913 o responsável pelas escavações e pesquisas foi o Instituto Arqueológico Germânico de Atenas, cuja maior descoberta se deu quando da expansão do metrô da cidade, no qual encontraram algo em torno de 1000 tumbas.

Para dar uma ideia simplificada da importância religiosa daquela área, basta citar que aí se encontravam os dois portões mais importantes de Atenas: o primeiro, o Arco Sagrado, que dava acesso à Via Sagrada, "ιερα οδος" (*hiera hodos*) que levava a cidade de Eleusis, ao santuário dos mistérios eleusianos dominado pelas deusas Demeter e Perséfone, onde anualmente, em setembro, partia de Atenas uma grande procissão de fieis para a celebração dos mistérios, e o "Διθυρον"(*Dypilon*, Arco Duplo), portão que dava acesso inverso, na direção da Acrópole, onde se iniciavam as festividades em honra da padroeira da cidade, Atena, na Grande Panatenaica, que se celebravam a cada quatro anos. Entre os dois arcos, foi construído um importante edifício público, *Pompeion*, uma larga quadra, rodeada por colunas e salas de banquetes, onde os nobres de Atenas comiam os animais sacrificados para o festival de Atena, dando início a procissão. Através do *Dypilon*, também podia se ter acesso a velha Academia, que se encontrava ao norte, a poucas milhas daí. Também nesta área, próxima a Academia, em um antigo templo dedicado a Dioniso tinha início, como vimos, o festival, em honra do Deus, As Grandes Dionisíacas, a festividade mais importante de Atenas no século V, representando a entrada na Ática de *Dioniso Eleutherion*, de quatro dias de duração, e cujo cortejo, dentre outros destinos, ia em direção as escarpas da Acrópole, ao teatro de Dioniso, onde se realizavam os grandes concursos da tragédia e da comedia áticas.

Pois bem, as muralhas de Temístocles dividem aquele espaço em dois, sendo que as oficinas de cerâmica ficam dentro da cidade e o cemitério com suas tumbas particulares, bem como as sepulturas públicas, onde Péricles pronunciou seu famoso discurso tão glorificado por Tucídides, ficam do lado de fora. As muralhas também ficam perfuradas pelos dois caminhos citados, com seus arcos dando acesso a Eleusis e a Academia, sendo que o Pompeion fica para dentro da cidade no limite da muralha. Entretanto, do ponto de vista arqueológico e também do ponto de vista histórico- cultural, a área de maior interesse é aquela fora das muralhas, que era o lugar dos sepultamentos, que funcionou neste local, desde 1200 a.C. até o período romano nos primeiros séculos d.C. Apesar de ter uma área considerável para os enterros, foram aproveitadas as vias para pessoas serem enterradas também, como no início da via sagrada, da via para a Academia, e em ruas paralelas como a via das tumbas, onde se pode constatar as várias fases históricas dos hábitos prevalecentes de enterros de pessoas, com uma enorme variedade de esculturas e de cerâmica em tumbas das famílias nobres de Atenas, de importantes estrangeiros que lá viveram, de embaixadores de distintas regiões da Grécia, bem como de pessoas comuns, sendo que a partir de então foram enterradas pessoas igualmente ao longo das muralhas.

As obras das muralhas foram feitas apressadamente, como salienta Tucídides, e de forma a aproveitar todo o tipo de material disponível. A melhor descrição deste processo é de Marie Delcourt, em *La vie d'Euripide: lecture de Michel Grodent*,[48] onde ela adequadamente chama atenção para o valor simbólico do mesmo, além de ressaltar a infância do poeta que viveu intensamente este tempo:

> Que bela volta nós *demos* aos espartanos. Nós vamos tão rápido em nosso desejo, que acumulamos os materiais sem tempo de os entalhar. É pelo muro do Norte que começamos; ele domina as Longas Rochas que descem a pico para a planície, escavando as grutas cheias de lembranças e de ex-votos. As fundações são feitas de pedras brutas tais como são carregadas. Por cima colocamos estelas funerárias, colunas de recentes ruínas, vinte e dois tambores em mármore pentelico não sulcados, que haviam

---

48 DELCOURT, 2004.

sido preparados para o Partenon de 480, e que foram salvos dos incêndios, depois tambores de colunas, e capitéis, arquitravas, triglifos e cornijas em tufo, as métopas em mármore vindo de um velho templo embelezado ano século VI pela magnificência dos tiranos e destruído por Xerxes. Tratava-se como de pedreira os cemitérios e os monumentos. Velhas lembranças de uma cidade saqueada, para que os conservar? Rebateremos com outros monumentos, todos novos e brilhantes, trinta anos mais tarde, quando tivermos tempo e dinheiro. É o estado da arte neste momento. Trata-se de se defender e de viver, depois do terrível alerta que revelou a todos o delicioso gosto da vida. Jamais poderá uma geração ter mais apetite pela vida que as crianças que jogam a "busca-busca" neste imenso canteiro de obras.[49]

Temístocles também aproveitou o momento para finalizar os 16km das muralhas no entorno do Pireu, iniciadas em seu arcontado, envolvendo os três portos de Muniquia, Zea e Cantaro, os dois primeiros para navios de guerra, e o terceiro dedicado as atividades comerciais, afora as indústrias navais que seguiam construindo trirremes numa média de vinte por ano. Tucídides salienta que neste caso a construção foi muito mais trabalhada, sem cascalho nem argamassa, mas grandes pedras quadradas e rejuntadas, presa uma as outras pelos lados de fora com grampos de ferro e chumbo, capazes de comportar o tráfego de duas carroças transportando pedras lado a lado. A ideia de Temístocles não era somente abrigar a frota de guerra e proteger seu principal porto, mas também que "[...] o Pireu seria mais útil que a cidade alta e frequentemente aconselhava aos atenienses a, se um dia se vissem fortemente pressionados por terra, descerem para o Pireu e resistirem ao inimigo com sua frota [...]",[50] nada distinta da tática preconizada por Péricles às vésperas da guerra do Peloponeso. A artimanha de Temístocles com relação as muralhas de Atenas jamais foi esquecida pelos lacedemônios, porém o ódio dos mesmos contra ele ficou consolidado quando se opôs ao plano dos espartanos de retirar da aliança aqueles estados gregos que não tinham combatido diretamente os persas, para não entregar definitivamente a aliança ao comando dos espartanos que dela poderiam utilizar para satisfazer todas suas vontades. Tendo conseguido a vitória no âmbito da aliança, Temístocles se tornava insuportável para os lacedemônios, que passaram a intervir diretamente na política ateniense, ao tentar com sucesso impor Cimon, filho de Milciades, de origem aristocrata e admirador dos espartanos, rival político do democrata Temístocles.

---

49 DELCOURT, 2004, p. 29-30.

50 TUCÍDIDES, 2001, p. 56.

Porém, volto à questão do crescimento do poderio ateniense, pois resta falar de que após o episódio das muralhas, a ala mais radical dos espartanos decidiu ter um papel mais relevante no Egeu, reafirmando a hegemonia espartana na aliança, depois do relativo abandono da região por Leotiquides, enviando o rei Pausânias filho de Cleombrotos chefiando os gregos em uma expedição naval contra Chipre e Bizâncio. As coisas iniciaram bem, já que os atenienses aceitaram sem questões a liderança de Esparta, e a frota de trinta navios atacou e conquistou com facilidade Chipre, libertando Bizâncio dos persas, conquista da mais alta importância, especialmente para Atenas. Porém, por estes acasos históricos, tudo iria bem para Esparta, se não fosse o caráter de Pausânias que se mostrou arrogante, tirânico e venal, com comportamentos para lá de inconveniente, que prejudicava os próprios espartanos. As reações foram imediatas especialmente por parte dos jônios e dos povos emancipados dos persas, que solicitaram que Atenas assumisse a liderança das ações. Cautelosos os atenienses decidiram não mais tolerar as atitudes de Pausânias e tentar resolver as questões da melhor forma possível. Esparta diante do inevitável convocou Pausânias de volta, e abriram inquérito contra ele, porém apesar de nada ter sido provado, ele não voltaria a ser comandante. Os lacedemônios ainda tentaram mais uma vez assumir o comando na Jônia, enviando um pequeno contingente com Dórcis como comandante, mas ele não foi aceito pelos aliados, retornando em seguida a Esparta. Esta desejosa de livrar-se da guerra com os persas, tendo em vista não repetir o fracasso de Pausânias não enviou mais nenhum comandante, considerando os atenienses competentes para assumir o comando da aliança. O caminho na região estava livre para Atenas, que por desejo e pressão dos aliados iônicos e insulares, acaba assumindo o comando da chamada Simaquia de Delos, apesar de não ter sido à idealizadora da Liga, oficialmente denominada "os atenienses e seus aliados", que surge naquele inverno de 478/477 a.C., em reunião na ilha sagrada de Apolo, após as arrogâncias de Pausânias e da reação de Esparta de se retirar da região, que deixavam a todos vulneráveis aos ataques persas.

A CRIAÇÃO DA LIGA DE DELOS: O IMPÉRIO ATENIENSE

Assim é criada a famosa Liga Ático-Delica, com praticamente os mesmos objetivos da liga criada pelos aliados gregos em 481 a.C., de defesa e liberdade de seus estados diante da ameaça persa, com a diferença que aquela envolvia os peloponésios, os estados da Grécia Central e mais tarde os estados das ilhas gregas e da Ásia Menor, e esta era constituída por Atenas e estes últimos estados. De acordo com Kagan, a liga delica incluía aproximadamente vinte membros das ilhas, 36 da Jônia, 35 do Helesponto, 24 da região da Cária e 23 da região da Trácia. Aceitando estes números como verdadeiros, e observando que nesta relação ainda faltam estados da Eubeia e da Beocia, estamos falando com Atenas de mais de 150 membros, se constituindo assim em um enorme desafio para aqueles estados, recém saídos de uma penosa guerra, tanto em termos de organização administrativa e financeira e particularmente, de comando, gestão e operação de uma frota da dimensão necessária para enfrentar os persas. Atenas era reconhecida como hegemônica, desde o seu início tendo Aristides, general experimentado, ferrenho inimigo da Pérsia, e com fama de justo, sido o organizador da mesma e responsável pela arrecadação dos recursos da liga. Este, de início, teve que resolver uma questão delicada, já que naturalmente todos os estados estavam obrigados a participarem das campanhas militares, porém na realidade isto era quase impossível para muitos deles, pois não dispunham nem de barcos, nem de homens disponíveis, e nem de serviços militares obrigatórios. Mediante cálculos certamente complexos, Aristides com base nos recursos econômicos de cada um, calculou o montante que os estados deveriam entregar ao tesouro da liga, e estes podiam contribuir com navios valorados, com pessoal disponível, ou mesmo em dinheiro, ou ainda, de uma forma mista.

Além disso, de acordo com Heródoto e de Aristóteles, que nos chama atenção unicamente para esta questão quando menciona a liga, os aliados se comprometiam a ter os mesmos amigos e inimigos de Atenas, com a garantia simbólica de que este pacto durasse até que os blocos de ferro arrojados ao mar, na ocasião retornassem a superfície significando em outras palavras que a liga deveria existir por um tempo indefinido, uma contradição explicita com os objetivos definidos da liga, de enfrentamento à ameaça persa, que, todavia não ficou adequadamente explicitada. De outro lado os recursos arrecadados seriam administrados por Aristides, e o comando de quaisquer ações militares da liga caberia aos atenienses. Importante salientar que, a princípio, a hegemonia não significava dominação, onde os atenienses, segundo Tucídides, exerciam; "[...] hegemonia sobre aliados autônomos e participantes nas deliberações das assembleias comuns."[51] Assim aparentemente como Atenas detinha apenas um voto, a igualdade prevalecia entre todos os membros,

---

51 TUCÍDIDES, 2001, p. 57.

porém a realidade era bem distinta, dada a assimetria do poder naval de Atenas, especialmente em relação aos pequenos estados, que tendiam a votar sempre com o poder hegemônico. O acordo inicial da liga era extremamente favorável para Atenas, pois atuando em um marco de igualdade, legalidade e de ausência de tirania, seu poder era total, em uma região em que se encontravam seus maiores interesses econômicos, além de daqui para frente contar sempre com amplos recursos financeiros, pelo menos para a expansão de sua frota, mas que na realidade foi utilizado para outros fins, consolidando de vez sua posição estratégica no mar Egeu, e além disso com enormes efeitos positivos sobre a situação política interna à cidade, especialmente para a consolidação da opção democrática na qual Atenas havia se engajado, desde os tempos de Clístenes, que atingiam a todos os cidadãos.

Entretanto, se existe total consenso de que no curto prazo a criação da liga traziam expressivos benefícios para a cidade, avaliar corretamente as consequências da administração e da expansão da liga de Delos, ao longo do tempo, para a vida futura de Atenas tem sido um enorme desafio para os historiadores. A criação do imperialismo ateniense, com todas suas mazelas, seus desgastantes conflitos com os aliados, junto com a sangria de vidas humanas, de recursos financeiros, que poderiam estar sendo aplicados em benefício do povo; a guerra do Peloponeso com a carnificina generalizada, a perda de gerações inteiras, a destruição dos campos, das lavouras, enfim todas as funestas consequências desta que foi o maior conflito da antiguidade, na qual Atenas não somente foi derrotada e submetida a Esparta, como também teve que administrar os riscos que foram colocados à sua democracia, que acabou sobrevivendo, porém com enormes implicações futuras. Porém, isto tudo é futuro, e o que importa para nós, a esta altura de nossas reflexões, é além de tudo que vimos apresentando desde que comecei a dar uma ideia da Atenas e dos atenienses, nos quais a vida e a obra de Eurípides está inserida de como situar este período que vai do término das guerras médicas – 480 a.C. – até o início da guerra do Peloponeso em 431 a.C., conhecida como *pentekontaetía* onde o poeta estaria com quase 50 anos – nasceu justamente em 480 a.C. –, e estaria lançando sua segunda tragédia de nosso conhecimento, *Medeia* – a primeira foi *Alceste* em 438 a.C. –, bem como o período que vai até o final da guerra, em 404 a.C., que se encerra dois anos após sua morte em 406 a.C., onde a maioria de suas obras são produzidas.

Podemos identificar algumas características gerais do período que vai até o início da guerra do Peloponeso, com extrema precaução e cuidado, já que, mesmo contando com Tucídides, que em seu livro faz um resumo do aumento do poderio de Atenas no período e que acaba desembocando na guerra, as informações e o conhecimento do mesmo são bastante pobres, especialmente no que tange aos aspectos sociais e políticos da própria *polis* de Atenas. A primeira inferência importante é de que desde Sólon até o fim das guerras médicas, a principal personagem da história é a própria *polis* de Atenas, e claro seus habitantes, na busca da melhor forma de viver, com liberdade, respeitando as leis, os deuses, e por que não, os outros, vivendo uma experiência única de implantação de um regime político com menos desigualdade entre os cidadãos, buscando o que foi denominado como a isonomia entre eles, e finalmente com uma atuação externa primordialmente restrita a defender seu estado. Porém dois fatos sumamente importantes colocariam Atenas em outro patamar histórico, com uma dimensão pan-helênica no primeiro, tendo em vista o desfecho das guerras médicas, em particular, devido a sua atuação na mesma, a qual se deve em grande parte a salvação de toda a Grécia, mediante seu papel na Liga Helênica, mas que também vai granjear aos atenienses qualidades diferenciáveis de coragem, destemor, inteligência, astucia, desprendimento e *philia* com os demais aliados. Além disso, difundiu-se uma tese, em Ésquilo, Heródoto e posteriormente em Tucídides, de que a atuação dos atenienses na guerra estava associada à natureza do regime político praticado em Atenas, o que concedia àquele desempenho características estruturais, de certa forma únicos, não sendo, portanto comparáveis ao povo de nenhum outro estado grego.

Entretanto, toda esta fama e prestigio de Atenas, que causava ao mesmo tempo admiração e medo pelo que os atenienses fizeram durante a guerra contra os invasores persas, foram muitíssimo reforçados, quase que imediatamente após, com a criação da liga de Delos, com a imposição da hegemonia de Atenas pelos associados, e pela dimensão e complexidade desta empreitada, levando a que a própria história de Atenas sofresse uma clivagem importante, de atuações relacionadas entre si, mas de consequências imprevisíveis. Simplificando: uma atuação para fora do estado de grande visibilidade e poderio, internamente à Grécia perante os demais estados, e uma atuação a nível internacional de comando e liderança em todos os sentidos, de enormes responsabilidades junto a mais de 150 estados com permanentes conflitos para a manutenção da unidade perante um inimigo de muito maior poderio. Por outro lado, uma atuação interna, de consolidação do chamado regime democrático, cujas bases já estavam bem estabelecidas, sem nenhuma ameaça externa ao território da cidade-estado, onde os cidadãos podiam praticar seus cultos com tranquilidade, podiam se desenvolver como pessoas e cidadãos políticos da *polis*, por meio de suas participações no processo político que ocorria especialmente junto a Assembleia, e tudo isto sob a égide de um enorme orgulho e autossatisfação pelo ineditismo da criação de um estado único, distinto de todos os outros, aparentemente indestrutível, que chamava a atenção do mundo, e para o qual acorriam as melhores cabeças pensantes da antiguidade, especialmente da Jônia e da Magna Grécia. Aqui, é importante não esquecermos de que pelo estágio em que se encontrava o regime político de Atenas, na década dos anos 70 do V século, no qual todos os assuntos de estado eram discutidos e votados pelos cidadãos da *polis*, pode-se imaginar o tamanho do desafio aos mesmos, tendo que enfrentar politicamente todas aquelas questões nas quais Atenas estava envolvida, tanto na Grécia, quanto a nível internacional com a Liga de Delos, além dos assuntos domésticos, de manutenção e avanços do próprio regime político, sempre sofrendo ameaças de grupos oligarcas, de grupos pró lacedemônios e de grupos eventualmente tirânicos.

Do nosso ponto de vista, relacionado com a vida e obra do poeta Eurípides, os acontecimentos iniciais das operações realizadas no âmbito da liga, sob o comando recente de Címon, filho do herói de Maratona Milciades, não nos trazem grande contribuição, a não ser por um episódio, que foi algo bem marcante, especialmente no sentido de clarear o entendimento sobre as principais características dos atenienses, e que teve várias consequências diretas sobre algumas das tragédias do poeta. O herói mítico, o benfeitor de Atenas, o político do sinecismo, o criador das Panateneias, o instaurador em suas grandes linhas da democracia, considerado filho de Poseidon, o grande Teseu, abandonado pelo povo da cidade no fim da vida, procura o exílio na ilha de Sciros, junto a seu amigo Licomedes e vem a morrer aí, segundo a lenda provocado por uma queda intencional de um barranco. Teseu havia sido traído pelos atenienses, como também foi traído pelo amigo Licomedes, com receio de Menesteu que havia assumido o poder em Atenas, e após sua morte foi esquecido até por seus filhos, que nunca recorreram contra Menesteu. Os atenienses honravam suas façanhas ao longo da vida, particularmente quanto ao ciclo cretense, onde enfrentou e derrotou o Minotauro e o rei Minos, mas esqueceram sua morte. Pois bem, logo após as primeiras incursões de Cimon no mar Egeu, houve uma forte pressão dos aliados tessálios para ele intervir na ilha de Sciros, habitada pelos dólopes, que sempre praticavam a pirataria, que haviam lhes roubado mercadorias que estavam sendo levadas para Ctesio. A ilha tinha uma posição estratégica no comercio marítimo, pois era um importante porto de apoio para os movimentos de mercadorias de Atenas com a Trácia e os Dardanelos. Cimon conquista a ilha, escraviza os piratas e estabelece uma colônia ateniense (*cleruquia*), liberando o comercio marítimo para atuar com segurança na região. Porém o mais significativo é que por orientação da *pítia*, e sendo guiado por uma águia que golpeia com suas garras e bico um montículo, Cimon inspirado pelos céus, descobre o ataúde de Teseu, reconhecido palas pontas de uma lança de bronze e pela espada de utilização comum na época, bem como por seu tamanho bastante incomum, típico dos heróis do passado. Os restos mortais de Teseu são transladados para Atenas, com grandes festas, e ele é enterrado dignamente em um local próximo da Acrópole, onde mais tarde se localizou o ginásio de Ptolomeu, sendo que seu tumulo torna-se a partir de então em um lugar de asilo para os escravos fugitivos e para os pobres perseguidos pelos ricos, porque quando vivo Teseu se caracterizava por sua humanidade (*philantropia*) sempre defendendo os pobres, os fracos e principalmente a justiça.

E aqui, mediante este gancho sobre Teseu, em continuidade ao que coloquei anteriormente sobre a cautela na aproximação àquele período histórico, vamos investir em nossas reflexões no sentido de captarmos com maior precisão e acuidade acerca do caráter dos atenienses daquele quartel do século V, já que partimos da hipótese de que Eurípides, tendo nascido em 480 a.C. compartilhou e certamente foi influenciado por aquela Atenas e pelos atenienses que viveram aquela excepcional época, até o início da guerra do Peloponeso em 431 a.C. Teseu havia recentemente renascido no coração dos atenienses, quando da gloriosa batalha de Maratona, onde os atenienses sozinhos derrotaram as forças do soberano persa, pois segundo Heródoto, os *marathōnomakhai* juravam terem visto lutando junto com eles, contra os bárbaros, o próprio Teseu, causando grandes e indizíveis emoções àqueles combatentes e a todos em Atenas. Os ossos de Teseu, retornam a sua querida Ática, com procissões e sacrifícios magníficos, diz Plutarco, como se ele estivesse vivo, em um momento especial para Atenas, de grande renovação, necessitando de um herói jovem que servisse de símbolo para a nova Atenas, bem como de jovens poetas, como Baquílides com suas odes e seus ditirambos em louvor de Teseu.[52] Porém, neste momento, os atenienses parecem esquecer o passado, no qual traíram a Teseu, repudiando sua volta ao comando da cidade, e de reconhecer que este estava longe de ser modelo de perfeição, que havia abandonado suas responsabilidades de dirigente para se envolver em aventuras pessoais para se fixarem no futuro, mediante a assunção do mito Teseu no sentido do aprofundamento das conquistas democráticas em curso, mais uma vez, simbolicamente conectados com a ilha sagrada de Delos, não somente por Apolo e Ártemis, mas, porque ao retornar de Creta, Teseu estabelece uma relação profunda com a ilha, com homenagens a deusa Afrodite, que é renovada todo ano mediante o envio de uma trirreme, a trirreme de Teseu, como parte de festividades religiosas. O momento era ainda mais especial, por que da mesma forma que os atenienses haviam se portado com Teseu, esquecendo rapidamente tudo o que ele havia feito pela Ática, diante de suas fraquezas pessoais, e coincidentemente, como agiram com relação a Sólon, renegando e denegrindo toda a obra do grande poeta e legislador, e finalmente o abandonando com medo do tirano que assumia o governo, eles voltavam as costas para o maior benfeitor de Atenas, o salvador da cidade e dos atenienses, o grande herói das guerras médicas, Temístocles. Odiado pelos lacedemônios, particularmente pelo episódio da construção das muralhas de Atenas e por suas colocações de independência da cidade em relação à Esparta, odiado pelos oligarcas locais, pelos avanços democráticos, causados por sua opção pelo poderio naval de Atenas, invejado e odiado por muitos devido a seu brilho, inteligência e sagacidade, era apenas uma questão de tempo e oportunidade para que seus inimigos o detratassem, levantando problemas pessoais ligados a obtenção de dinheiro, de conluio com Pausânias, de extravagâncias e outros. Punido com o ostracismo em 470 a.C., perseguido pelos lacedemônios e agora também pelos atenienses, vagou por vários lugares até ser acolhido por seus inimigos persas devido ao grande respeito que tinham por sua pessoa, tendo sido governador de Magnésia na Ásia, onde acabou se suicidando, segundo a lenda.

Neste ponto de nossa narrativa, algumas alternativas se abrem no desenvolvimento de nossas reflexões no sentido de nos aproximarmos da obra de Eurípides, via Atenas e principalmente mediante o

---

52 DELCOURT, 2004, p. 32.

que ocorria com o homem ateniense. Poderíamos agora acompanhar mais de perto as escassas informações disponíveis sobre sua vida na passagem de sua adolescência para a vida madura, com as influências religiosas do deus Apolo, com as influências teatrais de seu grande mestre Ésquilo, ou mesmo suas primeiras incursões na área de filosofia nos contatos com Anaxágoras, o filósofo da natureza, vindo de sua querida Jônia, e ainda as discussões com outros intelectuais que acorriam à Atenas, e nas quais estava presente o poeta. Porém este não é exatamente nosso objetivo, que é alcançado de forma magnífica tanto por Marie Delcourt como com Gilbert Murray, em seus livros sobre a vida do poeta. Outra hipótese seria continuar a descrever em detalhes, os desenvolvimentos de Atenas, tanto internamente, com o relativo retrocesso do modelo político democrático, na figura de Címon, de uma família oligarca de vultosos recursos, e partidário de uma aproximação com Esparta, para uma posterior passagem do comando do governo de Címon, para Efialtes e para Péricles, como a nível externo todas as ações que ocorriam no âmbito da liga de Delos, com o crescente poderio naval ateniense, agora financiado pelos aliados, no sentido de liquidar com a presença dos medos no Egeu, que teve como consequência o estabelecimento do imperialismo de Atenas. Porém, aqui, julgo que estas descrições não acrescentariam nada de substancial, ao que já foi colocado anteriormente em termos do processo político interno, e das consequências dos conflitos com os bárbaros, que é claro, atingiram, de alguma forma o espírito do poeta em seu processo intelectual e criativo, sendo que aquela caracterização tradicional de "bárbaros", perde muito daquele sentido mítico original, ou mesmo daquele conhecimento deficiente que tentava separar diversas identidades distintas, mas que assumiu uma concretude importante devido aos conflitos e a guerra, lançando luz na direção de um mútuo conhecimento, que iria ter grande impacto no desenvolvimento da obra do poeta.

VALORES DO HOMEM ATENIENSE

Não me resta melhor alternativa senão a de encarar as enormes dificuldades de entendimento que o século V nos traz, mediante uma análise mais abrangente, privilegiando determinados temas principais, tanto para o período entre o fim das guerras médicas e a constituição da liga de Delos, até aproximadamente o ostracismo de Címon, o assassinato de Efialtes e a assunção de Péricles ao poder, 461 a.C., quanto no período em que este último exerce um poder, classificado pelo próprio Tucídides como "de um homem só", onde enormes transformações econômicas e sociais ocorrem em toda a Ática, devido à nova estatura de Atenas tanto no contexto grego quanto a nível internacional, com o aprofundamento da prática democrática, a crescente participação do Estado na economia, e finalmente na ocorrência da Guerra do Peloponeso de tão graves consequências para Atenas. No sentido de contextualizar o primeiro período, encontro três situações bastante distintas, envolvendo Atenas e os atenienses. Em primeiro lugar, foi para a maioria dos atenienses um período de reconstrução em um sentido largo, já que envolvia a recuperação de seus bens imóveis, a retomada de suas atividades comerciais e de produção, em um ambiente bem mais tranquilo, com perspectivas econômicas sólidas, com um Estado mais forte financeiramente, com demandas constantes aos estaleiros do Pireu, e de necessidades crescentes de pessoal para as tripulações das embarcações. Assim, nos parece que neste primeiro momento, o movimento político na *polis* foi deixado um pouco de lado, sem grandes reações contra a presença de Címon pelo fato de ser um aristocrata, bem como por suas vitórias contra os persas no âmbito da Liga, porém com avanços significativos do poder político dos *demos*, devido ao seu maior peso e presença na economia real. Foi também, no que tange a história do pensamento, um período dominado pela presença do primeiro dos grandes trágicos, Ésquilo, já que seus dois companheiros tiveram suas atuações concentradas na segunda metade do século V, época onde também surgem os chamados "sofistas", que tanto influenciaram Atenas em múltiplos sentidos. Para descrever este período vou me utilizar da descrição apresentada por Delcourt, no livro sobre Eurípides:

> *Época difícil onde se debate a meia luz.* É impossível de se acordar os homens e os deuses se, ao final, *um não distingue radicalmente o que é dos deuses, o que é do homem e o que é da natureza.* Como fazer cada um, sua parte? A justiça que até então era familiar deve se tornar cívica. *O Estado não conhece outra coisa senão as famílias. E agora tem que dar conta dos indivíduos.* Hesitações e tatos de uma parte e de outra, do lado do Estado, do lado dos indivíduos. *Quais são os relacionamentos entre os deuses e a cidade, entre os cidadãos e a cidade, entre os membros da família?* Onde está o certo? Onde está o errado? Os coros de Ésquilo estão cheios destas genealogias que satisfazem o espírito dos velhos poetas: *o "insaciável" engendra a "desmedida", e esta engendra a "ruína" e o "infortúnio", ao contrário a "piedade" engendra a "razão sã" e esta a "prosperidade."*[53]

---

53 DELCOURT, 2004, p. 43. (grifo meu)

Ésquilo em sua obra apresenta como vimos detalhadamente no sexto capítulo, um painel da existência humana neste contexto tão bem caracterizado pela grande filóloga, voltada para alguns valores básicos como a *techné* prometeica, como a solidariedade, como a busca da justiça, e aqui, mesmo dentro de um espírito religioso e marcado pela ação dos deuses, pela solução de conflitos violentos estabelecidos, com afirmações vigorosas de parte a parte, em que o entendimento somente é alcançado após sofrimento e trabalho. Tanto no *Prometeu* quanto na *Oresteia*, os homens em conjunto com os deuses buscam algo mais justo em seus procedimentos, e tudo isto acompanhado por seus Coros, que mostram duvidar das justezas dos próprios deuses, demonstrando de forma inequívoca que é o homem que vai até o final do caminho, por se tratar de alguma coisa de muito fundamental para sua vida presente. Ainda neste sentido, e demonstrando o espírito novo que emerge naquela Atenas da primeira metade do século V, as velhas teorias sobre a desmedida, a *hybris*, das faltas cometidas e de seus castigos, Ésquilo, sempre atormentado por estas questões, já deixa transparecer uma diferença fundamental nas mesmas que é o fato concreto do reconhecimento da responsabilidade pessoal na qual o homem está naturalmente envolvido, levando por outro lado a que as instituições se humanizem no sentido de permitir um julgamento adequado e mais equitativo das questões.

Entretanto, o que mais chama atenção na questão da existência humana é que levados pelas circunstâncias, já a partir da primeira guerra médica os atenienses foram obrigados a dar uma resposta concreta aos acontecimentos humanos que estavam ocorrendo, mediante ações conjuntas e responsáveis, onde é evidente a exigência de uma definição altamente pessoal e singular, de certa forma independente das famílias, dos deuses, e do próprio Estado, apesar de que lutavam contra os bárbaros por tudo isto. Em certo sentido, aqueles homens atenienses que tiveram por duas vezes que abandonar tudo, e tiveram que lutar na guerra, sabendo que poderiam virar escravos dos medos deram respostas humanas muito mais avançadas, modernas e responsáveis que os próprios heróis em seus conflitos, que eram apresentados pelas legendas míticas nas quais os poetas trágicos baseavam suas peças. E nestes comportamentos os atenienses agiam de acordo com determinados princípios e características psicológicas, que acabaram por se impor, através dos quais todos os demais gregos passaram a reconhecer como sendo próprios dos mesmos. Analisando-se aquele período inicial do século V se constata que aquelas características utilizadas pelos atenienses em seus conflitos com os bárbaros, em um ambiente de guerra declarada, passaram a fazer parte de seus procedimentos de varredura dos persas do mar Egeu, sob o comando de Címon, porém se alastraram de forma sistemática nas próprias relações com os seus aliados da Liga de Delos, estando talvez na origem do imperialismo ateniense, ou pelo menos na forma como os próprios atenienses encaravam a questão. Não temos dúvidas da importância deste tema, reconhecido por poucos autores, dentre os quais Ehrenberg, em suas análises da política grega, já que inclusive, ele podia ser reconhecido em outras áreas, como nas do pensamento e dos comportamentos humanos em tempos de paz, e que teria efeitos duradouros ao longo do tempo, alcançando sem dúvida o século IV.

Desta forma, avançando neste complexo painel referente ao homem ateniense, no sentido de entender adequadamente suas essências básicas, vamos recorrer inicialmente a Guedes Ferreira, em seu livro *O homem de estado ateniense em Plutarco*,[54] ao analisar as vidas do herói Teseu, e dos alcmeônidas Péricles e Alcibíades. Na parte IV, a autora discorre sobre Atenas, o umbigo da Hélade, tentando o mesmo que nós: captar a essência daquela Atenas, e no seu caso específico, enquadrando-a entre o legado mítico e político de Teseu, e a atuação daqueles chefes de Estado. Inicialmente a autora recorda a citação clássica de Tucídides sobre o alerta feita pelos coríntios aos lacedemônios, em sua pretensão de enfrentar os atenienses, as vésperas da deflagração da Guerra do Peloponeso, onde eles citam parte daquelas características a que me referi. Prefiro, dada a importância daquela fala sobre os atenienses, apresentá-lo por completo, inserido no discurso dos coríntios, em Tucídides, *História da guerra do Peloponeso*, com tradução de Gama Kury:

> Jamais sequer meditastes a respeito do tipo de homens que são os atenienses, com os quais tereis de combater, e quão diferentes são de vós. Efetivamente, *eles são ávidos de inovações e rápidos para fazer planos e executar as suas decisões,* enquanto vos dedicais meramente a guardar o que já tendes, sem imaginar nada de novo e, quando afinal optais pela ação, sois incapazes de levar à finalização sequer o indispensável. Mais ainda: *eles são ousados muito além de suas forças, aventurosos muito além de sua capacidade de reflexão, confiantes em face dos perigos;* quanto a vós, fazeis menos do que vos garante a vossa força, desconfiais até daquilo que em vossa própria opinião é seguro, e quando os perigos se apresentam de-

---

54 GUEDES FERREIRA, 2012.

sesperais de livrar-vos deles. Além disso, *eles são rápidos em suas decisões*, enquanto contemporizais; gostam de aventurar-se em viagens, enquanto preferis ficar em casa (ausentando-se dos lares eles esperam ganhar mais, enquanto receais que, se tiverdes de sair em busca de algo, estareis pondo em perigo até o que já possuis). *Se vitoriosos sobre os inimigos, levam a sua vantagem até os limites extremos; se vencidos, recuam o mínimo possível.* E mais: usam seus corpos a serviço da pátria como se fossem de outra pessoa, mas suas mentes como se só eles as tivessem, a ponto de tudo ousar por elas. *Quando concebem um plano, mas falham na hora de realizá-lo, consideram-se espoliados de um bem que já lhes pertencia;* quando vão em busca de uma coisa e a obtém, julgam haver conseguido pouco em comparação com o que o futuro lhes reserva; *mas se acontece tentarem sem sucesso, voltam-se para novas esperanças, e assim compensam o fracasso.* Com efeito, somente para eles esperar e conseguir são a mesma coisa quando concebem um plano, porque num instante empreendem qualquer ação pelo qual se decidem. *Por isso eles se extenuam em dificuldades e perigos durante toda a sua vida, e menos que todos os homens eles se satisfazem com o que têm,* pois pensam que seu descanso é cumprir o dever e consideram a paz ociosa uma calamidade muito maior que a atividade incessante. *Portanto, se alguém resumindo tudo isso, disser que eles não nasceram para ter paz nem para deixar que os outros a tenham, estará falando certo.*[55]

A simples leitura do discurso fornece a dimensão das atitudes e comportamentos atribuíveis aos atenienses, dando-se o devido desconto pela natureza do discurso, não somente por seus aspectos políticos, como pelo momento de suporte para embasar uma difícil decisão respeito a guerra. Porém, fica uma nítida impressão de que no caso de enfrentar alguém com essas qualidades e características é um problema grande, dadas a energia, a inteligência, a ambição, a coragem, a aventura, a resistência, e a perseguição a seus objetivos que eles demonstram.

Em seguida, ela nos introduz a uma palavra grega de complexa e difícil tradução literal, a "πολυγραμοσυνη" (*poligramosine*) que é considerada por muitos como o principal traço do caráter ateniense, que de certa forma resume todas aquelas características mencionadas pelos coríntios. Ela esclarece:

> Esse dinamismo, esse empreendedorismo, essa prontidão para a ação que os impede de serem meros espectadores dos acontecimentos é, direta ou indiretamente responsável por todos os sucessos que Atenas logrou e pela crítica que os coríntios lhe fazem de nunca deixarem ninguém em paz.[56]

---

55 TUCÍDIDES, 2001, p. 70.

56 GUEDES FERREIRA, 2010, p. 120.

Ainda segundo ela, o entendimento de Péricles do êxito desta característica, de acordo com Tucídides, está relacionado com a superioridade do seu povo, o único capaz de combinar *érgon*, que representa a força física, a dinâmica de ação, a violência e *logos* que representa a paz, a inteligência, a persuasão e o civismo. Ela complementa este entendimento de Péricles:

> Isso significa que a sua ação (que parece desenfreada e intempestiva pela rapidez com que é executada) se baseia na pronta reflexão, ou seja, em uma reflexão que não se arrasta pelo tempo, pondo em causa a execução, antes pelo contrário: permite esclarecer as ideias antes de agir, logo, mostrar audácia com riscos calculados. Porque senhores desta capacidade, os atenienses preferem surpreender a serem surpreendidos, antecipar em vez de reagir, e mostram-se indignados com a apatia dos outros gregos.[57]

Entretanto é Ehrenberg quem vai mais fundo na caracterização deste traço de caráter dos atenienses e de suas implicações na política grega no artigo, *Polygramosine: a Study in Greek Politics*.[58]

Ehrenberg começa seu artigo, afirmando que *poligramosine* – ocupação excessiva, ingerência indiscreta, espírito intriguista –, e seu oposto "απραγμοσυνη" (*apragmosine*) – inação, inércia, que ama o retiro –, são nomes abstratos típicos do século V, indicando qualidades humanas como palavras do tipo *dikaiosine* – justiça, retidão, honradez – e *sophrosine* – prudência, bom senso, moderação, simplicidade. Porém nossas duas palavras, afirma ele, têm algo de muito peculiar: elas são opostos extremos, mas nada existe entre elas – não existem palavras intermediárias. Uma simples ação, ou, um simples ato "πραξις" (*prazis*), entende-se, não revela o caráter de um homem. É somente quando ele age "muito" ou "nada", que uma conclusão pode ser esboçada de sua natureza. O aspecto psicológico é de importância fundamental, mais do que das outras palavras, que também representam uma ideia. Como frequentemente ocorre em psicologia, é exatamente o contraste que ilumina cada particular qualidade. Aqui, nestas palavras diz ele, não existe ideia, existem apenas fatos psicológicos, no *busybodiness* – palavra em inglês que significa intrometido, enxerido. Ele utiliza esta palavra, explica, já que em inglês, ela significa algo concreto e não abstrato, no discurso ordinário, o homem, ao invés da qualidade. O *busybody* é realmente um tipo, que apesar de pouco amado, é profun-

---

57 GUEDES FERREIRA, 2010, p. 121.

58 EHRENBERG, 1947.

damente enraizado na mente inglesa e é indubitavelmente a legitima tradução de *poligramosine*.[59]

O desenvolvimento que Ehrenberg dá as suas reflexões sobre a *poligramosine* nos leva diretamente a Tucídides, abordando as várias fases do conflito dos ateniense com os lacedemônios, examinando a postura de seus principais dirigentes, como Péricles, Cleon e Alcibíades, a luz desta característica dos atenienses, analisando também os contemporâneos de Tucídides, como Eurípides e Aristófanes até alcançar o século IV. Ehrenberg mostra a evolução deste conceito em termos políticos ao longo do tempo, porém como nosso interesse está ainda concentrado na primeira metade do século V, vamos deixar para mais a frente essas considerações de Ehrenberg, a não ser pela constatação de que a *poligramosine* já havia se tornado um orgulho dos atenienses, especialmente quando trazido para o âmbito da política externa em suas relações com os aliados da liga de Delos, podendo-se afirmar com segurança que o imperialismo ateniense era o grande resultado da mesma, ou como bem diz ele, "[...] a 'poligramosine' era a base psicológica do imperialismo ateniense."[60]

Além disto, esta característica principal dos atenienses, segundo Guedes Ferreira facilita a demonstração de uma série de outros atributos, como a ambição, a ânsia do sucesso, sempre insatisfeitos, buscando mais e melhor sem se importarem com os riscos envolvidos, e como tais, abertos a adquirir novos conhecimentos derivados de experiências de outros e de outras áreas, evidenciando assim um verdadeiro interesse pelo progresso técnico, para ser aplicado em seu favor. De outro lado a *poligramosine* permite ainda que os atenienses explicitem mais assertivamente, duas de suas virtudes relacionadas entre si; a *philantropia*, significando, amabilidade, bondade, ação humanitária, amor aos homens, e a *eusebeia*, significando, piedade, respeito às leis e aos deuses, inocência, caráter irrepreensível, simplesmente duas das virtudes mais buscadas pelos seres humanos em todos os tempos como signos de felicidade e amor. Porém, atentem que mesmo em relação a estas virtudes, não se está falando de ideias, ou mesmo de sentimentos, apesar deles existirem, mas sim de ações concretas, de fatos reais, e é exatamente neste aspecto que podemos alcançar o que está por detrás da característica da *poligramosine*, que revela um comprome-

---

59 EHRENBERG, 1947, p. 46.

60 EHRENBERG, 1947, p. 47.

timento total da pessoa com *tudo*, com *muito*, daí se originando suas ações. E neste campo das ações, de acordo com Aristóteles, sobressai a própria tragédia ática, em que pontificam vários exemplos daquelas virtudes no comportamento de seus heróis, especialmente no caso, do herói ateniense por excelência, Teseu, tanto em Sófocles no Édipo em Colono, como nas obras de Eurípides, Héracles e as Suplicantes. Entretanto, ainda não é chegada a hora de examinar em detalhes as obras específicas de Eurípides, mas sim, de seguir com a análise em termos gerais do contexto ateniense, no intuito de entendermos adequadamente aquele complexo século V.

Sem a pretensão de estabelecer rigidamente nenhuma forma de periodização daquela época, porém antes de examinar a segunda metade do século V que para meus objetivos é sem dúvida o mais importante, particularmente a partir da ascensão de Péricles ao poder, podemos, em grandes linhas, afirmar que as grandes conquistas de Atenas, nas quais se evidenciaram as qualidades superiores dos atenienses, como fui mostrando até aqui, seja a nível das guerras médicas, seja a nível da consolidação do regime democrático, seja no próprio papel desempenhado a nível externo junto a liga de Delos, no sentido de livrar o Egeu do perigo dos persas, faziam já parte de um passado de glórias, ultrapassadas que foram por uma nova realidade que se impunha, na qual os desafios para a cidade-estado, que havia evoluído de uma pequena aldeia grega para dominar uma parte do mundo, seriam de natureza distinta porém muito mais complexos e difíceis de serem administrados. Portanto, teremos neste período, lado a lado, virtudes e defeitos que se acumulam, não necessariamente mediante uma convivência pacífica, longe da propaganda do "século das luzes", ou da "Escola da Hélade", que muitos analistas divulgam, olhando apenas para um dos lados da realidade. Para outros, a "Atenas Mítica" havia terminado, e os conflitos não iriam ficar restritos somente a Guerra do Peloponeso, se é que se pode falar desta forma, mas ao que igualmente ocorreu, em diversos planos distintos. A grande revolução ocorrida em termos econômicos e sociais para os habitantes da Ática, devido aos efeitos do imperialismo ateniense; as novas relações de poder nas quais o poderio naval junto com o Pireu assumiam uma posição de destaque; a crescente dependência dos cidadãos ao Estado Social; a atração que Atenas exerceu sobre a imigração de estrangeiros e de escravos; mas também em termos da história do pensamento, com a intensa participação dos grandes vultos atenienses do século V, Tucídides na história, Eurípides nas tragédias, Aristófanes nas comédias, e Sócrates na filosofia; a chegada dos sofistas, com suas técnicas de ensino e de retórica, ampliando em muito as discussões existentes sobre temas como, a verdade e o ser, o divino e o humano, a justiça, e finalmente sobre o *nomos* e a *physis*, abrindo passagem para a chegada dos grandes filósofos gregos do século IV, Platão e Aristóteles.

Procurar entender o que se passou na sociedade da Ática e de Atenas na segunda metade do século V em termos econômicos e financeiros, não é certamente uma tarefa fácil, não somente pela ausência de informações, mas também pela magnitude do que ocorreu em termos históricos e que tiveram consequências inevitáveis sobre aquelas questões. Vou iniciar a análise destas mediante alguns fatos que consideramos de suma importância para nosso entendimento. O primeiro e talvez o mais complexo é o derivado do poderio naval de Atenas, que segundo todos levou a criação do império ateniense que se caracterizou, por práticas imperialistas em relação a seus aliados. Normalmente, os analistas conhecidos e consagrados chamam atenção para alguns pontos determinados dos efeitos do império, chegando a admitir que o aprofundamento da democracia ateniense somente foi possível, por conta do império, e no caso extremo de Finley, ele ainda associa o império e a forma da democracia ateniense como fatores básicos para que não tivesse ocorrido em Atenas durante dois séculos inteiros a guerra civil.[61] Vejamos o que diz o próprio Finley sobre esta questão:

> A explicação, a meu ver, está no fato de que, durante o longo período em que se formou o sistema plenamente democrático houve ampla distribuição de fundos públicos, na marinha, no pagamento pela prestação de serviço como jurados, aos funcionários públicos e membros do Conselho, bem como o programa relativamente extenso de assentamento de cidadãos em território conquistado. Para muitos, essa renda pode ter sido apenas suplementar, e não suficiente, mas seu efeito de auxílio foi o que bastou para livrar Atenas do crônico mal estar grego: a guerra civil.[62]

É claro que as coisas não são assim tão simples, já que ao mesmo tempo o império trouxe igualmente vários e complexos desafios ao processo de democratização que precisamos entender, inclusive por que Finley ainda deixa de lado várias outras benesses que aparentemente Péricles concedeu as classes mais pobres: por exemplo, o *teorikon*, o fundo do Estado que financiavam as festas religiosas e públicas

---

61 FINLEY,1988, p. 101.

62 FINLEY,1988, p. 101.

com o pagamento de dois óbolos aos cidadãos pobres; o amplo programa de construção que a partir de 450 a.C. os recursos dos aliados permitiram, como a realização do Partenon e das demais obras primas na Acrópole, que geraram emprego a várias classes de profissionais de forma continua, e finalmente que durante todo o período da hegemonia naval de Atenas, conseguiu-se o abastecimento de alimentos, basicamente grãos, vindos do oriente, para a população, que crescia continuamente, a preços cada vez mais acessíveis à população de baixa renda. A tese de Finley de que os maiores benefícios do império foram parar nas mãos dos democratas pobres que buscavam a igualdade em Atenas é absolutamente correta, e que o financiamento do Estado também já não pesava tanto nas mãos dos aristocratas também é correta, pois, mesmo arcando com aquelas despesas tradicionais, denominadas "liturgias", pagamentos obrigatórios efetuados pelo desempenho direto de certas obrigações públicas, o grosso do financiamento do Estado vinha em grande parte das taxações e impostos sobre uma classe mercantil controlada em grande parte por pessoas não cidadãs, das contribuições dos aliados da liga de Delos que a partir de 454 a.C. já estava sendo depositado na Acrópole, e não mais em Delos, e finalmente algo que ficou esquecido pela maioria dos analistas, que eram os recursos da extração de prata de Laurion, que permaneceu ativa até quase o final da guerra do Peloponeso, todas as fontes, portanto, fora dos esquemas internos de algo que podemos denominar de "economia cidadã".

AS TRANSFORMAÇÕES POLÍTICAS, ECONÔMICAS E SOCIAIS NA ÁTICA

A situação econômica e financeira era, portanto, preocupante, uma vez que a renda gerada para manter todos aqueles privilégios não vinha do trabalho e da produção interna, mas era gerada fora como se fosse um enclave econômico, e Atenas se via cada vez mais obrigada a manter a hegemonia na liga de Delos, já que sua economia dependia dela em um grau extremo, e isto ficou claramente visível quando da Paz de Calias em 449 a.C., entre os atenienses e persas, onde teoricamente a liga já não se justificaria, pois seus objetivos haviam sido atingidos, com os persas reconhecendo o domínio do Mar Egeu pelos gregos. Para melhor entendermos esta situação, pode-se imaginar que quando de sua ascensão ao poder, em seus embates contra Címon e contra Tucídides – o general –, Péricles montou um esquema indestrutível com os cidadãos atenienses, no sentido de ser eleito estratego e líder do Estado, no qual ele assegurava todos os benefícios possíveis àquela população, que preponderantemente frequentava e votava na Assembleia. É neste contexto político que devemos ver o enfraquecimento concomitante do Aerópago, pois como garantia dos recursos necessários, ele administraria o complexo poderio naval de Atenas, tomando todas as medidas necessárias para não somente defender e manter o império, mas com o objetivo claro de expandi-lo, contudo, devido as suas qualidades de liderança, sem arriscá-lo em aventuras desnecessárias.

Péricles cumpriu todo o roteiro: por um lado, garantiu a renda dos marinheiros e todos envolvidos no programa naval, criou e expandiu a "μισθοφορια"(mistophoria) para jurados e servidores públicos, em parte decorrente do enfraquecimento do Aerópago, criou o *teorikon* para os pobres devido à importância cívica das festividades religiosas, que no caso do teatro de Dioniso ainda tinha um importante fator educacional para a *polis*, incentivou as cleruquias nas colônias, por meio de colonos atenienses, todas destinadas a garantir uma renda adicional aos cidadãos, permitindo que eles cumprissem com sua obrigação pública de quando em Atenas votar na Assembleia. Por outro lado: promoveu o completo fechamento de toda a região do Pireu, com a construção das largas muralhas tanto para o Pireu como para Falero, criando um espaço de garantia e acolhimento dos atenienses em casos de agressão a Atenas; devido ao fracasso de Címon e seu ostracismo, rompeu a aliança helênica com Esparta, promoveu pactos com alguns de seus principais concorrentes do istmo, Argos e Megara, solucionou o conflito com Egina como decorrência de suas ações na Beocia; garantiu, como já demonstrei, por meio de suas ações na liga o adequado fornecimento de cereais a preços acessíveis para a população ateniense e mais tarde, transferiu os recursos da Liga para Atenas, após o fracasso da intervenção no Egito, além de ter utilizado tais recursos para promover emprego para uma parcela significativa dos trabalhadores atenienses em um amplo programa de construção e embelezamento da cidade. Porém, seu lance mais ousado e criativo, deixando até os dias de hoje muitos analistas importantes perplexos, foi o de restringir ao máximo as condições para que uma pessoa fosse considerada cidadã ateniense, com a obrigação de que ambos os pais deveriam ser cidadãos atenienses. A lógica de Péricles foi, neste caso, perfeita, pois além do enorme capital político alcançado com os já considerados cidadãos, ao restringir o crescimento do universo destes, ele aliviava o peso futuro dos benefícios que estavam já pactuados para o Estado, que por isonomia teriam que ser expandidos para os novos cidadãos. Esta medida coloca igualmente em dúvida as colocações de Aristóteles sobre a criação da *mistophoria*, ao justificá-la para se contrapor à riqueza e desprendimento de Címon com relação aos cidadãos, indicando que aquela medida do estratego Péricles estava inserida em uma política pública de longo prazo, em termos da consolidação da democracia.

A contrapartida do *demos*, em relação a pessoa física de Péricles enquanto estratego e líder do governo foi igualmente cumprida já que ele foi eleito por dezenove anos seguidos para aquele cargo, e exerceu o mando como se fosse um "tirano", segundo palavras de Tucídides. Interessa aqui ressaltar um ponto fundamental em relação ao império, relativo à questão ética da política imperialista de Atenas, de submissão dos aliados que Finley desenvolveu de forma naturalmente brilhante, analisando uma questão mais teórica do interesse nacional na deflagração de guerras por um Estado no exterior. De todo o exposto por Finley fica razoavelmente claro que ao longo daquele período, a questão do império era uma unanimidade tanto entre os cidadãos pobres quanto com relação aos ricos, não tendo havido nenhuma discussão sobre o assunto. Por outro lado, estes atenienses, vivendo em uma sociedade onde existia escravidão, na qual os estrangeiros eram bem aceitos e recebidos mas não tinham direitos políticos, e onde as mulheres eram excluídas da vida cívica, a sujeição de outros Estados ao poder de Atenas, bem como a denominação de súditos às pessoas que viviam naqueles Estados conquistados, era considerado uma coisa normal, chegando Péricles a afirmar que nenhum dos súditos ou dos aliados de Atenas poderia reclamar de ser dominado por um povo indigno. Finley conclui:

> O conceito grego de "liberdade" não se estendia além da própria comunidade: a liberdade para os integrantes de uma determinada comunidade não implica nem na liberdade legal (civil) para todos os outros que nela residem, nem na liberdade política para integrantes de outras comunidades sobre as quais ela exerça poder.[63]

E aqui, ainda pode-se especular, que de certa forma, todos os que participavam diretamente das ações externas do império, bem como todos os que usufruíam em alguma medida dos benefícios dele, tinham plena consciência de que a manutenção, exigia uma política de força, de exercício do poder. Isto somente era alcançável através de

---

63 FINLEY, 1988, p. 106.

uma vigilância constante do que ocorria nos demais estados gregos, mas também naquele mundo na qual a Grécia estava envolvida, e de estar permanentemente em guerra contra possíveis adversários ou concorrentes, não abrindo mão de seu controle sobre os aliados, não permitindo defecções em suas bases. Resumindo: naquela altura do século V, especialmente a partir da ascensão de Péricles, após todas as decisões de políticas públicas das quais viemos tratando, e dada a posição central e fundamental do império, simplesmente não existia para os atenienses a hipótese de voltar atrás, ou mesmo modificar a lógica dele, tornando extremamente rígida a política de sustentação, significando além disso que as guerras nas quais Atenas estava envolvida, não tinham um caráter de excepcionalidade, mas que faziam parte inerente àquele modelo de imperialismo, conforme aliás ficou comprovado posteriormente, quando da Guerra do Peloponeso.

Finalmente, para encerrar estas considerações sobre as questões econômicas e financeiras de Atenas daquela época, e dadas estas condições gerais tanto internas como externas, vários ajustamentos de comportamentos dos agentes econômicos passaram a ser visíveis. Internamente, a política de aprofundamento da democracia envolvendo tanto os ricos, quanto os pobres, caminhava para uma "isonomia de interesses" entre eles, porém com uma forte característica de "exclusão", das demais classes de habitantes quanto aos benefícios diretos do sistema, porém com um aumento significativo da demanda por seus serviços. Tanto os escravos, como especialmente "os metecos", passaram a ter um papel bem mais significativo na economia ateniense a partir daquelas políticas adotadas. Os números de escravos em Atenas, ao início da guerra do Peloponeso girava em pouco mais de 100.000, de acordo com Gomme e Ehrenberg, porém existem razões fortes para se pensar que este número deve ter crescido bastante após 480, e mais ainda após 450 a.C., devido a várias razões, desconhecendo-se, entretanto, se tais razões foram levadas em conta nos números apresentados, apesar de que Glotz já falava em mais de 200.000 por aquela época. Vou me valer novamente de Finley, sobre esta matéria, em seus livros *Escravidão antiga e ideologia moderna*,[64] e em seu clássico *La Grecia Antigua*.[65]

---

64 FINLEY, 1991.

65 FINLEY, 2008.

Do primeiro, vou inicialmente extrair as três condições necessárias para existir uma demanda suficiente de escravos em uma sociedade, que claro existiam na Ática desde o século VI:

> A primeira, num mundo predominantemente agrário, é a propriedade privada da terra, suficientemente concentrada em algumas mãos para que a força de trabalho permanente, necessite de mão de obra extrafamiliar. A segunda é um desenvolvimento suficiente dos bens de produção e mercado para a venda, sendo irrelevante tratar-se de um mercado distante, um mercado de exportação em sentido vulgar, ou de um centro urbano próximo, uma vez que os escravos devem ser regularmente importados em grande quantidade. A terceira condição é negativa: a inexistência de mão de obra disponível, obrigando os agenciadores de trabalho a recorrer a estrangeiros.[66]

Não é necessário grande esforço de reflexão para demonstrar que a demanda por escravos em Atenas deve ter crescido exponencialmente no século V, tendo presente, como acentua Finley de que não haviam atividades nas quais não estivessem ocupados os escravos, a não ser as políticas e militares, e mesmo nestas, dominavam a polícia de Atenas e o que se podia chamar de "serviços inferiores da administração". De outro lado, estiveram a ponto de monopolizar os trabalhos nas minas e nos serviços domésticos.

O primeiro fator de pressão sobre a demanda de escravos, dada uma situação pré-existente, ocorreu após as reformas de Clístenes, com as novas atribuições da Assembleia e seus novos integrantes representando os dez *demos*, envolvendo literalmente todos os cidadãos da Ática, que passaram a priorizar suas atividades políticas, em detrimento de suas atividades produtivas, tanto no campo quanto na cidade, inclusive porque para os atenienses era uma questão grave qualquer tipo de omissão dos cidadãos, claramente colocada tanto por Sólon no século VI, quanto por Péricles no V. A este fator primordial vieram agregar-se os benefícios concedidos por Péricles para os jurados e para desempenho de algumas funções públicas, que em termos econômicos cristalizaram aquela demanda por escravos, acrescida ainda uma vez mais pelo decreto do próprio Péricles que colocou um freio na expansão do número de cidadãos em Atenas, por suas condições de que ambos os pais tinham que obrigatoriamente serem cidadãos atenienses. Outro fator que deve ter incrementado a demanda por escravos foi a prioridade do programa naval instituído por Temístocles, por ocasião das guerras médicas, que foi expandido de forma significativa com a liga

---

[66] FINLEY, 1991, p. 89.

de Delos, pois a maioria das tripulações dos navios era constituída por cidadãos livres, mas que pertenciam as camadas mais pobres da população ateniense, "os tetes", justamente, aqueles trabalhadores que concorriam com o trabalho escravo, reduzindo ainda mais a oferta de mão de obra, a terceira condição levantada por Finley. Neste mesmo sentido o grande programa de construção de Atenas empreendido por Péricles com os recursos da liga também deve ter funcionado, restringindo ainda mais a oferta de mão de obra disponível, e consequentemente aumentando a necessidade de escravos.

Por outro lado, a este expressivo aumento da demanda de escravos deve ter ocorrido um aumento ainda maior da oferta, devido inicialmente a quantidade de Estados invadidos e escravizados por Atenas no âmbito da liga, alguns deles em suas tentativas de defecção daquela, outros que foram incorporados a ela, além de todas as demais condições da atração que Atenas despertava naquele mundo antigo, por suas condições econômicas e financeiras, mas igualmente pelo tratamento que se dava na cidade aos escravos, distintas de qualquer outro estado grego, aí incluída Esparta. A ideologia dominante em Atenas desde os tempos de Teseu era pelo tratamento humanitário de pessoas que necessitavam de algum auxílio, estendido para os estrangeiros, e este procedimento foi ainda estendido aos escravos, e, além disto, por mais paradoxal que seja, o fato de existirem cidadãos livres com todos os direitos políticos e sociais, convivendo em perfeita harmonia e em liberdade com "não-cidadãos" livres, levava a que o tratamento aos escravos, no fundo, se aproximasse bastante das existentes entre aqueles dois extratos de homens livres. Podendo ser coincidência histórica ou não, o fato é que o desconhecimento sobre as origens dos escravos de Atenas é algo espantoso, existindo muito pouca referência ao assunto, mesmo entre historiadores e escritores da época, sobre o qual o próprio Finley, que desenvolveu extensas analises sobre a escravidão Greco-Romana, foi obrigado a referir-se em termos vagos, que possivelmente as regiões do Danúbio e do Mar Negro, devem ter se constituído nos maiores supridores da mercadoria "escravos" para a *polis* ateniense. Entretanto, aqui estamos tangenciando um assunto que vamos nos aprofundar adiante, referente aos "metecos", e ao papel do que denomino "república do Pireu" naquele conturbado século V, nas transações comerciais de toda e qualquer natureza e obviamente de escravos, que envolviam a maioria dos setores econômicos de Atenas, tanto a nível interno como externo.

Porém, antes disto, gostaria de olhar com algum cuidado, para a questão da estrutura familiar, ou do *oikos* na Ática naqueles tempos. Durante as guerras médicas, de acordo com a estratégia de Temístocles as famílias de Atenas e de alguns outros *demos* vizinhos, tiveram que abandonar suas casas e se refugiarem, seja em Salamina, seja em Trezena ou em Egina. Por duas vezes, isto ocorreu, e claro, nesta eva-cuação, ocorreu uma separação evidente entre o homem, que tinha que combater os medos e a mulher que independentemente do local, tinha que assumir o controle do *oikos*, com filhos, servas e possivel-mente escravos. Os penosos retornos foram realizados após as guer-ras, porém debaixo de grandes incertezas quanto ao futuro, já que a ameaça persa não havia desaparecido, e neste sentido imagino que novamente aqui é possível que as relações entre o homem e a mulher tenham se alterado, em relação à pré-existente, antes da guerra. Logo após a criação da liga de Delos, Aristides, seu mentor, de acordo com Aristóteles em sua Constituição,

> [...] aconselhou os Atenienses a assegurarem a hegemonia e a descerem dos campos para passarem a habitar na cidade, onde todos encontrariam forma de sustento: uns em expedições militares, outros em serviços de guarnição, outros ainda na administração dos assuntos da comunidade, e assim haveriam de manter a hegemonia [...].Concedeu-se, portanto, à multidão abundância de sustento, conforme Aristides havia proposto; acontecia de fato que o rendimento de tributos, de impostos e dos aliados permitia alimentar mais de vinte mil homens.[67]

Independentemente de suas funções, que Aristóteles detalha com precisão, estamos falando de quase 50% dos cidadãos livres, um con-tingente expressivo e significativo, que tinham direitos políticos e, por-tanto, votavam na Assembleia. Porém, aqui o relevante é que estamos diante de um êxodo dos campos para a cidade nada desprezível, que mais uma vez vai afetar diretamente a estrutura do *oikos*, podendo ter ocorrido duas situações distintas: a primeira que a mulher permanece na propriedade, comandando o *oikos*, possivelmente com uma estrutu-ra distinta com mais servas e escravos, e a segunda que toda a família emigra para a cidade, arrendando a terceiros a propriedade. De qual-quer forma, o novo arranjo familiar vai ser bem distinto do existente, e me parece evidente que as relações entre o homem e a mulher são al-teradas, mas é profundamente verdade na primeira situação. Levando esta reflexão mais adiante, com a introdução das políticas públicas de

---

67 ARISTOTELES, 1986, p. 59.

Péricles, as quais já foram por nós analisadas, suas consequências práticas levam no sentido de agravar ainda mais esta situação, onde os homens, agora de alguma forma remunerados, optam por se dedicar ainda mais às questões políticas, abandonando as atividades produtivas, levando-os a uma maior dependência de recursos do Estado, mas significando, por outro lado uma alteração de padrões para a maioria das *oikos* atenienses, claramente transformando o papel da mulher na sociedade, algo que vai ainda se tornar bem mais dramático a partir do início da Guerra do Peloponeso, com a estratégia de Péricles de permitir as seguidas invasões dos campos da Ática pelos lacedemônios, com a concentração da população no Pireu.

Todavia, nosso maior desafio na direção de nossas reflexões é o de tentar entender adequadamente, as relações que foram criadas entre a *polis* de Atenas com seu regime político estruturado, e a importante região do Pireu, com seu *demos*, suas três angras, que junto com sua muralha interna, as grandes muralhas que a ligavam a Atenas – posteriormente com a muralha de Falero –, se tornou, desde Temístocles, em um enclave econômico, financeiro, comercial, estratégico, de grande poder, e um elemento fundamental na política do império ateniense, aí incluída a Guerra do Peloponeso. Quando Temístocles lançou sua ideia de tornar Atenas uma potência naval ao princípio do século V, sua primeira providência foi abandonar o porto de Falero para o fortificado Pireu, com seus três ancoradouros. Neste primeiro momento, a preocupação central era com a segurança de Atenas, já que Falero era uma praia aberta, altamente vulnerável a qualquer invasão marítima, como frequentemente ocorria principalmente pelos eginetas. A muralha interna ao Pireu e as muralhas entre Atenas e o Pireu, além da segurança de Atenas do ponto de vista marítimo, trazia embutida outra ideia, que em caso de uma invasão terrestre através da Beocia, por exemplo, Atenas sobreviveria, com seu porto funcionando, tanto comercialmente como militarmente, mas também abrigaria a população, que aí se localizaria, mantendo os serviços básicos para a sobrevivência das pessoas. Formou-se um vínculo totalmente novo, com uma intensa integração entre o porto do Pireu e Atenas, com um forte conteúdo político, social e administrativo, pois afinal, tratava-se da segurança da comunidade em caso de agressão, mas igualmente com conotações religiosas. Inicialmente nos parece que tanto Temístocles como os demais dirigentes atenienses não atentaram para as consequências econômicas e comerciais do novo porto, das quais, algumas, parecem bastante evidentes. Um porto muito mais abrigado e protegido, junto a uma cidade relevante e moderna, planejada por Hipodamo, o célebre arquiteto jônio, com adequada oferta de mão de obra, com facilidades de acessos terrestres e marítimos, a menos de 10km da cidade de Atenas, com uma atividade comercial intensa já conhecida em toda a Grécia, e com grande vantagens comparativas com os demais portos da região, sejam de Megara, Corinto, Egina ou mesmo do Peloponeso. O porto do Pireu possuía três angras distintas, Cântaro, Zea e Muníquia, com embarcadouros próprios e acessos diferenciados, o que permitia uma conjunção perfeita entre as atividades de caráter militar, com as atividades de movimentação de pessoas entre as ilhas, com as atividades comerciais mais sofisticadas do comércio exterior com outros Estados e Regiões do Mundo, além de possuir uma retro área na direção da Baía de Eleusis, que permitia o desenvolvimento da indústria naval grega, com seus estaleiros, e tudo isto podendo ser comandado com enormes facilidades, permitindo uma total interação entre elas, alavancando as trocas intersetoriais e consequentemente a produtividade do conjunto. Quando Temístocles consegue montar o esquema de financiamento para a construção dos trirremes através das minas de Laurion, ele conta com a estrutura do Pireu, tanto no fornecimento de materiais, quanto no fornecimento de mão de obra especializada, e principalmente com uma infraestrutura já montada para a construção das embarcações. Neste contexto, é fundamental ressaltarmos a importância naquela época para a conjunção das atividades militares com as atividades comerciais e mercantis, que na realidade foi durante alguns séculos o diferencial do porto do Pireu, e da expansão marítima da própria Atenas. A segurança dos embarques e desembarques de mercadorias bastante valiosas para a execução do programa naval, as garantias para a movimentação de produtos importados e exportados, além da confiabilidade nas movimentações, levou a que o Pireu se transformasse no maior empório comercial da antiguidade, contando ainda por cima com a proteção de Atenas, enquanto potência marítima no transporte de longo curso, em mares pleno de piratarias, agressões e tentativas de saque.

Enquanto os dirigentes atenienses demoraram para perceber o que estava ocorrendo no Pireu, diante mesmo de seus olhos, "estrangeiros", de várias partes, gregos e bárbaros, ligados nas atividades comerciais, mercantis e industriais, logo perceberam e acorrendo para lá, se estabeleceram profissionalmente, habitando ou, na cidade junto ao porto, ou, em Atenas. Cornford em seu livro *Thucydides Mythistoricus*,[68] estima que a população de Atenas e do Pireu entre 510 e 430 cresceu de 20.000 para 100.000 habitantes, um crescimento de 500%, o qual, não existem dúvidas, devido principalmente ao fluxo daqueles estrangeiros interessados em participar de atividades ligadas ao Pireu. Cornford timidamente se refere que Atenas não era mais uma cidade, mas duas, devido ao Pireu. Porém, em nosso entendimento, as consequências foram muito mais longe, especialmente em termos econômicos e financeiros para a sociedade ateniense, apesar de todas as precauções tomadas para que o modelo institucional e político da *polis* de Atenas não sofresse nenhum abalo.

Veja como funcionava a economia do Pireu, diferentemente da economia que funcionava na *polis*, que era baseada na propriedade rural, fosse ela pequena, média, ou grande, que ainda definia igualmente as classes sociais desde Sólon, de acordo com os rendimentos associados à terra. Uma grande parcela da população do Pireu era de "metecos", os quais para poderem trabalhar pagavam ao Estado uma taxa anual de doze dracmas (*métoíkion*), sendo que os mais pobres possivelmente se alistavam na marinha, e os demais procuraram se estabelecer nas atividades comerciais. Aqui, devo fazer uma pequena digressão com relação aos metecos e suas funções, pois a necessidade dos serviços especializados na área comercial, especialmente quanto ao comercio exterior, já havia sido constatada e apontada por Sólon no século VI, tendo ele lançado um programa de incentivo para que estrangeiros pudessem emigrar para Atenas, diante da pobreza do solo ateniense, que os obrigava a importar alimentos, e para tal deviam exportar seus produtos industriais, que a época se restringiam basicamente a produtos da área de cerâmica e de óleos de azeite. Estas atividades tanto comerciais quanto industriais, diga-se de passagem, não eram bem vistas pela população ateniense, ligados as atividades rurais, e tal postura era ainda predominante no período que estamos examinando. Entretanto, apesar disto, os metecos eram bem tratados em Atenas sem grandes discriminações, a não ser às conhecidas relativas aos direitos políticos, sendo interessante ressaltar que a proteção de Palas Atena recaia sobre os cidadãos atenienses, mas também sobre os metecos que trabalhavam na cidade, como fica claro nos frisos do Partenon, como ao se ler as referências feitas pelo Pseudo Xenofonte, na República dos Atenienses sobre a importância dos mesmos:

---

68 CORNFORD, 1907.

Em Atenas há a maior arbitrariedade incontrolada a respeito de escravos e metecos; não é possível surrá-los e um escravo não lhe dará passagem. Eu mostrarei o porquê desta prática: se fosse possível surrá-los, um cidadão seria facilmente confundido com um escravo, meteco ou liberto e seria surrado. Isto porque não se distingue cidadãos de escravos e metecos nem pela roupa, nem por um exterior melhor... Temos então estabelecido uma certa igualdade entre escravos e libertos e entre metecos e cidadãos. Quanto aos metecos, a cidade necessita deles devido as muitas e diferentes atividades comerciais e, também à Marinha. Por isto concedemos aos metecos uma equidade.[69]

No sistema tributário grego, como de uma forma geral, na antiguidade, não existiam tributos sobre as propriedades, como também não existiam tributos sobre a renda, assim afirma Finley, sendo que no caso do Pireu, o Estado auferia alguns recursos mediante as tarifas portuárias, os impostos indiretos sobre as tarifas, e também sobre a manutenção das embarcações e provimento das tripulações. Entretanto, o Estado praticamente nada auferia diretamente sobre as atividades de compra e venda de mercadorias, que era na época um montante de recursos extraordinários, sem controle, dependendo unicamente das forças de mercado, e onde os comerciantes instalados e operando no Pireu, tinham um poder ilimitado. Com base em estimativas de Cornford, o movimento no Pireu, após a guerra do Peloponeso alcançava 2.000 talentos/ano, o que nos leva a supor que ao início da guerra aquele montante deveria ser no mínimo maior em 50%, algo em torno de 3.000 talentos, significando um movimento igual a 30 vezes o que era gerado nas minas de Queroneia. E novamente aqui temos que entender o que significava a política conjunta do império de associar o comércio de uma forma geral, em especial o que era realizado por via marítima, com o poder militar que Atenas exercia sobre os demais estados. A maior parte das mercadorias de elevado valor somente poderia ser comercializada pelo Pireu, já que o risco de determinado estado importar diretamente era grande, podendo ser excluído dos mares, e sofrer retaliações de Atenas.

Desta forma podemos imaginar que o Pireu não somente atendia as demandas de importação e exportação de produtos da Ática, mas de uma enorme quantidade de estados gregos e estrangeiros, que de alguma forma eram comercializados sempre com uma "pernada no Pireu", e se estamos corretos, dado o espírito reinante naqueles tempos, os

---

69 QUARANTA, 2014, p. 7.

recursos auferidos nos negócios eram reinvestidos, no sentido de sua expansão em termos de mais estados a serem atendidos, bem como de novas correntes de negócios a serem trabalhadas, o que evidentemente deve ter gerado reações significativas à já enorme presença dos atenienses naqueles negócios, e muito mais em suas pretensões de controlar outros fluxos de comercio. Duas questões adicionais sobre este assunto se impõem: as transações no comercio exterior da época, ainda não eram identificadas de forma clara, não se tendo conhecimento acerca dos principais atores privados que estariam por detrás delas, sendo, portanto, atribuído diretamente ao Estado, no caso, Atenas, a responsabilidade por aquelas ações, para o bem ou para o mal, e claro, as reações esperadas eram identificadas como sendo de outros Estados, levando a que as soluções somente seriam alcançadas, com a submissão ou a guerra entre os Estados, aumentando em muito as probabilidades desta segunda alternativa. E por outro lado, o mercado exterior não era regulamentado, não existiam mecanismos claros de estabelecimento de cotas de produtos de um Estado específico, funcionando o sistema "tudo ou nada" nas transações, que evidentemente se guiavam por dois atributos fundamentais, preços e garantias de fornecimento. Novamente a importância do poder militar e, igualmente aqui, a consolidação de que a política preferencial para a solução do problema era a guerra entre Estados. Assim, era claro e inequívoco, tanto para os dirigentes da *polis* de Atenas como para os responsáveis pelos negócios do Pireu, que as guerras entre estados concorrentes, de forma geral, estavam sempre no radar de fatos passíveis de ocorrer com frequência, e que para tal deviam estar preparados.

Creio haver demonstrado, que do ponto de vista econômico e financeiro, as transformações ocorridas em Atenas, ao longo do século V, não foram nada desprezíveis no que se refere à economia tradicional, baseada na propriedade rural, com o aprofundamento da democracia, e com os benefícios do Estado para com os cidadãos votantes na Assembleia, independentemente de suas classes, decorrentes em grande medida com a economia gerada pelas novas condições que o poderio naval ateniense acarretou por meio de sua hegemonia na liga de Delos, as práticas imperialistas de Atenas, sua participação fundamental nas correntes de negócio em toda a região do Egeu, e o estratégico papel que o Pireu vai desempenhar na sustentação e ampliação do império ateniense em termos do comercio exterior. Foi igualmente colocado que tal arranjo econômico e financeiro dependia inteiramente das condições externas de manutenção e da necessária expansão do poder imperial de Atenas, e que para tal isto somente poderia ser alcançado com recursos a guerras constantes, com desfechos imprevisíveis.

Porém, do nosso ponto de vista, em prosseguimento aos objetivos de nos aproximarmos da obra de Eurípides, os efeitos e repercussões deste contexto geral nos comportamentos dos principais atores humanos assumem uma posição de destaque. Ainda, sem entrar em grandes detalhes e complementando tudo o que já coloquei anteriormente, uma série de questões emergem: o homem grego, mais especificamente o homem ateniense, com toda sua ideologia, pratica a liberdade internamente e se comporta como um déspota, um opressor com seus aliados, alguns gregos, mas em muitos casos com "bárbaros", se comportando da mesma forma como estes; a *oikos* tradicional, base da vida grega, se altera de forma visível, com o absenteísmo do *kleros*, devido às pressões da vida política e guerreira, levando a mulher a desempenhar novos papéis, com um incremento da utilização de servos e escravos, que se tornam bem mais importantes, participantes ativos da vida familiar e onde as práticas religiosas certamente adquirem novo sentido; a política adquire um papel fundamental, exigindo novas atividades e novos conhecimentos, uma elevada dedicação do homem nesta matéria em detrimento de suas atividades produtivas e especialmente para as classes de menor renda, relações de dependência econômica e financeira são criadas quanto ao Estado, colocando em questão valores tradicionais de liberdade e arbítrio pessoal; as guerras mudam de sentido, de defensivas, na preservação de suas famílias, de suas liberdades individuais, de seus deuses, de seus valores, passam a ser ofensivas com submissão e escravização de aliados, ocupação de territórios através das "cleruquias", além do estabelecimento de novos encargos econômicos e financeiros devidos a Atenas, e finalmente, a enorme atração que Atenas desperta em toda a Grécia, mas igualmente naquele mundo, nas mais variadas pessoas e com os mais distintos interesses, que decidiam largar suas origens para viver e trabalhar na cidade, de forma a dar sua contribuição em seu campo específico, do que eles entendiam ser, e com razão, de um experimento político, econômico e social, único e inovador, gerador de oportunidades históricas até então desconhecidas. Assim Atenas teve o privilégio de receber o aporte profissional e intelectual de pessoas altamente capazes e especializadas nos mais variados assuntos, dispostas a participar por tudo que lá ocorria, após as emblemáticas vitórias sobre o maior império da antiguidade, por seu regime político, de liberdade, de justiça, democrático, com instituições fortes, onde se praticava a isonomia entre seus cidadãos, pelas oportunidades econômicas e financeiras que o império proporcionava como vimos anteriormente, pelo clima de aceitação dos estrangeiros em qualquer área passando pelas atividades técnicas de uma mão de obra especializada, pelas atividades comerciais e mercantis, mas também pelas atividades de pensamento, de técnicas de oratória, de ensinamentos de moral e filosofia, e ainda de política. E é justamente sobre estes últimos assuntos que deveremos falar a partir de agora, ao abordarmos as contribuições dos chamados "sofistas" àquela Atenas do século V, que influenciou grandes atenienses, como Eurípides, Tucídides, Sócrates e, por que não Aristófanes?

A REVOLUÇÃO NAS IDEIAS E PENSAMENTOS

A questão dos "sofistas" na Atenas do século V, ainda é hoje uma das questões mais controversas daquele período histórico devido a várias razões, porém o que importa reter desde o princípio é que a atuação destes poucos "professores", que vieram dos lugares mais distintos, durante algumas dezenas de anos, e causaram um verdadeiro alvoroço e escândalo junto ao melhor da sociedade ateniense da época, com as influências que citamos anteriormente, e com desdobramentos evidentes sobre a atuação dos filósofos do século IV, em especial, Platão. Neste sentido, vou utilizar como guia inicial para entender este discutido e controverso movimento dos sofistas, a famosa obra de Jacqueline de Romilly, *Os grandes sofistas da Atenas de Péricles*.[70] A discussão sobre quem eram exatamente estas pessoas, que não eram "sábios", *sophói*, tampouco filósofos, que eram mestres do pensar, do falar, que afirmavam ter por profissão o saber, acabou sendo encaminhada de forma pragmática para identificar neste termo o grupo daqueles homens que estiveram presentes em Atenas naquele período e que transmitiram diversas lições aos atenienses. No início, portanto, antes da operação platônico-aristotélica que levou a um descrédito do termo "σοφιστης" (*sophistes*) da mesma raiz de *sophia*, sabedoria, e *sophos*, sábio, era utilizado na época para se referir a diversos tipos de pessoas reputadas, como poetas, músicos, adivinhos e investigadores da natureza. Os maiores foram Protágoras, que veio de Abdera, na fronteira com a Trácia pouco depois de 450 a.C., Górgias que chegou

---

70 ROMILLY, 2017.

da Sicília em 427 a.C., e os demais, que se ignora a data precisa que chegaram a Atenas, mas com certeza ainda no século V; Pródico da pequena ilha de Ceos, Hípias de Élis no Peloponeso, e Trasímaco que vinha da Calcedônia, na Ásia Menor. Existiam também dois atenienses, Antifonte e Crítias, mas que não foram mestres profissionais e itinerantes. É certo que existiram outros sofistas de menor expressão, porém foram menos inovadores e brilhantes que os citados, possuindo ainda dois tratados sofísticos importantes, cujos autores não são conhecidos: um intitulado *Duplos discursos ou dialexeis*, e o outro identificado pelo nome de Anônimo de Jamblico.

Porém antes de entrar nas reflexões sobre este tema, necessito deixar algo ainda mais claro, que de alguma forma já deixei implícito nas considerações anteriores, que o surgimento em Atenas destes profissionais trazendo um ensinamento novo, pois naquelas áreas citadas fez parte de um processo bem mais geral de atração da *polis* de Atenas que atingiu vários tipos de profissionais, de diferentes áreas de atuação, de origens as mais diversas, de forma a participar do que estava aí ocorrendo, para falarmos de forma simples e direta. Do que estava ocorrendo em Atenas, creio já haver comentado o suficiente, em várias de nossas ponderações, porém existem algumas nuances diante desta abordagem global, relativamente à Ática e Atenas, que consideramos de suma importância, nos obrigando a constatá-las e qualificá-las da forma a mais precisa possível, facilitando o entendimento daquela atração, que em geral, são desprezadas, nos levando em direção a controvérsias desnecessárias. A mais importante constatação, já por nós brevemente comentada, é que a Ática surge no mapa grego tardiamente, especialmente em termos culturais, mas, além disso, em termos econômicos, era uma sociedade tradicional, baseada na propriedade rural, geralmente voltada para a sobrevivência com uma produção modesta para exportação, com um desenvolvimento incipiente nas áreas comerciais e industriais, a não ser na área da cerâmica, onde existia uma relativa tradição vinda do chamado período geométrico, que se localizava em Atenas no bairro Kerameikós, ao lado do cemitério, e também, algo geralmente esquecido, nos trabalhos artesanais de tratamento do mármore pentélico e outros. Esta situação econômica é alterada parcialmente ao longo do século VI, com as reformas de Sólon e com os governos tirânicos dos Pisístratos, vividos, entretanto, sob ameaças e incertezas políticas, sobretudo a nível regional, que é pacificada e resolvida mediante as reformas democráticas de Clístenes.

Na virada do século V as coisas começam a se acelerar, gerando uma demanda de mão de obra diferenciada, em vários setores, como na mineração, e na construção de embarcações, bem como nas áreas comerciais e de serviços, especialmente devido às transformações internas, com um afluxo do pessoal do campo para a cidade, demandando um novo padrão de mão de obra urbana, e para o qual muito contribuiu o aprofundamento da democracia, devido às novas responsabilidades cívicas, para as quais o sistema de ensino tradicional pouco podia fazer, em termos de apresentar uma solução. Quanto às relações econômicas com o exterior, vimos como também, a crescente participação de Atenas naquele comercio, e os reflexos generalizados das atividades do Pireu, levaram igualmente a novas demandas de mão de obra, que somente seriam atendidas pela imigração de estrangeiros. Criou-se assim uma situação, no mínimo, paradoxal, de um entre os vários Estados gregos, até então desimportante, pequeno, atrasado, e tradicional em várias questões, que em curto espaço de tempo – vamos dizer trinta anos, desde as reformas de Clístenes até o final das guerras médicas –, passou a ser um indiscutível polo de atração para uma série de profissionais especializados, vindos de regiões muito mais desenvolvidas tanto em termos econômicos como culturais, onde certamente se constituíam em uma elite em suas respectivas áreas, com o objetivo, claro, repito, de participar do que estava ocorrendo em Atenas em termos bem gerais. Apesar das deficiências que encontramos em matéria de informações sobre esta questão, esta atração foi inteiramente comprovada por seus efeitos e consequências, nos levando, mesmo superficialmente, a verificar e entender como os atenienses conseguiram, com suas evidentes limitações, alcançar aqueles objetivos tão valorizados no exterior, quais seriam as próprias razões para tal valorização, e finalmente, talvez o mais importante, avaliar a real contribuição daqueles profissionais, particularmente no caso dos sofistas, no processo cultural ateniense do final do século V, que invade o igualmente brilhante século IV.

Neste sentido, algumas das reflexões anteriores podem abrir caminhos alternativos, que ao menos valem serem identificados. O primeiro ponto que merece muita atenção, que talvez tenha tido um papel que não estou em condições de avaliar totalmente, é a inevitável associação, que deve ter sido feita de forma mais profunda e impactante no exterior, entre o sistema político vigente em Atenas, após as reformas de Clístenes, com a participação ativa de todos os cidadãos naquele processo político isonômico, e o inusitado desempenho dos atenienses ao longo das duas guerras médicas, onde fica patente que todos, ricos e pobres, sob o comando de generais eleitos por eles mesmos, lutavam por muito mais coisas e valores que seus adversários, com muito mais ardor e paixão, desprendidos do que poderia acontecer com seus bens materiais, desde que os levassem a defender seus ideais, resistindo à covarde invasão médica à Ática e humilhando o maior império da antiguidade, o dos aquemenidas, sendo eles uns poucos, vivendo em um país débil economicamente e sem grandes recursos. No imaginário grego, como também no dos bárbaros, onde a guerra, *pólemos*, tinha uma conotação tão fundamental, já que as virtudes heroicas a ela estavam associadas, pode-se imaginar o que significava aquela relação com a política, fazendo dos atenienses mestres do conhecimento, com poderes de invenção, previsão e até mágicos e oraculares. Mas o interesse e a curiosidade dos povos de outros estados gregos e de outros países sobre o modelo político ateniense, não devia parar por aí, invadindo certamente outras searas, que possivelmente tinham pouco a ver com a guerra propriamente dita. Derrubar a oligarquia e instalar um governo baseado nos *demos*, era por si só um feito extraordinário, com todas as nuances que conhecemos e que alguns atenienses também se davam conta, mas que ao cabo levou ao estabelecimento de um regime político único, inovador, justo, e altamente desejável pela maioria dos cidadãos daqueles outros estados, que diante de suas dificuldades internas, julgavam ser quase impossível para eles mesmos alcançarem. Pode-se imaginar o quão relevante deve ter sido o enorme impacto positivo no prestigio de Atenas a implantação deste regime, acabando com um prolongado regime tirânico, que persistiu durante grande parte do século VI, realizado sem guerra civil, sem *stasis*, tão conhecida na época, e na qual Atenas esteve envolvida no passado, além de que em grande parte da Grécia, especialmente nos estados da Liga do Peloponeso, já criada por Esparta, a ênfase política era justamente o contrário, privilegiando os regimes aristocráticos, e atuando abertamente para implantá-lo nos demais estados da Grécia, aí incluída a própria Atenas, elevando assim a píncaros a curiosidade e o acompanhamento daquela inédita experiência que ocorria em solo ático.

Podemos ainda agregar duas outras questões que tornavam o interesse por Atenas ainda maior, e que davam segurança àqueles profissionais que buscavam um novo caminho, afora as questões da acolhida e tratamento dos estrangeiros, das quais já tratei anteriormente. A contrapartida, ou melhor, a base do regime político implantado em Atenas, era o respeito às leis, *nomous*, e isto era reconhecido no exterior desde as guerras médicas, porém diga-se na verdade que essa fidelidade as leis consentidas era uma característica grega, base igualmente de suas liberdades individuais, e que cujo desenvolvimento alcançou seu ápice em Atenas. A *lei* era o senhor, a *lei* era o mestre, a *lei* era o rei, e isto fazia uma enorme diferença com relação aos bárbaros, e aqui estou falando da lei escrita, que os atenienses, no caso, buscavam a menos de dois séculos, desde Dracon, e que através de aperfeiçoamentos pontuais e sucessivos chegou ao século V, como sendo as leis de todos, pobres e ricos, como fica insinuado em um brilhante texto de Heródoto, quando do relato do aconselhamento de um velho rei espartano Demarates ao soberano Xerxes, quando este preparava a invasão a Grécia, tentando entender a mentalidade grega, mas que adquire uma formatação final pelo próprio Eurípides, na peça *Os suplicantes* na palavra do personagem principal, Teseu, ao rebater o enviado dos argivos: *Sendo, porém, as leis escritas, tanto o pobre, quanto o rico possuem leis igualitárias, e é possível aos mais fracos falarem ao que é poderoso sempre que forem ofendidos, e o pequeno pode vencer o grande se tem a justiça.*[71] De todo modo, a segurança jurídica que os estrangeiros encontravam em Atenas foi igualmente um fator que ajudava na busca de novas oportunidades na cidade, inclusive por que estavam livres para exercerem suas atividades – quaisquer que fossem – não eram passíveis de serem sequestrados, protegidos contra represálias, ninguém – cidadão ou estrangeiro – poderia prendê-los, tinham proteção pública contra qualquer tipo de violência, com direito de acionar os tribunais, e podiam participar de todos os atos públicos, religiosos e culturais, junto com suas famílias. Finalmente, no mesmo sentido do respeito às leis e devoção aos deuses, era também um fator que certamente quem buscava a cidade levava em conta. Porém, no caso de Atenas, esta virtude vinha acrescida de uma série de atributos adicionais, a começar pelo intenso calendário religioso da cidade, com uma programação de festividades que ocupava praticamente todo o ano, festividades estas que eram famosas em toda a Grécia, mas que atraiam milhares de estrangeiros quando de suas realizações. As mais famosas, as Panateneias em honra da padroeira Atena, e as Grandes Dionisíacas com seus quatro dias de comemorações, que incluíam os concursos das tragédias e comedias, no Teatro de Dioniso, na encosta da Acrópole, onde toda a

---

71 EURÍPIDES *apud* ALMEIDA, 2017, p. 110.

cidade sempre estava literalmente presente. Imagina-se o quanto todas estas festividades impactavam àqueles que não eram da cidade, pois elas faziam parte integrante da *polis* no sentido mais global da palavra, de sentido religioso, mas com estreitas ligações com o regime político com o qual os atenienses vivenciavam, permitindo incrementar ainda mais as convivências pessoais dos próprios cidadãos. Nos casos das tragédias e comédias, além de demonstrarem sua profunda relação com o sistema político, tinham conotações culturais, e de entretenimento, porém, com uma carga emocional e psicológica de tal dimensão, que mesmo para o gênio de Aristóteles, ela foi captada na *Poética* com dificuldades, tendo gerado polêmicas que se arrastam até os nossos dias, e que de qualquer modo, são impossíveis de serem avaliadas corretamente, por qualquer pessoa normal, que lá nunca tenha estado presente.

Porém devo voltar para o tema relativo aos sofistas, com os reflexos que trouxeram na metade final do século V, e que tanto impacto tiveram na história do pensamento em Atenas, que atingiu igualmente, de forma particular, o nosso poeta e dramaturgo Eurípides. Falei lá atrás que na primeira metade do século V, já se sentiam os efeitos de uma nova mentalidade, especialmente através de Ésquilo, o grande dramaturgo, e também de Heródoto, o historiador das guerras médicas, que levavam o homem a assumir suas responsabilidades perante a vida, a comunidade, as guerras e os conflitos. Este, em conjunto com seus pares, se propunham a estabelecer as leis e a justiça humana, que iam aos poucos relativizando os deuses, as tradições, as lembranças místicas, e em particular a justiça divina, que já não dava conta das necessidades dos homens vivendo na *polis*, e que por consequência obrigavam a que aqueles que se preocupavam com as ideias em caráter geral, voltassem seus olhos para decifrar aquele enigma do homem, como no caso de Sófocles, no primeiro estásimo de *Antígona*, que examinei exaustivamente no capítulo anterior, mas também para conhecer, julgar e avaliar suas capacidades pessoais, intelectuais e mesmo emocionais, diante no caso ateniense, de uma realidade política, econômica e social das mais inovadoras e desafiadoras. Desta forma, independente da chegada a Atenas dos sofistas, de seus ensinamentos e reflexões nas área da retórica, da política e mesmo da filosofia, já estava em curso uma verdadeira revolução nas ideias, no pensamento e manifesta nas letras, situando em lugar privilegiado o homem e a razão, com suas questões básicas referentes a moral, a justiça e a política, mediante uma evolução a partir dos primeiros filósofos jônicos, os milésios, que se preocuparam com as explicações sobre o universo, sobre as cosmogonias, mas também com a moral, com o ser, com o *logos*, como nos casos de Anaximandro, Parmênides e Heráclito.

Os sofistas trouxeram novidades para Atenas, daí todo o sucesso, rebuliço e fascinação que granjearam, especialmente nos primeiros tempos. Como fizemos questão de assinalar, apesar das grandes conquistas de Atenas, nas diferentes áreas, esta era ainda uma cidade atrasada, aristocrática, onde as virtudes eram transmitidas por hereditariedade e pelos exemplos, vindos em grande parte do legado dos ancestrais, da família, das tradições, e para todo grego, do grande Homero, nos quais a coragem, os méritos físicos e a retidão eram valores supremos. Mas estas virtudes que eram ainda a base da educação dos jovens, pouco os ajudavam, no desempenho de suas atividades como cidadãos futuros, tendo que participar da complexa vida política da *polis* ateniense daquele conturbado século V, de tomar conhecimento dos assuntos a serem discutidos e votados, com capacidade para entendê-los, com capacidade para julgá-los, decidir e assumir posições firmes, discuti-los com os demais, e convencê-los de suas opções. Tudo isto em um contexto de preservação do verdadeiro, do justo, do mais adequado para a comunidade, tendo que assumir a necessária humildade, tanto no que se refere às inevitáveis derrotas de pontos de vista, mas com um alcance maior, de ser apenas um entre milhares de cidadãos com os mesmos direitos e deveres.

A primeira novidade que os sofistas traziam era a de que certos conhecimentos intelectuais podiam ser diretamente transmitidos, que eles poderiam prestar tais serviços educacionais, e que, dentro de certos limites, estas possibilidades estariam abertas a todos que assim o desejassem. O escopo preciso destes ensinamentos variava, dependendo de cada sofista, porém cobria o seguinte espectro: um primeiro objetivo era o de ensinar a falar em público, apresentar, argumentar, discutir e debater suas ideias, na Assembleia, nos tribunais, na Ágora ou mesmo em reuniões fechadas de qualquer natureza. Assim, em princípio, eram professores de retórica com todas as nuances relativas as palavras. Entretanto, e aqui vem a segunda grande novidade, os sofistas se colocavam na posição de prestadores de serviços remunerados, o que significa dizer que suas lições eram pagas, e seus preços eram bastante elevados, dependendo obviamente dos tempos envolvidos e do número de lições, podendo alcançar 50 dracmas por sessão, e no caso de Protágoras chegava a cem minas, equivalente a dez mil dracmas, quantias totalmente exorbitantes. Assim, o público-alvo dos sofistas estava naturalmente dirigido para os jovens de famílias abastadas, e de cidadãos abastados, independente se eram de origem tradicional, de famílias oligarcas, porém mais certamente, em sua maioria, pertencentes às novas classes de artesãos, comerciantes e industriais, já que as primeiras tinham seus próprios professores, que nada cobravam monetariamente, mas que eram remunerados de outras formas, como proteção, favores, casa, comida, etc. De qualquer forma, o fato de que tais ensinamentos estivessem disponíveis, gerava consequências políticas das mais importantes, uma vez que esse público, ao participar das discussões da Assembleia desempenhava um papel de enorme responsabilidade política, tendo que decidir sobre todas as questões de interesse da *polis*, como representantes de fato e de direito de seus demos e fratrias, sem esquecermos de que capacitavam os cidadãos para igualmente se defenderem nos tribunais, algo que estava intrinsicamente relacionado com a prática democrática. Desta forma, os sofistas não podiam ser caracterizados apenas como professores de retórica, mas também como pessoas que ensinavam a arte da política, como Protágoras que assumia integralmente este papel, inclusive com o reconhecimento explícito de Platão em seus diálogos, embora Górgias, por exemplo, tentava se restringir à retórica, sem consegui-lo na realidade, pois não existia a possibilidade de se definir um limite entre as duas áreas, particularmente no caso da democracia ateniense.

Com vistas a clarear mais precisamente até onde alcançavam os ensinamentos dos sofistas, por meio de sua principal figura, Protágoras, vou reproduzir aqui uma passagem do diálogo de Platão, *O protágoras*, em sua discussão com Sócrates, sobre a possibilidade de ensinar a arte política, no caso, para o jovem Hipócrates. Diz Protágoras:

> Comigo, todavia, quando ele vier ao meu encontro, não aprenderá outra coisa senão aquilo que veio aprender. E o que eu ensino é tomar boas decisões tanto a respeito dos afazeres domésticos, a fim de que administre a própria casa damelhor maneira possível, quanto a respeito dos afazeres da cidade, para que esteja apto ao máximo a agir e discursar. Será – perguntou Sócrates – que compreendo suas palavras, Protágoras? Creio que você se refere à arte política, e promete tornar os homens bons cidadãos. É exatamente isso o que eu professo, Sócrates- respondeu Protágoras.[72]

---

72 LOPES, 2017, p. 409.

Protágoras ao explicitar, e Platão ao ratificar, com clareza, que seus ensinamentos visam administrar bem seus negócios e os da cidade, expande em muito o escopo de atuação dos sofistas, pois adiciona à questão um conteúdo intelectual, uma sabedoria e uma experiência nascidas da arte de dominar bem suas ideias, capacitando-os a analisar determinada situação por meio de argumentos, capazes de levá-los a conclusões próprias, bem como de convencer aos demais. Porém, neste caminho da análise de uma situação específica, é necessário que a pessoa detenha uma gama de conhecimentos, de observações das condutas humanas habituais, bem como de uma lógica própria baseado em probabilidades, pois é evidente que o objetivo final, em se tratando de cidadãos atenienses era o de analisar, julgar e tomar decisões. Desta forma, como bem diz Romilly, sobre os ensinamentos dos sofistas:

> Dessa forma, uma ciência dos comportamentos humanos- uma "téchne"- grava-se, assim, no mármore da retórica e da política. Pode-se dizer que, na prática, todas as reflexões gerais oferecidas em apoio à defesa dessa ciência, pelos oradores de Tucídides, ou pelos personagens de Eurípides, procedem diretamente do entusiasmo por um conhecimento novo sobre o homem e seus costumes.[73]

Os novos ensinamentos dos sofistas, tendo presente, sua extensão, indo além da retórica e da política, com a possibilidade de formar cidadãos que dominassem bem suas ideias, prestados como se fosse uma técnica especializada, alcançáveis a todos que podiam pagar por seus elevados preços, realizados de forma prática e com resultados imediatos, provocou uma revolução em Atenas, com reações as mais diversas. A primeira reação veio dos defensores do ensino tradicional dos jovens, baseado no mestre de escola encarregado de ensinar a ler e escrever, do citarista que ensinava música, onde as crianças aprendiam a cantar, dançar, quase sempre em Coro, e do treinador, "παιδοτριβες" (*paidotribes*), que envolvia o aprendizado de todas as forma de desportos olímpicos, que é claro dizia muito aos gregos em sua busca do ideal humano. Existia ainda outro tipo de ensino, que se iniciou justamente no século V em algumas escolas típicas, onde numerosas crianças, além dos exercícios práticos de ler e escrever, se dedicavam a leitura dos poetas, dos épicos e dos líricos, principalmente Homero, que se tornou a Bíblia para os gregos. A partir daí a única formação e capacitação dos jovens viria pelas atividades práticas que a vida iria lhe alcançar, longe, portanto das necessidades dos cidadãos de

---

73 ROMILLY, 2017, p. 54.

Atenas. Devido a esta primeira reação, se instalou um debate intenso entre a formação tradicional, localizada no esporte, no treinamento dos jovens nos ginásios, apoiada pela maioria das pessoas simples e defendida com seu estilo por Aristófanes, e a formação intelectual, proposta pelos sofistas, mas também apoiada por outros segmentos da sociedade ateniense, como Eurípides, que por diversas vezes escreveu sobre o assunto, e também pelo mais considerado e respeitado homem de ideias ateniense, Sócrates, que participava da formação de vários jovens como seus discípulos, que o acompanhavam pela cidade em suas discussões, que atuava de forma similar à praticada pelos sofistas.

A segunda reação aos ensinamentos dos sofistas, que vai ter enormes consequências para a correta avaliação do papel destes mestres na Atenas do século V, perdurou até relativamente pouco tempo atrás, veio justamente em cadeia a partir de Sócrates, contemporâneo dos sofistas na cidade, e após com os escritos de seus discípulos Platão e Xenofonte, até chegar de forma distinta, mas ainda crítica em Aristóteles. Vou tentar aqui, me concentrarmos no que é de maior relevância neste intrincado e complexo debate que se instalou desde aquela época, tendo em vista o objetivo de avaliar qual terá sido a influência dos sofistas na obra de Eurípides, já que conviveu com eles durante aquele período, mas jamais pertenceu àquele movimento. Sócrates, como se sabe, não deixou nada escrito sobre suas ideias que vieram até nós justamente através de Xenofonte e Platão, ambos, apresentando aquele personagem de uma forma não propriamente real: o primeiro exaltando de forma apaixonada o mestre, sem atentar para a lógica e ao bom senso, não muito considerado, devido a esta sua parcialidade, e o segundo utilizando um gênero literário vigente no século IV, os "diálogos socráticos", reconhecidos por Aristóteles na *Poética*, com evidentes objetivos políticos contra tudo que ocorria na *polis* ateniense, e como se fosse uma etapa necessária no encaminhamento para sua filosofia de ideias e formas. Platão nascido em 428/427 a.C. de família da alta aristocracia ateniense, em plena guerra do Peloponeso, vem a ser discípulo de Sócrates por volta de 408/407 a.C., com vinte anos, e convive com ele até sua morte em 399 a.C., afasta-se de Atenas durante uns cinco anos, voltando para cumprir obrigações militares, dedicando-se a partir daí às atividades filosóficas, tendo escrito seus primeiros diálogos a partir de 390/385 a.C., os quais se tornaram nas principais fontes de informações e conhecimentos sobre o último quartel daquele século V, em particular sobre a atuação dos sofistas em

Atenas, e é claro sobre o próprio Sócrates. Neste sentido, de antemão, para qualquer analista que se debruce sobre esta matéria, é de suma importância, dadas as condições que procuramos ressaltar, levar em conta os diálogos socráticos de Platão, que eram, de um lado, ficções de encontros e discussões, às vezes dramáticos, às vezes cômicos, de personagens reais, aos quais ele dava um caráter de verossimilhança e de realidade, tanto no que se refere às colocações atribuídas aos diversos sofistas, mas principalmente com relação ao pensamento de Sócrates, reconhecendo de outro lado que suas reais intenções com aquele controvertido e desconhecido personagem, apesar de ter sido seu mestre, estavam muito além do mesmo, e dos embates que ele travava, desmistificando as ideias em voga em Atenas.

A primeira constatação sobre a reação de Sócrates e de Platão aos sofistas, na realidade nada tinha a ver com eles, sendo justamente uma posição colocada sistematicamente pelos dois filósofos de divergência profunda com o conceito de *polis*, com o sistema político democrático existente e praticado em Atenas, de considerar os líderes de governo, tanto oligarcas – como Milcíades e Címon – quanto democratas – Temístocles e Péricles – como incompetentes, afora outras questões menores.[74] Parece claro que do ponto de vista político sem entrar no mérito das questões, quaisquer ações realizadas no sentido de reforçar e aprimorar o sistema político implantado em Atenas, em princípio não teria o apoio dos dois. Por outro lado, os sofistas, em alguns casos, como Protágoras ao apresentar seu mito das origens da civilização, justamente ao contestar a crítica de Sócrates contra o direito de todo cidadão falar na Assembleia, e Antifonte, um dos poucos sofistas atenienses em seus tratados sobre a verdade e sobre a concórdia, deixam bem claro e de forma explícita suas concordâncias com as bases do sistema político ateniense, especialmente no que concerne a igualdade de direitos das pessoas se manifestarem e participarem da condução dos negócios da *polis*. Na realidade, a questão básica por trás das críticas de Sócrates e Platão ao sistema ateniense estavam centradas justamente no aspecto da igualdade, já que para eles a desigualdade entre governantes, "aqueles que sabem governar" e governados, "os súditos", era fundamental, cabendo aos governantes dar ordens e cabendo aos governados obedecer, como fica explícito nas *Memoráveis* em Xenofonte. A partir deste princípio socrático, fundamentalmente contra o processo político ateniense, tirar quaisquer conclusões quanto

---

74 STONE, 2005, p. 35-36.

a sistemas alternativos, ou quanto às especificidades dos governantes do tipo desejado por eles, como estadista, rei, chefe de uma propriedade, chefe de família, pessoa que sabe, ou filósofo, enfim, qualquer que seja sua natureza, é pura perda de tempo, devido ao caráter essencialmente primário e mesmo ingênuo da declaração, porque na realidade o que eles propõem é algum tipo de solução extra social, sem especificar qual seja, já que é pacífico que em qualquer sociedade civilizada alguém terá que exercer o papel de governante, e é claro as dificuldades serão de um lado saber quem o colocou nesta posição, e de outro quais os requisitos levados em conta para tal liderança.

De qualquer forma, do ponto de vista concreto, levando em conta o que ocorria em Atenas naquele final do século V, de intensa transformação econômica e financeira, de grande agitação política, e da emergência de novas ideias e valores relativos a uma série de temas, tudo acontecendo em alta aceleração histórica, conviviam Sócrates e os sofistas, antes, portanto de Platão, com duas posturas distintas, porém ambas, de contestação das ideias tradicionais, bem como de comportamentos e atitudes inusitados e incomuns para a maioria do povo: o primeiro, sendo ateniense, nada fazia, andando sempre descalço, com um manto grosseiro no inverno e no verão, perambulando pelas ruas de Atenas, cercado de amigos e companheiros, e os segundos, estrangeiros, ricos, bem vestidos, com ares de nobreza, ensinando aos jovens abastados da cidade novidades em termos de retórica e política, e assim bem recebidos nas melhores casas de Atenas. A diferença entre eles era, em princípio, enorme, não permitindo qualquer comparação responsável entre os procedimentos e métodos de ensino dos sofistas, de caráter pragmático e com objetivos claros, aderentes ao papel dos cidadãos na *polis*, estabelecidos à época de forma moderna em termos de remuneração aos serviços prestados, em relação às constantes indagações e refutações do Sócrates real sobre qualquer matéria, de caráter sempre negativo, sem nenhuma proposição, com alta dose de individualismo e liberdade, normalmente apresentadas em conversas e discussões com seus seguidores, sem nenhum comprometimento em termos de ensino, sem nenhuma participação política na *polis*, como ele gostava de afirmar, sem remuneração, ou sendo remunerado mediante esquemas informais, mas que de qualquer forma procurava despertar o interesse de seus ouvintes pelas coisas do espírito, da moral e da virtude.

Porém, duas coisas os aproximavam bastante, e os colocavam bem no meio da confusão reinante na Atenas daquela época, onde os valores tradicionais estavam todos em cheque, e onde existia, devido ao sistema político vigente de autogoverno pelos cidadãos, bem como de suas defesas em relação aos perigos de uma tirania, acrescidos de uma exposição crescente de todos a processos judiciais, uma constante e exacerbada necessidade de usar a mais poderosa arma existente, a fala, instrumento essencial para o cidadão. Este, naturalmente levava a outro elemento fundamental, a "discussão", o embate de todos os assuntos que diziam respeito a eles, desde os mais triviais, passando por temas políticos, até temas abstratos como a moral, a justiça, normalmente restritos a determinadas pessoas com formação específica, que obviamente levava a algo muito caro ao democrata Eurípides, a qualidade de saber "ouvir", como bem coloca Stone, pois disto dependia o diálogo e a discussão das ideias. Pois bem, apesar de suas flagrantes diferenças, Sócrates e os sofistas respeitavam muito essas qualidades básicas de respeito pelo outro, e se enquadravam perfeitamente naquela necessidade de oralidade do ambiente ateniense, promovendo em seus âmbitos respectivos, a discussão de temas, alguns já conhecidos, porém outros que traziam uma carga de novidade, relativos a questões intelectualizadas, que atraiam a atenção de estratos de atenienses de forma particular, devendo-se ainda ressaltar que estas discussões penetravam na literatura, no teatro e na própria história.

A dispersão e intensidade destas discussões intelectuais, com foco nos valores pessoais, morais, religiosos e políticos é claro, as quais colocavam em segundo plano as orientações tradicionais, que muitos consideravam como naturais, não estavam soltas no espaço, mas eram parte integrante de uma crise séria pela qual Atenas passava, nas áreas econômica e financeira como vimos anteriormente, porém extremamente agravada com as consequências da política imperialista ateniense, da Guerra do Peloponeso, e das guerras civis que eclodiram por toda a Grécia e que vieram a atingir Atenas. A primeira, apesar de que todos se beneficiavam da mesma, existia um sentimento de incredulidade com que os atenienses faziam fora de casa, como genocídios de populações inteiras, como no caso da Ilha de Melo, com a violência indiscriminada contra os aliados, entre outras atitudes amorais praticadas; a segunda com sua larga duração, particularmente a Guerra do Peloponeso, ocasionando um rastro de destruição interna, de morte e tragédia para as famílias, de desordem moral, de aumento dos interesses e satisfações pessoais, estabelecendo a lei do mais forte e levando-os a duvidar da justiça divina. Quanto às guerras civis que também atingiram Atenas, porém de intensidade reduzida, vale a pena recorrer a Tucídides em sua brilhante análise sobre a guerra, que Romilly cita em seu livro onde os valores se veem rechaçados e as qualidades se convertem em defeitos.

> Uma audácia irrefletida passava por valente devoção ao partido; uma prudência reservada, por covardia disfarçada; a sabedoria pela máscara da pusilanimidade; a inteligência por uma inércia total; os impulsos precipitados se tomavam como qualidade viril; e as deliberações circunspectas passavam por um belo pretexto de evasão.[75]

Nada, então, pode refrear as paixões.

> Não havia nenhum meio de aplacá-las, nem palavra certa, nem juramento terrível; sempre os mais fortes, avaliando por cálculo a incerteza das garantias, tentavam prevenir-se antes de outorgar sua confiança.[76]

Entretanto, diante desta crise que atingia a maioria das classes sociais, algo aconteceu acirrando ainda mais o debate natural de ideias, entre os sofistas, Sócrates, e outros, particularmente com relação à questão da educação tradicional e dos novos ensinamentos, da possibilidade de transmissão dos mesmos, principalmente no que se refere à verdadeira virtude, tema do embate entre Protágoras e Sócrates, mas que atingiu uma parcela considerável dos atenienses, que teve profundas consequências nas obras futuras de Platão, e que de certa forma reverbera até os dias de hoje. Estamos falando, da peça cômica de Aristófanes, *As nuvens*, lançada nas Dionisíacas em 423 a.C., onde o poeta, de uma forma geral, faz uma crítica contundente aos novos ensinamentos em voga em Atenas, de caráter intelectual, voltados para a retórica e política, no qual o personagem principal é chamado de Sócrates, o dono do Pensatório, instituição que ministrava os ensinamentos, que causa enorme celeuma, pois além da figura caricatural daquele personagem apresentada com traços fortes, foi com razão entendida como colocando juntos no mesmo esquema tanto o "filosofo" Sócrates como os sofistas. Ao lado desta questão específica, e tendo em vista o fato de que se tratava de uma comédia crítica aos costumes existentes, único meio capaz de atingir aquele enorme público ateniense em questões que estavam sendo vivenciadas naqueles

---

75 ROMILLY, 2017, p. 205.

76 ROMILLY, 2017, p. 205.

dias, assim como a natureza das críticas de Aristófanes, que atingiram diretamente a figura pública de Sócrates, considerou-se, pela grande maioria dos analistas que nelas já estavam presentes os argumentos básicos que sustentaram o processo contra ele por impiedade e outros delitos, que causaram sua morte por envenenamento em 399 a.C. A peça tornou-se, de qualquer forma, apesar de seu natural tom satírico e caricatural, na principal fonte de informações existente sobre aquele personagem real, diferentemente do personagem ficcional criado por seus discípulos, e claro que tanto Xenofonte como principalmente Platão, tentaram através de seus escritos e diálogos, no caso do último, a partir da Apologia, desfazer de todas as formas possíveis aquela figura imaginada para Sócrates por Aristófanes. Entretanto, na contramão deste esforço, alguns analistas, identificavam pontos de contato entre as obras do poeta cômico com os diálogos de Platão, como, por exemplo, em um interessante artigo, Antonio Queirós Campos, denominado *Os diálogos de Platão e os gêneros literários na antiguidade clássica*,[77] o autor chama atenção para o componente literário da obra do filosofo e da riqueza da intertextualidade dos diálogos platônicos com os grandes gêneros literários do século V, principalmente a comédia antiga, a tragédia e a épica, algo que foi esquecido e largado pelos maiores comentadores do filosofo, a não ser, ainda que parcialmente por Charles Kahn, que mesmo subestimando a posição de Aristófanes como fonte do pensamento do Sócrates histórico, chama atenção para este fato, aqui resumido:

> O problema do Sócrates histórico é não só intrigante, mas talvez insolúvel. Nossos únicos relatos contemporâneos são os de Aristófanes e outros poetas cômicos, que gostavam de zombar de seus olhos protrusos, seus pés descalços e aparência desleixada, e seu ardente interesse por conversa ociosa [...]. Mas, exceto para localizá-lo nos círculos intelectuais representados por Eurípides e os sofistas, essas caricaturas cômicas nada nos dizem do pensamento de Sócrates.[78]

Porém para Platão, a desconstrução daquela figura ridícula era absolutamente fundamental, pois era por meio de Sócrates que Platão iria desenvolver sua filosofia da busca do "verdadeiro" em um mundo inteligível e racional, utilizando para isto seus diálogos socráticos, assim como evitando aquela associação entre ele e os sofistas, mediante acusações diretas, sarcasmos, ironias, de que na realidade os sofistas é

---

77 QUEIRÓS CAMPOS, 2011.

78 KAHN, 1996.

que eram ali retratados como pessoas desonestas intelectualmente, se propondo a ensinar virtudes políticas, de forma prática e de sucesso garantido. Em resumo, sem termos condições de avançar nestas especulações devido a nossos objetivos, podemos simplesmente afirmar que tanto os sofistas, como Aristófanes, com *As nuvens*, ajudaram bastante a Platão no estabelecimento das bases de seu sistema filosófico, inicialmente através dos diálogos, tendo ele, para isto, imaginado um processo de desconstrução progressiva daquela figura, atenuando e sublimando os aspectos caricaturais aristofânicos, colocando-o para dialogar com os pretensos sábios sofistas, com todos os cidadãos que encontrava no caminho, com todo o tipo de arsenal lógico disponível, com baixa aderência a realidade democrática ateniense, pensando em uma solução para a cidade de caráter extrassocial, divina ou de outra entidade qualquer, tendo em vista sempre, valores absolutos de um homem inexistente. A dívida de Platão com Aristófanes, segundo alguns especialistas vai bastante mais além, pois além de o respeitar, como fica implícito na República e no Banquete, ele aproveita a caricatura do Sócrates, para desenvolver o que alguns denominam de um processo "antimimético" para construção da filosofia da entidade Sócrates/Platão, utilizando o riso, a paródia, a caricatura, dentro de seus limites éticos, que evidentemente não seriam os de Aristófanes, voltados para provar suas teses, estabelecendo assim uma nova forma literária, dos "diálogos" que levaria à sua filosofia.[79]

Porém está na hora de voltar propriamente à questão dos sofistas, da qual me desviei devido à importância de certos desdobramentos de suas atuações, mas agora, em companhia de Eurípides, de Aristófanes, seu grande crítico, fazendo ainda referências ao duo Sócrates e Platão, temos como montarmos um grande painel das ideias correntes em Atenas naquele final de século, deixando assim o mais claro possível para o leitor, a especificidade da obra poética de Eurípides. Em princípio, devemos reconhecer algo de muita relevância, que de uma forma geral todos os nossos atores colocavam em cheque, ou os valores remanescentes daquela sociedade tradicional, ou identificavam lacunas e imperfeições no próprio processo político ateniense, ou mesmo colocavam em debate ideias e proposições relativas a uma série de questões atuais, como do progresso humano, das igualdades políticas, sociais e raciais, da subjetividade do conhecimento humano, da controvérsia *physis*, *nomous*, da justiça, da existência dos deuses, entre outras. Eram

---

79 QUEIRÓS CAMPOS, 2011.

utilizadas nestes questionamentos diversas opções de representações poéticas e literárias, extremamente integradas ao sistema político prevalecente, de liberdade de opinião e das inúmeras oportunidades que a *polis* lhes oferecia para a discussão de todas as questões consideradas relevantes, amparadas por uma estrutura legal e jurídica, ainda que imperfeita, mas que funcionava adequadamente nos marcos de uma democracia auto instituída por seus cidadãos, e, portanto, sujeita a correr os riscos inerentes àquela opção aprovada pela maioria dos demos. Em suma, todos estes movimentos e processos somente poderiam ter ocorrido naquela *polis* de Atenas, ao final do século V, algo por si só de uma dimensão impossível de ser corretamente avaliada, mas que evidenciava, ao contrário do que muitos pensaram que o pensamento grego não se encontrava em declínio, mas sim chegando a maturidade, como bem coloca Guthrie em seu livro sobre os sofistas.

Creio que a partir deste ponto posso contar com uma participação maior, e de forma crescente de elementos derivados do universo euripideano, mesmo porque foi realizado um grande esforço, do ponto de vista histórico relativamente a Atenas, desde o final do século VI com Clístenes até o início da guerra do Peloponeso, que viria a se constituir na realidade do processo político e social atual da *polis*, que o poeta iria contrapor a um tempo antigo, dos mitos heroicos buscados e representados em suas tragédias. No caso de qualquer análise das obras deste autor, esta realidade e a forma como ele a encarou que detalhadamente apresentaremos mais adiante, faz total diferença em relação aos seus dois grandes antecessores, apesar das pequenas diferenças de idade entre eles e da concomitância temporal no lançamento de várias de suas tragédias. Neste sentido foi apresentada uma análise detalhada dos aspectos econômicos e financeiros da Ática, com a emergência dos novos atores sociais, alterando totalmente as estruturas dos *genos* e dos *oikos* atenienses, das diferenças de posturas políticas internas com o aprofundamento da democracia e externas com o cruel e sanguinário comportamento dos atenienses com seus aliados, com a emergência de valores inteiramente novos na administração da *polis*, mostrando-se ainda em linhas gerais a crise do pensamento e das ideias naquele final do século V com a entrada em cena de novos personagens, como os sofistas e Sócrates. Porém, devemos complementar este contexto mediante algumas questões pontuais que eram discutidas e debatidas à época na *polis*, já com a participação do poeta nas mesmas, sem contar os demais atores. A ordem nesta apresentação será algo arbitrária, não indicando nenhuma prioridade dos assuntos, e claro, tem mais a ver com os meus propósitos em relação à obra de Eurípides.

Eu disse anteriormente que, de uma forma ou outra, todos os pensadores, poetas, historiadores, e mesmo alguns dirigentes políticos, vivendo aquela época de grande efervescência política e sob aquele determinado regime político de caráter essencialmente democrático tinham críticas ao que estava ocorrendo, alguns iam mais além apresentando novas propostas de aperfeiçoamento das instituições, e outros que rejeitavam inteiramente tudo o que acontecia, particularmente contra aquela participação de todos os cidadãos na condução dos destinos da *polis*. Neste sentido, a atuação dos sofistas foi basicamente no sentido de melhorar o nível dos cidadãos que participavam da Assembleia e dos tribunais, e neste caso, teoricamente, não poderiam existir resistências, pois seus ensinamentos visavam o bem de todos, da própria comunidade, uma vez que poderia se esperar melhores decisões na solução das questões da *polis*. Porém duas questões adicionais foram levantadas, onde as grandes resistências surgiram: o profissionalismo dos sofistas que cobravam por seus serviços, que apesar das controvérsias existentes, eram considerados caros, restringindo assim seu público alvo, e certo mistério sobre exatamente o que, na realidade eles ensinavam, que em princípio parecia restrito a retórica, evoluiu para virtudes políticas, para questões de moralidade, para a arte da cidadania ao conseguir analisar e decidir questões no âmbito familiar e público, alcançando o ensinamento de "virtudes" de uma forma ampla, para finalmente chegar ao ponto de poderem ensinar qualquer coisa, justas ou injustas, desde que pagas, dependendo tal definição de onde a resistência tenha sido originada.

A primeira questão, a do profissionalismo, citada com frequência por Platão – mais de 30 citações –, mas também por Xenofonte, Isocrates e Aristóteles, não tinha, apesar disso, grande importância, pois afinal poetas, artistas e doutores eram pagos por suas atividades, e até Sócrates devia viver as custas do negócio familiar de cortar pedras, servindo, entretanto como argumento forte nas discussões. Contudo, a segunda tinha conotações extremamente importantes naquela sociedade, pois podia-se caracterizar aquele tipo de ensinamento como sendo de caráter privado, quer fossem a grupos pequenos, quer em conferências ou exibições (*epideixeis*), dirigido preferencialmente para os jovens, fora dos padrões públicos, sem nenhum tipo de regulamentação quanto aos objetivos precisos do mesmo, gerando preocupações naturais dos parentes e amigos, quanto aos graus de liberdade dos mestres, e aos níveis de dependência dos alunos. Na realidade, estes estavam nas mãos dos sofistas, agravado pelo fato deles serem conhecedores de muitos assuntos, considerados sábios, que, em princípio, obrigava-os a um comportamento ético exemplar, que obviamente nem todos deviam possuir. A esta questão não existem respostas, pois dependeria de uma análise dos resultados concretos, levando-se em conta que os professores não tinham responsabilidade direta sobre o que seus alunos fariam com tais ensinamentos, além de que estas informações eram inexistentes em um grau desejado, podendo-se apenas dizer que para alguns deles, devido as suas declarações e escritos podia-se comprovar seus conceitos éticos.

Porém aqui, surgem duas novas questões bem mais complexas com relação a alguns daqueles ensinamentos: eram eles necessários, diante da educação tradicional ateniense, da qual já falamos, mas também por conta de uma espécie de um ensinamento "natural" e "instintivo", que segundo muitos –incluindo Aristófanes –, era herdado dos antepassados, visando uma conduta adequada em seus negócios particulares e do estado, e por outro lado, eram eles passíveis de serem ensinados, como pretendiam os sofistas, ou ao contrário como defendiam Sócrates e Platão não existia tal possibilidade. Quanto a questão da necessidade, em termos da formação e melhores desempenhos enquanto cidadãos, nas crescentes demandas de se manifestarem verbalmente em tantas ocasiões, na Assembleia, na ágora, nos tribunais e junto aos demais cidadãos em suas vidas cotidianas, os próprios atenienses responderam afirmativamente, visto que a demanda pelos serviços dos sofistas existiu e foi, sem dúvida, relevante, sob qualquer aspecto que se examine. Porém, mesmo aqui, em relação a esta questão específica, reações ocorreram, com os argumentos de que a virtude é inata, adquirida por herança, por nascimento, pela emulação dos antepassados, ideias estas encontradas com frequência em Píndaro e que Sófocles defendia em plena guerra do Peloponeso, com seu Filoctetes, e onde a palavra "natureza" aparecia constantemente, como na referência ao filho de Aquiles: "Hás demonstrado, filho, a natureza da qual nasceste."[80] Entretanto, me parece que esta discussão já nasce equivocada, por várias razões, mas fundamentalmente pela utilização de uma generalização impossível de ser feita, tanto do lado dos cidadãos, visto que a maioria deles não vinham de famílias aristocráticas, e assim não

---

80 ROMILLY, 2017, p. 98.

tinham como recorrer aos antepassados, quanto do lado da "natureza", que mesmo a época, já se desconfiava que cada pessoa nascia com atributos singulares, o que obviamente traduzia-se em um nível intransponível de abstração à uma discussão de caráter pragmática e objetiva. Para agravar ainda mais o quadro era evidente que a maioria das famílias aristocrática tinham sua origem no campo, de baixo nível intelectual, se é que tinham algum, sendo poucas as famílias descendentes de heróis e deuses, que parece ser sempre a referência dos poetas.

Neste sentido, Eurípides tinha razões especiais para reverberar esta discussão, não pelas razões comumente mencionadas de que atingia a todos, mas por que se aplicava muito bem aos enredos, *logoi*, de suas tragédias baseados nos relatos homéricos sobre deuses e heróis, se constituindo em mais um elemento dramático da ação do herói, aumentando suas contradições diante dos acontecimentos. O exemplo mais famoso é da tragédia Hécuba, a anciã rainha de Ilion, em um momento especialmente dramático, em que é informada da morte de sua filha pelos gregos, na qual ela reage com lamentos, mas sem desesperos, onde o poeta insere uma meditação sobre esta questão, que vale a pena transcrever, como a fez Romilly:

> Não é algo estranho? Uma terra má, se obtém dos deuses condições favoráveis, dá bonitas espigas, e um bom terreno, ao contrário do que ele se espera, dá maus frutos (dito de outro modo; a contribuição posterior conta mais que a qualidade da terra), embora, com os humanos, sempre vija a mesma lei; o mau somente será mau e o homem honrado continua sendo honrado, sem que as circunstancias o façam perder sua natureza. É a herança ou a educação que prevalece? É certo que uma boa educação contenha certo ensinamento sobre a nobreza moral; e se isso se aprende bem, reconhece-se o mal ao compará-lo ao bem.[81]

Eurípides volta sistematicamente a esta questão a partir de suas obras mais antigas como Hipólito, passando por certas obras perdidas, em seus fragmentos como Fenix e Peleo, em *Hécuba*, após em *As suplicantes* e nas obras mais tardias como *Electra* e *Ifigênia em Aulis*. Este é um belo exemplo inicial de como Eurípides tratava aqueles assuntos que eram objeto de discussões na época, pois ao colocá-los em outro contexto, o da tragédia, ele buscava tirar dos mesmos a maior intensidade dramática possível para as ações de seus heróis, sem se importar com incoerências e contradições, denunciadas amiúde por seus críticos por

---

81 ROMILLY, 2017, p. 102.

falta total de entendimento, *de que ele buscava incessantemente o sentido admirável da complexidade das coisas, tão bem colocado por Romilly.*

Retornando ao problema da necessidade daquele tipo de ensinamento, parece claro que as refutações colocadas contra ele por conta de que tal lacuna era preenchida pela natureza, pelo nascimento, pela herança dos antepassados, atingia como vimos uma parcela pequena dos cidadãos, e assim, do ponto de vista prático, não fazia nenhum sentido, pois para os demais se tratava de algo fundamental para a melhoria do nível intelectual deles com reflexos em todo o sistema político, especialmente quanto ao respeito às leis e as exigências de justiça de toda a comunidade. Todavia, apesar destas evidências, o debate existiu e consumiu, certamente, tempo e dedicação dos atenienses com a questão. Neste sentido, me parece conveniente ressaltar que as posições dos sofistas, particularmente de Protágoras, estavam longe de radicais, tendo afirmado que o ensino precisava tanto da natureza quanto da prática, com uma visão otimista da natureza humana, que em si contém a possibilidade de avanço moral, na direção do *nomos* e da *Arete*.[82]

Porém, antes de enfrentarmos a segunda questão, com seu caráter bem mais filosófico, da possibilidade de a virtude ser ensinada, é importante voltar a discutir sobre o conteúdo do que os sofistas pretenderam ensinar, e do que realmente ocorreu em termos históricos naquele final de século, pois, caso tenha existido influências do movimento sofista na produção teatral de Eurípides, isto somente poderia ter ocorrido naquele período. A questão chave no encaminhamento da discussão é relativa à arte retórica, que segundo Guthrie:

> [...] era também conhecida como a arte dos logoi, e o amplo sentido desta palavra (de falar, ou fazer discurso até argumento, razão, pensamento) tornou possíveis diversas concepções da arte de que era o tema. A meta de Platão era tirá-la das mãos de persuasores superficiais e argumentadores especializados, mostrando que, aplicada propriamente e baseada no conhecimento da verdade, era coextensiva com a filosofia.[83]

Independente das posições que serão assumidas pelos sofistas ou pelos filósofos, a finalidade básica da retórica era a persuasão, reconhecida claramente até por Aristóteles, que se dedicou ao tema com intensidade, bem como é fundamental para a retórica a concepção e entendimento da palavra *logos* com seu enorme poder para qualquer

---

82 GUTHRIE, 2007, p. 68.

83 GUTHRIE, 2007, p. 168.

lado que se incline, que significa dizer que ela é neutra, podendo ser usada para o bem ou para o mal. Pode-se notar a abrangência desta palavra, além das dadas por Guthrie, de forma especial em Kerferd, com seu livro sobre o movimento sofista. Ele afirma que:

> [...] no caso da palavra "logos", há três áreas principais de aplicação ou uso, todas relacionadas por uma unidade conceitual subjacente: a área da linguagem e da formulação linguística, portanto *fala, discurso descrição, declaração, afirmação, prova em palavras:* área do pensamento e dos processos mentais, portanto *reflexão, raciocínio, justificação, explicação:* área do mundo, aquilo sobre o que somos capazes de falar e pensar, portanto *princípios estruturais, formulas, leis naturais.*[84]

Mais importante, e com razão, ele ressalta que apesar desta palavra em determinada situação apontar principalmente, ou mesmo exclusivamente, para apenas uma dessas áreas a significação fundamental da afirmação sempre envolve em certo grau as demais áreas, sendo isto válido para todo o pensamento grego.

Diante de tal complexidade parece bem problemático, tanto do ponto de vista teórico quanto do ponto de vista prático estabelecer limites nestas atividades as quais os sofistas se engajaram, claro dependendo de decisões pessoais, levando-os assim a cobrir um amplo espectro, a partir obviamente da oratória, fundamental na Atenas democrática, das virtudes políticas praticadas em embates políticos, de argumentações visando conquistas de pontos de vista, de posições de poder – erística –, da prática de métodos antológicos e dialéticos nas discussões, enfrentando discussões filosóficas sobre o ser, Deus e a justiça. Entretanto, existiam sérias dúvidas, daí a grande crítica de Sócrates e Platão quanto a eles terem capacidade de ensinarem algumas destas questões, ou mesmo se ao fazerem, se os mesmos estariam atendendo os preceitos básicos relacionados com a verdade, com o "verdadeiro", ficando claro que as suas verdades, as dos sofistas, ali estavam contempladas. Além disso, existem informações suficientes de que nesta questão objetiva de saber até onde os sofistas foram nesses ensinamentos, possivelmente devido às suas capacidades e pretensões, eles, de uma forma geral, não colocaram limites para suas atividades, percorrendo assim todo aquele roteiro acima referido, sendo um caso especial o de Górgias ao declarar que se recusava a ensinar virtudes, porém colocando em xeque a teoria do ser/não ser de Parmênides, considerada uma arrogância razoável. Porém, o enfrentamento desta

---

84 KERFERD, 2003, p. 144.

questão pelos sofistas, que ora nos preocupa, do ensinamento das virtudes, foi desenvolvido com base em algumas premissas, como se fosse uma construção detalhada por etapas, ancoradas em um conhecimento histórico apurado, e extremamente aderente ao processo democrático ateniense que somente poderia ser colocada em xeque por discussões filosóficas, de uma verdade eterna, absoluta, e extra social como fez Platão. A identificação deste processo de construção me leva a algumas simplificações, evitando algumas querelas filosóficas, mas me ajuda a entender um pouco mais dos reflexos do movimento sofista sobre a produção poética e teatral de Eurípides, que vivia intensamente estas questões. O ponto de partida sofista é o extraordinário mito de Protágoras, relatado por Platão em seu diálogo, que expressa uma teoria em defesa da democracia participativa, onde somente com a adoção conjunta de determinados valores morais o homem foi capaz de possibilitar suas vidas, promovendo seu bem-estar ao viver nas cidades e com isto levando ao progresso da sociedade.

Segundo a maioria dos analistas e historiadores, Platão deve ter sido bastante fiel aos escritos de Protágoras, como por exemplo, o referido por Guthrie, de título *Sobre o estado original do homem*, possivelmente baseado em uma leitura pública (*epideixis*), inclusive pela consideração real que Platão tinha pela obra do sofista, mas também pela oportunidade e a chance de colocar em discussão a questão da possibilidade do ensino da virtude, refutando mediante Sócrates, um pensador capaz de apresentar um mito que representava por si só toda uma teoria das origens da civilização e da evolução da sociedade humana, portanto muito maior que a própria questão a ser debatida. Por esta razão somos levados a retirar a apresentação do mito de Protágoras, do contexto ao qual Platão o aprisionou, em seu diálogo, e que mais tarde se utilizou do mesmo para seus escritos relativos à sociedade idealizada, trazendo-o para o contexto do pensamento grego, desde Hesíodo com seus mitos de Prometeu e Pandora, apresentados em suas obras "Teogonia" e em "Os trabalhos e os dias". Especialmente neste último onde ao mito de Prometeu, Hesíodo apresenta o mito das idades, que dá conta da degradação humana, a partir da chamada idade de ouro chegando a idade do ferro, em sua evolução em direção ao mal, com acento em uma visão pessimista do que estava ocorrendo, e do que iria ocorrer, com ênfase nas questões morais, inclusive pelo abandono dos mortais pelos deuses Aidós e Nêmesis (Consciência e Vergonha), tendo em vista que nada mais poderiam fazer pelos humanos: "contra o mal força não haverá".[85]

Protágoras, recorrendo ao mito e não a um discurso racional ou *logos*, se associa à tradição dos poetas gregos, desde a épica passando pelos líricos e igualmente pelos poetas trágicos e cômicos, como formadores e responsáveis educacionais da comunidade, apresentando uma visão otimista do desenvolvimento humano em sociedade, porém trazendo novidades, não somente quanto a mitologia hesiódica como especialmente, em relação aos poetas trágicos Ésquilo, Sófocles e do próprio Eurípides, que se dedicaram respectivamente em suas obras *Prometeu acorrentado*, *Antígona* e *As suplicantes*, em ressaltar as origens difíceis da humanidade e como puderam os homens com suas capacidades evoluir em direção à civilização. O discurso que Prometeu finalmente faz para o Coro das Oceânides, após a saída de Oceano, em resposta a ofensa dos deuses novos, mostra todas as artes ensinadas por ele aos mortais, tornando-os inteligentes e senhores da razão, bem como no primeiro estásimo de *Antígona*, no qual Sófocles louva o homem como o maior prodígio que existe, que sozinho aprendeu a fala e o pensamento, e as normas que regulam as cidades, mas que o pode levar para o bem ao respeitar as leis da terra e dos deuses, levando a justiça para as cidades, no sentido de torná-las grandes, ou para o mal se tornando um *apolis* foram por nós examinadas com bastante profundidade nos capítulos anteriores. Eurípides em *As suplicantes* apresenta um diálogo bastante sofístico entre o suplicante Adrastro com o grande rei Teseu de Atenas, em que este desempenha o papel de um duro inquisidor, afirmando claramente que os deuses colocaram à disposição dos mortais os recursos necessários para o sucesso e a felicidade, e acrescenta que o homem superou em muito o recebido em termos de sagacidade, confiança e sabedoria, assumindo assim todas as responsabilidades por suas decisões, sendo portanto humanos os fracassos, as misérias e os erros, que porventura viessem a ocorrer. Antes de prosseguir, não foi por acaso que Protágoras, no diálogo platônico possivelmente escrito em 390 a.C., tenha apresentado este mito referente às origens da civilização, ambientado por Platão no entorno do ano de 432 a.C., ou poucos anos antes, quando da visita de Protágoras a Atenas e de seu encontro com Péricles, antes, portanto, da guerra do Peloponeso, já que o *Prometeu acorrentado* de Ésquilo, para o qual existem incertezas, deve ter sido apresentado entre 462/459 a.C.,

---

85 HESÍODO, 2002, p. 35.

Antígona de Sófocles em 442 a.C., e *As suplicantes* de Eurípides em 423 a.C., indicando assim que esta era uma discussão que a época mobilizava muitos pensadores em Atenas, que tinha muito a ver com a importância da vida humana em sociedade, como ficará ainda mais claro em Protágoras. Nossa abordagem do mito dada sua extensão terá como ponto de partida um esquema geral apresentado por Carlos Garcia Gual,[86] em seu livro sobre as diversas versões do mito de *Prometeu acorrentado*, e pela tradução do *Protágoras de Platão* por Daniel Nunes Lopes,[87] que irei complementando com comentários específicos.

No contexto platônico, no qual está inserido o mito, Protágoras rebate as críticas e desprezo de Sócrates pela Assembleia ateniense, onde todos tinham o direito de opinar e de votar, tendo como transfondo essencial à possibilidade de ensinar as virtudes políticas. Sócrates diz que quando a Assembleia precisava resolver um assunto técnico, somente confiava em especialistas ou peritos no assunto: se uma pessoa, não perito tenta manifestar-se, "ainda que seja muito bela, rica ou de nobre estirpe"[88] a assembleia de atenienses "não permite que ela o faça; pelo contrário acabam por irromper em risos e clamores".[89] Mas quando tem que decidir sobre questões de governo:

> Todavia, quando é preciso deliberar sobre assuntos concernentes à administração da cidade, levantam-se e aconselham, em pé de igualdade, tanto o carpinteiro quanto o ferreiro e o curtidor, o negociante e o navegante, o rico e o pobre, o nobre e o ordinário. Niguém os reprova, como sucedia no caso anterior, por buscarem dar conselhos sobre tais assuntos, mesmo não tendo aprendido essa matéria de alguma fonte, tampouco tendo sido instruídos por algum mestre. Isso evidencia, então, que eles não consideram que isso pode ser ensinado.[90]

Sócrates também menciona em reforço a sua tese da impossibilidade deste tipo de ensino o fato de que estadistas bons e sábios se provaram incapazes de dar seus dons políticos a outros, inclusive seus filhos. Protágoras solicita aos presentes a possibilidade de dar suas ideias mediante o formato de um mito, entendido ainda que a introdução dos deuses na estória, se tratava de um adorno ao relato, sabendo todos

---

86 GUAL, 2009.

87 LOPES, 2017.

88 PLATÃO, 2017, p. 411.

89 PLATÃO, 2017, p. 411.

90 PLATÃO, 2017, p. 411.

que ele era um agnóstico religioso, em não tinha intenção de enganar ninguém. O esquema de análise do mito sobre as origens da civilização, proposto por Gual, distingue vários momentos sucessivos:

1. Os deuses criam as figuras ou tipos "τυπωσιν" (*typoûsin*) das espécies mortais.

2. Encarregam a Prometeu e Epimeteu que ordenem e adornem "κοσμησαι" (*kosmêsai*) e distribuam algumas capacidades "νειμαι δυναμες" (*neîmai dynameis*) a estas criaturas antes de trazerem para a luz. Epimeteu é quem se encarrega disto.

3. Prometeu, ao observar a deficiência humana quanto as propriedades "físicas", oferece aos homens "a habilidade técnica "την τυτεχνον σογιαν" (*ten éntechon sophían*) junto com o fogo, roubando-os a Hefesto e Atena.

4. Zeus, ao considerar que a técnica artesanal "δημιουργικη τεχνη" (*demiourgiké téchne*) não garantia a salvação dos humanos acossados pelas feras, lhes dá "o sentido moral e a justiça", αιδω, δικην (*aidós e diké* que Hermes reparte entre todos, a fim de que existam as cidades (*póleis*) e a "técnica política", "πολιτικην τεχνην" (*politiké téchne*), possibilitando a convivência entre eles.

Relativamente ao primeiro momento, seguindo Gual, e a descrição do mito em Platão, ao contrário de Hesíodo:

> [...] no mito protágorico não existe distinção de sexos, nem tão pouco o mito de Pandora. Todo o gênero humano é modelado pelos deuses, mais antigos que as criaturas mortais.[91]

Plasmam de uma vez todas as espécies animais "dentro da terra", e não somente de terra e água, mas de uma mescla de elementos, mais ligeiro, mais pesado, o fogo, a terra, que se combinam, refletindo aqui as teorias de Empédocles e de Parmênides sobre a geração a partir de vários elementos combinados. Outra característica interessante é que são "os deuses" de uma forma corporativa e anônima, quem fabricam os tipos das espécies animais e humana, de uma só vez. No segundo momento está muito claro os papéis de Prometeu e Epimeteu: na iminência de trazê-las à luz, os deuses ordenam a eles de aportar *kósmos*, ordem e adorno, aos tipos de animais, mediante a divisão de umas *dynameis*, "capacidades ou faculdades naturais" que os deuses colocaram ao seu alcance, em número limitado, para sua distribuição equitativa,

---

91 GUAL, 2009, p. 146.

com vistas a sobrevivência de todas as espécies, com a precaução de que nenhuma se extinguisse.

Epimeteu, que atua como uma personificação do que seria a *physis* universal, faz um maravilhoso trabalho com os animais, dotando-os de características marcantes, primeiro para evitar a destruição mútua das espécies, depois, concedendo-lhes meios para enfrentar comodamente as estações de Zeus, para em seguida dar-lhes formas de nutrição distintas, ervas, frutos, raízes, com o cuidado de reduzir a fecundidade daquelas espécies que consumiam outros seres vivos, ao mesmo tempo aumentando a fecundidade de suas presas. Nesta passagem, de precisão absoluta quanto à distribuição das qualidades e defeitos das espécies, fica mais do que clara a posição de respeito e da importância para Protágoras da "natureza", algo que os analistas esquecem quando tratam da dicotomia desta com o *nomos*. Todavia, Protágoras também chama atenção para as limitações da *physis*, pois para Epimeteu não existe a capacidade de previsão, que é uma característica do irmão, pois ele, Epimeteu não percebeu que havia despendido todas as *dynameis* com os seres irracionais "τα αλογα" (*tà áloga*), enquanto a espécie humana ainda lhe restava desaparelhada. Assim entra em cena Prometeu, correspondendo ao nosso terceiro momento, vendo que o homem se encontrava nu, desprovido de calçados, cobertas e armas, e sabedor de que existe um prazo fixado pela *moira*, para que os seres vivos devam surgir da terra para a luz, rouba a "sabedoria técnica", essa *entechon sophía*, que aparece aqui como uma novidade, de Hefesto e de Atena, juntamente com o fogo, propriedade já não pertencente a Zeus, mas disponível nas oficinas dos dois deuses, patronos das artes e técnicas, e assim presenteando os homens, que com isto podem compensar seu deficiente equipamento físico podendo recorrer a *techne* e ao fogo, e "desde então o homem possui recurso de vida"[92] segundo Protágoras.

Neste ponto, vou divergir do esquema proposto por Gual, pois para mim existe no mito uma passagem fundamental que se inicia exatamente com aquela frase de Protágoras que assinalei no último parágrafo, denotando que as *technai*, as artes industriosas, do aporte de Prometeu, é relativa e insuficiente para a sobrevivência, palavra esta não utilizada por ele. Prometeu continua sendo punido pelo furto na tradição de Hesíodo, por causa de Epimeteu, porém Protágoras minimiza o episódio tendo em vista que os homens não sofrem as con-

---

92 PLATÃO, 2017, p. 417.

sequências do delito, podendo usufruir de seus benefícios. E aqui, Protágoras insere uma passagem que vale a pena transcrever, dada sua importância:

> Por compartir assim do quinhão divino, o homem foi, em primeiro lugar, o único animal a crer em deuses em virtude de sua congeneridade com o deus, passando a lhes erigir altares e estátuas. Em seguida, logo articulou tecnicamente a voz e as palavras, e descobriu estâncias, vestes, calçados, cobertas e dietas oriundas da terra.[93]

A passagem deixa claro algo que já estava insinuado, e que é fundamental para o correto entendimento do mito, pois em primeiro lugar, conforme colocação perfeita de Gual, constata-se que a distinção dos "irracionais" e o homem é prévia à distribuição das faculdades físicas e, portanto, *o logos não é uma arma para a luta pela vida, mas algo que já pertence a natureza do homem, e além disso procede dos deuses,* contudo, veja bem, Protágoras vai mais além, pois a intervenção de Prometeu, é ainda anterior a vinda dos homens para a luz, *significando dizer que a* entechon sophia *é inata ao homem desde o início,* sendo como observa Guthrie, *outra expressão para a inteligência prática,* synesis *em Eurípides, como o primeiro dom divino.*

Porém esta passagem tem mais coisas para nos dizer, devido de um lado a força e o sentido pleno de consequências da expressão utilizada por Protágoras: *"[...] o homem comparte (participa) assim do quinhão divino"*,[94] *por que a posse do logos e da sabedoria técnica era uma marca do parentesco com os deuses,* conforme observação de Guthrie. Por um lado, aquela expressão pode ser entendida de inúmeras outras formas, que, em princípio, justificaria as práticas de adoração como uma necessidade humana, *mas que juntamente com a criação técnica da voz e das palavras, citadas a seguir no mito, estabelecem as primeiras instituições sociais, a religião e a linguagem. Com isto fica evidente que somente depois de Prometeu aportar a sabedoria técnica à espécie humana, a humanidade, de uma forma geral, estabelece suas relações com os deuses, de um lado, e entre os homens e as coisas através da palavra, que, diga-se de passagem, precedem importantes criações humanas como a agricultura, a arquitetura, o artesanato e a indústria.* Por outro lado, esta participação do humano no divino pode levar a várias especulações, e no caso, a uma em particular, relativa a Protágoras, no sentido de clarear

---

93 PLATÃO, 2017, p. 419.

94 PLATÃO, 2017, p. 419.

e justificar sua polêmica declaração de que era impossível ter certeza da existência dos deuses, já que segundo ele, esta relação se situa muito além de qualquer explicação racional, em particular se ele, homem, participa do quinhão divino, não como uma entidade separada, ou como um receptor, mas como um agente ativo e participante dos desígnios divinos.

Cheguei assim ao último momento de meu esquema, que se evidencia com a intervenção de Zeus no papel de um deus benevolente e preocupado com a sobrevivência humana de forma digna. Ainda aqui, a melhor opção é retomar de onde paramos, ao texto original do Protágoras:

> Assim providos, os homens viviam inicialmente dispersos e inexistiam cidades; as bestas, então, os dizimavam porque eram em tudo inferiores a elas. A arte demiúrgica voltada para a dieta era suficiente para socorrê-los, mas insuficiente para a guerra contra as bestas, pois não possuíam ainda a arte política, da qual faz parte a arte da guerra. Procuravam, então, reunir-se para se preservar, fundando cidades; mas quando se reuniam, injustiçavam-se mutuamente uma vez desprovidos da arte política. Por conseguinte, dispersavam-se novamente e eram aniquilados. Zeus, pois, temeroso do total perecimento de nossa geração, enviou Hermes aos homens portando justiça e pudor (Diké e Aidós), para que houvesse ordem nas cidades e vínculos estreitos de amizade.[95]

Uma primeira observação sobre esta passagem, nos vem de Guthrie, que assinala com razão que "[...] o decreto de Zeus está pelo que, nas antropologias não-míticas – e na mente de Protágoras –, o que era o trabalho do tempo, da experiência amarga e da necessidade [...]",[96] de um antigo texto do início do século XX, que escapa a maioria dos estudiosos, mas que se revela bastante verdadeiro e mais ajustado ao pensamento do sofista. Uma segunda observação refere-se ao significado dos termos *aidós* e *diké* utilizados por Protágoras, que foi traduzido, na versão que utilizamos de forma convencional como pudor e justiça. Para a primeira palavra, *aidós*, certamente a mais complexa, vou recorrer a Rodolfo Mondolfo, no *La comprensión del sujeto humano en la cultura antigua*,[97] com sua tradução de "consciência moral" e com sua nota de esclarecimento:

> Me parece que somente a expressão "sentimento ou consciência moral" pode traduzir de maneira adequada o significado da palavra *aidós* em

---

95 PLATÃO, 2017, p. 419.

96 GUTHRIE, 2007, p. 67.

97 MONDOLFO, 1995.

Protágoras, que conserva, sem dúvida, o sentido originário de "pudor, respeito, vergonha", mas de uma vergonha que se experimenta não somente frente aos demais, mas, também frente a ele mesmo, de acordo com o ensinamento pitagórico de tão grande repercussão na ética antiga.[98]

Diké, por outro lado, significa respeito pelos direitos dos outros, mediante um senso de justiça que torna possível a convivência e interação entre as pessoas, certas de que existem instâncias jurídicas capazes de resolver eventuais problemas entre eles.

Mas aqui entra o sagaz e esperto Hermes, que antes de descer a terra para efetuar aquela distribuição de *aidós* e *diké* faz a pergunta crucial a Zeus, de que modo devia ele conceder estes valores aos homens:

> [...] devo distribuí-los assim como estão distribuídas as artes, as "téchne"? (Não custa repetir que para os gregos antigos, "téchne", inclui todos os ofícios e profissões, dos mais elevados aos mais humildes, como, sapateiros, ferreiros, médicos e escultores). Eis como as artes estão distribuídas: um único médico é suficiente para muitos homens leigos, e o mesmo, vale para os demais artífices. É assim que devo instituir justiça e pudor entre os homens, ou, devo distribuí-los a todos?[99]

E a resposta de Zeus é definitiva:

> A todos, e que todos compartilhem de ambos, pois não existiriam cidades, se apenas poucos homens compartissem disto, tal como sucede às demais artes. E em meu nome, institua a lei segundo a qual se deve condenar à morte quem for incapaz de compartir da justiça e do pudor, como se fosse uma doença da cidade.[100]

Algumas advertências são aqui importantes para entender adequadamente a mensagem mítica de Protágoras: a primeira de que fica claro que a distribuição de *aidós* e *diké*, estão numa situação distinta do *logos* e do *entochon sophia*, já que no primeiro caso sua distribuição veio após os homens estarem vivendo neste mundo, e, portanto, eles não as possuíam por natureza, e sim que serão adquiridas por cada um através do ensino, do esforço, da experiência, correspondendo assim ao decreto de Zeus no mito. Esta questão fica clara com a própria explicação de Protágoras no final do mito, e bem resumida por Kerferd, em seu livro sobre o Movimento Sofista:

---

98 MONDOLFO, 1955, p. 536.

99 PLATÃO, 2017, p. 421.

100 PLATÃO, 2017, p. 421.

[...] essas, portanto, são as razões que eu dei para explicar por que eles (os atenienses) com razão permitem que todos os homens deem o seu parecer a respeito (assunto que envolvem) de virtude política, porque eles acreditam que todo homem compartilhe dela; mas, que eles julgam que essa participação não vem da natureza, nem é de origem espontânea, e que é por aprendizagem e prática que ela está presente em quem quer que seja, é o que vou demonstrar em seguida.[101]

A segunda, de acordo com Kerferd, é de que Protágoras nunca afirmou que todos os homens devam participar de forma igualitária das virtudes concedidas, como frequentemente é colocado. Na realidade, o que o sofista coloca com total clareza é a de que ninguém é sem alguma qualificação para intervir nos negócios da comunidade, e de outro lado, que todos necessariamente partilham, em alguma medida da justiça humana, que é condição básica para viver em companhia de seus semelhantes, mesmo porque no limite não existiria nenhuma necessidade da instituição da própria justiça.

Retomando o caminho, quando iniciei nossa análise do mito de Protágoras, com uma simplificação de sua importância para as discussões das ideias que circulavam por Atenas naquela época, especialmente quanto à questão essencial para ele que era que a virtude pode ser ensinada, vamos nos utilizar de uma espécie de resumo da mesma, apresentado por Kerferd, em seu livro sobre os sofistas:

A importância dessa doutrina de Protágoras na história do pensamento político dificilmente será exagerada. Pois Protágoras produziu, pela primeira vez na história humana uma base teórica para a democracia participativa. Todos os homens, através do processo educacional de viver em famílias e em sociedades, adquirem algum grau de percepção moral e política. Essa percepção pode ser desenvolvida mediante vários programas formais nas escolas e com professores particulares e, também pela operação de leis deliberadamente projetadas pela polis a fim de suplementar a primeira educação de seus cidadãos. Assim todos têm algo com que contribuir para a discussão das questões morais e políticas, ao passo que nos assuntos que envolvem habilidades especiais e conhecimentos específicos a polis naturalmente só recorrerá ao conselho de peritos. Mas nas questões políticas e morais não é verdade que todas as opiniões e todos os conselhos são de igual valor. Segue-se daí que na democracia protagorana, o princípio operativo concernente ao conselho será "de cada um conforme a sua capacidade"; e será necessário que a comunidade, de uma forma ou de outra escolha entre os conselhos conflitantes.[102]

---

101 KERFERD, 2003, p. 244.

102 KERFERD, 2003, p. 246.

Partindo da hipótese de que Platão tenha ido buscar o mito de Protágoras em algum dos escritos do sofista, disponível à época, podemos imaginar que os efeitos isolados das teorias implícitas no mito para as discussões que ocorriam em Atenas devem ter sidos significativos, pois davam suporte a uma enorme revisão de conceitos sobre as quais se assentavam o imaginário grego, particularmente em relação às dicotomias, relativas ao homem grego, livre, varão, adulto, chefe da *oikos*, e os outros: gregos/bárbaros, homem/mulher, cidadão/estrangeiro, homem livre/escravo e deuses/mortais. Deixava claro que por natureza todos os homens tinham capacidades adequadas para pensar, falar, discutir, de se especializar em determinadas atividades, podendo-se tornar um perito naquele assunto, e ademais todos possuíam virtudes políticas e morais que poderiam ser trabalhadas e aperfeiçoadas, independentemente de seus deuses, de suas origens, de seus gêneros, de sua classe social e de suas opções políticas. A esta enorme abertura vou chamá-la de princípios, se seguiram vários outros derivados das atividades dos sofistas, como por exemplo no campo da retórica, com os "argumentos duplos", e as conotações implícitas nos argumentos fortes e fracos, melhor, superiores e inferiores, segundo ensinamentos do próprio Protágoras, bem como toda uma filosofia da linguagem, através de Pródico e Górgias, onde o poder das palavras adquire uma importância crucial para os cidadãos atenienses, já que passavam a ter um instrumento capaz de fazer o bem ao mesmo tempo que poderia ser utilizado para fins nada nobres, alcançando a imoralidade. Porém, por enquanto, vou seguir no caminho aberto pelo mito de Protágoras, no sentido de identificar possíveis influências na obra de Eurípides, chamando atenção, entretanto, que as ideias ali colocadas por ele, Protágoras, eram conhecidas e discutidas por muitos, além de que a própria realidade estava presente para confirmar vários daqueles pontos.

Um dos pontos que identifico de imediato, que mais tenham tocado o poeta em sua sensibilidade foi a questão da igualdade, especialmente a igualdade social, que afetava diretamente às relações humanas. Não existiam dúvidas quanto ao avanço democrático com a tão sonhada isonomia entre os cidadãos atenienses, onde a justiça que concedia os mesmos direitos a todos, acabou por se impor, mesmo com todos os percalços derivados da guerra do Peloponeso. Neste sentido, existem diversas evidências de que o sistema político de Atenas sendo uma realidade tangível, a partir de Clístenes e tendo em vista seus resultados, acabaram por incentivar movimentos rumo a uma maior igualdade na sociedade ateniense, de uma forma que levava a discussão bem além das questões puramente constitucionais, na direção de temas mais complexos relativos as condições da existência humana. Protágoras havia dado um passo inicial com a explicitação de seu mito quanto às virtudes políticas pertencentes a todos e passíveis de serem desenvolvidas, porém ele foi bem adiante no sentido de que somente por meio de uma justiça comum a todos, implicando no respeito ao próximo, no reconhecimento de direitos recíprocos, constituindo assim uma associação unida e coerente, é possível as cidades sobreviverem em ordem, criando por consequência laços de amizade e união entre os homens. Guthrie chama atenção para este ponto:

> Mais ainda que democracia, o conceito mais estreitamente conexo com igualdade era talvez, "ομονοια" (homonoia), concórdia, (literalmente, "ser de uma só mente"). No pensamento desta época, as noções de justiça, amizade (philia) e igualdade consideravam-se interdependentes, se não idênticas, e essenciais à preservação da ordem política.[103]

Na realidade, o sistema político ateniense respondia adequadamente pela igualdade de cidadãos pobres e ricos na administração do poder da cidade, com direitos políticos e jurídicos iguais, apesar de que o poder indireto das famílias nobres era um diferencial importante, e neste sentido o ideal de *homonoia* parecia representar um conceito melhor e mais verdadeiro de igualdade, como bem coloca Guthrie. Eurípides em suas obras refletiu tanto o conceito democrático, mediante Teseu nas *As suplicantes*: "A cidade é livre, as pessoas governam em turnos anuais de ofício, e ao pobre se dá participação igual à dos ricos",[104] quanto o conceito de igualdade expandido no sentido da *homonoia*, nas *Fenícias*, através das palavras de súplica de Jocasta ao filho Eteócles para que deixe a ambição, honrando a igualdade:

> [...] que une amigo a amigo, cidade a cidade, aliado a aliado. O que é igual é elemento estável na vida humana, mas o menor é sempre inimigo do maior e anuncia-se em dias do ódio. Foi a Igualdade que estabeleceu pesos e medidas para os homens e delimitou o número. Iguais, no passar dos anos, são as veredas da noite escura e da luz do sol, e nenhuma inveja a vitória da outra. Servirão os dias e as noites aos mortais e tu não tolerarás

---

103 GUTHRIE, 2007, p. 140.

104 GUTHRIE, 2007, p. 141-142.

dar ao teu irmão participação igual na dinastia contigo mesmo? Onde, está nisto a justiça?[105]

Porém, o espírito do igual e da igualdade, o tema mais frequente de discussão naquele final do século V, invadiu novos campos além da riqueza dos direitos políticos e jurídicos, colocando em questão as diferenças de nascimento e raça, abalando profundamente uma das oposições constituintes da identidade do homem grego, em relação aos bárbaros, e evoluindo ainda mais para questionar um dos pilares da sociedade ateniense, a escravidão, algo que parecia impossível para os cidadãos da *polis*. E nesta direção pontificou acima de todas as manifestações e declarações, mesmo de sofistas como Antifonte, Licofron e Alcidamas, frequentemente citados, a explícita posição do poeta e dramaturgo Eurípides, em várias de suas obras, como em *Electra*, *Alceste, Hipólito, Andrômaca, Helena, Ifigênia em Aulis* e em vários de seus fragmentos particularmente em *Alexander*. A ênfase nestas discussões e nas colocações feitas à época eram relativas às injustiças de tratamento quanto aos vários atores sociais, de que as diferenças de nascimento e tradição não eram suficientes para a inclusão ou exclusão das pessoas, que afinal de contas todos eram homens, nascidos da mesma forma, e na realidade, sem se darem conta de forma conclusiva de que aquela sociedade em que viviam funcionava por meio de premissas bem claras de unidade em torno dos cidadãos e de exclusão da diversidade dos "outros". Analistas modernos afirmam que existia de fato na sociedade ateniense o que Victor Ehrenberg chamava de "conflito entre forças opostas": de um lado a cidade-estado o estado é e deve ser unitário, e de outro a sociedade, "a pluralidade".[106] Isso repercutia em termos cívicos, conforme o argumento de Saxonhouse no seu *The Fear of Diversity*,[107] de que a teoria política grega era uma resposta intelectual ao que ela denominava "medo da diversidade", um sistema que resultava necessariamente na preferência pelo *wholeness over diversity* (totalidade sobre diversidade). Em *O foco no poder e na sua busca*, Saxonhouse escreve:

---

105 GUTHRIE, 2007, p. 142.

106 EHRENBERG, 1964, p. 89.

107 EHRENBERG, 1992, p. 22.

[...] a centralidade na racionalidade e em sua eficácia, direcionada para a uniformidade, não para a multiplicidade... tenta levar a cidade no caminho de uma unidade irrealizável.[108]

Voltarei a estas importantes ponderações de Ehrenberg e Saxonhouse com mais detalhes quando fizer a análise das obras do poeta, porém de qualquer forma parece evidente que o tratamento dado pelo poeta a este tema, que sem dúvida é um dos pilares de sua obra foi de caráter muito especial e bem distinto das discussões, que ocorriam em um ambiente no qual as considerações políticas do cotidiano se situavam em primeiro plano. Eurípides iria falar neste tema através de seus personagens em um contexto dramático, e o fez magistralmente, dando voz a todos que se encontravam excluídos da unidade cívica ateniense e que na unidade básica familiar das *oikos* poderiam ser consideradas como os "outros", representando, portanto, a alteridade em relação ao *kyrios*. As mulheres, os criados, os escravos, as crianças, os bastardos, as concubinas, todos eles aparecem e, em cada caso específico Eurípides lhes dá direitos de falarem, de se posicionarem quanto as questões, de se movimentarem, ocupando espaços privados e públicos até então proibidos, e, claro, aprofundando a intensidade trágica dos acontecimentos relatados, colocando em risco o equilíbrio e a sanidade dos *oikos*.

Um segundo tema que igualmente adquire uma importância fundamental na obra do poeta, deriva mais uma vez das doutrinas de Protágoras que vou abordar a partir do mito constante da obra platônica, mas que também foram incrementadas por Górgias em suas especulações sobre retórica, e também nas de caráter mais filosóficas sobre o homem. Tendo presente o que foi colocado anteriormente sobre a extensão do conceito de *logos*, ao sofista Protágoras é atribuído por Diógenes Laercio a seguinte afirmação:

> Ele foi o primeiro a dizer que há dois "logoi", concernentes a todas as coisas, sendo opostos um ao outro. Foi por meio desses que passou a propor argumentos envolvendo uma série de estágios e foi o primeiro a fazer isto.[109]

---

108 Citação do livro *Gender and The City in Euripides' Political Plays*. Cf.: SAXONHOUSE *apud* MENDELSOHN, 2002, p. 27.

109 KERFERD, 2003, p. 145.

Esta doutrina, segundo os analistas, já era bem conhecida na metade do século V, portanto anterior a sofística, e que segundo Untersteiner[110] em seu livro sobre os sofistas ao qual seguirei neste tema, há muito vinha sendo gerada na história do pensamento grego, e que no caso específico de Protágoras, se transformou na base de suas reflexões iniciais mediante a obra das *Antilogias*. De qualquer forma, a doutrina que ensinava utilizar sucessivamente dois pontos de vista antagônicos nos enfrentamentos dialéticos, que ficou conhecido como de "δισσος λογοι"(*dissós logos*, duplos discursos), reconhecia a relatividade dos valores causando enormes celeumas à época, já que trazia incertezas de toda a natureza, que foram utilizados de forma extensiva e arbitrária, bem longe dos objetivos próprios de Protágoras ao levantar o assunto como pretendo examinar.

A tese de Untersteiner é de que quanto a esta questão Protágoras partiu por reconhecer uma inevitabilidade existente no pensamento grego, que se constituiu bem lá atrás com a interação de duas culturas antagônicas, a cultura mística e espiritualista mediterrânea, e a cultura lógica dos indo-europeus representada de forma indelével nos mitos helênicos, e que vai sustentar posteriormente a tragédia ática. Argumenta ainda que esta questão, encontra-se presente nos poetas épicos através de conceitos conflitantes de *diké* em Hesíodo e de uma justiça de Zeus que tenta acomodar as diversas inclinações divinas, e que ele próprio age, por vezes de forma contraditória, especialmente quando se trata de humanos. A poesia lírica acentua ainda mais as questões com a introdução em oposição ao racionalismo homérico do fluir dos acontecimentos imprevistos ao longo do tempo, ora benévolo, ora adverso, jogando o homem no campo da incerteza, *causando em si sentimentos contraditórios sem alcançar o sentido das coisas, a não ser por uma postura de resignação de que esta é a vida humana.* Arquíloco e principalmente Simonides buscam saídas para os impasses, e principalmente este último se antecipa ao próprio Protágoras, com o reconhecimento explícito da relatividade das coisas, até mesmo do fazer poético, conforme Detienne nos *Mestres da verdade na Grécia arcaica.*[111]

No caso do pensamento filosófico, vamos direto ao próprio Untersteiner:

---

110 UNTERSTEINER, 2012.

111 DETIENNE, 1988b.

A consciência desse "discurso duplo" já tinha penetrado o pensamento filosófico, primeiramente em uma corrente pitagórica que a partir da doutrina que afirma que as coisas se compõem de qualidades opostas, tinha deduzido que nenhum dos entes é simples e puro, de modo que a mesma coisa pode sustentar dois "logoi" opostos. Em segundo lugar, a existência heraclitiana dos contrários "εναντιοτια" (èvavtiodromia) continha implicitamente o próprio motivo do "dissós lógos".[112]

Também sob outro aspecto Heráclito preparava a doutrina de Protágoras. Sua concepção de razão universal divina levava a consequência de que o que

> [...] comumente aparece a todos é crível (e, de fato percebido mediante a razão comum e divina), enquanto o que se apresenta somente a alguns não é crível pelo motivo oposto. E diz que as coisas que universalmente aparecem são verdadeiras, enquanto julgadas pela razão comum; e aquelas que, só em parte, aparecem a alguns são falsas.[113]

Seguindo, vou falar da importância que Untersteiner dá ao conflito trágico exposto em Ésquilo, onde os conceitos de *diké* aparecem de forma conflitante entre os próprios deuses, e entre os homens e deuses, especialmente em suas últimas obras, e que

> [...] não é no período sofístico que o "dissós logos" revelou pela primeira vez, sua face misteriosa, mas encontrou aí sua forma originária, sua primeira encarnação, no drama arcaico de Ésquilo.[114]

Acentuando ainda mais a possível influência de Ésquilo para a obra de Protágoras, quero recordar que, *O Prometeu* cuja data é incerta, deve ter sido apresentado por volta de 460 a.C. e a trilogia da *Oresteia* é reconhecida como tendo sida lançada em 458 a.C., portanto, muito próximas, da primeira viagem de Protágoras a Atenas, já que Túrio, a colônia modelo de Péricles, cuja legislação havia sido encomendada pelo grande estadista a Protágoras foi fundada em 444 a.C. Principalmente a *Oresteia*, onde o conflito de Orestes assume proporções incomensuráveis, particularmente para os atenienses, não há como não admitir que, quando de sua chegada a Atenas a reverberação daquela tragédia ainda era algo bastante presente, pelo menos entre seus primeiros interlocutores, dentre os quais se encontra Eurípides, com o qual teria grandes afinidades, e que como se sabe esteve presente a performance

---

112 UNTERSTEINER, 2012, p. 56

113 UNTERSTEINER, 2012, p. 56.

114 UNTERSTEINER, 2012, p. 55.

da tragédia esquiliana no teatro de Dioniso, e que sempre se reconheceu como discípulo do velho mestre.

Ainda seguindo a argumentação de Untersteiner quanto a doutrina de Protágoras, este se encontrando diante de um grave problema que ameaçava anular a unidade da consciência humana e toda possibilidade, por parte desta, de poder dominar vitoriosamente as coisas, tentou delinear o fundamento gnosiológico desses *lógoi*, para depois liberá-los de sua tragicidade angustiante. Este ponto merece uma rápida reflexão, pois apresenta uma forte conexão com a ação dos heróis da tragédia grega que são colocados em situações de conflitos de ambiguidades, de contradições, pelas condições intrínsecas criadas para aquelas representações, mas que neste caso afetam pessoas diretamente em suas vidas ativas, diante das coisas e de suas experiências. Quanto a primeira questão ele o fez através das Antilogias, envolvendo alguns aspectos básicos do conhecimento que se encontravam submetidos ao domínio da opinião, como o problema de deus, as concepções metafísicas, a validade do direito e das leis com as questões éticas conexas e o fundamento teóricos das artes.[115]

Tendo em vista meus objetivos, não irei me deter em relação às antilogias de Protágoras, a não ser na mais famosa que teve enormes consequências, inclusive para o poeta Eurípides, que segundo se sabe foi lida em sua casa pelo próprio sofista, que diz respeito aos deuses, intitulada "περι θεον" (*Peri theon*):

> [...] sobre os deuses, não estou em condições de provar sua existência ou inexistência fenomênica, nem qual é sua essência em relação à sua manifestação exterior. De fato, muitas são as dificuldades que impedem essa prova, não somente a impossibilidade de uma experiência sensível deles, mas também a brevidade da vida humana.[116]

Existe com relação a esta afirmação do sofista uma relativa unanimidade de pontos de vista. Em primeiro lugar, Protágoras nega a possibilidade de uma experiência sensível tanto em relação a existência dos deuses, ou a sua não-existência, não sendo nem mesmo possível determinar qual é a manifestação exterior de sua essência. A afirmação está claramente relacionada à questão do conhecimento, inclusive ele emprega por duas vezes a palavra *eidenai* que significa "saber", não tendo portanto nenhuma conotação quanto a crença ou fé, e, final-

---

115 UNTERSTEINER, 2012, p. 59.

116 UNTERSTEINER, 2012, p. 59-60.

mente, em hora nenhuma ele afirma que os deuses não existem, caracterizando assim seu agnosticismo em relação ao ateísmo. A afirmação de Protágoras causou uma enorme comoção em Atenas, devido a seu caráter revolucionário, originando, de um lado, a emergência de novas declarações neste sentido, como os de Pródico, com sua declaração positivista, Trasímaco afirmando que os deuses não olhavam para os humanos e um fragmento de 22 versos de uma obra intitulada *Sísifo* atribuída a Crítias ou ao próprio Eurípides, que vai bem mais além considerando a existência dos deuses como uma invenção ou, uma mentira. De outro lado, tal afirmação em uma sociedade conservadora, na qual se buscava uma unidade em torno de determinados princípios, e como os deuses para a *polis* tinham significação especial, houve reações contra os não-crentes da cidade, inclusive Péricles e seus amigos nos quais se incluía Protágoras, se consolidando uma posição em defesa dos deuses que atingiu muita gente, inclusive, mais tarde, o próprio Sócrates.

As antilogias baseadas nos dois *logoi* em conflito, significavam o aspecto negativo da realidade,

> [...] com as opiniões que o homem pode ter a respeito de tudo o que é perceptível, e que pressupõe a idéia de substância, levaram Protágoras a examinar se a experiência sensível permite conquistar aquela "verdade que o mundo da abstração recusa ou parece que repele de seu próprio âmbito".[117]

O aspecto positivo de sua descoberta é formulada por ele em sua famosa proposição relativa ao homem "μετρον ανθρωπος" (*métron antropós*). Esta nos foi transmitida por Diogenes de Laercio, de um dos primeiros escritos de Protágoras, dado por Platão como sendo *Sobre a verdade* e por Sexto Empirico como sendo os *Escritos demolidores*. A tradução normalmente adotada é a seguinte, segundo Kerferd: "O homem é a medida de todas as coisas, das coisas que são, quanto a como são, e das coisas que não são, quanto a como não são."[118] Entretanto, esta proposição adquire um outro sentido na tradução de Untersteiner: "O homem é dominador de todas as experiências, em relação à fenomenalidade do que é real e, a nenhuma fenomenalidade do que está privado de realidade."[119]

---

117 UNTERSTEINER, 2012, p. 77.

118 KERFERD, 2003, p. 147.

119 UNTERSTEINER, 2012, p. 78-79.

A compreensão correta do sentido desta afirmação é buscada até os dias de hoje, inclusive por que através dela estaríamos em condições de melhor entender o movimento sofista do século V. Entretanto, dado que nosso interesse neste assunto não tem caráter filosófico, mas, por outro lado, nos parece fundamental entender corretamente aquela proposição, vamos inicialmente nos aproximar do tema mediante as colocações de Kerferd para posteriormente alcançarmos as de Untersteiner, que em relação aos desdobramentos referentes à superação dos *dissós logos* nos levam a um entendimento mais claro e preciso. Kerferd considera que existam pontos que hoje em dia podem ser entendidos, após muitas controvérsias, como razoavelmente resolvidos:

> O homem que é a medida, é cada homem individualmente, como você e eu, e certamente não a raça humana, ou, a humanidade tomada como uma entidade em si. Em segundo lugar, o que é medido nas coisas não é a sua existência e não-existência, mas o modo como são, ou, em termos mais modernos, quais são os predicados que devem lhes ser atribuídos como sujeitos em sentenças sujeito-predicado.[120]

Diz Platão no Teeteto, imediatamente após citar a afirmação, que isso significa que

> [...] cada grupo de coisas é para mim tal como me aparece, e é, para você, tal como lhe aparece. O exemplo típico na Antiguidade é este: se o mel parece doce para alguns e amargo para outros, então ele é doce para aqueles aos quais parece doce e amargo para aqueles aos quais parece amargo.[121]

A doutrina de Protágoras, segundo a qual nada existe a não ser o que cada um de nós percebe e conhece, que evidentemente é distinta conforme o sujeito colocam o acento em nossos sentimentos e convicções que medem e determinam limites e a natureza da realidade que só existem em relação a elas, foi segundo Guthrie, posteriormente considerada por Aristóteles como de puro subjetivismo e relativismo, claro que do ponto de vista de sua própria filosofia e da filosofia platônica, para as quais existe uma realidade além e independente. Do nosso ponto de vista, independente das posições filosóficas assumidas pelos diversos grupos de analistas esta discussão era altamente relevante, e, tinha grandes consequências em termos políticos para a *polis*, pois referendava ainda mais a tese exposta por Protágoras em seu mito quanto às virtudes políticas de cada um, privilegiando as opiniões

---

120 KERFERD, 2003, p. 147-148.

121 KERFERD, 2003, p. 148.

pessoais, validando ainda mais a participação de todos os cidadãos nas discussões e decisões do processo democrático ateniense. Além disso, diante de uma realidade, que parecia controversa para as pessoas, dependentes de convicções próprias, levava aquela a se aproximar muito mais ao contexto e a linguagem da própria tragédia, com suas tensões e ambiguidades, onde os heróis se debatiam com as significações de seus atos, indicando, claro, que Eurípides não estava alheio a estas discussões, muito pelo contrário. Complementando esta visão que sem dúvida foi a mais difundida e certamente a mais entendida, é interessante ressaltar que Górgias, por seu lado, também expressou este relativismo de Protágoras, porém de forma mais direta e crua, virando Parmênides de cabeça para baixo, ao afirmar que "[...] nada existe (ou é real); que, se existisse, não poderíamos conhecê-lo, e, se pudéssemos conhecê-lo, não poderíamos comunicá-lo a outrem."[122] Se, diz Górgias, "[...] fosse possível por meio de palavras (logoi) tornar a realidade (erga) pura e clara aos ouvintes, o julgamento seria fácil como simplesmente seguindo do que foi dito; mas uma vez que não é assim [...]."[123] O *logos* tem supremo poder, e é neutro. Pode fazer grande bem, banindo o medo e a tristeza e fomentando alegria e compaixão.[124] Górgias surpreende, pois se preocupava em nada mais do que ensinar a arte da persuasão, que permitiria a um homem falar e convencer aos demais de suas opiniões, e isto valia para o júri no tribunal, aos conselheiros no Conselho, ao povo na Assembleia, ou, em qualquer reunião de cidadãos.

Voltemos, porém, às teses de Untersteiner, a partir de sua tradução da proposição de Protágoras cuja ênfase inicial recai em um entendimento bem distinto do "homem medida das coisas", para do "homem dominador das experiências". Neste sentido, o resultado adquirido pode ser colocado nestes termos; o homem,

> [...] consegue ter em seu próprio poder todas as "experiências" das quais se pode dizer que são reais sejam elas sensíveis ou inteligíveis, na medida em que têm a possibilidade de se tornar fenômeno (é esse o sentido da palavra fenomenalidade). A meta a que visava Protágoras consistia na conquista de um domínio fecundo das "experiências", já que esse domínio só era efetivo a partir do momento em que as "experiências" se liberavam daquelas contradições que podiam anular todo o seu valor. Esse momento,

---

122 GUTHRIE, 2007, p. 171.

123 GUTHRIE, 2007, p. 171.

124 GUTHRIE, 2007, p. 171.

justamente, coincidia com aquele da realização dessas experiências como fenômeno, o que implicava um correspondente conhecimento seguro.[125]

Assim, Protágoras, pretendia superar os dois *logoi* em confronto, ou em outros termos, queria construir, além da opinião, a ciência. Untersteiner a partir de uma primeira confirmação dos dois momentos da especulação gnosiológica do sofista por Platão, no Crátilo e no Teeteto, desenvolve toda uma argumentação filosófica, que não cabe aqui acompanhar em detalhes, necessária para demonstrar que é possível superar os *dissós logos*, da qual fiz uma tentativa de resumo quanto a sua essência. Em primeiro lugar que todas as coisas que se revelam aos homens existem, e que estes tem portanto possibilidades de conhecimento das mesmas, sendo portanto o juiz das experiências objetivas; em segundo lugar, que tanto a matéria quanto os homens estão em perpetua mudança em sua natureza "fluente", de acordo com as bases da filosofia pitagórica, permitindo assim um conhecimento verdadeiro, que está fundado no fato que Protágoras considera o sujeito que percebe uma parte do mundo externo, que se encontra em um continuo fluir, com a coincidência entre sensação e objeto de sensação, obtido quando o homem consegue dominar as coisas "χρημάτων μετρον" (*Xremáton métron*); em terceiro lugar, que a essência daquilo que é coisa, é ser manifesto, cognoscível, encontrar-se em um estado que possa ser conhecido, *coisas significa cognoscibilidade,* levando a se afirmar que o sujeito é o correlato necessário ao objeto, pois aquela determinada coisa se torna conhecida pela intervenção de um sujeito, mas nós somente podemos conhecer o que é perceptível, ou seja, que o nosso pensamento só funciona mediante a experiência, fora dela e sem ela ele não nos dá o conhecimento, e sem percepções ele permanece vazio. Na conclusão desta especulação filosófica vou diretamente a Untersteiner:

> O homem pode obter, portanto, a cognoscibilidade de todas as experiências, inclusive as intelectuais. O conhecer é, assim uma possibilidade concedida ao homem que não anula o "dissós logos", mas que o supera na medida em que é incluído em sua necessária cognoscibilidade, idêntica àquela de qualquer sensação. Por isso na expressão "métron antropos", Protágoras pensa principalmente no homem individualmente, porque se tratava de assegurar o conhecimento a qualquer um, em qualquer momento: o conhecimento, vale dizer, da realidade como ela é e, consequentemente, tanto em seus aspectos contraditórios, como naqueles que não são atormentados por nenhuma contradição. A doutrina de Protágoras pode assim ser

---

125 UNTERSTEINER, 2012, p. 79.

definida como "Fenomenismo". As duas proposições de Protágoras estão em aparente contradição entre si, porque o comportamento negativo dos "logoi" em confronto se opõe àquele construtivo e dogmático expresso pelo "métron antropos". Se a primeira proposição é superada pela segunda, não é todavia, anulada. A oposição que há nas coisas deve ser libertada da estaticidade dos dois termos (o que, por exemplo, é característica de Ésquilo), para submetê-la ao domínio do "homem", para que ele a transforme em força construtiva de valor universal.[126]

Portanto, o homem domina as experiências, mesmo as que se aparecem contraditórias, mas para superá-las é necessário conquistar uma cognoscibilidade melhor, superior, "τον ηττω λογον κρειττω ποιειν" (*tov éttwv lógov kreíttwv poiev*), nas palavras de Untersteiner. Porém, antes de acompanhar a especulação filosófica desta reconstrução do pensamento de Protágoras, é importante situar o que está por trás desta discussão e as razões de estarmos nos detendo nela. Está bem evidente que não existe consenso entre os analistas que se debruçaram sobre a análise deste período, em particular sobre a atuação dos sofistas quanto a uma série de temas, especialmente quanto o relativismo dos valores embutidos nas doutrinas daqueles mestres, com ênfase particular nas doutrinas de Protágoras, inclusive devido as dificuldades que apresentam, não somente para a maioria desses analistas, como o foi para o próprio Platão, que por necessidade absoluta teve que ir ao fundo das doutrinas do sofista, base para alguns de seus mais famosos diálogos. Além dessas dificuldades, existe, no caso deste sofista, um viés de análise, colocando sempre em primeiro plano a questão da retórica, em seu aspecto particular correspondente a oratória, confinado aos domínios práticos da vida política e dos embates jurídicos, relegando a um segundo plano as possibilidades de educação para a *politiké árete*, que deve levar a um progresso da sociedade, expressas no mito que analisamos, bem como da centralidade do papel do homem na discussão da variabilidade das categorias éticas (*métron antropos*). Fica claro que a retórica, mediante a oratória, era para Protágoras um ponto de chegada, e assim, a utilização de conceitos como dos argumentos duplos e dos argumentos fracos e fortes aos quais se deu tanta ênfase, representavam leituras na maioria das vezes equivocadas quanto ao pensamento do sofista, como reducionistas quanto ao conteúdo, deixando de lado questões bem mais fundamentais, como neste caso que estou tratando, da busca de um conhecimento melhor, que possa escapar da armadilha dos dois *logoi*, como dotar o homem de ex-

---

126 UNTERSTEINER, 2012, p. 90.

periências novas, que possam ajudá-lo no enfrentamento das questões daquela sociedade em particular.

Voltando ao problema da existência das diferenças no domínio que o homem exerce sobre as experiências, Untersteiner se refere a posição de Protágoras, no diálogo Teeteto de Platão, conhecida como a Apologia de Protágoras (166a-168c), que, infelizmente, não vou aqui reproduzir dada sua extensão, que aborda de vários ângulos daquela questão, e que abre a possibilidade de o domínio do homem sobre as experiências ser exercido de modos distintos. Quando há dois opostos e possíveis casos de cognoscibilidade, o domínio é alcançado mediante uma modificação entre um e outro em termos de uma diferença de valor: a partir da identificação das diferenças que reproduziam o primeiro dissídio, se exerce uma substituição por uma nova antítese de valores, que aprofundando a primeira proposição protagorica, intensificava o valor da segunda. Nas palavras de Untersteiner:

> "O homem pode superar o seu domínio, ou o alheio, da cognoscibilidade de uma coisa, quando consegue dominar uma outra e melhor cognoscibilidade da mesma coisa que ele contrapõe e pela qual substitui a primeira, isso significa (tò tòv éttwv lógov kreittwv poiev), [...] reduzir a menor possibilidade de conhecimento à uma maior possibilidade de conhecimento [...]", sob a égide dessa célebre proposição se desenvolveu a *Apologia de Protágoras no Teeteto*.[127]

O homem é, portanto, dominador de todas as experiências, inclusive das contraditórias, *submetendo, assim a relação antitética em uma nova relação de valor, na qual deduz um* éttwv *lógos e um* krettwv *logos que dizem respeito a uma única experiência.* E a partir desta constatação, Untersteiner chega a algo deveras importante, pois consegue reunir todas as proposições de Protágoras em algo orgânico, com um caráter nitidamente evolutivo na busca do homem universal, e que como veremos em seguida, está em perfeita sintonia com as duas fases do mito explicitado no dialogo platônico:

> O *"kreittwv logos" pode, portanto, ser definido como algo de abstrato e de universal diante do "éttwv logos": esta é a natureza ou, a "matéria fluente" no imediatismo de sua cognoscibilidade elementar pelo individuo isolado, e aquele representa um esforço de superar a experiência universal com o objetivo de colher aquela cognoscibilidade múltipla, e por isso universal que somente múltiplas experiências individuais pressupõem. A proposição implica na substituição do homem como indivíduo justamente, ou*

---

127 UNTERSTEINER, 2012, p. 94-95.

de qualquer modo prevalente no "métron antropos" por um tipo de homem universal.[128]

Assim, o primeiro período da humanidade no mito, encarnados por Epimeteu e Prometeu, representa o estado da natureza mediante os meios inerentes a própria *physis*, de origem materna, do seio da terra, no qual os homens extraem a vida por obra dos deuses, e também do elemento fogo, obtendo a arte necessária a vida, honrando os deuses, articulando palavras, construindo casas, e possuindo o *logos*, o pensamento racional, se elevando acima dos animais e se equiparando aos deuses. O segundo período se distingue por uma particular intervenção de Zeus, entendido como demonstrei pelo trabalho do tempo, das experiências amargas e da necessidade, quando o homem domina a arte política, graças a *aidós e diké*, conseguindo e sobrevivendo as dificuldades da vida em comunidade, significando ainda que com as virtudes políticas o homem, no esquema de Untersteiner, domina o *kreittwv logos*, superando a ideia individualista baseada na natureza do *éttrwv lógos*, característico da obtenção ao final do primeiro período do domínio pessoal sobre as experiências singulares.

A OBRA DE EURÍPIDES NESTE CONTEXTO

Penso que com esta belíssima visão de um homem universal com seu pensamento voltado para as coisas superiores, derivada de sua busca de um controle de suas experiências que se constituiu para Eurípides em uma forma de tábula rasa, consegui cumprir com o objetivo de situar a obra do grande poeta trágico no contexto geral das condições objetivas e de pensamento vigentes naquela Atenas. Porém aqui, é chegada a hora de descolarmos Eurípides da realidade ateniense com todas suas consequências e efeitos em suas tragédias, com as profundas transformações políticas, sociais e econômicas do estado, com as revoluções sociais ocorridas nas famílias e nos *oikos*, e, de uma forma geral com as intensas discussões que ocorriam na época em Atenas, mediante os seus vários atores, poetas, sofistas, filósofos, particularmente com relação as especulações sobre o homem e os deuses, bem como sobre a verdade, a justiça e a igualdade, temas que independente de suas origens tiveram uma acolhida especial por ele em sua criação. Pode-se em princípio afirmar que o caminho do poeta, dramaturgo e pensador era bem mais árduo devido a especificidade do seu veículo, a tragédia

---

128 UNTERSTEINER, 2012, p. 97. (grifo meu)

teatral, com suas tradições e princípios firmemente estabelecidas por Ésquilo, onde os heróis representavam coletividades, no âmbito de um contexto religioso e político da *polis*, complementadas por Sófocles com seu rígido código de valores arcaicos de bravura e honra, que os leva a única saída possível que é a morte, princípios estes bem conhecidos que os atenienses esperavam ver em cena sempre que possível quando frequentavam o teatro de Dioniso nas escarpas da Acrópole. Não estou aqui me referindo a alterações pontuais com relação aos atores, ao Coro, as cenas, e no caso de Eurípides aos personagens, aos cantos e aos *agons* verbais, mas a algumas características estruturais que de um lado eram obrigatórias serem mantidas. Em primeiro lugar, quanto aos enredos baseados em mitos e tradições heroicas, referidos a um tempo antigo, com seus valores e comportamentos, colocados em ação para serem questionados, e de outro lado a realidade da *polis*, justamente em contraposição a àqueles arcaísmos, especialmente quanto a justiça se utilizando de uma linguagem jurídica na qual os cidadãos presentes ao teatro de Dioniso, não somente se reconheciam, mas que, além disso, conforme salientam diversos analistas, esperavam receber contribuições, que os guiassem na vida cotidiana da *polis*, cumprindo assim aquela forma de representação com sua tradicional função "poética" por excelência no imaginário grego.

Eurípides, portanto, vai desenvolver uma obra poética hercúlea, que na realidade pouco ou quase nada tinha a ver com as obras de seus antecessores, já que se tratava de uma criação não somente poética e teatral, mas da obra de uma pessoa altamente sofisticada intelectualmente de um pensador e amante da filosofia, particularmente envolvido em tudo o que ocorria em termos de novas ideias naquele fantástico século V em Atenas, e que, desde aquela época até os dias de hoje resiste bravamente a ser julgado superficialmente por qualquer analista, ou por qualquer epíteto, como religioso tardio, ateu, misógino (Aristófanes), o mais trágico de todos (Aristóteles), o racionalista (Verral), o irracionalista (Dodds), individualista, contraditório, ambíguo, coveiro da tragédia grega (Nietzsche), dentre uma série de outros. Pois bem, ele, diante dos tradicionais mitos heroicos, elemento crucial no desenvolvimento das tragédias áticas, optou por uma ótica poética e dramática inusitada, onde os principais personagens daquela época, os deuses e os heróis, representados de forma crítica sem idealismos, às vezes caricata, com uma realidade distinta das normalmente apresentadas, confrontados com personagens – mulheres, criadas, escravos, bastardos, pessoas comuns como diria Aristófanes – até então secundários e marginais que assumem papéis de destaque e de muito maior importância na trama, expressando-se em geral com sabedoria, todos dominados por fortes emoções, colocando em cheque os valores daqueles antigos dominadores das ações, se utilizando, por vezes, dos mesmos mecanismos alienantes com os quais eram tratados anteriormente. Por outro lado, tendo que apresentar a *polis* de Atenas, bem distante dos sonhos acalentados pelos próprios atenienses, dilacerada em seus valores tradicionais, ao cometer injustiças flagrantes e de caráter bárbaro com seus aliados, de caminhar para sua auto destruição mediante uma guerra, que como vimos distorcia os comportamentos esperados dos homens nela envolvidos, que seguia com sua inútil tentativa de unidade cívica em torno do cidadão grego, ignorando a já consolidada diversidade social da comunidade, e cuja unidade básica familiar se encontrava em profunda crise, onde os papéis de seus membros há muito deixaram de serem entendidos por eles próprios. Finalmente, diante de fatos políticos incontestáveis reconhecidos por muitos de que o processo político democrático apesar de sua validade social, mostrava claramente suas dificuldades intrínsecas, seus limites diante de uma nova realidade econômica e financeira, que seria fatalmente atingida devido a aventura imperialista, e a dependência contínua que o estado teve em relação à dirigentes políticos, originários de uma elite aristocrática ou oligarca, que buscavam no interesse público e social sua forma de atuação, que estiveram presentes desde o século VI, mas que agora, ausentes, faziam muita falta no sentido do enfrentamento daquela situação adversa.

Quando iniciei minha análise de Eurípides deixei propositalmente de lado as poucas informações referentes a sua vida pessoal, remetendo-as aos diversos livros existentes sobre ela, dando uma preferência explicita para a análise detalhada do contexto ateniense, tanto em seus aspectos econômicos e financeiros quanto ao contexto cultural, das principais ideias que circulavam na Atenas daquele século V, que juntos tiveram grande influência sobre a obra do poeta. Ao longo deste caminho deixei entrever algumas das características dessa vasta e profunda obra na medida em que os assuntos foram tratados, porém acho que ficou suficientemente claro que qualquer tentativa de enquadrar sua extensa produção, conforme a antiguidade, de 85 tragédias e 7 dramas satíricos, envolvendo 23 tetralogias, das quais conhecemos integralmente 17 tragédias e um drama satírico, seria pura perda de tempo devido a extrema variabilidade dos temas abordados, e das conotações especificas que o poeta deu a cada uma delas. Um bom exemplo destas tentativas frustradas foi o de distribuir sua obra em ciclos; Troiano, dos Atridas, Ático e Tebano, juntando peças que rigorosamente nada tinham a ver umas com as outras. Entretanto, apenas com o objetivo de clarear nosso percurso daqui para frente, e fruto de pesquisas em diversos analistas quanto às características marcantes de cada obra que chegou até nós, em particular, os ensaios sobre Eurípides de Maria de Fátima Sousa e Silva, me arriscarei com a seguinte classificação de algumas das obras do poeta;

a. As consideradas políticas: *As suplicantes* e *Heraclidas*.

b. As de semântica do *oikos*: Medeia, Hipólito, Andrômaca.

c. As de representação da Guerra do Peloponeso: Hecuba, Suplicantes, Troianas.

d. As com *agons* diferenciados: *Electra, Orestes, As suplicantes, Medeia, Alceste, Hécuba*.

e. As que explicitam os contrastes gregos *x* bárbaros: *Ifigênia em Tauros, Helena, Hécuba, Orestes, As bacantes*.

f. As que ressaltam a *Philia: Hécuba, As suplicantes*.

g. As que representam sacrifícios voluntários: *Ifigênia em Aulide, Alceste, Heraclidas, Fenícias, Hécuba*.

h. As que tratam do amor: *Alceste, Hipólito*.

i. As que representam viagens: *Ifigênia em Tauros, Helena*.

j. As que se referem a própria crítica teatral: *Ifigênia em Tauros, Helena*.

k. As que tratam da vida e da morte: *Helena, As bacantes*.

l. As que acentuam aspectos visuais e pictóricos: *As fenícias, As bacantes, Íon, Ifigênia em Aulide, Hécuba, Medeia*.

Diante desta classificação sumária e orientadora, pode-se imaginar a dificuldade de selecionarmos uma única peça para analisarmos em detalhes, da mesma forma que fizemos nos casos de Ésquilo e Sófocles, com o *Prometeu acorrentado* e *Antígona*, devido a enorme importância delas nos contextos das obras daqueles poetas. No caso de Eurípides, apesar da natural distinção que se faz com todas as razões de sua última peça *As bacantes*, que além de se constituir em uma das mais perfeitas tragédias, do ponto de vista formal, em termos aristotelianos, e seguramente, a de maior impacto devido a sua temática, não podemos, nem devemos ignorar várias outras peças do poeta, por tudo o que representam para nosso entendimento da condição humana e da existência do homem universal, justamente o que buscava Eurípides. E aqui, antes de adentrar em seu universo trágico gostaria de ressaltar duas importantes coisas, acerca desta nossa "introdução" ao poeta; em primeiro lugar, creio firmemente que esta digressão era absolutamente necessária ao entendimento de sua obra, especialmente devido a nossos propósitos de examinar a questão da condição humana, pois jamais em tempo algum, a discussão sobre este tema alcançou um nível tão elevado e penetrante, quanto na experiencia ática, e nesta claramente brilha a figura de Eurípides, pois fica evidente que por detrás de todos estes acontecimentos e pensamentos, a questão básica que mobilizava a todos era claramente a condição humana diante de todos os desafios da vida; a segunda, que diante desta busca do poeta pelo "sentido admirável da complexidade das coisas",[129] na qual inclui-se de forma enfática a questão do homem no que ele tem de mais pessoal e singular, seus dramas e paixões, sem esquecer jamais de sua intensa busca de um conceito muito próprio do que representava para si aquele homem "universal", nos obriga a dar um tratamento totalmente diferenciado à sua obra, pois sabemos que nela a questão da condição humana foi levada a extremos infindáveis.

Neste sentido, examinarei algumas de suas obras *Alceste*, *Medeia*, *Hipólito*, *Hécuba*, *As suplicantes* e *Orestes* tendo como guia a classificação apresentada, de forma extensa e detalhada em algumas, e mais sucintas em outras, porém sempre com o objetivo de ressaltar as características mais importantes das mesmas, até alcançarmos *As bacantes*, onde naturalmente, daremos especial atenção devido a sua importância para o nosso tema. Complementando esta introdução, poderia resumir os principais aspectos de sua obra como o realismo de seus personagens, os sofrimentos, as paixões, e o patético em suas ações, porém, estas questões serão vistas ao longo das análises empreendidas de suas peças.

ALCESTE

Alceste foi apresentada por Eurípides nas Dionísias Urbanas em 438 a.C., no arcontado de Glaucino mediante uma tetralogia, que incluía três tragédias, *Cretenses*, *Alcmeon*, e *Télefo* sendo *Alceste* enquadrada como um drama satírico, apesar de seu caráter nitidamente trágico.

---

129 ROMILLY, 2017, p. 105.

Alceste foi uma das célebres mulheres representadas por Eurípides, neste caso, por meio de seu nobre e destemido sacrifício, que aceita voluntariamente morrer no lugar de seu marido Admeto, rei de Feres na Tessália. Alceste é uma das filhas de Pélias, rei da importante cidade de Iolco, a mais bela e piedosa de suas filhas, e a única que não participou na morte do pai, episódio que verei em detalhes quando examinar a tragédia *Medeia*, na qual a personagem principal é responsável pelo massacre de Pélias pelas filhas. Admeto, filho de Feres, rei da cidade, assume o lugar do pai, tendo participado quando jovem da caçada ao javali de Cálidon e da expedição dos argonautas. Entretanto, sua importância, além de sua origem nobre, vem do fato de que o deus Apolo foi obrigado a trabalhar para si como boiadeiro, para cumprir obrigação de seu pai Zeus, devido a morte dos Ciclopes por suas flechas, artífices do raio que fulminara Asclépio, filho do deus, a mando de Zeus, com receio do enorme poder de Asclépio quanto a vida e a morte, colocando em xeque a ordem do cosmos divino. Apolo desenvolve grande amizade por Admeto, sendo que em algumas versões fala-se do amor entre eles, ajudando-o inclusive por diversas vezes. Admeto se apaixona por Alceste, porém Pélias exige que o homem que viesse a casar com ela deveria, ter um carro puxado por um leão e um javali sob o mesmo jugo, coisa que Admeto consegue com a ajuda de Apolo.

Diz ainda a lenda que Admeto casa-se com Alceste, mas se esquece na celebração do enlace matrimonial em oferecer sacrifícios a Ártemis, irmã de Apolo, extremamente vingativa que jura de morte a Admeto. E novamente Apolo entra em ação, conseguindo mediante artimanhas junto as Moiras, que este não morresse se porventura encontrasse alguém que livremente se dispusesse a morrer em seu lugar. Não encontrando ninguém, nem mesmo seus pais, que preferiram aproveitar o resto das suas vidas, Alceste em um ato de amor se resignou em morrer em seu lugar. A peça é complementada pela chegada de Héracles, vindo da frigidíssima Trácia, justamente quando Alceste morre, e mesmo assim, Héracles é recebido com todas as honras por Admeto, respeitando o princípio da hospitalidade, comportamento sagrado para os gregos. Héracles, após ter conhecimento da desgraça que se abateu sobre a casa de Admeto, se dirige ao Hades, e consegue trazer de volta a Alceste, mesmo com todas as resistências de parte de Admeto de receber uma nova mulher em casa, após ter jurado a Alceste que jamais o faria, refazendo o casal e trazendo felicidade de volta a todos.

O contexto geográfico da peça me parece importante, pois se trata da Tessália, terra habitada pelos *eólios*, um dos quatro povos originais da Grécia Antiga, juntamente com os jônios, os aqueus e os dórios, também de origem indo-europeia, que se dedicavam a agricultura e que colonizaram o litoral do Mar Egeu, mas que diferentemente desses era um povo pacífico, e segundo Apolodoro, herdeiros do deus vento Eolo. Terra de enorme tradição mítica, inclusive pela existência em suas terras do Monte Olimpo, e que de acordo com as lendas, abrigava uma intensa presença dos deuses, entrando e saindo do Monte para seus contatos com os mortais. O contexto relativo à participação dos deuses é tratado de forma bastante superficial e secundária por Eurípides, com uma discreta participação de Apolo, que está de saída da casa de Admeto após haver cumprido a punição de Zeus, e que por acaso encontra-se com Tanatos, o gênio masculino que personifica a morte e que veio finalmente buscar Alceste. Nenhum comentário sobre a atitude de Zeus, ao liquidar Asclépio, muito menos sobre a reação de Apolo, bem como não se sabe por que Admeto deveria morrer, portanto, nada diz o poeta sobre a atitude de Ártemis. Mas também não posso afirmar que os deuses estão ausentes, pois em das principais falas do Coro, inclusive, por muitos considerada como se o próprio poeta estivesse falando, existe toda uma apologia da deusa da Necessidade "Αναγκη" (Anánke), refletindo uma espiritualidade profunda e importante do poeta.

A ação da peça, é assim, na verdade, concentrada no *oikos* de Feres, e assumido por Admeto, seu filho, incluindo todos os seus membros, inclusive Héracles como hospede da casa. Neste sentido o poeta teve que fazer determinados arranjos na lenda, de molde a se ajustar aos seus objetivos, para poder levar a cabo a trama imaginada por ele para seus personagens principais: Alceste, Admeto, Feres, os filhos de Admeto, Eumelo e Perimele, Héracles, a criada, e o Coro dos anciãos de Feres. A primeira modificação é que, segundo a lenda Admeto assume o reinado de Feres após a morte do pai, e no drama, os dois convivem, mesmo depois da assunção de Admeto ao poder. A segunda e mais importante ainda, é que é dado um tempo relativamente longo a Alceste, suficiente para ela se consolidar como dona da casa e poder procriar dois filhos, sendo um deles Eumelo, garantia da perpetuação do *genos* familiar. Assim, do ponto de vista dramático, a morte de Alceste a alcança em plena atividade junto ao *oikos* de Admeto, com todas as consequências derivadas deste fato, como ressalta Delcourt, vivendo o melhor da vida.

Na peça os deuses têm uma participação discreta, porém podemos afirmar com segurança que estão ausentes os heróis, especialmente o tipo de herói sofocleano que não tem nenhuma intenção de preservar a vida, se por acaso, ou por destino, tiver que abandonar seu código de valores, seu ideal de conduta pessoal, optando sempre pela morte por absoluta necessidade. Em Eurípides, e particularmente em *Alceste*, os personagens representam indivíduos comuns, com seus conflitos pessoais com dúvidas nos comportamentos, com uma multiplicação de atitudes e pontos de vista, sujeitos assim a errarem por um lado, mas que também têm sua dose de acerto em termos comportamentais. Por exemplo, Admeto; por um lado ele se comporta como um egoísta, ao aceitar que sua esposa, na flor da idade morra em seu lugar, sem esta ter tido possivelmente nada a ver com o fato que determinava sua morte, fugindo assim de suas responsabilidades, e deixando implícito, de forma enganadora o risco que corria seu *oikos* com sua perda, porém de outro lado, assume posições muito claras, firmes e coerentes, quanto à hospitalidade dos amigos, e quanto aos compromissos assumidos com a esposa ao morrer. O poeta na realidade colocava em questão algo bem mais amplo, relativo aos conflitos em torno dos membros do *oikos*, mediante fatos terríveis e dignos de compaixão que os afetavam diretamente "δεινα και οικτρα" (*deina kai oiktra*), que levavam ao prazer da tragédia "οικειαν ηδονην" (*oikeia hedoné*), como bem colocou Aristóteles na *Poética*. E aqui, Eurípides, coloca de forma direta e crua, os conflitos entre a instituição *oikos* que era a base da sociedade cívica ateniense à época, e os indivíduos, seus membros, que até então não valiam grande coisa diante da importância das famílias, mas que começavam a se afirmar.

Os temas principais da peça podem ser sumarizados: a realidade da caducidade humana e, portanto, da inevitabilidade da morte, sobre a qual não existe domínio, a extensão do conceito de filiação no âmbito do *genos* familiar, que vai dar margem ao importante *agon* entre Feres e Admeto, a evidente alteração de papéis no interior familiar entre o chefe do *oikos*, o *kyrios*, e a mulher, não somente em relação à substituição da morte de Admeto pela de Alceste, mas diante de todo o contexto envolvendo os demais membros da casa, as posturas realísticas de Alceste ao se dispor a tal sacrifício, cujo sentimento de amor parece não existir, e finalmente a valorização da vida, expressa por diversas personagens: por Alceste em uma passagem memorável com a participação da criada, após em sua despedida de Admeto e dos filhos, e ao final por Admeto deixando bem claro, o vazio da vida, particularmente, de uma vida a ser vivida sem a mulher amada, cheia de sofrimentos, uma vida desgraçada, de infinita solidão, e conseguida, mediante a não aceitação do destino, que, ao princípio, poderia parecer grande coisa, mas que posteriormente se revelou em toda sua intensidade numa fuga da sua condição humana. Vamos ver algumas dessas passagens, utilizando a tradução básica de Junito de Souza Brandão[130] com algumas adaptações pessoais.

A primeira passagem faz parte do primeiro episódio, no qual uma serva se aproxima e recepciona o Coro dos Anciãos de Feres, relatando o que se passa no interior da casa de Admeto, narrando a bela e comovente preparação de Alceste para a morte, a despedida de seu hogar matrimonial, de seus filhos e da cidade, que nos dá uma ideia da extensão do seu sacrifício, a qual se sucedem as despedidas de todos, Admeto, os filhos e a criadagem, até Tanatos levá-la para o Hades. Esta passagem se inicia com uma afirmação do Coro e com um complemento poético da serva, aqui reproduzidos: *Que ela saiba, pois que vai morrer cheia de glória, sendo, indubitavelmente, a melhor das mulheres que têm existido sob o sol.*"[131]A fala da serva é certamente uma das mais belas passagens de Eurípides, revelando em linhas gerais o que se passava no *oikos* de Admeto sob o ponto de vista da intimidade de Alceste:

> Como não seria a melhor das esposas? Quem o duvidará? Que mulher haverá que a supere? Que outra daria maior prova de dedicação ao marido do que oferecer-se para morrer por ele? A cidade inteira tem conhecimento disto. Ficarás, porém, ainda mais admirado ao saberes o que ela fez no interior do palácio. Quando sentiu que era chegado o dia fatídico, lavou seu alvo corpo em água corrente e, retirando dos escrínios de cedro vestidos e joias preparou-se adequadamente. Em seguida, diante do altar doméstico orou assim: "Senhora, (possivelmente a deusa do lar, Héstia) vou para a região do Hades, e assim, pela última vez, de joelhos, far-te-ei um pedido: vela por meus filhos órfãos! A um concede-lhe uma esposa que o ame; à outra um digno marido. Que meus filhos não morram, como sua mãe, prematuramente, mas que desfrutem, felizes, uma vida próspera no solo da pátria"[...] Depois, penetrando na câmara nupcial, deixou-se cair sobre o leito e, chorando copiosamente disse: "Ó leito, onde entreguei minha virgindade àquele homem por quem vou morrer, adeus! Não te odeio, porque vais perder somente a mim, que morro por não desejar trair a ti e a meu esposo. Possuir-te-á uma outra mulher, não mais virtuosa do que

---

130 EURÍPIDES, 1968.

131 EURÍPIDES, 1968, p. 91.

eu, talvez, porém mais feliz". Caindo de joelhos ela beijava o leito, inundando-o inteiramente com um dilúvio de lagrimas que lhe escorriam dos olhos. [...] Choravam os filhos, agarrando-se às vestes de sua mãe. Ela, tomando-os nos braços, beijava ora um, ora outro, com o pensamento fixo na morte próxima. Todos os criados do palácio choravam, condoídos com a sorte da rainha. Ela estendia a mão a todos; e a cada um, por mais humilde que fosse, não dirigia uma palavra, sem que fosse correspondida. Eis as desgraças que afligem o lar de Admeto. Morrendo, ele teria apenas desaparecido, mas, tendo evitado a morte, sofre uma dor tamanha que dela jamais há de esquecer-se.[132]

Vou me deter aqui no intuito de entender melhor a interessante personalidade de Alceste. Afora, o que já foi colocado, chama atenção, nesta fala da criada, a relação dela com o leito nupcial, como se ele fosse uma pessoa especial para ela, pois, além de lhe dirigir palavras, é o momento em que ela se abandona, chora copiosamente, consegue algum alivio emocional, volta insistentemente a beijá-lo, e ainda mais impressionante, diz para ele, que ela morria por não desejar trair nem a ele nem o esposo. Claro que pode tratar-se de uma figura poética, porém parece indicar de sua parte, de Alceste, uma fidelidade a toda prova, da sua condição de mulher, disposta a cumprir com sua função primordial, tanto sexual quanto de procriação dos filhos, naquele esquema do *oikos* do varão, grego, senhor de todos e de tudo, dando a entender que aquele leito era a única coisa que a ela pertencia, que aquele era seu espaço, era o espaço feminino por excelência. E aqui, Eurípides é simplesmente genial, pois, ao mesmo tempo, ele demonstra de forma inequívoca o erro de avaliação de Alceste, já que aquela pessoa, aquela mulher, com todas suas limitações de caráter social, que aquela sociedade impunha às mulheres, havia mudado totalmente o balanço de poderes no âmbito do *oikos* do homem Admeto. Os filhos, os criados, no fundo pertenciam a ela e não a Admeto, mediante relações humanas fortes e consolidadas, dando a entender que a pessoa mais importante era ela que a perda dela seria catastrófica para todos, inclusive até mesmo para Admeto. E ali, todos irmanados no sentido literal, agiam da mesma forma que os filhos, em uma imagem bela e simbólica, tentando segurar ela junto a eles, agarrados a sua vestimenta não deixando a levarem para o Hades.

Por outro lado, Alceste demonstra de todas as formas possíveis o enorme sacrifício que faz, não deixando unicamente para a posteri-

---

132 EURÍPIDES, 1968, p. 91-92.

dade, o reconhecimento de seu belo gesto, tornando-o ainda mais sublime mediante uma postura nada submissa, passível de crítica dos antigos atenienses tradicionalistas, com uma consciência aguda da enormidade daquele gesto ao lhe conceder a vida, mediante cobranças especificas de atitudes de Admeto quanto ao futuro, com palavras duras, aumentando bastante o custo emocional de sua atitude de caráter fraco, de não assunção do destino. Vejamos a passagem em que ela se despede de Admeto:

> Vês, Admeto, a que estado cheguei! Quero, pois, antes de morrer, dizer-te o que desejo. *Foi por teu amor, que eu, com o sacrifício de minha vida, permiti que continuasse a ver a luz. Morro por ti, quando poderia viver ainda; escolher por esposo aquele dos tessálios que eu desejasse, e habitar na prosperidade um palácio real. Recusei-me a viver sem tua companhia, com filhos órfãos de pai e sacrifiquei as dádivas da juventude, que me proporcionavam prazeres.* [...] Seja! É agora o momento de reconheceres o que fiz. Far-te-ei um pedido muito aquém do meu sacrifício – nada, com efeito, é mais precioso que a vida – mas é um pedido justo, como reconhecerás, pois não ama estes filhos menos que eu, se és sensato. Permite que eles sejam os donos desta casa. Não te cases em segundas núpcias, entregando com isso estes pequeninos a uma madrasta, a qual, menos dedicada que eu, maltrataria, impelida pelo ciúme, os teus e os meus filhos Não faças isto, eu te peço ![...] Devo morrer e essa desgraça não me atingirá amanhã ou depois de amanhã; daqui a pouco estarei incluída entre os que não mais existem. Adeus! Sêde felizes. Tu, meu esposo, podes orgulhar-te de teres possuído a melhor das esposas e vós, meus filhos, a melhor das mães.[133]

A outra passagem emblemática da peça é, sem dúvida, a referente ao *agon* entre o velho patriarca Feres e seu filho Admeto, algo que, diga-se de passagem, jamais vista em Atenas, no teatro de Dioniso, na qual pai e filho trocam acusações extremamente duras, especialmente por parte de Admeto. Anos mais tarde Aristófanes iria ainda um pouco mais além em *As nuvens* de 423, e *As aves* de 414 a.C., discutindo igualmente a questão da filiação das possibilidades de criação de novas leis para proteção dos filhos, inclusive das possibilidades do filho Fildípides matar o pai Estrepsíades, virando um parricida que teve enorme repercussão, ainda que no âmbito de uma comédia, distinta do caso de Eurípides em Alceste. No momento em que o corpo da rainha era transportado para a pira funerária, aparece Feres com oblatas fúnebres para Alceste, com o intuito de prestar homenagens à mulher que lhe poupara sua vida e também a de seu filho Admeto, porém ele

---

133 EURÍPIDES, 1968, p. 96-97. (grifo meu)

é mal recebido e esse investe sua fúria contra o pai, de forma dura e contundente. Vou reproduzir de forma quase integral as duas falas de Admeto e de Feres, absolutamente emblemáticas de uma sinceridade comovente de dois homens reais, sem heroísmos, ambos com razões e argumentações relevantes do ponto de vista pessoal para não desejarem morrer, que expressam perfeitamente aquele século V em Atenas de grandes transformações, na qual a retórica era um instrumento fundamental, mas que com suas posturas, colocam em cheque todo o imaginário grego dos antigos provedores do povo, que pensavam nos "outros", em suas funções, do *anax*, do senhor, do chefe, do líder do *oikos*, aos quais se deviam obediência e orgulho por sua nobreza de valores:

> Não foste convidado por mim a comparecer a estes funerais. Não considero tua presença com a de um amigo. Alceste jamais fará uso dos ornatos que lhe trouxeste: para ser enterrada não precisa de tuas oferendas. Tuas condolências eram oportunas, quando eu estava na iminência de morrer! *Ficaste, porém, de longe e deixaste que outra mais jovem morresse – tu, um velho! E agora vens gemer junto ao cadáver? Não eras realmente meu pai? E aquela que se diz e se intitula minha mãe, não me deu à luz? Nascido, por ventura de sangue escravo, eu teria sido amamentado secretamente por tua mulher, como filho de criação? No momento decisivo mostraste quem és, e eu não me considero teu filho! À todos sobrepujas em covardia, tu que, em idade tão avançada, tendo atingido o extremo da vida, não quiseste, nem tiveste a coragem de morrer por teu filho, permitindo que esta mulher morresse – uma estrangeira, a qual unicamente eu teria o direito de considerar como meu pai e minha mãe.* Entretanto, belo triunfo terias conquistado, morrendo por teu filho, pois, de qualquer maneira era curto o tempo que lhe restava de vida. Alceste e eu viveríamos o resto de nossos dias e eu não permaneceria só a lamentar meu infortúnio.[...] Fingidamente os anciãos invocam a morte, ao se queixarem da velhice e da longa duração da vida; mas, quando a morte se aproxima, ninguém mais quer morrer e a velhice não é mais um fardo para eles.[134]

O trecho suprimido diz respeito a crítica de Admeto pela bela vida vivida por Feres, inclusive com a ajuda do filho, como uma forma de comparação com a sua própria, sem Alceste, por culpa de seus pais, levando Admeto a renunciar a sua filiação de Feres. Vejamos a resposta do pai:

> Meu filho, a quem te vanglorias de injuriar? Será porventura, à algum Lídio ou Frígio, comprado com teu dinheiro? Ignoras que sou Tessálio, filho de pai tessálio e livre de nascença? Ofendes-me em demasia. Mas, depois de teres lançado contra nós insultos tão violentos, não ficarás impune! *Para*

---

134 EURÍPIDES, 1968, p. 114-115. (grifo meu)

fazer-te senhor do meu reino, dei-te a vida e te eduquei, mas não me impus a obrigação de morrer em teu lugar. Não recebi de meus antepassados nem da Grécia uma lei que obrigue os pais a morrerem pelos filhos! Feliz ou infeliz, nasceste para ti somente. O que a nós cumpria dar-te, tu o recebeste: reinas sobre numerosos súditos e deixar-te-ei muitos alqueires de terra que herdei de meu pai. Em que te prejudiquei eu? De que bem te privei? Não desejo que morras por mim, mas não quero também morrer em teu lugar. Se tens prazer em contemplar a luz, não acha que isto acontece com teu pai? Eu tenho pensado como há de ser longo o tempo que passarei no Hades: a vida é curta, mas, não obstante, é doce. De qualquer maneira, lutaste vergonhosamente para evitar a morte: tu vives, mas fugiste ao destino fatal, com o sacrifício desta vítima! E censuras minha covardia, ó infame, tu que foste suplantado por uma mulher, que deu a vida por ti. Belo rapaz! Descobriste um meio engenhoso de nunca perecer, caso possas persuadir sempre à mulher com quem casares, de morrer em teu lugar. E insultas teus amigos que se recusaram a fazê-lo, quando tu mesmo evidencias falta de coragem? Cala-te. Sabes que, se tens amor à vida, todos o têm igualmente. Se continuas a ofender-nos, ouvirás muitos e merecidos insultos![135]

Vamos seguir à Lloyd, *The Agon in Euripides*,[136] na análise deste *agon*, que de acordo com este autor, se enquadra perfeitamente no padrão utilizado por Eurípides em várias das tragédias que chegaram até nós, sem grandes nuances retóricas, e ocorrendo de forma quase natural, a não ser, em seus proêmios com as tentativas de desqualificar o adversário, e de colocá-lo na defensiva. Na verdade, Eurípides, deixa implícitas coisas da mais alta significação para serem discutidas, ou, para servirem de *background* da trama trágica, como em nenhum momento é discutida a aceitação de Admeto do sacrifício da mulher, nem ele se defende desta atitude com o *agon* girando primordialmente em torno da posição pessoal de Feres e de sua mulher, mãe de Admeto, em recusarem a morrer por ele. Antes de entrar, no que consideramos essencial no *agon* existe uma coisa que chama atenção: trata-se da referência explícita que em ambos os discursos eles fazem ao risco de estarem sendo tratados não como cidadãos livres de origem grega, mas ou como escravo ou bárbaro no caso do pai, e como filho de escravos no caso do filho, revelando assim, uma grande insegurança relativamente as suas atitudes, que de alguma forma seriam mais adequadas à pessoas com aquelas condições, e não de gregos tessálios.[137] E aqui, aparece

---

135 EURÍPIDES, 1968, p. 116. (grifo meu)

136 LLOYD, 1992.

137 LLOYD, 1992, p. 40-41.

claramente o verdadeiro problema que a nós é revelado pela tragédia, que leva inevitavelmente à disrupção do *oikos* de Feres e de Admeto.

A maioria dos analistas considera Alceste uma tragédia e não um drama satírico, porém uma tragédia com final feliz, já que por obra de Héracles, Alceste retorna do Hades para viver uma vida feliz com Admeto, meio que fascinados pela atitude daquela mulher maravilhosa. Porém acho que esta é uma meia verdade. Do ponto de vista familiar e do da cidade, o final é trágico, pois significa a dissolução do *oikos* paterno enquanto unidade básica e certamente vai impedir a reprodução cívica, pois vai ser comandado, sem dúvidas, por uma estrangeira, Alceste, especialmente depois de seu renascimento e após o que ele próprio Admeto reconhece em seu discurso, que ela seria de fato realmente seu pai e sua mãe, renunciando assim completamente a sua filiação natural. Esta é a questão central da peça, a filiação, e certamente não foi por acaso, que Eurípides foi buscar um mito que fala da questão da filiação a nível divino, tendo como modelo de pai o próprio Zeus, e como filho o deus Apolo, que é castigado por seu pai a se humilhar e trabalhar como boiadeiro para um mortal, sem direitos a não ser da obediência, modelo este que imperou na era arcaica e começou a ser questionado a partir do século VI com Sólon. Eurípides coloca em discussão esta questão, uma vez que nem Feres age como um verdadeiro pai, com atitudes bem longe do que isto significava à época, reclamando em seu discurso de ser comparado a um Lídio, mas não da postura de Admeto e do respeito próprio de um filho com o pai, especialmente em se tratando de um ancião, bem como Admeto, o filho, não age de acordo com os padrões antigos, onde os filhos não tinham direitos, somente deveres como coloca Dodds em diversas ocasiões. Admeto julga, critica e exige do pai que lhe dê uma segunda vida como se fosse uma obrigação, incoerente, reclamando de todo o bem que ele proporcionou ao pai sendo um bom filho e tentando a todo custo se comparar e sobrepujar o pai em várias de suas atitudes de uma forma imatura e infantil.

A insistência de Admeto, bem como sua fúria e agressividade contra o pai ao exigir que este morresse em seu lugar, também me leva a pensar que por detrás desta atitude poderia estar um sentimento presente, completamente interdito aos gregos, que era da possibilidade de ao agir assim, Feres estaria praticando, o considerado maior dos crimes da *polis*, o filicídio, de consequências funestas, que até Aristóteles evitou de comentar. De qualquer forma, as dificuldades de Admeto, em exercer seu papel de senhor do *oikos* ficam ainda mais evidentes, ao se deparar com uma situação, que pelo visto ele não estava minimamente preparado para enfrentar, algo externo da qual ele não tinha controle, devido a um Deus, ou ao destino, ou a deusa Necessidade (Ananke), como bem pontua o próprio Eurípides através do Coro, em uma passagem considerada por muitos como representativa do pensamento do autor:

> Quanto a mim, tendo alçado voo nas asas da Musa, atingi as plagas celestes e, depois de experimentar várias doutrinas, cheguei à conclusão de que nada existe mais poderoso do que a Necessidade. Contra ela nenhum recurso existe, nem mesmo as fórmulas de Orfeu, inscritas nas tabelas trácias, nem os remédios que Apolo ensinou aos filhos de Asclépio, simples antídotos para aliviar os grandes sofrimentos dos mortais. Ela é a única entre as deusas que não possui altares, nem imagens, nem atende a sacrifícios. Ó deusa veneranda, oxalá sejas mais benigna para comigo, do que tens sido até agora! Tudo o que Zeus decide é contigo que ele o executa.[138]

Ananké, a Necessidade, é uma das potencias cósmicas mais reconhecidas, ao lado da Razão (*nous*) em Platão, representando para muitos as leis eternas da natureza, tendo um passado mítico em praticamente todas as culturas da antiguidade, no egípcio antigo, no acadiano, no caldeu, e no hebreu, em palavras que designam "estreito", "garganta", "estrangular", "constringir" e nos jugos e aros colocados no pescoço dos cativos: ela pega você pela goela, aprisiona-o e o traz como escravo.[139] Assim esta fala do próprio Eurípides, reconhece sua força, e o mais importante, reconhece suas características básicas, relacionadas com a inevitabilidade de que as coisas aconteçam de uma forma determinada, trazendo para o presente um princípio de irracionalidade aleatória, onde aquelas coisas ocorram de forma errática e totalmente imprevisível e que não adianta fugir ou ignorar o risco de se tomar decisões, que ao final serão assumidas as que tiverem sido necessárias, relativizando assim o remorso, a culpa, o mau caminho e o erro de verdade. Portanto, já se vê nesta análise da primeira peça da qual tivemos acesso aflorar as principais questões de interesse do poeta, que em princípio se batem contra qualquer tipo de unidade: de pensamento, de racionalidade, de ação, de processos políticos, de organização familiar, de papéis estabelecidos entre as pessoas, as diversas classes sociais, homens e mulheres, cidadãos e não cidadãos, e mesmo entre deuses e mortais.

---

138 EURÍPIDES, 1968, p. 130.

139 HILLMAN, 1996, p. 224.

MEDEIA

Eurípides apresentou esta peça exatamente em 431 a.C., nas Grandes Dionísias, poucos dias após o ataque de forças tebanas contra a aliada de Atenas, Plateia, que desencadeou a famosa Guerra do Peloponeso. Os atenienses, claro, iriam sempre se lembrar deste acontecimento, porém, eles teriam motivos de sobra para não esquecerem a data desta primeira encenação da peça, muito por conta da estranheza que provocou *Medeia* em todos os presentes ao teatro de Dioniso, levando-a a tirar terceiro e último lugar no concurso, sendo ganhador Euforion, hoje completamente esquecido, tendo Sófocles ficado com o segundo lugar. *Medeia* fazia parte de uma tetralogia, composta por ela, Filoctetes, Dictis e o drama satírico *Os segadores*, que não chegaram até nós. *Medeia*, juntamente com *As bacantes*, é uma das mais perfeitas tragédias de Eurípides, apesar das críticas em relação a seu desfecho, especialmente através de Aristóteles, porém, dificilmente se encontra em toda a literatura ocidental, uma personagem feminina tão humana e tão bem construída e definida em seus mínimos detalhes, nuances e adjetivos, que provocam a todos que entram em contato com ela, até hoje tanta admiração, sedução e, as vezes, feroz repúdio desde Sêneca passando por Corneille, Anouilh, Muller, até chegar em Pasolini, Von Trier, Christa Wolf e entre nós a Chico Buarque e Paulo Pontes. Eurípides, como já vimos em *Alceste*, baseia seu argumento em lendas extremamente complexas e extensas, porém com um foco direcionado para determinadas situações, sem explicações demasiadas sobre o restante daquelas histórias, a não ser as extremamente necessárias serem feitas, ao longo da peça para o correto entendimento dos espectadores. No caso de *Medeia* este problema é mais do que acentuado, nos levando em decorrência disto a uma aproximação ao tema da peça com maiores cuidados e especial atenção.

Em linhas gerais e simples, o argumento da peça é o seguinte, de acordo com Trajano Vieira:

> Chegando a Corinto em companhia de Medeia, Jasão assume o compromisso de se casar com Glauce, filha de Creon, rei de Corinto. Prestes a ser exilada de Corinto por Creon, Medeia pediu e obteve permissão de permanecer mais um dia na cidade: em sinal de gratidão, envia alguns presentes a Glauce, por intermédio de seus filhos; vestes e uma coroa de ouro. Ao colocá-las Glauce perde a vida, e Creon, ao abraçar a filha também falece. Medeia depois de matar os próprios filhos, sobe num carro puxado por

dragões alados, presente do Sol, fugindo para Atenas, onde se casa com Egeu, filho de Pāndion.[140]

Porém, para chegarmos até Corinto existe por trás deste episódio uma enorme história, que acho que vale a pena ser contada, pois vai nos ajudar em muito a entendermos a própria tragédia. Farei isto em três blocos: o primeiro para identificarmos Medeia, o segundo, Jasão, e o terceiro à história de ambos. Utilizarei a literatura existente sobre os mitos, particularmente Grimal em seu *Dicionário da mitologia grega e romana*,[141] Graves com seu *Grande livro dos mitos gregos*,[142] e Menelaos Stephanides com o livro *Jasão e os argonautas*,[143] mas sempre com ponderações pessoais.

Atamas, o jovem rei de Orcómeno, na Beócia, se depara um dia com uma formosa mulher em seu terraço: era Nefele – que em grego significa nuvem –, uma ninfa dos céus, que curiosa com aquele lugar, decidira baixar na terra. Apaixonam-se, se casam e têm dois lindos filhos, Frixo e sua irmã Hele. Apesar de sua felicidade, a terra não era lugar para Nefele, que um dia quando uma nuvem desceu e flutuou a seus pés, ela não resistiu e voltou a passear pelo azul dos céus. A tristeza de Atamas e dos filhos foi grande, mas um dia apareceu uma moça desconhecida; Ino, princesa de Tebas, filha de Cadmo, banida e desterrada da cidade por perseguição de Hera, que estava furiosa com sua irmã Sêmele, que havia gerado com Zeus o deus Dioniso, que havia sido cuidado por Ino. Ao princípio tudo ocorreu bem, até que Ino gerasse três filhos com o rei e se instalasse em seu coração a disputa de poder para seus filhos, levando Ino a tentar derrubar Frixo como herdeiro natural do rei. E o fez com total maestria, por meio de consultas forjadas ao oráculo em Delfos e de depoimentos mentirosos sobre Frixo, que acabou sendo condenado a morte. No dia da execução Frixo e Hele, que não largava o irmão ainda tinham esperanças de um milagre de sua mãe Nefele, o que de fato ocorreu: os guardas e o sacerdote relaxaram e Nefele pode abraçar os filhos e sussurrou para Frixo montar em um carneiro mágico com velo dourado, que podia voar pelos céus, e que o levaria para uma terra distante a longínqua Cólquida, terra governada por Eetes, filho do Deus Sol Hélios. Frixo imediatamente

---

140 EURÍPIDES, 2010, p. 15.

141 GRIMAL, 1997.

142 GRAVES, 2008.

143 STEPHANIDES, 2004.

montou no animal, levando Hele consigo. A viagem transcorreu tranquila até a entrada do Mar de Mármara após deixarem o Egeu, onde grandes tempestades ocorreram com ventos devastadores, levando a que Hele, enfraquecida pela exaustão e amedrontada acabou soltando as mãos e despencou do carneiro dourado. Frixo chegou à Cólquida sendo recebido por Eetes. Conforme conselho de Nefele, Frixo sacrificou o magnífico carneiro a Zeus, protetor dos desterrados e com sua pele, que ficou conhecida como o velo de ouro presenteou Eetes, que o pendurou num carvalho milenar na sagrada gruta de Ares e pôs um temível dragão para guardá-lo dia e noite. A Cólquida nunca mais foi a mesma com a riqueza, abundância, ausência de pobreza nos lares, com um exército poderoso, trazidos segundo todos pelo velo de ouro, despertando assim a cobiça de vários países e de distintas pessoas.

Vamos localizar Medeia aqui, já que ela é filha do rei Eetes e da Oceânide Idia, mas segundo outras tradições, ela seria filha da deusa Hécate, patrona de todas as feiticeiras, que apesar de titânica foi muito bem acolhida por Zeus no Olimpo. Medeia é, portanto, neta de Hélios, o Sol. Este é uma divindade dotado de existência e de personalidade própria da geração dos Titãs, descendente de Urano e de Geia, anterior aos Olímpicos, filho do titã Hiperion e da titanide Tia, tendo como irmãs Aurora (Eos), e Lua (Selene). Hélio tem como mulher Perseide, uma das filhas de Oceano e Tétis, que lhe deu como filhos, Circe, a feiticeira, Eetes o rei da Cólquida, Pasifae que foi mulher de Minos de Creta e um filho Perses, que destronou Eetes e foi morto por Medeia. Assim esta mulher de origem divina, neta de um Deus que tudo sabe e tudo vê, pois transita por todo o mundo, diariamente, em seus carros de fogo ou em suas embarcações com formato de taça, descendente, além disto, de entidades femininas de grande poder mágico e feiticeiro, Hécate e Circe, tendo como pai Eetes, que como vimos, recebeu de presente dos deuses o velo de ouro, é que vai ser a principal personagem da tragédia de Eurípides.

Enquanto o carneiro do velo de ouro chegava na Cólquida com Frixo, nascia o filho de Éson – mais tarde denominado de Jasão –, no país dos eólios, na Tessália, com muita apreensão e desespero, pois, o pai era o único herdeiro de Creteu de Iolco, porém quem reinava era seu meio irmão Pélias filho da mesma mãe (Tiro), que se dizia filho de Poseidon. Pélias, o rei era um homem astuto e cruel que vivia apavorado com a possibilidade de Éson ter um filho homem, pois o oráculo o advertiu de que ele seria morto por um descendente de Éolo. A mãe

Polimedes – dentre outras hipóteses – anunciou que a criança havia nascido morta: foi feito um falso funeral e Éson levou escondida a criança para o monte Pélion, onde o sábio centauro Quiron o criou da mesma forma como outros heróis, Asclépio, Aquiles, Eneias e, inclusive, Apolo. Filho de Cronos e de Filira, uma filha de Oceano, Quiron, que nascera imortal, é da mesma geração divina de Zeus e dos deuses olímpicos. Ajudava muito aos mortais tendo protegido especialmente a Peleu, pai de Aquiles, tendo-o aconselhado a casar com Tétis, e o orientado a evitar as metamorfoses da mulher. Portanto, Quiron foi um dos maiores sábios de todos os tempos, que ensinava música, arte marcial, caça, moral e medicina, sendo um médico afamado que praticava cirurgias, tendo salvado a perna de Aquiles com uma operação de transplante. Jasão, portanto teve uma excepcional educação se tornando campeão de dardo e arco flecha, um grande espadachim, um mestre em artes marciais, um caçador emérito, além de Quiron ter-lhe transmitido todo seu conhecimento das artes e ciências, bem como da história do mundo, tendo-lhe falado também sobre o velo de ouro, que se encontrava na Cólquida, e era desejo de todos os helenos que ele voltasse para a Grécia. Mas para isto se concretizar tinha que se enfrentar uma longa viagem de ida e de volta, por mares desconhecidos, lugares selvagens, pleno de perigos, além de ter que desbaratar as defesas do velo de ouro montadas pelo rei Eetes, com a constante vigia do dragão filho de Tifon e Equidna, que não dormia e era imortal. Jasão fica impressionado para o resto de sua vida com a história do velo de ouro.

Quiron sabiamente guardou silêncio de sua origem à Jasão, até este completar vinte anos, quando então o centauro considerou que ele estava pronto para a vida. Contou-lhe sua verdadeira origem, descendente de Éolo, filho de Heleno fundador da raça grega, de seu avô Creteu, filho de Éolo da mesma forma que Atamas, fundador de Orcomeno e de Sísifo fundador de Corinto, de seu pai Éson e das traições de Pélias, e da causa dele ter ficado aos seus cuidados, uma vez que ele corria perigo de ser eliminado pelo usurpador do trono de Iolcos, Pélias. Mas Quiron, segundo a lenda, chamou bastante atenção a Jasão de que ele era um eólio da mesma forma que Atamas e seu filho Frixo, que havia levado o velo de ouro para a Cólquida, havendo uma profecia que dizia o seguinte: "[...] assim como um eólio foi parar na Cólquida montado em um carneiro encantado, um outro eólio também irá até essa terra distante para trazer o velo de ouro."[144] Jasão então retornou a

---

144 STEPHANIDES, 2004, p. 24.

Iolco com um estranho vestuário, cobrindo-se com a pele do leopardo que havia matado, uma lança em cada mão e com o pé esquerdo descalço, pois havia perdido a sandália ao atravessar um rio. Perguntando a todos que encontrava sobre o paradeiro de seu pai Éson, acabou tendo um encontro inesperado com Pélias, que sempre apavorado com a hipótese de que alguém lhe tomasse o trono havia saído do palácio em uma carruagem, preocupado com a última profecia do oráculo, que recomendava que tomasse cuidado com um homem de uma só sandália. Ao avistar Jasão vestido daquela forma, não teve dúvidas de que se tratava do homem previsto pelo oráculo: o abordou exigindo que lhe dissesse quem era, e o que pretendia na cidade. Jasão foi sincero, lhe disse que era filho de Éson e, portanto, legítimo herdeiro do trono, e exigindo suas prerrogativas de nascimento. Ficaram de se encontrar após alguns dias, e Pélias mandou os guardas levarem ele até seu pai.

Jasão foi recebido com choros e alegria pelos pais e amigos, tendo a festa durado cinco dias com muita gente vinda de todos os cantos da Grécia. Assim Jasão, orientado pelo pai procurou Pélias no sexto dia acompanhado de amigos, de seu tio Feres, rei de Feres e Amitáon, rei de Pilos, obrigando Pélias a mudar de plano, que era o de eliminar sumariamente a Jasão. Espertamente o rei perguntou a Jasão: "Diga-me, o que faria se estivesse em meu lugar? Renunciaria a um reinado de vinte anos, como o meu, tão facilmente?"[145] Jasão, influenciado, segundo alguns poetas por Hera, que desejava se vingar de Pélias, e pelas histórias relatadas por Quiron, respondeu que ele o desafiaria realizar a tarefa mais impossível de todas, que era trazer de volta a Grécia, a Orcômeno, o velo de ouro e hasteá-lo no alto do monte Lafístio. Claro, a felicidade de Pélias foi grande, e diante de muitas testemunhas ficou acertado o acordo, com a promessa do rei de entregar o trono a Jasão, caso ele conseguisse realizar a enorme façanha. Neste sentido, Jasão imediatamente enviou arautos por toda a Grécia, pedindo voluntários dispostos a cumprir aquela aventura, conseguiu, a conselho da deusa Atena, que o téspio Argos, filho de Frixo, construísse um navio de 50 remos, fabricado em Págasas com madeira do monte Pélion, sendo que a deusa Atena, ela própria, supervisionou toda a construção, orientando Argos. Além disso, na proa do navio chamava atenção o objeto mais valioso de todos; uma carranca que representava a deusa Hera, protetora dos heróis, onde ela vestida de dourado apontava o caminho e garantia o sucesso da empreitada, sendo que a madeira utilizada na

---

145 STEPHANIDES, 2004, p. 32.

imagem tinha poderes oraculares já que havia sido cortada do carvalho de Zeus em Dodona.

Relacionar todos os heróis, adivinhos e poetas que participaram da aventura, que passaram a ser conhecidos na Grécia como argonautas, devido ao nome do navio Argos, seria exaustivo e fora de nosso propósito, além de controverso devido às várias versões existentes das quais as mais confiáveis eram de Apolonio de Rodes e de Apolodoro. Porém, alguns precisam ser citados; Héracles, o maior herói da Grécia, os filhos de Leda e Zeus, Castor e Polux, Idas que lutou contra Apolo, Peleu e seu irmão Télamon, filhos de Éaco, os filhos de Bóreas, Linceu, que tudo via, Melampo, o famoso médico, Eufemo, filho de Poseidon, Meleagro filho de Eneu e grande herói de Cálidon, Áugias filho de Hélios, o rei da Élide, irmão de Eetes, os adivinhos Idmon , Anfiarau e Mopso, Anceu, filho de Licurgo, e os responsáveis pela viagem, Jasão que comandava a expedição, que sugerira Héracles para esta função, mas este recusara e os demais foram unânimes em lhe confiar tal missão, Argo, o construtor do navio, Tífis, o filho de Hágnias que o pilotava por ordem de Atena, que lhe ensinara a arte, ainda desconhecida da navegação e o famoso músico trácio Orfeu, que marcava a cadencia dos remadores. A viagem até a Cólquida foi cheia de peripécias, porém de qualquer forma, eles conseguiram chegar lá, sendo recebidos pelo rei Eetes, onde Jasão expôs a missão que lhe fora confiada por Pélias. O rei não recusou entregar-lhe o velo de ouro, porém, o faria na condição dele colocar o jugo, sem ajuda de ninguém a dois touros de cascos de bronze, que expeliam fogo pelas narinas, e posteriormente Jasão deveria lavrar um campo e semear os dentes do dragão de Ares que Atena tinha dado a Eetes. A partir deste ponto, a história passa a envolver ambos, Jasão e Medeia: veremos a continuação no próximo bloco.

Desta forma, localizamos Jasão, com sua história clássica do herói perseguido, neste caso pelo cruel Pélias, de descendência para lá de especial, de Heleno, que deu nome aos gregos, de Éolo, da melhor linhagem eólia, e que vai ser o principal protagonista da maior aventura grega de todos os tempos, certamente durante a era micênica, anterior a Guerra de Troia, e, portanto, anterior à aventura de Ulisses, no qual Homero foi buscar inspiração evidente, e com algumas características extremamente relevantes. Tratava-se inicialmente, recuperar um símbolo sagrado para a Grécia, com claras conotações religiosas que aparentemente tinha muito a ver com a melhoria das condições de vida do povo grego, mediante uma aventura marítima, que conseguiu de fato envolver toda a Grécia, com homens originários de todas as regiões, mas que se transformou em um movimento pan-helênico, na direção do Oriente, da região do Mar Negro, sem caráter de guerra, das famosas e constantes guerras de pilhagem da época, com objetivo de expandir o conhecimento dos gregos sobre aquelas terras desconhecidas, especialmente quanto a existência de metais nobres, com uma participação positiva e fundamental das deusas Atena e Hera, tendo consequências sobre o nível das *technai* das pessoas envolvidas, abrindo caminho na especialização do povo grego nas atividades relacionadas com o comercio internacional mediante a atividade de navegação, e o domínio dos mares. Jasão, portanto, como chefe da expedição teve um papel de destaque, gozando do respeito e admiração dos argonautas, colocando em prática todos os ensinamentos de Quiron, especialmente, no caso, com seus valores de liderança, de *philia*, e de determinação heroica para alcançar os objetivos de todos com a missão. A repercussão desta aventura no imaginário grego da época foi enorme, simbolizando para todos que nela participaram, um símbolo de grandeza, de heroísmo, e de abnegação a uma causa, que extrapolava até os limites de simples heróis, além do fato de que diversas lendas locais foram geradas a partir desta expedição inicial.[146] O sentimento de orgulho e honra era expresso de uma forma clara: *eu estava com Jasão no Argos, eu fui um argonauta,* simbolizando um selo de qualidade pessoal incrível, mais forte e importante, pelo fato de não ter sido devido a uma guerra, dos símbolos que mais tarde vieram para os atenienses que lutaram contra os *Medos: eu estive em Maratona, ou, eu estive em Salamina,* no século V.

O rei Eetes, filho de Hélios, o Sol e da Oceanide Perseide, inicialmente havia recebido o reino de Corinto, na Hélade, porém de acordo com certas lendas, a pedido do próprio pai, abandona Corinto e vai se estabelecer na Cólquida, uma região próxima ao Cáucaso nas margens do Mar Negro, fosse para dar apoio ao pai em suas andanças diárias, fosse para estabelecer um culto especial ao deus Sol, o que de fato ocorreu naquela região. Suas irmãs Circe e Pasifae haviam adquirido a sabedoria e conhecimento do pai Hélios, e se tornaram famosas feiticeiras e adivinhas, e das várias lendas existentes acerca da mulher de Eetes, a que faz mais sentido é de que teria sido Hécate, a feiticeira, sua sobrinha e filha de Perses, o rei da Taurica. Eetes construiu as margens do rio Fásis, um poderoso reino, que nada devia aos existentes em

---

146 GRIMMAL, 1997, p. 45.

Tróia e em Micenas, e sempre afastava com violência os estrangeiros, especialmente os que vinham da Hélade. Com o velo de ouro seu reino ficou ainda mais forte e também objeto de cobiça de muitos povos. Quando lá aportou o Argo com Jasão e os argonautas, Eetes, com suas exigências, tinha certeza de que elas não seriam cumpridas, e que o velo permaneceria com ele.

No entanto, ele não contava que Medeia, sua filha, dotada de enormes poderes, tendo como mestras Hécate, Circe e Pasifae, seria fatalmente atingida pela deusa Afrodite, apaixonando-se terrivelmente por Jasão, decidindo ajudá-lo a superar os obstáculos do pai com a garantia de que a tomasse por esposa e a levasse embora da Cólquida junto com ele para a Grécia. A lenda deixa claro, que, por um lado, Medeia não concordava com as atitudes do pai, estando sempre em atritos, desejando, portanto, deixar sua cidade, e por outro lado que as deusas Afrodite, Atena, e principalmente Hera, desejavam que Medeia fosse para Grécia, contribuindo assim para o êxito da missão de Jasão. Jasão prometeu a Medeia, o que lhe havia pedido, e assim ela, com seu grande poder lhe deu um bálsamo capaz de ficar imune aos ataques dos touros, conseguindo lhes colocar o jugo, atrelá-los a charrua, lavrar o campo, e semear os dentes de dragão. Ainda sob sua orientação, disfarçou-se, e de longe apedrejou os homens acabados de nascer daquela estranha sementeira, e eles desnorteados acabaram por se destruírem uns aos outros. Eetes não cumpriu a palavra, tentou incendiar o Argos, e eles, porém, agindo rapidamente, pegaram o velo de ouro, novamente com a ajuda de Medeia que com sortilégios fez o dragão adormecer, e embarcaram de volta levando Medeia e a preciosa carga. Eetes sabedor do fato, saiu em perseguição ao Argos, com toda sua frota. O episódio seguinte, da morte de Absirto, o irmão de Medeia, é de suma importância e significa em termos da história uma mudança de rumo, porém é considerado controverso e em geral admite duas versões, ambas cruéis, perpetradas por Jasão e Medeia, porém, de consequências distintas. Na primeira, Absirto, irmão de Medeia, estava a bordo, tendo embarcado livremente sem consentimento do pai ou teria sido sequestrado pelos argonautas, foi morto e esquartejado por Medeia, com seus pedaços jogados no mar, que levou Eetes a tentar recolhê-los, e assim, não foi possível evitar a fuga dos argonautas. A segunda, ainda mais grave, é de que Eetes saiu em perseguição ao Argos, e mesmo utilizando uma rota distinta de quando vieram, para despistar Eetes, através do rio Istro – o atual Danúbio –, se depararam com uma aprazível ilha perto de sua embocadura, onde se destacava todo branco um templo da deusa Ártemis. Foram até o templo fazer preces e oferecer sacrifícios a deusa. Dormiram, e no dia seguinte viram que Eetes havia imaginado que eles fugiriam por aquela rota, e o Argos estava totalmente cercado pela frota do rei, comandada por Absirto. Medeia sabia que somente existia uma alternativa para seguirem viagem: matar seu irmão, líder dos colquenses. Foi conversar com ele tentando enganá-lo que ela havia sido sequestrada a força por Jasão, usando argumentos de que não trairia seu pai, ele e a Cólquida, e que ele viesse encontrar-se com ela no templo de Ártemis onde os argonautas haviam deixado o velo de ouro. Finalmente convencido Absirto foi tendo sido cruelmente assassinado por Jasão com uma espada, tingindo de vermelho o chão do templo. Medeia tinha razão, os colquenses ficaram sem saber o que fazer, permitindo ao Argos seguir viagem, utilizando o mesmo estratagema da primeira versão. Entretanto, Zeus nunca perdoaria aquele cruel golpe de espadas pelas costas, e a deusa Ártemis, vingadora por excelência, jamais esqueceria a conspurcação de sua casa pelo sangue de inocentes. Aquele ato de Jasão e Medeia lhes trariam sofrimentos terríveis e muitos perigos ao longo da viagem. Novamente, aqui vamos deixar de lado as demais peripécias da viagem de volta, apenas, citando que ao aportarem no reino dos Feaces, em Corcira, hoje, Corfú, o rei Alcinoo e sua mulher Arete, pressionados por colquenses, enviados de Eetes, para devolverem Medeia colocaram como condição de que somente a devolveriam se ela ainda fosse virgem, levando a que Jasão e Medeia se casassem, com o forte apoio de Arete, levando o rei a recusar devolver Medeia, facilitando a viagem do Argos.

Pélias não podia acreditar vendo o Argos chegando de volta a Iolco, após quatro anos, principalmente com a visão de um objeto brilhando ao sol na proa do navio, o velo de ouro. A disposição inicial de Pélias de entregar o trono a Jasão impressionou a todos, convencendo-os de que tudo estaria bem. Porém assim que os argonautas retornaram as suas casas, Pélias mandou matar seu irmão Éson e a Jasão, porém este escapou da morte. Éson foi morto e sua mulher se suicidou, enlouquecida com a morte do marido. E aí entra em cena Medeia com suas artes mágicas de grande feiticeira. Demonstrando as filhas de Pélias, com a exceção de Alceste, de que tinha poderes para rejuvenescer qualquer pessoa ou animal, mediante o exemplo de um carneiro, que foi despedaçado e suas partes colocadas em um caldeirão com suas poções mágicas, daí surgiu um carneiro novo e sugeriu a elas que fizessem o mesmo com seu pai, que se mostrava fraco e abatido. As filhas convencidas mataram o pai, cortaram o corpo em pedaços e colocaram no caldeirão deixado por Medeia, e nada aconteceu. Pélias estava morto por suas filhas. Acasto seu filho assumiu o trono, e apesar de ter participado como argonauta na aventura do Argos, e amigo de Jasão não o perdoou e baniu Jasão e Medeia de seu reino.

Jasão e Medeia foram então para Orcomeno devolver o velo de ouro e pendurá-lo no monte Lafístio, dedicando-o a Zeus, cumprindo assim a promessa, porém sem nenhuma recompensa, sendo que o poder mágico da pele havia se esgotado e as esperanças nele depositados não foram realizadas. Finalmente, Jasão e Medeia tomaram o rumo sul em direção a Corinto, onde tinham relações, pois aquela cidade era governada por Creon, um eólio como Jasão, descendente de Sísifo, e onde Eetes ocupara seu trono, e no qual Hélios era o deus protetor da cidade. Foram bem recebidos pelo rei, que ofereceu uma casa palaciana para eles morarem, sendo que Medeia logo mandou construir um templo a Hera pela ajuda que receberam, nas encostas de Acrocorinto. Foram felizes durante alguns anos, tiveram filhos, até que a desgraça os alcançou.

Eurípides, em Medeia, vai colocar em cena a crise matrimonial de Jasão e Medeia após terem chegado a Corinto, após todas aquelas aventuras que narramos, e após alguns anos de tranquilidade do casal, vivendo na cidade, inclusive com a geração de dois filhos. O poeta na estruturação desta tragédia se utilizou de um esquema ou de um princípio que apresentarei adiante, perfeitamente identificável, mas igualmente centrado em termos temporais definidos: o presente, correspondendo a situação de disrupção da relação matrimonial de Medeia e Jasão, devido a este ter assumido um novo compromisso com a filha de Creon, o passado, relativo a todos os fatos que narrei, mas também os anos de paz dos personagens, já em Corinto e o futuro relativo a nova vida de Medeia em Atenas junto a Egeu. Vou iniciar a análise pelo passado recente dos dias tranquilos em Corinto, da mesma forma que no prólogo a nutriz em sua *rhesis* começa pelo passado mais longínquo, Argos, Colquida, Iolco, Pélias, até chegar ao mais recente em Corinto: "E nem ela viveria com os filhos e o marido no exílio de Corinto, sempre solícita com os daqui, jamais em discordância com o cônjuge."[147]

---

147 EURÍPIDES, 2010c, p. 25.

Portanto, com todas as dificuldades, inerentes as personalidades de cada um, as difíceis e escabrosas lembranças da aventura do Argos, do fato de que Medeia era considerada uma bárbara, e uma *xenos* (estrangeira) de que em Corinto também Jasão era considerado um exilado da Tessália, casado com uma mulher não grega, portanto estrangeiro, de que na verdade, o casamento dos dois realizado em Corfu, não havia sido aprovado e consentido por nenhuma dos *oikois* paternos, eles, durante algum tempo constituíram um *oikos* saudável e fértil, de acordo com as normas e as leis vigentes, onde Medeia, como bem assinala Mastronarde em seu livro[148] havia dado a Jasão filhos homens cumprindo com seu papel primordial na esfera matrimonial, com todos os direitos assegurados nesta esfera, além de estar inteiramente ajustada à cidade de Corinto, conforme a nutriz. Assim, Eurípides, de forma clara e límpida, contrariamente ao que se poderia esperar devido a seu passado, coloca Medeia como "μητηρ" (mêter) e "γυνη" (gyné), designando sua condição genérica de mulher, mãe e esposa, totalmente integrada e, submissa, na sua condição de estrangeira, ao *oikos* de Jasão através de seus dois filhos, e, independente de tudo que aconteceu, da ruptura total de seus laços familiares originais e, portanto, inteiramente dedicada aos laços de *philia* que a une a Jasão, cumprindo assim os dois princípios básicos da relação matrimonial da época; atendimento as condições hierárquicas entre o homem e a mulher, e o cumprimento de obrigações recíprocas entre os esposos. Antes de olhar para o outro lado, o de Jasão, é importante ressaltar que a Medeia que nos é inicialmente desenhada por Eurípides, não parece renegar seu passado, nem de arrependimento pelo que fez, parece fiel a tudo que ela representa, dotada de sabedoria, com seus poderes mágicos, seguindo os valores básicos helênicos, e não bárbaros, com relação a *diké* divina, seja Themis, seja Ártemis e o próprio Zeus, apegada, no caso, a valores humanos da *polis* grega, de *philia* e de *homophrosine*, baseada em seus compromissos como esposa de Jasão acima de qualquer coisa.

De outro lado, o Jasão que Eurípides nos apresenta não tem por certo nenhuma qualidade heroica dos tempos passados, transformado em um homem de seu tempo, insensível a todas as coisas que passaram juntos e da participação de Medeia neles, interessado na ascensão social do momento e o abandono de sua condição de exilado, sem dar a mínima para os filhos gerados com a bárbara, e disposto a abandonar imediatamente e inescrupulosamente seus juramentos, seja com a

---

148 MASTRONARDE, 2002.

mulher, seja com os deuses. Jasão, portanto, pensa unicamente em se transformar em cidadão coríntio com todos os direitos assegurados, casando-se com Glauce e gerando filhos para assegurar a continuidade da linhagem de Creon, que sem herdeiros varões dependia de sua filha "epiclera", e neste sentido Jasão caía como uma luva, pois preenchia a condição de ser um parente afastado da família, precisando apenas, resolver que destino daria a Medeia e seus filhos. Por certo, chama atenção, sua ausência de previsão, implicando aqui, em uma falta de *logos*, das imensas dificuldades que iria ter com aquela mulher, que ele conhecia tão bem, ou não capaz de realizar coisas incríveis, dominada por fortes emoções e paixões, que, evidentemente iria cobrar tudo que havia feito por ele no passado. Independentemente do que viria a ocorrer, de toda a tragédia posterior, a verdade é que Jasão, ao assumir seu novo compromisso, por um lado se mostra ativo, porém revela uma passividade atroz em relação a Medeia e os filhos, sem nenhum plano concreto, se colocando a reboque das ações de sua mulher, e evidentemente pagando um preço bem elevado por isto. Assim, e este é um ponto importante, na contramão da grande maioria dos analistas, Medeia não foi responsável pela destruição da casa de Jasão, já que não poderia ser responsabilizada por algo, que nunca existiu, uma vez, que na cabeça de Jasão, "aquele seu *oikos*" não existia, e claro, sem um *kyrios* não existe nenhum *oikos*, ficando esta realidade inteiramente visível e consolidada por suas atitudes perante a mulher, os filhos e a nova mulher.

Na introdução que acabei de fazer fica bem visíveis os temas que Eurípides vai desenvolver em *Medeia*, que são os mesmos, em linhas gerais aos que já havíamos visto em *Alceste*. As relações matrimoniais e os valores permanentes que existem nelas, a criação, manutenção e dissolução dos *oikois*, as questões derivadas da participação da mulher no espaço doméstico, considerada como estrangeira, seu desligamento e ruptura com o *oikos* paterno, a filiação como um assunto nodal para o homem chefe da casa, e para a *polis* em termos de reprodução cívica, bem como as relações emocionais da mãe com os filhos neste contexto, a pretensa diferenciação entre gregos e bárbaros, a presença marcante dos servos e escravos em suas relações com a mulher da casa e muitos outros, porém com alguns acentos diferenciais. Tudo isto é colocado em jogo com a abordagem temporal, a que me referi anteriormente, onde valores e comportamentos pessoais são vistos sob a ótica do passado, do presente e do futuro, não somente em termos humanos, porém, com participações divinas expressivas com um agudo e profundo interesse na essência das relações humanas e divinas, que podem, ou devem, ser permanentes ao longo do tempo. E o segundo diferencial marcante e fundamental na peça, é indiscutivelmente a extraordinária personalidade de Medeia, que o poeta vai descortinando como se fossem pinturas sobre o mesmo tema, onde cada uma delas acrescentasse algo fundamental a partir das visões da nutriz e do pedagogo, dos anapestos do Coro, dos diálogos com Creon, Jasão, Egeu, novamente Jasão, até o Exodo, com o final surpreendente, personalidade esta, cujo alcance e profundidade são impossíveis de serem alcançados sem esforço e atenção, e principalmente com epítetos simplificadores e reducionistas, de heroína, de divina, de masculinizada, como fazem muitos analistas. E neste sentido, como orientação geral da análise, vou me ater ao que Eurípides nos conta sobre ela, acreditando, antes de mais nada no poeta, cuja genialidade nesta peça alcança cumes, aqui sim, quase divinos, pois além de nos contar uma história fantástica, crua, forte, sem contemporizar coisa alguma, ainda discute as razões de estar contando-a, como veremos em seguida.

Porém, o poeta em *Medeia* nos induz de forma sutil e poética, a olhar mais coisas em sua história, que nos leva a deixar provisoriamente de lado as questões que a tragédia aborda, levando nossa atenção a se concentrar na especificidade da peça, enquanto obra de arte, ao identificarmos, além de todas suas qualidades intrínsecas, seu esforço criativo na estruturação e composição da mesma. Começo pelo prólogo, que como todos sabem, em Eurípides, assume uma enorme importância devido a sua utilização, no sentido de apresentar para a plateia um resumo do que vai ocorrer no palco ao longo da peça. Esta abordagem, que gerou grandes críticas de diversos analistas, e que foi ridicularizado por Aristófanes, apesar de que este levou este princípio ainda mais longe, mediante as famosas *parábases*, onde o próprio autor discorria sobre a essência da comédia que seria encenada. Em *Medeia*, Eurípides atribui ao prólogo um papel ainda mais fundamental, especialmente devido a sua construção, como veremos. Eurípides estruturou o prólogo de *Medeia* segundo alguns princípios: de acordo com Esteban Santos, *La Medea de Eurípides: composición triádica y simétrica em función del contenido*,[149] o prólogo pode ser dividido em três partes bem claras; a *resis* da nutriz,[150] o diálogo jâmbico da nutriz com o pe-

---

149 SANTOS, 2013.

150 SANTOS, 2013, p. 57.

dagogo[151] e o anapestos Medeia, nutriz.[152] De novo, a *resis* da nutriz, pode ser dividida em três partes distintas em uma perspectiva temporal, como adiantamos anteriormente: o passado, tanto o longínquo, quanto o mais recente em Corinto, o presente com a adversa situação de Medeia, por conta da traição de Jasão e o futuro com as preocupações e temores da serva por uma eventual reação de sua patroa, de acordo com sua índole agressiva. Porém, o mais surpreendente é que segundo aquela autora, se olharmos por dentro dos tempos, passado, e presente, a construção triádica e equilibrada se impõe novamente: cinco versos e meio dedicados a viagem de Jasão até a Cólquida, quatro versos e meio dedicados a viagem de volta de Medeia para Iolco e cinco versos para a estabilidade em Corinto, e no presente, novamente três partes, a traição de Jasão, as manifestações psíquicas da dor de Medeia e o recordo de seu pai, de sua terra e de sua casa que abandonou por Jasão. Aqui, é relevante destacar como fez Esteban Santos, a presença de três gerações; o pai de Medeia, a própria e os filhos, tema fundamental em Eurípides.

A extrapolação do que ocorre com o prólogo para o restante da peça segundo ainda Esteban é clara e evidente, só que em outro nível, podendo-se assim, dizer, sem muitos riscos, que a estruturação da peça é sem dúvida triádica, mediante vários elementos que apontam nesta direção. De minha parte, já vimos isto, mediante, a divisão temporal, passado, presente e futuro, a colocação das três gerações, o pai, Medeia, os filhos, e ao avançarmos, vamos agregar àquela hipótese de Esteban, a existência dos três diálogos fundamentais, com três personagens distintos, Creon, Jasão e Egeu na mesma linha temporal. Destes, um representa o presente (Creon), com o decreto de exilio de Medeia e os filhos, outro o futuro (Egeu), com a certeza de uma nova vida em Atenas e, três diálogos distintos com Jasão em três oportunidades: o primeiro, representando o passado com tudo que passaram juntos, o segundo, o da simulação de um acordo presente por Medeia, e o terceiro, ao final, representando o futuro, após a morte dos filhos. Porém, a composição da peça por Eurípides, nos leva ainda mais longe, com consequências dramáticas, nada desprezíveis, pois além da estrutura triádica visível, ele recorre ainda a uma figura simétrica no desenvolvimento da tragédia. Veja com cuidado, o que isto represen-

---

151 SANTOS, 2013, p. 57.

152 SANTOS, 2013, p. 57.

ta, já que esta questão é fundamental para apreendermos a dinâmica trágica da peça.

Continuarei a me apoiar, em linhas gerais, nas divisões de Esteban, porém, fazendo várias inserções, que nos parecem explicativas, ajudando nosso entendimento das intenções do poeta, e ao mesmo tempo, ressaltando algumas passagens emblemáticas do ponto de vista poético. Assim a peça pode ser dividida em três partes diferenciais.

Uma primeira parte, composta do prólogo, que já vimos, do párodo, o canto do Coro, nada convencional, pois envolve três personagens, o Coro, Medeia e a nutriz, cada uma invocando Themis, a deusa das súplicas e juramentos, e o primeiro episódio, a partir da entrada em cena de Medeia no verso 214, também com três partes: um diálogo com o rei Creon ao meio ladeado por duas *resis* de Medeia, com aproximadamente 50 versos cada uma. Esta primeira parte é indiscutivelmente a mais complexa, e de certa forma a mais rica em termos poéticos, sendo muito difícil cobrir todos os aspectos envolvidos. Estamos diante nesta parte, dos antecedentes e das condições que vão levar Medeia, desenvolver posteriormente seu plano de vinganças em relação à casa de Creon, envolvendo sua filha epiclera, mas principalmente em relação a Jasão. Medeia prostrada e abatida, recolhida a casa, consumindo a vida no aposento, sofrendo e se lamentando passivamente, sem aparecer, e sendo somente "vista" pela nutriz, que além de a conhecer profundamente, é claramente dotada de sábias e sensitivas qualidades, como sua patroa, se preocupando particularmente com a segurança dos filhos dela. O resumo que ela (a nutriz) faz do caráter de Medeia, ao final do prólogo, é extraordinário do ponto de vista poético, assimilando o recrudescimento da fúria de Medeia a uma força incontrolável da natureza:

> É crua em seu jeito de ser; o íntimo da mente altiva horripila. Distância! Agilizai o avanço nos recessos do lar! Não demora para a nuvem do queixume ascender e agigantar na flama da fúria. Do nascedouro, só se avista a chispa. Males remordem-lhe a ânima megaintumescida, antidelimitável. O passo, o próximo, aonde aponta?[153]

A resposta de Medeia de dentro da casa é emblemática do sofrimento que sofre com a disposição de liquidar com sua prole, o pai dos meninos e a morada. Na fala seguinte da nutriz em que ela se dirige ao pedagogo e aos filhos, ela demonstra uma enorme sabedoria, aquela

---

153 EURÍPIDES, 2010c, p. 33.

sophrosine que todos os gregos buscavam, que tinham como parâmetro uma vida sábia e prudente, nos dando a nítida impressão, de que o próprio poeta se encontra bem presente neste personagem em várias de suas falas, particularmente neste final do prólogo:

> Tristeza! *Em que a prole se associa ao descaminho do pai? Injusta ojeriza!* Ai! Temo ver algo que vos afete, filhos! O tino tirano aturde; impõe o máximo, concede o mínimo, raro transmuda o humor. Prefiro habituar a vida à similitude. *Sonho a platitude da velhice, alheia a vultosos vultos. Acima de tudo, a denominação da mediania vence na elocução e frutifica no afazer de proveito. O excesso desvigora o oportuno, e sua dádiva, quando o deus se enfuria, desmesura o revés nas moradias.*[154]

No párodo, que se segue ao prólogo, a nutriz segue esbanjando sua *sophrosine*, no diálogo tripartite com o Coro e Medeia, mediante uma passagem para lá de especial, que temos de nos deter. Trata-se de um momento da peça onde o Coro, igualmente preocupado com a agudeza da dor e do sofrimento de Medeia, capaz de se liberar de forma irrepressível, insiste com a nutriz para convencê-la, a sair da casa para que elas, as mulheres coríntias do Coro pudessem manifestar seu apreço e solidariedade por ela. Neste chamamento do Coro à Medeia, significando, algo inesperado para ela, naquele ambiente hostil de Corinto, bem como uma oportunidade emocional para começar a se reerguer, a nutriz responde com uma fala, para a qual, nos chamou atenção Trajano Vieira em seus comentários sobre a peça, onde encontra-se presente uma admirável reflexão sobre o poetar, sobre as distorções poéticas que mediante artifícios, fazem da morte um feito admirável como Homero no passado e Sófocles no presente, evitando a apresentação de feitos dolorosos de maneira patética, realista, nua e crua, o que nos leva a imaginar, que no caso, desta Medeia, de forma realista, o poeta Eurípides, ao contrário dos demais, não pretende deixar de fora aqueles aspectos dolorosos e dramáticos.

> Temo não convencê-la mas não me furto ao encargo, apesar do olhar de toura, feito leoa que mira o avanço dos servos no pós-parto, na hipótese de um terceiro que lhe queira aconselhar. *Acerta quem registre a obtusidade, o saber vazio, dos antigos inventores de poesia, som em que germina a vida no afago do festim! Não houve musa que desvendasse em cantos pluricordes a arte de estancar o luto lúgubre, dizimador de moradias com o revés atroz de Tânatos! Que lucro logro em curar musicalmente o luto? Por que a inutilida-*

---

154 EURÍPIDES, 2010c, p. 35. (grifo meu)

de da voz no sobretom, no âmbito da festa farta? Na plenitude do cardápio disponível vigora o regozijo.[155]

Trajano em belo comentário sobre a estranha digressão da nutriz, admite

> [...] como hipótese de que o escritor tenha imaginado esta situação para afirmar algo sobre a própria tragédia. No lugar do arrebatamento, da catarse, o distanciamento e a apreciação intelectual da configuração poética. Em lugar do efeito, o feito, perspectiva que um bom artista moderno teria condições de defender.[156]

Considero, porém, que nesta passagem existe algo ainda maior do que uma afirmação do poeta sobre a própria tragédia, e neste sentido vou me reportar a Dodds, em seu artigo *Eurípides, o irracionalista.*[157] Dodds coloca inicialmente a grande diferença de Eurípides com relação aos demais dramaturgos, no sentido de que coexistem no primeiro, o dramaturgo e o filósofo, e que da mesma forma que posteriormente Bernard Shaw e Pirandello, eles são dramaturgos-filósofos, e que, em certas passagens de suas peças o lado reflexivo aparece, quando menos se espera. Segundo ainda Dodds é possível identificar estas passagens quando

> [...] as opiniões apresentadas são conspicuamente inapropriadas àquelas personalidades, ou as situações dramáticas, onde as reflexões se libertam dos discursos correntes, levando-nos com razão, a supor, fruto de uma intervenção do próprio autor[158].

É exatamente o caso, desta fala da nutriz, que no início de uma resposta ao Coro das coríntias, faz tal reflexão e que, como sabemos, em Eurípides está longe de se constituir um caso isolado, até mesmo nesta *Medeia*, da mesma forma que já vimos algo semelhante em Alceste, nas palavras do Coro sobre a deusa Necessidade, Ananké.

Em suma, não temos dúvida que esta fala sobre a arte da poesia é uma reflexão do próprio Eurípides, porém aqui com algumas conotações importantes, pois o momento da peça é emblemático, pouco antes da entrada em cena de Medeia, onde ela de abatida e recolhida vai se levantar e começar sua trajetória para cumprir com sua vingança

---

155 EURÍPIDES, 2010c, p. 41-43. (grifo meu)

156 EURÍPIDES, 2010c, p. 160.

157 DODDS, 2001, p. 78.

158 DODDS, 2001, p. 80.

e seu destino de uma forma cruel, violenta e inesperada. Da mesma forma e coincidentemente o próprio Eurípides, à época começa a desenvolver sua obra trágica, trilhando um caminho pessoal bem distinto dos outros, com um realismo patético que choca a plateia, aqui com uma peça onde a personagem principal é feminina, que além de vários assassinatos no passado, vai dizimar a casa de Creon e matar seus próprios filhos de forma atingir uma vingança contra um homem, um herói, pai daquelas crianças. Eurípides, vivendo junto aos demais atenienses um período de grandes perturbações à beira de uma guerra fratricida entre os gregos, tinha plena consciência de não contar com a simpatia dos presentes ao teatro de Dioniso por seus temas e personagens, muito menos esperava uma boa recepção para esta peça, nos levando a pensar que, preocupado com todo este cenário, acabou por inserir algumas reflexões que pudessem justificar o tratamento dado a tragédia, e a sua personagem principal, uma mulher e com este caráter forte e obstinado. Para finalizar e dar maior conteúdo a esta nossa interpretação, vou escrever mais adiante as falas de Medeia no primeiro episódio, especialmente nos versos 292 a 302, porém, de qualquer forma podemos pensar que, apesar das diferenças evidentes no caráter de suas ações existe um paralelismo entre os comportamentos do ateniense e poeta Eurípides, no desenvolvimento de sua obra trágica, que apesar das críticas, da estranheza com suas peças, suas mulheres, seus criados, escravos, e da concentração das paródias de Aristófanes em cima de suas obras, jamais se desviou de colocar em cena suas opiniões e convicções verdadeiras com os de sua personagem Medeia, que colocando suas paixões em posição privilegiada, frente à sua sabedoria e racionalidade vai cumprir com seu plano de vingança, com todas as implicações de seus atos.

No primeiro episódio existem três partes, iniciando-se com uma *resis* de Medeia saindo de casa e surgindo em cena, dirigida basicamente ao grupo de mulheres coríntias, visando consolidar a solidariedade delas, mas que alcança diversas outras importantes questões, na qual, Eurípides ressalta com vigor e beleza a justificada sabedoria de Medeia, compondo um quadro quase idílico, onde a sabedoria é um fator primordial e essencial na "casa" feminina, envolvendo a patroa e seus escravos, a nutriz e, também o pedagogo, com sua visão penetrante das relações do pai Jasão com os filhos, que ele estende aos seres humanos. Medeia em sua *rhesis* começa justamente por este ponto do pedagogo, ao afirmar que a *diké*, a justiça, não é um atributo natural do ser humano, que em geral as pessoas são levianas, covardes, infames ao julgarem outras pessoas, mesmo que aparentemente venerados, que ela, mesmo recolhida ao lar, com suas razões, não estava imune de línguas vis de gente soberba: "[...] o homem em tudo vê injustiça e odeia o próximo quando ele topa, indiferente se a dor terrível lhe rumina as vísceras."[159] Em seguida, ela se situa em relação a cidade e coloca o dedo na ferida do preconceito em relação ao estrangeiro: "O hóspede sempre deve aquiescer à cidade, não louvo o domiciliado intratável por ignorância, áspero com os cidadãos [...]",[160] de forma a expor sua real situação ao Coro das mulheres, deixando claro que é uma pessoa helenizada, ajustada aos costumes locais, submissa a *polis* e não uma bárbara exótica. Este ponto é de suma importância para o poeta, pois ao se aceitar a tese contrária, de que se trata de uma mulher bárbara, não grega, e que suas atitudes são decorrentes deste fato, grande parte dos efeitos dramáticos da história seriam perdidos, tornando suas reflexões sobre a *anima* feminina inúteis e estéreis. É por esta razão também, a necessidade de ressaltar a sabedoria de Medeia, que no caso além de suas qualidades mágicas, ela é dotada de um dos maiores atributos de um grego instruído, que é sua capacidade de persuasão, derivado da deusa Peithó, que a época com o movimento sofista estava intimamente relacionada com as virtudes pessoais da oratória, da retórica e da filosofia.[161]

Para reforçar ainda mais sua relação com as demais mulheres, Medeia as trata como *philai*, amigas, e em tom de confidencia, diz que Jasão é o único culpado dela ter perdido o brilho e a graça de viver, desejando, inclusive a morte, já que ele se tornou o mais execrável dos homens, devido a sua traição, buscando ainda mais a compreensão das mulheres para sua penosa situação. E aí, Medeia, assumindo de alguma forma, seu *status* de mulher helenizada, disseca a situação das mulheres em geral nas relações matrimoniais gregas, comparando-a inicialmente com seres que não têm nem *psique* e pensamento, em seguida com mulheres escravas, sujeitas ao homem, seja ele probo ou torpe, com mulheres rampeiras, com seus corpos vendidos, obrigadas a adivinhar o melhor para seus proprietários, sem vigor e vontade, destinadas a terem filhos mesmo sem vocação para isto, presas ao lar, sem amizades

---

159 EURÍPIDES, 2010c, p. 43-45.

160 EURÍPIDES, 1991, p. 43.

161 GAMBON, 2009, p. 66.

externas, enfim, uma triste vida, cujas saídas não existem sem permissão para o repúdio, e mal afamada caso se separe. Finaliza comparando a situação das mulheres do Coro, com a sua, sem família, sem cidade, *apolis*, e rebaixada por Jasão, especialmente em relação ao leito, advertindo que à cobrança a seu esposo, e ao rei, que lhe entregou a filha, inevitavelmente virá.[162] O Coro apoia moderadamente a Medeia, e em seguida aparece o rei Creon, com o intuito de exilar imediatamente a ela e seus filhos.

É o primeiro dos diálogos de Medeia com os homens da peça, cada um deles com características próprias, nos quais ela revela todo o seu talento de argumentadora e de persuasão, buscando definir, ainda que incertamente, seus objetivos na direção de seu plano de vingança, mas tendo que inicialmente superar diversos obstáculos, que passam pela montagem de um roteiro específico para cada um dos embates que terá que enfrentar. Neles, ela terá que utilizar todo seu potencial de inteligência, de previsão, de autocontrole, de ponderação, enfim toda sua sabedoria, inclusive, como bem assinala Trajano, mediante a conotação desta palavra com os atributos de "criação" e "inovação", tão caras e especiais ao poeta Eurípides. Estamos diante, nestes diálogos, como bem ressalta Trajano

> [...] de uma notável teatralização dos diálogos centrais, em que Eurípides exibe sua maestria, entendendo-se por teatralização um quadro em que Medeia representa uma farsa e manipula seus interlocutores como personagens de seu teatro subjetivo.[163]

Assim, segundo ele "[...] a tragédia possui uma dimensão ficcional que nos remete à natureza da própria criação teatral, onde Medeia representa o papel de mãe abandonada com os filhos pelo ex-marido",[164] sendo essa "[...] a ironia macabra do texto, pois aquilo que efetivamente Medeia é, coincide com o que ela representa diante de seus três interlocutores: Creon, Jasão e Egeu."[165] Procurei deixar de lado a relação que Trajano estabelece entre esta farsa de Medeia e o assassinato dos filhos, por não estar convicto que nesta altura da peça tal decisão estivesse cristalizada na mente de Medeia, ou que ao contrário, foram justamente estes diálogos que a convenceram disto. Neste sen-

---

162 GAMBON, 2009, p. 68.

163 EURÍPIDES, 2010c, p. 169.

164 EURÍPIDES, 2010c, p. 169.

165 EURÍPIDES, 2010c, p. 169.

tido, indo um pouco mais fundo que Trajano faço aqui uma reflexão adicional, pois considero que, inicia-se igualmente nesta parte da peça tendo Medeia assumido seu caráter criativo e inovador derivado de sua "sabedoria", algo que a projeta mais a frente, que funciona numa espécie de transfondo da própria peça, uma nova relação entre o poeta e sua personagem, algumas vezes de coincidência entre as intenções do primeiro e as falas da segunda, mas que por vezes parece que quem controla os acontecimentos é a própria personagem, que adquire, de forma inusitada, uma autonomia em relação ao criador, mediante sua sensibilidade, intuição e paixão femininas, sem que este coloque qualquer tipo de constrangimento para tal, como se implicitamente ele desfrutasse dos encaminhamentos dela, para ver até que ponto seria capaz. Desta forma, todo o acento dado por Eurípides a questão da sabedoria, na peça como um todo, mas em especial quanto a Medeia, que é uma das chaves da tragédia, no sentido de demonstrar que o bem, o justo, independe do conhecimento, reverberando a discussão entre os sofistas e Sócrates, o leva igualmente a se distanciar metaforicamente de sua personagem, que com suas motivações próprias, seus sentimentos e suas paixões, da mesma forma que passam por cima de sua sabedoria, no sentido de fazer o mal, e não o bem, também passam pelas restrições e pelos desígnios antecipados de seu criador. Eurípides tinha plena consciência que isto só faria aumentar, ainda mais o fascínio do personagem, a par da dimensão trágica que lhe facilitaria o encaminhamento da tragédia.

Porém, voltando à peça, vemos de imediato que Creon manifesta um enorme medo do que Medeia é capaz de fazer, diferentemente dos demais interlocutores, daí sua urgência em vê-la o mais longe possível de Corinto, porém logo, o poeta claramente associa a situação de Medeia naquela cidade com a sua própria em Atenas, como dramaturgo novo, inovador e com fama de sábio e pensador, que sofria muita impopularidade na *polis*, no mesmo sentido que ela tenta escamotear sua reconhecida sabedoria, complementando assim, com novos elementos, nossa interpretação anterior do paralelismo e coincidência das duas histórias:

> Ai! Não é a primeira vez que a "doxa", o diz-que-diz anônimo, Creon, me arruína. Quem tem bom senso evite se esmerar na educação dos filhos: hipersábios não passam de volúveis aos malévolos moradores da urbe, que os maculam. Se introduzes o novo entre os cabeças-ocas, parecerás um

diletante, não um sábio. Se acima te colocam de quem julgam ter cabedal na ciência te encrencas. Desse azar também padeço.[166]

Esta fala de Medeia é, sem dúvida, de grande importância tanto para Eurípides como vimos, mas também para a personagem, e é claro, no caso desta última, é parte integrante de sua farsa perante Creon, pois na realidade somente acentua ainda mais a dependência dela de sua qualidade sábia, a única capaz de lhe tirar da encrenca em que está metida, e que ela começa a usar com Creon, relativizando seus poderes, que não tem ambições, afirmando que ele é um forte, que não está sendo injusto em dar sua filha a quem queira. Ao longo do diálogo ela tenta encontrar argumentos que o comovam a deixá-la em Corinto por mais um dia: sua situação, seu sofrimento, com súplicas, invocando Zeus, pátria, amor, até se focar em seu ponto fraco, sua condição de pai, mesmo por que o rei, em momento algum se coloca como um dirigente político, estando sempre preocupado com sua filha epiclera, e afirmando que "[...] a exceção dos filhos, nada há mais querido para mim."[167] Gambon, já por nós citada, em seu livro *La institucion imaginaria del oikos em la tragédia de Euripides*", chama nossa atenção, para o fato, de que o tema dos filhos, de certa forma é o tema mais relevante nos diálogos de Medeia com os três homens, por conta da preocupação masculina com suas descendências, tentando se definir como autênticos γενος φιλοτεκνον (*genos philoteknon*), "que amam seus próprios filhos".

> Deixa que eu permaneça um dia só, *a fim de organizar minha partida e achar um jeito de manter meus filhos, que Jasão, pai indigno, deixa à míngua. A condição de pai também te obrigas a seres susceptível. Tem piedade! Não penso em minha agrura, se me exilo, mas choro a triste sina dos meninos.*[168]

Creon cai na armadilha de Medeia, concorda em dá-la um dia a mais, mas segue a ameaçando de morte, usando, como argumento para a aceitação das 24 horas, de forma totalmente equivocada, uma questão política por excelência, "tiranizar não casa bem comigo", demonstrando a enorme ameaça que pairava nas cabeças dos fracos dirigentes políticos da época, qualquer ato que lembrasse aquela possibilidade, e igualmente sua debilidade, como chefe de um *oikos*. Eurípides, de

---

166 EURÍPIDES, 2010c, p. 49-51.

167 GAMBON, 2009, p. 74.

168 EURÍPIDES, 2010c, p. 55-57. (grifo meu)

forma incansável, além de todas as coisas que comentamos, ainda adiciona outros elementos na evolução da trama nesta primeira parte da tragédia. De forma paradoxal, o termo que usamos em grego, derivado de Gambon, para os interlocutores homens de Medeia, *philoteknia*, é evidente uma condição associada ao mundo feminino referido com frequência ao impulso maternal de quem foi responsável pelo nascimento de filhos. A utilização deste conceito, por parte dos três está obviamente desvinculada desta função feminina, tendo a ver diretamente com a questão da filiação e com a perpetuação do *oikos* paterno, no âmbito da sociedade civil da *polis*. E novamente aqui, aparece a abordagem triádica, pois os três *oikos* estão em sérias dificuldades: no caso de Jasão, como vimos anteriormente, ele claramente não entendia sua relação com Medeia, como fazendo parte de um *oikos*, de acordo com minha argumentação anterior, o que Creon lhe estaria oferecendo com Glauce, isto é, ter filhos com ela, e estabelecendo de forma definitiva sua posição social na cidade de Corinto; o *oikos* de Creon, com sua filha epiclera somente prosperaria caso ela se casasse de acordo com as leis vigentes com um parente próximo e Egeu simplesmente não conseguia gerar filhos para perpetuar sua linhagem em Atenas, representando Medeia não somente esta possibilidade como, devido a seus poderes a certeza de que iria conseguir finalmente seu intento.

Algumas questões emergem acerca desta problemática específica, e aqui me permito certa liberdade para encará-las. A primeira e evidente diz respeito a Medeia propriamente dito, pois apesar dela em sua primeira *rhesis* sobre a situação geral das mulheres não haver mencionado esta questão, vai ficando a seus olhos cada vez mais claro que a fraqueza e debilidade de seus três interlocutores, encontra-se nos filhos, devido à relevância atribuída a eles, como pais, como se mães fossem. Aqui, claro, reconhecido acertadamente por grande parte da crítica, esses encontros com os personagens masculinos, nos quais Medeia utiliza todo o seu potencial de argumentação, identificando os sentimentos e interesses de seus interlocutores terão graves consequências, quanto ao seu plano de vingança contra Jasão e a casa de Corinto, bem como da fundamental importância que para ela terá o problema de Egeu quanto a filiação, que se tornará, a partir de sua constatação, a possibilidade de executar seu plano de vingança, ao mesmo tempo, de uma vida futura em Atenas. A segunda é relativa a uma questão mais ampla, da política adotada pela *polis*, que o próprio Eurípides, como poeta e pensador ateniense coloca em xeque, já que pela primeira vez, na literatura grega, decide de forma arriscada, mas decidida, dar uma voz distinta para as mulheres por várias razões, mas neste caso que estou analisando, devido à patente incongruência e irrealismo daquela política. Esta de um lado concede a maior importância possível para a reprodução cívica dos cidadãos atenienses, mediante a filiação de varões, com o objetivo de perpetuação do *genos*, ou do *oikos* paterno, para o qual é absolutamente necessária a existência de uma pessoa, de uma esposa, de uma mulher, que exerça seu papel de genitora, ao mesmo tempo, que esta pessoa é discriminada como sendo estrangeira à casa do *kyrios*, pois veio de outra casa paterna, sem direitos civis reconhecidos, sem poder ter não somente o sentimento natural de posse dos filhos, como não sendo vista como uma pessoa com direitos a possuir capacidades outras, como no caso de Medeia, colocando-a como marginal e qualificando-a como sendo um "outro" da própria casa, quase, no mesmo nível que dos demais membros da alteridade do *oikos*, como servos, escravos, concubinas e bastardos.

E neste sentido, e de acordo com nossa hipótese, Eurípides, nesta passagem final da primeira parte, vai apresentar, ou ser apresentado ao campo de ação da mulher Medeia: não mais feitos heroicos para ajudar Jasão, por força de uma paixão extemporânea, nem a mulher ajustada pelo exílio forçado em Corinto a aceitar valores estranhos a sua personalidade, especialmente os relativos ao matrimonio grego de submissão integral da mulher com comportamentos apagados, nem a mulher abatida pela traição do esposo que claramente abandona os laços de *philia* e de *homophrosyné* do matrimônio, agravado pelo desterro iminente com seus filhos conforme decreto de Creon, e, *importante, sem as restrições morais e éticas derivadas de sua sabedoria, disposta assim a pensar e elaborar seu plano de vingança, na medida do possível, contando ainda com a solidariedade do Coro de mulheres coríntias, para a importância desta sua iniciativa como mulher, pertencente à raça fêmea.* Assim a segunda *rhesis* de Medeia trata basicamente do futuro que se abriu com a chance dada por Creon, e diz respeito, não somente ao plano de vingança, mas também ao depois da vingança, aventando com o coro, de suas possibilidades de ser acolhida por alguém ou alguma cidade. Mas o acento da fala é todo em cima de sua sabedoria para enfrentar a situação, da capacidade das mulheres em perpetrar o mal, se assim o desejarem, finalizando com uma fala para si mesma, bela e assustadora, com a utilização de dois particípios verbais com ressonâncias semânticas, notados por Page e pelo próprio Trajano, "βουληουσα" (*bouleúousa*, planejando) e "τεχνωμενη" (*texvoméne*, maquinando), e ainda fazendo uma sinistra derivação do nome Medeia, com o verbo "μηδομαι"(*médomai*; imaginar,tramar,preparar) e do substantivo neutro "μηδος" (medos), significando meditação, cuidado, desígnio, pensamento. Nesta passagem, inicialmente, vou utilizar a tradução de Torrano, que me parece mais simples e direta de acordo com essas observações feitas:

> Amargas e lúgubres farei as núpcias, amarga aliança e ainda meu exílio. Eia, seja! Nada poupa de tua ciência, Medeia a tramar e a maquinar. Vá ao terror, agora é certame de ardor. Vês como sofres, não deves causar riso por estas sisíficas núpcias de Jasão, ó prole de nobre pai, oriunda do Sol. Conheces e ademais também somos nós mulheres, imbatilíssimas no bem, mas habilíssimas artesãs de todos os males.[169]

É interessante ver os três últimos versos por Trajano: "Tens ciência; ademais, a raça fêmea ignora como haurir algo elevado, sábia quando edifica o horror do fado."[170] Entretanto, em seus comentários Trajano apresenta uma tradução distinta, sem ficar claro se de Page, ou, de Friedrich Leo, que é mais correta e compreensível na segunda afirmação:

> "Ademais" - volta-se Medeia para o coro - "somos, nós mulheres, naturalmente bastante incapazes "αμηχανωταται" (amexanotatai) para as coisas boas, mas para as coisas más artífices extremamente sábias "σοφωταται" (sofotatai).[171]

Minha dúvida com relação a estas traduções é referente a primeira afirmação, pois vislumbro aqui uma intenção clara do poeta que, ao contrário de destacar uma incapacidade, ou uma inadequação, na verdade ressalta uma capacidade natural "πεφυκαμεν" (*pefúkamen*) das mulheres, como a generosidade "εσθλος" (estlós), algo indiscutível, extraordinário, imbatível, traduções também possíveis de "amexonotatai". E, em confronto, algo não natural, mas desenvolvido por elas para enfrentar "as coisas más, como artífices extremamente sábias",[172] caso específico de Medeia, em uma forma de autorreferência. Esta nossa visão, desta extraordinária passagem, está bem mais aderente as discussões existentes à época das quais Eurípides participava so-

---

169 EURÍPIDES, 1991, p. 53.

170 EURÍPIDES, 2010c, p. 61.

171 EURÍPIDES, 2010c, p. 165.

172 EURÍPIDES, 2010c, p. 165.

bre se as virtudes, se as mesmas derivavam das gerações, da natureza das pessoas, ou que poderiam ser ensinadas e aprendidas, ou mesmo produtos do tempo e principalmente das próprias experiências, lembrando à Protágoras. Por outro lado, acho que esta passagem, na qual Medeia fala para o Coro das mulheres, não pode ser vista sem levar em conta o estásimo que se segue, igualmente belo, que além de ser um canto de solidariedade a Medeia é, principalmente um hino as mulheres e de como elas foram marginalizadas pelos poetas e *aedos* no passado, e como esta situação está sendo "revertida", segundo Trajano, ao traduzir o verbo "στρεψω"(*strepso*), que é repetido no espaço de cinco versos;

> Reflui à fonte o flúmen dos numes, e o justo e tudo de roldão regride (stréfetai). No mundo o dolo se avoluma, declina o empenho pelos deuses; mas há de me afamar o câmbio (stréfousi) da fama: honor se direciona à estirpe fêmea; infâmia não mais afetará as fêmeas.
> Musas de aedos imêmores calarão hinos do meu acinte; Apolo, ás em melodias, não outorgou à mente feminina o eterno modular da lira, ou a rapidez de meu contra-hino replicaria à estirpe máscula. Nimio, o tempo aflora em narrativas sobre a moira dos homens, sobre a nossa.[173]

Eurípides sempre nos surpreende, e novamente aqui se constata a enorme influência da pintura em sua poesia, além de seu compromisso permanente com a sociedade ateniense, pois, como disse, esta passagem é considerada como um canto de solidariedade a Medeia, mas acrescentei, também um hino às mulheres, e mais ainda agora, nos quatro primeiros versos, o pintor Eurípides, em belas, concisas e sutis pinceladas nos transmite o estado da arte da sociedade em que está ele inserido, e claro onde está inserida a questão das mulheres e da própria Medeia. Na realidade, o poeta nos fala do mundo, mas de um mundo em profunda transformação, da qual esboço, de forma simples, meu entendimento mediante uma tradução pessoal dos primeiros versos:

> [...] coisas reais estão acontecendo, de remota origem sagrada, em um fluxo contínuo, sem meditações, a justiça e outros valores também se movimentam, os homens em discórdia e dolo, deuses não mais confiáveis e interessados na existência humana.[174]

---

173 EURÍPIDES, 2010c, p. 61-63.

174 No original: "ανω ποταμων ιερων χωρουσι παγαι, και δικα παντα παλιν στρεφεται, ανδρασι μεν δολιαι βουλαι, θεων δ ουκετι πιστις αραρε." Cf.: EURIPIDES, 2010, p. 60. (tradução minha)

Antes de prosseguir, me chama atenção nestes primeiros versos o sentimento de solidão humana que eles revelam, a par de uma postura realista de que nada será como antes, exigindo novas atitudes de todos. Dentre estas, o Coro ressalta e salienta o papel das mulheres, mediante uma renovada evolução e alteração de como elas são vistas, colocando em xeque não somente a tradição poética apolínea, que mantinha restrições com relação à mente das mulheres, como também sua capacidade de cantar, ou poetar, projetando um futuro, totalmente renovado e compartilhado por ambos, homens e mulheres, envolvidos juntos, na moira e na necessidade.

Portanto, Eurípides, apresenta de forma clara e em cores seu projeto poético, que se encontra em andamento, sem nenhum constrangimento para enfrentar e discutir as questões reais e objetivas da sociedade, neste caso, mediante a figura "imponente e dilacerada" da mulher Medeia, segundo Trajano, com todas suas qualidades, contradições e paixões, neste mundo essencialmente em transformação acelerada. Aqui, mais uma vez chamo atenção para a leitura leviana de considerá-la simples e exclusivamente uma mulher bárbara, contrariamente a todas as intenções do poeta com seu esquema temporal e triádico de conteúdo dinâmico ao longo do tempo e ao longo das experiências humanas, da discussão em profundidade, que venho detectando até aqui da alma feminina, na qual em um primeiro momento ele foi obrigado, como forma de reconhecimento público, a ressaltar algumas características de uma mulher com suas origens, de profundas lamentações, que respeita os juramentos, de qualidades mágicas, vingativa, que enfrenta seus adversários de forma violenta, que não se comporta de forma submissa perante o gênero masculino, a par de sua sabedoria natural, que como escreverei adiante foi capaz de salvar Jasão, destinado a morrer caso não contasse com sua ajuda. Mas, além disso, o poeta ressalta que se trata de uma mulher bem dotada, com valores pessoais, matrimoniais, relacionais, religiosos, genuinamente helênicos, baseados em compromissos e juramentos perante os deuses e a sociedade, que com suas qualidades naturais evolui, ao longo do tempo, mediante suas experiências fantásticas, transformadas em sólidos aprendizados, com sua aceitação de outras realidades, com sua evidente sabedoria em planejar, discutir, argumentar, maquinar, capaz de enfrentar os mais diversos adversários masculinos, e com sua retidão perante um mundo masculino, desestruturado, oportunista, cínico, de discórdias e dolos, de heroísmos vazios, valendo-se de regras e preceitos ultrapassados, discriminatórios, contrários a uma evidente diversificação que se impõe, e baseados numa pretensa igualdade citadina para alguns eleitos.

É exatamente este o conteúdo do debate que se avizinha, quando Jasão procura Medeia, na segunda parte da trama, logo após o segundo estásimo do Coro, expressando principalmente este controverso e deturpado argumento quanto a sua alteridade para os padrões helênicos devido principalmente a sua natureza bárbara. Gambon faz aqui um comentário altamente pertinente, de que esta primeira discussão se dá logo após o Coro encerrar o primeiro estásimo, no qual o poeta, como vimos, fala da ausência das mulheres na tradição poética grega, apresentando um mundo em transformação, concluindo, com algo extremamente importante, que é o desaparecimento na Hélade de dois dos maiores valores daquela sociedade, a "χαρις"(*charis*, graça, dom), e da "αιδως" (*aidós*, pudor), essencialmente, os valores que Medeia vai defender perante Jasão. Assim, de início, vemos uma situação para lá de paradoxal, onde a "bárbara" Medeia, de acordo, com Jasão e diversos analistas, defende os valores tradicionais, religiosos e olímpicos helênicos, que teriam sido rompidos e corrompidos por seu consorte grego, jogando por terra os juramentos e as obrigações recíprocas naturais a todos os cidadãos gregos em suas relações interpessoais.

Assim, de um lado, Medeia, por vezes consciente, lúcida, controlada, refletindo as experiências comuns do passado, suas participações nos acontecimentos, os valores inerentes a seus compromissos, com adequados argumentos retóricos, outras vezes, violenta, apaixonada, refletindo seu ódio àquela figura masculina, e Jasão com argumentos retóricos igualmente desenvolvidos, defendendo a posição ideológica dos homens na sociedade helênica, porém em sua grande maioria, facciosos, cínicos e tendentes a deturpar a realidade dos fatos e de suas verdadeiras intenções, exatamente o contrário do que vai ocorrer no segundo encontro entre eles, quando as posições entre eles estarão totalmente invertidas. Existem neste *agon*, em minha opinião, algumas questões fundamentais, independente das características retóricas do mesmo. A primeira, do desequilíbrio entre o que Medeia afirma ter feito por Jasão, basicamente relacionado com a aventura dos argonautas e o que ele diz ter oferecido a ela, no exílio em Corinto. Trajano analisou bem esta questão e acertadamente a relacionou com as diferenças de comportamentos entre as reinvindicações de Medeia, e os considerados heroicos em Homero e Sófocles. Vamos ver o que ele nos diz:

Medeia, por sua vez, foi responsável pelo sucesso de Jasão na expedição dos argonautas. Foi ela quem instruiu o futuro marido nas três provas a que se submeteu. Se dependesse apenas de seus dotes naturais, Jasão teria sucumbido. Eis algo importante a ser destacado: a dissimetria existente entre os dois personagens. Jasão não teria tido conhecimento suficiente para manter-se vivo, conhecimento esse de que Medeia se mostrou dotada, ao lhe proporcionar o sucesso. É o valor da "Sófia" que parece estar em jogo: é o reconhecimento desse valor que no fundo Medeia reivindica. Não é um conceito propriamente heroico o que está presente. Em Homero, ou, em Sófocles, os personagens solicitam o reconhecimento de valores tradicionais, como bravura ou ritos imêmores. Medeia requer o reconhecimento de um traço intelectual seu, responsável pela sobrevivência de Jasão.[175]

Fica evidente que a posição assumida por muitos analistas quanto a considerar heroicos os comportamentos de Medeia não se sustentam, já que o enfoque de Eurípides vai exatamente no caminho inverso no sentido de depreciação daquele tipo de atitude, por várias razões, algumas já por nós mencionadas anteriormente, mas que tem muito a ver com uma visão bem mais abrangente da condição humana, que é a essência da sua obra, sendo que neste caso, nesta peça, aqueles comportamentos em momento algum são objetos de orgulho e admiração por parte das próprias personagens, aí incluída Medeia.

Uma segunda questão que chama atenção neste embate é novamente a questão dos filhos, com clara diferença entre eles, já que Medeia quase não os menciona, a não ser ao final de sua fala e ao contrário, eles se constituem no eixo principal do discurso de Jasão. Gambon relaciona a palavra "παις" (filho) nos versos 550, 562, 565, 574, 597, e 610, e seu equivalente "τεκνον", nos versos 461, 557, 563, 566, 596, 620, se referindo sempre como sendo "seus" os filhos gerados por Medeia, numa tentativa de marginalização completa do papel da mãe:

> Obstino-me em propiciar aos (meus) filhos, irmãos, reunir estirpes, congregar as duas numa. Eis como prosperamos. *Por que precisas tanto de teus filhos.*[176]

Não é possível com base nesta segunda questão afirmar categoricamente que o plano de vingança de Medeia com relação aos filhos tenha sido engendrado apenas a partir desta postura de Jasão, mas sem dúvida ela ajudou em muito naquela direção, pois consolidou ainda mais na mente de Medeia, o que já comentei anteriormente, de que a maior

---

175 EURÍPIDES, 2010c, p. 168.

176 EURÍPIDES, 2010c, p. 73. (grifo meu)

vulnerabilidade masculina se encontrava na questão da filiação, e é exatamente aí, onde Medeia vai exercer seu poder. Esta questão ainda permite algumas reflexões adicionais, pois, a *philoteknia* de Creon, e a *apaidia* de Egeu, mais adiante, são evidentemente sinceras, como também é sincero o desejo de Jasão de ter novos filhos com a filha do rei, porém, sua atitude perante seus filhos com Medeia, denotam claramente que ele não tem nenhum sentimento de *philoteknia* com eles, com um discurso cínico e voltado para argumentos simplesmente retóricos, de forma a dar sustento a decisão de se casar de novo e ter novos filhos. Medeia, com sua sensibilidade e inteligência, já no diálogo com Creon, onde pela primeira vez se utiliza do pronome possessivo ao se referir aos filhos, por razões várias é levada a considerar que aqueles filhos a ela lhes pertencem de direito e de forma integral, podendo ela dispor com eles, da melhor forma que lhe aprouver, inclusive por que Creon foi, além disso, bem claro ao se referir ao desterro de seus filhos, sem nenhuma reação de Jasão, fato este ressaltado até pelo Coro. No diálogo com Jasão, apesar de toda sua argumentação relativa ao direito paterno aos filhos, relegando a um segundo plano o papel da mulher, fica evidente para Medeia a utilização dos filhos única e exclusivamente para ele atingir suas ambições gananciosas, levando ela a aprofundar aquele sentimento de posse dos filhos, para utilizá-los de forma fundamental em seu plano de vinganças.

Uma terceira questão, que salta aos olhos, neste *agon* com Jasão, é o fato de que, naturalmente, em seu monólogo interior que vem bastante mais adiante, em hora crucial para ela, na iminência de perpetrar o assassinato de seus filhos, e na revelação de seu plano para o Coro das mulheres, logo após o diálogo com Egeu, é aqui onde ela é mais direta e transparente, demonstrando com clareza, sem "teatralização", quem ela efetivamente é, pois, neste momento nada tem a esconder ou escamotear perante o homem que a conhece bem, e com o qual viveu toda uma vida. Quero ressaltar bastante este momento, pois a meu juízo, trata-se de um dos mais belos, mais complexos e mais reveladores de toda a tragédia. Lloyd em seu livro sobre o *agon* em Eurípides ressalta, que no proêmio de sua fala, Medeia condensa seu conflito interior entre a razão e a emoção, que segundo ele, "é o tema central da peça",[177] declaração esta, que se diga de passagem é bastante simplificadora e reducionista, como demonstram vários analistas a começar por Mastronarde, com a qual concordamos, e discutiremos mais adiante.

---

177 LLOYD, 1992, p. 42.

Ao longo de todo o discurso fica evidente a oscilação de Medeia entre o puro racionalismo, em termos de procurar não perder a serenidade e controle de si mesma, com o objetivo de argumentar adequadamente, ao lado de pura emoção, destilando todo o seu ódio, contra aquela figura, que ela própria reduz a uma insignificância, com adjetivos fortes e humilhantes para qualquer homem. Porém, aqui é o poeta e pensador Eurípides que sobressai, pois, a partir dessas oscilações de Medeia, ele vai discutir algo fundamental, sobre a condição humana, que de forma surpreendente vai marcar toda sua obra.

Ampliando um pouco mais a análise da fala de Medeia, no *agon*, complementando assim aquela questão colocada por Trajano, da assimetria entre eles, identifica-se igualmente nela a veemência de sua reclamação contra Jasão. No presente, em Corinto, as reclamações de Medeia contra Jasão, pela traição, pela infidelidade, pela enganação, pelo rompimento de compromissos e valores, são perfeitamente entendíveis, pois após procriar com Medeia, sem nenhuma razão aparente, já que conhecia bem as consequências de ter filhos com uma estrangeira, além do fato de que com filhos dela sua situação era ainda mais complicada, tendo em vista sua regularização como cidadão, ele foi mais longe, a atingindo e agredindo como mulher, já que antes de voltar ao leito matrimonial, após a procriação, segundo Medeia, a engana com a filha do rei com todas as repercussões derivadas. Porém, Medeia, ao terminar o que Lloyd denominou uma "narrativa retórica" sobre as coisas que ela havia feito por ele no passado, de forma tranquila e ordenada, começa a desconfiar, já de uma forma mais emocional, de que talvez ele não fosse aquele homem que ela imaginou, de que ele a havia enganado desde sempre, de que não iria cumprir com aqueles juramentos feitos no passado quando assumia sua condição de suplicante. Inicia, se referindo, que ele deve estar achando que os deuses não têm mais poder e que as leis humanas ainda não vigem: "Juras não valem, dás a impressão de achar que os deuses não têm mais poder, ou, que os mortais adotam leis inéditas, ao assumires tua infidelidade."[178] Depois entra numa área pessoal na qual a mentira e a vilania sobressaem, mas aqui, já com referências passadas. Após um breve retorno a sua condição atual, culpando-o diretamente por ela estar com problemas, fecha sua fala, na qual o filósofo Eurípides dá o tom, com uma reflexão sobre os valores éticos dos homens daquela época:

---

178 EURÍPIDES, 2010c, p. 67.

Ó Zeus, por que ensinar a reconhecer o falso ouro e não demarcar o corpo do homem sórdido com sinal bastante fundo que o denuncie assim que vem ao mundo?[179]

Eurípides mais uma vez reflete o seu tempo trazendo para seu teatro as intensas discussões que ocorriam naquele período em Atenas, mediante seus principais atores, fossem eles políticos, intelectuais ou artistas. Inicialmente mediante o Coro, e em seguida, por meio de Medeia, levanta a hipótese de que o comportamento sórdido de Jasão era devido à crise de valores existentes, com o abandono na Hélade, dos sentimentos de *charis* e *aidós*, com a ausência dos deuses da cena humana, e de que a própria justiça dos homens fraquejava, tendo em vista os novos valores vigentes no império ateniense. Em seguida, levanta a hipótese de que talvez tais atitudes fossem como muitos defendiam, inerentes a natureza de determinadas pessoas, que ao nascerem, teriam ou não certas virtudes, que as levavam a praticar o bem ou o mal, mas por último, ele nos deixa a sensação de que talvez não exista resposta absoluta para estas indagações, pelo menos, até este ponto de suas reflexões representadas na peça, já que esta questão é a própria razão de ser da tragédia de Medeia, que mesmo com seus valores, juramentos, compromissos, e principalmente com seu nível de sabedoria, vai cometer crimes, de uma brutalidade jamais vista na Hélade. De qualquer forma, fica evidente que Eurípides não se filiava automaticamente a nenhuma corrente de pensamento da época, pois, neste caso, ele se posiciona frontalmente contra o racionalismo socrático e platônico, de que o bem é claramente identificável com relação ao mal, e de que os dirigentes tem virtudes garantidas em relação aos homens comuns, como bem mostra Dodds em seu artigo sobre o poeta.[180] Da mesma forma ele, logo a seguir, ao final da fala de Medeia, esta, ao comentar as palavras de Jasão, criticando abertamente as práticas sofistas, de valorizar a capacidade retórica, independente se o discurso é justo, ou, injusto:

Difiro muito em muito dos demais, favorável que sou a que se multe pesadamente o bom de prosa injusto, orgulhoso de mascarar o injusto, capaz de tudo. É um sabedor de araque![181]

---

179 EURÍPIDES, 2010c, p. 69.

180 DODDS, 1973, p. 84.

181 EURÍPIDES, 2010c, p. 75.

Chego finalmente ao episódio terceiro, centro estrutural desta segunda parte e de toda a tragédia, nas palavras de Esteban Santos, pois a partir do diálogo de Medeia com Egeu, sua situação muda totalmente, assumindo ela o controle dos acontecimentos futuros, passando de perseguida para perseguidora, de passiva e lamentosa para ativa e contundente, de reflexiva e previdente para emotiva e arriscada, mas, sobretudo, vingativa, passional e assassina. Na montagem da peça, Eurípides, foi de uma precisão cirúrgica, não se descuidando em nenhum momento, pois ao lado de elementos triádicos, ele marcou o centro da peça de forma rigorosa, como se fosse um eixo axial, dividindo a peça em termos de números de versos de um lado e do outro, utilizando padrões geométricos descendentes e ascendentes em cada lado, e centrando ainda, de forma genial a própria composição temática, pois aí ele localizou a "μεταβολη της τυχη"(*metaboulé tês tichés*), a mudança da sorte da personagem dramática. Egeu, como personagem foi severamente criticado por Aristóteles, que o considerou imotivado, porém, é exatamente o contrário, sendo que a partir dele a dinâmica da personagem principal adquire um conteúdo distinto, derivada do fato de que ao lado de seu plano de vingança que ela iria cumprir de toda maneira, ela teria a possibilidade de se evadir de Corinto, para uma nova vida. Aqui, é bom ressaltar, que não se está falando de qualquer *polis*, mas sim de Atenas, com seu poder, seu simbolismo, sua enorme atração para todos que viviam alhures naquele mundo, junto ao mítico rei Egeu, descendente de Cecrópe e filho de Pandion, que finalmente, mais adiante irá gerar Teseu, o maior herói ateniense, bem como, o maior dirigente da cidade, aquele que plantará naquelas terras sagradas a semente da democracia. Egeu, que justamente havia ido consultar o oráculo de Apolo para buscar a semente de filhos, que ele ainda não havia conseguido com suas várias esposas, retornando de Delfos, passa por Corinto em busca do aliado, o mágico Piteu que morava em Trezena, para ajudá-lo a decifrar o oráculo, vindo a encontrar Medeia. Encontro simbólico para os dois, caracterizados como amigos, pois do lado de Medeia, exilada com os filhos, significava um possível futuro, longe do sofrimento em Corinto, e do lado de Egeu, um sem-filho, a possibilidade de uma nova relação feminina que lhe poderia trazer a felicidade dos filhos, porém, no caso, excepcionalmente aumentada devido aos poderes de Medeia como feiticeira e maga, com os seus fármacos, capazes de finalmente resolver sua angústia como homem.

Algumas questões parecem da maior importância neste diálogo, as quais têm implicações importantes para o desfecho da tragédia, pois Medeia sai bastante engrandecida do mesmo, com a sensação de liberdade e de poder, para desfechar a vingança contra Jasão e a casa de Corinto. Egeu, homem e rei de Atenas, concorda com Medeia quanto ao comportamento não condizente de Jasão, ao demonstrar desprezo pelos valores de *philia*, de *charis*, tão importantes para os gregos em suas relações, especialmente no caso de uma relação entre parceiros matrimoniais, com dois filhos homens, comentando que ele não é do mesmo nível dela, estando mais para um *kakós*, do que um *ágathos*, conforme os versos 466, 488, 498, e 508.[182] Medeia estabelece mais uma vez relação com um homem, calcada em interesses recíprocos, muitos semelhantes a sua relação inicial com Jasão, na qual ele a suplica para lhe ajudar a vencer os obstáculos do rei Eeres, para pegar o velo de ouro, em troca dele, a tomar como esposa e levá-la de Colquida: neste caso, entretanto, é ela quem suplica a Egeu para que a receba como companheira em Atenas para viver com ele em troca dela ajudá-lo com seus poderes a procriar e ter filhos. Entretanto, neste caso, Medeia, com sua sabedoria e experiência, se cerca de todos os cuidados e precauções, com previsão e controle de todos os passos a serem dados. Parece evidente que, quando do diálogo com Egeu, Medeia já tinha um plano de vingança totalmente estabelecido, coisa que ela vai apresentar ao Coro logo em seguida, e, claro, plano este, não somente desconhecido por Egeu, mas, além disso, inimaginável por ele, pois, de um lado, não tinha conhecimento da realidade da situação de Medeia, a não ser pelo breve diálogo dos dois, como também revelava uma visão ingênua sobre Medeia como pessoa, estando naturalmente obcecado em resolver seu problema, levando-o, sem nada desconfiar, a atender suas exigências, concordando com um pacto, referendado por deuses, com juramentos explícitos, quanto à vida futura em Atenas. Egeu, não coloca em hora nenhuma qualquer menção, ou qualquer restrição quanto à forma com a qual Medeia vai resolver seu problema em Corinto quanto a não falar com Creon sobre o assunto, reservando-se a aguardar por ela em Atenas.

A segunda questão que me parece significativa, objeto de comentários também de Ganbom, é que Egeu ao se colocar de forma explícita nas mãos de Medeia, com seus fármacos, capazes de controlar, em última análise, o processo de geração biológica, caminha no sentido de

---

182 MASTRONARDE, 2003, p. 31.

conceder mais poder para Medeia, quanto ao destino de seus filhos atuais, reforçando assim seu sentimento de posse de sua descendência, que passam a serem referidos com o uso do possessivo, particularmente, em contra as pretensões de Jasão, no âmbito de suas relações, mas que é colocado, igualmente, como uma crítica de caráter social contra o absurdo da prerrogativa da figura paterna na sociedade grega, da exclusividade da *philoteknia* com relação aos filhos, por conta da reprodução cívica. Neste sentido, o risco e o perigo da alteridade da mulher, na instituição do *oikos* helênico, com suas práticas de exclusão da diversidade, é claro, uma das questões principais em Eurípides, e é justamente nesta peça que a matéria é supervalorizada, pois, em resumo, *Medeia, com sua vingança, vai decretar a impossibilidade do* oikos *futuro de Jasão com a filha do rei, vai destruir, tanto o* oikos *atual de Jasão quanto o* oikos *de Creon, da mesma forma, como no passado, destruiu o* oikos *de seu pai Eeres, matando seu irmão, e liquidou o de Pélias, morto pelas próprias filhas, sem falarmos do futuro, em Atenas, onde ela vai trabalhar contra o reconhecimento de Teseu como filho de Egeu.*

Bem, a partir deste diálogo com Egeu, com a garantia de seu futuro em Atenas, o cenário está todo preparado para a execução do seu plano de vingança. Ela começa abrindo totalmente o jogo com suas companheiras coríntias do Coro, até aqui, totalmente a seu favor, e que apesar de discordarem dos feitos futuros, especialmente quanto às crianças, não se mostram capazes de irem efetivamente contra ela. Duas coisas nesta fala são emblemáticas: a primeira, de que ela está totalmente convencida de que os deuses estão ao seu lado, Zeus, Themis e seu antepassado Hélios, e esta certeza, é crucial para lhe garantir, que mesmo com as atrocidades que irá cometer, ela, com a ajuda dos deuses terá capacidade de chegar a Atenas, já que Egeu deixou por sua conta esta tarefa, acolhendo-a quando lá chegar. A segunda, deixando bem claro para o Coro quem é ela, pois mesmo sendo mulher, e seguindo sendo, alguns de seus valores se aproximam de valores normalmente masculinos, algo, que somente Creon tinha se dado conta e que paradoxalmente seu companheiro de aventuras ignorava:

> Não queiram ver em mim um ser fleumático ou flébil. Tenho outro perfil. Amor ao amigo, rigor contra o inimigo; eis o que sobre glorifica a vida![183]

Em seguida manda a serva trazer Jasão para um novo diálogo, diante do espanto do Coro, que faz uma bela elegia de Atenas e dos atenien-

---

183 EURÍPIDES, 2010c, p. 99.

ses, questionando, de que forma ela conseguiria conciliar a brutalidade de seus atos com a luz da sabedoria daquela cidade, convivência esta de sabedoria e maldade, reconhecida como sendo um dos temas mais relevantes do poeta nesta tragédia.

O segundo diálogo com Jasão, como já comentei anteriormente, apresenta sinais totalmente inversos do primeiro, no qual Medeia estava por baixo, deprimida, angustiada pelo exílio, onde Jasão usou e abusou de efeitos retóricos, com cinismo e trapaça em suas colocações, e mais importante, fazendo ofertas de dons, de presentes, de ajuda financeira, como se estivesse preocupado com ela e os filhos, recusados por virem de um homem *kakós*, malvado. Neste outro, ela se apresenta dissimulada e enganosa, inclusive porque o próprio diálogo já faz parte integrante de seu plano, devendo-se afirmar que Medeia, em minha visão, irá muito além de um diálogo enganador com Jasão. *Na realidade, é como se ela produzisse, dirigisse, e atuasse como atriz principal de uma peça teatral, com roteiro definido, estabelecendo os papeis dos demais atores relevantes, no caso, Jasão, os filhos, os servos, a própria Glauce junto a seu pai Creon, definindo de forma precisa e emblemática, os dons e presentes a serem ofertados a noiva, estipulando os procedimentos corretos dos meninos para entregarem os regalos, bem como das súplicas deles quanto as suas permanências em Corinto, como deveria Jasão atuar como intermediário em relação à casa de Creon, chegando ao requinte de imaginar a recepção que os maravilhosos presentes teriam, junto a noiva, cuidadosamente preparados com seus fármacos para atingir seus objetivos de matar Glauce e quem quer que dela se aproximasse.*

A primeira fala de seu personagem, isto é, o início do diálogo, é comovente pela sua insinceridade, quanto aos seus erros, enganos, equívocos, julgamentos errados e torpes, se retratando das ofensas feitas, reacendendo a *homophrosiné* entre ambos, valorizando suas atitudes de ajuda. Chamando os filhos para se confraternizarem com o pai e com ela, renovando seus pactos e compromissos com a mão direita estendida, levando todos às lágrimas. Jasão entra no clima de comoção, falando de seus planos de poder em Corinto, junto aos filhos, assumindo sua pretensa paternidade, dando assim a dica para Medeia falar de seus planos de ir embora da cidade deixando os filhos com Jasão, mas para isto é necessário reverter a decisão de Creon de também exilar os filhos. Esta é a razão da súplica a Glauce, para com sua ajuda reverter aquela decisão do pai, e a razão dos magníficos presentes que os meninos irão levar para ela, apesar dos comentários de Jasão quanto a não necessidade dos regalos. A peça se encaminha para o final, saindo todos, Jasão, os servos e os meninos em direção ao palácio, porém Eurípides, mais uma vez mostra toda sua genialidade, pois, ainda tem o êxodo final desta peça, que é composto igualmente por três partes: a visível ansiedade de Medeia quanto ao resultado do seu plano junto ao pedagogo, levando-a a duvidar de si e do plano que havia sido engendrado, o extenso, detalhado, e cruel relato do mensageiro, do que ocorreu no palácio em consequência dos presentes mágicos de Medeia, com as mortes brutais de Glauce e Creon, e finalmente do gozo de Medeia, após o relato, com tudo que o mensageiro descreveu que se prolonga no último encontro com Jasão, antes de sua partida num carro puxado por dragões alados, presente do deus Hélios.

Dentre estas passagens vou me deter no celebre monólogo, que na realidade, é no mínimo um diálogo envolvendo inicialmente o pedagogo que, aparentemente retorna com os filhos, com o sentimento do dever cumprido, feliz por que cumpriram com a tarefa de entregar os presentes à princesa, frustrando Medeia, que ansiosa esperava pelas notícias relativas às consequências dos presentes. Em sua fala Medeia dirige-se tanto para o Coro, como para os filhos, despedindo-se deles, inclusive com contatos físicos entre eles, algo da maior relevância dentro da peça, e após sua fala ocorre o estásimo do Coro, mediante um canto muito bonito, de inspiração poética, comandada diretamente pelas Musas, de científica sabedoria, de extrema sensibilidade e da mais profunda humanidade sobre a questão da filiação, entre os não-procriadores e os domicílios prolíficos, com os riscos inerentes a toda existência humana, e a exposição dos filhos aos revezes divinos contra os homens. Porém, volto minha atenção para a fala de Medeia, certamente a mais reveladora de suas motivações e intenções. A fala de Medeia tem início no verso 1019, e até o verso 1039 ela dá a entender que está de partida, com uma profunda melancolia com relação a geração dos filhos, dos esforços e dores da gestação, dos sonhos inúteis de gozar a vida com eles, do amparo deles na velhice e nos inevitáveis ritos funerários, restando a amargura e o dissabor de uma outra forma de vida, na qual seus olhos não a encontrarão. A partir do verso 1040, na peça imaginaria entra em cena uma nova personagem, a "outra" Medeia, que provocará um diálogo a parte com a primeira Medeia, até o final da fala, no verso 1080, em um típico *agon* de caráter sofístico, como se fossem argumentos duplos, relativo a cumprir ou, não, *o projeto original de matar os filhos, como forma de se vingar de Jasão.*

Assim, do verso 1040 até o verso 1055, teremos duas falas: a primeira da outra Medeia, dirigida ao Coro e aos meninos, de incertezas quanto ao plano, e de sua capacidade de executá-lo; e a segunda da Medeia original, vingativa, ameaçadora, falando para si-mesma e dando ordem aos filhos. Vejamos as duas emblemáticas falas:

> Pheû pheû! Por que cravar em mim o esgar ambíguo? Por que sorrir-me o derradeiro riso? O que farei? Sucumbe o coração ao brilho do semblante dos garotos. *Mulheres, titubeio. Os planos periclitam! Vou-me, mas com meus dois filhos! Prejudicar crianças em prejuízo do pai não dobra o mal? Fará sentido? Comigo não; adeus, projetos árduos!*
> *O que se passa em mim? Aceitarei o escárnio de inimigos impunidos? Que infâmia ouvir de mim reclamos típicos de gente frouxa!* Ao rasgo de ousadia! Para dentro, meninos! Se a lei veta a presença de alguém no sacrifício, não é problema meu. O pulso agita-se.[184]

Chego assim a controvertida passagem entre os versos 1056-1080, discutida por filólogos e especialistas, desde o século V, quando se levanta a hipótese de uma outra versão de Medeia do próprio Eurípides, apresentada antes de 431 a.C., que teria influenciado Neophron,[185] distinta desta versão que conhecemos que, posteriormente, foi considerada interpolada, isto é, adicionada por um ator ou, diretor, em alguma performance após 431, devido a algumas inconsistências quanto ao movimento dos meninos, e a introdução de motivações externas nas decisões de Medeia, que gerou, ao longo dos séculos, as mais variadas versões. Esta controvérsia foi ainda muito agravada pelo verso 1079, que está na base da decisão de Medeia de seguir com seu plano, que permitiu um número extraordinário de interpretações, tornando as coisas ainda mais polêmicas e complicadas. Porém, antes de chegar nesta discussão específica, vou seguir com o esquema de análise, considerando a versão existente por algumas razões principais: a primeira, de que não temos condições materiais de examinar às diversas alternativas propostas ao longo do tempo, e em consequência, capacidade para propor algo consistente neste sentido: a segunda, de que os movimentos e o entendimento dos meninos parecem secundários em relação à crise profunda da personalidade de Medeia, que Eurípides, de forma única e dramaticamente pioneira representa, incluindo aí,

---

184 EURÍPIDES, 2010c, p. 119-121.

185 Neophron de Sicione foi um dramaturgo prolífico que viveu mais ou menos à época de Eurípides, cuja obra foi quase que totalmente perdida a não ser por poucos fragmentos de sua *Medeia*, citados por Page, em 1938, em sua obra sobre a *Medeia* do poeta ateniense.

todas as ambiguidades e dificuldades da personagem; finalmente, que, o meu esquema de interpretação ajuda, em certo sentido, a entender e admitir as incongruências e ilogicidades apontadas, como fazendo parte de um contexto mais geral dado por aquela profunda perturbação da personagem.

Esta controvertida passagem, em meu esquema, começa com uma nova fala da "outra" Medeia, dirigida evocativamente ao *thimós*, traduzido por Trajano como "coração", como se fosse um ente autônomo: "Ai! Deixa de agir assim, ó coração. Não queiras punir os filhos! No exílio, o bem se aloja em nosso espírito."[186] O uso do coração como destino de uma recomendação a uma determinada pessoa, como assinala Mastronarde, é uma tradição poética desde Homero, mas é clara a intenção do poeta em colocar aqui, de forma enfática, o tom da súplica da outra Medeia, para não matar os meninos, com a utilização das palavras "δητα" (*dnta*) e "γε" (*jê*), partículas de afirmação, "verdadeiramente", "na realidade", dirigida a um todo e não apenas a uma pessoa, "συ" (*sú*, tu).[187] Esta elevação de tom quanto a súplica, como se fosse um apelo da própria vítima ao tirano,[188] justifica uma resposta muito mais dura da Medeia vingativa, com uma rejeição violenta à alternativa que fora apresentada, mediante a partícula negativa "μα" (*mà*). Nem a tradução de Trajano e a de Torrano captam o repúdio de Medeia, à hipótese de poupar os filhos, bem como a inflexão que ocorre em sua personalidade, na qual ela se transforma em seu próprio "αλαστωρ" (*alastor*, vingador), como bem acentua Dodds. Duas outras condições a levam a radicalizar o discurso no sentido de matar os meninos: em sua fala anterior, que aqui ela, em parte retoma, já falava do perigo do escárnio proveniente de seus inimigos, que poderiam não ser condenados, nos levando a pensar no poderio da casa de Corinto, antes, portanto da considerada fala interpolada, que tantas dificuldades trouxe, inclusive nesta questão de uma eventual agressão contra os filhos, e, claro a invocação da deusa Ananke, tão cara ao poeta Eurípides, aqui, colocada em forma de lei "indesviável", mas sobretudo, colocada por Medeia, como a única saída para resolver seu impasse e crise interna, no sentido de não prosseguir com a clivagem de duas personalidades opostas, que poderia lhe levar a uma ruptura emocional, ou, a inação.

---

186 EURÍPIDES, 2010c, p. 121.

187 MASTRONARDE, 2003, p. 341.

188 DODDS, 2001, p. 81.

Assim, o primeiro verso, o 1059, poderia ser: "Mas, não, pelos vingadores das profundezas do Hades",[189] e seguindo a Trajano; "Está para nascer alguém que agrida um filho meu! Se "ananke", o necessário, impõe sua lei indesviável, nós daremos fim em quem geramos. Não existe escapatória ao prefixado."[190] Uma coisa é certa, após esta fala, que considero de reconciliação interna, pessoal, de acordo com seus projetos originais, Medeia readquire a tranquilidade e lucidez, sem ansiedade, considerando liquidada a morte da princesa, se expressa, com enorme realidade sobre sua situação, e com carinho e enorme amor físico e emocional em relação aos meninos, apesar de que ao final da fala, ela não consegue olhá-los de frente:

> Como a senda a que vou é sinistríssima e lhes destino via mais sinistra desejo lhes falar: deixai, meninos, que a mãe estreite a mão direita de ambos! Quanto amor pela curva desses lábios, quanto amor pelo garbo, porte e braços. Felicidades lá, que aqui o pai vos sonegou o regozijo! Doce abraço, rija tez, arfar de brisa! Dobrou-me o mal, mirar os dois não é possível: ide, entrai.[191]

Do ponto de vista cênico, o movimento dos meninos é meio confuso, e este foi um dos aspectos mais discutidos desta passagem, porém a carga emocional e trágica de Medeia supera de longe esta questão, já que em seus versos finais, nossa personagem, se coloca em sua total integralidade, se revelando como pessoa de forma crua e realista. A controvérsia gerada por estes versos, principalmente o verso 1079, foi desde sempre enorme, tendo muitos analistas e filólogos levantados as mais variadas hipóteses sobre os mesmos, sendo que a maioria delas, diz respeito implícita ou explicitamente ao conflito entre emoções e racionalidade, planos, projetos, como se no caso de Medeia estas coisas estivessem em campos separados, sendo como alguns declaram, a questão principal desta tragédia.

Uma das razões para imaginar o diálogo entre as duas Medeias foi exatamente para deixar claro que tal conflito, que existe em alguma medida em qualquer ser humano, não é em absoluto a questão que se coloca para Medeia. Poderia se falar em sentimentos opostos, pois, na outra Medeia, prevalece o carinho e o amor pelos filhos, bem como um sentimento de ao atingir a Jasão, ela também estaria atingindo a

---

189 DODDS, 2001, p. 82.

190 EURÍPIDES, 2010c, p. 121.

191 EURÍPIDES, 2010c, p. 121.

si-própria, e na Medeia original, o sentimento de orgulho, de não ser ridicularizada, de vingança por tudo o que Jasão lhe havia feito, de falta de reciprocidade em termos de *philia*, de *charis*, que a levou a uma ira incontida contra tudo que representava, a um nível sem limites para ela. Assim, nada indica que existisse aquele conflito imaginado por muitos, entre o racional e a emoção, estando cada uma delas, consciente de seus sentimentos, e não se deixando iludir por qualquer tipo de clivagem adicional. Além disso, a passagem tem que ser lida como um todo, pois ela afirma várias coisas, todas da mais alta importância, porém ela diz claramente, com todas as letras, de forma particularmente racional que ela compreende, "μανθανω" (*mavtanu*), perfeitamente que está em vias de cometer uma desgraça, o que, por si só, já desqualificaria aquele conflito imaginário.

Finalmente, antes de vermos as traduções possíveis para a passagem, não há como não nos determos no verso principal, à palavra grega *kreíssov* ou *kreíttov*, um advérbio, que pode significar; melhor, mais forte, superior, preferível. Esta palavra tem conotações sofísticas importantes, conforme expus anteriormente ao comentarmos as doutrinas de Protágoras, mais justamente quando discutimos a questão da superação dos argumentos duplos, mediante a análise de Untersteiner, em cima da *Apologia de Protágoras* de Platão em seu *Teeteto*. Sem querer retomar aquela discussão que mencionei algumas páginas atrás, a discussão entre as duas Medeias parecia um *agon* envolvendo argumentos duplos, por algumas razões, que espero tenham sido entendidas, mas também porque me chamou atenção esta palavra no principal verso da fala de Medeia. Uma primeira reflexão é de que ela está intimamente vinculada a cognoscibilidade, ao *logos*, pois está vinculada a um reconhecimento, a uma comparação, indicando que a pessoa que a utiliza sabe exatamente do que está falando, e em nosso caso isto é de grande importância para entendermos a passagem, denotando uma vez mais a integralidade de Medeia. Porém, de acordo com a interpretação da doutrina de Protágoras, o passo definitivo é o reconhecimento que o homem domina as experiências, significando que conquista a cognoscibilidade do real para si, individualmente, bem como o fenômeno existente que lhe aparece, levando-o, no caso dos argumentos duplos a contrapor uma menor possibilidade de conhecimento, o chamado *ettow logos*, "inferior", a uma maior possibilidade de conhecimento, o chamado *kreittw logos*, superior. Seguindo este raciocínio, parece claro que o poeta neste verso 1079, quis afirmar que Medeia estava perfeitamente consciente de suas ações, com o controle e domínio desta experiência, e com um entendimento superior a outra possibilidade, qual seja em meu esquema superior a possibilidade de não matar os filhos, bem como, e esta conclusão é inevitável, que não somente os planos estavam de acordo com o seu controle e seu domínio, como também sua ira, seu desejo de vingança, já que Eurípides se referia, de qualquer forma, à pessoa da própria Medeia.

As traduções desta passagem, de Trajano e de Torrano, não nos parecem esclarecedoras, quanto às observações que colocamos, apesar do perfeito entendimento da questão pelo primeiro, em seus comentários as páginas 172-173 de seu livro.[192] Neste sentido, vou apresentar meu entendimento da passagem, de uma forma livre, mediante uma tradução alternativa:

> Mas a vitória (vingança) é funesta e, de um lado estou prestes a cometer uma desgraça, e por outro lado, a ira controla meus planos, precisamente a responsável pelos maiores males dos mortais.[193]

Creio que este entendimento resume tudo o que disse anteriormente, e, tudo que alcancei entender da personalidade extraordinária de Medeia. Concluo aqui minha análise, devido à impossibilidade prática em analisar a riqueza do final da tragédia, porém, creio que ficou evidente que Medeia é, como afirmei ao início, uma das mais belas tragédias de todos os tempos, e certamente uma das mais perfeitas deste poeta genial, Eurípides, sendo quase impossível apresentar um epílogo para estas reflexões, pela assustadora dimensão daquele drama. Porém, julgo para finalizar, que, Eurípides, mediante a representação de Medeia no teatro de Dioniso naquele emblemático ano de 431 a.C., transmite a todos os atenienses que tiveram o privilégio de assisti-la, duas mensagens bem claras, relativas àquela visão da transformação do mundo, no caso, da sociedade ateniense. A primeira de que apesar de suas qualidades, os homens atenienses devem ficar bastante preocupados, na eventualidade de se depararem com uma mulher com as qualidades da personagem feminina Medeia que o poeta lhes apresentou. Esse sentimento não se origina certamente nas barbaridades e violências cometidas por ela, mas, sim, pela ameaça concreta às suas prerrogativas de cidadãos livres da *polis*, com seus poderes pátrios e familiares, que seriam de forma contundente, colocados a prova por

---

192 EURÍPIDES, 2010c, p.172-173.

193 EURÍPIDES, 2010c, p.120

ela, mediante pensamentos e ações, bem superiores aos normalmente atribuídos as mulheres, e capazes de atuarem em níveis semelhantes, ou superiores aos atribuídos aos seus pares, homens atenienses.

A segunda, claramente expressa no canto do Coro, que de forma maravilhosa canta a beleza, o amor, a sabedoria, a virtude, dizendo em alto bom som, que aquela Atenas atual, a Atenas de Péricles, a Atenas da Liga, que massacra os aliados, a Atenas da intolerância com relação aos outros, que se encontra a beira do precipício, não é a sua Atenas nem dos atenienses, que seus valores foram corrompidos no meio do caminho, que vale a pena recordá-los;

> Filhos de Erecteu, desde outrora felizes, filhos ainda de Deuses Venturosos e oriundos da sagrada região inexpugnável, nutrido de ínclita ciência, sempre em suave passeio pala mais fulgente luz, onde se diz que as santas nove Musas da Piéria geraram a loira Harmonia. É célebre que Cipris haure as fluências do belo fluente Cefiso e assim sopra na região moderadas auras de vento de hálito suave, e Cipris sempre a envolver nos cabelos olende trança de rosas, envia assistentes da Sabedoria e cooperadoras de toda virtude.[194]

HIPÓLITO

A tragédia *Hipólito* foi apresentada em Atenas, no teatro de Dioniso, no festival das Grandes Dionísias em 428 a.C., na forma de trilogia, tendo Eurípides conseguido o primeiro lugar no julgamento. Apresentada três anos após *Medeia*, esta peça teve um caráter único de acordo com Aristófanes de Bizâncio, pois a versão apresentada em 428, e que chegou até nós, intitulada *Hipólito coroado* é a segunda versão da mesma peça, já que existiu uma versão anterior do próprio Eurípides, intitulada *Hipólito velado*, na qual o caráter de Fedra, a principal personagem feminina era bastante mais audaz, tendo sido considerada imprópria e digna de censura. Assim, a controvérsia em torno da peça já estava dada desde seus primórdios, além, é claro do tema principal, de reconhecida relevância, do conflito familiar de uma esposa apaixonada do filho bastardo do esposo, análogo ao mito bíblico de José e a mulher de Putifar, e semelhante também, aos casos de Belerofonte citado por Homero na *Ilíada*, e de Peleu e Tenes citados por Pausânias. Vou reproduzir o tema da tragédia apresentado na tradução de Flavio Ribeiro de Oliveira:

---

194 EURÍPIDES, 1991, p. 77.

A tragédia mostra-nos a vingança de Afrodite, deusa do amor erótico, contra Hipólito, um rapaz casto, devoto de Ártemis, deusa virgem, cujo domínio é a caça e a vida silvestre. Afrodite, indignada porque Hipólito não a honrava, faz com que no peito de Fedra, jovem madrasta de Hipólito, nasça uma paixão devastadora por ele. Fedra adoece de amor. Sua nutriz revela a Hipólito que Fedra o ama. Ele, enojado, a repudia veemente. Fedra envergonhada, se suicida, mas deixa a seu marido, Teseu, o pai de Hipólito, uma mensagem na qual afirma que Hipólito tentara violentá-la. O pai bane e amaldiçoa o filho. O moço parte; chega um mensageiro e relata que o carro em que o rapaz viajava se estraçalhara contra as rochas. Teseu rejubila, mas a própria Ártemis aparece e lhe revela toda a perfídia de Afrodite. Hipólito horrivelmente ferido é trazido à presença do pai. Reconciliam-se, "in extremis", o jovem morre.[195]

Antes de iniciar minha análise da tragédia, da mesma forma que fiz com as anteriores, *Alceste* e *Medeia*, devo, para efeitos de facilitar o entendimento da mesma, caracterizar de forma adequada e com algum aprofundamento mítico e histórico os três principais personagens humanos da peça cujas histórias são conhecidas, Teseu, Fedra e Hipólito; as deusas Afrodite e Ártemis, que têm papéis destacados na trama; e a nutriz, que tem a segunda maior fala na peça, e cuja história não conhecemos. Em geral, Eurípides trabalha os mitos de forma simplificada, contando igualmente com o conhecimento que os atenienses espectadores do teatro de Dioniso têm de forma generalizada das histórias, objeto das tragédias, especialmente no caso, devido a sua versão anterior. Hipólito se passa emblematicamente em Trezena, e não em Atenas, diferentemente da primeira versão da peça, no *oikos* original de Piteu, avô de Teseu, onde Hipólito foi criado, e que, em uma adaptação do poeta dos acontecimentos temporais dos fatos conhecidos da vida de Teseu, temporariamente é o lar de Teseu e da esposa Fedra, pelo exílio obrigatório de Teseu, determinado pelas autoridades atenienses devido à morte de seus primos, os Talântidas. É importante, de início, ressaltar que a peça foi representada em 428 a.C., já em plena Guerra do Peloponeso, três anos após seu início, que, diga-se de passagem, foi desastroso para Atenas devido às invasões dos lacedemônios à Ática, pela devastação humana ocasionada pela peste em Atenas, que levou a morte milhares de atenienses, dentre os quais os dois filhos legítimos de Péricles, e este não suportando tamanho sofrimento e enfraquecido pela doença, morreu em 429 a.C., deixando Atenas órfã e sem rumo para enfrentar as dificuldades que passa-

---

195 EURÍPIDES, 2010b, p. 12.

va. A tragédia *Hipólito* foi apresentada três anos após a representação de *Medeia*, a qual se constituiu, para muitos analistas, em modelo na abordagem da personalidade feminina principal desta nova peça do poeta, identificando traços semelhantes entre Medeia e Fedra, que examinarei mais adiante, porém com uma diferença marcante, já que desta vez Eurípides, pela primeira vez no teatro grego, fala abertamente do amor, do amor não correspondido de uma mulher para um homem, levando-o a uma definição precisa, detalhada e profundamente humana dos caráteres destes personagens, que ressoam em nosso imaginário ocidental desde sempre.

Começo por Teseu, o grande herói e o grande dirigente ateniense, que, como vimos, estava em grande evidência na Atenas daqueles dias, primeiramente, por ter sido visto combatendo junto aos hoplitas atenienses em Maratona contra os persas invasores, e depois por que Cimon havia recapturado seus restos mortais, na ilha de Esciro, terra dos dolomitas, trazidos para a cidade e enterrados com festas e pompas, em um local perto do Gimnasio, e mais do que isto – além das celebrações já existentes por seu regresso de Creta, tornando emblemático para os habitantes de Atenas o dia 8 de cada mês –, sua vida e imagem passaram a ter uma representação quase divina para todos os atenienses. Como vimos em *Medeia*, Egeu, filho de Pandion, rei de Atenas, passa por Corinto, encontra Medeia, porém ele está indo em direção justamente a Trezena para encontrar Piteu, rei daquela cidade, adivinho e mago, para lhe ajudar a decifrar a mensagem do oráculo de Delfos, procurado por Egeu na tentativa de solucionar seu problema de não gerar filhos. O deus Efebo respondeu a Egeu de forma obscura com versos que proibiam que "não desates tu, ó melhor dos mortais, a boca do odre para beber vinho, antes de chegar-lhes ao local mais alto de Atenas",[196] imediatamente compreendido por Piteu, filho de Pélops, que embriagou a Egeu e durante a noite deitou ao seu lado sua filha Etra, e juntos conceberam um filho, que seria Teseu. Outra tradição igualmente aceita, afirma que Teseu era filho do deus Poseidon, pois devido a um sonho com Atena, ela, Etra, teria ido fazer um sacrifício, onde fora possuída a força por Poseidon. De qualquer forma, Egeu deixa o filho aos cuidados de Piteu, escondendo atrás de um rochedo, uma espada e um par de sandálias, que o filho deveria pegar quando fosse suficientemente forte para viajar, devendo Etra, nesta ocasião encaminhá-lo para Atenas, para encontrar o pai. Trezena, portanto, foi o

---

196 GRIMMAL, 1997, p. 130.

lugar da origem bastarda de Teseu, e de sua dupla filiação, como filho de Egeu e de Poseidon, citados alternadamente por Eurípides na peça.

A vida de Teseu, como se sabe, foi uma epopeia fascinante, magnificamente descrita por Plutarco, com lendas, histórias e fatos, todos devidamente mesclados e misturados, sendo-nos impossível aqui transcrevê-la, existindo, porém, um episódio relevante para a análise de Hipólito, a denominada Amazonomaquia. As Amazonas eram um povo de mulheres que descendiam do deus da guerra Ares, e segundo consta seu reino era situado no Norte, quer sobre as cordilheiras do Cáucaso, quer na Trácia, quer na Citia: elas se governavam mediante uma rainha, e os homens desempenhavam apenas trabalhos servis, e segundo as lendas, elas se reproduziam mediante uniões com estrangeiros, preservando as filhas e executando os filhos.[197] O episódio da Amazonomaquia tem várias versões, e talvez a mais simples seja ainda a de Plutarco em *Vida de Teseu*, e se baseia em dois momentos distintos: o primeiro que teria ocorrido no país das Amazonas, atacado pelo herói em uma de suas centenas de aventuras, tendo Plutarco descartado a versão de que Teseu estaria junto com Héracles nesta investida, citando as métopas do "Tesouro dos Atenienses" no caminho sagrado de Delfos, e o segundo, cuja difusão deu-se principalmente em meados do século V, se referindo a invasão da Ática pelas amazonas, largamente documentada iconograficamente, nas métopas ocidentais do Partenon, no escudo da estátua de Atena de Fidias, e no friso oeste do Teseion de Mícon.

Alguns fatos destas aventuras são importantes: no primeiro momento, do ataque de Teseu, seja por rapto, algo que ele praticou bastante vezes, seja por "γερας" (*jerás*, honra, presente), Antíope, Hipólito ou, Melanipa, rainha das Amazonas, foi com ele para Atenas como mulher e esposa, vivendo aí como uma ateniense, tendo lhe dado um filho, Hipólito foi criado por Piteu em Trezena; a motivação da invasão da Ática pelas Amazonas permanece algo obscuro, porém se admite que possa ter sido uma tentativa de resgate de Antíope, pois pensavam que ela vivia como escrava em Atenas, bem ao contrário da realidade, já que Teseu era bem apaixonado por ela, lhe dando até um *status* de rainha. Antíope achando impossível que suas conterrâneas tivessem empreendido tal invasão por sua causa, considerou que ela fosse por outras razões e lutou ao lado do marido, tendo sido morta nesta

---

197 GRIMAL, 1997.

ocasião pelas próprias companheiras para desolação geral, tanto dos atenienses quanto das amazonas; a invasão dessas mulheres, inimigas consideradas bárbaras, foi em grande medida, utilizada pelos atenienses em termos políticos e sociais, pois existem evidencias claras de que os combates foram acirrados, tendo as Amazonas ocupado as colinas do futuro Areópago, e derrotá-las significou a reafirmação dos valores gregos e principalmente áticos, da superioridade dos homens sobre as mulheres, e dos valores atenienses sobre os das Amazonas. Entretanto, é bem visível no encaminhamento da trama, e principalmente na caracterização do personagem Hipólito, a utilização por Eurípides de diversos valores das Amazonas: mulheres, guerreiras, caçadoras, amantes dos cavalos, dos espaços selvagens, incivilizados, não públicos, vivendo em uma sociedade materna que oscila entre a virgindade permanente e a promiscuidade circunstancial, de presença marginal e irrelevante do sexo oposto, antítese de uma sociedade baseada no matrimônio, sem regras de legitimidade filial, e evidente, prestando culto somente a Ártemis, por todos os pontos em comum com aquela deusa.

Teseu lamentou durante muitos anos a morte de Antíope, dedicando-se com grande empenho na administração da cidade de Atenas. Neste meio tempo, morre Minos, o rei de Creta, inimigo de Atenas, e assume seu filho Deucalião, e os dois diante da realidade das relações econômicas entre Creta e Atenas decidem fazer definitivamente as pazes entre seus países, oferecendo ainda sua irmã Fedra, portanto filha de Minos e Pasifae, em casamento a Teseu, que aceita com prazer. Deve-se salientar aqui a criatividade do poeta na caracterização de Fedra, que se constituiu em um dos pontos mais admirados e elogiados da peça, tendo em vista inclusive as inúmeras tentativas de abordá-la ao longo dos séculos. Eurípides utiliza seu profundo conhecimento da história ática e cretense, expresso anteriormente em algumas das obras perdidas escritas pouco antes de Hipólito, como Egeu, Teseu e Erecteu, bem como sua experiência já comprovada na criação de personagens femininas, expressa igualmente em obras que não chegaram até nós, como *Estenabeia*, *Canacé* e a própria *Pasifae*, como comenta Marie Delcourt.[198] Assim Fedra é caracterizada no drama como sendo uma jovem senhora, mãe de seus dois filhos com Teseu, Acamante e Demofonte, sendo que o segundo viria a ser o rei de Atenas, que carrega um estigma familiar relativo às mulheres da família, que é claro que Teseu não desconhece, pois no chamado ciclo cretense de sua vida

---

198 DELCOURT, 2004, p. 78-81.

ele havia se relacionado tanto com a mãe Pasifae, como também com a irmã Ariadne.

A mãe Pasifae, filha de Hélios e de Perseide, casada com o poderoso rei de Creta Minos, filho de Zeus e de Europa, que dominava grande parte do mar Egeu, se apaixona terrivelmente pelo touro dado a Minos por Poseidon, o qual o rei contrariando a promessa de sacrificá-lo, tinha lhe poupado a vida. Pasifae, com a ajuda de Dédalo acaba transando com o touro, gerando o Minotauro, um monstro com corpo de homem e cabeça de touro, que, Minos horrorizado, o colocou em um labirinto em seu palácio, impossível de sair. Aqui, não somente as histórias de Creta e Atenas começam a se cruzar, como também das duas famílias, a de Minos e de Egeu, pai de Teseu. Androgeu, filho de Minos, irmão de Fedra, atleta excepcional, vai a Atenas participar dos jogos patrocinados por Egeu, vencendo todos os concorrentes. Invejoso, Egeu manda-o combater o touro de Maratona e Androgeu morre. Minos parte para todo tipo de retaliação à Atenas, reunindo uma frota para invadi-la, iniciando sua ação apoderando-se de Megara e marchando contra Atenas. A guerra, entretanto, prolongava-se e Minos recorreu a Zeus, seu pai, suplicando que o vingasse dos atenienses, tendo este enviado a fome e a peste à cidade. Os atenienses recorreram então ao oráculo de Delfos, que respondeu que a única forma de resolver o flagelo era atender ao que Minos exigia. E este exigiu que todos os anos os atenienses lhe dessem como tributo sete mancebos e sete donzelas, que seriam enviados para Creta, e que eles seriam dados como alimento ao Minotauro.

Teseu, na terceira vez em que os atenienses deveriam pagar o tributo de Minos, devido à fragilidade da situação de seu pai Egeu, em Atenas, decidiu ir pessoalmente a Creta, algo já requerido por Minos para sem armas, matar o Minotauro e conseguir sair do labirinto. Vou me abster de contar esta longa história, já que ela é de conhecimento geral, salientando apenas que Teseu consegue seu intento de liquidar com o Minotauro, sair do labirinto e partir de Creta com a ajuda de Ariadne, filha de Minos, irmã de Fedra, que se apaixona pelo herói, e que fez a promessa de levá-la de volta e a desposasse, coisa que Teseu cumpriu. Em seu retorno três fatos nos chamam atenção: Teseu, certa noite, faz escala na ilha de Naxos, e Ariadne, ao acordar no dia seguinte, estava só e abandonada, vendo ao longe, no horizonte o navio de Teseu, levando o Deus Dioniso a acolhê-la e casar com ela, sendo este fato, mais um dos estigmas de Fedra, não se sabendo ao certo em todas as versões existentes as razões e os motivos de Teseu em abandoná-la, sabendo-se que ele sentiu uma enorme dor por perdê-la; o segundo fato é que Teseu decide fazer uma escala em Delfos, onde consagra no templo uma estátua de Afrodite, que Ariadne lhe tinha dado, demonstrando assim a importância da deusa para os cretenses, mas também para os atenienses; e finalmente, ao avistar a costa da Ática, ele, conforme combinado com o pai, deveria estar vivo e içar as velas brancas, porém devido à perda de Ariadne, ele esquece e mantém as velas negras, levando Egeu, que avistava o mar do alto da Acrópole, a se precipitar naquele mesmo mar que levaria para sempre o seu nome, Mar Egeu. Muitos analistas e historiadores consideram que Teseu cometeu um parricídio, devido ao seu esquecimento, gerando polêmicas intermináveis. Apesar de sua história e dos mitos criados em seu entorno, Teseu é caracterizado por Eurípides como um dirigente político de Atenas do século V, preocupado com sua posição e falando sempre que possível para o público, para os atenienses, embora em momentos cruciais ele aja de acordo com seu passado heroico.

Uma das dificuldades de entendimento de Hipólito diz respeito às deusas Afrodite e Ártemis, que jogam papéis importantes na trama, com participações ativas a primeira ao início, no prólogo e a segunda ao final no êxodo, de forma sempre balanceada por Eurípides. De início, é importante salientar a presença simbólica das duas para o *oikos* de Trezena, já que as estátuas das duas foram colocadas bem em frente ao palácio, obrigando as pessoas que entravam a reverenciarem as deusas, sendo que a maior parte dos membros do *oikos* as prestavam somente a Afrodite, mas Hipólito somente reverenciava à deusa Ártemis. A existência das estátuas bem em frente ao palácio é um dado estrutural do *oikos* de Trezena, ao colocar lado a lado as duas deusas, que como todos os deuses do Olimpo tinham diferentes esferas de poder e de influência, neste caso, confrontando princípios extremos como fertilidade e esterilidade, ou mesmo adultério e virgindade, além do emblemático fato de que Teseu e Fedra aí estão exilados, estrangeiros na cidade, e que tanto Teseu quanto Hipólito são filhos bastardos, sendo a bastardia deste ainda mais acentuada devido a sua origem materna, filho de uma Amazonas com valores bem distintos dos helenos.

As duas deusas são, desde sempre no imaginário grego, poderes elementares da natureza, cada qual em seu âmbito que agem de formas complementares e, assim foram encaradas por Eurípides na peça, não existindo nenhuma intenção, por parte do poeta de colocar em xeque suas existências, nem tentar desacreditar de qualquer forma seus cultos, como bem afirma Kitto[199] em sua análise da tragédia. Na realidade são dois mundos à parte, o divino e o humano, e no mundo da regência divina as regras são bem claras, com os quinhões entre elas bem estabelecidos, que devem ser mantidos e respeitados, e nos quais suas ações conjugam terror, destruição e morte, ao lado de vida, fecundidade, amor e fertilidade, totalmente indiferentes a moral humana, e como demonstrarei em breve, igualmente indiferentes aos destinos humanos. Para deixar ainda mais claro suas esferas de influência e o respeito por elas, vou citar o início do Hino Homérico a Afrodite, que além de ser muito bonito é esclarecedor:

> Conta-me, Musa sobre os trabalhos de Afrodite de ouro, de Cípris que fez nascer o doce desejo nos deuses e submeteu a raça dos homens mortais, dos pássaros vindos de Zeus e todas as feras selvagens que a terra nutre tanto quanto o mar. Todos são objetos de cuidado dos trabalhos de Citereia de bela coroa. Mas há três corações que ela não pode persuadir, nem seduzir [....] Jamais Afrodite que ama sorrir poderá submeter às leis do amor a brilhante Ártemis de flechas de ouro; a ela agrada o arco, a matança de caça nas montanhas, as forminces, os coros, os claros clamores, os bosques umbrosos e a cidade dos homens justos.[200]

No início da peça, em seu prólogo, Eurípides, em geral apresenta o tema da peça e seu desenvolvimento, e aqui não é diferente, só que neste caso Eurípides utiliza Afrodite para nos dizer exatamente o que vai acontecer, que segundo Knox vai bem mais além:

> O Hipólito se inicia com uma poderosa apresentação de uma força externa que não apenas prediz, mas também determina; Afrodite não nos conta simplesmente o que vai acontecer, mas declara sua responsabilidade e explica seus motivos.[201]

A deusa a partir do desejo de "σφαλλειν" (*Sfalleiv*) derrubar, abater, Hipólito, devido a seu desdém para com ela, ao contrário de sua intimidade com a deusa Ártemis, vai utilizar para alcançar seu objetivo à virtuosa Fedra, mediante a implantação em seu coração de um violento amor por seu enteado, levando inicialmente à morte Fedra, e após em Hipólito, com a colaboração de Teseu, seu pai. Apesar disto os destinos destes personagens não estão nas mãos da deusa, como seria caso fosse Sófocles o autor da tragédia, como também não se vê aqui as

---

199 KITTO, 1972, p. 35.

200 RIBEIRO JR., 2010, p. 96.

201 KNOX *apud* EURÍPIDES, 2015, p. 169.

complexidades dos caracteres das personagens sofoclianas, dadas por condições externas. Na verdade, na esteira de Kitto, tanto Fedra como Hipólito são na tragédia personagens simples, porém, representando espécimes humanos trágicos, e Afrodite funciona, pelo menos quanto à tragédia pessoal de Fedra, como um agente trágico. Ártemis durante a maior parte da trama adota uma postura passiva sem poder defender Hipólito, porém ao final, ao esclarecer os fatos para Teseu, tem papel decisivo na conclusão da tragédia, e nos imprevistos desdobramentos, do ponto de vista religioso da peça. Resta falar do papel central da ama de Fedra na peça, que detém o segundo maior número de falas (216), somente atrás de Hipólito (271), e maior que o número de falas de Fedra e Teseu (187), de acordo com Murray, citado por Knox. Muitos analistas consideram que a participação desta ama e escrava que criou Fedra não tem paralelo no gênero, a qual desempenha em termos humanos o mesmo papel que Afrodite no plano divino. Outros, como por exemplo Trajano Vieira, consideram que ela desempenha a função de sofista, tornando-se uma personagem cômica por excelência. Knox nota que a nutriz representa, "[...] a primeira formulação explícita da nova visão euripideana da natureza e conduta humana, o credo não heroico."[202] Uma coisa é certa, seu papel nesta versão da tragédia é fundamental, pois leva com muito esforço Fedra a sair do silêncio para o discurso, e depois faz a ponte dramática entre a tragédia de Fedra e a de Hipólito, agindo assim em nome de Afrodite, garantindo a Eurípides a unidade dramática da peça.

Hipólito, apesar de sua consagração no concurso dramático, é junto com *As bacantes* uma das peças mais enigmáticas de Eurípides, tendo levado a uma série interminável de interpretações e análises, nos obrigando a um esforço importante e consciente de concentrarmos nossa análise em alguns pontos, e sempre que possível com alguma dose de especulação. Neste sentido, diferentemente de vários analistas, inclusive de Delcourt que a considera como sendo sua obra mais serena e descolada da realidade, entendemos que, mediante uma história clássica, bem conhecida de todos, com personagens nada complicados, o poeta colocou em discussão na peça, mediante eles, as principais questões religiosas, morais, filosóficas que eram objetos de controvérsias a época, em Atenas, com profundidade incomum, porém, de forma nada convencional, em alguns casos, inclusive, mediante enxertos em situações dramáticas que nada tinham a ver com o objeto de discus-

---

202 KNOX *apud* EURÍPIDES, 2015b, p. 151

são, além de sutilmente representar a dramática situação da crise sem precedentes pela qual passavam a polis ateniense e a maioria de seus habitantes. A meu ver isto foi devido a algumas razões: a primeira das quais a existência de questões pessoais sérias que, certamente, seriam impossíveis de não terem influenciado Eurípides naqueles anos, dentre as quais citaríamos os processos de impiedade de Anaxágoras, seu mestre e amigo, bem como de Aspásia, mulher de Péricles, o afastamento de Sócrates, seu parceiro especulativo, daquele convívio constante devido à guerra, a enorme dificuldade em entender as políticas públicas de seu amigo Péricles, antes e depois da deflagração da guerra do Peloponeso, bem como sua morte prematura em 429 a.C. Contribuíram igualmente outras questões como a invasão dos lacedemônios à Salamina perturbando enormemente seu único refúgio, a famosa gruta, a ascensão de Cleon ao poder representando para ele um retrocesso intelectual e social na condução dos negócios da *polis*, além, é claro, das próprias consequências da guerra e da peste com seus efeitos sobre todos os atenienses, e a ele em particular.

Em segundo lugar, parece claro, que devido a seu caráter de "παλινωδια" (*palinodia*), canto diferente, retratação, Eurípides foi obrigado pelas reações ocorridas, apresentar uma nova versão da peça, o que por si só já reflete a aderência que esta nova versão deveria ter com a realidade ateniense. Isto foi buscado de forma consciente, mediante um inevitável aprofundamento dos temas tratados pelo poeta na primeira versão, com alterações radicais, que atingiram as personagens Fedra, a ama, e Teseu, e provavelmente em novas definições dos papéis das deusas Afrodite e Ártemis, sem contar o refinamento nas falas e nos diálogos, algo que igualmente deve ter ocorrido. A minha tese é de que ao realizar esta tarefa, o poeta aproximou o máximo possível a peça da realidade ateniense, pois, além da reformulação do caráter de Fedra, tornando-a virtuosa, transformando a ama com uma retórica sofista, por vezes cômica e popular, mas sempre agindo no sentido dos interesses de Afrodite, Eurípides, não poderia esquecer os processos de impiedade, nem as posturas consideradas demagógicas dos políticos, inclusive as do próprio Péricles nas caracterizações das deusas e de Teseu, respeitando aqui os seus limites pessoais diante do clima de denúncias e perseguições existentes na *polis* ateniense daqueles dias.

Assim, naquele mundo em transformação claramente exposto pelo Coro, em *Medeia*, onde coisas reais aconteciam em um fluxo continuo e sem meditações, afetando a justiça e valores tradicionais, no qual os homens estavam em permanente discórdia com os sentimentos controlando as ações humanas, ou melhor onde as ações humanas estavam sob o domínio dos sentimentos por vezes, irracionais, Eurípides, em *Hipólito*, partindo da catástrofe ateniense, que possuía de *per si*, implicações que vão muito além das imaginadas, aprofunda ainda mais a precariedade da condição humana em termos da efetividade de suas ações. E ele o faz diante de um quadro bem mais amplo, quanto às causações divina e humana, quanto à natureza e formação moral e intelectual dos atenienses, quanto à racionalidade e irracionalidade das manifestações humanas, quanto às dificuldades de comunicação oral entre elas e consigo mesmo, quanto à diferenciação entre o privado e o público, para citar algumas das questões presentes na peça. Diante deste contexto altamente complexo, Eurípides coloca quatro personagens humanos fundamentalmente decentes, porém totalmente distintos por natureza, valores, formação, em suas tentativas de se encontrarem, se comunicarem, exercendo suas livres escolhas, tentando colocar em prática suas boas intenções, porém, tudo em vão, levando-os a uma série de dificuldades, de ausência de entendimento, de desastres e, finalmente, a impasses insuperáveis, em suas tentativas de ultrapassar a problemática externa, com suas limitações pessoais, de efeitos dramáticos visíveis, mas ainda assim buscando intensamente valores universais onde se apoiarem, somente possíveis a partir das experiências humanas.

A caracterização das deusas por Eurípides é bem complexa, particularmente no caso de Afrodite, entendida por muitos como tendo um poder superior capaz de definir o destino dos mortais, no caso de Fedra, Hipólito e Teseu. Do que se conhece de Eurípides acerca de seu conceito sobre os deuses expresso em algumas de suas tragédias, e igualmente em Hipólito, ainda que de forma discreta, a deusa, a qual ele presta maiores reverências é Ananke, a Necessidade, que não tem uma personalização definida, podendo ser representada de várias formas até mesmo através da ação de outros deuses e deusas, porém devemos ficar atentos, pois o poeta a coloca sempre em posição privilegiada diante dos acontecimentos. Tudo isto nos leva a reconhecer que Afrodite seria caracterizada pelo poeta, como uma força da natureza no âmbito de uma necessidade fundamental do ser humano, o amor, que na Grécia poderia ser pensado como algo mais além da *philia*, com suas conotações psicológicas conhecidas. Calame, em seu livro sobre Eros, coloca bem a participação de Afrodite juntamente com esta criança de Zeus, ressaltando neste sentimento seu duplo aspecto, "Afrodite é uma abelha, em seu voo alado, produtora de mel, mas picando impiedosamente suas vítimas"[203] ao lado de um ordenamento tipo militar, "ataque", "assalto", sendo que no prelúdio trágico do livro, Calame cita a passagem do *Hipólito* de Eurípides, em que o Coro das mulheres de Trezena canta ao Deus de forma adequada a representação do amor, respeitando os traços da imagem poética grega:

> Amor, Amor, que pelos olhos destila o desejo, inspirando uma doce volúpia, às almas que teu assalto persegue, não te mostres jamais a mim com o cortejo da infelicidade, não me pressione desmesuradamente! Nem a chama, nem os astros possuem seta mais poderosa que a de Afrodite, disparada das mãos de Amor, o filho de Zeus.[204]

Porém, no prólogo de *Hipólito*, o que se vê é uma deusa desempenhando um papel de uma mulher ciumenta, vingativa e despeitada, exigindo de todos os mortais as devidas reverências, utilizando seus poderes de sedução em cima de outras pessoas, Fedra e Teseu, para atingir um determinado fim, o de, "aniquilar", "destruir" Hipólito, sem se importar com as previsíveis consequências, inclusive a morte de Fedra e a destruição do maior herói ateniense, representante legítimo daquela *polis* de Atenas. Além disso, quero chamar atenção para um fato que geralmente passou desapercebido à maioria dos analistas, que é o enorme tempo que a deusa leva executando seu plano, inclusive dito por ela própria: "O meu plano fiz progredir desde há muito; necessito agora de pouco esforço."[205] Os versos 24 a 37 descrevem tudo que ela já havia feito em relação à Fedra, Hipólito e Teseu, entendendo-se que foram decorridos muitos anos, com um nível de detalhes da premeditação de seus atos desde seu início, algo dificilmente explicável em termos de comportamento divino, significando a importância para ela desta questão, que não poderia estar restrita somente ao comportamento com ela do adolescente, envolvendo certamente um ciúme doentio da relação do jovem mancebo Hipólito com Ártemis e o mais surpreendente é que todo este esforço teria sido inútil, segundo ela, se não agisse naquele exato momento diante do sofrimento da infeliz Fedra, ao virem para Trezena, devido ao exílio de Teseu pela morte dos Palântidas, como deixam claros os versos a seguir:

---

203 CALAME, 2013, p. XX.

204 CALAME, 2013, p. XIX.

205 EURÍPIDES, 1997, p. 22.

Desde então, ferida pelo aguilhão do amor, gemendo em silêncio, a infeliz definha; em casa ninguém deu pelo seu mal. *Mas este amor não deverá findar assim: algo revelarei a Teseu e a luz surgirá.* E o meu jovem inimigo, com imprecações o pai o matará, pois Poseidon, senhor dos mares, outorgou a Teseu, o honroso privilégio de, por três vezes, com êxito, invocar a divindade. *A outra, Fedra, embora com a honra salva, morrerá. Serei insensível a sua dor, pois, não renunciarei a alcançar uma honrosa vitória sobre meus inimigos.*[206]

Alguns comentários se impõem sobre esta passagem: Afrodite tem que agir rapidamente agora, já que nada está garantido em termos de seu plano, em especial, devido às reações inconstantes de Fedra, sendo que a peça-chave no processo é revelar o que está acontecendo a Teseu, já que ele, segundo ela, com ajuda de Poseidon dará cabo a Hipólito. Em resumo: a paixão de Fedra é relativamente neutra em relação à tragédia de Hipólito, caso a informação não chegue a Teseu, o que torna fundamental o papel da ama na trama, bem como a reação final de Fedra, ao mandar o bilhete para Teseu, sendo este duplamente ridicularizado pela deusa, pois ela não tem dúvidas, em nenhum momento, da reação de Teseu quanto a matar o filho e também pela necessidade de invocar o compromisso de Poseidon com o herói, significando que ele não teria condições de sozinho resolver o problema. Finalmente, na frase final, evidencia-se que "seus inimigos", naturalmente, só podem ser Hipólito e Ártemis, reforçando ainda mais o objetivo de atingir a deusa caçadora. Resta ainda aqui, a dúvida se dentre seus inimigos, estariam incluídos os atenienses, ou mesmo Atenas na figura de Teseu, que é frontalmente atingido pela deusa.

Parece evidente que por um lado para Eurípides o conceito dos deuses antropomórficos, de tradição homérica, não somente não incluíam poderes absolutos, algo que fica claro neste Hipólito, pois Ártemis não consegue nem mesmo proteger seus adoradores, como também, tinham limitações expressas, não podendo extrapolar suas áreas de influência, porém, longes da justiça de Zeus, como creia Ésquilo, tentam condicionar ou obrigar os mortais que sirvam de meros instrumentos em suas mãos, para satisfazer seus desejos e delírios de poder, tendo o poeta, neste sentido, mostrado um caso extremo, no qual, apesar das coisas terem acontecido, mais ou menos, como a deusa previu, foram elas também decorrentes de condições e comportamentos humanos. Não estou, aqui, fazendo nenhuma especulação que nos leve a iden-

---

206 EURÍPIDES, 1997, p. 22. (grifo meu)

tificar suas reais convicções religiosas, já que aqui não é este o meu propósito, mas apenas ressaltar que, neste caso, ele utilizou esta caracterização de Afrodite de forma literária e com fins dramáticos por certo acompanhando em parte, a utilização dos deuses por outros autores de forma a extrapolar seus poderes e domínios, possivelmente no sentido de dar uma resposta indireta aos processos de impiedade existentes, dos quais nem ele estava imune. Porém, de outro lado, Eurípides denota profundo respeito às deusas em seus campos de atuação, como potências da natureza, como esperávamos no caso de Afrodite com relação às paixões dos mortais e no caso de Ártemis, ao facilitar, no final da tragédia, uma evolução dos próprios valores humanos, sem, entretanto, abdicar de críticas aos seus comportamentos, resumidas na advertência do humilde servo à Cipris para que seja sensata, como se fosse o próprio Eurípides a fazê-lo, pois resume a lição moral da peça, prosternado diante de sua estátua, após a irreverência de Hipólito:

> Nós que não devemos imitar os jovens em tais sentimentos à tua imagem, soberana Cípris, formulamos uma prece como deve fazê-lo um escravo: perdoa! Se alguém com ímpeto de uma alma jovem, te dirigir palavras loucas, mostra que nada ouve. *Mais que os homens, devem os deuses ser sensatos.*[207]

Eurípides em *Medeia* adota, do ponto de vista filosófico, um esquema claramente triádico mais próximo a um processo dialético, especialmente de caráter temporal, bem ao contrário de *Hipólito*, onde o poeta expressa os aspectos do mundo no qual os personagens transitam de forma claramente dual, senão vejamos: duas deusas, Afrodite e Ártemis; dois mortais masculinos, Teseu e Hipólito, duas mortais mulheres; Fedra e a ama, e dois servos que interagem com Hipólito. Fedra revela sua evidente dualidade em suas duas falas relativas à sua luta interna, a primeira delirante e a segunda com *sophrosyne*, e nesta, ela oscila entre adultério e honra, revelando ainda sua dualidade ao se referir aos prazeres, particularmente quanto ao sentimento de *aidós* com suas duas interpretações; a ama além de distinguir os pensamentos seguintes dos pensamentos iniciais e reservados, revela igualmente sua dualidade em suas intenções, na ajuda a sua senhora entre a aceitação ou não, da natureza humana, entre aceitar ou não, a paixão pelo enteado; Hipólito distingue, de início, sua língua de sua mente, e paradoxalmente oscila entre um adepto fanático do orfismo e do vegetarianismo, e um folgazão caçador de animais, com os amigos, interessados

---

207 EURÍPIDES, 1997, p. 22. (grifo meu)

em banquetes de carne; e Teseu solicitando aos deuses que os homens tivessem duas vozes, uma para as verdades e outra para as mentiras, e por óbvio, oscilando entre seus valores pessoais e os que a *polis* deseja ouvir, aproximando-se perigosamente dos demagogos atenienses. Finalmente, em relação a esta explícita dualidade de pensamentos e de posicionamentos dos personagens, vale à pena referir a inovadora abordagem de Knox sobre as escolhas deles, ainda de origem dual, entre o discurso e o silêncio, que segundo ele

> [...] dá a peça uma unidade artística: Fedra, primeiro escolhe silêncio e, depois discurso; a ama, discurso, depois silencio, depois discurso e, então silencio; Hipólito, discurso, e então silencio; o coro, silencio e Teseu, discurso. O padrão resultante parece representar o esgotamento das possibilidades da vontade humana.[208]

A partir desta constatação, Knox tira conclusões fortes, parciais e bastante polêmicas, afirmando que "[...] o contexto no qual ele (operação do livre arbítrio) é colocado demonstra a não-existência do livre arbítrio do homem e a futilidade da escolha moral."[209] Preferimos adotar quanto a estas conclusões, alguma cautela, pois é evidente naquele mundo novo de transformações significativas, na passagem de uma sociedade tradicional e aristocrática para uma democracia participativa, onde a oratória e principalmente a retórica, surgiam como instrumentos políticos e sociais inovadores e revolucionários e, ainda sem muito controle por parte dos agentes sociais, seria aceitável esperar, mudanças de comportamento, de argumentos, enfim, uma esperada instabilidade de acomodar os diversos valores em jogo.

Neste sentido, considero igualmente equivocado que a partir deste contexto geral sobre o qual comentei, se conclua que nesta peça Eurípides coloca em discussão um tema de caráter sofístico, com as conotações negativas associadas ao mesmo, pois apesar dele ser reconhecidamente importante para os mestres sofistas, particularmente à Protágoras, já que incentivou este tipo de controvérsias em Atenas, na realidade, Eurípides sempre buscou em sua criação poética algo bem além daquelas discussões. No caso, busca refletir, diante da crise de valores que os atenienses enfrentavam naquela época, à utilização de conceitos de maiores significados, derivados de sua cultura e tradição, nos quais se apoiar, e dentre eles, claro, aqueles com os quais sempre

---

208 KNOX, 2015, p. 171.

209 KNOX, 2015, p. 171.

contaram, como, a dualidade, a ambiguidade, a expressão criativa, a autonomia, e a liberdade, partes integrantes daquele universo, representados de forma constante, mediante suas próprias tragédias. Desta forma, o que posso fazer diante deste quadro de instabilidade dos personagens, ao contrário de alguns analistas, é justamente não partir para conclusões dogmáticas, mas examinar algumas destas questões controversas colocadas pelo poeta expressas a partir deles próprios.

Dentre elas, a que me parece de maior centralidade, na peça, é relativa à natureza e formação das personagens, na qual, de um lado, o poeta reverbera as intensas discussões sobre *physis* e *nomos*, do ponto de vista da formação moral, intelectual e religiosa deles, e de outro lado, discute as consequências dessas formações em suas percepções pessoais, sejam utilizando o *logos*, o discurso racional, ou os sentimentos, ou a intuição sobre o entendimento da realidade em que vivem, na orientação de suas decisões e consequentes ações, seguindo assim, de longe, o artigo de Dodds sobre Eurípides, no qual ele ressalta a ausência no poeta daquelas três grandes características do pensamento racional. Não estou interessado em discussões filosóficas sobre estas questões, apenas facilitar nosso entendimento sobre os personagens, reconhecendo de antemão, que os conceitos daquelas duas palavras chaves, encontravam-se já devidamente separados, e seus usos mais importantes, eram, de acordo com Guthrie:

> [...] usos e costumes baseados em crenças tradicionais ou convencionais, quanto ao que é certo ou verdadeiro, e leis formalmente esboçadas e passadas que codificam o "uso correto", elevando-o a norma obrigatória coberta pala autoridade do Estado.[210]

A personagem Hipólito, apesar das enormes controvérsias geradas sobre seu caráter, nos aparece ao início da peça de forma límpida e clara: de um lado, revelando a começar por seu nome e por suas preferências, uma associação estreita com o mundo de origem materna e filial. Os epítetos de sua mãe na tragédia são "ιππια" (*ippia*), e "φιλιππος" (*filippos*), e também é possível que seu nome tenha sido derivado do nome dela – Hipólita –, além de sua preferência pelo mundo selvagem, não civilizado, pela caça, pela paixão por cavalos, e finalmente por sua intimidade "ομιλια" (*omilias*) com a deusa Ártemis, virgem, intocável, caçadora, relação esta, alvo de críticas por parte de Afrodite. Por outro lado ele, mediante saudação a Ártemis, diante de sua estátua, se

---

210 GUTHRIE, 2007, p. 58.

revela inteiramente em sua vinculação total a *physis*, de uma forma radical como se fosse um templo sagrado e ele fosse seu sacerdote, onde Eurípides esbanjou seu talento, pela extrema beleza poética:

A ti, senhora, eu trago esta coroa que eu fiz e por mim entretecida. Provem de um prado sem mácula, onde nem o pastor o rebanho ousa apascentar, nem o ferro nunca tocou. Percorre-o apenas, este prado imaculado, a abelha primaveril e fecunda-o o Pudor com águas fluviais. *Aqueles que nada têm a aprender, mas, por sua natureza, em tudo partilham sempre de moderação, a esses, é-lhes lícito colher; não têm igual direito os maus.* Para teus cabelos de ouro, aceita, amada senhora, este diadema, oferta de piedosas mãos. Só a mim, entre os homens, me é dada esta honra: contigo conversar, ouvindo tua voz, embora sem contemplar tua face. Que eu dê a volta final da vida como a primeira![211]

A passagem citada é autoexplicativa, pois diz praticamente tudo sobre Hipólito, especialmente no trecho por nós sublinhado: ele declara que tudo sabe, por natureza, inclusive a virtude da moderação, que a época estava associada a "sophrosyne" (*sabedoria*), com uma arrogância explícita, deixando bem evidente sua *hybris: somente os bons podem colher os frutos da vida, e somente ele, entre os bons têm a honra de dialogar com a deusa.* Ao final da fala, mediante uma metáfora hípica, reafirma que sua vida deverá ser sempre esta, isolado do mundo real, da realidade da *polis*, junto com os amigos, reverenciando a deusa, usufruindo dos prados intocáveis, caçando os animais e realizando banquetes, suplicando à deusa que nada possa perturbar sua idílica vida, revelando ainda, segundo alguns analistas uma forte resistência a se tornar um adulto. Indo um pouco mais adiante, tudo indica que em sua formação foram agregados alguns valores distintos dos estabelecidos por sua natureza, devido aos ensinamentos clássicos helenos, restritos aos membros da aristocracia, baseados na ginástica, na música e nas leituras de Homero, com seus valores heroicos e de *arete*, idealizando ao limite a imagem paterna do grande herói ateniense, apesar deste não ter tido nenhuma participação em sua formação, já que ele, como bastardo e marginal foi criado por Piteu em Trezena, que vale lembrar, era filho de Pelops, cuja história tinha uma forte associação com cavalos, tudo isto, justificando sua proximidade à deusa protetora das Amazonas.

Posso, além destes pontos que mencionei, evidenciar uma série de outras características da personagem como fizeram vários analistas,

---

[211] EURÍPIDES, 1997, p. 23-24. (grifo meu)

porém, me interessa seguir o esquema que adotei e examina suas condições para, inicialmente, fazer uma leitura correta da realidade, e reagir a ela da melhor forma para ele. A sua realidade era como vimos, totalmente restrita, bastando para ele sua *physis*, sua ligação com a deusa, e seu grupo de amigos caçadores, se auto definindo como dotado de sabedoria e sensatez, sendo o homem mais virtuoso entre todos, sem necessidade da *paidéia* e do *nomos*, totalmente desvinculado da família, da *polis*, sem nenhum interesse pelas mulheres, e adotando perante muitas destas coisas uma atitude de repúdio, de autoproteção, diante de possíveis "poluições" de seu mundo e de si mesmo. Aqui, é de suma importância ressaltar, que Hipólito sentia-se seguro neste seu mundo, na crença de que a deusa Ártemis o protegeria de qualquer perigo que viesse a lhe ameaçar, e por outro lado, deveria ser transparente para ele, o fato de ser filho do grande Teseu, significando, cuidado, atenção e segurança paterna.

É evidente que a realidade objetiva não era esta, por razões das mais variadas, e justamente ele, Hipólito, vai ter sua tranquilidade de vida colocada em xeque por duas mulheres, a deusa Afrodite por sua irreverência com ela, e em consequência; por Fedra, mulher de seu pai, que ao vê-lo, é levada por Cipris a uma paixão avassaladora, justamente tudo que não desejava. Não existe nenhuma dúvida de sua responsabilidade na tragédia que lhe vai abater, particularmente, pela ausência de um mínimo de sabedoria, sensatez e racionalidade, ao contrário de sua autoavaliação: não honrar os deuses, atraindo sua ira, era à época ausência de senso, como bem coloca o primeiro servo e, posteriormente, ao longo da trama, se sentir poluído pelas palavras da ama e pelo amor de Fedra, como se fosse um delírio emocional, levando-o a se entregar sem autodomínio, vivenciando uma alucinação, por estar confinado em um mundo irreal e idealizado, sem a presença de mulheres sequer para a geração dos filhos. E ainda mais, diante destas pessoas que não tinham nenhuma importância para si – Fedra, e a ama –, manter sua palavra como se fosse uma grande coisa, uma demonstração de virtude que ele mesmo sabia, significava destruir totalmente a relação com seu adorado pai. Desta forma, a personagem Hipólito foi desenhada por Eurípides mediante uma mistura de valores primitivos e aristocráticos, baseados na *physis*, com acentos de marginalidade em relação à família, a cidade, a religião políade, vivendo em um mundo à parte, pessoal, redondo, estático, avalizado pela deusa Ártemis, pretensamente, fechado, restrito e intocável, de formação claramente insuficiente para enfrentar os desafios da realidade presente, mas, com virtudes visíveis de honestidade pessoal, correção e coragem, que poderiam ser bem desenvolvidas, caso tivesse tempo como demonstra ao final da tragédia em sua disposição à perdoar o pai, aceitando os erros de ambos, e afastando-se da deusa, portanto, tornando-se mais humano.

A tragédia de Fedra é evidentemente o ponto mais alto da trama em termos dramáticos, não somente por sua figura delineada com grande precisão e sensibilidade por parte de Eurípides, mas também por que ela está exatamente no centro do enredo, expressando com intensidade os sintomas da enfermidade "νοσος" (*nosos*), enviada por Afrodite, suas tentativas de resistência, ou não, a perfeição das suas falas nos dois momentos de luta interior, suas relações especiais com a devotada ama e com o Coro das mulheres de Trezena, e enfim, em sua decisão de morrer, salvando sua reputação e atingindo seu objeto de paixão, Hipólito. A primeira coisa que deve ser vista é decorrente da mudança de personalidade da Fedra, da primeira versão do Hipólito para esta segunda em que, sendo corretas as informações existentes fez com que o poeta transformasse a personagem de uma mulher decidida, disposta a cometer o adultério, e que atuava sem intermediários, ao abordar diretamente à Hipólito, por uma mulher recatada, virtuosa, que sem negar a existência da paixão, se tortura em uma luta desesperada entre os dois sentimentos conflitantes, levando, de certo modo, a tragédia de Fedra, a atingir cumes ainda maiores que da primeira versão, e torná-la, segundo opinião corrente, ao longo dos séculos, na personagem trágica mais completa de toda a literatura ocidental.

Fedra, era filha de Pasifae e do mítico rei Minos, de Creta, descendente, portanto de Europa e de Zeus, portanto sendo de origem nobre e divina, tendo casado com Teseu, filho de Egeu, rei de Atenas, ou do deus Poseidon, também de origem nobre e divina, que se tornou no maior herói ateniense. O casamento dos dois foi celebrado tendo em vista os interesses políticos e comerciais das duas grandes cidades-estados, em um momento de conciliação, após tempos difíceis de confrontos e guerras, sendo a jovem e inexperiente Fedra utilizada como fator de troca nas negociações. A formação aristocrática de Fedra se evidencia pelo brilho de suas falas, particularmente em sua apologia, como também pelos diálogos com a ama e o Coro, onde estes revelam respeito por seu *status* social, e por sua capacidade retórica. A união de Teseu e Fedra gera dois filhos e a perpetuação do poder do *genos* em Atenas, porém não deveria ser tarefa fácil para ela viver ao lado de

Teseu, por tudo que ele representava para a *polis*, sempre envolvido em disputas políticas e guerras, além do fato de que por personalidade ele era um homem com múltiplos interesses, alguns deles de caráter puramente aventureiros, em associações com amigos próximos, que certamente envolviam relações com outras mulheres, obrigando-o a seguidas viagens ao estrangeiro, onde seu *oikos* não contava com sua presença, porém não seria devido ao compromisso com Fedra que ele iria abandoná-los. De outro lado, a própria Fedra refere-se não somente a sua natureza de mulher, como em particular em seu diálogo com a ama, a uma desventura própria das mulheres de sua família, citando o amor de sua mãe Pasifae pelo touro sagrado dado por Poseidon a Minos e de sua irmã Ariadne pelo deus Dioniso, como justificativa por sua paixão por Hipólito, algo discutível, porém adiciona elementos novos a sua pessoa que refletem sua dualidade interna, visível ao longo da peça, e que a leva a sentir, agir, e tomar decisões de caráter claramente irracionais, como veremos em seguida.

Entretanto, apesar do brilho intenso da personagem Fedra e de sua tragédia pessoal, Eurípides, arma um esquema inovador e único, como se fosse uma tragédia dentro de uma tragédia maior, com uma profunda e interessante interação entre as personagens Fedra, a ama, e o Coro das mulheres de Trezena, como mulheres semelhantes, de formação aristocrática e nobre, com linguagem refinada, por vezes filosófica, instrumentalizadas por recursos retóricos. Aqui, estamos diante do poeta-filósofo nos termos de Dodds, em seu desejado território especulativo quanto à linguagem abstrata, quanto ao papel da racionalidade, sem parâmetros heroicos, e sem se deter nas tradições do teatro ático, anteriores a ele, onde as personagens transitam em um mundo à parte, um mundo real, porém em transformação, com grandes dificuldades em se posicionarem sobre as questões, especialmente Fedra e a ama, justamente o oposto do mundo estático e conservador das deusas e de Hipólito. Neste mundo criado em torno da solidariedade à Fedra, não existem certezas absolutas, na busca incessante dos melhores caminhos, ou das melhores decisões, onde elas enfrentam as dificuldades da expressão falada, não dos jurados e políticos, mas das pessoas comuns interagindo, com evidentes incertezas dos valores morais, dos mistérios da vida, na qual o bem e o mal convivem em cada um, não como algo externo, mas como uma parte do próprio ser, na linha do que já falava Heráclito, quanto ao caráter intrínseco ao homem.

A delineação deste mundo é iniciada pelo Coro das mulheres no epodo do primeiro estásimo, alertando para as dificuldades biológicas das mulheres; "Perigosas e funestas perturbações à já difícil constituição da mulher costumam estar ligadas as dores de dar à luz e as da loucura [...]",[212] para em seguida, paradoxalmente, evocar Ártemis como a deusa protetora dos partos, da infância e da adolescência, que era venerada na Ática em Braurion, cujo templo em Atenas ficava ao lado do Partenon na Acrópole. Segue-se a entrada da velha ama que nesta versão do Hipólito passou a ser como vimos anteriormente, peça chave no encaminhamento da tragédia, pois caberá a ela, fazer a passagem da tragédia de Fedra para a de Hipólito. Logo, em sua primeira fala, ela surpreende pois filosofa sobre a vida de sofrimento dos mortais e a busca de uma nova vida, não mais baseada no erotismo brilhante e escapando das trevas, da obscuridade, do mito que nada diz: ao contrário, procurá-la na fantasia, na fábula, no enredo pessoal, em uma posição intermediária entre os deuses e os mortos, de uma profundidade estranha à sua função. Usaremos aqui a bela tradução de Trajano Vieira:

> A vida é uma sucessão de mágoas, sem refrigério ao que é deletério, mas se algo há melhor do que existir, o breu da nuvem sequestrando oculta-o. *Insanos de erotismo revelamos ser pelo que rebrilha terra acima, por não sabermos da existência de outra vida ou sinal do que se passa no ínfero: o que nos move é o mito inócuo.*[213]

Neste arrojado contexto que Eurípides imaginou os dois momentos mais marcantes de Fedra são o que Conacher e outros denominam como de suas lutas internas, tensos episódios que revelam de forma categórica sua personalidade dual, onde ela interage com a ama e, depois com o próprio Coro, mediante uma composição de falas e diálogos que conduzem à sua tragédia na peça, de uma forma que, por incrível que pareça, lembra os diversos planos de uma montagem cinematográfica. O primeiro episódio se dá, quando a ama consegue tirá-la da casa e do leito, onde prostrada, definhava sem comer a dias, e no qual ao ar livre ela entra em uma espécie de delírio, de loucura – mania histérica –, marcada pela presença de Eros, totalmente entregue a ama e as servas, deixando-se levar de forma inconsciente até quase o final, manifestando grande vergonha por sua situação. Eurípides pinta o quadro do delírio de Fedra, de forma lírica, de grande beleza, ancorado na tradi-

---

212 EURÍPIDES, 1997, p. 28.

213 EURÍPIDES, 2015b, p. 27-29. (grifo meu)

ção grega dos efeitos de Eros, começando por Hesíodo, na referência ao afrouxamento das articulações dos membros, com a cabeça que não se segura, com a liberação dos cabelos, a entrega das mãos às servas e associando a força do amor a uma "mania". Em seguida, nesta mesma linguagem de cunho nitidamente erótico, delira por uma conjunção completa com o objeto de seu amor, Hipólito, usando metáforas campestres e de caça;

> Ah! Pudesse eu sorver de uma fonte orvalhada, um trago de água pura e, sob os ulmeiros, numa pradaria de folhagem atapetada, deitar-me a repousar.[214]

E arremessando o corpo:

> Acompanhai-me à montanha: irei à floresta, para junto dos pinheiros, onde correm cães de caça, perseguindo diferentes corças. Pelos deuses! Gosto de excitar os cães com gritos e, roçando minha loura cabeleira, atirar a lança tessálica, tendo na mão um dardo de ponta aguçada.[215]

Fedra acaba retornando ao leito um pouco mais refeita, e consciente com uma fala bem lúcida, colocando as alternativas existentes para sua situação, no trecho que deixarei sublinhado, que serão por ela detalhadas em seu famoso discurso, revelando sua dualidade entre razão e loucura, e a preferência pela inconsciência e morte. Igualmente importante na fala é a introdução de conceitos que vão permear as atitudes de Fedra: o bom senso "γνωμη" (*gnome*) perdido, a vergonha "αιδως" (*aidós*), que sente, possuída por aquela paixão "εμανην" (*émanen*):

> Desgraçada de mim! O que eu fiz? Para onde me desviei do bom senso? Enlouqueci! Sou vítima da cegueira enviada por um deus. Ai, ai, infeliz! Cobre-me de novo a cabeça, mãe. Envergonho-me: deslizam-me lagrimas dos olhos e o meu olhar só vê a vergonha. *Penoso é recuperar a razão, mas é um mal a loucura. Preferível é, no entanto, perecer inconsciente.*[216]

Knox resume bem esta passagem:

> Ter bom senso "ορθουσται γνωμην" (órtoustai gnome), isto é, em seu caso, permanecer em silêncio, é agonia "οδυναι" (ódunai); paixão "το μαινομενον" (to mainomenon), em seu caso, discurso é infortúnio "κακον" (kakon). É melhor " αλλα κρατει" (allá kratei) não fazer nenhuma escolha e perecer "μη γιγνωσκοντ' απολεσθαι" (me jijnoskont'

---

214 EURÍPIDES, 1997, p. 29.

215 EURÍPIDES, 1997, p. 30.

216 EURÍPIDES, 1997, p. 30.

apolestai) – perecer inconsciente das alternativas, desistir do bom senso e da escolha, renunciar ao livre-arbítrio.[217]

Naquele ambiente de interação feminina, a declaração de Fedra da preferência pela morte assusta tanto a ama quanto ao Coro, agravando ainda mais as preocupações com a natureza de sua enfermidade, que a levou a falar coisas insanas, e também àquela atitude simbólica de cobrir a cabeça, representando sua luta interna por mostrar-se, ou ocultar-se, por falar ou silenciar que levam as mulheres a fazer de tudo para, naquela íntima conjunção emocional saber o que realmente se passa com Fedra. Novamente aqui, a ama surpreende com sua sabedoria: vejamos o que diz Trajano sobre esta passagem:

> Não será errado afirmar que o termo em relação ao qual a nutriz revela maior aversão é o advérbio "λιαν" (lían), excessivamente, demasiadamente. A palavra caracteriza a radicalidade do comportamento heroico, rejeitado pela personagem. Numa formulação notável, depois de descartar a "rigidez" na condução da vida (v.261) a nutriz sentencia: "prezo menos o excesso (lían) do que o ínfimo" (v. 265), uma "proxy" da máxima do oráculo de Delfos, atribuída a Quilon da Lacedemônia.[218]

O Coro indaga da ama a razão do infortúnio de Fedra, e a partir daí elas dialogam sobre a enfermidade de Fedra, utilizando um vocabulário redundante, e enfaticamente nosólogico que deve ter levado a plateia ateniense se divertir, pois eles sabiam muito bem a doença de Fedra, e elas, as personagens, não sabiam. Neste diálogo, pela primeira vez na peça se faz referência ao seu marido, perguntando o Coro se este não se importava de ver a mulher em tal situação. A ama diz não saber o que ocorre com Fedra, e afirma que Teseu está ausente, sabendo-se mais a frente que fora como peregrino consultar um oráculo, algo inventado pelo poeta, fugindo a tradição da lenda de que ele teria descido ao Hades. A ama ao finalizar o diálogo faz uma declaração que havia de tudo tentado e nada conseguido, porém, expressa seu zelo e sua devoção à senhora, no infortúnio, e que o Coro vai testemunhar seu empenho. Temos, aqui, entre os versos 288 a 353, a oportunidade de conhecermos uma das facetas da personagem da ama, criada magistralmente por Eurípides, na qual, a meu ver, o poeta buscou se inspirar no comportamento de seu amigo Sócrates, mediante sua técnica de interrogatório, mas, indo mais além, refletindo a característica fundamental dos atenienses, a *polygramosine*, a determinação, a ousadia, a

---

217 KNOX *apud* EURÍPIDES, 2015b, p. 172-175.

218 EURÍPIDES, 2015b, p. 151.

confiança, a aventura, que os coríntios identificaram neles, alertando os lacedemônios, no celebre discurso registrado por Tucídides, antes da guerra do Peloponeso, assunto detalhado anteriormente. Não existia nenhuma chance de a cretense Fedra resistir aos ataques da ateniense ama, apesar do final surpreendente para esta que se utilizou de todo o arsenal prático disponível para convencê-la a falar, e veja, sem acrescentar nenhum argumento retórico mais sofisticado ou mesmo eivado de sabedoria, que ela vai utilizar mais adiante.

A ama inicia propondo esquecer as palavras passadas como forma de aliviar as tensões, afirmando que vai utilizar uma melhor linguagem. Pergunta se o mal que lhe atormenta pode ser revelado, ou, trata-se das "coisas secretas", "απορρητα" (*aporreta*), referente às desordens ginecológicas das mulheres, reforçando o laço emocional entre elas. Muda de tom, e faz uma violenta repreensão a Fedra: "Calas por quê? Calar não faz sentido! Critica-me se estou errada; anui se tiver cabimento o que profiro. Emite um som que seja."[219] Como ela não reage, tenta envolver o Coro, mas também sem efeito. E, aí, em um rasgo intuitivo, menciona a traição que ela está cometendo contra seus filhos, legítimos herdeiros do reino de Atenas, abrindo espaço para nova alternativa, a do filho da Amazona, o bastardo Hipólito, com "pretensões a bem nascido".[220] A menção ao nome de Hipólito desperta e perturba Fedra, que a partir daí entra no jogo da ama. Esta insiste lembrando sua condição de mãe e de mulher sensata, julgando que é por aí que Fedra ficou abalada. Fedra fala coisas vagas para despistar. A ama, em desespero, pois teme pela morte da senhora, apela à condição de suplicante, algo sagrado para os gregos, ajoelhando-se e segurando-lhe as mãos e os joelhos, evidenciando sua lealdade e sua dependência dela. Fedra se preocupa com a ama, caso ela saiba da razão de sua dor. Porém, a partir daqui Fedra divisa a nobre solução e garante à ama que a mesma está tomada, e que não mais depende de falar ou não. Fedra, finalmente garante o dom solicitado pela ama, enquanto suplicante que a ama se cala, e decide falar de seu infortúnio familiar, de sua mãe, da irmã, e dela, todas voltadas à perdição, em termos de amor, como se fosse algo intrínseco às suas naturezas. Finalmente, a ama estranha o discurso, e Fedra inverte a situação: deseja intensamente falar de seu amor, porém sem falar, passando a interrogar a ama, numa manobra dialética digna de Sócrates, segundo Knox, levando a ama a dizer o

---

219 EURÍPIDES, 2015b, p. 37.

220 EURÍPIDES, 1997, p. 33.

nome de Hipólito, e confirmando-o: "Tu, o disseste, não eu",[221] como o objeto de seu amor e de sua enfermidade (*nosos*), visto por ela como uma paixão ilícita. A reação da ama é de desespero, comprovando que ela não tinha ideia daquela paixão, e que não havia aventado tal hipótese pelo absurdo que lhe parecia tal possibilidade. Ela que havia repreendida Fedra por seu desejo de morrer, diante deste fato resolve ela mesmo morrer, pois tudo para ela está perdido, Fedra, ela, a casa, tudo devido a Cipris, mesmo sentimento do Coro, acompanhando a ama.

A fala da ama é plena de espanto, surpresa, mas de grande sabedoria revelando certamente uma vez mais a participação direta do poeta-filósofo, com sua visão grega da vida, da luz que ilumina e que atinge e movimenta diretamente o corpo da pessoa, e condensando em dois versos as incontáveis discussões sobre o fascínio e reverência pelos males, pelas desgraças (*kakwv*)[222] sobre aqueles que pensam e colocando em dúvida, em questionamento a origem delas, que segundo ele, não poderiam, ou não deveriam ser atribuída aos deuses, ou eles não seriam deuses:

> O que disseste, filha, me aniquila. Amigas, não suporto a vida nem suportarei. Odeio o dia, odeio a luz que avisto. O corpo de mim mesma denegarei. Adeus! Não mais existo. Ainda que não queiram, sábios amam o feio. Logo, Cípris não é deusa, mas algo bem maior que o deus, se houver, que a ela arruinou, a mim, ao lar.[223]

Fedra inicia agora sua segunda luta interna com o famoso discurso endereçado ao Coro das mulheres de Trezena, que gerou uma enormidade de controvérsias entre os analistas devido a sua estrutura retórica, a linguagem utilizada, sua ambiguidade intrínseca, dificultando seu entendimento. A confusão começa com a própria identificação do discurso: trata-se sem dúvida de uma apologia, comprovada pela linguagem adotada como pela sequência: uns consideram como apologia de seu erro, ou falha (*amartia*), outros apologia para sua morte, e alguns outros, apologia de sua vergonha. De qualquer forma, devo inicialmente recordar que o ambiente no qual a fala de Fedra é pronunciada continua sendo o mesmo, de total cumplicidade entre as mulheres, apesar do tom mais grave adotado por ela, significando, por um lado, a intenção de verbalizar a ambiguidade de sua situação, onde existe de fato a paixão indevida, não buscada, e sua luta contra este sentimento,

---

221 EURÍPIDES, 1997, p. 36.

222 Traduzido por *feio* por Trajano.

223 EURÍPIDES, 2015b, p. 47.

e por outro lado a inevitabilidade de que tal ambiguidade resvale para a própria linguagem, como ela mesma reconhecemais adiante. Fedra se dirige as mulheres de Trezena mediante uma fala, de cunho especialmente pessoal, como se ela estivesse atendendo a uma necessidade perante suas amigas de se afirmar como mulher, como pessoa, reafirmando sua origem aristocrática e nobre. O discurso inicia-se baseado, segundo ela em suas reflexões noturnas sobre o que devasta a vida dos mortais, utilizando o vocábulo "διαφθειρω"(*diáfteiró*), que pode significar diversas transgressões, como destruir, arruinar, mas que no caso parece se referir, consciente ou inconscientemente a sua obsessão, o adultério.

Aproveitando este gancho e antes de entrar na complexidade de sua fala, faço uma advertência que pode facilitar o entendimento sobre esta famosa passagem. A grande maioria dos analistas costumam contrapor as duas manifestações de Fedra de uma forma absoluta, como se fossem dois momentos completamente distintos: no primeiro, a loucura, o delírio, totalmente fora do controle racional, e sua apologia, como de lucidez, de sabedoria, de temperança, produto de uma consciência desenvolvida. E a coisa não é exatamente esta, pois, como vimos na primeira manifestação ela apresentou momentos de lucidez sobre sua situação, inclusive discutindo as alternativas de que dispunha, e na apologia, Fedra, apesar de buscar seu autocontrole e sua racionalidade, no claro intuito de controlar suas emoções, não consegue por que todos nós sabemos que se tratam de sentimentos fortes, que fazem parte dela, que gozam de alguma autonomia impossíveis de serem controlados durante todo o tempo, como aliás, observa Dodds em artigo em que cita esta passagem. E para complicar a leitura e entendimento do que Eurípides nos apresenta, mediante a caracterização de seus personagens, estou diante de um mestre, de um gênio, conhecedor profundo da alma humana, que postula e representa em sua obra, que de fato a existência humana é pessoal, singular, cada um com seus mistérios, sujeitos a oscilações de pensamentos e desejos, de reações imprevistas diante das situações, de proliferação de pontos de vista e de descontroles emocionais, que nada tem a ver com o exercício da razão ou da racionalidade como tal, obrigando-nos, igualmente, a ter um olhar diferenciado sobre estas coisas.

Bem, voltando ao tema, Fedra em sua digressão sobre o que arruína a vida dos mortais dá, o que seria sua opinião pessoal:

> E parece-me que praticam o mal, não por natural propensão de seu espírito, pois, em muitos existe o bom senso; mas devemos considerar o seguinte: temos a noção e o discernimento do bem, mas não o praticamos, uns, por preguiça, outros, porque antepõem ao bem qualquer prazer.[224]

Deixemos de lado por enquanto a relação dos prazeres, objeto que é de intensas discussões, especialmente quanto ao vocábulo *aidós*. Em primeiro lugar, na contramão de diversos analistas, dentre os quais o próprio Dodds, considero que esta afirmação de Fedra não se assemelha a de Medeia sobre a mesma questão com algumas diferenças significativas, particularmente por se tratar de pessoas com formações bem distintas. Medeia afirma que vai cometer um ato que ela sabe que é de uma maldade extrema, uma monstruosidade, mas ainda assim o fará devido ao sentimento de vingança contra Jasão. Fedra, por outro lado, considera que apesar de termos a noção de bem não o praticamos devido a fatores externos triviais, preguiça, prazeres, talvez falta de tempo, reduzindo a prática do bem a algo completamente secundário e descartável, revelando uma ausência de caráter preocupante e de ser uma pessoa vulnerável, que se encontra à mercê das coisas da vida, inclusive de uma paixão surgida, possivelmente por algo trivial. A relação dos prazeres é de um estranhamento digna de nota, e só faz confirmar nossa primeira impressão; conversações, ócio e as duas vergonhas (*aidós*), desde que em princípio não atinja o *oikos* da família. A seguir, em uma passagem praticamente ignorada por todos, Fedra faz uma estranha afirmação que complica ainda mais nosso entendimento sobre esta passagem, pois dá a entender uma importância insuspeitada por sua declaração, que tanto pode se referir a tudo que havia falado, ou o que é mais provável refere-se a listagem dos prazeres, especialmente o duplo *aidós*. Entretanto, nesta fala Fedra introduz a questão do *pharmakon* como algo quase premonitório em termos de resistir aos embates do Eros, já que mais adiante a ama vai sugerir sua aplicação: "Desde que me parece haver pensado assim, não há droga capaz de eliminá-lo, de modo a pensar diferente."

Nesta mesma linha Fedra apresenta o caminho no qual sua mente moveu-se diante do ataque de Cípris, que igualmente, a meu ver reflete, um grande estranhamento compartilhado de forma brilhante por comentário de Trajano, que vale a pena aqui reproduzir:

> Registro, de passagem, o arcabouço retórico no qual os versos 391-402 são proferidos, uma paródia da exposição tópica da argumentação analítica.

---

224 EURÍPIDES, 1997, p. 37.

Fedra relata o "percurso do pensamento". Divide-o em três argumentos, antecipados, depois do inicial, com as palavras "segundo" e "terceiro". O registro objetivo surpreende quando lemos, depois da insuficiência dos dois argumentos iniciais, o conteúdo do terceiro (401): "[...] pareceu-me razoável me matar." O suicídio não é ditado pelo descontrole irracional, mas por dedução lógica: "[...] considerando a conjuntura em que estou imersa, prejudicial à minha reputação, depois de analisar as opções, cheguei à conclusão, que o mais adequado para mim será cometer o suicídio". Eis uma reflexão que jamais seria apresentada no palco por Jocasta, Ismena ou Dejanira.[225]

Trajano comenta que este tipo de estranheza deve-se a um traço específico do autor mediante o deslocamento de procedimentos argumentativos e de noções filosóficas para situações – muito especiais e particulares –, em que esperaríamos outra abordagem. De qualquer forma, o autor por meio destas inserções nos diz muito sobre a personalidade da personagem, pois demonstra claramente um desequilíbrio no tocante ao seu domínio da razão e dos sentimentos, ou das emoções, não sendo assim suficiente uma formação moral e intelectual adequada, tampouco bom senso ou boas intenções quando estão em jogo situações estressantes envolvendo erros, falhas e *aidós* entendida como consciência moral na linha de Mondolvo. Caberia aqui fazer uma reflexão mais profunda sobre esta questão ao confrontar o que parece ser o pensamento de Eurípides com o do sofista Protágoras, porém deixarei para o final de nossa análise.

Fedra, após discorrer sobre o percurso de sua mente toca no ponto mais sensível de sua conduta, que a levou ao discurso abandonando a hipótese de morrer em silêncio, que como ela mesma diz seria um isolamento difícil de suportar a "ευκλεια" (*eùkleia*, reputação): "Nem o que houver de belo em mim se oculte, nem muitos presenciem os gestos vis!"[226] Curiosamente em sua evasiva descrição do percurso de sua mente ela esquece conscientemente este ponto da mais alta relevância, pois diante de sua situação real, da impossibilidade de vencer Cípris, e da decisão tomada de morrer esta terá que ocorrer de forma nobre, sem se render a paixão garantindo de qualquer forma sua reputação. Até o momento complementando o que disse lá trás, Afrodite não havia garantido seu objetivo de liquidar Hipólito, apesar de seu esforço durante anos e anos, e da tragédia de Fedra levando-a a optar pela

---

225 EURÍPIDES, 2015b, p. 149.

226 EURÍPIDES, 2015b, p. 51.

morte, sendo portanto decisivos a ama com seu discurso racional que ela em seguida faz, e a arrogância de um dirigente ateniense, como a de Teseu, de não se dar um tempo para refletir sobre o assunto, pedindo ajuda a Poseidon. Entretanto, a questão mais importante aqui é verificar o papel de Fedra neste encaminhamento, pois mesmo Afrodite com seus poderes não teria como agir sobre os dois personagens fundamentais para a execução de seu plano a ama e Teseu, dependendo assim da postura de Fedra.

Fedra termina o discurso repreendendo as mulheres adúlteras, as falsas, as sem juízo, que não praticam a justiça, que não procuram ver seus defeitos, olhando-se como se fossem perfeitas deixando claro que ela é justamente o oposto delas, sentindo-se confiante na preservação de sua reputação. Entretanto, a partir deste ponto ocorre uma fundamental inflexão na tragédia, e isto se deve novamente à ama. Aquele clima de intimidade entre Fedra, a ama e o Coro termina, e com ele também termina a fantasia, a fábula, o mundo irreal em que estavam metidas, de digressões intelectuais e de valores ociosos para caírem de vez na realidade dos fatos, no mundo real que surge graças à fala da ama. Esta que havia participado das primeiras conversas sucumbe à descoberta do problema de Fedra, quer morrer e opta pelo silêncio por conta de seu desespero, mas agora decide intervir novamente mediante uma fala emblemática, como bem coloca Knox:

> [...] seu discurso agora é o produto do bom senso, "gnome". *É discurso nos dois sentidos da palavra grega, discurso e razão; a nutriz aqui representa a aplicação da razão humana a um problema humano. A "razão" por trás das falas da nutriz está despida de qualquer moralidade ou religião, embora ela use os termos de ambas.*[227]

Termina afirmando que o discurso é uma obra prima da retórica sofista, devido certamente a flexibilidade e relativismo com que enfrenta a questão, porém complementaria dizendo que o mesmo também se enquadra perfeitamente nos ensaios de retórica aristotélicos com seu caráter particularmente voltado para a persuasão. De qualquer forma, a ama pretende com seu discurso apresentar a realidade à Fedra, inicialmente por meio de argumentos tradicionais gregos, a partir de Hesíodo com ênfase na figura da deusa Afrodite, envolvendo deuses e mortais, e em seguida emitindo conselhos e recomendações derivados da vida prática, da vida dos comuns, contra a moral aristocrática e eli-

---

227 KNOX *apud* EURÍPIDES, 2010b, 176-177.

tista, de valores ultrapassados como a reputação, orgulho, altivez, dos quais Fedra representa e finaliza com Fedra renunciando ao controle de suas ações, entregue como criança nas mãos de sua velha ama.

Ela inicia este seu discurso totalmente revolucionário e inédito para os ouvidos dos atenienses presentes ao teatro de Dioniso, afirmando que teve medo da desgraça de Fedra, reagindo com insensatez, mas que se deu conta de algo bem importante: "O pensamento mais agudo é o que sucede, dama, o anterior [...]",[228] ou "[...] entre os mortais, pensamentos segundos são mais sábios."[229] Eurípides aqui coloca de forma simples, direta e singular um dos pilares do pensamento sofístico, particularmente os argumentos duplos de Protágoras, marcando o caráter relativista do discurso com ênfase na atitude da ama de persuadir Fedra desistir de morrer, aconselhando-a agir de conformidade com o seu desejo, mediante um raciocínio simples: *amar não é algo extraordinário, não é algo censurável, todos amam, inclusive os deuses, as vezes com sucesso, as vezes não, e nem por isto, as pessoas e deuses, se constrangem em seguir com suas vidas normalmente.* Assim, pergunta ela a Fedra:

> Amas. O que tem isto de extraordinário? O mesmo acontece a muitos mortais. E por causa do amor, queres a vida destruir? Nenhuma vantagem, haveria, para aqueles, que agora amam, alguém que lhes está próximo ou venham a amar no futuro, se forçoso lhes fosse morrer.[230]

Ela revela grande sabedoria nesta argumentação, partindo da visão cosmogônica de Hesíodo, se utilizando de lendas míticas dos efeitos de "Eros" sobre os deuses e os mortais, e por paradoxal que pareça recorrendo a Cípris, em sua essência erótica para atingir seu objetivo de convencer Fedra:

> Irresistível é Cípris, quando irrompe impetuosa. Aborda com doçura o que se lhe submete, mas quando encontra alguém altivo e orgulhoso, domina-o. Como julgas que o trata? De ultrajes o cumula. Pela etérea região vagueia Cípris, na onda marinha encontra-se e tudo nela tem a sua origem. O amor, de que todos os que habitamos a Terra proviemos, semeia-o e outorga-o ela.[231]

---

228 EURÍPIDES, 2015b, 53. (grifo meu)

229 EURÍPIDES, 2010b, p. 51.

230 EURÍPIDES, 1997, p. 39.

231 EURÍPIDES, 1997, p. 39.

A argumentação da ama com relação à deusa, além de ser bastante razoável, está calcada na tradição grega da relação entre os mortais e os deuses, de aceitação da condição humana, além de colocar ênfase na própria atitude de Fedra de resistência como um dos fatores que a levaram a esta situação. Ela já havia admitido

> [...] que o mal de Fedra é um mal divino, "θεηλατος" (teélatos), inspirado pela onipotente e onipresente Cípris, uma deusa cujo poder nada, nem ninguém pode ignorar, e que não convém de modo algum enfrentar.[232]

Apresenta neste sentido argumentos de que a deusa com seu caráter violento submete o próprio Zeus, e que a par desta sua faceta ela participa de que tudo que é gerado no mundo, levando com sua retórica de sabedoria como qualifica Gregory[233] a colocar uma questão da mais alta importância no verso 461, de que todo este poder de Cípris sobre os deuses e homens deve ser acatado, por se tratar de um *nomos*, uma lei, costume, tradição, na vida grega, e quem resiste as paixões, ou que se esforça demais, estaria incorrendo no pecado da *hybris*, uma pretensão humana que contraria o mundo divino. Segue nesta linha de argumentação envolvendo agora a cumplicidade familiar diante dos infortúnios, refutando argumento anterior, da própria Fedra, *de que o adultério seria uma falta típica das mulheres, levando-a, a abandonar qualquer restrição moral e ética*, ao afirmar que "ocultar o que não é belo, é próprio dos homens sensatos",[234] envolvendo pais, e filhos neste tipo de procedimento, finalizando, esta parte argumentativa do discurso, *da inutilidade e impossibilidade, que são para os mortais procurar a excessiva perfeição*. Daqui para frente o jogo da ama é mais pesado, com questionamentos e conselhos práticos e ambíguos, visando constranger Fedra a praticar o adultério.

Vamos citar alguns destes, seguindo a tradução de Bernardina Souza:

> E tu, depois de mergulhares em tal desgraça, como pensas em escapar a nado"(v.470); "Põe termo aos maus pensamentos querida filha, põe termo à insolência, pois nada mais é que insolência o querer ser superior aos deuses"(v.473-475); "Coragem; ama! ..., um deus assim o quis' (v. 476-477); "Se estás doente, procura teu mal sanar" (v. 477);" Há palavras e encantamentos: algum remédio surgirá para a tua enfermidade" (v. 478).[235]

---

232 GAMBON, 2009, p. 136.

233 GREGORY *apud* GAMBON, 2009, p. 67.

234 EURÍPIDES, 1997, p. 39.

235 EURÍPIDES, 1997, p. 40.

A ama sonda o terreno a fim de ver a reação de Fedra à sua clara proposta, e esta ainda reage criticando os discursos excessivamente belos, que não a ajudam. E a ama perde todos os escrúpulos e fala abertamente e com violência:

> Para que estas palavras elevadas? Não é de discursos bem arquitetados que precisas, mas desse homem: é necessário, sem demora, ver claro, falando-lhe francamente acerca de ti.[236]

Fedra desesperada apela para o silêncio, porém a ama segue e complementa, falando agora da própria ação de adultério, verbalizando os desejos reprimidos de Fedra: "Mais vale a ação, se agindo te salvas, do que o bom nome pelo qual consideras gloria morrer."[237] Fedra capitula diante dos argumentos da ama de que o mal é algo bom, se encaminhando para a destruição: "Não, não prossigas! O meu coração já está preparado pelo desejo e, se o que é vergonhoso com belas palavras máscaras, por aquilo que fujo agora me deixarei destruir."[238] Fedra se entrega totalmente a ama, e esta prepara o roteiro final pleno de ambiguidades, voltando a propor a utilização do *pharmakon*, com seu caráter duplo de remédio e droga, fato este que aumenta ainda mais a dependência de Fedra em relação a ela, por seu desconhecimento sobre o assunto e por sua incapacidade de lutar contra sua utilização, a qual, devido a seu caráter equívoco, tanto pode servir de alívio para Fedra em suas possibilidade de se aproximar de Hipólito como mais provavelmente a eliminação de seu desejo pelo enteado. A ama nada esclarece sobre isto, mantém o mistério, deixando no ar quais serão na realidade seus próximos passos, que a esta altura, contam, sejam eles quais forem, com a passiva aceitação de Fedra.

O alcance e profundidade do discurso da ama e deste diálogo final com Fedra, é de complexa avaliação, pois são várias as questões levantadas pelo poeta, e todas colocadas de uma forma ambígua pelas personagens, tanto Fedra quanto a ama tornando-as mais enigmáticas. Parece claro que a ama, com este discurso, tem como único objetivo tentar salvar a senhora da morte, que devido à fidelidade a seus valores pessoais, e de classe por sua própria decisão, considerou a morte a única saída existente para a situação, e, agora, na verdade se constitui no que a ama chama constantemente de enfermidade, diferentemente da

---

236 EURÍPIDES, 1997, p. 40.

237 EURÍPIDES, 1997, p. 40.

238 EURÍPIDES, 1997, p. 41.

situação anterior, onde Fedra estava morrendo por inanição, e a ama acabou descobrindo que sua enfermidade tinha o nome de Hipólito. Duas falas da ama comprovam bem esta afirmação:

> Se tais não fossem as vicissitudes da tua vida e mantivesse o domínio de ti mesma, *jamais, para te facilitar eróticos prazeres, te levaria a este ponto; mas o momento é grave: trata-se de salvar tua vida, e nada de censurável existe nisso.*[239]

E a segunda, quando a ama fala claramente quanto a concretizar o adultério, conforme vimos anteriormente nos versos 501 e 502.

A ama utilizou todos os argumentos e recursos retóricos possíveis para lhe dizer que amar uma pessoa, por mais complicado que fosse, não era razão suficiente para morrer, especialmente para manter sua reputação, mas para Fedra isto significava vencer o mal, não concretizando seu desejo, e obtendo um derivativo do bem, a glória, mediante sua morte. A ama argumenta inicialmente que ela está buscando uma perfeição inexistente e inútil, já que os próprios deuses têm problemas semelhantes, porém isto não abala a decisão de Fedra de morrer. Posso pensar que talvez Fedra estivesse sendo a mais realista possível, pois caso ela vivesse iria praticar o mal de qualquer forma, pois esta já era uma posição assumida e inevitável, sabendo ela de todas as consequências para a família, para o *oikos* de Teseu, e ainda correndo o risco de se ver rejeitada por Hipólito, e é claro com tudo o que adviria disto. Ela ao morrer tem consciência de que não venceu o mal, algo que ela considera impossível de conseguir, e ainda tem a possibilidade real de ser reconhecida e glorificada. E justamente aqui entra a questão do *pharmakon*, que de acordo com a ama envolve um clima de magia e de feitiçaria, e que não se restringe apenas a uma droga identificada, mas também ao que nós chamamos "simpatia", alguma coisa da pessoa desejada, e algo que o poeta, através da ama, chama atenção desde o verso 478, que são as palavras, o discurso, os argumentos. Ela coloca explicitamente "encantamentos e palavras mágicas", associados ao "remédio para a enfermidade", referência que Eurípides faz a linguagem utilizada pelo sofista Górgias em seu *Encomio a Helena*, construído como uma apologia ao adultério, no qual ele afirma e reafirma a capacidade do *logos* de criar opiniões razoáveis e plausíveis, visando seduzir, convencer, enfim, persuadir o ouvinte, mediante palavras mágicas que o enfeitiçam.

---

239 EURÍPIDES, 1997, p. 40. (grifo meu)

A ama atende as reclamações de Fedra, de não exercer mais pressão sobre ela para seguir os impulsos de seu Eros, porém, volta a colocar a questão do *pharmakon*, agora, de uma forma pensada e planejada, recorrendo inicialmente a palavra *charis*, que significa muito para os gregos como um dom, um favor, mas aqui um encanto, sugerindo, por um lado um produto concreto que acaba de lhe ocorrer, que está em sua casa, que porá fim a sua enfermidade, se esta não for covarde – palavra totalmente ambígua, podendo significar várias coisas –, deixando Fedra meio atônita e insegura sobre o que pensar, mas certamente querendo entender que ela não necessitará morrer. Porém, por outro lado, a ama aposta tudo na ambiguidade: das palavras, dos valores, dos poderes do *pharmakon*, curativos ou destrutivos da natureza do produto, se unguento ou bebida, de como será ele utilizado com que objetivos quando e quais os passos a serem dados, e, claro, o que será feito ou não em relação à Hipólito. Para fazer a ponte com este, e aumentar bastante mais a ambiguidade, a ama diz que é necessário obter um sinal da pessoa amada como uma madeixa de cabelo, ou um fio de sua túnica para fundi-los em um só encanto, algo novamente ambíguo.

A tragédia de Fedra caminha para seu desenlace com o poeta recorrendo novamente para sua deusa preferida, a deusa Ananke, pois agora ocorrem erros de avaliação fundamentais por parte de Fedra e da ama, que fazem com que as coisas tenham que acontecer desta forma. Fedra, como dissemos, entrega-se totalmente a ama sem saber exatamente o que ela fará respeito ao *pharmakon*, porém confia nela, considerando sua *philia* de que nada de mal lhe proporcionará. Neste sentido, ela apesar de seus receios jamais poderia imaginar que a ama fosse capaz de se dirigir diretamente a Hipólito, e lhe contasse acerca da paixão que ela nutria por ele, independente do plano objetivo que a ama lhe levou, incluindo, ou não o uso do *pharmakon*. A atitude da serva de agir diretamente, falando em nome dela com uma terceira pessoa, fugia totalmente aos padrões atenienses dos papéis e funções dos serviçais que atendiam aos senhores do *oikos*, normalmente escravos denotando uma arrogância pessoal sem limites, e uma liberalidade por parte de Fedra, que não cumpriu suas funções de senhora da casa ao não lhe impor limites claros, justificando assim as naturais reações e imprecações de Hipólito neste sentido. Fica evidente que Fedra não somente ficou entregue a ama neste final, mas também que a paixão por Hipólito, tornou-se a sua própria razão de viver, independente de seus pensamentos e ações tendo ela omitido todas suas demais responsabilidades, perante o marido, os filhos e a casa, ajudando-a, neste sentido a cumprir com sua desgraça.

Por outro lado, a ama não apenas teve a arrogância de procurar diretamente a Hipólito, como cometeu uma arrogância ainda maior, qual seja a de considerar que com ajuda de Cípris solicitada por ela, seria capaz de convencer Hipólito a aceitar a situação criada pela paixão de Fedra, seja por nutrir o mesmo sentimento por ela, algo impensável, seja por considerar o ocorrido como sendo uma coisa sem maiores consequências na sua vida, que não alteraria em nada seu pacato universo, dedicado a Ártemis, mas para isto ele teria que ser outra pessoa, confiante em sua própria situação e não um *nothos*, de marginalidade explícita, principalmente aos olhos de seu pai. Desta forma ambos, Fedra e Hipólito, devidos as suas naturezas e as condições concretas de suas vidas, foram levadas à tragédia, a primeira por ter internamente um elemento potencialmente desastroso em sua natureza, que a levou a uma paixão ilícita, e a se colocar nas mãos de "outro", sua velha ama; e o segundo, por se considerar protegido de tudo e de todos, em um mundo idílico, que ao ser colocado em cheque por mulheres foi arrastado por sua marginalidade, com a concordância de seu pai, tendo sido ao final reconhecido e perenizado por Ártemis, com o ritual das jovens adolescentes.

Infelizmente, devido aos meus propósitos, inexistem condições de continuar analisando em detalhes o restante da peça, particularmente quanto à tragédia do personagem Hipólito, que se inicia com a intrusão em seu mundo pela ama para viabilizar a aplicação do *pharmakon* para Fedra, trazendo para ele outro mundo feminino, distinto do constituído por sua mãe e pela deusa Ártemis, ao qual ele reage violentamente e de forma claramente misógina, contra as mulheres e contra o matrimonio. Após esta reação, com a decisão de Fedra de tentar manter sua reputação a qualquer preço, se matando, porém deixando bilhete incriminador contra ele, gerando o conflito com seu pai Teseu, no qual ficam patentes sua marginalidade e a dissociação entre os mundos paterno e filial, para finalmente levar a sua morte sem antes ocorrer a intervenção de Ártemis para recolocar a verdade dos fatos para conhecimento de Teseu, e ao evitar males piores, promover o emocionante encontro do pai com o filho, a perenização da figura de Hipólito, e por que não o amor incondicional de Fedra por ele.

Hipólito é sem dúvida um dos maiores tratados existentes sobre a precariedade da condição humana sob todos os aspectos, mas que, por outro lado mostra que os mortais ao superar seus problemas e desafios, atingem cumes impossíveis de serem alcançados pelos imortais, tudo isto captado mediante o olhar de um poeta grego e ateniense do século V, que devido a sua beleza inventiva e profundidade reverbera em nossas mentes até hoje. O principal desafio que atinge os mortais, seguindo de perto Eurípides neste Hipólito, é a questão da relação com os deuses, pois fica claro nesta peça, que independente de determinadas posições a ele atribuídas, aquela questão está no cerne de seus pensamentos, reflexões e obras literárias, pois somente tendo presente o divino, ele consegue discutir a razão da presença dos mortais neste mundo. Eurípides neste ponto descarta duas posições idealistas: a primeira de que os deuses são bons e justos, e que estão sempre presentes na vida dos homens, e por outro lado, que os homens mesmo tendo adquirido as virtudes não praticam de forma sistemática o bem, existindo ocasiões em que mesmo sabendo fazê-lo, optam pelo mal, e aqui deriva como consequência, algo que Eurípides também rejeita, que encontra-se implícito nos mitos e lendas antigas, a possibilidade do homem por seus atos virtuosos ascender à condição de imortal. Assim nos é mostrado em Hipólito que os deuses são profundamente injustos, pois tanto Hipólito, quanto Fedra e Teseu são atingidos por desgraças originárias de atitudes de uma deusa, sendo ela a única responsável direta, apesar dos erros e deficiências humanas de cada um dos personagens, e que, mesmo no caso de uma aproximação espiritual intensa e profunda entre um mortal e uma deusa, como no caso de Hipólito com Ártemis, ele obteve nada mais que o silêncio e o distanciamento final, em algo que ele estava sendo punido sem nenhuma culpa, tendo obtido como compensação uma glória futura que nunca desejou.

Do ponto de vista filosófico, e levando-se em conta as discussões existentes à época, Eurípides, por paradoxal que pareça, devido a ênfase na ambiguidade da linguagem e do pensamento utilizada por ele em seus personagens, desmonta grande parte da acirrada controvérsia básica entre *physis* e *nomos*, mostrando que pessoas que privilegiam suas naturezas, ou pessoas de formação mais apurada com seu *logos* ou com sua *sophrosyne*, apesar de serem pessoas decentes, como aliás são todas as personagens de Hipólito ao atuarem e decidirem nas questões por eles enfrentadas, em grande parte das vezes praticam o mal ao invés do bem, se mostram distintos do que aparentavam ser, agem contrariamente ao que dizem aos outros em seus discursos, ora sendo racionais em suas decisões ora colocando seus sentimentos, de uma forma geral em primeiro plano evidenciando uma complexidade, bem longe de padrões, estereótipos, regras, normas e conceitos absolutos. Pode parecer que estamos aqui defendendo uma tese, que em princípio aproxima o poeta dos sofistas com sua relatividade, apostando no "homem como medida das coisas", porém o pensamento explícito de Eurípides em suas peças, especialmente Hipólito, vai numa direção muito mais radical em termos das possibilidades de comportamentos humanos, que não se restringem as suas naturezas, nem ao aprendizado das virtudes, afirmando que estas coisas não são suficientes para garantir a prática do bem, do verdadeiro e muito menos capazes de avaliar a realidade em que vivem. Neste sentido, Eurípides esboça uma crítica em Hipólito ao próprio mito de Protágoras, na intervenção final de Zeus, através de Hermes, de distribuir *diké* e *aidós*, a todos os mortais como a única solução para que eles pudessem viver em sociedade, em conjunto, sem se destruírem, considerando, portanto, aquelas como virtudes indispensáveis a vida humana. Fedra em sua apologia coloca sem muitas explicações, *aidós*, em sua relação de prazeres que levaria os mortais a não praticar o bem, acrescentando ainda a existência de duas formas de *aidós*, uma não sendo má e a outra um flagelo para as casas. As imensas controvérsias sobre o assunto não chegam a esclarecer a questão, porém a acreditar no poeta, até mesmo este sentimento pode se transformar para alguns em fonte de prazer, no caso de Fedra, em uma tentação silenciosa e murmurante dada sua particular situação, porém o que é certo para Eurípides é que a distribuição de Hermes, a mando do grande Zeus, não garante necessariamente a convivência pacífica entre os mortais, pois eles vão continuar a se destruírem, por uma série de razões mostradas ao longo de sua obra.

Do ponto de vista social e político, claro, aqui referido a Atenas em meados do século V, são mostradas na peça, várias condições que concorrem para aquela precariedade da condição humana. Para começar, uma grande ameaça pairava sobre os membros das famílias, dos *genos*, de uma forma geral quando a partir da era arcaica, devido a debilidade tanto da ordem divina quanto da nascente justiça humana, a família era obrigada a carregar indefinidamente os erros por acaso cometidos por membros de suas famílias, como inclusive cita Fedra, relativamente a sua condição específica de mãe: "Embora de coração intrépido, é escravo o homem que tiver consciência dos erros da mãe ou do pai."[240]

---

240 EURÍPIDES, 1997, p. 38.

O mesmo ocorria não no sentido punitivo, de uma clara e rígida definição da identidade familiar, social e política com seu acento marcante na origem dos varões atenienses que os diferenciavam de todos os outros homens, e de todas as demais pessoas que com ele se relacionavam fossem a nível familiar ou da *polis*. Assim, as figuras de *outridade* que conviviam com o *kyrios* no âmbito de cada *oikos*, como as mulheres, os filhos bastardos, as servas, as concubinas e os escravos, estavam sujeitos a uma série de limitações de atuações, de espaços físicos, de comportamentos sociais. Estes comportamentos, por um lado, moldaram a organização social e política da *polis*, facilitando a evolução cívica da cidade, mas por outro, com o passar do tempo pela própria evolução da sociedade ficou evidente a impossibilidade de manutenção de tal rigidez, diferenciação e discriminação, passando a ser fatores de instabilidade, de insegurança, de conflitos, de desgraças, que levavam muitas vezes a total disrupção dos *oikos*, outrora estáveis e seguros. Estes conflitos se constituíram em matéria prima para os poetas trágicos, em particular Eurípides, que neste caso de Hipólito, discute como vimos o desejo irrefreável de uma mulher por outro homem, sendo ela casada com o principal herói ateniense, e sendo este homem filho bastardo de seu marido, com uma Amazona, que se diferenciava dos outros homens por viver marginalizado do *oikos* paterno e da sociedade, vivendo em seu mundo materno.

As duas personagens principais, Fedra como mulher, e Hipólito como filho bastardo, apesar de suas origens adotam como padrões de comportamento, valores da ideologia dominante na *polis*, dos varões atenienses, mesmo em suas condições de "outros", buscando a primeira salvaguardar a casa, o marido, os filhos naturais e principalmente sua reputação, e Hipólito buscando devido a sua marginalidade viver da forma mais pura possível, sem poluições, praticando virtudes em um mundo distinto do paterno da *polis*, e descartando qualquer contato com mulheres, basicamente por sua falsidade, sua capacidade de engano, por nada valer e ser paga regiamente, enfim por ser um flagelo para os homens, na linha de Hesíodo e Simonides. Vidas difíceis, angustiadas, sofridas, diante das circunstâncias normais de uma existência sem controle, agravadas por suas condições marginais, lutando desesperadamente para a manutenção de valores estranhos a sua pessoa, e diante de toda a problemática levantada anteriormente quanto a natureza, formação, racionalidade, sentimentos, que ao cabo nada garantem, levando-os a todo tipo de oscilações diante da realidade, das demais pessoas e em determinadas situações de conflitos evidentes.

Eurípides, portanto, em suas peças trabalha com um mundo em transformação tanto no plano concreto da organização social e política, como na área de maior subjetividade dos pensamentos e dos valores do homem da época, que o leva a construir seus personagens de tal forma que reflitam esta mutante realidade, com suas incertezas, ambiguidades e contradições, às vezes colocando em discussão temas que os atingem diretamente para os quais não se alcança nenhum consenso definitivo, mas que influenciam a evolução da trama trágica. Em *Hipólito* existe a meu juízo, um tema, que permeia parcela importante da tragédia, particularmente na caracterização de seus personagens, aí incluídos os mortais e as deusas, que diz respeito à autenticidade ou falsidade, ao verdadeiro ou falso, das coisas, das pessoas, dos valores que elas defendem, de seus discursos, das linguagens que utilizam, da eficiência dos seus atos e até mesmo das relações entre elas. Abordamos, é evidente, várias destas questões ao longo de nossa análise, particularmente nas personagens Fedra e a ama, porém, isto é ainda mais evidente no discurso misógino de Hipólito e no caso emblemático da *philia* entre Teseu e Hipólito, no qual o pai não somente investe contra seu pretenso sentimento, mas também considera falsos a postura e os valores do filho. Assim, antes de sermos obrigados a encerrá-la, queria chamar atenção para este ponto específico devido às implicações que trazem para nossas reflexões, pois estas, naturalmente, foram apresentadas em relação a uma obra poética, no qual o próprio autor ressalta a ambiguidade de sua linguagem, afora todas as outras demonstradas por seus personagens, significando que, em primeiro lugar, não existe nenhuma possibilidade de enquadrar o poeta Eurípides em classificações arbitrárias, já que ele não se ajusta a nenhuma das correntes de pensamento da época distante, por exemplo tanto dos sofistas quanto dos socráticos, e em segundo lugar, nos obrigaria a ter uma leitura distinta de suas peças na qual uma postura dita racional, certamente não contribui para que pudéssemos sentir e usufruir na dimensão adequada as belas coisas que ele nos procurou apresentar.

HÉCUBA

A peça *Hécuba* foi apresentada no teatro de Dioniso para os atenienses em 424 a.C., aparentemente sem grandes repercussões, tendo sido considerada pelos analistas como uma das menos inspiradas obras do poeta. De acordo com Grube, citado por Maria de Fátima em seus ensaios sobre Eurípides,

> [...] a tragédia de Hécuba não requer da parte do leitor moderno um grande esforço de compreensão. O sofrimento pela morte dos filhos, os horrores da guerra e a sede de vingança são situações a que o nosso mundo está bem habituado.[241]

Maria de Fátima percebeu com clareza a dualidade desta afirmação, especialmente quanto ao lado positivo, pois, segundo ela, na verdade revela sua imensa vitalidade, que torna a mensagem de Eurípides uma referência eterna. Por outro lado, *Hécuba* ao longo do tempo passou por uma revisão crítica importante, a qual não somente a considerou uma das mais admiradas obras do poeta, sendo uma das mais representadas até hoje, como também constatou ser ela uma das mais agudas e complexas reflexões sobre os valores autenticamente gregos, solidariedade, hospitalidade, civilidade e liberdade. Além disso *Hécuba* estabelece uma ponte, uma conexão, ou se preferir uma interação entre o passado mítico e heroico do que ocorreu em Ílion, mediante as palavras de Homero, com a realidade ateniense do século V, com os horrores da Guerra do Peloponeso, guerra de gregos, guerra de irmãos, guerra de ex-aliados, que juntos enfrentaram as agressões persas. Isto tudo sem falar da criação de uma personagem tão emblemática, tão fascinante, tão humana como a da velha rainha troiana, de origem frigia, mulher de Príamo, com seus dezenove filhos, em sua condição de escrava dos aqueus, após a queda de sua Ilion querida, onde ela reinava. Vou apresentar como introdução o argumento de um autor desconhecido, citado por Gual em apresentação da tragédia Hécuba, cuja tradução do grego para o espanhol seguiremos, e de minha própria tradução para o português:

> Depois do sítio de Ilión, os gregos chegaram ao Quersoneso, que está em frente a Tróade. Aquiles, aparecido de noite, exigia como sacrifício uma das filhas de Príamo. Pois bem, os gregos tratando de honrar ao herói, sacrificaram a Polixena, arrebatando-a a Hécuba. Poliméstor, rei dos trácios, matou a Polidoro, um dos filhos de Príamo. Poliméstor o

---

241 GRUBE *apud* SOUSA E SILVA, 2005, p. 93.

havia recebido de parte de Príamo, como prenda de amizade junto com dinheiro. Tomada a cidade (Ilión), como queria ficar com o dinheiro, se dispôs a matá-lo e menosprezou a amizade na hora da desgraça. Atirado o corpo ao mar, a maré o deixou em frente as tendas das prisioneiras. Hécuba, ao contemplar o cadáver, o reconheceu. Depois de comunicar sua resolução a Agamenon, fez vir diante de si a Poliméstor com seus filhos, ocultando-lhe o ocorrido, para colocá-lo a par de tesouros existentes em Ilión. Quando se apresentaram, matou os filhos e o cegou-o. Falando diante dos gregos venceu a seu acusador. Se interpretou, na verdade, que ela não havia começado a crueldade, mas que havia se defendido de quem a começou.[242]

A peça é constituída por dois fatos específicos, que abalam a estrutura familiar do que restou do *genos* de Príamo, após a tomada de Troia pelos aqueus com a morte do rei, da maioria de seus filhos, particularmente Heitor e Páris, que então se encontrava sob a liderança da velha rainha Hécuba, mulher de Príamo, que enfrentava os sofrimentos decorrentes da guerra com o apoio das filhas Polixena, Cassandra, da mulher de Heitor, Andrômaca, e das escravas troianas. Eurípides com sua tradição de apresentar no prólogo um resumo das principais questões dramáticas da peça utiliza neste caso, o espectro de Polidoro, vindo da morada subterrânea dos mortos onde habita no Hades, anunciar os dois fatos terríveis: seu guardião trácio, Poliméstor, hospede de seu pai, ao constatar a queda de Ilión, o matou e jogou-o ao mar, para ficar com o dinheiro dado por Priamo para sua guarda, e que o filho de Peleu, Aquiles, morto em combate por Páris, em sua tumba, reclamou a morte de Polixena, em sacrifício por sua honra aos aqueus, que segundo o espectro não

---

242 No espanhol: "Después del sitio de Ilión, los griegos arribaron al Quersoneso que está enfrente de la Tróade. Aquiles, aparecido de noche, pedía como sacrificio una de las hijas de Príamo. Pues bien, los griegos, para honrar al héroe, sacrificaron a Políxena tras arrebatársela a Hécuba. Poliméstor, rey de los tracios, dio muerte a Polidoro, uno de los Priámidas. Lo había acogido Poliméstor de parte de Príamo en prenda de amistad junto con dinero. Una vez tomada la ciudad, queriendo retener su dinero, se dispuso a matarlo y menospreció una amistad *que estaba sufriendo desgracias*. Arrojado el cuerpo al mar, el oleaje lo echó fuera frente a las tiendas de las prisioneras. Hécuba, tras contemplar el cadáver, lo reconoció. Habiendo comunicado su proyecto a Agamenón, mandó llamar ante sí a Poliméstor con sus hijos, ocultándole lo ocurrido, como para informarle de unos tesoros [que había] en Ilión. Cuando se presentaron, mató a los hijos y a él le privó de la vista. Hablando ante los griegos venció a su acusador. Se interpretó, en efecto, que ella no había dado comienzo a la crueldad, sino que se había defendido de quien la comenzó." Cf.: EURÍPIDES, 1999, p. 3.

negarão este presente ao "amigo". A demanda de Polidoro é dirigida a sua mãe Hécuba: "Por isso agora, sobre a minha mãe, Hécuba eu volteio [...]",[243] aproveitando que ela "a infeliz", encontra-se em Quersoneso, na Trácia, vindo de Troia cativa dos gregos, levando-o a aparecer para ela, levado pela maré, de forma a ser enterrado condignamente como um grego, tendo assim um sepulcro.

Porém, neste prólogo Eurípides introduz dois outros elementos dramáticos, além dos dois fatos que permeiam toda a tragédia. Ao finalizar sua fala o espectro de Polidoro já se refere ao primeiro deles: a condição de escrava da rainha com todos os seus males, ao contrário de todos os bens que tivera anteriormente, aventando a hipótese de ter sido punida pelos deuses por tanta felicidade. E Eurípides continua o prólogo com uma monodia de Hécuba, de grande beleza, onde ela evidencia sua nova condição de escrava, demonstrando ainda que sonhos e visões noturnas lhe trouxeram de forma simbólica e vívida os dois terríveis fatos, relativos a seus filhos, apesar de seu apelo aos deuses ctônios, mas que ela terá que enfrentar com toda sua fragilidade atual, dependente das troianas até para se locomover:

> Filhas, conduzi a velha para diante da casa, conduzi, endireitando, *a que é escrava convosco, troianas, mas foi rainha no passado,* tomai, portai, escortai, erguei-me tomando minha velha mão. E eu, sobre tua mão um torto bastão, apoiando-me, acelerarei a marcha do pé pesado nas articulações- um após o outro.[244]

O segundo elemento dramático, que me parece da mais alta relevância, ao qual a maioria dos analistas sequer comentam, é sem dúvida a especificidade da casa de Príamo, os valores de *philia* e *charis* entre seus membros, a unidade familiar em torno dos pais, a forma de governar Ilíon envolvendo todos os troianos, em um modelo de excelência aristocrática, que os gregos haviam há muito perdido, podendo-se associar Príamo a tradicional figura do *anax* grego. Exemplos destes comportamentos na *Ilíada* são inúmeros, e sem entrar em detalhes basta mencionar, de um lado, a essência da atitude familiar troiana, quanto ao erro ou falha de um de seus membros, Páris, ao raptar Helena e causar os infortúnios da guerra, e de outro a atitude de Príamo indo sozinho à tenda de Aquiles, guiado por Hermes, solicitar a liberação do corpo de Heitor, mantido sem decomposição por Apolo, com hu-

---

243 SOUSA E SILVA, 2005, p. 96.

244 EURÍPIDES, 2004, p. 5.

mildade e súplica, ajoelhando-se diante dele e beijando a mão do guerreiro que havia matado seu querido filho Heitor, de molde a lhe dar um enterro digno, exigência de toda a família e de todos os troianos. Assim, aqui, quero dar uma ênfase especial ao fato que no prólogo, tanto na fala do espectro de Polidoro quanto na monodia de Hécuba, o amor filial, o amor materno alcançam uma relevância única com o uso sintomático dos possessivos, e com a preocupação verdadeira, carinhosa e amorosa de um com o outro, no qual identificamos um dos eixos fundamentais das reflexões do poeta nesta tragédia.

Eurípides, bem ao contrário de seus pares, Ésquilo e Sófocles, jamais glorificou a guerra, considerando-a uma geradora de sofrimentos tanto para os vencidos como para os vencedores, tendo sido um ferrenho crítico deste instrumento comumente utilizado pelas cidades gregas, além de jamais ter elogiado o chamado comportamento heroico, ou o desejo patriótico de combater de forma contínua e permanente nos moldes da épica. Entretanto, não se deve caracterizar suas peças, nos termos que entendemos atualmente, que tratam desta questão como sendo pacifistas. Seu interesse primeiro pela questão vai muito além, preocupado que está com os efeitos e consequências das guerras sobre a vida dos homens e das mulheres, sobre seus valores básicos, particularmente associados aos conflitos, a justiça, a *philia* coletiva e pessoal, sobre seus sofrimentos desumanos, sobre seus comportamentos, e ainda sobre as consequências políticas e sociais destes processos, que parecem agir na direção de distorcer, inverter, perverter as bases sociais da comunidade, atingindo diretamente todos os atores sociais, participantes ou não dos conflitos propriamente ditos. Porém, e isto fica muito evidente em *Hécuba*, ele não considera que a guerra somente seja capaz de levar o homem a praticar o mal, a injustiça, o dolo aos amigos e parentes, colocando em evidência e em discussão o fato de que mesmo em tempos de paz, a natureza e a dignidade humanas e seu entorno são de tal complexidade, que os homens se comportam como se estivessem metaforicamente em "guerra permanente" consigo e com os outros, e aqui reconheço outro dos eixos de reflexões do poeta.

Finalmente, quanto a esta questão da guerra, é importante desde o início de minha análise deixar bem claro que Eurípides, ao situar a ação dramática em torno da guerra de Troia, não o fez pensando em valores míticos ou simbólicos, mas pensando na realidade concreta de um pós-guerra com seus principais personagens se movimentando, como bem disse Maria de Fátima Souza e Silva:

[...] naquela hora sombria em que o solo se cobre de cinzas, em que a mão dos guerreiros se abate, ferida de morte e em que se erguem, enérgicos, os gritos das vítimas, mulheres e crianças, agora o centro de um cenário de dor, cuja crueldade se mede pela desproporção entre o orgulho do vencedor e a desproteção total do vencido.[245]

E aqui toco em um importante ponto de nossa análise, pois não podemos esquecer que os mesmos padrões de comportamentos dos aqueus e dos danaos na Guerra de Troia estavam ocorrendo mais uma vez, em pleno século V, bem diante dos olhos de todos os atenienses, e igualmente de Eurípides, mediante o papel assumido por Atenas, ao exercer a "coordenação e liderança consentidas" na Liga de Delos que deu origem ao imperialismo ateniense. Este processo, que analisei anteriormente, contando com o pleno apoio dos cidadãos livres da cidade, acabou gerando as condições necessárias para o enfrentamento das duas maiores cidades gregas através da guerra do Peloponeso iniciada em 431 e terminada em 404 a.C. com a vitória dos lacedemônios.

O aumento do poderio naval de Atenas, a partir das políticas de Temístocles, seu papel fundamental nas guerras médicas, a liderança política, militar e econômica no mar Egeu mediante a Liga de Delos, e as necessidades de manutenção da unidade do império, foram, segundo alguns, as razões principais da guerra. Porém, o fato é que, contrariamente ao que ocorria internamente, onde o sistema político buscava aperfeiçoar a prática democrática, na qual prevalecia a ideia da liberdade pessoal, Atenas praticava a nível internacional, no âmbito da Liga, uma política agressiva, intervencionista e claramente restritiva da liberdade das pessoas, no sentido de atender aos seus requisitos de poder, dominação, controle e submissão das *poleis* dos estados aliados, mediante o uso extremado da força, levando a morte milhares de homens, e a escravidão de um número muito maior de mulheres e crianças daqueles estados "aliados". De outro lado, a guerra veio agravar ainda mais esta situação, especialmente a partir da morte de Péricles e a assunção de novos dirigentes, bastando para isto mencionar o episódio de Mitilene em Lesbos, em 428 a.C., com a ameaça de Cleon de matar todos os homens em nome de não demonstrar fraquezas no tratamento dos aliados revoltosos contra o domínio ateniense, que não se concretizou graças a Diôdotos que na Assembleia convenceu os atenienses da loucura que seria perpetrada, mas mesmo assim, o levou a matar mil homens, a condenar todas as mulheres e crianças à escravi-

---

245 SOUSA E SILVA, 2005, p. 94.

dão, e confiscar a maioria das propriedades dos mitilênios. Por outro lado, as consequências bárbaras da guerra começaram a ser sentidas, e isto é patente na guerra civil em Corcira, com os conflitos entre a aristocracia, o *demos* e entre os partidários de Atenas e de Esparta, onde o comportamento das pessoas decaiu ao nível de bestas sanguinárias, levando o próprio Tucídides a proferir julgamentos da condição humana, que até hoje são terríveis e assustadores, muito embora realistas diante dos fatos lá ocorridos. Eurípides, como um ateniense que frequentava os altos escalões do estado, e com sua reconhecida sensibilidade a estas questões, não poderia estar alheio a esta problemática, que nos casos citados foram anteriores as peças do ciclo troiano, inclusive *Hécuba*, e certamente deve tê-lo influenciado em sua decisão de representar os sofrimentos pessoais e sociais em decorrência das guerras.

Da mesma forma que fiz a análise das peças anteriores, vou procurar situar o leitor nas lendas e mitos que sustentam *Hécuba*, já que Eurípides sempre trabalha com um recorte definido nelas, além da alterá-las no intuito de montar o enredo trágico. A ação da peça se passa logo após a queda de Tróia, na qual os gregos iniciam seu retorno aos seus diversos estados de origem, portanto, em termos de fontes literárias, trata-se de um episódio posterior aos cobertos por Homero, na *Ilíada*, que termina com o enterro do herói Heitor pelos troianos. Entretanto, Hécuba é perfeitamente caracterizada por Homero na *Ilíada*, da mesma forma que Eurípides, como uma mulher profundamente devotada a todos os filhos, especialmente por razões óbvias, em se tratando de Heitor, diante do seu papel na defesa de Ilión, dos seguidos embates dele com os guerreiros gregos, e do seu inevitável enfrentamento com Aquiles – Canto XXII. Hécuba, diante deste fato, o trata como se ele ainda fosse a sua criança:

> Heitor, meu filho, respeita este peito e compadece-te de mim se alguma vez te apaziguei dando-te o peito para mamares. Lembra-te disto, querido filho e repulsa aquele inimigo do lado de cá da muralha: não te ponhas aí para o enfrentar. Pois ele é duro e cruel; e se ele te matar, nunca eu te porei num leito para te chorar, ó rebento amado! que dei à luz, nem tua mulher prendada.[246]

Existem algumas informações e referências na *Odisseia* que dizem respeito aos acontecimentos de *Hécuba*, justamente na parte inicial do poema denominada "Telemaquia", onde Telemaco, filho de Ulisses, com ajuda de Atena, disfarçada de Mentor, amigo de Ulisses procura

---

246 HOMERO, 2013, p. 601.

saber o que havia ocorrido com o pai mediante conversas com Nestor de Gerenia, rei de Pilos – Canto II –, e depois com Helena e Menelau em Esparta – Canto III. As informações buscadas por Telemaco sobre Ulisses eram importantes para o filho, que estava com enormes dificuldades em casa, em Ítaca, devido aos pretendentes a mão de sua mãe Penélope, que resistia em aceitar a morte do marido, ainda aguardando sua volta, causando por um lado a dilapidação do patrimônio de Ulisses, pois comiam e bebiam todos os dias à espera da decisão de Penélope, e por outro, desrespeitavam seguidamente a Telemaco, que era o chefe do *genos* na ausência do pai. As informações prestadas pelos procurados, na realidade ajudaram pouco a Telemaco, porém, mantiveram sua esperança de rever o pai, e pessoalmente, o ajudaram na transição de adolescente para a idade adulta, ao assumir novas responsabilidades, se apresentando ao mundo externo a Ítaca.

Portanto, relativamente ao drama de *Hécuba*, existem na *Odisseia*, alguns fatos que nos ajudam a entender o contexto no qual a peça foi desenvolvida. O primeiro, mediante fala de Nestor ao se referir à dificuldade de retorno dos chefes argivos, deixando claro que Zeus, mas principalmente Atena, a deusa de olhos garços, como Homero a ela se referia, se encontravam descontentes e furiosos com os gregos pelas atrocidades cometidas, que não haviam sido sensatos e justos, em sua atitude com os vencidos, planejando um amargo regresso para a maioria deles. As lendas transmitidas sobre os acontecimentos pós-morte de Heitor, de outros autores que não Homero, no caso específico da queda de Troia confirmam a barbárie e violência dos gregos ao matar todos os homens adultos, os meninos e os anciãos de Ilión, com espadas, espetos de churrasco e machados, violentando e tornando-as prisioneiras e escravas as mulheres que ainda restavam, que não haviam se suicidado com seus filhos, destruindo as casas, os templos e o palácio de Príamo, transformando a cidade em um enorme braseiro a céu aberto. Existe, porém, um episódio que deixou Atena particularmente possessa que foi o fato de que Cassandra, filha de Hécuba, ter sido violentada, diante do altar da deusa em um templo a ela dedicada, por um soldado grego denominado de Ajax, o pequeno, posteriormente morto pelo próprio Poseidon. Estes dois fatos, o massacre dos gregos em Ilión e as dificuldades de seus retornos à pátria, devido a Zeus e Atena, marcam de forma indelével o clima e o contexto de Hécuba.

Outra das referências da *Odisseia* diz respeito a uma fala de Helena para Telemaco, sobre o fato de que ela havia reconhecido Ulisses, quando ele entrou clandestinamente em Ilión, disfarçado de mendigo para obter informações, e certamente para tentar descobrir a localização correta do paládio – estátua – de Atena na cidade. Helena atendeu-o e manteve silêncio quanto a este fato junto aos troianos. Eurípides aproveitou este episódio acrescentando que Helena informou a Hécuba a presença do herói, e que esta salvou sua vida mediante um pedido de súplica dele, no sentido de manter silencio e discrição, não informando aos troianos. Esta questão vai ser tratada quando examinarmos o *agon* de Hécuba com Ulisses na peça, pois, apesar de não ter sido relatada por Homero, não é totalmente inverossímil e poderia ter acontecido, pois Hécuba apesar de não gostar de Helena, era seu principal suporte em Ilión. Finalmente, existe um episódio bem controverso ao final da guerra, relatado por diversos autores que igualmente jogam alguma luz ao nosso entendimento da peça, que é a morte de Aquiles e a participação de Polixena no episódio. Seguiremos aqui, o excelente livro *Troia: o romance de uma guerra*, de Claudio Moreno,[247] tentando resumir o episódio. Após a morte de Heitor e o entendimento entre Príamo e Aquiles quanto ao resgate do corpo de Heitor, as coisas se anuviaram nas relações entre aqueus e troianos devido ao respeito e admiração que haviam sido criados entre eles. O enterro de Heitor pode então ser realizado fora dos portões da cidade para todos presenciarem, e foi nesta ocasião que Aquiles, vagando por ali, avistou Polixena e imediatamente se apaixonou, recordando ainda palavras de sua mãe Tétis no sentido, de que era chagada a hora dele se casar.

Propôs a Príamo o fim da guerra desde que ele se casasse com Polixena e que os troianos devolvessem Helena para Menelau. Príamo recebeu com agrado a hipótese do casamento de Polixena com o herói, porém nada podia fazer quanto à Helena, pois dependia de Páris, mas isto, segundo ele, não impediria o fim da guerra. Esta era a resposta de Príamo ao mensageiro enviado por Aquiles, porém este não sabia que o deus Apolo estava agindo, no sentido de ele cumprir seu destino, sua *moira*, de morrer jovem em plena glória vaticinada por Tétis, sua mãe e uma das deusas mais sábias do panteão grego. Apolo havia colocado de forma definitiva Polixena na cabeça de Aquiles, sussurrando seu nome e sua figura durante as noites, e neste sentido encaminhou o mensageiro, ao contrário da recomendação de Príamo, não para o repouso merecido, mas para os aposentos da velha rainha Hécuba, que nem por um minuto esquecia seu desejo de vingança contra Aquiles

---

247 MORENO, 2004, p. 240-245.

pela morte de Heitor. Ela, reconhecendo estar algum deus por trás da oportunidade que se abria para cumprir com seu desejo, convocou os filhos Páris, Deífobo e a própria Polixena planejando em detalhes um ardil, uma artimanha, única forma de vencer Aquiles, a ser cumprido mediante um encontro de Polixena com ele, no próprio templo de Apolo, certos de que não haveria represálias por parte do deus, de forma a matá-lo. Assim foi feito, mediante o mensageiro, e Aquiles devido a sua paixão se descuidou, entrando no templo sem suas armas, tendo sido alvejado por uma flechada de Páris, guiada por Apolo para seu único ponto vulnerável, o calcanhar. Abatido, quase sem forças, com o sangue esvaindo, lembrou-se de Tétis: "Foi uma pena, minha mãe! Já era tarde demais para eu mudar meu destino! E agora, eu saio da vida sem nunca ter sido feliz."[248] Penso, que não existem dúvidas sobre a importância deste episódio, no sentido de jogar alguma luz, tanto sobre o caráter vingativo da velha rainha Hécuba, como na atitude heroica de Polixena, e ainda, na inusitada decisão do sacrifício desta pela Assembleia dos aqueus, apesar de todo o silêncio de Eurípides sobre estes fatos passados, e principalmente, sobre o enigmático personagem Aquiles, deixando-nos a todos em perplexidade sobre o papel exato dele na trama.

Voltando para a trama de *Hécuba*, Eurípides fez questão de situar a tragédia na Trácia, em Quersoneso, em frente à Tróade, uma terra remota e selvagem, onde vivia um povo considerado pelos gregos como bárbaro e, na qual tanto os gregos como os troianos sobreviventes da guerra são obrigados a conviver. É justamente aí que vamos ver em discussão pelo poeta, nos dois episódios principais, a morte de Polixena e a vingança de Hécuba contra Polimestor pela morte de seu filho, o embate de valores entre os civilizados gregos e os considerados bárbaros troianos, neste caso, única e exclusivamente pelo fato de não serem gregos, já que, como fica claro em Homero, eles falavam a mesma língua, adotavam os mesmos valores, e compartilhavam na devoção dos mesmos deuses. E que, diga-se de passagem, nos casos de Poseidon e Apolo, tiveram papel fundamental na construção das muralhas de Ilión, quando a serviço do herói Laomedonte, obrigados que foram por Zeus, sendo a única diferença visível entre eles a relacionada com o fausto e a riqueza do reino de Príamo. Portanto, é neste cenário que se desenvolve a trama, na Trácia, onde Príamo havia deixado o filho Polidoro, uma das modificações feitas por Eurípides na

---

248 MORENO, 2004, p. 245.

tradição, aos cuidados de Poliméstor, fora do teatro da guerra, e claramente em tempos de paz, já que os embates em Ilión haviam terminados. Aí, se encontram os gregos voltando para a pátria e as mulheres troianas, em regime de escravidão, levadas por eles como prêmios da guerra, esperando-se naturalmente que a partir daí, surgisse entre eles, um comportamento pessoal e social, distinto do praticado em tempos de guerra.

Entretanto, é importante que se diga, de acordo com alguns analistas, que o clima criado pelo poeta no prólogo, além da natural dualidade temporal e das ambiguidades e contradições imanentes à tragédia, tinha muito de fantástico, de onírico, com mensagens de mortos, de sonhos plantados, com uma clara intenção de considerar o fenômeno da guerra, como algo impossível de ser situado de forma objetiva, em termos temporais, em termos de espaço, e também em termos de valores e comportamentos, buscando desta forma levar os espectadores a compartilhar com este contexto. De qualquer forma, a partir daí, no párodo, a realidade da guerra se impõe de forma novamente impiedosa à pessoa humana de Hécuba, que já havia sofrido enormes perdas, que sobreviveu sem glória, que encontrava-se tentando recolher os despojos em seu entorno, levando-a a vivenciar um drama ainda maior, com a quebra de suas últimas ligações familiares de *philia*, no caso, em relação à filha Polixena, com a chegada de uma escrava troiana, que lhe anuncia a decisão da assembleia dos aqueus, quanto ao necessário sacrifício da filha em honra de Aquiles. Este, mediante uma aparição fantástica e poderosa, aparelhado com suas armas douradas, diante de sua tumba, vocifera, impedindo a partida das naus de retorno, e gritando solicita como o maior guerreiro Aqueu, que tinha matado Heitor, a honra que lhe é devida, tanto na vida quanto na morte: "Que são ingratos os Danaos, para com os Danaos que morrem ao serviço da Grécia."[249] Na assembleia, prevaleceu a posição de Ulisses, diante dos dois grupos antagônicos, a favor e contra o sacrifício: este persuadiu os *danaos*, pedindo a eles que não depreciassem o mais excelente de todos os *danaos*, por causa de algumas escravas imoladas, e que era uma obrigação dos que sobreviveram, ao voltarem, honrar os *danaos* mortos em combate.

Antes de examinarmos com mais detalhes os argumentos de Ulisses, no primeiro dos *agons* de *Hécuba*, já que esta irá posteriormente en-

---

249 SOUSA E SILVA, 2005, p. 105.

frentar Agamenon e Polimestor no episódio do filho, vamos examinar o belíssimo, pungente e sofrido, *Kommós*,[250] de *Hécuba*, junto com a filha Polixena, sabedoras do trágico destino traçado para esta pelos *danaos*. A escrava troiana, portadora da notícia, acentua ainda mais o sofrimento de Hécuba, ao propor como a única alternativa para ela, colocar-se como suplicante, de joelhos perante Agamenon, convocando tanto os deuses ctônicos como os deuses celestes. O lamento de Hécuba atinge cumes de sofrimento, de desesperança, de abandono, de perdição:

> Ai de mim, infeliz! O que devo exclamar? Que som, que gemido, desgraçada, por minha desgraçada velhice, por minha escravidão intolerável, insuportável? Ai de mim! Quem me defende? Que família? Que cidade? Foi embora o velho, partiram os filhos? Por qual caminho seguirei? Por este, ou, por aquele? Até onde chegarei? Onde estão como ajuda, alguns dos deuses, ou espíritos divinos? Vós, portadoras de desgraças? Oh, troianas que me trouxeram penas funestas! Me matastes, me matastes. Minha vida na luz já não é mais desejável.[251]

Igualmente bela é a fala de Polixena, ao ser chamada por Hécuba para que saísse da tenda para ouvir a terrível notícia da decisão dos aqueus de que deveria morrer em honra de Aquiles, na qual fica evidente seu enorme sentimento de *philia* com a mãe, reforçando ainda mais o que comentei anteriormente sobre estes sentimentos na casa de Príamo, sem nenhum remorso, nenhuma reclamação sobre seu destino, de uma grandeza que supera até mesmo o heroísmo daquele pelo qual ela está perdendo a vida. Assim, dirigindo-se a mãe:

> Oh, tu que sofrestes terrivelmente! Oh, tu que tem suportado tudo! Oh, mãe de vida infeliz! Que, que ultraje odiosíssimo e indizível foi novamente suscitado contra ti por alguma divindade! Já não mais tens esta filha. Já não serei mais sua companheira de escravidão. Desgraçada de mim, de uma anciã desgraçada. Pois a mim, filhote teu, como uma ternera criada nas montanhas, infeliz de ti, infeliz me verás arrancada de suas mãos e com a garganta cortada, levada ao Hades debaixo da escuridão da terra, onde em companhia dos mortos, jazerei infeliz. Choro por ti, desgraçada, com cantos fúnebres cheios de lamentos; mas não deploro minha vida ultraje e afronta, já que para mim, morrer é uma melhor sorte.[252]

---

250 Kommós é uma canção lírica de lamentação, utilizado em momentos de grande tensão, tragédias, pesar, terror ou alegria.

251 EURÍPIDES, 1999, p. 12.

252 EURÍPIDES, 1999, p. 13.

Vou seguir as reflexões de Maria de Fátima Sousa e Silva, nesta passagem que culmina com a morte de Políxena, em seu livro *Ensaios sobre Eurípides*,[253] em sua excelente análise sobre *Hécuba*. A narrativa começa com a chegada de Ulisses para levar Polixena para arrancar dos braços de Hécuba sua jovem e bela filha, para ser imolada em honra do maior guerreiro Danao, aquele que havia matado o herói troiano Heitor, irmão de Polixena. Essa decisão havia sido tomada em assembleia dos Aqueus perante todo o exército e na presença de seu comandante Agamenon. O receio deles era de que o poder daquele guerreiro, ainda que morto, pudesse atrapalhar os planos de retorno à pátria de todos. Chega um Ulisses distinto do grande herói, tímido, pouco à vontade e apressado em solucionar o problema e se colocando como um agente intermediário e um cumpridor de ordens do exército Aqueu, no sentido de levar Polixena a ser sacrificada. Portanto, quem chega não é o Ulisses todo poderoso dos aqueus, que além de tudo que já havia feito ao longo dos dez anos de guerra, assume com a morte de Aquiles, o posto de maior guerreiro danao, recebendo ao invés de Ajax, suas emblemáticas armas, pois se tratava como Agamenon levantou, do mais temido guerreiro grego pelos próprios troianos. O mesmo Ulisses que procurou, convenceu, e trouxe de volta Filoctetes, o arqueiro, com o arco de Héracles, que iria matar Páris; o homem que torturou Heleno, o vidente, filho de Príamo, refugiado no Monte Ida, após ser rejeitado por Helena que preferiu ficar com Deífobo, para saber onde estava o paládio de Atena; que entrou em Ilión e conseguiu roubar a estátua seguindo a profecia de Calcas, que sem ela os gregos não ganhariam a guerra; que inventou, com ajuda de Atena, o famoso cavalo de Troia; que comandou e orientou os guerreiros no interior do cavalo; que acabou libertando Helena e a entregou a Menelau após matar Deífobo; que foi o maior responsável pela queda de Ilión, e portanto, igualmente o maior responsável pelo massacre dos troianos e pela destruição da cidade, pelo menos, aos olhos de todos os que sobreviveram. Por esta simples enunciação, fica evidente o absurdo e a ironia da situação.

Pois bem, chega Ulisses daquela forma que descrevemos, para enfrentar a velha rainha Hécuba, alquebrada pelas desgraças, porém ainda lúcida o suficiente para lutar pela vida da filha, colocando de saída, de forma irônica e audaz, "[...] se um escravo poderia perguntar alguma coisa a um homem livre sem o molestar, e caso positivo, ele deveria

---

253 SOUSA E SILVA, 2005.

falar e ela escutar o que perguntasse".[254] A primeira coisa que no fundo ela quer saber é se, por ventura ele é o mesmo homem que ela conheceu, e que evidentemente muito tinha ouvido falar ao longo da guerra, como sendo o mais arguto e ponderado dos guerreiros aqueus. Neste sentido, ela volta ao passado, mediante um interrogatório específico, obrigando-o a lembrar-se de um episódio ocorrido em Ilión, onde suas posições encontravam-se exatamente inversas as do momento: ele como espião em território inimigo, em andrajos, correndo perigo de vida, reconhecido por Helena, levado diante de Hécuba, em uma posição pior do que de um escravo, e ela, rainha, toda poderosa, mulher do rei Príamo, capaz, se lhe aprouvesse de decidir pessoalmente a sorte de uma pessoa inimiga encontrada em solo pátrio. Ainda mais: ela o lembra que ele, humildemente, de joelhos, abraçou seus joelhos, prostrado, agarrou seu casaco e aí deixou sua mão de forma permanente, fazendo todo tipo de juramentos. Ulisses reconhece que deve a ela estar vendo a luz do sol.

Hécuba, em seguida, lhe pergunta se existe algum sentido em sua vinda até elas, para prejudicá-las e não para ajudá-las, uma vez que ele reconhece que ela salvou sua vida, ainda que à época, inimigos de guerra? Hécuba se revolta, pois, definitivamente não esperava tal atitude de sua parte, e emotivamente reage a sua falta de caráter, a sua *hybris*, por ter aceitado tal encargo, principalmente pela injustiça, pela ausência de *philia* entre suas pessoas no que tange a gratidão *charis* e a reciprocidade a ela inerentes. Ela conclui que a única explicação plausível para esta atitude, em uma referência ao presente do século V, era devido aos novos valores políticos reinantes na *polis* democrática, o que significa dizer que Eurípides associa seu personagem Ulisses a um político, com habilidades retóricas, demagogo, interessado somente pela opinião dos homens livres da *polis* que votam nas assembleias, mesmo abandonando suas convicções pessoais. Vejamos, na tradução de Maria de Fátima, o que diz Hécuba:

> Ingrata essa vossa raça, de quantos procuram, por influência do discurso, o favor das massas. Quem me dera ignorar-vos, vocês que não se importam de prejudicar os amigos, desde que agradem as multidões.[255]

Eurípides, portanto traz o comportamento de Ulisses para os dias atuais, retirando totalmente de seu personagem, os valores heroi-

---

254 EURÍPIDES, 1999, p. 14.

255 v. 254-257. Cf.: SOUSA E SILVA, 2005, p. 107.

cos passados ao submetê-lo a um presente comum, de um dirigente político qualquer, obrigado a se enquadrar diante de decisões da Assembleia, e, principalmente, sem valores pessoais, e constrangido a adotar os valores políades.

Hécuba, em seguida, o questiona sobre a insensatez da decisão tomada pelos aqueus de matar uma jovem troiana, junto a tumba de Aquiles, em tempos de paz, de alguém que nada fez contra o morto, e utilizando um ritual há muito ultrapassado, até mesmo naqueles tempos por se tratar de um ato bárbaro, e que havia sido substituído por rituais de sacrifício com a utilização de animais. A solicitação do fantasma de Aquiles, conforme o poeta dá a entender, e seu atendimento pelos aqueus é quase irônica, especialmente por tudo que havia ocorrido desde que Agamenon, devolveu seu prêmio Criseida, ao seu pai Crises, por necessidade perante Apolo, e em seguida roubando o prêmio de Aquiles, Briseida, levou a retirada do herói da batalha, com consequências funestas para os gregos. Terá sido uma compensação? Mas de que exatamente? E por que depois de morto, por uma jovem morta em sacrifício, quando ele não mais poderia usufruir seu prêmio? E o mais surpreendente na história, é que mediante este ato os aqueus estavam, em certo sentido, liquidando com a tradição da glória de Aquiles, respeitada por todos, sempre perseguida por ele, ao saber que teria uma vida curta, porém com grandes feitos, que o fez inclusive a não retornar a Ftia se mantendo na guerra, pois ali estaria sua gloriosa oportunidade.

Hécuba segue em sua argumentação, agora mais contida, porém incisiva, direta e objetiva, diante da postura de Ulisses de um cidadão comum da *polis*, ao reclamar e exigir dele, tratando-o como um amigo (*philia*), que cumpra a justiça (*diké*), mediante seus deveres e suas obrigações, do ponto de vista grego, do ponto de vista da *polis*, do ponto de vista dos deuses, calcados nas tradições gregas (*nomos*), de hospitalidade (*xenia*), de reciprocidade (*charis*), de juramento perante um suplicante, algo que um heleno culto, civilizado e citadino não tem o direito nem possibilidade de recusar, mesmo que não concorde com isto, sob o risco de ser considerado um não-cidadão, um *apolis*, alguém que deva ser banido, pois, não tem capacidade de se relacionar com os demais:

> Sobre o que me tens de dar de volta, porque to reclamo, presta atenção. Tocaste a minha mão, tu próprio reconheces, e esta velha face, prostrado

aos meus pés. Pois por minha vez eu te toco sua mão e face, e te exijo, pelo que tens de mais sagrado, a retribuição.[256]

Ela continua falando, agora, da importância da filha Polixena para a atual vida dela, servindo como apoio físico e emocional, guia, alívio dos sofrimentos e desgraças, e por que matá-la, com tanta gente morta pela guerra. Recorre novamente aos valores gregos em sua argumentação, ao lembrá-lo que a fortuna "τυχη" (*tyché*) atinge a todos os mortais, inclusive aos que hoje tem poder, de que mesmo escravos atuais as leis atenienses "νομος" (*nomos*) os protegem de toda ultraje e violência, e finalmente apela para sentimentos de respeito e piedade para com ela, indo junto aos aqueus, com seu poder de persuasão "λογος" (*logos*), com seu prestigio "αξιωμα" (*aziomá*), convencê-los a não praticar o mal "κακος" (*kakós*), matando uma mulher inocente, mas aproveitando a chance, perante os deuses, e perante a todos, praticar a compaixão.[257]

Ulisses rebate o discurso de Hécuba, e de acordo com a maioria dos analistas, o faz de forma brilhante e vencedora no *agon*. Entretanto, examinando seus argumentos com algum cuidado, vemos que todos eles são bastante fracos, com uma dose de cinismo acentuado, procurando sempre defender uma única posição, a da assembleia dos aqueus, deixando claramente a vista de todos, que independente de qualquer coisa, ou de argumentos, ele não tem qualquer interesse em voltar a questão, por mais absurda que tenha sido a decisão de sacrificar Polixena por seus pares. Na realidade, ele demonstra igualmente, de forma dissimulada, certo desprezo pela demanda de Hécuba, sem se preocupar muito com o que fala. Seu primeiro argumento, de que caso estivesse em questão sua vida, a de Hécuba, ele estaria disposto a protegê-la, algo impensável de dizer por um grego educado, revelando seu profundo cinismo e desprezo, sabedor por experiência própria, que o indivíduo, a pessoa de per si nada valia, e o que contava, desde tempos imemoriais, era o *genos*, o *oikos*, a família, que a própria instituição da *polis* foi obrigada a se apoiar naquelas instâncias. Além disso, ele sabia que o próprio conceito de *philia*, nunca esteve restrito a uma conceituação tipo, "toma lá dá cá" em termos unicamente pessoais, tendo uma abrangência bem maior no sentido de incluir de parte a parte, todas as pessoas, todos os valores, sentimentos que compu-

---

256 SOUSA E SILVA, 2005, p. 109.

257 SOUSA E SILVA, 2005, p. 109.

nham o universo daquela determinada pessoa, que necessitavam serem respeitadas.

O segundo argumento de Ulisses, de que tomada Troia, Aquiles pedindo ou exigindo, merece ser honrado com a morte de sua filha, por ter sido o primeiro homem do exército, se desdobra, em pelo menos três outros argumentos associados, porém independente disto, Ulisses utiliza aqui um discurso bem semelhante ao utilizado por Aquiles, no Canto I da *Ilíada* quando se contrapõe a Agamenon, por conta da entrega de Criseida ao pai, e da compensação de Briseida, que é retirada de Aquiles pelo chefe supremo dos aqueus. Este é exatamente o primeiro argumento associado, pois, diz ele, que a maioria das cidades não diferencia entre os piores e os melhores guerreiros, valentes e esforçados, pensando claramente em termos de prêmios, tipo Criseida e Briseida, em uma guerra de pilhagem de riquezas, escravos e mulheres, padrão de guerra da época micênica. O segundo, para que o primeiro não ficasse incoerente, já que Aquiles está morto, de que a dívida existente para com este bravo guerreiro não prescreve com a morte, devendo ser igualmente cumprida, mas, além disso, ele considera que o tratamento adequado para Aquiles é de amigo, algo no mínimo estranho, em se tratando dele, e que este mesmo tratamento em vida deve ser mantido depois de morto, pois caso contrário seria um opróbrio. O terceiro argumento é ainda mais insólito ao colocar que os homens adultos não terão incentivos para guerrearem pela pátria, se souberem que não serão honrados se morrerem, ficando novamente subtendido, de que ele segue pensando no mesmo tipo de guerra, de pilhagem. Algumas coisas chamam atenção nestes argumentos, todos eles, meio fracos e dúbios, dificultando qualquer interpretação mais séria, porém deixa evidenciados de um lado o personalismo da situação baseada na figura de Aquiles, idealizada ainda mais após sua morte, sem nenhum escrúpulo e mentirosa por parte de Ulisses, em seus dois aspectos, como "primeiro guerreiro" quando vivo e como "amigo" enquanto espectro e morto, e de outro lado a banalidade da guerra, da morte, da honra, do sacrifício de uma donzela, dos vencidos, tudo transformado em mercadorias que se trocam, ou, se dispõem, sem nenhum valor ou glória por estar lutando pela pátria e pela família. Não consigo entender que exista algo por trás deste discurso, como conceitos sociais de *charis*, ou mesmo de *philia*, existindo apenas o atendimento de forma irônica, de uma pretensa assembleia, do pedido de um fantasma, levando a morte de uma jovem, sem nenhuma importância para eles.

Finalmente, Ulisses, conclui suas argumentações invocando a conhecida diferença entre gregos e bárbaros, de que os primeiros honram seus heróis, e que para os bárbaros não existem amigos nem heróis. Eurípides neste caso não somente usou de ironia, como o fez de forma caricatural, pois a peça vai, justamente na direção contrária ao demonstrar que o comportamento dos gregos está muito mais próximo do que é considerado bárbaro, do que o comportamento dos troianos, tanto em tempos de guerra como de paz. De outro lado, como comentamos anteriormente, este argumento de Ulisses não encontra nenhum respaldo na realidade dos fatos, durante e depois da guerra de Troia.

Porém, a posição e os argumentos retóricos falaciosos daquele Ulisses que veio conduzir a jovem, se tornam desprezíveis e melancólicos, diante das palavras, mas principalmente, diante das atitudes de Polixena, reduzindo a pó a dimensão do famoso herói. Hécuba constata que mediante palavras e argumentos será impossível salvar a filha, e assim pede que ela intervenha, com seus próprios lamentos, sugerindo:

> Prostate, comovidamente diante dos joelhos de Ulisses, aqui presente, convence-o (tens um bom motivo, já ele também é pai) de modo que ele possa compadecer-se de tua fortuna.[258]

Polixena até então calada durante o *agon* entre Hécuba e Ulisses, surpreende a todos, com sua dignidade, classe, sabedoria, e desprezo irônico com relação à tarefa de Ulisses, visivelmente amedrontado, com a hipótese dela, fazer-lhe uma súplica;

> Vejo Ulisses, que ocultas a mão direita sob o manto e que escondes o teu rosto para trás, virando para que eu não toque sua barba: Coragem! Escapaste de meu Zeus, patrono dos suplicantes. *Porque vou acompanhar-te de acordo com a necessidade e por que desejo morrer. Se por acaso não quisesse, seria covarde e mulher amante da vida.*[259]

Polixena reverencia não somente a Zeus, mas a deusa preferida de Eurípides, a deusa Ananké, com uma tranquilidade total que a leva a complementar se perguntando, por que viver, diante de duas constatações básicas: a primeira, diante da vida de princesa que levara até aqui, filha do rei de todos os frígios, admirada, desejada, com a perspectiva de um casamento real, respeitada semelhante a uma divindade, e a realidade atual, escrava dos gregos. Polixena de forma maravilhosa

---

258 EURÍPIDES, 1999, p. 18.

259 EURÍPIDES, 1999, p. 18.

inverte duas situações: a primeira, com sua integridade aristocrática, de liberdade pessoal, transmuta o sacrifício exigido pelos aqueus, em sua própria determinação de morrer, assumindo completamente a situação: "Afasto de meus olhos livres esta luz, entregando meu corpo a Hades."[260] A segunda, bem evidente, quando se refere a sua situação atual de escrava dos gregos, que em suas palavras, significa como perspectiva, em completa inversão, sofrer em sendo escrava de "bárbaros", que não respeitam mulheres, que agem cruelmente, que as transacionam como mercadorias, que limitam suas funções, seus espaços, enfim, a morte se torna mais desejável do que esta forma de vida.

Porém, Polixena ainda promove uma terceira inversão, pois, ainda jovem comporta-se com mais honradez e dignidade do que sua velha mãe, debaixo de toda sua experiência de vida. Ela exorta Ulisses para levá-la e matá-la, pois para ela, não existe nenhuma esperança, nem crença em se agarrar a esta vida necessariamente infeliz, alertando a Hécuba:

> Mãe, tu não sejas para nós em nada obstáculo, nem palavras, nem ações. Exorta-me a morrer, antes de encontrar algo vergonhoso em desacordo a minha dignidade. Pois, quem não tem o costume de enfrentar os males, os suporta, porém lhe dói pôr a cabeça no jugo. Eu seria mais feliz morrendo que vivendo. Viver sem nobreza é grande sofrimento.[261]

Hécuba se propõe então substituir Polixena, ou morrer junto a ela, porém Ulisses naturalmente recusa. Hécuba agarra-se a filha, e novamente aqui, com palavras de grande beleza, Polixena a convence a não complicar mais a situação;

> Mãe, escuta-me. Tu, filho de Laertes, perdoa minha mãe que com razão está irritada. E tu, oh, infeliz não lutes contra os poderosos. Queres cair ao solo, que desgarrem seu velho corpo ao separar-me e perder a compostura ao ser arrastada por um braço jovem, coisas que te farão sofrer? Tu, pelo menos, não. Pois não vale a pena. Ea, oh, minha querida mãe, dá-me sua dulcíssima mão e aperta tua face com a minha face! Que nunca mais verei os raios nem o círculo do sol, já que agora é minha última ocasião. Recebas minhas saudações de despedida. Oh, mãe! Oh, tu que me deste a luz! Me vou, parto para baixo.[262]

---

260 EURÍPIDES, 1999, p. 18-19.

261 EURÍPIDES, 1999, p. 19.

262 EURÍPIDES, 1999, p. 20.

O momento da peça é de grande emoção e beleza inspirada por Eurípides, que acaba levando analistas a procurarem o melhor de si para descreverem a cena, e neste caso, não tenho como não reproduzir por sua perfeição a descrição desta passagem por Maria de Fátima:

> Junto de Ulisses, Polixena luta para ultrapassar um momento de fraqueza, já determinada ("podes levar-me", v.432), mas a procurar esconder, à sombra de um véu, lágrimas que tendem a brotar nesta hora suprema, ao mesmo tempo que dos olhos afasta o espetáculo do sofrimento materno. A caminho do túmulo de Aquiles, toda ela se volta para a luz, que invoca uma última vez. Para trás fica Hécuba, desfalecente, prostrada, a estender em vão um braço de naufrago, que não encontra mais o calor de um outro braço. Apenas o vazio.[263]

E ela ainda acrescenta de forma poética a reação das mulheres do coro:

> O coro evade-se então nas asas do vento, para buscar, como tantas vezes em Eurípides, no desconhecido e na distância, resposta para suas apreensões ou misérias. A intolerância de tamanho sofrimento não lhe permite sequer o elogio da vítima, apenas o anseio da fuga.[264]

Entretanto, Eurípides como grande poeta e dramaturgo, neste episódio da morte de Polixena, nos deixou, além de toda a beleza poética que vimos até aqui, uma das passagens mais sublimes de toda a tragédia ática, com a descrição da imolação da princesa troiana em honra de Aquiles, pelo mensageiro de Agamenon, Taltíbio. Este procura pela grande rainha dos frígios, esposa de Príamo, para lhe trazer o corpo de Polixena, para ser enterrada, e a encontra em estado lastimável, com sua cabeça envolta por areia, como se fosse um trapo velho, causando-lhe muita compaixão, porém ainda capaz de ouvir seu relato da morte da filha. E aqui, estamos diante da inversão mais emblemática de todas provocadas por Polixena, pois seu comportamento, sua atitude na cerimônia em honra do maior guerreiro grego de todos os tempos, do herói por excelência, próximo da divindade olímpica, ofusca completamente a importância dele, podendo-se dizer, que ao final, toda a multidão presente juntamente com o exército dos aqueus, presenciaram a afirmação do poder feminino, que Polixena representava com sua coragem de enfrentar a morte de forma destemida, ao não permitir nenhum contato espúrio e poluidor com os jovens

---

263 SOUSA E SILVA, 2005, p. 150.

264 SOUSA E SILVA, 2005, p. 150.

que tentam amarrá-la, preservando assim sua liberdade e se colocando acima de todos;

> Oh, argivos que destruíram minha cidade! Morrerei voluntariamente. Que ninguém toque meu corpo pois oferecerei meu pescoço com o coração disposto. Matem-me, mas me deixem livre, para que morra livre, pelos deuses. Pois sendo uma princesa, sinto vergonha de que chamem de escrava entre os mortos.[265]

E, tendo ouvido a ordem de liberá-la das amarras e de imediatamente executá-la: "tomou seu casaco, o rompeu do alto de seu ombro até a metade de seu costado junto ao umbigo, mostrou os belíssimos seios e peito, como de uma estátua",[266] sem assim, em nenhum momento esquecer sua condição de objeto erótico ao desnudar seus seios diante de todos, enfrentando de joelhos seus algozes e dizendo: "Olhe, golpeie aqui, se é o que desejas, oh, jovem golpeas meu peito e se queres na base do pescoço, e disposta está aqui minha garganta",[267] e finalmente, ao ser abatida, cair de forma recatada como uma verdadeira deusa, refreando qualquer ímpeto sexual, gravando uma imagem indelével nas mentes de todos os presentes, obrigados que foram, de forma espontânea, a cobrir seu corpo inerte e dilacerado com coroas de folhas, adornos, véus, o que fora, em sinal de respeito e admiração por tudo que haviam presenciado. Taltibio, encerra seu relato, afirmando que Hécuba, dentre as mulheres é a que tem os melhores filhos, e também a mais desgraçada.

Hécuba se sente tocada pelo emocionado relato de Taltibio, particularmente quanto a nobreza e coragem com que sua filha enfrentou a desgraça, e antes de providenciar seu enterro, longe dos argivos que desejavam acompanhar os procedimentos com receio de que a tocassem, ela faz uma reflexão sobre uma questão que dominava os debates em Atenas à época, principalmente a partir dos ensinamentos dos sofistas, mas que despertou grande interesse, envolvendo igualmente os atenienses Sócrates, Tucídides e Eurípides, sobre a possibilidade ou não do ensino das virtudes, tendo em vista que muitos consideravam que as mesmas eram inerentes as gerações, tradicionalmente familiares, e que portanto estariam associadas a natureza das pessoas. Esta passagem é, certamente, uma das mais famosas de Eurípides, que des-

---

265 EURÍPIDES, 1999, p. 25.

266 EURÍPIDES, 1999, p. 25-26.

267 EURÍPIDES, 1999, p. 26.

de então gerou enormes discussões, a começar pela oportunidade de sua afirmação em um momento altamente dramático e de profunda tristeza para Hécuba, porém algo nada incomum nas obras do poeta, como inclusive já vimos anteriormente, nas quais ele age exatamente como seus personagens, no caso, com Hécuba, ao dizer que "[...] sua razão disparou em vão."[268] Vamos ver com cuidado a digressão de Hécuba/Eurípides, entre a *physis*, natureza, e a *didaxis*, "educação", na qual se evidenciam o cuidado, a ponderação e o compromisso em apresentar os diversos argumentos em questão, sem se comprometer com nenhum deles:

> Não é estranho, que uma terra má, se consegue uma oportunidade da parte de um deus, produza espiga perfeita, e uma terra boa, se não consegue o que é preciso obter, dê fruto ruim: e ao contrário, entre os homens, o malvado não seja outra coisa exceto vil e o bom, bom, e que não corrompa sua natureza nem sequer por obra de uma desgraça e que seja sempre nobre? Por acaso diferem os progenitores, ou as crianças? Entretanto, um ser educado corretamente, comporta, ao menos, em certo sentido, um conhecimento do bem. Se um aprende bem isto, conhece o desonroso por que aprendeu com a regra do bem. Ainda nisto, minha razão de novo disparou em vão.[269]

Pode-se imaginar que a digressão de Hécuba tenha sido provocada pela atitude nobre de Polixena, na cerimônia em honra de Aquiles, ou uma demonstração de que a velha rainha estaria ainda lúcida, apesar das desgraças, ou, ainda, a introdução de algumas características pessoais de Hécuba que tem a ver com a segunda parte da tragédia, na qual aparece uma Hécuba vingadora, porém o fato é que ela extrapola os limites da peça em si, sendo assim, algo inteiramente pessoal e singular de certa forma irrefreável, mas que mostra um abalo em convicções tradicionais, da necessidade de sempre se ter uma posição específica. Na introdução às obras do poeta, quando analiso as influências do ambiente intelectual de Atenas sobre elas, discuto esta questão, e aqui, é importante complementar, já tendo analisadas as peças *Medeia* e *Hipólito*, que apesar desta colocação feita, na qual aparecem de um lado e de outro os argumentos mais constantes na discussão, o fato é que o poeta sempre defendeu em sua produção, "um sentido admirável da complexidade das coisas", conforme visto anteriormente, pois apesar de um conhecimento perfeito sobre o reconhecimento do

---

268 EURÍPIDES, 1999, p. 27.

269 EURÍPIDES, 1999, p. 26-27.

bem e do discernimento do mal, recebido por herança, tradição, ou aprendizagem devido ao longo do tempo, por experiências de vida ou mediante ensinamentos diretos, nada garante que uma determinada pessoa agirá em conformidade com a prática do bem, como são exemplos Medeia e Fedra.

Voltando à peça, para encerrarmos este episódio, enquanto Hécuba tentava, na situação de escrava em que se encontrava, desprovida de recursos, juntamente com as demais mulheres troianas, preparar o corpo de Polixena da melhor maneira possível, faz uma nova reflexão, agora, sobre a ausência de controle de todas as pessoas sobre seu destino, sua sorte, sua fortuna (*tyché*), tendo tudo durante um tempo e nada tendo em outros, sendo ela um exemplo vivo disto:

> Como chegamos a nada, privados de nosso orgulho de antes! E logo nos ufanamos, um, de estar em rico palácio, outro, de ser chamado de honorável entre os cidadãos. Entretanto, estas coisas são nada, simplesmente desejos da mente e jactâncias da língua. O mais feliz é aquele que de dia em dia não lhe acontece nenhum mal.[270]

Porém, as desgraças de Hécuba não estavam restritas ao que há ela tinha passado, durante a guerra e após com a morte de sua querida filha, pois vem lhe procurar uma servidora, buscando pela "muito desgraçada Hécuba, a que venceu em males a qualquer homem e ao sexo feminino, sem que ninguém dispute esta coroa",[271] trazendo um cadáver, reconhecido por ela como sendo de seu filho Polidoro, em uma passagem da peça, na qual se reconhece de imediato a necessária ligação do ponto de vista dramático entre as duas mortes, entre aqueles dois fatos primordiais da tragédia, mas cujo alcance, todavia, tanto na personagem principal Hécuba como no autor Eurípides, não parece simples de ser dimensionado e avaliado corretamente. Em princípio, parece que estamos diante, em termos aristotélicos, da famosa mudança, ou alteração da sorte, da fortuna, do herói trágico, *metábole tés tichés*, apesar do silêncio sobre esta hipótese por parte dos conceituados analistas que se debruçaram sobre o tema, porém, estou pensando em coisas que vão ainda mais além, provocados pelo inusitado do acúmulo de situações trágicas de *Hécuba*, que de certa forma foge dos limites racionais de entendimento, e eventual aceitação, mesmo que sofrida e dolorosa.

---

270 EURÍPIDES, 1999, p. 27.

271 EURÍPIDES, 1999, p. 28.

Aqui, parece haver uma mudança de registro, de uma situação dramática por excelência, para a qual reagem diferentemente Polixena, com seu senso agudo de nobreza e de aceitação da necessidade, e de Hécuba, com seu inconformismo perante a mudança total de fortuna da sua vida, com seus sofrimentos passados com a guerra e aquele sofrimento inútil e insólito da filha em tempos de paz, devido, de forma particular com o abandono pelos gregos dos sentimentos de *philia*, de *xênia* e do direito de suplicante, como bárbaros fossem. Para uma nova situação ainda mais dramática, de um sofrimento causado por uma enorme iniquidade, que não era necessário ocorrer, marcado por uma impossibilidade total de ser pensada e/ou aceita para a qual não existem palavras, raciocínios, valores, restando somente ações, ainda que irracionais, brutais, selvagens, e tudo que será necessário fazer para alcançá-las, devido à quebra de princípios mínimos de convivência, na qual os sentimentos de *philia* e de *xênia*, são utilizados para proveito pecuniário próprio, seguidos de morte e justificativas mentirosas e cínicas. Antecipando-se a eventuais questionamentos, existem diferenças substantivas entre as situações de Medeia e de Hécuba, pois no caso da primeira, a vingança é contra Jasão, no que ele tem de mais precioso – os filhos –, e é realizada, tendo em vista a possibilidade de uma nova vida com Egeu em Atenas, e aqui em *Hécuba*, o gatilho é o corpo do filho dilacerado por um "amigo", por um "hóspede", que o mata por dinheiro, gerando um sentimento de revolta, de vingança, que se esgota em si mesmo, sem nenhuma intenção futura da parte dela a não ser fazer justiça. Vou examinar, com cuidado, esta alteração de sintonia de Hécuba, que reage de forma automática perante o corpo do filho: "Ai de mim! Vejo já morto a meu filho, a Polidoro, a quem um trácio o protegia em palácio. Me perco, desgraçada de mim, já não existo."[272] E em continuação, Hécuba pronuncia palavras de especial significado, de complexa interpretação, para as quais nos chamou atenção os comentários de Christian Werner em suas traduções de *Hécuba* e *As troianas*. Vejamos inicialmente as palavras de Hécuba, aqui, em tradução própria: "Oh, filho, filho! Ai, ai! Começo uma melodia báquica, desde (origem) maligno costume (nomos) recém aprendido."[273]

Werner levanta a hipótese de que Hécuba não está apenas se referindo ao metro, que usará nos trechos de lamentação à frente, mas que a partir daí é como se entrasse em cena o deus Dioniso, com todas as

---

272 EURÍPIDES, 1999, p. 29.

273 EURÍPIDES, 1999, p. 29.

implicações decorrentes, no que diz respeito ao corpo, dilacerações, selvageria, metamorfoses, que os críticos associaram a uma desumanização progressiva da anciã, abalando, e trazendo consequências também no entendimento do termo "nomos" referido anteriormente. Reforçando essa tese, a passagem não somente se refere a uma "sinfonia báquica", sendo implausível a questão do metro, pois nem de lamentações se trata, já que Hécuba readquire sua lucidez, inicialmente, para descobrir quem teria matado o filho e depois para executar o plano de vingança com a ajuda de Agamenon. Além disto, a passagem menciona com clareza, o recém aprendizado, de uma lei maligna, que vai em direção contrária a qualquer aceitação da morte de Polidoro, executado daquela forma e pelas razões mais torpes. Suas falas em seguida confirmam o aprendizado instantâneo, que a leva ao assassino de Polidoro: "Vejo coisas incríveis, novas, novas. Uns males sucedem depois de outros males [...]"[274] e

> Ai de mi, ai, ai! Entendi a visão dos meus olhos em sonho- não me escapou o espectro de asas negras- a que eu vi em torno de ti, que já não estavas na luz de Zeus.[275]

Imediatamente, surpreendendo a todos afirma com toda segurança, respondendo ao coro de quem o matou: "Meu hóspede, o meu, o cavaleiro trácio, junto a quem seu velho pai o deixou, ocultando-o."[276] E finalmente, Hécuba diante do monstruoso quadro, de uma violência ímpar, impossível de ser pensado e tolerado afirma:

> Indizível, indescritível, para além do assombroso, nem pio, nem tolerável. Onde está a justiça dos hóspedes? Oh, o mais ímpio dos homens! Como retalhaste seu corpo, cortando com uma faca férrea os membros desta criança, e não te compadeciste![277]

A partir daí a vingança de Hécuba vai ser perseguida de todas as formas, nem sempre utilizando a atitude mais ética e correta, iniciando-se, pelo convencimento à Agamenon, de que a justiça se faz necessária devido ao comportamento do trácio, de uma falsidade e cinismo com os antigos aliados e amigos, e que certamente deverá ocorrer com os novos amigos, os gregos. Agamenon se torna uma presa fácil para Hécuba, pois vem ao encontro da velha rainha para ultimar os proce-

---

274 EURÍPIDES, 1999, p. 29.

275 EURÍPIDES, 1999, p. 30.

276 EURÍPIDES, 1999, p. 30.

277 EURÍPIDES, 1999, p. 31.

dimentos fúnebres de Polixena, que ainda estavam em aberto, com a exigência de Hécuba de que os aqueus não a tocassem, e isto após ter defendido na assembleia posição contrária a vontade de Aquiles de sacrificar a jovem troiana, irmã de Cassandra, a vidente, que havia se tornado sua concubina, e da qual ele estava seriamente apaixonado. Hécuba solicita seu apoio, prostrando-se novamente, agora, diante do chefe supremo dos aqueus, pedindo seu apoio em seu plano de vingança contra Polimestor. E aqui, estamos diante de mais uma surpresa de Eurípides, pois a fala de Hécuba é de uma enorme sabedoria, complexa, pois discute a justiça dos deuses e mortais, a tirania da retórica, a precariedade dos sentimentos de amizade e de hospitalidade, e enfim o poder de Cípris no caso de Agamenon com Cassandra. Vou examinar com cuidado esta fala, com a qual ela demonstra ter renascido como mulher, firme, decidida, acostumada a mandar, dotada de *logos*, sem escrúpulos, buscando a vingança pessoal, familiar e social, no caso de sua querida Ilión, superando, pelo menos, temporariamente, a imagem da velha rainha, atualmente escrava, alquebrada por tantas desgraças.

Ela inicia sua fala, prostrando-se diante de Agamenon, descartando de imediato qualquer piedade, solicitando que ele seja seu vingador contra Polimestor:

> Contra este homem, o hóspede mais ímpio, que sem medo dos deuses do Inferno, nem do Olimpo, acaba de realizar a pior iniquidade, apesar de haver compartido uma mesa comigo e uma hospitalidade, pelo número de vezes, de primeira ordem entre meus amigos e de ter obtido tudo que era necessário..., e agora tendo tomado precauções o matou, e não o considerou digno de uma tumba, uma vez que queria matá-lo, lançando-o ao mar.[278]

Faltou Hécuba falar abertamente que Polimestor fez o que fez com seu filho, sem dar a mínima para ele, para a família de Príamo, para ela, amiga de longa data, que gozou de sua intimidade e dedicação, simplesmente para ficar com o dinheiro que Príamo deixou com ele para salvação do filho. Bem, em vista desta iniquidade, Hécuba imediatamente pronuncia as famosas palavras que geraram discussões e controvérsias ao longo dos séculos por sua estranheza, digna na época, de um Protágoras, ou de Pródico, com suas teorias sobre o divino, de que nada podemos dizer sobre a existência dos deuses, no caso do primeiro, e da criação dos deuses pelos mortais por pura utilidade em suas vidas, no caso do segundo, porém que foi dito aqui pelo poeta

---

278 EURÍPIDES, 1999, p. 34-35.

Eurípides. Quero, antes de sua transcrição, chamar atenção para algo que fui constatando ao longo desta nossa análise sobre Hécuba, que são as seguidas inversões de situações, todas promovidas pelo poeta, entre ficção e realidade, entre gregos e bárbaros, entre comportamentos masculinos e femininos, entre pessoas maduras e jovens, entre valores reais e falsos, entre tempos de guerra e de paz, entre valores individuais e sociais, como nos alertando de que todas estas dicotomias são arbitrárias, ou subjetivas, em uma direção semelhante ao relativismo aplicado pelos sofistas, mas com uma sutileza tal, que ao mesmo tempo nos alerta sobre a complexidade das coisas no sentido de buscarmos incessantemente a essência delas, pois aí é que se encontra a verdade. Novamente, vou me deparar com esta busca incessante de Eurípides pela essência das coisas, independente de tudo, de pretensas verdades, de questões morais, no caso envolvendo a necessidade básica de justiça, envolvendo não somente os mortais, mas também os deuses, porém com um claro sentido de inversão:

> Pois bem, eu sou escrava e débil, sem dúvida. Mas os deuses têm força e, também a Lei, que tem poder sobre eles. Pois pela lei consideramos aos deuses e vivemos tendo definido o justo e o injusto. Lei, que quando te solicita, será destruída, se deixam de pagar seu castigo os que matam a seus hospedes, ou, que se atrevem a levar o que foi consagrado aos deuses, é que nada de isonômico existe entre os homens.[279]

Esta fala de Hécuba é profundamente perturbadora, pois não são os deuses que nos obrigam a seguir a justiça, mas ao contrário, é através da justiça que cremos nos deuses, e que além disso, os deuses estão da mesma forma que os humanos submetidos a lei, que os domina com sua superioridade (*krátos*). Boa parte dos analistas considera que Eurípides se refere aqui as leis divinas, ou as famosas leis não-escritas, mas me parece equivocada esta hipótese, pois, penso que sua colocação básica aqui está voltada para as discussões da época, da controvérsia *nomos/physis*, e da possibilidade explorada por vários sofistas, e pelo próprio Eurípides em outros textos (Sísifo), da existência dos deuses devido à crença humana, que, no fundo, não colide com os fundamentos da religião grega, que não é de cunho moralista, nem está baseada em livros sagrados. *De outro lado o contexto na qual está inserida esta fala é bem claro, com Hécuba declarando sua impotência diante das injustiças do trácio, apelando a quem por direito cabe o cumprimento da justiça, no caso Agamenon, e o alertando duplamente, de que também*

---

279 EURÍPIDES, 1999, p. 35.

cabe este cumprimento por parte dos deuses, que são obrigados a assim agirem pela Lei, que está acima deles, e em segundo lugar, ao não cumprir a Lei, Agamenon está destruindo a isonomia entre os homens da polis, colocando em risco a existência da mesma, e sem dúvida a existência da Lei.

Hécuba segue em sua tentativa de comover Agamenon a ajudá-la, descrevendo sua penosa situação, lamentando a grande importância dada pelos mortais no aprendizado das técnicas de persuasão, "a única tirana do homem"[280], e meio sem jeito, pedindo desculpas, levanta seu principal e definitivo argumento: a relação de Agamenon com sua filha Cassandra, de forma direta e objetiva:

> E, bem, talvez seja em vão o seguinte argumento: invocar a deusa Cipris como pretexto. Mas, com tudo será dito. Junto a teu flanco dorme minha filha, a inspirada por Febo, a que chamam Cassandra os frigios. Como, pois, demonstrarás senhor, que tuas noites te são gratas, que graça obterá minha filha pelos agradabilíssimos abraços em tua cama, e eu por ela? Da escuridão e dos amorosos tratos noturnos pode se originar um grande agradecimento entre os mortais. Escute, pois. Vês este morto? Fazendo o bem o tratarás como a um parente. Meu relato necessita uma única coisa [...]. Faça caso, oferece tua mão vingadora a esta anciã, apesar de que não sou nada, apesar de tudo.[281]

Agamenon concorda em ajudar Hécuba, sensibilizado por suas desgraças, porém com uma ressalva, a de que ele não pode correr o risco de ser caluniado pelos próprios aqueus de que a está ajudando devido a sua relação com a filha, e assim não desempenhará um papel ativo nos planos de Hécuba quanto a Polimestor, inclusive por este ser ainda um amigo atual dos gregos. Hécuba, inteiramente senhora de si mesma, não compreende inteiramente o fato de que não exista mortal livre, ora escravo das riquezas, ora devido a fortuna (*tyché*), ora à multidão de uma cidade, ora devido aos textos da lei, que o obrigam a agir contrariamente a suas inclinações, porém diante de seus medos ela aceita seus termos, e acrescenta que ele será seu confidente, sem colaboração efetiva. Aqui, a curiosidade fica por conta do tratamento de Hécuba, com o chefe supremo dos gregos, pois este lembra a relação de mãe para filho, ou de uma rainha para seu vassalo, com total aceitação do mesmo por Agamenon. Este pergunta de forma jocosa como ela pretende matar a Polimestor, ela uma anciã, e aqui, não existem mais dúvidas de que a "música báquica" toca mais forte, pois para isto ela

---

280 EURÍPIDES, 1999, p. 35.

281 EURÍPIDES, 1999, p. 35-36.

conta com a fidelidade atroz das mulheres troianas, capazes de quaisquer ações violentas, citando o ocorrido com as mulheres dos filhos de Egito, bem com as esposas da ilha de Lemnos que despovoaram de homens a ilha. Solicita em seguida, garantias para que uma mulher possa passar através do exército, ordenando a uma escrava troiana que chame Polimestor para vir falar com a outrora rainha de Ilíon, juntamente com seus filhos, deixando a entender que isto será de proveito para ele. Ao mesmo tempo ordena a Agamenon atrasar o funeral de Polixena para que os dois irmãos sejam sepultados juntos.

Hécuba recebe Polimestor diante das tendas das mulheres troianas, aparentemente sem a presença de Agamenon, e de imediato lhe pergunta sobre Polidoro e ele mente dizendo que ele está bem e vivo. Hécuba não se perturba, e o atrai para a armadilha junto com os filhos, falando sobre o tesouro troiano que se encontra no templo de Atena em Ilíon, e do dinheiro que ela traz consigo e que está dentro das tendas das troianas, levando-o a entrar sozinho, onde se encontravam trabalhando as troianas, porém preparadas para cometerem tudo que havia sido planejado por Hécuba. O coro avisa o que vai se passar, e como sempre Eurípides evita as cenas violentas, deixando a descrição detalhada do ocorrido para um Polimestor, já cego e tendo perdido seus filhos, diante de Agamenon. Porém, antes, Hécuba, junto com o coro, se certifica de que a vingança foi cumprida como queria:

> Coro: Agarraste, de fato o hóspede trácio, e é agora a dona, senhora, e executaste como dizias?
> Hécuba: O verás em seguida, diante das tendas, andando cego com pé cego e vacilante, e os corpos de seus dois filhos, aos quais eu matei com a ajuda das melhores troianas. Acaba-me de pagar sua pena. Aqui, sai, como vês das tendas. Mas, ea, me irei e me afastarei do trácio, já que seu coração ferve uma ira dificílima de combater.[282]

Os lamentos de Polimestor, já cego, evidenciam com muita clareza a natureza da selvageria das cativas troianas, que lembra a das ménades, das Bacantes, seguidoras do deus Dioniso, em seus transes nas montanhas, e reconhecidas desta forma, pelo próprio Polimestor que sendo da Trácia, conhecia bem as epifanias do deus nas terras altas, nos Montes Pangaeum e Rhodope, conforme Dodds e outros que admitiam ter seu culto originado naquele país:

> Aonde vou? Por onde me arrasto deixando meus filhos abandonados nas mãos de umas bacantes do Hades para que os despedacem, os degolem,

---

282 EURÍPIDES, 1999, p. 44.

comida sangrenta para os cachorros, desejo selvagem e feroz. Onde devo parar? Onde devo descansar? Por onde devo ir como uma nave que se separa da vela de linho sobre as amarras marinhas, precipitando-me como guardião até o leito funesto de meus filhos.[283]

Na continuação dos lamentos, nova referência existe com o deus Dioniso, em uma referência a época do ano de sua atuação, conforme Kereny, em seu livro *Dioniso*:

Alguém me ouve, ou, ninguém vai me ajudar.
Por que tardais? Mulheres me aniquilaram, mulheres cativas.
Coisas terríveis, terríveis me aconteceram.
Ai de mim, que grande ultraje! Para onde devo me voltar
Onde devo ir?
Voando para cima para o teto celeste que se fecha lá no alto, onde Orion, o Sírio lança de seus olhos raios ardentes de fogo, ou, me lançarei, infeliz de mim, pelo sombrio passo que leva ao Hades?[284]

Finalmente, resta falar do *agon* entre Hécuba e Polimestor, no qual Agamenon se atribui o papel de árbitro, ou juiz, evitando assim um confronto físico, como gostaria o trácio. Polimestor fala em primeiro lugar, revelando poucas habilidades retóricas, admitindo finalmente que havia matado a Polidoro, porém se justificando com o argumento de que agira com previsão, pois caso o último dos priamidas sobrevivesse seria possível que Ilión se recuperasse, e seria necessária uma nova guerra com os aqueus, destruindo mais uma vez os campos da Trácia, obrigados a saqueá-los. Em seguida, apresenta uma descrição detalhada da violência contra ele e seus filhos por parte de Hécuba e as mulheres troianas, que mataram os filhos, e o cegaram, fixando assim em sua memória o ocorrido com eles. Finaliza afirmando a Agamenon que sofreu tudo isto por ter matado seu inimigo. Hécuba replica, demonstrando uma capacidade retórica admirável, em se tratando de uma anciã, colocando em dúvidas as possibilidades de um acordo baseado em *philia* e *charis* entre gregos e bárbaros, mas atacando de frente seu principal argumento em relação aos gregos, afirmando que ele jamais teve interesse de beneficiar os gregos. Caso fosse verdade, ele deveria ter matado Polidoro, ou entregado ele aos gregos, quando ainda Troia estivesse em guerra, e por outro lado deveria ter entregado o ouro de Príamo para os gregos enfrentarem as dificuldades da guerra, algo que até agora não havia feito. Agamenon diante dos argumentos

---

283 EURÍPIDES, 1999, p. 45.

284 EURÍPIDES, 1999, p. 45.

de Hécuba, é obrigado a apoiá-la, confirmando sua iniquidade com um hóspede, algo que para os helenos é vergonhoso, mandando que ele aguente suas desgraças.

Eurípides mais uma vez termina sua tragédia de forma inusitada e surpreendente, e neste caso, por influência de Dioniso, conforme o verso 1267, transformando Polimestor em um vidente com poderes de prever o futuro, na mesma linha de Tirésias, igualmente cego que terá papel de destaque em *As Bacantes*, ou como Calcas, o adivinho, que teve enorme importância em Homero, também cego, na *Ilíada*, especialmente na tomada de Ilión. Polimestor prevê mais uma das conversões da tragédia, de Hécuba em uma cachorra, bem como as mortes de Agamenon e Cassandra, por Clitemnestra, ao retornarem a Argos.

AS SUPLICANTES

As suplicantes de Eurípides é sem dúvida uma das peças mais controversas do grande poeta, começando pelas incertezas da data de sua representação no teatro de Dioniso, admitindo-se um arco temporal que vai de 424 até 416 a.C., existindo algum consenso de que ela deve ter sido apresentada após a batalha de Délion dos atenienses contra os béocios e tebanos em 424, portanto a partir de 423 a.C. De outro lado, é talvez a peça do poeta que mais distingue opiniões, igualmente a partir de um anônimo comentário de tempos antigos ao declarar que se tratava de um "encômio a Atenas". Muitos seguiram esta linha, que foi em certo sentido aprofundado por reconhecê-la como sendo uma das duas peças políticas de Eurípides, a outra, sendo *Os filhos de Héracles*, levando a intensas discussões sobre aquelas questões. Por fim, alguns ainda a consideraram, com certo desprezo, que se tratava de uma peça pretensamente política, deturpada pela centralidade nos sofrimentos e lamentações das mulheres argivas, bem como de intrusões de personagens femininas, como Etra e Evadne, apresentadas sem grande coerência dramática. Bem, como já vimos antes, as tentativas de colar uma etiqueta nas obras do poeta são reveladoras de um profundo desconhecimento de suas verdadeiras intenções ao criar e produzir suas ficções trágicas, como, além disso, inúteis sob qualquer ponto de vista em nada nos ajudando na compreensão da complexidade das mesmas. Entretanto, o mais melancólico é constatar a enorme perda de não fruir, de não gozar de uma obra de arte inexcedível sem paralelos deste poeta, que nesta tragédia nos leva do universal ao pessoal de forma maravilhosa, e o faz mediante a utilização de recursos teatrais, que infelizmente somente podemos imaginar, mas que em breves lampejos no dão a dimensão do que deve ter sido a apresentação da mesma nas encostas da Acrópole de Atenas.

Não tenho muitas dúvidas, ao contrário da maioria, que esta seja uma das tragédias mais bonitas e mais complexas do poeta, na qual ele deve ter colocado muito de si, como afirma Kitto,[285] devido à colocação e discussão de tantas questões importantes para todos, gregos e não gregos da época, como, igualmente para nós, herdeiros da tradição ocidental, trazendo grandes desafios em seu entendimento e interpretação. Como ponto de partida, estou diante de uma tragédia em que o sofrimento atinge o máximo de intensidade, sofrimento materno pela perda dos filhos, pela impossibilidade destas mães de prestar-lhes uma última homenagem e de contemplar os membros dos filhos, significando que a elas está vedada aquela ligação indissolúvel com o corpo dos filhos no momento de preparação do cadáver e este sofrimento é representado em atos e palavras, particularmente por meio do coro das mães argivas que fala, chora lamenta, geme e se dilacera fisicamente.

A primeira questão é claro, a localização da ação trágica em Eleusis, no santuário dos mistérios das duas deusas, Demeter e sua filha Perséfone (*Kore*), de tanta importância religiosa para os gregos, e particularmente para os atenienses, pois a *polis* de Atenas estava ligada espiritualmente àqueles cultos e ritos que lá ocorriam, pelas festividades, as Termoforias, em homenagem à Demeter que ocorriam anualmente na cidade, pelas realizações dos mistérios menores no templo de Agra, e pela ligação física, mítica e religiosa entre as duas cidades, através do Caminho Sagrado, onde ocorriam as procissões dos cultos de Eleusis, que iam de Atenas em direção a Eleusis, a partir do Kerameikos (Cerâmico).Por outro lado, a associação entre Demeter e as mães argivas é imediata e cheia de sentido, pois a deusa é um símbolo materno por excelência, doadora de vida para todos os mortais, através da espiga de grãos, mas particularmente com a íntima e amorosa relação com sua filha Perséfone, fruto de sua ligação com Zeus, que é raptada por Hades, causando "a maior de todas as dores"[286] à mãe, que vaga pelo mundo em busca da filha, e que se torna estéril até mesmo em sua doação aos mortais. Assim o mesmo sofrimento une

---

285 KITTO, 1972b.

286 ALMEIDA, 2017, p. 134.

Demeter e as mães argivas, a perda dos filhos, que Eurípides utiliza no desenvolvimento da tragédia, sem falar de uma série de outros aspectos que verás adiante.

Porém, sem querer avançar, é importante frisar que as mensagens de Eleusis não eram de caráter local nem regional, mas universais, dizendo respeito à vida, a morte, e ao renascimento, atingindo a todos os mortais, e num sentido civilizador, de sobrevivência de toda a humanidade, representada metaforicamente pelo carro puxado por dragões alados que a deusa deu ao herói Triptólemo, semeando por todo o universo os grãos de trigo, e onde não existiam espaços, nem eram admitidos, os que praticavam barbáries, assassinatos, nem os que faziam as guerras, como a que naquele momento histórico estava ocorrendo entre os irmãos gregos. Portanto, Eurípides inicia a peça no nível mais alto possível, em Eleusis, comprometido diretamente com toda a humanidade, e esta distinção e símbolo, acompanhada de alguma forma toda a tragédia. Porém uma leitura atenta desta tragédia, que trata dos mistérios da vida e da morte, nos traz indícios claros da importância dos aspectos religiosos para o poeta, mediante uma forma bem particular de vê-los, acompanhando igualmente o desenvolvimento da trama, mas indo na direção contrária do que se julgava à época quanto à impiedade de Eurípides, tantas vezes proclamada pelos poetas cômicos.

No prólogo, Eurípides destaca a figura de Etra, mulher de Egeu e mãe do jovem Teseu, rei de Atenas, que ocupa o lugar central do santuário dedicado à deusa, para fazer sacrifícios em agradecimento pela fertilidade da colheita, referindo-se as cidades de Atenas e de Trezena, onde nascera como filha de Piteu. A fala de Etra no prólogo da peça começa saudando Demeter, a deusa guardiã da terra de Eleusis, porém se expande na direção de abarcar um amplo espectro, não se limitando apenas a fertilidade da terra, pois, logo, em seguida ela se refere a si mesma, dizendo que veio de outra cidade, Atenas para Eleusis, junto com o filho Teseu, bem como a outro movimento seu, que foi o de sair da casa do pai Piteu para Atenas, para casa do marido Egeu, numa combinação de rapto e matrimônio legal, da mesma forma que Kore, com a aprovação de Piteu, seu pai, reproduzindo o incentivo dado por Zeus, ao irmão Hades quando raptou Perséfone. Assim, este segundo nível associa a fertilidade da terra à fertilidade da mulher, mediante o matrimônio, no qual a figura móvel deve-se a figura feminina, que evolui da virgindade para a maternidade, e a partir daí todas as questões relativas à filiação. Continuamos aqui sob a égide dos mistérios das duas deusas, pois Etra como mãe, anciã e rainha dos atenienses vem para honrar a deusa Demeter, representada no Hino Homérico, que em sua busca pela filha raptada, aporta Eleusis como uma figura igualmente anciã devido aos seus sofrimentos, ao seu luto, procurando o mundo intermediário dos mortais, situado entre os deuses e os mortos, abandonando o mundo divino do Olimpo, ao se revoltar contra Zeus, estabelecendo uma relação imperecível com os homens mediante a difusão dos grãos de trigo, fundamentais à sua sobrevivência.

Eurípides, como de costume, não nos dá grandes pistas das transformações introduzidas por ele nos mitos e tradições, aproveitando o prólogo, para apresentar um sumário dos acontecimentos que irão ocorrer ao longo da peça. E assim ficamos sabendo, de imediato, mediante um prólogo bem enxuto, que a vinda de Etra e do filho Teseu ao santuário de Eleusis, além dos sacrifícios relativos à fertilidade das colheitas, como se tivesse havido um chamado divino das duas deusas para tal, tinha como principal razão defrontá-los com um enorme problema, de caráter humanitário, relativo às mulheres, mães argivas, igualmente anciãs, que ali estavam como suplicantes, prostradas com seus ramos, com suas suplicas dirigidas a ela, Etra, mãe do rei de Atenas, Teseu, considerando que Atenas seria a única cidade capaz de se sensibilizar com suas demandas, dado o conhecido caráter dos atenienses, como em condições efetivas e reais de resolver seus problemas. As súplicas daquelas mães derivavam de seus sofrimentos pela perda dos filhos, demandando o resgate dos corpos deles, heróis argivos, que foram mortos em solo tebano, para que pudessem lhes garantir enterros dignos, de acordo com os deuses e com a Lei, e assim permitir suas passagens para o Hades. Ocorre que os dirigentes tebanos proibiram a remoção dos corpos dos argivos, deixando-os apodrecerem e comidos pelas bestas pelo fato destes homens terem tentado invadir o solo tebano, por razões consideradas iníquas, e não justificáveis. Portanto, estas mães argivas, juntamente com o rei de Argos, Adrasto, sentindo-se pessoalmente responsável pelas desgraças ocorridas, vieram suplicar através de Etra, aos atenienses, na figura de seu rei Teseu, que os ajudassem a recolher os corpos de seus heróis, seja por negociações, seja pela força das armas, para que as exéquias fossem possíveis. Porém, ao chegarem ao santuário, encontram Etra, mãe de Teseu, oferecendo sacrifícios, estando ausente o filho. Logo se prostram de joelhos, a cercam com seus ramos, no altar de Demeter, e a ouvem em sua súplica a deusa;

Esta súplica, pois, faço, olhando para estas anciãs que, deixando os lares da terra argiva com súplices ramos prostram-se aos meus joelhos, sofrendo terrível desgraça; pois ao redor das portas cadmeias, morrendo os sete nobres filhos, sem eles estão [...]. E por acaso, em nome da colheita da terra, ofereço sacrifícios, tendo vindo de meu palácio a este templo, onde primeiro revela-se que brotou sobre a superfície desta terra a espiga fecunda. Presa neste frouxo laço de ramagem, permaneço junto aos santos altares das duas deusas Coré e Demeter, lamentando essas mães envelhecidas, privadas de seus filhos e, ao mesmo tempo apiedando-me dos seus ramos sagrados.[287]

O prólogo da peça é certamente um dos mais bonitos do poeta, pela simplicidade da presença de Etra e pelas questões e mensagens que transmite, sendo do ponto de vista teatral totalmente impactante. Eurípides coloca em cena, neste prólogo as duas questões básicas da humanidade, quais sejam a vida e a morte, representadas de um lado pela fertilidade da colheita que Etra vem saudar para Atenas e Trezena, mediante a deusa da vegetação e do trigo, Demeter, juntamente, com sua própria fertilidade, enquanto mulher casada com Egeu, tendo procriado o filho Teseu, e de outro lado, as mães argivas, representando o luto imenso pela perda dos filhos, porém com um agravante sério, para qualquer grego, pois até então não tinham tido um enterro digno devido a proibição tebana de lhes entregarem a guarda dos corpos. Em termos simbólicos, o poeta coloca como habitualmente faz, neste caso, uma inversão com relação à Perséfone, que raptada, em plena flor da vida, foi levada a força para o Hades, como um objeto sacrificial, e aqui, as mães argivas exigem que seus filhos mortos possam entrar no Hades, mediante as exéquias necessárias. Do ponto de vista cênico e teatral este prólogo e a entrada do coro fogem totalmente ao padrão euripideano. Vamos aqui acompanhar a trajetória desta cena inicial, com Vanessa da Silva, em sua dissertação de mestrado, citando Scully:

> Antes que qualquer palavra seja dita, Etra entra, talvez vindo das portas do templo[...]acompanhada pelos sacerdotes, cruza o palco e caminha para a orquestra onde o altar de Demeter e Perséfone está situado. Tanto Etra quanto os sacerdotes estão provavelmente vestidos com mantos brancos apropriados para a cerimônia que estão prestes a realizarem. Neste ponto o público esperaria o início do prólogo. Mas em um gesto único em meio a todas as tragédias que nos chegaram, um ajuntamento de cerca de trinta pessoas, vestidas com roupas pretas e rasgadas "não apropriadas para festas"(v. 97) entra em silêncio de um dos "eisodoi"(4) e interrompe os

---

287 ALMEIDA, 2017, p. 78-80.

ritos [...] Desse grupo de mulheres anciãs, garotos e outros adultos sairá o coro da peça.[288]

Vanessa da Silva acrescenta dois elementos adicionais: o contraste entre as vestimentas de Etra e as do coro, a primeira com mantos brancos e suntuosos "em nome da colheita da terra",[289] e o coro com roupas pretas e rasgadas, significando luto, sofrimento e dilaceramento da própria carne, e o fato delas entrarem em silêncio, que não faz parte do ritual do luto de uma mãe grega, mas que Eurípides utiliza para compor um sentido profundo para a atmosfera enlutada e desolada da peça, levando o público se conscientizar dos dramas atuais atenienses, em plena guerra do Peloponeso e dos sofrimentos das mães argivas.

Entretanto, é aqui que se situa uma das belezas desta tragédia, pois é através daquele mundo feminino, representado pelas deusas, pela rainha anciã de Atenas, e pelas mães argivas, todas participantes do mistério da vida, da fertilidade, da criação de seus filhos, que a solução das desgraças daquela situação, engendrada pelo mundo masculino, poderá ter uma solução. E aqui, neste sentido, se destaca o papel que Etra, uma mortal, mulher, esposa, mãe, vai desempenhar nesta tragédia, pois somente ela poderá servir como intermediaria entre aqueles dois mundos, algo, imediatamente percebido pelas mães argivas, que diante do altar de Demeter a prendem em torno de seus ramos suplicantes, pois sabem que ela jamais violará as leis divinas.

A importância da questão das suplicantes na peça, e o papel fundamental das mulheres em seu encaminhamento, precisam de algum cuidado para serem esclarecidas, e assim o farei no desenvolvimento da análise. Porém, de imediato, devo pontuar efetivamente as razões que levaram as mães argivas as súplicas foram criadas pelo que estou denominando "mundo masculino", por decisões dos dirigentes argivos e tebanos. E assim, em termos da Grécia do século V, podia-se esperar que os próprios homens fossem capazes de resolver o problema, não necessitando da participação feminina, já que esta participação, de acordo com a ideologia existente estaria restrita a questão da perpetuação do *genos* e da *polis*, em termos de sua natural fertilidade em procriar, inserida que está nos padrões de casamentos exogâmicos. Por outro lado, ao falar do mundo masculino, é importante atentar que ele se encontra presente desde o início, tanto no mito eleusino quan-

---

288 SCULLY *apud* SILVA, 2017, p. 169-170.

289 ALMEIDA, 2017, p. 80.

to em termos do casamento de Etra com Egeu. O mito se constitui em uma grande novidade no Olimpo, pois Zeus, como pai, atendendo unicamente a seus interesses, facilita o rapto de Perséfone por Hades, comportando-se da mesma forma que qualquer pai mortal, ao entregar uma filha para casar-se com outro homem, mediante um casamento exogâmico, como no caso de Piteu, que ao interpretar o oráculo de Apolo, alcooliza Egeu e o faz transar com Etra, a fim de lhe dar finalmente um herdeiro. Eurípides, para efeitos de sua ficção, faz deste casamento de Egeu com Etra uma espécie de modelo de casamento ideal, do tipo exogâmico, de acordo com as tradições aristocráticas da época, já que tem como objetivo compará-lo com outros modelos, ou endogâmicos como o de Édipo, ou exogâmicos radicais como os das filhas de Adrasto, como explicitarei mais adiante.

Assim, neste sentido, pode-se derivar a importância das suplicantes na peça, que devido a suas desgraças vão obrigar a novos posicionamentos tanto das mulheres quanto dos homens, de uma forma geral. Elas não estão fazendo súplicas, devido a questões particulares, como Medeia, ou por conta de decisões de terceiros em sacrificar sua filha como Hécuba, mas, por questões que ocorreram devido a decisões erradas e iníquas tanto do rei argivo quanto do rei tebano, que tiveram como consequência uma guerra evitável, onde seus filhos morreram, cujos corpos dilacerados seguem nos locais de combate, sem possibilidades de serem enterrados dignamente. O lamento do coro das mães argivas dirigido a anciã Etra é comovente, sem referência direta a nenhum deus, a não ser a submissão a deusa preferida do poeta, Ananké, a necessidade, mas deve-se entender que, neste caso, Demeter, a deusa que veio viver entre os homens, encontra-se bem presente às súplicas apresentadas:

> Suplico-te, anciã, com minha boca envelhecida, aos teus joelhos caindo: recupera nossos filhos, dentre os mortos que deixaram para trás os membros, por morte deslaçados, repasto para as feras montanas. Olha quão desolados meus olhos lacrimantes e quão enrugada minha carne envelhecida, dilacerada pelas minhas unhas. Que fazer? Ai! Os meus filhos mortos, em casa não pude velar, nem contemplar a terra de seus túmulos. Tu que um dia geraste, ó soberana, um filho, fazendo amado o leito para o teu esposo, compartilha comigo teus sentimentos e compartilha o quanto eu, miserável, sofro pelos mortos que gerei. Convence, pois, teu filho, suplico-te, a ir ao Ismeno, e em minhas mãos depor os corpos dos jovens mortos sem sepultura pétrea. Não por piedade, mas por necessidade é que me prosto suplicante, vindo aos altares ardentes dos deuses. Temos por nós a justiça,

e está em seu poder, agraciada que és com teu filho, o infortúnio de mim afastar. Sofrendo, lamentosa, suplico-te que deponha meu filho em minhas tristes mãos, agora morto, que eu cubra os tristes membros de meu filho.[290]

Finalmente, tenho que enfrentar um outro nível de questões, relacionado com o mundo masculino, por excelência. Etra espertamente em sua fala para as mães argivas, promove esta entrada dos homens, ao recorrer ao filho Teseu, mandando chamá-lo por um arauto,

> [...] para que afaste desta terra a aflição dessas pessoas, ou, solte esses laços suplicantes oferecendo algo agradável aos deuses, pois tudo através dos homens é conveniente que as mulheres sábias façam.[291]

Ela o convoca, pois sabe que é ele que terá que se posicionar diante do caso concreto, da invasão dos sete heróis argivos, aí incluído o tebano Polinices, filho de Édipo, comandados pelo rei Adrasto, contra a cidade de Tebas, defendida pelo irmão gêmeo de Polinices, Eteócles, na qual, ambos os irmãos morreram nas mãos um do outro – evento não citado por Eurípides –, e onde os demais chefes argivos foram mortos, propiciando a vitória de Tebas. Creonte assume o poder nesta cidade, e além de proibir o enterro de Polinices, objeto da tragédia de Sófocles, *Antígona*, que examinei exaustivamente no capítulo anterior, também proíbe a guarda dos corpos dos argivos, deixando-os apodrecer à míngua, objeto desta tragédia de Eurípides, que ainda se dedicará a este tema na tragédia, *As fenícias*, de 410 a.C. Teseu chega, inicialmente, preocupado com a mãe achando que os choros, lamentos, golpes no peito das suplicantes tinha algo a ver com ela. Ele é apresentado ao problema, e se depara com uma triste figura, a do rei de Argos, Adrasto, rodeado por crianças, que se encontra a parte do templo, atirado ao chão, envolto num manto, quieto e calado, com a cabeça coberta por um véu, como não tendo nenhuma identidade, igualmente choroso como as mães argivas, em uma atitude feminina de lamentações, que imediatamente se prostra de joelhos, na atitude clássica de suplicante, diante do altíssimo, poderoso e confidente rei de Atenas.

Teseu enérgico em seu papel de rei e, principalmente, de ateniense autóctone, manda Adrasto cessar o pranto, descobrir a cabeça e falar, iniciando um diálogo áspero e difícil com o suplicante, revelando nas entrelinhas sua incomodação com a política de Argos, sempre arro-

---

290 ALMEIDA, 2017, p. 80-82.

291 ALMEIDA, 2017, p. 80.

gante e procurando vantagens nas guerras, sem nunca se decidir por um lado, algo que se repetia na Guerra do Peloponeso. Aquele tipo de interrogatório estava em moda em Atenas, devido ao método de Sócrates em buscar a verdade, e Teseu impiedoso em seus questionamentos demonstra claramente os absurdos cometidos por Adrasto, ao conduzir suas tropas na aventura inconsequente de invadir Tebas, levado que foi, segundo ele, para agradar seus dois genros. Teseu fica chocado com o comportamento de Adrasto enquanto pai, centrando, inicialmente o interrogatório nesta questão dos matrimônios das filhas de Adrasto, que para ele era a questão mais importante. Pelo visto Adrasto cometeu diversos erros, desde o início, ao interpretar e seguir cegamente, sem nenhuma ponderação adicional, um vago oráculo de Delfos, que recomendava que ele desse em casamento suas duas filhas a um javali e a um leão, identificados por ele como sendo Tideu, originário da Etolia, expulso do país por ter cometido diversos assassinatos, e Polinices, filho de Édipo, carregando sua maldição paterna, exilado de Tebas por seu irmão Eteócles, que tinha um único pensamento: retomar a cidade por meio das armas. Diz a lenda que os dois encontraram-se em frente à casa de Adrasto, e estavam a ponto de se matarem, quando o rei decidiu purificá-los, dar-lhes as mãos das filhas, e ajudá-los a recuperar seus países mediante o exército argivo. Teseu, perplexo, conclui, portanto que Adrasto entregou suas duas filhas a bestas humanas, estrangeiros, totalmente desconhecidos a não ser por um passado tenebroso em detrimento, como Teseu pontua, de não as haver entregues a argivos responsáveis, algo impensável para ele enquanto cidadão ateniense.

Porém, Adrasto foi ainda mais longe, em termos de leviandade, e por que não de *hybris*, ao ignorar seu cunhado Anfiarau, adivinho de sua corte e respeitado na Hélade, "pois era protegido de Zeus e Apolo, famoso como guerreiro e, chefe celebre pela sua honestidade, valentia e piedade"[292] que o havia avisado de que os deuses previam total fracasso da expedição a Tebas. Vejamos este final do diálogo entre os dois:[293]

> TES. E consultaste adivinhos e observaste a chama dos sacrifícios?
> ADR. Ai de mim! Atinges-me precisamente onde falhei
> TES. Não foste, como parece, com o favor divino
> ADR. E mais: fui contra a vontade de Anfiarau
> TES. E assim, facilmente, volta as costas à divindade?

---

292 GRIMAL, 1997, p. 26.

293 ALMEIDA, 2017, p. 90.

ADR. É que o clamor dos jovens me perturbou
TES. Favoreceste os ânimos em vez da prudência

Adrasto finaliza o diálogo solicitando ajuda para seus mortos, e para aquelas mães, que se atreveram a vir a Atenas, em terra estrangeira, aumentando ainda mais a obrigatoriedade de ampará-las devido as leis divinas, ressaltando que atravessou o Peloponeso, pois considerava Esparta, cruel e dotada de caráter volúvel, algo que era do agrado de Teseu devido a seu ódio contra aquela cidade, e que Atenas "[…] era a única capaz de empreender tal tarefa, pois olha os desvalidos e tem em ti um jovem e intrépido pastor."[294]

Antes de examinarmos com cuidado e atenção para a resposta de Teseu, com suas importantes colocações, e baseado apenas no interrogatório dele com Adrasto, pode-se visualizar, ainda que sumariamente, algo que chama atenção nos atributos e na dimensão deste mundo masculino para Eurípides, com o qual ele vai trabalhar ao longo da peça. Teseu, como representante da classe política ateniense, concede destaque a duas questões básicas, afora a questão da democracia, ao sempre indagar se seu interlocutor fala em nome próprio, ou representa o povo daquele país. A primeira questão é relativa ao matrimônio das filhas de Adrasto, a qual, ele atribui a maior responsabilidade por toda a desgraça que veio a seguir, particularmente em termos políticos, pois Adrasto as incentiva a casarem com estrangeiros, mediante matrimônios radicalmente exogâmicos, com homens de passados de violência, assassinatos e maldições, verdadeiras bestas segundo ele, exilados de seus países, que somente pensam em vingança e guerra com seus compatriotas, prejudicando Argos duplamente: em termos internos, colocando em risco de forma direta a continuidade do *genos* real, trazendo ainda desgraças para toda a comunidade argiva, para a *polis*, e externamente levando sua cidade a se intrometer em termos de política internacional com aqueles países. A segunda questão é ainda mais surpreendente, em se tratando de Eurípides, que é o respeito pelos deuses, no sentido de buscar seus apoios espirituais para empreender uma expedição daquela importância para sua pátria, já que fatalmente iria colocar em risco a vida de seus cidadãos, e no caso, de seus melhores guerreiros e heróis. O desprezo aos deuses, mediante o repúdio as profecias de Anfiarau, no sentido de uma maior moderação, evitando aquela guerra em nome de jovens, arrogantes, ávidos de sangue, como se Anfiarau fosse uma pessoa qualquer, não argivo, não próximo, não

---

294 ALMEIDA, 2017, p. 92.

inspirado pelos deuses, naturalmente surpreendeu Teseu, porém, além disso, estavam eles em um local sagrado, dedicado as duas deusas, onde os homens, após uma preparação espiritual em Atenas, buscavam atingir uma iniciação nos mistérios eleusinos, voltados para uma vida mais simples, mais completa e mais pacífica.

E é justamente neste sentido que Teseu, enquanto dirigente político ateniense imerso naquela Atenas do século V, ainda acreditando em seus valores, inicia sua longa fala, pois sabe perfeitamente onde está no santuário sagrado de Eleusis, com sua representatividade universal, religiosa e mística, da mesma forma que também está absolutamente cônscio de que a demanda das suplicantes e de Adrasto está baseada em leis divinas e humanitárias. Ele inicia mediante uma reflexão acerca da insatisfação humana com as dificuldades da vida, como se esta tivesse mais males do que bens, de acordo com a maioria, com a qual ele não concorda, pois considera exatamente o contrário, caso contrário estariam todos mortos, sem poder ver a luz do sol, como no Hades, acrescentamos nós. Em seguida, ele apresenta uma série significativa de coisas boas que os mortais possuem em suas vidas, devido, segundo ele, às divindades:

> Glorifico o que entre os deuses livrou da desordem e da selvageria nossa vida, primeiro infundindo a razão, dando-nos depois a língua, mensageira de palavras, para conhecer-lhes o sentido, o alimento do fruto, e a este, as úmidas gotas do céu, que nutrem o que brota da terra e regam o seu ventre. Ademais para o inverno, deu-nos abrigo, e afastou-nos a intempérie do deus, deu-nos a arte de navegar por mar, para, por troca, adquirir uns com os outros o que falta em nossa terra. E o que é obscuro e não conhecemos claramente, os adivinhos no-lo revelam pela observação do fogo, segundo as dobras das vísceras, e do voo das aves.[295]

Considerando-se esta fala de Teseu como uma visão da evolução da sociedade humana do próprio poeta Eurípides, podemos, sem risco, compará-la perfeitamente com os dons de Prometeu aos homens em Ésquilo, com o canto do coro, no primeiro estásimo de Antígona de Sófocles, ao falar da *deinós* dos mortais, e por que não do mito de Protágoras em Platão. Aqui, Eurípides, de forma muito mais simples, nada nos diz diretamente sobre os mortais, sobre como nasceram, nem suas relações com o divino, mas nos diz coisas para lá de importantes, porém, algumas em particular chamam atenção, devido aos desdobramentos futuros da trama, característica deste mundo masculino que

---

295 ALMEIDA, 2017, p. 94.

estamos tentando delinear. Trata-se inicialmente de algo, quase pueril, de que aos mortais foi dada uma vida para viver com todas as condições necessárias para vivê-la bem, ao contrário do julgamento de muitos, porém a primeira delas, é que os deuses nos deram uma vida "sem caos", sem desordem, e também uma vida civilizada sem bestialidade, sem selvageria, e assim o fez nos dando a razão e a fala com sentido, levando-nos a entender que estes instrumentos são necessários em termos sociais, políticos, familiares e pessoais, para não vivermos uma vida caótica e selvagem. Aqui, é importante fazermos uma ressalva, sobre uma questão que permeia toda a peça, que optamos por fazê-la neste ponto. Desde seu início, por diversas citações, a vida é encarada por Eurípides, como sendo de altos e baixos, entre a prosperidade e a decadência, neste caso, o sofrimento, algo que é colocado por quase todos os personagens principais, Teseu, Etra, Adrasto, representando total respeito pelos deuses, e pela deusa Tyché, e assim deve ser entendida a colocação de Teseu, acerca das condições de vida, pois nelas existe um imponderável, que necessita ser aceito.

Teseu foi além, pois, em princípio, não distinguiu nenhuma classe social e política em termos daquelas condições de vida, significando que, estas foram dadas para todos, indicando aqui a importância para Eurípides da igualdade entre todos os homens, porém, pontuando, que a responsabilidade por uma vida adequada era pessoal e singular, dependendo de ações concretas, de acordo com suas capacidades, bem como de seus valores morais e éticos, e, finalmente, deixando implícito que o homem deverá necessariamente viver com suas limitações naturais, algo que, não por acaso, encontra-se presente em toda a preparação espiritual dos iniciados aos mistérios eleusinos, como pré-condição para ter acesso à deusa dos infernos. Teseu fecha esta parte da reflexão, com uma indagação clássica sobre a *hybris* dos homens, algo arcaico, pois levantado desde Hesíodo, porém, com nuances originais relativas a uma série de questões, como selvageria, vida civilizada, diferenciação entre o justo e o injusto, feminilidade, bem como suas implicações políticas, diante dos acontecimentos que ocorriam naquele estranho século V, fala esta que escapou a muitos analistas, mas cuja importância assinalada por Mendelsohn, em seu livro *Gender and The City in Euripides' Political Plays*,[296] nos chamou atenção, valendo a pena uma análise mais detalhada das questões por ele levantadas.

---

296 MENDELSOHN, 2002.

A passagem controversa a qual nos referimos é justamente, após a listagem das coisas boas da vida, segundo Teseu, cuja tradução de Vanessa Silva que utilizamos é a seguinte: "Acaso não somos exigentes para com isso não nos contentarmos, se a divindade nos concedeu tal condição de vida?"[297]

> Mas nossa inteligência busca ser mais forte que a da divindade e tendo o orgulho no coração, imaginamos ser mais sábios que ela. Também tu (Adrasto) pareces ser deste grupo. Não foste sábio quando, subjugado pelos decretos de Febo, deste assim as filhas aos estrangeiros, *como se fosse da vontade dos deuses, e ao mesclares com sangue impuro teu honrado lar,* feriste tua família. Pois o homem sábio *nunca deve misturar os injustos com os justos, mas* procurar os amigos nos lares que são prósperos. Pois o deus, comuns destinos conduzindo, *com a calamidade do que está doente, destrói o que é são, mesmo sem este ter cometido injustiça.*[298]

Antes de entrar na discussão propriamente dita das questões levantadas por Mendelsohn, é interessante rever a tradução da passagem, especialmente os dois primeiros versos,[299] que propositadamente separei. O verbo utilizado por Teseu, "τρυφαω" (*tryphao*), "τρυφωμεν" (*triphomev*), pode significar, "ser delicado, mole, efeminado, ser desdenhoso, ser arrogante". Vanessa, a tradutora, utilizou a palavra "exigentes"; Evandro Salvador utilizou "petulantes", já John Davie utilizou "arrogantes". Mendelsohn, entretanto considerou como algo no sentido "viver em uma delicadeza lânguida", em um sentido bem mais próximo de "feminilidade". Concordando, em parte, com este último, se tivesse que propor uma tradução livre para os dois primeiros versos, eles ficariam mais simples e diretos: "Acaso não somos fracos, julgar que a tal condição de vida concedida pela divindade não é suficiente?"

Outra palavra utilizada nesta passagem também indica uma referência ao mundo feminino, e é disto que se trata com referência aos comentários daquele autor. Eurípides utiliza o substantivo feminino "συμμειζας" (*symmeizis*), verso 222, que significa mistura, trato, que igualmente revela uma característica feminina, de dificuldades de reconhecer limites, fronteiras, diferenciação, algo, que reforça ainda mais, a necessidade de se distinguir com clareza entre a civilização humana e a bestialidade. Ainda aqui, o poeta antecipa-se em alguns séculos, e chama atenção para a conhecida teoria de Renè Girard sobre os riscos de

---

297 ALMEIDA, 2017, p. 94.

298 ALMEIDA, 2017, p. 94-96.

299 Cf.: ALMEIDA, 2017, p. 93, v. 214-215.

uma violência indiscriminada na sociedade ao se misturar sangue impuro ao sangue puro, e ao não estabelecer e manter a diferenciação entre as pessoas, que como sabemos, representavam valores básicos para os atenienses, dos quais na peça Teseu é seu representante máximo.

Deixando de lado esta eventual digressão, vou buscar entender as posições de Mendelsohn, uma vez que estou em condições para tal. Teseu, como dirigente ateniense, e falando diretamente para seu público (na peça), explicitamente investe contra os matrimônios exogâmicos radicais das filhas de Adrasto por três motivos básicos: pela entrega delas à estrangeiros, e não aos próprios argivos, prejudicando a *polis* e o *genos*, pela entrega delas a feras humanas, longe de civilizados, poluindo com sangue impuro, eventuais novas gerações, pelas consequências políticas das escolhas feitas, jovens, exilados, bárbaros, poluídos, aumentando em muito o risco de guerras com outros estados, a emergência de tiranos, a impossibilidade de alcançar a democracia, enfim a decadência e destruição da *polis*. A primeira posição de Mendelsohn é de que ao se referir a questão da bestialidade, das transgressões humanas, o foco de Teseu também estaria voltado para as mulheres, que no imaginário grego do século V, eram capazes de operar aquela transição do civilizado para a bestialidade, pelas razões conhecidas: natureza liquida, emoções, desejos incontroláveis, inconsequências, ausência de limites, sexualidade, que obrigariam os homens, pais e maridos a controlarem, a fim de torná-las submissas. Aqui, não existem controvérsias, pois é algo evidente na ideologia ateniense este posicionamento de Teseu, sendo estranho que ele viesse a declarar algo distinto, porém, existe por trás deste argumento, um questionamento adicional, do qual Mendelsohn não menciona, que fica meio que subentendido, no fato de Adrasto ter dado a mão de suas filhas àqueles tipos de homens. E aqui, sim, nos parece que a hipótese mais razoável é de que Adrasto tinha em conta que suas filhas, somente poderiam ser submissas e, desempenhar seus limitados papéis que a sociedade lhes permitia, tendo como maridos verdadeiras feras, podendo significar um temor generalizado de Adrasto das mulheres em geral, ou, um sentimento de se ver livre das filhas para sempre sem possibilidades de retorno a casa paterna. Em qualquer hipótese, isto confirmaria a impressão que Teseu tem de Adrasto, como um pai negligente, fraco, irresponsável, da mesma forma, que um dirigente político desprezível, levando-o, nestes termos, a comportamentos fracos, indulgentes e efeminados, que podem ser comparados ao comportamento da maioria dos homens que consideram a vida com mais males que bens, e que diante das condições de vida concedidas pela divindade agem externamente de forma arrogante, denotando porém fraqueza, indulgência e uma languidez feminina, explicando assim aquela controversa passagem.

Mendelsohn discute uma vez mais as posições de Teseu, porque ao longo de suas falas, inicialmente em contraposição a Adrasto, revela sua estranheza com o matrimônio das filhas do rei argivo com estrangeiros, e após, nesta última fala, com suas interpretações sobre misturas de sangue puro e impuro, de ausência de diferenciação entre o justo e o injusto, o rei estaria refletindo claramente sua ideologia autóctone, orgulho dos atenienses como sendo o único povo original, sem misturas, que surgiu da terra, levando a alguns analistas considerarem a posição de Teseu como uma busca pela pureza. Simplificando, Mendelsohn chega à conclusão que tanto o matrimônio exogâmico radical de Adrasto para suas filhas quanto o casamento "puro" entre atenienses, preconizado por Teseu, não seriam soluções satisfatórias para as mediações entre o masculino e o feminino, trazendo significativas instabilidades políticas para a *polis*, sendo que no caso do segundo tipo de matrimonio, são levantadas todas aquelas questões relativas ao papel secundário das mulheres na ideologia ateniense, especialmente quanto ao receio da diversidade.

Mendelsohn pontua, igualmente, a ambiguidade nas colocações de Teseu, pois seu matrimônio "puro" aproxima-se perigosamente das relações endogâmicas, como a de Édipo, citado pelos dois reis, como também dificulta bastante seu olhar para o problema das mães argivas, obrigando-o, por motivos que se conhece de sobra acerca das obrigações devido as leis existentes, a ter que enfrentar questões fora de seu genos e de sua *polis*. Porém sua maior ambiguidade neste sentido está dentro de casa, visto que seu pai Egeu, ateniense casou-se com uma mulher de Trezena, Etra, da qual ele foi gerado. Entretanto, nos parece evidente que Eurípides teve a intenção de mostrar exatamente as alternativas que existiam em determinados aspectos essenciais, como no caso dos tipos de matrimônio, de forma a delinear aqueles mundos masculinos muito particulares e especiais, sendo que o relativo a Teseu, ele procurou ser o mais fiel possível a ideologia vigente, justamente para desenvolver a trama, que como veremos trará grandes modificações em suas atitudes. Quanto as dificuldades existentes na aceitação de papéis diferenciados para as mulheres, em um mundo masculino por excelência, acho que não estaríamos enganados se disséssemos que Eurípides era certamente um dos maiores conhecedores do assunto, uma vez que ele as discutiu exaustivamente em suas tragédias anteriores, tanto nas que conhecemos, quanto nas que temos apenas fragmentos.

Assim, voltando para a tragédia, como bem assinala Mendelsohn, o confronto entre os dois reis vai ser resolvido por uma mulher, mãe de Teseu, Etra, ao aconselhar o filho, pois este, de forma sumária e dura rejeita qualquer ajuda a Adrasto e as mulheres argivas. Os últimos dos argumentos que explicam esta posição de Teseu são interessantes, porque, no fundo, revelam críticas severas também contra Atenas. Inicialmente ele investe contra os jovens dirigentes aos quais Adrasto foi levado à guerra, refletindo de certa forma, o que ocorria com Atenas, após a morte de Péricles, onde surgiram novos políticos, que agiram de forma inadequada, se tornando, em grande parte, responsáveis pela debacle da cidade, bem como, das dificuldades que existiam na democrática Atenas, em termos políticos, para conciliar as três classes de cidadãos, com seus interesses próprios, que exigia um enorme esforço para manter em ordem o sistema político existente, no qual a maioria dos cidadãos sempre prevalecia. Deste modo, ele finaliza: "E vou, depois disso, teu aliado me tornar? Que justa razão dou para os meus cidadãos?"[300] Adrasto reage, finalmente com alguma firmeza, diante das admoestações de Teseu, dizendo que veio pedir ajuda e não para ser acusado e castigado, aumentando ainda mais a responsabilidade dos atenienses, perante as leis divinas e humanas:

> Ide, anciãs, marchai. O tênue ramo coroado de folhagem, aqui mesmo depositai. Tomai os deuses, a terra, a deusa portadora do fogo Demeter, e a luz do sol por testemunhas de que nossas súplicas não bastaram aos deuses.[301]

O coro se manifesta de forma mais comovente, vendo a resistência de Teseu, levando emoção a velha rainha Etra, imediatamente notada pelo filho, que a admoesta para não chorar no altar de Deo (forma poética de Demeter, usada no Hino Homérico), que fere a tradição. Etra com muito cuidado, quase pedindo desculpa, dizendo que também estava falando para a cidade, penetra no mundo masculino, consciente dos riscos, já que às mulheres tais espaços eram proibidos, porém, conta

---

300 ALMEIDA, 2017, p. 96.

301 ALMEIDA, 2017, p. 98.

com o forte sentimento de *philia* de Teseu, que se dá o tratamento de "amigo" dela, ambos, diante do quadro de desespero das suplicantes:

> ETR. Ai, Ai
> TES. A ti não é dado lamentar as desventuras delas
> ETR. Ah! Pobres mulheres!
> TES. Tu não és uma delas
> ETR. Posso filho, dizer algo para ti e para a cidade?
> TES. Sim, pois também das mulheres provém muitas sábias decisões
> ETR. Mas me trazem incertezas as palavras que tenho comigo
> TES. É indigno o que dizes, privar os amigos do que é útil.[302]

A cena de Etra aconselhando Teseu, afirmando que lhe era impossível se calar, pois tinha que falar o que achava ser correto e útil naquela situação, era algo inimaginável diante dos atenienses presentes no teatro de Dioniso, pois pela primeira vez se deparavam com um diálogo respeitoso e de alto nível, entre um homem e uma mulher, na verdade entre uma mãe e um filho, sendo este o rei de Atenas, e ela usando da prerrogativa da isegoria (direito de falar livremente) em uma discussão democrática, com pontos de vista distintos, como se estivessem na Assembleia ou, na *ágora*, principalmente acerca de questões políticas e religiosas que tinham tudo a ver com a *polis* de Atenas, não somente em termos da política interna da cidade, mas em suas relações com outros estados, com um acento particularmente pan-helênico. Etra, em uma situação física semelhante à de Adrasto, aparentemente incapaz de pronunciar um discurso articulado, surpreende a todos com uma fala muito bem construída, adotando uma estratégia que sabia iria tocar fundo no orgulho e honra de seu filho pois voltada para a *polis*, revelando excelentes recursos retóricos. Etra inicia seu discurso, exortando Teseu a não desonrar as leis divinas, como se fosse uma tábula rasa, e o obriga a olhar para o outro lado, para os homens injustos e violentos de Tebas, que impedem aos mortos em combate a terem sepulturas e honras fúnebres. Teseu, diante de Adrasto e das mães argivas, concentrou sua atenção nas inconsequências e iniquidades dos argivos, e Etra brilhantemente foi direta ao ponto principal, pois as atitudes dos argivos eram coisas do passado e agora, tratava-se de enfrentar os tebanos, de molde a resolver o problema das suplicantes. Etra afirma claramente que a lei, que os tebanos estavam desrespeitando era um patrimônio de toda a Hélade, a qual Teseu devia obrigações com a utilização de seu braço, que a não ser por mera covardia

---

302 ALMEIDA, 2017, p. 100.

de travar combates, ele deixaria de aproveitar a chance de trazer para Atenas uma coroa de glórias: "De modo algum! Sendo meu filho não farás isto."[303] Etra ameaça a honra do homem, do rei de Atenas, diante da *polis* e da Hélade, mas principalmente a do seu filho, com argumentos irrefutáveis, aos quais ela ainda acrescenta outro, que se constituía em orgulho de todos os atenienses, referente às suas reconhecidas capacidades pessoais, inclusive por seus adversários – ousados, aventurosos, confiantes, vitoriosos, irrequietos, determinados – consolidadas após as vitórias conseguidas contra os medos, a *poligramosine*, a qual foi comentada e analisada por nós anteriormente. Vejamos esta bela passagem;

> Vês como tua pátria, quando tachada de irrefletida, lança um olhar terrível aos zombadores? Pois é nas lidas que se fortalece. E as cidades apáticas que atuam obscuras também olham e se retraem. Não socorrerás, filho, aos mortos e às infelizes mulheres que estão em necessidade?[304]

Teseu mantém suas justas críticas aos argivos, porém reconhece e aceita as admoestações da mãe, especialmente quanto a enfrentar quaisquer perigos, afirmando ser impossível para ele recusar a tarefa:

> Pois o que me dirão os inimigos dentre os mortais, quando tu, que me geraste e que temes por mim, és a primeira a instar para que me encarregue desta tarefa. Farei isto, e liberarei os mortos, convencendo pelas palavras. Do contrário será pela força da lança então, e não terei a censura dos deuses. Mas eu também preciso deliberar com toda a cidade. E ela deliberará, pois é meu desejo. Ora, se da palavra lanço mão, terei o povo bem disposto. Pois também eu o conduzi à soberania, libertando esta cidade, com o voto igualitário.[305]

A estratégia de Etra não fornece nenhuma alternativa para Teseu a não ser a de enfrentar a tarefa, e aqui, concordo com a análise de Mendelsohn ao dar ênfase neste episódio a questão de gênero, porque Etra não faz um discurso orientado para o sentimento, para a piedade, mas para os valores masculinos tão valorizados pelos atenienses, da honra, da glória e principalmente em termos políticos da *polis*, pois ao cabo, Teseu era um homem público e dependia, como é normal, do que se falava a seu respeito, sendo justamente estes argumentos que fazem com que ele reaja imediatamente.

---

303 ALMEIDA, 2017, p. 102.

304 ALMEIDA, 2017, p. 102.

305 ALMEIDA, 2017, p. 104.

Por outro lado, há que se louvarem as atitudes de Teseu, incomodado pela intromissão da mãe em seu universo masculino, em aceitar prontamente suas críticas ao seu posicionamento, revendo-os, e talvez, o mais difícil, incorporando-os em suas manifestações futuras, coisa que somente se consegue, ao visualizar que agirá correta e justamente perante os acontecimentos. Na realidade, a visão de Eurípides sobre a contribuição feminina era revolucionaria à época, e neste sentido, Teseu ao incorporar aqueles valores femininos, se renova, se expande, com as palavras da mãe, demonstrando isto, em seguida, ao por um lado, agir com firmeza e rapidez, e por outro com extrema cautela e ponderação quanto a solicitação dos corpos aos tebanos, no sentido de antes de tudo, abrir canais de comunicação com eles, e caso, sua oferta for rejeitada, apelar para a força, da mesma forma, que a nível interno a Atenas, consultando a Assembleia dos demos no sentido de ser esta uma obrigação sua, mesmo admitindo, como aliás ocorreu por diversas vezes com Péricles, que tinha total controle político da cidade, podendo aprovar qualquer coisa, desde que pudesse argumentar com os demais, desvirtuando em parte o próprio processo democrático da *polis*.

Teseu, uma vez aceitando a súplica das mulheres argivas, e preocupado com sua velha mãe, solicita que elas a liberem das sagradas guirlandas que a prendiam, para que a pudesse levar de volta para o palácio de Egeu, em Atenas, demonstrando uma vez mais seus sentimentos de *philia* com os pais, mas também, indicando que a questão agora era unicamente dele, naquele mundo eminentemente masculino. O coro reage de forma quase eufórica, louvando Teseu, por sua piedade com os deuses, com a Hélade, e com Argos, alcançando ainda a própria cidade de Atenas, pois, Teseu, afinal, abandona seu isolacionismo e rompe com os limites e as fronteiras, exatamente como as mulheres desejavam desde o início. Teseu imediatamente entra em ação, ordenando ao mensageiro levar duas mensagens para os tebanos: a primeira, diplomática e educada, solicitando enterrar os mortos e a outra, avisando que suas tropas já estão preparadas para a ação. Chega, porém um emissário tebano, facilitando as coisas para Teseu, e trazendo, de forma arrogante e desafiadora, mensagem de Creonte, e ainda, estabelecendo com o rei de Atenas, um *agon*, inicialmente sobre tirania e democracia, e após sobre a inevitável intervenção de Atenas com o objetivo de resgatar os corpos dos argivos. Podemos, em nosso esquema, considerar a partir deste *agon*, um novo nível de reflexões de Eurípides, relacionado com a possibilidade de expansão do ser humano, no caso, de Teseu como pessoa humana, naquele momento específico, diante de problemas concretos, com o sofrimento das mães argivas, com a pré-disposição e abertura que se abrem para os homens livres na democracia em fazer as coisas corretamente, e, finalmente com a preocupação temporal com o futuro.

O mensageiro tebano, de saída revela-se um falastrão, perguntando pelo tirano que governa aquela cidade, em aberta provocação aos atenienses, levando Teseu a admoestá-lo de que ali não existem tiranos, sendo uma cidade livre, com direitos iguais para todos, ricos e pobres. O mensageiro insiste no tema, afirmando que o governo de um só homem faz coisas boas e ruins, como qualquer governo, e o faz com flexibilidade, questionando como o povo pode governar uma cidade, citando um pobre lavrador que tem que trabalhar para si, e também cuidar do bem comum, e por outro lado, como o que vale é a língua, a fala, homens indignos que buscam interesses pessoais assumem papeis que deveriam serem ocupados por homens honrados. Todas as críticas do mensageiro são altamente pertinentes e em grande parte reconhecidas pelos próprios atenienses, por Péricles em seus discursos e em certa medida por Eurípides. Das críticas, a mais séria diz respeito aos dirigentes *demagogos*, referidas aos casos de Cleon e outros, que eram objeto de muitas preocupações, uma vez que as questões envolvendo a participação política dos cidadãos haviam sido encaminhadas, inclusive porque a implantação da democracia era reconhecida como um processo que se sabia levaria algum tempo, em constante evolução, no sentido de seu aperfeiçoamento. Porém Teseu nada responde sobre elas, minimizando aquele *agon*, preferindo discorrer sobre a questão central da democracia igualitária, versus a tirania, e o faz de forma brilhante, mediante argumentos inovadores, pois extremamente aderentes aos mistérios de Eleusis, e com uma visão de futuro, igualmente original.

Ele começa afirmando que nada é mais hostil a cidade que um tirano, pois as leis, a justiça, são voltadas unicamente para ele e não para todos, significando também que elas mudam de acordo com as necessidades do governo. Teseu complementa com uma das mais famosas falas de Eurípides sobre os direitos à justiça dos pobres e ricos, bem como dos pequenos e grandes;

Sendo, porém, as leis escritas, tanto o pobre quanto o rico possuem leis igualitárias, e é possível aos mais fracos falarem ao que é poderoso, sempre que forem ofendidos, e o pequeno pode vencer o grande se tem a justiça.[306]

Em seguida ele fala da liberdade pessoal, mais especificamente da liberdade de pensamento, pois cada um pode propor o que quiser, e aqui, Eurípides em dois versos apenas, resume duas das maiores invenções atenienses, a "παρρησια" (*parrhesia*), liberdade de expressão, que inclui a franqueza e a sinceridade, e a "ισηγορια" (*isegoria*), o direito universal de falar na Assembleia, algumas vezes empregada como sinônimo de democracia. A partir deste ponto de sua fala, Teseu inicia uma analogia genial entre os frutos, os jovens, de uma sociedade dominada por um tirano, submetidos ao seu poder de ceifar suas vidas, no caso de meninos, e de usar e abusar das meninas, com os frutos da terra, as espigas de trigo, relacionadas com o drama eleusiano do rapto de Core por Hades, tirando-a de sua mãe Demeter. Vamos seguir de perto Mendelsohn nesta análise devido as suas excelentes colocações. Teseu inicia esta analogia assim:

> Além disso, onde o povo é senhor da terra, alegra-se com os jovens cidadãos que lhe são sujeitos. Já o homem que é rei, considera isto odioso, e os melhores, que julga serem sábios, elimina, temendo por sua tirania. Como, portanto, vem a ser poderosa a cidade, quando alguém, como a uma espiga primaveril, ceifa a coragem e arranca a juventude?[307]

Teseu reafirma de início as referências feitas por Etra a terra, no prólogo da tragédia, bem como em sua missão sacrificial a Eleusis, colocando o povo como o senhor, o dono da terra, e como frutos da sociedade os jovens cidadãos, que são abatidos pelo rei por que são vistos como ameaças a própria tirania, da mesma forma que na colheita das espigas de grãos elas são abatidas, ainda associando o rapto de Kore do luxuriante prado por Hades, conforme o Hino Homérico.[308] Mas Teseu vai mais longe e, de forma clara e emocional aprofunda a analogia:

> Para que obter conforto e riqueza para os filhos, se para o tirano é que o povo produz conforto? Ou conservar virgens as filhas em casa virtuosamente, doce prazer ao tirano, quando deseja, e lágrimas para quem as prepara? Não viva eu mais, se minhas filhas, por força se casarem.[309]

---

306 ALMEIDA, 2017, p. 110.

307 ALMEIDA, 2017, p. 110.

308 MENDELSOHN, 2002, p. 180.

309 ALMEIDA, 2017, p. 112.

Assim, Eurípides, elabora uma denúncia inovadora da tirania, e o principal, chamando atenção para uma questão, normalmente deixada em segundo plano, quando se fala da mesma, que é a questão dos jovens, e aqui é evidente estamos falando do futuro de qualquer sociedade, e de como aqueles jovens são afetados por esse tipo de regime. Porém a analogia por ele proposta com relação aos mistérios é ainda mais genial, como bem observa Mendelsohn:

> A apaixonada denúncia da tirania de Teseu, na qual, conscientemente ele politiza o mito de Demeter, em termos familiares da retórica política contemporânea, Hades se torna o equivalente mítico do tirano estuprador, Kore a indefesa vítima da atrocidade tirânica e Demeter, ela mesma, é a sofrida e infeliz mãe.[310]

Entretanto, além de tudo isto, o que mais me impressiona nesta tragédia, é a evolução do personagem Teseu, e como Eurípides, finamente e sutilmente o vai construindo, a partir de sua posição racionalista e otimista de sua resposta a Adrasto, das colocações de Etra, da tomada de consciência gradual sobre a fortuna das pessoas que ora estão bem para em seguida estarem mal, e finalmente, encarando a realidade cruel do sofrimento, neste caso do sofrimento injusto das mães argivas, mas tendo para ele como paradigma o sofrimento de Demeter . Esta primeira parte do *agon* com o mensageiro tebano, pouca importância tem para ele, porém tenho impressão que ao falar dos jovens e da tirania, consolidou-se em seu espírito, com clareza absoluta, a necessidade de corrigir aquela injustiça com as suplicantes, mesmo que para isto tenha que recorrer às armas, com o exército ateniense invadindo Tebas e resgatando os corpos, tendo como paradigma o que fizeram seus conterrâneos quando lutaram contra a tirania dos Pisístrato, contra as facções oligarcas e contra as invasões dos medos.

A segunda parte do *agon* com o mensageiro tebano sobre a questão objetiva do resgate dos corpos é iniciado pelo segundo, que de acordo com Lloyd, mitigaria os efeitos do que poderia ser entendido como uma agressão ateniense. Novamente, aqui Eurípides se supera, pois promove uma fantástica inversão de papéis, confundindo totalmente a situação entre realidade e ficção. Na verdade, ele caracteriza o mensageiro tebano como se fosse um eventual mensageiro ateniense daqueles dias de hegemonia do Império Ateniense, e ainda mais, utilizando argumentos que o próprio Teseu defenderia, antes que ocorresse sua

---

310 MENDELSOHN, 2002, p. 181.

transformação pessoal. Arrogantemente, o mensageiro, proíbe a permanência de Adrasto, que ele seja expulso naquele mesmo dia, manda desatar as guirlandas das súplicas, e adverte para que não interfiram no resgaste dos corpos pela força, usando um argumento conhecido dos atenienses, o de que eles nada tem em comum com os argivos. E ainda ameaça a Atenas e seus aliados, caso seja desobedecido: "Farás navegar para longe das tormentas tua cidade, mas se não, muitas tempestades de lanças a ti e aos teus aliados sobrevirão."[311] Investe contra a irracionalidade das emoções, as vaidades típicas de uma cidade livre contra a guerra, contra esperanças infundadas, e, finalmente contra as injustiças, segundo seu ponto de vista cometidas pelos argivos em empreender a invasão de Tebas, pelas quais inclusive foram punidos. Recomenda, ao final, mediante uma conclusão gnômica, serenidade e sabedoria à Teseu, mas que significa pelas palavras utilizadas, imobilidade, paralisia, já antevendo reais problemas para Tebas. Vemos assim, de forma clara que quase todos seus argumentos foram utilizados por Teseu contra Adrasto, *focando a questão em cima do acerto ou, não, da decisão de Adrasto da invasão, quando aqui, o problema já era outro, qual seja o de outra invasão, esta justa e de acordo com os deuses, para resgatar os corpos dos mortos, promover as devidas honras fúnebres e o termino dos sofrimentos maternos.*

Adrasto, que certamente a tudo assistia, tenta falar e responder ao mensageiro, porém é violentamente interrompido por Teseu, porque foi a ele dirigido o *agon*, mas refletindo também que não estava do lado de Adrasto, nem o defendendo, mas, sim, interessado apenas em justiça e em considerações religiosas. Ele inicia ridicularizando as ordens de Creonte para Atenas, indicando que se calasse. Em seguida, evidencia que ele nada tinha com a invasão dos sete, e que quer unicamente aplicar uma norma pan-helênica, de acordo as observações de Etra. Assinala que os argivos já foram punidos, e que segurar seus corpos não é uma ofensa a eles, mas as leis e os deuses, explicitando aqui a precariedade da vida, sua finitude, que o corpo é apenas uma morada temporária lembrando os mistérios de Eleusis, que foi posteriormente adotada pela cristandade:

> Deixa que pela terra sejam os mortos cobertos. E que cada coisa regresse ao lugar de onde veio: o espírito para o éter e o corpo para a terra, pois

---

311 ALMEIDA, 2017, p. 112.

nada obtemos para nós próprios, senão para dar morada à vida e, depois, aquela que o nutriu deve retomá-lo.[312]

Teseu finaliza sobre as oscilações da vida, ressoando mais uma vez as palavras de Etra, e afirmando que devemos ser moderados igualmente contra as injustiças. E duramente diz que os mortos serão enterrados, mesmo a força, e que jamais as leis serão corrompidas por Atenas e os atenienses. Portanto, Teseu não deixa nenhuma dúvida, mesmo considerando culpados os argivos pela invasão dos sete, e levando em conta a piedade de Etra para com as mães dos guerreiros, e também para com os deuses, irá resgatar os corpos deles de qualquer forma, por considerar suas responsabilidades políticas, sociais e pessoais, no cumprimento das leis de toda a Hélade, bem como estará guerreando por uma causa justa, respeitando os deuses. O mensageiro ainda tenta dialogar com Teseu, tentando provocá-lo, afirmando que ele jamais resgatará os corpos dos argivos, porém, em vão, sendo que este o expulsa daquelas terras, e garante que ele mesmo estará presente às sete portas cadmeias, com o ferro pontiagudo e comandando a expedição, coisa que não ocorrerá com Adrasto, já que Teseu o proíbe de estar com ele nesta tarefa.

A partir daqui, entrarei em um novo registro, pois passo para as ações concretas, com a descrição por um mensageiro argivo da vitória de Teseu, na expedição a Tebas para resgatar os corpos dos guerreiros que lá morreram em combate. Eurípides nesta parte da tragédia que envolve alguns episódios importantes, como a batalha propriamente dita nas palavras do mensageiro, em seguida com sua descrição dos enterros com a participação direta de Teseu, e após o hino fúnebre dos sete guerreiros pronunciado por Adrasto, solicitado pelo próprio Teseu, adota a nosso ver, um tom claramente irônico, reconhecido por alguns analistas, especialmente no hino fúnebre de Adrasto, mas igualmente rejeitado por muitos. Portanto, minha tese é distinta da adotada por Mendelsohn, que apesar de reconhecer a ironia do hino fúnebre de Adrasto, distingue previamente dois papéis principais de Teseu: como tirano, no caso da batalha campal, usando seu porrete para dizimar os adversários, e no caso do enterro dos guerreiros substituindo as mulheres, que normalmente fazem esta tarefa. Considerarei que em todas estas passagens o tom levemente irônico prevalece, sendo que a personagem principal, Teseu, cumpre diversos papéis ao mesmo tempo, objetivando assim à intenção do poeta, em mostrá-los desta forma

---

312 ALMEIDA, 2017, p. 116.

para os espectadores presentes ao teatro, porque, em princípio, aqui, o pensador, o filósofo, o dito sofista, dá lugar ao dramaturgo, ao homem de teatro, conhecedor profundo de suas técnicas. Certamente, porque esta era a melhor forma de atingir os atenienses presentes, para a seriedade do momento presente que eles mesmos estavam vivenciando, mergulhados numa guerra entre irmãos que poucos queriam, dirigidos por políticos inescrupulosos, na qual os valores atenienses se escapavam por entre os dedos.

A descrição da batalha de resgaste dos corpos pelo mensageiro é particularmente teatral, pois o relato acompanha pari-passu e o seu desenrolar a partir da formação dos guerreiros, a infantaria, os hoplitas, a cavalaria, algo em que Eurípides era mestre, certamente, permitindo aos atores belos desempenhos, no deslumbramento e vibração do mensageiro, e na admiração, na surpresa, na felicidade, estampadas nas faces das mães argivas, das crianças e de Adrasto. Uma vez em posição ambos os exércitos, o arauto de Teseu, tenta ainda evitar a guerra: "Calai-vos, soldados! Calai-vos, fileiras de Cadmo! Ouvi: nós viemos atrás dos mortos para sepultá-los, preservando a norma pan-helênica, e não estender a matança."[313] Creonte não dá nenhuma resposta à demanda do arauto, ficando em silêncio e o combate é iniciado, mas fica clara a postura de Teseu, que não desejava agredir os tebanos, simplesmente resgatar os corpos, de acordo com as leis pan-helênicas. Eurípides usará a mesma fórmula nas Fenícias, posteriormente, quando Eteócles evita a matança ao propor um combate direto ao irmão Polinices, aceito por ambas as partes. O combate inicia de forma ordenada, porém, rapidamente se torna cruento e selvagem com os guerreiros enfrentando-se diretamente, algo, inesperado para Teseu, especialmente por parte dos tebanos, justificado por serem *spartoi* nascidos dos dentes do dragão, já totalmente prontos para o combate. Teseu, ao constatar isto, apela para o esquecido lado selvagem dos atenienses, dos descendentes de Crãnao que tiveram um fim em Atenas, e ele mesmo assume uma postura agressiva, gritando palavras de ordem, com seu porrete, identificada como sendo de um tirano por Mendelsohn, nos termos anteriormente colocados, no intuito de ceifar vidas humanas, mas que era totalmente necessário nas circunstâncias que a guerra exigia:

> (Teseu) Soltou um brado tal que a terra ecoou: Filhos, se não detiverdes a lança forte dos homens semeados, vai-se Palas! O ânimo cresceu em todo

---

[313] ALMEIDA, 2017, p. 126.

o exército dos Cranaos. Tomando, ele mesmo a arma de Epidauro, sua terrível clava, e movendo-a com uma funda, ao mesmo tempo degolava os pescoços e cortava cabeças, rachando elmos com o madeiro. Enfim, a custo colocou-os em debandada.[314]

Os guerreiros tebanos fogem para as portas trazendo pânico para a cidade, com os jovens e velhos apavorados em seus templos, e novamente aqui aparece a postura moderada e sábia de Teseu, que apesar de podê-la invadir, passando os muros, conteve o exército fora da cidade, pois dizia que não viera destruir a cidade, mas resgatar os corpos. O mensageiro elogia o comportamento de Teseu, dizendo que era o comandante ideal, destemido e ponderado ao mesmo tempo, as mães argivas não acreditam que o tão esperado dia chegou para elas, voltando a crer nos deuses e Adrasto, imediatamente se dá conta de que decisões erradas foram por ele tomadas lá trás, que trouxeram desgraças para os argivos, ponderando ainda, na completa ausência de controle dos mortais sobre os acontecimentos, tema que domina toda a tragédia ao se referir aos tebanos que agora amargavam uma derrota. Finalmente, quanto a esta passagem do combate, deve ser ainda ressaltado que a partir do momento em que Teseu, dá seu grito primordial, ficamos diante de um momento tipicamente épico, digno de Homero, Teseu desempenhando seu papel principal, o de herói mítico, com seu cacete epidauriano, roubado por Perifetes, o ladrão de Epidauro, que Teseu recupera e o pune, em suas legendárias aventuras. Porém, Eurípides, como é de seu feitio, não fala explicitamente, mas deixa implícitas as diferenças, de uma guerra heroica, com os heróis em busca de sua honra e da sua Arete, e esta justa guerra em busca do resgaste, não somente dos corpos, mas principalmente dos direitos inalienáveis de uma comunidade em enterrar seus mortos.

O segundo episódio é ainda mais teatral e se refere aos enterros dos guerreiros argivos, particularmente dos remanescentes dos sete chefes da expedição. É interessante acompanhar o diálogo entre o mensageiro e Adrasto sobre isto:

> ADR. E os mortos, causa da disputa traze-os?
> MENS. Pelo menos os que lideravam os sete famosos exércitos.
> ADR. Como dizes? E onde estão os outros numerosos que sucumbiram?
> MENS. Receberam a sepultura nos vales de Citéron. ADR. Deste lado ou daquele? E quem os enterrou?
> MENS. Teseu, onde se ergue a umbrosa rocha Eleutéria.

---

314 ALMEIDA, 2017, p. 130.

ADR. E onde deixastes, ao vires os mortos que ele não enterrou?

MENS. Perto. Pois tudo o que se anseia fica próximo

ADR. Teria sido penoso aos escravos trazê-los de entre os mortos? MENS. Nenhum escravo se encarregou deste trabalho

ADR. (verso perdido, sobre um questionamento da atitude de Teseu) MENS. Dirias, se estivésseis lá quando cuidava dos mortos

ADR. Ele próprio lavou as feridas dos desgraçados?

MENS. E preparou o leito e cobriu os corpos ADR. Terrível e vergonhoso fardo!

MENS. Que vergonha há para os homens partilhar os males dos outros?[315]

A cena é magnífica, apesar de que os enterros não foram representados, especialmente pelas reações que devem ter sido geradas pelo público, seguindo a própria reação de Adrasto, ao ter consciência dos gestos e atitudes de Teseu. Mendelsohn julga que neste caso, Teseu estaria desempenhando um papel de uma vítima da violência heroica, como das mães argivas, como de Demeter, ressoando ainda as palavras de sua mãe Etra de solidariedade com aquelas mães, o que nos parece até possível, porém, quero chamar atenção para outras questões. Claro que o inusitado da cena deriva do fato de que há pouco Teseu em combate, cortava cabeças com sua funda, e que agora, trazia para si a incumbência, normalmente destinada as mulheres e aos escravos, em limpar as feridas dos corpos, lavá-los, e certamente fazer preces, enterrando a todos com um mínimo de dignidade. Porém, neste caso particular, Eurípides nada inventou, reproduzindo de perto o que se conhecia das atitudes de Teseu, conforme apresentado por Plutarco em sua *Vida de Teseu*. Um fato crucial da adolescência de Eurípides, quando ele tinha entre treze e quatorze anos, já citado anteriormente, mas que cabe repetir, foi a descoberta por Cimon, na ilha de Sciros dos restos mortais de Teseu, um homem maior do que o normal, com uma lança e uma espada, que foram trazidos com grande pompa e enormes festas para Atenas, tendo sido colocado em um lugar próximo ao Ginasio, que passou a ser um local de abrigo e asilo para os miseráveis, para os escravos, pois sua principal fama era a de protetor e amparador de todos que precisavam de auxílio, fama esta granjeada ao longo do tempo.[316] Naquela época alguém com esta determinação de proteger os desvalidos, necessitava ter também uma grande força, ser um grande guerreiro, e este era o caso de Teseu. Além disso, para reforçar as atitudes humanitárias de Teseu, o próprio Plutarco, relata este mesmo

---

315 ALMEIDA, 2017, p. 132-134.

316 PLUTARCO, 1964, p. 36.

episódio do resgate dos corpos, de uma forma distinta da de Eurípides, pois eles Adrasto e Teseu, conseguem os corpos sem entrar em guerra, através da persuasão e do estabelecimento de um tratado, que segundo Filócoro, citado por Plutarco, foi o primeiro exemplar de um tratado desta natureza, no qual são entregues os cadáveres ao inimigo.[317]

Finalmente resta falar do epitáfio de Adrasto dos chefes argivos que morreram nas portas cadmeias, ao ser provocado pelo próprio Teseu, de forma a falar para os jovens, por que tais homens nasceram distintos em coragem. A cena aqui é ainda mais importante, pois dela participam quase todos os personagens, com a exceção de Etra, sendo comparável conforme Mendelsohn, ao final das Eumenides de Ésquilo com sua pompa. As controvérsias existentes em relação a esta passagem são significativas: alguns convictos de que Eurípides utilizando a ironia procura não somente reduzir a importância da oração fúnebre, muito utilizada por Péricles, mas, ridicularizando, principalmente o denominado heroísmo masculino, usando, de forma maldosa o personagem de Adrasto, comandante daquela expedição e conhecedor da vida dos guerreiros. Outros, ao contrário consideram que, trata-se do reconhecimento de suas concepções de civismo, com atitudes elogiáveis e de elevado valor, independentemente de suas formações e níveis de educação. Parece não existirem dúvidas de que a intenção de Eurípides era de criticar o heroísmo, como, aliás, já havia feito em várias de suas tragédias, e aqui ele investia contra uma das maiores tradições da Hélade que consideravam o episódio dos sete em Tebas, como sendo um dos mais renomados em termos de heroísmo. Mas a discussão que ele propõe, desde o início da trama, com a posição de Teseu e sua evolução é quanto à necessidade da guerra, utilizando como parâmetros, a equivocada, injusta e sem nenhuma justificativa expedição de Adrasto e os heróis argivos contra Tebas, a justa guerra, de caráter humanitário, para resgate dos corpos dos guerreiros argivos em razão do cumprimento das leis pan-helênicas, e claro a Guerra do Peloponeso, com todas suas implicações, na qual os atenienses estavam envolvidos, para defenderem seu império, e na qual estavam sendo cometidas atrocidades com comportamentos bestiais e selvagens, muito longe de comportamentos civilizados. Portanto, atitudes heroicas, buscando honra e gloria, em situações de guerras injustas, inexplicáveis e desnecessárias do ponto de vista social, ou, do ponto de vista da integridade moral e cívica da *polis* nada significavam, ou, melhor, significavam perda de

---

317 PLUTARCO, 1964, p. 29.

tempo e esforço, levando a eventuais desgraças. O epitáfio de Adrasto nada mais faz do que comprovar esta tese, inclusive porque, pelo teor de sua fala, nenhum deles em seus comportamentos cívicos quase nenhuma relação tinham em termos políticos e sociais com a *polis* argiva.

A tragédia encaminha-se para o fim, mas Eurípides ainda prepara uma surpresa para a plateia ateniense, que é o episódio da morte de Evadne, esposa de Capaneu, o herói argivo, fulminado pelos raios de Zeus, antes mesmo de entrar em combate devido a sua insolência e *hybris*. Porém, antes, Teseu e Adrasto discutem o enterro dos heróis, onde fica acertado que Capaneu que foi precipitado vivo nas entranhas da terra pelos deuses, seria cremado a parte em uma tumba perto do templo, cuja preparação seria executada pelos servos, e os outros todos em uma única pira, que eles mesmos, providenciariam. Teseu também proíbe as mães que se aproximem dos corpos dos filhos para tocá-los, porque seria de uma crueldade grande vê-los desfigurados aumentando ainda mais suas dores, como existiam desde Sólon leis sobre a presença de mulheres nos funerais. Em seguida, e antes da entrada de Evadne, o coro das anciãs, canta um dos mais lindos lamentos da peça, diante da realidade da perda dos filhos, de ter que encarar "uma vida sem vida", confinada à casa porém sem alegrias, reverberando claramente Demeter, em seu exílio, ao abandonar o Olimpo e vir morar junto aos mortais, nem junto aos deuses, nem junto aos mortos, naquela região intermediária, da mesma forma que as mães que se declaram nem vivas nem mortas:

> Já não tenho nobres e belos filhos, já não tenho a felicidade, nem a fecundidade das mães argivas. Tampouco Ártemis parteira saudaria mulheres sem filhos. Ó, vida miserável! Como uma nuvem errante sou levada pelos ventos das tormentas. Sete mães, sete filhos geramos, míseras que somos! Os mais ilustres de Argos, e agora, sem filhos, sem rebentos envelheço no maior dos infortúnios. Não conto nem entre os mortos, nem entre os vivos. De uns e de outros me separa a Moira. Só me restam as lágrimas, e em casa a triste lembrança de meu filho, trajes de luto, cabelos sem coroas, libações para os corpos dos mortos, cantos que o deus de cabelos dourados Apolo, não quer aceitar. Velando entre lamentos até o amanhecer com as lágrimas constantes molharei as úmidas pregas das vestes contra o peito.[318]

Eurípides, nesta tragédia, como vimos, dedicou muito de si para compor as mais belas cenas teatrais de sua carreira, e isto se repete aqui, no episódio de Evadne, considerada por muitos, como uma cena

---

318 ALMEIDA, 2017, p. 146-148.

única naquele universo trágico do século V. Como dissemos ao início de nossa análise da peça, Eurípides vai do universal, com a mensagem dos mistérios de Eleusis ao particular, neste caso ao desejo de Evadne de se unir novamente ao seu marido Capaneu, não em vida, mas na morte. Vestida em trajes de noiva, ela transforma o funeral em um tálamo conjugal, sem antes, se alçar a uma rocha elevada, em frente ao templo, onde está o que restou de seu marido para ser queimado, em um movimento altamente simbólico de liberdade e de repúdio, de afastamento do universo confinado feminino da casa, para voar em direção ao amor perdido. Eurípides com sua criatividade excepcional inverte toda a situação que a peça vinha tratando até aqui, pois nada tinha sido falado sobre as esposas dos guerreiros mortos nas portas de Tebas, e muito menos de seus pais, como Ifis enquanto pai de Eteócles (homônimo do filho de Édipo), e muito menos ainda dos pais das esposas, como novamente Ifis, pai de Evadne, mulher de Capaneu. Assim, vamos focar nossos comentários no diálogo de Ifis com Evadne, a partir de sua entrada em cena e antes dela se lançar na pira de Capaneu, por considerarmos antes de tudo, que a atitude de Evadne, nada tem de comportamento heroico, apesar de suas palavras neste sentido, e sim de "evasão", de fuga, um pouco na linha de Loraux em seu pequeno livro sobres às maneiras trágicas de matar uma mulher, algo perfeitamente aceitável do ponto vista unicamente pessoal.

Porém, antes, é importante notar que Eurípides promove uma inversão inicial, em Evadne, com relação às mães argivas, a Etra, e mesmo com relação à Demeter, pois ela simplesmente ignora e despreza o papel de mãe, de reprodutora de filhos, apesar de tê-los, mencionando-os quase por acaso, preferindo dar ênfase a liberdade do prazer sexual com o marido, mesmo morto, mediante uma fantasia erótica, de fogo, morte e matrimônio, e com uma fantasia heroica, que parece se situar em sua fuga ao controle masculino paterno como bem aparecem em sua fala:

> Já vejo o desenlace, de onde estou: a sorte guia meus passos, mas em favor da glória. Daqui desta rocha me atirarei, lançando-me na pira, e entre as chamas ardentes juntarei o corpo ao do amado esposo, colocando minha carne junto a sua carne no tálamo de Perséfone. Ainda que morto sob a terra, a ti jamais trairei em minha alma. Ide, luz do dia, ide núpcias![319]

---

319 ALMEIDA, 2017, p. 150.

Ifis chega perguntando pela filha, lamentando suas duplicadas dores e sofrimentos por ter que levar de volta à pátria os restos mortais de seu filho Eteócles, e por saber que sua filha deseja morrer com o marido, que durante algum tempo ele conseguiu evitar, vigiando-a em casa. Vejamos este diálogo:

> EVA. Por que perguntas a elas? Estou sobre esta rocha como ave sobre a pira de Capaneu, levantando um voo sinistro, pai
>
> IFI. Filha, que ares são esses? Que viagem é esta? Por que razão escapaste da casa e vieste para esta terra?
>
> EVA. Ficarias tomado de ira se ouvisse minhas resoluções. Não quero que as ouças, pai
>
> IFI. Por quê? Não é justo que seu pai saiba?
>
> EVA. Não serias sábio juiz de meus pensamentos
>
> IFI. E por que adornas o corpo com esse traje?
>
> EVA. Este traje, pai, visa a um feito glorioso
>
> IFI. Não vejo como te apresentas enlutada pelo teu marido
>
> EVA. É que estou vestida para uma ação inesperada
>
> IFI. E ficas perto de um tumulo e de uma pira?
>
> EVA. Pois aqui alcançarei a mais bela vitória
>
> IFI. Alcançar vitória sobre quem? Quero saber de ti
>
> EVA. Sobre todas as mulheres que o sol já contemplou
>
> IFI. Nos trabalhos de Atena ou na prudência da mente?
>
> EVA. Em virtude. Pois com meu esposo morrerei
>
> IFI. Que dizes? Que enigma funesto é esse que revelas?
>
> EVA. Vou lançar-me a pira do falecido Capaneu
>
> IFI. Ó filha! Não digas essas palavras diante dessa multidão
>
> EVA. É isso mesmo que quero, que todos os argivos saibam
>
> IFI. Mas jamais aceitarei que tu faças isso
>
> EVA. Tanto faz. Não conseguirás agarrar-me com as mãos e já cai meu corpo - para ti nada agradável - mas sim para meu esposo, que queima junto comigo.[320]

Apesar deste episódio ter recebido por parte dos analistas um olhar claramente favorável à atitude de Evadne, por representar uma reação ao papel destinado às mulheres pela ideologia ateniense, de restrição de movimentos, espacialmente confinada em determinados ambientes familiares, de reprodutora perante o *genos* e a *polis*, não consigo identificar nada de louvável, menos ainda heroico, em suas fantasias, muito pelo contrário. Falei pouco sobre a questão da inversão de papeis em relação às mães argivas, a Etra e a Demeter, porém existe igualmente, algo bem maior e simbólico, em seus valores, que são de um lado, a

---

320 ALMEIDA, 2017, p. 152-154.

opção pela vida, por mais difícil e penosa que seja, e por outro, o sentimento de solidariedade que foi sendo criado ao longo da peça, que diga-se de passagem é um sentimento profundamente humano, que nada tem a ver com os deuses, e que é totalmente rompido, a nível individual por Evadne. Neste sentido, o desejo de uma pretensa glória por parte de Evadne, a faz não somente se unir ao marido na morte, mas também ao comportamento de Capaneu em vida, por sua insolência, por sua *hybris*, que leva Zeus a fulminá-lo, pois ela, da mesma forma que o marido, simplesmente ignora tudo o que se passa em seu entorno, de forma a tentar se glorificar. Do ponto de vista do *genos*, ela ignora claramente a morte de seu irmão, ignora seu velho pai, e parece igualmente ignorar, e aqui a peça não é clara, o sofrimento da mãe de Capaneu, sua própria mãe com a morte do filho, mesmo que ela já estivesse morta. E vejam bem, Eurípides antes deste episódio de Evadne, com o canto do coro, coloca um contraponto claro entre a impossibilidade daquelas mães, pela idade, procriarem, e trazerem vida para seus lares, com a jovem Evadne, que poderia tranquilamente fazê-lo, não por obrigação social, mas pelo mais forte sentimento amoroso, o da maternidade.

Parece que aqui estamos diante de um ponto extremamente importante da peça, pois entramos em um novo registro, no qual, de certa forma, o solo se abre, e já não caminhamos em terra firme, por que a partir deste evento provocador de Evadne e da reação de seu pai, deixamos para trás a questão das suplicantes com relação ao resgate dos corpos dos filhos, tão bem resolvido por Teseu. A meu juízo, Eurípides, resolve olhar a frente, para o futuro, revelando até ao final da peça, toda sua angústia e pessimismo com a situação da Hélade, que se avizinha, tanto em termos políticos como sociais. Neste sentido, em termos da trama, ele começa pelo fundamental, por encarar a controversa questão da filiação para os gregos que atinge a maioria das famílias helenas, utilizando como paradigma as famílias trágicas dos argivos e dos tebanos, aí incluídos os descendentes de Édipo, mas também de forma emblemática aos filhos dos guerreiros mortos, principalmente quanto a repetição de valores considerados arcaicos e ultrapassados como os heroicos, e de cristalização de fatos passados nas relações entre os estados, que os levam diretamente para os conflitos e as guerras injustas e desnecessárias. Não devemos esquecer as críticas violentas feitas por Teseu aos jovens ambiciosos e sedentos de sangue dos genros de Adrasto, que em função de um bem maior, o resgate dos corpos, foram deixados de lado por Teseu. E esta mudança de registro não poderia estar mais bem representada pelas atitudes de Evadne, enquanto jovem, esposa de um herói argivo, fulminado por Zeus por sua *hibris*, que, no fundo procura através de uma morte gloriosa ser superior a todas as mulheres, e aqui entenda-se, as mães argivas, a Etra e a Demeter. Neste mesmo sentido, o da filiação, gira o enorme lamento do pai, Ifis, de uma carga dramática incomensurável pela perda dos seus dois filhos, que o leva a duvidar se teria tomado a melhor decisão ao resolver ter filhos. Ifis coloca aqui, de forma realista as perdas do filho homem, guerreiro notável e da filha ainda jovem que o tratava com carinho por ser pai e ancião.

> Eu por meu lado, quando via os outros gerarem filhos tinha anseio de filhos e me consumia nesse desejo. Se tivesse chegado a experimentar, tornando-me pai, o que vem a ser para um pai ficar privado dos filhos, jamais teria chegado a esta desgraça: gerar um filho jovem e notável, e agora ficar privado dele. Pois bem, que devo fazer, desgraçado que sou? Voltar para casa e contemplar a grande solidão da casa e a angústia em minha vida? Ou ir a casa deste Capaneu? Antes era muito agradável, quando minha filha vivia, mas ela não mais existe, ela que minha barba sempre beijava com sua boca, e esta minha cabeça sustinha em suas mãos. Nada é mais doce para um pai já velho, do que sua filha. As almas dos homens são mais fortes, mas menos doces para afagos. Não me levareis o mais rápido possível para casa? E não me entregareis a escuridão? Lá definhando, reduzirei à inanição meu velho corpo.[321]

Mendelsohn ressalta neste episódio a mudança de posições entre a filha Evadne, que abandona a casa, lugar preferencial das mulheres pelo voo nas alturas e consequente queda na pira, com a do pai Ifis que se recolhe a escuridão e a inanição, como se fosse uma mulher, porém temos que atentar para este novo registro, o da filiação, pois Ifis se recolhe, enquanto ancião, pois sua reflexão final, apesar de toda sua desgraça, abre as portas para a juventude:

> Ó como odeio a implacável velhice que me toma, e odeio os que querem esticar a vida, com comidas, bebidas e sortilégios desviando seu curso para não morrer. Eles deveriam, já que de nada servem para a terra, morrer, desaparecer, deixar o caminho livre aos jovens.[322]

Em seguida o coro das mulheres argivas se pronuncia diante da realidade triste e crua da entrada em cena dos filhos dos mortos carre-

---

321 Cf.: ALMEIDA, 2017, p. 154-156, v. 1087-1106.

322 Cf.: ALMEIDA, 2017, p. 156, v. 1108-1112.

gando as urnas com os ossos dos pais retirados das cinzas, reforçando ainda mais o novo registro da velhice oposta à juventude: "Longa já é a medida do tempo que vivo e entre muitas dores desmancho-me em lágrimas. Pois que pena maior entre os mortais poderia achar, do que contemplar os filhos mortos."[323] E aí, desenvolve-se um diálogo entre o coro das mães e o coro dos filhos dos guerreiros mortos,, que além dos lamentos comuns a ambos os coros, de forma patética e ainda mais trágico nasce o sentimento de vingança dos jovens, apoiado decididamente pelas mães argivas, apontando para um destino cruel e arcaico de um novo ciclo de violências e guerra, que evidente será mais bestial do que o ciclo anterior, em total desacordo com a visão otimista de Teseu;

> CRI. Pai, ouvis os gemidos dos teus filhos? Acaso, com escudo empunhado vingarei tua morte?
> COR. Assim aconteça, filho
> CRI. Com a benevolência do deus chegará à justiça para meu pai. Nunca acabará esse mal?
> COR. Ai, ai! Minha sorte! Quanto gemido e quanta dor sentimos pelos nossos!
> CRI. O Asopo ainda me receberá com brônzeo escudo como comandante dos Danaides
> COR. Vingador da morte do pai[324]

Teseu se despede dos argivos, pedindo que lembrem a seus filhos, tudo que ele e Atenas fizeram ao recuperar os corpos dos pais, em uma última tentativa de lhes mostrar, que isto somente foi possível mediante uma guerra justa, de acordo com as leis da Hélade e contando com a piedade dos deuses. Porém, com a chegada de Atena, a deusa guerreira, o clímax das tragédias futuras, das que estão sendo geradas, atinge a todos indiscriminadamente, e é evidente que neste caso, Eurípides, já profundamente pessimista, preferiu deixar uma forte mensagem de advertência, em um tom irônico e melancólico, usando Atena, ao invés de utilizar Demeter com suas mensagens de esperança e de vida. Neste sentido Atena, extrapolando totalmente seu âmbito religioso, orienta Teseu a promover um juramento por parte dos argivos, em nome de Adrasto, representando todos os danaides, de que não somente jamais farão guerra contra aquela terra, como caso alguma agressão contra ela ocorra, eles automaticamente estarão ao seu lado. Ela nesta orien-

---

323 Cf.: ALMEIDA, 2017, p. 158, v. 1118-1122.

324 ALMEIDA, 2017, p. 158-160.

tação a Teseu chega a detalhes rituais impressionantes, envolvendo sacrifícios de animais com objetos sagrados e, tudo isto para finalizar junto ao Deus que preside Delfos, como memória do juramente e testemunho para a Hélade, sem esquecermos que na origem dos erros de Adrasto existiu uma mensagem do mesmo deus.

Atena invade claramente o domínio político, propondo pactos e juramentos, que principalmente os atenienses estavam calejados, inclusive porque eles na realidade mais serviam para serem rompidos, do que garantias de qualquer coisa. Porém, Eurípides termina a peça de forma ainda mais melancólica, com Atena dirigindo-se as crianças argivas, incitando-as ao ódio e a violência, com a promessa de que suas vinganças contra os cadmeus, pela morte dos pais, no futuro, será coroada de êxito, e que eles serão chamados de Epígonos, tudo isto em nome dos deuses. Teseu, aqui, completamente tomado pela ironia, junto ao emblemático Adrasto por todos os seus erros, encerra o drama, com a certeza de que a situação da Hélade somente tende a piorar e que mesmo Atenas não terá condições de se salvar, pois até as divindades promovem e incentivam, de forma leviana e amoral um futuro sombrio:

> Soberana Atena, convenço-me por tuas palavras, pois me guias para que não erre. E este ligarei ao juramento. Peço-te apenas que me ponhas no caminho. Pois contigo, benévola à cidade viveremos seguramente no futuro.[325]

ORESTES

A princípio, tínha traçado um roteiro de examinar algumas das peças de Eurípides, *Alceste*, *Medeia*, *Hipólito*, *Hécuba* e *As suplicantes*, como uma forma de ao mesmo tempo dar um panorama do conjunto das obras que chegaram até nós, nas quais podíamos entender suas originais e profundas concepções da existência humana, mas também fazendo parte de uma grande preparação para poder finalizar nossa análise com o desafio de encarar sua derradeira peça, *As Bacantes*, sem dúvida, aquela que iria demandar nossos maiores esforços e reflexões no sentido de captarmos aquelas concepções, devido as suas complexidades, na qual o poeta, assim como Beethovem com seus quartetos de cordas, atingiu o cume do seu extraordinário legado artístico e cultural, poucos dias antes da morte. Entretanto, senti que faltava ainda

---

325 ALMEIDA, 2017, p. 164.

uma lacuna a ser preenchida naquele caminho, com uma das suas mais afamadas peças, *Orestes*, a última apresentada ainda em Atenas, antes de seu exílio na Macedônia, mais precisamente em 408 a.C., que ao tratar de um mito muito conhecido, representado em alto nível principalmente por Ésquilo em sua trilogia de 458.C., *Orestéia*, recebeu do poeta um tratamento audacioso, inovador, desconcertante, a começar por uma nova visão do mito, uma *mythopoia* (ficção poética), projetando uma intensa luz criativa que varou os séculos atingindo o teatro moderno de nossos dias, mas principalmente nossas mentes e sensibilidades. O mito de Orestes era, além de muito conhecido em Atenas através das peças de Ésquilo e Sófocles, uma história tão atrativa a todos, envolvendo alguns dos personagens míticos mais importantes para os gregos, pois participaram ativamente da emblemática e épica Guerra de Troia, com um passado tão tenebroso de maldições e desgraças, culminando com a pior delas, do matricídio de Clitemnestra por seu filho, Orestes, que chama a atenção de imediato, às enormes possibilidades para os tragediógrafos de elaborarem tramas baseadas em algumas das terríveis histórias que alimentam diretamente este mito, do qual Eurípides muito bem se apodera.

E isto ocorre logo ao início da peça, no impactante prólogo com Eletra, a irmã de Orestes com uma reflexão sentenciosa: "Não há palavra alguma tão terrível de dizer, nem provação, nem infortúnio, enviado pelos deuses, de que a natureza humana não possa suportar o fardo."[326] É claro que esta afirmação tem um caráter universal, colocando explicitamente a resiliência de todo mortal diante dos infortúnios divinos, porém do ponto de vista dramático, além de revelar um ceticismo sobre a eficácia dos desígnios divinos, refere-se igualmente, a todas as desgraças das famílias envolvidas no mito, listadas a seguir por ela. Esta afirmação ajuda a compor o cenário desolador do início da peça, onde aparece um Orestes inconsciente, alternando períodos de loucura, deitado num leito, com a irmã sentada no chão, aos pés do tálamo, de lado no palco, em frente ao palácio dos Atridas em Argos, permitindo a Electra visualizar uma eventual salvação para suas desgraças, chegando por uma das portas do teatro.

É muito importante assinalar o tempo da tragédia, que Eurípides sábia e inovadoramente a localizou no sexto dia após o matricídio, dando uma dimensão trágica inusitada, pois permitiu que aflorassem

---

326 EURÍPIDES, 1999, p. 31.

todas as reações humanas negativas contra os dois irmãos, especialmente, o cerco e a perseguição da própria cidade, com um decreto proibindo quem quer que fosse de acolhê-los,[327] sem poderem purificar suas mãos,[328] com todas as portas fechadas para eles, e com sentinelas a postos.[329] Isto tudo, no mesmo dia em que estarão sendo julgados pela Assembleia dos argivos, que decidirão se devem morrer lapidados.[330] Assim, Eurípides acrescenta aos males divinos das perseguições das Erinias contra o matricida, duas dimensões, ainda mais catastróficas, a social, que como vimos atentava diretamente contra a vida dos dois irmãos, e a pessoal, do ponto de vista interno, com a citação pela primeira vez no teatro ático, da palavra "consciência",[331] que o atormentava enormemente, levando-o, e novamente de forma inovadora, a ser apresentado à plateia particularmente enfermo e doente, próximo à morte, como se fosse um morto-vivo, assistido somente pela devotada irmã. Porém antes de seguirmos adiante, vamos ver a digressão de Electra sobre as desgraças das famílias componentes do mito, começando por Tântalo, nascido de Zeus e de Pluto, rico e amado pelos deuses, que permitiam sua companhia em seus festins, mas que recebe um terrível castigo, descrito por Ulisses em sua descida ao infernode acordo com Electra, por sua incontinência verbal, pois possuía uma língua irreprimível, falando coisas secretas sobre os imortais, ouvidas à mesa, mas que de acordo com outras lendas teria sido por roubar néctar e ambrosia para dar para os mortais, ou, pela imolação do filho Pelops para servir de alimento aos deuses. Pendurado de pé sobre um lago, submerso até o queixo, não conseguia matar sua sede com a água do lago pois ao se movimentar em sua direção, a água se esvaía, e não conseguia matar sua fome com as frutas em cima da cabeça, pois ao levantar os braços para pegá-las, uma forte ventania as levava. O escoliasta agregava que Zeus não colocou Tântalo no céu, nem na terra, nem no Hades, lugares onde ele encontraria seres falantes, mas suspenso no ar, para que não pudesse falar com ninguém.

De Tântalo, através de um de seus filhos com Dione, filha de Atlas (uma das várias lendas) denominado Pelops, descendem os *tantali-*

---

327 EURÍPIDES, 1999, p. 32.

328 EURÍPIDES, 1999, p. 56

329 EURÍPIDES, 1999, p. 62

330 EURÍPIDES, 1999, p. 32.

331 EURÍPIDES, 1999, p. 47.

das Tiestes e Atreu e por fim Agamenon e Menelau, conhecidos como os *atridas* por Homero. Pelops tendo emigrado da Ásia Menor para a Europa, acompanhado por emigrantes frígios trouxe de lá grande fortuna, se instalando segundo consta na Lacônia. Na sua juventude Pelops foi vítima de um crime do pai Tântalo, que o teria matado e cortado em pedaços, preparado em guisado e servido aos deuses, seja por piedade, por que à época grassava uma fome, sem nenhum animal para ser sacrificado, seja, a que parece mais plausível, para testar a clarividência dos deuses. Todos recusaram por reconhecer a carne, menos Demeter que esfomeada devorou seu ombro. Porém os deuses reconstituíram Pelops, devolvendo-lhe a vida e colocando um ombro de marfim no lugar do devorado pela deusa, tendo Poseidon o levado para os céus durante algum tempo para servir de escanção para os deuses, para então ser devolvido a terra, por ter sido usado pelo pai para roubar néctar e ambrosia para os homens. Poseidon, entretanto, segue sendo seu protetor, dando-lhe dois cavalos alados e o ajudando a casar com Hipodamia, filha de Enómao, que recusava a todos os pretendentes com competições a cavalos, mas não consegue vencer Pelops. Deste episódio parece estar relacionado a criação por Pelops dos Jogos Olímpicos, depois renovados por Héracles.

Do casamento com Hipodamia nasceram vários filhos e filhas, entre eles Atreu, Tiestes, que vão praticar entre si horríveis vinganças um com outro, devido a uma maldição do pai, pelo assassinato de um meio-irmão Crisipo, filho de Pelops com uma ninfa. Banidos pelo pai, refugiaram-se em Micenas junto a Euristeu, que era filho de uma irmã dos rapazes, que devido ao que fizera com Héracles acaba sendo morto por seus descendentes. Um oráculo recomendou, então que os micênicos tomassem com rei um dos filhos de Pelops, Atreu ou Tiestes. Começa assim a disputa mais sangrenta e de baixo nível pela posse de um reino. Atreu encontrara a tempos um cordeiro em seu rebanho com um velo de ouro. Prometera sacrificá-lo a Ártemis, mas reservou-o para ele. Aérope, mulher de Atreu, mas amante de Tiestes roubou-o do marido e o deu para o amante, que o apresentou aos micênicos como fator de preferência e foi eleito. Mas Zeus interveio e mediante Hermes fez com que Atreu propusesse outro prodígio: se o Sol invertesse o seu curso o rei seria ele. Tendo o divino a seu lado Atreu reinou em Micenas, e Tiestes foi expulso. Tendo descoberto depois as relações ilícitas de Aérope com o irmão, Atreu decidiu se vingar de Tiestes, e fingindo reconciliação convidou-o para um banquete, servindo como refeição os pedaços dos três filhos de Tiestes. Após o repasto apresentou ao irmão as três cabeças dos filhos e expulsou-o do país. Tiestes refugiou-se em Sicion e por conselho do oráculo gerou de sua própria filha, sem ela saber um filho, Egisto. Esta filha, Pelopia casou-se em seguida com Atreu, e Egisto cujo verdadeiro pai Atreu desconhecia foi por ele criado como filho. Mais tarde confiou a Egisto a morte do irmão Tiestes, porém Egisto, tendo descoberto que seu pai era Tiestes matou Atreu e entregou o reino a Tiestes. Atreu teve dois filhos com Aérope, Agamenon e Menelau.

As histórias de Agamenon, o chefe dos guerreiros gregos, que se casa com Clitemnestra e de Menelau, esposo de Helena, irmã da mulher de seu irmão, cuja fuga com Páris para Ilión, causou a Guerra de Troia, são bem conhecidas, apenas, ressaltando que as duas irmãs, Helena e Clitemnestra, apesar de gêmeas, segundo a lenda, tinham pais distintos, sendo Helena, filha de Zeus, e Clitemnestra, filha do herói lacedemônio Tíndaro, tendo ambas como mãe Leda, descendente de Eolo, e que, por suas histórias pessoais, rivalizavam em prestígio com os irmãos atridas, tendo ambas, por razões diversas, papeis significativos nos mitos gregos. Clitemnestra primeiramente foi casada com Tântalo, filho de Tiestes, mas Agamenon matou-lhe o marido e os dois filhos. Perseguido pelos Dióscuros, Castor e Polux, filhos divinos de Zeus, também com Leda, Agamenon é obrigado a casar com Clitemnestra, tendo três filhas, Crisóstemis, Ifigênia e Electra, e um varão Orestes. A participação de Clitemnestra no episódio da morte de Agamenon quando este retorna de Ilión é controversa, sendo que nos épicos sua participação é pequena, com Egisto sendo o único assassino de Agamenon, porém nos trágicos sua participação é bastante ampliada, com uma participação ativa na morte do marido, a par de responsável pela morte da concubina Cassandra, filha de Príamo, que Agamenon trouxera de Ilión, bem como pela tentativa de matar o filho Orestes, salvo, justamente por Electra, a irmã, que o levou para a Fócida para ser criado por Estrófio, que o criou com seu filho Pílades, gerando uma amizade lendária entre eles. É importante ainda mencionar que uma das principais razões da revolta de Clitemnestra contra Agamenon teria sido o sacrifício da filha Ifigênia em Aulis, na qual aquela jovem deveria ser morta, segundo Calcas o adivinho, para aplacar a cólera de Ártemis contra Agamenon, permitindo que os gregos pudessem finalmente partir com suas naus em direção a Ilión, devido à calmaria enviada pela deusa. Segundo a lenda, Agamenon no intuito de trazer

Ifigênia e Clitemnestra de Micenas, forja um suposto casamento da filha com Aquiles, e ainda se afirma que o menino Orestes teria ido junto à mãe. Um episódio paralelo ocorre em Aulis, segundo alguns, inventado por Eurípides, de que o herói Telefo, filho de Héracles, lutando contra os gregos em Misia, tinha sido ferido por Aquiles, e esta ferida somente poderia ser curada pelo próprio herói mirmidão. Telefo então se dirigiu a Aulis, orientado por Clitemnestra, raptou o menino Orestes, ameaçando-o de morte, conseguindo a cura desejada. Por outro lado, Ártemis acaba poupando a vida de Ifigênia, trocando por uma corça, estratagema que passou desapercebida pela maioria, por que, poucos foram capazes de presenciar aquele sacrifício, levando-a em seguida, para ser sua sacerdotisa em Tauride, na Crimeia, onde mais tarde aportaria o próprio Orestes, argumento de outra das tragédias de Eurípides. Ao atingir a idade adulta Orestes recebeu de Apolo a ordem de vingar a morte do pai, matando Egisto quando este oferecia sacrifício às ninfas, matando em seguida a mãe, apesar de suas súplicas, contando com Pílades, o amigo, que lhe lembra sempre o caráter sagrado daquela vingança determinada por Febo. *Electra, no prólogo, termina esta passagem, sobre todas aquelas histórias, afirmando que havia tomado parte no homicídio da mãe, tanto quanto pode uma mulher.*

O prólogo, portanto, se inicia com a *rhesis* de Electra, colocando todos seus antecedentes familiares, e suas dramáticas situações atuais, com o cerco da cidade, na eminência do julgamento dos argivos, sempre se colocando em conjunto com Orestes, como matricidas, evidenciando de imediato sua enorme *philia* pelo irmão, responsável em várias ações pela sobrevivência de Orestes até aqui. Seguindo de longe a Greenberg,[332] duas importantes e consequentes posturas de Electra ficam evidentes: invertendo a posição das referências feitas por Electra às mesmas, ela deixa, de forma simples, direta, e explícita a responsabilidade de Febo no matricídio:

> E quanto à injustiça de Febo, por que hei de acusá-lo? Todavia ele convence Orestes a matar a mãe que o gerou, feito que não é glorioso aos olhos de todos. E, contudo, matou-a a fim de não desobedecer ao Deus.[333]

Como dissesse: esta é a pura realidade, nada de heroico envolvido no episódio, ninguém desejava o assassinato, porém como desobedecer ao Deus. A segunda, diz respeito às irmãs Helena e Clitemnestra, esta úl-

---

332 GREENBERG, 1962.

333 EURÍPIDES, 1999, p. 32.

tima sua mãe, contra as quais Electra não consegue disfarçar seu ódio: Helena *"odiada pelos deuses", e Clitemnestra, "famigerada entre os gregos", sendo que ao falar do fato do assassínio do pai, ela se exime de falar em público sobre tal "assunto sombrio".* Eurípides começa aqui a tecer uma teia dramática envolvendo as duas irmãs, pois deixa patente que elas mexem com algo interno a Electra, como também com Orestes, como explicitarei mais adiante.

Mas é evidente que a situação do irmão era para lá de desesperadora, pois além de tudo, preso ao leito, acossado pelas Erínias, por sua consciência, vivenciando suas ações, diante do sangue derramado da mãe, relembrando, possivelmente suas súplicas, sem forças para se alimentar, sujo, sem banho, alternando períodos de loucura, de grande agitação, com períodos próximos a morte. Mas ambos, ainda apostando na salvação, segundo Electra, com uma funda esperança na chegada de Menelau, seu tio, com um passado de gigantescas dívidas com o irmão Agamenon, que havia aportado em Nauplia, cidade portuária de Argos após sua longa volta de Ilión, não somente devido aos aspectos políticos diante do julgamento de ambos, mas também como um meio para alcançarem a purificação, algo sumamente importante na sociedade grega. A grande incógnita naquele sentimento de esperança era a "funesta" Helena, que já estava no palácio, vindo na frente do marido, sem poder sequer sair com receio da alguma reação do povo. Chorando pela irmã e pelos infortúnios, que também a ela atingiam, tinha como consolação rever sua filha Hermione, que ela havia deixada com Clitemnestra para criar. Electra, em posição de vigília, aguardando Menelau se lamenta: "Que desamparo, o de uma casa de infelizes."[334]

Helena surge de repente saindo do palácio, se dirigindo a Electra, em mais uma surpresa do poeta, pois nada se poderia esperar deste diálogo entre as duas. Electra, tentando falar da situação de Orestes e Helena procurando saber da irmã, revelando uma clara indiferença acerca dos infortúnios dos sobrinhos. Helena mais loquaz, e Electra visivelmente se poupando, como que arrastando conversa, ambas irônicas, com estocadas suaves uma com a outra, com Helena afirmando que não se sentia impura ao falar com Electra, por saber que o grande responsável pela tragédia da irmã tinha sido Febo. Em seguida, abruptamente, solicita um inusitado favor de Electra: ir ao tumulo de

---

334 EURÍPIDES, 1999, p. 33.

Clitemnestra levar oferendas de seu cabelo e fazer libações. Electra, inicialmente com elegância aceita recusando e após com palavras mais ásperas, lembrando a situação pessoal de Helena, que não podia sair à rua, sugerindo que Hermione executasse a tarefa, que a tudo presenciava calada. Helena acaba aceitando, especialmente devido ao argumento de Electra, que assim ela poderia agradecer a morta por sua educação. Helena volta para o palácio. Electra, mais solta, revela seu ódio à Helena por tudo que havia feito aos helenos, em particular a eles, os irmãos, e comentando que sua natureza seguia sendo a mesma, venal, autocentrada, superficial, cortando seus cabelos apenas nas pontas, para manter a beleza.

Este prólogo do *Orestes* é algo distinto do que normalmente se encontra em Eurípides, sem nenhuma indicação do que vai ocorrer à frente, com uma nítida preocupação cênica, voltada para a esperança de vida, especialmente através da personagem de Electra, sem nenhuma sofisticação nas palavras e no diálogo entre as duas mulheres, mas principalmente pela estranha presença de Helena. Acrescenta-se ainda que o personagem principal, Orestes, é apenas um corpo deitado em agonia profunda, sem nenhuma participação ativa, prestes a morrer, totalmente subjugado pelo crime que cometeu contra a mãe, e abandonado pelo Deus responsável por aquele ato. Porém, parece existir algo a mais, compondo aquele quadro melancólico dos dois irmãos, e aqui, envolvendo também Helena, pois sua presença, sua natureza indestrutível, suas interdições de ir e vir, seu estranho desejo, e o ódio implícito das pessoas contra ela agravam ainda mais aquele quadro, ou, pelo menos nos obrigam a olhar, para uma catástrofe bem maior, por ela causada, na qual morreram milhares de pessoas, e cujas consequências atingiram igualmente aquelas famílias, de que trata a trama. Assim minha hipótese é de que as presenças determinantes neste prólogo que nos marca de forma profunda, e daí a inclusão da figura de Helena, são sem dúvida, um dos mitos daquelas famílias, os tantalidas, os pelopidas, os atridas, de um lado, e do outro as tindaridas, aí incluídas as relações intimas e espúrias com as divindades, que deixam a todos os personagens atordoados e perdidos, com imensas dificuldades em terem a partir de todas as desgraças recentes e passadas, uma vida que possa se aproximar da normalidade em termos humanos, com comportamentos adequados e sadios, algo que o prólogo, já anuncia, como sendo impossível.

Neste sentido, é que o párodo deve ser visto, pois aqui, a própria Electra, a personagem mais resiliente e aparentemente a mais inteira entra em surto juntamente com o irmão, simulando para o coro de quinze mulheres, amigas dos dois irmãos, naquela cidade infestada de inimigos, uma forma de velório, inclusive como se fosse uma descida ao Hades, pelo menos, uma descida ao Érebo, as trevas infernais, personificado como filho do Caos e irmão da Noite, já que ela demonstra naquele momento preferir que seu irmão não contemple a luz da vida, a encarar sua loucura, caso acorde do sono profundo. Na *rhesis* de transição, ela já avisa: "Caras mulheres, com suave passo avançai, não faças barulho, nem provoqueis ruído. A vossa amizade é, na verdade, estimável, mas, para mim, o despertar de Orestes será um infortúnio."[335] Após algum esforço no sentido de não o acordar, com o coro meio que apavorado com a situação de Orestes, desenvolve-se um diálogo esclarecedor do quanto a morte está próxima, com Electra culpando Febo, mas, se dirigindo à mãe, culpando-a igualmente, e de forma contundente;

> COR. Diz-me: qual é o termo dos males que o aguarda?
> ELE. Morrer, morrer! Pois que outra coisa séria? Nem mesmo tem desejo de alimento COR. Claro, então, é o seu destino
> ELE. Destruiu-nos Febo totalmente, o inútil e abominável assassinato determinando da mãe que matou o pai;
> COR. Com justiça, é certo
> ELE. Mas não com honra. Mataste, morreste, ó mãe que me geraste, mas destruíste o pai e estes filhos que vêm do teu sangue! Estamos perdidos, somos como mortos, estamos perdidos!
> (A Orestes) Pois tu estás entre os mortos, e a minha vida escoa-se, na maior parte, em gemidos e lamentos e em lágrimas noturnas, porque sem esposo, sem filhos, vida inútil, desgraçada entre as mulheres para sempre arrasto;
> COR. Atenta, tu que estás bem perto, jovem Electra, não vá morrer, sem tu o saberes, este teu irmão! Não me agrada que esteja demasiado entorpecido.[336]

O primeiro episódio se sucede basicamente entre Electra e Orestes, como se estivessem somente os dois em um quarto fechado, não como amantes, mas como duas pessoas que se amam profundamente, com sentimentos nobres e belos de ambas as partes, demonstrando toda sua *philia*. Orestes desperta, agradecendo a Olvido, a deificação do sono, sem saber onde estava e como lá tinha chegado. Electra o acolhe

---

335 EURÍPIDES, 1999, p. 36.

336 EURÍPIDES, 1999, p. 38-39.

com alegria, por ter pelo menos dormido, soerguendo lhe, limpando os olhos e a boca, afastando os revoltos cabelos do rosto, ajudando-o a deitar-se, a levantar de novo, aproveitando seus momentos de lucidez para avisá-lo de que Menelau está a caminho tendo chegado a Nauplia. É interessante observar nesta passagem que Menelau é visto por Orestes, como se fosse um deus da vida, "trazendo a luz para os meus e teus males"[337], bem mais que uma salvação, devido ao significado da luz para os gregos, resgatando assim os dois irmãos das trevas infernais para a vida. Imagine-se, portanto a carga emocional depositada em Menelau, ao qual Orestes ainda acrescenta dois comentários sintomáticos: "um homem da mesma família e que recebeu favores de meu pai."[338] Orestes demonstra aqui, como jovem adolescente que é, apesar de ter sido obrigado a cometer matricídio, a importância da família, e das figuras masculinas do pai e, no caso, do tio, como a dizer que nestes homens ele confiava. Porém, assim que Electra menciona o fato, da mulher Helena ter vindo com Menelau, que Orestes considera como sinal de futuros flagelos, e de fazer referências a mãe, ambas, filhas de Tindáreo, ele entra em delírio e loucura, ficando transtornado e fora de si.

No delírio de Orestes, todo o corpo se agita, e ele começa a ter visões persecutórias, combinadas entre a mãe e as Erinias, e apela diretamente para o desaparecido Febo com seu arco e suas flechas aladas, bem como pelo arco de pontas de chifre que o deus tinha lhe dado para que pudesse manter as terríveis deusas afastadas. Porém a deflagração da loucura se situou no campo humano, com as "traiçoeiras", "falsas", Helena e Clitemnestra, recomendando Orestes que Electra seja distinta, "não só em palavras como também nos pensamentos."[339] Em seu transe, agitado como estava Electra procura segurá-lo, e ele a confunde com "uma das minhas Erínias",[340] que querem atirá-lo ao Tártaro, citação estranha, pois nada indica que esta zona dos infernos, destinada aos criminosos de crimes inexplicáveis, tivesse a ver com as Erínias, podendo-se levantar a hipótese que ele se referia as duas famigeradas irmãs. Aqui, Orestes começa a se afastar de todos os demais personagens masculinos de Eurípides, podendo-se citar Hipólito e Ion, por

---

337 EURÍPIDES, 1999, p. 41.

338 EURÍPIDES, 1999, p. 41.

339 EURÍPIDES, 1999, p. 42.

340 EURÍPIDES, 1999, p. 42.

suas proximidades com as divindades, mas principalmente Héracles, com seu apagão de consciência provocado por Iris e Lisa, que o leva a matar os filhos e a mulher. Orestes oscila, entre o delírio e a lucidez, entre visões e a realidade, porém em um sentido bem distinto de Fedra em Hipólito acossada por Cípris, pois aqui, trata-se de um processo, que vai aos poucos compondo uma personagem contraditória, mas única e singular, que se revela aos poucos, porém, mantendo, até esta passagem, alguns valores e sentimentos humanos de rara intensidade, como explicitarei a seguir, quando recupera a lucidez.

Esta passagem é considerada por diversos analistas, especialmente Festugière,[341] com uma das mais belas e comovedoras do teatro universal, com um Orestes, usando a metáfora náutica de Eurípides, "salvo das ondas, eis que vejo de novo a calmaria",[342] profundamente humano, compreensivo, solidário, amoroso, e principalmente responsável, como somente um mortal consegue ser com outros mortais, mesmo em relação ao pai morto e vingado, mas também em relação à Lóxias, a divindade, por sua participação no crime perpetrado.

Inicialmente, em relação à Electra:

> Minha irmã, porque choras, com a cabeça escondida no peplo? Envergonho-me perante ti, pelos sofrimentos e pelo embaraço causado a uma jovem, com as minhas doenças. Não te definhes por causa de meus males! Pois tu aprovaste estes atos, mas foi por mim que foi executado o assassinato de nossa mãe.[343]

Em relação à Lóxias: "E a Lóxias censuro, visto que, induzindo-me a ação mais ímpia, com palavras me encorajou, mas com ações não."[344]

Em relação ao pai:

> Creio até que meu pai, se lhe perguntasse rosto a rosto se devia matar minha mãe, ele tocaria no meu queixo e haveria de desfazer-se em súplicas, para que nunca a espada ferisse a garganta da que me gerou, já que ele não ia ser restituído à luz do dia, e eu, desventurado, esses males havia de passar.[345]

Voltando-se novamente para a irmã diante da situação dos dois:

---

341 FESTUGIÈRE, 1986.

342 EURÍPIDES, 1999, p. 43.

343 EURÍPIDES, 1999, p. 43.

344 EURÍPIDES, 1999, p. 43.

345 EURÍPIDES, 1999, p. 43.

E agora descobre-te rosto fraterno, deixa-te de lágrimas, por maior que seja nossa infelicidade. E quando me vires desencorajado, diminui e suaviza o meu terrível mal e a minha loucura! E, quando fores gemer, devemos nós, aqui presentes, exortar-te amiga! Entre os que se estimam é belo prestar este auxílio.[346]

Finalmente, Orestes se eleva a uma dimensão inimaginável, mediante uma recomendação a Electra, simples, humana, bondosa, bela, mas profundamente realista:

Mas vai, desditosa, para dentro de casa, e deita-te, entregando ao sono as pálpebras vigilantes, e toma alimentos e deixa correr a água sobre o corpo. Pois, se desfaleces, ou, pela tua perseverança, contrais alguma doença, estamos perdidos. Porque a ti eu tenho por única auxiliar: de tudo o mais estou privado, como vês.[347]

A resposta de Electra é taxativa, quanto ao risco de, por alguma razão, abandoná-lo:

Impossível! Escolherei morrer contigo, ou, contigo viver! Não há diferença. Se tu morreres, sendo mulher, que farei? Sozinha, como me conservarei incólume, sem irmão, sem pai, sem amigos?[348]

E aqui, novamente, surge a grande compreensão humana do poeta, mediante um entendimento de Electra, original e inovador no teatro ático, ao respeitar as profundezas psicológicas de cada um, atendendo o desejo de Orestes dela se cuidar:

Mas reclina o corpo, e não te deixe dominar por esse estado de medo e de alarme; fica no leito aqui preparado. *Pois, ainda que uma pessoa não esteja doente, mas julgue estar, isso é para os mortais sofrimento e aflição.*[349]

Acreditando unicamente no que o poeta nos disse até agora, fica claro que neste primeiro episódio, Orestes e Electra, estabelecem entre si um pacto indestrutível, entre duas pessoas que se amam de forma intensa, profunda e respeitosamente, com um sentido maior do que se poderia esperar nestas circunstâncias, evidenciando sentimentos nobres e solidários, que nem mesmo a emblemática palavra grega *philia* (amizade, lealdade, amor) consegue alcançar, independente do que venha a ocorrer adiante. Assim, de forma intencional o poeta nos dei-

---

346 EURÍPIDES, 1999, p. 43.

347 EURÍPIDES, 1999, p. 43.

348 EURÍPIDES, 1999, p. 44.

349 EURÍPIDES, 1999, p. 44. (grifo meu)

xa em perplexidade quanto ao estado real da enfermidade de Orestes, quanto a especificidade da *nosos* ou considerar que tais sentimentos são consequências naturais de seu próprio estado.

Ao termino deste primeiro episódio segue-se o primeiro estásimo do coro, meio enigmático, dentro da tragédia, pois basicamente, implora as deusas persecutórias, as Erínias, que permitam a única saída que eles consideram possível para Orestes, a loucura furiosa e insana, e não, algum tipo de vingança mais séria, como a morte. Aqui, é interessante notar nosso desconhecimento acerca da composição do coro e de seus valores, algo proposital por parte de Eurípides, que nos leva a especular com base neste estásimo, que o coro parece ter um perfil conservador, de respeito a origem familiar dos irmãos, tendo Tântalo (citado duas vezes) como ascendente, que tinha especial relação com as divindades, diferentemente da situação real de Orestes. As Erinias são citadas por Electra, pelo coro, e por Orestes quando este se encontra fora de si. Quando está calmo e lúcido, como que ignora esta questão e se preocupa, como explicitarei mais adiante com a perseguição dos argivos, tornando assim, fundamental para ele a posição de Menelau o único a poder defendê-los contra esta ameaça. Mas vejamos, pois o coro anuncia a tão desejada chegada de Menelau, na qual os dois irmãos colocam tanta esperança. Menelau inicia este segundo episódio lamentando estar chegando ao palácio em Argos, cercado de desgraças e infortúnios, a começar pela morte do irmão Agamenon as mãos da esposa, comunicado por Glauco, que predizia o futuro, cujo oráculo era muito famoso entre os navegantes. E depois, esperando cingir Orestes e a mãe, como pessoas felizes, ouve da boca de um dos pescadores em Nauplia, o assassinato de Clitemnestra. Imediatamente procura por Orestes, que ao partir para Troia, era um menino de leite nos braços da mãe.

A personagem Menelau que aparece foi cirurgicamente imaginado por Eurípides, em seus mínimos detalhes, mediante uma caracterização brilhante, aliás, da mesma forma que já o havia feito com relação à venal Helena, podendo-se afirmar que em ambos os casos, o poeta imaginou duas de suas maiores criações de caracteres. Menelau, não é a nosso ver nem a mais miserável figura da peça, no entender de Lesky, como também não é segundo Aristóteles, modelo exemplar de um caráter desnecessariamente traçado como mau. Greenberg chega perto do verdadeiro personagem, não talvez pela palavra utilizada por ele, *sophia*, porém com sua descrição e qualificações. A ironia do poeta alcança cumes jamais imaginados, pois, tanto Electra, quanto Orestes consideravam Menelau, o chamado salvador da pátria, que iria chegar, e não só ajudá-los, como salvá-los para uma nova vida, e a pessoa que chega, somente pensava em si, em sua sobrevivência, em sua autossatisfação, em seu sucesso, que era capaz de ver unicamente as coisas externas e aparentes, e que questões e problemas dos outros, sequer ficavam em segundo plano, estando a léguas de distância de si. Porém, seguindo o roteiro, Menelau chega, encontra-se com Orestes, se espanta com seu visual selvagem, e o submete a um interrogatório completo, envolvendo todas as relevantes questões referentes a sua situação atual, porém realizado mediante uma olímpica distância de sentimentos, opiniões e sem nenhum sentido de *philia*. Vamos ver se conseguimos extrair algum sentido deste extenso diálogo, onde por um lado Orestes busca ajuda, em várias direções, e Menelau tenta não se comprometer com nada.

Orestes se apresenta, suplicando ajuda a Menelau, diante de seus infortúnios, não cumprindo, entretanto todos os requisitos de uma verdadeira súplica. Menelau, entre os versos 385 e 391 comenta os aspectos físicos, de aparência de Orestes, e este no verso 392, tenta mudar de assunto para falar de suas coisas pessoais, internas: "Aqui me tens, assassino da mãe desditosa."[350] A resposta de Menelau é rápida, breve e desencorajadora; "Ouvi contar, seja breve! Não vás desfiar, muitas vezes, os teus males."[351] Orestes tenta falar de seus males, citando a divindade e sua consciência pesada, porém Menelau não entende, e a partir daí, concentra as perguntas sobre as perseguições das Erínias e das consequências em *Orestes*, entre os versos 400 ao 413, finalizando com uma reflexão judiciosa: "Não pode deixar de ser terrível a expiação, quando é terrível o crime."[352] Orestes tenta outro caminho, citando Febo como uma eventual saída das desgraças. Porém, Menelau descrente da justiça do deus consegue entender que Orestes de um lado se encontra abandonado por Febo, e por outro lado, viu-se acossado pelas deusas vingadoras logo após a morte da mãe. Orestes tenta outra vez, agora em termos de demanda por *philia*: "Não sou de espírito sutil, mas nasci amigo verdadeiro para os amigos."[353] Menelau, não

---

350 EURÍPIDES, 1999, p. 47.

351 EURÍPIDES, 1999, p. 47.

352 EURÍPIDES, 1999, p. 48.

353 EURÍPIDES, 1999, p. 49.

quer ouvir falar disto e entra para valer na questão da cidade, tentando saber exatamente a dimensão do cerco da cidade aos irmãos, de seus inimigos explícitos e obscuros, da possibilidade de se evadirem, e da posição dos argivos, levando Orestes afirmar, ao final do diálogo que todos os cidadãos da cidade querem lhe matar. Em resumo, Orestes, um jovem recém saído da adolescência, enfrentando um terrível flagelo, solicita ajuda ao tio, um nobre e experiente comandante, guerreiro, recém chegado de Troia, casado com a mulher mais famosa da Hélade, tentando obter, sem conseguir; conselhos e recomendações, de caráter pessoal que o aliviasse de suas culpas, e das perseguições da divindade; ações que pudessem amenizar a situação, como, procedimentos para que os irmãos pudessem ser purificados em nome dos deuses; iniciativas perante os argivos para que pudessem negociar algum acordo distinto de suas mortes, dados o poder e a influência do rei de Esparta, ou, finalmente, algum sinal concreto de amizade e lealdade individual (*philia*) nesta hora de infortúnios. Orestes, como vimos, fez um primeiro apelo a Menelau, ao se encontrarem e após este dialogo reitera pela segunda vez aquele apelo por ajuda, calcado nos deveres da *philia*, e mencionando diretamente suas obrigações com o irmão Agamenon, devido aos enormes favores recebidos por ele, quando da Guerra de Troia.

Entretanto, a conversa de Orestes com Menelau é interrompida pela chegada do espartano Tindareo, pai das irmãs, vestido de negro e com a cabeça raspada, em mais uma das inovações de Eurípides, já que, anteriormente, ninguém havia dada a palavra para o velho patriarca, pessoa especialmente importante para Orestes, pois ele, de certo modo, havia sido criado por ele e pela mulher Leda, e o encontrava após alguns anos, na situação em que estava, tendo matado sua filha. Tindareo se dirige ao coro, perguntando por Menelau, e logo este se dirige ao ancião, junto com Orestes. Imediatamente Tindareo, recrimina Menelau por estar junto "a serpente matricida de olhar dardejante e doentio, objeto do meu ódio",[354] e por dirigir a palavra "a este homem ímpio"[355] Menelau defende a ascendência de Orestes, porém Tindareo o acusa mais fortemente para os padrões helênicos: "Tornaste-te bárbaro, por teres estado muito tempo entre os bárba-

---

354 EURÍPIDES, 1999, p. 52.

355 EURÍPIDES, 1999, p. 52.

ros",[356] ao qual Menelau replica que é helênico respeitar os de mesma origem. E Tindareo resume em poucas palavras sua tentativa de racionalidade para seu sentimento de ódio manifesto contra Orestes: "E às leis não querer ser superior."[357] Assim, estão dadas as condições para um dos mais famosos e inusitados *agon's* de Eurípides entre Tindareo e Orestes, aquele, se dirigindo inicialmente a Menelau, e após diretamente a Orestes, a longa resposta deste, e a tréplica do ancião, tudo na frente de Menelau, do qual Orestes ainda espera obter alguma ajuda para suas salvações, aí incluída Electra. É claro que estamos diante do início do *turning point* da tragédia, da virada aristotélica, que também irá incluir além do *agon* de Orestes com Tindareo, a decisão de Menelau, a chegada do terno amigo Pílades, reproduzindo o trio que atuou na morte de Clitemnestra, Orestes, Electra e Pílades, e a realização da Assembleia dos argivos. Parece-nos que esta mudança (*metaboulé*) é talvez, uma das mais densas e profundas dentre as tragédias de Eurípides, pois todos os acontecimentos estão relacionados entre si, trazendo enormes dificuldades em suas interpretações. Em termos do *agon*, vamos como sempre recorrer a Lloyd.[358]

Tindareo é aqui caracterizado pelo poeta, de uma forma aparentemente dúbia, pois além de ser pai de Clitemnestra, vindo a Argos prantear a morte da filha, e neste sentido, como vimos, com um ódio visceral por Orestes, tentando igualmente, de alguma forma, influenciar Menelau no sentido de não ajudá-lo, por outro lado, sendo espartano de origem e, portanto, não argivo, é a personagem dentre as principais que vai levantar os principais argumentos da necessidade da justiça da *polis* contra a atitude de Orestes, além de, sem nenhum constrangimento participar ativamente da Assembleia dos argivos. Feito este preâmbulo, Tindareo falando com Menelau, mas apontando para Orestes, inicia sua acusação, afirmando em termos pessoais, que Orestes era o mais néscio dos homens (um "homem", recém saído da adolescência), que não tinha discernimento para saber o que era justo e nem tinha recorrido à lei comum aos helenos. Segundo ele:

> Quando Agamenon expirou, ferido pela minha filha na cabeça, a mais vergonhosa das ações- pois jamais a aprovarei-, ele devia aplicar um castigo pelo crime, apresentando uma queixa justa, e expulsar de casa a mãe! Teria

---

356 EURÍPIDES, 1999, p. 53.

357 EURÍPIDES, 1999, p. 53.

358 LLOYD, 1992.

alcançado fama de moderado, em face do infortúnio, e estaria do lado da lei e seria homem piedoso.[359]

O conteúdo da argumentação de Tindareo é particularmente ambíguo, pois ao mesmo tempo reivindica em nome da cidade dos argivos a condenação por assassinato de Clitemnestra, de Orestes e de Electra, como explicitarei adiante, calcando seus argumentos diante da figura deplorável de um Orestes perseguido pelas Erínias, de que ele é odiado pelos deuses, e como pai, coloca acima de tudo a vingança pela morte da filha, por seu próprio filho. Porém, em seu discurso inicial, ele nos deixa entender, que sua argumentação está concentrada em dois pontos principais, com atribuições distintas, por Orestes e pela *polis*: de que Orestes devia processar a mãe, expulsando-a de casa, e de que a cidade deveria mandá-la para o exilio e não matá-la.

Uma se segue a outra, como bem assinalou Lloyd, tendo assim um início comum, que deveria ser, segundo o próprio Tindareo, a atitude central de *Orestes*, qual seja, de que o filho, devia processar a mãe, apresentando, em suas palavras "uma queixa justa e expulsando-a de casa",[360] por ela ter matado Agamenon. Vamos inicialmente imaginar que este procedimento jurídico fosse realisticamente possível ser adotado pela primeira vez por Orestes, e não totalmente absurdo para aquela época, bem como o fato de que não estava em jogo, do ponto de vista social e político a ideologia existente, quanto ao predomínio do homem (*kyrios*) sobre a esposa como "outro" nos âmbitos da *polis* e do *oikos*, e ainda abstraindo-se o importante fato de que estamos nos referindo a um filho e a uma mãe, que traiu por repetidas vezes ao pai e desvirtuou os compromissos assumidos quando de seu matrimônio. Neste sentido, mesmo com todas estas hipóteses, se por acaso aquele expediente pudesse ser utilizado, e seguindo a mesma natureza da argumentação jurídica de respeito às leis de Tindareo, *a acusação contra Clitemnestra teria que ser qualificada, envolvendo, pelo menos, os crimes de adultério, formação de quadrilha junto com Egisto, morte premeditada, sanguinária, com requintes de crueldade, ameaça de "filicídio" contra Electra e Orestes, e vários outros crimes pelo fato de Agamenon ser rei de Argos e líder dos gregos na guerra contra os troianos.* Estamos apenas querendo dizer, que a argumentação de Tindareo, é não somente absurda, irrealista e anacrônica, como principalmente reducionista, pois

---

359 EURÍPIDES, 1999, p. 53.

360 EURÍPIDES, 1999, p. 53.

a gravidade de seus atos é bem maior do que ele deixa entender nestes argumentos, como nos posteriores, acerca das reparações mediante mortes tornar-se um processo infinito, e inconsequente. Claramente, portanto, e de forma completamente natural, apesar de suas declarações em contrário, Tindareo, está unicamente focado na questão da morte da filha, sendo os demais argumentos, respeito à lei e a não-violência, apenas cortinas de fumaça para o ódio e a repulsa por Orestes ter matado sua filha.

Neste sentido, a segunda parte de seu discurso só faz confirmar este nosso entendimento, pois o ancião, voltando-se para Orestes, envereda justamente pelo lado pessoal, com receio, claro, de mencionar diretamente a palavra matricídio: "Ó desgraçado, que alma tinhas tu então, quando tua mãe descobriu o peito numa súplica?,[361] e acrescenta; "indubitavelmente és odiado pelos deuses e expias o assassinato de tua mãe, divagando em acessos de loucura e terrores."[362] Ele não se conforma de jeito algum com a morte da filha, o que é perfeitamente natural, porém muito mais revoltante e inaceitável, ter sido morta pelo filho, por Orestes, em represália à morte do pai, de acordo e autorizado por Febo, colocando em Clitemnestra sua filha, uma marca, um signo, um carimbo, que o atinge pessoalmente enquanto pai daquela famigerada mulher: "Ao morrer, minha filha teve o fim que mereceu! Mas não era justo que, às mãos deste ela morresse."[363] Finaliza com uma advertência a Menelau, de caráter eminentemente político, apesar do cunho religioso, com referência aos deuses, sabedor do interesse dele, ou, de retornar ao comando de Esparta, lhe dado por ele próprio antes da guerra, ou, quem sabe de assumir o comando de Argos, no qual, não por acaso, Orestes era, antes das desgraças e das reações dos argivos, a solução natural: "Menelau, não proceda contra os deuses, querendo ajudar este homem, mas deixa que seja lapidado pelos cidadãos, ou então não ponhas o pé em terras de Esparta."[364]

Orestes, além de toda sua situação, se depara inicialmente com Menelau, que longe de representar uma salvação, nega por diversas vezes qualquer atitude ou sentimento de *philia* em relação aos dois irmãos, apesar de ainda não se haver pronunciado em definitivo. Em

---

361 EURÍPIDES, 1999, p. 54.

362 EURÍPIDES, 1999, p. 54.

363 EURÍPIDES, 1999, p. 54.

364 EURÍPIDES, 1999, p. 54.

seguida, é obrigado a encarar Tindareo, que somente pensa em relação a Orestes a melhor forma de vingar a morte de sua filha, e para isto vai recorrer aos deuses e a cidade dos argivos, sem dúvida esta última, a alternativa mais realista e palpável. Assim a longa resposta de Orestes ao ancião reflete este clima criado para ele pelos dois importantes personagens, que sumariamente não demonstravam nenhuma compreensão pelo terrível dilema que Orestes teve que enfrentar, ao decidir enveredar por aquele caminho, pressionado pelas circunstâncias escabrosas das atitudes maternas e apoiado por Febo, que o levou a vingar o pai. Aqui, ao contrário de Lloyd, considero que Orestes estava na realidade falando a ambos, pois sabia, e isto fica claro no proêmio, que não tinha como não causar mágoa a Tindareo, e que, devido a múltiplas razões, Menelau ainda era muito mais importante para ele do que o ancião, pois ainda nutria, mesmo que remotamente, alguma esperança de ajuda por parte dele, e por que, independentemente de suas posições divergentes, quanto a *sophia* de Menelau, e suas demandas por *philia*, ele havia optado decididamente vingar o pai, um atrida como eles, que, por diversas vezes havia salvo a vida de Menelau, e com o qual Orestes sempre teria uma forte relação, para o bem ou, para o mal.

A réplica de Orestes, diante de tudo que colocamos, somente poderia estar dirigida para acentuar a responsabilidade de Clitemnestra no episódio do matricídio, como justificativa para sua opção de vingar o pai, finalizando com algo que Tindareo fez questão de deliberadamente esquecer, que foi o papel de Febo autorizando Orestes a cometer o matricídio. Orestes simplesmente ignora os argumentos jurídicos apresentados pelo ancião apesar de que eles se prestavam muito bem para fundamentar uma resposta contundente, devido a seus evidentes absurdos, bem como, pela falta de isonomia de tratamento da morte de Clitemnestra com o crime perpetrado por esta e seu parceiro Egisto contra Agamenon. Orestes, ainda aqui, deixa parcialmente de lado a questão social da assembleia dos argivos, quanto à questão concreta de sua realização, para incluí-la como um fator a mais a seu favor, por não ter aceitado as súplicas da mãe. Ele inicia a resposta, se reconhecendo ímpio por ter matado a mãe, mas por outro lado, piedoso, a outro título por honrar o pai. Diante da situação, um dilema foi a ele colocado, e ele optou:

> [...] por um lado o pai gerou-me, por outro, tua filha deu-me à luz, como terra que a semente recebeu das mãos de outro; contudo, sem pai, um

filho, nunca existiria. Entendi, por isso, que ao primeiro autor dos meus dias eu devia mais o ser, do que àquela que se encarregou de me criar.[365]

Este argumento é um eco do argumento de Apolo nas *Eumênides* de Ésquilo,[366]e como bem diz Lloyd pouco convincente já naquela peça, porém, certamente, ainda fazia parte do imaginário dos atenienses espectadores. Além disso, Orestes utilizou este argumento, unicamente, como ponte para desqualificar o comportamento de Clitemnestra, este sim, seu verdadeiro objetivo:

> Ora a tua filha - envergonho-me de lhe chamar mãe - em singular himeneu, e não casto, entrou no leito de um homem! Se eu falar mal dela, de mim próprio o direi: di-lo-ei, mesmo assim. Egisto era, no palácio, o esposo secreto. A este matei-o e depois sacrifiquei minha mãe, cometendo uma ação ímpia, mas vingando também meu pai.[367]

E Orestes segue em sua desqualificação da mãe e de que agira justamente:

> À minha mãe, que eu odiava, foi com justiça que a matei, a essa mulher que, em vez de preservar o leito impoluto, atraiçoou um homem que partiu armado do palácio, como chefe de toda a terra da Hélade! E quando compreendeu que faltara ao dever, a si própria não se castigou, mas, para não entregar o castigo nas mãos do marido, puniu e matou o meu pai.[368]

Talvez, este argumento de Orestes, seja dentre todos o mais contundente, mas também o mais complexo, pois está relacionado ao futuro e a própria necessidade do matricídio, *pois levanta uma questão crucial, qual seja, a verdadeira razão para ela ter matado Agamenon.* Orestes levanta indiretamente uma hipótese bem plausível, pois Clitemnestra já vivia há algum tempo aquela relação adúltera com Egisto, que certamente ao contrário do que Orestes imaginava, não era segredo para ninguém em Argos. Orestes, apesar de tudo ainda idealizava a mãe, pois levanta a hipótese de que ela poderia se arrepender do que fazia e se punir, o que na realidade estava totalmente fora de cogitações por parte dela. *Porém, uma coisa ela sabia com certeza, que independente de tudo, no momento em que Agamenon soubesse o que estava ela fazendo, ambos, ela e Egisto, seriam imediatamente mortos por ele, o que explica a premeditação do seu assassinato, em seus mínimos detalhes, logo, no pri-*

---

365 EURÍPIDES, 1999, p. 54-55.

366 ÉSQUILO, 2004c.

367 EURÍPIDES, 1999, p. 55.

368 EURÍPIDES, 1999, p. 55.

meiro dia de sua chegada de Troia. Ou ela o matava, ou, seria morto por ele; não existiam outras alternativas, era inexorável.

Antes de refletir e comentar tudo que está no transfondo desta importante questão, da inexorabilidade da atitude de Clitemnestra, vou voltar sobre alguns pontos colocados por Orestes. O primeiro, quanto a assembleia dos argivos, que Tindareo havia ameaçado Orestes de que seria lapidado, e este de forma meio irônica, respondeu que ele estava sendo muito útil a Hélade, ridicularizando ao limite a atitude de súplica da mãe ao mostrar os peitos para ela não a matar, mas também ridicularizando Tindareo, que chegou as lagrimas de emoção, quando se lembrou do ocorrido:

> Se, efetivamente, as mulheres chegarem a esse grau de audácia de matarem os maridos, obtendo refúgio junto dos filhos, ao buscarem compaixão, mostrando os peitos, nada lhes custará fazerem perecer os esposos, a pretexto de um agravo, qualquer que ele seja. Ao praticar uma ação terrível, como tu alardeias, eu aboli este costume.[369]

Diante de tudo que ela havia feito de maldades, a atitude de mostrar os peitos era no mínimo patética e teatral, aproximando bastante Clitemnestra de sua irmã venal, superficial e autocentrada, Helena. O segundo ponto, que vale a pena mencionar, é da perseguição das Erínias, tornando a vida de Orestes um inferno, para as quais Tindareo em sua acusação havia dado uma enorme importância, em especial quando se volta para ele, e o acusa de ser odiado pelos deuses, como vimos anteriormente. É evidente que as Erínias cumpriam com suas obrigações divinas, de perseguir aquele que havia derramado o sangue materno, porém associá-las aos deuses havia uma enorme distância, mesmo por que Tindareo tinha pleno conhecimento de que a morte da filha havia sido autorizada por Apolo, que em muitas das vezes representava o próprio Zeus. Orestes, diante de tudo que lhe ocorria, com razão, minimiza a importância das Erinias, e mais uma vez de forma irônica:

> Mas, então, se eu aprovasse as ações de minha mãe, guardando silêncio, que me faria o morto? Não havia de me odiar e apavorar com as Erínias? Acaso estão prontas a agir as deusas aliadas de minha mãe, e não estão as de meu pai, apesar de mais ultrajado.[370]

---

369 EURÍPIDES, 1999, p. 55.

370 EURÍPIDES, 1999, p. 55.

E para encerrar esta passagem, Orestes fala alguma coisa de muito importante, desconsiderada por muitos, inclusive por colocarem em dúvida sua autenticidade, mas que a meu ver faz todo sentido. Nada de Erínias divinas, a responsabilidade por seu estado deplorável é humana: "Foste tu, ó ancião, que me arruinaste, gerando uma filha perversa! Devido à sua audácia, fui privado de meu pai, tornei-me um matricida."[371]

E Orestes fecha seu discurso falando de deuses, falando de Apolo:

> [...] o que habita o santuário situado no umbigo da Terra, e da sua morada dirige aos mortais palavras da maior verdade. É a ele que obedecemos em tudo quanto disse! Porque lhe obedeci, é que matei à que me deu à luz.[372]

Dizendo a Tindareo para que dirija seu ódio e suas imprecações, dignas das Erínias divinas contra o verdadeiro responsável, Apolo, e não contra ele, Orestes, que além do mais foi pelo deus abandonado, que, se quisesse, o livraria da morte. Por tudo isto que foi apresentado, Orestes defende "que sua ação não foi praticada injustamente, diz antes que não foi para nosso bem que a praticamos."[373] Aqui, na peça, e na estrutura idealizada por Eurípides se encerra a questão do matricídio, da morte de Clitemnestra por Orestes, com a participação divina de Febo. As últimas palavras de Orestes retomam aquela questão que deixamos em aberto, da inexorabilidade do ocorrido, pelo lado de Clitemnestra, que claramente, diante de suas posturas ao longo do tempo, não tinha grandes escolhas, a não ser matar Agamenon, antes que ele o fizesse com ambos, ela e Egisto. Porém esta mesma inexorabilidade foi estendida em direção de Orestes, não tendo este a mínima condição de não vingar o pai, matando sua mãe por todos os argumentos apresentados, mas também pelo fato de que, como Tindareo desconfiava mas não admitia, Orestes era o único em condições de fazer o que tinha que ser feito, naquelas circunstâncias, e vejam bem, existia aqui uma necessidade, que poderíamos chamar de real, atrelada ao mundo real, mas também uma necessidade em termos do mito. Como é que Clitemnestra poderia sobreviver no mito, tendo uma vida feliz ao lado de Egisto, após ter feito tudo de iníquo, de impiedoso, de traição contra o marido e os filhos, e ainda, matado o todo poderoso atrida, chefe supremo dos gregos, com signos de crueldade e preme-

---

371 EURÍPIDES, 1999, p. 55.

372 EURÍPIDES, 1999, p. 55.

373 EURÍPIDES, 1999, p. 56.

ditação? Portanto, a própria divindade, na figura de Febo, teve que necessariamente intervir, e autorizar a única pessoa em condições de matar Clitemnestra, seu filho Orestes, como vingador do pai, mas bem mais do que isto, capaz de restaurar o mínimo de justiça divina naquela história, e claro, como bem disse Orestes justamente, com ônus para todos, inclusive para ele, Febo, pois se tratava de uma ação ímpia.

O fato concreto, em termos da peça, é que a partir daqui em uma forma de tábula rasa, que tudo que aconteceu tinha que acontecer, uma nova história se inicia, e esta sem a participação divina, com Febo se retraindo totalmente, sequer nomeado, e onde predominam as coisas humanas, a partir das posições de Tindareo, de Menelau, da chegada de Pílades, da assembleia de Argos, e de suas consequências posteriores, em tudo que se possa esperar das dificuldades humanas no encaminhamento de suas vidas. Alguns importantes filólogos se debruçaram sobre a participação de Apolo nas tragédias áticas, especialmente quanto a estranheza de seus papeis, que de certa forma, vão na contramão da idealizada figura poética do deus da luz, causando desditas e desgraças muitas das vezes, e em alguns casos levantaram a hipótese de que nessas, o deus, desempenhava um papel de incentivador dos mitos de passagem, mitos iniciáticos, da puberdade para a fase adulta, e este parece ser o caso de Orestes.[374] Este exemplo parece muito mais evidente em Ésquilo, na Orestéia, porém no caso que nos interessa, de Eurípides em Orestes, em reforço a nossa tese de fases, posso associar esta primeira fase da tragédia, como representativa da primeira etapa daqueles ritos, que é a da "separação", não somente devido ao matricídio mais ao abandono por todos que está em vias de ocorrer, e esta nova fase que desponta é a de "transição", onde predomina uma grande confusão de valores e de atitudes, pois ele ainda navega em grandes turbulências, para alcançar a última fase, relativa à "incorporação" ao mundo adulto, com a definição de seu papel naquele, coisa que somente poderá ocorrer com a ajuda de Pílades, considerado por muitos, como uma espécie de "sacerdote" de Apolo.

Diante da réplica de Orestes, Tindareo, se sente confortável em assumir seu papel de optar e batalhar pela condenação dos irmãos na assembleia dos argivos, de levantar a cidade contra eles para que sejam condenados à morte por lapidação, repetindo uma vez mais suas ameaças contra Menelau caso este apoie, de qualquer forma, Orestes,

---

374 Ver o artigo de Anton Bierl (1994), *Apollo in Greek Tragedy: Orestes and the God of Initiation.*

renovando sua proibição de que não se aproxime de Esparta, caso isto ocorra. Finalmente Orestes consegue, com a saída do ancião de cena, finalizar seu pedido de ajuda de Menelau, agora, bem concreta, de salvar sua vida, quase que inteiramente calcado em suas obrigações de *philia*, retribuindo tudo que havia feito Agamenon em seu favor e de sua mulher Helena. Novamente aqui, surge a inexorabilidade, na genial argumentação de Orestes, ao realizar uma inversão do justo e do injusto:

> Pratiquei uma injustiça! Em face desse crime, devo alcançar algo de injusto da tua parte! Pois também meu pai, Agamenon, congregando injustamente a Hélade, foi para Ilión, não porque ele próprio errasse, mas para sanar o erro e a injustiça da tua mulher. Em troca de um favor, só é necessário que nos faças outro. E, tal como aos amigos devem os amigos, ele sacrificou da verdade a sua esposa, duramente lutando por ti ao lado do escudo, para que tu pudesses recuperar a tua consorte.[375]

Aqui é interessante notar que, nesta passagem, como ao dar sequência a sua argumentação, Orestes, usa um tom levemente irônico, porém de uma cobrança que atinge o amago da questão. Pela primeira vez ele cobra em nome de Agamenon, o sacrifício que causou à mulher Clitemnestra, devido a guerra, em seguida, diz que seu esforço em ajudá-los, será de um dia contra os dez anos em que o irmão lhe ajudou, depois afirma provocativo, que não vai cobrar dele o sacrifício imposto à Agamenon de matar sua irmã Ifigênia, recomendando que não mate sua filha Hermione por isto, apelando assim pelas sobrevivências dele e de sua irmã, de molde a garantir a descendência de Agamenon. Finalmente, e novamente em termos irônicos, até com ele próprio, suplica em nome de Helena, por saber,

> [...] que amas tua esposa, todos os helenos o creem! E não digo isso por lisonja, para captar as tuas graças! Por ela te suplico, (mas ao fazê-lo, sentencia; "desventurado de mim, a que grau eu cheguei, na minha desdita! Mas então? É inevitável que eu sofra!) Pois é em nome de toda a minha casa que eu te dirijo esta súplica.[376]

A resposta definitiva de Menelau é melancólica sob todos os pontos de vista, a começar por sua frase inicial, a qual poderia estar dirigida a qualquer pessoa, ou, mesmo a um objeto inanimado:

---

375 EURÍPIDES, 1999, p. 57.

376 EURÍPIDES, 1999, p. 58.

Orestes, eu prezo a tua pessoa e nos teus sofrimentos desejo tomar parte! E, sem dúvida, é também meu dever ajudar a suportar os infortúnios dos parentes, se a divindade me conceder força para morrer e matar os adversários![377]

Chega às raias da imbecilidade:

Hei de encontrar-me com Tindareo e tentarei, em tua defesa persuadi-lo a ele e à cidade a que usem dignamente esse excesso de paixão. Porque também um navio se submerge, quando retesado intensamente pela escota; porém ergue-se de novo, se ela se afrouxa.[378]

E termina de forma apoteótica em total inação:

Mas eu - é o que penso - tenho de salvar-te dos poderosos pela argúcia, não pela força. Pela força, em que tu talvez penses, eu não poderia salvar-te pois não é fácil, com uma lança, triunfar dos males que te acometem.[379]

Orestes totalmente decepcionado com Menelau, mas é claro com ele próprio que fez daquela "coisa de nenhum valor, senão para combater por causa de uma mulher",[380] seu refúgio seguro de salvação. Desce o pano, Orestes encontra-se abandonado por Menelau, tendo que enfrentar a assembleia dos argivos, onde os seus inimigos e os inimigos do seu pai, além do ancião Tindareo querem lhe ver morto por lapidação. Porém, surge Pílades, seu grande amigo.

Pílades já entra correndo, dando um novo ritmo a tragédia, com sua envolvente *philia* para com Orestes, que segundo Maria Helena em seu artigo sobre a peça[381] se reflete formalmente com a passagem dos trímetros iâmbicos da fala comum para os velozes tetrâmetros trocaicos, que vai prevalecer entre os versos 729 a 806. O entendimento da maioria dos analistas, considera esta mudança de ação, decorrente do nítido contraste entre a amizade *philia* de Pílades e a *sophia* de Menelau, que neste caso está mais para covardia e deslealdade do que para sensatez. Porém, existem mais coisas por trás desta mudança, apenas iniciada, pois como examinei anteriormente, os deuses não estão presentes, particularmente Febo, na qual Eurípides pode trabalhar sem as restrições dos mitos, pois trata-se de uma nova história, com a inclusão

---

377 EURÍPIDES, 1999, p. 58.

378 EURÍPIDES, 1999, p. 59.

379 EURÍPIDES, 1999, p. 59.

380 EURÍPIDES, 1999, p. 59.

381 ROCHA PEREIRA, 1988, p. 13.

de elementos políticos e sociais do século V, e onde o poeta quer ressaltar atitudes características dos jovens, diante dos desafios da vida, não em termos de suportar desgraças ocorridas, mas em termos de construção de algo novo. E ainda posso imaginar que por trás dessas atitudes, existam referências concretas ao modo de ser dos atenienses, da *polygramosine*, aqui associada também de forma levemente irônica à juventude, sem evidentes juízos de valor sobre isso.

Vamos ver com cuidado a extensão e a natureza da *philia* entre os dois amigos, pois, adotamos como postura básica acreditar sempre no poeta, e aqui, ele deu especial ênfase a esta longa passagem, na qual fica clara a intenção de valorizar, para o bem e para o mal, o sentimento de *philia* adolescente, com seus ingredientes de excitação, camaradagem, animação, irracionalidade, otimismo e também decepção, injustiça, falsidade. Pilades começa se referindo a assembleia dos argivos com o propósito de matarem os dois irmãos, com uma bela afirmação do que Orestes significa para ele: "Que é isso? Como te sentes? Que vais fazer, tu que és para mim o mais querido dos companheiros, e dos amigos e da família? Sim, tudo isso és para mim."[382] E de imediato, já acrescenta o sentimento comum que os une, porque "tudo é comum entre amigos."[383] Em seguida Orestes relata a posição de Menelau em relação a eles, fazendo severas críticas; infame, dominado pela mulher, falso amigo, que leva Pílades a perguntar sobre os pretextos que deu, para não ajudá-los, que leva Orestes a desconversar e introduzir a figura de Tindareo, com seu ódio contra os irmãos, afirmando ao final que Menelau, preferiu o parentesco com o ancião que com Agamenon. Pílades volta à principal questão; "Estás na maior angústia! E é inevitável que morras?",[384] a qual responde Orestes; "Será preciso que os cidadãos votem pela nossa morte."[385] Pílades vai um pouco mais fundo; "E que sentença pronunciará a cidade? Diz! Pois estou trespassado de terror",[386] que Orestes responde laconicamente, porém com grande acuidade sobre aquele processo; "Morrer, ou viver! Breve é a resposta, para um caso que não o é."[387]

---

382 EURÍPIDES, 1999, p. 60.

383 EURÍPIDES, 1999, p. 60.

384 EURÍPIDES, 1999, p. 61.

385 EURÍPIDES, 1999, p. 61.

386 EURÍPIDES, 1999, p. 62.

387 EURÍPIDES, 1999, p. 62.

Neste ponto, faz-se necessário um primeiro balanço do que está ocorrendo, porque, em geral, os analistas colocam uma ênfase exagerada no comportamento irracional dos dois amigos, dominados pelo sentimento de *philia*, porém, vemos Pílades questionando exatamente os pontos importantes e relevantes, diante de uma situação externa, esta sim, bem paranoica e longe da busca real de qualquer justiça, com uma cidade inteira cercando os já declarados assassinos, e com a convocação de uma Assembleia virtual, sem a mínima preparação para de fato examinar a questão.

Bem, continuemos, pois aqui Pílades, se coloca no mesmo nível que Orestes: "E agora pergunte o que acontece a mim - porque eu próprio também estou perdido",[388] afirmando que o pai Estrófio o expulsara de casa pelo fato de ter ajudado Orestes matar a mãe, levando a este se preocupar com o amigo, pelo fato dos argivos virem a matá-lo, algo que segundo Pílades seria impossível já que ele era fócio de nascimento, e somente seu país teria esta incumbência. Orestes se preocupa com a reação da multidão sujeita a chefes celerados, que Pílades civicamente rebate: "Mas quando os tem dignos, toma sempre deliberações dignas",[389] reforçando o ponto por nós comentado quanto a sensatez do amigo. E agora é Orestes que volta a questão principal, a da assembleia, que deste verso 774 até o final, verso 806 vai se constituir em uma agitada "αντιλαβη" (*antilabe*), extensa e de grande tensão, pois se trata de uma difícil decisão, participar ou não da assembleia. Quanto à natureza da mesma, vou deixar neste momento de lado, pois a discutirei mais adiante quando falar do resultado dela narrado pelo mensageiro. Porém, aqui o que é relevante para a tomada de decisão são as expectativas dela, e neste sentido, claro, elas eram as piores possíveis. Em qualquer assembleia de cidadãos independente da questão a ser debatida, fatores políticos internos e externos preponderam, com maior peso para os primeiros, e neste caso a posição de Orestes era bem frágil, pois nem ele, dada sua condição, nem seu pai, que estivera fora de Argos por mais de dez anos, tinham apoio político interno. Ao contrário, os inimigos de Agamenon, como o citado Eax, juntamente com os amigos de Egisto e de Clitemnestra, eram certamente numerosos e se constituíam na maioria dos presentes, acrescentando-se a isto a neutralidade de Menelau, que tudo indica participou de forma velada da assembleia, bem como a postura odiosa do espartano Tindareo, que

---

388 EURÍPIDES, 1999, p. 62.

389 EURÍPIDES, 1999, p. 63.

trazia um fator externo nada desprezível, em se tratando das relações de Argos com aquela cidade, indicavam chances mínimas de que os dois irmãos pudessem escapar da morte.

Portanto, do ponto de vista do resultado, mesmo com todo o idealismo da juventude, os dois, Orestes e Pílades, sabiam que o mesmo era previsível, sendo a presença de Orestes relativamente neutra quanto a isto. Porém, eles tinham uma convicção, a de terem agido impiamente, mas, o mais importante, de terem feito a coisa mais justa e necessária. A decisão começa aqui, neste dialogo:

> ORE. Bem, precisamos falar
> PIL. Sobre o quê?
> ORE. Se eu fosse dizer aos cidadãos...
> PIL. que procedeste com justiça?
> ORE. Vingando meu pai?
> PIL. Ainda te prendem, jubilosos
> ORE. Mas, então hei de me morrer, submetendo-se em silencio?
> PIL. Isso é covardia.[390]

O raciocínio de Pílades de que era melhor comparecer a assembleia nos parece razoável, tendo em vista suas convicções e o fato de que de qualquer forma a decisão já estaria tomada, dada a natureza daquele tipo de assembleia com todos os vícios possíveis para nada ser julgado. Também me parecem exageradas os comentários dos analistas quanto à questão da honra e da nobreza, como se fossem um objetivo primordial, que claramente não era, existindo, apenas um sentimento dos dois, de que talvez a deusa *tyché*, a sorte, a fortuna, estivesse junto a eles. Também foi bastante prudente, não somente não levar Electra, como não avisá-la da decisão, poupando-a de eventuais dissabores e preocupações inúteis, atitude que está mais do lado da *philia* do que de uma atitude misógina como alguns consideram. Pílades, como amigo fiel, se esforça ao máximo para lhe dar algum conforto no deslocamento até a assembleia, amparando-o, sem se importar com qualquer outra consideração distinta, aos olhos dos argivos. Fechando o segundo episódio, o coro canta o estásimo II, marcando ainda uma vez, o mito dos atridas, a partir de Tântalo, com suas alternâncias de fortuna, com suas fases cruéis, até chegar ao ato de Orestes, de tanta ambiguidade, incapaz de ser entendido de forma racional, até mesmo para eles do coro, refletidos nos versos:

---

390 EURÍPIDES, 1999, p. 63.

Ignóbil o nobre feito de o corpo de uma mãe dilacerar com mão forjada ao fogo e, negro de sangue, aos raios de sol o gládio mostrar. E agir bem, praticando o mal, é impiedade ambígua e loucura de homens insensatos.[391]

O episódio III começa com Electra perguntando por Orestes, sendo informada pelo coro que ele tinha ido com Pílades para a assembleia, e logo chega um mensageiro, que tudo assistiu, e vai logo dizendo que pelo voto dos pelasgos ela e o irmão deveriam morrer neste mesmo dia. Electra chocada, pergunta ao ancião se suas mortes seriam por lapidação ou, pela espada, levando aquele a discorrer longamente, com detalhes, o desenrolar da mesma. Antes de prosseguir, convém darmos uma referência histórica com o que estava ocorrendo em Atenas, naquele ano de 408, a cidade ainda em luta contra os lacedemônios, porém após a primeira tentativa de acabar com o sistema democrático em 411, e da implantação de um governo oligarca, que durou pouco tempo. Atenas havia conseguido algumas importantes vitórias (Cizico, a principal), que facilitaram a restauração da democracia, porém, sabia-se que sua situação continuava crítica, dependendo ainda do controvertido e ambicioso Alcibíades, que conseguiu ser aceito novamente em Atena, de forma triunfal, e de um demagogo Cleofonte, que jogava para qualquer lado, desde que contra Alcibíades. Porém, internamente, diante da prolongada incerteza e das consequências econômicas e sociais que a guerra trazia para todos, estes procuravam se proteger, não mais sob a égide do Estado, pois sabiam de sua delicada situação, mas através das pequenas associações de amigos e pessoas que pensavam da mesma forma, formando grupos, clubes, associações, as famosas "εταιρειαι"(étairias), que tinham papel fundamental naqueles dias. De caráter político explicito, ou, não, divididos, em democratas, oligarcas, apoiadores de Esparta, demagogos, carreiristas, interesseiros, sobreviventes, onde os valores de decência, sensatez, escrúpulos, e justiça inexistiam, diante dos desafios crescentes em suas vidas, dos conflitos e embates inevitáveis, da maior incerteza política e da ausência de fundos públicos. E como todos, envolvidos em uma guerra, cujo resultado era previsível, tendo que enfrentar naqueles dias, a forte coalisão dos lacedemônios com os medos, que em alguma hora ia dar certo, com muito mais recursos do que o frágil estado ateniense, situação esta, que acabou definindo o resultado da guerra. Desta forma, a visão de Eurípides sobre uma assembleia de cidadãos para julgar um crime de matricídio, relativamente complexo, além de realista e

---

391 EURÍPIDES, 1999, p. 68.

nada idealizada, era acompanhada pela descrença do papel social que eventualmente poderia ter, pois os interesses pessoais, os interesses de grupos pequenos, à época eram muito fortes e se sobrepunham a tudo.

O mensageiro, relator do que ocorrera na Assembleia, vindo do campo, havia trabalhado para a casa de Agamenon, tendo assim simpatia pela causa de Orestes, porém tentou, dentro do possível, descrever de forma correta a participação dos principais oradores, a qual o poeta, parece deixar claro, serem meros coadjuvantes, diante de uma decisão anteriormente tomada pela maioria dos cidadãos presentes, que não têm cara, não aparecem, sem nenhum comentário da parte de Eurípides sobre eles. A tipologia dos oradores começa com Taltíbio, que havia estado com Agamenon em Ilión e na Trácia: "[...]sempre submisso aos poderosos, falou ambiguamente, teu pai admirando, mas sem aprovar teu irmão, entrelaçando louvor com vitupério [...] seu olhar sempre brilhante pousava nos amigos de Egisto."[392] Em seguida falou o príncipe Diomedes propondo o exílio para os irmãos.

> [Depois um] homem palavroso, que triunfa pela temeridade, um argivo que não era argivo de verdade, mas por compulsão, confiante no ruído e na ignara liberdade de falar, hábil, enfim para os envolver numa desgraça.[393]

Este propôs que os executassem por lapidação, apoiado por Tindareo. Finalmente falou um simples lavrador enaltecendo Orestes;

> Este disse que coroassem Orestes, o filho de Agamenon, o qual quisera honrar o pai, matando uma ímpia e má mulher que retirava aos homens o direito de armarem seus braços e de abandonarem o palácio para irem em campanha, uma vez que os homens da retaguarda seduziam as guardiãs da casa, desonrando as esposas dos guerreiros.[394]

O mensageiro surpreso anuncia: "ninguém mais discursou", dando um tempo para reflexão. Como ninguém se manifestou, Orestes avançou e falou. A grande maioria dos analistas, que já contestavam a ida de Orestes à assembleia, foram ainda mais unânimes em condenar a fala de Orestes na mesma, particularmente Greenberg com sua original interpretação da peça. Ninguém em sã consciência poderia sequer imaginar o que iria ocorrer na assembleia, quem falaria e o que de fato diriam. Porém, a oportunidade para alterar a situação de Orestes apareceu, pois, e aqui não há como não notar, caso Menelau estivesse

---

392 EURÍPIDES, 1999, p. 70.

393 EURÍPIDES, 1999, p. 71.

394 EURÍPIDES, 1999, p. 71.

disposto a ajudá-lo, surgiu ali uma chance de ouro para ele encerrar as falas, sem se desviar um milímetro do que realmente pensava sobre a questão, com sua *sophia*, moderação, no momento em que a própria assembleia pedia por isto, com todas as condições de salvar a vida dos dois sobrinhos. Apesar de concordar com Greenberg que aquela não era a melhor hora para Orestes falar, inclusive porque dificilmente teria como justificar em público seu ato de matar a mãe, por outro lado, diante da recusa deliberada de Menelau em falar a seu favor, a alternativa naquela hora de não falar poderia ter sido pior do que falar. Neste sentido, a fala de Orestes era a única possível a ser feita, especialmente após a fala do lavrador, pessoa simples, que extrapolou em elogios a atitude dele, porém que demonstrava quão arraigada poderia estar em outros presentes à ideia da mulher ímpia responsável no fundo por toda a tragédia.

O fato é que Orestes seguiu esta direção, como única alternativa para tentar convencer os argivos presentes:

> Foi para vos defender, nada menos que a meu pai que matei minha mãe. Se, na verdade, entre as mulheres for permitido o assassinato dos varões, apressai-vos então a morrer, ou, às mulheres deveis sujeitar-vos! E o contrário fareis do que deveis fazer.[395]

Porém Orestes, do ponto de vista político, termina muito mal sua fala, com arrogância, com ameaças, levantando de forma equivocada as questões da morte da mãe e da possibilidade de sua própria morte: "Agora, efetivamente, a que traiu o leito de meu pai morreu, mas, enfim, se me matardes, a lei torna-se inútil e apressemo-nos a morrer! Com certeza, de audácia não haverá falta.[396] O resultado foi o esperado, tendo Orestes conseguido, e aqui, fica difícil de afirmar com certeza se devido ao fato de não se calar, porém é bastante plausível, evitar a morte sanguinária e cruel dos dois, dele e de Electra por lapidação, terrível chaga para a família e para eles em particular, deixando a seus encargos executar o ato, se matando. Pílades transporta um Orestes alquebrado para longe da assembleia, em uma visão deplorável, e o mensageiro encerra sua descrição do ocorrido para Electra, de forma realista, dando sua visão do mesmo:

> Apronta, pois, uma espada, ou uma corda para o teu pescoço porque é forçoso que abandones a luz do dia! A tua nobre linhagem em nada te

---

395 EURÍPIDES, 1999, p. 71.

396 EURÍPIDES, 1999, p. 71.

ajudou, nem tampouco Febo Pítico, que na trípode toma assento: antes foram a tua ruína.[397]

Electra diante do coro canta uma longa monodia, referindo-se novamente a toda a maldição da família com suas desgraças desde Tântalo, passando por Pelops, Atreu e Tiestes, até chegar a ela e o pai, sem menção sequer a Orestes, pensando exclusivamente em sua desdita. Chegam Orestes e Pílades do julgamento, e os dois irmãos iniciam as despedidas finais diante da morte, em uma mescla de emotividade e de questões práticas de como morrer. Electra de forma feminina, mais terna e carinhosa, buscando apoio no corpo de Orestes, e este a princípio refratário aos gemidos e carinhos femininos acaba por se comover e se entregar a irmã. Mas como boa mulher, de forma realista, pergunta pela participação na assembleia do "pérfido Menelau, o traidor do seu pai",[398] se por acaso havia o defendido. Orestes responde, enfatizando que agirá em função de sua linhagem e nobreza, dignas do pai Agamenon, indicando o mesmo caminho para Electra:

> Nem a cara mostrou, mas, com a esperança no cetro, tomou a precaução de não acudir aos amigos. Então coragem, busquemos morrer praticando ações nobres e bem dignas de Agamenon. Por mim, mostrarei à cidade a minha linhagem ferindo o fígado com a espada! Pela tua parte, é necessário que realize atos de audácia semelhantes aos meus.[399]

Finaliza ordenando a Pílades, que a tudo assistia passivamente, que os sepultassem juntos, perto do túmulo do pai.

Estou aqui diante de uma situação criada pelo poeta para seus dois personagens principais, Orestes e Electra, que tem tudo a ver com o comportamento heroico por excelência, explorado principalmente por Sófocles. Vingadores do pai, em relação à mulher ímpia, ordenados pelo deus Apolo, os dois heróis se submeteram ao julgamento público, foram considerados culpados com condenações à morte, optaram por assumirem a responsabilidades de se matarem, pela espada ou se enforcando, inteiramente abandonados pela família, pelos amigos, mas especialmente pelo próprio deus, responsável pelo matricídio, encontrando-se solitários em suas desgraças, ao morrerem juntos com a mesma espada, e juntos serem enterrados. Esta era a alternativa heroica que estava em suas cabeças, que, diga-se de passagem, caso fosse ado-

---

397 EURÍPIDES, 1999, p. 72.

398 EURÍPIDES, 1999, p. 76.

399 EURÍPIDES, 1999, p. 76.

tada pelo poeta, inviabilizaria o restante da trama, porém aqui os dois irmãos não estavam sós, existia a presença de um terceiro, um amigo fiel de Orestes, prometido esposo de Electra, caso sobrevivessem, que tivera participação especial, quando da morte da mãe e que novamente estava junto a eles. Pílades, o fiel amigo, que evidentemente não tinha a mesma linhagem que os dois irmãos, inicialmente questiona uma coisa bem razoável, dado que sua vida estava, já há algum tempo, desde o matricídio inteiramente associada à vida de Orestes: "E por que viver, sem a tua amizade?"[400] E seu argumento é bem simples, ele matou, juntamente com os amigos, os dois infiéis da casa de Agamenon, já que ele conhecia e fez parte de todos os procedimentos que levaram a morte de Egisto e Clitemnestra, inclusive incentivando Orestes a executar a mãe com a espada, quando este hesitava diante dos peitos da mãe. Se eles tinham que morrer por isto, ele também tinha. Os argumentos de Orestes para que ele poupasse sua vida foram em vão. Entretanto, uma vez dentro do jogo, vamos assim dizer, ele vai alterá-lo inteiramente: "[…] mas, já que vamos morrer, cheguemos a um acordo, para que Menelau, partilhe de nossa infelicidade."[401]

O plano de Pílades era atingir Menelau, matando Helena, presa aparentemente fácil, já que estava em palácio, protegida por alguns serviçais frígios. Os dois amigos entram literalmente em transe, discutindo os detalhes da vingança, com sua morte, mas logo de início, em um verso bem representativo do estado de excitação de Orestes este declara: "Ó meu grande amigo, que eu possa ver esse acontecimento, antes de morrer!"[402] Claro, toda a passagem que ora se inicia, com a decisão conjunta das três personagens em promover novas mortes gerou por parte de todos os analistas, discussões intermináveis, sobre o caráter dos mesmos, sendo classificados de dementes, bandidos, perversos, amorais, da mesma forma que mediante leituras muito pessoais, interpretações sofisticadas do que na realidade pretendia o poeta. Nossa opção neste ponto é de um lado, não emitirmos nenhum valor de juízo sobre as atitudes das personagens, pois considero estarmos diante de uma obra de ficção, que ao cabo não pretende e não induz a este tipo de julgamento, e em segundo lugar, apesar de entender e aceitar algumas das reflexões feitas pelos diversos analistas, continuo com mi-

---

400 EURÍPIDES, 1999, p. 77.

401 EURÍPIDES, 1999, p. 77.

402 EURÍPIDES, 1999, p. 78.

nha concepção original de que dificilmente conseguiremos alcançar as verdadeiras intenções do poeta, não sendo levado portanto a propor nem aceitar interpretações fechadas sobre os acontecimentos da trama, me concedendo liberdade para salientar alguns pontos que considero relevantes ao entendimento desta complexa obra, seguindo de perto colocações já apresentadas anteriormente.

A primeira coisa que chama atenção é o papel de Pílades neste episódio. Pílades este que, segundo Aristófanes de Bizâncio, era a única personagem na peça que "não é perversa", filho de Estrofio e de uma irmã de Agamenon, que viviam na Fócida, na Pilaia délfica. Pílades chega de repente, sem ser previamente anunciado, convence Orestes de que era necessário não ficar em silêncio, de que ele deveria comparecer a assembleia, de que ele deveria defender a justiça de seus atos, e após a mesma, declara que estará junto aos irmãos em tudo, inclusive na iminente morte, e novamente altera tudo ao propor a vingança contra Menelau, com a morte de Helena, dando um novo ânimo aos abatidos e quase mortos Orestes e Electra. Pílades deixa claro em sua fala duas coisas da mais alta importância: primeiramente, ele faz um juramento seguindo Anaxágoras, "que nem a terra fértil, nem o éter brilhante recebam o meu sangue se, atraiçoando-te algum dia, eu te deixar ao abandono, para me libertar",[403] um juramento equivalente a "não tenha eu descanso na terra, nem no céu."[404] O segundo, igualmente emblemático, pois, nos diz de forma precisa duas coisas: ele participou ativamente da morte de Clitemnestra, "a verdade é que matei juntamente contigo, não o negarei, e planejei tudo aquilo por que tu, agora és punido e devo morrer junto contigo e Eléctra",[405] estabelecendo aqui, não somente um liame indestrutível com os irmãos, mas também com os fatos passados, isto é, com as mortes de Egisto e de Clitemnestra, por óbvio, porém com os principais responsáveis por todas as desgraças ocorridas devido a guerra, Menelau e Helena. Ele assim dá entender, já que imediatamente propõe seu plano de que Menelau participe da infelicidade deles, que o mesmo é ainda consequência do ocorrido seis dias atrás, quando da morte de Clitemnestra, agravado pela atitude covarde e leniente de Menelau de não ajudar Orestes pelo muito que recebeu do irmão, e não simplesmente uma

---

403 EURÍPIDES, 1999, p. 77.

404 EURÍPIDES, 1999, p. 128.

405 EURÍPIDES, 1999, p. 77.

reação intempestiva ao resultado da assembleia, do processo viciado e direcionado da mesma, como se fosse uma desforra do acontecido naquele evento.

Porém, mais do que isto, não há como se deixar de imaginar, que de alguma forma, não sabemos exatamente como que o papel desempenhado por Pílades, de estar desta forma junto dos irmãos nesta hora tão dramática, não tenha qualquer participação do deus délfico, como a dizer que ele não os abandonou inteiramente, que de alguma forma o fiel e dedicado amigo faz parte de seus planos, e que coisas devem necessariamente ocorrer, para que sejam criadas condições, particularmente em relação a Orestes, que o leve a outra situação. *Em outras palavras, todos que participaram do terrível e escabroso evento da morte de uma mãe por seu filho, estavam ainda presentes, o que nos leva a examinar mais de perto, a própria participação de Febo em tudo isto.* A caracterização do deus Apolo é certamente uma das tarefas mais difíceis a serem feitas, dada a universalidade de seus atributos, particularmente agravada pelas visões idealizadas do deus grego por excelência, feitas por filósofos e artistas ao longo dos séculos. Porém, retomando algo que vimos na página 413, uma coisa é comum entre os diversos filólogos, de que qualquer tentativa de entendimento do deus, no caso das tragédias, aquelas dificuldades são ainda maiores, pois ele é sempre representado de forma ambígua, contraditória, muitas vezes negativa, trazendo ameaças e dificuldades para os mortais, podendo significar uma maior liberdade criativa por parte dos autores ao utilizarem o deus em seus mitos, ou suas próprias sensibilidades quanto ao que ele de fato representa, diferentemente do que normalmente é reconhecido. Eurípides não foge à regra, inclusive pelo que se conhece da importância do deus em sua juventude, refletida naturalmente em várias de suas obras. Porém a distância era grande desde sua infância quando bailava em torno do altar de Apolo Délio, portando o fogo sagrado, saudando e venerando o nascimento dos filhos de Leto, para os tempos de madureza, ainda em Atenas, porém extremamente desgostoso com o que via ocorrer, criando suas últimas obras, dentre as quais este Orestes, onde a participação do deus na mesma, nada mais tinha a ver com aquele da recordação dos tempos de menino. Este Apolo está mais próximo daquele que foi obrigado a matar a deusa que reinava em Delfos, sob a forma de um monstro que se expressava por provocar terrores noturnos, onde ele se afirmou como um deus adulto, com sua enorme projeção sobre toda a Hélade, seja em termos religiosos, seja em termos políticos, seja em termos psicológicos, como parece ser o caso, conforme a leitura pessoal e singular de cada um dos trágicos em suas obras.

Relendo a luminosa obra de Otto sobre os deuses gregos, em seu capítulo sobre Apolo e Ártemis, e diante da peça Orestes, em seu momento mais conturbado, onde as personagens Orestes, Electra e Pílades parecem estar tomados por uma loucura delirante, nos leva a pensar e a refletir, que, da mesma forma que nós, Eurípides, ao imaginar àquela situação, em sua obra, buscava ele entender, com total liberdade de pensamento, o que poderia significar o divino na vida de simples mortais, com suas aparições e desaparecimentos, com suas intervenções, muitas vezes desastradas, condicionando nossas vidas para o bem ou para o mal, sem nenhuma promessa de justiça e recompensa, muito menos conforto e amizade. O caso de Orestes é emblemático, pois inúmeros filólogos de respeito entendem existir uma profunda afinidade entre ele e o deus, chegando a classificar o deus como um Orestes divino, a partir mesmo da associação entre o episódio da morte do monstro feminino Píton, com a ordenação da morte de Clitemnestra, feita de acordo com a tradição em termos dramáticos: de que o assassinato de Clitemnestra tinha sido autorizado pelo próprio Zeus, que caso ele não a cumprisse, ele se tornaria um pária da sociedade, seria vedado seu acesso a todos os templos e altares, e que seria acometido de uma lepra que lhe devoraria sua carne. Porém segundo Marie Delcourt,[406] em seu livro sobre *Orestes e Alcmeón*, aquela afinidade ia bem mais além, como a relação com Pílades, que levou Orestes a ser educado por Estrófio, próximo a Delfos, e a relação do sacrifício de Ifigênia, irmã de Orestes, a mando de Ártemis, que não se concretiza, e da mesma forma se transforma em uma afinidade e uma associação entre ambas, a par, que, mesmo aqui, na peça, Eurípides atribui a purificação de Orestes a Ártemis Hiéreia, a sacerdotisa. Portanto, diante desta afinidade entre Orestes e Febo, e considerando aquela hipótese que abordei, de que a história de Orestes, semelhante a do deus, diz respeito a um rito de passagem da adolescência para vida adulta, portanto um rito iniciático, que como vimos teria três fases bem distintas, indica um caminho de entendimento das ações das três personagens, em seus delírios, que em torno da questão de Orestes, estão justamente na denominada fase de "transição", de confusão total de valores, agravada pelas características do deus, de manter um distanciamento, de não se colocar à disposição

---

406 DELCOURT, 1959.

das pessoas, de não se interessar por suas dignidades ou moralidades, enfim, de não ser capaz de cumprir com seu objetivo de monitorar aquela passagem, deixando-os totalmente à deriva.

Levando em consideração todos estes aspectos, nota-se, no entanto, no comportamento das personagens, especialmente por parte de Pílades, que os comandam nesta primeira parte do delírio, a busca pela justiça, ainda que de forma pessoal, e basicamente em cima das questões humanas, sabedores de nada esperar da divindade. E porque isto? Porque de forma realista, Pílades, juntamente com os dois irmãos, mesmo considerando que agiram justamente matando Clitemnestra, e vingando Agamenon, sujeitos aos deuses, não tinham como reverter, ou apagar, o rejeitado e repudiado ato de matricídio, perpetrado pelo filho Orestes, pois se tratava de algo não aceito de nenhuma forma pela própria sociedade. Portanto, aqui, a ênfase da vingança muda inteiramente de foco: não se trata mais de somente vingar a morte de Agamenon pela mulher ímpia e seu amante Egisto, que haviam degradado sua casa, vingança esta que somente ocorreu devido à ordem e autorização da divindade com seus objetivos próprios, mas de vingar, de uma forma ainda mais completa, o mesmo Agamenon. Atingindo assim, além de Clitemnestra, os dois principais responsáveis por aquela situação familiar do atrida criada pela guerra, Helena e Menelau, agora acrescida da ausência de compaixão e *philia* com seu filho Orestes, que o vingou contra a mãe, na qual foi um mero instrumento da divindade. Mas, além disso, é conveniente não esquecermos, vingando a todos os guerreiros da Hélade que pereceram, bem como suas mulheres e filhos que sofreram com aquelas perdas.

As palavras de Pílades sobre o castigo de Helena dizem tudo:

> Haverá um grito de triunfo e o fogo se há de acender aos deuses: hão de desejar-nos, a ti e a mim, muitas felicidades, porque fizemos correr o sangue de uma pérfida mulher. E não serás apelidado de matricida depois de a matares, mas ficarás sem esse nome, sobre ti baixará o título melhor: serás designado como o exterminador da homicida Helena.[407]

E complementando, Pílades refere-se à tremenda injustiça que é ver o venal Menelau, tornado o pior inimigo dos amigos, feliz e livre das desgraças, diante de todos os atridas mortos e os que vão morrer, quando por diversas vezes, como relatado por Homero teve ele a vida salva por seu irmão Agamenon:

---

407 EURÍPIDES, 1999, p. 80.

Não deve, não deve nunca Menelau ser feliz, quando teu pai, e tu, e tua irmã têm de morrer, e tua mãe...(renuncio a essa palavra: na verdade não é conveniente dizê-la), e possuir ele o teu palácio, depois de ter recuperado a esposa, graças à lança de Agamenon.[408]

Paranoia, megalomania dos jovens, ou como levianamente vários críticos consideraram, busca de honra e dignidade, podemos assim classificar seus objetivos, porém, não esqueçamos estarem eles em situação de desespero e pânico diante de suas mortes, rodeados de inimigos por toda parte, dos mais próximos aos mais afastados, tendo que se suicidarem naquele mesmo dia, devido a uma decisão altamente questionável e injusta de uma assembleia que simplesmente não discutiu nem julgou seriamente a questão. Orestes, neste sentido, ressalta de forma enfática sua ligação com o pai e seu desejo de se vingar de Menelau:

Sou o filho de Agamenon que governou a Hélade por ser julgado digno desse cargo, não como tirano, ainda que um poder divino possuísse! A ele não o desonrarei, apresentando-me à morte, como escravo, mas livremente abandonarei a vida e de Menelau hei de vingar-me.[409]

De outro lado, sua irmã Electra, personagem feminina, que no fundo representa a mãe que Orestes nunca teve, revela claramente todo o seu ódio às figuras femininas, pois além do seu sentimento contra Clitemnestra, revelado no episódio de sua morte, já tendo anteriormente manifestado seu antagonismo contra Helena, acresce à vingança contra Menelau a figura da filha, Hermione, justamente criada por sua mãe, propondo tomá-la como refém para garantir que esse não esboce nenhuma reação inconsequente contra eles ao se deparar com Helena morta. A sugestão é aceita com entusiasmo por Orestes e por Pílades, que acertam os detalhes finais para a operação. Orestes então, inicia uma invocação ao pai morto, que se encontra no Hades, depois compartilhada por Electra e Pílades, que os ajudem nesta empreitada, que chama bastante atenção, pois, ela é normalmente feita à um deus específico, ou a um herói local, deificado, *mas é raro quando em relação a um morto de suas relações, como se fosse um ato de desespero total, diante da ausência de qualquer divindade, e de um mortal vivo a quem recorrer como se neles não houvesse nenhum sinal de esperança.*

Orestes começa:

---

408 EURÍPIDES, 1999, p. 80.

409 EURÍPIDES, 1999, p. 81.

Ó pai, que habitas a morada da noite sombria, invoca-te Orestes, o teu filho, para que venhas em auxílio dos necessitados! Pois é por tua causa que eu, desditoso, sofro injustamente! E por teu irmão sou atraiçoado, por ter praticado a justiça! Da mulher dele quero apoderar-me para a matar! E tu, empreende conosco essa ação.[410]

Electra o segue: "Ó pai, vem, sim, se nas entranhas da terra escutas os filhos que te invocam e que por ti morrem."[411] E mesmo Pílades recordando sua relação familiar: "Ó parente de meu pai Agamenon, escuta também as minhas preces! Salva teus filhos."[412] Seguindo, Orestes lembra ao pai, que ele matou a mãe, Electra, que ela segurou a espada e Pílades que os exortou e libertou-os da hesitação, e em lágrimas oferecem libações e lamentos, com uma indagação final de Pílades: "Acaso poderás escutar essas imprecações e não salvar os teus filhos."[413] A invocação à Agamenon como ato desesperado, nos lembra também, uma passagem do início da peça, quando Orestes, em um momento de lucidez, admite que Agamenon se consultado sobre o ato dele matar Clitemnestra, teria recomendado não fazê-lo, nos levando a admitir, neste caso, se consultado sobre a morte de Helena e o consequente dano a Menelau, sua recomendação seria de que o fizessem, talvez com alegria e júbilo. E esta passagem se encerra com Pílades, dirigindo-se a Zeus pai e justo, de forma leviana quase, blasfemo, afirmando que para os três, "[...] um só é o combate, uma só a justiça: para todos está em causa viver ou morrer."[414]

As ações se precipitam, Orestes e Pílades vão à caça de Helena dentro do palácio, Electra e o coro também se preparam para o desenvolvimento dos acontecimentos, no caso, dividindo-se, montando guarda em frente do palácio para não serem surpreendidos por guerreiros argivos. Nesta passagem é interessante notar que, com alguma razão os três amigos encontram-se inteiramente fora de si, imersos em um processo duplamente crescente, por um lado de pânico, e por outro de violência, em relação a seus inimigos, sem volta aparente, tentando levar adiante seus planos. Entretanto, Electra, apesar dos motivos explícitos das ações, consegue total adesão do coro, não somente em

---

410 EURÍPIDES, 1999, p. 83.

411 EURÍPIDES, 1999, p. 83.

412 EURÍPIDES, 1999, p. 84.

413 EURÍPIDES, 1999, p. 84.

414 EURÍPIDES, 1999, p. 84.

termos de cantos ou, palavras, mas também com ações, dividindo-se em dois grupos para guarda do palácio, e proposições como a de aferrolhar suas portas,[415] participando ativamente dos acontecimentos, fato este que gerou muitas críticas para Eurípides, como uma desvirtuação total do papel tradicional do coro. A direção artística destas cenas, até o epílogo final por parte do poeta é algo assombroso e surpreendente, devido à intensidade e dinamismo do que ocorre, demonstrando um mundo que caminha rapidamente para o caos total, mediante dois cenários distintos: do lado de fora Electra e o coro tomando as providências necessárias para a guarda do palácio, em uma clara demonstração do medo que ela sentia, ouvindo e imaginando tudo o que ocorre dentro do palácio com o embate de Orestes e Pílades com os guardas frígios de Helena, e com a tentativa de Orestes de agarrá-la e matá-la, ouvindo inclusive seus gritos e apelos a Menelau. A cena principal ocorre fora do palácio, entre Electra, o coro, e sendo eles surpreendidos com a chegada de Hermione, filha de Helena, principal personagem de seus planos, levando Electra a recomendar ao coro, calma e que recomponham um semblante tranquilo para não intimidá-la. Esta, tendo ouvido clamores de dentro do palácio, leva Electra a disfarçar e mentir para a jovem de que Orestes suplica ajuda a Helena para eles não morrerem, com a intenção de levá-la para dentro de forma que os dois amigos a aprisionem. A jovem acaba entrando, demonstrando sincera compaixão pelos irmãos e é aprisionada.

Em seguida, vem o estásimo III do coro, bem longe de ser um canto, anunciando a saída do palácio de um escravo frígio, iniciando o episódio IV, que enfim vai relatar a todos o que ocorreu dentro do palácio, algo que até agora nada sabemos, mediante um enorme diálogo dele com o coro, que vai do verso 1369 ao 1500, em um solução para lá de original e inusitada do poeta (artifício dramático que o poeta utilizará igualmente em *As Bacantes*), já que é através do frígio, e não através dos personagens da tragédia, que ficaremos sabendo o que ocorreu lá dentro, mas trazendo também para a trama, em cores vivas, Ilión e seus habitantes, dando um caráter ainda mais surreal a peça, porém indo de encontro a nossa interpretação da amplitude da vingança pretendida pelos três amigos. Original também a personalidade do escravo frígio, que com sua verborragia, conhecia tudo o que havia ocorrido na sua terra, bem como os principais personagens da guerra, pelo lado dos gregos, tendo aproveitado a ocasião para criticar Ulisses, claro, o

---

415 EURÍPIDES, 1999, p. 85.

mentor da derrota dardania, diante do desespero do coro para saber o que tinha acontecido. Segundo o frígio, Pílades cuidou dos guardas, prendendo-os, enquanto Orestes foi em direção a Helena para executá-la, tudo isto descrito em detalhes, ao mesmo tempo exercendo seu poder de crítica com relação aos próprios frígios, as atitudes de Orestes e Pílades e a postura de Helena, sempre se mantendo linda e digna, inclusive, quando perguntado pelo coro, afirmou ser o responsável para baloiçar em sua face um grande leque de plumas, à moda bárbara. Ao chegar, Hermione justamente quando Orestes ia matar Helena, os dois acorreram para prender a jovem, enquanto Helena saindo do quarto desapareceu, tornando-se invisível, "[...] fosse, na verdade por sortilégios, ou, por artes de magia, ou, por rapto divino."[416] O frígio então, foge do palácio. Logo, em seguida, Orestes sai do mesmo com espada em punho atrás do escravo frígio, que apavorado se prostra diante dele segundo os modos bárbaros, ocorrendo em seguida um dos diálogos mais estranhos de toda a peça, insano e desvairado de ambas as partes. Orestes demonstrando medo e total insegurança, chegando a achar que o escravo estaria mancomunado com Menelau, questionando-o se era justo ele matar Helena, com comentários críticos sobre o comportamento covarde dos frígios, cobrando do escravo uma postura colaborativa e principalmente sem gritarias, que pudessem despertar os argivos, e com uma afirmação final de que o mesmo não havia nascido mulher, nem podia ser chamado de homem, evidenciando ainda mais o quanto ele se encontrava perturbado e fora de si.

Finalmente, chega Menelau, diante das notícias dadas a ele por um mensageiro, certo de que os dois amigos haviam executado Helena, e que estavam de posse de Hermione dentro do palácio. Menelau tenta abrir as portas e entrar, mas em vão, quando aparecem Orestes e Pílades no topo do palácio: o primeiro com a espada apontada para o pescoço de Hermione, e o segundo com as tochas começando a incendiar a casa, de modo a que todos viessem a perecer dentro da casa. Inicialmente Orestes tenta convencer Menelau, que os deuses levaram Helena, que eles portanto não a mataram, apesar de tudo. Orestes ameaçador, coloca em xeque Menelau, denunciando suas fraquezas, com Hermione presa a seus braços, até ligeiramente irônico ao aventar a possibilidade de escapar com vida e tornar-se senhor de Argos provocando ainda mais a ira do oponente. Menelau, resistindo, se mantendo frio, acusando-o de ser um assassino cruel. Orestes está a ponto de de-

---

416 EURÍPIDES, 1999, p. 96.

golar Hermione, quando Menelau timidamente se rende e diz que está em suas mãos. Em seguida ordena a Electra e Pílades que incendeiem o palácio, enquanto Menelau clama pelos habitantes de Argos para acorrerem com armas. Neste momento chega Apolo com Helena como se descessem do céu, aparecendo no *theologeion*.

A teofania do deus, ao final da peça, já era algo reclamado pelas próprias personagens, que se sentiam abandonadas pela divindade, e também era alguma coisa previsível e que se impunha para os espectadores, mas é claro suscitou as mais diversas interpretações, especialmente, por que tinha se alcançado um ponto, em que eram iminentes, a morte de Hermione por Orestes e o palácio de seus ancestrais começava a arder em fogo, tudo isto diante de um Menelau perplexo. Apolo intervém exatamente no limite possível para ser aceito tanto por Orestes, quanto Menelau, invocando sua condição de filho de Leto, dando logo de início o tom de sua chegada, não como o deus pítico, mas como o deus delico, para repor, na casa dos Atridas, as coisas em seus devidos lugares. Dirige-se particularmente a Orestes e a Menelau, para que segurem seus ânimos violentos tendo em vista suas palavras. Em primeiro lugar ele fala da sorte de Helena, para que os dois ouçam atentamente, considerando assim, que a pacificação entre eles, somente seria possível uma vez definido o destino de Helena. Dirigindo-se diretamente a Orestes:

> Helena, que tu, cheio de ardor, não conseguiste fazer perecer, suscitando, todavia, a cólera de Menelau, é esta que vedes nas funduras do éter, salva, e não morta às tuas mãos. Fui eu que a salvei e a arrebatei ao teu gládio por ordem de Zeus, meu pai.[417]

Aqui, antes de seguirmos, vemos que a distância olímpica do deus com relação ao que se passava, não era tão grande assim, tanto que interviu salvando a vida de Helena, além de estar bem atualizado sobre os dois atridas em conflito. Relativamente a Menelau o deus lhe avisa:

> E tu, Menelau, toma outra noiva e leva-a para o palácio, visto que os deuses, por meio da beleza de Helena, provocaram conflitos entre helenos e frígios, e mortes fizeram, para suprimirem da terra a afronta de uma excessiva população de mortais.[418]

Desta forma, o destino de Helena é ascender a uma situação de imortal: "Pois, sendo filha de Zeus, é necessário que viva como imortal, e

---

417 EURÍPIDES, 1999, p. 107.

418 EURÍPIDES, 1999, p. 107.

nas funduras do éter tomará assento com Castor e Pólux, para salvação dos navegantes."[419] Segundo Maria Helena, o culto de Helena, realmente existia em Esparta, porém como divindade ligada a vegetação, e ao contrário tinha uma etimologia popular adotada por Ésquilo que encontrava em seu nome o significado de "destruidora de navios". De qualquer forma, a deificação de Helena representava algo difícil de ser aceita pelo público de Atenas, representando segundo alguns analistas um escárnio da justiça divina, apesar de outros considerarem um sincero tributo a beleza, tão importante no imaginário grego. Entretanto, aqui me arrisco a tecer uma consideração adicional sobre a importância dada pelo poeta para Helena. Sabemos com certeza da audácia do poeta com relação a tradição, inclusive porque anteriormente ele havia dedicado uma tragédia completa a Helena, na qual ele coloca em cena não uma Helena mas duas, uma a verdadeira e a outra uma nevoa, um fantasma, um "εἰδωλον" (eidolon), um nome, mas que ao final acabam se encontrando e se tornando única. Aqui, dada a estranha importância de Helena na peça, sou levado a conjecturar que ao longo da mesma, desde seu início a Helena que está em causa não é a filha de Zeus ou, de Tindareo, irmã de Clitemnestra, mas uma representação de todas as mulheres, como se ela fosse bem mais que uma mulher específica, bem acima das pueris questões humanas, e se isto é possível, o poeta estaria se antecipando em alguns séculos aos filósofos ocidentais, enaltecendo nesta representação a epiderme, a aparência, os espelhos, as tiras de cabelos, as formas, os sons, as palavras, enfim, a algo que muitos denominaram beleza.

Assim, o deus a partir da definição da sorte de Helena, e da necessidade de Menelau casar com uma nova mulher, estabelece por outro lado o destino de Orestes, mediante a necessidade de que ele passe um ano na Arcádia, como forma de purificação, que segundo a tradição, é feita junto a Ártemis Hiereia, em um lugar que será denominado de Oresteu. Dali, deve se dirigir a Atenas: "[...] oferece às três Eumenides a expiação pelo crime de matricídio; e os deuses, juízes da tua causa, nas colinas de Ares hão de dar o mais piedoso voto, momento em que tu serás vencedor."[420] Ainda em relação a Orestes, este desposará Hermione, há pouco ameaçada por sua espada, e não Neoptólemo, filho de Aquiles, que será morto por espada délfica, refletindo o conflito do deus com o herói. Finalmente Orestes deve ainda conceder a

---

419 EURÍPIDES, 1999, p. 107.

420 EURÍPIDES, 1999, p. 107.

Pílades o leito de sua irmã Electra, como prometido, com o deus solicitando ainda a Menelau que deixe o sobrinho governar em Argos, e que ele vá reinar em Esparta. Por fim, Apolo tranquiliza Orestes que seus problemas com a cidade serão por ele resolvidos, com honra, "porque fui eu que o compeli a matar a mãe."[421] Tanto Menelau quanto Orestes acatam as recomendações de Apolo, com Orestes reconhecendo no fundo o terror que passou, com o deus finalizando: "Ide, então, ao longo do vosso caminho, venerando a mais bela das deusas, a Paz."[422]

As especulações sobre este final, como disse, foram gigantescas, desde a mais veemente rejeição, passando por interpretações das mais sofisticadas e cheias de sentido, como as de Greenberg e Murray, até chegarmos a algumas versões mais simples e de certa forma mais humanas, talvez mais condizentes com a realidade do próprio poeta, após tantos anos de trabalho criativo e de um ativismo intelectual, naquele frenético século V, que o levou a buscar entender a existência humana, de uma forma sem paralelo no mundo ocidental. Tenho insistido até aqui, em minha análise da obra do poeta sempre que o assunto vem à tona, de que nos parece perda de tempo e esforço, além da evidente impossibilidade concreta, tentar caracterizar o poeta com epítetos simplificadores, que mais escondem do que clarificam sua obra, sendo este Orestes, certamente, um dos exemplos mais emblemático e marcante daquela dificuldade, tamanhas são as questões abordadas nesta obra: racionalidade, irracionalidade, miséria pessoal, doença, desespero, ternura, *philia*, *sophia*, loucura, ódio, lucidez, violência, pavor, em uma amálgama de mito, maldições familiares, história, exotismo, realidades presentes, com participações divinas fundamentais, além de muitas outras questões colocadas por acaso ao longo da trama, que nos levam, em princípio, a duvidar das possibilidades da própria existência humana, submetida a tantos desafios e forças desintegradoras.

Desta forma, em princípio, considerar estranho e sem sentido o "Deus Ex Machina" do poeta, ao final da peça, neutralizando grande parte do ocorrido, com suas duas partes distintas, de espiritualidade, ternura, *philia* sincera, de um lado e ódio, violência e loucura selvática por outro, nos parece de um rigor improcedente, uma firula, um detalhe quase insignificante, diante do espetáculo cênico, emocionalmente intenso, da realidade da miséria e da violência humana, que

---

421 EURÍPIDES, 1999, p. 107.

422 EURÍPIDES, 1999, p. 108.

nos foram apresentadas desde o início da peça até alcançarmos o seu final, independente de quaisquer considerações sobre seus conteúdos. A amargura e o pessimismo do poeta são visíveis nesta tragédia, com o sistema econômico e social da *polis* ateniense, com os sentimento de *philia* e de *sophia* das pessoas, com os mitos tradicionais nos quais os poetas se apoiavam, com as possibilidades da justiça, tanto divinas quanto laicas, com a facilidade que todos apelavam para a violência, o ódio, o conflito, com a insanidade das mesmas diante de suas crises pessoais, enfim, até mesmo com o seu ofício, de poeta.

A caracterização de seus personagens que havia evoluído de forma excepcional, especialmente em Íon, Hercules, Medeia e Hipólito, onde suas ações, carregadas de emoções e sentimentos se descolaram de razões pensadas, da sabedoria, do conhecimento, de previsões, atinge em Orestes um novo patamar, onde as dificuldades psicológicas se manifestam de forma ainda mais contundente, não mais mediante espasmos de inconsciência, mas através de comportamentos aparentemente consolidados, tornando-os ainda mais problemáticos.

Finalizo aqui, com uma advertência, que me parece extremamente pertinente, pois a maioria dos analistas reagem a este final imaginado pelo poeta, como se o deus houvesse resolvido de golpe os problemas de todas as personagens principais manifestadas antes daquele final. Nada seria mais enganoso do que esta atitude, pois tudo e todos se encontravam em xeque na visão do poeta, inclusive o deus Apolo, não somente ao longo da trama como igualmente neste final, que o poeta sabe muito bem, que dependendo de uma série de outras condições representa apenas uma rendição momentânea. Seria muita ingenuidade não acreditar que a única coisa alcançada pelo deus, com suas recomendações, foi a de conseguir uma trégua temporária naquela situação que havia sido criada, inclusive por sua intervenção no sentido de autorizar a morte de Clitemnestra. Evidentemente, sua atual intervenção irá gerar outros problemas na vida daquelas pessoas, porém agora, cada um deve seguir seu caminho, que naturalmente será tortuoso e difícil, talvez de outra forma, e talvez um pouco mais ameno, caso eles não abandonem totalmente a mais bela das deusas, a Paz. Entretanto uma coisa é certa, e esta nos foi ensinada diretamente pelo próprio poeta com este final do Orestes, compartilhando com as últimas considerações do artigo de Greenberg, de que de forma misteriosa e meio mágica, não totalmente visível nem compreensível para os mortais, a existência humana segue seu caminho, mediante seus períodos de luz e de obscuridade, como se existisse um arranjo neste sentido, que felizmente nos escapa, sem deixar, entretanto de recordar as palavras premonitórias de Electra ao início da tragédia: "Não há palavra alguma tão terrível de dizer, nem provação, nem infortúnio enviado pelos deuses, de que a natureza humana não possa suportar o fardo."[423]

AS BACANTES

Finalmente, chegamos a última tragédia de Eurípides, possivelmente ao ponto mais alto de sua extensa e genial obra, já que ela é considerada pela maioria dos analistas como sendo a mais perfeita dentre todas que criou, mas também como veremos em detalhes a mais controvertida e complexa delas, ensejando por esta razão discussões sem fim ao longo dos séculos, sendo sem dúvida, a tragédia ática de menor entendimento por parte de toda a comunidade cultural ocidental desde então, que se debruçou, e ainda se debruça avidamente sobre ela, procurando entendê-la. Sem ter a pretensão de retornar ao tema geral das tragédias áticas, para qual dediquei um capítulo completo, é importante nesta introdução recordar que elas tiveram sua origem em um drama religioso, e em seu desenvolvimento os autores trataram de seguir em linhas gerais todo o ritual religioso de origem. Tradicionalmente, na grande maioria das vezes, os poetas buscaram inspiração nos mitos homéricos, relativos a deuses e heróis para desenvolverem os enredos de suas tragédias, obedecidos um esquema cênico de caráter geral, representativo daquele ritual religioso inicial. Pois bem, apesar da existência de algumas tentativas de trazer a cena trágica o mito relativo a uma religião específica, no caso, a religião dionisíaca, uma religião de mistérios e de epifanias, como nos casos de Tespis com seu Penteo, do próprio Ésquilo com suas "Licurguias" e sua trilogia dionisíaca, Semele, Cardadoras e Penteo, além de outros como Jenocles, Iofon e Espíntaro, das quais pouco chegou até nós, uma primeira dificuldade de *As Bacantes*, reside aqui, pois, afora especulações, não se conhece de fato, as condições e razões que levaram o poeta, em sua última obra, nos fins do século V, a optar por trazer este tema religioso a cena. Afinal de contas, tratava-se de apresentar o culto e ritual de uma religião que havia se estabelecida na Ática há relativo pouco tempo, a partir do século VI, na época das tiranias, de uma forma totalmente distinta da representada no palco pelo poeta. Este a representa median-

---

423 EURÍPIDES, 1999, p. 31.

te o mito de chegada de Dioniso em Tebas, onde havia sido gerado por Sémele e Zeus, na qual vivia sua família por parte de mãe, filha que era de Cadmo, tendo que ser fiel ao máximo à tradição, com relativo pouco espaço criativo em relação aos personagens, deixando surpresos todos que conheciam sua obra, com suas discussões sobre praticamente todos os temas pertinentes relativas a *polis* de Atenas e aos atenienses, calcadas muitas das vezes em seu ceticismo e relativo desprezo com os deuses antropomórficos, apesar de sua evidente espiritualidade e religiosidade.

O começo ideal de nossas reflexões sobre *As Bacantes* nesta introdução seria, certamente, detalhar de forma precisa as características principais da religião dionisíaca, como, aliás, fez Dodds,[424] em seu fundamental livro sobre *As Bacantes*, porém, considero que desde seus primeiros versos em diante, Eurípides apresenta aquela religião de uma forma muito mais direta e ao mesmo tempo com um nível de espiritualidade e de beleza poética insuperável, especialmente mediante o coro das mulheres lídias que acompanham o deus desde o exterior, significando que nosso esforço neste sentido não seria compensador, além de ficarmos muito aquém da visão do próprio poeta. Assim, preferimos nos concentrar em dois ou três aspectos que julgamos importantes, antes de mergulharmos na tragédia. O primeiro, e talvez mais importante, é o de apresentar e discutir as condições, em que se encontrava o poeta quando criou *As Bacantes*. Eurípides apresenta ao público ateniense sua peça *Orestes* em Atenas em 408 a.C., e em seguida imigra para a Macedônia, para a corte do rei Arquelao em Pella, tendo a peça sido estreada, possivelmente no santuário de Dion em Pieria, e levada à cena em Atenas, em 405, um ano após sua morte em 406, sem esquecermos ainda que Atenas se rende a Esparta na Guerra do Peloponeso em 404, pouco tempo depois. A impressão que se tem das narrações deste episódio da vida do poeta, pela maioria dos analistas, é da evasão de um homem velho e derrotado, fugindo dos problemas domésticos de sua cidade, com a velha tese de não ter tido sucesso nos concursos dramáticos e de ser atacado insistentemente pelos poetas cômicos e outros devido a sua independência intelectual. Aqui não precisamos nos esforçar muito para desmentir esta deturpada visão, tendo em vista o nível do trabalho poético por ele realizado em tão pouco tempo, em terras macedônicas, com as peças, *Alcmeón em Corinto, Ifigênia em Aulide*, e particularmente com *As Bacantes*, significando ainda, como

---

424 DODDS, 1986.

defende Marie Delcourt, que o poeta pensava seriamente em um possível retorno à Ática, em um futuro não distante, para apresentá-las ao seu público, o único capaz de entendê-las. Devemos ainda acrescentar que sua morte até prova em contrário foi devido a um acidente, em que uma matilha de cães o derrubou e ele acabou morrendo, de qualquer forma, inesperadamente, quando ainda estava com muitos planos na cabeça para serem desenvolvidos na Macedônia ou em Atenas.

Certamente, sua mudança para Macedônia não se deveu a uma forçada aposentadoria restando-nos buscar outras explicações para sua partida de Atenas. Claramente, a situação da *polis* naqueles anos de guerra, especialmente para uma pessoa tão devotada a sua pátria, que havia vivido em uma época tão extraordinária sob qualquer ponto de vista, e que ainda tinha talvez, alguma esperança de salvação dela, devia lhe trazer grandes preocupações, mas também a certeza de que algo tinha ficado para trás, e que não seria ali que coisas novas iriam acontecer e se desenvolver. Por outro lado, o que estava ocorrendo na Macedônia com Arquelau, não era de modo algum algo trivial para um país que reconhecidamente era um dos mais atrasados e desunidos da Hélade. Arquelau era um rei despótico e violento, porém fez um trabalho histórico na Macedônia, ao aproveitar uma situação econômica favorável, inclusive pelo fracasso ateniense em Siracusa, que teve que repor sua perdida frota naquela cidade, dependendo assim estrategicamente da madeira do país do Norte. Arquelau com estes recursos integrou as diversas regiões do país através da construção de caminhos ligando-as, permitindo maiores trocas comerciais. Finalmente, Arquelau preocupou-se muito em elevar o padrão cultural do país convidando várias personalidades atenienses para morar em Pella a nova capital do país, como Sófocles, Sócrates, Eurípides, Tucídides, Agatão, Timóteo e o afamado pintor Zeuxis. Ao pé do Monte Olimpo, no santuário de Dion, o rei construiu um templo a Zeus, um grande estádio para jogos olímpicos e um teatro, promovendo assim competições e festividades que se tornaram conhecidas em toda a Hélade. Eurípides, Agatão e Zeuxis foram alguns dos que decidiram ir para a Macedônia de Arquelau.

Porém, além de tudo, questões pessoais e, claro as relativas ao seu labor de poeta, tiveram particular importância. A vida em Atenas para ele havia perdido muito de seu encanto, desde algum tempo, devido em parte a própria guerra, mas, especialmente devido à guerra interna, com as perseguições pessoais, que levaram a processos de impiedade contra seu grande amigo Anaxágoras, contra Aspásia, mulher de

Péricles, as constantes ameaças contra ele, e contra Sócrates, além de algumas perdas significativas de entes queridos. As mudanças políticas ocorridas em 411, apesar de sua pouca duração, com a ascensão dos oligarcas para um democrata como ele, também deve ter tido alguma influência em sua decisão. Entretanto, mesmo diante de todo este cenário, nada o impedia de seguir em Atenas de forma cada vez mais reclusa e distante do que ocorria, escrevendo suas peças e apresentando-as, caso ele e sua obra não se encontrassem em um momento de mudança profunda, de repensar e de refletir sobre a necessidade de adotar outros valores, não exatamente novos, mas talvez alguns que ele havia largado e deixado pelo caminho, deixando claro aqui, que essa relação de sua pessoa e sua obra era no caso de Eurípides alguma coisa de visceral, pois esta era sua forma de estar no mundo, desde lá trás, ele diante de outras opções, decidiu enveredar por este caminho. Este é exatamente o ponto nodal desta questão que estamos a especular.

Não se trata aqui de fazer um balanço completo de sua vida e de suas obras, porém, podemos imaginar alguns pontos de suas reflexões, que já se manifestavam e para as quais ele decidiu aprofundar. Acho que existe uma questão central para a qual podemos afirmar ter sido identificada por diversos analistas, implícita ou explicitamente, gerando até algum consenso: ele decidiu, devido a uma série de constatações pessoais, ser apenas, em sentido figurado, um "poeta trágico", utilizando para isto todos os seus recursos poéticos de criação e imaginação, que seriam prioritariamente dirigidos para as adaptações dos mitos e lendas, com sua genialidade cênica teatral na busca do espetacular, inclusive, utilizando seus talentos naturais nas áreas da música e da pintura, que haviam sido colocados de lado, pois ali encontrava-se a única forma de expressão que lhe restava, que ele poderia ainda usar, com uma liberdade singular e necessária para poder apresentar e discutir a precariedade, paixão, loucura e irracionalidade da vida humana, conforme ele, no momento visualizava, na contra mão daquela sociedade e de seus membros. De outro lado, do ponto vista pessoal, além de seus interesses específicos desde a adolescência, que ele resgata neste processo de se recriar, existe uma questão que é igualmente central em sua vida, que sempre foi sua busca de isolamento pessoal, implicando em uma vida de tranquilidade e relativa paz de espírito. Entretanto, a ideologia existente acerca do caráter do ateniense, especialmente durante a primeira metade do século V, a partir das guerras médicas era a de enaltecer e glorificar a *poligramosine* daqueles habitantes da Ática, que justamente, privilegiava um engajamento completo na ação, de estar permanentemente alerta e conectado com todas as coisas, inclusive, sempre que possível levando as demais pessoas a agirem neste estado de excitação, de interesse, sempre perseguindo algum objetivo. Claro que, em termos da *polis* ateniense, já na segunda metade do século, tal comportamento foi considerado por muitos, uma das razões que levou Atenas ao imperialismo, a guerra e ao desastre. Apesar de não termos informações precisas sobre a posição do poeta em suas primeiras obras, já que não chegaram até nós, pode-se identificar nas primeiras que examinamos algum tipo de estimulo a ação, próximo do que representava a característica de *poligramosine*, representado por citações importantes à deusa da necessidade, Ananke, como é o caso explicito de Alceste, e mesmo de Medeia. Ao contrário, em suas últimas peças, o poeta passa a glorificar a deusa da Paz (*Orestes*), não apenas como um repúdio a guerra, pois sempre se posicionou contra, mas com uma clara intenção de retornar a um tipo de vida pessoal que privilegiava a tranquilidade, a reflexão, a beleza, a música, a natureza, enfim a própria poesia, elaborada com paixão e amor pelas coisas simples, que somente poderiam ser conseguidas com sua visão e seu engajamento voltado para elas.

A primeira constatação que certamente lhe aparece, é de reconhecer seu desgaste com uma série de atividades intelectuais das quais ele, mesmo que discretamente participava no ambiente sofístico, retórico e filosófico daquele frenético século V ateniense, que exigiam dele participações, apoio, envolvimentos, dos mais diversos, onde possivelmente ele também era cobrado (ou se cobrava) em relação às suas próprias obras, especialmente nas partes dialogadas de seus dramas, defendendo alguma posição específica, derivada das eternas discussões em moda naquele momento em Atenas. A este desgaste acrescenta-se outro que também era visível, com relação à questão de Atenas e dos atenienses, e aqui parecem existir dificuldades de um entendimento consensual. Uma coisa nos parece certa: na sua cabeça o projeto idealizado por ele e por muitos outros, daquela Atenas, civilizada, solidária, justa, isonômica, não somente para os cidadãos, mas para todos, incluindo mulheres, serviçais, escravos, tinha dado errado, da mesma forma, que sua inserção no mundo heleno, que julgavam eles iria ocorrer mediante seus nobres exemplos de solidariedade pan-helênica e de democracia, sendo o primeiro um dos pontos mais importantes para o poeta, se transformou em um enorme desastre, com sua ânsia de poder imperialista, controle e manipulação de Estados, conjugado com barbaridades sem fim, exterminando populações inteiras de mulheres, jovens, crianças e por vezes até de homens adultos, desde que fossem cometidos para a glória e interesse de Atenas. As questões de igualdade social, para as quais sempre batalhou, de forma clara e decidida, era outro ponto de frustração, apesar dele saber que isto dependia de uma evolução cultural e política complexa, que certamente levaria tempo, porém, na realidade, em sua avaliação de como as coisas não deram certo, um fator de extraordinária importância, associado também a esta questão, começou a ter um peso significativo: a própria identidade do homem grego, em particular dos atenienses, imersos em seu projeto de *polis*, excludente a diversidade, antropocêntrico, e religiosamente local e antropomórfico.

Este projeto de estado, detalhadamente criado e constituído, supunha como pilar básico, uma integração e subordinação da família e do indivíduo à *polis*, levando infelizmente a um predomínio absoluto das questões políticas e jurídicas, em um espaço cívico, em que o homem "[...] se vê como parte de um organismo do qual não se pode separar sem que fique totalmente anulado, como aparece claramente expressado na oração fúnebre de Péricles [...]",[425] como bem disse Rodriguez em sua jornada sobre a antiguidade. Além disso, como vimos diversas vezes, este projeto, considerado excludente à diversidade em relação a diversas categorias sociais, internamente a *polis*, acabou igualmente por demonstrar mediante os eventos históricos da Liga de Delos e da Guerra do Peloponeso, que também era excludente em relação aos demais estados da Hélade, como realisticamente, também o afirmou Péricles em seu famoso discurso, onde o interesse e o poder de Atenas se encontravam acima de quaisquer outras considerações. De outro lado, Eurípides começa já a partir de suas primeiras peças importantes, como Medeia e Hipólito, um processo que foi se consolidando ao longo do tempo, ao atribuir claramente a seus personagens principais, determinados pensamentos, atitudes e comportamentos, estranhos, por vezes contraditórios, e certamente ambíguos, em relação aos que seriam esperados das pessoas daquela sociedade ateniense, que haviam se consolidados no âmbito do projeto da *polis*, comportamentos estes, que a transcendiam, pois eram algo que pertenciam à tradição, e que faziam parte integrante do imaginário grego.

---

425 RODRIGUEZ, 2012, p. 5.

Neste sentido, levando-se em conta o sistema político democrático vigente em Atenas, pode-se afirmar que a racionalidade era a grande responsável, com seu papel fundamental e predominante pela criação, organização e manutenção do mesmo, atingindo diretamente os processos políticos bem como os de caráter jurídico, ao facilitar o padrão das decisões buscadas, sempre uma coisa contra outra, entre o estar de acordo ou não, ainda que levemos em conta toda a discussão filosófica e retórica sobre a verdade e a "doxa", pois não alterava a essência do projeto pretendido.[426] A esta racionalidade de procedimentos e atitudes deve-se acrescentar nas próprias palavras de Aristóteles que o homem político por excelência é também aquele que consegue colocar uma separação nítida e clara, como se fosse uma barreira natural, em relação aos animais e aos deuses: "Quem seja incapaz de entrar nesta participação comum, que é a vida política, ou, quem a causa de sua própria suficiência não necessite dela, não é parte da cidade senão um animal ou um deus."[427]

Diante deste ideário, o poeta contrariamente constatou, expresso em várias de suas obras, que no contexto da sociedade ateniense, além de todas as questões de exclusão, de desigualdades sociais, de isolamento quanto aos demais estados, aquela racionalidade atribuída aos homens era no fundo uma grande fantasia, para lá de contestada, a partir inicialmente da preponderância de outros fatores, especialmente os relacionados com os sentimentos de amor, paixão, ódio, vingança, violência, levando-os a se comportarem, mesmo sabedores de seus erros a agirem baseados neles, renegando os princípios básicos da racionalidade, levando-os ainda a descartarem predicados importantes relacionados à *sophia*, a sabedoria, pois mesmo sendo conhecedores nada os demovia de assim agirem. Ao mesmo tempo através delas o poeta mostrava igualmente todo o seu ceticismo quanto ao comportamento dos deuses, pois distantes e isolados, não preocupados com a existência humana, não exibiam nenhuma moralidade ou justiça específica em suas intervenções, algumas delas realizadas a partir dos mesmos sentimentos de ira, ódio, ciúmes, típicos dos humanos, que ao contrário de os ajudarem tornavam as coisas ainda mais precárias e problemáticas em termos de suas vidas.

---

426 RODRIGUEZ, 2012, p. 6.

427 ARISTÓTELES *apud* RODRÍGUEZ, 2012, p. 6.

Entretanto, em relação ao comportamento humano, Eurípides foi ainda mais adiante do que simplesmente constatar que o mesmo era condicionado por sentimentos e paixões, deixando de lado sua faceta racional e ponderada, verificando que por vezes determinados comportamentos somente poderiam ser explicados, caso aquelas pessoas houvessem entrado em um estado de transe, de "mania", nos quais eles tivessem perdido por completo o domínio de si-mesmos. A princípio e com todo o cuidado que tal assunto demandava à época, o poeta tratou estas manifestações como devidas a situações difíceis e trágicas com envolvimento de potências divinas, que promoviam estes afastamentos de alguns personagens de toda a realidade, levando-os a comportamentos inesperados, com o exemplo típico de Héracles na peça homônima ou mesmo, da atuação dos jovens Orestes e Pílades em Orestes, já com um padrão distinto de reações. Assim, o interesse do poeta pelo assunto estava estabelecido, e que segundo consta passou a ser para ele, objeto de uma busca de conhecimentos sobre a matéria, especialmente quanto aos efeitos das religiões de mistérios sobre seus membros, em grande voga em Atenas, onde a perda de consciência ocorria com alguma frequência, mesmo por que, sabemos, que de seu ponto de vista, mesmo no caso de Héracles, a dúvida se tais comportamentos eram mesmos provocados por entes divinos, ou tipicamente humanos sempre existia e nisso ele fazia questão de manter uma evidente interrogação. Entretanto, é bom novamente assinalar que no caso de Orestes, tais manifestações não eram tratadas apenas como pontuais e pessoais, mas, devido a determinadas circunstâncias, passavam a ser compartilhadas com amigos ou grupos, com efeitos prolongados, levando-os a uma fuga da realidade conjunta, e claramente, no caso desta peça, sem participação direta de qualquer divindade.

Diante de tudo que até aqui abordei, tanto a decisão de ir para a Macedônia, trabalhar junto ao rei Arquelau em atividades relacionadas com a área cultural, ao mesmo tempo em que continuaria a se dedicar a criação de suas tragédias, como no caso em questão de *As Bacantes*, como forma de se aprofundar e entender melhor a religião dionisíaca, junto a uma comunidade onde os mitos e rituais da mesma eram mais próximos da população, fazia o maior sentido, ainda mais que tais projetos atendiam a seu desejo pelas coisas mais simples, ligadas a natureza, em relativa tranquilidade e paz de espírito, em um país onde coisas novas poderiam acontecer, com sua ajuda e cuidado. Antes de entrar diretamente na análise de *As Bacantes*, existem algumas considerações, que vão nos ajudar e facilitar em muito, no entendimento desta complexa peça, particularmente do ponto de vista religioso as quais nos referimos bem ao começo de nossa jornada, derivado do seminal livro de Cornford, *From Religion to Philosophy*, no qual ele discute as características básicas das duas tendências religiosas gregas, com suas formas distintas de divino: a baseada em um deus de mistérios, e a outra nos deuses olímpicos. A primeira consideração de Cornford, diz respeito à diferença essencial entre os dois tipos de deuses, sendo que o deus de mistério é do início ao fim, um *daimon* de um grupo humano, enquanto um deus olímpico se desenvolve a partir de um *daimon* de um departamento local ou de uma província, que se torna distinto dependendo de seus adoradores ou seguidores, afirmando que o típico deus de mistério da religião grega é Dioniso. Assim, é importante ressaltar o que representa em termos religiosos no caso de Dioniso sua ligação estreita e visceral com um grupo humano denominado *thiasos*, na forma conhecida de um conjunto de *Ménades* e de *Sátiros* ou, de um grupo atual de adoradores humanos, homens e mulheres, denominados Bacantes.

Porém Cornford faz outras considerações ainda mais esclarecedoras, que vamos reproduzir tamanha a importância para podermos entender a tragédia de Eurípides:

> Porque a província do deus de mistério é sempre preliminarmente a sociedade humana, de onde imediatamente nasce, é possível para ele se manter humano assim como divino. Nisto reside o segredo da vitalidade das religiões místicas. A característica do rito é sacramental, um ato de comunhão e reunião com o "daimon". Seus efeitos podem ser concebidos através dois aspectos complementares: seja como "entusiasmo"- o Deus entra no grupo e eles se tornam "enteoi", inspirados pelo deus -, ou como "êxtase"- o homem se eleva acima da prisão de sua individualidade e se perde na vida comum do todo, se tornando "imortal" e "divino". Assim, o Deus se mantém humano e "daimon", sendo perpetuamente, a cada celebração do rito, recriado na emoção coletiva da congregação. Rituais orgiásticos garantem a passagem do plano humano para o divino sempre aberta e é continuamente atravessado. O deus passa a ser humano e o homem passa a ser deus.[428]

Pode-se perfeitamente imaginar que estas características fossem de conhecimento de Eurípides, inclusive por que Aristófanes, de certo modo já havia comentado o assunto em uma de suas comédias, nos levando a avaliar, que o interesse do poeta por este tipo de religião já de-

---

428 CORNFORD, 1991, p. 112.

via existir há algum tempo, explicando em parte, o cuidado e atenção dele com os detalhes ritualísticos colocados em *As Bacantes*, e com as definições de seus personagens, particularmente Dioniso e Penteu, que ele certamente buscou confirmar diretamente na fonte, na Macedônia. Finalmente, quero abordar um último ponto nesta introdução, que também foi objeto de considerações por parte de Cornford, que é o fato, de que por mais que os poetas e mesmo filólogos se esforçassem não existe como tornar Dioniso um "olímpico", não existe a menor possibilidade de retirá-lo, de junto de seu grupo, onde ele, mediante rituais, é constantemente renovado, e levá-lo a ascender a um remoto e transcendental céu, como foi feito com os demais deuses, que abandonaram suas províncias para ascender em um primeiro momento ao Olimpo e depois definitivamente a abobada celestial. Estas tentativas levaram a uma grande confusão, pois inicialmente tentaram lhe dar uma província específica como, por exemplo, o de considerarem Dioniso o deus do vinho, que os gregos desconfiaram e que depois foi ingenuamente aceito pelos romanos, pois se sabia que era totalmente inútil tentar dar uma qualificação desta natureza ao deus Dioniso, aquele que nasceu três vezes com suas várias formas, nomes e epítetos, impossível de ser captado racionalmente, já que sua essência é voltada para a vida de um grupo humano, para a vida da natureza animada, em que a morte e renascimento é uma constante, e sem limitações de qualquer tipo, morais, políticos e sociais. E logo, em decorrência desta ligação indestrutível com seus seguidores, fica naturalmente prejudicada qualquer associação do deus dentro de um esquema politeísta: ele é o único deus de sua igreja, de seu grupo humano, não se podendo aventar qualquer outra hipótese de subordinação, ou associação com outras deidades, como no caso da religião oficial de Delfos, onde se acabou montando um esquema de compartilhamento com Apolo, controverso e irreal, facilitado apenas pela larga ausência daquele deus do templo.

Neste sentido, a peça, além de uma infinidade de questões trata da introdução de uma religião de um deus como Dioniso, totalmente distinta da religião dos deuses olímpicos, sendo este, filho de Zeus, o Grande Pai de todos os deuses, em um ambiente como a Grécia, onde os deuses olímpicos mantinham uma distância considerável em relação a seus seguidores, se relacionando basicamente mediante sacrifícios, facilitando desta forma um significativo desenvolvimento individual, e uma autoconsciência crescente dos humanos. A peça *As Bacantes*, é desenvolvida a partir da chegada do deus em Tebas, sua terra natal, após ter passado por várias regiões do mundo antigo, com uma proposta totalmente inovadora em termos religiosos, com seus mistérios, cultos e ritos, baseada em um deus controvertido, ambíguo, ao mesmo tempo provedor de coisas boas para as pessoas, bem como com uma face cruel derivado de seus ritos, representando de forma direta e realista as reações e resistências a mesma em Tebas. Qualquer análise ou interpretação desta tragédia de Eurípides somente pode ser levada a termo, penso eu, caso se adote uma postura a mais isenta possível em relação à enorme diversidade de temas que serão abordadas pelo poeta, especialmente em termos de não se adotar nenhuma posição prévia, para as controvérsias e conflitos abordados, procurando seguir de bem perto exatamente o que o poeta nos diz. Assim farei utilizando toda a liberdade pessoal possível na análise, já que, como é de conhecimento geral, a peça *As Bacantes* permite um sem número de leituras distintas, conforme a visão de cada um, mas que se alteram igualmente no caso de uma mesma pessoa, cada vez que a ela se retorna.

A cena inicial é localizada em Tebas, vendo-se ao fundo a fachada do palácio real e na sua frente meio de lado vêm-se algumas ruínas e entre elas o tumulo de Sémele, mãe de Dioniso, rodeado de videiras, onde por vezes escapa um fio de fumo. Dioniso, revestido com uma pele de gamo e com o tirso na mão aproxima-se do túmulo.[429] O prólogo da peça é nitidamente euripideano, com a função evidente de situar os presentes ao teatro, do mito na qual a história se desenvolverá, sem pretensões de vigor dramático, narrado em primeira pessoa pelo próprio deus Dioniso, sob forma humana. Dizendo quem é, de onde veio, as terras que percorreu antes de Tebas, a resistência que ele enfrentou das mulheres de sua própria casa ao chegar como um deus, de sua missão de ensinar a todos os mistérios báquicos, esperando de Cadmo e Penteu que ele seja reconhecido como deus pela cúpula dirigente da cidade, afirmando ainda ter poder para enfrentar junto com as Ménades qualquer agressão contra seu culto, finalizando com palavras ao coro de mulheres oriundas da Lídia, que abandonaram tudo para virem com o deus propagar seu culto, que vêm entrando no palco para cantarem o párodo, sem antes dizer que se dirige ao Monte Citeron para se juntar as mulheres de Tebas, particularmente suas tias, transformadas em Bacantes, para junto entoarem seus cantos dionisíacos.

---

429 EURÍPIDES, 1973, p. 231.

O primeiro ponto a considerar em relação ao prólogo, que chama atenção é a importância que é dada pelo poeta a figura da mãe de Dioniso, nesta versão da lenda, Sémele, filha de Cadmo, irmã de Agave, mãe de Penteu, de Ino e de Calcidoe. Do ponto de vista cênico, o local em que ela é abatida pelos raios de Zeus, se transformou por obra do pai Cadmo em um memorial, um lugar sagrado, que compete visivelmente com a imagem clássica da cidade, junto a nascente de Dirce e das águas do Ismeno, mas principalmente, com a do palácio real de Tebas, sede do poder da *polis*, porém, com um valor simbólico bem acima do mesmo. Primeiro, um lugar inviolável, impenetrável, sagrado, "αβατον" (*abatov*), mesmo com a antiga morada em ruínas, com restos de fumo, como se o fogo com sua energia, enviada por Zeus mediante os raios, que fez nascer o deus, continuasse indefinidamente, cercado por videiras, símbolo do filho, dispensador de alegrias para os humanos através do vinho, enfim uma presença viva de sua origem divina, que algumas pessoas da cidade ainda negavam. No episódio de Semele, o poeta fala da imperecível atrocidade da *hybris* de Hera, contra ela, como se aquela chama ainda a alimentasse, que nos leva a pensar que aquela vingança contra a mãe, e naturalmente contra o filho, não havia se esgotado com aquele evento pontual, mas que tinha um caráter de permanência absoluta. Mais à frente, ainda no prólogo, o deus afirma ao fazer a apologia de sua mãe, que lhe gerou, se referindo a ele, Dioniso como um *daimon* que foi igualmente gerado por Zeus, como se o pai fosse uma segunda mãe.

Mas, ao mesmo tempo, o poeta reconhece sua origem de estrangeiro, não somente no prólogo, porém de forma menos ambígua mais adiante, vindo certamente da Ásia Menor, conforme a passagem:

> Da Lídia e da Frígia, os campos ricos em ouro deixei; da Pérsia, os planaltos batidos pelo sol; de Bactria, os muros; em funesta invernia, o país dos Medos; e a opulenta Arábia percorri e a Ásia toda, que ao longo do salgado mar jaz, com Helenos e bárbaros associados, senhora de copiosas cidades de belas torres; para esta cidade dos Gregos logo me encaminhei, depois de ali instituídos meus coros e ritos, para aos mortais como deus me revelar.[430]

As características do deus vão aos poucos se revelando, independendo de sua origem, com mobilidade epifânica, se mostrando como um deus que não se baseia na tradição olímpica, que mesmo naqueles lugares citados, ele os percorreu com o mesmo objetivo ao chegar a

---

[430] EURIPIDES,1973, p. 231-232, v. 13-19.

Grécia, qual seja, se revelar como deus aos mortais, e as consequências desse ato, mas sem ter ocorrido, certamente, nenhum problema de resistência, como ao chegar a Tebas, com seu tirso, seus gritos e sua nébride de pele de gamo, a veste sagrada. As irmãs de Sémele, não acreditando no parto divino de Zeus, divulgavam a hipótese de que ele teria nascido de um mortal comum, mediante um mal passo dado pela irmã, provocando sua morte por Zeus, tendo em vista que ela se jactava deste fato, atribuindo ainda esta história como tendo partido de Cadmo, passagem que gerou controvérsias, pois alguns analistas a traduziram erroneamente neste sentido.[431] Em represália a esta oposição, o deus, em sua primeira atitude em Tebas, antes mesmo do canto de bênçãos de suas seguidoras bárbaras no párodo, retira suas sanidades, assumindo-as, impregnando-as de delírio e loucos espíritos, fazendo-as abandonarem o palácio em direção à montanha, vestindo-as com as vestes da orgia, juntamente com a expulsão de todas as mulheres de Tebas de suas casas, para em conjunto, sentarem-se "em rochedos desabrigados, sob verdes pinheiros."[432] Apesar do aparente pacifismo, Dioniso já causa com esta saída dos lares pelas mulheres, e a fuga para o Citéron, uma primeira estocada contra a *polis* de Tebas, e também contra a família real, pois a partir daí, com a vinda do próprio deus, após encerrar o prólogo, fica criado um poder paralelo ao poder oficial da cidade, localizado nas montanhas, que vai funcionar como um contraponto ao rei Penteu, constituído por um grupo humano dominado diretamente pelo deus.

Outro ponto, intensamente discutido e colocado, mesmo considerando ser esta sua primeira atitude, foi de que o deus não adotou palavras e comportamentos agressivos de punição e vingança, nesta sua caracterização inicial, devido segundo a maioria dos analistas, ao fato de Eurípides não querer trazer nesta fase antipatias ao deus, e também por que diferentemente do Hipólito, sua intenção era de que o deus desempenhasse o papel de um dos protagonistas principais da peça, presente em boa parte da mesma, não aparecendo e desaparecendo como Afrodite. Esta colocação meio ingênua, como se fosse uma justificativa antecipada do que viria a acontecer em termos de violência, levou à aproximação que boa parte da crítica fez entre os prólogos das duas peças, claramente indevida, que resvala com relação às essências dos mesmos e aos comportamentos dos dois deuses, pois nada existe

---

431 DODDS, 1986, p. 67.

432 EURÍPIDES, 1973, p. 232.

de comum entre eles: Afrodite, uma deusa olímpica por excelência, presente na mente dos gregos e outros há tempos imemoriais, com uma "província" para lá de consolidada, referente aos jogos do amor, as relações sexuais entre homens e mulheres, incluindo aí simulações, perfídias, ciúmes, vinganças, como no caso de Hipólito, com Dioniso, um deus em busca de se estabelecer e de ser aceito em seu lugar de origem na Hélade, mediante contatos diretos com seus seguidores, e com seus perseguidores, com seus inusitados cultos e ritos, que colocavam em questão, no caso, relações familiares e civis de toda ordem, que levavam aos envolvidos, perdas de identidade e dimensões emocionais únicas e distintas de quaisquer outras.

Neste sentido, é mais importante ressaltar o tamanho da empreitada do deus ao chegar a Tebas, pois neste caso especifico, diferentemente de outros lugares, ele não somente tinha que se mostrar como um deus aos mortais, como tinha que se mostrar como um deus, filho de Zeus e de Sémele, gerado ali, nas terras sagradas de Cadmo, com toda a tradição e mitos que envolviam a figura de seu rei, amigo e companheiro de Zeus em suas batalhas pelo Olimpo, na versão de Nono, tão considerado por este que lhe dá Harmonia, filha de Afrodite e de Ares em casamento, ao qual todos os deuses compareceram. Além da questão de sua origem, Tebas tinha uma tradição mítica de respeito, com seus *spartoi*, nascidos prontos para o embate e a violência, originados que foram da semeadura por ordem de Atena, dos dentes do dragão morto por Cadmo, cuja tarefa inicial de matá-los e de civilizar os que restaram, não tinha sido nada simples, sem falar em todas as maldições posteriores derivadas do ciclo tebano, envolvendo a família dos labdacidas, de Édipo e seus filhos, que todos conhecem. De outro lado, é importante assinalar que apesar de que no próprio prólogo, por razões óbvias não são mencionados, todos os espectadores e os próprios leitores da peça, conheciam igualmente, os outros mitos de resistência a Dioniso, a começar pelo rei Licurgo, citado por Homero e Sófocles, com seu antifeminismo violento e sua repulsa a vinha, que levou o deus a se refugiar nas águas do mar onde Tetis o salvou, mas que o deixou cego para o resto de seus dias, passando pelas filhas de Minias, rei de Orcomeno na Beócia, em número de três que se recusam as danças dionisíacas, e que acabam despedaçando o filho de uma delas, como as Proitidas, filhas do rei de Argos, Proitos, também em número de três, que não aceitam os rituais de Dioniso, provocando um enorme problema para a cidade, pois as mulheres enlouquecidas matam seus filhos, exigindo a participação de Melampo, o adivinho no sentido de curá-las.

Entretanto, o grande diferencial deste prólogo, em relação a todos os demais do poeta, que igualmente revela o futuro desenvolvimento da própria tragédia, é a caracterização da figura do deus Dioniso. Em primeiro lugar ele assume uma forma humana, que como vimos com Cornford, em uma religião de mistérios, a passagem de divino para mortal, como seu contrário, era algo possível e esperado, da mesma forma que esta transmutação era buscada por seus seguidores. Mas, aqui, no próprio prólogo, por três vezes, o poeta a este fato se refere: "Alterando para mortal a feição divina",[433] "Por tais motivos, em mortal mudados, tenho os traços, a semblante humano passei minha feição.[434] E, esta transubstanciação, não ocorre, como seria esperado, no âmbito dos ritos e cultos báquicos, mas ao se apresentar ao público tebano, com o intuito de mostrar a Cadmo e Penteu e a todos os tebanos que nascera deus. Porém, além disto, Eurípides baseando-se em Ésquilo com sua trilogia sobre a mesma personagem, define o deus, não como um homem maduro, com suas barbas, como visto pelos pintores de vasos, mas como um adolescente juvenil, levemente efeminado, com seus cabelos encaracolados, aumentando ainda mais a ambiguidade do deus, que é estrangeiro mas é grego, que é deus mas é homem, que é homem mas é efeminado, que é um deus de mistérios ligado a seu grupo humano, o *thiasos*, mas que é representado de uma forma especial, por ser jovem, filho de Zeus, colocado baixo a autoridade do Pai Supremo, e portanto olímpico. Ao final do prólogo, Dioniso chama a cena o coro das mulheres bárbaras que o acompanham, adeptas e companheiras, seu *thiasos*, que entram na orquestra envergando peles de gamo, coroadas de hera e de serpentes, agitando os tirsos e os tamboris, tocando flauta e dançando, cercando o palácio real de Penteu, para que toda a cidade de Cadmo as veja e participe do ritual, enquanto ele segue para o Citéron, para se juntar as Bacantes cadmianas.

O párodo das Bacantes é certamente um dos momentos, quer se queira, quer não, mais solenes e bonitos da peça, e que num crescendo atinge um clímax, bem antes das cenas onde a intensidade dramática prevalece. Trata-se de um hino cantado pelas companheiras de

---

433 EURÍPIDES, 1973, p. 231.

434 EURÍPIDES, 1973, p. 233.

Dioniso, algo mais apropriado que um rito, pois dirigido a cidade, para elas uma terra estranha, que aí chegaram, vindo da Ásia, tendo passado pelo sagrado Tmolo, celebrando a Baco, com gritos de Evoé, conforme o proêmio do hino. Ainda segundo elas, executando, "um doce labor", "uma fadiga prazerosa", solicitando a todos, respeito espiritual, silêncio sagrado, inclusive com as palavras, pois serão cantados os hinos eternos dionisíacos, com todos os seus mistérios. Em seguida ao proêmio, vem o hino propriamente dito com sua primeira estrofe que é devotada ao dogma, com seu louvor ao sagrado e as promessas de bênçãos.[435] Zielinsky, citado por Eudoro de Oliveira, 2010, "[...] já observara como a ode contém os três elementos essenciais de toda religião; dogma (1ª estrofe), mito (1ª e 2ª antístrofe), e rito (2ª estrofe e epodo)."[436] Vejamos a primeira estrofe:

> Oh! Bem aventurado, feliz, quem nos divinos mistérios instruídos seus dias piedosamente dirige, e a alma nobiliza nas montanhas, pelas purificações sagradas das Bacantes! De Cibele, a Grande Mãe, celebrando as orgias, o tirso agitando freneticamente, e coroando-se de hera a Dioniso atende. Ide Bacantes! Ide Bacantes! A Bromio, deus, filho de Deus, a Dioniso fazei descer das frígias montanhas para as amplas ruas da Hélade, a Bromio![437]

A primeira estrofe acentua assim, o estado de beatude e as promessas de purificação e bem aventurança para aquelas mulheres que praticarem os ritos associados à Grande-Mãe Cibele e a Dioniso, realizados fora da *polis*, nas montanhas, ainda sem entrar em detalhes, porém com a nítida preocupação de despertar na cidade aquela imagem de felicidade alcançada nas montanhas frígias. Cibele é a grande deusa da Frígia, com seu poder sobre a natureza e a vegetação, venerada justamente nas montanhas da Ásia Menor, considerada como uma encarnação de Reia, mãe de Zeus, a grande deusa cretense, cujos ritos orgiásticos eram bem conhecidos e anteriores aos de Dioniso, com seus servos, os Curetes, também chamados de Coribantes.[438] Dodds assinala também que Eurípides diferencia o deus Dioniso, filho da tebana, Sémele, de Sabazius, "outro" Dioniso, que prosperou em Atenas a fins do século V, também vindo da Frígia e também com ligações com Cibele, porém mantendo os ritos tradicionais tanto de Cibele nas

---

435 WINNINGTON-INGRAM, 2003, p. 33.

436 ZIELINSKI *apud* EURÍPIDES, 2010a, p. 82.

437 EURÍPIDES, 1973, p. 233-234.

438 GRIMAL, 1997, p. 86.

montanhas da Frigia, quanto os ritos de Réia, nas cavernas de Creta. Deve-se assinalar que até aqui estas assimilações de ritos tradicionais e conhecidos, se limitavam a um conceito de orgias, envolvendo, mulheres, música e danças com seus poderes catárticos e liberadores, junto à natureza animal e a vegetação, e assim transgressores em relação à "masculina" *polis* e as funções das mulheres na mesma.

Na 1ª antístrofe, como afirmação daquele deus específico, elas passam a cantar o mito do nascimento divino, inicialmente através de Semele: "Foi a ele que noutro tempo, acometida das violentas dores do parto, sob o trovão alado de Zeus, fora do ventre a mãe lançou, deixando a vida por ação do raio fulminante [...]",[439] finalizando através de Zeus: "Logo para que ele pudesse nascer, em um abrigo Zeus Cronida o acolheu, e na sua coxa o dissimulou, com fíbulas de ouro a prender a ocultas de Hera [...]",[440] envolvido em mistério e milagre, em um tom piedoso e crédulo: "Deu à luz, quando os Destinos se cumpriram, o deus ornado de chifres e com uma coroa de serpentes o coroou [...]",[441] ligando sua missão junto à natureza animada, sob a proteção a partir de então das Ménades: "Desde então, com tal despojo selvagem, as Ménades seus anelados cabelos cingem."[442] Este mito do nascimento de Dioniso em duas etapas, que acontece por causa de Hera, de acordo com a tradição, é claro coloca muitas dúvidas e perguntas sem uma resposta clara, porém, aquela hipótese de que a manifestação violenta do poder de Zeus, que leva ao parto prematuro do filho e a morte da mãe, fora solicitada por Sémele, para que o amante lhe aparecesse com toda sua glória, por intriga de Hera, parece ser bastante inverossímil, e fantasioso, nos levando a pensar este mito, em outras direções. A principal reflexão que, imediatamente nos ocorre é relativa ao próprio Zeus, que, independentemente de suas razões, se mostra ao mesmo tempo violento, ao utilizar um poder bem acima de qualquer necessidade evidente, de um meio, os raios, que havia sido por ele utilizado para combater os titãs e o monstro Tífon, e que por outro lado, carinhosamente, como se fosse a própria genitora, o abriga em seu corpo, em um lugar recôndito, capaz de proteger o infante, e lhe proporcionar bem estar e por certo nutrição, até que estivesse em con-

---

439 EURÍPIDES, 1973, p. 234.

440 EURÍPIDES, 1973, p. 234.

441 EURÍPIDES, 1973, p. 234.

442 EURÍPIDES, 1973, p. 234.

dições de ser levado possivelmente por Hermes para um lugar seguro, onde seria criado. Dentre as eventuais razões para ele assim proceder, continuando em nossas especulações no terreno mítico, poderia ser devido ao caráter especial que ele pretendia dar àquele filho, um filho luminoso, nascido de um ato deliberado seu, independentemente de sua relação com a mãe, nascido de uma "parte" de seu corpo como se fosse uma marca, um símbolo de autenticação, e que certamente iria carregar dentro de si a violência e a pureza, características da natureza e dos animais, como fica claro ao termino da estrofe.

Finalmente, ainda nesta antístrofe, em rápidas pinceladas do poeta pintor em seu final, como algo trivial, sem sê-lo, ele deixa uma imagem bem mais concreta daquela religião dionisíaca. Nos deparamos, em primeiro lugar, com um tipo de relação totalmente original e comprometida entre o deus e suas adoradoras, as Ménades, que foge ao padrão clássico deste tipo de relação com os demais deuses, pois a elas cabem não somente cuidarem do deus, que por si só já é uma novidade, mas que, se comprometem espiritualmente e objetivamente com as ações do próprio deus, como se fossem na verdade uma extensão do mesmo, revelando algo bem maior do que o tradicional juramento religioso, algo na esfera da ideologia, em nossas palavras atuais. Assim, não existe distanciamento, nem existem barreiras entre o divino e os humanos, como também não existem diferenças de comportamentos deles em relação ao exterior, como no caso de quaisquer resistências a seus cultos e ritos, agindo todos da mesma forma. E aqui, vem um segundo ponto, que parece igualmente fundamental nesta religião que é a associação tanto do divino quanto dos humanos, via as Ménades, com as bestas ao os incorporarem nos ritos e nos cultos, podendo significar diversas coisas, dentre as quais o fato de que sendo grupos humanos, em perfeita sintonia com o seu deus, buscassem em conjunto grande parte de suas energias na força da natureza vegetal com seus ciclos de vida e morte, e também na reconhecida força de animais, como o touro, as serpentes, o cabro macho e outros, como era de conhecimento geral. Significa igualmente, algo deplorável para a sofisticada mente grega, com sua glorificada *polis*, com seu ideário moral, político e ético, que o eixo de suas vidas é a natureza, as montanhas, os riachos, as cavernas, as planícies, e que seus comportamentos naturais não são distintos, ao contrário, se assemelham aos dos animais, onde a doçura e a violência, o caçador e a presa, a beleza e o horror, a sobrevivência e a morte coexistem naturalmente, dependendo das circunstâncias reais. Esta questão do bestial, como assinala Winnington- Ingram aparece por primeira vez aqui, bem como a referência a "caça", que este autor considera algo muito importante na peça, se perguntando, afinal, quem é o caçador e quem é a presa, porém, do nosso ponto de vista, não há como deixar o bestial de lado, nem tão pouco valorizá-lo ao extremo, pois ele é uma das essências da religião dionisíaca, como acabamos de ver.

A segunda estrofe rebate a primeira, no sentido de que na primeira o coro das mulheres canta suas origens na Frígia, e aqui o coro convoca a cidade de Tebas a participar das danças e cantos em homenagem ao deus, convocando a todos a se juntarem nas montanhas, às mulheres de Tebas que já tinham abandonadas suas rocas e seus teares domésticos, e que lá estavam com o deus. A impressão de que esta estrofe nos dá, é de que, apesar da menção a Sémele ser obrigatória, já que era tebana, de ser dirigida mais ao mundo masculino, referindo-se a cidade como se fosse um personagem macho e viril, como também no verso 115, no qual é admitida a direção do *thiasos* a um homem, que passa a ser referido como Bromio, pela ausência do deus, que se encontrava nas montanhas. O cuidado da linguagem, apesar de ser mais afirmativo, é evidente, com um forte apelo visual e emocional de preparação e engajamento da cidade nos cultos e ritos, desde seu entorno vegetativo, aos detalhes das vestimentas sagradas, com seus ramos de carvalho, de abetos, e as peles de cervos, algo que novamente Winnington-Ingram chama atenção pelo fato de que aqueles animais foram caçados, possivelmente pelas Ménades. Porém, o mais relevante nesta parte do canto, é que apesar deste clima bucólico, o poeta chama atenção para a ambiguidade daquela religião, simbolizada pelo *tirso*, aqui chamado pelo poeta de *nartex*, árvore da qual se deriva. O tirso era um bastão enrolado em hera e videira, com uma pinha no alto, normalmente empunhado pelas Ménades, mas que tinha poderes mágicos e espirituais, pois quem o carregasse estava como que empunhando o próprio deus, capaz, portanto, de promover bem vindos milagres, porém ele tinha igualmente o poder de retaliar, de causar danos físicos as pessoas e animais, podendo ser utilizado com crueldade. Eurípides no verso 113, o qualifica ao mesmo tempo como um instrumento sagrado, "οσιου", e como "υβριστασ", violento, orgulhoso, desenfreado, que pode causar malefícios físicos e emocionais como a loucura. Dodds argumenta que estas duas qualificações do tirso refletem o aspecto dual dos rituais dionisíacos, como um ato de "violência controlada" onde as perigosas forças naturais seriam submetidas por objetivos religiosos, em uma visão otimista da questão, que, de certa forma, vai contra as demais ambiguidades intrínsecas àquela religião, e que nos parece, contrária aqui às intenções do poeta, que sem tomar partido, apresenta de forma neutra aqueles dois aspectos essenciais da questão. Winnington-Ingram parece mais realista ao qualificar o uso da palavra *Hybris*: "A palavra sugere não somente o poder e o orgulho dos iniciantes, como também uma crueldade potencial."[443]

A 2ª antístrofe, após a convocação da cidade de Tebas em nome de Sémele, a tebana, mãe de Dioniso, o coro faz agora reverências ao nascimento do pai, Zeus, nas grutas veneráveis de Creta. Porém, aqui, o poeta apresenta uma teogonia dos cultos e ritos dionisíacos, fazendo uma associação completa e extensiva, inicialmente do filho Dioniso com o pai Zeus, da Grande Mãe Réia, mãe de Zeus, esposa de Cronos, de origem cretense, com a Grande Mãe Cibele, da Frígia, dos ministros míticos de Réia, os Curetes, que a representavam, com os ministros e divindades dos Coribantes que representavam Cibele, todos eles associados aos cultos báquicos, cultos orgiásticos, com a utilização dos mesmos instrumentos, os tambores de Creta e as flautas frigias, juntando ao final as Ménades com os Sátiros, nas festas que se realizavam de dois em dois anos, as *trieridas*, em homenagem ao despertar do deus Dioniso, em um ritual de renascimento, já aqui mais associado ao seu papel em Delfos. Pode-se imaginar, é claro, que a intenção do poeta era de demonstrar que aqueles ritos e cultos não eram nenhuma novidade para os gregos, fazendo parte de sua história espiritual, com raízes, pré-helênicas de Creta, depois assimiladas pelo norte grego e revividas de alguma forma nas montanhas da Frígia. Novamente, nesta antístrofe, Eurípides trata de forma bem neutra, o tema do dionisíaco, certamente, com a intenção de apresentar ao público ateniense, informações sobre a origem daquelas práticas, consideradas por ele como valiosas para melhor entendimento daquele fenômeno religioso.

E chegamos ao longo epodo, onde prevalece a emoção, diretamente associada à figura do deus, afinal responsável pela alegria e felicidade dos participantes dos ritos, com suas músicas, danças, de integração com a natureza, sem, igualmente deixar de transparecer o lado violento e agressivo das práticas de *omofagia* de um bode imolado. A leitura da passagem mostra o método de Eurípides, de alternar as emoções de

---

443 WINNINGTON-INGRAM, 2003, p. 35.

uma forma poética e emocional, começando pelo ritual de identificação com o deus, através do sacrifício e da carne crua, trazendo a todos a energia vital:

> Está-se bem nas montanhas, depois das corridas dos tíasos, quando se cai por terra, envergando a sacra nébride, buscando o sangue de um bode imolado, a graça da omofagia, para as frigias e lídias montanhas avançando, ao sinal de Evoé![444]

Em seguida, entra o deus se afirmando com os milagres que proporciona; "Do solo escorre leite, escorre vinho, escorre das abelhas o néctar",[445] e passa a reger o ritual brandindo um tirso e uma tocha fumegante convocando a todos:

> Tal um vapor de incenso da Síria, o sacerdote de Baco empunhando a ardente chama no topo da vara de pinheiro incita à corrida, e às danças quem ainda errante impele com seus brados estimula os delicados cabelos flutuando ao vento.[446]

E se alcança assim a comunhão de todas as Bacantes, já aqui destituídas de suas personalidades pessoais, mas incorporadas ao espírito do deus, correndo de forma alucinada em direção as montanhas:

> Entre gritos de Evoé, ele clama; Ide Bacantes! Ide Bacantes! No esplendor do Tmolo que rola torrentes de ouro celebrai a Dioniso, pelo rufar dos tamboris, glorificando o deus Evoé com Evoés, em gritos estridentes ao modo frígio quando o sacro loto de melodioso tom fizer ecoar os sacros acordes dos folguedos em uníssono, com os espíritos alucinados, para a montanha, para a montanha! Então, plena de deleite, como a poldra que com a mãe vai pascer, a Bacante seus pés velozes em saltos agita.[447]

Desde o início de *As Bacantes*, sabemos que o grande conflito dramático irá ocorrer entre o deus Dioniso e o rei de Tebas, Penteu, sucessor de Cadmo, e claro, todos anseiam por isto, especialmente, por que a esta altura o deus já se apresentou no prólogo e, o párodo discorreu sobre os aspectos básicos de sua religião, que evidente é a questão central da peça. Porém, Eurípides, um pouco contra sua tradição, resolve apresentar Penteu, no bojo deste primeiro episódio, mediante um conjunto de três personagens, sendo que inicialmente surgem no palco, os outros dois personagens, ambos anciãos, Cadmo, o eterno rei e fun-

---

444 EURÍPIDES, 1973, p. 235-236.

445 EURÍPIDES, 1973, p. 236.

446 EURÍPIDES, 1973, p. 236.

447 EURÍPIDES, 1973, p. 236.

dador de Tebas, pai de Sémele, portanto avô de Dioniso, e o respeitado e admirado, adivinho Tirésias, originário dessa cidade, com participações das mais diversas em uma série de lendas, especialmente ligado ao ciclo tebano das tragédias de Sófocles, como que estabelecendo de partida um contraponto a chegada por último de Penteu, personagem central da resistência políade contra os ritos e cultos dionisíacos. Porém, Eurípides surpreende mais uma vez, pois, caracteriza os dois velhos amigos como *bakkoi*, vestidos com peles de gamo, empunhando tirsos, coroados de heras e dispostos a prestar reverências ao novo deus, pensando em se juntar a ele e suas seguidoras nas montanhas do Citeron, empolgados com esta nova experiência, apesar de suas idades, e sem se sentirem ridículos aos olhos dos cidadãos tebanos. Entretanto, a cena foi considerada pela grande maioria dos analistas, como, no mínimo constrangedora, cômica, irônica, além disso, enigmática, não somente devido a este fato, mas também, por sua essência e significado dentro da peça, como teremos oportunidade de ver.

O anticlímax desta cena entre os dois velhos, como disse Eudoro de Souza, talvez fosse esperado, devido à intensidade do párodo, porém o poeta como que exagerou, especialmente nos detalhes, quando Tirésias se apresenta em frente ao palácio chamando Cadmo: "Alguém vá anunciar-lhe que Tirésias o procura. Ele sabe o que me impele, o que a minha velhice à sua mais decrépita prometeu; *guarnecer os tirsos, envergar as peles de gamo e com folhas de hera a cabeça ornar.*"[448] A impressão que passa é de que os dois haviam previamente acertado o que iriam fazer, diante da ausência de Penteu, que se encontrava em viagem, sabedores certamente da posição contrária do rei quanto aos ritos dionisíacos, que àquela altura já haviam se manifestado, com as mulheres em debandada para as montanhas, e decididos que estavam, por diferentes razões, que a cidade oficialmente não batesse de frente contra aquela religião, antevendo, talvez, futuras desgraças, porém, certamente achando que tal atitude iria prejudicar seus interesses pessoais, familiares e profissionais. De certo modo, desejavam falar e discutir com Penteu, antes que este se precipitasse quanto a este assunto, inicialmente, porque se consideravam os mais sábios, os mais sensatos homens da cidade, como fica claro no diálogo entre eles, e mais do que isto, pela possibilidade de eles serem prejudicados pelas atitudes do rei, daí decorrendo esta singular cena.

---

448 EURÍPIDES, 1973, p. 237. (grifo meu)

Caso esta hipótese esteja no caminho certo, decorre imediatamente uma consequência, de alguma importância no entendimento da cena, pois, somente existem duas possibilidades para que os anciãos se fantasiassem de Bacantes: ou por estarem convictos de que queriam na realidade se tornarem seguidores do deus, assumindo aquela especial relação religiosa, ou, caso contrário, certamente a mais verdadeira, de que eles a consideravam uma desagradável obrigação, com todos aqueles paramentos estranhos, não dando assim importância maior para aqueles ritos, a ponto deles se fantasiarem assim sem nenhum problema, posição esta confirmada no diálogo, quando Cadmo nota que apenas os dois estavam dispostos a dançar pelo deus na cidade, ensejando uma resposta de Tirésias para lá de arrogante, mas enganadora de que apenas eles tinham bom senso.

Por outro lado fica igualmente claro que nenhum dos dois respeitava muito a Penteu, o rei, pois achavam de que através de alguns subterfúgios, eles conseguiriam segurá-lo, em sua cruzada contra aqueles ritos, e aqui é importante assinalar, que dadas suas histórias pessoais, eles jamais foram de respeitar os outros, particularmente Tirésias, que se considerava pessoalmente alguém perto da divindade, um sábio, bem acima dos demais mortais. A interpretação de alguns analistas, que as atitudes dos dois anciãos com relação aos ritos báquicos, eram devido ao novo deus e sua religião, que em princípio não discriminava ninguém em seus *thiasos*, beira o irônico, como se eles próprios estivessem, de antemão possuídos pelo espírito do deus, e que este, independente de tudo já estaria operando o milagre do rejuvenescimento, hipóteses totalmente descartáveis, devendo-se ainda recordar que a Tirésias, Zeus lhe prometera viver durante um longo tempo, e que Cadmo e Harmonia ainda segundo a tradição iriam reinar na Iliria, após Tebas. Como dissemos os dois personagens estão evidentemente relacionados com a personagem de Penteu, filho de Agave e de Actéon, um dos cinco sobreviventes *spartoi* que Cadmo não conseguira matar com suas pedras, procurando trazer a cena distintas visões do dionisismo no âmbito da cidade de Tebas, como ficará claro com suas falas, e aqui, existe um ponto, desprezado por todos os analistas, que é relativo à própria cidade.

Onde, em termos temporais, Eurípides localizou esta Tebas, com seu rei, sem nenhuma menção aos *demos* ou a conselhos, mas com uma ideologia política e social assemelhada a de Atenas, quanto aos papéis das mulheres e dos escravos, e que, especialmente neste episódio e no primeiro estásimo se discutirão alguns temas típicos da segunda metade do século V, particularmente pela figura de Tirésias. A esta pergunta, claramente, não temos nenhuma resposta convincente, pois, se de um lado a estrutura física, política e religiosa da cidade nos remete a época arcaica, na linha da Tebas sofocleana, lembrando muito o panorama da Tebas de Creonte em *Antígona*, com uma diferença de discurso por parte de Penteu, que está mais para um tirano do que o próprio Creonte, por outro lado, algumas das discussões aqui inevitáveis sobre santidade, sensatez, esperteza, tolerância, aceitação, arrogância, repúdio e violência, são colocadas pelo poeta neste contexto geral, claramente inspiradas pelas discussões atenienses a partir dos sofistas, levadas à exaustão, principalmente para ele, Eurípides. De qualquer forma, já que a questão do enfrentamento dos valores políades, é de suma importância nos cultos dionisíacos, essa Tebas nada tem a ver com uma cidade como Atenas, lembrando cidades da era arcaica ou de países mais atrasados como a própria Macedônia, onde certamente as diferenças entre a vida na cidade e na montanha são bem menos acentuadas, permitindo uma maior fluidez entre elas.

A cena entre os dois amigos anciãos, portanto, é quase uma paródia inserida no meio da peça com os dois representando, sem convencerem, um enredo em que assumem um papel deliberado de seguidores do deus Dioniso, sem saberem o que é realmente isso, com um discurso antigo diante da novidade báquica. De um lado, aparece um Cadmo modesto, preocupado em se sair bem diante da família, inclusive por seu grau de parentesco com o deus, e de outro, um Tirésias seguro e arrogante em sua sensatez, nas palavras e elogios do amigo, com seus interesses pessoais de não fechar as portas ao novo deus, conforme veremos adiante, vestidos a caráter como Bacantes: glorificando a velhice onde tudo pode ser feito, a tradição ancestral de aceitar e respeitar os deuses, quaisquer que sejam, e de rejeitar os novos argumentos sofísticos a respeito da existência ou não dos deuses; os dois à espera do estressado e angustiado rei, Penteu, que, ao chegar, os ignora se dirigindo diretamente ao público tebano, para falar da ameaça que paira sobre a cidade.

Na realidade a fala de Penteu, ignorando os dois velhos, é uma espécie de segundo prólogo, no qual a personagem se mostra para a plateia, no caso, diante da grande novidade ocorrida na cidade com a chegada do famoso "estrangeiro", a forma humana assumida pelo deus Dioniso. A situação encontrada por ele, ao chegar de uma viagem, estava longe de confortável e tranquila, refletida em sua feição, na qual Cadmo reconheceu como estando fora de si, pois como dirigente da cidade, não somente sabia da debandada das mulheres tebanas em direção as montanhas, como já tinha tomado providências de caçá-las e prendê-las por seus servos, porém, certamente, o que mais o preocupava e o exasperava era de que entre elas se encontrava sua mãe Agave, e as tias Ino e Autônoe, mãe de Actéon. Esta passagem, de citação destes nomes foi considerada espúria por muitos analistas, porém é fundamental ao discurso de Penteu para entender seu estado emocional, inclusive pela conotação que o nome de Actéon tem para sua própria tragédia, pois este parente foi dilacerado por seus cães, como represália de Ártemis, baseado na lenda de tê-la visto nua se banhando em um rio. Logo, de início, Penteu, de forma arrogante e preconceituosa, refletindo seus temores pessoais com relação ao sexo, despertado pelo vinho, apresenta sua versão para os cultos báquicos realizados nas montanhas, ao mesmo tempo em que desdenha do "novo deus" e de seus ritos:

> [...] nossas mulheres dos lares se esquivaram em busca de falsos mistérios, em lúgubres montanhas vagueiam, a um novo deus, Dioniso, ou, lá quem é, honrando com danças! No meio dos tíasos elevam-se, a transbordar, os crateres, umas e outras em ermo recanto se acolhem, dóceis aos prazeres masculinos: na aparência, Ménades cumpridoras dos sacrifícios, na realidade, a Baco preferem Afrodite.[449]

Penteu, paradoxalmente, nesta sua interpretação pessoal do que ocorre nas montanhas coloca de forma clara, toda a atração, o charme e o prazer dos ritos báquicos para as mulheres: em meio à natureza, recantos ermos, lugares de paz, contatos visuais e físicos com encantadores animais, crateras de vinho para relaxar, abrindo possibilidades de esquecer-se como uma pessoa definida, música sensível aos ouvidos, danças em torno daquele ambiente idílico, longe da castração masculina, permeado de companheirismo e cuidados conjuntos, tudo envolto em um clima de mistério e aventura inexcedíveis. Como não se sentir atraída, preferindo trabalhar nas rocas e nos teares, presas ao jugo familiar, civil e masculino. Assim, duas coisas são absolutamente dispensáveis, no máximo acessórias: a necessidade dos milagres do deus para transtornar a mente das mulheres, bastando para isto o relato das próprias Ménades ou de outras mulheres com a mesma experiência, e a necessidade de sexo, algo difícil de se pensar à época, pois se supõe que a grande maioria dos participantes eram mulheres,

---

449 EURÍPIDES, 1973, p. 239.

e mesmo por que o sexo poderia reduzir, ou liquidar, aquela volúpia de prazer e "entusiasmo" gerado internamente àquele grupo. Portanto, Penteu, em sua interpretação, centra como questão principal a preferência por Afrodite, certamente devido a um problema seu, pessoal, de atração e repulsa do sexual, que é inclusive, totalmente secundário àqueles ritos que têm uma vida própria distinta e separada do sexo. Na realidade, portanto, a questão crucial para Penteu é que ele não crê que Dioniso seja deus, o que ele prega nada tem a ver com qualquer religião imaginável, da mesma forma que aqueles ritos nada significam, podendo e devendo ser por ele enfrentados de peito aberto, como, inclusive ele o faz.

Penteu segue agora falando como o deus se apresentou em Tebas, bem como de sua origem:

> Contam, que se introduziu aqui um estrangeiro, um mago do país lídio, um feiticeiro, que seu cabelo de fulvos anéis aromatiza e, nos olhos, de Afrodite, a graça purpúrea detém! Dia e noite às jovens se associa, os ritos de Evoé ofertando [...] O deus Dioniso ele afirma ser, aquele que na coxa de Zeus outrora foi cosido, ele, que pelas chamas do raio foi devorado com a mãe, porque as núpcias divinas fantasiou.[450]

A resistência de Penteu ao deus tem sua origem, claramente devida ao posicionamento de sua mãe Agave e de suas tias quanto a morte de Sémele, não acreditando elas ter ocorrido por conta de um suposto relacionamento com Zeus. É interessante observar que as dúvidas existentes sobre a existência ou não do deus, não estão localizadas em uma eventual solicitação de Semele quanto ao poder de Zeus, nem em sua reação violenta e muito menos em relação a possibilidade de ele ter sido gerado novamente na coxa de Zeus, mas em algo bem mais pueril, a de que Sémele tivesse uma relação de amor com Zeus, e aí estava localizada a mentira inicial, da qual tudo o mais decorria. Uma vez que Penteu, devido a influência familiar, rejeita a origem divina, através de Zeus, tanto o novo deus quanto sua religião, seus ritos e cultos, em sua mente são igualmente rejeitados, porém é claro que para uma pessoa de seu perfil, limitado em sua capacidade intelectual e especulativa, e mesmo que não fosse, aquelas coisas que estão ocorrendo lhe chamam muita atenção: debandada geral, mulheres fora de si, sua mãe e tias nas montanhas, e agora aquela figura do deus, como estrangeiro, um jovem afeminado, que ele claramente dissocia do "outro", o próprio

---

450 EURÍPIDES, 1973, p. 239-240.

deus, que igualmente, lhe deixam curiosamente também fora de si, levando-o a se aproximar emocionalmente daquela figura rejeitada.

Antes de prosseguir, devo fazer uma digressão para melhor compreendermos, se é que isto é possível, o que está sendo pretendido pelo poeta quando coloca contra o deus e sua religião, com todas as características do que já sabemos sobre ela, a figura do rei de Tebas, Penteu, intrigado, assustado e perplexo diante da questão, com seu poder civil e familiar, já bastante debilitado, e sua personalidade individual problemática. Independente da questão da fé, palavra não conhecida dos gregos, estes acreditavam em todas as histórias míticas de sua rica tradição, passadas através dos tempos por seus familiares, pelos *aedos*, pelos poetas, sempre como algo distante de suas realidades atuais, porém com grandes ensinamentos sobre valores divinos e humanos, a serem respeitados e seguidos. Entretanto em relação aos seus deuses, o distanciamento do Olimpo, do universo celeste era grande e inalcançável para um mortal, sob pena de ser julgado leviano, *hybrista*, fora de si, sem limites, caso relatasse alguma coisa fora desta normalidade, não estando eles de nenhuma forma acostumados a milagres realizados diretamente pelas divindades em sua vida cotidiana. Neste sentido, devido à chegada tardia de Dioniso em terras gregas, tendo, por exemplo, chegado a Ática de forma real, a partir do século VI, com relativa expressão em sua participação nas antigas mitologias, era de se esperar que a reação natural das pessoas com relação ao novo deus fosse de cautela, desconfiança e mesmo rejeição inicial. Agravadas ainda mais pelas características deste deus em particular e seus vários nascimentos e mortes, passando pelo fato de ser um deus de fora, "que chega" até se alcançar o entendimento e o sentimento de que ele representava uma grande novidade em relação aos deuses antropomórficos do Olimpo, com suas funções e suas influências concretizadas à distância, para uma atuação direta deste, junto a seus seguidores, e não-seguidores. Atuação esta de cunho revolucionário, pois seus ritos e cultos atingiam os dois pilares da vida grega até então, a família e a *polis*, voltadas que estavam para uma vida tranquila, de muito trabalho e esforço pela sobrevivência interna praticando valores tradicionais de justiça e *philia*, com seus deuses protetores e orientadores, trazendo sempre desafios e questionamentos à seus desenvolvimentos pessoais enquanto mortais, porém em um ambiente de liberdade criativa, sem amarras morais e religiosas significativas. Portanto, a questão central é que o poeta, de um lado, colocou em ação de forma inusitada e provocadora o próprio deus, em um formato humano, com todos os seus recursos, todo o seu poder, inclusive de multiplicação de figuras e de essências, e de outro, um dirigente tebano, o rei de Tebas, de uma família conhecida e famosa em terras gregas, da qual, segundo a lenda havia sido gerado o próprio deus, representando os valores familiares e da cidade, extremamente aferrado aos valores pessoais, afastado de quaisquer sentimentos de tolerância, de diálogo, de eventual aceitação de novidades em sua vida, porém, correto e limitado, expressando, desde o início significativa perplexidade e curiosidade por toda aquela novidade revolucionária que estava ocorrendo em sua cidade.

Bem, voltando à tragédia, Penteu incrédulo, irônico e revoltado, dá-se conta das presenças de Cadmo e de Tirésias, vestidos a caráter, como Bacantes, exclamando:

> Mas, que prodígio me é dado contemplar! O adivinho Tirésias, em mosqueadas nébrides envolto, e de minha mãe o progenitor - oh! escárnio! - empunhando o nartex em delírio! Renego, ó pai, a tua senilidade, privada de entendimento![451]

Imediatamente, Penteu acusa Tirésias de ter persuadido Cadmo e de estar atraindo os homens para esta nova divindade, para atender a seus interesses pecuniários, acusação esta muito próxima da de Creonte em Antígona. Penteu o ameaça de prendê-lo junto às mulheres por promover ritos perniciosos, não fazendo devido a sua idade, voltando a criticar os cultos, aqui, na bela e enxuta tradução de Trajano Vieira: "Introduzir mulher na festa em que a uva brilha, aniquila o próprio rito."[452] A intervenção do coro contra Penteu é igualmente imediata, chamando-o em represália, de "estrangeiro", de cometer impiedade ao não respeitar os deuses, a Cadmo que semeou os dentes de dragão, e ao pai Actéon, um dos poucos sobreviventes que nasceram daquela forma. Eudoro de Souza, creio, é o único analista, que corretamente chama atenção para esta intervenção do coro, no que ela tem de provocação contra Penteu, pois a lenda da semeadura dos dentes de dragão por Cadmo, seguindo orientação de Atena, com o consequente nascimento dos *spartoi*, com a tentativa de Cadmo matá-los com pedras, e com os cinco sobreviventes, dentre os quais Acteon, pai de Penteu, é bem mais fantástica e estranha que o nascimento de Dioniso, fruto do

---

451 EURÍPIDES, 1973, p. 240.

452 EURÍPIDES, 2010, p. 60.

amor de Zeus com Sémele, da qual Penteu é tão cético, se justificando assim a pergunta do coro: "[...] a tua própria estirpe ofendes?"[453]

A resposta de Tirésias a provocação de Penteu é mediante uma longa fala, com uma estrutura formal definida em que ele, mediante sua erudição e conhecimento da realidade grega aborda diversas questões, em um misto de afirmações judiciosas com argumentos racionais, adivinhações e previsões, com técnicas sofísticas de persuasão, tentando inicialmente em seu proêmio, como normalmente é feito, ressaltar as qualidades de orador do oponente para melhor desqualificá-lo: "Destra linguagem tens, como se sensato foras, mas em tuas palavras não há sensatez. Um homem com audácia e arguto no falar, porém sem discernimento, funesto cidadão será na verdade."[454] Tirésias, como todos os analistas qualificam é um homem esperto, e assim, de partida, procura desqualificar Penteu, justamente neste aspecto, afirmando que ele fala bem porque é esperto, mas que não é sensato ou sábio, não tem bom senso no que fala, por ser confiante e seguro somente em si, levando-o desta forma a ser um cidadão ruinoso, procurando assim agredi-lo no que ele considera serem suas melhores qualidades, a sensatez e a cidadania exemplar. Entretanto, apesar da utilização de toda sua aparente sensatez, de seu conhecimento e de todo seu arsenal retórico, o mago adivinho do ciclo tebano, na realidade procura disfarçar suas ambíguas posições pessoais sobre a questão da nova divindade, porém, há que se admitir a importância desta intervenção para o contexto da peça, pois o poeta coloca em sua fala alguns dos temas mais controvertidos, polêmicos e relevantes para o correto entendimento da religião dionisíaca, porém em um contexto contaminado pelos objetivos próprios de Tirésias, que os usa como argumentos justificadores de suas posições.

A primeira questão relevante que Tirésias levanta, logo após prever que aquele deus de quem Penteu debocha, terá um grande valor para toda a Hélade, principalmente por ter partilhado com Apolo o santuário de Delfos, é relativa aos dois pilares da humanidade, representados por Demeter e Dioniso, quanto aos elementos secos e úmidos, o pão e o vinho, uma teoria que vem desde o pensamento iônico relativo ao mundo e aos homens, como alerta Dodds, mas que teve ao longo do tempo, vários desdobramentos, como veremos. Ele afirma:

---

453 EURÍPIDES, 2010, p. 60.

454 EURÍPIDES, 1973, p. 240.

Duas são, ó jovem, entre os homens as coisas primeiras: a deusa Demeter - é a terra; por um destes nomes invoca-a, a teu grado - aos mortais, os alimentos secos proporciona. Vem depois o seu êmulo, o filho de Sémele que da uva o fluido líquido achou e trouxe aos mortais; aquieta aos homens míseros suas penas, quando do suco da vinha estão saciados, o sono e o olvido dos males quotidianos lhes concede; para as dores outro lenitivo não há. Ele, que nasceu deus, aos deuses em libação se entrega e, graças a ele, dos homens o bem é pertença.[455]

Diante desta fala, fica-se em dúvida do que realmente pretendia o poeta com a personagem de Tirésias, e sua visão daquela religião, mesmo se nos colocarmos, com maior correção possível, ao final do século V, entre os espectadores da tragédia ou no tempo histórico ambientado, tamanhas são as incongruências e distorções apresentadas pelo piedoso adivinho em defesa de Dioniso. Vamos seguir e tentar entender o poeta.

Tirésias podia não conhecer todos os detalhes da teoria naturalista de Pródico, um dos grandes sofistas que aportaram em Atenas, no caso deste, vindo da Jônia, porém o poeta Eurípides certamente era perfeito conhecedor da matéria, visto que, inclusive, havia sido aluno do mestre, apesar de mais velho. Assim, o poeta coloca nas palavras de Tirésias, cujo único objetivo naquele momento era de louvar a nova divindade, procurando de forma leviana e inescrupulosa provar que o "novo" era "velho", associando o novo deus ao antigo vinho, uma teoria naturalista de um antropólogo, filósofo natural, e cosmogônico, considerado "ateísta" por todos (apesar das ressalvas de Dodds), que se baseava nos benéficos resultados da agricultura, que levaram os antigos a considerarem deuses os produtos oriundos daquela prática civilizatória, que consolidou a "vida sedentária", exatamente contra a vida nômade dos povos da época. Guthrie corretamente lembra algo nesta passagem, que considero altamente pertinente, para o entendimento desta religião dionisíaca, de que Pródico defendia uma teoria do desenvolvimento humano de "progresso" e não "degeneração"; e

> [...] como Protágoras, ele pensou na religião (e seus deuses), junto com condições sedentárias, construção de cidades, o governo da lei e o avanço do conhecimento, como um dos frutos da civilização e essencial à sua preservação. Para defender estas ideias não é necessário crer na existência dos deuses como objetos de adoração independentemente da concepção dos homens sobre eles.[456]

---

455 EURÍPIDES, 1973, p. 241.

456 GUTHRIE, 2007, p. 225.

Uma segunda questão que se deve levantar surge a partir da constatação de que, mesmo que se releve a incongruência flagrante em Tirésias, de atribuir a Dioniso a criação do vinho, e de ele ser ao mesmo tempo o próprio vinho,sua demonstração da importância do deus, junto com Demeter, ao utilizar a teoria de Pródico fica prejudicada, pois o sofista a tinha utilizada, referenciada aos primórdios da existência humana, diante das coisas boas ligadas a agricultura e ao mundo em geral, quando também se refere a Hefesto, o fogo e a Poseidon, a água. Tirésias a utiliza no contexto do século V, comparando dois objetos incomparáveis: de um lado um alimento essencial a vida, com seus grãos, conseguido através do labor físico no campo, com semeadura, manejo, cuidado e colheita, que uma vez processados gera um alimento, o pão, que é único e somente um alimento para os mortais. De outro lado, o filho de Semele, digamos, inventou um sumo de uma fermentação da vinha mediante um processo secundário, um liquido considerado já na época como uma "medicina" (remédio) ou, como um veneno, por se tratar de uma droga (*pharmákon*), podendo ser utilizado por uma infinidade de razões, e atingindo as pessoas de forma pessoal e singular, sem nenhum padrão definido, algo que todos já sabiam e que é seriamente discutido por Platão, alguns anos depois.

A diferença é fundamental, e isto fica ainda mais claro quando o mago relaciona todos os efeitos benéficos do vinho para a vida cotidiana dos homens, que paradoxalmente nada tem a ver com a teoria de Pródico, como também pouco tem a ver com sua utilização nos ritos e cultos dionisíacos, pois uma vida sem sofrimentos, sem penas, sem dores de qualquer espécie não poderiam ser apenas desejos dos seguidores do deus, mas sim de todos os mortais, alcançáveis segundo ele facilmente com a ingestão daquele líquido, mesmo que para isto tivéssemos que ficar eternamente alcoolizados, como insinua Winnington-Ingram. Finalmente, acho importante mencionar duas das muitas observações deste mesmo autor sobre esta passagem, que esclarecem ainda mais a distância que separa Tirésias das práticas dionisíacas, pois, primeiramente, é duvidosa esta ênfase exagerada nesta questão do vinho, pois, com toda razão esse autor lembra que o vinho é apenas uma das drogas que Dioniso tem a sua disposição, como ficará claro ao longo da tragédia, e a frase final desta fala, de que Dioniso tendo nascido deus podia ser servido aos demais deuses pelos homens, subornando-os para conseguirem suas graças, demonstram sua desfaçatez e sua repugnância pela mitologia.[457]

Logo após Tirésias aborda a questão do nascimento de Dioniso de uma forma distinta, já visto por nós quando discutimos as origens da tragédia, mas que aqui adquire outro sentido nas palavras do vate, que poderia qualificar de cosmológica e linguística ao mesmo tempo, priorizando uma nova versão para o segundo nascimento do deus na coxa de Zeus que, como explicitei anteriormente, era um ponto dos menos controversos na visão de todos, particularmente de Penteu. Pode-se apreender da demonstração de Tirésias, que tudo ocorre da mesma forma, até a expulsão da criança do corpo da mãe Sémele, e Zeus tendo-o recolhido leva para o Olimpo, onde Hera ameaça arremessá-lo. Zeus, como deus que é, querendo salvar o menino, urde um plano para enganá-la, cortando uma parte (*méros*) do éter que envolve a terra e entrega a Hera fazendo dele um penhor (*hómeros*) em lugar do primeiro Dioniso. Mais tarde, os homens devido a semelhança entre *méros* (parte) e *merós* (coxa), criam o mito de que Dioniso havia sido gerado na coxa de Zeus. Grandes controvérsias foram geradas por esta demonstração de Tirésias, pois alguns consideraram a passagem espúria, propondo eliminá-la, outros, acharam que o texto havia sido corrompido, daí a dificuldade de entendê-la, e outros a consideraram racional e pertinente. Dodds levanta todos os aspectos da questão, sendo talvez o mais relevante a diferença de opiniões entre o coro da mulheres que sustentou a primeira versão e esta de Tirésias, porém, na linha do que afirmou Winnington-Ingram, da necessidade de uma explicação científica moderna, mas que se pensarmos bem, existe algo de apelativo na intervenção de Tirésias junto ao público, no sentido de apresentar o novo deus, pois além de facilitador dos homens em suas vidas atuais, podendo até agradar os deuses com o líquido divino, de ser independente e sem as amarras de uma mitologia antiga, sem a necessidade de seus seguidores acreditarem em coisas fantásticas, uma vez que o "antigo" encontra-se garantido pelo vinho, que de certa forma substitui com evidentes vantagens qualquer mitologia.

Tirésias prossegue, agora fazendo determinadas afirmações sobre Dioniso, com o claro intuito de aumentar o espectro de atuação do deus e, de, o aproximar ao máximo, como bem disse Winnington-Igram, do restante do panteão helênico, no caso Apolo, de quem Tirésias era

---

457 WINNINGTON-INGRAM, 2003, p. 50.

adorador, e Ares, ambos muito valorizados em Tebas, mediante a associação direta entre o êxtase ou, a loucura, dionisíacos, com os comportamentos mânticos, de visões do futuro, e com os de pânico e temor que os hoplitas sentem em combate. Recorrendo a Dodds, este ressalta que o Dioniso Trácio era um deus de transe mediúnico, comprovado por Heródoto, que descreve seu oráculo no topo de uma montanha, falando através de uma sacerdotisa, mas que ao vir para a Grécia, este lugar já havia sido ocupado por Apolo, de difícil competição, com uma enorme tradição já estabelecida. Em seguida, o adivinho tradicional, acentua, mais uma vez, a relação deste deus com Delfos, como subtendido ao início de sua fala, agora de forma direta, mas também consolidando algo realista, em termos da aceitação dele na Hélade devido a sua posição ali, ainda que sob jurisdição de Apolo e de seus sacerdotes, mesmo quando este se afastava durante três meses:

> Ainda o hás-de ver sobre os Délficos penhascos, pulando, com a tocha de pinheiro, no planalto de dois cumes, pondo em vibração e brandindo a vara de Baco e engrandecer-se na Hélade.[458]

Tirésias parece se recordar de que teria que responder ao desprezo de Penteu pelo deus, e insere aqui uma daquelas afirmações judiciosas de seu feitio, porém com uma novidade interessante que desencadeia, uma série de reflexões:

> Vamos, Penteu, escuta-me! Não te ufanes de ter um poder absoluto entre os homens, *não creias, quando enferma se encontra tua mente, não creias pensar bem*. Acolhe o deus nesta terra, consagra-lhe libações, anima-te do delírio e coroa a tua cabeça.[459]

A afirmação de Tirésias de que a mente de Penteu está enferma é depois complementada ao final de sua peroração e de sua fala, quando afirma: "Das loucuras a mais cruel te tomou, nas drogas alivio não acharás, mas não é sem drogas que enfermo te encontras."[460] Achei por bem chegar até este ponto, para facilitar a reflexão, quanto ao incremento de atuação do deus proposto por Tirésias anteriormente, a partir de suas relações com a mântica e a guerra, mas que em meu entendimento, também tem algo a ver com esta observação sobre a mente de Penteu.

---

458 EURÍPIDES, 1973, p. 242.

459 EURÍPIDES, 1973, p. 242.

460 EURÍPIDES, 1973, p. 242.

Dodds, em seu comentário sobre estes versos replicados igualmente por Winnington-Ingram, afirma que o deus é apresentado por Tirésias como

> [...] causa de dois inexplicáveis modos de comportamentos, uma "segunda visão" e "pânico", duas "maniai", cujas características comuns são que em ambas a vontade humana e a razão são submetidas por um misterioso impulso vindo do exterior da consciência individual e, por conseguinte, no entendimento da antiguidade, com origem em um poder superior. Todos estes estados psicológicos, que não podem ser explicados nem controlados são atribuídos a interferências psíquicas externas.[461]

Ele cita como exemplo, o incontrolável impulso do desejo, de Fedra em Hipólito, na qual Cípris quebra sua vontade. Apesar de entendermos a coerência e o sentido do exemplo com relação à sua afirmação, se o comparamos com os exemplos de Tirésias, e com o que ele fala, existe uma divergência flagrante, pois nestes casos existe sim um fator externo, que é a intoxicação, mas com uma grande diferença já que ela é trabalhada internamente mediante seus efeitos, gerando, de um lado, poderes mânticos, e por outro lado gerando pânico, que são igualmente distintos, pois o primeiro significa que sua capacidade mental foi alterada para melhor, capaz de prever, por exemplo, o futuro, e no segundo, significa uma reação, uma reação negativa, que certamente Tirésias não estaria interessado em mostrar.

Parece que aqui estamos diante de uma daquelas interferências do poeta, que já comentei, a partir de observações de Dodds em seu artigo sobre *Eurípides o Irracionalista*, pois ao alargar o campo de ação do deus em situações outras, como fez Tirésias, na mântica e na guerra, apesar das controvérsias, o poeta, aproveita para expandir igualmente o conceito de intoxicação, ao se referir por duas vezes, especificamente a Penteu, de forma distinta, não através de agentes externos, como o vinho, a música, a dança, o entusiasmo do grupo, porém, mediante fatores internos como sofrimentos físicos e emocionais como culpa, vingança, fúria, loucura, sendo que neste último, conhecido sentimento à época, pode-se incluir algo que nós modernos denominaríamos obsessões, por um deus ou religião, por poder, por riqueza, pela honra, pelo sexo, pela castidade e muitos outros, reconhecíveis em muitos de seus personagens. Complementando, do que se pode depreender da visão do poeta, esses fatores internos têm a mesma dinâmica que os fatores externos, nos quais a vontade pessoal e a razão são igualmente sub-

---

461 DODDS, 1986, p. 109.

metidas a estas forças superiores e, ainda, como se trata de Eurípides, este tema, que é da mais alta relevância para o entendimento da peça, será trabalhado e discutido até o final pelo poeta, restando-nos acompanhá-lo. Finalmente, para concluir esta análise da fala de Tirésias, resta-nos considerar a afirmação dele que os cultos e ritos dionisíacos com relação aos comportamentos sexuais das mulheres é neutro, não tendo nenhum efeito nem positivo nem negativo, e que assim, diferentemente do "entusiasmo" e do "êxtase" buscados, no campo sexual nada ocorre, pois eles não tem poder para tal, o que evidentemente é uma meia verdade, não se constituindo como nós comentamos em uma necessidade naquele contexto, porém é evidente que apesar da inexistência de sexo, algumas das atividades das Bacantes têm um caráter profundamente erótico, diferença esta que não é alcançada por Penteu.

Em seguida a fala de Tirésias, o coro, Cadmo e Penteu reagem, cada um a seu modo, tendo ficado um pouco mais claro que o profeta, ao propor a aceitação pela cidade da religião dionisíaca, visava primordialmente defender seu próprio terreno, tanto em termos religiosos, mediante a associação do deus de Delfos com Dioniso, e com isto perpetuar ainda mais seus interesses profissionais, mantendo pela diversidade dos assuntos abordados, seu prestígio e fama de "sensato", de "sábio". Apenas não concordo, com a visão dos analistas quanto a seus poderes de previsão, quando se refere ao futuro prestígio do deus, pois, àquela altura do século V, isto já era de conhecimento geral, particularmente dos atenienses, e de todos que frequentavam o santuário de Delfos. A resposta do coro tem o mesmo sentido, de criação de um ambiente de concórdia e tranquilidade com os dois representantes da cidade, e de respeito à política religiosa de Delfos: "Ó ancião, a Febo em palavras não ultrajas e honrando a Bromio, o grande deus, és sensato."[462] Cadmo por sua vez, deixa clara sua posição de apoio ao deus, como dissemos, devido a seus compromissos familiares, chegando a pedir a Penteu que disfarce e minta que ele é realmente um deus, como forma de aceitação do papel de Sémele, como mãe do deus, lembrando ainda o ocorrido com Acteon, seu neto, filho de Autónoe, despedaçado por seus cães, utilizando, porém a versão de que Ártemis o puniu por se considerar melhor caçador que a deusa. Cadmo apela para que ele se junte a família, e tenta colocar em sua cabeça uma grinalda de hera para honrar o deus, deixando Penteu fora de si.

---

462 EURÍPIDES, 1973, p. 242.

A reação de Penteu é forte e imediata, já agora com um tom de evitar qualquer contato físico com o poluído Cadmo, como se este representasse um verdadeiro perigo para ele, entendido psicologicamente por todos como repúdio, mas também como uma atração maldita: "Afasta a mão, e vai-te aos báquicos mistérios entregar! Acaso teu desvario pretendes propagar até mim?"[463] Porém sua raiva é contra o vate, na certeza de que foi o responsável por aquela comédia, e com alguma sensibilidade quanto seu caráter, investe contra seus interesses, mandando invadir seu espaço profissional, bem conhecido dos tebanos, conforme Pausânias, rivalizando com o espaço de Semele, de molde a tudo destruir. Os sinais que o poeta emite com a reação incontrolada de Penteu, começam a ficar preocupantes, pois no caso da destruição do local de trabalho do vate, conforme Winnington-Ingram observa, o poeta utiliza uma expressão em grego "ανω κατω" (*ávw kátw*), que podemos traduzir livremente como "levar a cabo, de cima até embaixo", que o poeta vai utilizar, mais à frente no episódio do terremoto do palácio e no episódio do dilaceramento das novilhas pelas Ménades, no relato do mensageiro. E Penteu, não somente investe contra Tirésias, mas ordena aos servos, uma verdadeira caçada de molde a aprisionar aquele "efeminado estrangeiro", com o objetivo de matá-lo mediante o processo de lapidação, utilizado em mortes de familiares e para aqueles que cometem sacrilégios:

> Vós outros a cidade percorrei, no encalço desse efeminado estrangeiro, que dissemina o flagelo recente entre as mulheres e nossos lares lacera. E logo que o agarreis, trazei-o agrilhoado ante mim, para que do suplício da lapidação ele pereça, após ver o amargo fim de seus ritos em Tebas.[464]

Por uma deferência do poeta, apesar como diz Dodds de que Eurípides tinha pouco respeito com a arte de prever o futuro (*mantykes*), a última palavra do episódio ficou sendo de Tirésias, que possesso com Penteu, destilou toda sua raiva: "Desgraçado, tu não sabes o que dizes! Antes tinhas a mente turbada, agora possui-te o furor."[465] Recorrendo novamente a Dodds, e independente das palavras gregas e de suas traduções, na realidade, Tirésias afirma que antes ele estava insensato, tolo, mas que piorou e agora ele está louco, significando que antes aquele estado parecia ser temporário, mas que agora tudo

---

463 EURÍPIDES, 1973, p. 243.

464 EURÍPIDES, 1973, p. 243.

465 EURÍPIDES, 1973, p. 243.

indicava ser permanente.[466] Por conta disto, Tirésias propõe a Cadmo fazer preces, em seu nome, recuperando assim sua tranquilidade perdida. Assim, os dois anciãos, ajudando-se mutuamente, encaminham-se para louvar a Baco, sem receberem qualquer ajuda do deus, com Tirésias, fechando sua participação no episódio, e na própria tragédia, com a alusão ao nome do rei, Penteu, que lembra "πενθος" (*penthós*), desgosto, algo importante para os gregos, que não consideravam acidental a relação da vida de uma pessoa com seu nome, devido a realidades invisíveis, alertando a seu amigo Cadmo: "Que Penteu de penas portador não seja a este lar, que é o teu Cadmo! Pela mântica *não falo, mas pelos fatos-insensato que sem senso fala!*"[467] Bem, o cenário foi montado, com o prólogo do deus que chega com o párodo do coro de seguidoras estrangeiras clareando os ritos da nova religião, o prólogo de Penteu colocando sua posição de rei e dirigente político de Tebas, preocupado com a dissolução dos valores tradicionais da *polis*, com o contraponto dos dois mais influentes homens da cidade, o velho Cadmo, atrelado a seus vínculos familiares, da qual Sémele faz parte, e o cego vate Tirésias, com seus argumentos a favor da aceitação do deus, pregando a sensatez e o bom senso, de forma a civilizar a religião dionisíaca, sob o patrocínio de Delfos, e neste sentido deixando em termos institucionais o rei, isolado em suas posições, que se radicalizaram ainda mais, em vista da perda inicial das mulheres da família para os ritos dionisíacos, da perda do suporte das duas referências tebanas, e aparentemente com a perda de si mesmo, de um juízo pessoal adequado para enfrentar a situação.

Alcanço assim um dos maiores desafios da peça, *As Bacantes*, o primeiro estásimo, não por sua densidade dramática, mas por sua beleza poética sob o manto de uma grande estranheza, deixando grande parte dos analistas em dificuldades quanto ao entendimento do que representa este canto. O coro das mulheres estrangeiras, oriundas de países considerados bárbaros, como a Trácia e a Lídia, seguidoras do deus, intervém dramaticamente na ação, denunciando Penteu, na mesma linha de pensamento de Tirésias, seguindo este, a partir do final do episódio anterior, denunciando sua *hybris* (insolência), pelo tratamento dado ao deus, mandando prendê-lo, utilizando toda sua força real, exatamente o contrário do que o vate havia lhe advertido de se ufanar de possuir um poder absoluto. Até aqui, tudo bem, poden-

---

466 DODDS, 1986, p. 115.

467 EURÍPIDES, 1973, p. 243-244.

do-se entender a posição do coro, como algo, na linha de que afinal, já que existe internamente à cidade uma reação contra as posições do rei, e vindo de pessoas altamente consideradas na mesma, porque não aproveitá-las no sentido de glorificar o deus, utilizando os mesmos argumentos, que giravam entre sensatez ou tolice, e entre sanidade e loucura, procurando nestas questões, deixar clara a posição dionisíaca, que certamente iria surpreender a todos. Entretanto, o coro vai bem mais longe, pois passa a defender os valores religiosos helênicos, os pensamentos e ideais presentes na Grécia atual, particularmente da democrática Atenas, que poderiam ser aceitos por todos como bem disse Winnigton-Igram, acrescentando jocosamente: "Existe um duplo paradoxo nestas pregadoras de *sophrosyne* (sabedoria), nestas Helenistas Asiáticas."[468] De forma preliminar, não sabemos ainda se ao longo deste canto, ou com repercussões adiante, o fato de que o poeta, a partir das colocações ambíguas de Tirésias e da natureza deste estásimo, coloca os valores de moderação, de sensatez, enfim os valores helênicos, do lado dos seguidores de Dioniso (Tirésias e as Ménades), e os valores bárbaros, da força indiscriminada, da repulsa, do pavor das liberdades pessoais, da maldade, no lado de Penteu, ignorando-se por completo o fato que as mulheres da casa de Tebas foram possuídas pelo deus, estando em delírios nas montanhas do Citeron, e as descrições dos prazeres sem fim dos ritos de caça e esquartejamento de animais, apresentados no párodo.

Dodds, por seu lado, apresenta uma análise geral muito importante, e provocadora sobre as duas estrofes e as duas antístrofes, que compõem o canto, citada e traduzida por Eudoro de Sousa,[469] que aqui aproveito:

> As estrofes estão diretamente referidas à ação dramática: a primeira denuncia a "hybris" que Penteu acaba de demonstrar e daí apela para o espírito de Reverência (hosia); a segunda, expressa o desejo do coro de escapar para terras em que o seu ritual não é proscrito como em Tebas. As antístrofes desviam os olhos da situação imediata para manifestar o conflito subjacente, em termos mais amplos, por meio de sentenças proverbiais (gnômai): a luta entre Penteu e a nova divindade converte-se em tipo de toda a luta entre a arrogante agilidade de espírito (cleverness) do intelectualismo ateu e o sentimento religioso instintivo do povo.[470]

---

468 WINNINGTON-INGRAM, 2003, p. 59.

469 SOUSA, 2010.

470 DODDS, 1986, p. 117.

Trata-se, é evidente, de uma visão geral que precisa ser comprovada em detalhes mediante uma análise mais cuidadosa dos termos das estrofes e antístrofes, uma vez que ele se utiliza de duas categorias, que não se encaixam perfeitamente em nenhum dos lados em questão, porém, a meu ver, em um nível ainda geral, chama atenção a participação direta do poeta no canto, como se ele próprio e não Dioniso estivesse regendo as mulheres em seu canto, não para fazer uma apologia da religião dionisíaca, mas de uma religião utópica, idealista, somente existente em sua cabeça. Isto é notado em praticamente todas as estrofes: na primeira estrofe, o respeito a uma divindade em particular, com sua essência e poder, uma característica sua, visível em quase todas suas obras, mesmo que admita de uma forma geral sua dúvida quanto à organização divina como um todo, sem falarmos, da importância do vinho civilizador introduzido na Ática, podendo proporcionar o contentamento de viver, algo que ele certamente acompanhou; na primeira antístrofe, a defesa de uma vida tranquila, de paz, de calma, de ociosidade "ησυχια" (Hsúxia), distinta da agitação ateniense da *poligramosine*; a segunda estrofe da evasão nem precisamos falar, tão euripideana que é, e a segunda antístrofe, a veneração recente pela deusa da Paz (como em *Orestes*), afora as questões da igualdade social, e da arrogância tanto dos dirigentes oligarcas, quanto dos democráticos, estes mais recentemente. Vejamos agora alguns dos pontos mais importantes das estrofes, nos deliciando com a beleza poética delas.

- Primeira estrofe

Nesta estrofe, como dissemos, o poeta demonstra todo o seu respeito pela divindade, pelo sagrado, pela pureza, representada pela palavra *osía*, reconhecendo nela, como assinala Dodds, uma qualidade humana, mas também uma força superior que controla a vida dos mortais, uma espécie de deidade a parte, típica do poeta, um sentimento que faz os homens serem melhores e justos. E o faz, em contra a *hybris* de Penteu, ao investir com "sacrílega insolência" contra o deus Bromio, filho de Semele, aqui o deus da alegria de viver, da música, da dança, do contentamento pelo presente, mas principalmente o deus do vinho, ele :

> [...] dos alegres festins de formosas coroas, o senhor, ele, dos bem-aventurados o primeiro? É da sua tarefa os tíasos conduzir, ao som da flauta rir, e nossos cuidados apaziguar, quando o suco da uva no sacro banquete reluz, e em festins de hera cingidos, sono entre os homens o crater derrama.[471]

---

471 EURÍPIDES, 1973, p. 244.

Em princípio, não existe nenhuma razão concreta para ser contra um deus como este, que além de trazer benefícios para os próprios deuses traz em conjunto alegria e alívio para os homens, como bem fizeram os atenienses em acolhê-lo, com a criação das diversas festividades áticas em sua honra, sem mencionar as Grandes Dionisíacas, razão de estarmos todos aqui, porém, é clara a mensagem do poeta ao início da estrofe, sem a prática da desmedida, sem a prática da *hybris*, por que no fundo, segundo Eurípides, por enquanto, é assim que o deus desejaria que fosse.

- Antístrofe primeira

Nesta primeira antístrofe, como bem disse Dodds,[472] o tema passa a ser universal, com suas *gnomai*: inicialmente, com um alerta para a hipótese de que a justiça divina não ocorra, referida claramente a Penteu, depois, com a indicação de uma vida tranquila, em paz (*hsukia*), calcada na *sophrosine*, no bom senso:

> Das palavras sem freio e da ímpia loucura desventura é o termo! Uma bem repousada existência e um bom senso firme mantêm e conservam nosso lar. Do longínquo éter habitantes embora, as ações dos mortais os Celícolas observam.[473]

Novamente, aqui acho que dificilmente qualquer pessoa poderia ser contra, podendo-se no máximo, questionar a validade da afirmação no que respeita ter vindo ela das Ménades, especialmente quanto a referência a conservação do lar, com todas suas implicações familiares e civis que tinham para os gregos, bem como o conceito utilizado da observância dos humanos pelos deuses, sugerida ser feita pelos deuses olímpicos, algo bastante controverso. Volto, entretanto, a insistir, diante inclusive das observações de Winnington-Ingram[474] sobre a qualidade e características desta "quietude" nas palavras das Ménades, que para ele está associada à ingestão de drogas, e conforme entendemos, tem apenas a ver tangencialmente com a religião dionisíaca, mas que na realidade se deve à busca interior do próprio poeta, algo sentido e madurado de forma singular ao longo dos últimos anos, quando se deparou com as catástrofes ocasionadas pelo modo de agir ateniense, respondendo igualmente por um antigo comportamento seu, muitos anos adormecido, mas sempre presente. Porém, o coro segue adiante

---

472 DODDS, 1986, p. 117.

473 EURÍPIDES, 1973, p. 244.

474 WINNINGTON-INGRAM, 2003, p. 62.

em seus posicionamentos, agora, tão claramente helênico em seu idealismo, tão modestamente praticado em sua totalidade, não somente por eles próprios, como igualmente por todas as pessoas que se preocupavam em levar uma vida correta e saudável, com a prática do bem, e da verdadeira sabedoria:

> Sabedoria não é sensatez, nem o é raciocinar acima do mortal. Curta é a vida; se para lá da medida alguém busca a grandeza, os bens presentes não sustentará. De loucos são tais hábitos e de insensatos, a meu ver.[475]

Esta passagem gerou, obviamente, um sem número de interpretações e considerações, das mais variadas, particularmente, de que estas afirmações, não estariam dirigidas ao limitado Penteu, mas sim a Tirésias pelo simples motivo segundo o qual teria sido o vate a única pessoa capaz de ter tentado, "raciocinar acima do mortal", e não o excitado Penteu. Da mesma forma se instaurou uma disputa acirrada para se saber de quem era a verdadeira sensatez, se de Tirésias, se das seguidoras de Dioniso, ou se de Penteu, chegando alguns a considerá-la como privilegio dionisíaco, não se sabe exatamente por que. Talvez, seguindo de longe a Winnington-Ingram, que considerou que Eurípides achou por bem deixar no ar esta questão como se fosse um enigma, porém, ao contrário daquele autor, penso que com contornos bem definidos, de alguma forma com a religião dionisíaca, que prega o "entusiasmo" e o "êxtase" no momento presente, da forma que buscam em seus ritos, se contrapondo "aos loucos e insensatos", que procuram a longo prazo a "sabedoria", a "grandeza", "o raciocinar acima dos mortais" como outra forma de intoxicação. Eurípides simplesmente apresenta o enigma, dando a entender que ele, talvez estivesse durante muito tempo submetido "a esta forma de intoxicação".

- Estrofe segunda

O poeta aqui, com toda sua genial criatividade, tenta estabelecer uma afinidade poética, uma ponte sensível entre as orgias dionisíacas, e o mundo poético grego no que este tem de mais representativo, mediante os locais sagrados e os deuses associados ao afirmar que nestes locais seria possível celebrar o deus, sem nenhuma restrição, pois a tese implícita é de que todos seriam fenômenos de uma mesma natureza, algo arrojado e, obviamente, questionável. Porém, nesta estrofe a poesia fala mais alto do que a precisão dos locais, das incoerências geográficas, e mesmo das intenções outras:

---

475 EURÍPIDES, 1973, p. 245.

Quem me dera ir para Chipre, de Afrodite a ilha, lá onde reinam, do coração dos mortais sedução, os Amores! Ou a Pafos, a quem as correntes de cem embocaduras do bárbaro rio, em lugar das chuvas, fertilizam! Ou, ao mais aprazível sítio, a Piéria, das Musas morada do Olimpo, sacra vertente! Conduz-me para lá, ó Bromio, Bromio, o deus Evoé, das Bacanais o arauto! Lá estão as Graças! Lá está o Desejo! Lá, às Bacantes, as orgias é dado celebrar.[476]

O conhecido e amado desejo de evasão do poeta, concretizado geograficamente ao final da vida, ao se transferir para o reino de Arquelau pode ser mais bem entendido com os significantes, "sedução", "amores", "cem embocaduras", "bárbaro rio", "aprazível sítio"," fertilidade", em permanente conluio com seus deuses "Desejo", "Graças" e "Musas", que, afinal de contas, pouco tem a ver com as orgias dionisíacas.

- Antístrofe segunda

Nesta estrofe final o coro retorna a primeira antístrofe, mediante o tema do bom senso e da prudência, porém com ênfase na deusa do momento de Eurípides, a Paz, especialmente a partir do Orestes, mas aqui com uma influência e uma amplitude alargada, pois o poeta a trata como a deusa protetora da juventude, reverberando as desgraças da guerra do Peloponeso, exterminando toda uma geração de jovens atenienses. Apesar de seu caráter universal, como notara Dodds,[477] nesta antístrofe surge, de forma quase triunfal o deus Dioniso, antecipando sua entrada física do episódio seguinte, novamente caracterizado como o deus do vinho, porém com uma profundidade ainda maior, se é isto possível. Esta profundidade atinge principalmente aos mortais, pois fica explícito que a única via aceitável para aquela vida idílica de paz é através do vinho, com seus efeitos, repudiando-se aqueles que não o aceitam como tal: "Repudia quem tal não apreciar: dia e noite a ventura e a vida desfrutar, no bom senso o coração e o espírito manter à margem dos imoderados."[478] E por outro lado, numa clara alusão a penetração do deus e do vinho na Ática, facilitados pela sensibilidade política dos Pisítratos, o poeta faz referência à equanimidade do deus ao prover o vinho, sem discriminação, concedido ao rico e ao pobre, terminando a ode, com o louvor às pessoas simples "φαυλοτερον" (*phauloteron*), de posição inferior, que subtendido aceitaram a nova

---

476 EURÍPIDES, 1973, p. 245.

477 DODDS, 1986.

478 EURÍPIDES, 1973, p. 246.

religião e o novo deus, da mesma forma que assim, sabiamente, entendeu o tirano de Atenas: "O que a multidão ignara aceitou e pratica, quero-o também![479]

Para finalizar, não temos como não mencionar a brilhante análise desta ode por Winnigton-Ingram ao final do capítulo correspondente, na qual ele parte do conceito de paz implícito no canto, que todas as pessoas sensatas buscam, uns mais, outros menos, especialmente cara ao poeta e aos que viveram e ainda estavam vivendo o horror das guerras. A pergunta básica por ele feita é relativa ao custo desta paz proposta pelo coro das seguidoras do deus, que é paga por uma série de rejeições para garanti-la, definindo assim sua qualidade intrínseca. Dentre as rejeições lembradas pelo autor, as mais relevantes são a da realidade objetiva, com a inestimável ajuda do vinho, que na verdade serve para uma série de coisas, mas também para fugir de uma realidade desagradável, que afinal todos os mortais são obrigados a encarar, a do individualismo, dado o caráter especial da religião, baseada em um grupo humano, aqui denominado de *thiasos*, onde a personalidade pessoal se retrai e passa a adotar atitudes comuns a todos, e uma última, mais complexa, pois se refere a pessoas, ou, grupos que não pactuam por qualquer razão, de seus valores de paz e sensatez, que são assim rejeitados, por se tratarem de loucos, imoderados, insensatos, estranhos, que aparentemente devem ser rejeitados inclusive com violência. É evidente que esta relação pode ser facilmente ampliada, especialmente porque o conceito de realidade é muito amplo, envolvendo um sem número de aspectos dos quais certamente estão incluídos a família e o Estado, em seus papéis específicos de familiares e de cidadãos. Entretanto queremos, a partir desta constatação, ponderar, que a utilização de uma droga para se chegar a um estado de paz e tranquilidade, como fuga da realidade, ou mesmo por qualquer outro motivo, caminha, no caso de um grupo humano, na direção de uma situação de total indeterminação do que irá ocorrer, pois como a realidade é naturalmente distinta para cada um, e os efeitos da droga em cada um, são igualmente diferentes, levam a que os comportamentos das pessoas além de serem singulares, sejam imprevisíveis e aleatórios, podendo assim ocorrer à destruição da unidade do grupo, essência básica da religião, e igualmente impedem qualquer controle da situação, a não ser que o nível de intoxicação atinja um grau máximo, de quase inação.

---

479 EURÍPIDES, 1973, p. 246.

O segundo episódio se inicia com a chegada dos servos de Penteu trazendo Dioniso acorrentado, ensejando assim a primeira cena das três, no qual o rei de Tebas se defronta com o Estrangeiro, sendo bem pertinente o comentário de Dodds,[480] de que nesta, o forte (o deus) simula que é fraco e o fraco (o rei) engana que é forte. Antes mesmo de entrarmos na análise do episódio com a importante fala de um dos servos, que faz a ponte com o primeiro estásimo.

Vou retomar uma vez mais meu olhar para as duas personagens principais, agora, com mais elementos, como, aliás, propõe o poeta, pois, aproveita o diálogo entre os dois para complementar as características de cada um deles. Vou iniciar pelo deus, sem dúvida a personagem mais complexa. No prólogo ele se define como deus, filho de Zeus, decidido a mostrar isto para os tebanos, bem como, mesmo eles não querendo, iniciá-los nos mistérios báquicos, como fruto de uma decisão pessoal, tendo assumido feições e semblantes humanas, segundo ele para facilitar suas ações, sempre com um sorriso nos lábios, calmo, tranquilo, evidenciando total controle de si. No párodo, suas seguidoras asiáticas, as Ménades, falaram de onde vieram, por onde passaram, do nascimento do deus, de suas relações com Zeus, de suas origens comuns, descrevendo alguma coisa dos ritos das montanhas, de seus milagres, de forma idílica, porém deixando antever alguma violência nos mesmos: o tirso *hibrista*, usado eventualmente como arma, e o encanto da prática da *omofagia*, de se alimentar com carne crua do bode imolado e despedaçado como se fosse o próprio deus como forma de alcançar a energia vital. Do episódio com Tirésias e Cadmo, duas questões emergem com força, principalmente a partir do vate: a primeira, ao caracterizar com ênfase o deus, como sendo o deus do vinho, de forma a facilitar sua entrada no panteão olímpico, com sua província definida e a discutida questão da sensatez e sabedoria, para, por outro lado, permitir a convivência com Apolo em Delfos, a serviço do "legalismo délfico", como denomina Nilson. No primeiro estásimo o coro aproveita as questões levantadas por Tirésias, aprofunda-as e as expande para o mundo helênico, mostrando as afinidades do deus com os valores tradicionalmente gregos, com os valores de uma vida de paz e tranquilidade, com os valores de sensatez e moderação, deixando claro, entretanto, seu ódio para quem não compartilha com este modo de desfrutar a vida. Penteu pode ser caracterizado por seus embates com Cadmo e Tirésias, como uma pessoa apegada as tradições da família e

---

480 DODDS, 1986.

do estado, bem intencionado, radical em suas avaliações, de temperamento explosivo e violento, sem nenhuma sofisticação intelectual nem racionalidade, com uma instabilidade visível em suas emoções e sentimentos, acreditando sempre no pior, na força do poder, da ameaça e da força física. Assim, serei realista, mesmo antes de qualquer embate entre os dois, fica evidente, pelas características pessoais dos dois personagens atribuídas até aqui pelo poeta, que não se trata de um *agon* justo e simétrico, muito pelo contrário, em poucas palavras, mesmo sem aprofundarmos as diferenças entre um deus e um mortal, como no caso da realização de milagres, Eurípides colocou de um lado um mortal, pessoa frágil em todos os sentidos, sem praticamente nenhuma qualidade, a não ser seu poder civil, e de outro lado a representação de um deus em forma humana, enigmático, ambíguo, inapreensível, dotado de poderes para promover alterações nas emoções e nos sentimentos humanos, na quebra de individualidades pessoais, na derrubada das diferenças entre os homens, de riquezas, de sexo, de idades, que, junto com suas seguidoras, promove orgias, com ingestão de drogas, onde todos ficam mais ou menos intoxicados, buscando novas emoções, "entusiasmo" e "frenesi", disposta a tudo para alcançar o que pretende, inclusive com ódio e violência contra os que não aderem a seus ritos. Como bem disse Murray, Penteu é certamente o homem errado para enfrentar ou protestar contra uma religião de drogas e frenesi, onde pelo menos este deveria ser uma pessoa calma e racional. As razões para o poeta ter criado esta situação de total assimetria entre os dois, não é totalmente evidente, sendo uma hipótese plausível a de que o poeta quis exaltar a violência, pois este campo era o único onde poderia se imaginar alguma simetria, entretanto será possível esclarecer esta questão, em detalhes, mais adiante, particularmente a partir dos embates entre os dois oponentes.

Voltando para a tragédia, Eurípides, nesta *As Bacantes* procurou manter certa continuidade de tema entre os cantos e os episódios, como o fez quando do primeiro episódio para o primeiro estásimo, agora, entre este e o segundo episódio, retomando assim a questão da paz, da tranquilidade, bem como da correta visão das pessoas simples, como é o caso do servo, que se dirige ao rei:

> Penteu, eis-nos trazendo capturada a presa pelo qual nos enviaste; não foi em vão que marchamos. A fera que aqui está foi-nos dócil e não pretendeu evadir-se, antes de seu grado as mãos ofertou, e sem empalidecer, sem alterar a face cor de vinho, sorrindo, a acorrentá-lo a trazê-lo nos incitou,

tornando-me fácil a tarefa. Eu, confuso, disse-lhe: "Estrangeiro, não é por mim que te arrasto, mas por Penteu, que tal me ordenou.[481]

Assim, de imediato, estamos diante de um deus certamente esperto, de uma esperteza típica dos mortais, a ponto de se comportar perante os servos, de modo totalmente distinto do que deve ter sido pintado para eles por Penteu, baseado que estava este na hipótese de que se tratava de alguém perigoso, que havia levado sua mãe e suas tias para o Citeron, ignorando sua procedência divina, com seus poderes não físicos, nem materiais, mas milagrosos e divinos. E isto é logo em seguida confirmado pelo próprio servo, aparentemente perplexo mas igualmente fascinado:

> Quanto as bacantes, que tomaste e encerraste nos públicos cárceres, em grilhetas algemadas, libertas se foram através dos campos, saltando e o divino Bromio invocando, dos pés por si se soltaram as cadeias das portas sem mão mortal os ferrolhos se afrouxaram.Veio este homem para Tebas tornar plena de maravilhas. Quanto ao resto, é a ti que pertence atender.[482]

Penteu aparentemente não reage à notícia de que as Bacantes haviam se evadido, comprovando assim os poderes mágicos do Estrangeiro, o que levou a maioria dos analistas considerarem existir alguma lacuna, ou, que o texto se corrompera, coisa que realmente aconteceu com o verso seguinte, em que Penteu, atende a solicitação do servo, ficando este assim; "Desprendei-o! Em minhas redes caído por veloz que seja, não me escapará."[483] Porém, o mais importante aqui é ressaltar que Penteu estava ainda mais fascinado pela figura do Estrangeiro do que os servos, se comportando como um verdadeiro *phauloteron*, uma pessoa simples e ingênua, estando, talvez meio fora de si, por ter conseguido prendê-lo, e fazendo questão de ignorar a atitude do deus ao ser preso, como também sua participação milagrosa na evasão das mulheres, como algo acima de sua capacidade mental, ficando claro, mais adiante, que ele havia registrado o que ocorrera. Diga-se de passagem que milagres não eram coisas que ocorriam na vida dos racionais gregos, independente de classe e de religião, e que eram vistos com grande temor, pânico, mas também com uma curiosidade para além de sedutora. Penteu, como qualquer mortal, está igualmente afetado pelo deus, com ódio e ao mesmo tempo capitulado por sua fascinante

---

481 EURÍPIDES, 1973, p. 246.

482 EURÍPIDES, 1973, p. 246.

483 EURÍPIDES, 1973, p. 247.

figura, mas é importante considerarmos, mesmo diante das naturais dificuldades do próprio poeta, ao tentar avançar de forma imparcial na tragédia, que, por outro lado, o deus está cada vez mais seguro e satisfeito de ter encontrado a pessoa ideal para seus propósitos, gerando, a partir daqui, um clima de cumplicidade e de interação, ainda que dirigido para a violência, ou, para a desgraça.

No diálogo que se seguecada um desempenhará com precisão seus papeis, porém, algo intencional, por parte do poeta começa a ocorrer onde as diferenças básicas se atenuam, e a indiferenciação, ainda que incipiente, surge, especialmente entre deus e homem, mas também entre homem e mulher, a partir da primeira fala de um Penteu embevecido:

> Não sem beleza teu corpo é, ó estrangeiro, pelo menos para as mulheres; por isso em Tebas surgiste; teus longos e anelados cabelos, não peleja, mas paixão denunciam, pela face dispersos [...]. A nívea pele que tens, não é por falta de cuidados dos raios de sol resguardada, não da sombra. Com tal perfeição a Afrodite cativas [...]. Qual a tua origem, primeiro me dirás.[484]

A fala de Penteu, como rei de Tebas, mesmo considerando, seu vivido interesse em sexo, é estranha ao ressaltar a beleza do estrangeiro, com seus traços femininos, bem como a resposta do deus, que não é resposta,[485] afirmando que não é falso, que não está enganando ninguém, resposta típica de um mortal. Penteu em seguida pergunta pelos mistérios: "Donde são os mistérios que à Hélade trazes?"[486] e o estrangeiro afirma que Dioniso, o filho de Zeus o havia iniciado neles; o rei descrente e irônico pergunta se é outro Zeus, e o estrangeiro diz que é o mesmo que se uniu a Sémele. Penteu segue com sua curiosidade a respeito dos ritos e do deus Dioniso, sem obter nenhuma resposta concreta, com evasivas, até mesmo identificadas pelo rei, até chegarem às ameaças e agressões. Penteu diz: "Com pena serás punido, por teus perversos sofismas! Estrangeiro;" E tu, por irreverência e impiedade para com o deus", levando este a perguntar; "Que irei sofrer, diz? Que dano me farás?",[487] ensejando a partir de então a exibição de poder de parte a parte, em que fica claro o desequilíbrio a favor do deus, mas também a fraqueza e as deficiências de Penteu, sem um mínimo de

---

484 EURÍPIDES, 1973, p. 247.

485 DODDS, 1986.

486 EURÍPIDES, 1973, p. 247.

487 EURÍPIDES, 1973, p. 249-250.

sensatez e de controle de suas emoções. Após dizer que cortará seus cabelos e retirará seu tirso, Penteu o prenderá; "No recôndito dos cárceres, teu corpo custodiado será",[488] levando a um solene desdém do estrangeiro: "O próprio deus me libertará, quando eu desejar",[489] que Penteu retruca, significando "nunca", pois o deus só nos rituais pode ser invocado; "Quando, entre as Bacantes o invocares..."[490] O deus brinca com Penteu, que até agora não entende diante de quem ele está: "Está perto agora, e quando padeço ele vê",[491] e o rei pergunta; "Onde? À minha vista não é visível"[492] e o deus, abrindo o jogo "Onde eu estou. Mas ímpio que és, não te apercebes."[493]

Caminhamos para o final do diálogo com a ordem de Penteu de prendê-lo já que ele o ultraja e também a cidade, com a imediata resposta do deus; "Não me acorrentem! Sensato, a um insensato falo!",[494] com um indicativo de que Penteu já nada controla a não ser seu pretenso poder; "Acorrentar-te irei; mais poderoso que tu eu sou."[495] O deus então prepara a estocada final, diante de um Penteu desorientado e confuso; "Desconheces o que seja tua vida, o que fazes e quem és",[496] ao qual ele responde de imediato, meio perdido com a indagação, dando sua origem; "Sou Penteu, filho de Agave e vergôntea de Equion",[497] não tendo entendido que a questão colocada era muito maior, ou, respondendo com ironia, ou mais assustado do que nunca com o deus, lembrando-se ainda da desdita de seu próprio nome, como lhe havia recordado Tirésias. Finalmente, em um rasgo de determinação manda os servos o aprisionar perto das estrebarias, sem luz, para que nada veja, complementando com uma ameaça séria em direção ao coro, que o poeta vai aproveitar em sua ponte para o segundo estásimo; "Quanto às tuas sectárias, cúmplices dos teus erros, ou as venderei, ou de suas

---

488 EURÍPIDES, 1973, p. 250.

489 EURÍPIDES, 1973, p. 250.

490 EURÍPIDES, 1973, p. 250.

491 EURÍPIDES, 1973, p. 250.

492 EURÍPIDES, 1973, p. 250.

493 EURÍPIDES, 1973, p. 251.

494 EURÍPIDES, 1973, p. 251.

495 EURÍPIDES, 1973, p. 251.

496 EURÍPIDES, 1973, p. 251.

497 EURÍPIDES, 1973, p. 251.

mãos o fragor e o vibrar do couro apartando, minhas servas ao tear farei."[498] O deus se propõe a ir, sem antes avisá-lo da tremenda iniquidade que ele está cometendo ao prender o deus Dioniso, aquele que afirma não existir e, principalmente, que por isto ele era será punido. Existe aqui a dúvida se Penteu ouviu a última fala, ou abandonou o palco após se dirigir ao coro. Apesar do inusitado da cena, com a assimetria de que falamos em termos de poder e de capacidades pessoais, com a impressionante ausência de sensibilidade e inteligência por parte de Penteu, que aparentemente, em hora nenhuma, pensou, ou desconfiou, que poderia estar errado, de que o deus existia e ele poderia estar diante de si, que por outro lado, o deus agiu de forma premeditada, com uma esperteza convencional, digna de mortais comuns, bem longe da tal sensatez e sabedoria preconizadas pelo coro, eles acabaram chegando aonde queriam: Penteu, prendendo o estrangeiro, achando com suas limitações, que havia realizado grande coisa pela cidade, e o deus, ao ser preso, por que assim o desejava, seguindo com seu plano previamente estabelecido, mas algo sinistro, de punir com seus ilimitados poderes, inclusive com violência, esse pobre infeliz que, ainda bem, caiu em suas mãos, mas que representava a única e derradeira reação da cidade de Tebas à sua divindade e a seus ritos e cultos, já que as demais pessoas ou estavam enlouquecidas nas montanhas, ou a ele tinham aderido.

O segundo estásimo, com sua estrutura simples, é um canto de atribulação do coro, diante da prisão do deus e da ameaça de Penteu dirigida diretamente a elas, porém, também, de preparação, como se fosse um prelúdio para a luta que estava por vir. Inicialmente, na estrofe, elas apelam para a famosa fonte de Tebas, a Dirce divina, personalizando-a como a lídima representante natural da cidade, que havia presenciada toda sua tumultuada história, e em cujas águas o rebento de Zeus havia sido acolhido, indagando em seguida, sobre as razões de estar rejeitando os cultos báquicos:

> Ó filha de Aqueloo, Dirce divina, ninfa formosa, noutro tempo, em tua nascente, ao rebento de Zeus acolheste, quando, para a sua coxa, da chama imortal, Zeus pai o arrebatou estas palavras bradando: Anda, Ditirambo, para o meu seio viril podes entrar! Como Baco, eu te proclamo para os Tebanos para que assim sejas denominado.[499]

---

498 EURÍPIDES, 1973, p. 251.

499 EURÍPIDES, 1973, p. 252.

O coro apela assim de início para o lado saudável da cidade, da pureza, da fertilidade, do mágico nascimento do deus, com a participação expressiva de Zeus, o todo poderoso pai, usando, não por acaso, o epiteto do deus, "ditirambo", do coral dionisíaco que está na raiz de várias coisas boas trazidas pelo deus para a Hélade, dentre as quais a inserção da poesia dramática com estes cantos, originando os espetáculos teatrais de Atenas, das Grandes Dionisíacas. E o coro, reconhecendo a rejeição da cidade a Bromio, na pessoa da bem aventurada Dirce, lhe diz que esta situação irá mudar, pois ela ainda renderá os tributos devidos ao deus:

> E tu, bem aventurada Dirce, repudias-me, a mim, que para as tuas margens conduzo os tiasos coroados! Por que me repeles? Porque te esquivas? Pelo pâmpano em cachos abundante, pela dádiva de Dioniso, eu juro, que em Bromio terás ainda de atentar.[500]

A estrofe entendida como uma preparação para a luta abre as portas para que, na antístrofe, o clima belicista e violento se estabeleça de vez, por parte do coro, com uma demonstração de ódio, de cólera recíproca por Penteu, colocando em jogo um passado mítico dos tebanos, atribuído premeditadamente ao rei, sem nenhuma razão objetiva, e com isto apelando para uma intervenção do deus, que entendemos, seja no mínimo, do mesmo nível que a ameaça derivada dos ancestrais *spartoi* dos tebanos:

> Quanta, quanta cólera exala da terra o filho, a vergôntea do dragão, Penteu, aquele que Equion, o Ctonio procriou! Monstro de fero olhar, não humano criatura, tal sanguinário gigante, rival dos deuses, em suas redes, a mim, servo de Bromio, vai colher! Já no âmago do palácio, o guia dos tiasos ele tem em obscuros cárceres oculto![501]

Nesta antístrofe, Penteu é caracterizado pelo poeta de forma surpreendente, como assinala Winnington-Ingram, com estas palavras:

> Consideremos a acusação apresentada contra Penteu nesta estrofe. Em geral, é de que ele é sub-humano, ou super-homem, de uma forma repulsiva, como um tipo de divindade maldita.[502]

Este mesmo autor faz a ressalva de que é somente através do coro que Penteu é assim caracterizado, algo que perdurará até o final da tragédia. Porém, a meu ver, a lógica da violência segue em sua marcha

---

500 EURÍPIDES, 1973, p. 252.

501 EURÍPIDES, 1973, p. 252-253.

502 WINNINGTON-INGRAM, 2003, p. 80.

ascendente e, certamente dirigida contra o rei por seu posicionamento, agravada aquela sobremaneira por uma de suas características mais tenebrosas, colocada aparentemente pelo poeta, de forma a alcançar a indiferenciação entre o deus e Penteu. No episódio anterior, as barreiras entre o deus e o mortal Penteu, em grande parte cederam, adotando o deus, comportamentos típicos de um homem comum, como observado, e muito timidamente Penteu agiu, de forma desastrada, fingindo ter um poder absoluto, típico de uma divindade. Aqui, o coro é transparente nessa busca, trazendo à tona um passado mítico para Penteu, de pura violência, mediante sua origem ctônica, assemelhado a monstros e gigantes que Zeus teve que enfrentar, com comportamentos inumanos, de rivalidade com os deuses, tudo isto a partir de sua origem, como filho de Equion, um dos cinco *spartoi* que Cadmo não conseguiu liquidar com sua estratégia de lhes dar pedras para se matarem uns aos outros, quando nasceram no campo semeado com os dentes do dragão que o rei teve que matar para que a cidade pudesse ter água pura. De outro lado, como já vimos os indícios de violência por parte de Dioniso e suas seguidoras já eram a esta altura, bastante evidentes na peça, mediante o canto de entrada e os estásimos, como também suas origens ctônicas lembradas pelo coro ao associá-lo ao Zeus cretense das cavernas com seus sacerdotes da Deusa-Mãe Reia. Além disso, tanto Eurípides quanto a grande maioria dos atenienses, bem como muitos outros gregos, conheciam o passado mítico do deus Dioniso, com a tradição de outra versão do nascimento do deus, denominado Zagreu, filho de Zeus com a deusa dos infernos Perséfone, esquartejado e dilacerado pelos titãs, a mando de Hera, tão bem descrito por Nono de Panópolis, com os mitos de resistência a sua entrada na Hélade, a partir do episódio do rei Higino, descrito por Homero, em que ele foi salvo por Tetis ao ser arremessado ao mar, com as inúmeras mortes de mulheres e crianças, causadas em Orcomeno na Beocia, com as Miniades, e em Argos com as Proitidas, provocadas diretamente por seus ritos e cultos, como mencionei anteriormente.

A antístrofe termina com um forte apelo do coro ao deus para que encare os fatos, que desça de sua morada divina no Olimpo, e que intervenha no que está acontecendo, particularmente preocupadas com sua situação, "os teus profetas em luta com a fatalidade",[503] deixando ainda mais clara a utilização do tirso como uma arma ofensiva, solicitando assim, o uso da violência contra Penteu, para reprimir a inso-

---

503 EURÍPIDES, 1973, p. 253.

lência (*hybris*) daquele que elas classificam como "tirano sanguinário". Não existe nenhuma dúvida do caráter violento da religião, para com seus adversários, amplificados ao máximo em suas intenções violentas, para que o deus possa e deva agir neste mesmo sentido, usando todos os seus poderes divinos, independente das belas palavras, de sensatez e sabedoria. No epodo, fechando o canto, o coro se dá conta de que foi longe demais na exaltação da violência, e de que as desgraças são inevitáveis e estão próximas, recuando estrategicamente, dando um tempo, pois ao convocar o deus menciona os lugares mais sagrados onde ele poderia estar de lembranças idílicas e poéticas dos ritos e cultos dionisíacos, permitindo igualmente ao poeta prestar todas suas homenagens ao lugar que tão bem o acolheu, com a lembrança de seus dois rios, o Axio e o Lidias, classificando a Macedônia como "[...] o país dos formosos corcéis com águas aprazíveis fecunda."[504] Porém, Eurípides vai mais longe com sua genial criatividade, estabelecendo uma espécie de arco das montanhas, onde o sagrado predominava, ligando-as em seus aspectos naturais com seus animais e arvores com os ritos dionisíacos: Nisa, a montanha mítica na Ásia, onde Dioniso foi criado; Coricio, em Delfos em que foi atendido pelas Tíades; em Pieria, terra das musas, situada nas encostas do Olimpo, onde igualmente a poesia e a música de Orfeu, subjugava a todos, tanto os animais, as árvores e os homens.

Chego ao terceiro e mais importante episódio da peça, um longo episódio de 285 versos. Segundo Dodds,[505] tem três partes: os milagres do palácio, dos versos 576 ao 656, a primeira cena do mensageiro do 657 ao 786, e a tentação de Penteu do 787 ao 861.

A primeira parte, também pode ser subdividido em três: a cena do terremoto, com seu dialogo lírico, do 576 ao 603; a narrativa do estrangeiro, do 604 ao 641; e o segundo encontro de Penteu com o estrangeiro, do 642 ao 656. Iniciamos, portanto, com a cena do terremoto que abala o palácio de Penteu, de um valor simbólico difícil de mensurarmos, mediante uma resposta do próprio deus aos apelos do coro por ajuda, feitos no segundo estásimo. O deus Dioniso, não como o estrangeiro, de dentro do palácio de Penteu, clamando pelas Bacantes: "Iô! Escutai-me, escutai minha voz, Iô, Bacantes, Iô, Bacantes";[506] o

---

504 EURÍPIDES, 1973, p. 253.

505 DODDS, 1986, p. 147.

506 EURÍPIDES, 1973, p. 254.

coro responde: "Quem é? Quem é? Donde vem o apelo de **Évio** que me reclama."[507] Dioniso insiste: "Iô! Iô! Clamo de novo, eu, o filho de Sémele e de Zeus",[508] e o coro invoca sua presença: "Iô!Iô! Senhor! Senhor! Vem a nós, ao nosso tíaso, Ó Bromio, Bromio!"[509] E agora, seguindo ainda Dodds, ouve-se a voz do deus clamando por Énosis a potência destruidora da natureza; "Enosis divina, abala o solo desta terra!",[510] na verdade aqui, com um significado voltado para o incêndio da casa de Penteu. O coro reage excitado com comentários entre si: "Ah! Ah! Já de Penteu a mansão se desmantela e desaba! Dionisio está no palácio! Venerai-o-Venerado é! A pétrea arquitrave viste, sobre as colunas deslocar-se? É Bromio que brada sob este teto!"[511] Dioniso, ainda no palácio; "A chama fulgurante do raio ateia, e o palácio de Penteu incendeia, incendeia!"[512] Finalmente, o coro em pânico, se dá conta de que o milagre advém do raio inicial que atingiu Sémele, quando do nascimento do deus, se prostrando ao solo:

> Ah! Ah! O fogo não vês, não podes discernir, à roda do sacro túmulo de Sémele? É a chama da trovoada, que ela outrora deixou, quando do raio ferida. Ao solo, os trêmulos corpos arremessai, ó Ménades, arremessai! O Senhor assalta e revolve o palácio, o filho de Zeus![513]

O episódio do milagre do palácio, como é referido, não é necessário dizer, provocou as maiores celeumas, especialmente dos racionalistas extremados como Verall e Norwood com seus argumentos conhecidos, de negar que aquilo tivesse acontecido, que além de pouco consistentes, desviava a atenção de todos para aspectos secundários daquele momento crucial da peça. Dodds e, principalmente, Kitto praticamente sepultaram as querelas, mostrando exatamente do que se tratava no ocorrido, argumentando o primeiro que a única forma de que uma coisa não ocorresse no palco, seria de que isto fosse dito por um personagem, que estava à disposição para fazê-lo, Penteu, que simplesmente nada diz, e o segundo chamando atenção para as evidentes limitações da cena ática da época em representar aquela cena. Porém, a meu

---

507 EURÍPIDES, 1973, p. 254.

508 EURÍPIDES, 1973, p. 254.

509 EURÍPIDES, 1973, p. 254.

510 EURÍPIDES, 1973, p. 254.

511 EURÍPIDES, 1973, p. 254.

512 EURÍPIDES, 1973, p. 255.

513 EURÍPIDES, 1973, p. 255.

ver, ainda que reconhecendo no desastre que ocorre com o palácio de Penteu, na realidade, com o palácio de Tebas, a demonstração do poder divino do deus Dioniso, talvez a mais impressionante, porém da mesma natureza que uma série de outras demonstrações desde o início da peça, resta uma grande dificuldade, que é de avaliar em toda sua dimensão, os efeitos simbólicos. Nesse sentido, quero recordar algo que coloquei lá no início da peça, quanto à cena imaginada pelo poeta com dois marcos visuais da cidade fazendo um evidente contraponto: ao fundo o palácio real de Tebas, símbolo do poder da cidade e dos cidadãos, e ao lado as ruínas e o tumulo de Sémele com suas videiras e um fio de fumo, saindo delas, derivado da ação de Zeus, como símbolo do nascimento do filho, o deus Dioniso, mas igualmente do poder divino em um sentido geral.

A referida passagem do milagre do palácio dá-se logo após a prisão do deus por Penteu, em uma das dependências do palácio, a estrebaria, junto com os animais em um lugar escuro, sem luz, em que Penteu pretendia acorrentá-lo, e também após os apelos ao deus pelo coro das mulheres. A reação divina se faz logo sentir, e aqui, em meu entendimento, distinto da maioria dos analistas, com base nas palavras do deus, e do que será detalhado por ele mesmo em seguida, tanto o abalo quanto o fogo são provocados por um raio divino que atinge simultaneamente as ruínas de Sémele quanto o palácio real. Neste sentido, em termos simbólicos, é como se a força divina tivesse sido originada nas ruínas de Sémele em direção ao palácio, como a demonstrar sem nenhuma dúvida de que o poder políade nada podia contra o poder divino, que trancas, muros, escuridão, correntes, e o próprio palácio eram coisas de outra ordem, sem nenhuma eficácia para as pretensões do rei em conter o deus e sua religião. Mas, além disso, se constata que o palácio sofreu algum abalo e se perderam pelo fogo alguns pertences, porém ele não veio abaixo, tanto que o próprio Penteu nem se dispôs a comentar o assunto, mas, fica claro, sem equívocos que o poder do rei também começa a vir abaixo, a desaparecer, perante o deus que lhe escapa, e que pode causar inúmeros problemas para a cidade, devendo-se notar, que é ali, no palácio, por enquanto, que as coisas ocorrem não nas montanhas, cujos acontecimentos vêm a público sempre através de relatos.

Dioniso sai do palácio na forma do estrangeiro, e se depara com as Ménades prosternadas ao chão, levanta-as e as encoraja, denominando-as de "mulheres bárbaras", após elas terem ficado em pânico e com medo do que iria ocorrer. Elas revelam toda sua alegria por serem suas seguidoras, perguntando em seguida como ele havia se evadido do ímpio, do pecador, e o deus revela a verdade do que havia ocorrido dentro do palácio, e de como havia sido fácil e sem esforço se soltar das amarras de Penteu. A fala do estrangeiro é, certamente, a mais significativa e mais reveladora de todas, ao longo da peça, quanto à representação daquele deus, ambíguo, e inacessível, deus e homem, tebano e estrangeiro, homem com feições de mulher, e nascido duas vezes. Ela tem igualmente um valor simbólico extremo, pois, é justamente o contraponto a nível deste deus, dos abalos físicos ocorridos na estrutura do poder da cidade, quando tudo tremeu e nada mais era seguro e estável, de modo a representaragora, todo o contrário de uma situação na qual, eventualmente, o deus estaria preso e imobilizado por cadeias, para outra de predomínio do deus, em termos de instabilidade, de liberdade, de inapreensão, de despersonalização, de metamorfoses, de transformismo, como relatado a seguir:

> Aí o iludi, porque, crendo acorrentar-me, nem me tocou, nem atou, embora acalentasse a esperança. Achando um touro na estrebaria onde me aprisionaram, quis algemar lhe os joelhos e cascos com grilhetas, resfolegando de furor, com o suor a cair-lhe em gotas do corpo, mordendo os lábios com os dentes; eu permanecia perto e, sentado, observava.[514]

Assim, com toda sua ambiguidade anterior, agora o deus se transforma em animal, em touro, porém, o estrangeiro Dioniso que se distingue ele mesmo de Dioniso, fica sentado, observando, significando que o deus Dioniso muda, mas o próprio Dioniso permanece. Entretanto, não pense que esta permanência por debaixo da mudança trata-se de uma identidade, como bem disse Rodriguez,[515] pois em seguida este mesmo Dioniso, o estrangeiro, que estava junto ao touro, nos fala da chegada de Baco, outro Dioniso, abalando o palácio:

> Nesta altura exata, Baco surgiu, o palácio abalou e no túmulo materno acendeu uma chama. Ao avistá-la, julgou que o palácio se consumia. Pula daqui, pula dali, ordenou aos servos que lhe trouxessem o Aqueloo; ao trabalho se lançaram, esforço vão![516]

Esta passagem confirma minha hipótese de que ambos, as ruínas e o palácio foram atingidos ao mesmo tempo, porém o importante aqui é

---

514 EURÍPIDES, 1973, p. 256.

515 RODRIGUEZ, 2012, p. 7.

516 EURÍPIDES, 1973, p. 256.

o surgimento da terceira forma do deus, Baco, fazendo coisas distintas dos outros dois, do touro e do estrangeiro. Entretanto, os analistas não se deram conta, de que aqui estamos falando do que ocorreu no interior do palácio, porém na mesma hora que Baco surge internamente e abala o palácio, outro Dioniso está se comunicando para fora, com o coro, na figura do deus propriamente dito, não do estrangeiro, convocando a deusa da destruição, não existindo nenhuma razão plausível para considerá-los a mesma figura. Mas, a simulação ainda não acabou, pois o estrangeiro continua sua fala e algo ainda mais surpreendente ocorre:

> Pensando que me evadira a tal obra pôs termo e precipitou-se, arrebatando negra espada de dentro do palácio. Bromio, então, ao que julgo- digo o que me pareceu- pousou um fantasma no palácio; arrojando-se contra o luzente pedaço de éter trespassa-o supondo degolar-me.[517]

Assim, surge outro Dioniso, agora Bromio que convoca um fantasma, necessariamente com as feições do estrangeiro, para enganar Penteu, levando-o a exaustão, mas principalmente a uma total perplexidade com tudo que estava acontecendo, sendo normal que se sentisse fora de si, que seus sentidos, especialmente a tão importante visão, não mais funcionavam como se estivesse drogado ou algo pelo gênero.

Da importância desta passagem para o entendimento da peça, não é necessário nem falar, sendo em todos os sentidos que se queira examinar, bem mais significativa do que o próprio abalo físico da estrutura do palácio. A primeira coisa a novamente salientarmos é que tanto a decomposição do palácio real, como todas as metamorfoses do deus ocorrem no interior do palácio, e não fora do palácio, na urbe, nas montanhas ou em outro espaço qualquer, recordando, aqui, que para o poeta Eurípides o *lócus* da ação é fundamental, pois delimita poderes, coloca restrições de movimentos, e ainda é representativo das relações sociais. A destruição dionisíaca por dentro do palácio, não atinge apenas o poder daquele rei em particular, mas atinge toda a ordem cultural da comunidade, e igualmente a todo o sistema político da mesma, baseado em suas instituições regulares. Simbolicamente todo o sistema de contenções e proteção individual que o estado representa cai por terra, significando, que a cidade e, principalmente, seus cidadãos estão livres de quaisquer amarras sociais, se tornando terra de ninguém, nem mesmo de qualquer divindade, com uma consequência trágica

---

517 EURÍPIDES, 1973, p. 256.

embutida, que é certamente a escalada da violência, em busca de níveis intoleráveis, que será impossível de ser controlada. Porém, algo ainda mais grave ocorre, pois o deus não satisfeito em abalar os alicerces do poder do estado, investe, mediante a fala do estrangeiro, em destruir a instituição da pessoa humana, qualquer identidade fixa e imutável, a noção emergente individualista e laica pretendida por toda a tradição grega, especialmente pelos atenienses. E o faz de uma forma igualmente simbólica através de seu personagem humano, o estrangeiro, e todas suas transformações, em Dioniso, em touro, em Baco, em Bromio, no fantasma, como se com esta multiplicidade ele não tivesse forma definida – divina, mortal, animal – em nenhum momento, associada a duas outras características, de imprevisibilidade, e de simultaneidade, com estas representações distintas aparecendo em lugares distintos, contrariamente aos casos de Nereu e de Proteu, deuses polimórficos, que apesar de assumirem várias formas, sempre voltavam a uma forma original, onde eles poderiam ser captados, como ocorre com Menelau em relação à Proteu, em Homero.[518] Normalmente, é reconhecido pela grande maioria dos analistas, que no caso de *As Bacantes*, Eurípides teria sido fiel às tradições míticas, e as informações sobre os cultos e ritos dionisíacos, porém neste caso, o poeta foge a tudo isto, apresentando um Dioniso totalmente extraordinário, no qual, as transgressões em suas metamorfoses são ainda mais acentuadas, talvez com a intenção de aprofundar o ataque à identidade pessoal dos cidadãos da *polis*, com seus valores e ideais, para ele sempre questionados, mas, principalmente, em relação às atitudes e comportamentos dos dirigentes atenienses, em consequências dos desastres da guerra.

De qualquer forma, estão dadas as condições para que os rituais dionisíacos possam agora assumir uma posição de destaque na tragédia, alterando de forma significativa o eixo, com a preponderância das montanhas sobre a cidade, iniciando com o relato do mensageiro, com sua visão mais realista do que lá acontece, de uma forma ampla, inclusive em sua violência intrínseca, não havendo mais nenhuma oposição tanto a nível pessoal de Penteu – apesar de insistir em sua postura inicial, porém sem nenhuma condição de exercer qualquer papel efetivo e real – quanto à sociedade como um todo – pois, a esta altura, não mais existe o poder do estado, destruído que foi pelos acontecimentos ocorridos no palácio. É interessante notar que, paradoxalmente, esta situação acabou criando problemas até para o próprio poeta, já

---

518 RODRIGUEZ, 2012.

que, até o próprio antagonismo na ação dramática entre os dois oponentes já não tem mais base sólida onde se apoiar, bem representado pelas palavras do estrangeiro, para suas seguidoras, ao ver que Penteu saia do palácio:

> Se bem me parece-ressoa o seu tacão de dentro do palácio na soleira vai já surgir. *Depois destas coisas que dirá?* Por grande que seja a sua ira, com calma a enfrentarei. Ao homem sensato cabe cultivar uma disposição equilibrada.[519]

As duas últimas frases do estrangeiro já soam falsas, como também o diálogo que se segue entre ele e Penteu, à espera do relato do mensageiro sobre o que ocorre nas montanhas, inclusive por que aqui já transparece como assinalou Dodds,[520] que o deus se assume como tal, não mais como um estrangeiro que chega a Tebas, mas em uma posição bem superior à de Penteu, que passa a ser um joguete em suas mãos. Neste sentido, Penteu acusa o golpe quanto à evasão do estrangeiro, porém já de uma forma distinta, como se estivesse participando de um jogo no qual as motivações foram perdidas, a não ser a própria violência:

> Acossou-me a desgraça! Escapou-me o estrangeiro que com grilhetas subjugara havia pouco! Ah! Ah! Ei-lo aqui! Que é isto? Como te evadiste e apareces no limiar de minha morada?[521]

O deus lhe pede calma com seu furor, mas Penteu volta ao tema: "Como lograste fugir, às cadeias escapando?"[522] e o deus se afirma, mesmo diante da incredulidade de Penteu: "Não te disse - ou não ouviste - que alguém me libertarias?"[523] O final do diálogo, antes da entrada do boiadeiro, pois esta é a identidade do mensageiro, volta-se a falar de sabedoria, de esperteza, sem um sentido claro temporal se sobre o passado ou o futuro, terminando com uma enigmática fala do deus: "Presta primeiro atenção às palavras daquele que da montanha traz novas para ti. Fico a seu lado ; não fugirei."[524]

---

519 EURÍPIDES, 1973, p. 256-257.

520 DODDS, 1986.

521 EURÍPIDES, 1973, p. 257.

522 EURÍPIDES, 1973, p. 257.

523 EURÍPIDES, 1973, p. 257.

524 EURÍPIDES, 1973, p. 258.

A narrativa do boiadeiro, agindo como se fosse um mensageiro, é como se verificará uma passagem fundamental, para o que vai acontecer logo em seguida, detonando a partir daí, os acontecimentos trágicos envolvendo Penteu. O poeta define claramente o personagem como sendo uma pessoa simples, que apascenta seus bois no Citeron, que como explicitei anteriormente, em pelo menos duas oportunidades, este tipo de pessoa inclina-se favoravelmente na aceitação da religião dionisíaca e no respeito ao deus, algo que pode ser comprovado por suas próprias palavras ao longo do discurso, pela exaltação e admiração pelos fatos ocorridos, tanto em seus aspectos idílicos como nos violentos, e igualmente no fechamento ao se referir à grande dádiva do deus. Assim, ao início de sua fala, mais precisamente antes, em uma condição econômica débil perante o estado, e não sendo de ofício um mensageiro real, ele alerta o rei para a gravidade do que vem relatar, utilizando duas palavras emblemáticas em grego por mim discutidas anteriormente, no caso de Antígona e da análise do movimento sofista: *deivá* e *kreissova*, significando que ele relatará coisas assombrosas que fogem completamente ao entendimento normal ou de qualquer qualificação. Neste sentido e por precaução, o mensageiro humildemente solicita autorização para falar tudo, levando em conta, uma eventual reação do rei devido seu espírito agressivo. Penteu, é claro, o autoriza na esperança de que ele traga novidades, as mais estranhas possíveis, mas que o ajude a enfrentar o deus. De nosso lado, antes de prosseguirmos, é importante deixar claro sobre o que exatamente trata a visão do boiadeiro: "As veneráveis Bacantes eu vi, essas que da cidade partiram como setas, os seus níveos pés num frenesi",[525] exatamente aquelas mulheres que foram possuídas pelo deus Dioniso, que contra suas vontades e até pôr o rejeitarem como tal, foram encaminhadas para as montanhas, não sendo assim, como no comentário feito por Dodds, representativo do organizado e controlado menadismo do culto dionisíaco, e neste sentido, não deveriam ser qualificadas como "veneráveis" ou "sagradas", em traduções incertas, de "ποτνιαδας" (*potniadas*), pois insanas e loucas como estão, representam também criaturas hostis e destrutivas, como bem explica Winnington-Ingram.[526]

O relato do boiadeiro se inicia com sua visão do triplo tíaso, com os três coros de mulheres, dominados respectivamente pelas irmãs Autonoe, Agave e Ino, que no caso além de possuídas pelo deus, con-

---

525 EURÍPIDES, 1973, p. 258.

526 WINNINGTON-INGRAM, 2003.

forme o párodo, "quem quer que dirija os tíasos, outro Bromio é",[527] representam igualmente o deus, para o bem e para o mal, podendo-se inferir que suas ações seriam as mesmas que o deus praticaria, tornando assim duvidoso, por outro lado o argumento de Dodds quanto a não representatividade dos cultos, em termos dionisíacos, que elas viessem a praticar. Segue-se a descrição da fase idílica do culto, com o despertar das mulheres para a vida campestre, junto aos animais das montanhas, na beleza poética de Eurípides:

> Todas dormiam, com os corpos reclinados, umas com as costas apoiadas às ramagens de um abeto, outras em folhas de carvalho. No solo, a cabeça ao acaso e castamente pousada, não, como tu dizes-embriagadas pelo vinho e pelo som do loto e buscando, isoladas, o amor no bosque. Elevando-se dentre as Bacantes, tua mãe lançou o brado ritual, ao sono os corpos furtando, logo que dos bois cornígeros o mugido escutou. O sono profundo das pálpebras apartando, todas se ergueram; sua compostura era maravilha de ver-jovens, velhas e virgens do jugo ignorante ainda![528]

O mensageiro mediante a descrição do despertar das Bacantes, inteiramente descompromissado com a realidade de uma vida civilizada, refuta o rei, desmentindo-o quanto à imaginada relação de sexo, vinho, e as demais coisas, uma paranoia constante na cabeça de Penteu, afirmando a castidade das mulheres e dando razão tanto a Tirésias, quanto ao deus com relação à acusação de imoralidade feita por ele, sendo que diante das palavras do narrador, diversos analistas consideraram que o poeta, igualmente reivindicou aqui um selo de moralidade para a religião dionisíaca. Apesar desta questão não ter grande importância neste contexto será de extrema importância mais adiante, já que diante destas reações é pertinente levarmos em conta igualmente a explicação dada por Winnington-Ingram quanto ao tema, tratando de relativizar aquela defesa dos ritos dionisíacos quanto à moralidade em frente aos fatos reais já conhecidos, às palavras anteriores do coro e os acontecimentos futuros da ação dramática. Entretanto, vou me antecipar quanto a um comentário geral que considero da mais alta relevância para o entendimento da peça, que tinha intenção de apresentá-lo posteriormente, já que penso que neste caso, o poeta privilegiou um tema bem mais importante, deixando premeditamente de lado este aspecto, que ficará ainda mais claro quando nos inteirarmos de todo o relato do boiadeiro. Este tema diz respeito ao ataque frontal daquela religião

---

527 EURÍPIDES, 1973, p. 235.

528 EURÍPIDES, 1973, p. 259.

contra uma personalidade humana definida e fixa, em sua indiferenciação com os deuses e os animais, como comentei anteriormente no episódio do palácio, inclusive na possibilidade, como fez o deus de se transformar em um touro. As mulheres Bacantes, segundo o relato, visivelmente perderam a condição humana e se transformaram em representantes do reino animal, adaptadas ao ambiente, assumindo, ao contrário, uma indiferenciação e comportamentos semelhantes aos demais animais da floresta, onde obviamente a questão do sexo não tem a importância que nós humanos a concedemos, e que é realizado pelos animais em outro contexto totalmente distinto, ligado à procriação e em determinadas épocas do ano.

A continuação do relato confirma nossa interpretação da perda da identidade humana por parte das mulheres, e de seu aprofundamento da vida animal:

> Sobre os ombros, os cabelos deixaram cair primeiro, as nébrides levantaram depois, das quais os cordões, laços, pendiam soltos; as peles mosqueadas cingiram com serpentes que lambiam as faces delas. Em seus braços seguravam corças e crias de lobo, em níveo leite às feras ofertando, jovens mães, de seio túmido ainda, que os filhos abandonaram. Enfeitam-se com coroas de hera, folhas de carvalho e flores de alegra-campo.[529]

Novamente aqui é enfatizada a distância que separam emocionalmente aquelas mulheres de uma vida normal na cidade, bem maior, se é que posso comparar que a distância física entre a cidade de Tebas e o Citéron, e aqui com o agravante de que mães recentes abandonaram seus filhos carentes de tudo, inclusive de amamentação, destinando seus cuidados para seus atuais companheiros da vida animal, de forma a seguir os tíasos dionisíacos em uma atitude de corte e abandono profundos da vida anterior que chama atenção por sua radicalidade, superior inclusive aos códigos da vida animal. O relato continua, mas agora com uma série de milagres, que exigem, em princípio, a participação direta do deus:

> Uma, tomando o tirso, contra uma rocha bateu; de água límpida, uma torrente dali jorrou. Outra com o nartex escavou da terra o solo, e o deus uma nascente de vinho fez brotar. Aquelas que sentiam ânsia da branca bebida, com as pontas dos dedos a terra esgaravatam, abundante leite recolhendo. Dos tirsos, ornados de hera, um fluxo de doce mel gotejava.[530]

---

529 EURÍPIDES, 1973, p. 259.

530 EURÍPIDES, 1973, p. 260.

A narrativa nesta passagem segue bem de perto o canto do párodo, sem nenhuma novidade significativa, enfatizando o aspecto benéfico do deus como provedor de alimentação e do vinho para os males da vida, levando a uma nova admoestação do boiadeiro à Penteu em defesa deste deus: "Ah! Se lá estiveras, ao deus que ultrajas havias de dirigir preces, depois de veres tais prodígios!"[531]

Na continuação, finalmente algo acontece de bem humano, nem idílico, nem ainda violento, nem bestial, nem divino, pois as pessoas simples, tão do agrado do deus, tão reverenciadas pelo coro, os trabalhadores do campo, pastores e boiadeiros, se reúnem discutindo uns e outros o nosso parecer sobre os prodígios praticados, tão dignos de admiração, quando um, mais conhecedor da cidade e dos discursos a todos falou: "Ó vós que os sacros planaltos das montanhas habitais, quereis dar caça a Agave, mãe de Penteu? Se dos báquicos coros a reconduzirmos, grato será ao Senhor,"[532] com o que todos concordaram, escondendo-se nas moitas, bem ocultos para dar o bote na hora precisa. Passagem altamente significativa, ao mesmo tempo que curiosa, especialmente porque envolve as chamadas pessoas simples. Primeiro, o termo empregado com relação a Agave, "caça", entre eles significando a plena intuição de que se trata de capturar um animal, sem nenhuma dúvida, inclusive pelos próprios procedimentos para tal, ao se esconderem e preparar a armadilha. Depois, por que deixa claro que não se sabe se premeditadamente pelo poeta ou não, que para aquelas pessoas simples a questão da religiosidade, dos milagres, dos prodígios, era algo totalmente secundário em suas vidas, uma excentricidade, quem sabe, pois caso fosse importante, eles louvariam ou rezariam pelo deus, e ao contrário, de forma bem realista, eles decidem caçar a mãe do rei, para agradá-lo, prevendo alguns benefícios materiais futuros, talvez através de uma ação recíproca. De qualquer forma, o relato coloca em questão o coro que ao final do primeiro estásimo, exalta a multidão ignara que aceita e pratica as virtudes da paz, da tranquilidade, do bom senso, propostos de forma dúbia pelas seguidoras do deus, pois, não somente é desmentida pelas pessoas simples, mas também não faz parte do ideário dionisíaco.

Os pastores e boiadeiros já devidamente preparados aguardam sua oportunidade, que aparece, segundo o relato, em um momento de total

---

531 EURÍPIDES, 1973, p. 260.

532 EURÍPIDES, 1973, p. 260.

"entusiasmo" e "êxtase", com a corrida báquica, onde nada mais fica estático, as mulheres empunhando seus tirsos, os animais, e a própria montanha: "Elas, a uma hora certa, o tíaso à báquica corrida impeliram; de uma só voz, ao filho de Zeus, a Iaco, a Bromio elas invocaram. A montanha toda delirava e as feras; na corrida nada fica imóvel."[533] Como diz Winnington-Ingram,[534] a beleza pacífica das seguidoras dionisíacas atinge seu clímax, naquele ambiente distante e protegido de qualquer ameaça externa, com seus códigos internos, em total liberdade de movimentos, e em comunhão com a divindade, capaz de gerar milagres. É extremamente significativo que a ideia, da possível perturbação desta vida idílica, tenha partido de um dos pastores e boiadeiros, caracterizado como um irreverente *agoraios aner*, que tanto irritou a Dodds, mas que faz todo o sentido, pois se trata de um cidadão, que participa dos debates na *ágora*, local de toda e qualquer discussão sobre os interesses da cidade, a qual todos têm acesso, inclusive as pessoas consideradas simples, base da democracia ateniense. Assim, quem vai deflagrar a "outra" realidade dos ritos dionisíacos, a não idílica, a violenta, com o primado da desarmonia, é um homem simples, cidadão da cidade, inserido em um processo democrático, que trabalha nas montanhas, onde pretensamente se encontra o *lócus* privilegiado da religião dionisíaca, em total oposição a *polis*, como se fora possível realizar a abstração da indiferenciação humana e animal, regida por um deus do êxtase, mesmo que por alguns instantes.

O boiadeiro relator encarregado de caçar Agave pretendeu agarrá-la, de um pulo, saindo dos arbustos, porém ela escapou e clamou: "Ó céleres pernas minhas, por homens somos acossadas! Acorram, acorram, com vossas mãos armadas de tirso."[535] Os homens conseguiram em fuga evitar que fossem dilacerados pelas Bacantes, porém seus bois e touros foram abatidos de forma cruel e sanguinária:

> A uma vimos, uma vaca de fecundos úberes que mugia em suas mãos ambas tomar; outras, a dilacerar vitelas se dispuseram. Terias visto costela e cascos fendidos, arremessados em todas as direções, suspensos dos abetos, a gotejar sangue. Touros enfurecidos e de hastes em riste logo a seguir por terra jaziam, os corpos abatidos por milhares de mãos femininas. A carne

---

533 EURÍPIDES, 1973, p. 260.

534 WINNINGTON-INGRAM, 2003.

535 EURÍPIDES, 1973, p. 260.

que os revestia mais depressa despedaçaram que tu sobre a real pupila a pálpebra descerias.[536]

A dantesca demonstração de fúria e êxtase das Bacantes, não somente impressionou fortemente aquelas pessoas que a presenciaram, como, mesmo hoje, apesar do extremo cuidado do poeta para não chocar os espectadores do teatro em Atenas, e em consequência a todos nós, leitores modernos de sua obra, não há como encarar normalmente aquele festival de violência, cujos contornos são mostrados, mas que certamente vão bem além do que possamos imaginar. A única posição possível diante desta descrição de violência em estado puro é olhar diretamente para ela, sem subterfúgios, desculpas e condicionantes de qualquer natureza, pois ela a se acreditar no poeta é absoluta, da parte do deus, de suas seguidoras, de suas possuídas, e intrínseca em seus ritos e cultos. Assim, nos parece mais conveniente completar a citação da visão do boiadeiro, pois todas as formas e características da violência das mulheres estão ali descritas, nos facilitando olhá-las:

Tal as aves que voam, em corrida se precipitaram para as planícies que se estendem ao longo das correntes do Asopo e que aos tebanos a espiga de belas bagas fazem brotar. Sobre Hísias e Éritras, que da montanha do Citéron a falda habitam, caíram como horda hostil, devastando tudo e de cima a baixo as coisas revolvendo. Arrebataram crianças das casas. Quanto nas espáduas pousaram, sem vínculos a prender, nada no negro solo tombou, nem o bronze, nem o ferro. A seus anelados cabelos, o fogo enlaçou, sem os queimar. Saqueados pelas Bacantes, os camponeses precipitam-se, coléricos para as armas. Prodígio espantoso, se viu então, Senhor! O ferro dos dardos não as fazia sangrar. Elas, projetando os tirsos das mãos, feriam e punham em debandada os homens, embora sendo mulheres, mas válidas de algum deus! Ao lugar donde haviam partido, seus passos as levaram às nascentes que o deus para elas alimentara; o sangue banharam e, gota a gota, a pele de suas faces as serpentes lamberam com a língua.[537]

Vamos começar pelos condicionantes que tentam de alguma forma mitigar a violência. O primeiro, mais geral, que inclusive estava em linha com minha interpretação de que aquelas mulheres haviam perdido sua condição humana, e que haviam assumido a condição animal, nos levaria entender que a vida animal comporta claramente, ao lado da vida idílica de beleza e paz, a realidade da violência, da caça, e de ser naturalmente caçada por outros animais, sendo significativo neste

---

536 EURÍPIDES, 1973, p. 260-261.

537 EURÍPIDES, 1973, p. 261.

sentido, que Agave, como nota Winnington-Ingram,[538] ter dito as colegas estar sendo perseguida, quando acossada pelo boiadeiro. Assim, ao lado da condicionante geral relativa ao estado animal, estamos acrescentando outra devido a sua ligação íntima de que as Bacantes teriam sido provocadas por homens, querendo agarrá-las, e desta forma reagiram. Porém, nenhuma das duas condicionantes consegue nem de longe, justificar a essência do necessário ritual de *sparagmós* e de *omophagia*, praticados contra os bois e touros, que após a corrida báquica e o êxtase de toda a montanha iria ser realizado de qualquer forma, sendo totalmente irrelevante que fosse contra aqueles animais, ou outros que comumente eram sacrificados, como corças e cabritos, ou mesmo contra os homens, caso eles não tivessem escapado, pois os valores simbólicos do esquartejamento e da ingestão de carne crua seriam os mesmos, em termos daquela religião. Não tem o menor sentido pensar aqui em vingança ou algo semelhante, inclusive porque em termos de sacrifício este não deve ser nunca a motivação, evitando-se a todo custo qualquer possibilidade futura de se seguir indefinidamente nela, estando em questão ao contrário as motivações ritualísticas, no caso a reprodução do sacrifício do deus e a total assimilação do deus por suas seguidoras, absorvendo assim sua energia vital, justamente por ter sido despedaçado e seus membros comidos. Outra condicionante, levantada por Dodds[539] que comentei anteriormente é sobre o fato daquelas mulheres terem sido possuídas pelo deus e obrigadas a se transformarem em Bacantes, já escrevi que igualmente não tem sentido, pois é o próprio deus que as dirige, inclusive como chefes dos tíasos, podendo existir alguma diferença delas para as mulheres que são praticantes dos cultos apenas em termos do entendimento e eventual consciência dos ritos, porém na realidade, pouca diferença também faz, pois o objetivo dos mesmos é a perda da consciência, é romper o instituto da personalidade humana e da consciência individual.

O segundo movimento de violência das Bacantes é agora em direção as planícies banhadas pelo rio Asopo, com suas plantações e vilarejos de agricultores, em que o poeta, ainda que timidamente mencione o epíteto da deusa Demeter, a espiga, talvez em homenagem ao vate Tirésias. Obviamente trata-se, de uma violência gratuita contra a vida organizada, pacífica e produtiva daquelas pessoas simples, mais uma vez, claramente denunciada pelo poeta, sem nenhuma motivação real,

---

538 WINNINGTON-INGRAM, 2003.

539 DODDS, 1986.

pois, em princípio eles não são inimigos, não resistem à introdução da religião, e mais importante, sem nenhuma conotação ritual, a não ser a compulsão da destruição, da violência contra pessoas inocentes, atingindo suas crianças, servindo unicamente para aguçar ainda mais a curiosidade das pessoas quanto aos poderes e malabarismos daquelas mulheres possuídas pelo deus, ao executarem suas diatribes, particularmente do boiadeiro mensageiro. Neste sentido, Dodds em seu artigo sobre o menadismo cita alguns exemplos de povos,[540] que ao constatarem de que aquelas pessoas se encontravam fora do estado normal, permitiam que elas saqueassem a comunidade tendo em vista que interferir em seus transes poderia ser ainda mais perigoso, visto que elas estavam naquele instante em contato com o elemento sobrenatural. Portanto, na verdade, nada existe nestes comportamentos que não seja a violência explicita e direta proporcionada pelo deus, gratuita, sem nenhuma motivação, a partir de estados não normais, para dizer o mínimo.

O fechamento do relato do boiadeiro é bem melancólico, e aqui não há como duvidar das intenções do poeta, como disse no início de minha análise desta passagem, pois a par de recomendar o acolhimento daquele deus, "quem quer que seja" pelo fato de ser "notável em tudo", e que dizem assim ele escutou, "[...] o pâmpano que alivia as penas doou aos mortais [...]", [541] conclui de forma simples e direta, "[...] não havendo vinho, não havia amor, não restava deleite algum para os homens."[542] A inversão de valores é absolutamente abrupta e radical, quase como se fosse um apagamento deliberado, pois tudo aquilo que ele presenciou e de alguma forma participou, com a mistura de beleza e paz, com fúria e violência nada significasse, já tendo ele inclusive esquecido tudo aquilo, diante das possibilidades que o deus poderia realmente lhe proporcionar, vinho e amor. A farsa da sabedoria, da sensatez, das pessoas simples, endossada pelo coro, e por Tirésias foi-se de vez, e isto fica ainda mais evidente, no pobre, pálido e pueril comentário do coro sobre o relato; "Dioniso não nasceu inferior a nenhum deus!"[543]

---

540 DODDS, 2002.

541 EURÍPIDES, 1973, p. 261.

542 EURÍPIDES, 1973, p. 262.

543 EURÍPIDES, 1973, p. 262.

Chegamos assim à terceira parte do terceiro episódio, em um crescendo dramático, na passagem conhecida como a "tentação de Penteu" que vai encaminhá-lo para a desgraça e morte, de forma ritualística conforme a teoria de Murray, com todas suas fases, que de forma premonitória o mensageiro anunciara com sua descrição e suas alertas ao próprio rei. Ao escutar o longo relato do boiadeiro, tão denso de acontecimentos inusitados e estranhos, possivelmente ouvidos pela primeira vez em sua vida limitada e pueril, onde certamente aquelas coisas não se encaixavam de nenhuma forma, Penteu, como entrando em confusão mental, identifica nas Bacantes as verdadeiras inimigas, e regride de imediato a seus valores mínimos, como dirigente no uso de uma força inútil, como homem grego refratário ao poder feminino, e de pessoa incrédula diante da divindade, facilitando ainda mais sua perdição:

> Eis que já perto de nós se ateia, como uma fogueira, a afronta das Bacantes, que ante os Helenos nos ultraja! Não devemos perder tempo. Corre até a Porta Electra, apela para todos os portadores de escudos, para todos os cavaleiros de velozes corcéis, quantos manejem o escudo, e vibrem com a mão a corda dos arcos. Vamos combater contra as Bacantes! Nada há de mais nocivo que suportar que nos subjuguem mulheres![544]

O estrangeiro reage de forma tranquila e sábia, tentando mostrar para Penteu, que não se trata das Bacantes mas do deus, que está por trás delas, que o melhor a fazer é ficar em paz (*ésuxia*):

> Não queres crer, nem escutar minhas palavras ó Penteu! Não obstante os tratos que da tua parte sofri, digo-te que não é lícito levantar armas contra um deus, mas se deve permanecer em paz. Bromio não permitirá que expulses as Bacantes dos montes onde evoé ecoou![545]

Penteu insiste em suas derradeiras ameaças, todas inúteis e inviáveis, em pretender novamente prender o estrangeiro, sabendo que ele facilmente se evadirá, e em enfrentar e matar as Bacantes no Citeron, sujeito ao enorme risco de verem seus homens fugindo das mulheres, como pontua o estrangeiro, além do fato de que lá estão sua mãe e tias e de que Bromio não iria permitir. O círculo se fechou, Penteu está entregue, sem nada, e sua eventual força como rei de nada vale diante da situação, nem contra o deus Dioniso, nem contra as Ménades, nem contra o estrangeiro, abandonado por todos, seus familiares, seus servos, e os cidadãos de Tebas, mas, a situação é ainda mais trágica, como nos mostrará

---

544 EURÍPIDES, 1973, p. 262.

545 EURÍPIDES, 1973, p. 262. v. 787-791.

a genialidade do poeta Eurípides, pois, ele, Penteu, também está contra ele mesmo, e de forma radical, algo que o deus não deixará em branco, como dizem os humanos. Bem ao gosto do poeta, uma nova reversão ocorre, de forma igualmente inusitada, em que o estrangeiro, um formato humano do deus Dioniso, apenas na aparência, se transforma mesmo que por pouco tempo em realmente humano, na sua essência e, aproveitando a fraqueza de Penteu, lhe prepara uma verdadeira armadilha, em cima de comportamentos tipicamente humanos, longe do respeito às divindades, longe da "caça" animal, com sutileza e com a contribuição do próprio Penteu. Este, após constatar que nada tem, de estar entregue, reconhece de forma clara a superioridade do estrangeiro: "Nas garras do estrangeiro, não acho saída, quer me obedeça, quer atue por si, não se cala!"[546] O estrangeiro, exatamente como nós, vê que Penteu está entregue, e sutilmente, da forma mais humana possível, começa a testar o rei para descobrir seu ponto mais fraco e ali investir, sabendo de antemão que esse tinha alguma coisa a ver com as mulheres, pois, Penteu, ao longo de toda a trama, revelara uma enorme paranoia com relação ao sexo, não tendo acreditado, nem em Tirésias, nem no coro, nem no mensageiro, certo de que o sexo era algo inevitável em sua mistura com vinho. Mas ainda temos que agregar sua angústia, pois ao achar que o sexo era inevitável, significava pensar que sua própria mãe e suas tias haviam virado devassas nas montanhas por obra do deus. O estrangeiro primeiro tenta trazê-las das montanhas; "Até aqui, e sem armas, as mulheres trarei",[547] mas ele não cai, julgando mais um dolo contra ele. O estrangeiro lhe diz claramente querer salvá-lo, mas Penteu logo faz uma conexão com o deus Baco, mas finalmente quando Penteu interrompe as negociações e se dispôs a deixar o palco, o estrangeiro, com uma interjeição chama sua atenção e pergunta diretamente: "Gostarias de vê-las acampadas nas montanhas?" e Penteu, imediatamente responde; "Muito! Muito peso em ouro eu daria até!"[548]

A grande maioria dos analistas, aí incluídos Dodds e Winnigton-Ingram, considera que Penteu perdeu o juízo e que sua resposta é de um maníaco, porém não me parece que neste momento esta interpretação seja absolutamente necessária, devido ao cuidado do poeta em levar em conta a psicologia do personagem, de caráter

---

546 EURÍPIDES, 1973, p. 263. v. 800-801.

547 EURÍPIDES, 1973, p. 263.

548 EURÍPIDES, 1973, p. 264.

obsessivo em tudo, em seus pensamentos e ações, bem como em suas convicções, que igualmente leva as pessoas a agirem de forma louca, e que anteriormente, quando de sua discussão com Tirésias, já tinha sido acusado de ter tomado alguma droga tendo em vista suas posições radicais. Por outro lado, até aqui, e isto vai mudar de forma igualmente abrupta, não existem indícios de que sua resposta foi derivada de uma eventual possessão de sua pessoa pelo deus. Antes de prosseguir, quero recordar que lá trás quando examinei aquela passagem com Tirésias, afirmei que o conceito de intoxicação para Eurípides era algo importante e considerado de grande amplitude, tendo em vista algumas de suas obras, que para a qual ele não expressava nenhuma certeza quanto às motivações e seus efeitos, apenas que ele as reconhecia em termos humanos. De qualquer forma, Penteu estava nas mãos do humano estrangeiro, que com muita calma prepara seu destino para ser entregue definitivamente ao deus Dioniso. E aqui o rito dionisíaco se sobressai a tudo, com o estrangeiro assumindo o papel simbólico que cabe a um sacerdote na preparação do inevitável sacrifício. E ele matreiramente, vai moldar o rei, em uma oferenda especial para o deus, mediante dois aspectos básicos interligados em termos de sacrifício: o primeiro, que já estava em pleno andamento, que era o de destruir inteiramente sua personalidade individual, justamente a pessoa mais aferrada a seus princípios, como explicitei há poucas linhas atrás, tornando-o uma massa amorfa, sem vontade, sem caráter, enfim dominado pelo exterior e, que caso viesse a ser sacrificado não causaria nenhum problema, nenhuma reação, como no caso da prática de sacrifícios humanos na Grécia, do *pharmakon*, pessoas especialmente selecionadas para servirem de bode expiatório, e o segundo, que consolidaria este processo de despersonalização, mas que teria efeitos importantes sobre a eficácia do ritual, ao aproximar a vítima o máximo possível da figura do deus, neste caso, de Dioniso em toda sua ambiguidade, ao paramentar Penteu como se fosse uma das Bacantes, vestido de mulher com peplo de linho, com todos os adereços dionisíacos, uma cabeleira, uma mitra na fronte, grinalda de hera, pele de gamo e tirso na mão.

O estratagema utilizado pelo estrangeiro foi seguido à risca. Inicialmente se certificar daquela inusitada curiosidade: "Porque te toma essa ânsia imensa?", e Penteu responde; "Ficarei angustiado, se as vir embriagadas",[549] e o estrangeiro insiste; "Doloroso te é, e de teu grado queres ver?", e Penteu, pensando adiante, mas com sincerida-

---

549 EURÍPIDES, 1973, p. 264.

de; "Digo-te que sim: em silêncio e pelos abetos dissimulado."[550] Em seguida, aconselhando-o fraternamente, diante do perigo iminente que representa a fúria das Bacantes; "Elas encontrarão o teu rastro, mesmo que te ocultes bem", e ainda; "Teu guia serei. Para a jornada estás pronto?", revelando a impaciência do rei; "Leva-me o mais célere que possas. Aborrece-me a tua demora."[551] Em seguida, a parte mais delicada, que é a sugestão de que ele se vista de mulher, sempre fraternal e sempre demonstrando o receio de que o matem: "Envolve o teu corpo com um peplo de linho", e Penteu; "O quê? Homem que sou, a mulher passarei? e demonstrando preocupação; "Temo que te matem, se lá virem que és homem." Penteu agradecido; "Falas bem; já há muito te mostraste esperto", e ainda mais: "Como executar o que tão bem me aconselhas?", o estrangeiro lança a cartada definitiva, em seu simbolismo; "Vamos ao palácio; eu vou vestir-te", levando Penteu a fraquejar; "Vestir o quê? Um traje feminino? O pudor me detém.", prontamente questionado pelo estrangeiro; "Já não tens desejo de espiar as Ménades?"[552] Assim, o estrangeiro descreve em linhas gerais para Penteu que seu traje envolverá todos os símbolos religiosos dionisíacos, restando uma última preocupação do rei quanto a sua exposição em trajes femininos aos cadmianos; "Como atravessar a cidade, sem os Cadmianos saberem?",[553] para a qual o estrangeiro mente, como ficaremos sabendo mais adiante: "Por ermos caminhos iremos. Eu te conduzirei",[554] levando a que Penteu, ainda indeciso, responda: "Prefiro isso, a que as Bacantes zombem de mim. Entremos no palácio... e decidirei o que parece melhor", resumindo bem sua angustiada situação; "Vou-me; ou marcharei, tomando as armas, ou os teus conselhos acatarei",[555] entrando no palácio.

O poeta volta a inovar de forma brilhante com a última fala do deus neste importante episódio, atingindo uma série de objetivos dramáticos de tal intensidade e extensão que fica difícil de avaliar corretamente seu impacto. Vou apenas salientar os mais importantes pontos, deixando claro que eles são decorrentes em sua integralidade do que foi dito pelo

---

550 EURÍPIDES, 1973, p. 264.

551 EURÍPIDES, 1973, p. 264.

552 EURÍPIDES, 1973, p. 265.

553 EURÍPIDES, 1973, p. 266.

554 EURÍPIDES, 1973, p. 266.

555 EURÍPIDES, 1973, p. 266-267.

poeta. Em primeiro lugar ele inova, pois já se encaminhando para o final da tragédia, ele imagina um novo "prólogo" do deus, bem ao estilo euripideano, falando diretamente para o coro das mulheres bárbaras, resumindo tudo que vai ocorrer a partir dali, em termos do estrangulamento de Penteu por sua mãe e da epifania do deus, mas não um deus qualquer, mais o mais temível e o mais clemente para os humanos, possivelmente, com o objetivo dramático de mitigar, aos olhos da plateia, o horror da morte do rei, que seria ainda mais chocante sem esta revelação prematura. Em segundo lugar, como ele revela nos bastidores da trama conjunta, do estrangeiro em formato humano e agindo como tal em momentos em que se fazia necessário, como nesta preparação de Penteu para o sacrifício dionisíaco em que tudo foi premeditado em detalhes, em seus aspectos de vingança pessoal, de expô-lo a todo tipo de constrangimento e ridículo perante os cidadãos de Tebas, em matá-lo através de sua mãe, e o deus Dioniso, com seus poderes de possessão, de levar as pessoas ao delírio báquico, de destruir suas personalidades individuais, de assumir condições bestiais, e de romper todas as ligações familiares e sociais dos cidadãos da *polis*. E finalmente de mostrar o deus em sua verdadeira face de benevolência, da alegria na natureza, da felicidade, da tranquilidade na vida, do êxtase religioso, porém com sua violência implícita, com sua amoralidade, com sua irracionalidade, com seu desejo de vingança e de humilhação, com seus rituais sangrentos e bárbaros, com seus sacrifícios de animais e de humanos, tudo isto realizado por meio de seguidores e não-seguidores de sua religião, mediante uma necessária intoxicação das mesmas, de forma a os colocarem fora de sua condição normal, e submetidos a algo externo à eles. Vejamos esta emblemática fala do deus:

> Mulheres, caído nas redes está o homem. Vai alcançar as Bacantes, mas será punido com a morte. Dioniso, a ti compete agir; não longe te encontras. O castigo não tarda! Penetre primeiro seu espírito um impetuoso delírio. Se conservar o bom senso, não quererá envergar uma veste de mulher; ao desaparecer o bom senso envergá-la-á. Ao escárnio dos Tebanos pretendo expô-lo, conduzindo-o pela cidade, disfarçado de mulher, ele, de ameaças tão pródigo outrora! Tenho de ir ajustar a Penteu a veste, com que há de alcançar o Hades às mãos da mãe, estrangulado. Reconhecerá o filho de Zeus, Dioniso, que se mostra, no fim, o mais temível dos deuses, ele, o mais clemente para os humanos![556]

---

556 EURÍPIDES, 1973, p. 267.

Em seguida, o coro canta o terceiro estásimo em uma situação total-mente distinta da situação em que cantou o segundo estásimo refletin-do a mudança abrupta de um Penteu ameaçador e instável, para um Penteu domesticado pelo deus Dioniso, e em vias de ser sacrificado por sua própria mãe. Algumas coisas são importantes para se entender o teor deste canto, a meu ver, na contramão da exaltação do mesmo por muitos analistas, pois o considero como sendo o mais realista, o mais concreto e o mais ímpio, bem longe do sagrado, de todos os can-tos da tragédia, chegando inclusive a ser de uma crueldade ímpar com os mortais, ao nível de Homero, com as colocações de Zeus e Apolo sobre aquelas criaturas. Refiro-me inicialmente a questão do coro das mulheres seguidoras do deus, pois o poeta ao inovar inserindo um segundo prólogo do deus, dirigido naturalmente ao coro, seguiu em sua inovação e apresenta aqui, um segundo párodo para um coro ali-viado pela ameaça geral de um eventual embate de graves consequên-cias, promovido pela cidade, ao resistir de todas as formas possíveis à chegada do deus e de sua religião a Tebas. Naquele canto de entrada, o coro foi o mais honesto possível ao apresentar os rasgos gerais dos ritos e cultos dionisíacos, inclusive com a violência da *omofagia* de animais como sendo uma parte gratificante dos mesmos, insistindo ainda na origem do deus e dos cultos, e ignorando por completo o fato de que as mulheres tebanas, possuídas pelo deus, vagavam pelas mon-tanhas, envolvidas em práticas distintas das apresentadas pelo coro, com níveis de violência bem superiores, como o relato do boiadeiro, aos descritos naquele primeiro canto.

O poeta fez questão de manter separados os dois grupos de mulhe-res: as do coro envolvidas na disputa do deus com Penteu e, portanto, oscilando e reagindo diante dos acontecimentos que ocorriam, mas sempre, por essa razão, sóbrias e lúcidas, defendendo um comporta-mento próprio à religião dionisíaca de sensatez e sabedoria, com segui-das tentativas de aproximação aos valores helênicos, ao mesmo tempo em que criticavam o comportamento do rei, violento, iníquo, não hu-mano, monstruoso e insano, relacionando-os à sua origem de filho de um *spartoi*. As mulheres tebanas, possuídas pelo deus em constante êxtase e delírio báquico, pela descrição de suas vidas nas montanhas, oscilando entre a pureza da vida animal junto à natureza, em calma e tranquilidade, e envolvidas nos ritos e cultos, em suas corridas tres-loucadas, na caça aos animais, com as práticas do *sparagmós* e da *omo-fagia*, e defendendo com crueldade qualquer perturbação de seu território como se fosse um lugar sagrado. Mas é chegado um novo tempo, no qual vai ser necessária a interação entre os dois grupos, pois há um sacrifício a ser executado, nas montanhas, mediante as Bacantes tebanas para onde se encaminharão o sacrificador Dioniso e o sacrificado Penteu, porém este ritual sagrado terá que contar com a participação, o apoio, a justificação e a defesa da sensatez e sabedoria deste ato, premeditado com requintes de crueldade do próprio deus, do coro de suas mulheres seguidoras, além de como adoradoras do deus a elas caberá fazer a epifania e a glória de Dioniso, após a morte do Penteu sacrificado, cujos pedaços serão levados por Cadmo para o palácio.

A estrofe do canto mostra claramente que aquela aproximação entre os dois grupos de mulheres, pelo menos em nível do discurso começa a ocorrer, pois as Ménades bárbaras iniciam seu canto em alívio, podendo, enfim, imaginarem serem tomadas pelo delírio do deus, dançando e movimentando suas cabeças de forma báquica, algo que elas não poderiam fazer anteriormente, devido à tensa situação relativa à Penteu: "Nas danças que duram toda a noite irei enfim pousar meus alvos pés, tomada de delírios, o colo arremessando ao éter orvalhado."[557] Em seguida, o coro faz uma comparação de sua situação, de seu alívio e prazer, com a da corça que escapou de ser caçada, que manteve sua liberdade de poder correr pelas planícies, desfrutando das delicias da natureza, apesar da insistente perseguição do caçador:

> Tal a corça na erva tenra do prado, brincando com delicia depois que se furtou da funesta caça e da vigia, saltando as bem entrançadas redes. Mas com seus brados o caçador à corrida os cães incita: com esforço e corridas em turbilhão pula na planície ao longo do rio, desfrutando os lugares ermos de homens e os rebentos da floresta de folhagem umbrosa.[558]

Assim, o grupo das mulheres bárbaras, da mesma forma que as tebanas assumem uma condição animal, comparando-se com as corças, com a única diferença de que aqui temos um caçador explícito e identificado, segundo elas, Penteu, como sendo aquele caçador frustrado que mesmo com seus cães não conseguiu aprisioná-las. No caso das tebanas a ameaça é geral, podendo ocorrer a qualquer momento, fazendo parte integrante da vida animal, sendo que, da mesma forma em que elas são caçadas, elas também caçam, sejam animais, sejam homens, e até crianças, dependendo do nível de delírio e êxtase em

---

557 EURÍPIDES, 1973, p. 267.

558 EURÍPIDES, 1973, p. 268.

que se encontram, não existindo, aparentemente nenhuma diferença fundamental em suas atitudes diante das distintas classes de caças: caso sejam capturados serão esquartejados vivos e sua carne crua comida pelas Bacantes.

Ao final da estrofe, como também na antístrofe, o poeta apensou um refrão que gerou grandes discussões para saber a que, ou, a quem exatamente estaria o poeta se referindo, sendo que boa parte da crítica reconheceu nele uma glorificação da vingança, algo que penso não ser fundamental, diante da antístrofe que fala de uma punição ímpar dos mortais pelos deuses, da mesma forma que não vejo uma ligação direta com o que vai ocorrer com Penteu, me dando a impressão que devemos buscar em outros lugares uma melhor explicação. Senão vejamos:

> Que será a sabedoria? Haverá dádiva mais honrosa dos deuses para os mortais que segurar com mão vitoriosa a cabeça dos inimigos? O que é honroso, deleitoso é sempre![559]

Existem aqui algumas dificuldades, pois o poeta nesta tragédia, em suas diversas passagens, de alguma forma se conecta com o episódio anterior, ou com o canto coral anterior, e neste estásimo seu início revela uma continuidade com o fato de que Penteu está nas mãos do deus, aliviando, portanto, suas seguidoras. Ele fala destas mulheres e as compara com a corça que consegue se evadir dos caçadores, aumentando ainda mais o alívio conseguido com muito esforço. E aí, mudando o enfoque, pergunta o que é a sabedoria para os "mortais", que ele mesmo responde, como sendo segurar a cabeça de seus inimigos na mão, aceitando e honrando esta dádiva divina.

Na tentativa de entender este refrão, devemos voltar a tradução do mesmo, principalmente na parte relativa a "η χειρ′υπερ κορυφας των εχθρων κρεισσω κατεχειν" (`n xeip' úper korúfás twv éxtpwv kreissw katéxeiv), "segurar com a mão vitoriosa a cabeça dos inimigos",[560] que dependendo de como se interpreta pode nos levar a equívocos, como acho que é o caso. Em primeiro lugar, a palavra *xeip, xeipós*, substantivo, pode significar "mão", mas também força, valor, presença, utilizada muitas vezes como representativa de certa pessoa em particular. Depois o adverbio *kpeissw*, já conhecido desde nossa análise sobre a doutrina de Protágoras com seus dois *logoi*, onde um era superior ao outro, significa "melhor, superior, preferível", que

---

559 EURÍPIDES, 1973, p. 268.

560 EURÍPIDES, 2010, p. 167.

junto com o verbo *kátexeiv*, que significa "prevalecer, dominar, controlar", nos leva a indicação clara de que a frase não tem necessariamente uma conotação violenta, mas de conflito e disputa, existindo é claro o *agon* ritual entre dois inimigos, que começara logo após o relato do boiadeiro, dando a impressão de que o poeta quis expressar, em minha interpretação do texto grego, que no julgamento dos mortais, a dádiva mais honrosa dos deuses, era a de dominar e controlar o inimigo. O final do refrão, um provérbio antigo de Teógnis, cantado ironicamente no casamento de Cadmo com Harmonia, pode igualmente expressar diversas coisas, porém, dentre os comentários de Dodds, um me chamou a atenção relativo ao egoístico sentido que se pode entender no mesmo, nos levando a "O que nos é favorável, é sempre buscado."[561] Caso nossa interpretação esteja no caminho certo, tudo fica mais claro, pois aí, o refrão ali colocado se explica, tanto para trás no caso do controle do estrangeiro sobre Penteu, como para frente, na antístrofe quanto ao procedimento divino para combater o ímpio, aquele que se excede, sem respeito pelos deuses, levando-o a repetir o refrão, para finalizar no epodo com a superioridade da felicidade que se obtém por viver o tempo presente, de viver o dia a dia sobre todas as demais felicidades e esperanças. Finalizo esta digressão, afirmando ainda que nossa interpretação evita algum constrangimento com relação ao poeta, pois nada mais em contra seus princípios do que a glorificação da violência, em especial da vingança, que levou muitos analistas a tentar explicar o inexplicável.

A antístrofe exalta o poder divino que tarda, mas sempre chega para aqueles que o enfrentam, bem como a necessidade de reconhecê-lo, e aqui nos parece não existir nenhuma contradição com o que pensa o poeta, finalizando com uma tentativa simplista e desfocada de acomodação entre *nomós* e *physis*. Vejamos esta antístrofe:

> [...] com mansidão se move, mas é infalível, dos deuses o poder. Ele castiga, dentre os mortais aqueles que prestam culto à iniquidade e aos deuses não veneram, com seu espírito perverso. Ele oculta, com astúcia a lenta marcha do tempo ao ímpio e acossa-o. Nada que ultrapasse as tradições se deve conhecer e exercer. Custoso não é reconhecer a força da divindade, quem quer que ela seja e que o que se aceita ao longo do tempo é verdade eterna que na natureza se funda.[562]

---

561 DODDS, 1986, p. 187.

562 EURÍPIDES, 1973, p. 268.

Entretanto, o canto estabelece determinados vínculos, propositadamente favoráveis aos procedimentos do deus Dioniso, e aos entendimentos do que é sabedoria expressos pelo coro na segunda ode, originando dúvidas sobre a posição do próprio poeta, apesar de que algumas destas ações divinas não estejam, em suas essências, muito longe do que mostrou Eurípides em *Hipólito* e *Orestes*, com seus deuses. O conceito de divindade, transmitido pela antístrofe e aqui, não me refiro especificamente a Dioniso, não deixa margem de dúvida sobre alguns pontos: primeiramente, replicando o que havia dito o boiadeiro:, quem quer que ele seja, considerado ele como sendo uma pessoa simples, soa em princípio como uma demonstração de humildade, porém estabelece uma tábula rasa entre os deuses, sejam eles olímpicos ou de mistérios, ou ctônicos, lançando dúvidas sobre as províncias de cada deus, no caso dos olímpicos, mas certamente afirmando que todos agem da mesma forma perante os ímpios, os iníquos, todos com o mesmo poder. *Segundo, não existe nenhuma restrição moral quanto aos procedimentos dos deuses na punição dos "pecadores", podendo-se prever, segundo o canto, o uso do tempo para enganá-los com astúcia, perseguindo-os com violência, inclusive por seus seguidores e, claro, fazendo todas as outras coisas necessárias, não citadas, aos seus merecidos castigos, inclusive a morte premeditada, com crueldade, neste caso.*

Entretanto, o mais interessante nesta parte da ode, é a caracterização dos mortais pecadores, implícita na mesma, com afirmações gnômicas: "Nada que ultrapasse as tradições (aos costumes, as leis) se deve conhecer e exercer [...]",[563] "[...] custoso não é reconhecer a força da divindade",[564] e "[...] que o que se aceita ao longo do tempo é verdade eterna que na natureza se funda."[565] Pode ser que esteja enganado, porém vejo explícita nesta antístrofe do canto uma contradição fundamental da religião dionisíaca, conforme apresentada pelo poeta, pois, de um lado, julgo que estas afirmações configuram preceitos morais e comportamentais, mais fortes que os estabelecidos pelas religiões monoteístas com sua Bíblia, seu Corá, ou seu Alcorão, algo que os helenos sempre se orgulharam de não ter, pois significam um enorme retrocesso em termos da individualidade humana, que pensa, que sente, que opina, que cria, melhor dizendo, que se autocria ao longo

---

563 EURÍPIDES, 1973, p. 268.

564 EURÍPIDES, 1973, p. 268.

565 EURÍPIDES, 1973, p. 268.

do tempo devido a sua liberdade de pensamento e ação. E para quê? Para deixar fluir e seguir seus impulsos naturais, de beleza e violência, como se fossem animais, vivendo intensamente o presente, o dia a dia, estimulados, para isso, por um deus irracional e amoral, que se coloca, como se entende pelo canto, bem acima dos mortais, da mesma forma que os demais, que proporciona a loucura, o delírio e o êxtase das pessoas, mediante as mais variadas formas, de modo que seja possível a entrega total das mesmas àquela atitude hedonista, renunciando assim a sua personalidade individual, e os liberando de suas amarras familiares e sociais. Ademais, não consigo ver naquelas afirmações, qualquer base para as referências feitas à discussão ateniense entre *nomos* e *physis*, cujo transfondo implícito, como todos sabemos é a *polis*, centrado na questão do poder civil e da justiça, que nada tem a ver com as afirmações contidas no estásimo, diante do gigantismo concedido à natureza, às ações baseadas unicamente em impulsos irracionais, na maioria violentos, e de uma vida basicamente *apolis*.

Chegamos finalmente ao epodo, à "felicidade" do presente, que desfruta o dia a dia, que é superior a todas as outras, como o coro deixa entender, tais como escapar dos perigos de ser caçado, da vitória em termos de sucesso material, das múltiplas esperanças que podem ou não ocorrerem, que no fundo é a grande conquista de se comportar de acordo com seus impulsos, proposto pela religião dionisíaca. Os preços a serem pagos para se chegar a este paraíso já foram suficientemente detalhados, e assim estamos preparados para a continuação da trama idealizada por Eurípides, com o desfecho deste longo *agon*, desta disputa, do deus contra Penteu, da qual fez parte este estásimo como uma espécie de justificativa necessária para seguir com os ritos sacrificiais do rei, em nome da religião dionisíaca, anunciado pelo deus e que será perpetrado por sua mãe, sem antes destruir sua personalidade individual de rei e homem, expondo-o ao ridículo a todos os cidadãos de Tebas. Portanto, o deus está em uma posição de sacrificador do sacrificado Penteu, por julgar que foi desrespeitado por ele, ao não reconhecer sua origem divina, de tentar impedir os cultos e ritos de sua religião na cidade, agindo assim como qualquer outra divindade, porém, aqui, ressaltando seu aspecto maléfico e monstruoso, com requintes de destruição pessoal que vão bem além da morte física, reafirmando seu poder mediante uma de suas diversas faces.

O quarto episódio inicia-se com Dioniso ainda na figura do estrangeiro saindo do palácio seguido por Penteu vestido como uma Ménade, com um peplo de linho, peruca, adornado de hera e mitra e portando um tirso na mão, aparentando tratar-se de dois mortais. Porém, logo fica claro que estamos diante de uma das cenas mais constrangedoras e horripilantes da tragédia ática, por sua desfaçatez e ironia, terríveis e trágicas, com o estrangeiro assumindo inteiramente o papel de deus Dioniso, em sua face mais tenebrosa e malévola, em pleno controle da situação e Penteu, um pobre coitado, de uma impotência melancólica, ridicularizado ao extremo, destituído de sua personalidade humana, de homem e de rei, para a de mulher e vassalo, como se fosse um animal de pequeno porte, quase doméstico, todo paramentado em seus mínimos detalhes, pronto para ir em direção ao Citeron onde será sacrificado por sua mãe e as Bacantes, esquartejado ainda vivo e comido cru com uma violência impensável. As falas e diálogos entre os dois imaginados pelo poeta são de um realismo atroz e chocante, concentrados na desprezível fantasia e loucura do rei, não existindo por parte dele, o poeta, nem um alívio na situação, ainda agravada e acentuada, pelo lado do deus por sua violência, bestialidade, amoralidade e impiedade, e pelo lado de Penteu por sua mesquinhez, limitação, luxúria, na ânsia infantil de ver a mãe e as tias fazendo sexo, e ainda, em uma alienação fantasmagórica, pensando em glória e reconhecimento pelo que está fazendo, sem conseguir sequer desconfiar do que lhe vai ocorrer.

Vou me concentrar em duas passagens emblemáticas, por sua relevância para a trama, ao início e ao final do episódio. O estrangeiro ao sair do palácio, volta-se para trás e fala para Penteu:

> Tu, que de ver o que não deves tão desejoso estás, e o que é vedado te é solicitas, a ti falo, ó Penteu sai do palácio e oferece-te a meus olhos envergando uma veste de mulher, de Ménade, de Bacante, tu, o espia de tua mãe e suas sectárias.[566]

E assim que Penteu sai do palácio, vestido de Bacante e com o tirso na mão ele ironicamente comenta: "Uma das filhas de Cadmo nas feições me pareces",[567] que ele simplesmente ignora, pois está certamente em confusão mental, em outro registro, como demonstram suas palavras:

> Eu estou em crer que vejo dois sóis, e vejo Tebas, a cidade das sete portas, a dobrar. A ti, que me conduzes um touro eu te creio, e na tua cabeça despontaram chifres. Já era dantes uma fera! Em touro te tornaste![568]

---

566 EURÍPIDES, 1973, p. 269.

567 EURÍPIDES, 1973, p. 269.

568 EURÍPIDES, 1973, p. 270.

O deus, imediatamente replica, sugerindo que agora tendo o deus como aliado, ele começa a ver o que antes não via, em uma clara afirmação de que sua capacidade sensorial está mais desenvolvida, mais aguçada. Esta passagem gerou igualmente grandes controvérsias, onde bom número de analistas considerou que Penteu estivesse embriagado, que sua visão refletisse a fantasia de uma pessoa alcoolizada. Dodds argumenta que Penteu, aparentemente vê a figura do estrangeiro em sua forma habitual, mas que vê também outra figura, seu duplo com chifres, adiante dele, baseado na palavra *amartei*, conjuntamente.[569] Dodds ainda acrescenta que esta segunda figura é uma sinistra epifania do deus em sua bestial encarnação, não sendo assim uma fantasia alcoólica.[570] A dificuldade aqui é saber a natureza exata da metamorfose de Penteu, necessária inclusive para a concretização do ritual de sua morte, já que certamente não é mais o homem e rei de Tebas, mas que também não é uma mulher completa, vestido como uma Bacante, e assim, supostamente um novo seguidor do deus, sob o seu total controle e submissão, que segundo este começa a ver coisas que antes não via como dupla visão da vida, nos dois sóis, Tebas se dobrando a religião dionisíaca, e antecipando o lado mais bestial e cruel do deus, na figura taurina, como explicitarei no diálogo.

De qualquer forma, creio não haver necessidade de assumir a hipótese da embriaguez, inclusive por sua estranheza no âmbito da trama, que revela ainda uma atitude reacionária ao próprio objeto da tragédia, ao não reconhecer os poderes do deus Dioniso, que em matéria de intoxicação, as mais diversas, era mestre. Após tudo o que ocorreu até aqui, os milagres realizados, a possessão das pessoas, em particular das mulheres tebanas, a metamorfose da situação do conflito com Penteu, e a consequente submissão do rei ao deus, acho perfeitamente lícito supor que Penteu está possuído por ele, em um estado semelhante ao das Bacantes, que veneram e reverenciam a divindade seja a forma que for principalmente encarnado em um touro, símbolo da própria religião dionisíaca. O que nós não sabemos é como exatamente começa este processo, suas condicionantes, duração e permanência, qual o tipo de intoxicação necessária, e como é alterada a personalidade humana das pessoas, podendo-se imaginar, que elas continuam a ser exatamente o que eram, porém, agregando algumas outras características, que a levam a participar em grupo de comportamentos, ritos e cultos dominados por um agente exterior. Julgo pertinente aqui, lem-

---

569 DODDS, 1986.

570 DODDS, 1986.

brar que existem evidências históricas, principalmente nos chamados ritos de resistência ao deus e sua religião que comprovam a possessão de mulheres pelo deus, em algumas cidades, que largaram tudo para seguir em delírio e êxtase pelas montanhas, não sendo estes fatos invenções de Ésquilo ou de Eurípides, como bem demonstra Dodds em seu artigo sobre o menadismo.

A segunda passagem que gostaria de comentar, é já ao final do episódio, a partir do verso 961, quando o diálogo entre o deus e Penteu atinge o máximo de cinismo e ironia trágica, de uma violência ímpar, que se inicia com o rei ainda em seu delírio de honra, exorta o deus a levá-lo através da cidade preferindo a publicidade antes rejeitada; "Leva-me através da terra tebana. Sou o único homem que, entre todos, ousa tal!",[571] que o deus responde ironicamente, mostrando sua face mais cruel e ímpia, ao brincar com a morte do rei por sua mãe; "Só tu a penar pela cidade, só tu! Por isso te aguardam pelejas dignas de ti. Segue-me! Teu guia salvador eu sou. Outrem há de trazer-te de lá",[572] sabendo que de lá ele retornará morto trazido por Cadmo. O deus nesta fala insinua de forma clara, que Penteu está assumindo um papel de "bode expiatório" da cidade, do famoso personagem *pharmakón*, se situando assim na mais deplorável e inútil presença na cidade, pessoa esta que não fará nenhuma falta. O diálogo que se segue é ainda mais cruel e mórbido por parte do deus, diante de um Penteu emocionado, como se fosse um efeminado, com a possibilidade de ser trazido de volta pela mãe: "A que me deu à luz", pergunta, e o deus sarcástico; "De todos contemplado",[573] levando Penteu a se convencer mais ainda, do acerto de sua ação; "Para tal vou", mas, o deus se supera atingindo o máximo da violência, da vingança, da impiedade; "Transportado virás", que Penteu acrescenta em sua ilusão; "Afagado dizes que serei", e o deus irônico e sanguinário; "Nas mãos de tua mãe", levando Penteu a fechar o diálogo de forma humilhante em sua loucura; "Alcançarei o que mereço".[574] Mesmo respeitando os poderes do deus, sua irracionalidade, sua amoralidade, sua impiedade, que nada têm de sagrado ou religioso, ainda assim, neste episódio, como dissemos, o deus se supera em violência, vingança e destruição, ultrapassando de forma

---

571 EURÍPIDES, 1973, p. 272.

572 EURÍPIDES, 1973, p. 272.

573 EURÍPIDES, 1973, p. 272.

574 EURÍPIDES, 1973, p. 272-273.

evidente e absoluta, a violência física das Bacantes ao esquartejarem Penteu, e parece *não existirem dúvidas de que esta foi a intenção do poeta, pois todos os que estariam presentes a representação da tragédia, em Macedônia, ou, em Atenas, sabiam de antemão o que iria ocorrer com Penteu, tornando este episódio mais dramático, porém de uma violência fora de qualquer padrão anterior.* E isto é confirmado pela última fala do deus neste episódio, quando o deus de longe incita com sucesso, é evidente, às filhas de Cadmo a exercerem suas violência física contra aquele "jovem", minimizando um pouco seu comportamento "feminino" perante os olhos da assistência:

> Desgraçado dos desgraçados, destino mais desgraçado buscas, tu encontrarás a glória que se ergue até aos céus! Estendei as mãos, Agave e vós, filhas de Cadmo, do mesmo sangue oriundas! Este jovem que aqui está eu conduzo ao grande combate! Vencedor eu serei e Bromio. Os fatos dirão o resto.[575]

Chegamos assim ao quarto estásimo do coroum canto de vingança, de fúria báquica, antecipando o quinto episódio, com o relato do mensageiro sobre a morte de Penteu, logo seguido pelo quinto estásimo de exultação pela morte do rei. O coro das mulheres bárbaras como comentamos anteriormente, entra para valer no jogo violento e cruel, com vistas a liquidar o antagonismo de Penteu à religião dionisíaca, sem o mínimo pudor, convocando a todos e a tudo para matar com todos os requintes a Penteu. Inicialmente elas convocam a deusa da loucura, Lyssa, com seus mastins para que entrem e possuam as Bacantes, as mulheres tebanas, especialmente as filhas de Cadmo que comandam o *thiasos*, como se fossem o próprio Bromio, da mesma forma que fizeram com Penteu, em uma demonstração clara de que, elas do coro, representando igualmente ao deus, queriam, muito mais loucura, muito mais fúria, muito mais violência, que elas já haviam demonstrado quando do episódio do boiadeiro ao esquartejarem bois e touros, destruindo comunidades inteiras e sacrificando crianças. Clarividentes e seguras de seu poder sobrenatural em relação ao que vai acontecer, ou que está acontecendo, elas também descrevem nesta estrofe as ações das mulheres nas montanhas e seus questionamentos;

> Correi, céleres mastins da Loucura, à montanha correi, lá onde as filhas de Cadmo o tíaso detêm! A elas provocai contra aquele que, em túnica de mulher encoberto, enlouquecido, às Ménades vai espiar! A mãe será a primeira a vê-lo, do alto do rochedo polido ou de uma arvore espreitando, e pelas Ménades bradará; Quem é este, que às Cadmianas que correm

---

575 EURÍPIDES, 1973, p. 273.

pelos montes acossa, e à montanha veio, ó Bacantes? Quem o deu à luz? Não foi do sangue de mulher gerado, mas de alguma leoa ou da estirpe das Górgonas Líbias![576]

A estrofe é uma obra prima do poeta ao questionar de forma sutil e poética a natureza humana, colocando em dúvida tal condição a partir de Cadmo, de sua filha Agave, que se casou com o filho do dragão, Equion e que, ironicamente, já que ela própria pergunta foi quem deu à luz ao monstro sub-humano Penteu, e que agora tomada pela loucura enviada do exterior, de um poder sobrenatural, se torna ainda menos humana e mais bestial, levando-a a esquartejar o filho. Em seguida, segue-se um refrão, no mesmo esquema do estásimo anterior, onde o coro de forma arrogante convoca a justiça para que venha com a espada na mão, para cumprir a lei natural e dar conta do sub-humano Penteu, utilizando a violência ao matá-lo:

Venha a justiça resplandecente, venha do gládio portadora e fira de morte a garganta do ímpio, sem deus, sem leis, sem justiça, vergôntea de Equion, pela terra gerado![577]

A antístrofe apesar de todos os problemas no texto detectados pelos especialistas, na realidade, mediante uma retórica moralista, visa defender a solução da morte daqueles, que com força investem contra as divindades, dando um caráter geral ao caso de Penteu, repetindo uma vez mais o discurso da sabedoria do presente e do dia a dia, *juntamente com a "perseguição" das coisas grandes, contrariando como nota Winnington-Ingram[578] a segunda ode, de contentamento com o que está em suas mãos.*

Vejamos a primeira parte da antístrofe, com a estranha citação de Sémele, já que nenhuma novidade é contemplada na segunda parte:

Aquele que com falsos juízos e cólera criminosa contra as orgias tuas, ó Baco, e de tua mãe de coração embravecido e de louca audácia tomado, se apresta como se o invencível pudesse vencer pela força, a esse, a morte é que vem equilibrar o espírito, nas coisas divinas inexorável![579]

Após a antístrofe o poeta repete o refrão, com a convocação da justiça de espada na mão, mas agora para abrir caminho para a última das convocações do coro, no epodo, na qual a bestialidade do próprio deus

---

576 EURÍPIDES, 1973, p. 273-274.

577 EURÍPIDES, 1973, p. 274.

578 WINNINGTON-INGRAM, 2003.

579 EURÍPIDES, 1973, p. 274.

é invocada, seja como touro, seja como dragão de múltiplas cabeças, seja como leão, para que o "caçador de Bacantes", seja colhido nas redes da morte. A única curiosidade aqui é dada pelo coro que ao convocá-lo em qualquer de suas formas bestiais mantenha "o rosto sorridente", solucionando assim, segundo Winnington-Ingram,[580] o grande mistério de sua feição, sempre com um sorriso nos lábios, típico dos sorrisos cruéis e sinistros das gentis bestas diante de suas presas.

O quinto episódio começa com a entrada em cena de um mortal comum, de um servo da casa de Tebas, aqui, no papel de mensageiro, vindo do Citerón, que havia acompanhado a Penteu e o deus em suas incursões as montanhas, saudando de forma tradicional a casa do ancião de Sidon, o rei Cadmo, outrora próspera e feliz, agora em desgraças, anunciando, após pergunta do coro, a morte de Penteu, descendente de Equion. O coro alegre e feliz, "Divino Bromio, deus poderoso te mostras!",[581] chocando aquele simples mortal que reage indignado com aquela desumanidade; "Que dizes? Que palavras proferes? Com os males que oprimem os meus amos vos regozijas, ó mulheres?"[582] O coro com audácia hibrista ao se sentir livre de Penteu; "Evoé clamo, estrangeira que sou em meus bárbaros cantos! Já das cadeias o temor não me aterra",[583] levando o mensageiro a perguntar a origem de tanto desprezo pelos homens tebanos, e com decência e tranquilidade apesar da situação, vai ainda recriminar novamente as mulheres do coro, de uma forma bem grega, após elas afirmarem não se interessarem por Tebas, mas por Dioniso ao qual elas obedecem: "Tens atenuante, mas com as desventuras alheias exultar, ó mulheres não está bem."[584] E o coro ainda provocante, ansioso por ouvir, que conforme previra, a justiça foi feita com a espada na mão contra "[...] o perverso maquinador de perversas manobras."[585] E o mensageiro contou tudo que havia presenciado, em um longo relato, com mais de cem versos que tentaremos aqui sintetizar, da melhor forma possível, de tal modo que consigamos extrair seus aspectos mais relevantes.

---

580 WINNINGTON-INGRAM, 2003.

581 EURÍPIDES, 1973, p. 275.

582 EURÍPIDES, 1973, p. 275.

583 EURÍPIDES, 1973, p. 276.

584 EURÍPIDES, 1973, p. 276.

585 EURÍPIDES, 1973, p. 276.

Vou partir de duas hipóteses de trabalho, previsíveis e facilitadoras: a primeira de que existe uma troca de bastão entre a figura mortal do estrangeiro com sua monstruosa armadilha, contra Penteu, levada a cabo em seus mínimos detalhes, para a ação divina de Dioniso, que com todo seu poder leva as Bacantes a agirem de forma cruenta, bestial e alucinada ao trucidarem Penteu, e a segunda, que esta afirmação de poder do deus, se dá junto à natureza, onde tudo isto poderia ocorrer, com a calma, tranquilidade e beleza de certos momentos sendo perturbada por outros de violência e crueldade por bestas fora de controle, em que paradoxalmente, aquela dita natureza, associada ao seu deus se prestasse a ajudar e cooperar com o mesmo empenho, às duas situações.

Assim, temos um primeiro momento de paz e tranquilidade com as mulheres desempenhando seus afazeres diários junto à beleza da natureza:

> Primeiro, num vale verdejante nos detivemos [...] era uma garganta rochosa, sulcada de regatos e de pinheiro sombreada, onde as Ménades acampadas, em aprazíveis tarefas se ocupavam: umas, a seus tirsos já desguarnecidos, com tufos de hera de novo coroavam... outras como poldras que o lavrado jugo largaram, de Baco o cantar entoavam à porfia.[586]

O desventurado Penteu, não satisfeito em sua loucura recorre ao estrangeiro para que possa visualizar melhor as Ménades corruptas, propiciando a este à execução de sua cilada funesta, que com rara habilidade, colocou o rei no cimo de um abeto, e logo desapareceu, conforme a descrição do mensageiro:

> Assim o estrangeiro, segurando nas mãos o tronco alpestre, por terra o vergava, realizando um feito que não era de um mortal. Tendo instalado Penteu, na ramagem do abeto, deixou que o ramo de entre suas mãos se soltasse suavemente, cuidando para que ele não caísse e, muito direito, ao éter se elevasse, com o meu senhor montado lá no cimo. Mais a si se mostrava que às Ménades observava. Logo que o viram instalado no alto, já de nossos olhos o estrangeiro se apartara.[587]

Enquanto o estrangeiro desaparece, e Penteu no alto da árvore cumpre com o ritual tradicional, antes de ser despedaçado, a forma divina de Dioniso desponta, e do "[...] *éter uma voz que parecia de Dioniso, clamava <ó jovens, trago aquele que de vós, de mim e minhas orgias escarnece.*

---

586 EURÍPIDES, 1973, p. 276-277.

587 EURÍPIDES, 1973, p. 277.

Castigá-lo podeis, pois> [...]",[588] com a ajuda da natureza, como observara anteriormente, pois "[...] enquanto tais palavras proferia (o deus), entre a terra e o céu, o brilho de uma luz terrível se acendeu; silenciou o éter, silenciou do vale frondoso a folhagem, das feras o brado mais não se ouviu."[589] A princípio elas não reagiram, mas ergueram-se muito eretas e à vista volveram, e de novo ele as chamou

> Reconhecendo de Baco o claro mando, as filhas de Cadmo, ágeis não menos que pombas precipitaram-se, correndo com os pés em louca correria, Agave, a mãe, e as irmãs, do mesmo sangue oriundas e as Bacantes todas... Do vale, a torrente e as ravinas transpuseram, tomadas do sopro divino.[590]

Tendo avistado Penteu no alto de um abeto, jogaram-lhe pedras, e tirsos, sem sucesso, lá estando ele sem possibilidades de evasão, e foi aí que precisamente Agave reuniu todo o grupo, bradando: "Vamos fazei um círculo, agarrai o tronco, ó Ménades, para que a fera trepadora capturemos, não vá revelar do deus as danças secretas."[591] Elas com suas mãos agarrando o tronco, o arrancaram do solo e do alto derrubado no solo, gemidos soltando, Penteu caiu. O fim estava próximo. Winnington-Ingram corretamente chamou muita atenção para esta fala de Agave,[592] que ao mesmo tempo considera Penteu como uma fera, como uma pantera ou um gato do mal, mas que é capaz de revelar os mistérios das danças báquicas, revelando um estado de espírito, segundo ele semelhante ao sonho onde o simbolismo predomina e a lógica se ausenta, levando-nos a pensar, do nosso lado, que sua mente não estaria totalmente fora do controle, e que talvez oscilasse entre duas posições antagônicas.

Penteu com o choque da queda, ele que igualmente estava em transe, ou no mesmo estado de espírito de sua mãe conforme aquele autor, recupera seus sentidos, mais que isto sua humanidade, mas tendo que encarar Agave, "sacerdotisa primeira ao homicídio preludia e sobre ele se lança"[593], e dos "cabelos a mitra ele arredou, para que o reconhecesse e não o matasse a infortunada Agave; e falou a face dela acariciando: "Mãe, sou eu, o teu filho Penteu, que na mansão de Equion deste à luz; apieda-se de mim,

---

588 EURÍPIDES, 1973, p. 277.

589 EURÍPIDES, 1973, p. 277.

590 EURÍPIDES, 1973, p. 277-278.

591 EURÍPIDES, 1973, p. 278.

592 WINNINGTON-INGRAM, 2003.

593 EURÍPIDES, 1973, p. 278.

ó mãe, e, não obstante meus erros, um filho teu não queiras imolar!"[594] Diante da mãe que ele adorava, como patenteado em diálogo anterior em que sonhara voltando do Citeron junto a ela, dominada inteiramente por Dioniso, transformada na sacerdotisa do ritual de seu esquartejamento (*sparagmós*), Penteu, que ao retirar a mitra da cabeça recupera a sanidade, finalmente deve ter reconhecido a divindade do deus, sabendo que suas palavras não teriam o menor efeito sobre a loucura da mãe: "[...] expelindo espuma e as revoltas pupilas agitando, sem raciocinar como devia, por Baco dominada, nem o escutou."[595] E ela mesmo inicia o esquartejamento do filho, desarticulando sua espádua, secundado por Ino e Autónoe e todas as Bacantes descrito em detalhes pelo mensageiro, sendo que imediatamente após:

> O corpo mutilado jazia aqui e ali, parte em agrestes rochedos, parte na folhagem do bosque frondoso. Não seria fácil de achar. Tomando a cabeça do desventurado entre suas mãos, a mãe a segurou e, cravando-a no cimo do tirso, como se da montanha um leão fora, passeia-a pelo Citéron, deixando as irmãs no coro das Ménades.[596]

Finalmente, o último momento do ritual, representado simbolicamente pelo retorno de Penteu das montanhas para a cidade para o palácio real, com sua cabeça ornamentando o tirso de Agave, como o grande troféu da caçada das Bacantes graças ao deus Dioniso:

> De sua presa funesta se orgulha e avança para as nossas muralhas, a Baco invocando, o seu camarada, o seu companheiro de caça, o que lhe deu a vitória, a quem traz um troféu umedecido de pranto. Em louca correria, me vou escapando, antes que Agave sua morada alcance.[597]

O mensageiro, da mesma forma que o primeiro mensageiro pronuncia algumas palavras de aceitação e de aconselhamento aos pobres mortais, na linha das antigas crenças quanto a sabedoria e piedade, transformada pelo coro para permitir tais violências: "Praticar a moderação, e ser reverente aos deuses é a coisa melhor, e creio ainda que é o mais sensato dos bens para uso dos mortais."[598]

---

594 EURÍPIDES, 1973, p. 278.

595 EURÍPIDES, 1973, p. 278.

596 EURÍPIDES, 1973, p. 279.

597 EURÍPIDES, 1973, p. 279.

598 EURÍPIDES, 1973, p. 279.

O coro no quinto estásimo canta, de um lado, de forma cuidadosa o triunfo do deus e a desgraça de Penteu, ainda evocando o conflito em termos bestiais, do filho do dragão com o touro, insinuando que foi definitivo em sua morte ter assumido a condição de mulher bacante com o tirso na mão, e por outro lado, de forma irônica e cruel, advertindo suas companheiras cadmianas que elas rapidamente passariam do canto glorioso para os lamentos, quando voltassem as suas realidades:

> Dancemos por Baco, celebremos a desgraça de Penteu, vergôntea do dragão, que envergando uma veste de mulher, o nartex, do Hades penhor, e o tirso tomou, tendo como arauto de sua desventura o touro! Bacantes cadmianas, vosso canto triunfal e glorioso se acabará em lamentos, em prantos! Belo combate, onde com a mão gotejando sangue o corpo do filho se estreita![599]

O importante neste estásimo, é que as Ménades seguidoras de Dioniso, agora acentuam suas diferenças das Bacantes cadmianas, após estas terem cumprido a missão de esquartejarem Penteu, de terem sido usadas pelo deus para fazerem o trabalho sujo e violento, e claro, porque inicialmente eram contra o deus, e só fizeram estas coisas, por estarem possuídas por ele e completamente fora de si. Porém, aquelas mulheres lídias revelam igualmente, que além de terem saudades dos aspectos agradáveis da vida idílica nas montanhas como explicitado no terceiro estásimo, aparentemente, não pactuavam com a parte cruel e bestial dos ritos de *sparagmós* e de *omofagia* aplicados em presas humanas, já que aceitavam e se deleitavam com eles quando em animais, de acordo com o hino de entrada, algo que ficará mais claro na primeira parte do Êxodo, que veremos a seguir.

O êxodo, segundo Dodds pode ser dividido em cinco partes:

a. a cena de loucura entre Agave e o coro, do verso 1165 a 1215;

b. o retorno de Cadmo com os restos de Penteu e o retorno a sanidade de Agave, versos 1216 a 1300;

c. os lamentos por Penteu, versos 1301-1329, a última parte perdida;

d. o deus ex-machina, versos 1330-1367, os primeiros perdidos e concluindo;

e. os anapestos, versos 1368-1392, que foram mutilados.

A primeira parte em versos líricos, na forma estrófica, com uma estrofe (1168 a 1183) e uma antístrofe (1184-1189), marcando o clima de horror, com Agave correndo em direção ao palácio com a cabeça de Penteu nos

---

599 EURÍPIDES, 1973, p. 279-280.

braços chamando pelas Bacantes da Ásia, que reagem mal ao espetáculo de ter que encarar a cabeça de seu inimigo, que elas preferiam não ver, de acordo com Dodds. Em relação a esta atitude das mulheres bárbaras para com as mulheres cadmianas, existe também outro fator de desgosto por parte das primeiras, que sem dúvida era o estado mental de Agave, em uma excitação e loucura de tal ordem, impossíveis de serem acompanhadas por elas, que se encontravam sóbrias, além, naturalmente como vemos no diálogo, que Agave, com muito orgulho, se louvava ao extremo por seu fundamental papel na caça daquele belo animal. O diálogo de horror entre Agave e o coro, tem no tema da caça a principal questão, como bem notou Winnington-Ingram,[600] porém, neste mesmo diálogo existe uma coisa que fica ainda mais clara, cuja consequência é bem grave, já que fica implícito, ao contrário do que pensava aquele autor, que a caça não é uma finalidade em si-mesma ou para alimentação, mas que faz parte realmente de um ritual, em que o despedaçamento e a ingestão de carne crua pelos participantes são elementos intrinsicamente associados e fundamentais. A caçada é para despedaçar a presa e comê-la crua, este é o ritual dionisíaco, pois somente assim se alcançam os objetivos religiosos do processo, que aqui ainda não vou discuti-los. Assim, o tema do diálogo, não tão louco assim, é o que Agave deixa evidente: ela caçou aquela presa, uma jovem cria de um leão selvagem, iniciou seguida pelas outras seu esquartejamento e está trazendo uma parte dela, para as mulheres do coro para que em conjunto elas se deliciem, como se fosse um bezerro ainda jovem e de pelo delicado e abundante em sua cabeça. E mais, este ritual somente permite uma leitura, e somente uma independente de tudo: depois de caçar e esquartejar a presa, que tanto faz ser um animal ou um mortal, a pretendida comunhão com o deus, sua energia e poderes, que é transmissível a todo o grupo, somente se efetiva, com a ingestão da carne crua da presa, por todos os que participam do culto.

Por esta razão na antístrofe Agave pergunta a líder das mulheres do coro; "participa do meu festim?", levando uma resposta ríspida; "O quê? Eu, participar, desgraçada?", levando Agave a insistir; "É um bezerro ainda jovem, e um pelo bem delicado floresce, abundante em sua cabeça".[601] O coro reage à situação de forma sarcástica em relação a Penteu: "Com uma fera selvagem no pelo se parece"[602], e Agave mais séria em

---

600 WINNINGTON-INGRAM, 2003.

601 EURÍPIDES, 1973, p. 282.

602 EURÍPIDES, 1973, p. 282.

relação ao ritual introduz o deus, responsável por elas o caçarem; "Baco, hábil caçador habilmente incitou à caça desta fera às Menades"[603], com o coro seguindo sarcástico até em relação ao deus; "Grande caçador é o nosso soberano".[604] As mulheres do coro, além de não participarem do ritual sagrado, sarcasticamente tentam diminuir o feito de Agave e das Bacantes, meio que surpreendidas com as respostas de uma Agave, em delírio mas sábia, que a tudo responde de forma coerente às provocações pueris do coro, como ao final do diálogo. O coro observa ironicamente: "Presa desmedida!"[605] que Agave superiormente retruca "de forma desmedida granjeada!"; o coro insiste; "Regozijas-te?", e ela responde de acordo com o quarto estásimo do coro, esclarecendo quanto "as grandes coisas" por elas mencionadas; "Rejubilo nestes grandiosos, grandes feitos e esplendidas proezas desta caça", levando o coro à sua derradeira provocação; "Patenteia agora, ó infortunada, tua presa triunfal aos cidadãos, esse despojo que vens trazendo".[606]

Agave não se faz de rogada, como uma das filhas de Cadmo e exalta o feito, de uma forma inusitada, com evidentes conotações simbólicas, pois contrapõe a força e habilidade naturais de suas brancas mãos, no processo de caçar e desmembrar sua presa ao uso de armas supérfluas, dardos tessálicos, redes, compradas ou adquiridas:

> Ó vós, que habitais a cidade de belas torres no país tebano, vinde apreciar esta presa, a fera que nós, as filhas de Cadmo abatemos, não com dardos tessálicos presos por correias, não com redes, mas com as laminas alvas de nossas brancas mãos. Depois disto, será licito enaltecer-se o caçador que compra ao fabricante armas supérfluas? Nós mesmas, com as nossas mãos o agarramos, elas nos bastaram para o desmembrar.[607]

E só então, Agave lembra-se do seu velho pai, Cadmo, e de seu filho Penteu, aquele para que possa colocar o troféu que ela trouxe em um lugar de destaque em um dos frisos na fachada do palácio:

> Onde está o meu velho pai? Que venha aqui. Penteu, o meu filho onde está? Uma escada ele encoste às muralhas e os bem assentes degraus suba para nos triglifos cravar a cabeça deste leão, o troféu por mim caçado.[608]

---

603 EURÍPIDES, 1973, p. 282.

604 EURÍPIDES, 1973, p. 282.

605 EURÍPIDES, 1973, p. 283.

606 EURÍPIDES, 1973, p. 283.

607 EURÍPIDES, 1973, p. 283-284.

608 EURÍPIDES, 1973, p. 284.

Neste momento entra Cadmo, seguido pelos escravos que trazem os restos mortais de Penteu.

Entramos assim na segunda parte do êxodo, com Cadmo trazendo os despojos de Penteu, o que por si só era já era uma tarefa terrível, para o velho rei e fundador de Tebas, pois segundo seu relato, ele mesmo teve que identificar os pedaços do neto pelas encostas do Citerón, como na floresta mais densa, porém, ele tinha pela frente uma tarefa ainda mais trágica e terrífica: encarar a filha tresloucada, Agave, portando a cabeça do filho em um tirso, achando que era de um jovem leão, e aos poucos e com cuidado extremo tentar trazê-la para a realidade. Mas, após o exaustivo trabalho de identificar e trazer os restos de Penteu, e colocá-lo em frente ao palácio, ele descreveu suas idas as montanhas, enfatizando que este esquartejamento era o segundo da família, o de Acteón e agora o de Penteu ambos seus netos:

> Anunciaram-me o delito das minhas filhas, quando já da cidade os muros alcançava com o velho Tirésias, depois de deixar as Bacantes. De novo a caminho da montanha, de lá trago o corpo do meu filho massacrado pelas Ménades. Ali, de Aristeu a esposa e de Acteón a mãe, a Autonoe eu vi e também a Ino, que ainda sob o aguilhão sinistro erravam pela floresta. Disseram-me que para aqui, em corrida báquica Agave se encaminhava. Palavras vãs não escutei ante mim a tenho, ó terrífica visão.[609]

Agave ainda perturbada, mas conhecedora das glórias paternas, vangloria a linhagem cadmiana diante do seu grande feito de ter abandonado os teares para capturar feras, unicamente com suas mãos, solicitando ao pai que coloque a presa que ela porta, nos muros de seu palácio: "*Ó pai, acolhe-o em tuas mãos! Deves ufanar-te da minha caça! Convoca os amigos para um festim! Ditoso, bem ditoso és, por tais proezas praticarmos.*"[610]

Cadmo inicia aqui, a meu ver, sua ação humana de solidariedade e de compaixão com a filha, tentando explicar o que ela havia feito, colocando seus males à frente dos seus próprios males, falando também da justiça excessiva do deus, especialmente pelo fato do mesmo, ser seu descendente, filho de Semele, sua filha:

> Ó dor sem freio, tão dolorosa de ver, sangue derramado por mãos míseras, eis a tua proeza! Bela é a vítima que aos deuses acaba de imolar, e para cujo festim aos Tebanos e a mim convida! Teus males choro primeiro, os meus

---

609 EURÍPIDES, 1973, p. 284.

610 EURÍPIDES, 1973, p. 285.

depois É que o deus, com justiça talvez, mas com força excessiva nos feriu- Bromio, o Senhor, vergôntea de nossa raça![611]

Agave ainda em estado de excitação critica o mal humor do velho pai e louvando-se, pede que o filho, siga seu exemplo e passe a acossar as feras e não os deuses, numa declaração de que também conhece muito bem o filho que tinha: "Mas combater os deuses é só o que ele sabe. Ó pai cumpre-te adverti-lo! E se alguém o convocasse ante meus olhos, para que veja a minha ventura?"[612] Seguindo de perto a Winnington-Ingram,[613] que com razão chama atenção para a ênfase dada neste episódio à questão da visão, "do vendo", que tem a ver segundo ele, com a questão da prova da divindade do deus, claramente visível nos acontecimentos, mas que atinge particularmente a Agave, que paradoxalmente não consegue ver o que está ocorrendo, como de outro lado, Penteu não pode ver a felicidade da mãe, nos leva a avaliar a dimensão do enorme desafio de Cadmo, pois, justamente, ele tem que levá-la a ver com clareza a atrocidade por ela cometida, ao esquartejar o filho, colocando sua cabeça em um tirso como troféu, e ao mesmo tempo destruindo a sensação de felicidade por ela sentida, mesmo que em termos ilusórios, algo exterior a ela mesma.

Assim Cadmo a adverte quanto a sua condição objetiva:

> Ai! Ai! Quando tomares consciência do que fizeste, uma dor atroz te consumirá! Se até ao fim deves permanecer sempre no estado em que te encontras que afortunada não és, mas infortunada também não, hão de pensar.[614]

Prontamente é respondida por Agave: "Que há nisto de odioso ou de lúgubre",[615] levando a Cadmo com paciência e dedicação fazer com que ela recupere a sanidade, como se fosse um moderno psicólogo. Ele começa pedindo a ela que se concentre em algo externo, e cautelosamente avança, dando pausas, e aos poucos ela começa a reagir, "[...] falando bem devagar e simples, nos mostrando com arrepios o começo de uma nova vida."[616]

> Cadmo: Primeiro, levanta os teus olhos ao éter.

---

611 EURÍPIDES, 1973, p. 285.

612 EURÍPIDES, 1973, p. 285.

613 WINNINGTON-INGRAM, 2003.

614 EURÍPIDES, 1973, p. 285.

615 EURÍPIDES, 1973, p. 286.

616 WILAMOWITZ *apud* DODDS, 1986, p. 230.

> Agave: Estou a olhar. Porque tal ordenas?
> Cadmo: Parece-te igual, ou sofreu alteração?
> Agave: Está mais resplandecente e transparente que antes.
> Cadmo: O deslumbramento impera ainda na tua alma?
> Agave: Não compreendo as tuas palavras. Mas recuperei a razão, operou-se uma mudança no meu espírito.
> Cadmo: Queres ouvir-me e responder claramente?
> Agave: Sim; até já esqueci o que disse antes, ó pai.[617]

Vamos a partir daqui seguir Dodds, que inicialmente observa

> [...] que Eurípides sabia que uma repentina alteração de personalidade é muitas vezes acompanhada de amnésia e brilhantemente explora as dramáticas possibilidades da situação, como se Agave estivesse saindo de uma hipnose profunda.[618]

Agave ao revelar a amnésia, leva Cadmo a conduzir o "reconhecimento" (*anagnórisis*) elemento qualitativo aristotélico para impressionar a audiência, apelando para a memória antiga que não havia sido represada:

> Cadmo: A que mansão te levou o himeneu?
> Agave: A Equion me deste, o que dizem ter nascido dos dentes do dragão.
> Cadmo: Ao teu esposo, que filho em sua mansão nasceu?
> Agave: Do nosso amor comum Penteu é o fruto.[619]

Cadmo então coloca a questão crucial: "E agora de quem é a cabeça que nos teus braços susténs?," e ela responde afastando os olhos, já sem saber direito: "De um leão; assim diziam as minhas companheiras de caça [...]", e Cadmo firme, mas gentil, a força a abandonar seu último refúgio: "Olha agora bem; pequeno esforço te custará [...]", ela chocada, contempla: "Que contemplo? O que trago nas minhas mãos?". E Cadmo indo até o necessário fim: "Observa-a e reconhece-a melhor", e Agave se desespera: "Eu vejo, ó desventurada, uma dor desmedida!", e Cadmo finaliza: "Ainda te parece que se assemelha a um leão?", levando Agave a pronunciar as palavras libertadoras: "Não, a cabeça de Penteu eu seguro, ó desventurada!",[620] que Cadmo já havia pranteado.

A partir daí, tendo tomado consciência da terrível desgraça, Agave procura saber como tal aconteceu e Cadmo lhe explica que ela e suas

---

617 EURÍPIDES, 1973, p. 286.

618 DODDS, 1986, p. 230.

619 EURÍPIDES, 1973, p. 286-287.

620 EURÍPIDES, 1973, p. 287.

irmãs o mataram, no Citerón, onde outrora os cães a Acteon despedaçaram, que ele tinha ido lá para ultrajar o deus e as Bacantes, e que elas, as filhas tinham sido possuídas pelo deus, por não reconhecerem sua divindade. Agave então procura saber dos restos do corpo do filho amado para certamente o prantear, e Cadmo lhe explica o trabalho que teve em recolher seus pedaços, levando a Agave a perguntar se "[...] todos os membros estão decentemente reunidos."[621]

A resposta a esta pergunta foi perdida, sendo que a maioria dos analistas diria ser negativa, porém uma ampla discussão ocorreu pois existem argumentos de que estas últimas passagens estão fora de ordem, anteriores em termos da retomada da consciência por Agave, e outros que consideram que a resposta deveria ser mais longa mediante a intervenção da mãe em reparação ao corpo do filho. Aqui, consideramos o silêncio do ancião como uma resposta adequada como propõe Murray. Agave, já então lúcida, faz a Cadmo uma pergunta fundamental: "Na minha demência, que parte coube a Penteu",[622] levando o velho rei a uma fala das mais importantes da trama, mostrando inicialmente que as filhas e Penteu com suas atitudes perante o deus, levaram à desgraça da família, e de todos os membros que restaram, especialmente pela morte do único varão da mesma, que trazia segurança para a continuidade dela:

> A vós se igualou, no seu desprezo ao deus. Por tal, a todos nós em desgraça comum ele envolveu, para vos destruir a vós, a ele à minha casa e a mim, que fico privado de um filho varão, deste fruto das tuas entranhas, ó infortunada, que eu vejo morto por afrontosa e execrável morte! Ó tu, em quem a casa tinha os olhos postos - apoio único, ó filho de minha casa eras, tu, que da minha filha descendia.[623]

Em seguida Cadmo pranteia o neto, tornando-o mais simpático ao público, porém sem esquecer seus graves defeitos, que inspirava temor aos cidadãos tebanos, algo que foi bem comentado por vários analistas, ao lembrarem das várias vezes ao longo da peça que sua personalidade violenta se manifestou: a devastação do santuário de Tirésias, a prisão do deus e das Bacantes, a ameaça de guerra as mesmas, e os cuidados do primeiro mensageiro ao relatar o que vira nas montanhas. De toda forma, Cadmo revela toda sua humanidade com o neto morto daquela forma tão cruel, relembrando suas intimidades conjuntas, após o

---

621 EURÍPIDES, 1973, p. 289.

622 EURÍPIDES, 1973, p. 289.

623 EURÍPIDES, 1973, p. 289.

sensível e emocionante esforço de recuperação da sanidade de Agave, sabedor do triste destino que lhes aguardam tudo isto respeitando os deuses, como ele deixará ainda mais claro:

> À cidade inspiravas temor e ao ancião não ousavam insultar, quando miravam a tua fronte-com justo castigo os punirias! Desta mansão, sem honra, vou ser exilado, eu, o grande Cadmo, que a raça dos tebanos a mais formosa seara, semeei e ceifei. Ó tu, de entre os homens o mais caro- embora já não existas, entre os que mais caros me são te contarei, ó filho- já não virás mais acariciar o meu queixo com a tua mão, nem me estreitarás, chamando-me o pai de tua mãe, ó filho e dizendo: <Quem te ofende, quem te despreza, ó ancião? Quem te aflige e perturba o coração? Diz para eu punir quem te maltrata, ó pai!> Um desgraçado agora sou, e um desventurado és tu também, infortunada a tua mãe e as suas irmãs desventuradas! Se existe alguém que aos deuses despreze, esta morte considere e nos imortais creia.[624]

O coro reage à dor de Cadmo, falando em justa a punição de Penteu: "Tua dor eu sinto, ó Cadmo! Sofreu castigo justo, o filho de tua filha, mas que penar o teu!"[625] Falar em justiça nestas circunstâncias parece algo inteiramente fora de propósito, já que a punição de Penteu foi toda ela executada pelo deus, com sua divindade e seus poderes, ao retirar a sanidade das Bacantes, a sanidade de Penteu, ao intoxicar a todos, ao preparar a armadilha para sua captura, dentre outros. Assim, falar em justiça, somente pode ser entendido caso venhamos a considerar existir entre o deus e o mortal Penteu uma indiferenciação animal, ou, mesmo uma indiferenciação mortal, já que a indiferenciação divina é uma impossibilidade pelo lado de Penteu, e que devido ao ritual bárbaro da punição de um homem impetuoso e violento, com seu esquartejamento e suas carnes em condições de ser ingerida pelos participantes do ritual, estejamos mais perto da justiça animal. Entretanto, ao considerarmos esta indiferenciação animal precisamos assumir que o deus predomine seu aspecto selvagem e bestial acima de todas as demais características e que consideremos que o mortal Penteu com suas qualidades e defeitos, igual a todos mortais da face da terra estivesse inteiramente corrompido por sua face violenta, representando assim um enorme perigo para toda a comunidade. Não existem dúvidas de que a primeira hipótese é de longe a mais viável, dada sua imensa capacidade de metamorfose, em condições de mostrar todo o seu potencial violento e bestial a qualquer momento, como, aliás, fica bem clara ao longo da peça, capacidade esta

---

624 EURÍPIDES, 1973, p. 289-290.

625 EURÍPIDES, 1973, p. 290.

bem limitada no caso de Penteu. De qualquer forma, no sentido de esclarecer melhor nossa posição, deixamos claro, que consideramos da mais alta importância o respeito que todos devem ter pelas divindades, como creio a grande maioria das pessoas, porém não existe necessidade de demonstrá-la a partir da violência, da vingança, da morte, do esquartejamento, da *omofagia*, de seus contestadores, a não ser que, no caso, outros desígnios estão presentes nesta busca divina de justiça, cujo alcance não nos pertence, pobres mortais que somos.

A partir daí, com Agave perguntando ao pai da sua vida alterada, o texto foi perdido, tendo sido avaliado por Dodds em cerca de uns cinquenta versos,[626] envolvendo o final desta terceira parte e o início da presença do deus ex-machina. A reconstituição deste trecho perdido foi feita por Dodds com base em um resumo de Apsines no século III, do *Christus Patiens*, poema da paixão de Cristo do século XII, com versos adaptados de Eurípides e ainda de alguns papiros, que aqui reproduzimos tirado do livro Eurípides,[627] do Editorial Verbo de Portugal.

> Agave cai no desespero e exclama: E a desgraçada, outrora bem-aventurada.[628]

E pede autorização para, apesar de contaminada por tão grande crime, preparar o corpo para ser sepultado:

> Débil consolação para os que morreram[629]

Cadmo dá o seu assentimento, prevenindo-a, embora, do estado em que o cadáver se encontra:

> Trazendo, com penosas canseiras, os membros de Penteu, manchados de sangue, onde cavastes sulcos, fica a saber[630]

Perante este espetáculo, Agave acusa-se e beija cada uma das suas partes, lamentando-se:

> Beijando as carnes que criei.[631]

---

626 DODDS, 1986.

627 Eurípides, 1973.

628 EURÍPIDES, 1973, p. 340.

629 EURÍPIDES, 1973, p. 340.

630 EURÍPIDES, 1973, p. 340.

631 EURÍPIDES, 1973, p. 340.

Quem é este, cujo cadáver seguro em minhas mãos? Como poderei eu, desventurada tocar neste corpo e apertá-lo contra o meu peito? Que treno hei de entoar e (beijar) todos os seus membros, ó filho...[632]

Vamos, ó ancião, ajustemos bem a cabeça (do bem aventurado), recomponhamos o melhor que pudermos todo este corpo tão robusto. Ó rosto tão querido, ó face tão jovem, sob este véu quero esconder a tua(cabeça).[633]

Então Dioniso aparece. Censura primeiro os tebanos por terem negado a sua ascendência divina:

(Muitos) forjaram (sobre mim) história pouco lisonjeiras, afirmando falsamente que eu nascera de algum mortal. E não bastou este ultraje apenas para comigo...[634]

Depois refere-se à insolência que Penteu pagou com a vida:

Aprisionou-o e (cobriu-o de zombarias); por isso morreu às mãos de quem menos devia. Foi isto que ele sofreu (não contra vontade).[635]

(Pois sabê-lo-ás) quando achares o justo castigo.[636]

Seguidamente, Dioniso profetizava o futuro de cada um dos presentes, como é habitual num deus ex-machina. Os Cadmianos serão expulsos da cidade:

Não ocultarei os males que o povo deverá sofrer. Deixarás a cidade, cedendo perante os bárbaros (forçado).[637]

Agave e as irmãs devem exilar-se imediatamente:

Abandonar esta cidade, para expiarem a mancha sacrílega por esta(malquerença) com que o mataram, e não mais(verem) a pátria; pois seria contrária à piedade que os assassinos permanecessem (junto do sepulcro dos mortos).[638]

A impiedade impediu de ver o dia do regresso.[639]

Por último dirige-se a Cadmo:

---

632 EURÍPIDES, 1973, p. 341.

633 EURÍPIDES, 1973, p. 341.

634 EURÍPIDES, 1973, p. 341.

635 EURÍPIDES, 1973, p. 341.

636 EURÍPIDES, 1973, p. 341.

637 EURÍPIDES, 1973, p. 341.

638 EURÍPIDES, 1973, p. 341.

639 EURÍPIDES, 1973, p. 342.

As penas que ele há de expiar, vou proclamá-las.[640]

Assim voltamos a partir do verso 1330, com a quarta parte do êxodo, do deus ex-machina, já tendo definido o futuro das filhas de Cadmo, porém restando as predições sobre o velho rei, que não por acaso se tornou no principal personagem masculino, evidenciando sua condição de mortal, especialmente a partir da recuperação da sanidade de Agave. Dioniso apresenta aquelas predições, de uma forma bizarra e bem enigmática, recordando tradições discutíveis e heterogêneas, pois começa dizendo que ele e sua mulher, a deusa Harmonia, filha de Ares e Afrodite mudarão de forma. Cadmo se tornará um dragão e a mulher tomará a forma de uma serpente, porém, paradoxalmente, em seguida de acordo com um oráculo de Zeus, ele conduzirá um exército de bárbaros, arrasando várias cidades, até serem derrotados em Delfos, sendo salvos de sua mísera situação por Ares que os mandará a ele e Harmonia para viverem na terra dos bem-aventurados. A maioria dos analistas tentou decifrar este enigma, com maior ou menor sucesso, especialmente Dodds, a quem sugerimos recorrer às páginas 234 à 236 de seu livro.[641] Dioniso termina sua fala, reivindicando sua divindade como filho de Zeus, e criticando Cadmo, por não reconhecê-lo, algo não inteiramente verdadeiro em termos pessoais, mas que Cadmo assume em nome da família que o repudiou: "Amerceia-te de nós, que te injuriamos, ó Dioniso"[642], que o deus responde; "Tarde o reconhecestes; não soubestes fazê-lo"[643], levando Cadmo a se referir a dureza da punição; "Compreendemos, mas tu feres-nos com dureza"[644], e Dioniso ultrajado em sua divindade; "Deus que nasci, de vós me vieram ultrajes"[645], terminando o diálogo com duas das frases mais significativas da peça, bem ao estilo euripideano, a primeira que ele já havia utilizado em Hipólito, e a segunda, meio misteriosa, levando a muitas especulações. Cadmo aqui, como dissemos um simples mortal, como o servo de Hipólito: "Não devem os deuses, no rancor, aos mortais igualar-se",[646] lembrando-o de que ele estava usurpando uma

---

640 EURÍPIDES, 1973, p. 342.

641 DODDS, 1986, 234-236.

642 EURÍPIDES, 1973, p. 291.

643 EURÍPIDES, 1973, p. 291.

644 EURÍPIDES, 1973, p. 291.

645 EURÍPIDES, 1973, p. 291.

646 EURÍPIDES, 1973, p. 291.

característica essencialmente humana, a vingança desmedida, muito superior à ofensa, mas é claro, sem nenhuma ilusão acerca de qualquer efeito de suas humanas palavras relativamente a atitude das divindades, levando a resposta de Dioniso: Há muito que Zeus, meu pai, fixou os acontecimentos"[647], revelando uma vez mais o total desprezo dos deuses em sua estrutura divina, com a justiça, a responsabilidade e com a moralidade para com os mortais.

Agave, presente ao diálogo, em que alguns analistas consideram serem dela as falas de Cadmo, dos versos 1344, 1346 e 1348, provoca o fim do mesmo; "Ai! Ai! Ó ancião, decretado está o penoso exílio!",[648] com Dioniso, pronunciando sua última fala e saindo do palco, evocando a deusa preferida do poeta, Ananké, a necessidade: "Porque tardais, se a necessidade o ordena?"[649]

Assim, no palco restam os infortunados mortais com suas penas, sendo que Cadmo, após seus anos de glória e poder em Tebas, em cujo casamento com Harmonia estiveram presentes todos os deuses, terá que refazer seu caminho de volta para as terras bárbaras, de onde ele veio para a Hélade, lamentando por ele, por sua esposa e por suas filhas seus tristes destinos:

> Ó filha a que desgraça atroz chegamos, todos nós, tu, infortunada e as tuas irmãs e este desditoso que eu sou! Para os bárbaros irei, como ancião intruso! Um oráculo me mandou que contra a Hélade uma horda confusa de bárbaros conduzisse. À filha de Ares, Harmonia, minha esposa que da serpente a forma selvagem partilhará comigo, contra altares e túmulos helênicos a conduzirei à frente das lanças. Termo não terá o infortúnio de meus males, nem atravessarei o Aqueronte que leva às profundezas para ficar em paz![650]

Agave, certamente, a pessoa que mais perdas teve além do fato de ter sido possuída pelo deus e levada a cometer um crime bárbaro, matando seu próprio filho, agora, exilada de sua cidade, tem que se afastar de seu querido pai, sem saber para onde ir: "Apartada de ti, para o exílio irei, ó pai",[651] tentando ainda segurá-lo contra si, levando o pai a afastá-la por saber que nada podia fazer: "Por que me rodeias com

---

647 EURÍPIDES, 1973, p. 291.

648 EURÍPIDES, 1973, p. 291.

649 EURÍPIDES, 1973, p. 291.

650 EURÍPIDES, 1973, p. 291-292.

651 EURÍPIDES, 1973, p. 292.

os teus braços, ó filha mísera tal o cisne jovem a um outro, já grisalho e sem defesa?",[652] da mesma forma que não consegue lhe indicar para onde ir, a não ser pela lembrança de Aristeu, marido de Autónoe, pai do infeliz Acteón, em uma fala também truncada. Os dois emocionados trocam as últimas palavras, com Agave se despedindo de Tebas: "Adeus, mansão minha, adeus, ancestral cidade! Pela desventura vos deixo, do tálamo exilada",[653] lamentando o pai terrivelmente atingido pelo deus; "De modo terrível, o divino Dioniso tua morada com esta tortura atingiu!"[654], que ele acrescenta; "Injuria terrível de vós me veio; privado de honra foi meu nome em Tebas."[655] Os dois se despedem a moda grega "Sê feliz"[656], com Cadmo sofrido: "desgraçada filha! Difícil te será!"[657] Agave, a última personagem em cena no lamento final, pedindo que mais uma vez saísse fora de si, agora, tentando esquecer que esteve no impuro Citéron:

> Levai-me na vossa companhia, para onde as minhas irmãs desditosas e comigo exiladas a mim juntarei! Quisera ir para tão longe que nunca mais me visse o Citéron impuro, nunca mais meus olhos o Citéron avistassem, nunca mais do tirso me lembrasse! Que o aceitem outras Bacantes![658]

O canto final de *As Bacantes* é igual aos de Alceste, Andrômaca, Helena e Medeia, com a única diferença, neste último caso do primeiro verso. Também a Ifigênia em Tauros, Orestes e as Fenícias rematam da mesma maneira. Deduz-se que o final das peças não tinha aos olhos do poeta e do seu público, qualquer interesse dramático.

De qualquer forma vamos reproduzi-lo:

> Muitas são as formas do divino, e muitas as ações imprevistas dos deuses. O que esperávamos não se realizou; para o inesperado o deus achou caminho. Assim terminou este drama.[659]

---

652 EURÍPIDES, 1973, p. 292.

653 EURÍPIDES, 1973, p. 292.

654 EURÍPIDES, 1973, p. 293.

655 EURÍPIDES, 1973, p. 293.

656 EURÍPIDES, 1973, p. 293.

657 EURÍPIDES, 1973, p. 293.

658 EURÍPIDES, 1973, p. 293.

659 EURÍPIDES, 1973, p. 293.

Bem, cheguei ao final desta tragédia de Eurípides, sua última obra apresentada no teatro de Dioniso, em 405 a.C., em Atenas, considerada como sendo o final do ciclo trágico ático, iniciada por Tespis, passando por uma plêiade de dramaturgos, especialmente Ésquilo e Sófocles, e terminando com este Eurípides. Ao iniciarmos a análise de *As Bacantes*, advertimos os leitores para sua beleza poética a par de suas enormes dificuldades de interpretação, que tem mobilizado os maiores filólogos ao longo dos séculos, que nos levou a uma abordagem direta, em cima do que o poeta havia escrito, fazendo os comentários que considerava pertinentes ao longo de sua leitura. Resumo aqui, ao final, todas as considerações feitas, me parece uma tarefa inglória e repetitiva, como também um esforço nada desprezível, dada a riqueza do material levantado em função da complexidade de temas abordados pelo poeta, que não permite sínteses muito esclarecedoras, muito ao contrário.

Entretanto, como meu trabalho segue, em busca de nossos esquecidos objetivos, em particular diante da grandeza desta obra, me permitirei fazer algumas poucas considerações finais. O principal ponto desta é quanto a responder a pergunta lógica e simples, que todos se fazem ao final de sua leitura, afinal, de que trata a peça, *As Bacantes*? O que o poeta quis ao apresentar esta peça? Estas mesmas perguntas foram feitas por Winnington-Ingram,[660] logo ao início de seus últimos dois extraordinários capítulos de seu livro sobre a peça, em que ele, como todos, responderia inicialmente, como aliás fizemos nós lá no início como sendo sobre a religião dionisíaca, seus cultos e ritos, bem como sobre os comportamentos de seus devotos, e no caso deste autor, acrescentando ainda como natural consequência do objeto, a pergunta se Eurípides aprova ou desaprova estes cultos e se ele o recomendaria ou, não a sua audiência. Ele de imediato desqualifica estas perguntas diante do estreito sentido das mesmas, e por serem enganosas diante certamente da imensidão de temas abordados pelo poeta a partir daquela base inicial, examinando a partir daí, com profundidade e extensão a peça sob vários ângulos, religioso, social e individual, com ênfase em determinados pontos, alguns deles vistos em profundidade em nossa análise, porém, outros, que irei comentar adiante. De qualquer forma, dado que meus objetivos aqui são evidentemente distintos dos daquele autor com seu livro dedicado unicamente ao tema das Bacantes, e por esta razão com muito maior profundidade em sua

---

660 WINNINGTON-INGRAM, 2003.

análise do que pretendo, considero pertinente voltar àquela pergunta inicial, de forma a compor minha aproximação à essência da obra, mesmo por que, estarei revelando as dificuldades de entendimento da peça, na mesma direção de Winnington-Ingram.

Diante da complexidade de *As Bacantes*, como obra de ficção dramática, com tantas questões envolvidas, responder a esta questão não era algo trivial, sendo necessárias coragem, audácia, alguma arrogância, e evidentemente muito conhecimento sobre as origens da tragédia ática, sobre a vida e obra de Eurípides, bem como sobre as religiões gregas, particularmente a dionisíaca, podendo-se afirmar, entretanto, que a ampla maioria dos analistas que intentaram respondê-la de forma distinta da convencional resposta mostrada anteriormente, apesar de suas qualificações, fracassou em grande estilo, mesmo se considerarmos, o que é absolutamente verdadeiro, de que era a história de um mito bem conhecido, que já havia sido trabalhado por Tespis e pelo grande Ésquilo, acerca da introdução da religião dionisíaca em Tebas, em seu mito de resistência na cidade natal de Dioniso. Bem, disseram alguns, ao final de sua vida que o poeta decidiu ao contrário de suas posições, ao longo de sua tumultuada vida conceder maior importância as questões religiosas, como para reparar seus pecados e conseguir a bem-aventurança. E aqui, as pessoas se dividiram algumas declarando em alto e bom som, que nesta peça Eurípides louvava e adotava a religião dionisíaca, outros nem tanto, pois afinal o poeta havia apresentado de forma realista as mazelas e violências da mesma, tendo alguns que afirmavam com toda a segurança do mundo a trama tinha um evidente sentido de alertar a todos para os enormes perigos de uma religião bárbara como aquela onde as pessoas eram demonizadas. As tentativas de enquadramento não pararam por aí, mediante a introdução de outras categorias, realmente discutidas pelo poeta na peça, como racionalidade, emoções, sabedoria, violência, mas, principalmente, padrões de vida, onde constantemente se associavam os desejos de paz e tranquilidade do poeta, em sua avançada idade, bem como seu exílio junto a Arquelau, com algumas das colocações do coro das Ménades, sobre uma vida feliz, calma, tranquila, onde o presente era a grande dádiva dos deuses. Duas questões importantes sobre a peça se constituíram em uma quase unanimidade: do ponto de vista tradicional e formal a tragédia *As Bacantes* estaria próxima da perfeição em termos de densidade dramática, da beleza poética, da participação do coro das mulheres, da caracterização dos personagens, da cenografia, da música, enfim do tratamento dado pelo poeta a um mito conhecido e definido, e em segundo lugar, quanto a fidelidade de Eurípides quanto aquele mito, não recriando com seu talento a lenda, como havia feito por diversas vezes, bem como sua fidelidade aos fatos conhecidos da religião dionisíaca, especialmente quanto as práticas do *menadismo*, matéria bastante controversa, pelas dificuldades de comprovação.

Winnington-Ingram em sua análise final,[661] levanta um ponto de suma importância, quando pergunta quem na peça alcança ver e entender com clareza a Dioniso, chegando à conclusão de que a única resposta possível, de que o próprio poeta era o único, fora suas seguidoras que tinham com o deus uma relação especial, a ter um correto entendimento da manifestação do deus. Na impossibilidade de que os personagens pudessem ter este entendimento, pois estavam envolvidos em uma trama rígida de acordo com a tradição, o poeta com seu *insight* sobre o deus, agiu como se fosse, em minhas palavras, um diretor de cena sempre presente, utilizando as próprias ações dos personagens e principalmente as falas do coro no sentido de revelar a manifestação do deus.

Aproveitando o gancho daquele autor, de uma participação ativa do poeta ao longo de toda a tragédia, para mim, em todos os aspectos possíveis que não significassem alterar a trama, quero encaminhar meus próprios comentários sobre a peça, com evidentes distinções sobre as tradicionais interpretações da mesma, e igualmente em relação à visão de Winnington-Ingram[662]. Entretanto, tenho que fazer inicialmente duas advertências sobre o poeta, para melhor esclarecer minha interpretação. A primeira de que Eurípides é fundamentalmente um poeta questionador, devendo-se esperar do mestre uma preferência explícita pelas perguntas e não de respostas concretas, claro que com todas as nuances entre estas duas posições absolutas, diferenciando-se assim claramente de Ésquilo, algo que muitas vezes é ignorado pelos analistas, levando-os a interpretações equivocadas, ao desejarem respostas prontas do poeta em relação às questões por ele levantadas. A segunda, de que Eurípides é um grego de seu tempo, com uma visão das questões humanas que ultrapassa em muito a limitada pessoa individual, envolvendo aspectos sociais e políticos, como religiosos, sendo neste aspecto uma pessoa radical, como colocamos na segunda página

---

661 WINNINGTON-INGRAM, 2003.

662 WINNINGTON-INGRAM, 2003.

desta análise, devido ao enorme interesse dele por todas as questões que dizem respeito à existência humana, não deixando escapar nada, levando-o a cobrir ao mesmo tempo múltiplos aspectos da realidade.

Em princípio, parto da premissa de que na verdade, Eurípides não escreveu apenas uma tragédia sobre Dioniso e sua religião, porém aproveitou-a para discutir e mostrar uma vez mais a precariedade e incompreensibilidade da vida humana em si-mesma, em sua dimensão integral, social, política, religiosa e individual, mediante um fator, que ele vinha perseguindo entender em suas últimas obras, do domínio sobre o homem, de suas emoções, de seus sentimentos, em um *mixed* de racionalidade e de irracionalidade, aproximando-o de uma natureza animal, diante de um contexto divino, em que os deuses, apesar de distantes, demonstravam a mesma falta de sensatez dos humanos, já que igualmente dominados por emoções. Assim, Eurípides, neste caso, coloca em cena, mortais, homens e mulheres, diante do desafio de se relacionar com um divino presente, múltiplo em suas várias formas, que transitava com facilidade entre a deidade e a mortalidade, e que privilegiava dois aspectos: a expansão e liberação das emoções, sem critérios de moralidade, como também de uma vida natural direta, de paz e tranquilidade ao mesmo tempo feroz e cruel em suas reações, aproximando-se igualmente ele e seus seguidores, da mesma natureza animal. Neste sentido, onde o poeta poderia buscar a quantidade e qualidade de material disponível, que lhe poderia proporcionar a religião dionisíaca e o próprio deus Dioniso, que colocava em questão, como era de seu conhecimento, a pessoa humana individual, suas relações com a natureza em seu duplo aspecto de beleza e crueldade, agindo como um deus presente a vida humana, causador de loucuras e ao mesmo tempo liberador das mesmas, como bem disse Dodds,[663] que tinha enorme afinidade com a vida natural, vegetativa e animal, e que transitava igualmente entre o divino e o bestial, através de animais emblemáticos, como o touro, a serpente, o cabrito macho e o leão.

Neste sentido, avanço na minha hipótese, comprovada por diversas passagens da peça, as quais foram devidamente comentadas, estabelecendo aqui, claramente, a diferença básica em relação aos comentários de Winnington-Ingram,[664] que pontuava que o poeta era o único que via e entendia o deus Dioniso, tese absolutamente correta, porém

---

663 DODDS, 1986.

664 WINNINGTON-INGRAM, 2003.

sem alcançar exatamente as consequências deste reconhecimento no sentido da interpretação da tragédia. A genial e igualmente revolucionária atitude do poeta na elaboração de *As Bacantes*, que deixam a todos atônitos e surpresos, sem nada entenderem, é que ele não somente entendia o deus, mas o assumiu, *dionisou-se*, não em termos pessoais, mas, escrevendo e montando uma peça, como se Dioniso fosse, porém com seus objetivos próprios, suas ideias, seus valores, muitos dos quais derivados da religião dionisíaca, enfim com o máximo de beleza poética e com o maior ceticismo possível em relação à existência humana, à presença divina, e as relações deles com a natureza. O lado saudável, civilizado, provedor da intensidade da vida, da fruição da natureza, no caso do poeta, pode ser representado por vários aspectos, que dizem respeito diretamente a seus valores básicos de igualdade social, de uma vida de paz e tranquilidade, de beleza, de pacifismo, de honradez nas coisas públicas, de limites humanos claramente delineados, de solidariedade com os outros, dentre muitos outros que aparecem explicitamente na peça, pelos personagens e principalmente pelo coro. Porém, de todos os aspectos, seguindo o que havíamos colocado ao início de minha análise da tragédia, o mais importante nesta fase de sua vida estava relacionado com o seu poetar, e foi aqui que o poeta colocou toda sua genial criatividade, fazendo de *As Bacantes*, sob a inspiração dionisíaca, uma peça única, sem paralelo ao longo dos séculos de toda a cultura ocidental.

Tentarei que relacionar aqui algumas de suas principais virtudes, recorrendo a Kitto,[665] mas que de uma forma ou outra já foram citados: uma tragédia que se aproxima da perfeição em termos formais, com uma construção dramática invejável, com perfeita clareza em termos do escopo e do ritmo dramático, de fidelidade absoluta ao mito de resistência do deus, de vigor admirável, de uma beleza poética completamente fora de qualquer padrão, com uma cenografia criativa e altamente simbólica, perfeita caracterização dos personagens, com o coro em contato constante com a ação, desempenhando seu papel em todos os sentidos, do mistério, do caráter sagrado, da alegria, do perigo, do triunfo e da sabedoria da religião dionisíaca, de fidelidade aos fatos conhecidos do menadismo, e, sobretudo fidelidade aos fundamentos e conceitos da tragédia ática tradicional, sem falarmos da música e das danças que não logramos conhecer, mas que os estudiosos afirmam tratar-se de algo indescritível em termos humanos.

---

665 KITTO, 1972b.

Avançando um pouco mais em minha interpretação, de forma a esclarecê-la da melhor forma possível, ressaltando algo extremamente importante para nós, pois, ao colocar o próprio poeta em nosso eixo principal, tanto dentro das coisas consideradas boas, quanto dentro das coisas consideradas ruins, para simplificar, estão incluídos aspectos da religião dionisíaca e do próprio deus Dioniso, porém submetidas ao projeto poético do autor, retirando assim, qualquer possibilidade de se buscar respostas sobre de que lado se posicionava o poeta, algo que foi, também durante séculos, buscado incessantemente pelos analistas, mas que no fundo tratava-se de uma busca inútil, pois esta não era uma atribuição de um poeta da dimensão de Eurípides, e própria desta obra de arte. De outro lado, esta mesma explicação aclara o que, para mim significa *dionizar-se*, uma vez que Eurípides não estava endossando Dioniso, nem sua religião, muito ao contrário, mas valendo-se de um brilhante artifício, de ao contar aquele mito de resistência ao deus e sua religião, utilizar em sua obra de ficção, categorias expressas de seu próprio objeto, criando algo inteiramente novo, que tinha, além disto, extrema afinidade, com todo o seu pensamento, e com sua extensa obra.

Do lado do Eurípides cético e, por que não "destruidor", a relação é grande, dos quais citaremos alguns, porém com o mesmo espírito, envolvendo características próprias da religião dionisíaca e do deus ressaltadas pelo poeta, junto com pensamentos e valores do próprio poeta, extremamente críticos quanto aos mortais e aos deuses, e mais uma vez, respeitando o mito tradicional em que se baseia para contar esta história:

- a cenografia com o túmulo de Sémele ao lado do palácio real de Tebas, confrontando os dois poderes, o divino e o políade, antecipando a destruição de todo o projeto cultural da *polis*;
- a caracterização do deus como mortal, ideia de Ésquilo, que Eurípides aproveitou para explicitar a indiferenciação homem-mulher, com seu ar efeminado, com um sorriso permanente, sinistro, cruel, enigmático, concentrando no personagem, a face enganadora, dissimulada, controladora e vingativa do deus, com as piores manifestações do homem amoral, *hybrista*, insolente, sem escrúpulos, calculista, *apolis*, e ainda com o instinto animal da caça humana;
- a intoxicação e loucura das mulheres tebanas, aí incluídas as filhas de Cadmo, tias do deus, em um nível envolvendo alterações de personalidades acompanhadas de amnésia profunda,

que em furor abandonam seus lares em direção as montanhas, para praticarem seus ritos bárbaros, assumindo a visível condição animalesca e bestial, particularmente em relação a prática do *sparagmós* e da *omofagia* contra animais e pessoas humanas, caracterizadas pelo coro em seu canto de entrada, como sendo de êxtase e beleza;

- a caracterização dos personagens mortais, Tirésias e Cadmo apresentada pelo poeta, como pessoas alienadas da realidade da *polis*, sempre vulneráveis às suas posições, seus interesses pessoais e familiares, suas pseudos sabedorias, dotados igualmente de irracionalidades flagrantes, revelando na verdade esperteza e desprezo perante o Estado e pela religião nova, adotando por isto mesmo, posturas e pensamentos ridículos e irônicos;

- mostrando um coro de suas seguidoras bárbaras, vindas da Ásia, altamente ambíguas, em suas representações de mulheres e de animais, demonstrando ódio e violência contra todos aqueles, não seguidores do deus, não somente Penteu, mas também às Bacantes cadmianas, propondo um ideário de vida fixo e imutável baseado no presente, de forma dogmática, radical, e anti-grega, mas forçando de forma incongruente, um tipo de associação da religião dionisíaca com as origens ctônicas cretenses de Zeus, e com o ideário cultural dos helenos;

- caracterizando a Penteu da forma já por nós discutida, de um mortal, rei e dirigente de uma cidade como Tebas, limitado, inculto, violento, discriminatório, com paranoias de poder, aferrado rigidamente a sua pessoa individual, sexualmente obsessivo, susceptível e indefeso perante desafios, dominado por suas obsessões e facilmente levado a se perder, a ficar fora de si mediante agentes externos;

- colocando em discussão, ainda que discreta, a questão central da "intoxicação", sugerindo algo como uma indiferenciação de comportamentos, que atinge naturalmente aos adeptos da religião, mediante várias drogas, como o vinho, a dança, a música, o comportamento grupal, a própria natureza, mas que também atinge as mulheres não seguidoras mediante aquelas mesmas drogas, porém com imposições de poderes divinos, relacionados com alterações de personalidade seguidos de amnésia profunda, e que atinge igualmente os mortais comuns mediante os diversos tipos de obsessão, de poder, de glória, de violência, de caráter sexual, de isolamento, de perseguição, dentre outros;

- destruição parcial do palácio real simbolizando a ruptura da estrutura política-administrativa da *polis* de Tebas, diante do poder divino de Dioniso, com o consequente rompimento cultural do Estado, realizado pelo deus, com a prestimosa ajuda de Zeus-Pai, já que concretizada através das ruínas provocadas por seus raios, que levaram a morte de Sémele;
- ataque frontal a instituição da pessoa humana individual mediante a representação difusa do deus Dioniso, que ao início foi representado como deus e homem, tebano e estrangeiro, nascido duas vezes, com duas genitoras Sémele e a coxa de Zeus, e que o poeta caracterizou como um homem que parece uma mulher. No episódio do denominado "milagre do palácio", aquela ambiguidade é levada ao extremo por Eurípides, fora de qualquer tradição anterior, pois de estrangeiro ele se transforma em Dioniso, em touro, em Baco, em Bromio e finalmente em fantasma, em uma mesma cena, porém adotando simultaneamente duas a três destas representações, com um polimorfismo extremo, aparecendo e desaparecendo, sem que possamos saber de quem se trata, sem identidade, e rompendo a ideia de tempo a ela associada, indicando uma radical transgressão a uma representação fixa, estável e permanente;
- o final melancólico do relato do boiadeiro, que após ter sobrevivido da fúria das Bacantes, de ter visto o que elas haviam feito com a manada de bois e touros, despedaçando a todos e comendo suas carnes cruas, de terem investido contra as comunidades da região, roubando e sacrificando suas crianças, louvava ao deus por sua dádiva de uma droga, o vinho;
- a armação do duo estrangeiro/deus na preparação e execução da morte cruenta de Penteu, com requintes sinistros de premeditação detalhada, de enganos e mentiras sórdidas, junto com prazeres antecipados, de levá-lo ao ridículo e execração pública, colocando-o de bandeja para as possuídas Bacantes executarem o *sparagmós*, com a mãe Agave e suas tias à frente, com o espetáculo macabro de colocar sua cabeça em um tirso e levá-lo a passear por sua cidade;
- o final da peça emitindo propositadamente sinais totalmente contraditórios e ambíguos, levando a vitória do deus, com a morte de Penteu e o exílio de Cadmo e de suas filhas, a manifestação do coro das mulheres asiáticas recusando participar dos

ritos bárbaros das Bacantes, a confusa e incongruente previsão de Dioniso do futuro de Cadmo, a desculpa de Dioniso para seus atos, envolvendo Zeus, como se estivesse cumprindo ordens superiores, e finalmente, em uma das cenas mais humanas de toda a peça, o amor e dedicação de Cadmo para recuperar a insanidade de Agave, a única e tímida luz que sobrou na vida louca relatada pelo poeta.

CAPÍTULO 9
EPÍLOGO

Com este capítulo finalizo o percurso a que me propus: analisar a extraordinária criação grega, mais especificamente ática, da representação teatral trágica, ocorrida em Atenas, naquele século V, em alguns de seus momentos mais emblemáticos, porém com um olhar direcionado para a discussão da condição humana, objeto maior de nosso interesse com este livro. O desafio agora, não inferior aos que tive que encarar ao longo deste alongado trabalho, é de encerrá-lo, não em um formato conclusivo, pois diante de tudo que escrevi, seria uma tarefa impossível, porém chamando a devida atenção para alguns poucos pontos que merecem serem ressaltados, claramente relacionados com aqueles objetivos. Antes, devo dizer, com total sinceridade, que ao iniciar tal empreitada não tinha a menor suspeita de chegar a este ponto, tendo examinado, apreendido, e discutido tal acervo de material básico, histórico, artístico e cultural, bem como de análises e interpretações dos principais analistas e filólogos relativos à experiência grega em seus vários aspectos aqui, reunidos e discutidos, com algum detalhe, sendo isto, por si só, motivo de orgulho pelo trabalho realizado.

Nesta finalização e diante de todo este esforço, posso afirmar que o caminho percorrido, a partir da Grécia Arcaica até chegar à tragédia ática com seus três expoentes, me mostrou com acentuada clareza existir uma inesperada sensação de continuidade histórica, de entendimento comum sobre a dimensão da vida e do destino, e da busca de determinados valores humanos, consolidando uma visão especifica do homem como um ser único, original, terrível, *deinós*, usando a expressão do coro em Antígona, apesar de todas as diferenças de abordagens poéticas, de pensamentos, de ações, com objetivos distintos, e submetidos a épocas igualmente distintas. De forma simplificada, estou falando de um período de pelo menos três séculos, desde Homero até Eurípides, durante o qual um povo criado por diversos movimentos migratórios, a partir de uma base insular, com reduzido território, de condições naturais desprezíveis, que estabeleceu as bases de uma cultura duradoura, de mais de vinte séculos, que atingiu parcela considerável do mundo em que vivemos, com reflexos na vida de milhões de pessoas.

Em meu percurso tive oportunidade de examinar seus marcos principais ainda que sumariamente, diante de suas dimensões, mas que foram suficientes para compor um quadro de referência sólido para nossas reflexões sobre a questão da condição humana, os quais, da mesma forma, nos ajudarão a comprovar a tese da existência daquela continuidade acima referida, de molde a compormos uma visão integrada de tudo que vimos. A avaliação apresentada ao início deste trabalho, de que a pesquisa da condição humana deveria se concentrar na experiência grega, a partir da Grécia Arcaica até a tragédia ática, mostrou-se surpreendentemente acertada, algo que justamente gostaria aqui de ressaltar e comprovar com esta derradeira reflexão, pois irei apresentar os momentos principais daquela experiência, que mostram, de forma paradoxal, a constante e significativa presença divina, porém com um sentido evidente e inquestionável, a de sua natureza intrinsecamente humana, que foi perseguida, desde seus primórdios e ao longo de todo aquele período.

As narrativas homéricas da *Ilíada* e *Odisseia*, estabelecendo uma ponte histórica entre o período micênico, passando pelos séculos obscuros e inaugurando uma nova era mediante uma linguagem poética de grande beleza e impacto, onde os homens e os deuses antropomórficos se confundiam em aparência, com valores aristocratas, heroicos, de honra e virtudes comuns, apesar de todo o evidente abismo, e diferenças existentes entre eles. A poesia épica de Homero baseada nas tradições dos *aedos*, apresentava na *Ilíada*, relatos da guerra dos gregos contra os troianos, de conflitos entre os deuses, e os heróis, de grande violência e carnificina, onde a força, as desgraças e a morte predominavam, já que eram presenças constantes na vida dos mortais àquela época. Entretanto, sua segunda obra, a *Odisseia*, narrativa da volta para casa, para seu *oikos*, em Ítaca, do grande herói Ulisses, de participação fundamental na vitória dos gregos em Ilíon, mostra a grandeza do "homem", em suas qualidades de adaptação, astúcia, inteligência, diante dos desafios e sofrimentos, porém sem abdicar em nenhum momento de sua condição precária e finita, apesar das tentações de se tornar imortal, buscando sempre as coisas boas, ainda que efêmeras, que a vida lhe podia proporcionar. Homero deixa assim um enorme legado para os homens gregos, de um mundo cruel e difícil que pode e deve ser modificado, mediante valores permanentes, unindo deuses e homens, separados a uma distância considerável, não moralista, sem dogmas, que permitiu aos mortais se desenvolverem individualmente, em um ambiente de liberdade absoluta de criação, mantido apenas o respeito e devoção que cada um dos deuses antropomórficos exige em suas províncias específicas, sujeitos todos, inclusive Zeus, a uma potência maior, o destino, a Moira.

A cosmogonia do universo hesiódico, a partir do Khaós e de Gaia, baseado inicialmente na natureza e, após na criação das entidades divinas (*teogonia*), cujo contorno final e harmonia, vão ser alcançados após processo de sucessão de soberanias divinas, de nítido caráter familiar, e de conflitos e guerras entre elas, até a consolidação dos deuses do Olimpo sob a égide de Zeus. Neste *kosmos* divino, todos os aspectos mediante a partilha e atribuição de honras executadas pelo Deus-Pai, eram ocupados pelos próprios deuses, em um esquema privilegiado de caráter genealógico, onde suas províncias de poder deviam ser respeitadas, e onde os homens, marginais ao processo, foram obrigados a se encaixarem. Hesíodo na "Teogonia", com o mito de Prometeu, mas principalmente nos "Os trabalhos e os dias", apesar de todo o pessimismo com relação a existência humana, na evolução das diversas raças humanas, nos fala das tímidas aberturas proporcionadas aos mortais de poderem sobreviver mediante uma vida diferenciada, mediante o trabalho e dispondo de algumas técnicas, mas plena de sofrimentos e dificuldades, agravadas por Zeus, com a criação da "mulher", submetidos aos ditames da *hybris* e da *diké*, de acordo com a justiça divina e a deficiente e primária justiça dos reis humanos. O legado de Hesíodo é igualmente fundamental, pois ele coloca inicialmente em relevo mediante sua cosmogonia a proeminência do *cosmos*, do universo sobre todas as coisas, sobre os deuses e os homens, e que esse tem que evoluir para algo harmônico, estável, de molde a favorecer a vida, no sentido mais amplo, realizado, de acordo com o princípio da verdade, do verdadeiro, sem fantasias e ilusões, abrindo caminho, ainda que árduo, para os homens questionarem permanentemente, com sentido critico, aquele universo, reconhecendo sempre suas limitações humanas diante dele.

Os primeiros passos dos homens, no sentido de se auto destacarem, conforme a experiência grega, principalmente a partir do século VII, ocorrem na avançada Jônia, com sua abertura intelectual para o novo, para o inusitado, com um sentido elevado de observação da natureza, vista agora de um ponto de vista concreto sobre os elementos básicos, levando a especularem e entenderem aquele universo, bem como o papel dos homens naquele cosmos em que vivem. Neste caminho inicial que vai na direção do pensamento racional, os denominados milésimos, vão se valer, de uma forma geral pela utilização dos conceitos poéticos e míticos, bem como dos já existentes esquemas de pensamentos herdados dos fundadores da cultura grega, de uma visão ainda fortemente calcada nas tradições religiosas primitivas, anteriores a criação dos próprios deuses, e de uma apurada, e racional observação da natureza e de seus elementos. Suas reflexões, foram no sentido de estabelecerem os princípios da gestação da vida mediante os movimentos e conflitos entre os elementos da natureza, em um universo distinto dos de Homero e Hesíodo, onde os deuses e seus aspectos míticos deram lugar a uma ordem moral natural, comandada pela Moira e pela Justiça, identificando ainda a "substância" básica de tudo que pode ter existência, que está na origem de tudo e de todos, inclusive dos *daemons*, dos deuses, da alma, do corpo, a qual eles deram o nome de *physis*, revelando assim que este elemento não era apenas natural, dotado de energia, mas que também era metafísico. O legado dos milésios é de difícil avaliação, pois a partir deles desenvolveram-se diversas teorias distintas, das quais podemos citar, dentre outras, as estabelecidas pelos jônios Heráclito, Parmênides, e Pitágoras, porém é importante assinalar que de um lado o conceito de *physis* jamais vai ser abandonado pelos gregos, mesmo sendo utilizado em outras situações, como no caso do século V, e por outro lado, apesar daquele movimento estar restrito a um número reduzido de pessoas, devido ao espírito de transformação reinante, foi considerável o impacto futuro das possibilidades do intelecto humano e de suas qualidades racionais, poder se transformar em alternativa aos aspectos religiosos e míticos, especialmente nas questões políticas e de organização social, aprofundando ainda mais os sentimentos de liberdade criadora dos gregos.

A passagem do século VII para o VI, marca um período de grandes transformações, com início da consolidação do que denominamos o cosmos humano, a *polis*, com a emergência naquele espaço cívico de uma quantidade expressiva de novos atores sociais dispostos a conviverem conjuntamente de uma forma nova e inusitada, considerando que somente ali teriam condições de levar uma vida com sentido: relacionados ao Estado com suas funções administrativas e jurídicas como os arcontes, os tiranos, oligarcas e legisladores; relacionados às funções econômicas e comerciais como artesãos, agricultores livres, marinheiros, comerciantes nacionais e internacionais, transportadores: relacionados com a função guerreira, como os polemarcos e, principalmente os hoplitas; outros com seu renome e prestígio em diversas áreas, como sábios, adivinhos, filósofos, magos. Todos os participantes de um sistema político e social em gestação e diante de uma efervescência religiosa intensa, com a emergência de novos deuses políades, na figura de heróis protetores da cidade, de deuses místicos, mediante seitas esotéricas e com o surgimento do deus Dioniso, o deus de mistério mais importante da Hélade, com seus grupos, *thiasos*, de enormes consequências políticas, sociais e religiosas, consolidando assim a tendência de distanciamento dos deuses olímpicos. Entretanto, o mais importante e esclarecedor testemunho do que ocorria, vinha, mais uma vez, através da poesia, considerada como sendo a precursora do pensamento político, filosófico e social, que funcionava como um catalisador para uma sociedade mais aberta, isonômica e dotada de sabedoria, objetivos da opção grega pela *polis*. O universo desta poesia arcaica, que sucede à épica, denominada popularmente de "lírica" teve uma dimensão indescritível, com suas variadas formas, envolvendo dentre outras, as poesias elegíacas, com suas variantes, e a poesia iâmbica acompanhadas à flauta, e a poesia mélica, monódica e coral, com características únicas, de performance, em cultos religiosos e eventos sociais, acompanhadas de canto, danças, e música com seus instrumentos, onde predominava a lira, celebrando os deuses, ou exortando os homens, mas com um caráter profundamente pessoal e individual, que marcou e acentuou o espírito grego, com consequências diretas no período clássico. Ficam aqui, nesta experiência poética, cada vez mais evidentes as grandes linhas do pensamento grego, de caráter nitidamente humano, mediante um esquema onde o protagonista inicial é um homem individual, ou um grupo de homens como um coro, o qual, em suas origens, se inicia com um culto religioso, mas que resvala para todo tipo de eventos sociais, como simpósios, banquetes, festivais cívicos-religiosos, simpósios palacianos, orações fúnebres, com o reconhecimento inicial da existência e importância dos deuses, de origens diversas, não restritos aos deuses homéricos, seus poderes, suas ações, para o bem ou para o mal, diante das fragilidades dos mortais, necessitados de ajuda, que sutilmente vai evoluindo para um afastamento daqueles, tratando de discutir os principais aspectos da existência humana; as relações com o divino, as limitações naturais dos homens, porém exortando suas evidentes qualidades e potenciais de aprendizagem e criatividade, discutindo novos valores humanos, de sabedoria, moderação e filantropia, abandonando as posturas heroicas antigas; comentando sobra a vida nas várias fases, na juventude, na velhice, na morte, nas suas relações com os demais homens, com uma ênfase cada vez maior em seus aspectos políticos e sociais, envolvendo as leis, a justiça, a cidade com opiniões, espirito crítico e liberdade de um cidadão da *polis*, e finalmente discutindo seus sentimentos individuais de amizade, de amor, de gratidão, bem como de escarnio e de revolta com os outros, e até com os próprios deuses.

O século VI vai ser o tempo da consolidação dos valores gregos que vão imperar na época clássica, e que marcarão de forma definitiva o legado da experiência grega, mediante a confirmação, ainda que não explícita, de seus principais atributos e predicados, com a contribuição de toda a sabedoria originada na Jônia, mas agora, com a presença fundamental do espírito ático;

- a *polis* se torna o locus privilegiado da vida do homem grego, em todos os sentidos, político, social e religioso, incorporando e unificando todas as entidades sociais em um projeto único: o Estado, a Assembleia, os demos, a família, o *oikos*, e o cidadão;
- a atuação conjunta e harmônica da Justiça e da Moira, aqui entendida sob duplo aspecto, do destino, do fado de cada um e da atribuição delimitada de atuações e responsabilidades, que estão acima dos deuses e dos homens, promovendo a liberdade de criação e de atuação dos homens, perante critérios morais rígidos e religiosos, facilitando as relações com o divino e entre as diversas pessoas;
- o homem grego, assim submetido a estes condicionamentos infinitos, da justiça e do destino dos quais ele não tem controle, como também o relativo à sua vida finita e mortal, o leva de forma inexorável a atuar nesta vida, como se ela fosse infinita em cada momento, privilegiando assim os aspectos éticos e políticos derivados de sua decisão de viver junto com os outros.

Neste sentido e direção, e já com a mudança de eixo dos avanços políticos e sociais para a pequena Ática, alguns eventos vão marcar profundamente a passagem do século VI para o famoso século V. O conceito da *polis*, vai se alargar bastante em várias direções, tanto internamente quanto externamente, no caso ático, a partir de Sólon, passando por Pisístrato, alcançando Clístenes e em seguida Temístocles, cuja personalidade marcará o final deste período e o surgimento de algo novo, a partir de meados do século V. No campo interno, amplia-se a base política e os direitos dos cidadãos, com a incorporação constante e progressiva dos demos na vida da comunidade, com o pleno apoio dos aristocratas, dos oligarcas e dos tiranos, buscando uma unidade espiritual, uma entidade homogênea, calcada no bem comum a par de uma desregulamentação do mercado de trabalho, com a incorporação das classes censitárias mais desfavorecidas, dos metecos, e dos escravos, acompanhada de valores filantrópicos, uma ideologia de tratamento justo e humano com os mesmos, motivo de orgulho ateniense. No campo externo, cai o conceito autárquico da *polis*, algo que já vinha ocorrendo em várias partes da Grécia, de uma sociedade fechada, autônoma e isolada, para uma que procura se inserir no mundo, participar de forma mais consistente no comercio internacional, com troca de conhecimentos e experiências, com as consequências previsíveis relacionadas com as disputas de mercado, e no limite, de conflitos e guerras, além da emergência de uma nova onda de colonização, mais comercial e pragmática, na direção oriental e principalmente ocidental, acompanhando as correntes do comercio.

O segundo evento de grande importância na Ática, naquele século, é de caráter religioso, com a chegada civilizada da religião dionisíaca, inicialmente absorvida pela população do campo, mas que vai ter um papel fundamental para a *polis* de Atenas, não somente religioso, mas também social e político, principalmente, a partir de Pisístrato. Ela adquire naquela região um caráter bem distinto, pois ali serão ressaltados seus aspectos festivos civilizatórios, a par de uma característica que simplesmente casava com os processos sociais e políticos em curso na cidade, de se alcançar aquela unidade espiritual da qual falamos atrás, que era sua abertura a qualquer pessoa, sem discriminar ninguém, fosse homem, mulher, efebo, velho, de qualquer raça, com sua origem bárbara, de qualquer classe social, pois sua lógica era a de trabalhar e interagir com grupos de adoradores reais, com intensa emoção, entusiasmo, independente de quem fosse. O tirano ateniense logo se apercebeu disto, acrescido do fato de que a sociedade ática era fechada, tradicional e relativamente atrasada, o que combinava com as origens ctônicas e rurais daquela religião, vendo assim, enormes possibilidades políticas de utilizá-la como uma "liga" envolvendo diversos outros estratos sociais, particularmente os demos urbanos na manutenção de seu poder. Na realidade, todos tinham a ganhar com o patrocínio daquela religião, inclusive a ideologia ateniense calcada no varão grego, cidadão livre, com direitos políticos únicos, uma vez que os "outros" estariam atendidos pela religião dionisíaca, de abarcá-los em seus cultos, e festividades que foram enormemente expandidos, como no caso das Grandes Dionisias.

E assim estavam dadas as condições para o surgimento das duas grandes afirmações do espírito grego, marcos indeléveis, desde sempre de nossa condição humana; da sociedade na qual os aspectos éticos e políticos predominavam, gerando condições para uma vida em comum, uns com os outros, mesmo que com as restrições naturais de uma opção política inicial que precisaria ser desenvolvida e expandida, e a segunda, a da representação trágica das ações dos homens, que funcionaria como se fosse um contraponto, uma limitação, do próprio sistema político, nos falando que aqueles homens que juntos compunham aquela comunidade: não eram deuses, não eram heróis, que eram (de acordo com Aristóteles), homens finitos e mortais, que viviam, agiam e interagiam, sujeitos a erros, falhas e enganos, onde o conflito e as disputas entre eles eram inevitáveis, e de que o desejo de viver uma vida sem sofrimento, e sem dor era abandonar sua condição humana, e justamente impossibilitar a vida em comum da comunidade e da cidade. Entretanto, esta representação trágica foi toda ela montada e desenvolvida em cima de alguns pressupostos filosóficos, que mantinham mais uma vez aderência com a experiência religiosa, marca registrada do pensamento grego.

A origem da tragédia, como vimos, teve por base um ritual antigo, *dromedon*, de caráter religioso, indicando duas coisas básicas: a renovação da vida a partir da morte, do novo ano em relação ao ano velho, porém mediante a atuação, o agir, um "fazendo coisas", simbólico, onde todos os presentes participavam, com cantos e danças, comandadas por um coro, expressando a "vida ativa" da comunidade, que foi gradativamente evoluindo, até alcançar um estágio em que ocorreu uma separação do antigo chefe do coro, *exarchon*, do próprio coro, que passou a atuar de forma independente, tornando-se enfim em um protagonista com uma vida própria, com seus valores individuais, perante um coro representativo dos valores sociais, políticos e religiosos da comunidade. Porém, os poetas, mais uma vez inovadores, com sua tradição derivada do período chamado lírico, no qual eles evocavam os deuses e os homens, para situações em que estes estavam vivenciando no presente, dirigidos de alguma forma para públicos restritos, constataram a oportunidade de colocar em ação aqueles mesmos heróis homéricos, com suas histórias antigas conhecidas pelo público, submetidos a várias visões em suas ações para um público bem maior, envolvendo a maioria da população, todos reunidos em um local específico, o teatro, patrocinado pelo deus Dioniso. As representações de suas ações eram desenvolvidas, como humanos e mortais, abertamente, com seus condicionantes, homens imperfeitos, ambíguos, contraditórios, irracionais, ora fazendo o mal, ora fazendo o bem, sem controle de suas vidas e principalmente de seus destinos; em suas relações com o divino, tanto no que tange a obrigação de viver em um cosmos definido neste nível, como em suas relações com entidades sobrenaturais específicas, mesmo sentindo-se separados, mas ainda influenciados por eles, no caso, igualmente representados com total liberdade, com suas deficiências morais, sentimentos duvidosos e desprezo com as coisas humanas, em manifestações presenciais ou, com participações indiretas, mediante sentenças de caráter oracular ou gnômicas; mas também, como cidadão, diante do sistema ético, político e social do presente da comunidade, que à época, buscava um sistema mais justo, mais isonômico, de igualdade, procurando dar voz, não somente aos cidadãos livres, mas também aos "outros", como as mulheres, os bastardos, os efebos, os criados, em face das transformações objetivas das instâncias sociais, do Estado, da família, do *oikos*, bases daquele sistema. E todas estas visões sendo representadas, através de uma interação particular com o coro, em geral, representantes da cidade, de uma categoria específica, dependendo da história, que livremente, atuavam no sentido de aprovar, contestar, repreender, ponderar sobre as ações do protagonista, tendo em vista como vimos os interesses maiores políticos e religiosos da comunidade.

Em meu percurso destas representações, focado nos três dramaturgos clássicos, tentei ressaltar suas principais características, quanto à questão da condição humana. Sumariamente, vimos no *Prometeu acorrentado* de Ésquilo, as dificuldades da inserção dos mortais no cosmos divino de Zeus, a partir de sua recusa inicial em absorvê-los, não fornecendo as condições concretas de sua sobrevivência, com suas ações tirânicas e arbitrarias, promovendo sofrimentos demasiados, e injustiças flagrantes, que foram ao longo do tempo, e por iniciativa do titã Prometeu, como mortal fosse, e da mortal Io, levado a evoluir e se modificar, a par da afirmação de valores típicos dos mortais, referentes a justiça, solidariedade, a *philia*, em seu interagir com os demais, ressaltando ainda suas dificuldades de aceitação dos sofrimentos, com seu caráter de insubmissão, como se aqueles fossem castigos, porém se reconhecendo, apesar de todas as dificuldades, seres imperfeitos, falhos em sua existência.

Na *Antígona* de Sófocles, ao contrário da maioria dos analistas, que optaram por mostrar o conflito da jovem labdácida com o dirigente tebano Creonte, como eixo da tragédia, procuramos nos concentrar, em cada um dos personagens principais, em seus contextos pessoais, de autonomia (Antígona) e dependência (Creonte), nas questões familiares, de uma família poderosa e maldita, especialmente quanto as questões de paternidade e filiação com todas suas especificidades, no ajustamento dos dois às condições de vida na *polis*, da prática do pensamento justo e comum e do respeito aos deuses, onde ambos revelam-se *hybristes* e *apolis*, levando-os na direção de desgraças inevitáveis. Aqueles personagens, diante das situações a serem enfrentadas em uma Tebas devastada, em que eles, simples mortais, com suas imperfeições, distantes dos deuses, optaram por agir, uma, de acordo com as leis naturais e divinas que vigoram desde sempre, e o outro, aparentemente, de acordo às leis políades, de forma radical e impositiva, porém, ambos, na ignorância de que teriam que se curvar aos ditames das leis do destino, independente se estavam cometendo ações consideradas passíveis de culpabilidade, que podiam parecer flagrantes injustiças do ponto de vista da moral e do direito, mostrando claramente o poeta, que o homem não controla os efeitos de suas intenções, sejam elas boas ou más. De outro lado, especial atenção foi dada ao surpreendente primeiro estásimo, no qual o poeta, com sua sensibilidade, qualifica o homem como o ser mais assombroso, admirável, estranho, de toda a criação, pois, com seu domínio sobre a natureza selvagem, a fala, o pensamento, mesmo em dificuldades, com poucos recursos, nada interrompe sua trajetória na direção do porvir. Além do mais, fica claro no pensamento de Sófocles, que as capacidades do homem não são naturais, como os animais e os deuses, pois ele próprio se auto define, ele aprende com a experiência de vida em sua ação sobre si mesmo, onde o poeta atinge um dos cumes mais elevados da cultura grega, ressaltando igualmente suas limitações naturais, diante da morte, e de que o bem e o mal estarão sempre com ele orientando seus passos em uma ou outra direção, mas que com seu enorme poder criativo, foi capaz de instituir à época um sistema político e social na *polis*, de caráter universal, tecendo suas leis e respeitando os deuses, que para funcionar adequadamente dependia unicamente dos próprios homens.

No caminho deste homem assombroso, capaz de tudo realizar e criar, que se reconhece falho e imperfeito, mas que assume responsabilidades, uma vez que suas limitações não são definidas por autoridades últimas, sejam sábios ou filósofos no modelo ideal platônico, nem transcendentes como nas religiões monoteístas, consciente que elas somente poderiam ser amenizadas mediante o tempo, a experiência, a educação e a auto limitação, exigindo assim, acima de tudo, um olhar realista, nada ideal, nem muito menos heroico para si mesmo. E é justamente aqui que a tragédia ática fecha o seu ciclo, pois o último grande poeta, dramaturgo e filósofo Eurípides vai se encarregar de representar este homem com uma visão, onde dificilmente algo, qualidades, falhas, emoções, paixões, incongruências, ambiguidades, contradições, estarão fora de seu campo visual. É importante aqui repetir que nesta representação do ser mortal, Eurípides ultrapassa em muito a ideologia ateniense calcada na unidade do homem, cidadão livre, varão, chefe do *oikos*, para incluir particularmente as mulheres, os jovens, os criados e tantos outros, na diversidade social existente, que mesmo que não tenha sido esta a intenção de Sófocles no estásimo de *Antígona*, devem igualmente, segundo Eurípides, receber a alcunha de assombrosos e estranhos. E este resgate não ficará restrito apenas ao ser mortal, mas também envolverá as entidades divinas como as conhecemos, tão imperfeitas como os mortais, capazes de provocar grandes males, mediante a ideia de uma outra espiritualidade, relacionada aos sentimentos humanos permanentes, como necessidade, liberdade, paz e amizade, por mais paradoxal que isto seja.

Eurípides foi um homem do seu tempo, em termos de sua inquietação intelectual permanente, e muito além do mesmo, em termos criativos com uma projeção indiscutível sobre os séculos vindouros, sendo esta a razão principal, de nosso especial esforço para colocá-lo em cena naquela Atenas emblemática, cosmopolita, de confluência única das mais variadas ideias, bem como de examinar em detalhes muitos de seus famosos personagens, como Alceste, Medeia, Hipólito, Fedra, Etra, Electra, Orestes, Teseu, Adrasto, Pilapes, Helena, Menelau, Penteu, Agave, Tiresias, Cadmo e o estrangeiro Dioniso, os deuses Apolo, Artemis, Afrodite e Dioniso, mas também os serviçais e mensageiros com suas participações para lá de especiais e sábias. Em tal diversidade humana, reside a beleza da criação do poeta, elaborada e pensada nos seus mínimos detalhes, sem apelos e concessões de qualquer natureza, combinando visões distintas, de caráter político, social, religioso, relacionado ao indivíduo de *per si*, a família, ao Estado, ou a um grupo específico, com suas fantasias, fábulas, irracionalidade, dominados por suas paixões, com um sentido de modernidade em suas construções e desconstruções, que espantam e nos deixam incrédulos, revelando toda sua paixão e seu entendimento sobre o ser humano.

Em sua última obra fica evidente de uma forma ainda mais explícita, independente de interpretações gerais sobre *As Bacantes*, o quanto Eurípides ultrapassou todos os limites possíveis, no reconhecimento da precariedade da condição humana, com suas limitações e imperfeições, se utilizando do mesmo esquema, típico da experiência grega, que explicitei repetidamente chamando atenção ao longo deste epílogo, que é o de concentrar o foco de sua atenção inicial no cosmos divino, ou em uma entidade divina específica, para descortinar e esmiuçar a condição propriamente humana. Porém aqui, ele o faz com a ajuda de um deus para lá de emblemático, controverso, ambíguo, um criador e provedor da vida, bem como um manipulador e destruidor violento da mesma vida. Além disso, aqui, ele introduz uma novidade significativa, que somente poderia ser feita com Dioniso: ele usa como paradigma um deus em forma humana, aproximando e confundindo o divino e o humano em uma mesma criatura, desdenhando solenemente da tradição grega quanto ao distanciamento dos deuses antropomórficos dos homens. E é a partir deste ser que ele promove o maior ataque a personalidade humana, até então considerada uma espécie de salvaguarda, de terreno sólido, onde a pessoa estaria segura, em algo fluido, inconstante e variável, tornando o homem em um ser ainda mais vulnerável e atingível em suas limitações, porém ao contrário do entendimento comum, em um ser mais assombroso e extraordinário, nos moldes sofoclianos, uma vez que terá que enfrentar desafios ainda maiores em suas vidas. Neste sentido, a peça tornou-se um marco, o marco final da representação trágica, onde ficou estampada em letras inesquecíveis, a visão a que a experiência grega alcançou no que respeita à condição humana, que seria desconstruída a partir do século IV, particularmente com Platão, na busca do ideal, do verdadeiro, envolvendo não somente o homem, mas igualmente a cidade e as ideias daquele homem, coisas estranhas até então, ao pensamento grego, voltado para a realidade da vida humana.

Daqui para frente, a história é por demais conhecida, já que aquela visão grega do homem vai ser amplamente derrotada, a partir dali, após um período durante o qual prevaleceu uma certa confusão de valores, com o advento do cristianismo, seguindo de perto os conceitos platônicos e incorporando as visões da fé, da salvação e do paraíso, como formas de atenuar a finitude humana, que, a não ser por reduzidos períodos históricos, prevalece até os nossos dias, presente inclusive no próprio movimento psicanalítico. Uma análise filosófica desta questão seria o caminho mais adequado para ser percorrido, porém não somente por me considerar incapacitado para tal, bem como pela extensão do que foi alcançado, bem além do inicialmente imaginado, deixarei este tema de lado, e ainda que de forma sucinta, retornaremos ao início de nossas reflexões.

Vou iniciar fazendo uma ponte, estabelecendo uma certa relação entre as últimas obras de Eurípides, *Orestes* e *As Bacantes*, principalmente com nossas questões iniciais, particularmente com os conceitos de Aristóteles, que no século IV, analisou os efeitos da bílis negra, sobre determinadas pessoas, que as levavam a comportamentos ditos melancólicos, que em consequência nos levou a levantar a hipótese de existirem pontos de contato relevantes entre aqueles comportamentos com os relacionados a drogadição, por nós analisados em livro anterior. É praticamente impossível termos absoluta certeza sobre as motivações de Eurípides, porém é razoável pensar que naquelas obras, e também em algumas outras anteriores, o poeta ao alargar sua visão da condição humana, deixa a entender, que o homem, em determinados momentos e situações, possa sair de si mesmo, se tornar "outro", ao entrar em delírio, entusiasmo, em "mania", tornando-se inconsciente de seus atos, de suas palavras e até de sentimentos, que muitas das vezes o leva a abandonar seu caráter básico, se assemelhando à um homem com caráter oposto. Estas possibilidades, de acordo com Eurípides, não estão restritas, no caso mais evidente da religião dionisíaca, à ingestão de vinho, à música e danças, com seus efeitos motores, a ambientes ligados a natureza, aos entusiasmos grupais, mas igualmente a certas obsessões, seja por sexo, por vinganças, por posturas políticas e religiosas, por paz e isolamento, e a determinados sentimentos como nos casos de Fedra com seu amor proibido, e de Orestes por ter se tornado um matricida. Novamente aqui devemos chamar atenção, que no fundo, o poeta, ressalta ainda mais a precariedade da existência humana, sujeita a todos aqueles condicionantes de que tanto falamos, aos quais ele acrescenta outros derivados das possibilidades do homem sentir algo como uma "intoxicação", representando um excesso, um exagero, que ele não consegue controlar, sentido como uma deficiência em sua natureza.

Aristóteles, por outro lado, em sua *Experiência XXX.1*, parte por analogia, dos efeitos temporários que a ingestão de vinho traz ao indivíduo, que o leva a ter diversos caráteres, dependendo da quantidade de vinho e de suas reações, para firmar a posição que certas pessoas, por natureza, devido as misturas da bílis negra entre o quente e o frio, seguindo na linha hipocrática dos humores, a terem as mesmas características, de mudanças de seus caráteres, de serem inconstantes de forma permanente, alguns com qualidades acima do normal, até em termos criativos, outros sendo levados a doenças graves de apatia e suicídios, e finalmente em alguns casos sendo levados a loucura.

Ambos, de alguma forma, levantam a hipótese, de que o homem está sujeito a adquirir diversos caracteres, seja por fatores internos, relativamente a mecanismos orgânicos, obsessivos e psicológicos, seja por fatores externos, que os levam para fora de si mesmos. Eurípides não tece nenhum juízo de valor sobre este fato, mas Aristóteles da entender que os homens de exceção em diversas áreas sofrem de melancolia, que dependendo da mistura da bílis negra, podem acentuar, como vimos suas qualidades criativas, mencionando igualmente os riscos da apatia, da loucura, do suicídio precoce, enfim da morte. É importante assinalar duas questões, ao se analisar as possibilidades levantadas por eles: não existe em todas as situações nenhum controle dos efeitos reais sobre elas, particularmente no caso dos melancólicos referidos por Aristóteles, porém é igualmente visível nos casos levantados por Eurípides, mas, em alguns destes casos, existe algum grau de busca intencional dos efeitos, como na ingestão de vinhos, em eventos sociais, nos ritos e cultos religiosos, e em algumas outras situações particulares, mas ainda assim sem controle dos resultados.

Entretanto, existem hoje nas buscas dos toxicômanos, e dos chamados melancólicos, de acordo com a visão de Abrahan, citada ao início de nosso trabalho, motivações que escapam totalmente a estas experiências gregas, que merecem algum cuidado e reflexão, pois tem muito a ver com nosso tema da condição humana, principalmente com a aceitação da mesma. Um dos efeitos mais desejados dos toxicômanos é sem dúvida se tornar outro homem, melhor segundo certos padrões, com virtudes incomparáveis, com direitos quase divinos, a ter tudo que a vida possa lhe proporcionar, sem angustias, sem sofrimentos, até chegar ao limite de afirmar-se como um deus, como nas palavras de Baudelaire. Vamos propositadamente ignorar o "depois" desses momentos, por serem altamente deprimentes, e igualmente a duração do delírio, pois dependem de outras condições. Porém, é bem claro que o desejo de se tornar outro, bem mais satisfatório do que é na realidade, se desqualificando como pessoa, como homem ou mulher, como cidadão, como membro de uma família, desprezando tudo que tem, que conseguiu e o que poderia conseguir, como se nada fosse e nada tivesse, ao recorrer as drogas evidencia o "antes", pois existe dentro dele um modelo de pessoa ideal, onipotente, que necessita ser cumprido, que ele merece, pois para isso foi criado, mas que infelizmente as pessoas não reconhecem e que o destino lhe nega de forma constante. É bom observar que este comportamento, com a simplicidade que colocamos, mobiliza milhões de pessoas nesta direção, que é claro é repetida ao infinito por cada uma delas, ao longo de sua vida dependente na direção da negada onipotência. Por outro lado, existem nestes comportamentos, duas questões, aparentemente separadas; a negação de si e de tudo a ele relacionado, como vimos, mas também algo ideal, um modelo que foi plasmado dentro de si, nada subjetivo, pois o "perfeito", o desejável", "o melhor que eu", é definido por cada pessoa, porém é evidente, que estes valores são profundamente afetados pelas estruturas políticas, sociais, familiares e morais da sociedade em que vive, por suas experiências vividas nas diversas fases da vida e de sua interação com os demais.

Estas considerações, ainda que simples, nos permitem, agora, responder a seguinte inquietação: seria possível imaginar este tipo de comportamento na sociedade grega, que vimos analisando até aqui, da busca de uma pessoa ideal, de assumir um ou outros caráteres, melhores que o seu, ou mesmo, de se deificar, como forma de "enganar" uma realidade pessoal, mesmo que por algum tempo, ou de modificar de alguma forma seu destino, de molde a ser compatível com sua grandeza pessoal. A resposta é bem evidente: seria impossível imaginar tal situação naquela experiência. E as razões são muitas, todas bem simples, que podem ser resumidas nas impossibilidades de um homem grego negar a vida que lhe foi dada, de compará-la com a vida de qualquer outro homem, pois se sente responsável e feliz com o que tem, suficiente para ele alcançar "a vida boa", ou de desejar ser um deus, uma vez que todos são imperfeitos, falhos, inclusive os divinos, com uma existência precária e limitada no caso dos mortais, já que sequer são donos das significações de seus atos, uma vez que são submetidos todos a uma potência maior, o destino, a Moira, que lhes rege a vida, e que caso não seja respeitada e acatada, não fará nenhuma diferença, pois as desgraças pessoais e familiares bem como os sofrimentos ocorrerão de qualquer forma. E disto tudo decorre de um ponto fundamental, talvez o de maior dificuldade de compreensão: a não necessidade da existência de modelos, de ideais, pois eles sabem ser impossível que o destino seja alterado por questões morais ou éticas, que foi claramente exposto, já a partir de Homero, com sua universalidade e imparcialidade, onde não existem vencidos e vencedores, chefes e escravos, gregos e troianos, e onde os próprios heróis, com suas virtudes, como Aquiles, que prefere ser sapateiro vivo que herói morto e de Ulisses que prefere ser mortal que imortal. Entretanto, os maiores testemunhos desta ausência da necessidade de modelos são dados pelos cidadãos atenienses ao instituírem o genial procedimento do "ostracismo", onde pessoas consideradas extra normais são consideradas ameaças ao sistema político, mas que foram ressaltados em definitivo, pelos personagens da tragédia ática, principalmente com Sófocles e Eurípides.

Infelizmente a sociedade ocidental, abandonou todo este legado, preferindo a busca da perfeição, do verdadeiro, do ideal, a partir dos próprios gregos, no século IV com Platão e Aristóteles, principalmente o primeiro, mas que já se nota no segundo, em seus comentários na *Experiência XXX.1*, sobre as características de exceção dos melancólicos, que teve consequências que sentimos até hoje, em praticamente toda a nossa forma de interação com os "outros" e conosco mesmo, significando igualmente o declínio e as enormes dificuldades da atividade política, a genial criação grega, de "estar entre os homens". De qualquer forma, a busca deste ideal bem como todos os esforços e riscos de evitar a dor e o sofrimento, ou de amenizá-los mediante outra vida, tentando escapar da precária condição humana, revelou-se um triste fracasso, principalmente em nossos dias, com seus milhões de mortos e de mortos-vivos, uma estatística macabra que atinge em cheio a humanidade, e para o qual não existem soluções a vista.

Finalizando estas reflexões, queremos chamar atenção para a estranha analogia que se pode fazer, entre a busca insana dos heróis trágicos de modo a evitar seus destinos, que os leva inconscientemente a buscá-los de forma ainda mais decidida, cujo exemplo máximo é sem dúvida o de Édipo, com o comportamento dos toxicômanos, que buscam igualmente fugir de suas sortes, mediante um processo progressivo, de negacionismo da vida, de busca de um protagonismo único, ideal, onipotente, de dependência de substancias químicas, que quanto mais procura mudar seu destino, mais o leva a garanti-lo, em um ciclo infinito e angustiante, sem possibilidades de sequer amenizar suas dores e sofrimentos, mas sim de agravá-los até o desenlace final.

REFERÊNCIAS

ADRADOS, Francisco Rodríguez. *El mundo de la lírica griega antigua*. Madrid: Alianza Editorial, 1981.

ADRADOS, Francisco Rodríguez. *Fiesta, comedia y tragedia*. Madrid: Alianza Editorial, 1983.

ADRADOS, Francisco Rodríguez. *Lírica griega arcaica:* poemas corales y monódicos, 700-300 a. C. Madrid: Gredos, 1980.

ALAUX, Jean. *Le liège et le filet*. Paris: Éditions Belin, 1995.

ALBRECHT, Ada Dolores. *Los misterios de Eleusis*. Buenos Aires: Hastinapura, 1994.

ALMEIDA, Guilherme de; VIEIRA, Trajano. *Três tragédias gregas:* Antígone, Prometeu prisioneiro, Ájax. São Paulo: Perspectiva, 2007.

ALMEIDA, Vanessa Silva. *Lamento e luto na tradução de Suplicantes de Eurípides*. Dissertação (Mestrado) – Programa de Pós-graduação em Estudos da Tradução, Universidade Federal do Ceará. Centro de Humanidades, Ceará, 2017.

ALVES, Cauê. Hélio Oiticica: cinema e filosofia. *Revista FACOM,* n. 21, p. 1–14, 2009.

AMANDRY, Pierre. *Delphes et son histoire*. Atenas: Guides Archéologiques de Grèce, 1984.

AMORGO, Simónides de. *Sátira contra as mulheres*. Tradução de F. Rebelo Gonçalves. Lisboa: Imprensa Nacional; Casa da Moeda, 1930.

ANAXÍMANDRO; PARMÊNIDES; HERÁCLITO. *Os pensadores originários*. Tradução de Emmanuel Carneiro Leão e Sérgio Wrublewski. 4. ed. Bragança Paulista: Editora Universitária São Francisco, 2005.

ANDRADE, Rachel Gazolla de. *Platão:* o cosmo, o homem e a cidade: um estudo sobre a alma. Petrópolis: Vozes, 1994.

ANSPACH, Mark R. *Édipo mimético*. Tradução de Ana Lúcia Costa. São Paulo: É Realizações, 2012.

ANTÓNIO FREIRE, S. J. *Conceito de Moira na tragédia grega*. Braga: Livraria Cruz, 1969.

APULEYO, Lúcio. *Amor e psique*. Tradução de Paulo Ronai e Aurélio Buarque de Holanda Ferreira. Rio de Janeiro: Civilização Brasileira, 1956.

APULEYO, Lúcio. *El asno de oro*. Barcelona: Novoprint, 1988.

ARENDT, Hannah. *A condição humana.* Tradução de Roberto Raposo. Rio de Janeiro: Forense Universitária, 1981.

ARISTÓFANES. *A greve do sexo (Lisístrata):* a revolução das mulheres. Tradução de Mário da Gama Kury. 6. ed. Rio de Janeiro: Zahar, 2006.

ARISTÓFANES. *As aves.* Tradução de Adriane da Silva Duarte. São Paulo: Hucitec, 2000a.

ARISTÓFANES. *As nuvens.* Tradução de Gilda Maria Reale Starzynski. São Paulo: Difel, 1967.

ARISTÓFANES. *As nuvens:* Aristófanes. Porto Alegre: UFRGS, 2013.

ARISTÓFANES. *As rãs.* Tradução de Américo da Costa Ramalho. Lisboa: Edições 70, 2008.

ARISTÓFANES. *As vespas; As aves; As rãs.* Tradução de Mário da Gama Kury. 3. ed. Rio de Janeiro: Jorge Zahar, 2004.

ARISTÓFANES. *Lisistrata e Tesmoforiantes de Aristófanes.* Tradução de Trajano Vieira. São Paulo: Perspectiva, 2011.

ARISTÓFANES. *Os Acarnenses.* Tradução de Maria de Fátima Souza e Silva. Coimbra: Instituto Nacional de Investigação Científica, 1980.

ARISTÓFANES. *Os cavaleiros.* Tradução de Maria de Fátima Souza e Silva. Brasília: UnB, 2000b.

ARISTÓTELES. *A política.* Tradução de Roberto Leal Ferreira. 3. ed. São Paulo: Martins Fontes, 2006.

ARISTÓTELES. *Constituição dos atenienses.* 3. ed. Lisboa: Fundação Calouste Gulbenkian, 2011.

ARISTÓTELES. *Ética a Nicômaco.* Tradução de Edson Bini. Bauru: EDIPRO, 2002.

ARISTÓTELES. *O homem de gênio e a melancolia:* o problema XXX, I. Tradução de Jackie Pigeaud; Alexei Bueno. Rio de Janeiro: Lacerda Editores, 1998.

ARISTÓTELES. *Poética.* Tradução de Eudoro de Sousa. Porto Alegre: Globo, 1966.

ARISTÓTELES. *Poética.* Tradução de Paulo Pinheiro. São Paulo: Editora 34, 2015.

ARISTÓTELES. *Poética; Organon; Política; Constituição de Atenas.* São Paulo: Nova Cultural LTDA., 1999.

ARISTÓTELES. *The Athenian Constitution.* Tradução de Peter John Rhodes. Londres: Penguin Books Ltd., 2004.

ARISTÓTELES; HORÁCIO; LONGINO. *A poética clássica.* Tradução de Jaime Bruna. 12. ed. São Paulo: Cultrix, 2005.

ARNAOUTOGLOU, Ilias. *Leis da Grécia Antiga.* Tradução de Ordep José Trindade Serra. São Paulo: Odysseus, 2003.

ARQUÍLOCO. *Fragmentos poéticos.* Tradução de Carlos A. Martins Jesus. Lisboa: Imprensa Nacional – Casa da Moeda, 2008.

ATWOOD, Margaret. *A Odisséia de Penélope:* o mito de Penélope e Odisseu. Tradução de Celso Nogueira. São Paulo: Companhia das Letras, 2005.

AUBRETON, Robert. *Introdução a Homero.* 2. ed. São Paulo: Difusão Européia do Livro, 1968.

AUERBACH, Erich. *Mimesis:* a representação da realidade na literatura ocidental. 6. ed. São Paulo: Perspectiva, 2013.

BAAS, Bernard. *O desejo puro.* Tradução de Ana Lucia L. R. Holck. Rio de Janeiro: Revinter, 2001.

BACHOFEN, Johann Jakob. *Myth, Religion and Mother Right:* Selected Writtings of J. J. Bachofen. Tradução de Ralph Manhein. Nova York: Princeton University Press, 1967.

BAGUIAS, Andreas (Ed.). *Delos:* sus monumentos y museo. Tradução de Manuel Serrano. Atenas: Ediciones Krini, [s. d.].

BALDRY, Harold Caparne. *A Grécia Antiga:* cultura e vida. Cacém: Gris Impressores, 1968.

BAQUÍLIDES. *Odas y Fragmentos.* Tradução de Fernando Garcia Romero. Madrid: Gredos, 2018.

BARBOSA, Leandro Mendonça. O estrangeiro e o autóctone: Dionísio no Mediterrâneo. *Mare Nostrum,* v. 2, n. 2, p. 20–40, 2011.

BARING, Anne; CASHFORD, Jules. *El mito de la diosa/Evolución de una imagen.* Tradução de Andrés Piquer; Susana Pottecher. Madrid: Siruela, 2005.

BARNES, Jonathan. *Aristoteles.* Tradução de Marta Sansigre Vidal. Madrid: Ediciones Cátedra S. A., 1999.

BARNES, Jonathan. *Filósofos pré-socráticos.* Tradução de Julio Fischer. São Paulo: Martins Fontes, 2003.

BARROCA, Christina Silva. *Figurações e ambiguidades do trágico:* experiências constituintes do estilo na obra de Lya Luft. Jundiaí: Paco Editorial, 2014.

BAUDELAIRE, Charles. *Os paraísos artificiais:* livro B. Tradução de José Saramago. 4. ed. Lisboa: Editorial Estampa, 1971.

BEAUFRET, Jean. *Observações sobre Édipo e Observações sobre Antígona:* precedido de Hölderlin e Sófocles. Tradução de Anna Luiza A. Coli. Rio de Janeiro: Zahar, 2008.

BECCADELLI, Antonio. *El hermafrodito.* Madrid: Akal, 2008.

BECHET, Florica. Le caractère cosmopolite et multiculturel des colonies grecques ouest-pontique. *In:* SOARES, Carmen; FIALHO, Maria do Céu; FIGUEIRA, Thomas. *Pólis/Cosmópolis:* identidades globais e locais. Coimbra: Imprensa da Universidade de Coimbra, 2016.

BELO, Fabio (Org.). *Íon, de Eurípides:* interpretações psicanalíticas. Petrópolis: KBR, 2016.

BELO, Fernando. *Leituras de Aristóteles e de Nietzsche:* a poética sobre a verdade e a mentira. Lisboa: Fundação Calouste Gulbenkian, 1994.

BENARDETE, Seth. *Sacred Transgressions:* a Reading of Sophocles' Antigone. Indiana: St. Augustine's Press, 1999.

BENTES, Hilda Helena Soares. A ideia de justiça e a essência do trágico. *Revista de Direito, Arte e Literatura*, v. 1, n. 2, p. 165–182, 2015.

BERGSON, Henri. *Curso sobre a filosofia grega.* Tradução de Bento Prado Neto. São Paulo: Martins Fontes, 2005.

BERLINCK, Luciana Chaui. *Melancolia:* rastros de dor e de perda. São Paulo: Humanitas, 2008.

BERVEILLER, Michel. *A tradição religiosa na tragédia grega:* Eschylo – Sophocles. São Paulo: Companhia Editora Nacional, 1935.

BIGNOTTO, Newton. *O tirano e a cidade.* São Paulo: Discurso Editorial, 1998.

BLEGEN, Carl W. *Tróia e os troianos.* Tradução de Rodrigo Machado. Braga: Verbo, 1966.

BLEICHMAR, Hugo. *Depressão:* um estudo psicanalítico. Tradução de Maria Cecília Tschiedel. Porto Alegre: Artes Médicas, 1983.

BLUMENBERG, Hans. *El mito y el concepto de realidad.* Tradução de Carlota Rubies. Barcelona: Herder, 2004.

BLUMENBERG, Hans. *O riso da mulher de Trácia:* uma pré-história da teoria. Tradução de Maria Adélia Silva e Melo. Lisboa: Difel, 1994.

BOURGEOIS, Bernard. *Hegel:* os atos do espírito. Tradução de Paulo Neves. São Leopoldo: Unisinos, 2004.

BOWRA, Cecil Maurice. *A experiência grega.* Lisboa: Gradiva, 1977.

BOWRA, Cecil Maurice. *Sophoclean tragedy.* Londres: Oxford, 1944.

BRANDÃO, Jacyntho Lins. Eudoro de Sousa e a poética de Aristóteles. *Archai*, n. 8, p. 95-99, 2012.

BRANDÃO, Junito de Souza. *Dicionário mítico-etimológico da mitologia grega.* Petrópolis: Vozes, 1993.

BRANDÃO, Junito de Souza. *Teatro grego:* tragédia e comédia. 9. ed. Petrópolis: Vozes, 2010.

BRASETE, Maria Fernanda. A técnica dramática de Eurípides no prólogo do Orestes. *Máthesis*, n. 13, p. 243-252, 2020.

BREA, L. Bernarbó. *Sicília.* Tradução de Rodrigo Machado. Braga: Verbo, 1972.

BRISSON, Luc; PRADEAU, Jean-François. *As leis de Platão.* Tradução de Nicolás Nyimi Campanário. São Paulo: Loyola, 2012.

BROAD, William J. *O oráculo:* o segredo da antiga Delfos. Tradução de Regina Lyra. Rio de Janeiro: Nova Fronteira, 2007.

BRUN, Jean. *Os pré-socráticos.* Tradução de Armindo Rodrigues. Lisboa: Edições 70, 1968.

BRUNO, Mário. *Lacan e Deleuze:* o trágico em duas faces do além do princípio do prazer. Rio de Janeiro: Forense Universitária, 2004.

BURCKHARDT, Jacob. *History of Greek Culture.* Tradução de Palmer Hilty. Nova York: Dover Publications, 2014.

BURKERT, Walter. *La creación de lo sagrado:* la huella de la biología en las religiones antíguas. Tradução de Stella Mastrangelo. Barcelona: Acantilado, 2009.

BURKERT, Walter. *Religión griega:* arcaica y clásica. Madrid: Abada Editores, 2003.

BURN, Andrew Robert. *As cidades rivais da Grécia:* das origens à conquista romana. Lisboa: Verbo, [19--].

BURNET, John. *A aurora da filosofia grega.* Tradução de Agatha Bacelar. Rio de Janeiro: Contraponto, 2006.

BURNET, John. *O despertar da filosofia grega.* Tradução de Mauro Gama. São Paulo: Siciliano, 1994.

BURTON, Robert. *Anatomia da melancolia.* Tradução de Guilherme Gontijo Flores. Curitiba: Ed. UFPR, 2011a. v. I.

BURTON, Robert. *Anatomia da melancolia:* a primeira partição: causas da melancolia. Tradução de Guilherme Gontijo Flores. Curitiba: Ed. UFPR, 2011b. v. II.

BURTON, Robert. *Anatomia da melancolia:* a segunda partição: a cura da melancolia. Tradução de Guilherme Gontijo Flores. Curitiba: Ed. UFPR, 2012. v. III.

BURTON, Robert. *Anatomia da melancolia:* a terceira partição: melancolia amorosa. Tradução de Guilherme Gontijo Flores. Curitiba: Ed. UFPR, 2013. v. IV.

CABRAL, Luiz Alberto Machado. *O hino homérico a Apolo.* Cotia: Ateliê Editorial, 2004a.

CAILLOIS, Roger. *O homem e o sagrado.* Tradução de Geminiano Cascais Franco. Lisboa: Edições 70, 1950.

CALAME, Claude. *Eros na Grécia Antiga.* Tradução de Isa Kopelman. São Paulo: Perspectiva, 2013.

CALASSO, Roberto. *As núpcias de Cadmo e Harmonia:* mitos. Tradução de Nilson Moulin Louzada. São Paulo: Companhia das Letras, 1990.

CALASSO, Roberto. *Las bodas de Cadmo y Harmonía.* Tradução de Joaquín Jordá. 4. ed. Barcelona: Editorial Anagrama, 2006.

CAMPBELL, Joseph. *O poder do mito.* Tradução de Carlos Felipe Moisés. 22. ed. São Paulo: Palas Athena, 2004.

CARDOSO, Filipe Paiva. Temístocles: apogeu e ostracismo: as duas faces da mesma moeda. *Cadernos de Clio*, v. 6, n. 1, p. 169–194, 2015.

CARVALHO, Talyta. *Fé e razão na Renascença:* uma introdução ao conceito de Deus na obra filosófica de Marsílio Ficino. São Paulo: É Realizações, 2012.

CASERTANO, Giovanni. Epimênides: sábio ou filósofo? *Hypnos,* n. 26, p. 13–35, 2011.

CASSIN, Barbara; LORAUX, Nicole; PESCHANSKI, Catherine. *Gregos, bárbaros, estrangeiros:* a cidade e seus outros. Tradução de Ana Lúcia Oliveira e Lúcia Cláudia Leão. Rio de Janeiro: Editora 34, 1993.

CASTORIADIS, Cornelius. *A instituição imaginária da sociedade.* Tradução de Guy Reynaud. 2. ed. Rio de Janeiro: Paz e Terra, 1982.

CASTORIADIS, Cornelius. *As encruzilhadas do labirinto II:* domínios do homem. Tradução de José Oscar de A. Marques. Rio de Janeiro: Paz e Terra, 1987.

CASTORIADIS, Cornelius. *Figuras de lo pensable.* Buenos Aires: Fondo de Cultura Economica, 1999.

CASTORIADIS, Cornelius. *La ciudad y las leyes:* lo que hace a Grecia. Buenos Aires: Fondo de Cultura Economica, 2012. v. 2.

CASTORIADIS, Cornelius. *Lo que hace a Grecia:* de Homero a Heráclito. Buenos Aires: Fondo de Cultura Economica, 2006.

CASTORIADIS, Cornelius. *Sobre "O Político" de Platão.* Tradução de Luciana Moreira Pudenzi. São Paulo: Loyola, 2004.

CASTRO, Nilda Mascarenhas. *A "Electra" de Eurípides:* estudo analítico. Salvador: UFBA, 1962.

CAVALCANTI, Raïssa. *O caminho sagrado*: a psicologia moderna e a tradição iniciática. São Paulo: Edições Rosari, 2004.

CHAMOUX, François. *A civilização grega.* Tradução de Pedro Elói Duarte. Lisboa: Edições 70, 2003.

CHARBONNEAUX, Jean; MARTIN, Roland; VILLARD, François. *Grèce Hellénistique:* 330-50 av. J. -C. Paris: Gallimard, 2010.

CHASSEGUET-SMIRGEL, Janine. *O ideal do ego.* Tradução de Francisco Vidal. Porto Alegre: Artes Médicas, 1992.

CÍCERO, Marco Túlio. *Da república.* Tradução de Amador Cisneiros. 5. ed. Rio de Janeiro: Ediouro, 1973.

COLLINGWOOD, Robin George. *Idea de la historia.* Tradução de Edmundo O'Gorman; Jorge Hernández Campos. México: Fondo de Cultura Economica, 1952.

COLMAN, Arthur; COLMAN, Libby. *O pai:* mitologia e reinterpretação dos arquétipos. Tradução de Adail U. Sobral. 10. ed. São Paulo: Cultrix, 1995.

CONACHER, D. J. *Euripidean drama:* Mith, Theme and Structure. Toronto: University of Toronto Press, 1967.

CONDILO, Camila. Considerações acerca do problema da constituição de identidades políticas na Grécia Antiga: o episódio dos tiranicidas em Heródoto, Tucídides e Aristóteles. *Revista de Estudos Filosóficos e Históricos da Antiguidade*, n. 24, 2007. Disponível em: https://www.ifch.unicamp.br/ojs/index.php/cpa/article/view/799. Acesso em: 16 maio 2022.

CONFORD, Francis MacDonald. *From Religion to Philosophy:* a Study in the Origins of Western Speculation. Nova Jersey: Princeton University Press, 1991a.

CONFORD, Francis MacDonald. *La teoría platónica del conocimiento.* Tradução de Néstor Luis Cordero e María Dolores del Carmen Ligatto. Barcelona: Paidós Ibérica, 1991b.

CONFORD, Francis MacDonald. *Principium Sapientiae:* as origens do pensamento filosófico grego. Tradução de Maria Manuela R. Santos. 2. ed. Lisboa: Fundação Calouste Gulbenkian, 1989.

CONFORD, Francis MacDonald. *Thucydides Mythistoricus.* Londres de Kessinger Legacy Reprints, 1907.

COPENHAVER, Brian P. (Org.). *Hermetica:* The Greek Corpus Hermeticum and the Latin Asclepius in a new English translation with notes and introduction. Nova York: Cambridge University Press, 1994.

CORBIN, Henri. *El hombre de luz en el sofismo iranio.* Tradução de María Tabuyo; Agustín López. Madrid: Siruela, 2000.

CORBIN, Henry. *La paradoja del monoteísmo.* Tradução de María Tabuyo; Agustín López. Madrid: Losada S. A., 2003.

CORDEIRO, Luiz Henrique Bonifácio. O desenvolvimento da comédia antiga no sistema democrático ateniense no séc. V a. C. *Diálogos*, v. 9, p. 17–30, 2015.

CORRÊA, Paula da Cunha. *Armase varões:* a guerra na lírica de Arquíloco. 2. ed. São Paulo: Ed. da UNESP, 2009.

CORREIA, Beatriz Cristina de Paoli. *A adivinhação na tragédia de Ésquilo.* Tese (Doutorado em Letras Clássicas) – Programa de Pós-graduação em Letras Clássicas, Universidade de São Paulo. Faculdade de Filosofia, Letras e Ciências Humanas, São Paulo, 2015.

DANIÉLOU, Alain. *Shiva e Dioniso:* a religião da natureza e do Eros. Tradução de Edison Darci Heldt. São Paulo: Martins Fontes, 1989.

DARBO-PESCHANSKI, Catherine. *O discurso do particular:* ensaio sobre a investigação de Heródoto. Tradução de Angela Martinazzo. Brasília: Ed. UnB, 1998.

DE LA BARCA, Calderón. *A vida é sonho.* Tradução de Renata Pallottini. São Paulo: Hedra, 2010.

DE LA VEGA, María José Hidalgo; ABENGOCHEA, Juan José Sayas; HERVÁS, José Manuel Roldán. *Historia de la Grecia Antigua.* Salamanca: Ediciones Universidad de Salamanca, 2008.

DELCOURT, Marie. *Eschyle*. Paris: Les Édtions Rieder, 1934.

DELCOURT, Marie. *La vie d'Euripide:* lecture de Michel Grodent. Bruxelas: Éditions Labor, 2004.

DELCOURT, Marie. *Les grands santuaires de la Grèce.* Paris: Universitaires de France, 1947.

DELCOURT, Marie. *Oedipe ou la légende du conquérant.* Paris: Les Belles Lettres, 1981.

DELCOURT, Marie. *Oreste et Alcméon:* étude sur la projection légendaire du matricide em Grèce. Paris: Les Belles Lettres, 1959.

DEMONT, Paul; LEBEAU, Anne. *Introduction au théâtre grec antique.* Paris: Librairie Générale Française, 1996.

DEMOSTHENES. *Selected Speeches:* a New Translation by Robin Waterfield. Tradução de Robin Waterfield. 2. ed. New York: OUP Oxford, 2014.

DETIENNE, Marcel. *A escrita de Orfeu.* Tradução de Mário da Gama Kury. Rio de Janeiro: Jorge Zahar, 1991.

DETIENNE, Marcel. *Dioniso a céu aberto.* Tradução de Maurice Olender. Rio de Janeiro: Jorge Zahar, 1988a.

DETIENNE, Marcel. *La muerte de Dionisos.* Madrid: Taurus Ediciones, 1982b.

DETIENNE, Marcel. *Los jardines de Adonis:* la mitologia griega de los aromas. Tradução de José Carlos B. Barrera. Madrid: Akal, 2010.

DETIENNE, Marcel. *Os mestres da verdade na Grécia Arcaica.* Tradução de Andréa Daher. Rio de Janeiro: Jorge Zahar, 1988c.

DETIENNE, Marcel; VERNANT, Jean-Pierre. *Métis:* as astúcias da inteligência. Tradução de Filomena Hirata. São Paulo: Odysseus, 2008.

DILTHEY, Wilhelm. *Hegel y el idealismo.* Tradução de Eugenio Ímaz. 2. ed. México: Fondo de Cultura Economica, 1956.

DOBRZENSKY, M. Cristina Montalvo. *Guía de los museos y de la ciudad del Vaticano.* Vaticano: Ufficio Vendita, 2005.

DODDS, E. R. The $\mathrm{A\iota\Delta\Omega\Sigma}$ of Phaedra and the Meaning of the Hippolytus. *The Classical Review*, v. 39, n. 5-6, p. 102-104, 1925.

DODDS, Erick Robertson. *Os gregos e o irracional.* Tradução de Paulo D. Oneto. São Paulo: Escuta, 2002.

DODDS, Erick Robertson. *The Ancient Concept of Progress:* and Other Essays on Greek Literature and Belief. Nova York: Oxford, 2001.

DOLTO, Françoise. *No jogo do desejo:* ensaios clínicos. Tradução de Vera Ribeiro. Rio de Janeiro: Jorge Zahar, 1984.

DOLTO, Françoise; NASIO, Juan-David. *A criança do espelho.* Tradução de André Telles. Rio de Janeiro: Jorge Zahar, 2008.

DUARTE, Adriane da Silva. *O dono da voz e a voz do dono:* a parábase na comédia de Aristófanes. São Paulo: Humanitas, 2000.

DURÁN, Diego. Arde la Acrópolis. *Historia y vida*, n. 552, p. 48–55, 2014.

ECKERMANN, Johann Peter. *Conversações com Goethe.* Tradução de Luís Silveira. Lisboa: Vega, 2007.

EHRENBERG, Victor. *From Solon to Socrates:* Greek History and Civilization During the Sixth and Fifth Centuries B.C. Nova York: Routledge, 2016.

EHRENBERG, Victor. Polypragmosyne: a Study in Greek Politics. *The Journal of Hellenic Studies*, v. 67, p. 46-67, 1947.

EHRENBERG, Victor. *The People of Aristofanes:* a Sociology of Old Attic Comedy. Nova York: Routledge, 2013.

EIRE, Carlos. *Uma breve história da eternidade.* Tradução de Rogério Bettoni. São Paulo: Três Estrelas, 2013.

ELIAS, Norbert. *Condição humana.* Rio de Janeiro: Bertrand Brasil, 1985.

ERLER, Michael; GRAESER, Andreas (Org.). *Filósofos da Antigüidade 1*: dos primórdios ao período clássico: uma introdução. Tradução de Lya Luft. São Leopoldo: Unisinos, 2005.

ERLER, Michael; GRAESER, Andreas (Org.). *Filósofos da Antigüidade 2*: do helenismo à Antigüidade tardia: uma introdução. Tradução de Nélio Schneider. São Leopoldo: Unisinos, 2003.

ESCOHOTADO, Antonio. *De physis a pólis:* la evolución del pensamiento filosófico griego desde Tales a Sócrates. Barcelona: Editorial Anagrama, 1975.

ESPINOSA, Baruch de. *Breve tratado:* de Deus, do homem e do seu bem-estar. Tradução de Emanuel Angelo da Rocha Fragoso. Belo Horizonte: Autêntica, 2012.

ÉSQUILO. *Agamêmnon.* Tradução de Torrano, Jaa. São Paulo: Iluminuras, 2004a.

ÉSQUILO. *Coéforas.* Tradução de Torrano, Jaa. São Paulo: Iluminuras, 2004b.

ÉSQUILO. *Eschyle*: tragédies. Paris: Les Belles Lettres, 1947.

ÉSQUILO. *Eumênides.* Tradução de Torrano, Jaa. São Paulo: Iluminuras, 2004c.

ÉSQUILO. *Os sete contra Tebas.* Tradução de Donaldo Schüller. Porto Alegre: L&PM, 2007.

ÉSQUILO. *Persas.* Tradução de Pulquério, Manuel de Oliveira. Lisboa: Edições 70, 1998.

ÉSQUILO. *Prometeu agrilhoado.* Tradução de Ana Paula Q. Sottomayor. Rio de Janeiro: Edições 70, 1992.

ÉSQUILO. *Prometeu prisioneiro.* Tradução de Jaa Torrano. São Paulo: Roswitha Kempf, 1985.

ÉSQUILO. *The complete plays of Aeschylus.* Tradução de Gilbert Murray. Londres: George Allen & Unwin LTD, 1952.

ÉSQUILO. *Tragédias*. Tradução de Jaa Torrano. São Paulo: Iluminuras, 2009.

ÉSQUILO; SÓFOCLES; Eurípides. *Os persas/Ésquilo; Electra/Sófocles; Hécuba/Eurípides.* Tradução de Kury, Mário da Gama. 6. ed. Rio de Janeiro: Jorge Zahar, 2007.

ÉSQUILO; SÓFOCLES; Eurípides. *Prometeu acorrentado/Ésquilo; Ájax/Sófocles; Alceste/Eurípides*. Tradução de Kury, Mário da Gama. 5. ed. Rio de Janeiro: Jorge Zahar, 2004.

EURÍPIDES. *Alceste*. Tradução de Junito de Souza Brandão. 3. ed. Buenos Aires: Bruno Buccini, 1968.

EURÍPIDES. *Alceste; Andrómaca; Íon, As Bacantes*. Tradução de Pereira, Maria Helena da Rocha *et al.* São Paulo: Verbo, 1973.

EURÍPIDES. *Andrómaca; Heracles loco; Las Bacantes*. Tradução de Adrados, Francisco Rodríguez. Madrid: Alianza Editorial, 2003a.

EURÍPIDES. *As Bacantes*. Tradução de Eudoro de Sousa. São Paulo: Hedra, 2010a.

EURÍPIDES. *As fenícias*. Tradução de Donaldo Schüler. Porto Alegre: L&PM, 2005a.

EURÍPIDES. *Bacchae*. Tradução de Dodds, Erick Robertson. Nova York: Oxford University Press, 1986.

EURÍPIDES. *Duas tragédias gregas*: Hécuba e Troianas. Tradução de Christian Werner. São Paulo: Martins Fontes, 2004a.

EURÍPIDES. *Electra and Other Plays*. Tradução de John Davie. Londres: Penguin Books Ltd., 2004b.

EURÍPIDES. *Electra de Eurípides*. Tradução de Trupersa. Cotia: Ateliê Editorial, 2015a.

EURÍPIDES. *Electra; Ifigenia en Táuride; Las troyanas*. Tradução de Leconte Liste. 2. ed. Buenos Aires: Espasa-Calpe, 1947.

EURÍPIDES. *Euripides Fabulae*. Tradução de Gilbert Murray. Oxford: Clarendon Press, 1902. vol. I.

EURÍPIDES. *Eurípides*: teatro completo. Tradução de Jaa Torrano. São Paulo: Iluminuras, 2016. v. II.

EURÍPIDES. *Hécuba*. Tradução de Alberto Medina González e Juan Antonio López Férez. Madrid: Gráficas Cóndor S. A., 1999.

EURÍPIDES. *Helena*. Tradução de José Ribeiro Ferreira. Porto Alegre: Movimento, 2009.

EURÍPIDES. *Héracles*. Tradução de Cristina Rodrigues Franciscato. São Paulo: Palas Athena, 2003b.

EURÍPIDES. *Hipólito*. Tradução de Bernardina de Sousa Oliveira. Brasília: Ed. UnB, 1997.

EURÍPIDES. *Hipólito*. Tradução de Flávio Ribeiro de Oliveira. São Paulo: Odysseus, 2010b.

EURÍPIDES. *Hipólito*. Tradução de Trajano Vieira. São Paulo: Editora 34, 2015b.

EURÍPIDES. *Ifigênia em Áulis; As Fenícias; As Bacantes*. Tradução de Mário da Gama Kury. 5. ed. Rio de Janeiro: Jorge Zahar, 2005b.

EURÍPIDES. *Medea*. United Kingdon: University Press of Cambridge, 2003c.

EURÍPIDES. *Medea:* Cambridge Greek and Latin Classics. Tradução de Donald J. Mastronarde. Cambridge: University Press of Cambridge, 2002.

Eurípides. *Medéia*. Tradução de Jaa Torrano. São Paulo: Hucitec, 1991.

EURÍPIDES. *Medeia*. Tradução de Trajano Vieira. São Paulo: Ed. 34, 2010c.

EURÍPIDES. *Orestes*. Tradução de Augusta Fernanda Oliveira e Silva. Brasília: Ed. UnB, 1999.

EURÍPIDES. *Os Heraclidas*. Tradução de Cláudia Raquel Cravo da Silva. Lisboa: Edições 70, 2000.

EURÍPIDES. *Teatro de Eurípides: Hipólito, Medéia, As Troianas*. Tradução de Mário da Gama Kury. Rio de Janeiro: Civilização Brasileira, 1977.

EURÍPIDES. *Tragédias*. Tradução de Jose Alemany y Bolufer. Madrid: EDAF, 1983.

EURÍPIDES; ARISTÓFANES. *O cíclope; As rãs; As vespas*. Tradução de Junito de Souza Brandão. Rio de Janeiro: Espaço e Tempo, 1986.

EURÍPIDES. *As bacantes de Eurípides*. Tradução de Trajano Vieira. São Paulo: Perspectiva, 2010.

EVOLA, Julius. *A tradição Hermética*. Tradução de Maria Teresa Simões. Lisboa: Edições 70, 1931.

FALCO, Victorio de; COIMBRA, Aluizio de Faria. *Os elegíacos gregos:* de Calino a Crates. São Paulo: Brusco & CIA., 1941.

FARINELLI, Franco. *A invenção da Terra*. Tradução de Francisco Degani. São Paulo: Phoebus, 2012.

FARRÉ, Luis. *Heráclito:* exposición y fragmentos. Buenos Aires: Biblioteca de Iniciacion Filosofica Aguilar, 1959.

FERGUSON, Wallace K. *The Renaissance in Historical Thought:* Five Centuries of Interpretation. Toronto: University of Toronto Press, 2006.

FERREIRA, Ana Maria Guedes. *O homem de estado ateniense em Plutarco:* o caso dos Alcméonidas. Coimbra: Centro de Estudos Clássicos e Humanísticos da Universidade de Coimbra, 2012.

FERREIRA, José Ribeiro. *A Grécia Antiga:* sociedade e política. Rio de Janeiro: Edições 70, 1992.

FERREIRA, José Ribeiro. *Aspectos da democracia grega.* Coimbra: Faculdade de Letras, 1988.

FERREIRA, José Ribeiro. Pólis grega e colonização. *In:* SOARES, Carmen; FIALHO, Maria do Céu; FIGUEIRA, Thomas. *Pólis/Cosmópolis:* identidades globais e locais. Coimbra: Imprensa da Universidade de Coimbra, 2016.

FERREIRA, José Ribeiro; LEÃO, Delfim Ferreira. *Dez grandes estadistas atenienses.* Lisboa: Edições 70, 2010.

FERRY, Luc. *A sabedoria dos mitos gregos:* aprender a viver II. Tradução de Jorge Bastos. Rio de Janeiro: Objetiva, 2009.

FERRY, Luc. *Aprender a viver:* filosofia para os novos tempos. Tradução de Vera Lucia dos Reis. Rio de Janeiro: Objetiva, 2010.

FESTUGIÈRE, André-Jean. *La esencia de la tragedia griega.* Tradução de Miguel Morey. Barcelona: Ariel S. A., 1986.

FIALHO, Maria do Céu Zambujo. *A nau da maldição:* estudos sobre Sete contra Tebas de Ésquilo. Coimbra: Minerva, 1996.

FICINO, Marsilio. *The Book of Life.* Tradução de Charles Boer. Irving: Spring Publications, 1980.

FIGUEIRA, Thomas J. Defence and deterrence in the context of the foundation of the Delian League. *In:* SOARES, Carmen; FIALHO, Maria do Céu; FIGUEIRA, Thomas. *Pólis/Cosmópolis:* identidades globais e locais. Coimbra: Imprensa da Universidade de Coimbra, 2016.

FINLEY, Moses I. (Org.). *O legado da Grécia:* uma nova avaliação. Tradução de Yvette Vieira P. de Almeida. Brasília: Ed. UnB, 1998.

FINLEY, Moses I. *Democracia antiga e moderna.* Tradução de Waldéa Barcellos e Sandra Bedran. Rio de Janeiro: Graal, 1988.

FINLEY, Moses I. *Escravidão antiga e ideologia moderna.* Tradução de Norberto Luiz Guarinello. Rio de Janeiro: Graal, 1991.

FINLEY, Moses I. *Grecia Primitiva:* la edad de bronce y la era arcaica. Tradução de Delia Maunás. 3. ed. Buenos Aires: Edeuba, 2010.

FINLEY, Moses I. *La Grecia Antigua.* Barcelona: Editorial Crítica, 2008.

FINLEY, Moses I. *O mundo de Ulisses.* Tradução de Armando Cerqueira. Lisboa: Editorial Presença, 1972.

FLACO, Quinto Horácio. *Quinto Horácio Flaco:* obras seletas. Tradução de José Ewaldo Scheid. Canoas, RS: Ed. da ULBRA, 1997.

FONTENROSE, Joseph. *Python:* estudio del mito délfico y sus orígenes. Tradução de María Tabuyo; Agustín López. Madrid: Sexto Piso, 2011.

FORTUNA, Marlene. *Dioniso e a comunicação na Hélade:* o mito, o rito e a ribalta. São Paulo: Annablume, 2005.

FOUCAULT, Michel. *Aulas sobre a vontade de saber:* curso no collège de France. Tradução de Rosemary C. Abilio. São Paulo: WMF Martins Fontes, 2014.

FRANÇA, Inês Maria. *Psicanálise, estética e ética do desejo.* São Paulo: Persepectiva, 2012.

FRAZER, James George. *Mythes sur l'origine du feu.* Tradução de Michel Drucker. Paris: Payot, 1931.

FRAZER, James George. *Sur les traces de Pausanias:* a traves sur la Grèce Ancienne. Tradução de M. Georges Roth. Paris: Les Belles Lettres, 1965.

FREITAG, Barbara. *Itinerários de Antígona:* a questão da moralidade. Campinas: Papirus, 1992.

FRONTISI-DUCROUX, Françoise. *El hombre-ciervo y la mujer-araña:* figuras griegas de la metamorfosis. Madrid: Abada Editores, 2006.

FURTH, Hans G. *Conhecimento como desejo:* um ensaio sobre Freud e Piaget. Tradução de D. Coutinho. Porto Alegre: Artes Médicas, 1987.

GALDINO, Luiz. *Medéia:* o amor louco; adaptação da peça teatral de Eurípides. São Paulo: FTD, 2005.

GAMBON, Lidia. *La institución imaginaria del Oikos en la tragedia de Eurípides.* Bahía Blanca: Universidad Nacional del Sur, 2009.

GARCIA-ROZA, Luiz Alfredo. *Introdução à metapsicologia freudiana 1:* sobre as afasias (1891): o projeto de 1895. Rio de Janeiro: Zahar, 2012.

GARCIA-ROZA, Luiz Alfredo. *Palavra e verdade:* na filosofia antiga e na psicanálise. 4. ed. Rio de Janeiro: Jorge Zahar, 2001.

GERBER, Douglas E. *Greek Iambic Poetry:* From the Seventh to the Fifth Centuries BC. Massachusetts: Harvard University Press, 1999.

GERNET, Louis. *Antropología de la Grecia antigua.* Tradução de Bernardo Moreno Carrillo. Madrid: Taurus Ediciones, 1984.

GIGON, Olof. *Los orígenes de la filosofía griega:* de Hesíodo a Parménides. Tradução de Manuel Carrión Gutíez. Madrid: Gráficas Cóndor, 1985.

GIRARD, René. *A violência e o sagrado.* Tradução de Martha C. Gambini. São Paulo: Paz e Terra, 1998.

GIRARD, René. *Coisas ocultas desde a fundação do mundo:* a revelação destruidora do mecanismo vitimário. Tradução de Martha C. Gambini. São Paulo: Paz e Terra, 2009.

GIRARD, René. *Literatura, mímesis y antropología.* Tradução de Alberto L. Bixio. Barcelona: Gedisa, 1984.

GLOTZ, Gustave. *A cidade grega.* Tradução de Henrique de Araújo Mesquita; Roberto Cortes de Lacerda. São Paulo: Difel, 1980.

GLOTZ, Gustave. *La solidarité de la famille dans le droit criminel en Grèce.* Paris: Albert Fontemoing Éditeur, 2017.

GOBRY, Ivan. *Vocabulário grego da filosofia.* Tradução de Ivone C. Benedetti. São Paulo: WMF Martins Fontes, 2007.

GOETHE, Johann Wolfgang von. *De minha vida:* poesia e verdade. Tradução de Maurício Mendonça Cardozo. São Paulo: UNESP, 2017.

GOETHE, Johann Wolfgang von. *Elegías Romanas*. Tradução de Salvador Mas Torres. Madrid: A. Machado Libros S. A., 2005.

GOETHE, Johann Wolfgang von. *Ifigênia em Táuride*: drama. Tradução de Carlos Alberto Nunes. São Leopoldo: Instituto Hans Staden, 1964.

GOETHE, Johann Wolfgang von. *Poemas*. Tradução de Paulo Quintela. Coimbra: Centelha, 1986.

GOMPERZ, Theodor. *Os pensadores da Grécia*: história da filosofia antiga: filosofia pré-socrática. Tradução de José Ignácio C. Mendes Neto. São Paulo: Ícone, 2011.

GOMPERZ, Theodor. *Os pensadores da Grécia*: história da filosofia antiga: filosofias socrática e platônica. Tradução de Cláudio J. A. Rodrigues. São Paulo: Ícone, 2013.

GORRESIO, Zilda Marengo P. *Os pressupostos míticos de C. G. Jung na leitura do destino*: Moíra. São Paulo: Annablume, 2005.

GRAVES, Robert. *O grande livro dos mitos gregos*. Tradução de Fernando Klabin. São Paulo: Ediouro, 2008.

GREEN, André. *Narcisismo de morte*. Tradução de Claudia Berliner. São Paulo: Escuta, 1988.

GRIMMAL, Pierre. *Dicionário da mitologia grega e romana*. Tradução de Victor Jabouille. 3. ed. Rio de Janeiro: Bertrand Brasil, 1997.

GRIMMAL, Pierre. *La mitología griega*. Tradução de Félix A. Prado Vallejo. Barcelona: Paidós Ibérica, 1989.

GRIMMAL, Pierre. *O teatro antigo*. Tradução de Antonio M. Gomes da Silva. Lisboa: Edições 70, 1986.

GUAL, Carlos García. *Diccionário de mitos*. 2. ed. Madrid: Siglo XXI, 2011.

GUAL, Carlos García. *Introducción a la Mitología Griega*. Madrid: Alianza Editorial, 2006.

GUAL, Carlos García. *Mitos, viajes, héroes*. Madrid: Taurus Ediciones, 1985.

GUAL, Carlos García. *Prometeo*: mito y literatura. Madrid: FCE, 2009.

GUIMARÃES, Ruth. *Dicionário da mitologia grega*. São Paulo: Cultrix, 1995.

GUTHRIE, William Keith Chambers. *Los filósofos griegos*: de Tales a Aristóteles. Buenos Aires: Fondo de Cultura Economica, 1953.

GUTHRIE, William Keith Chambers. *Orphée et la religión grecque*: étude sur la pensé orphique. Tradução de S. M. Guillemin. Paris: Payot, 1956.

GUTHRIE, William Keith Chambers. *Os sofistas*. Tradução de João Rezende Costa. 2. ed. São Paulo: Paulus, 2007.

GUYOMARD, Patrick. *O gozo do trágico*: Antígona, Lacan e o desejo do analista. Tradução de Ribeiro, Vera. Rio de Janeiro: Jorge Zahar, 1996.

HADOT, Pierre. *O que é a filosofia antiga?* Tradução de Dion Davi Macedo. 5. ed. São Paulo: Loyola, 2011.

HALL, Heinich. Life and death in ancient Athens: the Kerameikos. 2014. Blog. Disponível em: https://www.petersommer.com/blog/archaeology-history/kerameikos. Acesso em: 26 dez. 2018.

HARRISON, Harrison, Jane Ellen. *Ancient and ritual.* Nova Jersey: Palala Press, 2015.

HARRISON, Jane Ellen. *Prolegomena to the Study of Greek Religion.* Nova York: Cambridge University Press, 2010a.

HARRISON, Jane Ellen. *Themis:* a Study of the Social Origins of Greek Religion. Nova York: Cambridge University Press, 2010b.

HARTOG, François. *O espelho de Heródoto:* ensaio sobre a representação do outro. Tradução de Jacyntho Lins Brandão. 2. ed. Belo Horizonte: Ed. da UFMG, 2014.

HARVARD STUDIES IN CLASSICAL PHILOLOGY. Massachusetts: Harvard University Press, 2004. v. 102.

HARVEY, Paul. *Dicionário Oxford de Literatura Clássica grega e latina.* Tradução de Mário da Gama Kury. Rio de Janeiro: Jorge Zahar, 1998.

HAVELOCK, Eric A. *A revolução da escrita na Grécia:* e suas consequências culturais. Tradução de Ordep José Trindade Serra. Rio de Janeiro: Paz e Terra, 1996.

HEGEL, Georg Wilhelm Friedrich. *Fenomenologia do espírito.* Tradução de Paulo Meneses. 9. ed. Petrópolis: Vozes, 2016.

HEIDDEGER, Martin. *Explicações da poesia de Hölderlin.* Tradução de Cláudia Pellegrini Drucker. Brasília: Ed. UnB, 2013.

HEIDDEGER, Martin. *Heráclito:* a origem do pensamento ociental: lógica: a doutrina herclítica do lógos. Tradução de Marcia Sá C. Schuback. Rio de Janeiro: Relume Dumará, 1998.

HEIDDEGER, Martin. *Interpretações fenomenológicas sobre Aristóteles:* introdução à pesquisa fenomenológica. Tradução de Enio Paulo Giachini. Petrópolis: Vozes, 2011.

HEIDDEGER, Martin. *Introdução a filosofia.* Tradução de Marco Antônio Casanova. 2. ed. São Paulo: WMF Martins Fontes, 2009.

HEIDDEGER, Martin. *Introdução à metafísica.* Tradução de Emmanuel Carneiro. Rio de Janeiro: Tempo Brasileiro, 1966.

HEIDDEGER, Martin. *Que é metafísica?* Tradução de Ernildo Stein. São Paulo: Duas Cidades, 1969.

HEINE, Heinrich. *Os deuses no exílio.* Tradução de Hildegard Herbold *et al.* São Paulo: Iluminuras, 2009.

HERÁCLITO. *Fragmentos:* origem do pensamento. Tradução de Emmanuel Carneiro Leão. Rio de Janeiro: Tempo Brasileiro, 1980.

HERÁCLITO. *Heráclito:* fragmentos contextualizados. Tradução de Alexandre Costa. São Paulo: Odysseus, 2012.

HERINGTON, C. J. *The Author of the Prometheus Bound.* Austin: University of Texas Press, 2015.

HERÓDOTO. *História:* o relato clássico da guerra entre Gregos e Persas. Tradução de J. Brito Broca. 2. ed. São Leopoldo: Ediouro, 2001.

HÉSIODE. *Théogonie les travaux et les jours le bouclier.* Tradução de Paul Mazon. Paris: Les Belles Lettres, 1966.

HESÍODO. *Os trabalhos e os dias.* Tradução de Mary de Carvalho N. Lafer. 4. ed. São Paulo: Iluminuras, 2002.

HESÍODO. *Os trabalhos e os dias.* Tradução de Mary de Carvalho N. Lafer. São Paulo: Iluminuras, 2012.

HESÍODO. *Os trabalhos e os dias/primeira parte.* Tradução de Mary de Carvalho N. Lafer. 3. ed. São Paulo: Iluminuras, 1996.

HESÍODO. *Teogonia:* a origem dos deuses. Tradução de Jaa Torrano. São Paulo: Iluminuras, 2003.

HIGINO, Cayo Julio. *Fábulas/Astronomía.* Madrid: Akal, 2008.

HILLMAN, James. *O mito da análise:* três ensaios de psicologia arquetípica. Tradução de Norma Abreu Telles. Rio de Janeiro: Paz e Terra, 1984.

HIRATA, Filomena Yoshie. O saber de Teseu n' as Suplicantes de Eurípides. *Synthesis (La Plata)*, v. 9, p. 11–20, 2002.

HÖLDERLIN, Friedrich. *Canto do destino e outros cantos.* Tradução de Antonio Medina Rodrigues. São Paulo: Iluminuras, 1994.

HÖLDERLIN, Friedrich. *Fragmentos de Píndaro.* Tradução de Bruno C. Duarte. Lisboa: Assírio & Alvim, 2010.

HÖLDERLIN, Friedrich. *Poemas de la locura:* precedidos de algunos testimonios de sus contemporáneos sobre los años oscuros del poeta. Tradução de Txaro Santoro e José María Alvarez. 4. ed. Madrid: Ediciones Hiperion, 1985.

HÖLDERLIN, Friedrich. *Reflexões/ Seguido de Hölderlin, tragédia e modernidade de Françoise Dastur.* Tradução de Márcia de Sá Cavalcante. Rio de Janeiro: Relume Dumará, 1994.

HOMERO. *Ilíada de Homero.* Tradução de Haroldo de Campos. 5. ed. São Paulo: Arx, 2004. v. I.

HOMERO. *Ilíada.* Tradução de Frederico Lourenço. São Paulo: Penguin Classics Companhia das Letras, 2013.

HOMERO. *Odisseia.* Tradução de Frederico Lourenço. Lisboa: Livros Cotovia e Frederico Lourenço, 2003.

HOOD, Sinclair. *Os Minóicos.* Tradução de Rodrigo Machado. Lisboa: Verbo, 1973.

HORÁCIO; OVÍDIO. *Sátiras; Os fastos*. Tradução de António Luís Seabra e António F. de Castilho. São Paulo: W.M. Jackson, 1948.

HORNSTEIN, Luis. *As depressões*: afetos e humores do viver. São Paulo: Via Lettera, 2008.

HOUSTON, Jean. *A paixão de Ísis e Osíris*: a união de duas almas. Tradução de Mauro de Campos Silva. São Paulo: Mandarim, 1997.

HYPPOLITE, Jean. *Ensaios de psicanálise e filosofia*. Tradução de André Telles. Rio de Janeiro: Taurus, 1971.

HYPPOLITE, Jean. *Gênese e estrutura da fenomenologia do espírito de Hegel*. Tradução de Silvio Rosa Filho. 2. ed. São Paulo: Discurso Editorial, 2003.

HYPPOLITE, Jean. *Introdução à filosofia da história de Hegel*. Tradução de José Marcos Lima. Lisboa: Edições 70, 1983.

IDEL, Moshe. *El Golem*: tradiciones mágicas y místicas del judaísmo sobre la creación de un hombre artificial. Tradução de Florinda F. Goldberg. Madrid: Siruela, 2008.

ISÓCRATES. *Política e ética*: textos de Isócrates. Tradução de Maria Helena de Teves C. U. Prieto. Lisboa: Editorial Presença, 1989.

JAEGER, Werner Wilhelm. *Aristoteles*: bases para la historia de su desarollo intelectual. Tradução de José Gaos. México: Fondo de Cultura Economica, 1946.

JAEGER, Werner Wilhelm. *Cristianismo primitivo e Paideia grega*. Tradução de Teresa Louro Pérez. Rio de Janeiro: Edições 70, 1961.

JAEGER, Werner Wilhelm. *La teología de los primeros filósofos griegos*. Tradução de José Gaos. México: Fondo de Cultura Economica, 2011.

JAEGER, Werner Wilhelm. *Paideia*: a formação do homem grego. Tradução de Arthur M. Parreira. 5. ed. São Paulo: WMF Martins Fontes, 2010.

JEANMARIE, Henri. *Dionysos*: histoire du culte de Bacchus. Paris: Payot, 1951.

JELLOUSCHEK, Hans. *Sêmele, Zeus e Hera*: o papel da amante no triângulo amoroso. Tradução de Merle Scoss. 10. ed. São Paulo: Cultrix, 1997.

JESUS, Carlos A. Martins. *A flauta e a lira*: estudos sobre poesia grega e papirologia. Coimbra: Imprensa da Universidade de Coimbra, 2008.

JESUS, Carlos A. Martins. Troia Egineta, ou a apropriação cosmopolita de um mito heroico. *In*: SOARES, Carmen; FIALHO, Maria do Céu; FIGUEIRA, Thomas. *Pólis/Cosmópolis*: identidades globais e locais. Coimbra: Imprensa da Universidade de Coimbra, 2016.

JOHNS, Per. *Dioniso crucificado*. Rio de Janeiro: Topbooks, 2005.

JONES, Peter V. (Org.). *O mundo de Atenas*: uma introdução à cultura clássica ateniense. Tradução de Ana Lia de Almeida Prado. São Paulo: Martins Fontes, 1997.

JUNG, Carl Gustav. *Cartas de C. G. Jung*. Tradução de Edgar Orth. Rio de Janeiro: Editora Vozes, 2003. v. III.

JUNG, Carl Gustav; KERÉNYI, Karl. *A criança divina:* uma introdução à essencia da mitologia. Tradução de Vilmar Schneider. Petrópolis: Vozes, 2011.

JUNQUEIRA, Nathalia Monseff. Religião e controle social no mundo romano: a proibição das Bacanais em 186 a.C. *In:* Conferência do I Colóquio Internacional e III Colóquio Nacional do Leir (Laboratório de Estudos sobre o Império Romano) da Universidade Estadual Paulista Júlio De Mesquita Filho (UNESP), 2010, Franca. *História*, Franca, 2010. p. 341-356. Disponível em: https://dx.doi.org/10.1590/S0101-90742010000200019. Acesso em: 16 maio 2022.

KAGAN, Donald. *The Outbreak of the Peloponnesion War:* a New History of the PELOPONNESIAN War. Nova York: Cornell University Press, 2013.

KAHN, Charles H. *A arte e o pensamento de Heráclito:* uma edição dos fragmentos com tradução e comentários. Tradução de Élcio de G. Verçosa Filho. São Paulo: Paulus, 2009.

KAHN, Charles H. *Pitágoras e os Pitagóricos:* uma breve história. Tradução de Luís Carlos Borges. São Paulo: Loyola, 2007.

KALIMEROS. *A dor de existir e suas formas clínicas:* tristeza, depressão, melancolia. Rio de Janeiro: Contracapa Livraria, 1997.

KANTA, Athanasia. *Phaistos:* Hagia Triada/Gortyn. Atenas: Adam Editions, 1998.

KAST, Verena. *Sísifo:* a mesma pedra – um novo caminho. Tradução de Erlon José Paschoal. 10. ed. São Paulo: Cultrix, 1997.

KELLY, José Eduardo do Prado (Org.). *Fedra e Hipólito:* tragédias de Eurípides, Sêneca e Racine. São Paulo: Agir, 1985.

KERÉNYI, Karl. *Dionisios:* raíz de la vida indestructible. Tradução de Adan Kovacksics. Barcelona: Herder, 1998.

KERÉNYI, Karl. *Dioniso:* imagem arquetípica da vida indestrutível. Tradução de Ordep José Trindade Serra. São Paulo: Odysseus, 2002.

KERÉNYI, Karl. *El médico divino:* I. Tradução de Brigitte Kiemann. Madrid: Sexto Piso, 2009.

KERÉNYI, Karl. *Eleusis.* Tradução de María Tabuyo; Agustín López. Madrid: Siruela, 2004.

KERÉNYI, Karl. *Hermes:* el conductor de almas II. Tradução de Brigitte Kiemann. Madrid: Sexto Piso, 2010a.

KERÉNYI, Karl. *La religion antigua.* Tradução de Maria Pilar Lorenzo; Mario Leon Rodriguez. Madrid: Castilla, 1972.

KERÉNYI, Karl. *Misterios de los cabiros:* III. Tradução de Brigitte Kiemann. Madrid: Sexto Piso, 2010b.

KERÉNYI, Karl. *Os deuses gregos*. Tradução de Octavio Mendes Cajado. 9. ed. São Paulo: Cultrix, 2000.

KERÉNYI, Karl. *Prometeo IV*: interpretación griega de la existencia humana. Tradução de Brigitte Kiemann. Madrid: Sexto Piso, 2011.

KERÉNYI, Karl; HILLMAN, JAMES. *Édipo e variações*. Petrópolis: Vozes, 1995.

KERFERD, George Briscoe. *O movimento sofista*. São Paulo: Loyola, 2003.

KIBUUKA, Brian Gordon L. *A guerra e o teatro de Eurípides*: representações da Guerra do Peloponeso nas Tragédias Hécuba, Suplicantes e Troianas. Curitiba: Prismas, 2015.

KIRK, Geoffrey Stephen. *El mito*: su significado y funciones en la Antigüedad y otras culturas. Tradução de Teófilo de Loyola. Barcelona: Paidós Ibérica, 2006.

KIRK, Geoffrey Stephen. *La naturaleza de los mitos griegos*. Tradução de Isabel Méndez Lloret. Barcelona: Paidós Ibérica, 2002.

KIRK, Geoffrey Stephen. *Los poemas de Homero*. Tradução de Eduardo J. Prieto. Barcelona: Paidós Ibérica, 1985.

KIRK, Geoffrey Stephen; RAVEN, John Earle; SCHOFIELD, Malcolm. *Os filósofos pré--socráticos*: história crítica com seleção de textos. 8. ed. Lisboa: Fundação Calouste Gulbenkian, 2013.

KITTO, Humphrey Davy Findley. *Os gregos*. Tradução de José M. Coutinho e Castro. 3. ed. Coimbra: Arménio Amado, 1980.

KITTO, Humphrey Davy Findley. *Tragédia grega*: estudo literário I. Tradução de José M. Coutinho e Castro. Coimbra: Arménio Amado, 1972a.

KITTO, Humphrey Davy Findley. *Tragédia grega*: estudo literário II. Tradução de José M. Coutinho e Castro. Coimbra: Arménio Amado, 1972b.

KLIBANSKY, Raymond; PANOFSKY, Gerda; SAXL, Hedwig. *Saturno y la melancolía*. Madrid: Alianza Editorial, 2012.

KNOX, Bernard M. W. *The Heroic Temper*: Studies in Sophoclean Tragedy. Berkeley; Los Angeles: University of California Press, 1992.

KNOX, Bernard. *Édipo em Tebas*. São Paulo: Perspectiva, 2002.

KOJÈVE, Alexandre. *Introdução à leitura de Hegel*. Tradução de Estela dos Santos Abreu. Rio de Janeiro: Contraponto, 2014.

KOPELMAN, ISA. *As Suplicantes, de Ésquilo, ecos da tragédia grega na cena contemporânea*. Dissertação (Mestrado) – Universidade Estadual de Campinas. Instituto de Artes, Campinas, 2004.

KOUMOUSSI, Anastasia. *The Acrocorinth*. Atenas: Archaeological Receipts Fund Directorate of Publications, 2001.

KOYRÉ, Alexandre. *Introdução à leitura de Platão*. 2. ed. Lisboa: Editorial Presença, 1963.

KRISTEVA, Julia. Antigone, la limite et l'horizon. *L'Infini,* v. 115, 2011. Disponível em: http://www.kristeva.fr/antigone.html. Acesso em: 28 out. 2017.

KRISTEVA, Julia. *As novas doenças da alma.* Tradução de Joana A. D'Avila Melo. Rio de Janeiro: Rocco, 2002.

KRISTEVA, Julia. *No princípio era o amor:* psicanálise e fé. Tradução de Leda Tenório da Motta. São Paulo: Brasiliense, 1985.

KRISTEVA, Julia. *O velho e os lobos.* Tradução de Maria Helena Franco Martins. Rio de Janeiro: Rocco, 1999.

KRISTEVA, Julia. *Posesiones:* novela. Tradução de Víctor Goldstein. Buenos Aires: Libros Perfil S. A., 1999.

KRISTEVA, Julia. *Sol negro:* depressão e melancolia. Tradução de Carlota Gomes. Rio de Janeiro: Rocco, 1989.

LAGES, Susana Kampff. *Walter Benjamin:* tradução & melancolia. São Paulo: Ed. da USP, 2002.

LAGO, Angela. *Psiquê.* São Paulo: Cosac Naify, 2010.

LANZANI, Carolina. *Religione dionisiaca.* Torino: Fratelli Boca, 1923.

LAPLANCHE, Jean. *Hölderlin e a questão do pai.* Tradução de Clóvis Marques. Rio de Janeiro: Jorge Zahar, 1991.

LASCH, Christopher. *O mínimo eu:* sobrevivência psíquica em tempos difíceis. São Paulo: Brasiliense, 1984.

LEADER, Darian. *Além da depressão:* novas maneira de entender o luto e a melancolia. Tradução de Fátima Santos. Rio de Janeiro: Best Seller, 2011.

LEÃO, Delfim Ferreira; FERREIRA, José Ribeiro; FIALHO, Maria do Céu Zambujo. *Cidadania e Paideia na Grécia Antiga.* São Paulo: Annablume, 2011.

LECLAIRE, Serge. *Desmascarar o real.* Tradução de Manuel Carrilho. Lisboa: Assírio & Alvim, 1977.

LEFÈVRE, François. *História do mundo grego antigo.* Tradução de Rosemary C. Abilio. São Paulo: WMF Martins Fontes, 2013.

LESKY, Albin. *A tragédia grega.* Tradução de Jacó Guinsburg. 4. ed. São Paulo: Perspectiva, 2010.

LESKY, Albin. *Historia de la Literatura Griega.* Tradução de José M. Díaz Regañón e Beatriz Romero. Madrid: Gredos, 1968.

LESSA, Fábio de Souza. O agir feminino em Eurípides: Hécuba e a memória sensitiva das mães. *Tempo,* v. 24, n. 3, p. 595–612, 2018.

LÉVÊQUE, Pierre. *A aventura grega.* Tradução de Raúl Miguel R. Fernandes. Lisboa: Cosmos, 1967.

LÉVÊQUE, Pierre. *Animais, deuses e homens:* o imaginário das primeiras religiões. Tradução de João Gama. Lisboa: Edições 70, 1985.

LÉVÊQUE, Pierre; VIDAL-NAQUET, Pierre. *Clisthène l'Athénien:* essai sur la reprèsentation de l' espace et du temps dans la pensée politique grecque de la fin du VI° siècle à la mort de Platon. Paris: Les Belles Lettres, 1973.

LIBIS, Jean. *El mito del andrógino.* Tradução de María Tabuyo; Agustín López. Madrid: Siruela, 2001.

LICURGO. *Oração contra Leócrates.* Tradução de J. A. Segurado e Campos. São Paulo: Annablume, 2011.

LIMA, Márcio José Silveira. *As máscaras de Dioniso:* filosofia e tragédia em Nietzsche. São Paulo: Discurso Editorial, 2006.

LLOYD, Michael. *The Agon in Euripides.* Oxford: Clarendon Press, 1992.

LLOYD-JONES, Hugh. *O mundo grego.* Tradução de Waltencir Dutra. Rio de Janeiro: Zahar Editôres, 1965.

LLOYD-JONES, Hugh. *The Justice of Zeus:* revised edition. 2. ed. Londres: University of California Press, 1983.

LOPES, Daniel R. N. *Protágoras de Platão:* obras III. São Paulo: Perspectiva, 2017.

LÓPEZ-PEDRAZA, Rafael. *Hermes e seus filhos.* Tradução de Maria Silvia Mourão Netto. São Paulo: Paulus, 1999.

LORAUX, Nicole. *La ciudad dividida:* el olvido en la memoria de Atenas. Tradução de Sara Vassallo. Buenos Aires: Katz, 2008.

LORAUX, Nicole. *La invención de Atenas:* historia de la oración fúnebre en la "ciudad clásica". Tradução de Sara Vassallo. Buenos Aires: Katz, 2012.

LORAUX, Nicole. La main d'Antigone. *Mètis – Antropologie des mondes grecs anciens,* [*s. l.*], v. 1, n. 2, p. 165-196, 1986.

LORAUX, Nicole. *Nacido de la tierra:* mito y política en Atenas. Tradução de Diego Tatián. Buenos Aires: El Cuento de Plata, 2007.

LORAUX, Nicole; KURY, Mário da Gama. *Maneiras trágicas de matar uma mulher:* imaginário da Grécia Antiga. Rio de Janeiro: Jorge Zahar, 1988.

LOURENÇO, Eduardo. *O labirinto da saudade psicanálise mítica do destino português.* 9. ed. Lisboa: Gradiva, 2013.

LOURENÇO, Frederico (Org.). *Ensaios sobre Píndaro.* Lisboa: Cotovia, 2006.

LOUYS, Pierre. *Esse obscuro objeto do desejo.* Tradução de Estela dos Santos Abreu. Rio de Janeiro: Marco Zero, 1984.

LOYIADU-PLATONOS, Soso. *Knosos:* la civilización Minoica. Tradução de Juan Francisco Robisco. Atenas: I. Matioulakis & Co, [19--].

MACEDO, Dion Davi. *Do elogio à verdade:* um estudo sobre a noção de Eros como intermediário no Banquete de Platão. Porto Alegre: EDIPUCRS, 2001.

MACHADO, Roberto. *O nascimento do trágico:* de Schiller a Nietzsche. Rio de Janeiro: Jorge Zahar, 2006.

MAFFESOLI, Michel. *A sombra de Dionísio:* contribuição a uma sociologia da orgia. Tradução de Aluizio Ramos Trinta. Rio de Janeiro: Graal, 1985.

MALHADAS, Daisi. Orestes de Eurípides: terror e piedade. *Humanitas,* v. 47, p. 187-195, 1995.

MALHADAS, Daisi. *Tragédia grega:* o mito em cena. Cotia: Ateliê Editorial, 2003.

MANGUEL, Alberto. *Ilíada e a Odisséia de Homero:* uma biografia. Tradução de Pedro Maia Soares. Rio de Janeiro: Jorge Zahar, 2008.

MANIATOGLOU, Maria da Piedade Faria. *Dicionário de Grego-Português Português-Grego.* Porto: Porto, 2004.

MARROU, Henri Irénée. *Do conhecimento histórico.* Tradução de Ruy Belo. 4. ed. São Paulo: Martins Fontes, 1975.

MARROU, Henri Irénée. *História da educação na antigüidade.* Tradução de Mário Leônidas Casanova. São Paulo: EPU, 1990.

MAS, Salvador. *Hölderlin y los griegos.* Madrid: Visor, 1999.

MASON, Zachary. *Os cantos perdidos da Odisséia:* um romance. Tradução de Rubens Figueiredo. São Paulo: Companhia das Letras, 2011.

MATTÉI, Jean-François. *Platão.* Tradução de Maria Leonor Loureiro. São Paulo: UNESP, 2010.

MAUSS, Marcel; HUBERT, Henri. *Sobre o sacrifício.* Tradução de Paulo Neves. São Paulo: Cosac Naify, 2005.

MCLEAN, Adan. *A deusa tríplice:* em busca do feminino arquétipo. Tradução de Adail U. Sobral. 10. ed. São Paulo: Cultrix, 1998.

MELETZIS, Spyros; PAPADAKIS, Helen. *Korinth:* Mykene, Tyrins, Nauplia. Atenas: Editions S. Meletzis & H. Papadakis, 1976.

MELLO, Denise Maurano. *Nau do desejo:* o percurso da ética de Freud a Lacan. 2. ed. Rio de Janeiro: Relume Dumará, 1995.

MENDELSOHN, Daniel. *Gender and the City in Euripides' Political Plays.* Nova York: Oxford University Press, 2002.

MERLEAU-PONTY, Maurice. *A estrutura do comportamento:* precedido de uma filosofia de ambiguidade de Alphonse de Waelhens. Tradução de Márcia Valéria M. de Aguiar. São Paulo: Martins Fontes, 2006.

MONDOLFO, Rodolfo. *El genio helénico:* formación y caracteres. Buenos Aires: Columba, 1956.

MONDOLFO, Rodolfo. *La compresión del sujeto humano en la cultura antigua.* Buenos Aires: Ediciones Imán, 1955.

MORENO, Cláudio. *Tróia:* o romance de uma guerra. Porto Alegre: L&PM, 2004.

MORENO, Cláudio. *Um rio que vem da Grécia:* crônicas. Porto Alegre: L&PM, 2004.

MORRISON, Donald R. (Org.). *Sócrates*. Tradução de André Oídes. São Paulo: Ideias & Letras, 2016.

MOSSÉ, Claude. *A Grécia Arcaica de Homero a Ésquilo*. Tradução de Emanuel Lourenço Godinho. Lisboa: Edições 70, 1984.

MOSSÉ, Claude. *Atenas:* a história de uma democracia. Tradução de João Batista da Costa. 3. ed. Brasília: Ed. UnB, 1997.

MOSSÉ, Claude. *Dicionário da Civilização Grega*. Tradução de Carlos Ramalhete. Rio de Janeiro: Jorge Zahar, 2004.

MOSSÉ, Claude. *La tyrannie dans la Grèce Antique*. Paris: Universitaires de France, 1969.

MOSSÉ, Claude. *O processo de Sócrates*. Rio de Janeiro: Jorge Zahar, 1990.

MOSSÉ, Claude. *Péricles:* o inventor da democracia. Tradução de Luciano Vieira Machado. São Paulo: Estação Liberdade, 2008.

MOULTON, Harold K. *Léxico grego analítico*. Tradução de Everton Aleva de Oliveira e Davi Miguel Manço. São Paulo: Cultura Cristã, 2007.

MULLAHY, Patrick. *Édipo:* mito e complexo: uma crítica da Teoria Psicanalítica. Tradução de Álvaro Cabral. Rio de Janeiro: Zahar, 1965.

MÜLLER, Lutz. *O herói:* todos nascemos para ser heróis. Tradução de Erlon José Paschoal. 10. ed. São Paulo: Cultrix, 1997.

MURRAY, Gilbert. *Aeschylus:* the Creator of Tragedy. Oxford: Clarendon Press, 1940.

MURRAY, Gilbert. *Eurípides y su tiempo*. 3. ed. Buenos Aires: Fondo de Cultura Economica, 1960.

MURRAY, Gilbert. *Five Stages of Greek Religion*. Londres: Watts & CO, 1925.

MURRAY, Gilbert. *Grecia Clásica y mundo moderno*. Tradução de José M. Gimeno. Madrid: Editorial Norte y Sur, 1962.

MURRAY, Gilbert. *Historia de la literatura clasica griega:* com veinticuatro grabados. Buenos Aires: Editorial Albatros, 1973.

MURRAY, Gilbert. *The Rise of Greek Epic:* Being a Course of Lectures Delivered at Harvard University. Oxford: Clarendon Press, 1907.

NASIO, Juan-David. *A criança magnífica da psicanálise:* o conceito de sujeito e objeto na teoria de Jacques Lacan. Tradução de Dulce Duque Estrada. 2. ed. Rio de Janeiro: Jorge Zahar, 1991.

NASIO, Juan-David. *Édipo:* o complexo do qual nenhuma criança escapa. Tradução de Telles, André. Rio de Janeiro: Zahar, 2007.

NASIO, Juan-David. *Lições sobre os 7 conceitos cruciais da psicanálise*. Tradução de Vera Ribeiro. Rio de Janeiro: Jorge Zahar, 1997.

NESTLE, Wilhelm. *Historia de la litertaura griega*. Tradução de Eustaquio Echauri. Barcelona: Editorial Labor, 1930.

NEVES, Maria Helena de Moura. O pensamento político em Eurípides. *Revista de Letras*, v. 20, p. 99–108, 1980.

NIETZSCHE, Friedrich Wilhelm. *A filosofia na Idade Trágica dos gregos.* Tradução de Maria Inês M. de Andrade. Lisboa: Edições 70, 2009.

NIETZSCHE, Friedrich Wilhelm. *A origem da tragédia:* proveniente do espírito da música. Tradução de Marcio Pugliesi. São Paulo: Madras, 2005a.

NIETZSCHE, Friedrich Wilhelm. *A visão dionisíaca do mundo:* e outros textos de juventude. Tradução de Marcos S. P. Fernandes e Maria Cristina dos S. Souza. São Paulo: Martins Fontes, 2005b. (Tópicos).

NIETZSCHE, Friedrich Wilhelm. *Cinco prefácios para cinco livros não escritos.* Tradução de Pedro Süssekind. 3. ed. Rio de Janeiro: Viveiros de Castro, 2005c.

NIETZSCHE, Friedrich Wilhelm. *Introdução à tragédia de Sófocles.* Tradução de Ernani Chaves. Rio de Janeiro: Jorge Zahar, 2006.

NILSSON, Martin P. *Les Croyances Religieuses de la Grèce Antique.* Tradução de Matila Ghyka. Paris: Payot, 1955.

NILSSON, Martin P. *The Mycenaean Origin of Greek Mythology.* Berkeley; Los Angeles: University of California Press, 1932.

NORDSTRÔM, Folke. *Goya, Saturno y melancolía:* consideraciones sobre el arte de Goya. Madrid: Visor, 1989.

NUNES, Carlos Alberto. *Marginália platônica.* Belém: EDUFPA, 1973.

NUNES, Cibele Almeida. *Antígona e a escolha de viver sob direito:* um breve estudo sobre obediência e transgressão da lei na tragédia sofocleana. Monografia – Departamento de Direito Público e Filosofia do Direito, Universidade Federal do Rio Grande do Sul, Faculdade de Direito, 2011.

NUSSBAUM, Martha C. *A fragilidade da bondade:* fortuna e étina na tragédia e na filosofia grega. Tradução de Ana Aguiar Cotrim. São Paulo: WMF Martins Fontes, 2009.

NUSSBAUM, Martha C. *A República de Platão:* a boa sociedade e a deformação do desejo. Tradução de Ana Carolina da Costa e Fonseca *et al.* Porto Alegre: Bestiário, 2004.

OLENDER, Maurice. *As línguas do paraíso:* arianos e semitas: um casamento providencial. Tradução de Bruno Feitler. São Paulo: Phoebus, 2012.

OLIVEIRA, Leonardo Teixeira. *O ditirambo de Arquíloco a Simônides:* uma introdução às fontes primárias. 2012. Monografia – Universidade Federal do Paraná, Setor de Ciência Humanas, Letras e Artes, Curitiba, 2012.

OLIVIER, Christiane. *Os filhos de Jocasta:* a marca da mãe. Tradução de Neide Luzia Resende. Porto Alegre: L&PM, 1986.

ONIANS, Richard Broxton. *The Origins of European Thought:* About the Body, the Mind, the Soul, the World, Time and Fate. Cambridge: Cambridge University Press, 2000.

ONORI, Lorenza Mochi; VODRET, Rossella. *Guida alla Galleria Nazionale di Arte Antica in Palazzo Barberini.* Roma: Gebart, 2013.

OTTO, Walter Friedrich. *Dioniso:* mito y culto. Tradução de Cristina García Ohlrich. Madrid: Siruela, 2006a.

OTTO, Walter Friedrich. *Dionysus:* Mith and Cult. Tradução de Robert B. Palmer. Indiana: Indiana University Press, 1965.

OTTO, Walter Friedrich. *Las musas.* Tradução de Hugo F. Bauzá. Madrid: Siruela, 2005a.

OTTO, Walter Friedrich. *Os deuses da Grécia:* a imagem do divino na visão do espírito grego. Tradução de Ordep José Trindade Serra. São Paulo: Odysseus, 2005b.

OTTO, Walter Friedrich. *Teofania:* o espírito da religião dos gregos antigos. Tradução de Ordep José Trindade Serra. São Paulo: Odysseus, 2006b.

OVÍDIO. *Metamorfoses de Ovídio.* Tradução de Bocage. São Paulo: Hedra, 2000.

PAES, José Paulo. *Poemas da antologia grega ou platina:* séculos VII a. C. a V d. C. São Paulo: Companhia das Letras, 1995.

PANOFSKY, Dora; PANOFSKY, Erwin. *A caixa de Pandora:* as transformações de um símbolo mítico. Tradução de Vera Pereira. São Paulo: Companhia das Letras, 2009.

PANÓPOLIS, Nono. *Dionisíacas:* cantos I-XII. Tradução de David Hérnandez de la Fuente. Madrid: Gredos, 2008a.

PANÓPOLIS, Nono. *Dionisíacas:* cantos XIII-XXIV. Tradução de David Hérnandez de la Fuente. Madrid: Gredos, 2008b.

PANÓPOLIS, Nono. *Dionisíacas:* cantos XXV-XXXVI. Tradução de David Hérnandez de la Fuente. Madrid: Gredos, 2008c.

PANÓPOLIS, Nono. *Dionisíacas:* cantos XXXVII-XLVIII. Tradução de David Hérnandez de la Fuente. Madrid: Gredos, 2008d.

PAPATHANASSOPOULOS, Thanos G. *The Sanctuary and the Theatre of Dionysos.* Athens: Institut du Livre – Kardamitsa, 1995.

PAPPAS, Nickolas. *A república de Platão.* Tradução de Abílio Queiroz. Lisboa: Edições 70, 1995.

PASCAL, Blaise. *Pensamentos.* Tradução de Mário Laranjeira. 2. ed. São Paulo: Martins Fontes, 2005.

PAÚLS, Elena Gallardo. Las grandes fiestas atenienses. 2012. Blog. Disponível em: https://vellocinodeoro.hypotheses.org/449. Acesso em: 16 maio 2022.

PEREIRA, S. J. *Dicionário Grego-Português e Português-Grego.* 8. ed. Porto: Livraria Apostolado da Imprensa, [s. d.].

PEREIRA, Vicente de Britto. *Ensaios sobre a embriaguez.* Rio de Janeiro: Record, 2013.

PERELSON, Simone. *A dimensão trágica do desejo.* Rio de Janeiro: Revinter, 1994.

PETERS, Francis Edward. *Termos filosóficos gregos*: um léxico histórico. Tradução de Beatriz Rodrigues Barbosa. 2. ed. Lisboa: Fundação Calouste Gulbenkian, 1974.

PETRÔNIO. *Satíricon*. Tradução de Cláudio Aquati. São Paulo: Cosac Naify, 2008.

PHILONENKO, Alexis; RABAÇA, Ana. *Lições platónicas*. Lisboa: Instituto Piaget, 1997.

PICKARD-CAMBRIDGE, Arthur. *The Dramatic Festivals of Athens*. 2. ed. Oxford: Clarendon Press, 2003.

PIGEAUD, Jackie. *La maladie de lâme*: étude sur la relation de l'âme et du corps dans la tradition médico-philosophique antique. 3. ed. Paris: Les Belles Lettres, 2006.

PÍNDARO; OCA, Ignacio Montes de. *Odas de Píndaro*. Madrid: Librería de Perlado, Páez y C., 1914.

PLATÃO. *A República de Platão*. 2. ed. São Paulo: Perspectiva, 2019.

PLATÃO. *Apologia de Sócrates/Críton*. Tradução de Carlos Alberto Nunes. 3. ed. Belém: EDUFPA, 2015a.

PLATÃO. *As leis, ou da legislação e epinomis*. Tradução de Edson Bini. 2. ed. Bauru: EDIPRO, 2010.

PLATÃO. *Diálogos I*: Mênon, Banquete, Fedro. Tradução de Jorge Paleikat. 21. ed. Rio de Janeiro: Ediouro, 1999a.

PLATÃO. *Diálogos I*: Teeteto (ou do conhecimento), Sofista (ou do ser), Protágoras (ou sofistas). Tradução de Edson Bini. Bauru: EDIPRO, 1997.

PLATÃO. *Diálogos II*: Fédon, Sofista, Político. Tradução de Jorge Paleikat e João Cruz Costa. 12. ed. Rio de Janeiro: Ediouro, 1985.

PLATÃO. *Diálogos*: O banquete, Fédon, Sofista, Político. Tradução de José Cavalcante de Souza, Jorge Paleikat e João Cruz Costa. São Paulo: Abril Cultural, 1972.

PLATÃO. *Eutidemo*. Tradução de Adriana Manuela de M. F. Nogueira. Lisboa: Imprensa Nacional – Casa da Moeda, 1999b.

PLATÃO. *Geórgias; O banquet; Fedro*. Tradução de Manuel de Oliveira Pulquério; Maria Teresa S. Azevedo e José Ribeiro Ferreira. São Paulo: Verbo, 1973.

PLATÃO. *Hípias Menor*. Tradução de Maria Teresa S. Azevedo. Lisboa: Edições 70, 1999c.

PLATÃO. *Íon*. Tradução de Cláudio Oliveira. Belo Horizonte: Autêntica, 2011.

PLATÃO. *O banquete, ou, Do amor*. Tradução de J. Cavalcante de Souza. Rio de Janeiro: Difel, 2002a.

PLATÃO. *Protágoras, Górgias, Fedão*. Tradução de Carlos Alberto Nunes. 2. ed. Belém: EDUFPA, 2002b.

PLATÃO. *Teeteto*. 4. ed. Lisboa: Fundação Calouste Gulbenkian, 2015b.

PLATÃO. *Timeu*. Tradução de Maria José Figueiredo. Lisboa: Instituto Piaget, 2004.

PLATÃO; CORVISIERI, Enrico. *A república*. São Paulo: Nova Cultural LTDA., 1997.

PLATO. *Timaeus.* Tradução de Francis MacDonald Conford. Nova York: Macmillan, 1959.

PLAUTO. *O truculento.* Tradução de Adriano Milho Cordeiro. São Paulo: Annablume, 2011.

PLOTINO. *Enéada II:* a organização do cosmo. Tradução de João Lupi. Petrópolis: Vozes, 2010.

PLOTINO. *Enéadas:* Enéada 1. Buenos Aires: Losada S. A., 2005.

PLUTARCO. *Biografos griegos:* Plutarco/Vidas paralelas; Diogenes Laercio/Vidas, opiniones y sentencia de los filosofos mas ilustres; Filostrato/Vidas de los sofistas; Jenofonte/Agesilao. Tradução deeAntonio Sanz Romanillos; Jose Ortiz y Sanz e Jose M. Riaño. Madrid: Aguilar S.A. Ediciones, 1964.

PLUTARCO. *Como ouvir.* Tradução de João Carlos Cabral Mendonça. São Paulo: Martins Fontes, 2003a.

PLUTARCO. *Como tirar proveito de seus inimigos.* Tradução de Isis Borges B. Fonseca. 2. ed. São Paulo: Martins Fontes, 2003b.

PLUTARCO. *Conselhos aos políticos para bem governar; seguido de A um dirigente sem educação.* Tradução de Isabel Debot. Lisboa: Europa-América, 2009.

PLUTARCO. *Obras morais:* sobre a face visível no Orbe da Lua. Tradução de Bernardo Mota. São Paulo: Annablume, 2010.

PLUTARCO. *Os mistérios de Ísis e Osíris.* Tradução de Lúcia Benfatti e Sérgio Marques. São Paulo: Nova Acrópole, 1981.

PLUTARCO. *Vidas paralelas:* Alcibíades e Coriolano. Tradução de Maria do Céu Zambujo Fialho e Nuno Simões Rodrigues. São Paulo: Annablume, 2011.

POMMIER, Gérard. *A ordem sexual:* perversão, desejo e gozo. Tradução de Vera Ribeiro. Rio de Janeiro: Jorge Zahar, 1992.

POPPER, Karl Raimund. *O mundo de Parmênides:* ensaios sobre o iluminismo pré-socrático. Tradução de Roberto Leal Ferreira. São Paulo: UNESP, 2014.

QUARANTA, Ettore. A pólis e os metecos. *In:* ENCONTRO ESTADUAL DE HISTÓRIA DA ANPUH-SP, 2014, Santos. *Anais.* Santos: [s. n.], 2014. p. 2-14. Disponível em: http://www.encontro2014.sp.anpuh.org/resources/anais/29/1406779017_ ARQUIVO_Apoliseosmetecos.pdf. Acesso em: 16 maio 2022.

QUEIRÓS CAMPOS, Antônio. Os diálogos de Platão e os gêneros literários da Antiguidade clássica. *O que nos faz pensar,* v. 20, n. 30, p. 219-238, 2011.

QUINET, Antonio. *Um olhar a mais:* ver e ser visto na psicanálise. 2. ed. Rio de Janeiro: Jorge Zahar, 2004.

QUINTELA, Paulo. *Hölderlin.* 2. ed. Porto: Inova Limitada, 1971.

RADDEN, Jennifer. *The Nature of Melancholy:* from Aristotle to Kristeva. Nova York: Oxford University Press, 2000.

RAGUSA, Giuliana (Org.). *Lira grega:* antologia de poesia arcaica. Tradução de Giuliana Ragusa. São Paulo: Hedra, 2013.

RAGUSA, Giuliana. *Fragmentos de uma deusa:* a representação de Afrodite na Lírica de Safo. São Paulo: UNICAMP, 2005.

RAGUSA, Giuliana. *Lira, mito e erotismo:* Afrodite na poesia mélica grega arcaica. São Paulo: UNICAMP, 2010.

RAMOS, Péricles Eugenio da Silva. *Poesia grega e latina.* São Paulo: Cultrix, 1964.

RANK, Otto. *O duplo:* um estudo psicanalítico. Porto Alegre: Dublinense, 2013.

RASCHE, Jörg. *Prometeu:* a luta entre pai e filho. Tradução de Zilda H. Schild. 10. ed. São Paulo: Cultrix, 1997.

REINACH, Salomón. *Orfeo:* historia general de las religiones. Madrid: Daniel Jorro, 1910.

REINHARDT, Karl. *Sófocles.* Tradução de Oliver Tolle. Brasília: UnB, 2007.

RIBEIRO JR., Wilson Alves (Org.). *Hinos Homéricos.* Tradução de Edvanda Bonavina Rosa. São Paulo: UNESP, 2010.

RICOUER, Paul *et al. Grécia e mito.* Lisboa: Gradiva, 1988.

RICOUER, Paul. *O si-mesmo com o outro.* Tradução de Ivone C. Benedetti. São Paulo: WMF Martins Fontes, 2014.

RIDGEWAY, William. *The Dramas and Dramatic Dances of Non-European Races in Special Reference to the Origin of Greek Tragedy, with an Appendix on the Origin of Greek Comedy.* Nova York: Benjamin Blom INC., 1964.

RINNE, Olga. *Medéia:* o direito à ira e ao ciúme. Tradução de Margit Martincic e Daniel C. da Silva. 9. ed. São Paulo: Cultrix, 1999. (A magia dos mitos).

ROBINSON, Thomas M. *As origens da alma:* os gregos e o conceito de alma de Homero a Aristóteles. Tradução de Alaya Dullius *et al.* São Paulo: Annablume, 2010.

ROCHA PEREIRA, Maria Helena da. *Estudos de história da cultura clássica.* 5. ed. Lisboa: Fundação Calouste Gulbenkian, 1980.

ROCHA PEREIRA, Maria Helena da. *Estudos de história da cultura clássica:* cultura romana. 3. ed. Lisboa: Fundação Calouste Gulbenkian, 2002. v. II.

ROCHA PEREIRA, Maria Helena da. Mito, ironia e psicologia no "Orestes" de Eurípides. *Humanitas,* v. 39/40, p. 4–24, 1988.

ROCHA PEREIRA, Maria Helena da (Org.). *Helade:* antologia da cultura grega. Tradução de Maria Helena da Rocha Pereira. 9. ed. Lisboa: Edições ASA, 2003.

ROCHA PEREIRA, Maria Helena da (Org.). *Hélade:* antologia da cultura grega. 9. ed. Porto: Asa Editores, 2005.

ROCHA PEREIRA, Maria Helena da; FERREIRA, José Ribeiro; OLIVEIRA, Francisco (Org.). *Horácio e a sua perenidade.* Coimbra: Simões & Linhares, 2009.

ROCHA PEREIRA, Maria Helena (Org.). *Medeia*: no drama antigo e moderno. Coimbra: Instituto Nacional de Investigação Científica, 1991.

ROCHA PEREIRA, Maria Helena da. *Sete Odes de Píndaro*. Porto: Porto, 2003.

RODRÍGUEZ, Juan Carlos. La religión en la Antigua Grecia: tras la máscara de Dionisio. 2012. Disponível em: http://antiqua.gipuzkoakultura.net/tras_la_mascara. php. Acesso em: 16 maio 2022.

ROHDE, Erwin. *Psyché:* le culte de l'ame chez les grecs et leur croyance a l'immortalité. Tradução de Théodore Gomperz. Paris: Payot, 1952.

ROMILLY, Jacqueline de. *A tragédia grega*. Tradução de Ivo Martinazzo. Brasília: Ed. UnB, 1998.

ROMILLY, Jacqueline de. *Alcibíades ou Os perigos da ambição*. Tradução de Roberto Cortes de Lacerda. Rio de Janeiro: Ediouro, 1996.

ROMILLY, Jacqueline de. *Compêndio de literatura grega*. Tradução de Leonor Santa Bárbara. Porto: Edições 70, 2011a.

ROMILLY, Jacqueline de. *História e razão em Tucídides*. Tradução de Tomás Rosa Bueno. Brasília: UnB, 1998.

ROMILLY, Jacqueline de. *La crainte et l'angoisse dans le théâtre d'Eschyle*. Paris: Les Belles Lettres, 2011b.

ROMILLY, Jacqueline de. *La Grèce Antique a la découverte de la liberté*. Paris: Librairie Générale Française, 1991.

ROMILLY, Jacqueline de. *La Grèce Antique contre la violence*. Paris: Éditions de Fallois, 2000.

ROMILLY, Jacqueline de. *La loi dans la penseé grecque:* des origines à Aristote. 2. ed. Paris: Les Belles Lettres, 2002.

ROMILLY, Jacqueline de. *Os grandes sofistas da Atenas de Péricles*. Tradução de Osório Silva Barbosa Sobrinho. São Paulo: Octavo, 2017.

ROSENFIELD, Kathrin H. *Antígona – de Sófocles a Hölderlin:* por uma filosofia "trágica" da literatura. Porto Alegre: L&PM, 2000.

ROSENFIELD, Kathrin H. *Antígona, intriga e enigma:* Sófocles lido por Hölderlin. São Paulo: Perspectiva, 2016.

ROSENFIELD, Kathrin H. *Sófocles & Antígona*. Rio de Janeiro: Jorge Zahar, 2002.

ROSOLATO, Guy. *A força do desejo:* o âmago da psicanálise. Tradução de Procópio Abreu. Rio de Janeiro: Jorge Zahar, 1999.

ROSSET, Clément. *A antinatureza:* elementos para uma filosofia trágica. Tradução de Getulio Puell. Rio de Janeiro: Espaço e Tempo, 1989.

ROSSET, Clément. *Lógica do pior*. Tradução de Fernando J. Fagundes Ribeiro e Ivana Bentes. Rio de Janeiro: Espaço e Tempo, 1989.

ROUSSEAU, Jean-Jacques. *Discurso sobre a origem e fundamentos da desigualdade entre os homens*. Lisboa: Europa-América, 1976.

RUIZ, Jesús Torres. Rasgos generales de la poesía yiámbica: Arquíloco. [s. d.]. Disponível em: http://www.venalmundoclasico.com/literatura_griega/arquiloco.pdf. Acesso em: 16 maio 2022.

SAHLINS, Marshall. *História e cultura:* apologias a Tucídides. Tradução de Maria Lucia de Oliveira. Rio de Janeiro: Zahar, 2006.

SAÏD, Suzanne; TRÉDÉ, Monique; LE BOULLUEC, Alain. *Histoire de la littérature grecque*. 3. ed. Paris: PUF, 1997.

SALIS, Viktor D. *Mitologia viva:* aprendendo com os deuses a arte de viver e amar. São Paulo: Nova Alexandria, 2003.

SALVADOR, Evandro Luis. As Suplicantes de Eurípides (87-262). *Let. Cláss.*, v. 17, n. 1, p. 42-53, 2013.

SANFORD, John A. *Destino, amor e êxtase:* a sabedoria das deusas gregas menos conhecidas. Tradução de Cláudia Gerpe Duarte. São Paulo: Paulus, 1999.

SANFORD, John A. *Mal:* o lado sombrio da realidade. Tradução de Silvío José Pilon e João Silvério Trevisan. São Paulo: Paulus, 1988.

SANTOS, Alicia Esteban. La Medea de Eurípides: composición triádica y simétrica en función del contenido. *Minerva*, n. 27, p. 53–76, 2014.

SANTOS, Laura Ferreira. *Pensar o desejo:* Freud, Girard e Deleuze. Braga: Universidade do Minho, 1997.

SCHILLER, Friedrich. *Intriga e amor:* uma tragédia burguesa em cinco atos. Tradução de Mario Luiz Frungillo. Curitiba: Ed. UFPR, 2005.

SCHILLER, Friedrich. *Sobre poesia ingênua e sentimental*. Tradução de Teresa R. Cadete. Lisboa: Imprensa Nacional – Casa da Moeda, 2003.

SCHILLER, Friedrich. *Teoria da tragédia*. São Paulo: Herder, 1964.

SCHUHL, Pierre-Maxime. *Platão e a arte de seu tempo*. Tradução de Adriano Machado Ribeiro. São Paulo: Discurso Editorial, 2010.

SCHÜLER, Donaldo. *A construção da Ilíada:* uma análise de sua elaboração. 2. ed. Porto Alegre: L&PM, 2004.

SÉCHAN, Louis. *El mito de Prometeo*. Tradução de Ezequiel de Olaso. Buenos Aires: Editora Universitária de Buenos Aires, 1960.

SEGAL, Charles. *Tragedy and Civilization:* an Interpretation of Sophocles. Oklahoma: University of Oklahoma Press, 1999.

SEGAL, Hanna. *Sonho, fantasia e arte*. Tradução de Belinda Haber Mandelbaum. Rio de Janeiro: Imago, 1993.

SERRA, Ordep José Trindade. Breve reflexão sobre a tragédia sofocleana Édipo Rei. [*S. l.: s. n.*], 2009. Disponível em: https://ordepserra.files.wordpress.com/2009/01/breve-reflexao-sobre-a-tragedia-sofocleana-rei-edipo.pdf. Acesso em: 16 maio 2022.

SEZNEC, Jean. *The Survival of the Pagan Gods:* the Mythological Tradition and its Place in Renaissance Humanism and Art. Nova York: Princeton University Press, 1995.

SHAKESPEARE, William. *O rei Lear:* tragédia. São Paulo: Melhoramentos, 1960.

SIGWARD, Valérie. *Medeia, a feiticeira.* Tradução de Álvaro Lorencini. São Paulo: Companhia das Letras, 2010.

SILVA, Fernando Crespim Zorrer da. *Os caminhos da paixão em Hipólito de Eurípides.* 2007. Tese (Doutorado em Letras Clássicas) – Departamento de Letras Clássicas e Vernáculas, Faculdade de Filosofia, Letras e Ciências Humanas, Universidade de São Paulo, São Paulo, 2007.

SILVA, Matheus Barros da. A tragédia grega: uma manifestação política. *Pléthos*, v. 3, n. 1, p. 30-46, 2013.

SIN-LÉQI-UNNÍNNI. *Ele que o abismo viu:* epopéia de Gilgamesh: Tradução de Acádio. Belo Horizonte: Autêntica, 2017.

SISSA, Giulia; DETIENNE, Marcel. *Os deuses gregos.* Tradução de Rosa Maria Boaventura. São Paulo: Companhia das Letras, 1990.

SNELL, Bruno. *A cultura grega e as origens do pensamento europeu.* Tradução de Pérola de Carvalho. São Paulo: Perspectiva, 2009.

SNODGRASS, Anthony. *Archaic Greece:* the Age of Experiment. Berkeley and Los Angeles: University of California Press, 1981.

SNODGRASS, Anthony. *The Dark Age of Greece.* Nova York: Digital Printing, 2010.

SOARES, Carmen. Regimes políticos nas Histórias de Herédoto: o "Diálogos dos Persas". *In:* SOARES, Carmen; FIALHO, Maria do Céu; FIGUEIRA, Thomas. *Pólis/Cosmópolis:* identidades globais e locais. Coimbra: Imprensa da Universidade de Coimbra, 2016.

SÓFOCLES. *A trilogia tebana:* Édipo Rei, Édipo em Colono, Antígona. Tradução de Kury, Mário da Gama. Rio de Janeiro: Zahar, 2009a.

SÓFOCLES. *Antígona.* Tradução de Donaldo Schüller. Porto Alegre: L&PM, 1999.

SÓFOCLES. *Antígona.* Tradução de Maria do Céu Zambujo Fialho. Brasília: Ed. UnB, 1997.

SÓFOCLES. *Antígona.* Tradução de Maria Helena da Rocha Pereira. 2. ed. Coimbra: Instituto Nacional de Investigação Científica, 1987.

SÓFOCLES. *Édipo em Colono.* Tradução de Donaldo Schüller. Porto Alegre: L&PM, 2003.

SÓFOCLES. *Édipo em Colono*. Tradução de Trajano Vieira. São Paulo: Perspectiva, 2005.

SÓFOCLES. *Édipo Rei*. Tradução de Paulo Neves. Porto Alegre: L&PM, 1998.

SÓFOCLES. *Filoctetes*. Tradução de Trajano Vieira. São Paulo: Ed. 34, 2009b.

SOUSA, Eudoro de. *Uma leitura da Antígona*. Brasília: UnB, 1978.

SOUTO, Iaci Pinto. Prometeu: fragmento Dramático, de Goethe. *Cadernos de Literatura em Tradução*, n. 11, p. 203–241, 2010.

SOUSA E SILVA, Maria de Fátima. Atenas: perfil de uma cidade modelo. *Delphica: letras & artes*, n. 2, p. 53-67, 2015.

SOUSA E SILVA, Maria de Fátima. *Crítica do teatro na comédia antiga*. Coimbra: Instituto Nacional de Investigação Científica, 1987.

SOUSA E SILVA, Maria de Fátima. Delfos, um lugar de peregrinação: Eurípides, Íon. *Humanitas*, v. 63, p. 89–103, 2011.

SOUSA E SILVA, Maria de Fátima. *Ésquilo:* o primeiro dramaturgo europeu. Coimbra: Imprensa da Universidade de Coimbra, 2005.

SOUSA E SILVA, Maria de Fátima. *Ensaios sobre Eurípides*. Lisboa: Cotovia, 2005.

SOUZA, José Cavalcante de (Org.). *Os pré-socráticos:* fragmentos, doxografia e comentários. Tradução de José Cavalcante de Souza. 2. ed. São Paulo: Abril Cultural, 1978.

SPATHARI, Elsi. *Mycènes:* guide historique et archéologique. Atenas: Hespéros, 2001.

SPIVEY, Nigel. *L'art grec*. Tradução de Françoise Guiramand. Paris: Phaidon, 2001.

STAROBINSKY, Jean. *A melancolia diante do espelho:* três leituras de Baudelaire. Tradução de Titan Jr. e Samuel. São Paulo: Editora 34, 2014.

STAROBINSKY, Jean. *A tinta da melancolia:* uma história cultural da tristeza. Tradução de D'Aguiar e Rosa Freire. São Paulo: Companhia das Letras, 2006.

STAROBINSKY, JEAN. *L'encre de la mélancolie*. Paris: Éditions du Seuil, 2012.

STEINER, George. *A morte da tragédia*. Tradução de Isa Kopelman. São Paulo: Perspectiva, 2006.

STEINER, George. *Nenhuma paixão desperdiçada*. Tradução de Maria Alice Máximo. 2. ed. Rio de Janeiro: Record, 2018.

STEINER. *Antígonas*. Tradução de Miguel Serras Pereira. 2. ed. Lisboa: Relógio D' Água, 2008.

STEPHANIDES, Menelaos. *A odisséia*. Tradução de Janaina Rossi Moreira. São Paulo: Odysseus, 2011.

STEPHANIDES, Menelaos. *Édipo*. Tradução de Luiz Alberto Machado Cabral. São Paulo: Odysseus, 2004a.

STEPHANIDES, Menelaos. *Hércules*. Tradução de Luiz Alberto Machado Cabral. São Paulo: Odysseus, 2005.

STEPHANIDES, Menelaos. *Jasão e os Argonautas*. Tradução de Luiz Alberto Machado Cabral. São Paulo: Odysseus, 2004b.

STEPHANIDES, Menelaos. *Os deuses do Olimpo*. Tradução de Luiz Alberto Machado Cabral. São Paulo: Odysseus, 2004c.

STEPHANIDES, Menelaos. *Prometeu, os homens e outros mitos*. Tradução de Luiz Alberto Machado Cabral. São Paulo: Odysseus, 2004d.

STEPHANIDES, Menelaos. *Teseu, Perseu e outros mitos*. Tradução de Luiz Alberto Machado Cabral. São Paulo: Odysseus, 2004e.

STEVENSON, Leslie; HABERMAN, David L. *Dez teorias da natureza humana*. Tradução de Adail U. Sobral. São Paulo: Martins Fontes, 2005.

STONE, Isidor Feinstein. *O julgamento de Sócrates*. Tradução de Paulo Henriques Britto. São Paulo: Companhia das Letras, 2005.

STRESSLER, Robert B. (Org.). *The Landmark Thucydides*: a Comprehensive Guide to the Peloponnesian War. Nova York: Free Press, 1996.

STYLIANOU, Sophia. Kerameikos: a place of transition. 2015. Blog. Disponível em: https://www.greece-is.com/kerameikos-a-place-of-transition-2/. Acesso em: 26 dez. 2018.

SULZBERGER, Jean. *A busca*: uma jornada pelo caminho interior. 10. ed. São Paulo: Pensamento, 1995.

SÜSSEKIND, Pedro (Org.). *Friedrich Schiller*: do sublime ao trágico. Tradução de Pedro Süssekind e Vladimir Vieira. Belo Horizonte: Autêntica, 2011.

SZONDI, Peter. *Ensaio sobre o trágico*. Tradução de Pedro Süssekind. Rio de Janeiro: Jorge Zahar, 2004.

TABUCCHI, Antonio. *O tempo envelhece depressa*. Tradução de Nilson Moulin. São Paulo: Cosac Naify, 2010.

TAPLIN, Oliver. *Fogo grego*. Tradução de Ana Maria Pires; Cristina Duarte e Cristina Peres. Lisboa: Gradiva, 1990.

TAPLIN, Oliver. *Greek Tragedie in Action*. Berkeley and Los Angeles: University of California Press, 1979.

TAVARES, Braulio (Org.). *Freud e O estranho*: contos fantásticos do inconsciente. Tradução de Carolina C. Coelho. Rio de Janeiro: Casa da Palavra, 2007.

TAYLOUR, Lord William. *Os Micênios*. Tradução de Rodrigo Machado. Braga: Verbo, 1973.

TEIXEIRA, Cláudia. *A conquista da alegria*: estratégia apologética no romance de Apuleio. Lisboa: Edições 70, 2000.

THIBODEAU, Martin. *Hegel e a tragédia grega*. Tradução de Agemir Bavaresco. São Paulo: É Realizações, 2015.

THOMAS, Rosalind. *Letramento e oralidade na Grécia Antiga*. Tradução de Raul Fiker. São Paulo: Odysseus, 2005.

THOMSON, George. *Esquilo y Atenas*. Havana: Editorial Arte y Literatura, 1982.

THOMSON, George. *Os primeiros filósofos:* as novas repúblicas e a razão pública. Tradução de M. C. Azevedo e Silva. São Paulo: Martins Fontes, 1974a.

THOMSON, George. *Os primeiros filósofos:* estudos sobre a sociedade grega antiga. Tradução de M. C. Azevedo e Silva. São Paulo: Martins Fontes, 1974b.

THUCYDIDE. *L'oraison funèbre de Périclès*. 6. ed. Atenas: Fondationdu Parlement Hellénique pour le Parlementarisme et la Démocratie, 2008.

TORRANO, Jaa. *O sentido de Zeus:* o mito do mundo e do modo mítico de ser no mundo. São Paulo: Roswitha Kempf, 1988.

TOYNBEE, Arnold J. *A herança dos gregos*. Tradução de Vera Waltencir Ribeiro. Rio de Janeiro: Zahar Editôres, 1984.

TOYNBEE, Arnold J. *Helenismo:* história de uma civilização. Tradução de Waltencir Dutra. 5. ed. Rio de Janeiro: Zahar Editôres, 1983.

TRABULSI, José Antonio Dabdab. *Dionisismo, poder e sociedade:* na Grécia até a época clássica. Belo Horizonte: Editora UFMG, 2004.

TSAKOS, Constantinos. *The Acropolis and its new museum:* a Guide to the History and Archaeology. Tradução de Alexandra Doumas. Atenas: Hesperos, 2014.

TSIRAKIS, Stylianos (Ed.). *Os jogos olímpicos na Grécia Antiga*. Tradução de Luiz Alberto Machado Cabral. São Paulo: Odysseus, 2004b.

TSIRAKIS, Stylianos. *Uma viagem à Grécia:* os jogos olímpicos e os deuses. São Paulo: Odysseus, 2004.

TUCÍDIDES. *História da Guerra do Peloponeso*. Tradução de Kury, Mário da Gama. 4. ed. Brasília: Ed. UnB, 2001.

TUCÍDIDES. *História da Guerra do Peloponeso:* livro 1. Tradução de Anna Lia Amaral de A. Prado. 2. ed. São Paulo: Martins Fontes, 2008.

TYRRELL, William Blake. *Las Amazonas:* un estudio de los mitos atenienses. Espanha: Fondo de Cultura Economica, 2001.

UNAMUNO, Miguel de. *Do sentimento trágico da vida*. Tradução de Cruz Malpique. Lisboa: Relógio D' Água, 2007.

UNTERSTEINER, Mario. *A obra dos sofistas:* uma investigação filosófica. Tradução de Renato Ambrósio. São Paulo: Paulus, 2012.

VELLOSO, Antonio Augusto. *Traducção litteral das Odes de Horacio*. 2. ed. Belo Horizonte: Queiroz Breyner LTDA., 1935.

VERDE CASTRO, Carmen V. Los ditirambos 2 y 4 de Píndaro. *Synthesis*, v. 1, p. 19-31, 1994.

VERNANT, Jean-Pierre. *As origens do pensamento grego*. 2. ed. Rio de Janeiro: Difel, 1977.

VERNANT, Jean-Pierre. *Figuras, ídolos, máscaras*. Tradução de Telma Costa. Lisboa: Editorial Teorema, 1991.

VERNANT, Jean-Pierre. *Mito e pensamento entre os gregos*. São Paulo: Difusão Européia do Livro, 1973.

VERNANT, Jean-Pierre. *Mito e religião na Grécia Antiga*. Tradução de Joana A. D'Avila Melo. São Paulo: WMF Martins Fontes, 2012.

VERNANT, Jean-Pierre. *Mito e sociedade na Grécia Antiga*. Tradução de Myriam Campello. 3. ed. Rio de Janeiro: José Olympio, 2006.

VERNANT, Jean-Pierre. *O universo, os deuses, os homens*. Tradução de Rosa Freire D'Aguiar. São Paulo: Companhia das Letras, 2009.

VERNANT, Jean-Pierre; VIDÁL-NAQUET, Pierre. *Mito e tragédia na Grécia Antiga*. São Paulo: Perspectiva, 2005.

VEYNE, Paul Marie; VERNANT, Jean-Pierre; RICOUER, Paul. *Indivíduo e poder*. Tradução de Isabel Dias Braga. Lisboa: Edições 70, 1988. (Perspectivas do homem: as culturas, as sociedades, v. 31).

VIDAL-NAQUET, Pierre. *El mundo de Homero*. 2. ed. Buenos Aires: Fondo de Cultura Economica, 2011.

VIEIRA, Trajano. *Antígone de Sófocles*. São Paulo: Perspectiva, 2016.

VIEIRA, Trajano. *As bacantes de Eurípides*. São Paulo: Perspectiva, 2010.

VIEIRA, Trajano. *Édipo Rei de Sófocles*. 3. ed. São Paulo: Perspectiva, 2016.

VIEIRA, Trajano. *Lírica grega, hoje*. São Paulo: Perspectiva, 2017.

VIEIRA, Trajano. *Xenofanias*: releitura de Xenófanes/Xenófanes de Cólofon. São Paulo: Imprensa Oficial do Estado de São Paulo, 2006.

VLASTOS, Gregory. *O universo de Platão*. Tradução de Maria Luiza Monteiro S. Coroa. Brasília: Ed. UnB, 1987.

VORSATZ, Ingrid. *Antígona e a ética trágica da psicanálise*. Rio de Janeiro: Zahar, 2013.

WAILBLINGER, Angela. *A grande mãe e a criança divina*: o milagre da vida no berço e na alma. Tradução de Tatiana Tuermorezow. 12. ed. São Paulo: Cultrix, 1997.

WEIL, Simone. *La fuente griega*. Tradução de José Luis Escartín Carasol e María Teresa Escartín Carasol. Madrid: Trotta, 2005.

WEST, MARTIN L. *Crítica textual e técnica editorial*. Tradução deAntonio Manuel R. Rebelo. Lisboa: Fundação Calouste Gulbenkian, 2002.

WEST, Martin L. *Studies in Greek Elegy and Iambus*. Nova York: De Gruyter, 1974.

WILAMOWITZ-MOELLENDORFF, Ulrich von. *Greek historical writing and Apollo*. Tradução de Gilbert Murray. Oxford: Clarendon Press, 1908.

WILSON, Emily. *A morte de Sócrates herói, vilão, falastrão e santo*. Tradução de Maria de Fátima Siqueira M. Marques. Rio de Janeiro: Record, 2013.

WINNINGTON-INGRAM, Reginald Pepys. *Euripides and Dionysus*: an Interpretation of the Bacchae. 2. ed. Londres: Cambridge University Press, 1997.

WOLF, Christa. *Medea*. Tradução de Miguel Sáenz. Buenos Aires: El Cuento de Plata, 2014.

WORLD HEALTH ORGANIZATION. Global Status Report on Alcohol and Health 2018. Disponível em: https://www.who.int/publications/i/item/9789241565639. Acesso em: 8 fev. 2022.

WRIGHT, Dudley. *Os ritos e mistérios de Elêusis*. Tradução de Fernanda Monteiro dos Santos. São Paulo: Madras, 2004.

WUNENBURGUER, Jean-Jacques. *Lo sagrado*. Tradução de Maria Belén Bauzá. Buenos Aires: Biblos, 2006.

XENOFONTE. *Banquete/Apologia de Sócrates*. Tradução de Ana Elias Pinheiro. São Paulo: Annablume, 2011.

XENOFONTE. *Ditos e feitos memoráveis de Sócrates*. Tradução de Edson Bini. Bauru: EDIPRO, 2006.

YATES, Frances A. *A arte da memória*. Tradução de Flavia Bancher. Campinas: Ed. da UNICAMP, 2007.

YATES, Frances A. *Giordano Bruno e a tradição hermética*. 10. ed. São Paulo: Cultrix, 1995.

YATES, Frances A. *O iluminismo Rosa-Cruz*. Tradução de Syomara Cajado. São Paulo: Pensamento, 1983.

- editoraletramento
- editoraletramento.com.br
- editoraletramento
- company/grupoeditorialletramento
- grupoletramento
- contato@editoraletramento.com.br

- editoracasadodireito.com
- casadodireitoed
- casadodireito